341
48
LEB

Libertés publiques et droits de l'Homme

ECOLE NATIONALE D'ADMINISTRATION
CENTRE DE DOCUMENTATION
12 FEV. 2009
1, Rue Sainte Marguerite - 67080 STRASBOURG

AF853783

MIS AU PILON

DANS LA MÊME COLLECTION

Nota bene

Les ouvrages parus avant 2006 ont été publiés sous la marque Armand Colin, collection « U – droit ». Les nouvelles éditions portent la marque Sirey, collection « Université ».

Droit privé

AUBERT Jean-Luc, SAVAUX Éric, *Introduction au droit*, 12e éd., 2008

CITEAU Jean-Pierre, BAREL Yvan, *Gestion des ressources humaines*, 5e éd., 2008

CŒURET Alain, GAURIAU Bernard, MINÉ Michel, *Droit du travail*, 2006

CONTE Philippe, MAISTRE DU CHAMBON Patrick, *Droit pénal général*, 7e éd., 2004

CONTE Philippe, MAISTRE DU CHAMBON Patrick, *Procédure pénale*, 4e éd., 2002

COUCHEZ Gérard, *Procédure civile*, 15e éd., 2008

COUCHEZ Gérard, *Voies d'exécution*, 9e éd., 2007

COURBE Patrick, *Droit de la famille*, 5e éd., 2008

FLOUR Jacques, AUBERT Jean-Luc, SAVAUX Éric, *Les obligations*. Tome 1 : *L'acte juridique*, 13e éd., 2008

FLOUR Jacques, AUBERT Jean-Luc, SAVAUX Éric, *Les obligations*. Tome 2 : *Le fait juridique*, 12e éd., 2007

FLOUR Jacques, AUBERT Jean-Luc, FLOUR Yvonne, SAVAUX Éric, *Les obligations*. Tome 3 : *Le rapport d'obligation*, 5e éd., 2007

FLOUR Jacques, CHAMPENOIS Gérard, *Les régimes matrimoniaux*, 2e éd., 2001

HOUTCIEFF Dimitri, *Droit du commerce et des affaires. Droit commercial. Actes de commerce, commerçants, fonds de commerce, instruments de paiement et de crédit*, 2e éd., 2008

JOBARD-BACHELLIER Marie-Noëlle, BOURASSIN Manuella, BRÉMOND Vincent, *Droit des sûretés*, 2007

LARGUIER Jean, CONTE Philippe, *Droit pénal des affaires*, 11e éd., 2004

LE CORRE Pierre-Michel, LE CORRE-BROLY Emmanuelle, *Droit du commerce et des affaires. Droit des entreprises en difficulté*, 2e éd., 2006

LEGEAIS Dominique, *Droit commercial et des affaires*, 17e éd., 2007

MALAURIE-VIGNAL Marie, *Droit de la concurrence interne et communautaire*, 4e éd., 2008

MALAURIE-VIGNAL Marie, *Droit de la distribution*, 2006

MATHIEU-IZORCHE Marie-Laure, *Droit civil. Les biens*, 2006

OBERDORFF Henri, *Les institutions administratives*, 5e éd., 2006

PICOD Yves, DAVO Hélène, *Droit de la consommation*, 2005

VÉRON Michel, *Droit pénal spécial*, 12e éd., 2008

VIGNAL Thierry, *Droit international privé*, 2005

Droit public

CHANTEBOUT Bernard, *Droit constitutionnel*, 25e éd., 2008

DUPUIS Georges, GUÉDON Marie-José, CHRÉTIEN Patrice, *Droit administratif*, 11e éd., 2008

GODFRIN Philippe, DEGOFFE Michel, *Droit administratif des biens*, 8e éd., 2006

ISAAC Guy, BLANQUET Marc, *Droit communautaire général*, 9e éd., 2006

LEBRETON Gilles, *Libertés publiques et droits de l'Homme*, 8e éd., 2009

OBERDORFF Henri, *Les institutions administratives*, 5e éd., 2006

PACTET Pierre, MÉLIN-SOUCRAMANIEN Ferdinand, *Droit constitutionnel*, 27e éd., 2008

HORS COLLECTION

BUFFELAN-LANORE Yvaine, LARRIBAU-TERNEYRE Virginie, *Droit civil. Première année*, 15e éd., 2007

BUFFELAN-LANORE Yvaine, LARRIBAU-TERNEYRE Virginie, *Droit civil. Deuxième année*, 11e éd., 2008

Gilles Lebreton

Professeur de droit public à l'Université du Havre
Doyen honoraire de la Faculté des Affaires internationales

Libertés publiques et droits de l'Homme

8e édition

2009

SIREY

Le pictogramme qui figure ci-contre mérite une explication. Son objet est d'alerter le lecteur sur la menace que représente pour l'avenir de l'écrit, particulièrement dans le domaine de l'édition technique et universitaire, le développement massif du photocopillage.

Le Code de la propriété intellectuelle du 1er juillet 1992 interdit en effet expressément la photocopie à usage collectif sans autorisation des ayants droit. Or, cette pratique s'est généralisée dans les établissements d'enseignement supérieur, provoquant une baisse brutale des achats de livres et de revues, au point que la possibilité même pour les auteurs de créer des œuvres nouvelles et de les faire éditer correctement est aujourd'hui menacée.

Nous rappelons donc que toute reproduction, partielle ou totale, de la présente publication est interdite sans autorisation de l'auteur, de son éditeur ou du Centre français d'exploitation du droit de copie (CFC, 20 rue des Grands-Augustins, 75006 Paris).

DALLOZ

31-35, rue Froidevaux – 75685 PARIS CEDEX 14

Tous droits de traduction, d'adaptation et de reproduction par tous procédés, réservés pour tous pays.

Toute reproduction ou représentation intégrale ou partielle, par quelque procédé que ce soit, des pages publiées dans le présent ouvrage, faite sans l'autorisation de l'éditeur, est illicite et constitue une contrefaçon. Seules sont autorisées, d'une part, les reproductions strictement réservées à l'usage privé du copiste et non destinées à une utilisation collective et, d'autre part, les courtes citations justifiées par le caractère scientifique ou d'information de l'œuvre dans laquelle elles sont incorporées (art. L. 122-4, L. 122-5 et L. 335-2 du Code de la propriété intellectuelle).

© Éditions Dalloz, 1992, 2009
ISBN 978-2-247-08120-2

Sommaire

Principales abréviations VII

Introduction 1

Première partie

Théorie générale des libertés publiques

Titre I. — La notion de libertés publiques

Chapitre 1 : Définition des libertés publiques 10
Chapitre 2 : Les fondements idéologiques des libertés publiques 20
Chapitre 3 : Les classifications des libertés publiques 43

Titre II. — L'histoire des libertés publiques 55

Chapitre 1 : Depuis 1789 : des libertés publiques fondées sur « la » philosophie des droits de l'Homme 56
Chapitre 2 : Depuis 1917 : la remise en cause des libertés publiques 103
Chapitre 3 : Depuis 1948 : l'édification par la communauté internationale d'une conception universelle des libertés publiques 124

Titre III. — Les implications juridiques de la notion de libertés publiques 135

Chapitre 1 : La valeur juridique des libertés publiques : 136
Chapitre 2 : La réglementation des libertés publiques 146
Chapitre 3 : Les garanties des libertés publiques 201

Deuxième partie

Le régime juridique des principales libertés publiques

Titre I. — Les libertés physiques 271

Chapitre 1 : Les libertés confrontées aux sciences de la vie 272
Chapitre 2 : Le droit à la vie privée 310
Chapitre 3 : La liberté d'aller et venir 330

Chapitre 4 : Le droit à la sûreté 379

Titre II. — Les libertés intellectuelles 405

Chapitre 1 : Les libertés d'opinion et d'expression 406
Chapitre 2 : La liberté religieuse 421
Chapitre 3 : La liberté de l'enseignement 438
Chapitre 4 : La liberté de la presse 462
Chapitre 5 : La liberté de communication audiovisuelle 489

Titre III. — Les libertés relationnelles 517

Chapitre 1 : La liberté de réunion 518
Chapitre 2 : La liberté d'association 533

Conclusion générale 551

Bigliographie générale 553

Index thématique 555

Index des noms propres 559

Table des matières 561

Principales abréviations

AFDI	*Annuaire français de droit international*
AJDA	*Actualité juridique, droit administratif*
ALD	*Actualité législative Dalloz*
APD	*Archives de philosophie du droit*
CAA	Cour administrative d'appel
Cass.	Cour de cassation
CC	Conseil constitutionnel
C. civ.	Code civil
CE	Conseil d'État
CEDH	Cour européenne des droits de l'Homme
CESEDA	Code de l'entrée et du séjour des étrangers et du droit d'asile
CJA	Code de justice administrative
CJCE	Cour de justice des communautés européennes
CP	Code pénal
CPP	Code de procédure pénale
CRDF	*Cahiers de la recherche sur les droits fondamentaux*
CSP	Code de la santé publique
D	*Recueil Dalloz*
DA	Droit administratif (précis de..., traité de..., etc.)
DS	*Droit social*
EDCE	*Études et documents du Conseil d'État*
GAJA	*Grands arrêts de la jurisprudence administrative*
GDCC	*Grandes décisions du Conseil constitutionnel*
GP	*Gazette du Palais*
JCA	*Jurisclasseur administratif*
JCP	*La Semaine juridique (jurisclasseur périodique)*
JO	*Journal officiel*
LPA	*Les Petites Affiches*
NCP	nouveau Code pénal
R	*Recueil des décisions du Conseil d'État, du Tribunal des conflits et des jugements des tribunaux administratifs (Recueil Lebon)*
RA	*Revue administrative*
RDP	*Revue du droit public et de la science politique en France et à l'étranger*
RFDA	*Revue française de droit administratif*
RDSS	*Revue de droit sanitaire et social*
RGDIP	*Revue générale de droit international public*
RPDA	*Revue pratique du droit administratif*
RRJ	*Revue de la recherche juridique*
RSC	*Revue de sciences criminelles*
RTDH	*Revue trimestrielle des droits de l'Homme*
RUDH	*Revue universelle des droits de l'Homme*
TA	Tribunal administratif
TC	Tribunal des conflits

Introduction

1) Pourquoi existe-t-il un enseignement de « libertés publiques » ?

Créé en 1954, le cours de « libertés publiques » n'est enseigné obligatoirement en licence en droit que depuis 1962. Des générations de juristes en ont donc été dispensées, alors pourtant que l'existence des grandes libertés était connue depuis longtemps. On ne voyait pas, en effet, l'utilité de consacrer un enseignement spécifique à des libertés qui, pour la plupart, étaient déjà étudiées dans d'autres cours, comme ceux de droit civil, de droit pénal, ou de droit du travail.

Or il est apparu que le découpage du droit en spécialités distinctes, si nécessaire qu'il soit, risquait de transformer les étudiants en de purs techniciens, ignorant cette vérité essentielle que le droit repose sur des valeurs, desquelles il tire son unité profonde. C'est de la volonté de conjurer ce risque qu'est né le cours de « libertés publiques ».

Ce cours se situe en effet au carrefour de plusieurs disciplines enseignées dans les facultés de droit :

– droit public, par l'étude de la Constitution française et de la jurisprudence du Conseil constitutionnel, qui relèvent du droit constitutionnel ; des traités relatifs aux droits de l'Homme, qui relèvent du droit international ; et de la police administrative, de la responsabilité de la puissance publique, ou encore des actes administratifs unilatéraux, qui forment d'importants chapitres du droit administratif ;

– droit privé, grâce au rappel des grands principes du droit pénal et de la procédure pénale, mais aussi par l'analyse de quelques branches du droit civil, comme le droit de propriété, du droit commercial, comme la liberté du commerce et de l'industrie, ou du droit du travail, comme le droit de grève et la liberté syndicale ;

– histoire du droit, notamment à travers la genèse et la destinée de la Déclaration des droits de l'Homme et du Citoyen du 26 août 1789 ;

– philosophie politique, par le rappel des doctrines classiques de Hobbes, Locke, Montesquieu, Rousseau et Marx, et par l'analyse de diverses philosophies qui prétendent actuellement éclairer les libertés publiques.

Ainsi placé au carrefour de plusieurs disciplines, le cours de « libertés publiques » offre donc l'intérêt de regrouper l'étude du régime juridique des différents droits et libertés existant en France. Sans lui, certaines libertés resteraient d'ailleurs dans l'ombre, car traditionnellement la liberté de la presse, la liberté de réunion, ou encore la liberté d'association ne sont étudiées dans aucun autre cours.

Mais au-delà de cette utilité purement pédagogique, il existe une raison plus profonde à l'existence du cours de « libertés publiques ». La pluridisciplinarité qui le caractérise n'est pas, en effet, un but en soi, mais une méthode permettant d'accéder à l'essentiel. Briser les cloisons qui séparent artificiellement les disciplines n'est que le préalable nécessaire à la découverte de leur unité profonde.

Cette unité profonde, le droit la tire des valeurs sur lesquelles il repose, et que le XXe siècle a conceptualisé dans la « philosophie des droits de l'Homme », dont l'âme est de prôner l'absolu respect de la dignité de la personne humaine, sans distinction d'âge, de fortune, d'état de santé, de capacités intellectuelles, d'opinion, de sexe ou de race.

Le juriste doit en prendre conscience, sous peine de risquer de ressembler à ces positivistes qui acceptèrent indifféremment les lois de la République et celles de Vichy, les lois de Weimar et celles des nazis. Le véritable enjeu du cours de « libertés publiques » est précisément d'amener à cette prise de conscience les juristes ainsi que tous ceux que le droit intéresse. Elle constitue en effet la plus sûre garantie d'éviter le retour de « la décadence de la liberté » (titre d'un ouvrage de Daniel Halévy paru en 1931). Dans la lutte incessante qui oppose le respect de la personne humaine à la fascination de la violence, l'humanisme à la barbarie, l'esprit à la matière, le droit ne peut rester neutre. C'est le but assigné au cours de « libertés publiques » que de le faire comprendre, en dispensant une sorte d'instruction civique approfondie à l'usage des juristes.

2) Pourquoi intituler ce manuel « libertés publiques et droits de l'Homme » ?

Les textes de 1954 et de 1962 intitulent « libertés publiques » le cours qu'ils instaurent[1]. Si ce manuel, comme bon nombre de ses prédécesseurs, ajoute l'expression « droits de l'Homme », c'est à la fois pour tenir compte de l'extraordinaire vogue qu'ont connue les « droits de l'Homme » depuis la Seconde Guerre mondiale, et pour souligner que cette expression n'est pas synonyme de celle de « libertés publiques ».

C'est à la suite des atrocités nazies que la philosophie des droits de l'Homme a — définitivement, espérons-le — conquis l'opinion publique. Auparavant, il avait en effet fallu attendre la Troisième République (1870-1940) pour que commencent à être réellement respectés les principes de 1789. Mais même à cette époque, la philosophie des droits de l'Homme avait subi l'âpre concurrence des idéologies prônant l'exclusion et la violence. L'affaire Dreyfus (1894-1900), par exemple, née de l'injuste condamnation pour trahison d'un officier français d'origine juive, avait certes provoqué la création d'une « Ligue des droits de l'Homme », mais aussi mis en évidence la permanence de l'antisémitisme en France. Plus significative encore, la crise des années trente avait montré, notamment par le pullulement des ligues d'extrême droite, la montée en puissance des idées favorables à l'exclusion et à la violence. Le célèbre écrivain Jean Giraudoux avait par exemple soutenu, dans *Pleins pouvoirs* paru en 1939, que les étrangers « dénaturent (notre pays) par leur présence et leur action. Ils l'embellissent rarement par leur apparence personnelle. Nous les trouvons grouillants sur chacun de nos arts ou de nos industries nouvelles et anciennes, dans une génération spontanée qui rappelle celle des puces sur le chien à peine né ». Il faut donc, avait-il conclu, créer un « ministre de la Race », car le pays ne peut être sauvé « que par la race française, et nous sommes pleinement d'accord avec Hitler pour proclamer qu'une politique n'atteint sa forme supérieure que si elle est raciale ». Or l'homme qui écrivit ces lignes n'était hélas pas un marginal : à la veille de la guerre, la Troisième République en fit son commissaire à l'Information.

Depuis 1945, la philosophie des droits de l'Homme est heureusement parvenue à supplanter nettement ses rivales. Au niveau international, plusieurs textes l'érigent en effet en philosophie officielle : Déclaration universelle des droits de l'Homme de

---

1. Un texte de 1990 le rebaptise « libertés fondamentales ». L'innovation est malheureuse, car d'après la jurisprudence du Conseil constitutionnel, seules certaines des libertés publiques doivent être qualifiées de « fondamentales ».

1948 ; Convention européenne de sauvegarde des droits de l'Homme de 1950 ; pactes internationaux relatifs aux droits civils et politiques d'une part, aux droits économiques, sociaux et culturels d'autre part, de 1966 ; acte final de la conférence d'Helsinki de 1975 ; Charte des droits fondamentaux de l'Union européenne de 2000. Et en pratique, elle guide effectivement dans de larges proportions la conduite des relations internationales. Jimmy Carter, président des États-Unis de 1977 à 1981, Jean-Paul II, pape de 1978 à 2005, ou encore Jacques Chirac, président de la République française de 1995 à 2007, ont ainsi montré qu'il est possible d'assumer d'importantes responsabilités tout en s'efforçant de promouvoir les droits de l'Homme. De son côté, le prix Nobel de la paix récompense de plus en plus souvent des défenseurs des droits de l'Homme. En témoignent les prix attribués à René Cassin, inspirateur de la Déclaration universelle de 1948, ou encore à Amnesty International, Sakharov, Walesa, et mère Térésa. Mais le plus réconfortant est de constater que cet ensemble de textes, de pratiques et de prix correspond à l'état d'esprit de la très grande majorité des peuples du monde. La conscience collective est en effet profondément attachée aux droits de l'Homme. La presse, les manifestations populaires, les sondages le prouvent. L'évolution des régimes politiques aussi : ont ainsi successivement chuté en Europe les dictatures d'extrême droite dans les années soixante-dix (Grèce et Portugal en 1974, Espagne en 1975), et les régimes communistes entre 1989 et 1991. En Afrique, plusieurs États ont décidé en 1990 de s'ouvrir au multipartisme, tels le Bénin, la Côte d'Ivoire et le Gabon. Même les pays les plus hostiles aux droits de l'Homme se voient contraints par l'opinion publique d'évoluer : l'Afrique du Sud a libéré Nelson Mandela en 1990, puis a abandonné l'apartheid en 1994 ; le Chili a mis fin, en 1989, à seize années de dictature du général Pinochet ; le régime chinois s'est totalement déconsidéré en écrasant dans le sang, toujours en 1989, une révolution pacifique qui demandait le respect des principes de 1789 ; la Serbie, enfin, a tourné une page noire de son Histoire en livrant à la justice pénale internationale, en 2008, l'ancien chef de guerre Radovan Karadzic, recherché pour avoir organisé un génocide en Bosnie une dizaine d'années plus tôt.

En France, la Constitution du 4 octobre 1958 proclame solennellement l'attachement du peuple français « aux droits de l'Homme... tels qu'ils sont définis par la Déclaration de 1789, confirmée et complétée par le préambule de la Constitution de 1946 ». Cet attachement est sincère, ainsi qu'en témoigne la vitalité de mouvements comme SOS-racisme, la LICRA (ligue contre le racisme et l'antisémitisme), et le MRAP (mouvement contre le racisme et pour l'amitié entre les peuples), ou la gigantesque manifestation populaire du 14 mai 1990 contre le racisme, réunissant à Paris deux cent mille personnes pour protester contre la profanation du cimetière juif de Carpentras. Tous les grands partis politiques français s'accordent en outre à défendre les droits de l'Homme. En 1975, ils ont même déposé chacun à l'Assemblée nationale une proposition de Déclaration relative aux libertés, dans le but de parfaire le système actuel issu de la Déclaration de 1789 et du préambule de 1946. Certes, ces propositions n'ont pas abouti, mais leur existence n'en demeure pas moins significative. Plus récemment, une importante révision constitutionnelle a créé en 2008 un « Défenseur des droits » ainsi qu'un contrôle de constitutionnalité des lois par voie d'exception, assurant ainsi une meilleure protection des libertés.

Ce succès des droits de l'Homme, pour sympathique qu'il soit, ne doit toutefois pas aveugler le juriste. Les « droits de l'Homme » sont en effet un thème mobilisateur mais flou, parce qu'il renvoie à des conceptions philosophiques variées, qui oscillent, comme on le verra, du jusnaturalisme au positivisme. Plus modestes mais en définitive plus réelles apparaissent les « libertés publiques ». Contrairement aux droits de l'Homme, qui relèvent du monde de la philosophie et indiquent ce qui devrait être, les libertés publiques appartiennent en propre à la sphère du droit, et se bornent à dire ce qui est. Elles sont l'ensemble des règles juridiques garantissant l'exercice des droits et libertés dans un État donné.

C'est pourquoi leur évolution est plus facile à suivre que celle, plus impalpable, des droits de l'Homme : il suffit de lire les textes et de les comparer. Mais, une fois repérée l'évolution des libertés publiques, encore faut-il porter sur elle un jugement de valeur. Or celui-ci dépend nécessairement des conceptions philosophiques personnelles de l'intéressé. L'appréciation de l'évolution des libertés publiques renvoie donc fatalement à une prise de position à l'égard des droits de l'Homme. Si, comme nous, on choisit de se rallier à « la », ou plus exactement à « une » philosophie des droits de l'Homme, alors il est permis de prétendre que les « droits de l'Homme » sont le soubassement philosophique des règles juridiques que sont les « libertés publiques ». Distinctes, les deux notions apparaissent donc complémentaires. L'Être ne s'apprécie qu'à la lumière du Devoir-Être. Voilà pourquoi les droits de l'Homme côtoient les libertés publiques dans le titre du présent manuel.

3) Pourquoi lancer sur le marché un nouveau manuel de « libertés publiques et droits de l'Homme » ?

Il existe déjà plusieurs manuels de « libertés publiques et droits de l'Homme » (voir la bibliographie). Si nous voulons ajouter le nôtre, ce n'est pas par souci mercantile : les manuels de droit enrichissent rarement leurs auteurs. C'est parce que face à l'émergence de nouveaux dangers, et à la résurgence d'anciens, nous souhaitons apporter notre contribution à la défense des libertés publiques et des droits de l'Homme.

De nouveaux dangers menacent en effet les libertés publiques. Jacques Fauvet, dans sa préface au sixième rapport d'activité de la CNIL, constate ainsi en 1985 que « la personne se trouve de plus en plus confrontée à trois pouvoirs nouveaux ou grandissants : le pouvoir bureaucratique, le pouvoir médiatique, et le pouvoir scientifique ». Certes, des garde-fous sont déjà en place : le médiateur depuis 1973, la Commission d'accès aux documents administratifs (CADA) et la Commission nationale de l'informatique et des libertés (CNIL) depuis 1978, s'efforcent de désamorcer les dangers liés à la progression du pouvoir bureaucratique ; la création en 1989 du Conseil supérieur de l'audiovisuel (CSA), disposant de prérogatives accrues par rapport à ses devancières — la Haute Autorité (1982-1986) et la Commission nationale de la communication et des libertés (1986-1989) —, marque une étape importante dans la lutte menée par le droit pour s'assujettir le pouvoir médiatique ; un « comité consultatif national d'éthique pour les sciences de la vie et de la santé » tente pour sa part depuis 1983 de convaincre le pouvoir scientifique de respecter un minimum d'éthique. Mais des problèmes subsistent dans chacun de ces trois domaines : la bureaucratie profite de l'affligeante lenteur de la justice administrative et de la timidité avec laquelle sont accordées les suspensions, quand elle ne refuse pas purement et simplement d'exécuter les décisions juridictionnelles ; le poids de l'État et des groupes de pression sur les médias demeure souvent préoccupant ; quant aux scientifiques, beaucoup exploitent le vide juridique pour se livrer à d'inquiétantes expériences et manipulations.

Parallèlement à l'émergence de ces nouveaux dangers, on assiste depuis la fin de la Quatrième République à la résurgence des anciens qu'on croyait écartés.

La violence organisée, prospère sous Vichy, a reparu lors de la guerre d'Algérie (1954-1962) avec son cortège de camps d'internement, de tortures, et d'exécutions sommaires. Aujourd'hui encore, la possibilité de prolonger jusqu'à six jours, dans les affaires de terrorisme, la garde à vue, alors que celle-ci ne dure normalement que vingt-quatre heures, n'est-elle pas une certaine forme de violence organisée ? Dire, pour la défendre, que « la fin justifie les moyens » est en effet s'engager dans un dangereux engrenage, qui peut aboutir à légitimer la torture.

Plus généralement, la tentation des solutions expéditives séduit dangereusement les magistrats et les responsables du maintien de l'ordre. De 1963 à 1981, la « Cour de sûreté de l'État », mise en place à l'initiative du général de Gaulle, a jugé — et parfois condamné à mort — les auteurs d'infractions politiques au mépris d'un certain nombre de principes de notre droit pénal. L'article 16 de la Constitution, donnant les pleins pouvoirs au président de la République en cas de crise, et la loi de 1955 sur l'état d'urgence, d'une constitutionnalité douteuse, ont été utilisés respectivement en 1961 et en 2005. Malgré de nombreuses lois, dont certaines n'ont jamais été appliquées, la détention provisoire continue pour sa part à être infligée de façon systématique, au mépris du principe de présomption d'innocence. Quant aux écoutes téléphoniques, la pratique qui consistait à les tolérer en l'absence de loi les autorisant clairement a valu à la France d'être condamnée en 1990 par la Cour européenne des droits de l'Homme. Plus récemment, une loi de 2003 facilite imprudemment, au nom de la « sécurité intérieure », les réquisitions préfectorales, les « visites » de véhicules et, pour les besoins des enquêtes judiciaires, la constitution de fichiers informatiques d'informations nominatives et d'empreintes génétiques.

Enfin, la tentation de l'exclusion, triomphante avec les lois antisémites de Vichy, ressurgit à son tour. Certes, elle n'a jamais été totalement absente. C'est ainsi une loi de 1912 ouvertement raciste qui a régi jusqu'en 1969 la condition juridique des nomades. Mais elle connaît un net retour en force depuis le début des années quatre-vingt, à la faveur de l'immigration et de l'apparition du SIDA. Certes, notre droit a su résister à la proposition faite par certains, et notamment par le Front national, d'isoler les malades du SIDA. En revanche il résiste moins bien à la tentation — distillée là encore par le Front national — d'exclure les étrangers. C'est ainsi que des lois de 1993, de 2003 et de 2006 ont supprimé certaines garanties essentielles en matière d'expulsion et de reconduite à la frontière, multipliant par là même les risques d'arbitraire.

Ce portrait un peu sombre ne doit toutefois pas donner une idée fausse de la réalité : la France demeure malgré tout l'un des pays dans lesquels les libertés sont le mieux protégées. Et c'est aussi pour faire prendre conscience au lecteur de sa chance que ce livre est écrit. De notre vigilance à tous dépend en effet la préservation de nos libertés. Car comme le rappelle Karl Jaspers, « un peuple est responsable de la politique de son gouvernement ».

4) Plan de l'ouvrage

La première partie est consacrée à *la théorie générale des libertés publiques.*

La seconde partie étudie *le régime juridique des principales libertés publiques.*

Première partie

Théorie générale des libertés publiques

La théorie générale des libertés publiques consiste à analyser la notion de libertés publiques (titre I), à retracer l'histoire des libertés publiques (titre II), et à exposer les implications juridiques de la notion de libertés publiques (titre III).

Titre I

La notion de libertés publiques

Pour cerner les « libertés publiques », il convient d'en proposer une définition (chapitre 1), de rechercher leurs fondements idéologiques (chapitre 2), et de rappeler les diverses classifications dont elles ont fait l'objet (chapitre 3).

Chapitre 1

Définition des libertés publiques

La notion de « libertés publiques » est hélas l'une des plus floues parmi celles qu'utilise le droit français. Cela provient de ce qu'il n'existe pas en France de définition légale des libertés publiques. Cette lacune est regrettable, car il est plus difficile de protéger ce que l'on a omis de définir. Le législateur est d'autant moins excusable que l'article 34 de la Constitution lui confie la fixation des « règles concernant... les garanties fondamentales accordées aux citoyens pour l'exercice des libertés publiques ». On peut estimer que cette formule lui réserve la compétence de définir les libertés publiques, dans la mesure où leur définition conditionne l'effectivité des garanties fondamentales accordées pour leur exercice. Lors de l'élaboration de la Constitution, le Comité consultatif constitutionnel avait d'ailleurs souligné l'étroite complémentarité existant entre définition et garanties des libertés publiques.

L'absence de définition légale est d'autant plus regrettable que l'expression « libertés publiques » est pourtant couramment employée en droit français. Au singulier, la « liberté publique » apparaît dans la Constitution montagnarde du 24 juin 1793, puis dans la Charte du 4 juin 1814 octroyée par Louis XVIII. Au pluriel, les « libertés publiques » figurent pour la première fois dans la Constitution du Second Empire du 14 janvier 1852. L'expression se généralise dès la Troisième République, puisqu'on la trouve notamment dans les lois de 1881 sur la presse et la liberté de réunion, et dans la loi de 1901 sur la liberté d'association. Dès lors consacrée, elle pénètre tout naturellement, sous la Quatrième République, dans la Constitution du 27 octobre 1946, à l'article 72. Puis elle retient l'attention du Conseil d'État dans son intéressant avis du 13 août 1947. Sous la Cinquième République, son succès ne se dément pas puisqu'on la trouve non seulement, comme nous l'avons vu, dans l'article 34 de la Constitution du 4 octobre 1958, mais aussi dans ses articles 72, 73 et 74 issus de la révision du 28 mars 2003, de même que dans de nombreuses lois. C'est ainsi que les célèbres lois du 11 juillet 1979, sur la motivation de certains actes administratifs, et du 2 mars 1982, sur la décentralisation, la mentionnent expressément. La jurisprudence, tant judiciaire qu'administrative[1], y fait aussi référence, même si elle préfère parfois l'expression « libertés fondamentales »[2].

---

1. Par exemple CA Caen, 28 juin 1977, *AJDA* 1977.557, et CE, Sect., 25 mars 1983, Époux Mousset, *AJDA* 1983.327. Et aussi : CE, Sect., 9 juill. 1997, Assoc. Ekin, *AJDA* 1998.374, et CA Lyon, 28 juill. 1997, Veau, *JCP* 1998, n° 10025.
2. Notamment en matière de voies de fait : Civ. 1re, 28 nov. 1984, *RFDA* 1985.760, et CE, Ass., 8 avr. 1987, Peltier, *AJDA* 1987.327.

On le voit, les « libertés publiques » sont donc si souvent mentionnées par le droit positif qu'il est nécessaire d'en donner une définition. La méthode de recherche la plus sûre paraît être de commencer par rappeler les définitions de la « liberté » (section 1), puis de critiquer les définitions classiques des « libertés publiques » (section 2), pour proposer enfin la définition que nous croyons la plus conforme au droit positif (section 3).

Section 1
Définitions de la liberté

Il existe de multiples définitions de la liberté. Dans le cadre d'un manuel de libertés publiques, il n'est évidemment pas question de les reprendre toutes. On se bornera donc à rappeler les deux définitions les plus couramment acceptées.

§ 1. La définition ontologique

La définition ontologique se place sous l'angle du rapport de l'homme et du monde. Elle consiste à présenter la liberté comme un pouvoir d'autodétermination, en vertu duquel l'homme choisit lui-même son comportement personnel. Ainsi définie, la liberté s'oppose au déterminisme. L'Église catholique, Descartes, Sartre figurent parmi ceux qui pensent que l'homme est libre, en ce sens qu'il est maître de son destin, qu'il échappe à tout déterminisme. À l'inverse, Calvin, Hegel, Comte sombrent dans le déterminisme, en faisant de l'homme le jouet de la prédestination, du mouvement de l'Esprit, ou de la loi des trois états.

Cette première définition présente un intérêt non négligeable pour l'éclaircissement de la notion de libertés publiques, si on accepte de la faire descendre de ses hauteurs métaphysiques. Elle permet en effet de souligner que « droits » et « libertés » ne sont pas synonymes. L'expression « droits » est beaucoup plus compréhensive que le mot « libertés ».

Les « libertés », on vient de le voir, sont toujours des pouvoirs d'autodétermination, c'est-à-dire des pouvoirs que l'homme exerce sur lui-même. Par exemple, la liberté d'aller et venir s'analyse comme le pouvoir, exercé sur soi-même, de se déplacer. Les libertés s'exercent donc par essence dans l'indépendance, sans que l'intervention d'autrui soit nécessaire. Théoriquement, elles n'exigent d'autrui qu'une attitude d'abstention, de non-entrave, pour s'accomplir, et nullement un comportement positif, une obligation d'agir.

Les « droits », quant à eux, recouvrent sous une même appellation deux types de pouvoirs très différents l'un de l'autre. Tantôt, ils désignent des pouvoirs d'autodétermination, et apparaissent comme des libertés. « Droits » et « libertés » sont alors synonymes. Ainsi n'existe-t-il par exemple aucune différence entre le droit d'aller et venir et la liberté d'aller et venir. Toute liberté est d'ailleurs susceptible d'être qualifiée de droit. Tantôt, les « droits » désignent des pouvoirs que l'homme n'exerce pas sur lui-même, mais sur autrui. Ils se différencient alors des libertés, car sous ce second sens ils se rapportent à des pouvoirs d'exiger d'autrui un comportement positif, et non pas simplement une abstention. Le droit de créance, institution classique de notre droit civil, en constitue un exemple, puisqu'il s'analyse comme le pouvoir du créancier d'exiger du débiteur qu'il s'acquitte de sa dette.

Les « libertés publiques », leur nom l'indique et notre tradition juridique le confirme, n'englobent que les « libertés », c'est-à-dire des pouvoirs d'autodétermination, des « droits » au premier sens du terme. Les droits au deuxième sens du terme, et notamment les droits-créances sur la société (droit à la subsistance, droit à la santé, droit à la culture...) n'en font pas partie. Tel est l'enseignement qu'on peut tirer de la définition ontologique de la liberté.

§ 2. La définition politique

La définition politique se place sous l'angle du rapport de l'homme et du pouvoir. Elle consiste à présenter la liberté comme la sphère d'action qui échappe à la contrainte sociale. Ainsi définie, la liberté s'oppose à la servitude.

Si on pousse plus loin l'analyse, cette liberté au sens politique peut revêtir deux acceptions.

Elle peut être conçue comme une liberté-participation. La « liberté-participation » est la faculté pour le gouverné de devenir gouvernant. Le gouverné échappe alors à la contrainte sociale en devenant maître de son devenir politique. Il est donc libre en ce sens qu'il n'obéit qu'à lui-même. Cette conception de la liberté-participation est liée à l'idéologie démocratique, dont Rousseau demeure le représentant le plus célèbre. L'idéologie démocratique prône la démocratie, qu'on peut définir sommairement comme le pouvoir des gouvernés.

La liberté au sens politique peut aussi être conçue comme une liberté-autonomie. La « liberté-autonomie » est la sphère d'autonomie individuelle du gouverné, résultant de l'interdiction faite au gouvernant de franchir certaines limites. Le gouverné échappe alors à la contrainte sociale non pas en participant à la prise de décision, comme dans la liberté-participation, mais en cantonnant le pouvoir du gouvernant dans des limites précises. Il est donc libre en ce sens que le pouvoir ne peut pas s'immiscer dans sa sphère d'autonomie. Cette conception de la liberté-autonomie est liée à l'idéologie libérale, dont Locke au XVIIe siècle, Friedrich Hayek de nos jours, comptent parmi les représentants les plus célèbres. L'idéologie libérale prône le libéralisme, qu'on peut définir sommairement comme l'autonomie des gouvernés.

Ces deux acceptions de la « liberté » au sens politique sont très différentes. Pour le libéralisme, en effet, l'individu est l'adversaire de l'État, alors que dans la démocratie, le citoyen s'approprie l'État. Elles peuvent donc s'opposer. Chez Rousseau, par exemple, la liberté-participation exclut dans une large mesure la liberté-autonomie, la volonté générale pouvant s'immiscer dans les consciences en imposant une « religion civile ». Dans la Constitution de 1791, inversement, la consécration de la liberté-autonomie s'accompagne de la négation de la liberté-participation, par le refus du suffrage universel. Mais elles peuvent aussi, heureusement, s'accorder. En témoignent les « démocraties libérales », dans lesquelles coexistent la liberté-participation et la liberté-autonomie.

Cette distinction entre liberté-participation et liberté-autonomie, à laquelle aboutit la définition politique de la liberté, est d'un intérêt primordial pour l'éclaircissement de la notion de libertés publiques. La liberté-participation débouche en effet sur les

« libertés politiques » (droit de voter, droit d'être élu...) qui permettent aux gouvernés de participer à la prise de décision, alors que la liberté-autonomie mène aux « libertés publiques » (droit d'aller et venir, droit à la sûreté...), qui délimitent la sphère d'autonomie juridiquement protégée contre autrui, et notamment contre le pouvoir. « Libertés politiques » et « libertés publiques » ne coïncident donc pas. Elles ont chacune leur logique propre, ce que les programmes universitaires traduisent en intégrant l'étude des premières dans le cours de droit constitutionnel, et en réservant aux secondes un enseignement spécifique.

La conclusion à laquelle amène l'analyse de la définition politique de la liberté est donc que les « libertés publiques » ne recouvrent pas les libertés politiques. On ne reparlera par conséquent de ces dernières qu'incidemment. Bien entendu, cela ne signifie pas qu'elles soient sans importance. La conception occidentale de la démocratie exige en effet que les libertés politiques soient garanties tout autant que les libertés publiques. Mais un enseignement de libertés publiques doit résister à la tentation de déborder son objet. Les meilleures intentions aboutissent aux pires résultats, si elles engendrent des idées confuses.

Section 2
Les définitions critiquables des libertés publiques

Devant le silence du législateur, doctrine et jurisprudence ont dû se risquer à proposer des définitions des libertés publiques. Il est évidemment hors de question de les mentionner toutes. On se bornera à signaler ici celles qui, en leur temps, ont été les plus remarquées, en expliquant pourquoi elles nous semblent critiquables.

§ 1. Les définitions trop restrictives

Certaines définitions, séduisantes par leur simplicité, ont toutefois le défaut d'exclure involontairement certaines libertés de la famille des libertés publiques.

C'est par exemple le cas de la définition retenue, en juillet 1984, par l'exposé des motifs du projet de révision constitutionnelle. Selon lui, les libertés publiques sont les libertés énumérées par la Déclaration de 1789 et par le préambule de la Constitution de 1946. Sont ainsi oubliées les libertés auxquelles notre droit positif accorde le statut de libertés publiques, bien qu'elles ne soient expressément mentionnées ni par la Déclaration ni par le préambule. Tel est par exemple le cas de la liberté d'association.

Une autre définition trop restrictive est celle proposée par M. Braud dans sa thèse *La Notion de liberté publique en droit français*[1]. D'après cet auteur, les libertés publiques peuvent se définir comme les obligations juridiques de l'État qui sont posées par des normes à valeur constitutionnelle, et qui sont constitutives de droits au profit des particuliers. C'est oublier que certaines libertés, comme par exemple le droit d'avorter, constituent à l'heure actuelle des libertés publiques tout en étant consacrées par des normes à valeur simplement législative, et non constitutionnelle. D'ailleurs, historiquement aucune des libertés publiques n'avait valeur constitution-

1. Ph. Braud, *La Notion de liberté publique en droit français*, LGDJ, 1968, p. 41 et 305.

nelle sous la Troisième République ; la définition de M. Braud aboutit donc à estimer qu'il n'existait pas de libertés publiques à cette époque, point de vue qu'il est difficile de partager. En réalité, cette définition correspond plus à un souhait de l'auteur qu'à l'état du droit positif.

§ 2. LES DÉFINITIONS TROP EXTENSIVES

D'autres définitions présentent à l'inverse le défaut d'étendre à l'excès la notion de libertés publiques. Le souci humaniste d'englober dans la notion le plus de droits et libertés possible conduit en effet à la dénaturer.

L'exemple le plus net est fourni par la définition de M. Roche. Selon cet auteur, les libertés publiques sont l'ensemble « des droits fondamentaux qui, dans un État moderne et libéral, sont indispensables à une véritable Liberté » [1]. Cette conception l'amène à considérer comme des libertés publiques non seulement les libertés qui s'analysent à la fois en pouvoirs d'autodétermination et en libertés-autonomie, mais aussi les libertés politiques, qui correspondent pourtant à la logique très différente de la liberté-participation, et même les droits-créances sur la société, dont nous avons vu qu'ils ne sont pas des libertés. M. Roche manifeste ainsi le souci très estimable de rassembler tous les droits nécessaires au respect de la dignité humaine, mais encourt le reproche de transformer les « libertés publiques » en une notion tellement hétérogène qu'elle perd toute consistance juridique.

En réalité, la notion de « droits fondamentaux », que le Conseil constitutionnel utilise depuis 1990 [2], doit être soigneusement distinguée de celle de « libertés publiques ». Beaucoup plus compréhensive, elle désigne l'ensemble des droits qui sont réputés « fondamentaux » parce qu'ils paraissent nécessaires à l'épanouissement de la personne humaine. Ainsi définis, les droits fondamentaux sont très divers. Ils regroupent aussi bien les pouvoirs d'autodétermination de la personne humaine, qui expriment sa liberté-autonomie (« libertés publiques ») et sa liberté-participation (« libertés politiques »), que les principaux droits-créances exercés par l'individu sur la société, ainsi que le principe d'égalité [3]. On voit donc que si toutes les libertés publiques sont bien des droits fondamentaux, en revanche tous les droits fondamentaux ne sont pas nécessairement des libertés publiques.

---

1. J. Roche, *Libertés publiques*, « Mémentos », Dalloz, 8e éd., 1987, p. 7. Très proche, la définition proposée par l'arrêt de la cour d'appel de Caen du 28 juin 1977, préc., note 1, encourt les mêmes critiques : « droits reconnus et aménagés par l'autorité publique ».

2. CC 22 janv. 1990, Égalité entre Français et étrangers, *RFDA* 1990.406.

3. Cette diversité amène certains auteurs à préconiser le remplacement des libertés publiques, qu'ils jugent archaïques et étriquées, par les droits fondamentaux : cf. É. Picard, n° spécial, *AJDA* 1998.6 à 42 ; et L. Favoreu (et autres), *Droit constitutionnel*, Dalloz, 5e éd., 2002. On peut leur objecter que le droit positif persiste pourtant à accorder une protection spécifique aux libertés publiques (cf. *infra*, section 3, § 4). D'autre part, le concept de droits fondamentaux présente l'inconvénient d'être beaucoup plus flou que celui de libertés publiques : L. Favoreu, dans une démarche clairement inspirée du positivisme juridique, définit en effet les droits fondamentaux comme « les droits et libertés protégés par des normes constitutionnelles ou (et) européennes et internationales » et qui sont « justiciables », c'est-à-dire « susceptibles d'être mis en œuvre par un juge » (*op. cit.*, p. 730 et 736) ; alors que É. Picard, dans une perspective implicitement jusnaturaliste, préfère les définir comme « des droits assez essentiels pour fonder et déterminer... l'ordre juridique tout entier », qui s'expriment « soit par le canal » de la hiérarchie formelle des normes, « soit en dehors d'elle, voire à son encontre » (*op. cit.*, p. 8 et 9).

Section 3
Définition proposée

Si les définitions que nous venons de rappeler nous paraissent critiquables, c'est en définitive parce qu'elles s'éloignent du droit positif. Or une définition juridiquement utile ne doit pas correspondre aux aspirations personnelles de celui qui la forge, mais avant tout à l'état du droit positif. La critique éventuelle de l'état du droit positif ne doit venir qu'ensuite.

Une définition exacte des libertés publiques ne peut donc être élaborée qu'à partir de l'état actuel du droit positif, c'est-à-dire de l'énumération des libertés que le droit positif considère comme des libertés publiques. Par chance, cette énumération a déjà été faite par le Conseil d'État, dans son avis du 13 août 1947. Selon le Conseil d'État, les libertés publiques recouvrent deux catégories de libertés. D'une part les libertés qui se rattachent à la notion classique de « liberté individuelle », c'est-à-dire celles dont la personne humaine peut jouir individuellement, isolément, comme la liberté d'aller et venir ou le droit à la sûreté. D'autre part « les grandes libertés qui, n'étant pas limitées à l'individu seul, se manifestent au dehors et comportent l'action de coparticipants ou l'appel au public », sept exemples étant donnés par le Conseil d'État : liberté de réunion, liberté d'association, liberté syndicale, liberté de la presse, liberté d'expression, liberté religieuse, liberté de l'enseignement.

Cette énumération donne de précieuses indications pour la formulation d'une définition des libertés publiques. Elle confirme en effet que notre droit positif ne considère comme des libertés publiques que les droits qui s'analysent à la fois en pouvoirs d'autodétermination et en libertés-autonomie. Partant de ce constat, une étude plus approfondie du droit positif permet de s'apercevoir que les droits ainsi délimités jouissent de garanties juridiques spécifiques.

Une définition exacte devant prendre en compte toutes ces données, nous sommes donc amenés à proposer la définition suivante : les libertés publiques sont les pouvoirs d'autodétermination qui visent à assurer l'autonomie de la personne humaine, sont reconnus par des normes à valeur au moins législative, et bénéficient d'un régime juridique de protection renforcée même à l'égard des pouvoirs publics.

Pour plus de clarté, il est utile de disséquer les cinq éléments de cette définition.

§ 1. « Les pouvoirs d'autodétermination... »

Ce sont, comme on l'a vu, des pouvoirs que l'homme exerce sur lui-même, sans que l'intervention d'autrui, et notamment de l'État, soit nécessaire. Concrètement, l'individu va où il veut, pense et exprime ce qu'il veut, se réunit ou s'associe avec qui il veut, sans que l'intervention de quiconque soit sollicitée. Les pouvoirs d'autodétermination n'exigent d'autrui, pour s'accomplir, qu'une attitude d'abstention, de non-entrave.

Ce premier élément de la définition permet donc d'exclure des libertés publiques les droits-créances sur la société, lesquels exigent au contraire d'autrui un comportement positif pour s'accomplir. Le droit à la subsistance, le droit à la santé, le droit à la culture, pour ne prendre que ces trois exemples, resteraient de vains mots si la société n'intervenait pas pour mettre en place un revenu minimum d'insertion, une Sécurité sociale, ou un réseau de bibliothèques et de musées.

D'aucuns objecteront que la société intervient aussi pour faciliter l'exercice des pouvoirs d'autodétermination. C'est elle qui délivre les passeports nécessaires pour aller dans certains pays, c'est elle qui accorde des prérogatives aux syndicats les plus représentatifs, c'est encore elle qui « reconnaît d'utilité publique » les associations qui lui semblent les plus dignes d'encouragement. Certes. Mais l'intervention de la société ne fait en réalité que faciliter voire discipliner l'exercice de ces libertés, lesquelles existeraient même sans elle. Essentiellement différente est la situation des droits-créances, auxquels l'intervention de la société permet tout simplement d'exister.

On entrevoit ici le danger qu'il y aurait à faire coexister sous le label « libertés publiques » les pouvoirs d'autodétermination et les droits-créances. L'État joue un rôle accessoire à l'égard des premiers, un rôle essentiel vis-à-vis des seconds[1]. Les confondre dans une même notion effacerait cette différence fondamentale, et inciterait l'État à se croire dispensateur des pouvoirs d'autodétermination.

On qualifie souvent les pouvoirs d'autodétermination de « libertés-résistances ». Cette expression imagée a certes un peu vieilli, car dans nos démocraties occidentales on ne considère plus l'État comme un ennemi auquel il faudrait résister. Elle conserve toutefois le mérite d'exprimer clairement que les pouvoirs d'autodétermination, contrairement aux droits-créances, existent indépendamment de l'État, et au besoin, s'il s'avise d'essayer de s'en rendre maître, contre lui. C'est cette idée fondamentale qu'obscurcissent ceux qui, sous prétexte d'humanisme, veulent mélanger les droits-créances avec les pouvoirs d'autodétermination.

Il est certes exact que les pouvoirs d'autodétermination ne suffisent pas à assurer la dignité de la personne humaine. Les droits-créances sont eux aussi nécessaires[2], et nous n'entendons pas minimiser leur importance. Il faut simplement prendre conscience qu'ils ne sont pas, et ne peuvent pas être, des « libertés publiques » au sens que revêt cette expression en droit positif.

§ 2. « ... QUI VISENT À ASSURER L'AUTONOMIE DE LA PERSONNE HUMAINE... »

Au premier abord ce second élément de la définition peut paraître redondant. On estime souvent, en effet, que les pouvoirs d'autodétermination visent nécessairement à assurer l'autonomie de la personne humaine. En d'autres termes, ils correspondraient inévitablement à la logique de la liberté-autonomie.

En réalité, certains penseurs estiment, dans le droit fil de Rousseau, que s'autodéterminer signifie participer au pouvoir. Pour eux, les pouvoirs d'autodétermination correspondent donc à la logique de la liberté-participation, et non à celle de la liberté-autonomie.

C'est ce qui explique l'utilité du second élément de notre définition. Il permet de mettre en lumière que les « libertés publiques », au sens où le droit positif entend ce terme, n'englobent que les pouvoirs d'autodétermination qui correspondent à la

---

1. Ce que Raymond Aron résume ainsi : les libertés-résistances tendent à « limiter l'État pour libérer les individus », alors que les droits-créances tendent à « donner tous les pouvoirs à l'État pour qu'il assure la sécurité et le niveau de vie de tous » (*Études politiques*, Gallimard, 1972, p. 233).

2. Point de vue partagé par Raymond Aron, mais non par Friedrich Hayek, qui pense que les droits-créances mènent au totalitarisme.

logique de la liberté-autonomie. N'en font donc pas partie les libertés politiques (droit de voter, droit d'être élu...), dans la mesure où, même si elles s'analysent bien comme des pouvoirs d'autodétermination (ce dont on pourrait discuter), ce sont des pouvoirs d'autodétermination qui correspondent à la logique de la liberté-participation.

§ 3. « ... SONT RECONNUS PAR DES NORMES À VALEUR AU MOINS LÉGISLATIVE... »

L'expression « libertés publiques » désigne une réalité de notre droit positif. Il faut donc compléter les deux premiers éléments de notre définition, qui sont purement philosophiques, par des éléments juridiques.

Le troisième élément a précisément pour fonction de rendre compte de la valeur juridique qu'on reconnaît en France aux libertés publiques. Traditionnellement, les libertés publiques sont reconnues par des normes à valeur législative. Cette tradition se perpétue de nos jours, puisque l'article 34 de notre Constitution réserve à la loi le pouvoir de proclamer l'existence de nouvelles libertés publiques. C'est ainsi, par exemple, qu'une loi du 17 janvier 1975 a consacré la valeur législative de cette nouvelle liberté publique qu'est le droit d'avorter.

Cette exigence d'une valeur législative est évidemment très protectrice des libertés publiques, puisqu'elle interdit au pouvoir réglementaire de les supprimer. Elle est toutefois rapidement apparue insuffisante, dans la mesure où elle n'offre aucune garantie contre l'arbitraire éventuel du pouvoir législatif lui-même.

C'est pourquoi le Conseil constitutionnel, créé par la Constitution de 1958, s'est employé depuis 1971 à conférer une valeur constitutionnelle à la plupart des libertés publiques. On reviendra en détail sur cette évolution dans le titre II. Ce qu'il faut retenir pour l'instant, c'est qu'à l'heure actuelle la grande majorité des libertés publiques, y compris des plus récentes, ont une valeur constitutionnelle qui permet de les protéger contre toute atteinte, d'où qu'elle vienne. Les autres libertés publiques, comme le droit d'avorter, continuent à n'avoir qu'une valeur législative qui les expose au risque d'être supprimées par le législateur.

§ 4. « ... ET BÉNÉFICIENT D'UN RÉGIME JURIDIQUE DE PROTECTION RENFORCÉE... »

La grande caractéristique juridique des libertés publiques est de faire l'objet d'une protection renforcée. Cette protection renforcée est constituée par plusieurs garanties dont certaines sont spécifiques.

Les garanties non spécifiques sont les plus faciles à repérer. Il s'agit tout d'abord de la compétence, réservée au législateur par l'article 34 de la Constitution, de fixer « les règles concernant... les garanties fondamentales accordées aux citoyens pour l'exercice des libertés publiques ». Cette formule réserve à la loi le pouvoir de déterminer les principales conditions d'exercice de toutes les libertés publiques, y compris de celles auxquelles le Conseil constitutionnel a reconnu une valeur constitutionnelle. Pour importante qu'elle soit, cette garantie n'a rien de spécifique, car l'article 34 réserve à la loi d'autres compétences, dont beaucoup n'ont rien à voir avec les libertés publiques.

Les deux garanties majeures créées par la révision constitutionnelle du 23 juillet 2008 relèvent d'une logique identique : le Conseil Constitutionnel, dans le cadre d'un contrôle de constitutionnalité des lois par voie d'exception (art. 61-1 de la Constitution), et le Défenseur des droits (art. 71-1) peuvent en effet être saisis quand des « droits et libertés » sont en cause. L'expression renvoie certes au premier chef aux libertés publiques, mais englobe également d'autres droits.

De même, les libertés publiques ont vocation à être protégées par la Charte des droits fondamentaux de l'Union européenne du 7 décembre 2000. Mais cette garantie n'est pas, elle non plus, spécifique. La Charte, en effet, ne protège pas seulement les libertés publiques, mais aussi les principaux droits-créances.

Dans la même optique, le projet de juillet 1984, qui tendait à réviser l'article 11 de la Constitution, n'aurait pas non plus donné naissance à une garantie spécifique s'il avait abouti. Il visait en effet à permettre au président de la République de soumettre au référendum les projets de loi concernant les garanties fondamentales des libertés publiques. Or l'article 11 permet déjà d'organiser des référendums dans d'autres domaines.

Des garanties spécifiques existent toutefois. Au niveau international, plusieurs traités concernent exclusivement la protection des libertés publiques (et politiques). Les plus importants sont la Convention européenne de sauvegarde des droits de l'Homme du 4 novembre 1950 et le Pacte international relatif aux droits civils et politiques du 19 décembre 1966, que la France a ratifiés.

Et à l'échelon national, les juridictions françaises ont développé des jurisprudences originales, dont l'unique objet est de protéger les libertés publiques. Il s'agit notamment de la jurisprudence Benjamin[1], qui sanctionne les mesures de police administrative lorsqu'elles sont disproportionnées par rapport aux troubles à éviter, et de la jurisprudence relative aux voies de fait, qui transfère au juge judiciaire la connaissance des agissements arbitraires de l'administration. La jurisprudence a également estimé que les « libertés fondamentales », dont la loi du 30 juin 2000 confie la protection au juge administratif, dans le cadre du référé-liberté, englobent l'ensemble des libertés publiques mais non les droits-créances[2].

Enfin, la révision constitutionnelle du 28 mars 2003 les érige en noyau dur des principes républicains en interdisant aux collectivités territoriales et aux départements et régions d'outre-mer de porter atteinte aux « conditions essentielles d'exercice d'une liberté publique » (art. 72 et 73 de la Constitution), et en exigeant des « collectivités d'outre-mer » qu'elles profitent de leur autonomie « dans le respect des garanties accordées sur l'ensemble du territoire national pour l'exercice des libertés publiques » (art. 74).

L'ensemble de ces garanties seront étudiées plus en détail dans le titre III. Ce dont on doit se convaincre ici est simplement que les libertés publiques bénéficient grâce à elles d'un régime juridique de protection renforcée.

---

1. CE 19 mai 1933, Benjamin, *GAJA*.
2. CE 3 mai 2002, Assoc. de réinsertion sociale du Limousin, *AJDA* 2002.818 : le droit au logement (droit-créance) n'est pas une liberté fondamentale au sens de cette loi. CE 8 sept. 2005, Min. de la Justice, *AJDA* 2006.376 : le droit à la santé non plus.

§ 5. « ... MÊME À L'ÉGARD DES POUVOIRS PUBLICS »

La protection renforcée dont jouissent les libertés publiques est d'autant plus précieuse qu'elle s'impose non seulement aux personnes privées mais aussi aux pouvoirs publics.

Qu'elle s'impose aux personnes privées (« effet horizontal ») n'est pas douteux, car en tant que pouvoirs d'autodétermination les libertés publiques exigent d'autrui, pour s'exercer, une attitude d'abstention, de non-entrave. Même celles des personnes privées qui détiennent des prérogatives de puissance publique sont soumises à cette obligation de non-entrave. Le Conseil d'État l'a nettement rappelé dans un arrêt célèbre[1], en annulant les dispositions réglementaires par lesquelles le conseil supérieur d'un ordre professionnel entendait limiter abusivement la liberté d'expression des membres de sa profession.

En revanche, que cette protection renforcée des libertés publiques s'impose aussi aux pouvoirs publics (« effet vertical ») peut s'avérer moins évident. C'est pourquoi il est bon que notre définition le précise expressément.

Une distinction classique oppose en effet État de police et État de droit. Dans l'État de police, les règles protectrices des libertés ne s'imposent qu'aux personnes privées, alors que dans l'État de droit elles s'imposent aussi aux pouvoirs publics[2].

Les libertés publiques ne peuvent donc se développer pleinement que dans un État de droit. Fort heureusement, la France, comme les autres démocraties occidentales, est un État de droit. En effet, le pouvoir exécutif et l'administration doivent respecter, sous le contrôle du juge, les libertés publiques, puisqu'on a vu qu'elles ont toujours une valeur au moins législative. Quant au pouvoir législatif, il a certes longtemps transformé, selon la fameuse expression de Carré de Malberg, l'État de droit en « État légal » en s'affranchissant du respect des règles à valeur constitutionnelle. Mais la vigilance dont fait preuve aujourd'hui le Conseil constitutionnel a su le ramener à la raison, et restaurer l'État de droit.

---

1. CE 29 juill. 1950, Comité de défense des libertés professionnelles des experts-comptables brevetés par l'État, *GAJA*.

2. L'État de droit est l'État qui, étant à la fois esclave et protecteur des libertés, tire sa légitimité de son aptitude à les développer, et à s'y soumettre. Pour que cette « mission-soumission » caractéristique de l'État de droit soit menée à bien, deux conditions doivent être réunies. Il faut d'une part que l'action des gouvernants soit enserrée dans une hiérarchie des normes, au sommet de laquelle figure la déclaration des droits, d'autre part que les juges soient suffisamment indépendants pour en sanctionner la méconnaissance.

Rappelons que du point de vue de l'idéologie démocratique (cf. *supra*, section 1, § 2), l'État de droit n'est légitime que s'il respecte la souveraineté du peuple. Or certains auteurs tentent de l'affranchir de cette obligation, au nom de valeurs prétendument supérieures qu'ils qualifient, dans une perspective jusnaturaliste, de « droits fondamentaux » dont ils voudraient imposer le respect au peuple (cf. notamment É. Picard, *op. cit.* p. 34 à 39). Cette instrumentalisation du concept d'État de droit contre l'idéologie démocratique a séduit certains juges de la Cour européenne des droits de l'Homme. Dans un arrêt rendu en 2001 par quatre voix contre trois, la Cour invoque en effet l'État de droit pour définir la démocratie comme le régime politique qui « suppose de donner un rôle au peuple » : CEDH 31 juill. 2001, Refah Partisi, *RDP* 2002.1493. Cette incroyable définition de la démocratie est révélatrice de sa volonté de nier la souveraineté du peuple, puisqu'à la place de celle-ci elle ne reconnaît au peuple qu'un simple « rôle », qu'au surplus il ne s'attribue pas lui-même mais qu'on lui « donne ». Paradoxalement, l'instrumentalisation du concept d'État de droit aboutit ainsi à légitimer, par une inquiétante dérive oligarchique qui tente vainement de se dissimuler, l'apparition d'une nouvelle forme d'inégalité au profit de « sages » autoproclamés.

Chapitre 2

Les fondements idéologiques des libertés publiques

La notion de libertés publiques ne doit pas seulement, pour être éclairée, recevoir une définition. Il faut aussi en préciser les fondements idéologiques.

Le mot « idéologie » étant polysémique, on doit dire avant tout dans quel sens on l'emploiera ici. On ne retiendra pas la conception marxiste selon laquelle une idéologie est une représentation déformée de la réalité au profit de la classe dominante. On écartera également la définition de Raymond Aron d'après laquelle une idéologie est une religion séculière qui prend la place de la foi évanouie et situe ici-bas, dans le lointain de l'avenir et sous la forme d'un ordre social à créer, le salut de l'humanité[1]. On se ralliera à la conception courante, moins restrictive, définissant l'idéologie comme un ensemble d'idées sur l'homme et sur la société.

Ainsi entendue, « l'idéologie » qui fonde les libertés publiques en France et dans l'ensemble des démocraties occidentales se compose de quatre éléments principaux : une philosophie des droits de l'Homme (section 1), l'attachement à la démocratie libérale (section 2), la confiance envers la loi (section 3), et l'exaltation du rôle du juge (section 4).

Section 1
Une philosophie des droits de l'Homme

Le positivisme juridique, très répandu dans la première moitié du XXe siècle, est aujourd'hui largement discrédité (§ 1). À sa place, on fait désormais couramment appel, pour justifier l'existence des libertés publiques, à une philosophie des droits de l'Homme qui marque la revanche de la théorie moderne du droit naturel (§ 2). D'autres philosophies des droits de l'Homme, qui à notre avis fondent beaucoup plus solidement les libertés publiques, existent concurremment. Elles exploitent les ressources tantôt du positivisme sociologique (§ 3), tantôt de la théorie classique du droit naturel (§ 4).

---

1. Cette définition est d'un grand intérêt pour comprendre les trois grandes idéologies qui ont marqué les XIXe et XXe siècles : le libéralisme, le socialisme, le nationalisme. L'excellent ouvrage de M. Jean-Luc Chabot a donc parfaitement raison de reposer entièrement sur elle dans le cadre, qui est le sien, d'une *Histoire de la pensée politique* (PUG, 2001). Mais dans le cadre d'un cours de libertés publiques, qui est le nôtre, on ne peut par contre l'adopter, car elle conduirait à écarter du champ de l'étude les conceptions de l'Église catholique. Or celle-ci est incontournable en matière de droits de l'Homme.

§ 1. Le discrédit du positivisme juridique

Le positivisme juridique nie la réalité des droits naturels, c'est-à-dire de droits qui existeraient indépendamment de toute intervention des acteurs juridiques, de droits qui découleraient directement de l'ordre du cosmos ou de la nature humaine. Ses tenants — parmi lesquels l'Autrichien Kelsen et les Français Carré de Malberg, Jèze, et Duez[1] — estiment en effet qu'ils correspondent à une vision métaphysique du monde, incompatible avec une approche scientifique du droit.

Puisque le droit naturel n'existe pas, le seul droit véritable est selon eux le droit « positif », c'est-à-dire le droit posé par les acteurs juridiques que sont le Parlement, les autorités administratives, ou les juges. Dans leur optique, on ne peut donc parler de « droits de l'Homme » que dans l'exacte mesure de leur consécration par la réglementation juridique. En d'autres termes, l'expression « droits de l'Homme » n'est admissible que si on la conçoit comme un simple synonyme de « libertés publiques ».

Les dangers de cette conception ont été mis en évidence par la facilité avec laquelle on a pu l'utiliser pour justifier les atrocités nazies. Le positivisme juridique considère en effet le droit comme un ordre clos, coupé non seulement de toute métaphysique mais aussi de toute référence aux valeurs morales. Il reconnaît donc la force juridique des lois régulièrement formées, quel que soit leur contenu. C'est ainsi que, pris au piège de sa propre logique, il a pu être invoqué pour légitimer les lois liberticides d'Hitler.

On comprend que cette expérience tragique ait jeté le discrédit sur le positivisme juridique. Une minorité d'auteurs, épris de rationalisme, y restent cependant fidèles. C'est le cas de Claude-Albert Colliard, qui assume avec courage les conséquences possibles de son choix : « il est évident, reconnaît-il en effet, que la conception positiviste que nous avons adoptée, et qui est la seule rationnelle, signifie que, sur le plan juridique, l'État peut librement déterminer, sous la seule réserve de l'adoption des procédés juridiques convenables, tels que la modification éventuelle de la constitution ou l'emploi de la procédure législative, le volume des libertés (...). À la limite les libertés publiques peuvent disparaître, puisqu'elles sont déterminées par le droit positif[2] ».

Mais dans l'ensemble, la doctrine a, comme l'opinion publique, reflué vers le droit naturel subjectif.

§ 2. Le succès de la théorie moderne du droit naturel

Issue du nominalisme de Guillaume d'Ockham, la théorie moderne du droit naturel a connu son apogée aux XVIIe et XVIIIe siècles, notamment à travers les œuvres de Locke et de Rousseau. On la qualifie de « moderne » pour la différencier d'une autre théorie du droit naturel, dite « classique », qui remonte pour sa part à l'Antiquité.

---

1. H. Kelsen, *Théorie pure du droit*, LGDJ, 1962, trad. Eisenmann ; R. Carré de Malberg, *Contribution à la théorie générale de l'État*, Sirey, 1920-1922, et « La loi, expression de la volonté générale », Sirey, 1931 ; G. Jèze, « Signification juridique des libertés publiques », *Annuaire de l'institut de droit public 1929*, p. 162 ; P. Duez, « Esquisse d'une définition réaliste des droits publics individuels », *Mélanges Carré de Malberg*, 1933, p. 111.

2. C.-A. Colliard, *Libertés publiques*, Dalloz, 7e éd., 1989, p. 23.

Pour l'école classique du droit naturel, représentée notamment par Aristote et par saint Thomas, le droit naturel est le reflet de l'ordre naturel du cosmos. Il se dégage donc de l'observation du monde, de la « nature des choses ». Cette conception, qui conçoit l'homme comme partie d'un tout harmonieux, est étrangère à l'individualisme moderne qui, depuis Descartes, croit en la faculté de la conscience individuelle de se couper du monde pour se retirer en elle-même. C'est ce qui explique qu'elle aboutisse à un droit naturel « objectif », tiré de l'observation de l'univers.

Pour l'école moderne, nourrie d'individualisme, le droit naturel découle au contraire de la nature humaine. Il se découvre donc par une introspection, et non par l'observation du monde. Étant ainsi le reflet des aspirations de la conscience individuelle, le droit naturel de l'école moderne mérite d'être qualifié de « subjectif ».

Cette subjectivité présente un risque, dont l'école classique était préservée : c'est qu'il y ait autant de conceptions différentes du droit naturel que de consciences individuelles [1]. Pour y échapper, les théoriciens de l'école moderne se réfugient dans la croyance en une raison universelle, que tout homme peut découvrir en lui, et grâce à laquelle les multiples introspections peuvent aboutir à la découverte d'un droit naturel commun.

C'est à cette théorie moderne du droit naturel que se réfère la Déclaration de 1789 lorsqu'elle parle de « droits naturels, inaliénables et sacrés de l'homme ». Et c'est depuis ce texte célèbre que l'opinion publique assimile les « droits de l'Homme » aux droits naturels subjectifs. Conçus comme des droits inhérents à la nature humaine, que chaque individu peut découvrir en lui grâce à sa faculté raisonnante, les « droits de l'Homme » sont censés exister indépendamment de l'intervention des acteurs juridiques. Ils sont donc distincts des droits positifs, mais non nécessairement opposés à eux. La « philosophie des droits de l'Homme » a en effet pour but de persuader ou de contraindre les acteurs juridiques à transposer les droits naturels subjectifs dans le droit positif.

Contrairement au positivisme juridique, la philosophie des droits de l'Homme a donc l'intelligence de ne pas concevoir le droit positif comme un ordre clos. Elle estime au contraire qu'il doit prendre en compte les aspirations à la liberté, à la sûreté, à la propriété, etc., constitutives des droits naturels subjectifs. En d'autres termes, elle attend des acteurs juridiques qu'ils réconcilient le droit positif avec les droits naturels subjectifs, en transformant ces derniers, chaque fois que c'est possible [2], en libertés publiques. La grande supériorité de cette conception sur le positivisme juridique vient donc de son caractère très protecteur des libertés publiques. Contrairement à lui, elle ne peut pas servir à légitimer leur suppression.

C'est ce caractère très protecteur des libertés publiques qui explique le second souffle que connaît la théorie moderne du droit naturel depuis la Seconde Guerre mondiale. Le préambule de la Constitution de 1946, la Déclaration universelle des droits de l'Homme de 1948, la Convention européenne de sauvegarde des droits de l'Homme de 1950, les deux Pactes internationaux de 1966 relatifs aux droits civils et politiques d'une part, aux droits économiques, sociaux et culturels d'autre part,

---

1. Sur cette critique, cf. M. Villey, *Le Droit et les droits de l'Homme*, PUF, 1983.

2. Ce n'est possible que pour ceux des droits naturels subjectifs qui s'analysent en des pouvoirs d'autodétermination. Ce ne l'est pas pour ceux qui s'analysent en des droits-créances sur la société. Sur cette distinction, cf. *supra,* chapitre 1.

participent de ce renouveau. La presse, la radio, la télévision y ont elles aussi contribué. Les auteurs de manuels, enfin, se rallient souvent à la théorie moderne du droit naturel, dont ils assurent la propagation au sein du public étudiant. M. Robert, par exemple, n'hésite pas à écrire qu'« on peut avancer la coïncidence des libertés publiques et des droits naturels de l'homme. À partir d'une certaine conception de la nature humaine on déduirait un certain nombre de droits fondamentaux [1] ».

Tout cela crée un climat si favorable à la théorie moderne du droit naturel, qu'on n'est pas étonné de voir le rapport Braibant l'officialiser. Ce rapport de 1988 entreprend en effet de préciser ce qu'il appelle « l'idée juridique de l'homme à la fin du XXe siècle », et parvient à la conclusion suivante : « Tout être humain... est sujet de droit, non en vertu d'une sorte de grâce, de consécration accordée par l'État ou un autre pouvoir, mais de par sa naissance même. C'est ce qu'affirment les textes les plus fondamentaux, et tout d'abord la Déclaration des droits de l'Homme et du citoyen du 26 août 1789 [2] ».

Pourtant, nous pensons qu'il faut résister à cet engouement pour la théorie moderne du droit naturel. Le positivisme sociologique nous semble constituer pour les libertés publiques un fondement plus solide.

§ 3. Le fondement le plus solide : le positivisme sociologique

Malgré ses qualités, la théorie moderne du droit naturel encourt de graves reproches (A) auxquels, par comparaison, le positivisme sociologique sait échapper (B).

A. Les insuffisances de la théorie moderne du droit naturel

Trois reproches peuvent lui être adressés : elle s'est appauvrie, elle ne fonde pas toutes les libertés publiques, elle réunit les deux caractères du mirage.

1) Elle s'est appauvrie

Les hommes de 1789 avaient une conception très précise des droits naturels subjectifs, qu'ils imaginaient préexistants à la société, absolus, et immuables. Or cette triple croyance a aujourd'hui disparu.

– L'idée que les droits naturels subjectifs préexistent à la société découlait de la théorie du contrat social, alors en vogue. Hobbes, Locke, Rousseau, et la plupart de leurs contemporains pensaient en effet que les premiers hommes vécurent seuls, sans organisation sociale. Bientôt lassés de cet « état de nature », ils décidèrent de passer entre eux un « contrat social », c'est-à-dire une convention par laquelle ils se regroupèrent en société. Les « droits naturels » dont ils jouissaient dans l'état de nature furent alors abandonnés, selon les auteurs, en totalité (Hobbes, Rousseau) ou en partie (Locke). On reviendra plus en détail sur cette théorie du contrat social dans

---

1. J. Robert (et J. Duffar), *Libertés publiques et droits de l'Homme*, Montchrestien, 4e éd., 1988, p. 18. Rappelons que J. Robert a été membre du Conseil constitutionnel de 1989 à 1998. Cf. aussi J. Rivero, *Les Libertés publiques*, t. 1, PUF, 5e éd., 1987, p. 129-130.
2. CE, *Sciences de la vie. De l'éthique au droit*, G. Braibant (dir.), La Documentation française, NED, 1988, p. 15.

le titre II. Ce qu'il est important de noter ici, c'est que les hommes de 1789 liaient l'origine des « droits naturels » à l'existence d'un « état de nature » antérieur à la formation de la société. Cette croyance donnait beaucoup de cohérence à leurs conceptions : puisque historiquement l'individu avait précédé la société, juridiquement les droits naturels subjectifs devaient être respectés par le droit positif.

De nos jours cette cohérence a disparu. Les progrès de la science ont en effet montré que l'état de nature et le contrat social n'ont jamais existé. En réalité, les hommes ont toujours vécu en société. Force est de reconnaître qu'Aristote avait raison : l'homme est un animal social. Les droits naturels subjectifs n'ont donc pas pu préexister à la société. Ils perdent ainsi leur légitimité historique, puisque la société est aussi vieille que l'individu.

– L'idée que les droits naturels subjectifs sont absolus, autrement dit sans limites, était liée à l'individualisme bourgeois de 1789. On en retrouve la trace dans l'actuel article 544 du Code civil, qui présente le droit de propriété comme le « droit de jouir et de disposer des choses de la manière la plus absolue ». Cette idée simple avait le mérite de se concilier parfaitement avec la croyance en l'antériorité historique de l'individu sur la société.

Elle est désormais largement dépassée. Les droits naturels subjectifs sont aujourd'hui de plus en plus relativisés. La théorie jurisprudentielle de « l'abus de droit » en offre le meilleur exemple [1]. Condamnant l'usage abusif des droits subjectifs, elle manifeste l'idée que ceux-ci ont une fonction sociale et qu'ils doivent la respecter. Or il est difficile d'expliquer comment un droit subjectif peut continuer à être « naturel » tout en étant soumis à une sorte de servitude d'utilité sociale.

– L'idée que les droits naturels subjectifs sont immuables découlait très logiquement de la croyance en une nature humaine universelle et intangible, en laquelle ils étaient censés trouver leur source. Solidement amarrés au roc immobile de la nature humaine, les droits naturels manifestaient ainsi une supériorité flagrante sur les droits positifs, ballottés au gré de l'évolution des sociétés.

Plus personne n'ose aujourd'hui prétendre que les droits naturels sont immuables. Ils se sont en effet multipliés au fil des années. Les libertés-résistances, qui constituent la première génération des droits de l'Homme, ont accueilli de nouveaux arrivants bien après 1789, comme la liberté d'association en 1848, ou le droit de grève en 1864. Puis une seconde génération de droits de l'Homme, celle des droits-créances sur la société (droit à la subsistance, à la santé, à la culture...) est apparue au lendemain de la Seconde Guerre mondiale. De nos jours, la mondialisation des relations humaines fait surgir une troisième génération de droits de l'Homme, celle des droits-créances sur la société internationale (droit à la paix, droit à la qualité de l'environnement, droit à la sauvegarde du patrimoine commun de l'humanité...). Cette prolifération des droits naturels rompt leurs amarres et les fait dériver dans un océan de questions sans réponses. S'ils découlent de la nature humaine, comment se fait-il qu'ils aient changé ? Et s'ils évoluent sans cesse, quelle supériorité conservent-ils sur les droits positifs ? Ne pourra-t-on demain invoquer une nouvelle évolution de leur part pour amputer ou supprimer les libertés publiques ? Ne sont-ils pas devenus inutiles ? Voire nuisibles ?

---

1. Sur l'abus de droit, cf. J. Ghestin et G. Goubeaux, *Traité de droit civil*, LGDJ, 1977, t. 1, p. 575-621.

– Au total, la philosophie des droits de l'Homme qui subsiste aujourd'hui s'est singulièrement appauvrie. L'opinion publique continue à croire en l'existence de droits naturels subjectifs, mais leur représentation est devenue extrêmement confuse, puisque les points de repère de jadis — leurs caractères de droits préexistant à la société, absolus et immuables — ont disparu. Les « droits de l'Homme » ne correspondent plus qu'au vague sentiment que tout homme possède naturellement des droits dont il peut revendiquer le respect.

2) Elle ne fonde pas toutes les libertés publiques

La théorie moderne du droit naturel ne s'est pas seulement appauvrie. Elle a aussi administré la preuve de son inaptitude à fonder toutes les libertés publiques.

Elle peut certes fonder certaines libertés publiques sans trop d'invraisemblance. Le point de vue selon lequel la liberté d'opinion, la liberté d'expression, ou la liberté d'aller et venir correspondraient à des droits inhérents à la nature humaine est défendable. Il n'est pas sot de prétendre que l'être humain serait dénaturé si on lui ôtait ses facultés de penser, de s'exprimer et de se déplacer.

En revanche, elle ne peut fonder d'autres libertés publiques qu'au prix d'un gros effort d'imagination. N'est-il pas ridicule d'affirmer que le droit de grève, le droit de se syndiquer, ou la liberté de communication audiovisuelle correspondent à des droits inhérents à la nature humaine ? Pour notre part, nous ne voyons pas très bien en quoi il est « naturel » de se mettre en grève ou de prendre le contrôle d'une chaîne de télévision. Il nous semble que l'être humain ne serait nullement dénaturé si, par malheur, on lui ôtait ces facultés.

En outre, il existe au moins une liberté publique dont on peut dire avec certitude qu'elle ne peut pas se fonder sur un quelconque droit naturel : il s'agit du droit d'avorter, qui est directement contraire au moins invraisemblable des droits naturels : le droit de vivre.

Il faut donc se rendre à l'évidence : un fondement qui tantôt suscite l'amusement, tantôt nie le droit positif qu'il est censé fonder, n'est guère sérieux. Les libertés publiques ont tout à gagner à être débarrassées de l'encombrante théorie moderne du droit naturel.

3) Elle réunit les deux caractères du mirage

La théorie moderne du droit naturel encourt enfin un troisième reproche, qui d'ailleurs, contrairement aux deux premiers, s'adresse aussi à la théorie classique. Le droit naturel réunit en effet les deux caractères du mirage : il est illusoire, et il est dangereux.

Le droit naturel est illusoire parce que son existence est indémontrable. Il découle toujours d'un impalpable « au-delà » auquel il faut croire, qu'il s'agisse, comme dans la théorie classique, de Dieu ou d'une mystérieuse harmonie cosmique, ou, comme dans la théorie moderne, d'une raison universelle. Si l'on accepte comme nous de considérer le droit comme une science, il est impossible de l'asseoir sur une telle métaphysique.

Plus grave encore, le droit naturel est dangereux. Se présentant comme issu de Dieu, de l'ordre naturel du cosmos (théorie classique) ou de la raison universelle (théorie moderne), il se prétend la Vérité. C'est la porte ouverte à l'arbitraire. Sous son apparence protectrice des libertés publiques, se cache une logique d'intolérance lourde de menaces. Le droit de vivre, pour ne prendre que cet exemple, est un droit naturel qui a pour vocation de combattre la liberté publique qu'est le droit d'avorter.

En définitive, la théorie moderne du droit naturel présente trop d'insuffisances pour continuer à fonder les libertés publiques. Le positivisme sociologique offre une bonne solution de rechange.

B. La solution de rechange : le positivisme sociologique

Comme le positivisme juridique, le positivisme sociologique refuse la conception métaphysique du droit, et repousse donc la notion de droit naturel. Il estime que le seul droit qui existe est le droit « positif », posé par les acteurs juridiques.

Mais contrairement à lui, il ne considère pas le droit comme un ordre clos. Il reconnaît que le droit, étant issu de la réalité sociale, ne peut en être coupé. D'où cette différence essentielle : le positivisme juridique, on s'en souvient, admet la légitimité des normes juridiques régulièrement formées, quel que soit leur contenu ; le positivisme sociologique, au contraire, n'admet leur légitimité que si leur contenu reflète les aspirations de la conscience collective. Alors que le positivisme juridique ne se soucie que de procédure, c'est-à-dire de technique juridique, le positivisme sociologique s'intéresse aussi et surtout au contenu, c'est-à-dire aux valeurs véhiculées par la société, qui doivent selon lui être prises en compte par le droit.

Ce souci des valeurs est indiscutablement un point commun avec les théories du droit naturel. Mais contrairement à elles, le positivisme sociologique ne les tire pas d'un mystérieux « au-delà », mais de la conscience collective. Sa supériorité sur elles est donc de dégager le droit du piège irrationnel de la métaphysique, et par conséquent de le traiter en science sociale.

Pour le positivisme sociologique, le droit doit être le reflet des aspirations de la conscience collective. La « conscience collective » n'a rien de mystérieux. C'est l'opinion publique, telle qu'elle se manifeste à l'occasion des votations populaires, de pétitions, de manifestations, ou encore de sondages. On voit par là même que le positivisme sociologique s'accorde parfaitement avec l'idéologie démocratique, puisque c'est en définitive la majorité du peuple qui exprime la conscience collective.

Il faut toutefois bien comprendre le rôle exact joué par la conscience collective dans la formation du droit. Deux conceptions sont en effet possibles. La première, défendue au début du XXe siècle par Émile Durkheim et Léon Duguit, qu'on peut tenir pour les fondateurs du positivisme sociologique, tend à idéaliser son rôle. Selon ces auteurs, le droit serait le produit spontané de la conscience collective, autrement dit le pur produit d'un déterminisme social [1]. Une seconde conception, dont nous sommes le défenseur [2], vise à ramener son rôle à des proportions plus réalistes. D'après elle, le droit n'est pas le produit spontané de la conscience collective, mais une réponse qui lui est apportée par les acteurs juridiques. Le déterminisme social s'efface donc au

---

1. Cf. L. Duguit, *L'État, le droit objectif et la loi positive*, 2 volumes 1901-1903 ; et *Les transformations du droit public*, A. Colin, 1913, p. 45 : « Le droit... est avant tout une création psychologique de la société ». Bien que dans l'ensemble E. Durkheim paraisse se rallier à cette idéalisation, il s'en éloigne nettement dans ses *Leçons de sociologie*, rééd. PUF, 1990, p. 125-126.
2. V. notre leçon d'agrégation, « Y a-t-il un progrès du droit ? », *D* 1991.C.99.

profit du volontarisme des acteurs juridiques : la conscience collective ne crée pas le droit, elle se borne à influencer le législateur, les autorités administratives, les juges, qui en sont les auteurs. Normalement, ceux-ci doivent se contenter de traduire en règles juridiques précises les aspirations nécessairement confuses de la conscience collective, mission qui leur laisse une marge de manœuvre non négligeable. Ils peuvent aussi résister, voire aller à l'encontre de ces aspirations, mais dans l'optique du positivisme sociologique, le droit ainsi formé ne jouira plus que d'une légalité formelle, exclusive de toute légitimité.

Ainsi conçu, le positivisme sociologique constitue pour les libertés publiques un fondement particulièrement solide. Il permet en effet d'insuffler à la notion de « droits de l'Homme » une signification nouvelle, épurée de la référence au droit naturel. À l'heure actuelle, on l'a vu, les droits de l'Homme sont conçus comme des droits subjectifs et naturels qui tendent à assurer le respect dû à la dignité de la personne humaine. Deux éléments de cette conception peuvent être conservés. Il s'agit d'une part de l'idée que la dignité de la personne humaine doit être respectée, dans la mesure où tout le système de valeurs auquel adhère la conscience collective découle d'elle ; d'autre part de l'idée que les droits de l'Homme sont des droits subjectifs, c'est-à-dire des droits qui appartiennent à l'individu, car la conscience collective y exprime son attachement à la primauté de l'individu sur la société. En revanche, le positivisme sociologique invite à écarter le troisième élément de la conception actuelle des « droits de l'Homme », c'est-à-dire l'idée que les droits de l'Homme seraient des droits naturels. On a vu, en effet, que le droit naturel est illusoire et dangereux. Il faut donc remplacer, dans la définition des droits de l'Homme, ce vain mirage par la prise en compte de la conscience collective. Cette substitution permet d'aboutir à la définition suivante : les droits de l'Homme sont des droits subjectifs que la conscience collective ressent comme indispensables au respect dû à la dignité de la personne humaine. Ni naturels ni positifs, ces « droits » sont en réalité de simples revendications qui ont vocation à être prises en compte par le droit positif.

Le positivisme sociologique ouvre ainsi la voie à une nouvelle philosophie des droits de l'Homme, beaucoup plus apte que l'actuelle, forgée par la théorie moderne du droit naturel, à fonder les libertés publiques.

Il échappe en effet aux trois reproches encourus par la théorie moderne du droit naturel :

– Les « droits de l'Homme » qu'il reconnaît sont ceux que la conscience collective admet comme tels. Ils n'ont donc pas le caractère rigide de leurs concurrents. Ni préexistants à la société, ni absolus, ni immuables, ils sont au contraire dépendants des aspirations de la société, relatifs, et évolutifs. Le positivisme sociologique ignore donc les contradictions de la théorie moderne du droit naturel, laquelle ne peut enregistrer le changement qu'au prix de son propre appauvrissement. Il permet notamment de comprendre qu'on ait pu distinguer trois générations de droits de l'Homme : si les droits de l'Homme évoluent, c'est tout simplement parce que la conscience collective est par essence évolutive.

– Le positivisme sociologique fonde toutes les libertés publiques. Alors que la théorie moderne du droit naturel bute sur le droit d'avorter, voire même sur le droit de grève ou sur la liberté de communication audiovisuelle, il n'éprouve aucune difficulté à démontrer que ces droits correspondent à des aspirations de la conscience collective, et qu'ils sont donc bel et bien, à ce titre, des « droits de l'Homme » [1].

– Il n'y a en lui aucun mirage, car ses « droits de l'Homme » ne découlent pas d'un impalpable « au-delà », mais de la prise en compte de l'opinion publique.

Cette nouvelle philosophie des droits de l'Homme a donc tant d'atouts qu'il n'est pas étonnant de la voir commencer à supplanter sa rivale. Même les partisans de la théorie moderne du droit naturel subissent désormais l'influence du positivisme sociologique. M. Robert fait par exemple nettement allusion à la conscience collective, lorsqu'il écrit que « pour savoir si telle ou telle faculté constitue une liberté fondamentale, il faudrait à chaque instant rechercher quelles sont celles qui, compte tenu de l'évolution psychologique et sociale, sont considérées comme présentant un caractère fondamental [2] ». Et le rapport Braibant lui-même cesse de se situer sur le terrain du droit naturel lorsqu'il reconnaît que la législation ne doit pas « trop figer cette morale commune qui est contingente et s'apprécie à la lumière de l'évolution sociale [3] ». La Cour européenne des droits de l'Homme ne fait pas autre chose lorsqu'elle estime que « la Convention et ses protocoles doivent s'interpréter à la lumière des conditions d'aujourd'hui [4] », c'est-à-dire « à la lumière des conceptions prévalant de nos jours dans les États démocratiques [5] », compte tenu de « l'évolution de la société » [6].

Pourtant, il ne faut pas cacher que le positivisme sociologique présente certains risques. Il conduit en effet à ne reconnaître aux acteurs juridiques que la liberté de préciser les aspirations, nécessairement vagues, de la conscience collective, et de trancher ses contradictions éventuelles. En revanche, il leur dénie le pouvoir de s'opposer à ces aspirations, quelles qu'elles soient. L'émergence, dans la conscience collective, de droits de l'Homme aussi inquiétants que le droit d'être tué (euthanasie) et de tuer (eugénisme) leur imposerait donc le devoir de les transcrire dans le droit positif.

Pour conjurer ce risque, il importe de comprendre que la conscience collective est malléable, et qu'il appartient à chacun, notamment à ceux qui sont dépositaires d'un savoir ou d'une morale, de la convaincre et de la retenir sur la pente de l'arbitraire.

---

1. Grâce à lui, toutes les libertés publiques sont donc des « droits de l'Homme ». Mais à l'inverse, tous les « droits de l'Homme » n'ont pas vocation à devenir des libertés publiques. Seuls ceux de la première génération l'ont, car ils sont les seuls à être des pouvoirs d'autodétermination, c'est-à-dire des libertés. La conscience collective est en effet impuissante à transformer les droits-créances en libertés. Les droits de l'Homme des seconde et troisième générations n'ont donc vocation qu'à devenir des droits positifs d'un autre type que les libertés publiques.

2. J. Robert (et J. Duffar), *op. cit.*, p. 18.

3. CE, préc., p. 15. Dans la même optique, le ministre de la Justice a justifié la révision du Code pénal en expliquant qu'« un code pénal doit exprimer l'accord général de la société sur les valeurs qu'elle entend protéger ou promouvoir » (*Le Monde* 19 mai 1990).

4. CEDH 18 déc. 1986, Johnston c/Irlande, et surtout CEDH 13 juin 1979, Marckx c/Belgique, *AFDI* 1980.317.

5. CEDH 25 nov. 1983, Van der Mussele c/Belgique.

6. CEDH 11 juill. 2002, Goodwin c/Royaume-Uni, § 92 et 100, *RTDH* 2003.1157. La Cour explique, § 74, qu'elle adopte une interprétation « dynamique et évolutive » de la Convention afin de « réagir... au consensus susceptible de se faire jour ».

§ 4. Un fondement tentant : la théorie classique du droit naturel

Après une période de méfiance envers les principes de 1789 et la notion de « droits de l'Homme », le christianisme a su se ressaisir et proposer sa propre philosophie des droits de l'Homme. Régénérant la théorie classique du droit naturel, cette philosophie constitue indiscutablement un fondement possible, et de très grande valeur, pour les libertés publiques. Même si pour notre part nous préférons demeurer fidèle au positivisme sociologique, nous devons donc en rendre compte avec objectivité. Nous exposerons successivement les positions de l'Église catholique (A) et de Jacques Maritain (B).

A. L'Église catholique

L'Église catholique enseigne l'existence d'un ordre naturel créé par Dieu. Cet ordre naturel englobe l'homme, fils de Dieu, et par conséquent l'ordre social, puisque Dieu n'a pas créé l'homme solitaire, mais comme être social. Première conséquence : c'est de cette qualité de fils de Dieu, qui lui confère une place incomparable dans l'ordre naturel, que l'homme tire sa dignité. « C'est l'image de Dieu dans l'homme qui fonde la liberté et la dignité de la personne humaine » (Jean-Paul II, *Libertatis conscientia*, 1986). Seconde conséquence : l'homme, étant fils de Dieu, peut découvrir par la foi ou par la raison cet ordre naturel auquel il appartient. En d'autres termes, il peut reconnaître les principes moraux (morale naturelle) et juridiques (droit naturel) qui s'imposent à lui pour sa propre perfection et plénitude de réalisation.

S'agissant des principes juridiques, il peut par exemple parvenir à comprendre que le droit de propriété est l'un des droits naturels sur lesquels doit reposer l'ordre social. L'Église conçoit en effet le droit de propriété comme un droit naturel parce qu'il permet à l'homme de se réaliser pleinement. Sont donc condamnées les doctrines collectivistes qui prônent la suppression systématique de la propriété privée. Toutefois, il faut concilier le droit de propriété avec la destination universelle des biens, afin d'éviter de sombrer dans l'individualisme égoïste des rédacteurs de la Déclaration de 1789. La destination universelle des biens signifie que « Dieu a destiné la Terre et tout ce qu'elle contient à l'usage de tous les hommes » (Paul VI, *Populorum Progressio*, 1967). Elle implique que le droit à la propriété privée n'est pas « absolu et intangible... (mais) entendu dans le contexte plus vaste du droit commun de tous à utiliser les biens de la création entière » (Jean-Paul II, *Laborem exercens*, 1981). Bref, « le droit de propriété ne doit jamais s'exercer au détriment de l'utilité commune » (Paul VI, *Populorum Progressio*, 1967). Nul n'est fondé à réserver à son usage exclusif ce qui dépasse son besoin, quand les autres manquent du nécessaire.

La liberté d'entreprendre, que Jean-Paul II appelle le « droit à l'initiative économique », est un autre des droits naturels sur lesquels doit reposer l'ordre social. Car elle aussi permet à l'homme de se réaliser pleinement en développant sa « personnalité créative », à condition de résister à la tentation du « culte de l'avoir » (Jean-Paul II, *Sollicitudo rei socialis*, 1987). Comme à propos du droit de propriété, l'Église condamne donc le collectivisme parce qu'il nie la liberté d'entreprendre, et le capitalisme parce qu'il la corrompt.

Face au droit de propriété et à la liberté d'entreprendre, le droit syndical et le droit de grève sont aussi considérés par l'Église comme des droits naturels. Mais dans l'optique catholique, qui croit en la complémentarité des classes sociales, ils ne doivent pas être compris comme des armes de lutte contre les patrons, mais comme des moyens de « lutte pour la justice sociale,... en vue du juste bien... qui correspond aux besoins et aux mérites des travailleurs » (Jean-Paul II, *Laborem exercens*, 1981). En somme, bien loin d'être des instruments de lutte des classes, ils sont conçus comme des moyens de dialogue et de rapprochement des classes.

Ces quelques exemples montrent l'originalité profonde de l'ordre social prôné par l'Église catholique. Mais il ne faut pas oublier que son originalité première vient de ce qu'il est réputé institué par Dieu. Il en résulte deux conséquences.

La première est que l'agnostique ou l'athée obscurcit l'image de cet ordre naturel et la perd de vue : « Refusant souvent de reconnaître Dieu comme son principe, l'homme a, par le fait même, brisé l'ordre qui l'orientait à sa fin dernière, et, en même temps, il a rompu toute harmonie, soit par rapport à lui-même, soit par rapport aux autres hommes et à toute la création » (Concile Vatican II, *Gaudium et spes*). Livré à lui-même, il perd aussi et surtout une partie de son être, car comme le rappelle Jean-Paul II, « l'homme ne peut faire l'impasse sur la transcendance... sans amputation de son être total » (Jean-Paul II, discours de Brasilia, 1980).

La seconde conséquence est que le catholique ne peut pas renoncer à ses droits naturels car ce sont des « droits envers Dieu » (Léon XIII, *Rerum novarum*, 1891). *A fortiori* ne peut-il priver autrui de ses droits naturels. Ainsi l'absolu respect du droit à la vie, par exemple, exclut-il aussi bien l'euthanasie et le suicide que la contraception et l'avortement. Par comparaison, une conception purement anthropocentrique et subjective des droits naturels tolère plus aisément leur transgression.

En définitive, il y a dans la conception catholique une rigueur qui peut séduire, car elle protège les droits de la personne humaine contre les caprices des individus (contrairement au droit naturel subjectif) et contre les fluctuations de la conscience collective (contrairement au positivisme sociologique). En même temps, elle évite le reproche de l'ésotérisme en s'appuyant sur des textes (Ancien Testament, Évangiles, Actes des apôtres, écrits des Pères de l'Église...) millénaires et largement diffusés, et celui de l'intolérance grâce aux valeurs d'amour et de charité héritées du Christ.

Pour toutes ces raisons, force est de constater l'intérêt de l'approfondissement de la notion de « droits de l'Homme » opéré par l'Église, et notamment par Jean-Paul II. Les droits de l'Homme défendus par le pape ne correspondent pas au droit naturel subjectif couramment invoqué par les laïcs et hérité de la Déclaration de 1789, droit dont nous avons souligné l'appauvrissement conceptuel. Ils correspondent à un droit naturel objectif d'une originalité telle qu'il échappe en partie à la critique que nous avons faite du jusnaturalisme. S'il demeure en effet possible de soutenir qu'il a le caractère illusoire du mirage (il découle bel et bien d'un impalpable au-delà qui est l'ordre naturel créé par Dieu), il est en revanche discutable de prétendre qu'il présente son caractère dangereux, car il y a probablement plus de chances d'épanouissement que de risques d'arbitraire à essayer de suivre l'enseignement du Christ.

B. Jacques Maritain

En marge de la doctrine officielle de l'Église, des penseurs chrétiens ont tenté eux aussi de réactiver la notion de « droits de l'Homme ». C'est le cas d'Emmanuel Mounier (1905-1950), fondateur du personnalisme, et surtout de Jacques Maritain (1882-1973), qu'on peut qualifier de personnaliste néothomiste.

C'est dans son ouvrage intitulé *Les droits de l'Homme et la Loi naturelle*, paru à New York en 1942 et à Paris en 1945 (chez Hartmann), que Maritain développe le mieux sa pensée. S'adressant à tous les hommes de bonne volonté, et non aux seuls chrétiens, Maritain a pour but de promouvoir une « société politique (qui) pourrait être appelée chrétienne, non dans ses apparences mais dans sa substance », c'est-à-dire une société qui « ne requerrait pas de ses membres un credo religieux commun et ne mettrait pas dans une situation d'infériorité... ceux qui sont étrangers à la foi », mais une société où tous les hommes, « chrétiens et non-chrétiens... reconnaîtraient, chacun dans sa perspective propre, les valeurs humaines dont l'Évangile nous a fait prendre conscience, la dignité et les droits de la personne » (p. 29).

Pour convaincre de la réalité des droits de l'Homme, Maritain part de ce qu'il appelle le « mystère » de la nature humaine. L'homme, explique-t-il en effet, « n'existe pas seulement d'une façon physique, il y a en lui une existence plus riche et plus élevée, il surexiste spirituellement en connaissance et en amour (...). Cela veut dire, en termes philosophiques, que dans la chair et les os de l'homme il y a une âme qui est un esprit et qui vaut plus que l'univers matériel tout entier » (p. 9).

C'est de cette spécificité, de cette surexistence spirituelle, que l'homme tire sa dignité. Cette dignité est telle que rien de terrestre ne saurait rivaliser avec elle. Ni l'univers matériel tout entier, comme on vient de le voir, ni même la société. Se démarquant du totalitarisme, Maritain précise en effet que « la personne humaine dépasse toutes les sociétés temporelles et leur est supérieure » (p. 18). Car « la fin ultime de la personne n'est pas la société » (p. 23), mais son propre accomplissement.

Pourfendant au passage le matérialisme capitaliste, Maritain explique que l'accomplissement de l'homme consiste en la poursuite, « non des avantages matériels, mais de la droiture morale, de la vigueur et perfection de l'âme » (p. 82). Cette haute idée de la personne humaine, si caractéristique du personnalisme, peut selon lui séduire tous les hommes, même s'il s'empresse d'ajouter, en authentique chrétien qu'il est, qu'un accomplissement total de soi ne peut se concevoir que dans la perspective de la vie éternelle.

Cette conception, que Maritain qualifie expressément de « personnaliste » (p. 25), n'est toutefois pas individualiste, encore moins anarchiste. Car elle est également « communautaire », dans la mesure où « elle reconnaît que la personne tend naturellement à la société » (p. 25). La société, si elle n'est pas la fin de l'homme, constitue donc tout de même le moyen qui lui permet de s'accomplir.

Comme son maître saint Thomas, Maritain pense que l'homme et l'ordre social sont « engagés dans l'ordre universel, dans les lois et les régulations du cosmos » (p. 69). La raison humaine peut découvrir cet ordre universel, ainsi que la loi naturelle qui en découle.

Cette loi naturelle se décompose en obligation morale naturelle et en droit naturel. L'obligation morale naturelle « est l'ensemble des choses à faire et à ne pas faire qui suivent de là d'une manière nécessaire et du seul fait que l'homme est homme » (p. 65-66). Le droit naturel signifie pour sa part qu'« il y a des choses qui sont dues à l'homme par là même qu'il est homme » (p. 68). Les notions d'obligation morale naturelle et de droit naturel sont donc « corrélatives », car « elles reposent toutes deux sur la liberté propre aux agents spirituels : si l'homme est moralement obligé aux choses nécessaires à l'accomplissement de sa destinée, c'est qu'il a le droit d'accomplir sa destinée, il a le droit aux choses nécessaires pour cela » (p. 68).

Ainsi, l'existence du droit naturel se déduit de la place qu'occupe l'homme du fait de sa dignité, de sa surexistence spirituelle au sein de l'ordre universel. Nécessaire à l'homme pour accomplir sa destinée, c'est-à-dire, on l'a vu, pour atteindre la perfection de son âme, « le droit naturel est quelque chose d'aussi réel dans l'ordre moral que les lois de la croissance et du vieillissement dans l'ordre physique » (p. 64).

Découlant d'un ordre universel, le droit naturel de Maritain est indiscutablement objectif. Le néothomiste stigmatise d'ailleurs très clairement la notion de droit naturel subjectif. Il estime en effet que la philosophie du droit naturel subjectif repose sur la dangereuse et fausse « prétention que l'homme n'est soumis à aucune loi, sinon à celle de sa volonté et de sa liberté, et qu'il ne doit obéir qu'à lui-même,... parce que toute mesure ou régulation provenant du monde de la nature... ferait périr à la fois et son autonomie et sa dignité » (p. 69-70). D'où le mirage de droits naturels subjectifs conçus « comme des droits proprement divisés, donc infinis, échappant à toute mesure objective, refusant toute limitation imposée aux revendications du moi, et exprimant en définitive un soi-disant droit absolu... de se déployer contre tout le reste des êtres » (p. 70).

Proche de la doctrine officielle de l'Église, Maritain s'en différencie toutefois par son projet d'une société chrétienne « dans sa substance », c'est-à-dire en réalité d'une société laïque attachée aux valeurs de l'Évangile. C'est ce qui fait l'originalité de sa conception des droits de l'Homme, suffisamment ouverte pour être comprise et acceptée par les croyants aussi bien que par les non-croyants. Dieu, en effet, est moins omniprésent dans sa conception que dans celle de l'Église. La dignité humaine, notamment, est tirée davantage de la « surexistence spirituelle » de l'homme que de sa qualité de fils de Dieu. Et les droits de l'Homme apparaissent moins comme des droits envers Dieu que comme des droits presque aussi exigeants envers soi. En chrétien fraternel, Maritain tend en quelque sorte la main à ceux dont l'absence de foi rive le regard ici-bas, dans l'espoir de leur faire lever les yeux.

Section 2
L'attachement à la démocratie libérale

§ 1. Les origines : les libertés publiques sans la démocratie libérale

Une démocratie libérale est une société dans laquelle on concilie l'idéologie démocratique (la liberté-participation) et l'idéologie libérale (la liberté-autonomie). Or on a vu au chapitre 1 que les libertés publiques sont par essence liées à l'idéologie libérale, mais non à l'idéologie démocratique. Elles peuvent donc exister dans une société libérale non démocratique.

Historiquement, cela s'est vérifié. Les libertés publiques sont en effet apparues en Grande-Bretagne, à une époque où ce pays était une monarchie aristocratique. C'est d'ailleurs la raison pour laquelle Montesquieu, en ardent partisan des libertés publiques, se prononce dans *De l'Esprit des lois* pour l'instauration en France d'une monarchie aristocratique, et non d'une démocratie.

À cet égard, il ne faut jamais perdre de vue que la démocratie peut être menaçante pour la liberté-autonomie. La première démocratie française — la Convention — fut persécutrice des libertés publiques. On se souvient en effet de la célèbre maxime de Saint-Just : « Pas de liberté pour les ennemis de la liberté. »

§ 2. Aujourd'hui : les libertés publiques dans le cadre de la démocratie libérale

En France comme dans presque tous les pays d'Europe, les libertés publiques reposent aujourd'hui sur un choix de société : le choix de la démocratie libérale.

Il s'avère en effet que la démocratie est le système politique le plus apte à protéger les libertés publiques, malgré le contre-exemple de la Convention. Grâce à la liberté-participation, l'individu s'approprie le pouvoir ; il est par là même en mesure, davantage que dans tout autre système politique, de veiller à ce que sa liberté-autonomie soit préservée.

La Déclaration de 1789 offre un exemple particulièrement net de ce choix de la démocratie libérale. Elle concilie en effet :

– la liberté-participation, grâce à des « droits du citoyen », par lesquels l'individu s'approprie l'État : notamment droit de voter la loi (art. 6), et droit de voter l'impôt (art. 14) ;

– et la liberté-autonomie, grâce à des « droits de l'Homme », par lesquels l'individu se protège contre l'État : liberté, propriété, sûreté, résistance à l'oppression (art. 2).

La Convention européenne de sauvegarde des droits de l'Homme, de 1950, est encore plus claire. Elle réaffirme en effet, dès les premières lignes de son préambule, l'attachement des États signataires « à ces libertés fondamentales qui constituent les assises mêmes de la justice et de la paix dans le monde, et dont le maintien repose essentiellement sur un régime politique véritablement démocratique ».

La conception occidentale est donc claire : elle estime que la démocratie libérale est le berceau idéal des libertés publiques.

Section 3
La confiance en la loi

Les libertés publiques ne reposent pas seulement sur une philosophie des droits de l'Homme et sur l'attachement à la démocratie libérale. Étant des droits positifs, elles se fondent aussi sur des idées au contenu juridique plus précis : l'exaltation du rôle du juge, qu'on verra dans la section IV, et la confiance en la loi.

§ 1. Jusqu'en 1958 : une confiance absolue en la loi

Puisque les libertés publiques sont des droits positifs, il faut bien confier leur organisation à quelqu'un. Sous l'influence de Rousseau, c'est vers le législateur que la France s'est tournée dès 1789.

Si une telle confiance est manifestée envers la loi, c'est parce que, contrairement au règlement, elle a une origine démocratique incontestable. Reprenant la formulation de Rousseau, l'article 6 de la Déclaration de 1789 prend soin de rappeler que « la loi est l'expression de la volonté générale ». À défaut d'être votée par le peuple, ou, comme le souhaitait Rousseau, par des « commis » liés à lui par un mandat impératif, elle émane en effet de représentants démocratiquement élus. En outre, elle est normalement votée au terme de débats publics, qui permettent aux électeurs d'en contrôler le contenu. Elle est donc beaucoup plus fiable que le règlement, élaboré par de simples autorités administratives dans le secret de leurs bureaux.

La Déclaration de 1789 relativise pourtant cette confiance qu'elle place en la loi. Certes, elle charge la loi de garantir la « sûreté » (art. 7 à 9), et de fixer les limites de la liberté d'expression (art. 10 et 11), du droit de propriété (art. 17), ainsi que de la « liberté » en général (art. 4). Mais cette confiance n'est pas absolue. Moins optimistes que Rousseau, les rédacteurs de la Déclaration de 1789 craignent les errements éventuels du législateur. C'est pourquoi ils prennent la précaution de tracer les frontières desquelles la loi ne peut pas sortir : « la loi n'a le droit de défendre que les actions nuisibles à la société » (art. 5) ; « elle doit être la même pour tous » (art. 6) ; « la loi ne doit établir que des peines strictement et évidemment nécessaires » (art. 8).

Cette prudence a vite été emportée par la tourmente révolutionnaire. Confrontée à l'agression de la coalition européenne, à la rébellion vendéenne, et à la lutte fratricide des Girondins et des Montagnards, la Convention libère la loi de ses entraves. Sans doute la Déclaration montagnarde du 24 juin 1793 se plaît-elle paradoxalement à les multiplier. Non contente de reprendre celles de 1789 (dans ses art. 4 et 15), elle ajoute en effet que « la loi qui punirait les délits commis avant qu'elle existât serait une tyrannie » (art. 14). Mais l'article 9 confère à la loi une mission de salut public qui balaye tous ces obstacles : « la loi doit protéger la liberté publique et individuelle contre l'oppression de ceux qui gouvernent ». La Convention s'en remet donc à la loi pour sauver les libertés publiques de l'ennemi extérieur et intérieur. Désormais, la confiance en la loi est absolue.

La Seconde République reste fidèle à cette conception révolutionnaire. La Constitution du 4 novembre 1848 ne prévoit aucune entrave à la loi. Elle lui assigne, dans son préambule, une mission qui est révélatrice de la confiance absolue qu'on lui accorde : la loi doit « faire parvenir tous les citoyens... à un degré toujours plus élevé de moralité, de lumières et de bien-être ». Un peu plus loin, on en tire la conséquence logique que « les lois écrites... régissent la société, la famille et l'individu ». On est bien loin des précautions de 1789 !

La Troisième République marque l'apogée de la confiance en la loi. Les causes de ce phénomène sont multiples. Comme en 1848, la fidélité à la tradition révolutionnaire joue un rôle. En outre, l'Exécutif est discrédité par le souvenir du coup d'État du prince-président Louis Napoléon Bonaparte, ainsi que par l'antirépublicanisme du maréchal de Mac-Mahon, président de la République de 1873 à 1879. Enfin, la soif de démocratie, contrariée par dix-huit années d'Empire, conduit à sacraliser la loi, expression de la volonté générale. Carré de Malberg remarque à ce propos que la Constitution de 1875 obéit « instinctivement à cette idée de la puissance absolue inhérente à la volonté dont il est le représentant, qui fait que le parlement doit pouvoir, à son choix et en toute matière,... légiférer[1] ». Il paraît donc naturel, à l'époque, de placer les libertés publiques sous l'entière dépendance de la loi. Les résultats seront dans l'ensemble satisfaisants : c'est en effet grâce à des lois que sont rendues effectives la liberté de la presse (1881), la liberté syndicale (1884), la liberté d'association (1901), ou la liberté de réunion (1907). Pourtant, quelques exemples rappellent déjà qu'on a tort d'accorder à la loi une confiance aussi absolue : la loi du

1. R. Carré de Malberg, *La Loi, expression de la volonté générale*, Sirey, 1931, p. 86.

1er juillet 1901 poursuit de sa vindicte les congrégations religieuses ; quant à celle du 16 juillet 1912, elle cède ouvertement au racisme à l'égard des nomades.

La Quatrième République n'en tire pas les leçons. Le préambule de la Constitution du 27 octobre 1946 perpétue la tradition de confiance absolue en la loi. C'est en effet la loi qu'il charge d'assumer l'égalité de l'homme et de la femme, et de réglementer le droit de grève. Surtout, il marque par un membre de phrase la déférence qu'il lui porte : « le peuple français... réaffirme solennellement les droits et libertés de l'homme et du citoyen consacrés par... les principes fondamentaux reconnus par les lois de la République ». Dès lors, la loi ne peut que demeurer toute-puissante à l'égard des libertés publiques. L'avis du Conseil d'État du 6 février 1953 élimine la concurrence du règlement en estimant que les libertés publiques « sont réservées à la loi... par la tradition constitutionnelle républicaine ». Quant au « comité constitutionnel » créé par la Constitution, il ne constitue nullement un contrepoids efficace, car il n'a pas le pouvoir d'annuler les lois dont il constate l'inconstitutionnalité ; de toute façon, son contrôle ne peut porter que sur le respect de la Constitution proprement dite, et non sur celui de son préambule et de la Déclaration de 1789.

Les résultats sont beaucoup plus contrastés que sous la Troisième République. À côté de quelques grandes œuvres, comme la substitution au vieux Code d'instruction criminelle de 1810 d'un Code de procédure pénale, apparaissent en effet des lois gravement liberticides, comme celle du 3 avril 1955 créant un « état d'urgence », ou celle du 17 mars 1956 ouvrant la voie à des camps d'internement en Algérie. L'expérience de la Quatrième République prouve ainsi que nul n'est digne d'une confiance absolue, pas même le législateur.

§ 2. Depuis 1958 : une confiance relative en la loi

La Constitution du 4 octobre 1958 réalise la volonté du général de Gaulle de renforcer le pouvoir exécutif. Corrélativement, elle met donc fin à la sacralisation de la loi. Deux innovations permettent de ramener la loi à de plus justes proportions.

L'article 34, tout d'abord, enferme pour la première fois la compétence de la loi dans un domaine d'attribution. Il n'a toutefois que peu d'incidences sur le régime traditionnel des libertés publiques, puisqu'il laisse à la loi le soin de régir les « garanties fondamentales » relatives à leur exercice. La seule différence par rapport au passé consiste donc à abandonner au règlement leurs garanties non fondamentales. Certes, cet abandon est inquiétant, car c'est par rapport à la Constitution, et non par rapport au règlement, qu'un recul de la loi était souhaitable. Mais l'essentiel est tout de même préservé : la loi conserve la compétence de principe en matière de libertés publiques.

Le titre 7 apporte une innovation à la fois plus importante et moins critiquable. Il crée en effet un « Conseil constitutionnel » qui dispose du pouvoir d'annuler les lois inconstitutionnelles. Certes, dans la conception du général de Gaulle, cet organisme n'est qu'un chien de garde de l'Exécutif. Il est seulement destiné à empêcher le législateur d'empiéter sur le domaine réglementaire, ainsi qu'en témoignent les articles 41 (irrecevabilité) et 37 alinéa 2 (délégalisation). Mais à partir de sa célèbre décision du 16 juillet 1971, sur la liberté d'association, le Conseil constitutionnel rompt sa chaîne en s'octroyant un rôle supplémentaire, non expressément prévu par la Constitution : celui de gardien des libertés publiques. Désormais, il estime que les libertés qui sont énumérées par la Déclaration de 1789 ou par le préambule de 1946, ou qui s'analysent comme des « principes fondamentaux reconnus par les lois de la République », ont valeur constitutionnelle ; en conséquence, il annule les lois qui y portent atteinte.

Ainsi, la Cinquième République reste fidèle à la tradition qui confie les libertés publiques à la loi. Mais grâce au Conseil constitutionnel, cette confiance a cessé d'être absolue. Il faut s'en réjouir, car la loi n'est que l'expression indirecte de la volonté générale. Les députés et les sénateurs sont des intermédiaires qui peuvent, volontairement ou non, déformer ou trahir les aspirations de la conscience collective. Ce risque s'est d'ailleurs accru avec l'apparition des partis politiques, qui poussent le Législatif à se compromettre avec l'Exécutif, et à transformer ses ordres en lois. Il est donc réaliste de soumettre la loi à un contrôle de constitutionnalité adapté, et de relativiser la confiance que l'on place en elle. Les démocraties occidentales, notamment les États-Unis, l'Allemagne, l'Italie et l'Espagne, l'ont d'ailleurs, dans leur immense majorité, parfaitement compris.

Section 4
L'exaltation du rôle du juge

§ 1. L'EXIGENCE DE L'INDÉPENDANCE DU JUGE

L'exaltation du rôle du juge doit beaucoup à Montesquieu. Systématisant une distinction d'Aristote, le magistrat bordelais érige en effet le pouvoir judiciaire aux côtés du pouvoir législatif et du pouvoir exécutif. Malgré le mauvais souvenir des Parlements de l'Ancien Régime, les révolutionnaires de 1789 retiennent la leçon : « Toute société dans laquelle... la séparation des pouvoirs (n'est pas) déterminée, n'a point de constitution » (Déclaration, art. 16).

La Constitution du 3 septembre 1791 en tire la conséquence nécessaire en instaurant un « pouvoir judiciaire » indépendant, dont les juges « ne pourront être... destitués que pour forfaiture dûment jugée ». En réaction contre la vénalité et l'hérédité des charges, qui avaient fait des magistrats de l'Ancien Régime des hommes imbus de leurs privilèges, elle introduit les principes de l'élection et de la gratuité des fonctions : « La justice sera rendue gratuitement par des juges élus à temps par le peuple. »

L'idée des révolutionnaires est qu'un pouvoir judiciaire démocratiquement élu ne peut pas être arbitraire. Son rôle, en effet, n'est pas de créer ou de supprimer du droit, mais simplement d'appliquer les lois, qui sont des règles générales, aux cas particuliers qu'il doit résoudre. L'article 208 de la Constitution du 5 fructidor an III témoigne de cette conception : « les jugements sont prononcés à haute voix ; ils sont motivés, et on y énonce les termes de la loi appliquée ». Le juge est ainsi, en quelque sorte, la loi qui parle. C'est en ce sens que son rôle est exalté, et c'est pourquoi il faut assurer son indépendance.

On comprend dès lors pourquoi les libertés publiques reposent sur cette exaltation du rôle du juge. Leur réglementation générale est confiée à la loi, mais leur application concrète est garantie par l'intervention d'un juge indépendant et impartial.

Cette exaltation du rôle du juge subsiste encore aujourd'hui. Certes l'élection et la gratuité des fonctions ont disparu. D'autre part, on sait désormais que les juges ne se contentent pas d'appliquer les lois, mais créent du droit, notamment à travers les « principes généraux du droit ». Enfin, la Constitution de 1958 ne parle plus de « pouvoir judiciaire », mais « d'autorité judiciaire ». Mais ces changements n'ont finalement qu'une importance secondaire.

L'essentiel, l'exaltation du rôle du juge, subsiste. La conscience collective continue à voir dans le juge « la loi qui parle », et commence même à considérer le Conseil constitutionnel comme « la Constitution qui parle ». Le « juge » n'est en effet plus seulement le juge judiciaire, mais aussi le juge administratif et le juge constitutionnel, qui ont acquis leur propre légitimité. C'est d'ailleurs pour tenir compte de cette légitimité que le Conseil constitutionnel a déclaré, dans une décision du 22 juillet 1980 relative aux validations législatives, que « l'indépendance des juridictions », tant administratives que judiciaires, est un principe à valeur constitutionnelle.

§ 2. L'INSUFFISANCE DES GARANTIES D'INDÉPENDANCE DU JUGE

Malgré l'exaltation de son rôle, le juge français supporte des atteintes à son indépendance. Seules ses garanties d'inamovibilité et, depuis 1993, d'avancement, sont réellement satisfaisantes. Les autres garanties, qu'elles soient relatives à la discipline ou au recrutement, sont insuffisantes. En outre, il subit les pressions du pouvoir politique.

A. L'inamovibilité

L'inamovibilité s'analyse en l'impossibilité de déplacer un juge sans son consentement, même pour un avancement. Les membres du Conseil d'État n'ont qu'une inamovibilité de fait, qui ne repose sur aucun texte ; mais elle est tellement ancrée dans la tradition qu'elle est scrupuleusement respectée. En outre, la décision du Conseil constitutionnel du 22 juillet 1980, susmentionnée, semble la consacrer implicitement. Malgré tout, une consécration législative serait souhaitable. Par comparaison, les juges des tribunaux administratifs et des cours administratives d'appel bénéficient d'ailleurs d'une inamovibilité expressément prévue par une loi du 6 janvier 1986 (CJA, art. L. 231-3).

En ce qui concerne l'ordre judiciaire, l'inamovibilité remonte à la Charte de 1814. À l'heure actuelle, l'article 64 de la Constitution consacre l'inamovibilité des magistrats du siège. Le Conseil constitutionnel a d'ailleurs déjà eu l'occasion, dans une décision du 26 janvier 1967, de déclarer inconstitutionnelle la loi qui prévoyait des « affectations d'office » au mépris de cet article[1]. Par contre, les magistrats du parquet ne sont pas inamovibles, pour la bonne raison qu'ils ne sont pas indépendants. Ils doivent en effet obéir à leurs supérieurs hiérarchiques que sont le procureur de la

---

1. Dans une décision du 24 octobre 1980, le Conseil constitutionnel admet en revanche l'institution de magistrats remplaçants, à condition que le remplacement soit temporaire et qu'il intervienne sur décision de l'autorité judiciaire et dans des cas prédéterminés. Conformément à ces principes, la loi organique du 25 juin 2001 (Ord. 22 déc. 1958, art. 3-1, portant statut de la magistrature) permet au premier président de chaque cour d'appel d'affecter certains magistrats au remplacement temporaire des magistrats en congé annuel ou en congé de maladie, de maternité ou de formation, ou de les affecter pour huit mois au maximum sur un emploi vacant de leur grade.

République et le ministre de la Justice. Toutefois, ce devoir d'obéissance n'existe que pour les réquisitions écrites, en vertu du principe selon lequel « la plume est serve mais la parole est libre ». En outre, le corps judiciaire étant un corps unique, tout magistrat du parquet devient inamovible dès qu'il est affecté au siège.

B. La discipline

La juridiction disciplinaire est la deuxième garantie traditionnelle de l'indépendance du juge. Son existence lui donne en effet l'assurance qu'il ne pourra être sanctionné disciplinairement que par un jugement. Cette garantie remonte à la Révolution, et même à l'Ancien Régime, en ce qui concerne les magistrats du siège de l'ordre judiciaire. À l'heure actuelle, ceux-ci ne peuvent faire l'objet d'une sanction disciplinaire (par exemple réprimande, rétrogradation, révocation) que par un jugement rendu par le Conseil supérieur de la magistrature (CSM), hors de la présence du ministre de la Justice. Les autres juges sont hélas plus mal lotis. Les magistrats du parquet sont sanctionnés par le ministre de la Justice après avis de la formation compétente du CSM ; ceux des tribunaux administratifs et des cours administratives d'appel le sont par le gouvernement, sur proposition du « Conseil supérieur des tribunaux administratifs et des cours administratives d'appel » ; les membres du Conseil d'État, enfin, le sont également par le gouvernement, sur proposition du ministre de la Justice, après avis d'une « commission consultative » interne (CJA, art. L. 132-1 et L. 136-2). Nous pensons qu'un jugement rendu par une juridiction disciplinaire constituerait, au moins pour les magistrats de l'ordre administratif, une garantie plus en rapport avec l'indépendance requise par leurs fonctions[1].

Mais il existe des entorses plus inquiétantes à l'indépendance des juges. On fait allusion à leur recrutement, et aux pressions du pouvoir politique.

C. Le recrutement

Le recrutement des juges s'effectue en principe par concours d'accès à une école prestigieuse : l'École nationale d'administration (ENA), créée en 1945, pour les magistrats de l'ordre administratif, l'École nationale de la magistrature (ENM), créée en 1970, pour ceux de l'ordre judiciaire. Ce mode de recrutement a le mérite de présenter une certaine objectivité, car il repose sur le succès des candidats à des épreuves, dont certaines sont obligatoirement écrites et anonymes. Il existe malheureusement un mode de recrutement complémentaire qui s'avère beaucoup plus critiquable : il s'agit du « tour extérieur ».

Le tour extérieur est un mode de recrutement discrétionnaire, qui permet au président de la République ou à un membre du gouvernement de choisir librement un certain pourcentage de magistrats : 20 % des postes vacants dans l'année pour l'ordre

---

1. D'autant qu'un membre du Conseil d'État, André Jacomet, a été révoqué en 1960 pour avoir osé critiquer la politique algérienne du général de Gaulle (lequel l'a finalement réintégré en 1968). On notera au passage que la révision constitutionnelle du 23 juillet 2008 permet dorénavant à tout justiciable de saisir le CSM pour se plaindre des agissements répréhensibles d'un magistrat judiciaire du siège ou du parquet.

judiciaire (Ord. 22 déc. 1958, art. 25), 25 % pour l'ordre administratif, et même un poste sur trois pour les « conseillers d'État », c'est-à-dire pour ceux des membres du Conseil d'État qui occupent le rang le plus élevé (CJA, art. L. 133-3 et 4 et L. 233-3).

Nous pensons que le tour extérieur n'est acceptable que s'il réunit trois conditions : il ne doit pas excéder 20 % des postes ; il doit être précédé de l'intervention d'une commission composée au moins pour moitié de magistrats ; il ne doit bénéficier qu'à des candidats titulaires de certains diplômes, ou justifiant d'une certaine expérience professionnelle, et ayant franchi avec succès l'examen de la commission. Si ces trois conditions sont remplies, le tour extérieur peut même s'avérer bénéfique, car il apporte alors à la magistrature des expériences nouvelles et variées qui peuvent atténuer la tendance au repliement sur soi qui caractérise le corporatisme.

Mais à l'heure actuelle, force est de constater que seul le tour extérieur de l'ordre judiciaire réunit ces trois conditions. Celui de l'ordre administratif porte sur un pourcentage de postes trop élevé ; dès lors, le souci de les pourvoir tous risque d'inciter à recruter des candidats dont le niveau juridique est modeste. Au moins satisfait-il aux deux autres conditions [1]. Ce n'est hélas pas le cas de celui prévu pour les conseillers d'État, qui n'en respecte aucune. Tout d'abord, la proportion d'un poste sur trois est manifestement excessive. Ensuite, aucune intervention d'une quelconque commission n'est prévue. Enfin, le président de la République n'est lié dans son choix que par une condition d'âge, les candidats choisis devant avoir 45 ans ; aucune condition de diplôme ou d'expérience professionnelle n'est exigée. Il n'est donc pas étonnant de constater qu'en pratique le recrutement au tour extérieur des conseillers d'État soit parfois empreint d'un favoritisme oublieux de l'intérêt du service [2].

Un autre mode de recrutement complémentaire, différent du tour extérieur, a été créé par la loi du 26 février 2003. Il permet au ministre de la Justice de nommer « juge de proximité », pour sept ans non renouvelables et sur avis favorable du CSM, toute personne justifiant d'une expérience professionnelle « dans le domaine juridique » d'au moins quatre ans. Ce type de recrutement aurait pu être acceptable s'il était resté marginal, et si les rémunérations et indemnités proposées à ses bénéficiaires avaient été décentes. Or tel n'est pas le cas. Mal payées, les fonctions de juge de proximité n'attirent généralement pas les meilleurs juristes. C'est d'autant plus inquiétant que des milliers de postes doivent être pourvus, puisque la loi de 2003, modifiée par celle du 26 janvier 2005, leur confie (en premier et dernier ressort !) le jugement des contraventions des quatre premières classes en matière pénale, et celui des litiges dont le montant est égal ou inférieur à 4 000 euros en matière civile. Dès lors, il est à craindre que ce nouveau mode de recrutement ne débouche sur une justice à deux

1. Sauf pour les « maîtres des requêtes » du Conseil d'État, pour lesquels il ne respecte pas non plus la condition de l'intervention d'une commission : seule subsiste la condition de l'expérience professionnelle (en l'occurrence, dix ans de service public), à laquelle s'ajoute une condition d'âge (30 ans).

2. Il en découle un tel malaise qu'un décret du 29 novembre 1985 est intervenu pour apporter un début d'amélioration : désormais, le sixième des nominations au tour extérieur des conseillers d'État doit obligatoirement bénéficier à des juges des tribunaux administratifs ou des cours administratives d'appel. Même règle pour le quart des nominations au tour extérieur des maîtres des requêtes (CJA, art. R. 133-3 et 4). Une loi du 28 juin 1994 exige d'autre part que chaque nomination au tour extérieur d'un conseiller d'État ou d'un maître des requêtes soit précédée de l'avis du vice-président du Conseil d'État, dont le « sens » est publié au *JO* en même temps que l'acte de nomination (CJA, art. L. 133-7).

vitesses, les « vrais » juges apportant la protection du droit aux contentieux les plus nobles pendant que les juges de proximité pratiquent, en fonction de leur conception subjective de l'équité, une « justice du pauvre »...

D. L'avancement

Jusqu'en 1993, l'avancement des juges méritait encore davantage de critiques que leur recrutement. On ne parlera pas ici de « l'avancement d'échelon », dont tous les fonctionnaires et magistrats bénéficient de façon quasi automatique, mais de « l'avancement de grade », qui est beaucoup plus intéressant dans la mesure où, entraînant en principe un accroissement de responsabilités, il est normalement réservé aux meilleurs.

Nous pensons qu'un avancement de grade respectueux de l'indépendance des juges doit s'opérer soit à l'ancienneté, soit au choix sur proposition d'un organisme composé au moins pour moitié de magistrats élus.

L'avancement à l'ancienneté n'était retenu à l'origine par aucun texte. Pourtant, ce système s'est imposé dans la pratique pour régir l'avancement des membres du Conseil d'État. C'est en effet en justifiant simplement d'un certain nombre d'années de fonctions que les « auditeurs » deviennent « maîtres des requêtes », puis « conseillers d'État » (CJA, art. R. 134-5 et 7). Ce mode d'avancement présente l'avantage d'exclure, par son automaticité, toute immixtion de l'Exécutif. Mais il n'est viable qu'à condition de s'appliquer à un ensemble peu nombreux, peu hiérarchisé, et suffisamment homogène de magistrats. Trois caractères qu'on trouve précisément réunis chez le personnel du Conseil d'État, mais qu'on chercherait en vain dans le reste de la magistrature.

C'est donc l'avancement au choix qui régit les autres magistrats. L'avancement des juges des tribunaux administratifs et des cours administratives d'appel est décidé par le président de la République, après inscription des candidats à un tableau d'avancement établi sur proposition du « Conseil supérieur des tribunaux administratifs et des cours administratives d'appel » (CSTACA). Cet organisme compte treize membres, dont huit magistrats administratifs. Malheureusement, cinq seulement de ces huit magistrats sont élus par leurs pairs. Malgré le grand intérêt qu'il présente, le CSTACA ne correspond donc pas encore tout à fait au niveau de garantie que nous jugeons nécessaire pour assurer l'indépendance des juges.

En ce qui concerne l'ordre judiciaire, il faut distinguer selon que l'avancement concerne les magistrats du siège ou du parquet.

Mais il convient d'indiquer avant tout que leurs garanties d'avancement ont été considérablement renforcées par les révisions constitutionnelles du 27 juillet 1993 et du 23 juillet 2008, remodelant l'article 65 de la Constitution. Ces révisions ont en effet amélioré la composition et accru le rôle du CSM, qui est depuis 1946 l'organe clef en la matière.

Créé en 1946, cet organisme ne comprenait plus aucun magistrat élu depuis 1958, alors qu'il en comportait plusieurs à l'origine. De 1958 à 1993, il se composait en effet de onze membres : le président de la République, le ministre de la Justice, et neuf membres désignés par le président de la République. Le CSM était par conséquent la créature du pouvoir politique, grâce à laquelle celui-ci détenait les leviers du « pouvoir » judiciaire. Alertée par la presse, l'opinion publique s'en est émue, et a finalement obtenu gain de cause en 1993.

Depuis cette date, le CSM comprend deux formations, dont la révision de 2008 a fait passer pour chacune le nombre de membres de douze à quinze. Elles comprennent le premier président de la Cour de cassation (pour la formation du siège) ou le procureur général près la Cour de cassation (pour la formation du parquet), un conseiller d'État désigné par le Conseil d'État, un avocat, six personnalités n'appartenant ni au Parlement ni à l'ordre judiciaire (désignées respectivement par le président de la République, le président de l'Assemblée nationale et le président du Sénat), et surtout six magistrats élus par leurs pairs : cinq magistrats du siège et un magistrat du parquet en ce qui concerne la formation compétente à l'égard des magistrats du siège ; cinq magistrats du parquet et un magistrat du siège en ce qui concerne la formation compétente à l'égard des magistrats du parquet. Le président de la République cesse d'y siéger depuis 2008, le ministre de la Justice pouvant pour sa part continuer à « participer » aux séances.

Parallèlement à cette amélioration de sa composition, le CSM se voit accorder depuis 1993 un rôle accru tant à l'égard des magistrats du siège qu'à l'égard des magistrats du parquet.

S'agissant des magistrats du siège, le président de la République ne peut en effet désormais les nommer aux fonctions de magistrat à la Cour de cassation, de premier président de cour d'appel, et de président de TGI, que sur proposition de sa formation compétente ; antérieurement, ce pouvoir de proposition n'existait que pour les deux premières fonctions. D'autre part et surtout, le ministre de la Justice perd le pouvoir discrétionnaire dont il disposait de proposer au président de la République les nominations aux autres fonctions : ses propositions ne peuvent en effet désormais intervenir que sur l'avis conforme — et non plus sur l'avis simple, comme c'était le cas auparavant — de la formation compétente du CSM.

Moins spectaculaire, la montée en puissance du CSM à l'égard des magistrats du parquet n'en est pas moins importante. Il n'exerçait en effet aucun rôle dans leur avancement jusqu'à la réforme de 1993. Désormais, sa formation compétente est au contraire chargée d'émettre un avis simple sur les propositions d'avancement décidées par le ministre de la Justice. Même si ce dernier n'est pas obligé de le suivre, il juge raisonnable de s'y conformer dans la quasi-totalité des cas. Le projet de loi Guigou, de 1998, envisageait néanmoins de substituer à cet avis simple un avis conforme. Sans aller jusque-là, la révision de 2008 a étendu l'exigence de l'avis simple aux nominations aux fonctions de procureur général près la Cour de cassation et de procureur général près une cour d'appel, qui sont décidées par décret en conseil des ministres, et qui échappaient encore à l'intervention du CSM.

Grâce à ces améliorations diverses, les réformes de 1993 et de 2008 parviennent ainsi à couper le cordon ombilical qui reliait jusque-là la magistrature au pouvoir politique. Il n'est désormais plus nécessaire de plaire au ministre de la Justice et à un organe entièrement dévoué au président de la République pour parvenir au sommet de la hiérarchie. La docilité n'est donc plus le critère essentiel de la réussite professionnelle...

E. Les pressions du pouvoir politique

Certaines pressions du pouvoir politique sur la magistrature sont acceptées, et même organisées, par notre Droit. Elles transparaissent, on l'a vu, dans le « tour extérieur ». Mais il en est d'autres, encore plus choquantes, qui s'exercent en violation des règles juridiques. Deux exemples récents[1] montrent qu'elles sont hélas toujours d'actualité.

La première affaire se déroule en 1987. Un écrivain, membre de l'Académie française et de la Commission nationale pour la communication et les libertés (CNCL), est soupçonné de forfaiture. Il aurait usé de ses fonctions pour favoriser l'implantation d'une radio libre. Inculpé par le juge d'instruction, il dépose une plainte contre ce dernier et demande son dessaisissement par une « requête en suspicion légitime ». Statuant sur sa requête, la chambre criminelle de la Cour de cassation rejette la suspicion légitime invoquée par l'écrivain, rien ne permettant de suspecter l'impartialité du juge. Pourtant, elle décide quand même de le dessaisir du dossier, « dans l'intérêt d'une bonne administration de la justice ». Cette surprenante décision déroge donc à l'un des grands principes de notre Droit, selon lequel « nul ne peut être soustrait à son juge naturel ». Précision qui paraît avoir eu son importance : l'écrivain était connu pour être politiquement proche du gouvernement de l'époque. La presse en a conclu que des pressions politiques avaient été exercées pour écarter le juge d'instruction trop zélé. Même si l'écrivain a par la suite été blanchi de l'accusation de forfaiture, l'épisode du dessaisissement a causé un tel malaise qu'une loi du 6 juillet 1989 est intervenue pour interdire dorénavant de retirer un dossier à un juge d'instruction « dans l'intérêt d'une bonne administration de la justice ».

La deuxième affaire se déroule en 1996. Le maire de Paris et son épouse sont respectivement soupçonnés d'avoir organisé un système de fraude sur les marchés publics, et d'avoir touché deux cent mille francs en contrepartie d'un travail fictif. Un juge d'instruction souhaite effectuer une perquisition à leur domicile, mais le directeur de la police judiciaire, agissant avec l'appui (ou sur ordre ?) du gouvernement, interdit aux officiers de police judiciaire de l'assister, au mépris du Code de procédure pénale. Plus tard, en l'absence du procureur d'Évry, parti en vacances dans l'Himalaya, le procureur adjoint décide d'ouvrir une information judiciaire contre l'épouse du maire. Pour tenter (en vain) d'éviter la mise en examen de celle-ci, le gouvernement affrète alors un hélicoptère au Népal pour retrouver d'urgence le procureur jugé plus complaisant. Au lendemain de ces péripéties rocambolesques, un sondage réalisé en janvier 1997 montre que 82 % des Français pensent que la magistrature est « soumise au pouvoir politique ».

Même lorsqu'elles sont finalement enrayées, ces pressions ternissent l'image d'indépendance de la magistrature. Encouragées par l'insuffisance des garanties existant en matière de discipline et de recrutement, elles confirment que le rôle du juge n'est exalté que parce qu'il est mythifié.

En définitive, il faut prendre conscience qu'une indépendance réelle de la magistrature passe par la reconnaissance constitutionnelle d'un véritable « pouvoir juridictionnel », totalement soustrait à la tutelle du pouvoir politique quant au recrutement et à la discipline de ses membres.

---

1. Analysés en détail par J. Robert, « De l'indépendance des juges », *RDP* 1988.5, et par A. Chemin, *Le Monde* 15 mai 1997. La décision, prise en août 2008, de renvoyer en correctionnelle le procureur de la République Éric de Montgolfier, cause elle aussi un grand malaise. Elle est en effet motivée par le simple fait qu'il aurait maintenu abusivement en détention provisoire un voleur de bijoux. Or il est troublant qu'une telle sévérité frappe un magistrat qui s'était illustré en participant à des enquêtes politiquement sensibles. Cf. *Libération* du 26 août 2008.

Chapitre 3

Les classifications des libertés publiques

Pour comprendre la notion de libertés publiques, il ne suffit pas d'en connaître la définition et les fondements idéologiques. En effet, ces deux facteurs sont communs à toutes les libertés publiques. On pourrait donc en tirer l'impression erronée que les libertés se ressemblent jusqu'à la similitude.

En réalité, la notion de libertés publiques est suffisamment souple pour accueillir plusieurs familles de libertés en son sein. L'objet d'une classification est précisément de permettre d'en prendre conscience.

Plusieurs classifications coexistent et s'entrecroisent, qui illustrent la richesse et la diversité des libertés publiques. Elles apportent toutes un éclairage différent de la notion. C'est dire qu'aucune n'est suffisante : il faut au moins connaître les principales (section 1).

Une mise en garde est cependant nécessaire. Il existe de fausses classifications qui, sous couvert d'ordonner les libertés, les confondent avec des droits qui n'en sont pas. C'est par exemple le cas de la distinction classique entre « libertés-résistances » et « libertés-créances [1] », puisqu'on a vu au chapitre 1 que les libertés publiques sont toujours des libertés-résistances. Les prétendues libertés-créances sont quant à elles des droits, mais non des libertés. C'est pourquoi il est préférable de les qualifier de « droits-créances ».

Les vraies classifications portent au contraire exclusivement sur les libertés publiques, qu'elles répartissent par genres. Elles présentent en outre l'intérêt, qu'il ne faut toutefois pas surestimer, d'apporter des éléments de solution pour résoudre le délicat problème des conflits de libertés (section 2).

Section 1
La diversité des classifications, preuve de la richesse de la notion de « libertés publiques »

Pendant longtemps, seules ont existé des classifications doctrinales, dont la valeur théorique continue à être reconnue (§ 1). Depuis 1984, le Conseil constitutionnel élabore sa propre classification, dont la valeur n'est pas seulement théorique mais aussi juridique (§ 2).

---

1. Elle remonte à Léon Duguit, qui distinguait entre « libertés négatives » (libertés-résistances) et « libertés positives » (droits-créances).

§ 1. Les principales classifications doctrinales

L'étude de la doctrine permet de dégager deux grands courants. L'un retient une classification bipartite, l'autre une classification tripartite.

A. La classification bipartite : libertés individuelles et libertés collectives

La classification bipartite est défendue par les professeurs Madiot, Richer et Morange[1]. Elle inspire également l'avis du Conseil d'État du 13 août 1947, que nous avons mentionné au chapitre 1.

Elle consiste pour l'essentiel à distinguer les libertés individuelles et les libertés collectives. Les libertés individuelles sont celles qu'un individu peut exercer en solitaire, sans se joindre à autrui. Il s'agit notamment du droit de disposer de son corps, du droit à la sûreté, du droit à la vie privée, de la liberté d'aller et venir, et de la liberté d'opinion. Au contraire, les libertés collectives sont celles que les individus ne peuvent exercer qu'en commun. Il s'agit pour l'essentiel de la liberté de réunion, de la liberté d'association, de la liberté de la presse, de la liberté de communication audiovisuelle, de la liberté de l'enseignement, de la liberté syndicale, et du droit de grève.

Cette classification est intéressante à un triple point de vue.

Tout d'abord, elle offre l'avantage de la simplicité. La distinction entre l'individuel et le collectif est aisément compréhensible. Presque toutes les libertés peuvent être rangées sans hésitation dans l'une ou l'autre catégorie. Il y a toutefois, inévitablement, quelques exceptions. La liberté religieuse est par exemple inclassable, car elle recouvre indissolublement la liberté — individuelle — de croire en une divinité, et la liberté — collective — de participer à la célébration d'un culte. La liberté d'expression pose également un problème, car elle implique normalement la participation d'autrui, sinon pour dialoguer, du moins pour écouter, considération qui a amené le Conseil d'État à la ranger dans les libertés collectives ; pourtant, elle peut indiscutablement s'exercer dans la solitude, comme en témoigne l'habitude répandue de chanter dans sa salle de bains ; en outre, il y a quelque artifice à la couper de la liberté d'opinion, qui est quant à elle une liberté individuelle. Le droit de propriété constitue un dernier exemple de la difficulté qu'il y a parfois à choisir entre les deux catégories. On ne peut pas dire que ce soit un droit qui, dans les démocraties occidentales, s'exerce normalement en commun ; il ne faut donc pas le compter au nombre des libertés collectives. Mais ce n'est pas non plus un droit qui peut s'exercer « dans la solitude » d'une façon aussi radicale que, par exemple, la liberté d'aller et venir, car la propriété est par essence une institution sociale ; le simple fait de l'exercer est donc la manifestation d'une vie en collectivité ; on peut donc légitimement hésiter à le ranger dans les libertés individuelles. Malgré tout, il ne faut

---

1. Sous des dénominations diverses : Y. Madiot, *Droits de l'Homme et libertés publiques*, Masson, 1976, parle de « liberté individuelle » et « libertés des communications sociales » ; L. Richer, *Les Droits de l'Homme et du Citoyen*, Economica, 1982, de « liberté-indépendance » et de « liberté-participation » ; J. Morange, *Droits de l'Homme et libertés publiques*, PUF, 3e éd., 1995, de « liberté individuelle » et « libertés collectives ». Cf. aussi J.-J. Israël, *Droit des libertés fondamentales*, LGDJ, 1998 : « libertés de la pensée » et « libertés de l'action ».

pas s'exagérer la gravité de ces difficultés, qui sont le reflet de la richesse de la notion de « libertés publiques ».

D'ailleurs, la classification bipartite est intéressante à un second point de vue : elle contribue à éclairer l'histoire de l'apparition des libertés publiques. On constate en effet que la Déclaration de 1789 ne consacre pratiquement que des libertés individuelles : liberté d'agir, liberté d'opinion, droit à la sûreté et, si on veut bien surmonter l'hésitation sus-indiquée, liberté d'expression et droit de propriété. La seule liberté collective qu'elle mentionne est la liberté de la presse. La classification bipartite met ainsi en relief l'individualisme des rédacteurs de la Déclaration. Ce n'est qu'à partir de 1791 — avec la consécration par la Constitution de la liberté du culte et de la liberté de réunion — que les libertés collectives prennent leur envol.

Enfin, la classification bipartite est intéressante à un troisième point de vue : elle correspond au sentiment de la conscience collective qu'existe une primauté de l'individu sur la société, et qu'à ce titre il faut distinguer les libertés individuelles des libertés collectives, les premières étant plus fondamentales que les secondes. Comme le souligne M. Morange, la classification bipartite « met en avant la primauté de l'individu sur la société. Les libertés collectives ne supposent-elles pas le droit pour des individus d'agir ensemble ? Il n'y a donc pas de libertés collectives sans liberté individuelle. Ceci constitue un des dogmes des démocraties libérales[1] ».

Pour toutes ces raisons, il faut donc garder à l'esprit cette classification bipartite, qui contribue à éclairer la notion de libertés publiques.

ECOLE NATIONALE D'ADMINISTRATION
Centre de Documentation
1, rue Sainte-Marguerite - F, 67080 STRASBOURG

B. La classification tripartite : libertés physiques, libertés intellectuelles, autres libertés

La classification tripartite est défendue par les professeurs Burdeau, Colliard, Rivero, et Robert[2]. Plus élaborée que la classification bipartite, elle présente fatalement quelques variantes. D'une façon générale, ces auteurs s'accordent sur la détermination des deux premières catégories de libertés publiques, mais divergent sur le contenu de la troisième.

Les deux premières catégories sont les libertés physiques et les libertés intellectuelles. Elles reposent donc plus ou moins consciemment sur une adhésion à la distinction chrétienne de l'âme et du corps.

Les libertés physiques sont les libertés du corps, par opposition aux libertés de l'âme. Elles permettent à l'homme de se réaliser pleinement en tant que créature charnelle. On peut en distinguer cinq composantes : le droit de disposer de son corps (droit d'entretenir des rapports sexuels, droit de procréer, droit de donner son corps, droit de décider sa propre mort), le droit à l'intégrité physique (droit de ne pas être torturé ni soumis à des traitements inhumains ou dégradants, droit de ne pas être soumis sans son consentement à des expériences médicales ou scientifiques, droit de ne pas être réduit à l'esclavage ni condamné aux travaux forcés, droit de ne pas être

---

1. J. Morange, *op. cit.*, p. 132.

2. G. Burdeau, *Libertés publiques*, LGDJ, 4e éd., 1972 ; C.-A. Colliard, *Libertés publiques*, Dalloz, 7e éd., 1989 ; J. Rivero, *Les Libertés publiques*, PUF, t. 2, 5e éd., 1996 ; J. Robert (et J. Duffar), *Libertés publiques et droits de l'Homme*, Montchrestien, 6e éd., 1996. Cf. aussi J.-M. Pontier, *Droits fondamentaux et libertés publiques*, Hachette, 2001 ; et D. Turpin, *Libertés publiques et droits fondamentaux*, Seuil, 2004.

tué), le droit à la sûreté (c'est-à-dire essentiellement droit de ne pas être incarcéré arbitrairement), le droit d'aller et venir (droit de se déplacer, droit de séjourner), et le droit à la vie privée (liberté du domicile, droit au secret, droit à l'inviolabilité des correspondances, droit à la protection des informations nominatives, droit à une vie familiale normale).

Les libertés intellectuelles sont au contraire les libertés de l'âme. Elles permettent à l'homme de se réaliser pleinement en tant que créature spirituelle. Là encore, on peut en distinguer cinq composantes : les libertés d'opinion et d'expression (que nous jugeons indissolubles), la liberté religieuse, la liberté de l'enseignement, la liberté de la presse, et la liberté de communication audiovisuelle.

Cette distinction a le mérite d'être claire, même si, inévitablement, on peut éprouver ici et là quelques hésitations. Le droit à la vie privée, par exemple, ne permet pas seulement à l'homme de s'accomplir en tant que créature charnelle, mais aussi en tant que créature spirituelle. Quant au droit à la sûreté, il a bien pour objet immédiat d'empêcher de se saisir corporellement des individus, mais il garantit par contrecoup l'exercice des autres libertés, même intellectuelles. C'est d'ailleurs pourquoi M. Rivero accorde à ces deux libertés une place à part, distincte de sa classification tripartite.

Le véritable problème posé par cette distinction est ailleurs. Il réside dans son incapacité à embrasser l'ensemble des libertés. On peut en effet discerner un groupe de cinq libertés qui ne sont ni physiques ni intellectuelles. Il s'agit de la liberté de réunion, de la liberté d'association, des libertés du travailleur (droit syndical, droit de grève), du droit de propriété, et de la liberté d'entreprendre. C'est sur le sort à réserver à ces « autres libertés » que les auteurs divergent. On comprend que la diversité des libertés à regrouper suscite leur embarras.

MM. Rivero et Robert résolvent le problème en évacuant les libertés du travailleur, le droit de propriété, et la liberté d'entreprendre, lesquels sont étudiés dans d'autres cours. Cela leur permet de regrouper les deux libertés restantes, les libertés de réunion et d'association, sous le vocable « libertés de l'action collective » (M. Rivero) ou « libertés de l'expression collective » (M. Robert). On peut objecter que classification et description des régimes juridiques sont deux opérations distinctes. Ce n'est pas parce qu'on exclut certaines libertés au stade de la seconde, qu'on est fondé à les écarter au niveau de la première.

MM. Burdeau et Colliard procèdent différemment. Ils n'écartent aucune liberté, mais estiment que l'hétérogénéité des cinq libertés restantes interdit de les laisser ensemble.

C'est pourquoi ils en regroupent trois — les libertés du travailleur, le droit de propriété, et la liberté d'entreprendre — sous le vocable « droits économiques et sociaux » (M. Burdeau) ou « libertés à contenu économique et social » (M. Colliard). Les deux autres — les libertés de réunion et d'association — devraient alors en toute logique constituer une quatrième catégorie, mais M. Colliard préfère inexplicablement les englober dans les libertés intellectuelles ; quant à M. Burdeau, il leur consacre certes un chapitre distinct, mais son titre — « l'État et les groupes » — paraît indiquer qu'il n'entend pas les considérer réellement comme une quatrième catégorie.

Nous pensons quant à nous que ces cinq libertés doivent être regroupées. Il est en effet possible de déceler entre elles un lien de parenté. Pour s'en convaincre, il faut les comparer aux libertés physiques et aux libertés intellectuelles.

On a vu que ces deux catégories de libertés reflètent la distinction chrétienne de l'âme et du corps. Or une classification qui entend s'inspirer du christianisme ne peut pas se contenter de cette dualité, car la pensée chrétienne estime que l'homme a trois dimensions. Il n'est pas seulement une créature charnelle et un être spirituel, mais aussi le membre d'une communauté. Le salut de l'âme dépend en effet de l'aptitude à se dépasser par l'amour, et de la pratique de la charité, qui supposent une vie sociale. Cela a d'ailleurs été parfaitement mis en lumière par Jacques Maritain, dont le « personnalisme » se veut « communautaire ».

Une classification d'inspiration chrétienne ne peut donc être que tripartite. Elle doit faire place, à côté des libertés physiques et des libertés intellectuelles, à des libertés relationnelles, qui appartiennent à l'homme en tant que membre d'une communauté. Or nos cinq libertés sont précisément ces nécessaires libertés relationnelles. Les libertés de réunion, d'association, d'entreprendre, des travailleurs, et le droit de propriété ne se rapportent pas prioritairement à la vie de l'âme ou du corps, mais bien à la vie en communauté.

La classification tripartite libertés physiques, libertés intellectuelles, libertés relationnelles, correspond donc à la tridimensionnalité de la personne humaine. C'est pourquoi, la jugeant plus riche de signification que la classification bipartite, nous la retiendrons pour structurer la deuxième partie de ce manuel.

§ 2. La classification du Conseil constitutionnel : libertés publiques « fondamentales » et libertés publiques ordinaires

La doctrine ne s'est pas seulement attachée à proposer des classifications. Elle a aussi montré que le Conseil constitutionnel a, depuis 1984, adopté sa propre classification[1].

C'est dans sa décision des 10-11 octobre 1984, relative aux entreprises de presse, que le Conseil constitutionnel a pour la première fois opéré une distinction au sein des libertés publiques, certaines étant jugées par lui plus « fondamentales » que les autres.

Les libertés publiques fondamentales sont celles qu'il estime les plus importantes[2]. C'est pourquoi il leur accorde une protection spéciale, dont ne bénéficient pas les autres libertés publiques. Cette protection spéciale semble reposer sur trois principes, qui éclairent d'ailleurs la jurisprudence du Conseil antérieure à 1984.

Premier principe : il est interdit de les soumettre à un régime d'autorisation préalable. Ce principe trouve une illustration rétrospective dans la décision du 16 juillet 1971, relative à la liberté d'association. Dans cette décision, le Conseil constitutionnel avait annulé une loi qui tendait à transformer la déclaration de certaines associations en régime d'autorisation préalable. À la lumière de la décision de 1984, on en déduit que la liberté d'association est une liberté publique fondamentale.

---

1. Démonstration effectuée notamment par le professeur L. Favoreu, *RDP* 1986.491-495, et par le conseiller d'État B. Genevois, « La jurisprudence du Conseil constitutionnel. Principes directeurs », *STH* 1988.291.

2. Elles ne doivent pas être confondues avec les « libertés fondamentales » visées par la loi du 30 juin 2000 à propos du référé-liberté, qui englobent quant à elles l'ensemble des libertés publiques.

Deuxième principe (dont le premier n'est peut-être qu'une illustration) : la loi ne peut intervenir que pour étendre leur exercice, mais non pour le restreindre. C'est pourquoi la décision de 1984 juge conformes à la Constitution les dispositions qui visent à assurer la transparence financière des entreprises de presse, car la transparence tend à renforcer l'exercice effectif de la liberté de la presse.

Ce deuxième principe supporte toutefois une exception : la loi peut restreindre l'exercice d'une liberté publique fondamentale lorsqu'elle a pour but de la concilier avec un autre principe ou objectif à valeur constitutionnelle. L'ordre public est un exemple d'objectif à valeur constitutionnelle susceptible de justifier une restriction. En témoignent les décisions du 25 janvier 1985 et du 9 septembre 1986, dans lesquelles le Conseil constitutionnel accepte, au nom de l'ordre public, que des lois restreignent respectivement la liberté d'aller et venir en Nouvelle-Calédonie, et la liberté des étrangers de séjourner en France.

Troisième principe : les libertés publiques fondamentales doivent être appliquées d'une façon uniforme sur tout le territoire de la République. C'est en application de ce principe de non-discrimination territoriale que le Conseil constitutionnel a annulé, dans sa décision *Loi Chevènement* du 18 janvier 1985, la disposition législative qui subordonnait à l'accord des communes la passation des contrats liant l'État et les établissements d'enseignement privés. Cette disposition aurait en effet rompu l'uniformité de l'application du régime juridique garantissant l'exercice de la liberté de l'enseignement[1].

Par ces trois principes, le Conseil constitutionnel dote donc véritablement les libertés publiques fondamentales d'une protection renforcée. Reste à savoir quelles sont les libertés publiques qui, aux yeux du Conseil, sont fondamentales. Sa jurisprudence est encore trop récente pour qu'on puisse présenter une liste définitive. Il est toutefois déjà possible d'avancer que sont indiscutablement des libertés publiques fondamentales : la liberté d'association, la liberté de la presse, la liberté d'aller et venir, la liberté de l'enseignement, et le droit d'asile.

À l'inverse, il semble que le droit de propriété soit simplement une liberté publique ordinaire, car le Conseil constitutionnel admet assez facilement que la loi intervienne pour en restreindre l'exercice. Sa décision du 27 novembre 1959 affirme par exemple qu'il doit être analysé « dans le cadre des limitations de portée générale qui y ont été introduites par la législation antérieure, pour permettre certaines interventions jugées nécessaires de la puissance publique ». Et plus récemment, sa décision du 16 janvier 1982 reconnaît sa valeur constitutionnelle, mais accepte sans grande difficulté les atteintes qui lui sont portées par les nationalisations. De même, le Conseil constitutionnel semble considérer la liberté de communication audiovisuelle et la liberté d'entreprendre comme des libertés publiques ordinaires. Il reconnaît en effet leur valeur constitutionnelle dans ses décisions du 27 juillet 1982 et du 16 janvier 1982, mais c'est pour ajouter aussitôt que ces libertés ne sont « ni générales ni absolues », mais qu'elles « ne peuvent exister que dans le cadre d'une réglementation instituée par la loi ».

---

1. La révision constitutionnelle du 18 mars 2003 semble toutefois généraliser ce troisième principe à l'ensemble des libertés publiques, même ordinaires (cf. Const., art. 72, 73 et 74). Cette uniformisation accrue de l'application des libertés publiques paraît destinée à contrebalancer la diversification statutaire croissante des collectivités territoriales.

Au total, la classification du Conseil constitutionnel a l'avantage d'apporter un surcroît de protection à certaines des libertés publiques. Elle est donc globalement positive. Mais il faut prendre conscience qu'elle risque aussi de fragiliser les libertés publiques jugées non fondamentales. Le législateur peut en effet être tenté d'interpréter la position du Conseil constitutionnel comme une permission de disposer à sa guise de ces libertés. C'est d'ailleurs pour prévenir ce danger que le Conseil a pris soin de proclamer leur valeur constitutionnelle. Reste qu'en dépit de ce garde-fou la classification du Conseil semble signifier qu'en cas de conflit de libertés, les libertés publiques ordinaires devront désormais toujours s'effacer devant les libertés publiques fondamentales.

Section 2
La diversité des classifications et le problème des conflits de libertés

Les libertés publiques ne peuvent pas toujours coexister harmonieusement. Il arrive fréquemment qu'elles se heurtent. Le droit d'avorter va par exemple directement à l'encontre du droit de vivre. Sans atteindre un antagonisme aussi irréductible, d'autres libertés s'affrontent parfois : la liberté d'aller et venir avec la liberté de manifester sur les voies publiques ; le droit à la vie privée avec la liberté de la presse ; ou encore le droit de grève avec la liberté de communication audiovisuelle ou avec la liberté d'entreprendre.

Comment résoudre ces conflits de libertés ? Le plus souvent, le droit positif adopte des solutions pragmatiques, qui tiennent compte des circonstances sans prétendre à une logique d'ensemble. Comme l'observe M. Denquin, « mis en présence de questions insolubles, il sanctionne purement et simplement des rapports de force[1] ». Ce pragmatisme n'explique cependant pas tout. Il laisse place à des réflexions théoriques sur la hiérarchie des libertés, qu'il prend en compte lorsque les circonstances le permettent. Quatre attitudes sont possibles, qui correspondent aux quatre conceptions philosophiques que nous avons analysées au chapitre 2. Alors que la théorie moderne du droit naturel et le positivisme juridique aboutissent à des impasses (§ 1), la théorie classique du droit naturel et le positivisme sociologique apportent des solutions aux conflits de libertés (§ 2).

§ 1. Les impasses du positivisme juridique et de la théorie moderne du droit naturel

La théorie moderne du droit naturel est radicalement inapte à résoudre les conflits de libertés. Il ne faut pas s'en étonner : puisant les droits de l'Homme dans la subjectivité de chaque individu, elle enseigne l'absolu respect des aspirations individuelles, et prône par conséquent la neutralité du droit positif dans les conflits de libertés, conçus comme des chocs entre deux volontés également estimables. Comme l'explique M. Morange, les conflits de libertés sont insolubles « dans le cadre d'une

---

1. J.-M. Denquin, « Sur les conflits de libertés », *Mélanges Charlier*, 1981, p. 557.

société ne consacrant que des droits subjectifs qui ont, par là même, la valeur que chacun leur attribue. Au nom de quoi faire céder une personne qui estimera « son droit », « sa liberté », au moins aussi important que le droit ou la liberté de l'autre ? Derrière cette opposition, on trouvera... la valeur égale de deux volontés[1] ».

Au fond, la théorie moderne du droit naturel refuse l'idée même qu'il puisse exister des conflits de libertés. Imprégnée de l'optimisme du siècle des Lumières, elle compte sur l'universalité de la raison humaine pour assurer l'harmonie spontanée des libertés. Puisque aucune hiérarchie des libertés n'est dès lors nécessaire, nos classifications perdent toute utilité pratique.

On peut en conclure que le « pragmatisme » manifesté par notre droit positif ne résulte pas seulement de la prise en compte des rapports de force. Il découle aussi de l'incapacité de la théorie moderne du droit naturel — qui est la conception philosophique dominante — à accepter une hiérarchie des libertés.

Le positivisme juridique aboutit, pour des raisons différentes, à la même impasse. Comme le remarque M. Richer, pour les positivistes « tout est fondamental, aucun sacrifice n'est légitime[2] ». Concevant en effet le Droit comme un ordre clos, ils s'interdisent par là même toute référence aux systèmes de valeurs qui lui sont extérieurs. Les conflits de libertés ne peuvent donc être résolus que par les seules ressources du Droit, c'est-à-dire par l'application de la hiérarchie des normes. Mais lorsque presque toutes les libertés publiques ont valeur constitutionnelle, comme c'est le cas à l'heure actuelle, aucune solution n'est plus concevable.

Même la classification du Conseil constitutionnel est impuissante à leurs yeux à apporter des éléments de solution. Elle échappe en effet à la logique du positivisme juridique en hiérarchisant des libertés qui ont pourtant la même valeur constitutionnelle. S'y rallier serait donc s'engager dans une voie incertaine. C'est pourquoi ils préfèrent se réfugier derrière l'improbable hypothèse d'une possible « conciliation » entre libertés, que le juge effectuerait au cas par cas. En réalité, nous pensons quant à nous que la voie empruntée par le Conseil constitutionnel n'est nullement mystérieuse : c'est celle du positivisme sociologique.

§ 2. Les solutions du positivisme sociologique et de la théorie classique du droit naturel

Le positivisme sociologique conçoit le Droit comme une réponse apportée par les acteurs juridiques aux aspirations de la conscience collective. Dans son optique, il est donc facile de résoudre les conflits de libertés : il suffit de faire prévaloir les libertés que la conscience collective juge les plus importantes.

C'est ce que fait déjà dans une large mesure le droit positif : si le droit d'avorter l'emporte sur le droit de vivre, c'est parce que tous les sondages effectués au début des années soixante-dix ont révélé que tel était le vœu de l'opinion publique. La loi du 17 janvier 1975 n'a donc fait que répondre aux aspirations de la conscience collective. De même, c'est pour la satisfaire que prévalent en général la liberté d'aller et venir sur la liberté de manifester sur les voies publiques, et le droit à la vie privée sur la liberté de la presse. Ces deux exemples tendent d'ailleurs à confirmer que, d'une

---

1. J. Morange, *op. cit.*, p. 399-400.
2. L. Richer, *op. cit.*, p. 6.

façon générale, la conscience collective est plus attachée aux libertés individuelles qu'aux libertés collectives.

La classification du Conseil constitutionnel répond elle aussi à ses attentes. Les libertés d'association, de la presse, d'aller et venir, ou de l'enseignement, sont « fondamentales » parce qu'elles sont traditionnellement plus populaires en France que la liberté de communication audiovisuelle, la liberté d'entreprendre, ou le droit de propriété. Le Conseil constitutionnel confirme lui-même cette explication dans sa décision du 16 janvier 1982, lorsqu'il justifie la relégation du droit de propriété par « l'évolution » qu'il a subie depuis 1789 dans les mentalités.

La théorie classique du droit naturel propose elle aussi des solutions aux conflits de libertés. Tirant en effet les droits de l'Homme d'un ordre naturel objectif, elle enseigne qu'il faut respecter la place assignée dans celui-ci à chaque liberté. La hiérarchie des libertés est en quelque sorte préconstituée : l'humanité ne la crée pas comme dans le positivisme sociologique, mais se contente de la découvrir.

C'est ainsi de l'ordre divin que l'Église catholique tire sa hiérarchie des libertés. Au sommet semblent se situer les libertés physiques, dans la mesure ou leur respect conditionne la vie de l'esprit et le développement harmonieux de la communauté. En leur sein, c'est le droit de vivre qui occupe le premier rang, sous l'influence conjuguée d'une interdiction inscrite dans le Décalogue (« Tu ne tueras point ») et d'une prescription attribuée au Christ (« Croissez et multipliez »). Les droits susceptibles de lui porter atteinte sont donc tantôt niés, comme le « droit » d'avorter, tantôt contraints de se plier à ses exigences, comme le droit de disposer de son corps qui ne saurait impliquer la liberté de recourir à la contraception. Après les libertés physiques semblent venir les libertés intellectuelles, car c'est de leur exercice que dépend le salut de l'âme. L'Église insiste particulièrement sur l'importance de la liberté d'opinion, grâce à laquelle l'homme peut rechercher la vérité dans tous les domaines du savoir humain, et rencontrer Dieu. Les libertés relationnelles ferment la marche et doivent donc s'incliner en cas de conflit. C'est parfaitement logique dans l'optique du christianisme, qui enseigne que la fin de la personne humaine n'est pas la société mais son propre accomplissement.

En définitive, le problème des conflits de libertés ne peut être réellement résolu que par un ralliement au positivisme sociologique ou à la théorie classique du droit naturel. L'un et l'autre ont des avantages et des inconvénients presque opposés. Le premier laisse aux hommes le choix de leurs priorités, mais rend celles-ci contingentes et relatives. La seconde le leur retire, mais renvoie l'image rassurante d'une hiérarchie immuable des libertés. Le premier mène pour l'instant à une double classification libertés individuelles/collectives, libertés fondamentales/ordinaires. La seconde mène pour l'éternité à la classification libertés physiques/intellectuelles/relationnelles.

À chacun de trancher l'alternative. Pour notre part, cultivant le paradoxe, nous choisissons de nous rallier au positivisme sociologique, mais de construire la seconde partie de ce manuel autour de la classification tripartite.

BIBLIOGRAPHIE SÉLECTIVE

• Sur la définition des libertés

Ph. BRAUD, *La Notion de liberté publique en droit français*, LGDJ, 1968 (analyse contestable de la notion).

V. CHAMPEIL-DESPLATS, « La notion de droit fondamental et le droit constitutionnel français », *D* 1995.323 (brillante analyse de cette notion).

P. FRAISSEIX, « Les droits fondamentaux, prolongement ou dénaturation des droits de l'Homme ? », *RDP* 2001.531 (réponse de l'auteur, membre de l'« école du Havre » : dénaturation).

G. LEBRETON, « Ouverture » de l'ouvrage collectif *Les droits fondamentaux de la personne humaine en 1995 et 1996*, L'Harmattan, 1998 (définition de la notion de droits fondamentaux).

G. LEBRETON, « Les ambiguïtés du droit français à l'égard de la dignité de la personne humaine », *Mélanges Gélard*, Montchrestien, 1999, p. 53 (sur les multiples conceptions de la « dignité »).

G. LEBRETON, « Critique républicaine des 'droits fondamentaux' de la personne humaine », communication écrite au colloque d'Aix de 2007.

J. MORANGE, « La crise de la notion de liberté publique », *Mélanges Drago*, Economica, 1996, p. 91 (contient d'intéressantes propositions).

R.-M. MOSSÉ-BASTIDE, *La Liberté*, PUF, 1983 (éclairante synthèse sur la notion de liberté).

E. PICARD, « L'émergence des droits fondamentaux en France », n° spécial de l'*AJDA* sur « Les droits fondamentaux, une nouvelle catégorie juridique ? », 1998 (réflexion intéressante mais contestable sur cette catégorie « hors normes »).

• Sur l'État de droit

J. BOUVERESSE, « Droits fondamentaux, État de droit : l'héritage dilapidé de 1789 », dans *Regards critiques sur l'évolution des droits fondamentaux de la personne humaine en 1999 et 2000* (dir. G. Lebreton), L'Harmattan, 2002, p. 7 (réflexion anticonformiste d'un historien du droit, présentant « l'État de droit » comme une « théorie autolégitimatrice » forgée par une oligarchie).

O. CAYLA, « Le coup d'État de droit ? », *Le Débat,* n° 100, Gallimard, 1998, p. 108 (réflexion stimulante sur l'« expansion incessante du gouvernement du juge administratif » ; à lire absolument).

J. CHEVALLIER, « L'État de droit », *RDP* 1988.313 (article fondamental).

J. CHEVALLIER, *L'État de droit*, Montchrestien, coll. « Clefs », 3e éd., 1999.

J. CHEVALLIER, « La mondialisation de l'État de droit », *Mélanges Ardant*, LGDJ, 1999, p. 325.

L. HAMON, « L'État de droit et son essence », *RFDC* 1990.699.

G. LEBRETON, « L'idéal républicain contre l'État de droit ? Le droit administratif français face aux droits fondamentaux de la personne humaine en 1999 et 2000 », dans *Regards critiques...* (préc.), L'Harmattan, 2002, p. 115 (sur la résistance du droit administratif, au nom de l'idéal républicain, à l'offensive du libéralisme qui imprègne la théorie de l'État de droit. L'auteur prétend fonder dans cet ouvrage, avec J. Bouveresse et A. Troianiello, une « école du Havre » dont l'objectif est de restaurer le respect de l'idéal républicain).

G. LEBRETON, « Le droit administratif français est-il toujours un droit républicain ? », dans *Interrogations sur l'évolution des droits fondamentaux de la personne humaine en 2001 et 2002* (dir. G. Lebreton), L'Harmattan, 2004, p. 37.

G. LEBRETON, « Du coup d'État de droit à un coup d'État républicain ? », dans *Le coup d'État* (dir. C. Boutin), F.-X. de Guibert, 2007, p. 323.

M. TROPER, « Le concept d'État de droit », *Droits*, 1992, n° 15, p. 51.

L'État de droit, Dalloz, 1996 (Mélanges en l'honneur de G. Braibant).

• Sur les fondements idéologiques des libertés publiques

H. BATTIFOL, *La Philosophie du droit*, PUF, « Que sais-je ? », 1989 (bon résumé des différents fondements).

J.-L. CHABOT, *La Doctrine sociale de l'Église*, PUF, « Que sais-je ? », 1989 (remarquable synthèse sur la question).

Les droits de l'Homme, Fayard, coll. « Ce que dit le pape », 1990 (utile recueil de textes choisis par les moines de l'Abbaye de Solesmes).

L. FERRY et A. RENAUT, *Philosophie politique*, t. III, *Des droits de l'Homme à l'idée républicaine*, PUF, 1988 (stimulant).

G. LEBRETON, « Y a-t-il un progrès du droit ? », *D* 1991.C.99 (pour une défense du positivisme sociologique).

Y. MADIOT, « Universalisme des droits fondamentaux et progrès du droit », *LPA* n° 130 et 131, 28 et 30 oct. 1992 (pour une défense du jusnaturalisme moderne).

Y. MADIOT, *Considérations sur les droits et les devoirs de l'Homme*, Bruylant, 1998 (s'inspire du positivisme sociologique pour revitaliser le jusnaturalisme moderne, en le faisant évoluer vers un « naturalisme sociologique »).

A. RENAUT et L. SOSOE, *Philosophie du droit*, PUF, 1991 (ardu).

A. SÉRIAUX, *Le Droit naturel*, PUF, « Que sais-je ? », 1993.

M. VILLEY, *Philosophie du droit*, Dalloz, 1986 (t. I) et 1984 (t. II) (pour une défense du jusnaturalisme classique).

M. VILLEY, *Le Droit et les droits de l'Homme*, PUF, 1983 (critique du jusnaturalisme moderne).

M. VILLEY, *Questions de saint Thomas sur le droit et la politique*, PUF, 1987 (notamment chapitre 8, critique du positivisme).

• Sur l'indépendance du pouvoir juridictionnel

C. BIGAUT et J.-P. LAY, « La réforme du CSM », *D* 1993.C.275, et « La loi du 5 février 1994 sur le CSM », *D* 1994.C.129 (brève description de la réforme du CSM de 1993-1994).

J. BONNET, « Le Conseil d'État et le CSM », *RDP* 2004.987 (sur le « durcissement » du CE à l'égard du CSM).

A. BORIES, « L'impartialité du CSM statuant comme conseil de discipline des magistrats du siège », *RDP* 2004.935 (très complet).

O. DUPEYROUX, « L'indépendance du Conseil d'État statuant au contentieux », *RDP* 1983.565 (vision critique).

J. GICQUEL, « Le CSM : une création continue de la République », *Mélanges Ardant*, LGDJ, 1999, p. 289 (description de l'émancipation progressive du CSM).

F. HOURQUEBIE, *Le juge sous la Ve République, entre pouvoir et contre-pouvoir*, thèse, Bordeaux IV, 2003.

M.-C. LEBRETON, « La justice de proximité : un premier bilan pessimiste », *D* 2004.2808.

B. PACTEAU, « L'indépendance des juges des tribunaux administratifs », *RFDA* 1986.783 (commentaire de la loi du 6 janvier 1986. Mise à jour par R. Abraham, *RFDA* 1988.207).

- **Sur les classifications et les conflits de libertés**

S. ARNÉ, « Existe-t-il des normes supra-constitutionnelles ? Contribution à l'étude des droits fondamentaux et de la constitutionnalité », *RDP* 1993.459 (réponse positive de l'auteur).

D. BREILLAT, « La hiérarchie des droits de l'homme », *Mélanges Ardant*, LGDJ, 1999, p. 353.

J.-M. DENQUIN, « Sur les conflits de libertés », *Mélanges Charlier*, 1981, 557.

G. DRAGO, « La conciliation entre principes constitutionnels », *D* 1991.C.265.

R. PELLOUX, « Vrais et faux droits de l'Homme. Problèmes de définition et de classification », *RDP* 1981.53.

V. SAINT-JAMES, La conciliation des droits de l'Homme et des libertés en droit public français, PUF, 1995.

Titre II

L’histoire des libertés publiques

Trois dates jalonnent l’histoire des libertés publiques : 1789, 1917 et 1948. C’est en effet depuis 1789 qu’existent des libertés publiques fondées sur « la » philosophie des droits de l’Homme (chapitre 1). C’est à partir de 1917, avec la Révolution bolchevique, puis avec l’apparition du fascisme et du nazisme, enfin avec le renouveau de l’intégrisme musulman, que cette conception occidentale des libertés publiques est remise en cause (chapitre 2). Et c’est depuis 1948, et la Déclaration universelle des droits de l’Homme, que la communauté internationale tente de promouvoir une conception universelle des libertés publiques (chapitre 3).

Chapitre 1

Depuis 1789 : des libertés publiques fondées sur « la » philosophie des droits de l'Homme

La Déclaration de 1789 est l'acte officiel de naissance des libertés publiques. Celles-ci sont souvent présentées comme fondées sur « la » philosophie des droits de l'Homme. On semble entendre par là que la théorie moderne du droit naturel, qui inspire la Déclaration, serait la seule philosophie des droits de l'Homme concevable. En réalité, nous avons vu que deux autres philosophies des droits de l'Homme existent, découlant respectivement du positivisme sociologique et de la théorie classique du droit naturel. L'intitulé du présent chapitre doit donc être compris comme signifiant « des libertés publiques fondées sur la théorie moderne du droit naturel ».

Cela étant précisé, on étudiera successivement les sources de la Déclaration de 1789 (section 1), la Déclaration elle-même (section 2), et l'épanouissement des libertés publiques après 1789 (section 3).

Section 1
Les sources de la Déclaration de 1789

La Déclaration de 1789 a connu une célébrité quasi immédiate. Ses rédacteurs en ont eux-mêmes été surpris. Dans leur esprit, ce texte bref, élaboré hâtivement, était appelé à être complété à brève échéance, voire refondu. Mais dès 1791, les députés de l'Assemblée nationale constatent que la Déclaration a acquis, aux yeux de l'opinion publique, un tel caractère sacré qu'il n'est plus possible de la modifier.

Ce succès, la Déclaration le doit en partie à la diversité de ses sources. Ses rédacteurs ont en effet su capter les principaux courants susceptibles d'alimenter une proclamation des libertés, et les canaliser ensemble. Ces sources sont aussi bien religieuses (§ 1), que philosophiques (§ 2) ou juridiques (§ 3).

§ 1. Les sources religieuses

Le christianisme a inspiré la Déclaration. Il ne pouvait guère en être autrement dans une France où, depuis des siècles, la religion chrétienne était religion d'État. Au demeurant, l'Assemblée nationale descendait en droite ligne des états généraux ; des députés du clergé y siégeaient donc à côté des représentants de la noblesse et du Tiers.

Les débats à l'Assemblée portent la marque de cette inspiration chrétienne. L'abbé Grégoire prend par exemple la parole pour demander qu'on rappelle l'existence de

Dieu dans le préambule de la future Déclaration. De vives controverses éclatent alors. Finalement, l'accord se fait pour placer la Déclaration « sous les auspices de l'Être suprême ». Cette expression vague est destinée à satisfaire les chrétiens aussi bien que ceux qui professent une autre religion. On songe notamment aux théistes, nombreux au XVIIIe siècle à avoir subi l'influence de Voltaire et de Rousseau.

Mais au-delà de cette incidence directe, le christianisme a sur la Déclaration une influence beaucoup plus profonde. Son apparition et son développement sont en effet à l'origine d'une révolution intellectuelle sans laquelle l'idée même de rédiger une proclamation des droits de l'Homme n'aurait jamais été concevable.

Avant l'apparition du christianisme, l'Antiquité ne connaissait pas la liberté-autonomie. Il n'y avait donc pas de libertés publiques. Pour les Grecs et les Romains, seule importait la liberté-participation, autrement dit les libertés politiques. Comme l'ont très bien montré les historiens, l'individu ne possédait pas de domaine réservé qui fût interdit à l'action du pouvoir. Sparte interdisait par exemple aux hommes de rester célibataires ; Rhodes leur défendait de se raser la barbe ; Athènes interdisait aux femmes d'emporter en voyage plus de trois robes ; et Rome leur défendait de boire du vin pur. La liberté ne consistait pas à avoir une sphère d'autonomie individuelle, mais à participer à la gestion des affaires de la cité. À condition que cette participation fût respectée, la loi avait le droit de s'immiscer dans n'importe quel domaine, sans que l'individu fût admis à protester. Le citoyen n'était qu'une partie de la cité, et ne pouvait pas lui opposer les exigences de sa conscience personnelle.

Il faut donc résister à la tentation de rechercher dans l'Antiquité l'origine des libertés publiques. Comme l'explique Fustel de Coulanges, « les anciens ne connaissaient ni la liberté de la vie privée ni la liberté de l'éducation, ni la liberté religieuse. La personne humaine comptait pour bien peu de chose vis-à-vis de cette autorité sainte et presque divine qu'on appelait la patrie ou l'État... C'est donc une erreur singulière entre toutes les erreurs humaines que d'avoir cru que dans les cités anciennes l'homme jouissait de la liberté. Il n'en avait pas même l'idée. Il ne croyait pas qu'il pût exister de droit vis-à-vis de la cité et de ses dieux (...). Avoir des droits politiques, voter, nommer des magistrats, pouvoir être archonte, voilà ce qu'on appelait la liberté ; mais l'homme n'en était pas moins asservi à l'État. Les Anciens, et surtout les Grecs, s'exagérèrent toujours l'importance et les droits de la société, cela tient sans doute au caractère sacré et religieux que la société avait revêtu à l'origine [1] ».

Le christianisme est à cent lieues de ces conceptions. Son émergence provoque une véritable révolution intellectuelle. En affirmant la dignité de la personne humaine, dont on n'avait jusque-là qu'une conscience confuse, il renverse l'idée que l'homme est à la libre disposition de la société. Le Christ enseigne en effet que chaque homme est créé à l'image de Dieu, et que sa destinée est éternelle. Pour accomplir cette destinée, chaque homme doit donc disposer d'une sphère d'autonomie individuelle, sur laquelle nul n'est autorisé à empiéter. C'est par exemple ce que rappelle Léon XIII dans sa célèbre encyclique *Rerum novarum*, de 1891 : « Cette dignité de l'homme que Dieu lui-même traite avec un grand respect, il n'est permis à personne de la violer

---

1. Fustel de Coulanges, *La Cité antique*, ch. 18 : « De l'omnipotence de l'État : les Anciens n'ont pas connu la liberté individuelle ».

impunément, ni d'entraver la marche de l'homme vers cette perfection qui répond à la vie éternelle et céleste. »

L'État lui-même doit donc se garder de pénétrer dans cette indispensable sphère d'autonomie individuelle. Le christianisme trace une ligne de démarcation entre le domaine de l'individu et le domaine de l'État. Contrairement à ce qui était admis sous l'Antiquité, l'individu n'est plus à la libre disposition de la société. C'est le sens des célèbres paroles du Christ : « Rendez à César ce qui est à César, et à Dieu ce qui est à Dieu » (Saint Matthieu, XXII, 21).

Les théologiens du Moyen Age en déduiront que l'ingérence de l'État dans le domaine de l'individu justifie la résistance. Cette idée, inconnue des Anciens [1], que la résistance à l'État peut être légitime, fait depuis lors partie de la doctrine de l'Église. Léon XIII, par exemple, reconnaît clairement que « si... on se trouvait réduit à cette alternative de violer ou les ordres de Dieu ou ceux des gouvernants, il faudrait suivre le précepte de Jésus-Christ qui veut qu'on rende à César ce qui est à César, et à Dieu ce qui est à Dieu, et, à l'exemple des apôtres, on devrait répondre : il faut obéir à Dieu plutôt qu'aux hommes » (Léon XIII, *Diuturnum*, 1881).

L'apport du christianisme tient donc en quelques phrases simples qui ont bouleversé notre représentation du monde : les hommes sont égaux en dignité ; la société est faite pour l'individu, et non l'individu pour la société ; le pouvoir politique n'a qu'un champ d'intervention limité ; son ingérence dans la sphère d'autonomie individuelle justifie la résistance. Ces idées, à l'évidence, imprègnent la Déclaration de 1789. En introduisant la notion de liberté-autonomie face à la liberté-participation des Anciens, le christianisme apparaît ainsi comme la source la plus ancienne des libertés publiques telles qu'on les conçoit en Occident.

§ 2. LES SOURCES PHILOSOPHIQUES

Le XVIIIe siècle fut épris de philosophie. Il est donc compréhensible que la Déclaration de 1789 ait eu d'importantes sources philosophiques. Les auteurs qui l'ont influencée le plus étaient tous membre de l'école moderne du droit naturel. Il est cependant possible de les classer en deux catégories : philosophes du contrat social, et philosophes anglomanes.

A. Les philosophes du contrat social

1) Grotius (1583-1645)

Avant Grotius, le seul droit naturel dont on imaginait l'existence était celui, objectif, de l'école classique. Fidèle aux enseignements d'Aristote et de saint Thomas d'Aquin, on le tirait de l'ordre naturel du cosmos. Au début du XVIIe siècle, cependant, les découvertes de Galilée fragilisent cette conception. La nature cesse d'être un ordre, elle n'est plus qu'un ensemble de rapports et de mécanismes. Il faut donc repenser le droit naturel.

---

1. À quelques exceptions près. Antigone, dans la pièce de Sophocle, se révolte par exemple contre les lois de sa Cité.

Telle est la mission que s'assigne Grotius dans son ouvrage, paru en 1625, intitulé *Le Droit de la guerre et de la paix*. Rationaliste, Grotius s'efforce de laïciser le droit naturel. L'idée que celui-ci découlerait d'un ordre naturel du cosmos, donc de Dieu, est abandonnée. Pour fonder le droit naturel, il faut donc repartir de zéro, à l'instar des physiciens qui, dans leurs laboratoires, font table rase de tout et entreprennent un travail de fondation radicale. C'est là qu'intervient l'hypothèse de « l'état de nature ». Grotius avance l'idée que les premiers hommes vécurent dans un état de nature, inorganisé et antérieur à la société, et qu'ils y possédèrent des droits naturels. Notre auteur ne tire donc plus les droits naturels d'en haut, du cosmos, mais d'en bas, de la nature humaine. Ceux-ci ne sont donc plus objectifs, mais subjectifs. Cette innovation doit certainement beaucoup au nominalisme de Guillaume d'Ockham. Ce moine franciscain du XIVe siècle a en effet ouvert la voie au subjectivisme de Grotius en affirmant que seuls existent les individus, à l'exclusion des genres, des espèces, des universels, qui eux ne recouvrent aucune réalité tangible, ne sont que des noms.

Reste à expliquer le passage de l'état de nature à la société. Un glissement progressif, étalé sur plusieurs générations, rendrait problématique l'articulation entre le droit naturel et le droit positif. Grotius préfère donc avancer l'hypothèse du « contrat social ». Le contrat social est la convention par laquelle les hommes décidèrent, poussés par un instinct de solidarité, de se regrouper en société. Sa passation légitime donc le passage du droit naturel au droit positif. Pour Grotius, le but ultime est de fonder l'absolutisme.

Ces idées de droit naturel subjectif, d'état de nature, et de contrat social connaîtront un succès immédiat. Des auteurs comme Pufendorf, Barbeyrac ou Burlamaqui, prolongeront la pensée de Grotius. D'autres, comme Hobbes, Locke ou Rousseau, la porteront à son zénith.

2) Hobbes (1588-1679)

C'est en 1651 que paraît l'ouvrage majeur de Hobbes, *Le Léviathan*. Plus pessimiste que Grotius, Hobbes y conçoit l'état de nature comme un état misérable, où chacun est en guerre contre chacun. Pour notre auteur, ce qui caractérise en effet la nature humaine n'est pas le sens inné du juste ou de l'injuste, mais le désir de puissance : « Je mets au premier rang, à titre d'inclination générale de toute l'humanité, un désir perpétuel et sans trêve d'acquérir pouvoir après pouvoir » (*Léviathan*, XI). C'est ce désir de puissance qui mène à la violence et à l'insécurité généralisées. Les forts et les rusés persécutent les autres, et se déchirent entre eux.

C'est donc pour échapper au chaos de l'état de nature, et trouver la sécurité, que les hommes décident de se regrouper en société par un contrat social. Pour Hobbes, ce contrat social s'analyse en un dessaisissement concerté et simultané du droit naturel de chacun au profit d'un tiers, auquel est confiée la tâche de décider pour tous. La formule de cette convention est en effet la suivante : « J'autorise cet homme..., et je lui abandonne mon droit de me gouverner moi-même, à cette condition que tu lui abandonnes ton droit et que tu autorises toutes ses actions de la même manière » (*Léviathan*, XVII). Par le contrat social, les hommes aliènent donc la totalité de leurs droits naturels au profit du pouvoir politique, en échange de leur sécurité physique.

Le contrat social débouche ainsi sur un pouvoir omnipotent, symbolisé par Léviathan, le monstre biblique. Désormais, seule la parole du prince est source du droit. Comme l'explique Hobbes, les hommes, en passant le contrat, s'en sont remis à son libre-arbitre et se sont engagés à lui obéir : « les hommes, pour se procurer la paix et par là se préserver eux-mêmes,... ont... fabriqué des chaînes artificielles appelées lois civiles, qu'ils ont eux-mêmes, par des conventions mutuelles, attachées d'un bout aux lèvres de l'homme... à qui ils ont donné le pouvoir souverain, et de l'autre à leurs propres oreilles » (*Léviathan*, XXI). En d'autres termes, le prince est désormais maître du droit. Il prend les lois qu'il veut dans les domaines qu'il veut.

Paradoxalement, Hobbes débouche ainsi sur le positivisme juridique. La passation du contrat social opère en effet une transmutation intégrale du droit naturel en droit positif. Désormais, le seul droit qui existe est le droit posé par l'acteur juridique qu'est le prince. Fort de sa légitimité contractuelle, ce droit est érigé en un ordre clos, échappant à toute limitation externe ou transcendante.

On l'aura compris, Hobbes a en réalité pour but, comme Grotius, de justifier l'absolutisme. C'est pourquoi ces deux auteurs n'ont pas exercé d'influence directe sur la Déclaration de 1789. En revanche, en tant que fondateurs de l'école moderne du droit naturel, ils ont ouvert la voie à Locke et à Rousseau, qu'ils ont influencé tout en leur servant de repoussoirs. Leur pensée doit donc être considérée à ce titre comme l'une des sources philosophiques de la Déclaration.

3) Locke (1632-1704)

Le principal ouvrage de Locke, l'*Essai sur l'origine, l'extension et la fin véritable du gouvernement civil*, paraît en 1690. Plus proche de Grotius que de Hobbes, Locke y dépeint l'état de nature comme un état de paix et d'assistance mutuelle. Les hommes, en effet, ne se laissent pas dominer par leurs passions, comme dans l'état de nature hobbien, mais obéissent à leur raison, qui les incite à jouir paisiblement de leurs droits naturels : liberté, égalité, propriété...

Néanmoins, des violations de ces droits naturels sont parfois commises. Les victimes n'ont alors d'autre ressource que d'user d'un autre droit naturel : celui de se faire justice soi-même. Car comme l'explique Locke, l'homme a « par nature, le droit de protéger... sa vie, sa liberté et ses biens, contre les injustices et les atteintes des autres hommes ». Malgré tout, notre auteur concède que ce remède n'est guère satisfaisant. Ainsi, c'est selon lui la recherche d'une justice mieux organisée qui conduit les hommes à abandonner l'état de nature.

Locke ne rejoint pas Hobbes pour autant. Car pour lui, l'état de nature demeure supportable malgré ses inconvénients. Si les hommes décident de passer un contrat social, ce n'est donc pas parce qu'ils sont tenaillés par la peur, mais parce qu'ils choisissent de se procurer un mieux-être. La raison les guide, non les passions. Les effets du contrat social en sont transfigurés.

Chez Hobbes, la peur poussait les hommes à abandonner tous leurs droits au prince, en échange de leur sécurité physique. L'instinct de survie les jetait en quelque sorte dans les bras du prince, sans qu'ils eussent le temps de négocier les termes du contrat. Pour Locke, au contraire, rien ne presse. L'état de nature est supportable, les hommes ne souscrivent donc le contrat qu'après avoir mûrement réfléchi, et posé leurs conditions. C'est ce qui explique qu'ils conservent finalement la plupart de leurs droits naturels, notamment la liberté et la propriété. Le contrat social ne transfère au pouvoir politique que les droits strictement nécessaires à la réalisation du mieux-être recherché, c'est-à-dire essentiellement le droit de rendre la justice. Comme l'explique

Locke, « les hommes sortent donc de l'état de nature et forment une société civile, lorsqu'ils instituent un juge qui ait autorité pour régler les litiges et réparer les torts ».

Contrairement à Hobbes, Locke ne débouche donc pas sur le positivisme juridique. Le droit naturel survit au contrat social, et le droit positif est tenu de le respecter.

En réalité, Locke ne partage pas les conceptions politiques de son prédécesseur. Rallié à la révolution anglaise de 1688, son but n'est pas de défendre l'absolutisme, mais de démontrer le caractère rationnel du pouvoir de Guillaume d'Orange. Apôtre du libéralisme politique, Locke estime en effet qu'un pouvoir n'est légitime que lorsqu'il respecte la liberté et la propriété des gouvernés. Or tel est le cas de la monarchie limitée de la nouvelle dynastie.

La philosophie de Locke n'a donc pas d'autre objet que de légitimer le passage de l'absolutisme à la monarchie limitée. Dès lors, il n'est pas surprenant qu'elle ait directement influencé la Déclaration de 1789. L'idée même de proclamer l'existence de droits de l'Homme est la conséquence logique de cette philosophie. La Déclaration de 1789 est en effet conçue par les révolutionnaires comme la liste des droits naturels que les Français, comme tous les autres peuples, ont entendu conserver en passant le contrat social, et dont ils imposent le respect au roi comme à quiconque. C'est ce qu'exprime, de façon très lockienne, son article 2 : « le but de toute association politique est la conservation des droits naturels ».

4) Rousseau (1712-1778)

C'est en 1762 que paraît *Du Contrat social*, l'ouvrage le plus célèbre de Rousseau. Il est indissociable du *Discours sur l'origine de l'inégalité*, paru en 1755, qui décrit longuement l'état de nature.

Contrairement à Hobbes, le Genevois imagine l'état de nature comme un état paisible. Moins mesuré que Locke, il n'hésite pas à le représenter comme un état de solitude et de bonheur. C'est pour lui l'occasion d'écrire quelques-unes des plus belles pages de son œuvre : « Je vois l'homme se rassasiant sous un chêne, se désaltérant au premier ruisseau, trouvant son lit au pied du même arbre qui lui a fourni son repas (...). Il n'a nul besoin de ses semblables et n'en reconnaît aucun individuellement » (*Discours...*).

Pourtant, le désir de se perfectionner pousse un jour l'homme à échanger sa solitude contre la compagnie de ses semblables. S'ouvre alors une seconde période de l'état de nature, encore plus heureuse que la première : « véritable jeunesse du monde (...), cette période du développement des facultés humaines, tenant un juste milieu entre l'indolence de l'état primitif et la pétulante activité de notre amour-propre, dut être l'époque la plus heureuse et la plus durable (...). L'exemple des sauvages... semble confirmer que le genre humain était fait pour y rester toujours » (*Discours...*).

Hélas, incapable de réfréner sa soif de perfectibilité, l'homme poursuit son évolution. Après sa solitude évanouie, c'est son bonheur qu'il finit par sacrifier sur l'autel du progrès : « dès qu'on s'aperçut qu'il était utile à un seul d'avoir des provisions pour deux, l'égalité disparut, la propriété s'introduisit, le travail devint nécessaire... on vit bientôt l'esclavage et la misère germer et croître avec les moissons » (*Discours...*).

Pour Rousseau, le prétendu progrès de l'humanité n'est donc en réalité rien d'autre que l'histoire de sa dénaturation. Et la monarchie absolue n'est que l'expression politique ultime de cette dégénérescence : « c'est ici que tout se ramène à la loi du plus fort, et par conséquent à un nouvel état de nature différent de celui par lequel nous avons commencé, en ce que l'un était l'état de nature dans sa pureté, et que ce dernier est le fruit d'un excès de corruption » (*Discours...*).

Pas question, cependant, d'accepter le fait accompli et de baisser les bras. Le Genevois estime possible de retrouver la liberté et le bonheur. Certes, l'humanité s'étant civilisée, il ne lui est plus possible de retrouver l'état de solitude originel, ni même l'époque de la « jeunesse du monde ». En revanche, rien ne lui interdit de se procurer une liberté d'un nouveau genre, en prenant conscience du contrat social qui est à l'origine de toute société authentique. Le contrat social est en effet l'acte d'association par lequel chacun « met en commun sa personne et toute sa puissance sous la suprême direction de la volonté générale ». En d'autres termes, « au lieu de la personne particulière de chaque contractant, cet acte d'association produit un corps moral et collectif composé d'autant de membres que l'assemblée a de voix, lequel reçoit de ce même acte son unité, son moi commun, sa vie et sa volonté » (*Du Contrat social*, I, 6). C'est donc sur la démocratie, ou souveraineté du peuple, que débouche nécessairement le contrat social.

Rousseau en donne une vision idyllique : « le Souverain n'étant formé que des particuliers qui le composent n'a ni ne peut avoir d'intérêt contraire au leur (...). Il s'ensuit de ce qui précède que la volonté générale est toujours droite et tend toujours à l'utilité publique » (*Du Contrat social*, I, 7 et II, 3). Dans la démocratie rousseauiste, chaque homme est donc libre, car il s'engage à n'obéir qu'à la volonté générale. Or il participe, par le droit de vote et dans le cadre d'une démocratie directe, à la formation de la volonté générale. En lui obéissant il n'obéit donc en réalité qu'à lui-même. Pour Rousseau, la liberté réside précisément dans cette faculté de n'obéir qu'à soi-même. Alors que la liberté naturelle, impossible à recouvrer, s'analysait en une liberté-autonomie, la liberté issue du contrat social est donc une liberté-participation, dont les effets sont supposés équivalents.

En réalité, profondément démocrate Rousseau reste aussi profondément individualiste. C'est pourquoi il tente de faire accroire qu'obéir à la volonté générale c'est obéir à soi-même. Certes, la volonté générale est exprimée, à l'occasion de chaque vote, par la majorité des citoyens. La minorité est donc obligée d'obéir à une décision qu'elle n'a pas approuvée. Mais Rousseau explique que la volonté générale, telle qu'elle est exprimée par la majorité des citoyens, ne peut pas se tromper ni mal faire. Le vote révèle donc à la minorité qu'elle s'était trompée sur ce qu'était la volonté générale dans le cas considéré. Dès lors, libérée de son erreur, la minorité ne peut que se rallier spontanément à la véritable volonté générale. En définitive, la minorité est libre car après un moment d'égarement elle finit toujours par se rallier au choix de la majorité, et par n'obéir ainsi qu'à elle-même.

Le Genevois reconnaît toutefois que cette conciliation de la volonté particulière avec la volonté générale n'est pas toujours possible. Il peut arriver en effet que les minoritaires s'obstinent à contester l'excellence de l'opinion majoritaire, et refusent d'obéir à la volonté générale. Dans de tels cas, Rousseau se résout à faire prévaloir la démocratie par rapport à la conscience individuelle, la liberté-participation par rapport à la liberté-autonomie : « Quiconque refusera d'obéir à la volonté générale y sera contraint par tout le corps : ce qui ne signifie pas autre chose sinon qu'on le forcera à être libre » (*Du Contrat social*, I, 7).

On voit par là même que dans la société rousseauiste l'autonomie de l'individu est un leurre. Tout citoyen qui tente d'afficher son originalité est impitoyablement brisé.

Face à la dictature de la masse, il n'a d'autre alternative que l'autocritique ou le martyre. En vérité, dans un tel système il n'y a pas de place pour des libertés publiques. Le doux Jean-Jacques le reconnaît lui-même à demi-mot, un peu gêné, semble-t-il, d'avouer à quoi mènent ses bonnes intentions : « le pacte social donne au corps politique un pouvoir absolu sur tous les siens (...). On convient que tout ce que chacun aliène par le pacte social de sa puissance, de ses biens, de sa liberté, c'est seulement la partie de tout cela dont l'usage importe à la communauté, mais il faut convenir aussi que le Souverain seul est juge de cette importance » (*Du Contrat social*, II, 4).

En définitive, il est frappant de constater à quel point Rousseau rejoint Hobbes. Comme Hobbes, Rousseau débouche sur le positivisme juridique. Bien qu'il répugne à l'avouer, son contrat social opère une transmutation intégrale des droits naturels en droits positifs. En toute logique, il est en effet impossible d'admettre que la volonté générale, dont on a vu à quel point elle est sacralisée, puisse voir son droit positif soumis à un droit naturel émanant des consciences individuelles. D'autre part, et encore comme Hobbes, Rousseau cherche à légitimer un pouvoir omnipotent, « absolu ». Certes, il s'agit chez lui d'un absolutisme démocratique, et non comme chez Hobbes d'un absolutisme monarchique. Mais du point de vue des libertés publiques la différence est secondaire, puisque les deux régimes aboutissent à les nier.

La pensée de Rousseau n'a donc pas inspiré la Déclaration de 1789 autant qu'on le dit habituellement. Seul l'article 6 en porte indiscutablement la trace, en affirmant que « la loi est l'expression de la volonté générale ». Encore ne s'agit-il que d'un emprunt purement littéraire, car on a vu dans le chapitre 2 du titre I que la Déclaration ne voue pas une confiance absolue à la loi. Pour le reste, aucune des grandes idées de Rousseau n'est reprise : ni la démocratie directe, ni la confusion des pouvoirs, ni l'exclusivité du droit positif. Bien au contraire, la Déclaration en prend le contrepied en défendant la démocratie représentative, la séparation des pouvoirs, et la suprématie du droit naturel. À tous ces égards, c'est Locke, et non Rousseau, qui a eu l'influence déterminante.

Il ne pouvait pas en être autrement, s'agissant d'un auteur qui nie les libertés publiques. Sa véritable influence, Rousseau l'exercera un peu plus tard, sur les Marat, Robespierre et autres Saint-Just, qui seront l'âme du régime sanguinaire de la Convention.

B. Les philosophes anglomanes

Le régime anglais a exercé une véritable fascination sur la France du XVIIIe siècle. L'équilibre des pouvoirs et la protection des citoyens contre l'arbitraire royal, qu'il était parvenu à assurer, paraissaient en effet exemplaires. Nous appelons « anglomanes » les philosophes dont l'œuvre est dominée par le souci de transposer en France le modèle anglais. Plus pragmatiques que les philosophes du contrat social, ils n'ont pas leur rigueur de pensée. C'est pourquoi on peut se permettre de les évoquer plus rapidement. Mais on ne doit pas minimiser pour autant l'influence qu'ils ont exercé sur la Déclaration de 1789.

1) Voltaire (1694-1778)

Voltaire s'est exilé en Angleterre de 1726 à 1729, par suite de démêlés avec un noble dont il craignait la colère. Il y écrit les *Lettres anglaises*, qui ne seront publiées qu'en 1734. Cet ouvrage est à l'origine de l'anglomanie qui va déferler sur la France.

Voltaire y loue le système représentatif anglais. Mais, brillant écrivain plus que grand penseur, il le vante sans l'avoir réellement compris. Le reste de son œuvre prouve d'ailleurs que ses préférences politiques vont plutôt à l'absolutisme éclairé de Louis XIV ou de Frédéric II de Prusse, qu'au parlementarisme naissant. Il affirme en effet que « ce qui peut arriver de plus heureux aux hommes, c'est que le prince soit philosophe » (*La Voix du sage et du peuple*, 1750).

En réalité, ce qu'il apprécie le plus dans le régime anglais n'est pas son système politique, mais son droit pénal. Voltaire se bat contre la justice aveugle de l'Ancien Régime, axée sur la recherche de l'aveu par tous les moyens, y compris par la torture. Dans la célèbre affaire Calas, il contribue ainsi à obtenir la réhabilitation d'un innocent. C'est lui qui ose écrire « qu'il vaut mieux hasarder de sauver un coupable que de condamner un innocent » (*Zadig*, 1747). Il critique également les « lettres de cachet » ainsi que toutes les formes d'arrestations arbitraires, souhaitant que la France s'inspire de l'*habeas corpus* d'outre-Manche. Les articles 7, 8 et 9 de la Déclaration de 1789, consacrant le droit à la sûreté, portent le souvenir de ses combats.

Voltaire aime aussi le respect qu'ont les Anglais de la liberté d'expression. Avec sa verve habituelle, il écrit qu'il est « de droit naturel de se servir de sa plume comme de sa langue, à ses périls, risques et fortunes. Je connais beaucoup de livres qui ont ennuyé, je n'en connais point qui ait fait de mal réel » (*Dictionnaire philosophique*, 1764). Il insiste notamment sur la liberté d'opinion en matière religieuse, lui dont le *Discours sur la religion naturelle* a été brûlé, par condamnation en date de 1759. L'article 10 de la Déclaration de 1789 retient ses leçons, puisqu'il proclame que « nul ne doit être inquiété pour ses opinions, même religieuses ». Quant à l'article 11, il reprend son idée que la liberté d'expression est, sous toutes ses formes, un droit naturel.

En transférant au Panthéon, en 1794, les cendres de Voltaire et de Rousseau, les hommes de la Révolution ont d'ailleurs reconnu leur dette à leur égard. Tandis que Rousseau inspire l'absolutisme égalitaire et ombrageux des Montagnards, Voltaire donne aux Girondins, notamment à Brissot et Condorcet, l'idéal de la méritocratie et la haine de l'uniformité.

2) Montesquieu (1689-1755)

Magistrat au Parlement de Bordeaux, Montesquieu fut un grand voyageur. C'est au retour d'un séjour en Angleterre qu'il s'attelle à son monumental ouvrage *De l'Esprit des lois*, publié en 1748. Ce livre confus mais plein d'intelligence connaît une célébrité immédiate, et attise l'anglomanie allumée quatorze ans plus tôt par Voltaire.

Montesquieu a le sens du relatif. Selon lui, la question de savoir s'il existe un régime politique idéal n'a pas de sens. Chaque peuple a ses caractéristiques, dont il faut tenir compte pour déterminer le régime qui lui convient le mieux : « le gouvernement le plus conforme à la nature est celui dont la disposition particulière se rapporte mieux à la disposition du peuple pour lequel il est établi ».

Mais Montesquieu est aussi un libéral. C'est pourquoi il signale sa préférence personnelle pour deux régimes qu'il juge particulièrement propices à la liberté.

Le premier est la monarchie française, telle qu'elle pourrait exister si on la débarrassait de sa déformation absolutiste. Dans ce régime, le roi, certes, gouverne seul. Mais la liberté peut régner quand même si les pouvoirs intermédiaires parviennent à remplir leur rôle de freins et contrepoids. Se souvenant de sa double qualité de noble et de magistrat, Montesquieu précise qu'au premier rang de ces pouvoirs intermédiaires figurent les Parlements et, surtout, la noblesse. Par ses traditions et son sens de l'honneur, la noblesse lui paraît en effet particulièrement à même d'empêcher la monarchie de dégénérer en despotisme : « point de nobles, point de monarque, mais on a un despote ». Au nom de la liberté, Montesquieu se fait donc défenseur de la société inégalitaire de l'Ancien Régime. Son libéralisme ne l'amène pas à prôner la démocratie, mais une sorte de monarchie aristocratique dont il pense manifestement qu'elle « se rapporte mieux à la disposition » du peuple français. On comprend que cet aspect de son œuvre n'ait guère inspiré la Déclaration de 1789.

Heureusement pour sa postérité, son plaidoyer pour l'autre régime qu'il juge propice à la liberté sera davantage écouté. Il s'agit du régime anglais qu'il admire profondément et qu'il a beaucoup mieux compris que Voltaire. Alors que l'idéal-type français garantit la liberté par de multiples contre-pouvoirs périphériques, le modèle anglais parvient au même résultat en fractionnant le pouvoir central. Trois organes se partagent en effet le pouvoir : le roi, le Parlement, et les cours de justice. Ainsi, dans la conception anglaise, « tout serait perdu si le même homme, ou le même corps... exerçait ces trois pouvoirs » (XI, 6) : l'exécutif, le législatif, et le judiciaire.

Les lecteurs de Montesquieu seront séduits par cette analyse qu'ils prendront pour une apologie de la séparation des pouvoirs. Des auteurs comme Lolme et Mably populariseront l'idée qu'il n'y a pas de liberté sans séparation des pouvoirs. Et les modérés de la Révolution seront dans une large mesure les héritiers de la pensée de Montesquieu. C'est en effet sous l'influence de *L'Esprit des lois* que Mounier et les monarchiens, Barnave et les patriotes, ainsi que l'inclassable Mirabeau feront adopter l'article 16 de la Déclaration de 1789 : « Toute société dans laquelle... la séparation des pouvoirs (n'est pas) déterminée, n'a point de constitution. » Deux ans plus tard, cet article 16 constituera d'ailleurs la clef de voûte de la Constitution de 1791, conçue pour assurer une séparation rigide entre le « pouvoir exécutif » du roi, le « pouvoir législatif » de l'Assemblée nationale, et le « pouvoir judiciaire » des magistrats.

En réalité, Montesquieu a été mal compris. Tout d'abord, il n'a jamais pensé que la séparation des pouvoirs fût nécessaire à la liberté. Pour lui, on l'a vu, elle n'est qu'un moyen parmi d'autres de la garantir. Tout laisse même penser qu'il juge préférable de renforcer les corps intermédiaires pour assurer la liberté en France. Il est en effet trop pragmatique pour croire en une recette-miracle, exportable dans n'importe quel pays. L'essentiel à ses yeux est de protéger la liberté. Peu importent les moyens d'y parvenir. C'est ce qu'il exprime dans un passage célèbre : « la liberté... (n'existe) que lorsqu'on n'abuse pas du pouvoir ; mais c'est une expérience éternelle que tout homme qui a du pouvoir est porté à en abuser... Pour qu'on ne puisse abuser du pouvoir, il faut que, par la disposition des choses, le pouvoir arrête le pouvoir » (XI, 4). On le voit, la formule est suffisamment compréhensive pour s'appliquer autant à l'équilibre pouvoir central/corps intermédiaires, qu'à la division exécutif/législatif/judiciaire.

En second lieu, Montesquieu n'a jamais attribué à la séparation des pouvoirs la rigidité dont l'ont affublée les Constitutions de 1791 et de 1795, et avant elles la Constitution américaine de 1787. Il n'emploie du reste à aucun moment l'expression

« séparation des pouvoirs ». Montesquieu est en effet trop fin observateur pour ne pas s'être aperçu que l'Angleterre a déjà à son époque un régime de collaboration des pouvoirs. Il souligne par exemple, dans un passage qu'on a trop tendance à oublier, que la puissance législative « a le droit et doit avoir la faculté d'examiner de quelle façon les lois qu'elle a faites ont été exécutées », ce qui signifie que les ministres doivent lui « rendre compte de leur administration » (XI, 6). Plutôt que de séparation des pouvoirs, il faudrait donc parler, pour caractériser la pensée de Montesquieu, de distinction et de collaboration des organes.

Au-delà de ces malentendus, il est toutefois un point sur lequel la pensée de Montesquieu a influencé la Déclaration de 1789 sans être déformée. Il porte sur la défense du système représentatif. L'auteur de *L'Esprit des lois* constate en effet que la Chambre des communes est composée de délégués du peuple, qui disposent d'un mandat représentatif, et non pas, comme les députés aux états généraux, d'un mandat impératif. Il approuve la souplesse du système anglais, car « il n'est pas nécessaire que les représentants, qui ont reçu de ceux qui les ont choisis une instruction générale, en reçoivent une particulière dans chaque affaire ». Les articles 6 et 14 de la Déclaration de 1789 se rangeront à ces vues en consacrant l'existence de « représentants ». Non content de défendre le système représentatif, Montesquieu paraît d'ailleurs avoir aussi ouvert la voie au suffrage censitaire, qui sera consacré par la Constitution de 1791. Il écrit en effet que « tous les citoyens... doivent avoir droit de donner leur voix pour choisir le représentant ; excepté ceux qui sont dans un tel état de bassesse, qu'ils sont réputés n'avoir point de volonté propre ». Il est vrai qu'en ce qui concerne ce dernier point, son disciple Sieyès sera beaucoup plus clair que lui.

3) Sieyès (1748-1836)

L'abbé Sieyès est plus connu pour son action politique que pour ses écrits. C'est pourtant par une brochure intitulée *Qu'est-ce que le tiers état ?*, publiée en janvier 1789, qu'il ouvre la Révolution en dénonçant les privilèges de la noblesse et du clergé. Mais c'est en homme d'action qu'il la clôt dix ans plus tard, en fomentant le coup d'État de Napoléon Bonaparte. Dans l'intervalle, il est l'un des acteurs les plus importants de la Révolution. Élu député aux états généraux en mai 1789, il convainc les représentants du tiers état de se transformer en Assemblée nationale, dont il devient le président. Député à la Convention, il vote la mort du roi puis s'efface prudemment à l'instar de ses amis de la Plaine. Sous le Directoire, il sort de sa réserve et occupe successivement les fonctions de président du Conseil des Cinq-Cents et de directeur. C'est ce dernier poste qui lui permet de diriger le coup d'État du 18 Brumaire. Consul provisoire à l'issue de celui-ci, il est rapidement supplanté par Bonaparte, qui le comble de richesses tout en l'éloignant du pouvoir.

Sieyès n'a cependant pas été qu'un homme d'action. Il a aussi développé une pensée originale, tant dans ses brochures que dans ses discours. Disciple de Montesquieu, Sieyès prône comme lui la séparation des pouvoirs et le système représentatif. Mais contrairement à lui, il fonde leur exigence moins sur l'observation du régime anglais que sur la déduction rationnelle. « Il faut, explique-t-il en 1794, s'élever au vrai type du beau et du vrai, au lieu d'en imiter une copie ; (...) il faut, en un mot, non en consultant les faits à la manière des physiciens, mais en consultant la raison, constituer logiquement, scientifiquement, une machine politique dont la perfection assure l'efficacité et garantisse la durée. »

Or la grande originalité de Sieyès est de considérer la « nation » comme la réalité première à partir de laquelle on peut déduire cette « machine politique » parfaite. La nation, explique-t-il dans *Qu'est-ce que le tiers état ?*, est « un corps d'associés vivant sous une loi commune et représentés par la même législature ». Cette définition exclut donc la noblesse et le clergé qui, bénéficiant de privilèges, ne vivent pas sous la loi commune. En 1789, la nation se confond par là même avec le tiers état. D'où l'insistance de Sieyès à inviter les représentants du Tiers à se proclamer Assemblée nationale.

Mais cela ne suffit pas. « La nation existe avant tout, elle est à l'origine de tout (...). Avant elle et au-dessus d'elle il n'y a que le droit naturel. » C'est donc elle qui doit détenir la souveraineté, non le roi. Réussissant à vaincre les réticences des modérés, Sieyès parvient à inscrire cette audacieuse idée dans l'article 3 de la Déclaration de 1789 : « le principe de toute souveraineté réside essentiellement dans la Nation ».

Il ne reste plus alors qu'à déduire de cette souveraineté nationale les idées de Montesquieu. Le système représentatif est nécessaire, car « les associés sont trop nombreux et répandus sur une surface trop étendue pour exercer facilement eux-mêmes leur volonté commune ». La séparation des pouvoirs n'est pas moins indispensable, afin de garantir « l'intérêt qu'a la nation à ce que le pouvoir public délégué ne puisse jamais devenir nuisible à ses commettants ». Enfin, en libéral aussi peu démocrate que Montesquieu, Sieyès légitime le suffrage censitaire, qui seul permet à la nation de sélectionner ses meilleurs représentants, lesquels doivent appartenir aux « classes disponibles », autrement dit à « celles où une sorte d'aisance permet aux hommes de recevoir une éducation libérale, de cultiver leur raison, enfin de s'intéresser aux affaires publiques ». Toutes ces idées imprègnent la Déclaration de 1789, sauf la dernière, qui n'obtient sa consécration que deux ans plus tard, dans la Constitution de 1791.

§ 3. Les sources juridiques

Des déclarations de droits ont été proclamées en Angleterre et aux États-Unis avant 1789. Elles ont donc fatalement exercé une certaine influence sur la Déclaration française. Au début du XXe siècle, le juriste allemand Jellinek a même prétendu que la Déclaration de 1789 n'était qu'une copie de ses devancières. En réalité, il ne faut pas exagérer l'importance des précédents anglais et américains. Ceux-ci ne constituent que quelques-unes des multiples sources d'inspiration que les révolutionnaires français ont su combiner et ordonner.

A. Les pactes anglais

Les pactes anglais sont des accords que les barons ou les Chambres ont passés avec le roi. Survenant toujours à la suite de révoltes contre l'autorité royale, ils préfigurent la Déclaration de 1789 par la violence qui les entoure. Ce ne sont pas des contrats librement débattus, mais des concessions arrachées par la force.

C'est là leur seule ressemblance avec la Déclaration de 1789. Contrairement à elle, en effet, ils ne procèdent d'aucune doctrine politique véritable, et ne se réfèrent pas à une conception universelle des rapports de l'individu et de l'État. Pragmatiques, ils se bornent à entourer certains droits de garanties précises, destinées à remédier à des problèmes historiquement situés et spécifiquement anglais.

La Grande Charte de 1215 est par exemple obsédée par le souci de tempérer la sévérité des amendes. Elle dispose, entre autres détails, qu'« aucune de ces amendes ne sera imposée que sur le serment de douze hommes probes et légaux du voisinage ». La Confirmation de 1297 ne craint pas de supprimer une « taxe de quarante sous par sac de laine ». La pétition des droits de 1628 n'est qu'une longue liste des exactions commises par Charles Ier, lequel est instamment prié de s'engager à ne plus recommencer (ayant quand même recommencé, il sera décapité en 1649). L'Acte d'*habeas corpus* de 1679 réglemente le droit à la sûreté dans ses modalités les plus infimes. Après avoir posé le principe essentiel que tout détenu doit être présenté à un juge dans les trois jours de son arrestation, il prévoit des exceptions, fixe le taux des amendes encourues par les geôliers récalcitrants, et ajoute quelques garanties qui n'ont d'intérêt que pour les Britanniques : « Aucun sujet de ce royaume, habitant de l'Angleterre, du pays de Galles ou de Berwick, ne pourra être envoyé prisonnier en Écosse, en Irlande, à Jersey, Guernesey, ou dans tout autre lieu au-delà des mers. » Enfin, la Déclaration des droits (*Bill of Rights*) de 1689, qui intervient à la suite de l'abdication de Jacques II, n'est pour l'essentiel qu'une énumération des libertés politiques que le nouveau roi Guillaume d'Orange s'engage à respecter en échange de la reconnaissance par le Parlement de ses droits au trône.

Ainsi, les pactes anglais sont trop empreints d'utilitarisme pour avoir exercé une influence déterminante sur la Déclaration de 1789. Ils ont toutefois le mérite de lui ouvrir la voie en inaugurant la tradition qui consiste à transcrire des droits fondamentaux dans des textes solennels.

B. Les déclarations américaines

Les déclarations américaines ont exercé une influence bien plus profonde que les pactes anglais sur la Déclaration de 1789. Si beaucoup de cahiers de doléances réclamèrent une déclaration des droits, ce fut en grande partie parce qu'elles étaient connues, et que leur exemple frappait les imaginations.

Neuf déclarations interviennent dans les années qui précèdent 1789 : la déclaration d'indépendance des États-Unis du 4 juillet 1776, et les déclarations des droits de huit des treize colonies : Virginie (juin 1776), Pennsylvanie (septembre 1776), Delaware (septembre 1776), Maryland (novembre 1776), Caroline du Nord (décembre 1776), Vermont (juillet 1777), Massachusetts (mars 1780), New Hampshire (octobre 1783).

Or, la plupart de ces déclarations ont été traduites et diffusées en France en 1778 et 1783. Les députés de l'Assemblée nationale les connaissaient donc parfaitement, à commencer par La Fayette, héros de la guerre d'indépendance américaine. Les débats parlementaires montrent d'ailleurs que l'idée même de proclamer les droits de l'Homme leur a été suggérée par l'exemple américain. En outre, il est possible de déceler dans la forme et dans le fond de la Déclaration française des emprunts aux déclarations d'outre-Atlantique.

Sur la forme, c'est à l'imitation des déclarations de Virginie et des autres colonies que la Déclaration de 1789 adopte la formule de la succession d'articles, au lieu de celle de la dissertation. En ce qui concerne le style, on peut noter que certains passages s'inspirent indiscutablement de formulations américaines. C'est particulièrement net pour l'article premier (« Les hommes naissent et demeurent libres et égaux en droits... ») qui ressemble étonnamment à l'article premier des déclarations de Virginie et de Pennsylvanie (« Tous les hommes sont nés également libres et indépendants... »), et surtout du Massachusetts (« Tous les hommes sont nés libres et égaux... »).

Sur le fond, les déclarations américaines ouvrent la voie à la Déclaration de 1789 par leurs nombreuses références à la théorie moderne des droits naturels, notamment à la philosophie de Locke. Le préambule de la déclaration du Massachusetts affirme par exemple que « le but de l'institution... d'un Gouvernement est d'assurer l'existence du Corps politique, de le protéger, et de procurer aux individus qui le composent la faculté de jouir en sûreté et avec tranquillité de leurs droits naturels (...). Le Corps politique est formé par une association volontaire d'individus. C'est un contrat social par lequel le Peuple entier convient avec chaque citoyen... que tous seront gouvernés par certaines lois pour l'avantage commun ». En outre, les déclarations américaines annoncent l'article 16 de la Déclaration de 1789 par l'importance qu'elles accordent, sous l'influence de Montesquieu, à la séparation des pouvoirs. L'article 6 de la déclaration du Maryland pose ainsi le principe que « la puissance législatrice, la puissance exécutrice, et l'autorité judiciaire, doivent être toujours séparées et distinctes l'une de l'autre. »

Si la Déclaration de 1789 s'est indiscutablement inspirée de ses devancières américaines, elle ne s'est toutefois pas contentée de les copier. Ses rédacteurs ont en effet clairement exprimé leur volonté de faire preuve d'originalité. Le 18 août 1789, un député rappelle par exemple à l'Assemblée nationale qu'elle « ne doit pas suivre servilement et se borner à l'exemple des États-Unis. »

Une première différence apparaît dans le style. Celui de la Déclaration française est sobre, clair, sec, impératif ; ses phrases claquent comme des apostrophes de Voltaire ou de Rousseau. Au contraire, le style des déclarations américaines est empesé et laborieux, parfois à la limite du ridicule. L'article 17 de la déclaration de Virginie affirme par exemple qu'« un peuple ne peut conserver un gouvernement libre, et le bonheur de la liberté, que par une adhésion ferme et constante aux règles de la justice, de la tempérance, de l'économie et de la vertu ». Pour faire bonne mesure, l'article 14 de la déclaration de Pennsylvanie ajoute « la frugalité » à cette liste de valeurs puritaines.

La deuxième différence réside précisément dans l'inspiration religieuse des déclarations. La Déclaration de 1789 est l'héritière du catholicisme et du théisme, qu'elle s'efforce de réconcilier dans les formules abstraites de son préambule (« sous les auspices de l'Être suprême ») et de son article 10 (« nul ne doit être inquiété pour ses opinions, même religieuses... »). Les déclarations américaines sont au contraire empreintes de puritanisme. Cet avatar du calvinisme prétend revenir à la pureté du christianisme primitif, et prône une morale rigoureuse par réaction contre les compromissions de l'Église anglicane. Historiquement, les premiers colons américains, et notamment les passagers du *Mayflower*, furent des puritains fuyant les persécutions perpétrées par les rois d'Angleterre. C'est ce qui explique que les déclarations américaines se fassent l'écho des valeurs puritaines (« tempérance », « économie », « vertu »...), et consacrent de longs développements à la liberté religieuse, qu'« aucune Puissance dans l'État ne peut... gêner » (article 2 de la déclaration de Pennsylvanie).

Une troisième différence peut être trouvée dans les sources philosophiques des déclarations. Certes, Locke et Montesquieu sont des affluents communs aux déclarations américaines et française. Mais pour le reste, leurs sources divergent. Les déclarations américaines doivent beaucoup à Blackstone, mal connu en France, et pratiquement rien à Voltaire, Rousseau ou Sieyès, dont on a vu l'influence sur la Déclaration de 1789. À cet égard, elles apparaissent davantage comme les demi-sœurs aînées que comme les mères de la Déclaration française.

Enfin, une dernière différence découle du pragmatisme américain. Contrairement aux pactes anglais, les déclarations américaines se rallient à la théorie moderne des droits de l'Homme, donc à une conception universelle des rapports de l'individu et de l'État. C'est pourquoi on y trouve de nombreuses phrases qui prétendent s'appliquer à tous les hommes et non pas seulement aux citoyens des États-Unis. La déclaration d'indépendance se place par exemple clairement dans une perspective universaliste lorsqu'elle proclame ses « vérités » célèbres : « tous les hommes sont créés égaux ; ils sont doués par le Créateur de certains droits inaliénables ; parmi ces droits se trouvent la vie, la liberté et la recherche du bonheur. Les gouvernements sont établis parmi les hommes pour garantir ces droits, et leur juste pouvoir émane du consentement des gouvernés ». Pourtant, comme les pactes anglais les déclarations américaines ont le souci d'entourer certains droits de garanties précises. C'est ce qui explique que le sens du concret prenne finalement le dessus sur la perspective universaliste. Après avoir proclamé les droits de tous les hommes, les déclarations américaines édictent des garanties qui ne protègent que les citoyens américains. C'est particulièrement net en ce qui concerne le droit à la sûreté, dont les garanties sont largement inspirées des traditions américaines et paraissent difficilement exportables. L'article 13 de la déclaration de Virginie dispose par exemple que « dans les procès qui intéressent la propriété, et dans les affaires personnelles, l'ancienne procédure par jurés est préférable à toute autre ». Par comparaison, la Déclaration de 1789 saura rester sur les hauteurs de l'universel en s'arrêtant à l'étape de la proclamation, et en renvoyant la fixation des garanties, autrement dit l'adaptation au contingent et au particulier, à la Constitution de 1791.

Section 2
La Déclaration des droits de l'Homme et du Citoyen du 26 août 1789

§ 1. L'ÉLABORATION DE LA DÉCLARATION

C'est une grave crise financière — les caisses de l'État sont vides — qui contraint Louis XVI à réunir les états généraux pour la première fois depuis 1614. Dès l'été 1788, le roi accorde la liberté d'expression et la liberté de publication pendant la période électorale. Cette mesure permet au début de 1789 à plusieurs cahiers de doléances et à un grand nombre de brochures de demander une déclaration des droits.

Les événements, dès lors, se précipitent. Le 17 juin 1789, à peine plus d'un mois après la séance d'ouverture des états généraux, les députés du Tiers se proclament Assemblée nationale. Le 23, ils refusent de se disperser après que Louis XVI leur ait signifié sa volonté « que l'ancienne distinction des trois ordres de l'État soit conservée en son entier » ; c'est à cette occasion que Mirabeau lance sa célèbre apostrophe : « nous ne quitterons nos places que par la puissance des baïonnettes ». L'agitation populaire force le roi à céder. Forte de sa première victoire, la toute neuve Assemblée nationale entreprend alors, dès le début du mois de juillet, de rédiger la Déclaration des droits. L'avocat grenoblois Mounier exprime l'ambition de l'Assemblée lorsqu'il déclare, le 9 juillet, qu'« il faut rappeler les principes qui doivent former la base de toute espèce de société, et que chaque article de la constitution puisse être la conséquence d'un principe. Un grand nombre de publicistes modernes appellent l'exposé de ces principes une déclaration des droits ».

Cet ambitieux programme exigeait du temps. Or la pression conjuguée de la rue et des campagnes, devenues incontrôlables, va contraindre l'Assemblée à hâter ses travaux. Le 14 juillet, un millier de Parisiens s'emparent de la Bastille et perpètrent les premiers massacres révolutionnaires. À la fin du mois, c'est au tour des paysans de se révolter contre le régime féodal et de susciter la « Grande Peur ». Débordée par cette explosion de fureur, l'Assemblée pare au plus pressé en abolissant les privilèges dans la nuit du 4 au 5 août. Parallèlement, elle active l'élaboration de la Déclaration.

La tâche est rendue ardue par la multiplicité des projets de déclaration qui sont soumis à l'Assemblée. Quatre projets vont cependant émerger du lot par leur qualité intrinsèque et par la notoriété de leurs auteurs : il s'agit de ceux de Mounier, Sieyès, Mirabeau et La Fayette. Ils vont être au centre du débat et influeront sur le texte définitif de la Déclaration.

Dès le 14 juillet, l'Assemblée élit un « premier comité de constitution », chargé de proposer un projet unique de déclaration à trente « bureaux ». Composé de huit députés, dont Mounier et Sieyès, le comité va être déchiré par la rivalité de ces deux hommes. Attaché aux traditions, Mounier est un réformiste respectueux de la royauté beaucoup plus qu'un véritable révolutionnaire. Rationaliste, Sieyès, sans être déjà républicain, cherche au contraire à affaiblir la royauté ; son culte de la Nation ouvre la voie à la République. C'est ce qui explique que l'avocat cherche à intégrer la Déclaration dans un projet de constitution ouvertement monarchiste, alors que l'abbé s'y oppose. Sur ce point, c'est à Sieyès que la Déclaration du 26 août se ralliera.

Pessimiste sur les possibilités d'élévation rapide de la conscience politique des masses, Mounier est d'autre part d'avis de construire la Déclaration sous forme d'articles brefs, assénés à la façon d'un catéchisme, et ne cherchant pas à susciter la réflexion des citoyens. Plus optimiste, Sieyès préfère une présentation sous forme de dissertation, ou d'articles s'enchaînant logiquement, aptes à entraîner l'adhésion réfléchie du plus grand nombre. Cette fois, c'est Mounier que suivra la Déclaration du 26 août.

Mais dans l'immédiat, le comité s'avère finalement incapable d'opérer une synthèse propre à séduire la majorité de l'Assemblée. La déception est telle qu'on envisage début août de remettre l'élaboration de la Déclaration à plus tard. S'étant ressaisie, l'Assemblée décide finalement de procéder le 13 août à l'élection d'un nouveau comité. Mounier et Sieyès sont cette fois écartés. Composé de cinq députés, ce « comité des Cinq » est dominé par la forte personnalité de Mirabeau. Avec une rapidité remarquable, ce comité rend son projet quatre jours plus tard, le 17 août. Après avoir été examiné dans les « bureaux », il est débattu en Assemblée le 18. La déception est immense. Mal rédigé, le projet mélange sans habileté les idées de Sieyès et de Mounier et ne satisfait pratiquement personne, pas même Mirabeau qui, cédant au découragement, exhume la proposition de renvoyer l'élaboration de la Déclaration à plus tard.

Mais l'Assemblée tient bon. Elle décide de passer sans plus attendre au vote de la Déclaration. Reste à choisir le projet qui servira de base à la discussion. Le 19 août, un vote intervient pour départager les nombreux projets en lice. Celui de Mounier n'obtient que 4 voix ; ceux de Sieyès et de La Fayette connaissent plus de succès, et récoltent respectivement 245 et 45 voix. Mais c'est un projet collectif — celui du sixième bureau, composé de députés de second plan — qui arrive en tête avec 605 voix.

C'est du 20 au 26 août, en une semaine seulement, que le texte définitif de la Déclaration est élaboré et adopté. Très bref, il se compose d'un préambule et de dix-sept articles qui n'ont plus grand chose à voir avec le très terne projet du sixième bureau. L'influence de Mounier, Sieyès, Mirabeau et La Fayette y est nette.

Mounier a inspiré, on l'a vu, la présentation générale de la Déclaration sous forme de « catéchisme » (l'expression est de lui). C'est lui qui, en outre, fait adopter les trois premiers articles. À cette occasion, il parvient à écarter l'égalité de la liste des droits naturels de l'article 2. Il joue aussi un rôle décisif dans la confection de la première moitié de l'article 7, relative à l'interdiction des arrestations arbitraires. Enfin, il participe activement à la rédaction des articles 4 et 5, dus pour l'essentiel à Lameth, et à l'orageuse discussion de l'article 10, sur la liberté religieuse.

Sieyès marque profondément la Déclaration par sa conception de la souveraineté nationale. D'autres de ses idées sont également reprises par la seconde moitié de l'article 7 (tout citoyen doit obéir à la loi) et par l'article 15 (« la société a le droit de demander compte à tout agent public de son administration »).

Mirabeau est, pour l'essentiel, l'auteur du préambule, dont la sobre éloquence coiffe élégamment la sécheresse catéchistique des dix-sept articles. Il intervient aussi avec beaucoup de pugnacité pour défendre l'inscription de la liberté religieuse dans l'article 10, et pour condamner la rédaction finalement adoptée, qu'il juge dangereusement restrictive.

La Fayette a en définitive moins d'influence que ses trois concurrents sur le texte final de la Déclaration. À cela il y a une raison bien simple : devenu le 13 juillet chef de la garde nationale, il a cessé à partir de cette date de siéger à l'Assemblée. Assez de députés partageaient toutefois ses idées pour qu'elles impriment leur marque. Les trois premiers articles, ainsi que l'article 15, s'inspirent ainsi d'expressions et d'idées inscrites dans son projet.

Les autres articles de la Déclaration sont l'œuvre de députés moins en vue, qui se sont d'ailleurs généralement contentés de mettre en forme les idées de nos quatre protagonistes. C'est l'ondoyant Talleyrand qui concocte l'article 6, et son curieux mélange de Rousseau et de Montesquieu. Duport, qui connaîtra son éphémère heure de gloire grâce au triumvirat qu'il constituera avec Barnave et Lameth, est pour sa part l'auteur des articles 8, 9 et 17. L'article 11 émane de l'obscur La Rochefoucauld d'Enville. Enfin, les articles 12, 13, 14 et 16 sont l'œuvre collective des députés du sixième bureau ; sauf l'article 16, ce sont d'ailleurs les plus faibles de la Déclaration.

Rapide, l'élaboration de la Déclaration n'en a donc pas été facile pour autant. Les premières violences révolutionnaires ont perturbé la sérénité des débats. Déchirée entre des conceptions contradictoires, l'Assemblée a connu l'échec et le découragement, avant de voter dans un sursaut d'énergie un texte de compromis. Au soir du 26 août, les députés éprouvent plus de soulagement que de fierté. Ils n'ont absolument pas conscience d'avoir érigé un monument appelé à durer. L'opinion générale est qu'il faut passer au plus vite à l'édification de la Constitution, quitte à revenir ensuite sur la Déclaration. Mirabeau exprime le sentiment général lorsqu'il écrit ces lignes dans *Le Courrier de Provence* : « L'Assemblée nationale est enfin sortie de la vaste région des abstractions du monde intellectuel dont elle traçait si péniblement la législation métaphysique (...). Les articles arrêtés... sont des pierres d'attente posées là, jusqu'à ce que des circonstances moins urgentes permettent de recommencer ce travail, et de le porter à sa perfection. »

L'extraordinaire est qu'en de telles circonstances, et malgré le scepticisme ambiant, l'Assemblée soit finalement parvenue à accoucher d'une merveille à couper le souffle : belle dans sa forme, riche dans son contenu, séduisante par ses caractères.

§ 2. Le contenu de la Déclaration

La Déclaration de 1789 a un contenu particulièrement riche, puisqu'elle comprend des droits de l'Homme, des droits du Citoyen, et des principes d'organisation politique.

A. Des droits de l'Homme

La Déclaration de 1789 n'entend pas créer les droits de l'Homme, car ceux-ci, dans l'optique de la théorie moderne du droit naturel, sont censés découler de la nature humaine. Elle entend seulement les proclamer, afin que nul n'ignore leur existence.

Au total, quatre droits de l'Homme sont proclamés par la Déclaration. Ils sont énumérés par l'article 2. Il s'agit de la liberté, de la propriété, de la sûreté, et de la résistance à l'oppression.

1) La liberté

Mentionnée dès l'article 1er, proclamée à l'article 2, la liberté est définie à l'article 4. Selon ce dernier, « la liberté consiste à pouvoir faire tout ce qui ne nuit pas à autrui. » La définition est belle mais vague. Heureusement, certains aspects plus précis de la liberté sont proclamés plus loin. Ainsi, la liberté d'opinion et la liberté religieuse sont consacrées par l'article 10, tandis que la liberté d'expression et la liberté de la presse le sont par l'article 11.

Les quatre libertés distinguées par les articles 10 et 11 sont évidemment conçues comme des droits naturels. Mais comme toute liberté suffisamment précise, elles ont vocation à être prises en compte par le droit positif. C'est ce qui explique qu'elles soient à l'origine directe de quatre de nos libertés publiques actuelles.

2) La propriété

Qualifiée de « droit naturel et imprescriptible » à l'article 2, la propriété est en outre qualifiée de « droit inviolable et sacré » à l'article 17. Cette insistance à défendre le droit de propriété s'explique par l'influence conjuguée de Locke et des physiocrates, mais aussi, plus prosaïquement, par le fait que beaucoup des rédacteurs de la Déclaration sont des bourgeois. Ceux-ci prennent d'ailleurs soin de préciser dans l'article 17 qu'on ne peut priver quelqu'un de sa propriété qu'à deux conditions cumulatives :

– il faut d'une part que ce soit justifié par une « nécessité publique légalement constatée » ;

– il faut d'autre part que ce soit compensé par le versement d'une « juste et préalable indemnité. »

Ce souci d'ébaucher la protection juridique du droit de propriété montre la volonté des auteurs de la Déclaration de forcer le droit positif à le respecter. Plus nettement encore que les articles 10 et 11, l'article 17 est donc à l'origine directe de l'une de nos libertés publiques actuelles.

3) La sûreté

La sûreté est le droit de ne pas être incarcéré arbitrairement. Proclamée droit naturel par l'article 2, elle se taille la part du lion dans la suite de la Déclaration. Trois articles sont en effet exclusivement consacrés à sa protection juridique. L'article 7 proclame le principe de la légalité des incriminations ; l'article 8 ceux de la légalité des peines, et de la non-rétroactivité de la loi pénale ; l'article 9, enfin, celui de la présomption d'innocence.

Ces quatre principes sont réputés nécessaires pour assurer la transposition du droit à la sûreté dans le droit positif. La France est restée fidèle à cette estimation : ils sont directement à l'origine du droit pénal moderne. C'est donc sur le fondement des articles 7, 8 et 9, que la sûreté est une liberté publique dans notre pays.

4) La résistance à l'oppression

La résistance à l'oppression est mentionnée à l'article 2 mais ne fait l'objet d'aucun développement dans le reste de la Déclaration. Cela s'explique par le fait qu'il est impossible de prévoir les mécanismes juridiques propres à en assurer le respect. Par essence, la résistance à l'oppression s'exerce en effet en dehors du cadre des lois.

On doit conclure de cette impossibilité d'assurer sa protection juridique, que la résistance à l'oppression est un droit naturel mais pas une liberté publique.

5) L'égalité ?

Ceux qui parlent de la Déclaration sans l'avoir lue attentivement croient en général qu'elle considère l'égalité comme un droit naturel. Cette impression est inexacte : la Déclaration de 1789 ne range pas l'égalité parmi les droits naturels. L'article 2, qui contient la liste limitative des droits naturels, omet en effet de la mentionner.

Cette omission est volontaire. Mounier qui, on l'a vu, est le maître d'œuvre des trois premiers articles, a sciemment écarté l'idée d'une égalité naturelle, afin d'éviter d'encourager la dérive anarchique de la Révolution. La seule égalité qu'il tolère, et que la Déclaration admet, est l'égalité « en droit » mentionnée à l'article 1er, c'est-à-dire l'égalité des citoyens devant la loi, d'autant moins menaçante à ses yeux qu'elle se concilie avec « les distinctions sociales »...

6) Les devoirs de l'Homme ?

La Déclaration de 1789 se veut une « Déclaration des droits », et non, comme certains l'avaient proposé, une « Déclaration des droits et des devoirs. » Il ne faut cependant pas déduire de cet intitulé le caractère illimité des droits de l'Homme. La Déclaration ne rejoint absolument pas les vues de Marat, pour qui il ne saurait exister de devoirs de l'Homme : quand un homme manque de tout, affirme celui-ci dans son projet de déclaration, « il a droit d'arracher à un autre le superflu dont il regorge. Que dis-je ? Il a droit de lui arracher le nécessaire, et plutôt que de périr de faim il a droit de l'égorger et de dévorer ses chairs palpitantes. »

Plus mesurée, la Déclaration admet clairement l'existence de « devoirs de l'Homme », propres à rappeler à chacun les limites de ses droits naturels. Le préambule affirme ainsi la nécessité de faire connaître aux hommes « leurs droits et leurs devoirs. » Et l'article 4 reprend explicitement l'énoncé du moins contesté des devoirs naturels en posant que « l'exercice des droits naturels de chaque homme n'a de bornes que celles qui assurent aux autres membres de la société la jouissance de ces mêmes droits. »

Si l'intitulé de la Déclaration passe sous silence les devoirs de l'Homme, ce n'est donc pas dans l'intention de nier leur existence, mais afin de briser net la tentative des conservateurs, déployée au début d'août, de les lester du devoir de respecter Dieu et le roi pour anesthésier les droits de l'Homme.

B. Des droits du citoyen

La Déclaration de 1789 distingue expressément, dès son intitulé, les « droits du citoyen » des « droits de l'Homme ». À la différence des droits de l'Homme, les droits du citoyen ne sont pas conçus comme des droits naturels, mais simplement comme des droits positifs garantis par la société.

1) Liste des droits du citoyen

Aucun article ne donne la liste des droits du citoyen. Ils sont heureusement faciles à repérer grâce au vocabulaire précis de la Déclaration, qui qualifie leurs détenteurs de « citoyens », parfois regroupés sous le vocable « société », alors que les sujets des droits naturels sont toujours les « hommes. » Sans qu'on sache s'il s'agit d'un hasard ou d'une volonté de symétrie, quatre droits du citoyen peuvent ainsi être repérés face aux quatre droits de l'Homme.

Les deux premiers figurent dans l'article 6. Il s'agit du droit de concourir à la formation de la loi et, à condition d'en avoir la capacité, du droit d'accéder aux emplois publics. Le troisième, le droit de voter l'impôt, est énoncé à l'article 14. Le dernier, inscrit dans l'article 15, est le droit de demander des comptes aux agents publics.

À ces quatre droits correspondent deux devoirs du citoyen : le devoir d'obéir à la loi, prévu à l'article 7, et le devoir de payer l'impôt, énoncé à l'article 13.

2) Rôle des droits du citoyen

Les droits du citoyen ne s'inscrivent pas dans le cadre de la liberté-autonomie mais dans celui de la liberté-participation. C'est pourquoi ils ne débouchent pas sur des libertés publiques mais sur des libertés politiques.

Toutefois, ils ont une incidence indirecte sur les libertés publiques. En effet, les droits du citoyen ont pour rôle de garantir les droits de l'Homme, car ils visent à instaurer la démocratie sans laquelle l'exercice des libertés publiques demeurerait théorique.

Les droits du citoyen visent à instaurer la démocratie dans la mesure où ils reposent clairement, dès l'article 1er, sur l'idée que doit exister une égalité « en droits ». De cette affirmation de principe découlent des conséquences concrètes : l'égalité devant la loi, posée à l'article 6, l'égalité dans l'accès aux emplois publics, encore à l'article 6, et l'égalité devant l'impôt, inscrite dans l'article 13. Frappés de ce sceau égalitaire, les droits du citoyen sont donc bien destinés à asseoir la démocratie, gouvernement du peuple. Tout l'Ancien Régime, fondé sur l'inégalité liée à l'hérédité, est ainsi renversé.

La démocratie n'est cependant pas conçue comme un but en soi, mais comme le moyen de permettre la transcription des droits de l'Homme en libertés publiques. En effet, l'article 2 estime que « le but de toute association politique est la conservation des droits naturels et imprescriptibles de l'Homme. » Et l'article 16 ajoute que « toute société dans laquelle la garantie des droits n'est pas assurée... n'a point de constitution. » La démocratie n'est donc instaurée grâce aux droits du citoyen qu'afin d'assurer le respect des droits naturels, d'opérer leur traduction en libertés publiques. Ainsi, dans la Déclaration de 1789 la société est subordonnée à l'individu : les droits du citoyen sont donc au service des droits de l'Homme.

C. Des principes d'organisation politique

La Déclaration de 1789 ne se contente pas de fixer le but de la société, qui est, conformément à l'enseignement de Locke, la « conservation des droits naturels ». Elle décrit aussi la structure institutionnelle la plus apte à permettre d'atteindre ce but.

Le point de départ de cette entreprise se situe à l'article 3. La souveraineté de la Nation, chère à Sieyès, y est substituée à la souveraineté du roi. Pour sauvegarder cette souveraineté nationale, il est nécessaire de lui adjoindre une « force publique » (art. 12), et d'inscrire dans une « constitution » (préambule et art. 16) certains principes d'organisation politique.

Le principe essentiel est la « séparation des pouvoirs », qu'exige expressément l'article 16 dans le droit fil de Montesquieu. Car s'il est vrai que Législatif, Exécutif, et Judiciaire émanent tous de la Nation, il est néanmoins plus prudent de les confier à des organes différents, afin que leur division les affaiblisse suffisamment pour les empêcher de la dépouiller de sa souveraineté.

Malgré tout, il est visible que les rédacteurs de la Déclaration accordent une prééminence au pouvoir législatif. Ce légicentrisme s'explique par le fait que l'hostilité du roi, titulaire de l'Exécutif, à la Révolution est connue, alors que la loi est, d'après l'article 6 et conformément à la philosophie de Rousseau, « l'expression de la volonté générale ». On a vu, au chapitre 2 du titre I, à quel point cette sacralisation de la loi irrigue la Déclaration. C'est en effet la loi qui est chargée de garantir la sûreté (art. 7 à 9), et de fixer les limites de la liberté d'expression (art. 10 et 11), du droit de propriété (art. 17), ainsi que de la liberté en général (art. 4).

La séparation des pouvoirs, revue et corrigée par le légicentrisme, n'est cependant pas le seul principe d'organisation politique contenu dans la Déclaration. L'article 15 en contient un second qui, à la différence du premier, concerne les relations entre les gouvernants et les gouvernés. Cet article dispose en effet que « la société a le droit de demander compte à tout agent public de son administration ». Il semble qu'on ait surtout envisagé par là le droit de la Nation de contrôler l'action du roi et de ses ministres. Mais certains des députés qui ont voté cet article y voyaient probablement aussi la possibilité pour les citoyens de contrôler l'action de leurs « représentants », mentionnés dans le préambule et aux articles 6 et 14. En faveur de cette interprétation, on peut remarquer que la confiance accordée au pouvoir législatif par la Déclaration n'est pas absolue. La loi se voit en effet assigner des frontières très précises : elle « n'a le droit de défendre que les actions nuisibles à la société » (art. 5), « doit être la même pour tous » (art. 6), et « ne doit établir que des peines strictement et évidemment nécessaires » (art. 8). De là à penser que l'article 15 permet aux citoyens de vérifier que leurs représentants respectent ces frontières, il n'y a donc qu'un pas.

§ 3. Les caractères de la Déclaration

Les deux principaux caractères de la Déclaration de 1789 sont l'universalisme et l'individualisme.

A. L'universalisme

Contrairement aux pactes anglais et, dans une moindre mesure, aux déclarations américaines, la Déclaration de 1789 entend avoir une portée universelle. En d'autres termes, elle prétend s'appliquer à l'humanité tout entière, et non aux seuls Français.

Cette prétention apparaît très clairement lors des débats de l'Assemblée nationale. Le 20 août, un député affirme par exemple qu'« une déclaration doit être de tous les temps et de tous les peuples ». Et trois jours plus tard, un autre rappelle qu'« il ne s'agit pas ici de faire une déclaration des droits seulement pour la France, mais pour l'homme en général ».

Cette volonté d'universalisme se retrouve dans le contenu même de la Déclaration. Le mot « français » n'y apparaît en effet qu'une seule fois, à la première ligne du préambule, et dans le seul but de marquer l'origine géographique de la Déclaration. Dans la suite du texte, le titulaire des droits et des devoirs est toujours désigné de façon abstraite : « l'homme », « le citoyen », « la nation », « la société », « la volonté générale ».

En outre, la brièveté de la Déclaration s'explique en grande partie par ce souci d'universalisme. Voulant parler au nom de l'humanité, les députés de 1789 doivent en effet se borner à proclamer des grands principes philosophiques, suffisamment vagues pour être acceptés partout. En revanche, ils sont conduits à négliger les garanties juridiques des principes proclamés, pour l'excellente raison qu'elles varient nécessairement au gré des traditions de chaque peuple. C'est pourquoi elles sont simplement ébauchées par la Déclaration, et renvoyées pour le surplus à la Constitution et aux lois futures.

Ce caractère universaliste a frappé les imaginations et a été l'une des causes de la célébrité immédiate et durable, dans le monde entier, de la Déclaration de 1789.

B. L'individualisme

Deux signes montrent l'individualisme de la Déclaration de 1789.

– Le premier réside dans la nature des droits de l'Homme qu'elle proclame. Tous sont en effet des libertés-résistances, que chaque individu peut exercer sans l'aide de l'État. Aucun ne s'analyse comme un droit-créance, c'est-à-dire comme un droit nécessitant l'intervention de l'État et se traduisant par conséquent par un recul de l'individualisme. Pourtant, les occasions de consacrer des droits-créances ne manquaient pas. En février 1789, le cahier de doléances du tiers état du bailliage de Nemours avait par exemple proposé d'inscrire le droit à l'instruction dans la Déclaration. Quant à Sieyès, il n'avait cessé dans ses divers projets de défendre le droit à la subsistance, estimant que toute personne « qui est dans l'impuissance de pourvoir à ses besoins... a droit aux secours de la Société ». Mais les députés étaient trop imbus de l'esprit individualiste de leur siècle pour s'ouvrir à de pareilles offres.

Pourtant, le droit à la subsistance aurait été particulièrement le bienvenu, car 1789 était une année de famine. Faute de l'avoir consacré, la Déclaration a transformé pour beaucoup de Français la liberté si joliment définie à l'article 4 en liberté de mourir de faim.

L'individualisme de la Déclaration ne se manifeste d'ailleurs pas seulement dans l'absence de droits-créances. Il se révèle aussi à l'intérieur des libertés-résistances proclamées, dans la mesure où on n'y rencontre qu'une liberté collective : la liberté de la presse. Toutes les autres sont des libertés individuelles, qu'il s'agisse de la liberté d'opinion, du droit à la sûreté, de la liberté d'expression, ou du droit de propriété [1].

Si les libertés collectives sont ainsi laminées, c'est parce qu'à l'inverse des libertés individuelles elles ne peuvent être exercées qu'en commun. Elles constituent donc un facteur de dépassement de l'individualisme. C'est pourquoi on les considère avec méfiance. Certes, l'évolution sera rapide puisque deux ans plus tard la Constitution de 1791 consacrera la liberté du culte et la liberté de réunion. Mais la méfiance persistera de façon très significative à l'égard de la liberté d'association. En interdisant aux ouvriers le droit d'association, la loi Le Chapelier des 14 et 17 juin 1791 montrera en effet la prégnance de l'individualisme parmi les députés.

– Le second signe de l'individualisme de la Déclaration se trouve dans sa capacité à résister à la force d'attraction du positivisme juridique. Chez Hobbes et Rousseau, on a vu que le contrat social provoquait la disparition pure et simple du droit naturel, au profit du droit positif émanant respectivement du prince et de la volonté générale. Rien de tel dans la Déclaration. Comme chez Locke, le droit naturel y survit à l'abandon de l'état de nature. Même si la sacralisation de la volonté générale incite à faire confiance à la loi, le légicentrisme n'y débouche à aucun moment sur le positivisme juridique. La preuve indiscutable en est fournie par l'article 2, qui prend soin d'affirmer que « le but de toute association politique est la conservation des droits naturels ». Cette observation confirme d'ailleurs que l'influence de Locke l'emporte de beaucoup sur celle de Rousseau.

Or la théorie moderne du droit naturel place l'homme au centre de ses préoccupations, alors que le positivisme juridique est logiquement amené à mettre l'État au premier plan, ce que Hobbes illustre parfaitement avec son *Léviathan*. La victoire de la première sur le second est donc bien celle de l'individualisme.

– Au total, l'individualisme rigide de la Déclaration peut paraître décevant au lecteur du XXe siècle, attaché aux libertés collectives et aux droits-créances. Mais on ne doit pas oublier qu'il est apparu libérateur aux hommes de 1789, désireux avant tout de s'affranchir du joug de l'État et des multiples groupements de l'Ancien Régime.

---

1. Sur la liberté d'expression et le droit de propriété, habituellement classés sans discussion parmi les libertés individuelles, v. toutefois nos remarques *supra*, titre I, chapitre 3, section 1, § 1, A.

Quoi qu'on puisse en penser aujourd'hui, l'individualisme de la Déclaration a, au même titre que son universalisme, concouru à assurer son rayonnement.

Section 3

L'épanouissement des libertés publiques après 1789

La Déclaration de 1789, placée en tête de la Constitution de 1791, avait l'ambition d'ouvrir l'ère des libertés publiques. Or il est vite apparu que les réalisations ne seraient pas à la hauteur des espérances. En quelques années l'accélération de la Révolution a en effet chassé du pouvoir tous les principaux artisans de la Déclaration. Mounier quitte Paris dès octobre 1789, et émigre peu après ; Mirabeau meurt en 1791, après s'être discrédité par sa vénalité l'année précédente ; longtemps puissant, le triumvirat Barnave-Duport-Lameth disparaît fin 1791 ; La Fayette passe à l'ennemi en 1792 ; quant à Sieyès, élu député à la Convention il s'efface prudemment en attendant des jours meilleurs.

L'heure n'est plus aux libertés publiques. Née en septembre 1792, la Convention proclame la République et cherche à la défendre par tous les moyens. La suite est connue : l'affrontement Girondins – Montagnards et la Terreur, le Directoire (1795-1799), puis la dictature de Napoléon Bonaparte (1799-1814), qui clôt la Révolution et enterre la République. Ce séisme de l'Histoire produit des ondes sismiques tout au long du XIXe siècle, à travers l'alternance rapide des régimes politiques : Restauration (1814-1830), monarchie de Juillet (1830-1848), Seconde République (1848-1851), Second Empire (1852-1870).

Toute cette période, qui court de 1792 à 1870, est donc trop troublée pour bâtir la protection des libertés sur les principes de 1789. Pendant plus de trois quarts de siècle, les libertés publiques sont en sommeil (§ 1). Ce n'est qu'avec l'avènement progressif de la Troisième République, à partir de 1870, que l'héritage de 1789 est recueilli et que les libertés publiques sont enfin consacrées (§ 2).

§ 1. De 1792 à 1870 : les libertés publiques en sommeil

A. De 1792 à 1848 : le premier sommeil des libertés publiques

De 1792 à 1848, les constitutions révolutionnaires, les constitutions napoléoniennes, et les chartes qui se succèdent reprennent toutes la plupart des principes de 1789. Leurs serments de fidélité à la Déclaration ne sont hélas guère respectés en pratique.

1) Les constitutions révolutionnaires

La Constitution montagnarde du 24 juin 1793 et la Constitution du 5 fructidor an III (22 août 1795) sont précédées de déclarations qui reprennent les droits proclamés en 1789 et en 1791. Quelques différences de fond existent toutefois.

D'inspiration rousseauiste, la Déclaration de 1793 substitue la souveraineté du peuple à la souveraineté nationale (art. 25), et remplace donc les représentants par des « mandataires » (art. 29 et 31), élus au suffrage universel direct et chargés, non de voter les lois, mais de les proposer aux assemblées cantonales de citoyens, qui peuvent exiger qu'elles soient soumises à référendum. En outre, elle classe l'égalité parmi les droits naturels, et la place même au premier rang de ceux-ci, devant la liberté (art. 2). Enfin, à l'initiative de Robespierre elle oblige la société à assurer « la subsistance aux citoyens malheureux » (art. 21), et à « mettre l'instruction à la portée de tous les citoyens » (art. 22) : il ne s'agit encore que de devoirs de la société, et non de droits-créances, mais la rupture est déjà nette avec l'individualisme forcené de 1789.

Œuvre des « thermidoriens », beaucoup plus modérés que les Montagnards qu'ils ont évincés du pouvoir, la Déclaration de 1795 rompt avec le rousseauisme et abandonne la plupart des innovations de la Déclaration de 1793. L'égalité demeure un droit naturel, mais n'arrive plus qu'au second rang, derrière la liberté (art. 1er). Les « représentants », élus au suffrage censitaire, réapparaissent à la place des mandataires (art. 6 et 20). L'individualisme connaît un regain de vigueur qui se traduit par la disparition des droits-créances ébauchés en 1793, et par l'oubli de toutes les libertés collectives proclamées en 1789 (liberté de la presse) et en 1791 (liberté de réunion, liberté du culte). Enfin, jugé dangereux, le droit de résistance à l'oppression passe à la trappe.

Au-delà de ces différences de fond, les déclarations de 1793 et 1795 ont, par rapport à leur devancière de 1789, des différences de forme beaucoup plus considérables. La Déclaration de 1789 exprimait l'enthousiasme de la Révolution triomphante, sa foi en un avenir radieux. Celle de 1793 traduit au contraire l'angoisse et la détermination d'une République qui se sait menacée, et qui veut survivre. C'est ce qui explique la brutalité avec laquelle ses trente-cinq articles entendent combattre « la présence... du despotisme » (art. 7) et « l'oppression de ceux qui gouvernent » (art. 9). Cette fuite en avant amène les Montagnards à exalter la force salvatrice, la violence libératrice. La résistance à l'oppression, aussi qualifiée de droit à l'insurrection, n'inspire ainsi pas moins de cinq articles (art. 11, 27, 33, 34 et 35). Et le spectre de la guillotine se devine derrière l'injonction péremptoire de l'article 27 : « Que tout individu qui usurperait la souveraineté soit à l'instant mis à mort par les hommes libres ! »

La déclaration de 1795 porte quant à elle le souvenir des massacres perpétrés par les Montagnards, et affiche la volonté de tout mettre en œuvre pour empêcher la réapparition de pareilles horreurs. C'est pourquoi elle baigne dans une atmosphère de suspicion. Le droit de résistance à l'oppression, on l'a vu, est écarté. Le droit à la sûreté est protégé pour sa part avec un luxe de précautions inouï : mentionné dès l'article 1er, il se voit en effet consacrer huit articles (art. 4, et 8 à 14). En outre, la dictature est prohibée, de façon plus ou moins expresse, par sept autres articles (art. 6, et 17 à 22). Enfin, la déclaration est découpée en deux parties bien distinctes, intitulées respectivement « droits » et « devoirs », afin de rappeler que les droits énumérés dans les vingt-deux articles de la première trouvent leurs limites dans le respect des devoirs inscrits dans les neuf articles de la seconde. Pour faire bonne mesure, la Constitution de 1795 complète ce dispositif antiterroriste par des articles interdisant les visites domiciliaires (art. 359), les sociétés populaires (art. 361), et les attroupements armés (art. 365).

Globalement fidèles à la Déclaration de 1789, ces textes déboucheront hélas sur des régimes politiques irrespectueux des libertés publiques. À peine adoptée par le peuple, la Constitution de 1793 est solennellement enfermée dans une « arche », et déposée dans la salle de la Convention jusqu'à la paix. Ainsi, les nécessités de la guerre faisant loi, elle ne sera jamais appliquée. Sous la pression de Robespierre, un Tribunal révolutionnaire et un Comité de salut public ont été créés au début de 1793. Par la loi des suspects du 17 septembre 1793, la Convention leur donne les moyens de faire régner la Terreur.

Plus chanceuse, la Constitution de 1795 connaît une application effective. Mais le régime du Directoire, qu'elle installe, ne manifestera guère d'empressement à respecter les droits inscrits dans sa déclaration. Une loi du 19 fructidor an V permettra notamment la déportation sans jugement des personnes désignées par le Directoire. À la guillotine succède ainsi la déportation. Ce changement, qu'on n'ose pas qualifier de progrès, est évidemment insusceptible de tirer les libertés publiques de leur état de léthargie.

2) Les constitutions napoléoniennes

Comme ses devancières révolutionnaires, la Constitution du 22 frimaire an VIII (13 décembre 1799) reste officiellement fidèle aux principes de 1789. La proclamation des consuls, du 24 frimaire, affirme en effet que « la Révolution est fixée aux principes qui l'ont commencée : elle est finie ». Et pour en convaincre, elle ajoute que « la Constitution est fondée... sur les droits sacrés de la propriété, de l'égalité, de la liberté ». Le droit à la sûreté, sans être proclamé aussi expressément, fait pour sa part l'objet de quelques garanties (art. 77 à 82 de la Constitution), de même que l'inviolabilité du domicile (art. 76). Pas une ligne de plus n'est consacrée aux libertés publiques, ni dans la proclamation, ni dans la Constitution. Pour la première fois dans l'histoire constitutionnelle française, une Constitution n'est précédée d'aucune déclaration des droits.

La Constitution du 16 thermidor an X (4 août 1802), sur le consulat à vie, est encore moins prolixe. Seuls les articles 44 et 55 concernent, d'ailleurs d'assez loin, la liberté de conscience et le droit à la sûreté. Les autres libertés publiques sont superbement ignorées.

La Constitution du 28 floréal an XII (18 mai 1804) est moins décevante. Connue pour transformer le Consulat en Empire, elle a en effet le mérite de rappeler dans son article 53 « la liberté des cultes », « l'égalité des droits », « la liberté politique et civile », et d'y faire allusion au droit de propriété. Surtout, les articles 60 à 68 créent deux commissions sénatoriales, chargées respectivement de garantir le droit à la sûreté et la liberté de la presse. Enfin, les articles 70 à 72 confient au Sénat le pouvoir de contrôler la constitutionnalité des lois.

Mais dans la réalité, Napoléon Bonaparte ne s'embarrassera guère des principes de 1789. De la Révolution, il ne maintient que deux apports : l'égalité des chances, grâce à laquelle un simple soldat peut devenir général ; et le caractère sacré du droit de propriété, qui lui assure le soutien de la bourgeoisie par son corollaire, l'irrévocabilité de la vente des biens nationaux.

Les autres libertés publiques sont bafouées, malgré quelques grandes réalisations comme le Code d'instruction criminelle. Entièrement peuplé de créatures de l'empereur, le Sénat ne s'interpose jamais. Même le droit à la sûreté et la liberté de la presse, pourtant minutieusement garantis par la Constitution de l'an XII, sont violés. Les détentions arbitraires sont courantes, et officialisées par un décret du 3 mars 1810. À ce sujet, Napoléon explique d'ailleurs que « pour gouverner il faut être militaire ; on ne gouverne bien qu'avec des bottes et des éperons ». La liberté de la presse est encore plus mal traitée. Avec cynisme, notre dictateur tient en effet la considération suivante : « il n'y a plus en France qu'un seul parti, et je ne souffrirai pas que mes journaux disent autre chose que ce qui sert mes intérêts ».

Napoléon est cependant contraint d'afficher moins d'arrogance après son retour de l'île d'Elbe. Soucieux de raffermir son pouvoir, fragilisé par la défaite de 1814, il veut se gagner le soutien des libéraux. C'est pourquoi il confie à Benjamin Constant, son opposant de longue date, la tâche de rédiger une nouvelle Constitution. Ce sera « l'Acte additionnel aux constitutions de l'Empire », du 22 avril 1815.

Cette fois, la Constitution accorde une place de choix aux libertés publiques. On y lit notamment cette déclaration d'intention : « Notre but n'est plus désormais que d'accroître la prospérité de la France par l'affermissement de la liberté publique ». Et le titre 6 de la Constitution concrétise ces bonnes dispositions en tenant enfin lieu de déclaration des droits. Intitulé « droits des citoyens », il énumère en effet avec clarté plusieurs des principes de 1789 et 1791 : égalité devant la loi, droit à la sûreté, liberté des cultes, droit de propriété, liberté de la presse.

L'Acte additionnel est malgré tout assez décevant. Il y manque trop de libertés (par exemple la liberté de réunion) ; d'autre part, le droit à la sûreté est paradoxalement beaucoup moins bien protégé que dans les Constitutions de l'an VIII et de l'an XII. Finalement, il n'y a de progrès réel que pour la liberté de la presse, grâce à l'abandon de toute censure préalable et à l'instauration de la garantie qu'aucune responsabilité ne peut être encourue qu'après un jugement par jurés. Les Cent Jours seront effectivement une période faste pour cette liberté. On y verra notamment se développer une intense propagande antibonapartiste. Mais il est vraisemblable qu'un Napoléon victorieux à Waterloo serait rapidement revenu à son intolérance initiale.

3) Les chartes

La Charte du 4 juin 1814, octroyée par Louis XVIII, reprend dans ses onze premiers articles la plupart des principes proclamés en 1789 et 1791 : égalité devant la loi, droit à la sûreté, liberté des cultes, liberté de la presse, droit de propriété. C'est méritoire, de la part d'un roi qui claironnait jusqu'en 1804 qu'il réinstaurerait purement et simplement l'Ancien Régime.

Pourtant, la Charte est mal acceptée par l'opinion publique. Son préambule heurte les mentalités en faisant référence à Saint Louis et à Philippe le Bel plutôt qu'à la Révolution. Louis XVIII y indique en effet clairement sa volonté de « renouer la chaîne des temps, que de funestes écarts avaient interrompue ». Pire, aux yeux de beaucoup de Français : il « fait concession et octroi » de la Charte à ses sujets. Cela signifie que la Charte est octroyée par le roi, et non pas discutée et acceptée par le peuple et ses représentants. La souveraineté nationale, déjà mise à mal par Napoléon, est donc clairement abandonnée. La théorie moderne du droit naturel, que le Corse avait eu la prudence de ne pas invoquer, est elle aussi écartée, car des droits « octroyés » ne découlent pas de la nature humaine, mais de la volonté du roi.

Malgré tout, cette Charte aurait pu permettre l'épanouissement des libertés publiques, compte tenu qu'elle rendait possible par ailleurs l'émergence d'un authentique régime parlementaire. Mais une fois de plus, l'arbre n'a donné qu'un fruit amer. L'article 8 de la Charte consacrait la liberté de la presse dans des termes ambigus, n'excluant pas expressément la censure. Une loi du 21 octobre 1814 en profite aussitôt pour rétablir la censure préalable. L'article 63 de la Charte interdisait pour sa part les juridictions d'exception, mais permettait néanmoins de rétablir les cours prévôtales de l'Ancien Régime. Jouant sur les mots, une loi du 20 décembre 1815 s'empresse de créer des « cours prévôtales » n'ayant rien à voir avec leurs ancêtres. Celles d'avant la Révolution avaient pour fonction principale de juger les vagabonds et les voleurs de grand chemin. Beaucoup plus puissantes, celles de 1815 jugent les opposants au régime et les suspects de tout poil, selon une procédure expéditive et par des arrêts insusceptibles de recours. Elles font régner ce que les historiens appellent la « Terreur blanche ».

Encore Louis XVIII était-il loin d'être le plus extrémiste de sa famille. Sa mort en 1824 permet l'accession au trône de son frère Charles X, qui veut ramener la France à l'Ancien Régime. Tous les acquis de 1789, même l'égalité inscrite dans le Code civil, sont dès lors remis en cause. Devant les protestations croissantes de la population et de la Chambre des députés, le roi tente un coup de force en 1830. Il dissout la Chambre et prétend révoquer la Charte pour punir les Français de leur ingratitude. Mais l'affaire dégénère en révolution, et il doit abdiquer. Pour la seconde fois dans l'Histoire de France, le mépris des libertés publiques est à la source d'une révolution.

Tirant les leçons de l'expérience, la Charte du 14 août 1830 saura corriger les défauts de celle de 1814. Ses dix premiers articles reprennent, presque mot pour mot, les libertés proclamées en 1814. Mais l'article 7 apporte à la liberté de la presse une garantie précieuse, en disposant que « la censure ne pourra jamais être rétablie ». En outre, l'article 54 condamne les cours prévôtales en interdisant de créer des « tribunaux extraordinaires, à quelque titre et sous quelque dénomination que ce puisse être ». Enfin, le préambule tant honni est supprimé, et remplacé par une phrase dans laquelle Louis-Philippe prend soin de préciser que la Charte n'est pas octroyée, mais simplement « acceptée » par lui après avoir été votée par les deux Chambres. Le mot est important, car il reconnaît implicitement que la souveraineté émane de la Nation, et non du roi. Cette reconnaissance implicite apparaît indiscutable à la lumière de l'article 66, qui confie la Charte « au patriotisme et au courage des gardes nationales et de tous les citoyens français ». On peut d'ailleurs également penser, même si c'est moins net, que le mot « acceptée » marque le retour en grâce de la théorie moderne du droit naturel. Pour faire bonne mesure, l'article 69 complète cet ensemble de concessions en promettant des lois sur la liberté de l'enseignement et sur l'application du jury aux délits de presse.

Pourtant, très vite la déception est immense. Les libertés de réunion et d'association, niées comme sous les régimes précédents, continuent à rester tributaires des autorisations instituées par le Code pénal de 1810. Le régime de la seconde est même aggravé par une loi du 10 avril 1834. La liberté de la presse, d'abord respectée, est à son tour martyrisée par une loi du 9 septembre 1835, qui crée des délits d'opinion et rétablit partiellement, en contradiction avec l'article 7 de la Charte, la censure.

Il y a encore plus grave. Avec la croissance de l'industrie mécanique, un prolétariat a commencé à se développer. Or la monarchie de Juillet ne tient pratiquement aucun compte de ses aspirations. Contrairement à la Charte de 1814, la Charte de 1830 n'exigeait pas expressément le suffrage censitaire. Celui-ci est pourtant maintenu, ôtant par là même tout droit politique aux ouvriers. En outre, est également maintenue l'obligation qui leur est faite, depuis Napoléon, de porter un « livret ouvrier », astreinte qui limite leur liberté d'aller et venir. Enfin, la législation sociale tarde à apparaître : le droit syndical et le droit de grève n'existent toujours pas, et il faut attendre une loi du 22 mars 1841 pour limiter à huit heures la journée de travail des enfants de moins de douze ans !

Ces négligences coûteront cher à Louis-Philippe : la révolution de 1848, qui le chasse du pouvoir, a moins pour origine un « banquet » d'opposants politiques que l'exaspération des masses.

Il faut toutefois rendre cette justice à la monarchie de Juillet, qu'elle a été le seul régime depuis 1792 à respecter à peu près le droit à la sûreté. Après la guillotine de la Convention, les déportations du Directoire, les arrestations du Consulat et de l'Empire, et les cours prévôtales de la Restauration, voilà une performance qui mérite d'être signalée...

B. La Seconde République : le bref réveil des libertés publiques

La Constitution du 4 novembre 1848 renoue avec les principes de 1789 et 1791 beaucoup plus clairement que ne le firent les constitutions napoléoniennes et les chartes. La souveraineté nationale est expressément rétablie (art. 1 et 18), et de façon très symbolique la Chambre des députés retrouve sa dénomination révolutionnaire d'« Assemblée nationale ». L'article 19 se place résolument dans la lignée de l'article 16 de la Déclaration de 1789, en proclamant que « la séparation des pouvoirs est la première condition d'un gouvernement libre ». La théorie moderne du droit naturel est quant à elle clairement adoptée dès le début du préambule. On peut en effet y lire que « la République française... reconnaît des droits et des devoirs antérieurs et supérieurs aux lois positives ».

Le chapitre 2 de la Constitution, composé de seize articles, constitue une sorte de déclaration des droits qui reprend tous les grands acquis de 1789 et de 1791, sans aucune exception : droit à la sûreté, inviolabilité du domicile, liberté de conscience et du culte, liberté de réunion, liberté d'expression, liberté de la presse, égalité des droits, droit de propriété, liberté du commerce et de l'industrie. Le droit de résistance à l'oppression est pour sa part nettement impliqué par l'article 110.

Non contente de cette fidélité à la Constituante, la Constitution de 1848 se réclame aussi de l'héritage de la Convention. Il ne faut pas s'en étonner, car ses inspirateurs comptaient bon nombre de démocrates, férus d'Histoire et foncièrement républicains, à commencer par le poète Lamartine, auteur d'une *Histoire des Girondins* parue en 1847. C'est pourquoi de multiples emprunts sont faits à la Constitution de 1793. Il s'agit, dans le domaine des libertés politiques, du suffrage universel ; et, dans celui des libertés publiques, de l'interdiction de l'esclavage. En outre, les deux devoirs de la société proclamés en 1793 — assurer la subsistance et développer l'instruction — sont expressément réaffirmés (art. 13). Mais pas plus qu'en 1793 ils ne sont érigés en véritables droits-créances au profit des individus.

On le voit, la Constitution de 1848, comme elle l'avoue elle-même dans son préambule, veut demeurer « fidèle aux traditions des grandes Assemblées qui ont inauguré la Révolution française ». Il ne faut pas sous-estimer pour autant son originalité. Elle comporte en effet une dimension sociale qui était quasi inexistante dans les grands textes révolutionnaires, et que reflète très bien la devise de la Seconde République : « la Liberté, l'Égalité, la Fraternité » (préambule).

Cette irruption de la fraternité aux côtés de la liberté et de l'égalité est une nouveauté. Elle est symptomatique de ce que fut « l'esprit de 1848 » : une soif de solidarité débouchant sur la confusion du droit et de la morale, et exprimant le désir de voir enfin respectée la dignité des hommes, fussent-ils ouvriers. « À genoux devant la casquette, chapeau bas devant l'ouvrier... » chantait-on dans les rues. Ce à quoi le préambule de la Constitution répond en écho : « Les citoyens... doivent concourir au bien-être commun en s'entraidant fraternellement les uns les autres, et à l'ordre général en observant les lois morales et les lois écrites qui régissent la société, la famille et l'individu ».

L'individualisme est le grand perdant de cette évolution. S'il subsiste toujours — la référence à la théorie moderne du droit naturel en témoigne — son recul est sensible. Ainsi, le but de l'État n'est plus, comme en 1789, la « conservation des droits de l'Homme », mais « d'assurer une répartition de plus en plus équitable des charges et des avantages de la société... et de faire parvenir tous les citoyens... à un degré toujours plus élevé de moralité, de lumières et de bien-être » (préambule). À un but purement individualiste est donc substitué un but social. En outre, le recul de l'individualisme se traduit également par l'apparition de nouvelles libertés collectives : la liberté de l'enseignement (art. 9), déjà mentionnée — mais trop hâtivement — dans la charte de 1830, et surtout la liberté d'association (art. 8), toujours refusée jusque-là, dont on devine l'intérêt pour les ouvriers. La Constitution reconnaît d'ailleurs, dans une formulation qui condamne l'hypocrisie de l'égalité théorique proclamée en 1789, et abritant l'exploitation du prolétariat par la bourgeoisie, « l'égalité de rapports entre le patron et l'ouvrier » (art. 13). En revanche, le droit au travail, qu'on avait envisagé d'y inscrire, a finalement été abandonné à l'instigation de Thiers. Il n'y a donc aucun droit-créance dans la Constitution de 1848.

L'universalisme de 1789 est lui aussi en net recul. Le préambule de 1848 rappelle en effet à plusieurs reprises que les droits ne sont proclamés qu'en faveur des Français.

Au total, la Constitution de 1848 s'est convenablement acquittée de sa tâche, qui était de répondre aux aspirations du peuple, en se plaçant dans la continuité de la Grande Révolution tout en en gommant les aspects les plus bourgeois, c'est-à-dire en conciliant tradition et modernisme. Elle aurait donc pu permettre un épanouissement réel des libertés publiques.

Dans la pratique, l'épanouissement n'a cependant duré guère plus d'un an. Rapidement dominée par la bourgeoisie, l'Assemblée nationale ne tarde pas à rogner les libertés les plus encombrantes. Victime de son succès, la liberté d'association est supprimée par une loi du 16 juin 1849. Sans être aussi totalement détruite, la liberté de la presse est à son tour entravée par une loi du 16 juillet 1850. Mais c'est la loi du 31 mai 1850 qui symbolise le mieux l'évolution réactionnaire de la Seconde République : en modifiant les conditions de l'électorat de façon à en écarter les ouvriers — « la vile multitude » dira Thiers devant l'Assemblée nationale — elle sonne le glas du suffrage universel. La voie est dès lors ouverte au coup d'état du président de la République, Louis-Napoléon Bonaparte, qui aura beau jeu de se poser en démocrate en rétablissant le suffrage universel. Il intervient le 2 décembre 1851 et est plébiscité peu après par la « vile multitude ».

L'échec de la Seconde République ne doit cependant pas occulter l'exemplarité de ses débuts. En reprenant les principes de 1789, en proclamant de nouvelles libertés, en les laissant s'exprimer un moment dans l'enthousiasme d'un puissant mouvement populaire, elle a su montrer le chemin, et faire naître l'espoir. Dès 1848, Lamartine l'avait pressenti en défendant l'instauration du suffrage universel et des libertés publiques : « Quelque chose qu'il arrive, il sera beau dans l'Histoire d'avoir tenté la République. Ce sera un rêve, si vous voulez, mais cela aura été un beau rêve pour la France et pour le genre humain ! »

C. Le Second Empire : le second sommeil des libertés publiques

Le jour même de son coup d'État, Louis-Napoléon Bonaparte s'empresse d'affirmer son attachement à la « société actuelle », qui « n'est pas autre chose que la France régénérée par la Révolution de 89 et organisée par l'Empereur ». En réalité, l'avenir démontrera qu'au sein de ce double héritage, l'attrait exercé par l'autoritarisme de son oncle Napoléon Ier l'emporte de beaucoup sur la fidélité aux principes de 1789.

L'apparence est pourtant favorable aux libertés publiques. Dès son article 1er, la Constitution du 14 janvier 1852 « reconnaît, confirme et garantit les grands principes proclamés en 1789, et qui sont la base du droit public des Français ». En outre, un Sénat est spécialement créé pour devenir « le gardien du pacte fondamental et des libertés publiques » (art. 25). À ce titre, il peut s'opposer à la promulgation des lois contraires « à la Constitution, à la religion, à la morale, à la liberté des cultes, à la liberté individuelle, à l'égalité des citoyens devant la loi, à l'inviolabilité de la propriété » (art. 26).

Mais ce bel échafaudage cadre mal avec l'esprit de la Constitution, qui consiste à donner les coudées franches à Louis-Napoléon Bonaparte. Confirmé président de la République pour dix ans (art. 2), en attendant de se faire proclamer empereur (sénatus-consulte du 7 novembre 1852, ratifié par le plébiscite des 21 et 22 novembre 1852), celui-ci cumule en effet les pouvoirs exécutif et législatif. Selon l'expression parlante de l'article 3, il « gouverne au moyen des ministres, du Conseil d'État, du Sénat et du Corps législatif ». Le Sénat, dès lors, n'a qu'à bien se tenir. Composé de dignitaires du régime, personnellement choisis par le prince-président, il comprendra très bien ce qu'on attend de lui, et ne se montrera pas trop regardant sur le sort réel des libertés publiques. La corruption des sénateurs est d'ailleurs ouvertement organisée, puisque la Constitution prévoit que leurs fonctions « sont gratuites », mais que le président de la République peut leur « accorder..., en raison de services rendus..., une dotation personnelle » (art. 22) !

Une telle Constitution ne pouvait déboucher que sur le mépris des libertés publiques. À l'exception de la liberté des cultes, jugée inoffensive, aucune des libertés collectives consacrées en 1848 n'y est en effet expressément garantie. Carte blanche étant ainsi donnée à Louis-Napoléon Bonaparte, toutes seront bafouées, à commencer par la liberté de l'enseignement, la liberté d'association, et la liberté de la presse, qui avaient connu leur heure de gloire sous le régime précédent. Mais les libertés individuelles, pourtant protégées par le Sénat, ne connaîtront pas un meilleur sort. Le droit à la sûreté en offre le meilleur exemple. Dès 1852, une circulaire institue une « commission » dans le chef-lieu de chaque département. Composées du préfet (!), d'un général (!), et d'un magistrat, ces commissions sont chargées de condamner à l'internement ou à la déportation les opposants au coup d'État. N'ayant pas été instituées par une loi, elles échappent au contrôle sénatorial. En 1858, une loi est votée pour renforcer la répression contre les républicains. Cette fois compétent, le Sénat la contrôle et profite de l'occasion pour assurer l'empereur de sa docilité en fermant les yeux sur son inconstitutionnalité manifeste.

Toutefois, à partir de 1860 l'autoritarisme du régime s'adoucit quelque peu. S'ouvre alors, selon la formule consacrée par les historiens, la phase de « l'empire libéral ». En réalité, utiliser le mot « libéral » pour qualifier cette période de l'Histoire est faire preuve de beaucoup d'optimisme, ou d'une singulière myopie. Pressé par les quelques députés d'opposition — dont Thiers — qui ont réussi à se faire élire malgré les effets conjugués du gerrymandering et du système des candidatures officielles, de rétablir les « libertés nécessaires », Napoléon III juge habile de jeter un peu de lest pour mieux asseoir sa légitimité. Mais ses concessions restent bien faibles. Une loi du 25 mai 1864 reconnaît aux ouvriers le droit de « coalition », c'est-à-dire le droit de se réunir épisodiquement pour se concerter. Progrès réel mais très timide, car les coalitions permanentes, autrement dit la liberté syndicale, demeurent interdites. Deux lois de 1868 complètent la libéralisation du régime en desserrant l'étau qui étranglait la liberté de réunion et la liberté de la presse. Ces deux libertés restent toutefois placées sous une étroite surveillance, car les réunions politiques continuent à relever du système de l'autorisation préalable, tandis que la presse encourt, à la moindre incartade, des pénalités sévères.

On le voit, malgré d'indéniables progrès le Second Empire n'est jamais devenu réellement « libéral ». La Constitution du 21 mai 1870, prétendument destinée à réconcilier l'Empire avec le régime parlementaire, ne nous incline pas à plus d'optimisme. Sa rédaction est en effet suffisamment vague pour permettre aussi bien la naissance d'un authentique régime parlementaire — voie explorée dès janvier 1870 avec le gouvernement Émile Ollivier — qu'un retour à l'Empire autoritaire. Car l'article 19 prend soin d'affirmer que les ministres « sont responsables », en omettant de préciser devant qui. En outre, la nouvelle Constitution n'est pas plus loquace que celle de 1852 en ce qui concerne les libertés publiques. Du point de vue des libertés, l'effondrement du Second Empire, provoqué par la défaite contre la Prusse, s'avéra finalement plus porteur d'espoir que de regrets.

§ 2. Depuis 1870 : la consécration des libertés publiques

A. La consécration législative des libertés publiques par la Troisième République

La République est proclamée le 4 septembre 1870, deux jours seulement après la défaite de Sedan. Dès janvier 1871, le gouvernement provisoire conclut un armistice avec la Prusse. On procède alors à l'élection au suffrage universel direct d'une Assemblée nationale, chargée de décider la paix ou la reprise de la guerre. La campagne électorale est marquée par l'affrontement des royalistes, partisans de la paix, avec les républicains, désireux de reprendre les hostilités. Las de la guerre, les Français votent massivement pour les royalistes.

La République se retrouve ainsi gouvernée par une Assemblée à majorité royaliste. Ce paradoxe aurait été sans importance si l'Assemblée s'était contentée de faire ce pour quoi on l'avait élue : la paix. Mais il devient lourd de conséquences dès lors qu'elle décide, après la signature de la paix en mai 1871, d'élaborer une nouvelle Constitution au lieu de se dissoudre. L'enjeu qui en découle porte sur la nature du régime à installer, républicain ou royaliste.

Le sort des libertés publiques dépend dans une large mesure de ce choix. Leur avenir apparaît compromis si le légitimisme ou l'orléanisme l'emporte, car ni le souvenir de Charles X, ni celui de Louis-Philippe n'incitent à l'optimisme. Au contraire, la consécration de la République entretiendrait l'espoir de les voir s'épanouir, dans le prolongement de la voie tracée en 1848.

Débarrassée du spectre de la guerre, l'opinion publique penche nettement en faveur de la République. Toutes les élections législatives partielles qui se déroulent à partir de juillet 1871 donnent en effet la victoire aux républicains. L'ancien orléaniste Thiers, nommé « chef du pouvoir exécutif » par l'Assemblée, a le mérite de le comprendre. Il se rallie ouvertement aux républicains et parvient, fort de sa popularité, à se faire décerner en août 1871 le titre de « président de la République ».

La majorité de l'Assemblée veut au contraire rétablir la royauté. Elle profite du sursaut révolutionnaire de « la Commune », fomenté en mars 1871 par les patriotes parisiens hostiles à la capitulation, pour ordonner à Thiers une répression sanglante, et amputer ainsi le mouvement républicain de son aile gauche. Deux ans plus tard, elle marque sa volonté d'écarter à leur tour les républicains conservateurs, en contraignant Thiers à démissionner. Parallèlement, elle tente de persuader le comte de Chambord, petit-fils de Charles X, de renoncer au drapeau blanc d'Henri IV afin de permettre une nouvelle Restauration. Devant l'obstination du vieillard, elle se résout à préserver l'avenir en votant en 1875 trois brèves lois constitutionnelles, qui consacrent la République tout en prévoyant une procédure de révision suffisamment souple pour la transformer aisément en royauté.

Œuvre des royalistes, les lois constitutionnelles de 1875 sont ainsi frappées du sceau de l'ambiguïté. Elles n'instaurent la République que pour mieux la trahir. C'est ce qui explique leur silence en matière de libertés publiques. Pas un mot ne leur est consacré. Pas la moindre référence non plus à la Déclaration de 1789. Ni proclamées ni condamnées, les libertés publiques voient leur sort dépendre de l'évolution du régime.

Ce sort aurait probablement été funeste si la restauration projetée avait fini par se réaliser. L'hostilité affichée à l'égard du drapeau tricolore ne présageait rien de bon. Par bonheur, la République s'assure vite la victoire. Dès 1876, la majorité de l'Assemblée nationale devient républicaine. En 1879, c'est au tour de la majorité du Sénat. La même année, la présidence de la République échoit à un républicain, Grévy succédant à Mac-Mahon. En 1884, enfin, une révision est votée afin d'interdire de porter atteinte à la forme républicaine du gouvernement.

Cet enracinement de la République favorise aussitôt l'éclosion des libertés publiques. L'héritage de 1789 peut enfin fructifier grâce aux lois du 30 juin 1881, sur la liberté de réunion, et du 29 juillet 1881, sur la liberté de la presse. Celui de 1848 en fait autant avec les lois du 21 mars 1884, consacrant la liberté syndicale, et du 1er juillet 1901, ressuscitant la liberté d'association. Parallèlement, le Conseil d'État connaît une républicanisation de son personnel qui l'incite à développer cet instrument de protection des libertés contre l'administration qu'est le recours pour excès de pouvoir. Les arrêts Prince Napoléon (limitation du domaine des « actes de gouvernement ») et Pariset (admission du détournement de pouvoir comme moyen d'annulation) de 1875, Cadot de 1889 (abandon de la théorie du ministre-juge) et Casanova de 1901 (élargissement de la notion d'intérêt à agir), constituent les étapes les plus significatives de ce développement.

Cette période qui s'étend de 1875 à 1914 marque ainsi un progrès sans précédent des libertés publiques. Le paradoxe est qu'une telle réussite ait eu lieu sous l'égide de lois constitutionnelles silencieuses, alors que les régimes précédents avaient échoué malgré des constitutions prolixes. Au-delà des textes, c'est en réalité l'état de la conscience collective qui a constitué le facteur décisif de ce progrès. Les Français de cette époque sont épris de liberté : c'est de cette aspiration que sont nées la République, la jurisprudence libérale du Conseil d'État, et les grandes lois fondatrices des libertés publiques.

Certes, des zones d'ombre sont à déplorer. Une loi raciste, du 16 juillet 1912, soumet la liberté de circuler des nomades à un régime tatillon et vexatoire. Quelques manifestations de grévistes sont réprimées dans le sang, comme à Fourmies en 1891. Enfin, l'anticléricalisme des républicains — s'il ne les empêche pas d'accepter la liberté de l'enseignement, et s'il permet même de conquérir des libertés nouvelles, comme le droit de divorcer en 1884 et la liberté des funérailles en 1887 — les conduit souvent à méconnaître la liberté religieuse.

La loi de séparation de l'Église et de l'État, du 9 décembre 1905, ouvre ainsi une grave crise, qu'une concertation préalable aurait pu facilement éviter. L'Église catholique refuse en effet de constituer les « associations cultuelles » que la loi prétend lui imposer. La principale religion française devient ainsi hors la loi, et perd tous ses biens. L'absurdité de cette situation a au moins le mérite de permettre de déboucher sur l'excellente loi du 28 mars 1907, qui résout partiellement la crise en permettant au culte de s'exercer, en dehors de toute association, sous le régime des réunions publiques, lesquelles sont désormais dispensées du système de la déclaration préalable prévu jusque-là par la loi de 1881.

Les congrégations religieuses ont cependant moins de chance que les simples fidèles. Celles qui s'étaient installées en France sans y avoir été autorisées font l'objet de la vindicte républicaine : dès 1880 plus de cinq mille religieux sont ainsi expulsés, parmi lesquels les Jésuites. Quelque vingt années plus tard, la loi du 1er juillet 1901 n'est guère plus clémente. Elle soumet en effet la constitution de toute congrégation à une autorisation législative préalable. Or, à l'instigation de l'ancien séminariste Combes, président du Conseil de 1902 à 1905 et anticlérical convaincu, les demandes d'autorisation vont être systématiquement refusées. Pour achever cette entreprise de persécution, une loi du 7 juillet 1904 interdit l'enseignement à tout membre de congrégation même autorisée : plus de deux mille écoles congréganistes autorisées sont ainsi contraintes de fermer.

Le bilan de cette période 1875-1914 est néanmoins très positif pour les libertés publiques. On ne peut pas en dire autant pour la deuxième moitié de la Troisième République, qui s'ouvre en 1914.

La Première Guerre mondiale n'est évidemment pas propice à l'épanouissement des libertés publiques. Dès le début des hostilités, la presse est censurée, et l'état de siège décrété. Ce dernier provoque l'extension des pouvoirs de police, et leur transfert aux autorités militaires. Compte tenu de la gravité de la situation, ces mesures étaient sans doute inévitables.

La paix marque le retour au respect des libertés. Pourtant, rien n'est plus pareil. La guerre a trop duré, et elle a été trop meurtrière pour laisser intacte la conscience collective. Beaucoup de Français ont perdu le goût des libertés publiques. L'heure n'est plus à célébrer la conscience individuelle ou la dignité de la personne humaine — trop mises à mal pendant quatre ans — comme le faisaient Alain et Péguy avant la conflagration. Désormais, ce sont les totalitarismes qui attirent, qu'ils soient bolchevique (URSS, 1917), fasciste (Italie, 1922), ou nazi (Allemagne, 1933). Le parti communiste est créé en 1920. Embrigadant les égarés, les « ligues » d'extrême droite se multiplient. Cette époque de crise économique et de confusion intellectuelle permet au royaliste réactionnaire Charles Maurras d'apparaître comme un maître à penser. La haine de la démocratie et l'antisémitisme qu'il affiche dans ses ouvrages et dans son journal *L'Action française* ne l'empêchent pas d'être élu à l'Académie française en 1938.

Ce climat propice à l'effritement des libertés publiques ne tarde pas à trouver son expression juridique, tant dans la jurisprudence du Conseil d'État que dans la législation. Les arrêts Benjamin de 1933, et Action française de 1935, qu'on considère aujourd'hui comme de grands arrêts eu égard à leur postérité, sont accueillis à l'époque avec inquiétude. Ils permettent en effet aux autorités de police de porter atteinte à la liberté de réunion et à la liberté de la presse. Surtout, une loi du 10 janvier 1936 porte un coup terrible à la liberté d'association, en autorisant le gouvernement à dissoudre les associations provoquant des manifestations armées dans les rues ou attentant par la force à la forme républicaine du gouvernement. Elle est aussitôt utilisée pour dissoudre les ligues.

La préparation de la Deuxième Guerre mondiale aggrave encore le sort des libertés publiques. La loi du 11 juillet 1938, sur l'organisation de la nation en temps de guerre, accroît les pouvoirs du gouvernement. Elle est utilisée pour réquisitionner des personnels en grève. Et divers lois et décrets-lois de 1939 réinstaurent la censure à l'égard de la presse et restreignent l'ensemble des libertés publiques.

La défaite militaire de 1940 fait boire le calice jusqu'à la lie. Dans l'espoir de sauver ce qui peut l'être, l'Assemblée nationale saborde la Troisième République et donne au maréchal Pétain, par l'acte constitutionnel du 10 juillet 1940, « tout pouvoir... à l'effet de promulguer... une nouvelle Constitution ». Ainsi naît le régime de Vichy. Il ne sauvera rien.

B. Le reniement des libertés publiques par le régime de Vichy

Dès le 11 juillet 1940, le maréchal Pétain s'octroie par des « actes constitutionnels » la plénitude des pouvoirs exécutif et législatif. Influencé par la pensée de Maurras, il supprime pêle-mêle la présidence de la République, la Chambre des députés et le Sénat. Il n'y a donc plus d'organe élu. La démocratie a cessé d'exister. Le « nouveau » régime est une monarchie autoritaire dont le chef est titulaire d'un pouvoir transcendant : « le pouvoir vient d'en haut » explique en effet Pétain dans un message du 30 octobre 1940. La filiation avec l'Ancien Régime est évidente, malgré quelques concessions à la modernité, dont la principale est la substitution au roi de France d'un « chef de l'État français ».

Il est dès lors logique que le maréchal entreprenne de détruire les acquis de 1789, de 1848 et de la période 1875-1914. Comme Maurras, Pétain est un antilibéral. Il estime que « l'individu n'existe que par la famille, la société, la patrie dont il reçoit avec l'existence tous les moyens de vivre ». La communauté nationale, guidée par son chef, est donc en droit de disposer de ses membres. Elle peut sacrifier à son intérêt supérieur les libertés jusque-là reconnues aux individus. Cette prééminence de la collectivité sur l'individu est symbolisée par l'adoption de la devise organiciste « Travail-Famille-Patrie », en remplacement de la vieille devise républicaine « Liberté-Égalité-Fraternité ».

Cette répudiation de l'individualisme libéral est un important point commun avec le nazisme. L'idéologie du régime de Vichy ne saurait pourtant être ramenée à un simple avatar de celui-ci. Pétain a toujours pris soin de marquer sa distance par rapport à la pensée du vainqueur. Ainsi, son exaltation des valeurs chrétiennes, quoique mal comprises, est à cent lieues du totalitarisme nazi. En outre, son culte du passé, symbolisé par le retour à la terre et par la francisque, est aux antipodes du nazisme, qui se veut tourné vers l'avenir. Mais il est vrai que Vichy ne se résume pas à Pétain. Pierre Laval, le numéro deux du régime, était davantage subjugué par le nazisme que par le passéisme du maréchal. Il est l'un de ceux qui ont poussé Pétain à prendre des lois racistes. Les Allemands, d'ailleurs, ne s'y sont pas trompés, puisqu'ils ont imposé au vieux chef d'État, peu avant l'occupation de la zone libre en 1942, de réintégrer Laval dans son poste de chef du gouvernement, dont il l'avait chassé en décembre 1940.

Au-delà de l'idéologie et des responsabilités de chacun, le résultat est là : les libertés publiques sont abattues. Sont ainsi supprimés la liberté de la presse (censure instituée par le décret-loi du 24 août 1939 maintenue, et complétée par un décret du 17 juillet 1941 soumettant à autorisation la création de tout nouveau journal), la liberté du commerce et de l'industrie (décret-loi du 9 septembre 1939 maintenu, et appliqué au-delà de sa lettre avec la bénédiction du Conseil d'État et des tribunaux judiciaires), le droit à la sûreté (loi du 15 octobre 1940 sur l'internement administratif, loi du 18 juillet 1941 sur la résidence surveillée, lois du 24 septembre 1940, du 14 août 1941, et du 7 septembre 1941 instituant des juridictions d'exception), la liberté d'écouter les radios étrangères (lois du 28 octobre 1940 et du 24 octobre 1941), la liberté d'association (loi du 11 juillet 1941), la liberté de réunion (loi du 18 juillet 1941), le droit de grève et la liberté syndicale (charte du travail du 4 octobre 1941). Quant à la liberté d'aller et venir, elle n'échappe pas à d'importantes restrictions (lois du 30 mai 1941 et du 10 février 1943 soumettant le changement de domicile à des déclarations à la police). Seuls le droit de propriété, la liberté religieuse et la liberté de l'enseignement échappent à peu près à ce naufrage. Mais dans un tel contexte ils ne signifient plus grand-chose. Les libertés publiques sont en effet solidaires : détruire les unes, c'est saper les autres.

De toute façon, le régime de Vichy démontre l'inanité de ces libertés résiduelles en renversant le vieux principe révolutionnaire de l'égalité devant la loi, que la Restauration elle-même avait maintenu. Diverses lois interdisent ainsi les emplois publics aux Français nés de père étranger (lois du 17 juillet 1940 et du 3 avril 1941), aux Français franc-maçons (loi du 13 août 1940), et aux Français considérés comme juifs (loi du 3 octobre 1940, et loi, dite « statut des juifs », du 2 juin 1941). Pire : l'internement administratif des juifs, qu'ils soient de nationalité étrangère (loi du 4 octobre 1940) ou de nationalité française (loi précitée du 2 juin 1941), devient possible sur simple décision du préfet. Il a alors lieu dans des camps, qui deviendront souvent pour les intéressés l'antichambre de la mort, les malheureux n'y étant parqués que dans l'attente de leur déportation vers l'Allemagne.

Depuis la Libération, il existe en France un courant de pensée qui tend à réhabiliter le régime de Vichy. Celui-ci aurait permis à la nation d'éviter des sujétions encore plus lourdes, de « limiter les dégâts ». Telle était bien la mission qui lui avait été assignée par l'Assemblée nationale, lors du vote du 10 juillet 1940. Force est de constater que cette mission n'a absolument pas été remplie. Les libertés publiques ont été sacrifiées en pure perte, sans que cela ait servi à épargner des vies. La comparaison avec les pays vaincus, placés directement sous administration allemande, montre que ceux-ci n'ont pas été plus mal lotis que la France de Vichy, et que des réseaux ont même pu plus facilement s'organiser pour sauver les juifs [1]. L'explication est que bien loin de se soustraire autant que possible à la collaboration avec l'Allemagne, Pétain et Laval ont cherché à la resserrer [2], le premier au nom d'une fausse idée de la grandeur de la France, le second par bassesse d'âme.

Du point de vue des libertés publiques et du respect de la dignité de la personne humaine, le régime de Vichy constitue donc malheureusement l'exemple de ce qu'il ne faut pas faire.

C. La consécration constitutionnelle des libertés publiques par la Quatrième République

1) La Libération

La Libération marque le retour à la République et la revanche des libertés publiques. Le gouvernement provisoire de la République française, présidé par le général de Gaulle, balaye d'un coup, par l'ordonnance du 9 août 1944, toutes les mesures liberticides prises par le régime de Vichy.

Les libertés n'en sont pas toutes immédiatement rétablies pour autant. Le souci de préserver l'ordre public en une période particulièrement troublée, et la nécessité de poursuivre la guerre amènent le gouvernement provisoire à adopter des mesures restrictives. En matière de presse, la censure ne sera par exemple abandonnée qu'à la fin de 1945.

Surtout, dans le but de mettre fin aux exécutions sommaires et aux règlements de comptes en tous genres, le gouvernement croit nécessaire, à tort ou à raison, de mettre en place des tribunaux d'exception (ordonnances du 6 juillet 1944 et du 28 novembre 1944 sur les « cours de justice », ordonnances du 28 août 1944 et du 26 décembre 1944 sur les « chambres civiques »). Destinés à juger les faits de collaboration, ceux-ci se départiront souvent de la sérénité qui sied à toute juridiction et commettront des abus.

2) Le projet de déclaration d'avril 1946

La parenthèse de la Libération n'est fermée qu'avec l'élection au suffrage universel, en octobre 1945, d'une Assemblée constituante. Celle-ci propose en avril 1946 un projet de Constitution qui, sous l'influence des communistes et des socialistes, tend à instaurer un régime d'assemblée. Mais le plus intéressant, du point de vue des libertés publiques, vient du projet de déclaration qui le précède. Ce projet est en effet original à deux titres.

Il proclame tout d'abord son attachement aux principes de 1789 et de 1848, qu'il détaille assez longuement. Il y ajoute même quelques libertés nouvelles, comme le droit de grève et « le droit de défiler librement sur la voie publique ». Pourtant, en dépit de ces qualités, le projet de 1946 inspire l'inquiétude en limitant ostensiblement l'exercice de certaines libertés. La liberté d'expression, la liberté d'association, et le droit de propriété sont particulièrement menacés. La liberté d'expression est ainsi

---

1. R. Paxton, *La France de Vichy*, Le Seuil, 1973, p. 332-347.
2. R. Paxton, *op. cit.*, p. 59-136 et 265-308.

garantie à tout homme « dans la mesure où il n'abuse pas de ce droit » (art. 14). On comprend que le caractère très vague de cette restriction ait suscité des craintes, d'autant que la liberté de la presse, traditionnellement mise à mal jusque-là, est englobée ici dans la liberté d'expression. Dans la même optique, la liberté d'association paraît singulièrement amoindrie par rapport à la stature qu'avait su lui donner la loi de 1901, puisqu'elle est reconnue à « tous les hommes... à moins que leur association ne porte ou ne tende à porter atteinte aux libertés garanties par la présente déclaration » (art. 17). Le droit de propriété, enfin, est particulièrement fragilisé, à l'instigation des communistes et des socialistes. Il ne porte en effet que sur les « biens garantis à chacun par la loi » (art. 35), et « ne saurait être exercé contrairement à l'utilité sociale » (art. 36).

La seconde originalité du projet, moins critiquable, consiste à proclamer des droits-créances sur la société. On se souvient que les Constitutions de 1791, de 1793, et de 1848 avaient fait un pas dans la voie de leur reconnaissance en dégageant des « devoirs » de la société à l'égard de ses membres. Le projet de 1946 va beaucoup plus loin en consacrant au profit des individus, pour la première fois de notre Histoire, des « droits sociaux et économiques » dont beaucoup ne sont pas des libertés, mais des créances : par exemple le « droit à l'instruction », le « droit d'obtenir un emploi », le « droit à la formation professionnelle », le « droit au repos et aux loisirs », ou encore le « droit d'obtenir de la collectivité des moyens convenables d'existence ».

Malgré ses qualités, ce projet de déclaration, dont le sort était lié à celui du projet de Constitution, sera repoussé par le référendum du 5 mai 1946. Il est certain que le vote négatif des Français a été motivé avant tout par le refus du régime d'assemblée. Mais il est non moins certain que d'autres raisons ont joué, qui tiennent à la déclaration elle-même. L'électorat s'est ému des réserves formulées à l'encontre de certaines libertés, notamment du droit de propriété. Plus profondément, la conscience collective reprochait à l'Assemblée constituante d'avoir substitué une nouvelle charte des libertés à la Déclaration de 1789, dont elle attendait une claire réhabilitation après le silence des lois de 1875 et les heures sombres du régime de Vichy. La seconde Assemblée constituante, élue en juin 1946, saura se souvenir de ce grief.

3) Le préambule de la Constitution du 27 octobre 1946

Instruite par l'expérience, la seconde Constituante élabore un projet qui remplace prudemment le régime d'assemblée par un régime parlementaire. Cela lui permet d'être ratifié par le référendum du 13 octobre, et de devenir la Constitution du 27 octobre 1946.

S'agissant des libertés publiques, la leçon du référendum de mai a été comprise : la nouvelle Constitution n'est pas accompagnée d'une véritable déclaration des droits, mais s'ouvre simplement par un « préambule » dont les ambitions sont plus modestes.

Fidèle à la théorie moderne du droit naturel, ce préambule commence par rappeler que « tout être humain... possède des droits inaliénables et sacrés ». Approfondissant l'analyse, il répartit ensuite ceux-ci en trois catégories. C'est dans cet effort de classification tripartite que réside sa grande originalité.

a) La première catégorie est constituée par « les droits et les libertés de l'homme et du citoyen consacrés par la Déclaration des droits de 1789 ». Cette référence au plus vénérable des monuments de notre Droit est particulièrement bienvenue, car elle répond à l'attachement sincère que lui portent les Français. Elle a le mérite d'être beaucoup plus explicite que celle du projet d'avril, qui se disait simplement « fidèle aux principes de 1789 ». Surtout, l'hommage n'est plus parricide comme celui d'avril, qui n'avait été rendu à la Déclaration de 1789 que pour mieux signifier son décès. Le préambule entend au contraire montrer qu'elle est toujours vivante. En témoigne l'absence de toute tentative de procéder à une nouvelle énumération des droits proclamés en 1789. Pour la liberté, la sûreté, la propriété, la résistance à l'oppression, ou l'égalité devant la loi, la Déclaration de 1789 reste le texte de référence.

b) La deuxième catégorie de droits reprend pour l'essentiel les « droits sociaux et économiques » du projet d'avril. Mais le vocabulaire a changé. Ils s'appellent désormais, d'une façon un peu emphatique, « principes politiques, économiques et sociaux particulièrement nécessaires à notre temps ». En outre, les termes retenus pour définir ces « principes » laissent percer une certaine méfiance à l'égard des droits-créances.

Le projet d'avril, très socialisant, proclamait expressément huit droits-créances. Marqué par le regain d'influence des démocrates-chrétiens du MRP, le préambule n'en reconnaît plus expressément que deux : le « droit d'obtenir un emploi », et le « droit d'obtenir de la collectivité des moyens convenables d'existence ». Un troisième droit-créance est affirmé de façon moins claire : il s'agit du droit pour tout travailleur de participer, par l'intermédiaire de délégués, à la vie de son entreprise. Les autres « principes » qu'on présente habituellement comme des droits-créances sont en réalité reconnus pour de simples devoirs de la Nation : ainsi du devoir d'assurer « à l'individu et à la famille les conditions nécessaires à leur développement », ou des devoirs de garantir « la protection de la santé », « la sécurité matérielle », « le repos », « les loisirs », « l'égal accès... à l'instruction, à la formation professionnelle et à la culture ».

Ce recul des droits-créances n'est nullement surprenant. Passé l'enthousiasme du projet d'avril, il semble qu'on se soit rendu compte de l'impossibilité de respecter, au moins dans l'immédiat, les droits ainsi imprudemment proposés. C'est pourquoi on les a rétrogradés, dans le préambule, au rang de simples devoirs de la société. Un devoir n'engage en effet la société que dans la mesure de ses possibilités : il se résout en une obligation de moyen. Un droit-créance est au contraire, dans l'optique du jusnaturalisme moderne, un droit naturel dont le respect est immédiatement exigible : il met donc à la charge de la société une obligation de résultat. La prudence du préambule est ainsi une preuve de sagesse, qui peut d'ailleurs se prévaloir des précédents de 1791, 1793, et 1848. La poursuite loyale d'un devoir est préférable à l'affirmation péremptoire d'un droit ; qui connaît les déceptions engendrées par le « droit d'obtenir un emploi » sait cela. Dans l'optique pragmatique du positivisme sociologique, qui cherche à satisfaire les aspirations de la conscience collective, non à les décevoir, mieux vaut imposer des devoirs à la société qu'affubler les individus de droits-créances.

Mais les « principes politiques, économiques et sociaux particulièrement nécessaires à notre temps » ne contiennent pas seulement des droits-créances et des devoirs de la société. On y trouve aussi deux libertés publiques que les travailleurs n'avaient commencé à conquérir qu'à la fin du XIXe siècle : il s'agit du droit syndical, qui n'avait été reconnu en 1884 qu'au profit des salariés, et qui est étendu aux fonctionnaires ; et du droit de grève, enfin expressément consacré, après que la grève ait cessé en 1864 de constituer un délit.

On y trouve enfin, assez curieusement, quelques précisions apportées aux principes de 1789. Le droit de propriété reçoit une nouvelle limite à travers la possibilité, reconnue à la « collectivité », de nationaliser certains biens. À l'inverse, la liberté d'aller et venir se voit compléter par le droit d'asile. De même, l'égalité devant la loi bénéficie désormais aussi bien aux femmes qu'aux hommes, et s'accompagne dorénavant de « la solidarité et l'égalité de tous les Français devant les charges qui résultent des calamités nationales ». On est en droit de se demander si ces précisions avaient vraiment leur place au sein des principes particulièrement nécessaires à notre temps ; sans doute aurait-il été plus logique de les mentionner ailleurs, juste après la référence à la Déclaration de 1789. En dépit de ses qualités, le préambule de 1946 ne brille pas par sa cohérence.

c) La troisième et dernière catégorie de droits est la plus mystérieuse. Elle est constituée par « les principes fondamentaux reconnus par les lois de la République ». Cette expression élégante mais vague n'est accompagnée d'aucun exemple ni d'aucune explication. L'examen des débats parlementaires montre qu'elle a été ajoutée au dernier moment, sur proposition du MRP. Pour beaucoup des députés qui l'ont votée, elle ne représentait qu'une simple clause de style, destinée à rendre hommage aux grandes lois de la Troisième République.

Les démocrates-chrétiens du MRP l'entendaient tout autrement. Profondément attachés à la liberté de l'enseignement, ils avaient en effet remarqué que celle-ci n'était mentionnée ni dans la Déclaration de 1789, ni dans les « principes particulièrement nécessaires à notre temps ». Ces derniers comportaient simplement l'obligation pour l'État d'organiser l'enseignement public, mais ne soufflaient mot de l'enseignement privé. Or cet oubli leur paraissait inquiétant, dans la mesure où l'hostilité des communistes et des socialistes à l'enseignement privé leur était parfaitement connue. C'est pourquoi ils prirent l'initiative d'insérer la référence aux « principes fondamentaux reconnus par les lois de la République ». L'expression, sous ses apparences innocentes, était en somme destinée dans leur esprit à préserver l'avenir de la liberté d'enseignement. Elle constituait un joker qu'on pourrait dévoiler au moment opportun.

On n'aura finalement pas à s'en servir sous la Quatrième République : la liberté de l'enseignement survivra sans joker. Tombés dans l'oubli, les « principes fondamentaux reconnus par les lois de la République » connaîtront cependant, ainsi qu'on le verra, une impressionnante résurrection à partir de 1971.

Au total, le préambule de la Constitution de 1946 a donc un contenu très riche, d'autant qu'il s'achève par des protestations de fidélité de la France « aux règles du droit public international », et par son engagement d'écarter « tout système de colonisation fondé sur l'arbitraire ». Même si cette richesse paraît un peu désordonnée, elle est servie par un style dont la limpidité et le souffle messianique font du préambule le digne compagnon de la Déclaration de 1789.

4) Le sort des libertés publiques de 1945 à 1958

En pratique, la Quatrième République est demeurée globalement fidèle à l'esprit du préambule. C'est ainsi qu'avec une sage modestie elle renonce à bouleverser les régimes des libertés publiques qui ont fait leurs preuves sous la Troisième République : les lois de 1881 sur la liberté de la presse, de 1884 sur la liberté syndicale, de 1886 sur la liberté de l'enseignement, de 1901 sur la liberté d'association, de 1881 et de 1907 sur la liberté de réunion, sont purement et simplement rétablies. Quelques améliorations y sont même apportées. La liberté de la presse est par exemple utilement complétée par la loi du 16 juillet 1949, relative aux publications destinées à la jeunesse. Quant à la liberté syndicale, elle est étendue aux fonctionnaires, conformément aux dispositions du préambule, par la loi du 19 octobre 1946 portant statut général de la fonction publique.

D'autres libertés traditionnelles sont profondément remaniées dans le sens d'un libéralisme accru. La liberté d'aller et venir est par exemple étendue au profit des étrangers, grâce à l'ordonnance du 2 novembre 1945 et au décret du 30 juin 1946, relatifs aux conditions d'entrée et de séjour en France. Le droit à la sûreté connaît pour sa part une importante modernisation, grâce à la substitution, par la loi du 31 décembre 1957, d'un code de procédure pénale au code d'instruction criminelle napoléonien.

Conformément au préambule, une nouvelle liberté publique voit même le jour. Il s'agit du droit de grève, expressément consacré par la loi du 11 février 1950 pour le secteur privé, par l'arrêt Dehaene du Conseil d'État, en 1950 également, pour le secteur public.

Certes, d'autres libertés connaissent au contraire une régression. Mais celle-ci est parfois inévitable. Ainsi, la socialisation de la société française explique les atteintes subies par le droit de propriété et par la liberté du commerce et de l'industrie. Plusieurs lois interviennent par exemple pour déroger aux contraintes de la procédure d'expropriation de droit commun, pourtant déjà elle-même simplifiée et accélérée par un décret-loi du 8 août 1935 maintenu en vigueur. De même, la généralisation du permis de construire, opérée par la loi du 15 juin 1943, survit à la disparition du régime de Vichy, limitant la liberté d'utilisation des propriétés. Pour sa part, la liberté du commerce et de l'industrie est amputée d'une partie de son domaine de prédilection par les deux ordonnances du 30 juin 1945, qui instituent un régime de fixation administrative et de contrôle des prix. Le préambule de 1946 apporte enfin sa pierre à l'édifice en obligeant l'État à nationaliser « toute entreprise dont l'exploitation a ou acquiert les caractères d'un service public national ou d'un monopole de fait ». Or la nationalisation s'analyse à la fois comme une expropriation des actionnaires de l'entreprise, et comme une interdiction adressée à ses exploitants de continuer leur activité. Elle limite donc tant la liberté du commerce et de l'industrie que le droit de propriété. On l'utilisera notamment, en 1946, à l'encontre des entreprises de production et de distribution d'électricité.

D'autres libertés connaissent hélas une régression que l'évolution de la société n'explique pas. La loi du 11 mai 1946 porte ainsi un coup sévère à la liberté de la presse. Elle transfère en effet à l'État les biens des entreprises de presse qui ont continué à travailler sous l'Occupation, ce qui peut se comprendre, même si leurs propriétaires étaient dans l'impossibilité d'en assurer la direction effective par suite de leur captivité ou de leur déportation, ce qui ne se comprend plus. En outre, elle réserve la redistribution de ces biens à certaines entreprises de presse, disposition qui suscitera bien des protestations. Du moins cette loi a-t-elle l'excuse de porter le souvenir de la période troublée de l'Occupation.

D'autres dispositions législatives n'ont pas cette excuse. En matière de radiodiffusion, par exemple, l'ordonnance du 23 mars 1945 confirme le monopole des émissions que la Troisième République avait consacré au profit de l'État. C'est déjà une déception. Mais elle supprime en outre les dérogations que la Troisième République avait su accepter. Le résultat est consternant : les stations privées sont boutées hors de France. À un monopole débonnaire succède ainsi un monopole intolérant, au moment même où les Français retrouvent le goût de la liberté. Circonstance aggravante : le même régime s'applique au nouveau moyen de communication qu'est la télévision.

On peut néanmoins considérer que, dans l'ensemble, la Quatrième République a convenablement traité les libertés publiques jusqu'en 1954. À partir de 1954, au contraire, une période de crise s'ouvre avec la guerre d'Algérie. Divers régimes d'exception sont alors imaginés, qui portent aux libertés les plus fondamentales, notamment au droit à la sûreté, des coups très rudes. Le plus célèbre est « l'état d'urgence », créé par la loi du 3 avril 1955. Plus sévère que le vieil « état de siège », il donne au pouvoir de police des préfets et du ministre de l'Intérieur une extension presque illimitée. Les risques d'abus sont si grands que le texte croit utile d'interdire « la création de camps » de détention. Mais la guerre s'aggrave, et l'état d'urgence apparaît bientôt trop timoré. Une loi du 16 mars 1956 va donc encore plus loin en donnant au gouvernement tous pouvoirs afin de rétablir l'ordre en Algérie. Le résultat ne se fait pas attendre : dès le lendemain, un décret autorise les internements administratifs dans des camps de concentration. Dans un tel contexte, les quelques garanties qui existent encore en droit ne résistent pas à l'épreuve des faits : la torture est couramment pratiquée et des exécutions sommaires ont lieu. Tout cela pour rien, puisque la « rébellion » n'en continue pas moins. Après avoir perdu son honneur, il ne reste donc plus à la Quatrième République qu'à perdre la vie. C'est chose faite le 4 octobre 1958.

D. La protection constitutionnelle des libertés publiques par la Cinquième République

1) Le préambule de la Constitution du 4 octobre 1958

La loi constitutionnelle du 3 juin 1958 imposait aux constituants « d'assurer le respect des libertés essentielles telles qu'elles sont définies par le préambule de la Constitution de 1946 et par la Déclaration des droits de l'Homme à laquelle il se réfère ». C'est pour obéir à cette injonction que la nouvelle Constitution est précédée d'un court préambule.

Le préambule de la Constitution de 1958 a en effet pour unique objet de proclamer expressément l'« attachement » du peuple français aux droits de l'Homme définis par la Déclaration de 1789 et par le préambule de 1946. Grâce à cette brève et solennelle proclamation, ces deux textes conservent donc une certaine valeur de référence.

Reste à savoir si cette valeur est juridique ou purement philosophique. Le mot « attachement », employé par le préambule de 1958, ne permet pas de trancher. L'enjeu est pourtant d'importance : si la Déclaration de 1789 et le préambule de 1946 ont une valeur juridique, les tribunaux peuvent sanctionner leurs violations ; mais s'ils n'ont qu'une valeur philosophique, leur méconnaissance ne peut au contraire déboucher que sur une simple réprobation morale. En 1958, le problème reste en suspens.

Malgré cette imprécision, le préambule de 1958 a le mérite de faire explicitement référence aux chartes de 1789 et de 1946. Il maintient ainsi la consécration constitutionnelle des libertés publiques, déjà opérée par la Quatrième République.

2) La Constitution du 4 octobre 1958

Contrairement à la Constitution de 1946, celle de 1958 ne se décharge pas totalement sur son préambule du soin de s'occuper des libertés publiques. Son article 1er réaffirme par exemple l'égalité devant la loi et la liberté de conscience. De même, son article 34 réserve à la loi les « garanties fondamentales accordées... pour l'exercice des libertés publiques ». Quant à son article 66, il confie au juge judiciaire la protection du droit à la sûreté.

Surtout, son titre 7 crée un « Conseil constitutionnel » appelé à jouer un rôle de tout premier plan. Ce nouvel organe est en effet une authentique juridiction constitutionnelle, dotée du pouvoir d'annuler les lois inconstitutionnelles. La réalité rejoint ainsi le rêve de Sieyès qui, dès l'an III, souhaitait une « jurie constitutionnaire ». Désormais, les lois ne pourront plus violer impunément la Constitution, comme c'était malheureusement le cas sous les Républiques précédentes. Aveuglée par le dogme rousseauiste de l'infaillibilité de la volonté générale, la Troisième République n'avait pas voulu déshonorer le Parlement en soumettant ses actes à un contrôle juridictionnel. En proie à ses habituels atermoiements, la Quatrième République s'était décidée à créer un « comité constitutionnel », mais non à le doter de pouvoirs effectifs. Bien loin de pouvoir annuler les lois inconstitutionnelles, celui-ci pouvait simplement proposer de réviser la Constitution afin de la rendre compatible avec elles. Étouffé par l'étroitesse de ses compétences, il ne devait d'ailleurs être saisi qu'une seule fois. En 1958, l'omnipotence de la loi était donc devenue une tradition. La création du Conseil constitutionnel est l'un des deux moyens utilisés par la Constitution de la Cinquième République pour la briser. L'article 34 met fin au vagabondage des lois en les enfermant dans un enclos. Et le titre 7 fournit le bâton propre à les y maintenir. Les vaches sacrées de la République sont désormais bien gardées.

À l'égard des libertés publiques, la portée du titre 7 n'est cependant pas totalement claire. On lit en effet à l'article 61 que le Conseil constitutionnel ne peut annuler que les lois qui « ne sont pas conformes à la Constitution ». Dès lors, le problème se pose de savoir si le terme « Constitution » englobe ou non le préambule de 1958 et les textes auxquels il renvoie, c'est-à-dire la Déclaration de 1789 et le préambule de 1946. S'il les englobe, ils ont une valeur constitutionnelle et le Conseil peut annuler les lois qui leur portent atteinte ; à son rôle de gardien du domaine réglementaire de l'article 37 s'ajoute alors un rôle de protecteur des libertés publiques ; du coup, la Cinquième République complète la consécration constitutionnelle des libertés publiques par leur protection constitutionnelle. Dans le cas contraire, rien n'est fondamentalement changé par rapport à la Quatrième République, et la consécration constitutionnelle des libertés publiques continue à se concilier avec la toute-puissance du législateur à leur égard.

En matière de libertés publiques, la Constitution de 1958 pose donc finalement plus de problèmes qu'elle n'en résout.

3) Le sort des libertés publiques depuis 1958

En pratique, il est possible de distinguer deux étapes dans le traitement des libertés publiques par la Cinquième République : mitigé dans les années soixante, le bilan s'est amélioré depuis le début des années soixante-dix.

Du fait de la continuation de la guerre d'Algérie, les libertés publiques connaissent des débuts difficiles. Les vieilles recettes font toujours fortune. La torture continue à être pratiquée. Une ordonnance de 1960 aggrave même le régime de l'état d'urgence. De nouveaux procédés, tout aussi dangereux, viennent bientôt les compléter. L'article 16 de la Constitution, qui accorde les pleins pouvoirs au président de la République en cas de crise, est mis en œuvre par le général de Gaulle en 1961. Des cours d'exception sont créées à la hâte pour châtier les rebelles. Deux arrêts du Conseil d'État, rendus en 1962, leur réservent des sorts contraires. L'une est épargnée par l'arrêt Rubin de Servens, parce qu'elle a été créée par une loi présidentielle, régulièrement prise sur le fondement de l'article 16. L'autre est supprimée par l'arrêt Canal, parce que le règlement qui l'instituait violait les « principes généraux du droit pénal ». Qu'importe : une loi de 1963 la ressuscite aussitôt, au mépris de l'autorité de chose jugée. Il faudra attendre 1981 pour qu'une autre loi supprime enfin la « Cour de sûreté de l'État » ainsi ressuscitée...

La fin de la guerre d'Algérie, grâce aux accords d'Évian de 1962, marque le retour à des temps meilleurs. Jusque-là, la Cinquième République n'avait guère eu le loisir de songer à améliorer le régime des libertés publiques. La seule exception notable concernait la liberté de l'enseignement, enfin stabilisée grâce à la loi Debré de 1959, aujourd'hui encore en vigueur. La paix retrouvée provoque un regain d'intérêt pour les libertés. Dans l'ensemble, les réalisations ne vont hélas pas être à la hauteur des aspirations.

Une loi de 1967 constitue l'exception à la règle en reconnaissant le droit à la contraception, que revendiquait l'immense majorité des hommes et des femmes. Le reste est plus décevant. Une loi de 1963, censée réglementer le droit de grève dans les services publics, aboutit à le rendre difficilement praticable. Toujours en vigueur, elle est fréquemment violée. Une autre loi de 1963 n'accepte de consacrer le droit à l'objection de conscience que pour mieux le ligoter, par tout un réseau de mesures tatillonnes et vexatoires. Il faudra attendre 1983 pour qu'une loi commence à dénouer ses liens. Enfin, une loi de 1964, créant l'ORTF, confirme le monopole de l'État en matière de radio et de télévision, et pérennise la mainmise gouvernementale au lieu d'esquisser la future liberté de communication audiovisuelle. Les autres libertés ronronnent, endormies sur les acquis des Républiques précédentes.

Tout change au début des années soixante-dix. Réveillée par l'électrochoc de mai 1968, la Cinquième République se décide enfin à répondre loyalement aux aspirations de la conscience collective. Une loi de 1970 consacre le droit à la vie privée. Face à la recrudescence des expropriations, le Conseil d'État décide, par l'arrêt Ville nouvelle Est de 1971, d'accroître son contrôle sur les déclarations d'utilité publique. De son côté, le Conseil constitutionnel ose enfin, par sa célèbre décision du 16 juillet 1971, s'ériger en protecteur des libertés publiques.

Rendu audacieux par la mort du général de Gaulle, il résout en effet dans un sens libéral le problème posé par la terminologie utilisée en 1958. Le mot « attachement », inscrit dans le préambule, est interprété comme ayant entendu conférer une valeur juridique, et non simplement philosophique, aux droits proclamés par la Déclaration de 1789 et par le préambule de 1946. En conséquence, le mot « Constitution », employé à l'article 61, est à son tour interprété comme englobant quatre choses : la Constitution de 1958, la Déclaration de 1789, le préambule de 1946, et les « principes fondamentaux reconnus par les lois de la République ». La décision de 1971 est donc audacieuse à deux titres.

La première audace consiste à affirmer la valeur constitutionnelle de la Déclaration de 1789 et du préambule de 1946. Désormais, grâce à cette double extension du bloc de constitutionnalité, le Conseil constitutionnel peut annuler, non seulement les lois qui violent la Constitution de 1958, mais aussi celles qui méconnaissent les principes posés par la Déclaration de 1789 ou par le préambule de 1946. À la consécration constitutionnelle des libertés publiques, qui était demeurée platonique sous la Quatrième République, s'ajoute ainsi leur protection constitutionnelle. Bien entendu, les tribunaux administratifs et judiciaires sont pour leur part invités par la décision à sanctionner tous les actes à valeur infra-législative qui violeraient les principes de 1789 ou de 1946.

La seconde audace consiste à affirmer également la valeur constitutionnelle des « principes fondamentaux reconnus par les lois de la République ». On se souvient en effet que cette expression, insérée dans le préambule de 1946, n'était considérée par beaucoup des députés qui l'avaient votée que comme une simple clause de style. Par sa décision de 1971, le Conseil constitutionnel décide de lui donner un contenu concret. Désormais, ces mystérieux « principes fondamentaux... » recouvrent toutes les libertés traditionnelles qui ne figurent ni dans la Constitution de 1958, ni dans la Déclaration de 1789, ni dans le préambule de 1946. C'est par exemple le cas de la liberté d'association, à laquelle la loi attaquée tentait de porter atteinte. Constatant qu'il s'agit d'une liberté traditionnelle, notamment affirmée par la vénérable loi républicaine de 1901, le Conseil constitutionnel décide de lui accorder le label de « principe fondamental reconnu par les lois de la République », qui lui confère valeur constitutionnelle. Moyennant quoi, il annule la loi de 1971, coupable de violer un principe à valeur constitutionnelle. D'autres décisions confirmeront le rôle ainsi assigné à la notion de « principes fondamentaux... », qui est de protéger les libertés oubliées par les trois textes de 1789, de 1946, et de 1958. La liberté de l'enseignement bénéficiera notamment à son tour de ce label protecteur, grâce à une décision du 23 novembre 1977 rendant implicitement hommage à la manœuvre effectuée trente et un ans auparavant par le MRP. La jurisprudence du Conseil constitutionnel la plus récente tend cependant à utiliser plutôt la nouvelle expression de « principes à valeur constitutionnelle », suffisamment souple pour englober les libertés publiques qui, étant apparues récemment, ne peuvent pas se prévaloir d'une réelle tradition. Elle permet ainsi d'accomplir un pas supplémentaire dans la protection constitutionnelle des libertés publiques.

Ce tournant des années 1970-1971 marque donc un changement d'attitude à l'égard des libertés publiques, dont les effets n'ont pas cessé ensuite de se faire sentir. Il traduit la prise de conscience des juges et des gouvernants de la nécessité de transposer dans le droit positif les aspirations des gouvernés. Ce lent mais opiniâtre travail de transposition a donné des résultats fructueux.

La lutte contre le racisme a ainsi inspiré plusieurs lois, dont trois très importantes en 1972, 1990 et 2004. Les risques inhérents à la bureaucratie ont été en partie conjurés grâce à la création du Médiateur en 1973, ainsi que de la CNIL et de la CADA en 1978, respectivement chargées de surveiller les fichiers informatiques et d'assurer la liberté d'accès aux documents administratifs. Les libertés du corps ont connu une amélioration sensible avec la reconnaissance du droit d'avorter en 1975, la mise en place en 1983 du Comité consultatif national d'éthique et l'élaboration d'une législation sur la bioéthique en 1994, refondue en 2004. Les libertés civiles aussi, grâce à l'admission en 1975 du droit de divorcer par consentement mutuel.

Dans le domaine de la radio et de la télévision, l'État, après avoir tenté en 1974 de préserver son monopole en sacrifiant l'ORTF, s'est finalement résigné à y renoncer : la liberté de communication audiovisuelle voit ainsi le jour en 1982, et connaît dès lors une croissance rapide, jalonnée notamment par les lois de 1986, 1989, 1994, 2000, 2004 et 2007. Longtemps tenu en suspicion, le droit syndical finit par bénéficier à son tour d'un régime de faveur, grâce aux lois Auroux de 1982, à la loi sur la démocratisation du secteur public de 1983, au nouveau statut général des fonctionnaires de 1984. Pour lutter contre les concentrations réalisées par les grands groupes de presse, des lois de 1984 et 1986 donnent à la liberté de la presse de nouvelles garanties. Même la liberté du commerce et de l'industrie, qui semblait vouée à un déclin inexorable, connaît un regain de jeunesse grâce à l'ordonnance de 1986 libérant les prix et créant le Conseil de la concurrence. Enfin le vieux régime de 1838 (!) du placement des aliénés reçoit une modernisation décisive en 1990, tandis qu'une remarquable refonte du droit pénal intervient en 1994 grâce à l'entrée en vigueur du nouveau Code pénal.

De son côté, la jurisprudence n'est pas en reste. Le Conseil d'État procède par exemple, au cours des années soixante-dix, à la généralisation du contrôle de l'erreur manifeste d'appréciation [1], et à la création d'une nouvelle sorte de principes généraux du droit, particulièrement destinés à protéger les minorités [2]. Afin de prémunir la liberté d'aller et venir contre les retraits ou refus abusifs de passeports, la Cour de cassation entreprend, quant à elle, à partir de 1984, d'étendre spectaculairement la notion de voie de fait [3]. Deux lois de 1995 et 2000, relatives à l'injonction et au référé-liberté, donnent enfin au juge administratif les pouvoirs qui lui manquaient pour rendre une justice pleinement efficace.

Une importante révision constitutionnelle de 2008 parachève cette impressionnante évolution en créant un « Défenseur des droits » ainsi qu'un contrôle de constitutionnalité des lois par voie d'exception.

Certes, on devine que cette symphonie des libertés publiques n'a pas été exécutée sans quelques fausses notes. Les lois « anti-casseurs » de 1970, et « sécurité et liberté » de 1981, ont ainsi ébranlé le droit à la sûreté avant d'être abrogées respectivement en 1981 et 1983. La loi de 2008 sur la « rétention de sûreté » est aujourd'hui accusée de l'ébranler à nouveau. Une loi de 1976, refondue en 1994 puis en 2004, a pour sa part réalisé une socialisation des cadavres qui s'avère difficilement conciliable avec le droit de disposer de son corps, auquel la conscience collective demeure profondément attachée. Le régime de la liberté d'aller et venir des étrangers oscille quant à lui au gré des alternances politiques entre la sévérité, affichée par les

---

1. CE, Ass., 2 nov. 1973, SA « Librairie François Maspero », *AJDA* 1973.577 (à propos de l'interdiction en France d'une revue étrangère).
2. Notamment les étrangers : CE, Ass., 8 déc. 1978, GISTI, *GAJA* (PG du droit à une vie familiale normale) ; et CE, Ass., 1er avr. 1988, Bereciartua-Echarri, *AJDA* 1988.322 (PG du droit des réfugiés politiques à ne pas être remis aux autorités de leur pays d'origine).
3. V. *infra,* titre III.

lois Bonnet de 1980, Pasqua de 1986 et 1993, Sarkozy de 2003 et 2006, et Hortefeux de 2007, et la bienveillance, montrée par les lois Questiaux de 1981, Joxe de 1989, et Chevènement de 1998. Enfin, une loi de 2003 facilite imprudemment, au nom de la « sécurité intérieure », les réquisitions préfectorales, les « visites » de véhicules et, pour les besoins des enquêtes judiciaires, la constitution de fichiers informatiques d'informations nominatives et d'empreintes génétiques.

Au-delà de ces fausses notes, une véritable cacophonie a même été enregistrée à l'occasion du vote de la loi d'auto-amnistie du 15 janvier 1990. En décidant de passer l'éponge sur les nombreuses et graves irrégularités qu'ils avaient commises pour financer leurs campagnes électorales, les parlementaires ont en effet provoqué l'indignation de la quasi-totalité de la presse et de l'opinion publique, ainsi que la révolte — fait rarissime — de beaucoup de magistrats. L'enjeu de cette triste affaire est la crédibilité de notre État de droit et, par voie de conséquence, de notre système de protection des libertés publiques. Le fait que la conscience collective ait été impuissante à faire reculer la classe politique doit inciter à la vigilance [1].

Indépendamment de ces accrocs, l'œuvre de régénération des libertés publiques reste à parfaire dans de nombreux domaines. Héritages de la guerre d'Algérie, l'état d'urgence et l'article 16 de la Constitution font toujours planer leur menace. Le premier a d'ailleurs été proclamé en 2005 pour rétablir l'ordre dans les banlieues. Quotidiennement, le droit à la sûreté apporte la preuve de son excessive fragilité, à travers les multiples possibilités d'ordonner des rétentions administratives, de prolonger les gardes à vue au-delà de vingt-quatre heures, et d'abuser du procédé de la détention provisoire.

Preuve accablante de l'inachèvement de la symphonie des libertés publiques, la France a, depuis 1986, été condamnée à de nombreuses reprises par la Cour européenne des droits de l'Homme, notamment en raison d'expulsions abusives, de jugements trop tardifs, ou d'une législation insuffisamment précise en matière d'écoutes téléphoniques.

Au total, en ce qui concerne les libertés publiques le bilan de la Cinquième République s'avère néanmoins très positif.

1. D'autant que d'autres décisions contestables sont depuis lors intervenues pour exempter certains gouvernants de leur responsabilité pénale : la décision du Conseil constitutionnel du 22 janvier 1999, relative à la Cour pénale internationale, l'arrêt de l'assemblée plénière de la Cour de cassation, rendu le 10 octobre 2001, puis la révision constitutionnelle du 23 février 2007, consacrent ainsi une irresponsabilité pénale absolue du chef de l'État pendant l'exercice de ses fonctions ; l'arrêt de la Cour de justice de la République du 9 mars 1999, concernant l'affaire du sang contaminé, reconnaît la culpabilité de l'un des ministres poursuivis mais le dispense de peine au motif très surprenant que le principe de présomption d'innocence aurait été mal respecté à son égard ; la loi du 10 juillet 2000, enfin, atténue généreusement la responsabilité pénale que les maires et les « décideurs publics » encourent du fait de leurs fautes d'imprudence ou de négligence.

Chapitre 2

Depuis 1917 : la remise en cause des libertés publiques

Trois événements, survenus au XXe siècle, ont eu des incidences majeures sur le destin des libertés publiques.

Le premier est la Révolution bolchevique de 1917, dont le succès ouvre la voie à une remise en cause de la conception occidentale des libertés publiques (section 1).

Le second est l'arrivée au pouvoir, en 1922 en Italie et en 1933 en Allemagne, des totalitarismes fasciste et nazi, qui prônent la suppression pure et simple des libertés publiques (section 2).

Le troisième est le renouveau de l'intégrisme musulman, dont le signe le plus spectaculaire apparaît dans la révolution iranienne de 1978, et qui pose le problème de la conciliation de l'islam avec les libertés publiques (section 3).

Section 1 *La conception marxiste des libertés publiques*

La conception marxiste se veut à la fois destructrice et constructive. Destructrice parce qu'elle entend démontrer que la conception occidentale n'aboutit qu'à des libertés « formelles », c'est-à-dire illusoires (§ 1). Constructive parce qu'elle prétend les remplacer par des libertés « réelles » (§ 2).

§ 1. La critique des libertés formelles

Le marxisme est un matérialisme. Il ne croit donc pas en une nature humaine transcendante et abstraite, d'où découleraient des « droits de l'Homme ». Pour lui, les droits naturels n'existent pas. Les seuls droits dont il reconnaît la réalité sont les droits « positifs », c'est-à-dire posés par les acteurs juridiques.

En outre, le marxisme est un matérialisme historique. Il croit en effet que les hommes et les sociétés sont le produit du mouvement dialectique qui anime l'Histoire. Le mode de production économique est l'infrastructure sur laquelle s'élève une superstructure juridique et politique ; son évolution se heurte à la résistance de cette dernière, et génère des contradictions qui ne peuvent être résolues que par des révolutions sociales, dont la fonction est de remplacer la superstructure obsolète par une autre mieux adaptée à l'évolution de l'infrastructure.

Ainsi, les droits de l'Homme de la Déclaration de 1789 ne sont rien d'autre, sous leur apparence immuable et universaliste, que des armes dont se dote la bourgeoisie capitaliste, déjà prédominante économiquement, pour arracher le pouvoir politique à la noblesse, et asseoir sa domination sur le peuple. En d'autres termes, ils ne sont que le reflet idéologique de l'infrastructure économique de la fin du XVIIIe siècle. Grâce à la Révolution de 1789, la superstructure s'adapte à l'infrastructure.

On comprend dès lors pourquoi les droits proclamés en 1789 ne sont que des libertés « formelles ». En réalité, ces droits n'ont de contenu réel que pour les bourgeois, qui seuls disposent des moyens économiques de les mettre en œuvre.

Qu'on songe par exemple au droit de propriété, dont la Déclaration fait si grand cas. En 1789, le peuple des villes et des campagnes n'avait guère les moyens d'en jouir, étant à peine assez riche pour éviter de mourir de faim. C'est d'ailleurs la bourgeoisie, et non lui, qui profitera de la vente des biens nationaux. Au XIXe siècle, époque à laquelle Marx écrit, le prolétariat n'a pas davantage les possibilités d'accéder à la propriété.

Force est de reconnaître que la critique marxiste ne manque pas de pertinence. Il n'est hélas que trop exact que bon nombre de libertés soient longtemps demeurées formelles. Deux reproches peuvent toutefois lui être adressés.

Le premier concerne le primat de l'économie. Dogme scientiste du marxisme, il mène à une vision réductrice et déformée de l'évolution des sociétés humaines. Ainsi Marx a-t-il écrit sans rire que le moulin à vent avait engendré la société féodale ! C'était faire bien peu de cas des manières de penser héritées des barbares, et de l'influence de l'Église. En réalité, de multiples causes expliquent l'évolution des sociétés ; et, à tout prendre, les idéologies nous semblent jouer un rôle plus déterminant que le mode de production économique. La Révolution bolchevique de 1917 s'explique d'ailleurs elle-même beaucoup plus par des causes idéologiques — l'influence de l'idéologie marxiste ! — que par des raisons économiques.

Le second reproche s'adresse au caractère prétendument « formel » des libertés occidentales. Au XIXe siècle déjà, le diagnostic n'était convaincant qu'à l'égard des libertés dont l'exercice exige un minimum de capacités financières, comme c'est par exemple le cas du droit de propriété ou de la liberté du commerce et de l'industrie. En revanche, il était contestable à l'égard des libertés accessibles aux pauvres, comme le sont les libertés d'expression et d'aller et venir. Car des libertés qu'on peut exercer, même dans de mauvaises conditions, ne méritent pas d'être qualifiées de « formelles ». Si limitées soient-elles par le manque d'argent, elles n'en demeurent pas moins bien réelles. Le XXe siècle a d'ailleurs permis de confirmer la fausseté du diagnostic, qui n'est même plus crédible pour les libertés économiques. L'élévation du niveau de vie — contraire à la prédiction marxiste de la paupérisation du prolétariat — permet en effet aux plus humbles des travailleurs d'accéder à la propriété, laquelle ne se refuse plus guère qu'aux personnes privées d'emploi. En définitive, ces libertés prétendument formelles sont nettement préférables, malgré leurs imperfections, aux inquiétantes « libertés réelles » que Marx veut leur substituer.

§ 2. La mise en place des libertés réelles L'exemple de l'URSS (1917-1991)

Selon Marx, l'accession des individus aux libertés réelles (B) suppose la construction préalable de la société sans classes (A).

A. La construction de la société sans classes

À la place des libertés formelles, le marxisme veut l'instauration de « libertés réelles », c'est-à-dire de libertés dont tous les citoyens bénéficient effectivement. Or cet objectif ne peut selon lui être atteint que dans une société sans classes, libérée de l'aliénation inhérente à l'appropriation privée des moyens de production. Il faut donc construire cette société sans classes afin de conquérir les libertés réelles. Après la Révolution de 1917, l'URSS s'est attelée à cette tâche. Son exemple permet de distinguer quatre étapes dans la construction de la société idéale.

– La première étape est celle de la dictature du prolétariat. D'après Marx, elle doit intervenir juste après la révolution, afin de parachever la victoire du prolétariat. Elle consiste à utiliser l'État et tous les moyens de répression disponibles pour écraser définitivement la bourgeoisie. Conçue comme une simple période de transition, elle ne doit durer que le temps nécessaire à cette opération de liquidation. Sous l'impulsion de Lénine, l'URSS d'après 1917 s'est efforcée de suivre ces consignes. La « Déclaration des droits du peuple travailleur et exploité », du 4 janvier 1918, et la Constitution de l'URSS du 31 janvier 1924, sont en effet officiellement présentées comme l'expression juridique de l'étape de la dictature du prolétariat. À ce stade, il n'y a pas encore de place pour les « libertés réelles », car la violence règne ; or, comme l'avait souligné Engels, ami et disciple de Marx, « là où il y a violence, il n'y a pas de liberté ».

Toutefois, une importante divergence apparaît déjà entre Marx et Lénine. Théoricien raisonnant à partir de l'exemple de la Commune de 1871, Marx conçoit la dictature du prolétariat comme un gouvernement en armes du peuple par le peuple. Critiquant Blanqui, Engels précisera d'ailleurs que ce n'est pas un parti révolutionnaire, mais la classe ouvrière elle-même, qui doit exercer la dictature. Ayant entrepris une révolution dans un pays essentiellement rural, Lénine est nécessairement d'un avis différent. Faute d'une classe ouvrière suffisamment dense, et de surcroît influencé par Blanqui, il réserve l'exercice de la dictature au parti communiste, « avant-garde du prolétariat ».

Ce choix de ne pas s'en remettre à la volonté du peuple mène à court terme à la marginalisation des assemblées populaires ou « soviets », qui s'étaient formées spontanément. À plus long terme, il compromet l'accession des citoyens aux libertés réelles, en accentuant la dérive totalitaire du marxisme, déjà présente chez Marx lui-même à travers sa vaniteuse prétention de présenter son idéologie comme une science.

– Après la phase de dictature du prolétariat, l'URSS s'est engagée, à l'instigation de Staline, dans une seconde étape que Marx n'avait pas prévue. Il s'agit de l'étape de « l'État socialiste des ouvriers et des paysans », dont la Constitution du 5 décembre 1936 se veut l'expression juridique. Tout un chapitre, composé de seize articles, y est consacré à la déclaration des droits des citoyens. Il signifie qu'officiellement l'accession aux libertés réelles peut commencer.

Cette seconde étape survient en effet lorsque l'écrasement de la bourgeoisie est en voie d'achèvement. Elle correspond donc au début de l'existence de la société sans classes. C'est ce qui explique que l'État cesse d'être l'instrument de la dictature du prolétariat pour devenir « l'État socialiste », chargé de faire accéder l'ancien « prolétariat », c'est-à-dire les ouvriers et les paysans, aux libertés réelles.

En réalité, Staline n'a conceptualisé cette seconde étape que pour justifier son abandon de la théorie marxiste du dépérissement de l'État. Pour Marx, en effet, l'État n'est qu'un instrument de domination de classe ; il perd donc toute raison d'être lorsque la société sans classes est édifiée, et doit alors disparaître. Dans le droit fil de Lénine, qui avait déjà pris ses distances avec Marx sur ce point, Staline estime au contraire qu'il faut procéder au renforcement de l'État. Les raisons avancées sont habiles, notamment celle-ci : c'est parce que l'URSS est encerclée par des États bourgeois qu'il faut y renforcer l'État, afin de protéger des puissances étrangères les acquis de la Révolution.

Bien loin de servir à protéger quoi que ce soit, l'État ainsi revitalisé est rapidement transformé en un instrument de répression et de terreur, d'autant plus efficace qu'il s'imbrique étroitement, depuis Lénine, avec le parti communiste. Au service de la mégalomanie et de la folie meurtrière de Staline, il pousse le totalitarisme à son paroxysme et rend les libertés moins réelles que jamais.

– Après la déstalinisation, orchestrée par Khrouchtchev en 1956, l'URSS déçoit vite les espérances de démocratisation. Moins sanguinaire, le régime n'en reste pas moins totalitaire. Légitimé par l'incantation rituelle du marxisme-léninisme, l'État-Parti poursuit sa progression irréelle vers un improbable paradis communiste. Il parvient ainsi à une troisième étape, inconnue de Marx, qui est l'étape de « l'État socialiste du peuple tout entier ».

Elle correspond à l'affermissement de la société sans classes. Héritage du léninisme, l'État-Parti subsiste quand même, mais il cesse d'être « l'État socialiste des ouvriers et des paysans », car avec la disparition définitive des classes, les mots « ouvriers » et « paysans » ont perdu toute signification. Il devient à la place « l'État socialiste du peuple tout entier », dénomination qui montre que la lutte des classes n'est plus qu'un souvenir.

La Constitution du 7 octobre 1977, en vigueur jusqu'à la chute de l'URSS en décembre 1991, est l'expression juridique de cette troisième étape. C'est ce qui explique qu'elle consacre trente et un articles, au lieu de seize en 1936, à la Déclaration des droits des citoyens. Grâce à la disparition définitive des classes, l'État peut en effet accélérer l'accession du peuple aux libertés réelles.

En réalité, le décalage est grand entre la réalité et l'optimisme du discours officiel. Toutes les libertés sont bafouées par la caste dirigeante, la fameuse « nomenklatura ». Au droit officiel, censé protéger les libertés réelles, se substitue le jeu des relations, que les soviétiques nomment par dérision le « droit téléphonique ». Comme on pouvait s'y attendre, ce système provoque le découragement des citoyens et débouche sur un échec économique qu'il n'est plus possible de cacher. Sa sclérose devient évidente à la fin du long « règne » de Brejnev (1964-1982). Après une phase de crise politique aiguë, symbolisée par l'accession au pouvoir de deux vieillards malades, Andropov (1982-1984) puis Tchernenko (1984-1985), le régime tente une ultime opération de survie en se jetant dans les bras du communiste réformateur Mikhaïl Gorbatchev.

Dès son arrivée au pouvoir en 1985, celui-ci mène une politique de restructuration économique (*perestroïka*) qui vise à réhabiliter l'initiative individuelle et la recherche du profit. Pour restaurer la confiance des citoyens, il l'accompagne d'une politique de transparence (*glasnost*), destinée à desserrer l'étreinte de la nomenklatura. Ce souci de transparence consiste, dans la perspective marxiste qui est celle de Gorbatchev, à remettre la troisième étape sur ses rails, en faisant de « l'État du peuple tout entier » un « État socialiste de droit ». C'est ce qui explique que le sort des libertés se soit sensiblement amélioré.

Diverses lois et révisions de la Constitution tendent en effet à faire reculer le droit téléphonique. Plusieurs mesures visent par exemple à assurer le respect de la hiérarchie des normes : c'est ainsi qu'a été renforcé le rôle du Comité de contrôle populaire, qui constitue une sorte d'Inspection générale des services de l'État ; c'est ainsi, surtout, qu'a été créé le Comité de contrôle constitutionnel, chargé de demander l'annulation des lois inconstitutionnelles au Congrès des députés du peuple. D'autres mesures cherchent à améliorer l'indépendance des juges, notamment en portant la durée de leur mandat électif de cinq à dix ans. Des dispositions ont d'autre part été prises pour dissocier l'État du parti communiste, rompant ainsi avec le léninisme : cette ambitieuse réforme ne va cependant pas jusqu'à remettre en cause l'existence même du parti, mais se borne à lui ôter son rôle dirigeant et à le cantonner dans des fonctions d'éducation politique et de réflexion ; signe le plus tangible de cette dissociation, les fonctions électives ne sont plus réservées aux candidats uniques du parti, les élections donnant lieu désormais à de véritables compétitions, ouvertes même aux candidats non communistes. Enfin, les libertés publiques elles-mêmes commencent à passer du stade de la fiction à celui de la réalité. Même les libertés les plus traditionnellement honnies par le régime, comme le droit de propriété, la liberté d'entreprendre, ou le droit de grève, sont désormais admises dans certaines limites.

Malgré ces améliorations tardives, l'URSS reste toutefois officiellement fidèle au marxisme. Or il ne semble pas que le marxisme soit compatible avec un respect loyal des libertés publiques, comme on le verra plus loin en étudiant sa conception des « libertés réelles ». Dans ces conditions, la disparition de l'URSS, survenue en décembre 1991, semble avoir constitué la condition nécessaire de l'épanouissement des libertés dans cette région du monde.

– La quatrième et dernière étape de la construction de la société sans classes est prévue par Marx. Il s'agit de l'étape de la « société communiste », qui se traduira par la disparition de l'État. Grâce à la socialisation des moyens de production et à la fin de toute domination de classe, cette société connaîtra la solidarité, l'abondance et le bonheur. Débarrassés de toutes leurs anciennes aliénations, les hommes décideront librement d'appliquer le précepte suivant : « De chacun selon ses capacités, à chacun selon ses besoins ! » Soucieux de ne pas être taxé d'utopie, Marx répugne à en dire davantage, Engels se bornant pour sa part à ajouter que cette société sera « une association libre et égalitaire des producteurs ». Mais on peut imaginer que selon nos deux « scientifiques », les citoyens y jouiront des libertés réelles d'une façon spontanée et harmonieuse, sans qu'il demeure nécessaire d'organiser juridiquement celles-ci...

L'URSS n'a jamais eu l'audace d'affirmer qu'elle avait atteint ce stade ultime. On a vu au contraire qu'elle en avait délibérément différé l'avènement en intercalant deux étapes supplémentaires entre elle et la dictature du prolétariat, que Marx avait seules prévues. Elle n'a cependant jamais renoncé officiellement à l'espoir de l'atteindre un jour. Paradoxalement, il aura ainsi fallu attendre l'effondrement de l'URSS pour que l'objectif de la disparition de l'État soit définitivement abandonné...

B. L'accession aux libertés réelles

L'accession des citoyens aux libertés réelles est, comme on vient de le voir, le but de la doctrine marxiste. Contrairement au nazisme et au fascisme, le marxisme est donc un humanisme, car son but est l'épanouissement de l'individu au sein de la société sans classes, et non pas son asservissement par une collectivité étatique ou raciale.

Les libertés réelles marxistes présentent des ressemblances et des différences avec les libertés formelles occidentales. Si les ressemblances sont superficielles, les différences sont tellement profondes qu'elles amènent à se demander si deux conceptions aussi opposées des libertés publiques n'impliquent pas la fausseté radicale de l'une d'elles. Effectivement, nous verrons qu'il est permis de penser que les « libertés réelles » sont entachées d'un vice fondamental, en ce sens qu'elles ne sont pas des libertés.

– Les ressemblances portent principalement sur l'énumération des droits. On trouve en effet dans la Constitution soviétique de 1977 la plupart de ce qu'on appelle en Occident les libertés-résistances. Sont ainsi expressément garantis : le droit à la sûreté, le droit à la vie privée, la liberté d'expression, la liberté de la presse, la liberté de réunion, la liberté d'association, la liberté religieuse, et le droit de propriété. Le droit de grève est par contre totalement absent, car l'extinction de la lutte des classes le rend inutile. La liberté d'entreprendre est elle aussi écartée, comme incompatible avec la socialisation des moyens de production. Si ces deux libertés ont été admises — avec réticence — après l'avènement de Gorbatchev, elles n'en sont pas moins demeurées absentes de la Constitution.

Cette première ressemblance ne doit pas être surestimée. Elle est superficielle, car la signification des libertés énumérées n'est pas la même qu'en Occident. D'un point de vue marxiste, en effet, on ne saurait les considérer comme des « libertés-résistances », car il n'y a aucune raison de résister à « l'État du peuple tout entier ».

On trouve également dans la Constitution soviétique la quasi-totalité des droits-créances proclamés en Occident, notamment les droits au travail, au repos, à la santé, à la sécurité matérielle, au logement, à l'instruction, à la culture, et à la participation. Mais cette seconde ressemblance est tout aussi superficielle que la première, car les droits-créances sont au cœur des « libertés réelles », alors que l'Occident ne les place traditionnellement qu'au second plan, derrière les libertés-résistances. À la confiance absolue des marxistes envers « l'État du peuple tout entier » s'oppose en effet le scepticisme des occidentaux à l'égard du pouvoir.

– Les différences sont au contraire beaucoup plus fondamentales. Il est possible d'en discerner quatre.

La première concerne le fondement philosophique des libertés publiques. À l'exemple des États-Unis et de la France, les pays occidentaux ont pris l'habitude de se référer à ce qu'ils appellent « la philosophie des droits de l'Homme », c'est-à-dire à la théorie moderne du droit naturel. L'URSS se réclame au contraire du matérialisme marxiste, et récuse donc l'existence du droit naturel. C'est ce qui explique que la Constitution de 1977 parle uniquement de « droits des citoyens », et non de « droits de l'Homme ». L'URSS n'adopte pas pour autant le positivisme sociologique, car le respect des aspirations des multiples peuples qui la composent aurait immanquablement provoqué son éclatement. C'est au positivisme juridique qu'elle préfère se rallier. Fort de sa légitimité marxiste-léniniste, « l'État du peuple tout entier » a ainsi les coudées franches pour créer *ex nihilo* les libertés réelles, et pour fixer à sa convenance les conditions auxquelles la société sans classes pourra les exercer.

Car l'exercice des libertés réelles est en effet subordonné — on arrive à la deuxième différence — à des conditions très rigoureuses. Contrairement aux libertés occidentales, qui peuvent être exercées sans but idéologique précis, les libertés soviétiques sont finalisées. Cela signifie qu'elles doivent toujours être utilisées en vue de servir la cause du marxisme-léninisme. L'article 50 de la Constitution de 1977 est sans aucune équivoque à ce sujet. Il affirme clairement que les libertés réelles ne sont accordées aux citoyens soviétiques qu'« afin de consolider et de développer le régime socialiste ». Ce sont en quelque sorte des libertés à sens unique. Le sort des opposants politiques apparaît dès lors en toute limpidité. L'article 50, maintenu en vigueur par Gorbatchev, autorise implicitement l'État à retirer ses libertés à tout citoyen qui les a utilisées dans un but autre que de renforcer le régime socialiste. Il légitime donc le goulag.

Ainsi, l'effroyable réalité du goulag n'est pas l'effet du hasard. Elle est la conséquence nécessaire de la finalisation des libertés. On se rappelle en effet que la liberté est couramment définie comme « un pouvoir d'autodétermination ». Or une liberté finalisée n'est plus un pouvoir d'autodétermination, puisque son sens est entièrement déterminé par l'État. Ce n'est donc pas une véritable liberté. C'en est au contraire la négation, puisque son concept même est destiné à briser la volonté individuelle d'autodétermination. Il est dès lors assez logique qu'elle débouche sur le goulag. Victime de la croyance en la scientificité de ses déductions, le marxisme trahit la cause de l'humanisme qu'il voulait servir, et sert de caution au totalitarisme soviétique.

Ce totalitarisme se manifeste également — troisième différence — dans la très large place réservée aux obligations des citoyens. Certes, les démocraties occidentales ne nient pas qu'aux droits correspondent nécessairement des obligations, mais elles répugnent à développer ces dernières. Au fond, elles pensent que les droits se limitent réciproquement par la force des choses, et qu'une réglementation tatillonne des obligations risquerait de perturber cette autorégulation. Au jeu du marché économique correspond en quelque sorte un jeu des libertés. La Constitution de l'URSS ne partage pas cette retenue. Elle affirme presque brutalement que « l'exercice des droits et des libertés est inséparable de l'exécution de ses obligations par le citoyen » (art. 59). Puis elle fait un inventaire méticuleux desdites obligations. Parmi les plus inquiétantes, sont notamment proclamées les obligations « de respecter les règles de la vie en société socialiste » (art. 59), de se soumettre à « la discipline du travail » (art. 60), « d'affermir la propriété socialiste » (art. 61), « d'être intransigeant à l'égard des manquements antisociaux » (art. 65), et de veiller à faire de ses enfants « de dignes membres de la société socialiste » (art. 66). On conviendra qu'il ne se dégage guère de tout cela une atmosphère propice aux libertés. Ces articles évoquent plutôt la pesanteur étouffante du totalitarisme, avec son cortège de terreur, de contrainte, de délation, et d'embrigadement.

Arrivé à ce stade de l'analyse, on peut présenter l'aspect le plus séduisant des « libertés réelles ». Ce qui précède suffit à en relativiser l'intérêt. On touche ici à la quatrième et dernière différence. Contrairement aux libertés occidentales, que Marx jugeait formelles, les libertés soviétiques se veulent « réelles », c'est-à-dire accessibles à tous. C'est pourquoi chacun des articles qui sont consacrés aux libertés se décompose en deux parties : la première proclame la liberté, et la seconde décrit les moyens accordés par l'État pour en assurer l'exercice concret. L'article 44 commence par exemple par proclamer que « les citoyens de l'URSS ont droit au logement » ; puis il passe à la phase descriptive en expliquant que « la réalisation de ce droit est assurée... par l'aide accordée à la construction d'habitations, coopérative et individuelle, par une juste répartition, sous contrôle social, des logements attribués au fur et à mesure de la réalisation du programme de construction..., ainsi que par le coût modéré des loyers et des charges ». Le procédé s'adapte évidemment mieux aux droits-créances qu'aux libertés proprement dites, aussi la Constitution est-elle beaucoup plus prolixe sur les premiers que sur les secondes. Mais la remarque est sans importance puisque les uns sont tout aussi fictifs que les autres. Derrière la magie du verbe se cache la faillite de la conception marxiste des libertés.

L'échec du putsch conservateur du 19 août 1991 marque le début du processus de disparition de l'URSS, qui débouche dès le 8 décembre de la même année sur son remplacement officiel par une « Communauté des États indépendants ». Dans l'intervalle, le Congrès des députés du peuple a toutefois eu le temps de voter, le 5 septembre 1991, une « Déclaration des droits et des libertés de l'Homme », qui constitue l'ultime legs de l'URSS à la CEI [1]. Demeurée provisoirement en vigueur jusqu'à son remplacement par de nouvelles déclarations, cette Déclaration de 1991 présente l'intérêt d'illustrer l'état de confusion intellectuelle qui règne dans les ex-républiques d'URSS.

Sa caractéristique essentielle est d'abandonner clairement la conception marxiste des libertés publiques. Influencée par la Déclaration française de 1789, elle se rallie en effet ouvertement à la conception libérale des droits de l'Homme : les libertés y trouvent leur fondement dans la théorie moderne du droit naturel, voient leur contenu caractérisé par la prééminence des libertés-résistance, et sont garanties par la création annoncée d'États de droit.

Malgré ce ralliement clairement affiché, certains indices permettent pourtant de déceler dans la Déclaration de 1991 une résistance de la conception marxiste des droits du citoyen. Certaines libertés sont ainsi proclamées avec beaucoup d'ambiguïté comme la liberté d'opinion, qui n'est pas accompagnée par la liberté de l'enseignement, ou comme la liberté de réunion, qu'une phraséologie marxiste assimile à la liberté des citoyens « de réaliser leur activisme social ». D'autre part et surtout, la Déclaration reste nettement fidèle au procédé totalitaire de finalisation des libertés. En affirmant que « tout être humain a l'obligation constitutionnelle de réaliser tout ce qui est nécessaire pour le développement normal de la société », son article 1er permet en effet à la société d'exiger de l'individu qu'il exerce ses libertés dans le but qu'il lui plaira de fixer.

La conception marxiste des libertés publiques, encore bien vivante dans plusieurs pays d'Asie, n'est donc pas encore tout à fait morte dans les ex-républiques d'URSS [2].

---

1. Cf. notre article « Un legs de l'URSS à la CEI : la Déclaration soviétique des droits de l'Homme du 5 septembre 1991 », *RDP* 1992.281 (reproduisant la Déclaration en annexe).

2. On notera toutefois que la Constitution russe du 12 décembre 1993 contient une déclaration des droits (art. 17 à 64) qui abandonne nettement le procédé de finalisation des libertés.

Section 2

La négation fasciste et nazie des libertés publiques

Contrairement au marxisme, les idéologies fasciste et nazie ne cherchent pas à proposer une alternative à la conception occidentale des libertés publiques. Contrairement à lui, elles nient en effet la valeur de l'homme en tant qu'individu, et jugent donc les libertés publiques inutiles. Le marxisme est un humanisme ; c'est pourquoi il développe sa propre conception des libertés publiques ; bien loin de les nier, il cherche à les régénérer afin d'atteindre son but ultime, qui est l'épanouissement de l'individu. C'est paradoxalement sa trop grande soif de liberté qui le mène au totalitarisme. On comprend dès lors la mauvaise conscience éprouvée par les marxistes sincères, lorsqu'ils considèrent où mènent les bonnes intentions de leur maître à penser. Le fascisme et le nazisme n'ont pas ces scrupules, car le mépris de l'individu est au centre de leur programme. Ils n'éprouvent donc aucune gêne à prôner le totalitarisme comme un but en soi. C'est même avec une jubilation barbare qu'ils reconnaissent vouloir écraser les libertés, et qu'ils les écrasent effectivement.

Après avoir analysé les idéologies fasciste (§ 1) et nazie (§ 2), on présentera brièvement la pensée de Carl Schmitt, dont la philosophie liberticide continue à fasciner les nostalgiques des solutions radicales (§ 3).

§ 1. Le fascisme

Selon l'idéologie fasciste, l'homme ne vaut que par son appartenance à un État. L'individu est donc au service de l'État, lequel a sur lui droit de vie et de mort. En conséquence, les libertés publiques dont il dispose sont celles-là seules que l'État décide souverainement de lui octroyer.

Ces idées simples ont été formulées par Benito Mussolini, qui les a aussi mises en pratique en Italie, comme chacun sait, de 1922 à 1943. Le Duce explique en effet qu'« anti-individualiste, la conception fasciste est pour l'État ; et elle est pour l'individu, en tant que celui-ci s'harmonise avec l'État, conscience et volonté universelle de l'homme dans son existence historique (...). Le fascisme réaffirme l'État comme la véritable réalité de l'individu (...). En effet, pour le fasciste, tout est dans l'État, et rien d'humain ni de spirituel n'existe et *a fortiori* n'a de valeur, en dehors de l'État. En ce sens, le fascisme est totalitaire ». C'est pourquoi, conclut Mussolini, l'État fasciste italien « a limité les libertés inutiles ou nuisibles (...). Dans ce domaine, l'État seul est juge, et non l'individu [1] ».

L'individu n'a donc qu'à se taire. Il est prié de se dévouer corps et âme à l'État, et de se contenter des miettes de liberté qu'on voudra bien lui jeter. Cette triste perspective est évidemment de nature à réfréner l'enthousiasme des plus convaincus. Dans l'espoir de le ranimer, le Duce tente d'expliquer que la véritable liberté consiste à accepter de se sacrifier à l'État : « l'individu, par l'abnégation de lui-même, le sacrifice de ses intérêts personnels, par la mort même, réalise cette existence toute

---

1. B. Mussolini, *Le Fascisme*, Denoël, 1933, p. 19-20 et 58.

particulière dans laquelle est toute sa valeur d'homme (...). La liberté n'est pas un droit, elle est un devoir[1] ».

La barbarie mobilise en somme la vertu d'abnégation pour se donner un air de respectabilité ! Mais derrière l'appel aux grands sentiments se cache une réalité beaucoup plus sinistre, car pour durer, le fascisme — comme tout totalitarisme — est obligé de solliciter les plus bas instincts de l'homme, propres à entretenir le climat de terreur nécessaire à sa survie : goût de la violence, jalousie, vénalité, concupiscence...

Au moins le fascisme a-t-il tenté de résister au racisme : « le fascisme, précise en effet Mussolini, ne représente ni une race, ni une région géographique »[2]. Le nazisme n'a pas cette circonstance atténuante.

§ 2. Le nazisme

Selon l'idéologie nazie, l'homme ne vaut que par son appartenance à une race. L'individu est donc au service de la collectivité raciale, laquelle a sur lui droit de vie et de mort.

Les Allemands, par exemple, appartiennent à la race aryenne. La collectivité aryenne, dont la volonté est censée s'exprimer par la voix du Führer, dispose donc d'eux comme bon lui semble, dans son intérêt supérieur. Avec plus de brutalité encore que Mussolini, Adolf Hitler définit la règle du jeu : « le sacrifice de l'existence individuelle est nécessaire pour assurer la conservation de la race »[3]. Toutes les libertés publiques sont ainsi rayées d'un seul trait de plume. Le programme de 1920 du parti national-socialiste le montre clairement.

La liberté sous ses aspects les plus généraux est anéantie par l'article 10, puisqu'il y est dit que l'activité des citoyens « doit intervenir dans le domaine de la collectivité et pour l'utilité de tous ». Pour plus de sécurité, d'autres articles prennent soin d'en détruire expressément certains aspects particuliers. La liberté de la presse tombe ainsi sous les coups portés par l'article 23 : « les journaux qui portent atteinte à l'intérêt public seront interdits ». Quant à la liberté religieuse, elle succombe à l'article 24 : y est en effet reconnue « la liberté de toutes les croyances religieuses pour autant qu'elles ne portent pas atteinte au sentiment moral de la race germanique ».

Le droit de propriété ne connaît pas un meilleur sort, car la collectivité peut exproprier « sans indemnité » (art. 17). Mais c'est probablement le droit à la sûreté qui est traité avec le plus de cynisme, puisqu'on lit à l'article 18 cette phrase stupéfiante : « les criminels, les usuriers, les profiteurs, etc., seront punis de mort ». On admirera le soin extrême apporté dans la définition des incriminations (le « etc. »), ainsi que dans l'élaboration de l'échelle des peines (uniquement la mort). La désinvolture des nazis fait régresser le droit pénal à un niveau qui n'est même pas celui de la loi salique.

Pourtant, aussi incroyable que cela puisse paraître au vu d'un tel programme, c'est de façon démocratique qu'Hitler accède au pouvoir en 1933. Il est vrai qu'ensuite, c'est par la terreur qu'il maintiendra son joug sur l'Allemagne jusqu'en 1945. Dans

---

1. B. Mussolini, *Œuvres et discours*, Flammarion, 1935, p. 64 et 69.
2. B. Mussolini, *op. cit.*, p. 72.
3. A. Hitler, *Mein Kampf*, 1927, cité par Imbert, Morel et Dupuy, *La Pensée politique des origines à nos jours* (recueil de textes), PUF, 1969, p. 521.

l'intervalle, il aura provoqué une guerre mondiale et la mort d'une cinquantaine de millions d'hommes.

Cette guerre était parfaitement prévisible car elle découlait nécessairement du racisme nazi. L'idéologie nazie, en effet, ne se contente pas d'asservir l'individu à sa collectivité raciale. Elle établit en outre une hiérarchie des races. Au sommet est la race aryenne ; tout en bas, la race juive. Le reste oscille entre la condescendance et le mépris. Mépris pour les Slaves, les Noirs ou les Asiatiques. Condescendance pour les Anglais, jugés proches des Aryens. Les Français sont perçus comme une sorte de bâtards tenant le milieu du peloton.

Or, selon les nazis, cette hiérarchie implique le droit pour la race supérieure de se développer au détriment des races inférieures, par la conquête et l'extermination. Malgré l'extrême sévérité de leur traitement, les Aryens font ainsi figure de privilégiés : au moins les laisse-t-on vivre s'ils ne se révoltent pas. Les « races inférieures » n'ont même pas cette chance. « La nature est cruelle, explique Hitler, nous avons donc le droit de l'être aussi (...). Qui pourrait me contester le droit d'anéantir des millions d'hommes de races inférieures qui se multiplient comme des insectes [1] ? »

La question dresse l'acte de décès des libertés publiques.

§ 3. La pensée de Carl Schmitt

Professeur aux universités de Bonn et de Berlin, Carl Schmitt (1888-1985) fut le théoricien officiel du nazisme de 1933 à 1936. Jouissant déjà d'un grand renom, il accepte à cette époque de cautionner les aspects les plus barbares de la politique d'Hitler, antisémitisme compris. À partir de 1936, il décide toutefois de prendre ses distances avec le régime nazi. Cette attitude lui permettra de bénéficier d'un non-lieu après la guerre.

Homme complexe, Schmitt a été l'ami du célèbre humaniste juif René Cassin. Il n'en est pas moins resté fidèle jusqu'à sa mort à une vision liberticide du politique. Sa pensée, beaucoup plus subtile que celle d'Hitler, n'a pas cessé de susciter l'intérêt des juristes et des politologues. En France, elle commence même à exercer sur eux, depuis le début des années soixante-dix, une certaine fascination [2].

Cette pensée doit donc être analysée parce qu'elle constitue désormais une menace réelle pour l'avenir de nos libertés publiques. Elle n'est en effet rien d'autre qu'une philosophie de l'exclusion (A), d'autant plus dangereuse qu'un parti politique français, le Front national, s'en est emparé (B).

A. Une philosophie de l'exclusion

C'est dans *La Notion de politique*, ouvrage publié en 1932 et traduit en 1972, que Schmitt récapitule l'essentiel de sa pensée.

---

1. H. Rauschning, *Hitler m'a dit*, Coopération, 1939, p. 159.

2. Depuis la traduction de son ouvrage fondamental, *La Notion de politique*, Calmann-Lévy, 1972. La revue *Droits*, créée en 1985, consacre régulièrement des articles à Carl Schmitt.

Son point de départ réside dans l'idée que l'homme est voué au politique de par sa nature même, comme il est voué à l'amour et à la mort. Jusque-là il n'y a rien de très original : Aristote avait déjà défini l'homme comme l'animal politique.

Mais Schmitt en déduit la nécessité de découvrir le critère du politique, à supposer qu'il en existe un. Notre auteur croit y être parvenu : de même que la distinction entre le bien et la mal est le critère de la morale, ou que celle entre le beau et le laid est celui de l'art, « la distinction spécifique du politique,... c'est la discrimination de l'ami et de l'ennemi » (p. 66). C'est là la grande idée de Schmitt, celle qui constitue la clef de voûte de toute son œuvre. Si on l'accepte, le reste s'enchaîne logiquement.

Puisque le politique est distinct de la morale et de l'art, il ne saurait être question de définir « l'ennemi » en fonction des catégories du Bien et du Beau. « L'ennemi politique, explique Schmitt, ne sera pas nécessairement mauvais dans l'ordre de la moralité ou laid dans l'ordre esthétique (...). Il se trouve simplement qu'il est l'autre, l'étranger » (p. 66-67). Les sentiments d'identité et d'altérité sont ainsi présentés comme les leviers de la distinction ami-ennemi. En disciple de Hobbes, Schmitt valorise en somme le vieil instinct grégaire qui sommeille au fond de nous. L'ennemi est celui qui est différent, celui qui fait peur. L'ami est celui auquel on s'unit pour se protéger, pour combattre.

Car il y a bien combat. Pour Schmitt, le concept d'ennemi implique la guerre et la mort. Il estime en effet que « le concept d'ennemi inclut, au niveau de la réalité concrète, l'éventualité d'une lutte (...). Les concepts d'ami, d'ennemi, de combat tirent leur signification objective de leur relation permanente à ce fait réel, la possibilité de provoquer la mort physique d'un homme. La guerre naît de l'hostilité (...), n'est que l'actualisation ultime de l'hostilité » (p. 72-73).

Certes, Schmitt s'empresse d'ajouter qu'il ne fait pas pour autant l'apologie de la guerre. « Ceci n'implique pas, précise-t-il en effet,... que l'on y voie une solution idéale ou désirable » ; ce qu'il veut dire est simplement qu'« elle reste... présente nécessairement sous forme d'une possibilité du réel tant que la notion d'ennemi garde son sens » (p. 73). Il n'empêche que la guerre est présentée comme la manifestation la plus achevée du politique. Il n'est pas interdit de voir dans cette analyse une certaine apologie de la violence. Schmitt entretient d'ailleurs cette impression par un passage particulièrement ambigu : « il faut, écrit-il, qu'il y ait lutte réelle pour que se manifeste la logique ultime de la configuration politique qui oppose l'ami et l'ennemi. C'est dans la perspective de cette éventualité extrême que la vie des hommes s'enrichit de sa polarité spécifiquement politique » (p. 75).

Cette sublimation du recours à la force n'est pas sans incidence sur sa conception de l'État. Depuis le XVIe siècle, l'État est l'unité politique par excellence. Selon Schmitt, sa fonction spécifiquement politique est par conséquent de désigner l'ennemi et de le combattre jusqu'à son élimination physique. « L'État, explique-t-il, unité essentiellement politique, dispose du *jus belli*, c'est-à-dire de la possibilité effective de désigner l'ennemi,... et de le combattre (...). Le *jus belli*... représente cette double possibilité, celle d'exiger de ses nationaux qu'ils soient prêts à mourir et à donner la mort, celle de tuer des êtres humains qui se trouvent dans le camp ennemi » (p. 86-87).

C'est là une conception de l'État singulièrement réductrice — et inquiétante. Sans doute Schmitt tente-t-il de se disculper en ajoutant que « la tâche d'un État normal est avant tout de réaliser une pacification complète à l'intérieur des limites... de son territoire » (p. 87). Mais prisonnier de sa logique d'exclusion, il donne de cette tâche de pacification une bien étrange image, puisque la seule précision qu'il lui apporte est qu'elle « peut... amener l'État... à définir de son propre chef l'ennemi du dedans » (p. 88). L'obsession de l'antagonisme ami-ennemi l'amène en somme à assigner à la guerre civile, dans le domaine de la politique intérieure, le rôle exemplaire qu'il a déjà dévolu à la guerre dans le secteur de la politique extérieure.

Tout cela finit par causer un certain malaise chez les lecteurs un tant soit peu humanistes. Schmitt en a bien conscience. Habilement, il fait valoir que cette fonction de l'État, qui est de tuer l'ennemi, n'est pas justifiable rationnellement, car elle découle de la nature humaine et de l'essence du politique. Elle est donc en dehors du droit, c'est-à-dire du champ du juste et de l'injuste.

La conclusion s'impose d'elle-même, terrible pour les libertés publiques : l'État est hors du droit, il est par essence a-juridique. La notion d'« État de droit » n'a donc aucun sens. Elle est une imposture, car « ce sont... toujours des groupes humains concrets qui, au nom du Droit et de l'Humanité ou de l'Ordre ou de la Paix, luttent contre d'autres groupes humains concrets » (p. 114). Et elle est un non-sens, car elle tend « à annihiler le politique, domaine de la violence et de l'esprit de conquête » (p. 118).

Au terme de sa démonstration, Schmitt rejette donc la démocratie libérale et son cortège de libertés publiques. Le régime qu'il prône est la démocratie « pure », expurgée de tout ennemi. Alors que la démocratie libérale se fonde sur la notion d'humanité, cette démocratie pure réserve ses faveurs au groupe des « amis », et exclut ceux qui n'y appartiennent pas.

Qu'on remplace le mot « ennemi » par le mot « juif », comme Schmitt lui-même l'a fait entre 1933 et 1936, et on obtient une justification sans état d'âme du régime nazi.

Indépendamment de toute considération morale, l'erreur de Schmitt est à notre avis d'avoir cru que la discrimination entre l'ami et l'ennemi était le critère du politique. En réalité, il est douteux qu'il y ait un critère du politique. Et s'il y en a un, il est extrêmement improbable que ce soit celui-là. Le champ du politique recouvre en effet la recherche du mieux-être. Or cette recherche n'implique pas nécessairement la violence et l'exclusion. Elle peut aussi passer par la paix et par l'intégration. Face à la barbarie qui sommeille au fond de chacun d'entre nous, tout l'effort de la « civilisation » ne consiste d'ailleurs-t-il pas à faire emprunter au politique cette seconde voie ?

Au fond, Schmitt croit en la violence de l'état de nature décrit par Hobbes. Mais contrairement à l'auteur du *Léviathan*, il ne pense pas qu'on puisse la domestiquer. Fasciné par l'énergie sauvage de la force animale, il refuse en somme de quitter l'état de nature. Dans l'éternel combat entre l'esprit et la matière, entre la civilisation et la violence, Schmitt choisit de mettre son intelligence au service de la barbarie.

B. L'exploitation de la pensée de Carl Schmitt par le Front national

Grâce à ses ambiguïtés — elle n'est pas ouvertement raciste — la philosophie de l'exclusion de Carl Schmitt a survécu à la disparition du nazisme. En quête d'une légitimation de ses thèses sur les méfaits de l'immigration, le Front national — créé en 1972 par M. Jean-Marie Le Pen — s'en est donc emparé. Des documents internes, distribués à ses militants en 1990, le prouvent indiscutablement[1].

D'après ces documents, « l'essence même du politique repose sur l'antagonisme ami-ennemi ». La référence à Schmitt est claire, même si, à notre connaissance, elle n'est jamais explicite. On notera toutefois que sa pensée est légèrement déformée, puisque la discrimination entre l'ami et l'ennemi n'est plus présentée ici comme un simple critère, mais comme « l'essence même » du politique. Du point de vue de l'humaniste, c'est pire.

Concrètement, la conséquence pratique de cette conception du politique est que « l'adversaire doit être identifié. L'identification claire permet le regroupement des partisans ». L'utilisation du mot « partisan » est un nouvel indice de l'influence de Schmitt, puisque celui-ci l'a même placé dans le titre d'un de ses ouvrages traduits en français[2]. C'est, poursuit l'un des documents, l'« instinct d'identité » qui permet de distinguer les amis des ennemis. En obéissant à cet instinct, il semble qu'on puisse ranger les Français dans la catégorie des amis — c'est ce qu'indique le slogan « les Français d'abord », et les immigrés dans celle des ennemis. Au-delà de cette distinction simpliste, il est permis de craindre que l'instinct d'identité ne conduise à ranger les Français d'origine étrangère dans la seconde catégorie. Cette crainte est entretenue par les allusions de M. Le Pen à « l'internationale juive », qui paraissent reléguer les Français d'origine israélite dans le camp des ennemis.

Les documents du Front national expliquent ensuite qu'il faut combattre l'adversaire ainsi identifié. Ils trouvent alors des accents très schmittiens pour faire l'éloge de la « puissance » et de la « nécessité de l'expansion ». Aucune place ne doit être laissée aux sentiments, car « l'introduction des critères moralisateurs dans les choix politiques conduit généralement aux résultats inverses de ceux que l'on poursuit ». La lutte contre l'ennemi est donc impitoyable. Pour se faire mieux comprendre, les documents transcrivent cette inquiétante philosophie dans quelques mots d'ordre facilement assimilables : « Ne jamais rien concéder de positif à l'adversaire » ; « ne jamais laisser une attaque sans riposte » ; « ne jamais faire de cadeaux ». C'est donc probablement pour montrer l'exemple que M. Le Pen a qualifié l'existence des chambres à gaz, pendant la Seconde Guerre mondiale, de « point de détail de l'Histoire », et qu'il a osé commettre le calembour « Durafour crématoire ». Dans les deux cas, l'ennemi à combattre sans pitié était juif.

Il y a heureusement un point sur lequel le Front national se distingue de Carl Schmitt : il porte sur la possibilité de tuer l'ennemi. Le parti de M. Le Pen se défend en effet de vouloir tuer qui que ce soit. C'est là une différence fondamentale avec l'idéologie nazie.

Malgré tout, le Front national a trop emprunté à la pensée de Carl Schmitt pour ne pas constituer un danger à l'égard des libertés publiques. En prêchant l'obéissance à « l'instinct l'identité », il ouvre la voie à de dangereuses tentations d'exclusion. Tous ceux qui sont perçus comme « autres » sont potentiellement menacés dans leurs libertés. Les immigrés et les juifs ont été les premières victimes désignées. Puis est venu le tour des « sidaïques », qu'il a proposé d'incarcérer dans des établissements spéciaux. À quand le tour des homosexuels, des vagabonds, des universitaires mal

1. Documents reproduits dans *Le Monde* 30 mars 1990.
2. *Théorie du partisan*, trad. Calmann-Lévy, 1972 (à la suite de *La Notion de politique*).

pensants ? L'instinct d'identité devient un monstre insatiable lorsqu'on renonce à le domestiquer. Et à trop le flatter, on s'expose à le voir exiger des solutions de plus en plus radicales, du genre de celles que le Front national refuse aujourd'hui. Au moins Schmitt avait-il eu le mérite de ne pas se voiler la face : le meurtre est le langage naturel de la barbarie.

Section 3
L'islam et les libertés publiques

Historiquement, l'islam est la troisième grande religion monothéiste, après le judaïsme et le christianisme. Le Coran, révélation divine transmise au prophète Mahomet par l'archange Gabriel, ne date en effet que du VIIe siècle de notre ère.

Mais du point de vue des libertés publiques, l'islam est, parmi les trois, celle qui pose le plus de problèmes. Le judaïsme renonce en effet à tout messianisme en se présentant comme la religion du « peuple élu » ; les dangers qu'il recèle ne peuvent par conséquent se manifester que dans l'État d'Israël. Le christianisme offre pour sa part la meilleure des garanties qu'on puisse attendre d'une religion, en renonçant à s'immiscer dans les affaires temporelles ; « Mon royaume n'est pas de ce monde » (Jean, XVIII) prévient en effet Jésus, qui ordonne en conséquence à ses disciples de rendre « à César ce qui est à César » (Matthieu, XXII). Au contraire, l'islam constitue une menace pour les libertés parce qu'il n'évite ni le messianisme, ni la confusion du spirituel et du temporel.

Son caractère messianique est attesté par le Coran lui-même, qui exhorte les musulmans à faire la guerre contre tous ceux « qui ne professent pas la vraie religion » (IX, 29), jusqu'à leur conversion ou soumission. Cet esprit de conquête lui a permis au Moyen Age de se répandre dans une large partie de l'Asie, de l'Afrique et de l'Europe. Refoulé hors d'Europe, il parvient ensuite, à partir du XVe siècle, à conquérir pacifiquement le Bengale et l'Indonésie. Actuellement, on estime à plus de neuf cents millions le nombre de musulmans dans le monde.

La confusion entre le spirituel et le temporel est pour sa part l'un des grands principes défendus par le Coran, à l'instar de l'Ancien Testament. Comme le judaïsme, l'islam s'assigne en effet pour mission d'instituer un État théocratique, afin d'offrir à chacun des croyants les meilleures chances d'accéder à la vie éternelle. Contrairement aux Évangiles, qui mettent l'accent sur la dignité de chaque personne humaine, le Coran privilégie donc la cohésion de l'*ouma*, c'est-à-dire de la communauté des croyants. C'est ce qui explique que Mahomet ait accepté, contrairement à Jésus, le royaume de ce monde.

Théocratique et messianique, l'islam paraît donc de prime abord radicalement inconciliable avec la conception occidentale des libertés publiques. En réalité, il semble que les choses ne soient pas si simples. Il y a en effet deux façons d'appréhender le Coran. L'une, qui correspond à l'attitude intégriste, consiste à le suivre à la lettre, et à adopter le modèle de société qu'il proposait aux hommes du VIIe siècle. L'autre, qu'on peut qualifier d'« évolutionniste », retient au contraire une lecture plus critique du livre sacré, et s'attache à en dégager la part d'éternité obscurcie par un langage daté, afin d'en respecter l'esprit. Si la première est effectivement exclusive des libertés publiques (§ 1), la seconde s'avère conciliable avec elles (§ 2).

§ 1. Le rejet des libertés publiques par l'intégrisme musulman

Les trente années qui suivirent la fin de la Seconde Guerre mondiale ne furent pas favorables à l'intégrisme musulman. L'accession à l'indépendance de la plupart des pays musulmans détourna en effet l'attention des peuples vers d'autres préoccupations, notamment vers l'espoir d'un mieux-être économique et politique. Ce ne fut que lorsque l'échec des nouveaux régimes devint patent qu'un réflexe identitaire jeta les populations dans les bras de l'intégrisme. Face à l'arrogance de l'Occident triomphant, ce ralliement à l'islam traduit le désarroi d'hommes et de femmes conscients d'avoir perdu le combat économique, et qui se réfugient dans ce qui constitue à la fois la source et le vestige de leur passé grandiose.

C'est en 1972, avec le rétablissement de la peine d'amputation pour vol en Libye, que commence à se manifester le renouveau de l'intégrisme. Le succès de la Révolution islamique de 1978, en Iran, accélère le processus. Dès 1979, le Pakistan entreprend de « re-islamiser » la totalité de son droit. L'année suivante, l'Égypte et la Mauritanie décident d'en faire autant. En 1983, le Soudan suit à son tour l'exemple, poussant même le zèle jusqu'à rétablir la crucifixion pour punir le brigandage. Et en 1984, l'Algérie promulgue un nouveau Code du statut personnel autorisant la polygamie et la répudiation unilatérale par le mari. En 1991, la guerre du Golfe, opposant l'Irak à l'ONU, a montré l'ampleur du phénomène, les opinions publiques musulmanes se ralliant presque partout, contre toute logique, à l'agresseur du Koweït, le conflit étant perçu comme un combat entre l'islam et l'Occident. On aurait pu espérer que l'horreur des attentats perpétrés, le 11 septembre 2001 à New York, par le mouvement *Al Qayda* dirigé par Oussama Ben Laden, suscite une prise de conscience des dangers de l'intégrisme. Mais la décision des États-Unis d'attaquer l'Irak en mars 2003, malgré l'opposition du Conseil de sécurité des Nations unies et la réprobation du monde musulman, a probablement gâché cette occasion historique d'enrayer l'avancée de l'intégrisme.

Sur le plan juridique, qui seul nous intéresse ici, l'intégrisme prône le respect absolu de la loi révélée, la Sharı'a. Celle-ci résulte non seulement du Coran, mais également de la sunna, c'est-à-dire de la manière d'agir du Prophète telle qu'elle est rapportée par des témoignages dignes de foi [1]. On se bornera toutefois ici à l'étude du Coran.

On trouve en effet dans le Coran un nombre non négligeable de règles juridiques. Elles portent essentiellement sur le droit de la famille (mariage et successions) et sur le droit pénal. Or elles heurtent à quatre reprises la conception occidentale des libertés publiques, en limitant la liberté religieuse, en affirmant la supériorité de l'homme sur la femme, en autorisant l'esclavage, et en édictant des sanctions pénales portant atteinte à l'intégrité physique des condamnés.

Le Coran ne nie pas la liberté de religion. Un verset célèbre affirme en effet qu'il n'y a « pas de contrainte en matière de religion » (II, 257). Cette tolérance ne concerne

---

1. Les musulmans sont dans leur immense majorité des sunnites, c'est-à-dire des « gens de la sunna ». Mais contrairement à ce qu'on pourrait penser, les chiites (textuellement « ceux qui ont suivi » le gendre du Prophète), qui forment, essentiellement en Iran et en Irak, la principale communauté dissidente, obéissent eux aussi à la sunna. Leur originalité est moins théologique (malgré la doctrine de l'imam caché) qu'organisationnelle (existence d'un clergé de mollahs placé sous la direction d'ayatollahs, alors que les sunnites n'ont pas de clergé).

toutefois que les mécréants, qu'on ne doit pas forcer à embrasser l'islam. Un autre verset précise en effet que les musulmans qui deviennent infidèles méritent « un châtiment douloureux dans ce monde » (IX, 75). La *sunna* est encore plus claire, puisque d'après elle Mahomet aurait recommandé de tuer les apostats. La liberté d'abjurer l'islam n'existe donc pas. Si on ajoute que le Coran interdit aux musulmanes d'épouser des non-musulmans (II, 220 et LX, 10), force est de constater que la liberté religieuse est enfermée dans d'étroites limites. Par comparaison, le christianisme est moins rigoureux, car il considère que les bonnes actions compensent dans une certaine mesure l'égarement religieux (Épître aux Romains, II, 12 à 16) ; bien loin de vouloir tuer les apostats, il invite au contraire les fidèles à les accueillir et à s'abstenir de les juger, car Dieu seul a le pouvoir de les juger (Épître aux Romains, XIV, 1 et 4).

Le Coran affirme d'autre part la supériorité de l'homme sur la femme. Selon lui, « les hommes sont supérieurs aux femmes à cause des qualités par lesquelles Dieu a élevé ceux-là au-dessus de celles-ci » (IV, 38). C'est ce qui explique que le témoignage d'une femme ne vaille que la moitié de celui d'un homme (II, 282). En matière de droit de la famille, la polygamie est permise jusqu'à quatre épouses (IV, 3), seul Mahomet ayant l'étrange « privilège » de prendre autant de femmes qu'il veut (XXXIII, 47). Le mari jouit en outre d'une stricte autorité sur ses épouses : il peut battre celles dont il craint la désobéissance (IV, 38), et répudier unilatéralement celles dont il ne veut plus (II, 229). L'obligation pour les femmes de porter le voile en public (XXXIII, 53 et 57) n'est cependant pas présentée comme un signe supplémentaire de leur infériorité ; elle est seulement destinée à éviter les convoitises sexuelles (XXIV, 31, et XXXIII, 51 et 57). Enfin, en matière de droit successoral, la part d'héritage du fils doit équivaloir au double de celle de la fille (IV, 12). Par contre, on doit noter que l'excision des femmes, qui est pratiquée dans un grand nombre de pays musulmans, n'est mentionnée nulle part dans le Coran. Là encore, le christianisme se démarque considérablement de l'islam. Certes, saint Paul prône la soumission de l'épouse à son mari (Épître aux Éphésiens, V, 22). Mais fondamentalement la femme n'en est pas moins reconnue comme l'égale de l'homme. Tous deux ont été créés ensemble par Dieu (Genèse, I, 27), et tous deux ont partagé la responsabilité du péché originel (Genèse, III, 16 et 17). Le Christ rappelle d'ailleurs, dans les termes les plus nets, que l'homme et la femme « sont une seule chair », et que le mari n'est donc pas libre de répudier son épouse selon son bon plaisir (Matthieu, XIX, 6 et 9).

En troisième lieu, le Coran autorise l'esclavage. De nombreux versets le mentionnent en effet sans songer à l'interdire (par exemple II, 173 ; II, 220 ; IV, 28 à 30, et XXXIII, 50). Toutefois, la contradiction avec la conception occidentale des libertés publiques paraît ici assez facile à surmonter, car l'affranchissement des esclaves est recommandé par le Coran comme un acte méritoire (IX, 60). Tous les États musulmans ont d'ailleurs officiellement aboli l'esclavage. Par comparaison, le christianisme est tout de même plus ferme dans la condamnation de l'esclavage (Ire Épître aux Corinthiens, VII, 21 et 23).

Enfin, le Coran édicte des sanctions pénales qui portent atteinte à l'intégrité physique des condamnés. Le meurtre est puni selon la loi du talion (II, 173 et XVII, 35), de même que toute blessure corporelle (V, 49). Le brigandage est sanctionné, selon les cas, par l'amputation des mains ou des pieds, par la mort, ou par la crucifixion (V, 37). Le vol est puni par l'amputation des mains (V, 42). L'adultère et l'accusation mensongère d'adultère sont passibles de la flagellation (XXIV, 2 et 4). Dans les hypothèses du meurtre et de la blessure, le pardon de la victime, ou de son ayant droit, permet toutefois de remplacer la peine par le prix du sang (II, 173 et V, 49). Cela fait songer au *wergeld* de la loi salique, qui était d'ailleurs contemporaine du Coran. On est évidemment ici très loin de la conception occidentale du droit à la sûreté. En laissant à César le domaine du droit pénal, le christianisme a pour sa part eu la prudence d'éviter de figer à jamais un système de répression archaïque. Le droit pénal coranique — élaboré, rappelons-le, au VIIe siècle — s'applique actuellement à environ deux cent millions de musulmans. Dernièrement, l'Iran a mis au point une machine à couper les mains qui, paraît-il, fait merveille.

Au terme de ce rapide examen du Coran, il est donc possible d'affirmer que la stricte application de la Sharı'a est incompatible avec le respect des libertés publiques telles que nous les concevons[1]. La Déclaration islamique universelle des droits de l'Homme, publiée en 1981 par des intégristes, et prolongée par la Charte arabe des droits de l'Homme du 15 septembre 1994, en apporte l'éclatante confirmation, en écartant délibérément toutes les libertés contraires aux « droits éternels... définis par le Créateur ». « Aucune créature humaine, explique-t-elle en effet dans son préambule, n'a le droit de les invalider ou de s'y attaquer ».

Face aux intégristes, les évolutionnistes pensent cependant qu'il est possible d'adapter l'islam au monde moderne sans renier l'esprit de la Sharı'a.

§ 2. L'ACCEPTATION DES LIBERTÉS PUBLIQUES PAR L'ISLAM ÉVOLUTIONNISTE

Tout en demeurant sincèrement attachés à leur religion, de nombreux musulmans déplorent les excès commis en son nom par les intégristes. Ils croient possible de dégager un esprit de la Sharı'a qui serait différent de sa lettre, et dont les principes s'accorderaient avec le respect de la conception occidentale des libertés publiques.

Précisons d'emblée que cet effort d'interprétation n'est nullement condamné par la Sharı'a. Bien au contraire, celle-ci semble l'encourager puisque le Coran ordonne aux hommes de lire et d'écrire, bref de réfléchir, afin de s'approcher de Dieu (XCVI, 1, 4 et 19). Quant à la sunna, elle regorge d'invitations du Prophète à la recherche intellectuelle. « L'encre de l'étudiant est plus sacrée que le sang du martyr », aurait notamment dit Mahomet, signifiant par là qu'une foi raisonnée est préférable au fanatisme. N'hésitant pas à tirer toutes les conséquences de cette affirmation, il aurait d'ailleurs ajouté que « les divergences d'opinion régnant dans l'ouma sont une manifestation de la grâce d'Allah ». Dans la même optique, et afin d'apporter sa caution à l'effort intellectuel, il aurait même assuré que « toute bonne parole qui est dite, je l'ai dite moi-même ». Enfin, à ceux qui se sentent trop ignorants pour réfléchir seuls, il aurait donné ce conseil : « si vous-même ne savez, interrogez ceux qui savent ».

Les trois premiers siècles de l'islam ont appliqué ces préceptes. Ils ont encouragé le travail intellectuel dans tous les domaines, permettant au monde musulman de

---

1. En ce sens, cf. CEDH 31 juill. 2001, Refah Partisi, *RDP* 2002.1493 : « la charia... se démarque nettement des valeurs de la Convention (européenne de 1950) ». La Cour adopte cependant une vision caricaturale de l'islam en estimant que cette religion est nécessairement vouée à l'intégrisme. Elle affirme en effet qu'aucun espoir d'évolution n'est permis car « la charia, reflétant fidèlement les dogmes et les règles divines édictées par la religion, présente un caractère stable et invariable » (§ 71). Confirmé par CEDH, grande chambre, 13 févr. 2003, Refah Partisi, § 123.

prendre une avance considérable sur l'Occident dans les secteurs de l'astronomie, de l'algèbre, de la chimie, ou de la médecine. Sur le plan religieux, quatre grandes écoles se sont constituées, chacune adoptant sa propre interprétation de la Sharı'a. Bien loin de s'opposer, foi et intelligence entretiennent un dialogue fructueux, qui leur permet de s'enrichir mutuellement.

Tout bascule hélas au Xe siècle. Les portes de l'*ijtihad*, de la réflexion personnelle, se ferment brusquement. Sans doute effrayés par leur propre audace, qui à terme risque de remettre en cause les structures d'une société traditionnelle, les musulmans décident d'interdire la poursuite de l'effort intellectuel. Désormais, défense est faite aux docteurs de la loi de donner de nouvelles interprétations de la Sharı'a. Leur rôle n'est plus d'innover, mais de répéter les opinions des fondateurs des quatre grandes écoles. Dorénavant, la nouveauté est assimilée à l'hérésie : foi et intelligence divorcent. Jusque-là ouvert aux aventures de l'esprit, l'islam devient le refuge du conformisme, le rempart d'une société traditionnelle qu'inquiète le changement, et qui choisit l'immobilisme.

L'effort d'interprétation des évolutionnistes n'est donc hérétique qu'aux yeux de ceux qui subissent ce conformisme vieux de dix siècles. En revanche, il paraît conforme à la volonté d'Allah, telle qu'elle est rapportée par la Sharı'a.

Mais bien entendu, le fait que cet effort d'interprétation soit légitime ne signifie pas nécessairement que ses résultats doivent être acceptés sans réserve. On se bornera à exposer ici ceux qui nous paraissent les plus dignes d'intérêt.

La lecture la plus originale de la Sharı'a est probablement celle des « Frères républicains ». D'après ce cercle de réflexion fondé par Mahmud Muhamad Taha, tous les versets du Coran sont bien l'œuvre d'Allah. Mais seuls ceux révélés à La Mecque, c'est-à-dire avant la constitution de l'État musulman par Mahomet en 622, représentent le véritable esprit de l'islam. À l'inverse, ceux révélés à Médine, après la constitution de l'État musulman, seraient purement conjoncturels ; ils n'auraient d'autre but que d'aider le Prophète à vaincre les résistances culturelles, en adaptant l'islam à la société arabe du VIIe siècle. Les Frères républicains en concluent que les musulmans d'aujourd'hui ne doivent appliquer que les versets mecquois. Les versets médinois, historiquement dépassés selon le plan d'Allah, doivent pour leur part être considérés comme tombés en désuétude.

Du point de vue des libertés publiques, cette interprétation du Coran est d'un grand intérêt. Tout le droit coranique est en effet contenu dans les versets médinois. Les tenir pour dépassés équivaut donc à les abroger. Dès lors, plus rien n'empêche de mettre fin aux discriminations contre les femmes et les non-musulmans, et de moderniser le droit pénal. La voie est ouverte à la réconciliation de l'islam avec la conception occidentale des libertés publiques.

Malheureusement, cette main tendue a été repoussée de la pire manière qui soit. Les intégristes d'aujourd'hui ont réagi comme ceux du Xe siècle. Il ne faut pas s'en étonner, car l'intégrisme n'a pas d'âge. En refusant toute évolution, toute innovation, il tue les forces vives d'une civilisation qu'il croit sauver ; et sans s'en apercevoir, il la fait sombrer dans la barbarie. Mahmud Muhamad Taha a été pendu, en tant qu'hérétique, le 18 janvier 1985 au Soudan. La Ligue du monde musulman a adressé ses félicitations au président soudanais.

Sans être aussi audacieuse que celle des Frères républicains, une seconde lecture de la Sharı'a existe, qui permet elle aussi de sauver les libertés publiques. Elle semble pratiquée par une grande partie des cinq millions de musulmans qui vivent en France.

Écartant la distinction entre versets mecquois et médinois, elle tente de dégager ce qui, au sein du Coran et de la sunna, constitue l'essence éternelle du message divin. En d'autres termes, elle pense qu'Allah dans sa miséricorde a utilisé un langage accessible aux hommes du VIIe siècle, mais qui n'est évidemment plus adapté à ceux d'aujourd'hui. Derrière la paille des mots employés il faut donc rechercher le grain de la volonté divine.

Sur le plan juridique, cette démarche offre d'intéressantes perspectives. Ainsi, la tendance de la Sharı'a, hâtivement dénoncée par la Cour européenne des droits de l'Homme, à intervenir « dans tous les domaines de la vie privée et publique » [1], aurait eu pour but de structurer la société musulmane du VIIe siècle, autrement dit d'unifier par des règles juridiques communes des tribus jusque-là attachées à leurs particularismes. Le prophète, en particulier lors de son exil à Médine, aurait été contraint de se comporter en dirigeant politique, et non pas seulement en guide religieux, du fait de l'absence totale de structure étatique préexistante. De là serait née la tradition de la confusion du spirituel et du temporel. Mais cette confusion ne semble pas avoir été conçue par la Sharı'a pour durer de toute éternité. Bien au contraire, le Coran semble distinguer les sphères du spirituel et du temporel en donnant l'ordre suivant : « Croyants ! Obéissez à Dieu, obéissez au Prophète et à ceux d'entre vous qui exercent l'autorité ! » (IV, 59). Et il reprend cette distinction en précisant à l'intention du Prophète : « Rappelle ! Tu n'es là que pour rappeler la parole de Dieu. Tu n'as nulle autorité contraignante à exercer sur eux » (LXXXVIII, 21 et 22). Quant à la sunna, elle confirme ces versets par l'aveu célèbre de Mahomet à ses compagnons : « Vous connaissez mieux que moi les affaires de ce bas monde ». Autant d'éléments, méconnus par la Cour, qui attestent la légitimité de la démarche interprétative de l'islam évolutionniste, et qui ouvrent même la porte à une possible coexistence de l'islam avec le principe de laïcité [2].

Dans la même optique, l'esclavage était considéré comme un phénomène naturel par les hommes du VIIe siècle ; c'est donc pour en assurer plus sûrement l'élimination que Dieu aurait évité de le prohiber formellement, et qu'il se serait tourné vers la solution plus habile, plus respectueuse des traditions, qui consiste à présenter l'affranchissement des esclaves comme un acte méritoire (IX, 60).

De même, la répudiation et la polygamie ne correspondraient pas non plus au dessein d'Allah, qui les aurait tolérées simplement parce qu'elles étaient trop ancrées dans les mœurs des Orientaux pour être supprimées du jour au lendemain. Là encore, la persuasion aurait été préférée à la force. À l'appui de cette thèse, on peut effectivement invoquer la sunna, d'après laquelle le Prophète aurait analysé la répudiation comme « la pire des choses licites ». Quant à la polygamie, elle est limitée à quatre femmes par le Coran, ce qui constitue un progrès par rapport à la pratique antérieure ; et même ainsi limitée, elle est clairement déconseillée : « si vous craignez d'être injustes, explique-t-il en effet,... n'épousez qu'une seule femme » (IV, 3) ; or plus loin il ajoute que « vous ne pourrez jamais traiter également toutes vos femmes,

---

1. CEDH 31 juill. 2001, Refah Partisi, § 71, préc.

2. Comme le pensent les membres de la « Commission Stasi » dans leur rapport du 11 décembre 2003 sur la laïcité (reproduit dans *Le Monde* 12 déc.) : « L'Islam », écrivent-ils, « est parfois présenté comme inconciliable avec la laïcité. Pourtant (...) la culture musulmane peut trouver dans son histoire les ressources lui permettant de s'accommoder d'un cadre laïque ».

quand même vous le désireriez ardemment » (IV, 128). La conclusion s'impose d'elle-même : puisque l'homme est par nature injuste, il ne doit épouser qu'une seule femme.

Dans le même ordre d'idées, les limitations apportées à la liberté religieuse s'expliqueraient par le souci d'Allah de resserrer les liens entre les multiples tribus nomades du VIIe siècle ; mais cette entreprise d'unification une fois achevée, rien ne s'opposerait plus à ce que soit dévoilée la portée universelle de l'injonction divine : « pas de contrainte en matière de religion » (II, 257). Quant à l'appel à la guerre sainte, il serait simplement destiné à offrir un exutoire aux vertus guerrières des Bédouins.

Enfin, la cruauté du droit pénal coranique devrait être relativisée. Historiquement, elle marquerait en effet un progrès décisif en se substituant à la pratique antérieure de la vengeance privée. Allah ne l'aurait donc pas conçue comme un aboutissement à respecter de toute éternité, mais comme une simple étape sur le chemin menant les hommes de leur barbarie primitive à une civilisation chaleureuse et fraternelle. Comment peut-on d'ailleurs imaginer qu'Allah, qui avoue être le Dieu d'amour des Évangiles (II, 254 et III, 2), puisse se repaître du spectacle des flagellations, des amputations et des crucifixions ? Le Coran lui-même invite à méditer cette apparente contradiction : « Parmi les versets qui composent le Livre, les uns sont fermement établis (...) ; les autres sont allégoriques. Ceux qui ont du penchant à l'erreur dans leurs cœurs s'attachent aux allégories (...). Les hommes sensés réfléchissent » (III, 5). Or, parmi les versets qu'on peut juger fermement établis figurent ceux-ci : « Dieu vous invite au paradis et au pardon » (II, 221), et « quand même tu étendrais ta main sur moi, je n'étendrais pas la mienne pour t'ôter la vie, car je crains Dieu, souverain de l'univers » (V, 31). À leur lecture, il n'est pas interdit de penser qu'Allah accorde plus de prix au pardon qu'à la vengeance, et que pour lui obéir vraiment il faut préférer la miséricorde à la férocité.

« Ceux qui croient et, pratiquent le bien sont les meilleurs de tous les êtres créés. Leur récompense près de Dieu sont les jardins où coulent des fleuves, et ils y demeureront éternellement » (XCVIII, 6 et 7).

Chapitre 3

Depuis 1948 : l'édification par la communauté internationale d'une conception universelle des libertés publiques

C'est au lendemain de la Seconde Guerre mondiale, après la découverte des atrocités nazies, que l'opinion publique internationale a pris conscience de la nécessité de promouvoir une conception universelle des libertés publiques.

En réponse à son exigence, les États membres de l'ONU ont proclamé dès 1948 une « Déclaration universelle des droits de l'Homme », dont l'ambition est de concilier les diverses conceptions existantes des libertés publiques (section 1).

Plus tard, la situation particulière de l'Europe, coupée en deux blocs opposés, amène les États européens à tenter, dans l'Acte final de la conférence d'Helsinki, de parvenir à une conciliation plus limitée, restreinte à leur continent et aux seules conceptions occidentale et marxiste des libertés publiques (section 2).

Au-delà de cette différence, la Déclaration universelle et l'Acte final présentent deux points communs, qui les distinguent des autres instruments internationaux relatifs aux libertés publiques, et justifient qu'on les étudie à part. Le premier est qu'ils n'ont, ainsi qu'on le verra, aucune valeur juridique ; on ne saurait donc les ranger, sans abus de langage, au nombre des « garanties internationales des libertés publiques » qu'on examinera dans le titre III. Paradoxalement, ils ont cependant acquis une célébrité bien plus grande que la quasi-totalité des traités qui figurent dans cette rubrique ; cette particularité est due — et on arrive à leur deuxième point commun — à l'ambition qu'ils ont affichée de réconcilier les principales conceptions des libertés publiques, quand dans le même temps, les traités se contentaient, d'une façon plus réaliste mais moins exaltante, de mettre en œuvre la conception occidentale. Même si leur ambition a finalement été déçue, l'espoir qu'ils ont attisé a fait de la Déclaration universelle et de l'Acte final des jalons qui marquent à jamais l'histoire des libertés publiques et, au-delà, l'histoire de l'humanité.

Section 1
La Déclaration universelle des droits de l'Homme

§ 1. Le vote de la Déclaration universelle

Dès 1945, le préambule de la Charte fondatrice de l'Organisation des Nations unies proclame la foi des États signataires « dans les droits fondamentaux de l'homme, dans la dignité et la valeur de la personne humaine, dans l'égalité des droits des hommes et des femmes, ainsi que des nations, grandes et petites ».

Expression solennelle de cette profession de foi, la Déclaration universelle des droits de l'Homme est votée par l'Assemblée générale de l'Organisation des Nations unies le 10 décembre 1948.

Le vote est obtenu à une très large majorité, qui peut faire croire au succès de l'entreprise de réconciliation des diverses conceptions des libertés publiques. En effet, sur les quarante-huit États qui y prennent part, quarante se prononcent pour, et huit s'abstiennent ; aucune voix contre n'est enregistrée. En réalité, cet apparent succès doit être relativisé pour deux raisons.

Tout d'abord, la Déclaration n'a été aussi largement admise que parce qu'elle est dépourvue de toute force juridique contraignante. Elle s'analyse en effet comme une « résolution » ayant simple valeur de recommandation, et non comme un traité. La voter n'impliquait donc qu'un simple engagement moral de s'y conformer, dont l'irrespect éventuel ne serait sanctionné que par la réprobation de l'opinion publique nationale et internationale. L'opération était d'autant moins risquée que les médias n'avaient pas encore acquis en 1948 la puissance qu'ils ont aujourd'hui.

Ensuite, l'identité des huit abstentionnistes montre la fragilité du consensus. Il s'agit de l'Afrique du Sud, de l'Arabie Saoudite, de l'URSS et de ses cinq satellites d'Europe de l'Est.

L'Afrique du Sud s'est abstenue parce que l'interdiction de la ségrégation raciale lui semblait inacceptable. Son régime d'apartheid l'apparentait, quoique de façon plus éloignée qu'on ne l'affirme parfois, au racisme nazi ; il n'est donc nullement étonnant qu'elle se soit refusée à proclamer l'égalité entre tous les hommes. Sa défection n'était pas grave puisqu'elle était attendue.

L'abstention de l'Arabie Saoudite était infiniment plus lourde de signification. Cet État est en effet la terre de l'islam par excellence. Non content d'abriter le plus grand lieu saint de cette religion — La Mecque —, il a renoncé à se doter d'une constitution distincte du Coran. En 1948, il est d'autant plus le porte-parole de l'islam que la plupart des autres États musulmans n'ont pas encore conquis leur indépendance. Or, s'il s'abstient, c'est bien au nom de la défense de l'islam. Sa critique porte essentiellement sur la conception extensive de la liberté religieuse retenue par la Déclaration : la « liberté de changer de religion », expressément consacrée à l'article 18, lui paraît en effet incompatible avec la Sharı'a. Ainsi qu'on l'a montré, ce point de vue est uniquement celui de l'islam intégriste. Il n'en reste pas moins qu'en s'aliénant une partie importante du monde musulman, la Déclaration échoue dans l'entreprise qu'elle s'était fixée, dans son préambule, de bâtir « une conception commune des droits et libertés », et d'indiquer « l'idéal commun à atteindre par tous les peuples et toutes les nations ».

L'abstention de l'URSS et de ses cinq satellites était encore plus grave. Force est en effet de reconnaître que les rédacteurs de la Déclaration avaient déployé beaucoup plus d'efforts pour concilier les conceptions occidentale et marxiste, qu'ils n'en avaient consentis pour les rapprocher de la conception de l'islam intégriste. Leur échec n'en est donc que plus cinglant. Si les États marxistes se sont abstenus, c'est parce qu'ils ont considéré que la Déclaration n'était pas parvenue à tenir la balance égale entre les deux conceptions. Certains passages auraient pris trop ouvertement parti pour « la » philosophie des droits de l'Homme, autrement dit pour la théorie moderne du droit naturel. L'étude du contenu de la Déclaration montre pourtant à quel point on avait tenté d'opérer une synthèse acceptable par chacun des deux blocs.

§ 2. Le contenu de la Déclaration universelle

Les rédacteurs de la Déclaration ont voulu concilier, tant dans la forme que dans le fond, les conceptions occidentale et marxiste des libertés publiques. Or, ils sont parvenus à un compromis acceptable sur la forme, mais décevant sur le fond.

A. Un compromis acceptable sur la forme

L'un des mérites de la Déclaration est d'avoir su imaginer un compromis acceptable en ce qui concerne la façon de proclamer les libertés. On y trouve en effet, étroitement imbriquées, les formulations occidentale et marxiste.

La méthode occidentale consiste à asséner de belles formules abstraites et générales, à l'image de ce qui a été fait dans la Déclaration de 1789. La Déclaration universelle n'hésite pas à l'utiliser à de nombreuses reprises. On y lit par exemple, de façon très significative, que « la reconnaissance de la dignité inhérente à tous les membres de la famille humaine et de leurs droits égaux et inaliénables constitue le fondement de la liberté, de la justice et de la paix dans le monde » (préambule) ; que « tous les êtres humains... sont doués de raison et de conscience et doivent agir les uns envers les autres dans un esprit de fraternité » (art. 1er) ; que « nul ne peut être arbitrairement arrêté, détenu ni exilé » (art. 9) ; ou encore que « la volonté du peuple est le fondement de l'autorité des pouvoirs publics » (art. 21).

La méthode marxiste, qui se veut moins poétique et plus scientifique, consiste pour sa part à préciser par quels moyens la liberté proclamée sera réellement mise en œuvre. Sans aller — loin s'en faut — jusqu'à l'utiliser systématiquement, la Déclaration universelle lui rend un hommage appuyé dans plusieurs de ses articles. L'exemple le plus net concerne la liberté religieuse. L'article 18, qui lui est consacré, proclame son existence dans son premier alinéa, puis précise les moyens nécessaires pour en jouir réellement dans son deuxième alinéa : « Toute personne a droit à la liberté de pensée, de conscience et de religion ; ce droit implique la liberté de changer de religion ou de conviction ainsi que la liberté de manifester sa religion ou sa conviction, seule ou en commun, tant en public qu'en privé, par l'enseignement, les pratiques, le culte et l'accomplissement des rites » (art. 18). Moins nettement, la méthode marxiste est également utilisée pour définir la liberté d'expression (art. 19), la liberté politique (art. 21), le droit à un niveau de vie suffisant (art. 25), et le droit à l'éducation (art. 26).

Sur la forme, on le voit, la Déclaration a donc réussi à trouver un équilibre satisfaisant entre les deux conceptions. Sur le fond, la tâche s'est avérée autrement plus difficile.

B. Un compromis décevant sur le fond

Les rédacteurs de la Déclaration universelle sont parvenus à recueillir un consensus minimum sur la nature des droits à énumérer. Leur performance est d'autant plus méritoire que les droits concernés apparaissent très divers.

L'un des pères de la Déclaration universelle, le Français René Cassin, explique ainsi que les droits qu'elle proclame peuvent être répartis en quatre catégories : libertés physiques (art. 3 à 14), droits civils (art. 15 à 17), libertés intellectuelles et droits politiques (art. 18 à 21), droits économiques et sociaux (art. 22 à 27). Demeurent en marge de cette classification les articles 1 et 2, qui traitent essentiellement de l'égalité et constituent une sorte d'introduction, ainsi que les articles 28 à 30, qui concluent la Déclaration par des considérations très générales.

Les libertés physiques recouvrent expressément le droit à la vie, le droit à la liberté en général — incluant la liberté d'aller et venir —, et le droit à la sûreté. Ce dernier droit, qui fait l'objet d'assez longs développements, implique notamment l'interdiction de l'esclavage, de la torture et de toute détention arbitraire, le droit à un procès équitable et public, le respect de la présomption d'innocence et de la non-rétroactivité des lois pénales, le droit à la vie privée, l'inviolabilité du domicile et le secret des correspondances, et enfin le droit d'asile.

Les droits civils comprennent le droit à une nationalité, le droit de se marier, et le droit de propriété. Assez curieusement, y est aussi rangé le droit de la famille — qualifiée d'« élément naturel et fondamental de la société » — à la protection de l'État. En dépassant aussi ostensiblement l'individualisme libéral, l'article 16 a vraisemblablement pour but de rendre hommage aux traditions de certaines sociétés du tiers-monde, notamment africaines, d'après lesquelles l'individu ne peut s'épanouir qu'au sein du groupe familial.

Les libertés intellectuelles et les droits politiques, curieusement associés par René Cassin, englobent d'une part les libertés de religion, d'opinion, d'expression, de réunion et d'association, d'autre part les droits de vote et d'égal accès aux fonctions publiques, ainsi que le droit, à dire vrai assez flou, « de prendre part à la direction des affaires publiques de son pays ».

Enfin, les droits économiques et sociaux reprennent sans surprise la liste des principaux droits ainsi traditionnellement qualifiés : droits à la sécurité sociale, au travail, au repos, à un « niveau de vie suffisant », à l'éducation et à la culture. Bizarrement, y est aussi inclus le droit de se syndiquer, bien qu'il s'agisse d'une liberté-résistance et non d'un droit-créance.

Au total, les droits proclamés sont donc d'une grande diversité, laquelle fait la richesse de la Déclaration. On y trouve les principales libertés-résistances, dont la vocation est de devenir des libertés publiques, mais aussi des droits-créances (les droits économiques et sociaux) et des libertés-participation (les droits politiques).

Pourtant, pour étendu qu'il soit, le consensus dégagé par la Déclaration n'en demeure pas moins très superficiel. Car lorsqu'on approfondit l'analyse des droits proclamés, on s'aperçoit qu'il s'est brisé sur trois obstacles.

Tout d'abord, la Déclaration reste silencieuse sur les deux libertés-résistances essentielles que sont le droit de grève et la liberté d'entreprendre. Cet oubli volontaire est le fruit de l'insoluble confrontation qui oppose la conception occidentale, qui les admet, à la conception marxiste, qui les nie.

Ensuite, plusieurs des droits proclamés le sont de façon ambiguë. C'est notamment le cas du droit de propriété, du droit à un procès équitable, et du droit à des élections honnêtes. Le droit de propriété est consacré en des termes qui prétendent réconcilier la propriété privée des sociétés occidentales et la propriété collective des sociétés marxistes : « toute personne, aussi bien seule qu'en collectivité, a droit à la propriété » (art. 17) ; en réalité, cette réconciliation est fictive, car au-delà des mots les deux types de propriété résultent de deux conceptions philosophiques radicalement opposées, et exclusives l'une de l'autre. Quant aux droits à un procès « équitable » et à des « élections honnêtes », respectivement proclamés aux articles 10 et 21, ils n'ont pas la même signification pour les Occidentaux et pour les marxistes : impliquant l'absence de procès politiques, le multipartisme et des compétitions électorales pour les uns, ils induisent l'absence de justice de classe, le monopartisme et des élections sans propagande bourgeoise pour les autres.

Enfin, la Déclaration échoue totalement dans sa tentative de donner aux « droits de l'Homme » un minimum de soubassement philosophique commun. Naïvement, ses rédacteurs crurent y parvenir en ménageant la chèvre et le chou, en rendant alternativement hommage au positivisme juridique, en honneur dans les pays marxistes, et à la théorie moderne du droit naturel, dominante en Occident. La référence au positivisme juridique est perceptible dans le préambule, lorsqu'il évoque « l'avènement d'un monde où les êtres humains seront libres » ; l'emploi du futur semble en effet indiquer que les hommes ne sont pas libres naturellement, mais qu'ils le deviennent grâce à l'action de la société, à la volonté des acteurs juridiques. L'allusion à la théorie moderne du droit naturel gît pour sa part dans l'article premier, sous le couvert — il est vrai assez transparent — de l'affirmation selon laquelle « tous les êtres humains naissent libres » ; s'ils naissent libres, c'est en effet qu'ils le sont naturellement, indépendamment de l'action de la société, de la volonté des acteurs juridiques ; les États marxistes ne s'y sont d'ailleurs pas trompés : s'ils se sont abstenus lors du vote de la Déclaration, c'est en grande partie parce que cet article premier leur semblait trop ouvertement partial. En définitive, l'échec de la Déclaration universelle était prévisible, car une synthèse consiste à dépasser la thèse et l'antithèse, non à les juxtaposer. Mais à sa décharge, force est de reconnaître qu'il était douteux qu'un tel dépassement fût possible ici : on ne marie pas l'eau et le feu.

§ 3. Le destin de la Déclaration universelle

A. Sur le plan idéologique

Plusieurs dizaines d'années après le vote mémorable du 10 décembre 1948, la célébrité de la Déclaration universelle ne s'est pas démentie. Par son ambition universaliste, ce texte continue à focaliser l'attention des hommes épris de liberté. La postérité ne lui a donc pas tenu rigueur d'avoir échoué dans sa tentative de réconcilier les conceptions occidentale et marxiste des libertés publiques.

En réalité, l'évolution du monde fait qu'aujourd'hui on n'accorde plus guère d'importance à cet échec. L'ambition universaliste de la Déclaration a en effet changé de signification. Au lendemain de la Seconde Guerre mondiale, elle reflétait la croyance de l'opinion publique en la possibilité d'une réconciliation des conceptions occidentale et marxiste des libertés. On pensait en somme que puisque les vainqueurs avaient su s'entendre militairement, ils devaient pouvoir s'entendre aussi sur le plan des libertés. Mais à la suite de la guerre froide, cette croyance s'évanouit. La Déclaration universelle cesse alors d'être le drapeau d'une impossible réconciliation. L'Occident la transforme en arme de lutte idéologique contre le marxisme. Du coup, elle passe au service de la seule conception occidentale des libertés. Dès lors, son ambition universaliste ne consiste plus à composer, mais à vaincre ; elle vise désormais à ériger la conception occidentale en modèle universel, à abattre la conception marxiste.

De ce point de vue, la réussite s'est avérée totale. La conception marxiste des libertés a, semble-t-il, définitivement perdu la partie. Elle s'était déjà fissurée dès les années soixante-dix, lorsque plusieurs partis communistes d'Europe de l'Ouest — dits « eurocommunistes » — s'étaient ralliés aux libertés formelles, contre l'orthodoxie marxiste. Elle s'est effondrée en 1989, en même temps que les régimes communistes d'Europe de l'Est. Les populations des pays dans lesquels elle subsiste — notamment en Chine, au Vietnam, et à Cuba — ne font même plus semblant d'y croire.

Toutefois, la conception occidentale des libertés, que défend désormais la Déclaration, n'est pas parvenue pour autant à s'ériger en modèle universel. L'islam intégriste continue en effet à défendre sa propre conception, qu'il juge bafouée par la Déclaration de 1948. L'Iran estime ainsi que « la Déclaration doit être modifiée, le document laïc et occidental doit faire place à un instrument qui soit mieux accepté universellement »[1]. En réalité, on a vu qu'aucun compromis n'était possible entre la conception occidentale et celle de l'islam intégriste. Du point de vue de l'Occident, l'intégrisme musulman, jusque-là négligé, a donc pris la place du rival à abattre, rendue vacante par la chute du marxisme. Gageons que ce nouvel adversaire, qui s'appuie sur une tradition millénaire et recueille le consentement d'une large partie de l'humanité, sera particulièrement difficile à vaincre.

B. Sur le plan juridique

En dépit de son autorité morale, la Déclaration universelle n'est toujours pas parvenue à acquérir une valeur juridique. C'est ainsi que la Cour internationale de justice, lorsqu'elle se réfère à elle, prend soin de la rattacher à une norme conventionnelle indiscutable, par exemple à la Charte des Nations unies[2]. Quant au Conseil d'État français, il a rappelé qu'elle ne figurait pas au nombre des traités qui, aux termes de l'article 55 de notre Constitution, ont une autorité supérieure à celle de la loi interne[3].

En désespoir de cause, certains auteurs ont émis l'idée que la Déclaration aurait acquis une valeur coutumière. En réalité, aucun des deux éléments constitutifs de la coutume n'est respecté. L'élément psychologique, l'*opinio juris*, est absent, car la Déclaration n'a été clairement acceptée que par une fraction de la communauté internationale ; indépendamment des huit abstentions dont nous avons parlé, beaucoup des nombreux États créés après 1948 ont en effet pris leurs distances à son égard. L'élément matériel, l'application durable et répétée, n'est pas davantage présent, car il est malheureusement évident que la Déclaration n'a pas engendré, de la part des États, une pratique abondante de respect des droits de l'Homme.

À défaut d'avoir acquis une valeur juridique, la Déclaration a toutefois réussi à devenir la source d'inspiration de nombreuses règles juridiques. C'est ainsi que le

---

1. Prise de position du 26 novembre 1982. Citée par Abu Sahlieh, *RGDIP* 1985.632.
2. Par exemple CIJ 24 mai 1980, Personnel diplomatique des États-Unis à Téhéran, *R* 42.
3. CE 18 avr. 1951, Élections de Nolay, *R* 189 ; CE 23 nov. 1984, Roujansky, *R* 383 ; CE, Ass., 21 déc. 1990, Confédération nationale des associations familiales catholiques, *RFDA* 1990.1074.

pacte relatif aux droits civils et politiques d'une part, et le pacte relatif aux droits économiques, sociaux et culturels d'autre part, qui ont été adoptés le 16 décembre 1966 par l'Assemblée générale de l'ONU, se placent tous les deux expressément dans la filiation de la Déclaration universelle. Or ces deux pactes sont d'authentiques traités, entrés en vigueur en 1976. À ce titre, on les étudiera d'ailleurs dans le chapitre consacré aux garanties des libertés publiques.

De même, à un niveau moins général, nombreux sont les traités qui, instituant une protection catégorielle, citent comme source d'inspiration la Déclaration universelle. C'est par exemple le cas de la Convention sur l'élimination de toutes les formes de discrimination raciale, et de la Convention sur l'élimination de toutes les formes de discrimination à l'égard des femmes, respectivement adoptées par l'Assemblée générale de l'ONU en 1965 et en 1980, et dont on aura l'occasion de reparler.

Ainsi la Déclaration a-t-elle connu, sur le plan juridique, un destin paradoxal. Dénuée en elle-même de toute valeur contraignante, elle a cependant inspiré un réseau très serré d'obligations juridiques.

Section 2
L'acte final de la conférence d'Helsinki

À l'initiative de l'URSS, la première Conférence sur la sécurité et la coopération en Europe (CSCE) eut lieu à Helsinki de juillet 1973 à juillet 1975. Dans l'esprit des Soviétiques, cette rencontre entre les représentants des divers États européens n'était pas destinée à parler des droits de l'Homme ; elle avait simplement pour objet de sceller le partage de Yalta. Mais les États d'Europe de l'Ouest n'acceptèrent de participer à la conférence qu'à deux conditions, que l'URSS dut accepter. La première fut d'inviter les États-Unis et le Canada, dans la mesure où l'objet essentiel de la conférence — la sécurité — les concernait directement en tant que membres de l'OTAN. La seconde fut d'insérer les droits de l'Homme dans le programme de la conférence.

Ce marchandage originel se retrouve dans l'Acte final, signé le 1er août 1975 par les trente-cinq participants de la CSCE (trente-trois États européens, c'est-à-dire tous les États d'Europe sauf l'Albanie, plus les États-Unis et le Canada). Ce document au titre étrange, qui n'est pas un traité mais une simple déclaration d'intentions, est dépourvu de valeur juridique. Il n'en porte pas moins les traces du bras de fer que se sont livré les deux blocs pour parvenir à leurs fins. Par-delà les faux semblants, son objet le plus visible consiste en effet à échanger la reconnaissance du partage de Yalta contre l'engagement de respecter un certain nombre de droits de l'Homme.

C'est dans la première « corbeille » de l'Acte que les Occidentaux reconnaissent la division de l'Europe et de l'Allemagne. Cette concession découle des principes d'« égalité souveraine », d'« inviolabilité des frontières », d'« intégrité territoriale », et de « non-intervention dans les affaires intérieures » des États, qui y sont proclamés.

En échange, les Soviétiques et leurs alliés acceptent de mettre sous le boisseau l'orthodoxie marxiste. Ils s'engagent en effet à respecter quelques-unes des libertés formelles auxquelles les Occidentaux attachent un prix particulier : libertés d'opinion, de religion, et égalité devant la loi dans la première corbeille ; libre circulation des idées et des hommes en Europe dans la troisième corbeille. Ils boivent même la coupe jusqu'à la lie en acceptant que soit insérée, dans la première corbeille, une phrase qui consacre nettement la théorie moderne du droit naturel : « Les États participants... encouragent l'exercice effectif des libertés et droits... qui découlent tous de la dignité inhérente à la personne humaine ». Pour faire bonne mesure, cet exercice d'autoflagellation s'achève par l'invocation de la Déclaration universelle de 1948, dont on a vu qu'elle était devenue une arme de lutte idéologique contre le marxisme.

Il est certain qu'à travers cet échange les deux blocs poursuivaient des objectifs bien différents. Grâce au principe de non-ingérence, l'URSS garantissait à court terme la stabilité de son empire européen. Par son entreprise de déstabilisation idéologique, l'Occident jouait au contraire sur le long terme. Les événements de 1989 ont donné raison, plus tôt qu'on ne l'espérait, à cette stratégie de longue haleine.

Le succès occidental avait pourtant mis une bonne dizaine d'années à se dessiner. Les deux premières « conférences de suivi », qui s'étaient déroulées à Belgrade (1977-1978) et à Madrid (1980-1983), avaient en effet montré la résolution des États marxistes de ne pas honorer leurs engagements. L'orthodoxie était revenue au galop, bâillonnant les libertés sous prétexte de les rendre « réelles ». Il fut par exemple soutenu que la libre circulation des idées et des hommes n'était admissible que dans la mesure où elle ne véhiculait pas la subversion, autrement dit ne remettait pas en cause l'édification du socialisme. Nombreux furent alors ceux qui pensèrent que l'Acte final n'avait été qu'un marché de dupes, ou, pour reprendre des épithètes lancées dès 1975, qu'une « comédie » (Raymond Aron) doublée d'une « trahison » (Soljenitsyne).

Sur le plan des principes, on pouvait même craindre que l'Acte ne constituât finalement un danger pour « la » philosophie des droits de l'Homme. Car en faisant des droits de l'Homme une simple monnaie d'échange, il aboutissait à nier le caractère transcendant que leur prête la théorie moderne du droit naturel. Se plaçant dans l'optique du positivisme juridique (habileté soviétique ?), il les traitait comme s'ils étaient des droits positifs, que les acteurs juridiques sont libres de créer, de supprimer, et d'échanger. Démarche non seulement dangereuse, mais choquante, car du point de vue du jusnaturalisme — comme du positivisme sociologique — les droits de l'Homme s'exigent ; ils ne se marchandent pas.

C'est avec la conférence de Vienne (novembre 1986-janvier 1989) que ces déceptions et ces craintes ont commencé à se dissiper. L'échec économique, et l'impatience de leurs populations, gagnées aux valeurs occidentales, ont en effet convaincu les pays de l'Est de la nécessité d'évoluer. La conférence débouche ainsi sur l'adoption d'un document destiné à assurer enfin le respect des libertés contenues dans l'Acte de 1975. Ce document, signé par tous les États participants de la CSCE, sauf la Roumanie, détaille les mesures qu'implique la garantie des libertés d'opinion, de religion, de circulation des idées et des hommes. Et tous les signataires s'engagent à modifier leur législation pour la rendre conforme à ces dispositions. Enfin, pour que ces promesses ne restent pas lettre morte, le document prévoit un mécanisme de contrôle, tout État constatant une violation des engagements pris pouvant saisir publiquement la communauté des trente-cinq pays participants, à l'occasion d'une des conférences de suivi qui seront régulièrement organisées.

L'effondrement en 1989 des régimes communistes d'Europe de l'Est, parachevé en décembre par la révolution roumaine, a accéléré ce processus d'alignement sur les positions occidentales. Le « sommet de la CSCE », qui s'est déroulé à Paris en novembre 1990, a en effet permis de vérifier l'accord qui semble désormais régner entre tous les États participants. La transformation de la CSCE en « organisation » (OSCE) disposant d'organes propres (notamment secrétariat permanent à Vienne, assemblée parlementaire des représentants des États membres, et conseil des ministres des affaires étrangères) y a même été décidée : elle a finalement été réalisée en 1994.

Quinze années auront donc suffi pour que l'Acte final de la conférence d'Helsinki tienne ses promesses. Quinze années d'offensive idéologique, relayée à l'Est par des « comités de surveillance des accords d'Helsinki », bras actifs de la dissidence animée par des personnalités aussi marquantes que le physicien russe Andreï Sakharov, ou que le dramaturge tchèque Vaclav Havel. Quinze années au terme desquelles la conception occidentale des libertés a conquis la totalité de l'Europe, avant que la guerre dans l'ex-Yougoslavie, de 1991 à 1999, ne lui apporte une cruelle exception.

Trois textes attestent aujourd'hui la soumission de l'Europe à la conception occidentale des libertés. Ils y dessinent ses trois cercles d'influence.

Le premier est la Charte des droits fondamentaux de l'Union européenne, proclamée le 7 décembre 2000 ; dénué de valeur juridique tant que le traité de Lisbonne du 13 décembre 2007 ne sera pas entré en vigueur, il ne concerne que les vingt-sept États membres de l'UE, et rappelle qu'ils ont constitué historiquement son berceau, son premier cercle d'influence.

Le second est la Convention européenne de sauvegarde des droits de l'Homme et des libertés fondamentales, adoptée par le Conseil de l'Europe le 4 novembre 1950 ; s'analysant comme un traité, il sera étudié dans le chapitre consacré aux garanties des libertés publiques ; il s'impose à la quarantaine d'États membres du Conseil de l'Europe — dont font partie les vingt-sept de l'UE — et constitue son second cercle d'influence.

Le troisième, grâce au consensus qu'il recueille désormais, est l'Acte final, complété par la « Charte de Paris pour une nouvelle Europe » du 21 novembre 1990. Son originalité est d'être le seul des trois à s'appliquer à la quasi-totalité des États européens (au nombre d'une cinquantaine). Il constitue ainsi son troisième et dernier cercle d'influence.

Du point de vue des libertés publiques, il continuera à demeurer indispensable tant que tous les États européens n'auront pas ratifié la Convention européenne. Cette perspective lui laisse encore de beaux jours, même si la Hongrie a ouvert la voie aux autres pays de l'ancien bloc de l'Est en adhérant, en 1990, au Conseil de l'Europe.

BIBLIOGRAPHIE SÉLECTIVE

• Sur la Déclaration de 1789

Droits, n° 8, spécial Bicentenaire, 1988.

La Déclaration des droits de l'Homme et du citoyen et la jurisprudence, PUF, 1989 (colloque).

La Déclaration des droits de l'Homme et du citoyen, ses origines, sa pérennité, La Documentation française, 1990 (dir. C.-A. Colliard et G. Conac).

La Déclaration des droits de l'Homme et du citoyen de 1789, Economica, 1993 (intéressant commentaire article par article, dir. G. Conac).

C. FAURÉ, *Les Déclarations des droits de l'Homme de 1789*, Payot, 1988.

J. MORANGE, *La Déclaration des droits de l'Homme et du citoyen*, PUF, « Que sais-je ? », 1989.

Les Petites Affiches, n° spécial Bicentenaire, juillet 1989.

Revue du droit public, n° 3, spécial Bicentenaire, 1989.

S. RIALS, *La Déclaration des droits de l'Homme et du citoyen*, Hachette, 1988 (ouvrage fondamental sur l'élaboration de la Déclaration, contenant en annexes des documents du plus haut intérêt).

• Sur le sort des libertés en France après 1789

G. BRAIBANT et G. MARCOU (dir.), *Les droits de l'Homme : universalité et renouveau : 1789-1989*, L'Harmattan, 1990.

J.-L. EINAUDI, *La Bataille de Paris*, Le Seuil, 1991 (sur les monstrueuses « ratonnades » policières du 17 octobre 1961).

R. ERRERA, *Les Libertés à l'abandon*, Le Seuil, 1975 (polémique).

B. FARAGO, *L'État des libertés*, Aubier-Montaigne, 1981.

A. FENET et G. SOULIER, *Les Minorités et leurs droits depuis 1789*, L'Harmattan, 1989.

J. GEORGEL, « Aspects du préambule de la Constitution du 4 octobre 1958 », *RDP* 1960.88.

D. HALÉVY, *Décadence de la liberté*, Grasset, 1931.

A. HEYMANN, *Les Libertés publiques et la Guerre d'Algérie*, LGDJ, 1972.

J. IMBERT, *Les droits de l'Homme en France*, La Documentation française, 1985.

J.-P. MACHELON, *La République contre les libertés*, FNSP, 1976 (sur la Troisième République).

G. MARCOU, « Réflexions sur l'origine et l'évolution des droits de l'Homme », *Mélanges Charlier*, 1981, p. 635.

R. PELLOUX, « Le préambule de la Constitution du 27 octobre 1946 », *RDP* 1947.367.

J. RIVERO et G. VEDEL, « Les principes économiques et sociaux de la Constitution », *DS* 1947.16.

M. WALINE, « Où en sont nos libertés publiques ? », *RA* 1964.466.

• Pour situer le développement des libertés dans son contexte historique et philosophique

G. ANTONETTI, *Histoire contemporaine, politique et sociale*, PUF, 2e éd., 1989 (remarquable synthèse).

S. GOYARD-FABRE, *Philosophie politique, XVIe-XXe siècles*, PUF, 1987.

- **Sur la conception marxiste des libertés**

D.-G. LAVROFF, *Les Libertés publiques en Union soviétique*, Pédone, 2e éd., 1963.

G. LEBRETON, « Un legs de l'URSS à la CEI : la Déclaration soviétique des droits de l'Homme du 5 septembre 1991 », *RDP* 1992.281.

- **Sur l'islam et les libertés publiques**

A. ABU-SAHLIEH, « La définition internationale des droits de l'Homme et l'islam », *RGDIP* 1985.625 (article fondamental).

Y. BEN ACHOUR, « L'islam et la Cour européenne des droits de l'homme », *RGDIP* 2007.387 (évoque notamment l'affaire des « caricatures de Mahomet »).

B. BENNANI, *L'Islamisme et les droits de l'Homme*, L'Aire, 1984 (pessimiste).

M. CHARFI, *Islam et liberté*, Albin Michel, 1998 (ouvrage fondamental).

A.-M. DELCAMBRE, *L'Islam*, La Découverte, 1991 (bonne synthèse, abordant non seulement l'aspect juridique mais aussi les aspects théologique et sociologique).

H. DE WAËL, *Le Droit musulman*, CHEAM, 1989 (bonne introduction à l'étude de ce droit).

G. LEBRETON, « L'islam devant la Cour européenne des droits de l'Homme », *RDP* 2002.1493 (critique de la vision caricaturale de l'islam adoptée par la Cour).

G. LEBRETON, « La perception de l'islam par la Cour européenne des droits de l'Homme », dans *Les relations islamo-chrétiennes* (dir. H. Luthe et M.-T. Urvoy), Université d'Eichstätt, éd. de Paris, 2006 p. 243 (étude de jurisprudence de 1993 à 2004).

- **Sur la Déclaration universelle de 1948 et sur la CSCE**

R. CASSIN, *La Déclaration universelle et la mise en œuvre des droits de l'Homme*, Recueil des cours de l'Académie de droit international de La Haye, 1951, t. 79, p. 241 à 367 (ouvrage fondamental).

R. CASSIN, *La Déclaration universelle des droits de l'Homme*, Répertoire de droit international, Dalloz, 1968, vol. 1, p. 595 à 599 (plus synthétique).

La CSCE : dimension humaine et règlement des différends, Montchrestien, 1993 (colloque sous la direction d'E. Decaux).

E. DECAUX, *La CSCE*, PUF, « Que sais-je ? », 1992.

G. LEBRETON, « Critique de la Déclaration universelle des droits de l'homme », Actes du Colloque de Caen sur *le 60e anniversaire de la DUDH*, à paraître.

G. VEDEL, « La Déclaration universelle des droits de l'Homme », *D* 1949.C.372.

Titre III

Les implications juridiques de la notion de libertés publiques

La notion de « libertés publiques » n'est pas un label dont on affuble certains droits fondamentaux simplement pour les honorer. Elle a aussi pour effet de leur procurer une protection renforcée, grâce à ses implications quant à leur valeur juridique (chapitre 1), à leur réglementation (chapitre 2) et à leurs garanties (chapitre 3).

Chapitre 1

La valeur juridique des libertés publiques

Les libertés publiques ont nécessairement une valeur juridique éminente. Toutefois, celle-ci est susceptible de varier, selon qu'elles sont proclamées par la Déclaration de 1789 ou par le préambule de 1946 (section 1), ou qu'elles ne le sont pas (section 2).

Section 1

La valeur juridique des libertés publiques proclamées par la déclaration de 1789 ou par le préambule de 1946

Pour cette première catégorie de libertés publiques, le problème est relativement simple : elles ont valeur constitutionnelle si les textes de 1789 et de 1946 qui les proclament ont eux-mêmes valeur constitutionnelle ; elles ont simplement valeur législative dans le cas contraire. Dans la mesure où la valeur constitutionnelle de ces textes n'a été reconnue qu'en 1971, on en déduit leur valeur législative avant cette date (§ 1), et leur valeur constitutionnelle depuis lors (§ 2).

§ 1. Leur valeur législative jusqu'en 1971

Dans le titre II, on a vu que les libertés publiques ont rarement été respectées avant la Troisième République. Il est donc parfaitement inutile de s'interroger sur la valeur juridique qu'elles étaient censées avoir jusque-là.

Sous la Troisième République, en revanche, elles sont respectées. La doctrine soulève alors, très légitimement, la question de leur valeur juridique. Le débat qui oppose à cette occasion Hauriou, Duguit, et Carré de Malberg, est resté célèbre. Il mérite d'autant plus d'être rappelé que les trois grands auteurs y défendent respectivement le jusnaturalisme, le positivisme sociologique, et le positivisme juridique.

Pour Hauriou, la Déclaration de 1789 a une valeur constitutionnelle, et même supraconstitutionnelle. Il l'analyse en effet comme une « Constitution sociale », dont la valeur est supérieure à celle de la « Constitution politique » de 1875. Il entend signifier par là que les libertés contenues dans la Déclaration sont toutes des droits naturels, dont la complémentarité a pour effet d'instaurer un « ordre social individualiste », qui s'impose aux acteurs juridiques.

Duguit opte pareillement pour la valeur supraconstitutionnelle de la Déclaration de 1789, mais rejette l'explication par le droit naturel. Selon lui, les libertés contenues dans la Déclaration sont des droits positifs que la conscience collective a créés, et qu'elle entend imposer aux acteurs juridiques, même constituants.

Carré de Malberg estime au contraire que la Déclaration de 1789 n'a aucune valeur juridique. À supposer qu'elle ait fait partie intégrante de la Constitution de 1791, ce qui est déjà douteux, force est en effet d'admettre qu'en tant que source du droit elle a disparu en même temps qu'elle, dès 1792. Depuis cette date, elle n'a donc plus « que la portée dogmatique d'une Déclaration de vérités philosophiques ». Le maître de Strasbourg en déduit que les libertés qu'elle proclame n'ont que la valeur législative des lois qui en garantissent l'exercice.

Les thèses d'Hauriou et de Duguit conduisaient à reconnaître une valeur supra-constitutionnelle aux libertés proclamées par la Déclaration de 1789. Elles étaient donc trop hardies pour que le juge les suive. Prudemment, le Conseil d'État a préféré rejoindre les positions de Carré de Malberg. Sous la Troisième République, sa jurisprudence dénie toute valeur juridique à la Déclaration, dans la mesure où celle-ci n'a pas été remise en vigueur par la Constitution de 1875[1]. Les libertés publiques n'ont par conséquent à l'époque qu'une valeur législative, qu'elles tirent soit des lois qui les protègent, soit des principes généraux du droit qui les consacrent. À défaut de constituer une source du droit, la Déclaration de 1789 joue donc un rôle de révélateur de principes généraux du droit[2].

Sous la Quatrième République, le problème rebondit. En effet, le préambule de la Constitution de 1946 « réaffirme solennellement les droits et les libertés... consacrés par la Déclaration... de 1789 », et en « proclame » d'autres qu'il énumère. Certains auteurs, parmi lesquels Jean Rivero et Georges Vedel, déduisent alors de cette consécration expresse la valeur constitutionnelle de ces libertés. Pourtant, la Constitution précise, dans son article 92, que le Comité constitutionnel n'est compétent que pour statuer sur la conformité des lois par rapport à ses titres I à X, et non par rapport à la Déclaration et au préambule. À l'instar de Claude-Albert Colliard, une partie de la doctrine en tire argument pour dénier à ces deux textes toute valeur juridique, et pour estimer, dans le droit fil de Carré de Malberg, que les libertés qu'ils proclament n'ont — au mieux — qu'une valeur législative. Subtilement, Rivero et Vedel rétorquent que l'exonération du contrôle de constitutionnalité dont pâtissent la Déclaration et le préambule n'exclut pas leur valeur constitutionnelle.

Comme sous la Troisième République, le Conseil d'État se rallie à l'interprétation la moins audacieuse. Dans son avis du 23 avril 1947, il se prononce pour l'absence de valeur juridique de la Déclaration de 1789 et du préambule de 1946. En conséquence, rien n'est changé par rapport à ce qui se passait jusque-là : les libertés publiques continuent à n'avoir qu'une valeur législative, qu'elles tirent soit des lois qui les protègent, soit des principes généraux du droit qui les consacrent.

Cette solution de continuité est appliquée par le célèbre arrêt Dehaene, de 1950[3]. Le Conseil d'État y reconnaît en effet la valeur juridique du droit de grève, non parce qu'il est contenu dans le préambule de 1946, lequel n'a qu'une autorité morale, mais parce qu'il estime qu'il s'agit d'un principe général du droit. Dès lors, cette valeur ne

---

1. CE 9 mai 1913, Roubeau, *R* 521 ; CE 4 févr. 1944, Guieysse, *RDP* 1944.166, concl. Chenot.
2. Rappelons en effet que les PGD sont des principes non écrits dégagés par le juge de la tradition juridique française. Dans l'arrêt Roubeau, le CE fait par exemple du principe d'égalité devant la loi un PGD, qu'il dégage de notre tradition, forgée en l'occurrence par la Déclaration de 1789.
3. CE, Ass., 7 juill. 1950, Dehaene, *GAJA*, *RDP* 1950.691, concl. (éclairantes) Gazier.

saurait être que législative puisqu'il n'existe pas à l'époque de principes généraux du droit à valeur constitutionnelle.

On retrouve la même démarche dans le non moins célèbre arrêt Barel, de 1954[1]. Confronté à la liberté d'opinion, le Conseil d'État ne déduit pas sa valeur juridique de sa double insertion dans la Déclaration de 1789 et dans le préambule de 1946, mais de sa nature de principe général du droit.

À la fin de la Quatrième République, des arrêts moins célèbres semblent toutefois manifester la tentation du Conseil d'État de reconnaître une certaine valeur juridique à la Déclaration et au préambule, et de se passer de la médiation des principes généraux du droit[2]. Mais il ne s'agit que de velléités sans lendemain.

La Cinquième République entend en effet repousser la perche qui lui était ainsi tendue. Reprenant une technique déjà éprouvée, la Constitution du 4 octobre 1958 rappelle en effet, dans un court préambule, l'« attachement » du peuple français « aux droits de l'Homme... tels qu'ils sont définis par la Déclaration de 1789, confirmée et complétée par le préambule de la Constitution de 1946 ». Le vocabulaire employé — le mot « attachement » a une connotation plus morale que juridique — ainsi que la méthode retenue — le rappel est inséré dans un simple préambule, et non dans la Constitution elle-même — traduisent la volonté des constituants de continuer à refuser toute valeur juridique aux textes de 1789 et de 1946. Lors des débats du Comité consultatif constitutionnel, le gouvernement du général de Gaulle, maître d'œuvre de la nouvelle Constitution, confirme d'ailleurs l'absence de valeur juridique du nouveau préambule, donc des deux textes auxquels il renvoie[3].

Le Conseil d'État ne peut dès lors que se plier à la volonté des constituants. Dans l'arrêt Syndicat général des ingénieurs-conseils, de 1959, il affirme que tous les règlements, même les règlements autonomes, doivent « respecter... les principes généraux du droit... résultant notamment du préambule de la Constitution »[4]. Le préambule — et à travers lui les textes de 1789 et de 1946 — se voient ainsi refuser la qualité de sources du droit. On continue à ne leur accorder qu'un rôle de révélateurs de principes généraux du droit (PGD).

Certains auteurs (notamment Braibant) se demandent toutefois, au lendemain de l'arrêt, si celui-ci n'a pas entendu reconnaître une valeur constitutionnelle aux PGD résultant du préambule de 1958. Les règlements autonomes, en effet, ne sont pas soumis aux lois. Or l'arrêt les soumet aux PGD. Donc ces PGD n'ont pas valeur législative : ils ont, concluent ces auteurs, valeur constitutionnelle. Du point de vue des libertés publiques, la conclusion est d'un grand intérêt : si elle est exacte, elle signifie que toutes les libertés proclamées par la Déclaration de 1789 ou par le préambule de 1946 sont des PGD à valeur constitutionnelle. Par un habile subterfuge, l'arrêt leur accorderait ainsi la valeur qu'il est forcé de refuser aux textes qui les proclament, dissociant au prix d'un artifice subtil le contenu du contenant.

Cette conclusion s'est cependant vite avérée erronée. L'arrêt oblige certes à reconsidérer la valeur législative qu'on accordait jusque-là aux PGD. Mais il ne peut

---

1. CE, Ass., 28 mai 1954, Barel, *GAJA*, *R* 308, concl. Letourneur.
2. CE, Ass., 11 juill. 1956, Amicale des Annamites de Paris, *R* 317 ; CE 7 juin 1957, Condamine, *RDP* 1958.98, note Waline.
3. *Travaux préparatoires de la Constitution, Avis et débats du Comité consultatif constitutionnel*, La Documentation française, 1960, p. 101.
4. CE, Sect., 26 juin 1959, Syndicat général des ingénieurs-conseils, *GAJA*.

avoir pour signification de leur conférer une valeur constitutionnelle. Le Conseil d'État est en effet chargé de contrôler les actes et les agissements de l'administration, non ceux du législateur. Il n'est donc pas dans son pouvoir d'attribuer une valeur constitutionnelle aux PGD qu'il dégage, et d'en imposer ainsi le respect aux lois. En réalité, comme l'a expliqué le professeur Chapus, la seule façon correcte d'interpréter l'arrêt de 1959 est de considérer qu'il reconnaît aux PGD une simple valeur « supra-décrétale et infra-législative [1] ». Suffisante pour rendre compte de leur ascendant sur les règlements autonomes, cette valeur permet en effet en même temps au Conseil d'État d'éviter de porter atteinte à la souveraineté du législateur. Au bout du compte, l'arrêt de 1959 n'apporte donc pas, dans la protection des libertés publiques, la révolution escomptée. Comme par le passé, les libertés proclamées par les textes de 1789 ou de 1946 se voient refuser la valeur constitutionnelle. Elles doivent continuer à se contenter d'une valeur législative, rebaptisée, pour les besoins de l'article 37 de la Constitution de 1958, valeur supra-décrétale et infra-législative [2].

Tout va cependant changer avec la décision du Conseil constitutionnel du 16 juillet 1971.

§ 2. Leur valeur constitutionnelle depuis 1971

On a vu dans le titre II que le début des années soixante-dix marquait un tournant dans l'histoire des libertés publiques en France. En révélant brutalement les aspirations de la conscience collective, mai 1968 incite en effet les acteurs juridiques à sortir de leur engourdissement. Profitant de cette conjoncture favorable, le Conseil constitutionnel saisit la première occasion qui s'offre à lui pour réaliser, au profit de nos libertés, une extension du bloc de constitutionnalité.

Cette occasion est fournie dès 1971 par M. Alain Poher, président du Sénat, qui lui défère une loi relative à la liberté d'association. La loi déférée portait indiscutablement atteinte à cette vénérable liberté, que la France respecte presque sans interruption depuis 1901. Elle ouvrait en effet aux préfets la possibilité de soumettre certaines associations à un contrôle *a priori* de l'autorité judiciaire : si celles-ci leur semblaient avoir un objet illicite, ils pouvaient communiquer leur déclaration au procureur de la République, et différer la délivrance du récépissé jusqu'à sa décision de saisir ou non le tribunal. Mais pour annuler cette loi, encore fallait-il reconnaître une valeur constitutionnelle à la liberté d'association, qui n'est mentionnée nulle part dans la Constitution de 1958.

Dans sa décision du 16 juillet 1971, le Conseil constitutionnel a su manifester l'audace nécessaire pour parvenir à ses fins [3]. Faisant prévaloir les aspirations de la conscience collective sur la volonté affichée naguère par le gouvernement du général

---

1. R. Chapus, « De la soumission au droit des règlements autonomes », *D* 1960.C.119 ; et « De la valeur juridique des PGD et des autres règles jurisprudentielles du droit administratif », *D* 1966.C.99.

2. Dans certains arrêts ressurgit d'ailleurs la vieille expression « PGD ayant valeur législative » : CE, Ass., 19 févr. 1960, Féd. algérienne des synd. de défense des irrigants, *R* 129 ; CE 2 juill. 1965, Duverger, *R* 407. Un arrêt très confus semble par contre reconnaître une valeur constitutionnelle au préambule de 1958, à moins que ce ne soit aux PGD qu'il énonce : CE, Sect., 12 févr. 1960, Soc. Eky, *R* 101.

3. CC 16 juill. 1971, *GDCC*.

de Gaulle, il reconnaît la valeur constitutionnelle du préambule de 1958. Dans la foulée, il interprète le mot « attachement », qui y est inscrit, comme ayant entendu conférer une valeur constitutionnelle au préambule de 1946. Bien que la décision soit muette sur la Déclaration de 1789, il est dès lors évident que celle-ci acquiert implicitement la même valeur, puisque le raisonnement effectué lui est transposable. Enfin, le Conseil constitutionnel dote d'un contenu concret l'expression « principes fondamentaux reconnus par les lois de la République » (PFR), inscrite dans le préambule de 1946. Résolu à ne plus la considérer comme une simple clause de style, il y placera désormais toutes celles de nos libertés traditionnelles qui ne figurent expressément ni dans la Constitution de 1958, ni dans le préambule de 1946, ni dans la Déclaration de 1789, afin de leur conférer une valeur constitutionnelle. Il inaugure ce brillant stratagème avec la liberté d'association, superbement ignorée par les trois textes. Qualifiée de PFR, elle acquiert donc une valeur constitutionnelle, qui permet au Conseil constitutionnel d'arriver à son but : déclarer la loi déférée non conforme à la Constitution.

Grâce à la décision du 16 juillet 1971, le bloc de constitutionnalité s'enrichit ainsi de trois nouveaux domaines. À côté de la Constitution proprement dite, la Déclaration de 1789, le préambule de 1946 et les PFR accèdent à la valeur constitutionnelle. Par contrecoup, les libertés publiques qu'ils proclament y accèdent aussi. Leur promotion est d'autant plus remarquable que son effectivité est garantie par le contrôle sourcilleux qu'exerce le Conseil constitutionnel sur les lois. La Constitution, pourtant, ne lui avait pas confié ce rôle de gardien des libertés. Mais il a pu se l'arroger en profitant de l'imprécision de son article 61 qui, contrairement à l'article 92 de la Constitution de 1946, omet d'exclure expressément le préambule du champ de son contrôle.

La décision de 1971 est le point de départ d'une abondante jurisprudence qui confirme la valeur constitutionnelle de la Déclaration de 1789 [1] et du préambule de 1946 [2], ainsi que de toutes les libertés qu'ils proclament : liberté en général, propriété, sûreté, droit de grève, etc. [3]. En insérant dans le préambule de 1958 une référence à « la Charte de l'environnement de 2004 », la loi constitutionnelle du 1er mars 2005 donne donc la même valeur à ce texte ainsi qu'aux deux droits (et aux sept devoirs) qu'il proclame : « droit de vivre dans un environnement équilibré et respectueux de la santé », et droit « d'accéder aux informations relatives à l'environnement détenues par les autorités publiques et de participer à l'élaboration des décisions publiques ayant une incidence sur l'environnement ».

En assurant leur protection constitutionnelle, cette jurisprudence met fin à l'« absolutisme » du législateur, qui pouvait jusque-là leur porter atteinte en toute impunité [4]. Conformément aux aspirations de la conscience collective, elle achève

1. CC 27 déc. 1973, Taxation d'office, *GDCC*.

2. CC 15 janv. 1975, Interruption volontaire de grossesse, *GDCC*.

3. Notamment CC 16 janv. 1982, Loi de nationalisation, *GDCC* (liberté, art. 4 Déc. 1789, et propriété, art. 17) ; CC 19 et 20 janv. 1981, Sécurité et liberté, *GDCC* (sûreté, art. 7 et 8) ; CC 25 juill. 1979, Droit de grève à la radio et à la télévision, *GDCC* (droit de grève, préc., 1946). À noter : les droits-créances proclamés par le préambule de 1946 — dont on rappelle qu'ils ne sont pas des libertés publiques — se voient également reconnaître une valeur constitutionnelle : CC 15 janv. 1975, préc.

4. J. Rivero, « Fin d'un absolutisme », *Pouvoirs* n° 13, 1980.7.

ainsi l'édification de l'État de droit, commencée un siècle et demi auparavant par le Conseil d'État.

Section 2
La valeur juridique des libertés publiques qui ne sont proclamées ni par la déclaration de 1789, ni par le préambule de 1946

Jusqu'en 1971, les libertés publiques qui ne sont proclamées ni par la Déclaration de 1789, ni par le préambule de 1946 (ni, bien évidemment, par la Constitution de 1958) n'ont que la valeur législative des lois qui les protègent, ou que la valeur supra-décrétale et infra-législative des PGD qui les consacrent. Il n'y a en effet aucune raison de leur accorder une valeur constitutionnelle, d'autant que leurs homologues proclamées n'en bénéficient pas non plus.

Tout change avec la décision du 16 juillet 1971. Une dissociation s'opère alors en leur sein, les unes acquérant la valeur constitutionnelle (§ 1), les autres, moins nombreuses, devant continuer à se contenter d'une simple valeur législative (§ 2).

§ 1. Le principe : la valeur constitutionnelle

La décision du 16 juillet 1971 ne se contente pas de constitutionnaliser la Déclaration de 1789 et le préambule de 1946. Pensant aux libertés publiques qu'ils ont oubliées, elle donne aussi valeur constitutionnelle aux « principes fondamentaux reconnus par les lois de la République » (PFR). Vont désormais être rangées dans cette catégorie toutes les libertés qui appartiennent, malgré leur omission par les textes de 1789 et de 1946, à la tradition républicaine française.

La première à bénéficier de ce traitement est, ainsi qu'on l'a vu dans la section I, la liberté d'association. Sont ensuite qualifiés de PFR : le principe des droits de la défense, la liberté individuelle, la liberté de l'enseignement, la liberté de conscience, les principes d'indépendance de la juridiction administrative et des professeurs d'université, le principe selon lequel l'annulation ou la réformation des décisions prises par l'administration dans l'exercice de ses prérogatives de puissance publique relève de la juridiction administrative, le principe consacrant « l'importance des attributions conférées à l'autorité judiciaire en matière de protection de la propriété immobilière », et le principe consacrant l'existence d'une justice pénale des mineurs [1].

Cet ensemble est moins hétérogène qu'il le paraît au premier abord. Tous les PFR ainsi dégagés ont en effet un rapport plus ou moins direct avec les libertés publiques,

1. CC 2 déc. 1976, Prévention des accidents du travail, *RDP* 1978.817 (droits de la défense) ; CC 12 janv. 1977, Fouille des véhicules, *AJDA* 1978.215 (liberté individuelle) ; CC 23 nov. 1977, Liberté de l'enseignement, *AJDA* 1978.565 (libertés de l'enseignement et de conscience) ; CC 22 juill. 1980, Lois de validation, *AJDA* 1980.602 (indépendance de la juridiction administrative) ; CC 20 janv. 1984, Loi sur l'enseignement supérieur, *AJDA* 1984.161 (indépendance des professeurs d'université) ; CC 23 janv. 1987, Conseil de la concurrence, *AJDA* 1987.345 (compétence de la juridiction administrative) ; CC 25 juill. 1989, TGV Nord, *RFDA* 1989.1009 (propriété immobilière) ; CC 29 août 2002, Loi d'orientation pour la justice, *RDP* 2002.1619 (justice pénale des mineurs). De façon contestable, car ce n'est pas son rôle, le CE en dégage aussi : CE, Ass., 3 juill.

car ils s'analysent tantôt comme des libertés, tantôt comme des principes destinés à garantir l'exercice de certaines libertés. Il ne s'agit donc pas de « principes fourre-tout ». En outre, tous correspondent bien à la tradition républicaine française, en ce sens qu'ils furent consacrés par des lois appliquées par l'une au moins — en général la Troisième — de nos Républiques. Ce rattachement à des lois écrites indique qu'ils ne s'analysent ni comme des principes coutumiers, ni comme des principes dépendant exclusivement de la subjectivité du juge constitutionnel : ce sont des principes qui doivent accéder à la dignité constitutionnelle parce qu'ils appartiennent tellement à notre paysage législatif que la conscience collective des Français exige leur préservation.

Cela étant, on éprouve quand même une certaine surprise lorsqu'on examine les quatre libertés qualifiées de PFR. Seules la liberté d'association et la liberté de l'enseignement y semblent en effet à leur place, dans la mesure où elles ne figurent ni dans la Constitution, ni dans la Déclaration de 1789, ni dans le préambule de 1946. La liberté de conscience, au contraire, est inscrite à la fois dans la Déclaration et dans le préambule. On ne comprend dès lors pas très bien pourquoi on a utilisé à son égard le détour du PFR, puisque sa valeur constitutionnelle pouvait être démontrée par des voies plus directes. L'interrogation est encore plus forte vis-à-vis de la « liberté individuelle », qualifiée de PFR alors qu'on la trouve à la fois dans la Déclaration de 1789, dans le préambule de 1946, et dans l'article 66 de la Constitution.

La réponse est sans doute que le Conseil constitutionnel a voulu s'émanciper du cadre étroit des textes, afin de donner aux libertés considérées une extension qu'ils permettaient mal. L'explication semble particulièrement vraie pour la « liberté individuelle », que l'article 66 assimile au droit à la sûreté, alors que le Conseil lui ajoute d'autres composantes, dont le droit au respect de la vie privée[1].

On rencontre ici une seconde technique utilisée par le Conseil pour reconnaître une valeur constitutionnelle aux libertés non proclamées par les textes de 1789 et de 1946. Lorsqu'il ne lui apparaît pas possible de les qualifier directement de PFR, parce qu'elles ne s'appuient pas sur une tradition législative suffisamment solide, il les englobe dans d'autres libertés dont la valeur constitutionnelle est incontestable. C'est ainsi qu'il a rattaché : le droit au respect de la vie privée, tardivement consacré par une loi du 17 juillet 1970, au PFR de la « liberté individuelle » ; la liberté d'entreprendre, dont la portée a toujours été controversée, à la « liberté » générale de l'article 4 de la Déclaration de 1789 ; et la liberté de la communication audiovisuelle, apparue avec la loi du 29 juillet 1982, à cette même « liberté » de l'article 4[2].

1996, Koné, *AJDA* 1996.722 (PFR « selon lequel l'État doit refuser l'extradition d'un étranger lorsqu'elle est demandée dans un but politique »).

1. Mais dans sa jurisprudence la plus récente, le CC purge la liberté individuelle des composantes qu'il lui avait données, et la réduit à n'être plus que le droit à la sûreté. Cf. par exemple CC 16 juin 1999, Sécurité routière (*JO* 19 juin). Ces autres composantes gardent toutefois valeur constitutionnelle, mais sur la base d'autres fondements : cf. par exemple CC 21 déc. 1999, Sécurité sociale (*JO* 30 déc.), qui rattache désormais le droit au respect de la vie privée à l'article 2 de la Déclaration de 1789.

2. CC 12 janv. 1977, Fouille des véhicules, *GDCC* (vie privée) ; CC 16 janv. 1982, Loi de nationalisation, *GDCC* (liberté d'entreprendre) ; CC 27 juill. 1982, Communication audiovisuelle, *RDP* 1983.333. Cf. aussi CC 13 août 1993, Maîtrise de l'immigration (*RFDA* 1993.887) : inclut la liberté d'aller et venir, la protection contre les données informatiques, et la liberté du mariage, dans

Enfin, une troisième technique est utilisée par le Conseil pour accorder une valeur constitutionnelle aux libertés non proclamées. Elle consiste à les qualifier de « principes de valeur constitutionnelle » sans donner plus d'explications. Employée à l'égard de certains principes qui n'ont qu'un rapport lointain avec les libertés publiques — la séparation des pouvoirs, ou encore la continuité du service public — elle a en effet servi également à consacrer la « liberté d'aller et venir », et la « protection de la santé et de la sécurité des personnes et des biens[1] ».

Des trois techniques, c'est celle-ci qui est la plus contestable. Car elle ne manifeste aucun effort pour justifier la valeur constitutionnelle des libertés. On n'y invoque ni une tradition législative, ni une quelconque parenté avec des libertés mieux assises. Au même titre que les PFR, ce sont pourtant des principes généraux du droit (PGD), mais des PGD qui donnent la fâcheuse impression, faute d'argumentation, de devoir beaucoup à la subjectivité du juge constitutionnel. Il aurait été beaucoup plus habile de raccrocher la « liberté d'aller et venir » à la « liberté » générale de l'article 4 de la Déclaration, et de découper la « protection de la santé et de la sécurité des personnes et des biens » en trois tronçons, rattachés respectivement à un droit-créance — le droit à la santé — et à deux libertés publiques — le droit à la sûreté et le droit de propriété.

Mais au-delà de ce problème de méthode, il faut féliciter le Conseil constitutionnel d'avoir osé reconnaître une valeur constitutionnelle à la plupart des libertés oubliées par la Déclaration de 1789 et par le préambule de 1946. Sans cette nouvelle audace, les aspirations de la conscience collective n'auraient pas été parfaitement respectées, ni l'édification de l'État de droit totalement achevée.

§ 2. L'EXCEPTION : LA VALEUR LÉGISLATIVE

Contrairement à ce qu'on pourrait penser, toutes les libertés publiques n'ont pas une valeur constitutionnelle. Il en existe quelques-unes qui doivent se contenter d'une valeur législative. Il s'agit d'authentiques libertés publiques, dans la mesure où la conscience collective leur est profondément attachée, et où, en conséquence, le droit positif les accepte. Mais ce sont des libertés mal vécues parce qu'elles vont à l'encontre des préceptes du christianisme, qui continuent à imprégner la civilisation occidentale. C'est pourquoi le Conseil constitutionnel évite de leur reconnaître une valeur constitutionnelle. Elles sont en quelque sorte la mauvaise conscience de l'Occident.

En théorie, le législateur demeure donc libre de les supprimer, puisqu'elles n'ont qu'une simple valeur législative. En pratique, le risque qu'il le fasse est cependant quasiment nul, car il sait que la conscience collective leur est autant attachée qu'aux autres libertés. Au fond, il s'agit d'un problème qui relève davantage de la psychosociologie que du droit. Le refus de la valeur constitutionnelle a pour fonction essentielle de minimiser la portée de la rupture avec le christianisme, rupture que la

---

la « liberté individuelle » (cf. toutefois note précédente). Et CC 20 juill. 2000, Droit de chasse (*JO* 27 juill.) : fait découler le droit de chasse du droit de propriété.

1. CC 12 juill. 1979, Ponts à péage, *RDP* 1979.1691 (liberté d'aller et venir) ; CC 22 juill. 1980, Protection des matières nucléaires, *RDP* 1980.1652 (protection...) À noter : TC 9 juin 1986, Eucat (*RFDA* 1987.53, concl. Mme Latournerie) et CE, Ass., 8 avr. 1987, Peltier (*AJDA* 1987.327) préfèrent rattacher la liberté d'aller et venir à la Déclaration de 1789.

société ressent comme une trahison mais à laquelle elle ne veut pas renoncer. Cette « trahison » a pour domaines d'élection l'argent et le corps.

L'argent et les biens matériels sont considérés par le christianisme comme de dangereuses tentations, qui risquent de détourner l'homme de sa destinée éternelle. Le Christ a lui-même donné l'exemple de sa grande pauvreté, et condamné avec la plus grande fermeté les marchands du Temple. En contradiction avec cet idéal de pureté, l'Occident tend à réhabiliter l'appât du gain. Aux valeurs de désintéressement et de charité, il oppose la réussite matérielle et l'égoïsme. Sur le plan des libertés, ce changement de mentalités s'est traduit en France par la consécration du « droit au secret de l'avoir », qu'on étudiera dans la deuxième partie de ce manuel. Mais la mauvaise conscience qui a accompagné l'émergence de ce droit a convaincu le Conseil constitutionnel de lui refuser la valeur constitutionnelle. Dans une décision du 29 décembre 1983, le Conseil admet en effet qu'une loi puisse y déroger, en levant partiellement le secret qui entourait jusque-là le revenu imposable des contribuables [1].

Plus encore que les droits liés à l'argent, les libertés du corps polarisent la mauvaise conscience de l'Occident. Pour le christianisme, le corps humain est l'enveloppe de l'âme ; à ce titre, il participe de la dignité de la personne humaine, et ne doit pas être « chosifié ». De son bon usage dépend d'ailleurs dans une certaine mesure le salut de l'âme. Concrètement, plusieurs préceptes découlent de cette conception du corps humain, notamment l'interdiction du suicide, de la prostitution, et de l'avortement. Or, il se trouve que l'Occident, tout en protestant de sa fidélité à l'égard de l'idéalisation chrétienne du corps humain, a rangé le suicide, la prostitution, et l'avortement, au nombre des libertés publiques. Cette douloureuse contradiction explique qu'on ait omis — voire refusé — de leur accorder la valeur constitutionnelle.

Les droits au suicide et à la prostitution ne font pas l'objet d'une proclamation expresse, laquelle risquerait fort de choquer l'opinion publique. Pourtant, ils n'en existent pas moins. Le nouveau Code pénal réprime en effet la provocation au suicide, le proxénétisme et le racolage, mais non le suicide ou la prostitution en tant que tels. Implicitement, le droit positif français les reconnaît donc comme de véritables libertés, et plus précisément comme des modalités particulières de la liberté de disposer de son corps.

Le droit à l'avortement, longtemps nié, est pour sa part clairement reconnu, et couramment pratiqué, depuis la loi du 17 janvier 1975. Certes, la loi de 1975 évite de le consacrer expressément. En outre, elle prend soin de mettre en exergue le principe « du respect de tout être humain dès le commencement de la vie », et de réserver l'interruption volontaire de grossesse (IVG) aux femmes qui s'estiment en « situation de détresse ». Cette prudence s'explique, quand on se rappelle la violence des débats qui ont précédé son adoption. Mais il n'en reste pas moins qu'au-delà de ces précautions oratoires, la loi consacre bel et bien, au profit des femmes dont la

---

1. CC 29 déc. 1983, Perquisitions fiscales, *GDCC*. La liberté d'entreprendre s'est vue, pour sa part, reconnaître une valeur constitutionnelle (CC 16 janv. 1982, Loi de nationalisationn *GDCC*). Comme le « droit au secret de l'avoir », elle est pourtant elle aussi en relation étroite avec l'argent. Mais contrairement à lui, elle est facilement conciliable avec les valeurs chrétiennes, car elle peut favoriser l'épanouissement des individus plutôt que le repliement sur soi. Le CC relativise toutefois sa valeur constitutionnelle en précisant qu'elle ne s'exerce que « dans le cadre d'une réglementation instituée par la loi » (CC 27 juill. 1982, Communication audiovisuelle ; CC 16 janv. 1986) ; peut-être faut-il voir dans cette restriction un reste de mauvaise conscience...

grossesse ne dépasse pas dix semaines, le droit d'avorter. Dans sa décision du 15 janvier 1975, le Conseil constitutionnel évite lui aussi de reconnaître expressément ce nouveau droit, et se borne à constater, dans des considérants aussi brefs qu'embarrassés, la constitutionnalité de la loi[1]. Ce faisant, il refuse implicitement d'accorder une valeur constitutionnelle au droit à l'avortement. S'il devait un jour se prononcer sur le droit au suicide ou sur le droit à la prostitution, il est hautement probable qu'il ferait preuve de la même prudence. La meilleure façon de respecter la mauvaise conscience de la société à l'égard de certaines libertés, n'est-elle pas de reconnaître à celles-ci une simple valeur législative ?

1. CC 15 janv. 1975, Interruption volontaire de grossesse, *GDCC*. Cf. aussi CC 27 juin 2001, IVG II, *GDCC*, à propos de l'allongement à douze semaines de l'IVG : évoque « la liberté de la femme qui découle de l'article 2 de la Déclaration », sans en déduire expressément l'existence d'un droit à l'avortement.

Chapitre 2

La réglementation des libertés publiques

Les libertés publiques ne doivent pas être exercées dans n'importe quelles conditions. Pour respecter les exigences de la vie en société, il est nécessaire qu'elles fassent l'objet d'une réglementation précise. Mais pour éviter que, d'accoucheuse des libertés, cette réglementation ne se transforme en leur geôlière, encore faut-il qu'elle émane des autorités compétentes (section 1), qu'elle respecte le principe d'égalité (section 2), qu'elle s'exerce selon des modalités acceptables (section 3), et qu'elle sache s'adapter aux circonstances (section 4).

Section 1
Les autorités compétentes pour réglementer les libertés publiques

Les articles 34 et 37 répartissent entre le législateur et les autorités administratives la compétence pour réglementer les libertés publiques (§ 1). C'est pourtant une autre répartition, découlant de la jurisprudence du Conseil constitutionnel, qui s'applique aujourd'hui (§ 2).

§ 1. La répartition apparente des compétences : les articles 34 et 37 de la Constitution

Selon l'article 34 de la Constitution, « la loi fixe les règles concernant... les garanties fondamentales accordées aux citoyens pour l'exercice des libertés publiques ». On en déduit que le soin de s'occuper des autres garanties, c'est-à-dire des garanties non fondamentales (?), est renvoyé au règlement autonome de l'article 37.

Tel l'enfant présenté au roi Salomon, les libertés publiques sont donc condamnées à l'écartèlement. La solution retenue par la Constitution encourt deux reproches : elle ne respecte pas la tradition, et elle laisse au pouvoir réglementaire une redoutable marge de manœuvre.

Elle ne respecte pas la tradition, car sous les Troisième et Quatrième Républiques, le législateur était la seule autorité théoriquement compétente pour réglementer l'exercice des libertés publiques. Le Conseil d'État, dans son avis du 6 février 1953, avait d'ailleurs rangé les libertés publiques au nombre des « matières... réservées à la loi... par la tradition constitutionnelle républicaine ».

Certes, le Conseil d'État avait vite admis certains aménagements au profit du pouvoir réglementaire. Dès 1902, sa jurisprudence avait autorisé les maires à aggraver les limitations apportées aux libertés publiques par les règlements de police nationaux, afin de tenir compte des spécificités locales[1]. Puis en 1919, elle avait reconnu l'existence d'un pouvoir réglementaire autonome en matière de police, permettant au chef de l'Exécutif de réglementer l'exercice des libertés publiques, même en l'absence de toute loi l'y autorisant[2]. Enfin, l'avis du 6 février 1953 avait ouvert au législateur la possibilité de « se borner à poser les règles essentielles (concernant l'exercice des libertés publiques), en laissant au gouvernement le soin de les compléter ».

Mais ces aménagements apportés au principe de la compétence exclusive du législateur ne le renversaient nullement, car à tout moment la loi pouvait pénétrer dans les domaines ainsi concédés au règlement.

Au contraire, la répartition effectuée par les articles 34 et 37 dépouille le législateur du soin de fixer les garanties non fondamentales des libertés publiques. La loi, même si elle le veut, ne peut plus les déterminer.

On arrive ici au second reproche adressé à la répartition de 1958 : elle laisse au pouvoir réglementaire une redoutable marge de manœuvre. Le législateur n'est en effet plus compétent que pour fixer les « garanties fondamentales » des libertés. Or cette expression restrictive ne lui laisse que deux pouvoirs certes importants, mais rarement utilisables : le pouvoir de proclamer des libertés publiques nouvelles[3], et le pouvoir de fixer les principaux traits du régime juridique des libertés publiques déjà existantes.

Le reste, c'est-à-dire le pouvoir de préciser les détails du régime juridique des libertés publiques, relève de la compétence exclusive de l'autorité réglementaire. Par là, c'est la tâche quantitativement la plus importante qui lui est abandonnée, car contrairement aux garanties fondamentales, qui présentent nécessairement une certaine stabilité, ces détails prennent en compte la vie concrète des libertés, et doivent s'adapter à leurs nouvelles exigences, à leur évolution incessante.

Enfin, et c'est peut-être le problème le plus crucial, comment reconnaître, au sein des garanties, celles qui sont « fondamentales » de celles qui ne le sont pas ? La philosophie générale de la Constitution de 1958, favorable au renforcement de l'Exécutif, suggère fatalement au juge administratif de considérer avec bienveillance les interprétations favorables au pouvoir réglementaire. L'exemple le plus probant en est fourni par l'arrêt société Eky, de 1960. Le Conseil d'État y estime que l'article 34 a entendu exclure du domaine de la loi la détermination des contraventions et des peines dont elles sont assorties. Le résultat, c'est que le pouvoir réglementaire se voit reconnaître la liberté d'« assortir » les contraventions de peines pouvant aller jusqu'à un emprisonnement de deux mois[4] !

Du point de vue des libertés publiques, la répartition des compétences imaginée par les articles 34 et 37 était donc trop dangereuse pour qu'on la respecte. C'est au

---

1. CE 18 avr. 1902, Commune de Néris-les-Bains, *GAJA*.

2. CE 8 août 1919, Labonne, *GAJA* : légalité du décret de 1899 instituant le premier Code de la route.

3. Par exemple, loi du 17 juillet 1970 (droit à la vie privée), ou loi du 29 juillet 1982 (liberté de communication audiovisuelle).

4. CE, Sect., 12 févr. 1960, Soc. Eky, *S.* 1960.131, concl. Kahn. Depuis l'entrée en vigueur du Nouveau Code pénal, les peines contraventionnelles ne consistent plus jamais en des peines d'emprisonnement.

Conseil constitutionnel qu'est revenu l'honneur de lui substituer une autre répartition, plus conforme aux attentes de la conscience collective.

§ 2. La répartition réelle des compétences : la jurisprudence du Conseil constitutionnel

La jurisprudence du Conseil constitutionnel a entrepris d'élargir, au détriment du pouvoir réglementaire, la compétence du législateur en matière de libertés publiques (A). Elle a toutefois soumis cette compétence élargie au respect de certaines dispositions à caractère constitutionnel (B).

A. L'élargissement de la compétence du législateur

Dans les premières années de son existence, le Conseil constitutionnel a semblé hésiter à élargir la compétence du législateur en matière de libertés publiques. En 1959, il adopte même l'attitude inverse en inaugurant la théorie de « l'état de la législation antérieure », qui étend le domaine du règlement au détriment de celui de la loi [1]. Cette théorie permet en effet au pouvoir réglementaire d'apporter de nouvelles limitations à une liberté publique, lorsque celle-ci a déjà été limitée par une loi avant 1958. Puis, en 1963, le Conseil constitutionnel reprend, à propos des contraventions et des peines dont elles sont assorties, l'interprétation timorée de l'article 34 adoptée par le Conseil d'État dans l'arrêt société Eky [2].

Mais rapidement, sa tendance à élargir la compétence du législateur l'emporte. Et c'est en 1973 qu'il cesse d'invoquer la théorie de « l'état de la législation antérieure » — laquelle semble donc avoir disparu —, et qu'il renverse sa solution de 1963.

Désormais, le Conseil constitutionnel utilise divers procédés pour élargir la compétence du législateur (1°). Mais, d'une façon réaliste, il concilie cette volonté d'élargissement avec le souci de laisser au pouvoir réglementaire une certaine liberté d'action en matière de police administrative (2°).

1) Les trois procédés utilisés pour élargir la compétence du législateur

a) L'interprétation extensive des expressions « garanties fondamentales » et « principes fondamentaux », contenues dans l'article 34

Pour bien comprendre l'importance de ces deux expressions, il est nécessaire de rappeler dans quels termes l'article 34 fait allusion aux libertés publiques. On y lit que « la loi fixe les règles concernant :... les garanties fondamentales accordées aux citoyens pour l'exercice des libertés publiques ; (...) la détermination des crimes et délits ainsi que les peines qui leur sont applicables ; la procédure pénale (...) » ; et que « la loi détermine les principes fondamentaux : (...) de l'enseignement, du régime de la propriété,... et du droit syndical ».

---

1. CC 27 nov. 1959, Prix des baux à ferme, *GDCC* (à propos de « la libre disposition de son bien par tout propriétaire »). Transposée par CE, Sect., 28 oct. 1960, Martial de Laboulaye, *DS* 1961.141, concl. Heumann (à propos de la liberté du commerce et de l'industrie).
2. CC 19 févr. 1963, *D* 1964.92.

À cette lecture, il apparaît que la Constitution n'accorde une compétence étendue au législateur qu'en matière de procédure pénale et de détermination des crimes et délits. Pour le reste, sa compétence est soigneusement restreinte aux « garanties fondamentales » et « principes fondamentaux ».

Bravant la lettre — et probablement l'esprit — de l'article 34, le Conseil constitutionnel ne s'est pas laissé impressionner par la signification incontestablement restrictive de ces deux expressions. Il leur a donné une interprétation extensive.

Celle-ci revient à remplacer la distinction entre ce qui est « fondamental » et ce qui ne l'est pas, par la distinction entre « mise en cause » et « mise en œuvre » des libertés publiques. Les dispositions qui mettent en cause les libertés sont celles qui leur apportent les limitations nécessaires ; fatalement dangereuses, elles relèvent de la compétence du législateur. Les dispositions qui mettent en œuvre les libertés sont celles qui se bornent à en préciser les modalités d'exercice, sans leur porter atteinte ; relativement inoffensives, elles relèvent du pouvoir réglementaire.

Dans une décision de 1983, le Conseil constitutionnel estime par exemple que « la détermination des conditions dans lesquelles est assurée la représentation d'une personne privée pour l'exercice de ses droits patrimoniaux *met en cause* un principe fondamental du droit de propriété [1] ». En conséquence, est annulé l'article de la loi qui renvoyait à un décret le soin de décider si les conseils d'administration de certaines entreprises publiques comprendraient ou non des représentants des actionnaires privés. Un tel choix ne saurait en effet relever du pouvoir réglementaire, car il est susceptible d'affecter le droit de propriété, de le mettre en cause. Par contre, si la loi avait fixé le nombre des représentants des actionnaires privés, et s'était bornée à renvoyer au décret le mode de désignation de ceux-ci, elle n'aurait pas encouru l'annulation. Car elle n'aurait confié au règlement que le soin de mettre en œuvre le droit de propriété, c'est-à-dire d'en préciser les modalités d'exercice sans lui porter atteinte.

À travers l'abondante jurisprudence qui distingue expressément la « mise en cause » de la « mise en œuvre » des libertés, le Conseil constitutionnel exige en somme du législateur qu'il n'abandonne au pouvoir discrétionnaire du gouvernement ni la fixation des garanties et des limitations nécessaires à l'exercice des libertés, ni la détermination du champ d'application des garanties et limitations posées par la loi. Cette attitude aboutit donc à réserver au législateur beaucoup plus que les quelques « garanties fondamentales » et « principes fondamentaux » prévus à l'origine. On doit s'en réjouir, car la protection des libertés à l'égard de l'Exécutif en sort évidemment renforcée. Comme le remarque le Doyen Favoreu, « cette exigence accrue du juge constitutionnel à l'égard du législateur est de nature à renforcer les pouvoirs du législateur, et à lui permettre de résister aux demandes du gouvernement, soucieux de se voir déléguer en fait d'assez larges pouvoirs et de ne pas se voir limiter par une législation trop contraignante [2] ».

Ainsi la dangereuse « révolution » de l'article 34 a-t-elle été désamorcée. Presque autant qu'avant 1958, le législateur conserve, grâce au Conseil constitutionnel, une compétence de principe en matière de libertés publiques.

---

1. CC 19 et 20 juill. 1983, Démocratisation du secteur public (souligné par nous), *AJDA* 1983.614.
2. L. Favoreu, « Le droit constitutionnel jurisprudentiel (1983-1986) », *RDP* 1986.433.

b) La prise en compte d'autres sources de compétence que l'article 34

Non content de procéder à l'interprétation extensive sus-analysée, le Conseil constitutionnel a estimé en outre que la compétence du législateur ne résultait pas exclusivement de l'article 34. Selon lui, cette compétence trouve également sa source dans d'autres articles de la Constitution, ainsi que dans certains passages de la Déclaration de 1789 et du préambule de 1946.

En 1979, il explique par exemple, à propos de l'affirmation du préambule de 1946 selon laquelle « le droit de grève s'exerce dans le cadre des lois qui le réglementent », « qu'en édictant cette disposition les constituants ont entendu marquer que le droit de grève est un principe de valeur constitutionnelle, mais qu'il a des limites et ont habilité le législateur à tracer celles-ci [1] ». Ainsi, plutôt que de rattacher artificiellement la compétence législative à l'article 34, qui ne dit pas un mot du droit de grève, le Conseil constitutionnel lui donne ici un fondement autrement plus solide en la faisant découler du préambule de 1946, beaucoup plus explicite.

Mais l'exemple le plus net est sans aucun doute fourni par la décision du 28 novembre 1973. Dans cette affaire se posait le problème de savoir qui, du législateur ou du pouvoir réglementaire, était compétent pour déterminer les contraventions et les peines qui leur sont applicables. Si le Conseil constitutionnel s'était seulement prononcé au vu de l'article 34, il aurait été forcé de conclure à la compétence exclusive du pouvoir réglementaire, conformément aux solutions (préc.) déjà adoptées par lui-même en 1963 et par le Conseil d'État en 1960. L'article 34, en effet, exclut clairement les contraventions du domaine de la loi, en ne mentionnant que les « crimes et délits ». Audacieusement, le Conseil constitutionnel va décider d'invoquer, outre l'article 34, l'article 66 de la Constitution et les articles 7 et 8 de la Déclaration de 1789, afin de rendre au législateur une compétence en la matière.

En effet, selon l'article 66, « Nul ne peut être arbitrairement détenu. L'autorité judiciaire, gardienne de la liberté individuelle, assure le respect de ce principe *dans les conditions prévues par la loi* » ; et selon les articles 7 et 8, « nul ne peut être puni *qu'en vertu d'une loi* » (soulignés par nous). En rapprochant ces trois textes de l'article 34, le Conseil constitutionnel se donne ainsi la possibilité de conclure « qu'il résulte des dispositions combinées du préambule (de 1958, c'est-à-dire de la Déclaration de 1789),... de l'article 34 et de l'article 66 de la Constitution, que la détermination des contraventions et des peines qui leur sont applicables est du domaine réglementaire lorsque lesdites peines ne comportent pas de mesure privative de liberté [2] ». On l'aura compris : cette détermination relève au contraire du domaine de la loi lorsque la peine consiste en un emprisonnement, articles 66, 7 et 8 obligent...

En définitive, l'invocation d'autres sources de compétence législative que l'article 34 sert à justifier la distinction entre « mise en cause » et « mise en œuvre », et à la généraliser. Si le Conseil constitutionnel estime que la fixation des peines non privatives de liberté relève du pouvoir réglementaire, c'est au fond parce qu'elle est relativement inoffensive pour le droit à la sûreté, qu'elle se borne à mettre en œuvre. Dans la même optique, la fixation des peines privatives de liberté est attribuée au pouvoir législatif parce que l'emprisonnement menace le droit à la sûreté, le met en

---

1. CC 25 juill. 1979, Droit de grève à la radio et à la télévision, *GDCC*.
2. CC 28 nov. 1973, Mesures privatives de liberté, *GDCC*.

cause. La Déclaration de 1789 et l'article 66 ne sont donc appelés au banc des témoins que pour certifier l'honorabilité du critère jurisprudentiel de la « mise en cause », qui s'est substitué à la lettre et à l'esprit de l'article 34.

c) L'autorisation de légiférer dans le domaine réglementaire

Le Conseil constitutionnel ne s'est pas contenté de restituer au pouvoir législatif la « mise en cause » des libertés publiques. Depuis 1982, il autorise en effet le Parlement à légiférer dans le domaine réglementaire de leur « mise en œuvre », à condition que le gouvernement ne s'y oppose pas[1]. La possibilité est d'autant plus intéressante qu'en pratique le gouvernement ne s'y oppose presque jamais, puisque sous la Cinquième République il est toujours de la même tendance politique que la majorité de l'Assemblée nationale. La décision de 1982 permet donc au législateur d'étendre considérablement son champ de compétence.

Dans l'affaire de 1982, par exemple, le législateur est reconnu compétent pour bloquer les prix, ce qui est normal puisqu'un tel pouvoir met en cause la liberté d'entreprendre. Mais il l'est aussi, dans la mesure où le gouvernement l'a laissé faire, pour régler en détail l'arrêt du blocage des prix. Or il s'agit là pourtant de mesures qui ne font que mettre en œuvre la liberté d'entreprendre, et qui relèvent donc normalement du pouvoir réglementaire.

Cette jurisprudence née en 1982 complète donc idéalement la théorie de la « mise en cause », pour restituer au législateur, conformément aux aspirations de la conscience collective, son rôle traditionnel de garant des libertés publiques.

2) La préservation du pouvoir réglementaire autonome du Premier ministre en matière de police administrative

On a vu que le Conseil d'État avait, dans l'arrêt Labonne de 1919, reconnu au chef du gouvernement un pouvoir réglementaire autonome en matière de police administrative. À l'époque, c'était le président de la République qui s'était vu attribuer cette compétence, « en dehors de toute délégation législative et en vertu de ses pouvoirs propres ».

Le Conseil d'État a maintenu la jurisprudence Labonne sous la Cinquième République. Il estime en effet qu'« en donnant compétence au législateur pour fixer les règles concernant les garanties fondamentales accordées aux citoyens pour l'exercice des libertés publiques, l'article 34 de la Constitution n'a pas retiré au gouvernement les pouvoirs de police générale qu'il exerçait antérieurement[2] ». À l'heure actuelle existe donc toujours un pouvoir réglementaire autonome en matière de police administrative. Toutefois, son bénéficiaire n'est plus le président de la République, mais le Premier ministre.

De la formulation utilisée par le Conseil d'État, il faut déduire qu'il s'agit d'un pouvoir réglementaire autonome *sui generis*, qui ne trouve pas sa source dans l'article 37. En effet, comme l'explique le professeur Chapus, « si l'article 37 était la source du pouvoir réglementaire de police du Premier ministre, ce pouvoir serait

---

1. CC 30 juill. 1982, Blocage des prix et des revenus, *GDCC*.
2. CE 17 févr. 1978, Association dite "Comité pour léguer l'esprit de la Résistance", *R* 82.

inévitablement limité par la disposition constitutionnelle mentionnée par le Conseil d'État, et qu'il présente précisément comme étant sans incidence (sur lui)[1] ». Grâce à la jurisprudence Labonne, le Premier ministre dispose donc d'un pouvoir réglementaire de police totalement affranchi du respect de l'article 34. Le maintien de l'ordre y trouve évidemment son compte. Mais les libertés publiques ne sont pas aussi menacées qu'on pourrait le croire, car le Conseil d'État exerce traditionnellement, sur les mesures de police susceptibles de leur porter atteinte, un contrôle extrêmement rigoureux[2].

La solution paraît donc acceptable, voire judicieuse. C'est pourquoi le Conseil constitutionnel l'a à son tour adoptée. Dans une décision de 1987, il affirme que « l'article 34 de la Constitution n'a pas retiré au chef du gouvernement les attributions de police générale qu'il exerçait antérieurement, en vertu de ses pouvoirs propres et en dehors de toute habilitation législative[3] ». La formulation retenue évoque nettement les termes de l'arrêt Labonne. Elle montre que le Conseil constitutionnel a entendu concilier, avec beaucoup de réalisme, le pouvoir de police du Premier ministre avec la compétence élargie du législateur. Ainsi, les libertés se voient-elles préserver du péril qui aurait consisté, sous prétexte de les protéger, à méconnaître les nécessités de l'ordre public.

B. La soumission de la compétence élargie du législateur au respect de certaines dispositions à caractère constitutionnel

Si le législateur s'est vu attribuer une compétence élargie en matière de libertés publiques, il ne peut pour autant agir à sa guise. Le Conseil constitutionnel veille en effet à empêcher sa souveraineté de verser dans l'arbitraire. C'est pourquoi il lui assigne quatre limites : la mise en cause des libertés ne doit pas compromettre leur existence même (1°), et doit respecter les « situations acquises » (2) ; lorsqu'elle porte sur les libertés les plus importantes, qualifiées de « fondamentales », la mise en cause ne doit pas restreindre leur exercice (3) ; enfin, la loi ne peut confier la mise en œuvre des libertés, qui relève normalement du Premier ministre, à d'autres autorités administratives, qu'à des conditions très strictes (4).

Cet état de choses ne signifie nullement que ces quatre obstacles ne puissent, en vertu d'on ne sait quel droit naturel, être renversés. Il signifie simplement, dans une perspective qui est celle du positivisme sociologique, qu'en raison des valeurs dont ils sont l'ultime rempart, ils ne peuvent être franchis que par le constituant, c'est-à-dire par le peuple lui-même.

1) La mise en cause des libertés ne doit pas compromettre leur existence même

Jusqu'en 1984, le Conseil constitutionnel estimait qu'« une loi peut toujours et sans condition, fût-ce implicitement, abroger ou modifier une loi antérieure ou y déroger[4] ». Aucune limite n'était donc apportée au pouvoir du législateur d'abroger les lois anciennes.

---

1. R. Chapus, *Droit administratif général*, t. I, 15e éd., 2001, no 862.
2. CE 19 mai 1933, Benjamin, *GAJA*.
3. CC 20 févr. 1987, Code rural, *R* 22.
4. CC 27 juill. 1982, Planification, *AJDA* 1982.577.

Cette jurisprudence était dangereuse, puisqu'elle semblait permettre au législateur de supprimer des garanties légales indispensables à l'exercice des libertés, autrement dit de compromettre l'existence même de ces libertés. C'est pourquoi le Conseil constitutionnel a décidé de la modifier.

La première décision qui limite le pouvoir du législateur d'abroger les lois anciennes est celle du 20 janvier 1984 [1]. Sa portée ne doit toutefois pas être surestimée car, contrairement à M. Genevois [2], nous pensons qu'elle vise davantage à interdire de restreindre l'exercice des libertés « fondamentales », qu'à protéger l'existence de l'ensemble des libertés publiques.

Il faut attendre la décision du 29 juillet 1986 pour qu'un considérant de principe, applicable à toutes les libertés publiques, définisse avec précision les limites du pouvoir du législateur d'abroger les lois anciennes. Le Conseil constitutionnel y affirme en effet que s'« il est à tout moment loisible au législateur... de modifier des textes antérieurs ou d'abroger ceux-ci en leur substituant, le cas échéant, d'autres dispositions..., cependant, l'exercice de ce pouvoir ne saurait aboutir à priver de garanties légales des exigences de caractère constitutionnel ». En application de ce principe, il annule les passages de la loi attaquée, relative aux entreprises de presse, qui ont « pour effet, par leur combinaison avec l'abrogation de la législation antérieure, de priver de protection légale... un objectif de valeur constitutionnelle... : le pluralisme des quotidiens d'information politique » [3].

C'est bien le souci de protéger l'existence même des libertés qui inspire la jurisprudence de 1986. Dans sa décision du 29 juillet, la liberté dont il s'agit de préserver l'existence est la « libre communication des pensées et des opinions », autrement dit la liberté d'expression envisagée du point de vue des destinataires de l'information. Le Conseil constitutionnel l'indique clairement en expliquant « qu'en effet la libre communication des pensées et des opinions, garantie par l'article 11 de la Déclaration... de 1789, ne serait pas effective si le public auquel s'adressent ces quotidiens n'était pas à même de disposer d'un nombre suffisant de publications de tendances et de caractères différents ».

Depuis cette décision de 1986, il est donc clair que la « mise en cause » des libertés, qui relève de la compétence du législateur, ne peut plus aller jusqu'à compromettre leur existence même.

2) La mise en cause des libertés doit respecter les « situations acquises »

C'est dans sa décision des 10 et 11 octobre 1984 que le Conseil constitutionnel a, pour la première fois, énoncé une théorie générale d'application des lois nouvelles aux situations en cours, dans le domaine des libertés publiques.

Un considérant de principe y affirme en effet que « s'il est loisible au législateur, lorsqu'il organise l'exercice d'une liberté publique..., d'adopter pour l'avenir, s'il l'estime nécessaire, des règles plus rigoureuses que celles qui étaient auparavant en vigueur, il ne peut, s'agissant de situations existantes intéressant une liberté publique,

---

1. CC 20 janv. 1984, Indépendance des professeurs de l'enseignement supérieur, *GDCC*.
2. B. Genevois, « La jurisprudence du conseil constitutionnel », *STH* 1988.287.
3. CC 29 juill. 1986, Entreprises de presse, *AJDA* 1986.527.

les remettre en cause que dans deux hypothèses : celle où ces situations auraient été illégalement acquises ; celle où leur remise en cause serait réellement nécessaire pour assurer la réalisation de l'objectif constitutionnel poursuivi [1] ».

Le principe est donc que toute loi nouvelle, dans le domaine des libertés publiques, doit respecter les situations qui ont été acquises avant son entrée en vigueur. Cela signifie concrètement que leurs bénéficiaires ont droit à ce qu'elles continuent à produire leurs effets après cette entrée en vigueur.

Ce principe est toutefois assorti de deux exceptions. La première vise à exclure de son champ d'application les situations illégalement acquises. Elle est parfaitement justifiée, puisqu'elle s'analyse comme une simple transposition du fameux adage selon lequel *nemo auditur suam turpitudinem allegans* (nul n'est fondé à se prévaloir de sa propre turpitude). La seconde est plus originale. Elle autorise la remise en cause des situations légalement acquises lorsque celle-ci est nécessaire pour réaliser un « objectif constitutionnel ». Or, selon une décision de 1982, figurent parmi ces « objectifs » la sauvegarde de l'ordre public, le respect de la liberté d'autrui et la préservation du caractère pluraliste des courants d'expression socio-culturels [2]. La seconde exception réintroduit donc, sous le contrôle vigilant du Conseil constitutionnel, une certaine liberté du législateur de porter atteinte aux situations acquises.

Cette liberté demeure toutefois très étroite, comme le prouve la sévérité du contrôle exercé dans l'affaire d'octobre 1984. La loi attaquée avait prévu que les groupes de presse existants disposeraient d'un délai de deux ans pour se mettre en règle avec les seuils de concentration qu'elle instituait. Concrètement, cette mesure visait le groupe Hersant, qui représentait alors 39 % de la diffusion des quotidiens nationaux d'information politique, soit un pourcentage bien supérieur au seuil de 15 % institué. Constatant que la loi entend porter atteinte à une situation acquise intéressant la liberté de la presse, le Conseil constitutionnel recherche méthodiquement si l'une des deux exceptions est valablement invoquée. Or, il constate que la loi « ne fait aucune référence au caractère licite ou illicite des conditions de création des situations existant au moment de (s) a publication », et « qu'il ne peut être valablement soutenu que le nombre, la variété de caractères et de tendances, les conditions de diffusion de ces quotidiens méconnaîtraient actuellement l'exigence de pluralisme de façon tellement grave qu'il serait nécessaire, pour restaurer celui-ci, de remettre en cause les situations existantes ». En conséquence, le Conseil annule la partie de la loi qui porte atteinte à la situation acquise du groupe Hersant.

Il ne faut donc pas se méprendre sur la portée réelle de la décision de 1984. La liberté de porter atteinte aux situations acquises, qu'elle confère au législateur grâce à l'habilitation à réaliser des objectifs constitutionnels, n'est qu'une liberté sous surveillance, dont l'utilisation est appelée à demeurer exceptionnelle. La véritable innovation consiste à soumettre la loi au respect des situations acquises dans le domaine des libertés publiques.

---

1. CC 10 et 11 oct. 1984, Entreprises de presse, *GDCC*.
2. CC 27 juill. 1982, Communication audiovisuelle, *RDP* 1983.333.

3) La mise en cause des libertés fondamentales ne doit pas restreindre eur exercice

On a vu dans le chapitre 3 du titre I que, depuis sa décision précitée des 10 et 11 octobre 1984, le Conseil constitutionnel estime que certaines libertés publiques sont plus « fondamentales » que les autres.

Parmi ces libertés « fondamentales » figurent notamment la liberté d'association, la liberté de la presse, la liberté d'aller et venir, et la liberté de l'enseignement. En revanche, le droit de propriété, la liberté d'entreprendre et la liberté de communication audiovisuelle n'en font pas partie.

Le but de cette discrimination n'est évidemment pas de sacrifier les libertés ordinaires, mais de faire bénéficier les libertés fondamentales d'un surcroît de protection. Le législateur, on l'a vu, ne peut jamais compromettre l'existence d'une liberté publique. Mais sous cette importante réserve, il est libre de restreindre l'exercice des libertés ordinaires. C'est bien ce qui a effrayé le Conseil constitutionnel, et dicté sa décision de 1984. Désormais, les libertés qu'il qualifie de « fondamentales » jouissent d'une protection accrue par rapport à cette garantie minimale : le législateur n'est pas seulement tenu de respecter leur existence ; il lui est aussi interdit de restreindre leur exercice. C'est ce que la doctrine appelle, de façon suggestive, la jurisprudence de « l'effet cliquet ». La loi ne peut modifier l'exercice des libertés fondamentales qu'à condition de l'entourer de garanties au moins équivalentes à celles qui existent déjà.

À y bien regarder, cette jurisprudence de l'effet cliquet trouve son origine dans la décision du 20 janvier 1984, relative à l'indépendance des professeurs d'université. On y lit en effet que « l'abrogation totale de la loi d'orientation du 12 novembre 1968, dont certaines dispositions donnaient aux enseignants des garanties conformes aux exigences constitutionnelles qui n'ont pas été remplacées dans la présente loi par des garanties équivalentes, n'est pas conforme à la Constitution ».

Mais c'est à la décision des 10 et 11 octobre 1984 que revient le mérite, grâce à un considérant de principe, de créer la notion de « libertés fondamentales » et d'expliciter la nouvelle jurisprudence. Le Conseil constitutionnel y affirme pour la première fois, à propos de la « libre communication des pensées et des opinions », que « s'agissant d'une liberté fondamentale, d'autant plus précieuse que son exercice est l'une des garanties essentielles du respect des autres droits et libertés et de la souveraineté nationale, la loi ne peut en réglementer l'exercice qu'en vue de le rendre plus effectif ou de le concilier avec celui d'autres règles ou principes de valeur constitutionnelle [1] ».

Le principe est donc bien que la loi ne doit pas restreindre l'exercice des libertés fondamentales. Une illustration en est donnée par l'interdiction faite au législateur de les soumettre à un régime d'autorisation préalable. La décision d'octobre 1984, par exemple, censure les dispositions de la loi attaquée, qui permettaient à une commission de priver de leurs avantages fiscaux et postaux les entreprises de presse venant d'acquérir la propriété ou le contrôle d'un quotidien d'information politique ; car selon le Conseil constitutionnel, « cette privation... produit des effets équivalant à

1. On observera que lorsqu'elle affirme que la loi doit respecter les situations acquises, cette décision concerne toutes les libertés publiques. En revanche, lorsqu'elle dispose que la loi ne doit pas restreindre l'exercice des libertés, elle n'entend viser que les libertés « fondamentales ».

ceux d'un régime d'autorisation préalable ». Cette illustration éclaire rétrospectivement la fameuse décision du 16 juillet 1971, dont on sait qu'elle a annulé une loi qui tendait à transformer la déclaration de certaines associations en régime d'autorisation préalable.

Mais si la décision de 1984 pose bien le principe que la loi ne doit pas restreindre l'exercice des libertés fondamentales, elle l'assortit toutefois d'une exception. Le législateur peut en effet restreindre cet exercice lorsqu'il s'agit « de le concilier avec celui d'autres règles ou principes de valeur constitutionnelle ». Il recouvre par là même une liberté d'action non négligeable, d'autant que la jurisprudence postérieure a placé les « objectifs de valeur constitutionnelle », et notamment la sauvegarde de l'ordre public, parmi ces « règles ou principes ». C'est ainsi que le Conseil constitutionnel a accepté, dans deux décisions de 1985 et de 1993, que des lois puissent, au nom de l'ordre public, restreindre respectivement la liberté d'aller et venir en Nouvelle-Calédonie, et le droit d'asile [1].

Même si le contrôle exercé sur l'adéquation de la loi à l'objectif constitutionnel invoqué paraît plus délicat à opérer ici qu'en matière de remise en cause des situations acquises, rien ne permet cependant de verser dans le pessimisme. Le principe posé en 1984, selon lequel la loi ne doit pas restreindre l'exercice des libertés fondamentales, constitue une garantie réelle dont il faut se réjouir.

4) La loi ne peut confier la mise en œuvre des libertés, qui relève normalement du Premier ministre, à d'autres autorités administratives, qu'à des conditions très strictes

Le législateur veut parfois confier la mise en œuvre d'une liberté, qui relève normalement du Premier ministre, à d'autres autorités administratives. Un tel transfert de compétences constitue un grand danger pour les libertés publiques. En effet, contrairement au gouvernement, ses bénéficiaires — autorités administratives indépendantes ou collectivités locales — ne sont pas responsables devant le Parlement. C'est pourquoi le Conseil constitutionnel soumet sa validité à des conditions très strictes.

Il semble tout d'abord qu'il soit interdit au législateur de confier la mise en œuvre d'une liberté aux collectivités locales. Le Conseil constitutionnel estime en effet, depuis 1985, que « si le principe de libre administration des collectivités territoriales a valeur constitutionnelle, il ne saurait conduire à ce que les conditions essentielles d'application d'une loi organisant l'exercice d'une liberté publique dépendent de décisions des collectivités territoriales et, ainsi, puissent ne pas être les mêmes sur l'ensemble du territoire [2] ». En somme, c'est au nom du principe d'égalité qu'est refusée la possibilité de confier aux collectivités locales la mise en œuvre d'une

---

1. CC 25 janv. 1985, État d'urgence en Nouvelle-Calédonie, *GDCC* ; et CC 13 août 1993, Maîtrise de l'immigration (§ 81 et 87), *RFDA* 1993.887.

2. CC 18 janv. 1985, Loi Chevènement, *RFDA* 1985.632 ; et CC 13 janv. 1994, Modification de la loi Falloux *AJDA* 1994.132 (à propos de la liberté de l'enseignement dans les deux cas). Cf. aussi CC 9 avr. 1996, Autonomie de la Polynésie française, *RDP* 1996.953, et CC 17 janv. 2002, Loi relative à la Corse, *RDP* 2002.885 : interdisent les régimes locaux de libertés publiques. La révision constitutionnelle du 28 mars 2003 s'inspire de cette jurisprudence en précisant qu'en aucun cas une expérimentation locale ne peut déroger aux « conditions essentielles d'exercice d'une liberté publique » (Const., art. 72).

liberté. Le souci d'assurer l'application uniforme des libertés publiques l'emporte donc sur la libre administration des collectivités locales.

Le Conseil constitutionnel admet en revanche, depuis 1986, que la mise en œuvre d'une liberté soit confiée à une autorité administrative indépendante. En effet, dans la mesure où ces autorités ont une compétence nationale, le risque d'une rupture d'égalité dans l'application territoriale des libertés n'existe pas. La validité des transferts de compétence en leur faveur est cependant soumise à des conditions très strictes.

Dans sa décision du 18 septembre 1986, qui était la première à se prononcer en la matière, le Conseil constitutionnel avait estimé que l'habilitation législative devait obligatoirement se situer « dans un domaine déterminé et dans le cadre défini par les lois et règlements [1] ». Les deux conditions ainsi posées avaient été jugées trop floues par la doctrine, même si la seconde avait quand même permis de censurer la disposition qui rendait opposable au pouvoir réglementaire du gouvernement une réglementation émanant de la CNCL.

Cette imprécision a fort heureusement été corrigée par la décision du 17 janvier 1989, dont les termes ont été plusieurs fois confirmés depuis. Le Conseil constitutionnel y affirme en effet, dans un très beau considérant de principe, « que si les deux premiers alinéas de l'article 21 de la Constitution... ne font pas obstacle à ce que le législateur confie à une autorité de l'État autre que le Premier ministre le soin de fixer des normes permettant de mettre en œuvre une loi, c'est à la condition que cette habilitation ne concerne que des mesures de portée limitée tant par leur champ d'application que par leur contenu [2] ». Comme l'explique M. Genevois, cette dernière expression signifie que « sur un plan quantitatif, le domaine de l'habilitation doit être étroitement limité », et que « sous un angle qualitatif, les mesures faisant l'objet de l'habilitation ne doivent pas concerner une matière revêtant une importance particulière [3] ». En somme, l'habilitation n'est valable que si elle porte sur un pouvoir réglementaire doublement résiduel.

Ces conditions sont d'autant plus strictes que l'application qui en est faite dans l'affaire de 1989 est elle-même empreinte de rigueur. Le Conseil constitutionnel y estime en effet que l'habilitation donnée par la loi attaquée au Conseil supérieur de l'audiovisuel, « en raison de sa portée trop étendue... méconnaît les dispositions de l'article 21 de la Constitution ». Son inconstitutionnalité est déduite de ce qu'elle porte « non seulement (sur) les règles déontologiques concernant la publicité, mais également (sur) l'ensemble des règles relatives à la communication institutionnelle, au parrainage et aux pratiques analogues à celui-ci ».

La décision de 1989 parachève donc la construction jurisprudentielle patiemment édifiée par le Conseil constitutionnel, et qui repose sur la distinction entre « mise en cause » et « mise en œuvre » des libertés. La première étape avait consisté à substituer cette nouvelle clé de répartition des compétences à celle prévue par les articles 34 et 37 ; la deuxième, à empêcher la « mise en cause » de verser dans l'arbitraire d'une souveraineté trop absolue. La troisième, atteinte en 1989, permet d'éviter l'éparpille-

---

1. CC 18 sept. 1986, Communication audiovisuelle, *AJDA* 1987.102.
2. CC 17 janv. 1989, Conseil supérieur de l'audiovisuel, *RFDA* 1989.215. Confirmée par exemple par CC 23 juill. 1996, Télécommunications (*JO* 27 juill.).
3. B. Genevois, *RFDA* 1989.217-218.

ment du pouvoir de « mettre en œuvre » les libertés. On aboutit ainsi à une définition précise des compétences de chacun, dont la stricte observance, assurée par le Conseil constitutionnel grâce à des méthodes appropriées[1], garantit l'épanouissement des libertés publiques.

Section 2
Le respect du principe d'égalité

La réglementation des libertés doit respecter le principe d'égalité. D'un point de vue politique, l'égalité est en effet à la source de la démocratie, sans laquelle les libertés publiques ne peuvent pas réellement exister. Violer l'égalité, c'est donc corrompre la démocratie, et condamner les libertés à plus ou moins brève échéance. En outre, d'un point de vue moral, à nos yeux plus fondamental, l'égalité découle nécessairement de l'idée qu'existe une dignité inhérente à toute personne humaine. Rejeter l'égalité, c'est donc nier cette dignité, et se couper des valeurs que la conscience collective a empruntées au Christ, et dont l'oubli mène à la barbarie.

Mais si la réglementation doit respecter le principe d'égalité, de quelle égalité s'agit-il ? Il existe en effet deux types d'égalité : l'égalité des droits, et l'égalité de fait.

L'égalité des droits est l'égalité devant la loi. Elle n'exige des gouvernants qu'une obligation d'abstention, en leur interdisant de procéder à des discriminations arbitraires.

L'égalité de fait est au contraire l'égalité par la loi. Elle exige des gouvernants une obligation d'agir, en leur ordonnant d'intervenir pour corriger les différences de situations qui, dans une société, existent inévitablement.

Ces deux types d'égalité procèdent de philosophies foncièrement différentes. L'égalité devant la loi traduit dans une certaine mesure le désir de préserver les différences de situations sociales qui préexistent à la loi. Elle repose en effet sur l'idée que la loi doit traiter également les individus, indépendamment de leurs particularités, afin de laisser en l'état les inégalités qui résultent des vicissitudes de l'existence, et qu'il n'appartient pas à la société d'aggraver ou de diminuer. Selon cette conception, la loi égale est la loi neutre. Quels que soient ses mérites, qui sont suffisamment grands pour que le libéralisme s'en soit emparé, on peut lui adresser le reproche d'aboutir à un certain conservatisme social.

À l'inverse, l'égalité par la loi traduit le désir de remédier aux différences de situations sociales qui préexistent à la loi. Elle repose en effet sur l'idée que la loi doit traiter différemment les individus, en fonction de leurs particularités, afin d'atténuer les inégalités qui résultent des aléas de l'existence, et qu'il est du devoir de la société de redresser. Selon cette conception, qui est celle du socialisme, la loi égale n'est pas la loi neutre ; c'est la loi active, sélective, interventionniste. Son grand mérite est de résister à la tentation du conservatisme social, et de refuser d'abandonner à leur sort les malheureux et les malchanceux. Mais elle est beaucoup plus dangereuse pour les

---

1. Parmi les méthodes et techniques les plus intéressantes, citons : l'erreur manifeste d'appréciation, la conformité sous réserve d'interprétation, les moyens soulevés d'office, et l'exception d'inconstitutionnalité. Cf. *infra*, chapitre 3.

libertés publiques que l'égalité devant la loi, dans la mesure où elle implique des différences de traitement. Aussi sa mise en œuvre ne doit-elle être entreprise qu'avec infiniment de prudence et de discernement. Là encore, c'est en restant à l'écoute attentive de la conscience collective que les gouvernants ont le moins de chances de se tromper.

En France, comme dans les autres démocraties occidentales, l'idéologie dominante est un libéralisme teinté de socialisme. C'est ce qui explique que l'impératif d'égalité devant la loi, prééminent depuis 1789, puisse se concilier aujourd'hui avec l'objectif d'égalité par la loi. Si la réglementation des libertés publiques doit respecter l'égalité des droits (§ 1), elle peut aussi rechercher l'égalité de fait (§ 2).

§ 1. La réglementation des libertés doit respecter l'égalité des droits

L'une des caractéristiques de l'Ancien Régime était de méconnaître l'égalité des droits. La loi n'était pas la même pour tous. Le clergé et la noblesse jouissaient de nombreux privilèges, qui les plaçaient par rapport au tiers état dans une situation de supériorité juridique. Certes, des efforts avaient été consentis. Louis XIV avait ouvert la haute administration aux bourgeois, tels Colbert et Vauban. Plus tard, une ordonnance de 1779 avait aboli le servage sur les terres de la Couronne. Mais la noblesse faisait pression sur le roi pour l'empêcher d'aller plus loin. En 1781, elle lui arrache ainsi une ordonnance exigeant quatre quartiers de noblesse pour être officier dans l'armée. Et jusque dans les dernières années de l'Ancien Régime, les Parlements, peuplés de nobles, résistent avec acharnement à toutes les tentatives de réforme.

Dans ces conditions, il ne faut pas s'étonner que l'une des premières décisions de l'Assemblée nationale ait été l'abolition des droits féodaux, dans la nuit du 4 août 1789. Quelques jours avant la Déclaration, c'était déjà proclamer l'égalité des droits. Les révolutionnaires avaient compris que les libertés ne peuvent vivre qu'enracinées dans l'égalité des droits.

Cette leçon de la nuit du 4 août a été retenue par la conscience collective. À tel point qu'aucun régime, pas même la Restauration, n'a osé abolir officiellement l'égalité des droits en France entre 1789 et 1940.

Bien entendu, malgré la valeur constitutionnelle qu'a aujourd'hui l'égalité des droits (A), les discriminations arbitraires n'en ont pas moins été difficiles à vaincre pour autant. Celles dont l'élimination a posé — et continue à poser — le plus de problèmes sont les discriminations fondées sur le sexe (B) et sur la race (C).

A. La valeur constitutionnelle du principe d'égalité des droits

À l'heure actuelle, l'égalité des droits est proclamée par plusieurs dispositions à valeur constitutionnelle. L'article 1er de la Déclaration de 1789 affirme par exemple que les hommes sont « égaux en droits ». Et son article 6 ajoute que « la loi... doit être la même pour tous, soit qu'elle protège, soit qu'elle punisse ». Le préambule de 1946 contient lui aussi plusieurs passages relatifs à l'égalité des droits. Le plus clair dispose que « la France forme avec les peuples d'outre-mer une Union fondée sur l'égalité des droits et des devoirs ». Enfin, l'article 1 de la Constitution de 1958 affirme que « la France... assure l'égalité devant la loi de tous les citoyens sans distinction d'origine, de race ou de religion ».

L'égalité des droits est donc un principe à valeur constitutionnelle, dont le Conseil constitutionnel assure le respect depuis sa décision du 27 décembre 1973. La haute juridiction constate en effet dans cette affaire que la loi de finances attaquée « tend à instituer une discrimination entre les citoyens », et estime en conséquence « qu'ainsi ladite disposition porte atteinte au principe de l'égalité devant la loi contenu dans la Déclaration des droits de l'Homme de 1789, et solennellement réaffirmé par le préambule de la Constitution[1] ».

Depuis cette décision de 1973, le principe d'égalité est, de tous les principes de valeur constitutionnelle, celui qui est le plus fréquemment invoqué par les auteurs des saisines. Cela tient à la variété de ses cas d'application, car le Conseil constitutionnel considère que l'égalité devant la loi proprement dite a pour « corollaires »[2] des principes comme l'égalité devant les charges publiques, l'égalité devant la justice, ou encore l'égalité devant les services publics. Si bien que sur les cent premières annulations prononcées par le Conseil constitutionnel, seize ont été motivées par la violation du principe d'égalité[3].

Il n'est pas rare que ces annulations interviennent dans le domaine des libertés publiques. C'est ainsi que le Conseil constitutionnel a censuré, pour violation du principe d'égalité devant la loi : la disposition prévoyant que les mêmes infractions pouvaient être jugées tantôt par un tribunal collégial, tantôt par un juge unique, selon la seule volonté du président du tribunal de grande instance ; la disposition excluant les personnes morales à but lucratif du droit de réponse, ouvert aux autres personnes morales et aux personnes physiques pour se défendre contre les imputations susceptibles de porter atteinte à leur honneur ou à leur réputation ; la disposition exonérant de toute responsabilité personnelle les présidents des sociétés nationales de programmes, à raison des mesures qu'ils pourraient prendre en exécution de décisions du Conseil supérieur de l'audiovisuel[4].

Dans tous ces cas, c'est bien l'égalité devant la loi dont le Conseil constitutionnel assure le respect. Ce qu'il exprime par l'affirmation, faite en 1979 et régulièrement réitérée depuis, selon laquelle « le principe d'égalité devant la loi implique qu'à situations semblables il soit fait application de solutions semblables[5] ».

Cette philosophie n'est nullement surprenante. Elle est conforme à notre tradition juridique, et notamment à la jurisprudence du Conseil d'État qui considère depuis longtemps l'égalité devant la loi comme un principe général du droit[6].

---

1. CC 27 déc. 1973, Taxation d'office, *GDCC*.
2. CC 12 juill. 1979, Ponts à péage, *RDP* 1979.1691.
3. Cf. L. Favoreu, « Les cent premières annulations prononcées par le CC », *RDP* 1987.451.
4. CC 23 juill. 1975, Juge unique, *RDP* 1975.1313 ; CC 27 juill. 1982, Communication audiovisuelle, *RDP* 1983.333 ; CC 17 janv. 1989, CSA, *RFDA* 1989.215.
5. CC 12 juill. 1979, Ponts à péage, *RDP* 1979.1691.
6. CE, Ass., 7 févr. 1958, Synd. des propriétaires de forêts de chênes-lièges d'Algérie, *AJDA* 1958.130, concl. Grévisse ; CE, Ass., 22 janv. 1982, Ah Won, *RDP* 1982.816, concl. Bacquet. Sont également des PGD : l'égalité devant les charges publiques (CE 30 nov. 1923, Couitéas, *GAJA* ; CE, Ass., 14 janv. 1938, SA des produits laitiers La Fleurette, *GAJA*), l'égalité devant les services publics (CE, Sect., 9 mars 1951, Soc. des concerts du conservatoire, *GAJA* ; CE, Sect., 10 mai 1974, Chorques et Denoyez, *RDP* 1975.467 ; CE, Sect., 29 déc. 1997, Communes de Genevilliers et de Nanterre, *AJDA* 1998.102), et l'égalité devant la justice (CE, Ass., 12 oct. 1979, Rassemblement des nouveaux avocats de France, *AJDA* 1980.248 ; CE, Ass., 5 juill. 1985, CGT, *AJDA* 1985.626).

Elle est également conforme à la Convention européenne de sauvegarde des droits de l'Homme, de 1950, ratifiée par la France en 1974. L'égalité des droits y est en effet affirmée de façon particulièrement nette, par l'article 14 aux termes duquel « la jouissance des droits et libertés reconnus dans la présente Convention doit être assurée, sans distinction aucune, fondée notamment sur le sexe, la race, la couleur, la langue, la religion, les opinions politiques ou toutes autres opinions, l'origine nationale ou sociale, l'appartenance à une minorité nationale, la fortune, la naissance ou toute autre situation ».

Dans d'autres conventions, le Conseil de l'Europe entreprend toutefois d'écarter le principe d'égalité devant la loi en conférant à des « minorités » ethniques des droits collectifs qui leur sont propres. Il s'agit notamment de la Charte européenne des langues régionales ou minoritaires du 5 novembre 1992, et de la Convention-cadre pour la protection des minorités nationales du 1er février 1995. La France a logiquement refusé de les ratifier, après que le Conseil constitutionnel ait jugé que la première de ces deux conventions « porte atteinte aux principes constitutionnels... d'égalité devant la loi et d'unicité du peuple français (...) en ce qu'elle confère des droits spécifiques à des groupes de locuteurs de langues régionales ou minoritaires »[1]. L'Union européenne n'est pas non plus exempte d'ambiguïté. Sa « Charte des droits fondamentaux » s'est ainsi attirée une réserve d'interprétation. Dans la décision de 2004 qui lui est consacrée, le Conseil constitutionnel estime en effet plus prudent de préciser que les « droits fondamentaux » consacrés par ce texte ne peuvent en aucun cas conférer des « droits collectifs à quelque groupe que ce soit »[2].

Ces épisodes ont le mérite de montrer que les principes qu'on croit les plus solidement établis sont toujours susceptibles d'être remis en cause. La vigilance de la haute juridiction française a heureusement permis de repousser le spectre d'un « communautarisme » qui prétendait différencier les individus en fonction de leurs origines ethniques. Grâce à l'action conjuguée du Conseil constitutionnel, du Conseil d'État, et de la Cour européenne des droits de l'Homme, qui condamne les discriminations contraires à l'article 14[3], l'égalité devant la loi débouche ainsi sur l'affirmation d'un droit fondamental, dont l'effectivité rend possible l'exercice des libertés publiques : le droit à ne pas subir de discrimination injustifiée. Ce droit est reconnu par la loi du 16 novembre 2001, relative à la lutte contre les discriminations, qui prohibe dans tous les domaines de la vie professionnelle et sociale les mesures discriminatoires susceptibles de frapper un individu « en raison de son origine, de son sexe, de ses mœurs, de son orientation sexuelle, de son âge, de sa situation de famille, de son appartenance ou de sa non-appartenance, vraie ou supposée, à une ethnie, une nation ou une race, de ses opinions politiques, de ses activités syndicales ou mutualistes, de ses convictions religieuses, de son apparence physique, de son

---

1. CC 15 juin 1999, Charte européenne des langues régionales ou minoritaires *AJDA* 1999.627. Cf. aussi avis CE 6 juill. 1995 et 24 sept. 1996, respectivement hostiles à la seconde et à la première conventions. On notera au passage que la révision constitutionnelle du 23 juill. 2008 insère dans la Constitution un article 75-1 ainsi rédigé : « Les langues régionales appartiennent au patrimoine de la France ». Mais cet hommage n'équivaut pas à reconnaître des « droits spécifiques » aux groupes de locuteurs concernés.

2. CC 19 nov. 2004, Traité établissant une Constitution pour l'Europe, *RDP* 2005.103.

3. Cf. notamment CEDH 23 juill. 1968, Affaire linguistique belge : condamne, pour discrimination fondée sur la langue, la législation belge qui interdisait à des enfants francophones de la région de langue néerlandaise, d'accéder à des écoles de langue française.

patronyme ou... en raison de son état de santé ou de son handicap ». Et il reçoit une protection efficace grâce à la création, par la loi du 30 décembre 2004, d'une nouvelle autorité administrative indépendante, la « haute autorité de lutte contre les discriminations et pour l'égalité », qui est chargée d'enquêter, même d'office, sur toute discrimination dont elle a connaissance [1].

B. L'interdiction des discriminations fondées sur le sexe

Les discriminations fondées sur le sexe sont particulièrement difficiles à éliminer. Dans la plupart des sociétés archaïques ou primitives, les hommes s'arrogent en effet un pouvoir de domination sur les femmes, en contrepartie de la protection qu'ils leur apportent. L'Ancien Testament et le Coran portent d'ailleurs la marque de ces conceptions inégalitaires. Même au sein du Nouveau Testament, l'étonnante attitude de Jésus, qui s'arrache sans effort apparent à l'emprise sociale et qui fait de l'égalité de l'homme et de la femme une vérité d'évidence, est contrebalancée par l'opinion de saint Paul qui prône la soumission de l'épouse à son mari (Épître aux Éphésiens, V, 22).

Presque dès son origine, le christianisme a ainsi renoncé en grande partie à combattre les discriminations fondées sur le sexe. Il les cultive même dans une certaine mesure, puisque l'Église catholique continue aujourd'hui encore à refuser aux femmes la possibilité d'être ordonnées prêtres.

Imprégné de catholicisme, l'Ancien Régime fut donc naturellement porté à entretenir l'inégalité de l'homme et de la femme. Cette attitude trouve sa manifestation la plus nette dans la célèbre « loi salique », qui écartait les femmes de la succession au trône de France. Mais les universités, ainsi que les fonctions officielles, comme par exemple celles d'officiers et de commissaires, étaient elles aussi réservées aux hommes. La pression sociale était si forte qu'il était pratiquement impossible à une femme du peuple de s'élever socialement par ses seules qualités morales ou intellectuelles. L'ascension de Jeanne d'Arc parut si extraordinaire à ses contemporains qu'elle fut considérée comme une sainte par les uns, comme une sorcière par les autres.

Sous la Révolution, l'égalité de l'homme et de la femme n'est guère défendue, malgré la bonne volonté de Condorcet et la détermination d' Olympe de Gouges. Cette dernière publie en 1791 une déclaration des droits de la femme [2] qui ne rencontre pas le succès escompté.

Le poids des traditions est si écrasant qu'il faut attendre le XXe siècle pour que les femmes conquièrent enfin des droits politiques, civils, et professionnels égaux à ceux des hommes.

Jusqu'en 1944, les femmes françaises n'étaient ni électrices ni éligibles, tant aux assemblées législatives qu'aux conseils municipaux [3]. Ce n'est qu'avec l'ordonnance du 21 avril 1944 que ces droits politiques leur sont reconnus. L'égalité politique conquise en 1944 demeure toutefois aujourd'hui encore largement théorique, car les

---

1. Sur cette « haute autorité », cf. *infra*, chapitre 3, section 1, § 2.
2. Reproduite dans L. Richer, *Les droits de l'Homme et du citoyen*, Economica, 1982, p. 194.
3. Respectivement CE 26 janv. 1912, Dame Durand, *R* 108, et CE 8 janv. 1936, Élections de Froidecombe, *R* 36.

femmes, qui forment plus de la moitié du corps électoral, occupent moins de 10 % des sièges du Parlement et des conseils locaux. Le Conseil constitutionnel a cependant annulé, pour discrimination injustifiée à l'égard des hommes, la loi qui obligeait les listes présentées à l'occasion des élections municipales, à réserver aux femmes au moins un quart des sièges [1]. Pour paradoxale qu'elle puisse paraître, cette solution est parfaitement fondée, car intrinsèquement la situation des femmes n'est pas particulière au point de justifier une entorse aussi grave au principe d'égalité politique des citoyens. Du point de vue du positivisme sociologique, l'initiative de l'évolution doit en outre provenir de l'opinion publique — que chacun peut essayer d'influencer — et non des seuls gouvernants. C'est précisément à la suite d'une évolution de l'opinion publique que le Congrès a décidé, le 8 juillet 1999, de réviser la Constitution pour y insérer dans l'article 1er une disposition selon laquelle « la loi favorise l'égal accès des femmes et des hommes aux mandats électoraux et fonctions électives » (phrase complétée par « ainsi qu'aux responsabilités professionnelles et sociales » par la révision du 23 juillet 2008). Sur le fondement de cette nouvelle disposition, une loi du 6 juin 2000 [2] a imposé la parité hommes/femmes dans les candidatures aux élections municipales des communes d'au moins 3 500 habitants, ainsi qu'aux élections qui se déroulent au scrutin proportionnel (régionales, sénatoriales, et européennes).

En ce qui concerne les droits civils, les progrès ont été plus satisfaisants, même s'ils ont été plus tardifs. Il a en effet fallu attendre le milieu des années soixante pour qu'ils commencent réellement. Mais il a suffi ensuite de vingt ans pour que l'égalité des sexes soit réalisée. Les grandes étapes de cette évolution ont été constituées par les lois du 13 juillet 1965 sur les régimes matrimoniaux, du 4 juin 1970 sur l'autorité parentale, du 15 juillet 1972 sur la filiation, du 11 juillet 1975 sur le divorce, du 23 décembre 1985 relative à l'égalité des époux, du 4 mars 2002 relative au nom de famille, et du 4 avril 2006 sur la prévention et la répression des violences au sein du couple.

En matière de droits professionnels, enfin, ce n'est que très progressivement que la France s'est engagée sur la voie de l'égalité des sexes. En ce qui concerne le secteur privé, les femmes ont été longtemps exclues des professions « nobles ». L'accès à la profession d'avocat leur a par exemple été refusé [3], jusqu'à ce qu'une loi du 1er décembre 1900 les autorise enfin à s'inscrire au barreau. D'une façon générale, les choses se sont considérablement améliorées aujourd'hui. Le mérite en revient essentiellement à la loi du 13 juillet 1983 qui, répondant tardivement à l'évolution des aspirations de la conscience collective, modifie le Code du travail et le Code pénal afin d'interdire toutes les discriminations fondées sur le sexe, que ce soit au stade de l'embauche ou dans le déroulement de la carrière. Elle crée en outre un « Conseil supérieur de l'égalité professionnelle entre les hommes et les femmes ». La loi du

---

1. CC 18 nov. 1982, Quotas par sexe, *AJDA* 1983.74.
2. Jugée conforme à la Constitution par CC 30 mai 2000 (*JO* 7 juin), qui ne peut évidemment que s'incliner devant la révision de 1999, laquelle avait précisément pour objet de surmonter sa jurisprudence de 1982. Cette révision ne concerne toutefois que les élections politiques ; sont donc censurées les lois qui tentent de transposer la parité en matière d'élections professionnelles ou de nominations à des jurys : CC 19 juin 2001, Élections au CSM, et CC 12 janv. 2002, Modernisation sociale, *AJDA* 2003.313. La révision de 2008 semble viser à surmonter cette jurisprudence de 2001-2002.
3. Cour Paris, 30 nov. 1897, Dlle Chauvin, *D* 1898.194.

23 mars 2006 s'efforce pour sa part de supprimer les écarts de salaires entre hommes et femmes. Une directive européenne du 15 décembre 1997 complète enfin ce dispositif en renversant la charge de la preuve « dans les cas de discrimination fondée sur le sexe » : désormais, dès lors qu'une personne « établit devant une juridiction (...) des faits qui permettent de présumer l'existence d'une discrimination directe ou indirecte, il incombe à la partie défenderesse de prouver qu'il n'y a pas eu violation du principe de l'égalité de traitement ». Cette directive a été transposée en droit français par la loi du 16 novembre 2001 (art. L. 1144-1 Code du travail).

En ce qui concerne le secteur public, les femmes ont longtemps été reléguées dans des emplois précaires et sous-payés. Il faut attendre 1936 pour qu'un arrêt du Conseil d'État pose le principe de « l'aptitude légale » des femmes à accéder à la fonction publique[1], et renonce définitivement à leur opposer l'argument tiré de leur non-soumission au service militaire[2]. Il autorise toutefois le gouvernement à décider librement « si des raisons de service nécessitent... des restrictions à l'admission et à l'avancement du personnel féminin ». À peine consacré, le principe d'égalité des sexes voit par là même sa portée considérablement réduite.

Puis, en harmonie avec l'évolution des mentalités, la loi du 11 avril 1946 ouvre aux femmes, sans aucune restriction, l'accès à la magistrature. De son côté, le statut général des fonctionnaires du 19 octobre 1946 interdit toute distinction entre hommes et femmes, « sous réserve des dispositions spéciales qu'il prévoit ». Comme il n'en prévoyait aucune, on aurait pu penser que toute discrimination était désormais exclue. Mais le Conseil d'État préféra continuer à autoriser des dérogations à l'égalité des sexes, à condition qu'elles soient justifiées par la « nature des fonctions exercées » ou par leurs « conditions d'exercice »[3]. Par rapport à la jurisprudence de 1936, le progrès était quand même sensible, car ces deux motifs tombaient sous le contrôle normal du juge, alors que les anciennes et vagues « raisons de service » ne faisaient l'objet que d'un contrôle minimum.

C'est une directive européenne du 9 février 1976, relative à l'égalité professionnelle des hommes et des femmes dans les secteurs public et privé, qui contraint le droit français à franchir une nouvelle étape. C'est chose faite avec la loi du 7 mai 1982, dont le contenu est repris par le nouveau statut général des fonctionnaires de 1983-1984. Ces textes affirment en effet le principe de l'égalité des sexes dans la fonction publique, sous la seule réserve d'édicter des règles de recrutement distinctes lorsque « l'appartenance à l'un ou l'autre sexe constitue une condition déterminante pour l'exercice des fonctions ». Les termes « condition déterminante » suggèrent nettement que les dérogations ainsi permises sont appelées à devenir exceptionnelles.

Pourtant — ultime résistance française à l'égalité des sexes — le décret d'application énumère une dizaine de corps dans lesquels le sexe est une « condition déterminante ». Jugé légal par le Conseil d'État[4], il a logiquement valu à la France

---

1. CE, Ass., 3 juill. 1936, Dlle Bobard, *GAJA*, *RDP* 1937.684, concl. Latournerie (plus audacieuses que l'arrêt).
2. CE 18 févr. 1921, Mahut, *R* 204, et CE 23 déc. 1931, Strat, *R* 1158 avaient déjà renoncé à cet argument, invoqué par CE 26 juill. 1912, Dlle Cuisset, *R* 886.
3. CE, Ass., 6 janv. 1956, Synd. nat. autonome du cadre d'adm. gén. des colonies, *RA* 1956.605, concl. Laurent. Solution maintenue après le remplacement du statut de 1946 par celui de 1959 : CE, Ass., 28 janv. 1972, Féd. gén. des synd. de la police CGT, *AJDA* 1972.405.
4. CE 16 avr. 1986, CFDT, *R* 104, concl. Boyon.

d'être condamnée par la CJCE[1]. La CJCE accepte en effet les règles distinctes de recrutement qu'il prévoit pour le personnel de surveillance des prisons, mais non celles qu'il met en place pour accéder aux corps de la police nationale. S'agissant de ces derniers, elle estime — à juste titre pensons-nous — que la discrimination ne serait conforme à la directive de 1976 que si elle concernait certains emplois précis, et non l'ensemble des corps.

La jurisprudence la plus récente du Conseil d'État tient compte de cet arrêt de la CJCE. Dans ses conclusions sur un arrêt de 1989, un commissaire du gouvernement s'est en effet explicitement référé à lui ; et l'arrêt lui-même n'admet que les distinctions « qui seraient justifiées par les conditions particulières dans lesquelles sont accomplies certaines missions, ou par la nécessité de la protection de la femme ou de la promotion de l'égalité des chances entre les hommes et les femmes[2] ». Pour dissiper les dernières traces d'ambiguïté, la loi du 9 mai 2001, relative à l'égalité professionnelle entre les femmes et les hommes, précise que les recrutements distincts ne sont permis qu'« exceptionnellement ». Plus généralement, elle préconise une « représentation équilibrée » des deux sexes dans les jurys de concours et dans les organismes consultatifs en vue de faciliter le recrutement et l'avancement des femmes.

Au total, que ce soit en matière de droits politiques, de droits civils, ou de droits professionnels, la non-discrimination des sexes ne s'est pas imposée sans mal. Il a fallu du temps pour atteindre l'objectif fixé par le préambule de 1946, aux termes duquel « la loi garantit à la femme, dans tous les domaines, des droits égaux à ceux de l'homme »[3].

Bien des progrès restent d'ailleurs à faire, car il y a parfois loin des textes aux comportements sociaux. Même si l'état du droit positif est aujourd'hui satisfaisant, chacun sait par exemple que beaucoup d'employeurs préfèrent recruter des hommes, ou que plus d'un mari refuse à son épouse l'égalité à laquelle elle a droit. C'est pourquoi un décret du 18 octobre 1995 a institué, auprès du premier ministre, un « observatoire de la parité entre les femmes et les hommes », chargé de recenser les inégalités persistantes et de proposer des réformes en vue de les résorber.

La situation est bien pire dans la plupart des pays du tiers-monde, où l'égalité des femmes est fréquemment, voire systématiquement, méconnue. C'est en grande partie à leur intention qu'existe la Convention du 1er mars 1980, sur l'élimination de toutes les formes de discrimination à l'égard des femmes. Ratifiée par la France en 1983, elle instaure un « comité pour l'élimination de la discrimination à l'égard des femmes ». Chargé de veiller à sa bonne application et de présenter un rapport annuel, ce comité est également compétent, en vertu d'un protocole facultatif du 6 octobre 1999, pour examiner les plaintes des femmes qui s'estiment victimes de discriminations. Dénué de moyens coercitifs, son rôle est de convaincre et d'alerter l'opinion publique. Du

---

1. CJCE 30 juin 1988, Commission des Communautés européennes c/France, *RFDA* 1988.976.
2. CE 26 juin 1989, Féd. des synd. généraux de l'Éducation nat., *RFDA* 1990.39, concl. Mme Laroque.
3. Sous l'impulsion de la CJCE, il en découle d'ailleurs, réciproquement, que les hommes sont fondés à exiger de bénéficier d'avantages jusque-là réservés aux femmes : CE 5 juin 2002, Choukroun, *AJDA* 2002.639 (droit des veufs à pension de réversion), et CE 29 juill. 2002, Griesmar, *AJDA* 2002.823 (droit aux bonifications de retraite pour enfants élevés).

succès de son entreprise dépend la possibilité pour les femmes de nombreux pays d'accéder un jour à l'exercice des libertés.

C. L'interdiction des discriminations fondées sur la race

Plus encore que les discriminations fondées sur le sexe, celles fondées sur la race sont difficiles à éliminer. En tout homme existe en effet un potentiel de xénophobie et de racisme.

Le racisme est « l'opinion selon laquelle, d'une part, l'humanité doit être divisée en races », ces races n'ayant « pas la même valeur du point de vue des facultés morales, intellectuelles, culturelles et physiques ; d'autre part, et c'est là où cela commence à devenir vraiment horrible, que du fait de ces différences du point de vue de la valeur, il serait permis et même opportun de retirer d'une façon ou d'une autre, à ces personnes considérées inférieures, leurs droits [1] ». Au vu de cette définition, l'Allemagne nazie, du fait de sa politique d'extermination des juifs, mérite d'être considérée comme l'archétype du régime raciste. À un degré moindre, le régime de Vichy fut également raciste, dans la mesure où il prit diverses décisions destinées à retirer aux juifs certains de leurs droits : interdiction d'exercer des fonctions publiques ainsi que certaines professions privées, obligation de porter l'étoile jaune, création d'un commissariat général aux questions juives contribuant à leur extermination. Enfin l'Afrique du Sud fut raciste elle aussi, tant qu'elle pratiqua une politique d'apartheid.

Moins grave, mais néanmoins condamnable au regard des valeurs occidentales, la xénophobie est beaucoup plus courante. Se définissant comme « l'animosité ou la mauvaise volonté envers l'étranger », elle se retrouve « à des degrés plus ou moins élevés, de la sensation vague et indéfinie d'aversion..., jusqu'à des attitudes très agressives [2] ». En Europe occidentale, la xénophobie connaît une recrudescence depuis les années soixante-dix, notamment à cause de la montée du chômage et de l'insécurité, dont les immigrés sont les boucs émissaires désignés. On sait le succès avec lequel le Front national l'exploite en France.

Si la xénophobie progresse en France, ce n'est pourtant pas à cause d'une carence de notre droit. En effet, les moyens juridiques de la combattre ne manquent pas, qu'ils soient répressifs ou préventifs.

1) La répression

L'arsenal répressif est particulièrement dissuasif. La loi du 10 janvier 1936 (modifiée par la loi du 1er juillet 1972) permet ainsi au président de la République de dissoudre, par décret rendu en Conseil des ministres, toutes les associations ou groupements qui « soit provoqueraient à la discrimination, à la haine ou à la violence envers une personne ou un groupe de personnes à raison de leur origine ou de leur appartenance ou de leur non-appartenance à une ethnie, une nation, une race ou une religion déterminée, soit propageraient des idées ou théories tendant à justifier ou encourager cette discrimination, cette haine ou cette violence ». C'est sur le

1. P. Nobel, « L'action contre le racisme et la xénophobie », *RDP* 1990.1309.
2. P. Nobel, article préc., p. 1310.

fondement de cette loi qu'ont été dissous divers groupements d'extrême droite à caractère raciste : ligues en 1936, Ordre Nouveau en 1973, Fédération d'action nationale et européenne en 1985, mouvement nazi HVE en 1993, Unité radicale en 2002, Tribu Ka en 2006. La loi assure l'efficacité des dissolutions en punissant d'emprisonnement les personnes tentant de maintenir ou de reconstituer les groupements dissous. On pourrait craindre qu'un tel arsenal soit utilisé à la légère, au préjudice de la liberté d'association. Pourtant, ce risque est faible, car le Conseil d'État exerce un contrôle sévère sur les décrets de dissolution [1]. Le problème qui se pose aujourd'hui est de savoir si la loi de 1936 pourrait justifier la dissolution du Front national. D'un point de vue juridique, on peut en effet se demander si ce parti politique n'« encourage » pas, à travers les outrances verbales de ses dirigeants, la discrimination raciale.

Mais la pièce maîtresse de l'arsenal répressif contre le racisme et la xénophobie est constituée par la loi du 1er juillet 1972, dont l'objet est triple.

En premier lieu, la loi de 1972 modifie la loi du 29 juillet 1881 sur la presse. Elle rend la diffamation et l'injure racistes punissables de plein droit, sans qu'il soit besoin, contrairement à ce qui était le cas jusque-là, de prouver l'intention d'exciter à la haine raciale. En outre, elle crée le nouveau délit, beaucoup plus vaste, de « provocation à la discrimination raciale ». Ce nouveau délit est d'autant plus vaste qu'il peut être commis par voie de presse, mais aussi par tout autre moyen d'expression, notamment par la parole ou par des emblèmes.

Les juridictions civiles et pénales appliquent ces dispositions avec sévérité. Ont ainsi été condamnés : à six mille francs d'amende le maire lançant publiquement, à un conseiller municipal d'origine juive : « l'holocauste, ce n'est rien à côté de ce que vous me faites subir [2] » ; à trois mois de prison ferme le directeur de la publication de la revue *Révision*, pour avoir écrit et diffusé des textes soutenant que les chambres à gaz étaient une propagande juive [3] ; à des dommages-intérêts M. Jean-Marie Le Pen, pour avoir soutenu que les chambres à gaz sont « un point de détail de l'histoire de la Deuxième Guerre mondiale [4] ». Cette sévérité peut paraître menaçante pour la liberté d'expression, certains allant jusqu'à prétendre qu'elle aboutit à consacrer des délits d'opinion. Pourtant, elle doit être approuvée, car comme le rappelait Sartre, « l'antisémitisme n'est pas une opinion, mais un délit ». Comme toutes les libertés, la liberté d'expression n'existe en effet, comme l'affirme l'article 4 de la Déclaration de 1789, qu'à condition de ne pas être utilisée pour nuire à autrui. Or l'expression d'opinions racistes nuit aux personnes appartenant aux races supposées inférieures. Il faut donc la réprimer, sous peine de renoncer à protéger la dignité de la personne humaine, dont l'affirmation est à l'origine de l'ensemble des libertés publiques.

En second lieu, la loi de 1972 crée deux délits de discrimination raciale, insérés dans les articles 187-1 et 416 du Code pénal puis dans les articles 225-1 et 432-7 du nouveau Code pénal. L'article 432-7 réprime tout refus d'un droit opposé par une autorité publique à une personne en raison de sa race. L'article 225-1 punit toute personne refusant un bien, un service, ou une embauche à quelqu'un en raison de sa

---

1. CE 26 juin 1987, FANE, *AJDA* 1987.679 : annulation, pour méconnaissance des droits de la défense, du décret de dissolution de 1985.
2. T. corr. Béziers, 24 avr. 1990, *Le Monde* 26 avr.
3. T. corr. Paris, 14 mai 1990, *Le Monde* 16 mai 1990.
4. TGI Nanterre, 23 mai 1990, *Le Monde* 25 mai 1990.

race, ou se livrant pour ce motif à un licenciement ou à des manœuvres destinées à rendre plus difficile l'exercice d'une activité économique[1]. Ces deux articles se complètent donc idéalement, puisque le premier sanctionne les autorités publiques, alors que le second sanctionne les personnes privées. On remarquera également qu'ils complètent parfaitement la première série de dispositions de la loi de 1972, car ce sont des agissements, et non de simples opinions, qu'ils punissent. En pratique, il est difficile de prouver qu'un refus d'embauche, de bien ou de service est motivé par une discrimination raciale. Mais lorsque cette preuve est établie, les tribunaux n'hésitent pas à faire preuve de sévérité[2]. La loi du 30 décembre 2004, transposant la directive européenne du 29 juin 2000, a notablement facilité les choses en renversant la charge de la preuve de la discrimination raciale : désormais, lorsqu'une personne qui s'estime victime d'une telle discrimination « établit devant la juridiction compétente les faits qui permettent d'en présumer l'existence », c'est au défendeur de prouver que sa décision « est justifiée par des éléments objectifs étrangers à toute discrimination ».

En troisième et dernier lieu, la loi de 1972 permet à toute association déclarée depuis cinq ans, et dont l'objet est de lutter contre le racisme, d'exercer les droits reconnus à la partie civile dans tous ces cas. Le MRAP, la LICRA, ou encore SOS Racisme, ne se privent pas d'utiliser largement cette possibilité.

La loi du 13 juillet 1990 a apporté d'importantes améliorations à cette loi de 1972. Elle modifie la loi du 29 juillet 1881 sur la presse, et la loi du 29 juillet 1982 sur la communication audiovisuelle, pour accorder à ces associations un droit de réponse spécifique. En outre, elle crée un nouveau délit sanctionnant la négation des « crimes contre l'humanité », afin de faciliter les poursuites contre les historiens dits « révisionnistes », qui contestent l'existence du génocide perpétré par les nazis[3]. Enfin, elle permet aux tribunaux de rendre inéligibles pendant cinq ans les personnes coupables d'avoir nié des crimes contre l'humanité, d'avoir émis des opinions racistes, ou de s'être livrées aux agissements réprimés par les articles 225-1 et 432-7 du nouveau Code pénal. On devine sans peine que le législateur a songé à M. Le Pen en édictant cette disposition. Pour faire bonne mesure, il est créé une peine complémentaire prévoyant la publication de la condamnation pour racisme dans la presse, ainsi que son affichage sur le lieu où l'infraction a été commise.

Moins spectaculaire mais tout aussi efficace, la loi du 16 novembre 2001 crée un service d'accueil téléphonique gratuit, dont l'objet est de recueillir les appels des personnes estimant avoir été victimes ou témoins de discriminations raciales. Elle permet ainsi d'apporter un soutien aux victimes de ces discriminations, et de les

---

1. Les articles 225-1 et 432-7 punissent aussi les discriminations fondées sur le sexe (depuis 1975) ainsi que sur le handicap ou la maladie (depuis 1990) ou sur une foule d'autres motifs (depuis 2001).
2. CA Paris, 21 janv. 1988 *D* 1988.IR.86 : application de l'article 416 à l'employeur qui, dans une proposition d'embauche, mentionne : « éviter le personnel de couleur ». Crim. 12 sept. 2000, *Le Monde* 25 oct. : application de l'article 225-1 au propriétaire, au directeur et au portier d'une « boîte de nuit » qui sélectionnaient les clients au faciès ; l'arrêt valide la pratique du « testing » menée par SOS-Racisme, qui consiste à tester, devant huissier, leur réaction en leur amenant des clients qui sont tantôt des « Blancs », tantôt des personnes de couleur. Consécration définitive du testing par la loi du 31 mars 2006.
3. Innovation bienvenue, car un sondage Louis Harris effectué en octobre 1993 révèle que 5 % des Français (contre 22 % des Américains !) estiment « possible que l'extermination des juifs par les nazis n'ait jamais eu lieu » (cf. *Le Monde des livres* 25 févr. 1994). L'œuvre de désinformation des historiens révisionnistes a donc profité du vide juridique pour troubler les esprits. Pour un exemple d'application de la loi de 1990, cf. Crim. 17 juin 1997, *D* 1998.50.

encourager à saisir la justice ou la haute autorité de lutte contre les discriminations et pour l'égalité.

2) La prévention

Pour indispensable qu'elle soit, la répression ne saurait suffire à combattre le racisme et la xénophobie. Elle présente en effet l'inconvénient de ne pouvoir intervenir, par essence, qu'après la commission de l'infraction. Or l'idéal est évidemment d'empêcher la commission de l'infraction. C'est là le rôle de la prévention.

En vigueur jusqu'en 2003, le décret-loi du 6 mai 1939 constituait un moyen de prévention particulièrement efficace contre le racisme et la xénophobie. Il permettait en effet au ministre de l'Intérieur d'interdire la distribution en France des publications étrangères, lorsque celles-ci étaient dangereuses pour l'ordre public, notamment parce qu'elles provoquaient à la discrimination raciale. C'est ainsi en invoquant la nécessité de lutter contre le racisme que le ministre de l'Intérieur a interdit, par arrêté du 23 mai 1990, la distribution en France de trois revues allemandes néo-nazies traduites en français [1].

La jurisprudence administrative joue également un rôle important en annulant les actes administratifs qui méconnaissent l'égalité des droits reconnue aux étrangers [2]. Sa vigilance permet en effet d'empêcher l'administration de suivre des règles ou des pratiques discriminatoires, dont le maintien constituerait un puissant encouragement pour la xénophobie. Ont par exemple été censurés, pour violation du principe d'égalité, les refus d'accès à l'école publique d'enfants étrangers [3], ainsi que l'exclusion des étrangers du bénéfice des allocations allouées aux chômeurs par un bureau d'aide sociale [4], et des prestations familiales complémentaires instituées par la ville de Paris [5].

Le Conseil constitutionnel a constitutionnalisé cette jurisprudence par une décision du 22 janvier 1990, afin d'en imposer le respect au législateur. Dans l'un des considérants de principe les plus importants qu'il ait jamais posés, il y affirme en effet que « le législateur peut prendre à l'égard des étrangers des dispositions spécifiques à la condition de respecter les engagements internationaux souscrits par la France et les libertés et droits fondamentaux de valeur constitutionnelle reconnus à tous ceux qui résident sur le territoire de la République [6] ». La possibilité de prendre des « dispositions spécifiques » est ici soumise à deux conditions si rigoureuses — respect des engagements internationaux d'une part (notamment de la Convention européenne de sauvegarde des droits de l'Homme), des « droits fondamentaux » (expression nouvelle, semblant englober les libertés publiques et les droits-créances) d'autre part — qu'elle paraît cantonnée pour l'essentiel dans deux domaines, dans lesquels notre droit admet traditionnellement des règles distinctes pour les étrangers. Il s'agit du

---

1. *Le Monde* 25 mai 1990. Décret-loi jugé caduc par CE 7 févr. 2003, GISTI, *AJDA* 2003.996, qui tire les conséquences de sa condamnation par CEDH 17 juill. 2001, Assoc. Ekin, *AJDA* 2002.52.
2. Arrêt de principe : CE, Ass., 31 mai 2006, GISTI, *RFDA* 2006.1194, concl. Casas.
3. TA Bordeaux, 14 juin 1988, El Houani, *LPA* 28 nov. 1988.
4. TA Paris, 2 janv. 1986, Commissaire de la République des Hauts-de-Seine, *RDSS* 1987.139.
5. TA Paris, 19 mars 1986, Lévy/Maire de Paris, *AJDA* 1986.389 ; CE 30 juin 1989, Bureau d'aide sociale de Paris/Lévy, *DS* 1989.767.
6. CC 22 janv. 1990, « Droits des étrangers », *RFDA* 1990.406.

droit de vote aux élections politiques, traditionnellement refusé aux étrangers [1], et de la liberté d'entrer et de séjourner en France, que les étrangers n'exercent que dans les limites fixées par le législateur [2]. Dans les autres domaines, la décision de 1990 semble imposer une stricte égalité entre Français et étrangers, que ce soit en matière de libertés publiques ou de droits-créances. Juridiquement, cette solution paraît conforme au passage du préambule de 1946 proclamant que « tout être humain, sans distinction de race,... possède des droits inaliénables et sacrés ». Quoi qu'il en soit, la décision de 1990 ne se contente pas d'affirmer cette stricte égalité, mais la met aussi en pratique. Elle annule en effet la disposition législative qui excluait les étrangers résidant régulièrement en France du bénéfice de l'allocation supplémentaire du Fonds national de solidarité, au motif qu'elle « méconnaît le principe constitutionnel d'égalité ».

Dans une décision du 15 novembre 2007, le Conseil constitutionnel s'est également opposé aux « statistiques ethniques », c'est-à-dire aux statistiques qui reposent sur l'origine ethnique ou raciale des individus. Il conjure ainsi le risque d'enfermer les individus dans des communautés auxquelles ils ne souhaitent pas forcément appartenir (les « Noirs », les « Blancs », les « Arabes »...), et de favoriser la stigmatisation de certaines catégories de la population [3].

La loi précitée du 13 juillet 1990 apporte elle aussi sa pierre à l'édifice de la prévention. Elle charge en effet la Commission nationale consultative des droits de l'Homme [4] de remettre chaque année, au gouvernement, un rapport sur la lutte contre le racisme.

Un décret du 19 décembre 1989 a pour sa part créé un « Haut Conseil à l'intégration ». Ce comité de neuf sages est chargé de réfléchir aux mesures qui pourraient faciliter l'intégration en France des immigrés. L'idée qui inspire sa création est qu'une intégration réussie serait de nature à faire considérablement régresser la xénophobie. Dans la même optique, la loi du 31 mars 2006 a créé un établissement public administratif, l'« Agence nationale pour la cohésion sociale et l'égalité des chances », qu'elle charge de mettre en œuvre des « actions visant à l'intégration des populations immigrées ».

À cet égard, il faut remarquer que les moyens juridiques mis en place pour prévenir le racisme et la xénophobie n'ont de chances d'être efficaces que s'ils s'accompagnent d'une mobilisation de l'opinion publique. Par bonheur, cette mobilisation existe incontestablement, si l'on en juge par l'ampleur de la manifestation contre le racisme qui s'est déroulée à Paris le 14 mai 1990, en réaction contre la profanation du cimetière juif de Carpentras [5]. Dans le louable souci de l'entretenir, le ministère de l'Éducation nationale organise chaque année depuis 1988, en liaison avec SOS Racisme, une « semaine d'éducation contre le racisme à l'école ».

La vigilance doit toutefois rester de mise. Malgré les barrages qui ont été placés devant eux, le racisme et la xénophobie restent menaçants. On les décèle par exemple

---

1. Cf. E. Peuchot, « Droit de vote et condition de nationalité », *RDP* 1991.481. Cf. toutefois loi du 25 mai 1998 (C. élect., art. LO 227-1), qui donne aux étrangers ressortissants de l'UE et résidant en France le droit de vote aux élections municipales.
2. Cf. *infra*, deuxième partie.
3. CC 15 nov. 2007, Maîtrise de l'immigration (*JO* 21 nov.).
4. Cf. *infra*, chapitre 3, section 1.
5. *Le Monde* 16 mai 1990.

dans les contrôles d'identité, dont on sait qu'ils sont souvent effectués « au faciès ». On les décèle plus encore dans les violences policières, dont les étrangers et les Français d'origine étrangère sont les victimes privilégiées [1]. Mais ce qui est peut être encore plus grave est de les retrouver parfois dans les propos des responsables politiques [2]. Bertold Brecht avait hélas raison, lorsqu'il adressait au monde sa fameuse mise en garde : il est encore fertile, le ventre d'où a surgi la bête immonde.

3) La protection internationale contre les discriminations fondées sur la race

La France n'est évidemment pas le seul pays confronté au problème du racisme. Pour mieux le résoudre, les différents États concernés ne se sont pas contentés d'élaborer chacun leur propre système de protection : ils se sont entendus afin de compléter ces efforts dispersés par une protection internationale.

Tous les principaux instruments internationaux de proclamation des droits de l'Homme prennent soin d'interdire les discriminations fondées sur la race. C'est notamment le cas, on l'a vu, de la Convention européenne de sauvegarde des droits de l'Homme.

Mais il existe en outre des conventions spécifiques, dont le principal objet est de lutter contre les discriminations raciales. L'Assemblée générale des Nations unies en a promu trois qui méritent d'être signalées.

La première est la Convention du 9 décembre 1948, pour la prévention et la répression du crime de génocide. Ratifiée par la France en 1950, elle définit le génocide comme l'acte, « commis en temps de paix ou en temps de guerre... dans l'intention de détruire, en tout ou en partie, un groupe national, ethnique, racial ou religieux ». Le génocide s'analyse ainsi comme l'expression la plus exacerbée du racisme. Au regard de son extrême gravité, il est donc parfaitement légitime de lui avoir consacré une convention. La disposition essentielle consiste à permettre à toute partie contractante de « saisir les organes compétents de l'ONU afin que ceux-ci prennent, conformément à la Charte des Nations unies, les mesures qu'ils jugent appropriées pour la prévention et la répression des actes de génocide » portés à leur connaissance. Est aussi prévue l'institution d'une « cour criminelle internationale », chargée de juger les responsables de génocide. Ces dispositions sont malheureusement longtemps demeurées lettre morte. En 1991, par exemple, le président irakien Saddam Hussein a pu, en toute impunité, organiser la destruction d'une partie du peuple kurde. Il a fallu attendre la pression indignée de l'opinion publique internationale pour que l'ONU se décide enfin, en marge de la convention de 1948, à établir en Irak des zones de protection au profit des Kurdes. Le même retard à intervenir a hélas été constaté à deux reprises en 1994, tant en ex-Yougoslavie (à

---

1. Exemples : en 1986, lors des grandes manifestations étudiantes, décès du jeune Malik Oussékine, après qu'il ait été poursuivi et frappé sans raison par plusieurs policiers (*Le Monde* 8 déc.) ; en 1991, décès du jeune Aïssa Ihich pendant sa garde à vue, faute d'avoir disposé des médicaments qu'il avait réclamés aux policiers (*Le Monde* 31 mai).

2. La palme de l'ignominie revient au cinéaste C. Autant-Lara, alors député européen du Front national (*Le Monde* 8 sept. 1989). L'ancien Premier ministre et futur président de la République J. Chirac, alors président du RPR, a pour sa part tenu des propos pour le moins regrettables, relatifs à « l'odeur » des immigrés (*Le Monde* 21 juin 1991). Et que dire des propos du ministre de l'Intérieur et futur président de la République N. Sarkozy, déclarant en 2005 vouloir « nettoyer au kärcher » la « racaille » des banlieues ?

propos du secours tardif de l'enclave musulmane de Gorazde, pilonnée par les Serbes) qu'au Rwanda (à l'occasion du massacre des Tutsis par les Hutus). Et en 1995, l'ONU a donné au monde le spectacle de sa lâcheté en refusant de porter secours à la population de l'enclave musulmane de Srebrenika, qu'elle a laissé exterminer par les Serbes sous le regard impuissant de ses casques bleus. Cette tragédie a heureusement incité l'ONU à faire preuve de davantage de fermeté, d'une part en déférant enfin aux deux Tribunaux internationaux créés en 1993 et 1994 les responsables des génocides commis en ex-Yougoslavie et au Rwanda [1], d'autre part et surtout en instituant, par un traité conclu le 18 juillet 1998, la Cour pénale internationale qu'on attendait depuis 1948.

La deuxième convention visant à lutter contre les discriminations raciales est précisément ce traité de 1998 instituant la Cour pénale internationale. Composée de juges élus par l'assemblée générale des États membres selon des critères de compétence et de « représentation géographique équitable », cette nouvelle Cour, qui siège à La Haye, est chargée de juger quatre catégories de crimes internationaux particulièrement graves : les génocides, les crimes contre l'Humanité, les crimes de guerre, et (à terme) les « crimes d'agression ». Elle n'est toutefois compétente qu'à l'égard des crimes commis après l'entrée en vigueur du traité, c'est-à-dire à partir de 2002. En outre, il est prévu que les États membres peuvent suspendre unilatéralement, pendant une durée de sept ans, l'application du traité aux crimes de guerre commis par leurs ressortissants ou sur leur territoire. Cette disposition a notamment été inscrite à la demande de la France, qui s'inquiétait d'éventuelles poursuites contre ses casques bleus ou contre ses soldats en mission à l'étranger, et qui n'aurait pas ratifié le traité sans cette garantie. Enfin, la Cour n'a qu'une compétence subsidiaire, ce qui signifie qu'elle ne peut intervenir que lorsque l'État concerné n'a pas la volonté ou est dans l'incapacité de mener lui-même l'enquête ou les poursuites pénales. Et même alors, le Conseil de sécurité de l'ONU a toujours le droit d'ordonner à la Cour de suspendre son action lorsqu'elle interfère dans un conflit qu'il est en train d'essayer de régler. Malgré toutes ces restrictions, la Cour, qui a officiellement été installée en 2003, représente un réel espoir d'avènement d'une véritable justice pénale internationale. C'est pourquoi la France a choisi, contrairement aux États-Unis qui préfèrent afficher une conception intransigeante de leur souveraineté, de ratifier le traité de 1998 [2].

La troisième convention spécifique est la Convention du 21 décembre 1965, relative à l'élimination de toutes les formes de discrimination raciale. Ratifiée par la France en 1971, elle institue un « Comité pour l'élimination de la discrimination raciale ». Les États parties doivent informer celui-ci des mesures qu'ils ont prises pour appliquer la Convention. Le Comité rédige chaque année un rapport, dans lequel il peut faire des « suggestions ». Il est également compétent pour recevoir et examiner

---

1. Le Tribunal international pour le Rwanda a par exemple condamné à une peine d'emprisonnement à perpétuité, le 4 septembre 1998, l'ancien Premier ministre responsable du génocide (*Le Monde* 6-7 sept.). Le Tribunal international pour l'ex-Yougoslavie a quant à lui été saisi des cas du président serbe Milosevic (décédé en cours de procès en 2006) et du chef des Serbes de Bosnie, Karadzic (arrêté le 21 juillet 2008, *Le Monde* 23 juill.).

2. Décision d'autant plus méritoire qu'elle a nécessité la révision de la Constitution, qui est intervenue le 8 juillet 1999 à la suite d'une décision du Conseil constitutionnel, qui la jugeait nécessaire notamment pour autoriser d'éventuelles poursuites de la CPI contre le président de la République, et pour permettre au procureur de la CPI d'effectuer librement ses enquêtes sur le territoire national : CC 22 janv. 1999, CPI, *AJDA* 1999.266.

les recours émanant de personnes qui se plaignent d'être victimes de violations de la Convention, à condition que l'État concerné ait accepté le droit de recours individuel — comme c'est le cas de la France depuis 1982. L'État dont on se plaint doit alors s'expliquer, et indiquer les mesures qu'il prend pour remédier à la situation. Pour favoriser la résolution du problème, le Comité adresse ses « suggestions » à l'État et au pétitionnaire. On le voit, la Convention de 1965 est un remarquable instrument de lutte contre la discrimination raciale. Ses mérites ne doivent toutefois pas faire oublier qu'elle n'a de valeur juridique qu'à l'égard des États qui l'ont ratifiée. Or ce ne sont pas ceux-là, comme on peut s'en douter, qui sont les plus dangereux en matière de racisme et de xénophobie. Il revient donc à l'opinion publique d'exercer sa pression sur la communauté internationale, afin de susciter de nouvelles adhésions.

§ 2. La réglementation des libertés peut rechercher l'égalité de fait

Aucune disposition de la Constitution de 1958, du préambule de 1946 ou de la Déclaration de 1789 n'impose clairement la recherche de l'égalité de fait. Tout au plus trouve-t-on quelques passages ambigus qui semblent l'autoriser. C'est par exemple le cas de l'article 1 de la Constitution, aux termes duquel « la France est une République... sociale ».

Assez logiquement, le Conseil constitutionnel en a déduit la faculté (A), et non l'obligation (B), pour la réglementation des libertés publiques de rechercher l'égalité de fait.

A. Des situations différentes peuvent faire l'objet de solutions différentes

Depuis 1979, le Conseil constitutionnel affirme que « si le principe d'égalité devant la loi implique qu'à situations semblables il soit fait application de solutions semblables, il n'en résulte pas que des situations différentes ne puissent faire l'objet de solutions différentes [1] ». Et en 2006, il précise « qu'aucune règle de valeur constitutionnelle n'interdit au législateur de prendre des mesures propres à venir en aide à des catégories de personnes défavorisées » [2]. Par ces affirmations, il signifie qu'il n'entend pas sacrifier totalement la recherche de l'égalité de fait à la nécessité de respecter l'égalité des droits.

Un strict respect de l'égalité des droits exigerait en effet que des solutions semblables soient apportées non seulement aux situations semblables, mais aussi aux situations différentes. Serait alors exclue toute recherche de l'égalité de fait. Cela s'explique par le fait que la philosophie qui sous-tend l'égalité des droits est hostile par principe à toute discrimination, quelle qu'en soit la justification. Au contraire, la recherche de l'égalité de fait repose sur la conviction qu'existent de bonnes discriminations. En somme, les partisans de la première égalité ne jurent que par l'uniformité du contenu des règles juridiques, alors que les apôtres de la seconde privilégient l'hétérogénéité des destinataires de la règle.

---

1. CC 12 juill. 1979, Ponts à Péage, *RDP* 1979.1691.
2. CC 30 mars. 2006, Loi pour l'égalité des chances, *AJDA* 2006.1961.

Entre les exigences contradictoires des deux égalités, le Conseil constitutionnel a trouvé un équilibre satisfaisant, d'ailleurs largement emprunté à la jurisprudence du Conseil d'État[1]. Comme son devancier, il distingue deux hypothèses.

La première hypothèse est celle où l'on a affaire à des situations semblables. Dans ce cas, la décision de 1979 exige « qu'... il soit fait application de solutions semblables ». L'égalité des droits triomphe. Toutefois, la décision pose aussitôt une exception : l'application de solutions différentes est possible « pour tenir compte... d'une nécessité d'intérêt général ». Grâce à cette exception, la porte est laissée entrouverte à l'égalité de fait. Jusqu'à présent, le Conseil constitutionnel ne s'y est engouffré qu'avec prudence[2].

La seconde hypothèse est heureusement plus favorable à l'égalité de fait. C'est celle où l'on a affaire à des situations différentes. Cette fois, la décision de 1979 laisse au législateur — de même que la jurisprudence administrative laisse à l'administration — la liberté de choisir entre des solutions semblables et des solutions différentes, autrement dit entre l'égalité des droits et l'égalité de fait.

Le Conseil constitutionnel a par exemple admis l'instauration, pour le péage d'un pont, de tarifs différents selon que les usagers ont ou non « leur domicile ou leur lieu de travail dans le ou les départements concernés »[3] ; la décision de limiter aux sociétés, et non aux associations, les autorisations en matière de télévision par satellite[4] ; la décision de créer, au profit exclusif des étrangers faisant l'objet d'un arrêté de reconduite à la frontière, un recours suspensif devant le président du tribunal administratif[5] ; la décision d'accorder aux quotidiens d'information politique, mais non aux autres publications, une aide financière spéciale[6]. Dans tous ces cas, les intéressés étaient bien dans des situations spécifiques, « différentes » au sens de la décision de 1979 ; le législateur a donc pu valablement choisir de leur appliquer des solutions spécifiques, de chercher à rétablir entre les diverses catégories en présence une plus grande égalité de fait.

Dans son rapport public 1996, le Conseil d'État a encouragé cette recherche d'une plus grande égalité de fait. Il préconise la mise en œuvre de « discriminations positives », dont l'objet « est de réduire les inégalités de fait », de « rétablir une égalité des chances rompue par les aléas de la vie en créant des droits différenciés »[7].

Le droit communautaire adopte la même attitude. En ce qui concerne l'accès à l'emploi, la CJCE admet en effet qu'un État puisse imposer, à compétences égales, une priorité d'embauche des femmes dans les secteurs d'activité où les hommes sont

---

1. CE, Sect., 10 mai 1974, Chorques et Denoyez, *RDP* 1975.467.
2. Cf. par exemple CC 14 août 2003, Réforme des retraites, *RDP* 2004.30 : l'intérêt général justifie que les femmes bénéficient d'une bonification de cotisation pour chaque enfant élevé, afin de « compenser... les inégalités de fait dont (elles) ont jusqu'à présent été l'objet ».
3. CC 12 juill. 1979, préc.
4. CC 18 sept. 1986, Communication audiovisuelle, *AJDA* 1987.102.
5. CC 9 janv. 1990, Entrée et séjour des étrangers, *R* 15.
6. CC 27 déc. 2001, Loi de finances pour 2002, § 36 et 37 (*JO* 29 déc.).
7. Rapport public 1996, *EDCE* n° 48, 1997.86 et 91. Suite à cette recommandation, une loi du 17 juillet 2001 a par exemple autorisé l'Institut d'études politiques de Paris à réserver des places aux bacheliers issus de lycées classés dans des zones d'éducation prioritaire. Mais faute de critères de choix suffisamment clairs, sa première application a été censurée par CAA Paris, 6 nov. 2003, UNI, *AJDA* 2004.343. Contrairement au CE, nous pensons que la discrimination positive est différente de l'égalité des chances dans la mesure où, contrairement à elle, elle exige une égalité de résultats (notamment par l'instauration de quotas).

plus nombreux [1]. Quant à la directive du 29 juin 2000, relative à l'égalité de traitement sans distinction de race, elle autorise les États à « adopter des mesures spécifiques destinées à prévenir ou à compenser des désavantages liés à la race ou à l'origine ethnique » [2].

Ces deux derniers exemples illustrent bien le danger des discriminations positives. En tendant à appréhender l'individu à travers son appartenance à un sexe ou à un groupe, elles risquent de détruire la méritocratie fondatrice du pacte républicain.

B. Des situations différentes peuvent faire l'objet de solutions semblables

Dans un État comme la France, où le libéralisme fait partie de la tradition nationale, l'égalité de fait ne supplante jamais tout à fait l'égalité des droits. C'est ce qui explique que la décision de 1979, comme la jurisprudence administrative, tolère que des situations différentes puissent faire l'objet de solutions semblables plutôt que de solutions différentes [3].

En ce qui concerne les ponts à péage, par exemple, l'autorité compétente peut, on l'a vu, décider de faire bénéficier de tarifs préférentiels les usagers qui ont leur domicile ou leur lieu de travail dans les départements concernés ; c'est la solution retenue pour le pont de Brotonne. Mais elle peut préférer s'en tenir à un strict respect de l'égalité des droits, et appliquer les mêmes tarifs à tous les usagers, quel que soit le département où ils ont leur domicile ou leur travail ; c'est la solution retenue pour les ponts de Tancarville et de Normandie.

Cette possibilité d'appliquer des solutions semblables à des situations différentes a été expressément consacrée en matière de presse. Le Conseil constitutionnel a en effet admis l'application des mêmes plafonds aux « deux catégories de publication de caractère différent » que sont les quotidiens nationaux et régionaux [4]. Dans un autre domaine, il a également admis que les limitations apportées au cumul d'emplois et de retraites puissent être identiques pour ceux qui bénéficient d'une pension à taux partiel et pour ceux qui bénéficient d'une pension à taux complet [5].

Cette sollicitude envers l'égalité des droits ne se retrouve pas toujours chez nos voisins. En Allemagne, par exemple, la Cour constitutionnelle estime que le législateur ne peut « ni traiter arbitrairement ce qui est essentiellement égal de façon inégale, ni traiter arbitrairement ce qui est essentiellement inégal de façon égale [6] ».

---

1. CJCE 11 nov. 1997, Marschall, *D* 1998.SC.211, renversant CJCE 17 oct. 1995, Kalanke, *D* 1996.221. Cf. aussi la discrimination positive instituée au profit des femmes en matière d'accès aux mandats électoraux et fonctions électives par la révision constitutionnelle du 8 juillet 1999 et par la loi du 6 juin 2000, préc., § 1, B.

2. À la demande de M. Nicolas Sarkozy, alors ministre de l'Intérieur, M. Aïssa Dermouche a été nommé préfet des Vosges le 14 janvier 2004 en raison de son origine ethnique. Mais cette expérience s'est soldée par un échec dès janvier 2005.

3. Arrêt de principe : CE, Ass., 28 mars 1997, Soc. Baxter, *RFDA* 1997.450.

4. CC 10-11 oct. 1984, Entreprises de presse, *GDCC*.

5. CC 16 janv. 1986, Cumul retraite-emploi, *DS* 1986.372.

6. C. Starck, professeur à Göttingen, cité par F. Luchaire, « Un Janus constitutionnel : l'égalité », *RDP* 1986.1231. Cf. par exemple Cour 12 mars 2003, *RDP* 2004.1651 : constitutionnalité de la différence de rémunérations entre fonctionnaires de l'Est et de l'Ouest, compte tenu des situations économiques différentes de ces deux parties de l'Allemagne.

Contrairement à ce qui est admis en France, cela revient à dire que des situations différentes doivent en principe faire l'objet de solutions différentes. Une place plus importante est ainsi accordée à la recherche de l'égalité de fait.

À cet égard, il est intéressant de noter que, dans le domaine qui est le sien, le droit communautaire se rapproche davantage de la conception allemande de l'égalité que de la conception française. On sait en effet que le principe d'égalité de traitement est posé par l'article 7 du traité CEE (devenu art. 12 TCE), aux termes duquel « est interdite toute discrimination exercée en raison de la nationalité ». Or, selon un arrêt de la CJCE du 23 décembre 1983, ce principe veut, sauf exception, « que des situations comparables ne soient pas traitées de manière différente et que des situations différentes ne soient pas traitées de manière égale ». Comme la Cour constitutionnelle allemande, la CJCE estime donc que des situations différentes ne doivent pas faire l'objet de solutions semblables. Voilà un point de vue qui pourrait inciter le Conseil constitutionnel à modifier sa jurisprudence [1].

Au terme de cette analyse du principe d'égalité, il faut retenir que l'épanouissement des libertés publiques dépend dans une large mesure de l'aptitude du Droit à opérer un équilibre judicieux entre ses deux aspects. Ni l'égalité des droits, ni l'égalité de fait, ne doit être sacrifiée.

Car « comme Janus, l'égalité a deux faces, l'une tournée vers le passé, l'autre vers l'avenir », grâce auxquelles elle apparaît « à la fois comme une protection contre l'arbitraire et un mythe pour le progrès social [2] ».

Section 3
Les modalités de la réglementation des libertés publiques

Les autorités compétentes pour réglementer les libertés publiques ont traditionnellement le choix entre trois modalités : le régime répressif (§ 1), le régime préventif (§ 2) et le système de la déclaration préalable (§ 3).

§ 1. Le régime répressif

Le régime répressif est celui des trois régimes qui est le plus favorable aux libertés publiques. Il consiste en effet à interdire certaines actions, qu'il érige en infractions auxquelles correspondent des sanctions. Il en résulte donc que tout ce qui n'est pas interdit est permis : la liberté est la règle, l'interdiction l'exception.

À ce premier avantage s'en ajoute un second : si le législateur et le pouvoir réglementaire sont, selon les cas, compétents pour définir les infractions, les sanctions ne peuvent en principe être prononcées que par une juridiction. Le contrevenant n'est ainsi jamais abandonné à l'arbitraire de l'administration.

---

1. L'émergence d'une obligation de traitements différenciés est perceptible dans sa décision du 13 janvier 1994, Modification de la loi Falloux, *AJDA* 1994.132 : le CC y censure la loi parce qu'elle n'a pas tenu compte de la différence de situations existant entre établissements d'enseignement publics (qui ont des charges et obligations spécifiques) et établissements d'enseignement privés.
2. F. Luchaire, *op. cit.*, p. 1274.

Le régime répressif n'est toutefois pas exempt de certains inconvénients. Le risque existe que les infractions soient définies de façon insuffisamment précise. Des lois actuellement en vigueur punissent par exemple les « cris et chants séditieux », ainsi que le fait de porter « atteinte au moral de l'armée »[1]. Elles ouvrent la porte à l'arbitraire des juges, qui peuvent être tentés de considérer comme séditieux ou démoralisants les propos qui heurtent leur conception subjective de l'ordre et de l'État.

Il est en outre nécessaire que les sanctions soient proportionnées à la gravité de l'infraction commise, faute de quoi les libertés publiques seraient en danger. L'amende, par exemple, est inefficace contre les personnes aisées, car les textes sont obligés de prévoir des plafonds. Et elle est trop sévère envers les démunis, qu'elle risque d'acculer à la misère. Il est donc judicieux que les juges puissent lui substituer, lorsque le besoin s'en fait sentir, des peines mieux adaptées, par exemple un emprisonnement assorti du sursis dans le premier cas, une condamnation à effectuer un travail d'intérêt général dans le second.

Depuis 1981, le Conseil constitutionnel accepte de censurer les disproportions manifestes entre l'infraction et la peine encourue[2]. Son intervention permet d'éviter au régime répressif de sombrer dans l'irrationnel. Une décision de 1987 annule par exemple une disposition législative qui prescrivait que l'amende fiscale encourue en cas de divulgation du montant du revenu d'une personne serait, en toute hypothèse, égale au montant des revenus divulgués[3].

Reste un problème qu'on est obligé d'aborder lorsqu'on parle de proportionnalité entre les peines et les infractions : c'est celui de la peine de mort. On sait qu'elle est abolie en France depuis 1981[4]. Selon les promoteurs de l'abolition, la peine de mort est par nature disproportionnée, même par rapport aux infractions les plus graves. La réclusion criminelle à perpétuité offre en effet théoriquement les mêmes avantages qu'elle, tout en étant moins barbare : elle assure une protection aussi efficace de la société grâce à la neutralisation prolongée du coupable, et joue, selon les spécialistes, le même rôle dissuasif.

Un dernier inconvénient du régime répressif tient au développement des « sanctions administratives ». Contrairement aux sanctions pénales, qui sont prononcées par les tribunaux répressifs, les sanctions administratives sont en effet infligées par de simples autorités administratives. Bien qu'elles doivent respecter les droits de la défense et qu'elles puissent être attaquées en justice[5], elles sont donc particulièrement dangereuses. Après quelques hésitations, le Conseil constitutionnel a cependant admis leur validité[6]. Nous pensons quant à nous qu'elles ne sont acceptables que lorsqu'elles sont infligées par des « autorités administratives indépendantes », comme le Conseil de la concurrence ou le CSA, c'est-à-dire par des autorités administratives

---

1. L. 29 juill. 1881, art. 24 et 27. Cf. aussi les infractions floues imaginées par la loi du 18 mars 2003 relative à la sécurité intérieure : racolage passif, mendicité agressive, entrave à la circulation dans les entrées d'immeubles et les cages d'escalier, outrage public à l'hymne national ou au drapeau tricolore.
2. CC 19-20 janv. 1981, Sécurité et liberté, *GDCC*.
3. CC 30 déc. 1987, Loi de finances pour 1988, *RFDA* 1988.357.
4. Cf. *infra*, deuxième partie, titre I, chapitre 1.
5. Tantôt devant le juge judiciaire (sanctions infligées par le Conseil de la concurrence), tantôt devant le juge administratif, soit par la voie du recours de plein contentieux (sanctions infligées par le CSA, ou par le ministre de l'Intérieur à l'encontre des entreprises de transport), soit par la voie du REP (suspensions préfectorales du permis de conduire).
6. CC 28 juill. 1989, COB, *RFDA* 1989.671.

soustraites au pouvoir hiérarchique des ministres. La fonction répressive constitue en effet une menace pour les libertés publiques lorsqu'elle est conçue, comme c'est malheureusement de plus en plus souvent le cas, comme une simple annexe de la fonction exécutive [1].

Malgré tout, les avantages du régime répressif sont infiniment supérieurs à ses inconvénients. C'est pourquoi il faut se réjouir de constater à quel point il prédomine en France. La plupart des libertés sont régies par lui, qu'il s'agisse des libertés physiques (qu'on songe notamment au droit de disposer de son corps, ou à la liberté d'aller et venir), des libertés intellectuelles (particulièrement les libertés d'expression, de la presse, et la liberté religieuse), ou des libertés relationnelles (notamment le droit syndical, et les libertés de réunion et d'association). Dans la mesure où le régime répressif fait de la liberté la règle, et de l'interdiction l'exception, un tel succès témoigne de la vigueur des libertés publiques en France.

§ 2. Le régime préventif

Le régime préventif est celui des trois régimes qui est le moins favorable aux libertés publiques. Il consiste en effet à subordonner l'exercice d'une liberté au consentement préalable de l'administration. Avec lui, n'est donc permis que ce qui est autorisé de façon expresse ou tacite : la liberté n'est pas la règle, mais l'exception. C'est bien pourquoi il est dangereux.

En outre, le régime préventif est particulièrement propice à la violation du principe d'égalité, car il repose tout entier sur l'examen des situations au cas par cas. L'autorité administrative dont on attend le consentement peut donc être tentée d'accorder des passe-droits, et d'opposer des refus purement vexatoires. Par comparaison, le régime répressif est moins dangereux pour le principe d'égalité, car les infractions et les sanctions sont définies à l'avance, et sont les mêmes pour tous.

Concrètement, le régime préventif peut revêtir la forme de l'autorisation préalable (A) ou de l'interdiction (B).

A. L'autorisation préalable

Dans le cadre du système de l'autorisation préalable, on ne peut exercer une liberté qu'après avoir demandé et obtenu la permission de l'administration. Selon les textes qui la régissent, cette permission peut être tantôt expresse, tantôt tacite ; dans cette seconde hypothèse, elle s'acquiert tout simplement par le silence opposé par l'administration à la demande.

C'est encore aux textes qui la régissent qu'il faut se référer pour apprécier le degré de dangerosité de l'autorisation préalable. S'ils laissent à l'administration la possibilité de refuser la permission pour tout motif, le système de l'autorisation préalable débouche sur un pouvoir discrétionnaire difficilement contrôlable, qui confine à l'arbitraire. S'ils limitent les motifs de refus, le contrôle du juge

---

1. Notamment au profit des préfets (C. route, art. L 514-1 et s., C. env. sur les installations classées), et des ministres (L. 26 févr. 1992 sur l'application des accords de Schengen ; CSP, art. L. 3332-16, sur la lutte contre l'alcoolisme).

administratif devient crédible, et la liberté de l'administration acceptable, quoique toujours menaçante. S'ils imposent à l'administration d'accorder la permission lorsque certaines conditions sont remplies, le système de l'autorisation préalable ne présente théoriquement plus aucun danger, car le pouvoir de l'administration devient une simple compétence liée.

En pratique, l'autorisation préalable a perdu certains de ses domaines de prédilection, à mesure que la France progressait dans la voie de la démocratie. C'est ainsi que la liberté de la presse, la liberté d'association, et la liberté de réunion, qui lui ont été soumises pendant la majeure partie du XIXe siècle, lui ont échappé depuis l'avènement de la Troisième République.

Elle est cependant parvenue à conserver certains autres de ses domaines traditionnels, pour lesquels aucune solution de rechange satisfaisante n'a pu être trouvée. La liberté d'entreprendre, notamment, demeure en grande partie régie par le système de l'autorisation préalable. Beaucoup d'activités professionnelles ou économiques ne peuvent en effet être exercées qu'avec la permission de l'administration. C'est ainsi, par exemple, qu'on ne peut exploiter un taxi qu'avec l'autorisation du maire, ou ouvrir une pharmacie qu'avec l'autorisation du préfet.

Le « droit des étrangers » est un autre domaine traditionnel qu'elle a conservé. On sait en effet que les étrangers, lorsqu'ils ne sont pas des ressortissants d'un autre État de l'UE, ne peuvent en principe pénétrer en France sans avoir obtenu un visa, ni y séjourner plus de trois mois sans s'être procuré une carte de séjour. En outre, ils ne peuvent y travailler qu'à condition d'y être expressément autorisés, par une mention apposée sur leur carte de séjour.

En dehors des quelques domaines traditionnels qu'elle a conservés, l'autorisation préalable est aussi parvenue à conquérir de nouveaux territoires, liés à l'évolution du progrès technique. C'est ainsi que la liberté cinématographique est devenue, dès son apparition, un de ses domaines de prédilection. À l'heure actuelle, un film ne peut être projeté dans les salles qu'après avoir reçu un visa ministériel d'exploitation. L'abandon, en 1982, du monopole de l'État en matière de télévision et de radiodiffusion, a entraîné de même une nouvelle extension du système de l'autorisation préalable, extension rendue nécessaire par le nombre limité des fréquences disponibles offertes au secteur privé. Depuis 1989, c'est le CSA qui délivre les autorisations nécessaires pour exploiter une télévision ou une radio privée. Enfin, dans le domaine de l'informatique, une loi de 1978 dispose que les fichiers recueillant des informations dangereuses, relatives par exemple aux origines raciales ou aux opinions politiques des personnes, ne peuvent en principe être créés, sans accord des intéressés, que sur autorisation de la CNIL. Ce dernier exemple montre que le système de l'autorisation préalable constitue parfois, pour les libertés publiques, un mode de protection irremplaçable.

Néanmoins, quels que soient les mérites de ce système, il n'en conserve pas moins un caractère intrinsèquement menaçant. C'est pourquoi le Conseil d'État et le Conseil constitutionnel veillent soigneusement à en freiner l'extension. Selon le Conseil d'État, le législateur est seul compétent pour décider de soumettre à un régime d'autorisation préalable l'exercice d'une liberté [1]. Il n'admet de dérogation à ce

---

1. En conséquence, sont annulés les règlements subordonnant à une autorisation : l'activité de photofilmeurs professionnels (CE, Ass., 22 juin 1951, Daudignac, *GAJA*) ; la circulation de principe que lorsque l'exercice de la liberté en cause suppose une occupation privative du domaine public[1]. Quant au Conseil constitutionnel, il interdit au législateur de soumettre au régime de l'autorisation préalable les libertés « fondamentales », par exemple les libertés d'association et de la presse[2]. Il n'admet cette possibilité qu'à l'égard des libertés publiques ordinaires, que sont notamment la liberté de communication audiovisuelle et le droit de propriété[3]. Cette sévérité des deux hautes juridictions à l'égard de l'autorisation préalable doit être approuvée, car elle empêche le régime préventif de se substituer subrepticement au régime répressif, dont on a vu qu'il est beaucoup plus favorable aux libertés.

B. L'interdiction

L'interdiction est le second mode d'existence du régime préventif. Avec elle, contrairement à ce qui se passe avec le système de l'autorisation préalable, la personne qui souhaite exercer une liberté n'a rien à demander à l'administration. La liberté, comme dans le régime répressif, demeure donc la règle. Mais l'administration peut intervenir spontanément pour interdire *a priori* l'exercice de la liberté publique, si elle estime que l'ordre public est menacé. Ainsi, alors que dans le régime répressif les personnes connaissent à l'avance les actions constitutives d'infractions — il leur suffit de consulter le Code pénal —, avec le système de l'interdiction elles sont avisées au dernier moment que l'action qu'elles projetaient d'accomplir est interdite. Cet inconvénient est d'autant plus grave que le recours intenté contre l'interdiction n'a pas d'effet suspensif : son annulation éventuelle intervient donc trop tard, après que le préjudice ait été irrémédiablement causé.

En pratique, le système de l'interdiction est largement utilisé. Il n'est pas rare, en effet, que les textes le prévoient. Le décret-loi du 23 octobre 1935 permet par exemple aux maires et aux préfets d'interdire les manifestations sur la voie publique, lorsqu'elles leur semblent de nature à troubler l'ordre public. En vigueur jusqu'en 2003, le décret-loi du 6 mai 1939 donnait au ministre de l'Intérieur, dans le même souci de préserver l'ordre public, le pouvoir d'interdire la diffusion en France des publications étrangères. Plus récemment, la loi du 20 décembre 1988 permet au ministre de la Santé ou à une « agence » spécialisée d'interdire les expérimentations médicales sur l'homme, lorsque le comité consultatif régional de protection des personnes dans la recherche biomédicale a émis à leur sujet un avis défavorable (CSP, art. L 1123-8).

Mais l'interdiction peut même être décidée en l'absence de tout texte la prévoyant. Le Conseil d'État, par sa célèbre jurisprudence Benjamin[4], reconnaît en effet à toutes les autorités de police administrative générale, notamment aux maires et aux préfets, le pouvoir d'interdire l'exercice des libertés publiques pour tout motif d'ordre public.

véhicules publicitaires (CE, Sect., 2 avr. 1954, Petronelli, *AJDA* 1954.9) ; ou l'utilisation de pistes de ski (CE 22 janv. 1982, Ass. Foyer de ski de fond de Crévaux, *AJDA* 1982.392).

1. CE 17 janv. 1986, Mansuy, *AJDA* 1986.185.

2. CC 10-11 oct. 1984, Entreprises de presse, *GDCC*. Éclaire rétrospectivement CC 16 juill. 1971, Liberté d'association, *GDCC*. Sur la notion de « libertés fondamentales », cf. *supra*, titre I, chapitre 3.

3. CC 26 juill. 1984, Structures des exploitations agricoles, *R* 58 (droit de propriété), CC 17 janv. 1989, CSA, *GDCC* (liberté de communication audiovisuelle).

4. CE 19 mai 1933, Benjamin, *GAJA*.

Inauguré à propos de la liberté de réunion, ce pouvoir est susceptible de s'appliquer à n'importe quelle liberté [1]. Concrètement, les interdictions concernent généralement la circulation automobile [2]. Mais ce sont celles qui visent les spectacles cinématographiques qui retiennent le plus l'attention de l'opinion publique [3].

Cette généralisation du pouvoir d'interdiction est moins dangereuse qu'elle le paraît au premier abord, car elle est compensée par un contrôle juridictionnel très rigoureux, qualifié par la doctrine de « contrôle maximum ». Ce contrôle consiste à vérifier la proportionnalité de la mesure attaquée par rapport au motif invoqué par l'autorité administrative pour la justifier. Toute disproportion, même légère, entraîne l'illégalité de la mesure, donc son annulation. Concrètement, une interdiction est considérée comme disproportionnée dans deux hypothèses.

Tout d'abord, une interdiction est disproportionnée lorsque l'autorité administrative aurait pu remédier au trouble à l'ordre public par une mesure plus douce, compatible avec l'exercice de la liberté concernée. Dans l'arrêt Benjamin, par exemple, l'interdiction de la conférence littéraire est annulée, parce que les menaces qui pesaient sur son bon déroulement auraient pu être écartées, beaucoup plus simplement, en envoyant sur place les forces de l'ordre disponibles.

En second lieu, une interdiction est disproportionnée lorsque, quoique justifiée sur le principe, elle est trop « générale et absolue » dans ses modalités. Cette fois, la disproportion tient au degré de l'interdiction, et non plus à sa nature : l'interdiction s'imposait bel et bien, mais celle qui a finalement été décidée pêche par excès de sévérité, dépasse ce qui était strictement nécessaire pour satisfaire les exigences de l'ordre public. Un excellent exemple de ce type de disproportion est fourni par l'arrêt Guez, de 1984. Dans cette affaire, le Conseil d'État annule, conformément aux éclairantes conclusions du commissaire du gouvernement Dutheillet de Lamothe, l'arrêté du préfet de police qui interdisait les activités musicales et les attractions de toute nature dans les 147 voies et places de Paris réservées aux piétons. Le commissaire du gouvernement explique en effet que cette interdiction est « beaucoup trop générale et absolue tant par son objet que par son champ d'application dans l'espace et dans le temps [4] ». Par son objet, car si le préfet de police pouvait interdire les instruments bruyants, comme les tam-tams, et les attractions dangereuses, comme les cracheurs de feu, il ne pouvait interdire de façon générale toute activité musicale et toute attraction ; par son champ d'application dans l'espace, car si l'interdiction pouvait être admise dans certaines rues étroites du quartier Latin, propices aux bousculades et à l'amplification du bruit, elle était injustifiable dans les endroits spacieux comme les contre-allées des Champs-Élysées, concernés par l'arrêté ; par son champ d'application dans le temps, enfin, car l'interdiction ne se limitait pas à la nuit mais s'étendait indistinctement aux différentes heures de la journée.

---

1. Par exemple à la liberté d'entreprendre : CE 13 mars 1968, Époux Leroy, *AJDA* 1968.221 ; à la liberté religieuse : CE 14 mai 1982, Ass. internat. pour la conscience de Krisna, *D* 1982.516 ; ou à la liberté de la presse : CE 22 juin 1984, Soc. Le Monde du tennis, *R* 245.
2. CE 8 déc. 1972, Ville de Dieppe, *AJDA* 1973.53 ; CE 16 juin 1976, Ville de Menton, *RDP* 1977.243 ; CE 18 oct., 1989, Commune d'Aigueperse, *AJDA* 1990.64.
3. CE, Sect., 18 déc. 1959, Soc. Les Films Lutetia, *GAJA*.
4. Concl. Dutheillet de Lamothe sur CE, Sect., 4 mai 1984, Préfet de police c/Guez, *AJDA* 1984.393.

Le contrôle maximum constitue donc, on le voit, une garantie précieuse pour la sauvegarde des libertés. Rappelons toutefois que l'annulation juridictionnelle d'une interdiction disproportionnée intervient toujours trop tard. M. Benjamin n'a par exemple pas pu tenir la conférence littéraire à la date qu'il avait choisie. Restent évidemment la satisfaction morale de voir son bon droit reconnu, et la possibilité d'obtenir du juge, à condition d'en faire la demande, des dommages et intérêts.

Malgré ces limites, le contrôle maximum demeure une garantie appréciable. Il semble difficile d'aller plus loin, par exemple en interdisant les interdictions. L'ordre public a en effet des exigences parfaitement légitimes, qui justifient le pouvoir reconnu aux autorités administratives d'interdire l'exercice d'une liberté. C'est d'ailleurs cette prise en compte de l'ordre public qui explique que l'interdiction demeure possible, même lorsque l'activité concernée a fait l'objet d'une déclaration préalable [1] ou d'une autorisation préalable [2]. Directement menaçante pour la liberté qu'elle entrave, l'interdiction est paradoxalement, en tant que bouclier de l'ordre public, indirectement protectrice de l'ensemble des libertés. Car sans ordre les libertés n'existeraient plus. En définitive, le procédé de l'interdiction trouve sa justification ultime dans la considération, énoncée par la DUDH de 1948, selon laquelle « toute personne a droit à ce que règne... un ordre tel que les droits et libertés... puissent y trouver plein effet ».

§ 3. Le système de la déclaration préalable

La déclaration préalable est un système intermédiaire entre le régime répressif et le régime préventif. Comme dans le régime de l'autorisation préalable, la personne qui souhaite exercer une liberté doit en informer préalablement une autorité publique. Mais avec le système de la déclaration préalable, l'autorité ainsi informée n'a qu'un rôle purement passif. Elle se borne à enregistrer la décision de la personne, et à délivrer à celle-ci un récépissé attestant que l'information a été effectuée. En aucun cas elle n'a à autoriser, ou à refuser d'autoriser, l'exercice de l'activité envisagée. Contrairement à l'information transmise dans le cadre du régime de l'autorisation préalable, l'information effectuée dans le cadre du système de la déclaration préalable ne s'analyse donc pas comme une demande, mais comme un simple avertissement. Comme dans le régime répressif, la liberté demeure donc la règle.

Outre qu'il fait de la liberté la règle, le système de la déclaration préalable offre l'avantage de faciliter tant l'exercice du régime préventif que l'exercice du régime répressif. Il facilite en effet l'édiction des interdictions ; les manifestations sur la voie publique, par exemple, sont soumises à la déclaration préalable afin que l'autorité de police, dûment avertie, puisse éventuellement les interdire si elles menacent l'ordre public. Et il facilite aussi l'exercice du régime répressif, car si l'activité concernée donne lieu à des infractions, la déclaration préalablement déposée permet d'identifier aisément les personnes pénalement responsables.

---

1. Cas des manifestations sur la voie publique. Le décret-loi de 1935 les soumet à la déclaration préalable, et prévoit néanmoins qu'elles peuvent être interdites.

2. Cas des spectacles cinématographiques, d'après l'arrêt Lutétia de 1959, préc. : un film peut être interdit par un maire, bien qu'il ait reçu le visa d'exploitation ministériel.

En contrepartie de ces avantages, le système de la déclaration préalable présente certains inconvénients. Il encourt le reproche d'être moins libéral que le régime répressif, dans la mesure où il astreint les personnes à prévenir une autorité publique avant d'agir. C'est pourquoi le juge administratif estime que l'autorité réglementaire n'est pas compétente pour décider de soumettre à un régime de déclaration préalable l'exercice d'une liberté[1]. Cette compétence n'appartient qu'au législateur.

D'autre part et surtout, le système de la déclaration préalable est assez facile à transformer en système d'autorisation préalable. L'Histoire montre que deux procédés peuvent être utilisés à cet effet.

Le premier, utilisé dans les années 1930 à l'égard des manifestations sur la voie publique, consiste à conjuguer systématiquement la déclaration préalable avec l'interdiction. On aboutit ainsi au même résultat que le système d'autorisation préalable, c'est-à-dire à la confiscation du pouvoir de décision des individus par la puissance publique. Ce procédé n'est heureusement utilisable que dans les périodes troublées, car il suppose la complaisance des juridictions administratives.

Le second, utilisé en 1970 contre la liberté d'association, consiste à arroger à l'autorité publique le pouvoir de refuser de délivrer le récépissé. Cette année-là, le préfet de police avait refusé de délivrer le récépissé de dépôt de pièces concernant l'association « les amis de la cause du peuple ». Le ministre de l'Intérieur, sur l'ordre duquel il avait agi, estimait en effet que cette association avait pour objet de porter atteinte à la forme républicaine du gouvernement. Par un jugement du 25 janvier 1971, le tribunal administratif de Paris a annulé ce refus, après avoir rappelé qu'en vertu de la loi du 1er juillet 1901, l'autorité administrative est obligée de délivrer le récépissé lorsque la déclaration de l'association comporte toutes les indications légales[2]. Pour surmonter ce jugement, le gouvernement a alors fait voter, en juin 1971, une loi permettant au préfet de communiquer toute déclaration d'association dont l'objet paraît illicite, au procureur de la République, et de différer la délivrance du récépissé jusqu'à sa décision de saisir ou non le TGI. Saisi par le président du Sénat, le Conseil constitutionnel l'a annulée, estimant à juste titre qu'elle tendait à substituer au système de la déclaration préalable un régime d'autorisation préalable déguisée[3]. Ainsi, grâce à la vigilance du TA de Paris et du juge constitutionnel, pas plus le glissement vers l'autorisation administrative que la dérive vers l'autorisation judiciaire n'a pu aller jusqu'à son terme.

En pratique, le système de la déclaration préalable est largement utilisé. Il a toutefois perdu certains domaines, comme par exemple celui des réunions hors des voies publiques, qu'il possédait de 1881 à 1907, et qui relève depuis du régime répressif. De même, l'obligation de remplir une fiche d'hôtel, qui équivaut à soumettre au système de la déclaration préalable un aspect de la liberté d'aller et venir, a disparu en 1975.

La plupart de ses domaines traditionnels lui restent toutefois soumis. Font ainsi l'objet d'une déclaration préalable : les manifestations sur la voie publique (au maire ou, dans les villes à police d'État, au préfet), les créations de journaux (au procureur

1. CE 13 mai 1927, Carrier, *D* 1927.355 : annulation du règlement municipal obligeant les touristes à souscrire une déclaration en mairie avant de faire une promenade en montagne.
2. TA Paris, 25 janv. 1971, Dame de Beauvoir et sieur Leiris, *AJDA* 1971.229.
3. CC 16 juill. 1971, Liberté d'association, *GDCC*.

de la République), les créations d'associations (au préfet ou au sous-préfet), les ouvertures de débits de boisson (au maire), les grèves dans les services publics (à l'autorité hiérarchique ou à la direction de l'établissement).

Plus récemment, la création de fichiers informatiques ne contenant pas d'informations dangereuses pour les personnes, ainsi que l'exploitation de services de communication audiovisuelle distribués par satellite, ou sur un réseau câblé interne à une propriété ou à un service public, ont à leur tour été soumis au système de la déclaration préalable (respectivement à la CNIL d'une part, au CSA et au procureur de la République d'autre part).

La déclaration préalable apparaît ainsi comme un système d'avenir, permettant de concilier l'information des autorités publiques, nécessaire à l'accomplissement de leurs missions d'intérêt général, avec l'exercice des nouvelles libertés engendrées par le progrès technique.

Section 4
L'influence des circonstances sur la réglementation des libertés publiques

Trois séries de circonstances anormales permettent d'aggraver la réglementation des libertés publiques[1]. Il s'agit des états de crise constitutionnalisés (§ 1), des états de crise prévus par la loi (§ 2), et des deux types de circonstances anormales distingués par la jurisprudence du Conseil d'État (§ 3).

§ 1. Les états de crise constitutionnalisés

Ce sont des situations de péril national, envisagé par l'article 16 (A), et d'état de siège, mentionné par l'article 36 de la Constitution (B).

A. L'article 16 : le péril national

L'article 16 est étudié en détail dans les manuels de droit constitutionnel. Il représente pourtant une menace si grave pour les libertés publiques, qu'il est nécessaire de réexpliquer ici en quoi il pose problème.

Au départ, l'idée du général de Gaulle était excellente. Sous-secrétaire d'État en 1940, le général avait observé que la faiblesse de l'Exécutif avait puissamment contribué à plonger la France dans la débâcle. Appelé en 1958 à forger une nouvelle Constitution, il entreprend donc, pour éviter que pareille mésaventure ne se reproduise, d'y inscrire un article permettant au président de la République, en cas de péril pour la nation, d'exercer une dictature de salut public.

---

1. Conformément à l'article 15 de la Convention européenne du 4 novembre 1950 qui reconnaît aux États un « droit de dérogation » au respect de leurs obligations habituelles, en cas de « danger public menaçant la vie de la nation » Cf. CEDH 1er juill. 1961, Lawless c/ Irlande : vérifie la proportionnalité des dérogations par rapport au danger.

Malheureusement, si l'idée était excellente, la réalisation qui en a été faite s'est avérée critiquable. Une dictature de salut public est en effet parfois nécessaire pour sauver la nation, mais elle est dangereuse par nature pour les libertés publiques. Dans un État de droit, elle doit donc être entourée de garanties précises, afin que le sacrifice des libertés n'excède pas ce qui est strictement nécessaire à la sauvegarde de la nation. Or les garanties prévues dans l'article 16 sont à cet égard très insuffisantes, tant en ce qui concerne les conditions de la dictature que les pouvoirs du dictateur.

1) Les conditions de la dictature

La dictature de l'article 16 ne peut être mise en œuvre que lorsque des conditions de fond et de procédure sont remplies.

Les conditions de fond sont satisfaisantes. Il faut que « les institutions de la République, l'indépendance de la Nation, l'intégrité de son territoire ou l'exécution de ses engagements internationaux (soient) menacées d'une manière grave et immédiate ». Il faut en outre que « le fonctionnement régulier des pouvoirs publics (soit) interrompu ». On voit qu'on est en droit d'estimer que ces deux conditions caractérisent de façon suffisamment précise le péril national susceptible de justifier le recours à la dictature. Entrer davantage dans les détails aurait conduit à s'exposer au risque de ne pouvoir faire face à certaines crises. L'unique application de l'article 16 qui a été faite à ce jour, en 1961, a en tous cas respecté ces deux conditions : il y avait bien une menace grave et immédiate pesant sur les institutions — on craignait que les généraux putschistes d'Alger ne lancent des parachutistes sur Paris — et le fonctionnement régulier des pouvoirs publics, déjà interrompu en Algérie, risquait de l'être aussi en métropole en cas de succès de l'opération de commando.

À l'inverse, les conditions de procédure sont très insuffisantes. Le président est en effet seulement tenu de consulter le Premier ministre, les présidents des deux assemblées et le Conseil constitutionnel, et d'informer la nation de la mise en œuvre de la dictature. Il n'est pas obligé de suivre les avis qui lui sont donnés. C'est donc lui, et lui seul, qui prend la décision d'exercer la dictature. On peut regretter qu'une décision aussi grave appartienne à un seul homme, surtout quand celui-ci en est le bénéficiaire. Le constituant aurait dû se souvenir de l'enseignement du libéralisme, selon lequel nul n'est digne d'une confiance aussi absolue. À notre avis, la meilleure solution aurait consisté à confier au Conseil constitutionnel le pouvoir d'autoriser le président à exercer la dictature[1]. Sa double qualité de régulateur de l'activité des pouvoirs publics et de gardien des libertés en aurait fait une vigie particulièrement avertie.

Un autre défaut de l'article 16 tient à son silence quasi total sur les conditions auxquelles la dictature, lorsqu'elle a été mise en œuvre, peut être maintenue. On y lit simplement que le président doit chercher à « assurer aux pouvoirs publics constitutionnels, dans les moindres délais, les moyens d'accomplir leur mission ». On en déduit que la dictature doit cesser dès que l'une des deux conditions de fond exigées pour son entrée en vigueur a disparu. Hélas, jusqu'en 2008, aucune précision n'était

1. Solution repoussée par le comité Vedel pour la révision de la Constitution (*JO* 16 févr. 1993) et par le comité Balladur (rapport du 29 oct. 2007), mais préconisée par le Comité consultatif constitutionnel dans son avis du 14 août 1958. Cf. Documents d'études n° 1.04 « Constitution française du 4 octobre 1958 », La Documentation française, 1987, p. 14.

donnée sur la procédure de cessation. La révision du 23 juillet 2008 a un peu amélioré les choses. Désormais, le Conseil constitutionnel peut être saisi, « après trente jours d'exercice » de la dictature, par le président de l'Assemblée nationale ou du Sénat ou par soixante députés ou sénateurs. Et il est saisi de plein droit « au terme de soixante jours d'exercice » de celle-ci. C'est attendre bien longtemps son intervention, laquelle n'aboutit de toutes façons qu'à un simple « avis public », que le président n'est pas obligé de suivre, sur le point de savoir si « les conditions (de la dictature) demeurent réunies ». Une fois de plus on s'en remet donc à la bonne volonté du président. L'expérience de 1961 a malheureusement démontré le danger de ce parti pris. De Gaulle a en effet maintenu la dictature jusqu'en septembre, alors que tout danger avait disparu dès le mois d'avril. Dans l'intervalle, de nombreuses mesures restrictives des libertés ont été prises, qui n'étaient pas strictement nécessaires à la sauvegarde de la Nation. Interrogé sur la légalité de cette étonnante prolongation, le Conseil d'État a estimé que la décision de recourir à l'article 16 « présente le caractère d'un acte de gouvernement dont il (ne lui) appartient... ni d'apprécier la légalité ni de contrôler la durée d'application [1] ». En l'état actuel des choses, la décision de maintenir la dictature est donc, tout comme la décision de la mettre en œuvre, insusceptible de tout contrôle véritable. La responsabilité essentielle de cette situation choquante, indigne d'un État de droit, incombe au constituant. La Constitution aurait en effet dû prévoir un mécanisme permettant d'obliger le président à mettre fin à la dictature. À notre avis, la meilleure solution aurait consisté à le contraindre à solliciter auprès du Conseil constitutionnel, à intervalles réguliers (par exemple tous les quinze jours), l'autorisation de prolonger la dictature.

On peut se demander, pour conclure, si le Conseil d'État n'aurait pas pu remédier en partie aux lacunes de l'article 16. Plutôt que de se borner à appliquer la vieille théorie de « l'acte de gouvernement », peut-être aurait-il pu appliquer à la dictature de salut public sa jurisprudence sur les circonstances exceptionnelles [2]. Ce coup d'audace — certes aventureux dans le contexte agité des années soixante — lui aurait permis de contrôler l'existence de la situation susceptible de justifier la mise en œuvre de l'article 16, ainsi que la réalité de sa persistance.

2) Les pouvoirs du dictateur

Lorsque l'article 16 est mis en œuvre, le président acquiert, en plus de ses prérogatives habituelles, les pouvoirs d'un dictateur. Là encore, la Constitution lui accorde une confiance qui confine à l'inconscience. Elle définit en effet ses pouvoirs dans les termes les plus flous qu'on puisse imaginer. Qu'on en juge : aux termes de l'article 16, le président-dictateur « prend les mesures exigées par (les) circonstances ». Ces mesures, poursuit-il naïvement, « doivent être inspirées par la volonté d'assurer aux pouvoirs publics constitutionnels, dans les moindres délais, les moyens d'accomplir leur mission ». Plutôt que cette directive en forme de vérité de La Palice, on aurait souhaité trouver dans l'article 16 une liste précise des « mesures » susceptibles d'être prises, ainsi qu'une explication de leur nature juridique (actes administratifs ? actes de gouvernement ? lois ?...).

---

1. CE 2 mars 1962, Rubin de Servens, *GAJA*.
2. Sur cette jurisprudence, cf. *infra*, § 3.

Faute d'une telle explication, c'est au Conseil d'État qu'est revenu le redoutable honneur d'éclaircir la nature juridique des « mesures ». Il estime, dans son arrêt Rubin de Servens [1], que contrairement à la décision de recours à l'article 16 elles ne sont pas des actes de gouvernement.

Cette prise de position a le mérite d'éviter que l'ensemble des actes du président, édictés sous l'empire de l'article 16, échappe au contrôle juridictionnel. Plus subtilement, le Conseil d'État applique sa jurisprudence traditionnelle à l'égard des autorités au profit desquelles est momentanément réalisée une confusion des pouvoirs, distinguant, parmi leurs décisions, celles qui ont une nature législative et celles qui ont une nature réglementaire [2]. Il est ainsi conduit à estimer que les « mesures » présidentielles sont des lois lorsqu'elles portent sur le domaine de l'article 34, et des règlements lorsqu'elles portent sur le domaine de l'article 37. Fort logiquement, il se reconnaît donc compétent pour contrôler celles qui sont des règlements, mais se déclare incompétent pour connaître de celles qui sont des lois.

Séduisante, cette distinction opérée dans l'arrêt Rubin de Servens n'en a pas moins de graves conséquences pour la sauvegarde des libertés. Les libertés publiques relèvent en effet, comme on l'a vu [3], de l'article 34, et non de l'article 37. Il résulte donc de la jurisprudence Rubin de Servens que les « mesures » présidentielles portant sur les libertés publiques sont des lois, c'est-à-dire des actes insusceptibles d'être contrôlés par le Conseil d'État. Comme, de son côté, le Conseil constitutionnel estime que les lois qu'il peut contrôler « sont uniquement les lois votées par le Parlement » [4], on aboutit ainsi à reconnaître l'existence de lois présidentielles échappant à tout contrôle juridictionnel, et pouvant violer les libertés publiques en toute impunité.

Le danger présenté par ces lois présidentielles n'est pas purement théorique. L'expérience de 1961 a confirmé sa réalité. Dans l'affaire Rubin de Servens, par exemple, la « mesure » attaquée était une décision présidentielle du 3 mai 1961 créant un tribunal militaire spécial, chargé de juger « les auteurs et complices de crimes et délits contre la sûreté de l'État », autrement dit les personnes impliquées dans le putsch d'Alger. Ce tribunal, dont la mission était en réalité de condamner les putschistes à de lourdes peines — y compris, pour certains d'entre eux, à la peine de mort — méconnaissait gravement les exigences les plus élémentaires du droit à la sûreté, notamment le principe de non-rétroactivité des lois pénales. Saisi d'un recours en annulation contre la décision du 3 mai, le Conseil d'État s'est cependant borné à constater que son objet, consistant à créer un « nouvel ordre de juridiction », la faisait porter sur les matières législatives énumérées par l'article 34. En conséquence, il a estimé que ladite décision s'analysait comme une loi, et s'est déclaré incompétent pour en connaître. Le tribunal militaire spécial a pu ainsi continuer sa besogne en toute tranquillité.

Cet exemple n'est malheureusement pas un cas isolé. En 1961, pendant la période d'application de l'article 16, d'autres lois présidentielles ont porté aux libertés

---

1. Préc. § 1, A, 1.

2. CE 30 juill. 1880, Brousse, *R* 704 (à propos de mesures prises par Napoléon 1er), CE 28 nov. 1873, Élections de Maisons-Alfort, *R* 882 (mesures prises par le prince-président après son coup d'État), CE 28 mars 1885, Languellier, *R* 389, concl. Gomel (mesures prises par le gouvernement de la Défense nationale de 1870).

3. Cf. *supra*, titre III, chapitre 2.

4. CC 6 nov. 1962, Loi référendaire, *GDCC* ; CC 23 sept. 1992, Maastricht 3, *R* 94.

publiques les atteintes les plus variées, notamment en suspendant l'inamovibilité des magistrats du siège, en permettant la destitution de certains fonctionnaires, en prévoyant l'interdiction de certains écrits périodiques, ou encore en restreignant la liberté individuelle.

Cet état de choses est d'autant plus grave qu'il n'est pas sans incidences sur la portée du contrôle juridictionnel effectué sur les actes administratifs individuels pris en application des lois présidentielles. Car le juge administratif n'accepte de contrôler leur légalité que par rapport aux lois présidentielles qui leur servent de fondement, et non par rapport au régime juridique habituel des libertés publiques, auquel elles font écran [1].

En réalité, on peut se demander si le Conseil d'État n'aurait pas pu protéger les libertés plus efficacement qu'il ne l'a fait. Nous pensons qu'au lieu d'ériger le président de la République en législateur, ce qui condamnait les libertés, il aurait pu le cantonner à un rôle d'autorité administrative au pouvoir réglementaire élargi. Cette solution était parfaitement possible, puisque l'article 16 ne parlait que de « mesures », et non de lois. En outre, elle aurait été conforme à la tradition républicaine française, qui répugne à reconnaître au profit du chef de l'État la confusion des pouvoirs. Enfin, dans l'optique du positivisme sociologique, elle aurait reflété les aspirations de l'opinion publique, toujours soucieuse d'éviter autant que faire se peut l'arbitraire des gouvernants. Une telle solution aurait permis au Conseil d'État de considérer toutes les mesures présidentielles comme des règlements, et de les soumettre ainsi à son contrôle juridictionnel.

Faute d'avoir osé l'adopter, le Conseil d'État s'est condamné à enregistrer passivement les violations des libertés. Les seuls garde-fous qui s'opposent encore à l'arbitraire des « mesures » présidentielles sont ceux, de caractère politique, inscrits dans l'article 16. Le premier réside dans l'intervention du Conseil constitutionnel, transformé en une sorte de conseil de guerre, que le président doit obligatoirement consulter avant chaque mesure ; mais cette première garantie est bien fragile, puisque le chef de l'État demeure libre de ne pas suivre les avis ainsi donnés. Le second est placé dans la surveillance exercée par le Parlement qui « se réunit de plein droit », étant précisé que l'Assemblée nationale « ne peut être dissoute pendant l'exercice des pouvoirs exceptionnels » ; cette surveillance, dont le caractère est essentiellement dissuasif, peut théoriquement déboucher sur la mise en jeu, devant la Haute Cour de justice, de la responsabilité du président de la République pour haute trahison ; mais on imagine mal comment, dans un système de présidentialisme majoritaire, une telle issue pourrait advenir.

En définitive, faute de mécanisme juridique adéquat, le peuple ne peut compter que sur lui-même, et sur sa capacité de résister à l'oppression, pour empêcher le président d'abuser de l'article 16.

---

1. CE 13 nov. 1964, Livet, *AJDA* 1965.365 (liberté individuelle) ; CE, Sect., 22 avr. 1966, Société Union africaine de presse, *JCP* 1966.II.14805 (liberté de la presse). Le célèbre arrêt CE, Ass., 23 oct. 1964, d'Oriano, *AJDA* 1964.684 tente d'atténuer les inconvénients de cette théorie de la loi présidentielle-écran en interprétant libéralement les lois présidentielles ; mais il n'est pas véritablement parvenu à faire jurisprudence (cf. notamment l'étonnante interprétation liberticide retenue par CE, Ass., 13 juill. 1965, Gauthier, *AJDA* 1965.466).

B. L'article 36 : l'état de siège

Brièvement mentionné par l'article 36 de la Constitution de 1958, l'état de siège est un type d'état de crise solidement ancré dans la tradition républicaine française. Son régime juridique demeure en effet régi, aujourd'hui encore, par la vieille loi du 9 août 1849 (transposée dans le Code de la défense par une ordonnance du 20 décembre 2004), telle qu'elle a été modifiée sous la Troisième République.

Aux termes de cette vénérable législation, l'état de siège ne peut être déclaré « qu'en cas de péril imminent, résultant d'une guerre étrangère ou d'une insurrection armée » (Code de la défense, art. L. 2121-1). Les conditions de mise en œuvre de cet état de crise sont donc rigoureuses, puisqu'il est nécessaire qu'un conflit armé soit sur le point d'éclater, ou ait éclaté, et qu'il mette la nation en péril. En dehors de ce cas précis, les multiples hypothèses d'atteintes à l'ordre public qu'on peut imaginer ne suffisent pas à justifier sa déclaration. Cette rigueur explique qu'on ait peu utilisé l'état de siège au XXe siècle. Il a été appliqué à l'occasion des deux guerres mondiales, tout d'abord entre 1914 et 1918 puis, plus brièvement, en 1939.

À l'origine, seule une loi pouvait en principe déclarer l'état de siège. Mais l'article 36 a écarté ce système. Désormais, c'est le président de la République qui, par décret en conseil des ministres, prononce l'état de siège. Toutefois, sa prorogation au-delà de douze jours doit être autorisée par le Parlement. Ce transfert de compétence doit être approuvé, car l'Exécutif est plus à même que les assemblées législatives de réagir rapidement à un conflit armé. Et l'intervention du législateur au stade de la prolongation de l'état de siège paraît suffisante pour limiter les risques d'arbitraire.

Les conséquences de l'état de siège sont en effet beaucoup moins dangereuses pour les libertés publiques que celles de l'article 16. Contrairement aux « mesures » qui ne connaissent pratiquement d'autres bornes que celles de l'imagination présidentielle, elles ne peuvent se manifester que de trois façons.

La première de ces trois conséquences consiste à retirer aux autorités civiles leurs pouvoirs de police, qui sont confiés aux autorités militaires. Compétente pour combattre l'ennemi, l'armée le devient également ainsi pour surveiller la population civile. Il n'est pas évident que cette confusion des tâches soit judicieuse. Elle est en tout cas menaçante pour les libertés.

La deuxième conséquence, étroitement liée à la première, accroît la réalité de la menace provoquée par l'intervention de l'armée. Elle consiste en effet à mettre en place des tribunaux militaires, dont l'autorité s'étend aussi bien aux civils qu'aux soldats. Ces tribunaux sont chargés, en lieu et place des juridictions pénales ordinaires, de juger les inévitables « attentats contre la sûreté de l'État », mais aussi « tous crimes ou délits portant atteinte à la défense nationale », ainsi qu'un grand nombre de crimes ou délits, limitativement énumérés, qui ne concernent pas directement la défense nationale (contrefaçon de monnaie ; corruption de fonctionnaires ; association de malfaiteurs ; destruction volontaire de biens mobiliers ou immobiliers, publics ou privés, etc.). On peut craindre que ce transfert de compétences ne permette bien des abus. L'Histoire enseigne en effet que les tribunaux militaires n'ont pas la même indépendance à l'égard de l'Exécutif, ni la même déférence envers les droits et libertés, que les juridictions civiles.

La troisième conséquence semble au premier abord aussi menaçante que les deux premières, puisqu'elle consiste à accroître les pouvoirs de police confiés aux autorités militaires. Ces dernières se voient reconnaître le droit de faire des perquisitions jour et nuit, d'éloigner des lieux soumis à l'état de siège les repris de justice et les non-domiciliés, d'ordonner aux particuliers de rendre leurs armes et munitions, et d'interdire les publications et les réunions « de nature à exciter ou à entretenir le désordre ». Cette liste fait ainsi subir à l'inviolabilité du domicile, à la liberté d'aller et venir, au droit de propriété, à la liberté de la presse et à la liberté de réunion d'importantes restrictions. À y mieux regarder, elle constitue pourtant aussi, par son caractère limitatif, une garantie non négligeable. Ce qu'elle ne permet pas expressément est en effet interdit. Elle pose ainsi de précieux garde-fous à l'intervention des autorités militaires.

C'est ce respect minimum des libertés publiques qui fait à notre sens la supériorité de la législation relative à l'état de siège sur le système de l'article 16. Contrairement à lui, elle ne permet pas de faire n'importe quoi.

Si l'état de siège est tombé en désuétude, ce n'est pas seulement du fait de son archaïsme. C'est aussi, malheureusement, parce que les présidents de la République lui préfèrent les systèmes plus récents qui, comme l'article 16 de la Constitution ou la loi de 1955 sur l'état d'urgence, leur laissent les coudées beaucoup plus franches.

§ 2. Les états de crise prévus par la loi

Au-delà de leurs qualités et de leurs défauts, les états de crise constitutionnalisés présentent la particularité, qu'on a vue, de subordonner leur mise en œuvre à des conditions précises. Or il peut arriver que des circonstances anormales exigent temporairement un traitement particulier de certaines libertés, sans que ces conditions précises soient réunies. La sauvegarde de l'ordre public, condition de l'exercice futur des libertés, est parfois à ce prix. C'est pourquoi, dans la tradition juridique française, il est permis au législateur, et à lui seul, d'établir des régimes d'exception. Le Conseil constitutionnel a confirmé cette possibilité en 1985, en estimant qu'« il appartient au législateur... d'opérer la conciliation nécessaire entre le respect des libertés et la sauvegarde de l'ordre public sans lequel l'exercice des libertés ne saurait être assuré [1] ». La reconnaissance d'une telle compétence législative est une bonne chose, car « elle permet à la représentation nationale de borner autant que faire se peut l'action des autorités administratives qui, face à des circonstances exceptionnelles, s'affranchissent sans scrupule de la légalité ordinaire [2] ».

À l'heure actuelle, les principaux états de crise prévus par le législateur sont l'état d'urgence (A) et l'organisation de la nation en temps de guerre (B).

A. L'état d'urgence

Bâti pour faire face aux événements d'Algérie, l'état d'urgence est régi par une loi du 3 avril 1955, modifiée par l'ordonnance du 15 avril 1960.

---

1. CC 25 janv. 1985, État d'urgence en Nouvelle-Calédonie, *GDCC*.
2. P. Terneyre, « Les adaptations aux circonstances du principe de constitutionnalité », *RDP* 1987.1497.

Comme l'état de siège, l'état d'urgence est proclamé par décret en conseil des ministres, et prorogé au-delà de douze jours par le Parlement. Mais la comparaison s'arrête là.

Ses conditions de mise en œuvre sont en effet beaucoup plus souples que celles de l'état de siège. Il suffit, pour le déclarer, qu'il y ait un « péril imminent résultant d'atteintes graves à l'ordre public », ou que soient survenus des « événements présentant, par leur nature et leur gravité, le caractère de calamité publique ». Il est difficile d'être plus flou. La seconde hypothèse semble viser les cataclysmes naturels (cyclones, raz-de-marée, tremblements de terre, éruptions volcaniques...) et les accidents liés aux risques technologiques (on songe notamment aux centrales nucléaires). La première englobe pour sa part aussi bien les insurrections et les guerres civiles ou étrangères, que les actes de terrorisme, voire les simples émeutes. De toute façon, les termes utilisés sont si vagues qu'ils donnent pratiquement toute latitude à l'Exécutif pour déclencher l'état d'urgence. Obnubilé par l'imbroglio algérien qu'il ne savait comment résoudre, le législateur de 1955 a indiscutablement poussé la sollicitude un peu loin. Soumis au présidentialisme majoritaire qui est devenu de règle, le Parlement de la Cinquième République n'est malheureusement pas prêt à remettre en cause ce texte de circonstance dont il a hérité. Le comité Balladur a d'ailleurs proposé en vain, dans son rapport de 2007 de « mettre à jour » le mécanisme de l'état d'urgence en précisant ses conditions d'application. Quant au Conseil d'État, il ne faut pas trop compter sur lui car il fait preuve d'une extrême prudence dans son contrôle. Certes, il accepte en théorie de contrôler le décret en conseil des ministres « déclarant » l'état d'urgence, qu'il considère comme un acte administratif et non comme un acte de gouvernement ; mais il estime en pratique qu'il n'y a plus lieu de statuer sur sa légalité dès lors qu'il est « validé » par une loi de prorogation[1]. Si ce contrôle trouvait à s'exercer un jour, il s'agirait de toutes façons d'un contrôle minimum en l'occurrence assez factice[2]. En deuxième lieu, il contrôle plus réellement le décret du Premier ministre « appliquant » l'état d'urgence dans la foulée du décret en conseil des ministres, mais dans le cadre d'un contrôle normal et non d'un contrôle maximum comme cela devrait être le cas[3]. En troisième lieu, son contrôle de la conformité de ces décrets et de la loi de 1955 avec la Convention européenne de 1950 est effectué avec beaucoup de légèreté[4]. En quatrième lieu, le contrôle qu'il exerce, dans le cadre d'un référé-liberté, sur la légalité du refus présidentiel de mettre fin à l'état d'urgence paraît tout aussi complaisant[5]. Enfin, il n'a pas saisi l'occasion qui s'offrait à lui de conclure à l'abrogation implicite de la loi de 1955 par la Constitution de 1958, comme il aurait pu le faire[6].

D'autre part, les effets de l'état d'urgence sont beaucoup plus rigoureux que ceux de l'état de siège. Certes, les pouvoirs de police ne sont pas confiés aux autorités militaires ; ils restent entre les mains des autorités civiles. Mais ils sont étendus dans

1. CE, Ass., 24 mars 2006, Rolin et Boisvert, *AJDA* 2006.1033.
2. En ce sens, cf. ord. réf. suspension CE 14 nov. 2005, Rolin, *AJDA* 2006.501, soulignant le « pouvoir d'appréciation étendu » du président de la République (rejet).
3. CE, Ass., 24 mars 2006, préc. (rejet). Se méfier à cet égard de la chronique de l'*AJDA*.
4. Cf. CE, Ass., 24 mars 2006, préc., qui y consacre une ligne.
5. Ord. CE 9 déc. 2005, Mme Allouache, *AJDA* 2005.2374 (rejet).
6. Ord. réf suspension CE 21 nov. 2005, Boisvert, *AJDA* 2006.357 (rejet). Cf. aussi CC 25 janv. 1985, État d'urgence en Nouvelle-Calédonie, *GDCC*.

des proportions spectaculaires. Les préfets peuvent en effet interdire la circulation des personnes et des véhicules dans les lieux qu'ils déterminent, créer des « zones de sécurité » dans lesquelles le séjour est réglementé, et prononcer des interdictions de séjour contre « toute personne cherchant à entraver de quelque manière que ce soit, l'action des pouvoirs publics ». Quant au ministre de l'Intérieur, il peut assigner à résidence toute personne dont l'activité s'avère dangereuse pour la sécurité et l'ordre public. Ces diverses mesures portent aux libertés individuelles des atteintes si graves que le législateur de 1955, cédant à un ultime remords, les a entourées de quelques garanties spécifiques (qui n'empêchent évidemment personne de préférer utiliser le référé-liberté). Leurs victimes peuvent ainsi en demander le retrait à une « commission consultative », comprenant des représentants du conseil général. Elles peuvent aussi former contre elles un recours pour excès de pouvoir, le tribunal administratif compétent devant obligatoirement statuer « dans le mois du recours », faute de quoi les mesures attaquées cessent d'être exécutées[1]. Malgré tout, les risques d'arbitraire restent si importants que le législateur prend la précaution de préciser qu'« en aucun cas, l'assignation à résidence ne pourra avoir pour effet la création de camps »...

Du reste, l'état d'urgence ne compromet pas seulement les libertés individuelles. Il porte également atteinte aux libertés collectives, et plus précisément à la liberté de réunion. Le ministre de l'Intérieur et les préfets peuvent en effet interdire « les réunions de nature à provoquer ou à entretenir le désordre », ou encore ordonner la fermeture provisoire des salles de spectacle, débits de boissons, et autres lieux de réunion. Et ici, aucune garantie spécifique n'est prévue...

Ce n'est pas tout. Cette panoplie, malgré son caractère impressionnant, ne constitue que le « prêt-à-porter » de l'état d'urgence. La loi permet en effet à l'Exécutif de se confectionner du « sur mesure » s'il le souhaite, en s'octroyant quelques pouvoirs supplémentaires qu'elle énumère limitativement. On aboutit alors à ce que Roland Drago appelle un « état d'urgence aggravé »[2], le ministre de l'Intérieur et les préfets pouvant ordonner des perquisitions jour et nuit, et « prendre toutes mesures » pour assurer le contrôle de la presse, de la radiodiffusion et des spectacles, des tribunaux militaires pouvant également être substitués, dans certains domaines, aux tribunaux civils par un simple décret...

La conclusion est évidente. Élaborée hâtivement, sous la pression des événements, la loi de 1955 n'est pas parvenue à opérer la conciliation, exigée trente ans plus tard par le Conseil constitutionnel, entre le respect des libertés et la sauvegarde de l'ordre public. Elle a trop songé à l'ordre public, et pas assez aux libertés.

Beaucoup plus dangereux que l'état de siège, l'état d'urgence, apparu plus tard, l'a pour cette raison supplanté. Il a ainsi été appliqué en 1955 (huit mois en Algérie), en 1958 (deux semaines en métropole, après le putsch d'Alger), en 1961 (d'abord en même temps que l'article 16, puis seul jusqu'en 1963, soit pendant deux ans), en 1985 (en Nouvelle-Calédonie), et du 9 novembre 2005 au 4 janvier 2006 (dans une large partie de la métropole, pour faire face aux émeutes survenues dans plusieurs banlieues).

---

1. Le juge n'exerce qu'un contrôle minimum sur ces mesures : CE 25 juill. 1985, Dame Dagostini, *AJDA* 1985.558, à propos d'une interdiction de séjour.
2. R. Drago, « L'état d'urgence et les libertés publiques », *RDP* 1955.570.

Plus que jamais l'urgence d'une réforme s'impose donc. Il faut modifier le régime de l'état d'urgence afin de le rendre moins désinvolte à l'égard des libertés [1]. Saisi en 1985 à propos de la loi prorogeant l'état d'urgence en Nouvelle-Calédonie, et se bornant à appliquer la loi de 1955, le Conseil constitutionnel a refusé de contrôler par voie d'exception la constitutionnalité de cette dernière. Il a toutefois nettement marqué la réprobation qu'elle lui inspire, et invité le législateur à quitter sa torpeur, en indiquant que le vote d'une loi modificatrice de la loi de 1955 rendrait possible ce contrôle par voie d'exception [2]. La balle est donc dans le camp du législateur. Le Conseil constitutionnel, qui n'a pas été saisi de la constitutionnalité de la loi de prorogation en 2005, n'a malheureusement pas eu l'occasion de le relancer.

En définitive, tout est ici question de philosophie. Il faut croire en la possibilité de faire vivre les libertés sans avoir besoin de les tuer. À ceux qui, comme Montesquieu, pensent qu'« il y a des cas où il faut mettre, pour un moment, un voile sur la liberté, comme l'on cache les statues des dieux », il faut répondre par cette objection de Laboulaye : « il n'est pas vrai que la proscription soit légitime. Dans les situations les plus difficiles on peut se défendre par de justes lois et des jugements réguliers. Au fond, on ne voile pas la liberté, on la viole et, en la violant, on la tue ».

B. L'organisation de la nation en temps de guerre

La dictature de l'article 16, l'état de siège et l'état d'urgence ont ceci de commun qu'ils modifient considérablement le régime des libertés publiques. Or il peut arriver qu'on puisse mener une guerre sans avoir besoin de provoquer de tels bouleversements. Des lois existent pour faire face à ce cas de figure, dont les plus importantes (intégrées depuis 2004 dans le Code de la défense) sont la loi du 11 juillet 1938 « sur l'organisation générale de la nation pour le temps de guerre », et l'ordonnance du 7 janvier 1959 « portant organisation générale de la défense » (1). La guerre du Golfe de 1991 a cependant montré qu'on peut mener à bien un conflit armé sans s'affranchir du respect de la légalité ordinaire (2). Les solutions imaginées à cette occasion ont toutefois perduré, de façon contestable, après la fin de la guerre (3).

1) Les états d'exception prévus par les textes de 1938 et de 1959

La loi du 11 juillet 1938 permet au gouvernement, « en période de tension extérieure, lorsque les circonstances l'exigent », de prendre certaines mesures restrictives des libertés publiques. Elle l'autorise notamment à réquisitionner les personnes et les biens, moyennant une indemnité, à réglementer la mise en vente de certaines ressources et à rationner leur consommation. Assez modérée, on le voit, la loi de 1938 est surtout utilisée pour réquisitionner des personnels en grève, même en dehors des périodes de tension extérieure. Ce procédé trouve son fondement légal dans une ordonnance du 6 janvier 1959, qui étend au temps de paix les réquisitions prévues par la loi de 1938, à condition qu'elles soient « nécessaires pour assurer les besoins du pays ».

---

1. V. par exemple nos propositions précises dans la conclusion de notre long article sur « Les atteintes aux droits fondamentaux par l'état de siège et l'état d'urgence », *CRDF* 2008.
2. CC 25 janv. 1985, État d'urgence en Nouvelle-Calédonie, *GDCC*.

L'ordonnance du 7 janvier 1959 a quant à elle pour objet de protéger la nation « contre toutes les formes d'agression ». Elle permet au gouvernement, « en cas de menace », de décider par décrets en conseil des ministres la « mise en garde » ou la « mobilisation générale ». La mise en garde n'est pas sans évoquer la loi de 1938, à laquelle l'ordonnance se réfère d'ailleurs expressément, puisqu'elle a pour effet de donner au gouvernement « le droit de requérir les personnes, les biens et les services », ainsi que « le droit de soumettre à contrôle et à répartition les ressources en énergie, matières premières, produits industriels et produits nécessaires au ravitaillement ». Plus grave, la mobilisation générale « met en œuvre l'ensemble des mesures de défense déjà préparées ».

Tant dans la mise en garde que dans la mobilisation générale, c'est le président de la République qui demeure l'instance décisionnelle suprême. L'ordonnance prend d'ailleurs soin de rappeler que « la politique de la défense est définie en conseil des ministres », qu'il préside. Toutefois, tout en lui restant subordonnée, l'autorité militaire devient associée à la prise des décisions. L'ordonnance énonce en effet que « les décisions en matière de direction générale de la défense sont arrêtées en conseil de défense », celles « en matière de direction militaire de la défense » l'étant en « comité de défense restreint ». Or ce conseil et ce comité sont composés non seulement de ministres, mais aussi de généraux. Il y a là une menace pour les libertés publiques, les militaires pouvant être tentés de les sacrifier au-delà du strict nécessaire. Ce risque est accru par un décret du 1er mars 1973, qui prévoit que « sur les parties du territoire où se développent des opérations militaires, le commandement militaire, sur décision du gouvernement, devient responsable de l'ordre public ».

2) L'instauration d'un simple « état de vigilance » pendant la guerre du Golfe

Les textes de 1938 et de 1959 mettent en place des états d'exception, restrictifs des libertés publiques, parce qu'ils visent essentiellement à faire face aux agressions menaçant l'intégrité du territoire national. C'est pourquoi ils sont apparus inadaptés à la « guerre du Golfe », qui ressemblait plus à une opération lointaine de police internationale, effectuée sous l'égide de l'ONU, qu'à une guerre classique. Nos frontières n'étant nullement menacées, on n'a pas jugé nécessaire d'y recourir.

D'une façon pragmatique, les pouvoirs publics se sont contentés de mettre en place un « état de vigilance[1] » qui, contrairement aux états d'exception, n'a entraîné pratiquement aucune altération du régime des libertés publiques. Il a en effet simplement consisté à utiliser avec plus de sévérité que d'habitude les pouvoirs de police administrative.

C'est ainsi que certaines manifestations sur la voie publique hostiles à l'intervention française ont été interdites, que les demandeurs d'autorisations de port d'armes se sont vu opposer des refus de délivrance ou de renouvellement, et que certaines revues liées aux intérêts irakiens ont été interdites de parution. De même, des ressortissants irakiens ont été expulsés selon la procédure d'urgence absolue, prévue par l'article 26 de l'ordonnance du 2 novembre 1945. Toutes ces mesures ont été décidées dans le cadre du plan « Vigipirate », destiné à renforcer la surveillance policière et à empêcher la réalisation d'actions terroristes.

---

1. L'expression est de M. Rouzeau, « Crise extérieure et sécurité intérieure », *Pouvoirs* nº 58, 1991.54.

En matière d'information, secteur particulièrement délicat en période de guerre, un équilibre satisfaisant a été trouvé entre les nécessités de la sécurité publique et le respect des libertés de la presse et de la communication audiovisuelle. Un protocole d'accord a notamment été signé le 7 janvier 1991, entre le ministère de la Défense et les organismes de presse écrite et audiovisuelle[1]. Par ce protocole, le ministère s'engage à accorder aux correspondants de guerre accrédités « la plus grande liberté d'action possible dans leur travail, sous réserve qu'ils respectent, dans le cadre de la déontologie de leur profession, les dispositions définies pour assurer la sécurité des troupes et la dignité humaine ». Parmi ces dispositions figurent notamment l'obligation pour tout correspondant de se conformer aux instructions d'un officier accompagnateur, et l'interdiction de fournir, sans autorisation préalable des autorités militaires, toute donnée chiffrée sur les opérations militaires en cours, tout renseignement sur des opérations futures, ou toute image permettant d'identifier des blessés ou des morts alliés. En revanche, le protocole respecte expressément la liberté des correspondants de guerre de révéler des données chiffrées sur les opérations achevées (volume des forces alliées, nombre de sorties aériennes, etc.), ainsi que leur bilan.

Ce protocole, qui était intrinsèquement satisfaisant, a malheureusement été appliqué de façon décevante, tant par le SIRPA (Service d'information et de relations publiques des Armées) que par les journalistes. Le SIRPA n'a en effet laissé filtré l'information qu'avec beaucoup de parcimonie. Il a également contribué à désinformer l'opinion publique en laissant accréditer l'idée, dans les premiers jours de la guerre, que le potentiel militaro-industriel irakien avait été totalement détruit, puis en exagérant l'ampleur de la marée noire provoquée par les sabotages irakiens. De leur côté, les correspondants de guerre ont parfois violé le protocole ; ceux de France 2 ont par exemple utilisé en Arabie Saoudite les services d'un cameraman jordanien, dont l'accréditation était douteuse ; et ceux de TF1 ont interviewé, sans autorisation préalable, quatre militaires français stationnés en Arabie Saoudite, dont le découragement n'était nullement représentatif de l'état d'esprit de l'ensemble de l'armée.

Plus généralement, les journalistes de la presse audiovisuelle ont déçu en commettant de multiples dérapages, qui sont parfois allés à l'encontre du respect dû à la dignité de la personne humaine. C'est ainsi que les chaînes de télévision ont diffusé les images poignantes, tournées par l'Irak, des prisonniers alliés contraints sous la torture de désavouer l'action des troupes mandatées par l'ONU. Dans d'autres cas, l'information a été purement et simplement manipulée : ainsi la Cinq a-t-elle présenté les images d'une manifestation algéroise contre l'intervention alliée, en y mélangeant celles d'un défilé du Hezbollah tournées au Liban...

Face à ces dérapages, le CSA est rapidement intervenu. Dès janvier 1991, il a organisé une réflexion commune des médias sur la déontologie à respecter. Mais TF1 a refusé d'y participer.

De ces péripéties médiatiques, il faut retenir deux enseignements. Le premier, c'est que dans une démocratie la presse écrite et audiovisuelle constitue bien un « quatrième pouvoir », dont il convient de respecter la liberté, nourricière de la liberté d'information des citoyens. Le second, c'est que comme tout pouvoir celui-ci est susceptible d'abus, qui mettent en péril cette même liberté d'information, voire le respect de la dignité de la personne humaine.

---

1. Reproduit dans *Pouvoirs* n° 58, 1991.70-74.

Au-delà du plan Vigipirate et du protocole d'accord avec la presse, l'état de vigilance s'est enfin manifesté, sur le plan institutionnel, par la mise en place, autour du président de la République, d'une cellule de crise dont la composition et les attributions ne sont pas sans rappeler « le comité de défense restreint » mentionné par l'ordonnance du 7 janvier 1959. Elle comprend en effet quatorze personnes, dont six militaires : il s'agit du président de la République, accompagné de son chef d'état-major particulier, de son conseiller porte-parole et du secrétaire général de l'Élysée ; du Premier ministre, accompagné de son chef de cabinet militaire ; des ministres des Affaires étrangères, de la Défense, de l'Intérieur, et du secrétaire général de la Défense nationale, qui tient le secrétariat des réunions ; enfin du chef d'état-major des armées et des chefs d'état-major de la marine, de l'aviation et de l'armée de terre. Pendant toute la durée de la guerre, cette cellule de crise s'est réunie quotidiennement, jouant le rôle d'instance de discussion et de décision pour les questions militaires et diplomatiques.

Même si elle a finalement donné toute satisfaction, on est en droit de se demander si cette sorte d'association de militaires à la prise de décisions qui ne sont pas exclusivement militaires, n'est pas susceptible de présenter un danger pour les libertés publiques. Si la guerre avait duré, les généraux n'auraient-ils pas profité de cette représentation au plus haut niveau pour imposer insensiblement une conception ombrageuse de l'ordre public ?

Quoi qu'il en soit, cette expérience a permis d'améliorer l'image de l'armée dans la nation, et de raffermir les relations, traditionnellement tendues, entre le pouvoir politique et l'institution militaire. L'Histoire a en effet appris à la République à se méfier des militaires. C'est un général — Napoléon Bonaparte — qui a mis fin à la Première République ; c'est un maréchal — Mac-Mahon — qui a menacé la naissance de la Troisième ; c'est un général — Boulanger — qui a failli la renverser ; c'est un maréchal — Pétain — qui l'a enterrée ; c'est enfin un « quarteron de généraux » qui a attenté aux jours de la Cinquième. À chaque fois, l'intervention des militaires a été préjudiciable aux libertés publiques. Après la figure d'exception de de Gaulle, la guerre du Golfe vient opportunément rappeler que l'armée peut aussi constituer l'ultime rempart des libertés, à condition évidemment de rester subordonnée aux autorités politiques représentantes de la nation.

Dans le cas de la guerre du Golfe, cette condition a été respectée. Conformément à l'article 5 de la Constitution, le président de la République est constamment resté seul maître du jeu. Contrairement au parlement britannique, qui n'a cessé de siéger pendant la guerre, le Parlement lui-même est resté à l'écart des opérations, seulement convoqué en session extraordinaire une première fois, le 16 janvier, pour autoriser l'intervention militaire, puis une seconde fois, le 19 mars, pour être solennellement informé de la fin de la guerre.

Il faut d'ailleurs déplorer cette absence du Parlement pendant les hostilités, dans la mesure où elle a constitué un risque supplémentaire pour la sauvegarde des libertés.

À défaut du Parlement, c'est à l'opinion publique elle-même qu'est revenue la tâche de juger au jour le jour l'action du président. Celui-ci l'a d'ailleurs parfaitement compris, puisqu'il n'a pas fait moins de onze interventions télévisées pour expliquer ses décisions pendant la crise. De son côté, l'opinion publique a su exprimer son approbation, tout en imposant au président ses conditions : ainsi a-t-elle par exemple exigé que les appelés du contingent soient écartés du front. Conformément aux analyses du positivisme sociologique, la guerre du Golfe a donc confirmé que la sauvegarde des libertés en période exceptionnelle dépend avant tout, comme en période normale, de la capacité des citoyens à exiger le respect des aspirations de la conscience collective.

3) La banalisation de l'état de vigilance après la guerre du Golfe

Mis en sommeil à la fin de la guerre du Golfe, dès avril 1991, le plan Vigipirate est réactivé en septembre 1995, à la suite de l'attentat terroriste du RER Saint-Michel du 25 juillet 1995. Il n'a pratiquement plus cessé d'être appliqué depuis lors.

Susceptible de plusieurs degrés d'application, il peut simplement consister à prévoir la sensibilisation aux risques terroristes des services de police, de douane et de gendarmerie ; mais il peut aussi permettre des mesures beaucoup plus draconiennes, comme en 1998 lors de la coupe du monde de football ou en 2003 lors de la guerre opposant l'Irak aux États-Unis et au Royaume-Uni. Dans cette seconde hypothèse, il implique notamment une surveillance renforcée des bâtiments et lieux publics, des établissements scolaires, des grands magasins, des lieux de spectacle et des sites touristiques. Cette surveillance renforcée est effectuée par la police et par la gendarmerie avec l'assistance de l'armée. Des militaires participent ainsi, de façon surprenante, à des patrouilles de sécurité qui peuvent procéder à des contrôles d'identité et à des fouilles de véhicules.

L'état de vigilance s'est donc banalisé. Imaginé à l'occasion d'une guerre, il s'est ensuite appliqué, en temps de paix, à des situations de risques terroristes. Comme on pouvait le craindre, on a fini par justifier son utilisation par le simple souci de maintenir l'ordre public, comme par exemple à l'occasion du passage à l'an 2000 où le gouvernement souhaitait faire face aux risques de troubles créés par les manifestations organisées pour fêter l'événement.

Faute de loi l'organisant, le gouvernement a donc profité du flou juridique qui entoure l'état de vigilance pour pérenniser celui-ci en dehors de toute véritable situation de crise. Le constat est alarmant pour la protection des libertés publiques [1].

§ 3. LES CIRCONSTANCES ANORMALES DISTINGUÉES PAR LA JURISPRUDENCE DU CONSEIL D'ÉTAT

Certaines circonstances anormales exigent parfois que l'administration s'affranchisse du respect de la légalité ordinaire. C'est précisément pour lui permettre d'y faire face que le Conseil d'État a élaboré les théories jurisprudentielles de l'urgence (A) et des circonstances exceptionnelles (B).

---

1. La loi du 18 mars 2003, relative à la sécurité intérieure, banalise elle aussi des solutions qui devraient rester réservées aux situations de crise. Elle permet en effet aux préfets, « en cas d'urgence » lorsque l'ordre public « l'exige », de « réquisitionner tout bien et service, requérir toute personne... et prescrire toute mesure utile » (CGCT, art. L. 2215-1, 4°). Dispositions jugées (généreusement) conformes à la Constitution par CC 13 mars 2003 (*JO* 19 mars), compte tenu de la possibilité d'attaquer ces décisions préfectorales par la voie du référé.

A. La théorie jurisprudentielle de l'urgence

Le Conseil d'État reconnaît que l'urgence puisse justifier l'inobservation par l'administration des règles de procédure et de forme qui régissent normalement l'édiction des actes administratifs unilatéraux [1]. Deux lois, particulièrement importantes pour les libertés publiques, se sont inspirées de ce premier aspect de la théorie jurisprudentielle. Il s'agit de l'ordonnance du 2 novembre 1945 (intégrée dans le CESEDA en 2005), qui permet au ministre de l'Intérieur, en cas d'« urgence absolue », d'expulser un étranger sans l'avoir fait comparaître devant la commission des expulsions ; et de la loi du 11 juillet 1979, qui dispense l'administration de motiver ses actes individuels défavorables, notamment ceux qui « restreignent l'exercice des libertés publiques », en cas — là encore — d'« urgence absolue » [2]. Bien entendu, le juge administratif empêche tout arbitraire de l'administration en exerçant un contrôle normal sur l'invocation de l'urgence absolue [3].

La jurisprudence admet également que l'urgence puisse justifier l'inobservation de certaines règles de compétence. L'hypothèse se rencontre toutefois assez rarement [4].

Enfin, le droit français considère, depuis un vénérable arrêt de 1902, que l'urgence justifie l'exécution d'office par l'administration de ses actes unilatéraux [5]. Solution de bon sens, mais qui présente des risques considérables pour la sauvegarde des libertés publiques. Conscient de la menace, le juge ne se contente pas de vérifier la réalité de l'urgence invoquée : il assimile à une voie de fait toute exécution d'office ayant porté atteinte à une liberté ou au droit de propriété, et ayant été fondée à tort sur l'urgence [6]. Grâce à cette sévérité du juge, la théorie jurisprudentielle de l'urgence parvient à concilier dans des conditions satisfaisantes la protection des libertés avec le respect des missions assignées à l'administration.

B. La théorie jurisprudentielle des circonstances exceptionnelles

Créée en 1918, par le célèbre arrêt Heyriès [7], la théorie jurisprudentielle des circonstances exceptionnelles est beaucoup plus dangereuse pour les libertés publiques que la théorie de l'urgence. Celle-ci permet en effet simplement à l'administration, on l'a vu, de transgresser certaines règles de compétence, de forme, et de procédure, et d'exécuter d'office ses actes unilatéraux. Au contraire, la théorie des circonstances exceptionnelles autorise l'administration à faire absolument tout ce qui est nécessaire pour continuer à accomplir ses missions dans des situations extraordinaires. Elle lui permet même de renverser temporairement la hiérarchie des normes. Ainsi dans l'arrêt Heyriès un simple décret a t-il pu suspendre l'application, pendant la Première Guerre mondiale, de la loi de 1905 prescrivant de communiquer son dossier à tout fonctionnaire faisant l'objet de poursuites disciplinaires. Au fond, cette

---

1. CE, Sect., 9 avr. 1976, SGEN, *AJDA* 1977.45 ; CE, Sect., 19 févr. 1982, Pérez, *R* 83.
2. L'urgence absolue de la loi de 1979 est plus difficilement admise par la jurisprudence que celle de l'ordonnance de 1945 : CE 13 janv. 1988, Abina, *AJDA* 1988.225.
3. CE 13 nov. 1985, Zabarte, *R* 321.
4. CE, Ass., 4 avr. 1952, Synd. rég. des quotidiens d'Algérie, *RDP* 1952.1029.
5. TC 2 déc. 1902, Soc. immobilière de Saint-Just, *GAJA*.
6. TC 8 avr. 1935, Action française, *GAJA* (saisie d'un journal) ; TC 25 nov. 1963, Époux Pelé, *JCP* 1964.2.13493 (expulsion d'un logement).
7. CE 28 juin 1918, Heyriès, *GAJA*.

théorie n'est rien d'autre que la transcription juridique du vieil adage selon lequel « nécessité fait loi ». Du point de vue du positivisme sociologique, cette prise en compte par le droit de la sagesse populaire, au détriment d'un strict respect de la hiérarchie des normes, est parfaitement légitime.

Certes, et c'est là le danger, l'exercice des libertés publiques peut être gravement affecté par la mise en œuvre de la théorie.

Tout d'abord, les circonstances exceptionnelles rendent légaux des actes qui, en temps normal, encourraient l'annulation pour excès de pouvoir et engageraient la responsabilité pour faute de l'administration. Ainsi, le Conseil d'État a jugé légale la décision d'un préfet maritime d'interdire aux débitants de boisson, pendant la Première Guerre mondiale, de servir à boire aux prostituées [1], bien qu'elle porte atteinte à la liberté du commerce et de l'industrie (des débitants) et à la liberté d'aller et venir (des prostituées). Plus récemment, la haute juridiction a admis la légalité d'une décision préfectorale interdisant en Guadeloupe, dans le secteur d'un volcan en éruption, la circulation des personnes et des navires de commerce, bien que les deux mêmes libertés en soient victimes [2].

En second lieu, les circonstances exceptionnelles déqualifient la voie de fait. Cela signifie qu'elles transforment en acte administratif illégal l'acte qui, en temps normal, constituerait une voie de fait. Ainsi, le Tribunal des conflits a analysé un emprisonnement arbitraire comme un acte administratif illégal (relevant du juge administratif), et non comme une voie de fait (relevant des tribunaux judiciaires), pour la seule raison qu'il avait été décidé pendant la période troublée de la Libération [3].

Heureusement, le danger pour les libertés publiques, inhérent à la théorie des circonstances exceptionnelles, est fortement atténué par le contrôle exercé par le juge administratif. Le Conseil d'État n'admet en effet la validité d'un acte, décidé sur le fondement de la théorie, qu'après avoir contrôlé trois choses :

– l'existence des circonstances exceptionnelles. Or, d'après sa jurisprudence, trois types d'événements seulement constituent des circonstances exceptionnelles : les guerres, à condition qu'elles présentent un degré suffisant de gravité (cas des deux guerres mondiales et de la guerre d'Algérie) ; les cataclysmes naturels (cas de l'éruption d'un volcan) ; et les situations de désunion nationale proches de la guerre civile (cas de la grève générale de 1938, ou de l'époque de la Libération, mais non des agitations estudiantines de mai 1968 et de mars 2006) [4]. Bien que le Conseil d'État n'ait — heureusement — pas eu l'occasion de l'affirmer, il est certain que les cataclysmes technologiques (comme par exemple l'explosion d'une centrale nucléaire) constitueraient un quatrième type de circonstances exceptionnelles. Est en effet une circonstance exceptionnelle toute situation tellement anormale qu'elle contraint l'administration à s'affranchir du respect de la légalité ordinaire ;

– la persistance des circonstances exceptionnelles à la date de l'acte contesté ;

– et enfin la proportionnalité de la mesure litigieuse par rapport aux circonstances exceptionnelles. Il s'agit de l'étape essentielle du contrôle juridictionnel, dans la

---

1. CE 28 févr. 1919, Dames Dol et Lauren, *GAJA*.
2. CE 18 mai 1983, Rodes, *AJDA* 1984.44.
3. TC 27 mars 1952, Dame de la Murette, *GAJA*.
4. Qualifiées de « circonstances particulières », dont les effets semblent comparables à ceux de l'urgence : CE, Ass., 12 juill. 1969, Ch. de commerce et d'industrie de Saint-Étienne, *AJDA* 1969.553 (sur mai 1968) ; et ord. TA Rouen, 6 avr. 2006, Lebreton, *D* 2006.2224 (sur mars 2006).

mesure où elle vise à empêcher l'administration de profiter de la situation pour prendre des décisions qui ne seraient pas rigoureusement nécessaires pour y faire face. Grâce à ce contrôle de proportionnalité, véritable contrôle maximum comparable au contrôle effectué, en temps normal, par la jurisprudence Benjamin[1], le juge administratif veille à ce que l'administration respecte, à défaut de la légalité ordinaire devenue inadaptée, une légalité d'exception. Lors de la grève générale de 1938, par exemple, le Conseil d'État admet la révocation d'un représentant du personnel de la SNCF, mais non son caractère rétroactif[2]. Et à l'occasion de la guerre d'Algérie, il annule courageusement l'ordonnance créant une Cour militaire de justice, « eu égard à l'importance et à la gravité des atteintes (qu'elle) apporte aux principes généraux du droit pénal[3] ».

Ce contrôle en trois temps parvient indiscutablement à combattre efficacement l'arbitraire. Cela étant, il ne va pas jusqu'à supprimer le pouvoir discrétionnaire de l'administration, comme le prétend une partie de la doctrine. Il faut en effet prendre conscience que la théorie des circonstances exceptionnelle accroît au contraire ce pouvoir discrétionnaire, en dépit des apparences.

En matière de circonstances exceptionnelles plus qu'en tout autre domaine, le contrôle juridictionnel est condamné à rester approximatif. Le juge sait qu'il est mal placé pour apprécier les réponses apportées à une situation qui a souvent déjà disparu lorsqu'il intervient. C'est l'administration, et non lui, qui est sur le terrain au moment crucial. Dans ces conditions, il laisse toujours le doute profiter à l'administration. C'est précisément derrière ce bénéfice du doute que se glisse l'accroissement du pouvoir discrétionnaire. Dans l'affaire Heyriès, par exemple, était-il vraiment nécessaire de supprimer la communication du dossier ? N'aurait-on pas pu se contenter de supprimer le caractère préalable de cette communication ? Dans le doute, le Conseil d'État avalise la mesure...

Il ne faut pas pour autant condamner la théorie des circonstances exceptionnelles. Cette théorie, répétons-le, a l'immense mérite d'encourager l'administration à prendre ses responsabilités face aux situations de crise. Et si le contrôle juridictionnel est nécessairement approximatif, il n'en demeure pas moins suffisamment vigilant pour sanctionner les manifestations d'arbitraire.

Fondamentalement, la théorie des circonstances exceptionnelles garantit « la sauvegarde de l'ordre public, sans lequel l'exercice des libertés ne saurait être assuré[4] ».

---

1. CE 19 mai 1933, Benjamin, *GAJA*.
2. CE 18 avr. 1947, Jarrigion, *R* 148.
3. CE, Ass., 19 oct. 1962, Canal, Robin et Godot, *GAJA*.
4. D'après l'expression utilisée par CC 25 janv. 1985, État d'urgence en Nouvelle-Calédonie, *GDCC*. Dans le même esprit, l'article 1er de la loi du 21 janvier 1995 relative à la sécurité affirme, selon les termes qui lui ont été donnés par la loi du 18 mars 2003 relative à la sécurité intérieure, que « la sécurité est un droit fondamental et l'une des conditions de l'exercice des libertés individuelles et collectives ».

Chapitre 3

Les garanties des libertés publiques

Le régime juridique des libertés publiques ne se caractérise pas simplement par la valeur éminente qu'on leur assigne dans la hiérarchie des normes, et par la réglementation spécifique dont elles font l'objet. Il se caractérise aussi par la diversité des garanties dont elles sont entourées.

Les libertés publiques doivent tout d'abord être protégées contre les simples personnes privées, qui peuvent être tentées de leur porter atteinte. C'est au juge judiciaire, et notamment aux juridictions civiles et pénales, que revient ce rôle de protection [1]. Toutefois, le juge administratif peut lui aussi être compétent, lorsque des personnes privées commettent des agissements liberticides au moyen d'actes administratifs unilatéraux [2]. C'est essentiellement dans cette répartition des compétences juridictionnelles que repose la protection des libertés à l'égard des personnes privées. Faute de réelle spécificité, elle ne nous retiendra pas davantage.

C'est en réalité contre les détenteurs du pouvoir politico-administratif que les libertés publiques doivent être protégées en priorité, car ils sont beaucoup plus puissants — et donc menaçants — que les simples personnes privées. Fort logiquement, c'est contre eux que leur protection revêt des aspects originaux. Elle est en effet assurée par des garanties non juridictionnelles (section 1), par des garanties juridictionnelles (section 2), et par des garanties internationales (section 3).

Section 1
Les garanties non juridictionnelles

Les garanties non juridictionnelles résident dans la possibilité reconnue à la conscience collective d'exiger le respect de ses aspirations (§ 1), et dans l'institution d'« autorités administratives indépendantes » (§ 2).

§ 1. Le droit de la conscience collective d'exiger le respect de ses aspirations

Dans une démocratie, il est normal que les citoyens puissent défendre eux-mêmes leurs libertés. Plus respectueux de la spontanéité des individus que le positivisme

---

1. D'où l'importance accordée à l'indépendance de l'autorité judiciaire (cf. *supra*, titre I), qu'on peut analyser comme la première garantie des libertés publiques.

2. Arrêt de principe : CE, Ass., 29 juill. 1950, Comité de défense des libertés professionnelles des experts-comptables, *GAJA* : illégalité du règlement par lequel le Conseil de l'ordre interdisait toute critique publique à son encontre.

juridique, le positivisme sociologique leur reconnaît ce droit même s'il est dénié par le droit positif. Non pas parce qu'il s'agirait d'un droit naturel, mais parce que la première aspiration de la conscience collective est précisément de pouvoir exiger le respect de ses aspirations.

Concrètement, ce droit de la conscience collective d'exiger le respect de ses aspirations se manifeste dans l'auto-protection des libertés publiques (A), dans la résistance à l'oppression (B), et dans le droit de pétition (C).

A. L'auto-protection des libertés publiques

Il y a « auto-protection des libertés publiques » lorsqu'on utilise une liberté publique pour en défendre une autre. Elle se rencontre par exemple lorsque le droit de grève est mis en œuvre pour protester contre les violations du droit syndical, ou de la liberté d'opinion des travailleurs. Mais elle résulte le plus souvent de l'exercice de la liberté de la presse, de la liberté de manifestation sur la voie publique, et de la liberté d'association.

La liberté de la presse est facilement utilisable pour défendre les libertés menacées. C'est d'ailleurs pourquoi elle a toujours suscité la crainte des régimes autoritaires. Injustement condamné pour espionnage, le capitaine Dreyfus obtient par exemple sa réhabilitation en 1906, grâce à la publication par Émile Zola, en 1898, d'une lettre ouverte au président de la République, intitulée « J'accuse ». Plus près de nous, c'est à la suite d'une campagne de presse, menée en 1991, que les hémophiles contaminés en 1985 par le virus du SIDA, à cause d'une négligence du gouvernement, obtiennent le vote d'une loi d'indemnisation. Au vu de ces exemples, on pourrait penser, avec Tocqueville, que la presse constitue un « quatrième pouvoir ». Mais en réalité elle n'a de puissance que dans la mesure où elle est relayée par l'opinion publique. À y bien regarder, c'est donc la conscience collective elle-même, plus que la presse, qui constitue le « quatrième pouvoir »...

La liberté de manifestation sur la voie publique est elle aussi facilement utilisable pour défendre les libertés menacées. En 1984 et 1986, par exemple, des manifestations provoquent à chaque fois le retrait d'un projet de loi perçu comme attentatoire à la liberté de l'enseignement (attentatoire aux écoles privées en 1984, à l'égalité d'accès aux universités en 1986), et débouchent sur la démission d'un membre du gouvernement (Savary en 1984, Devaquet en 1986). Et en 2006, des manifestations organisées par des syndicats d'étudiants et de salariés contraignent le président de la République à décider la « promulgation-suspension » de la loi créant le « contrat première embauche »...

Mais en dépit de ces succès, le rôle majeur, en matière d'auto-protection des libertés, revient indiscutablement à la liberté d'association. Rôle sans doute plus discret, mais sur le long terme plus efficace. Car alors que les libertés de la presse et de manifestation ne remplissent leur fonction d'auto-protection qu'épisodiquement, la liberté d'association l'exerce au quotidien, contribuant ainsi à éduquer et à mobiliser l'opinion publique. Comme l'expliquait l'ethnologue Claude Lévi-Strauss en 1976, « la liberté consiste essentiellement dans une multitude de petites solidarités et de petites appartenances », qui peuvent, lorsqu'elle est menacée, « faire front contre les abus ». « Redonner un contenu concret à la vie sociale est donc la condition la plus sûre de la protection de la liberté ». Le pouvoir doit en conséquence « se montrer attentif à la renaissance de ces appartenances et de ces solidarités partout où elles se manifestent, et ne rien faire qui puisse les entraver[1] ». Ce message de Lévi-Strauss a été parfaitement compris par le gouvernement. Un décret de 1984 a en effet créé une « Commission nationale consultative des droits de l'Homme », compétente pour conseiller les pouvoirs publics en matière de libertés, et invité les associations françaises spécialisées dans la défense des libertés à s'y faire représenter[2]. Des associations comme la Ligue des droits de l'Homme, la section française d'Amnesty International, France-Libertés, France-Plus, le MRAP, la LICRA, ou SOS-Racisme, voient ainsi légitimée leur fonction de protection des libertés. Puisse cet hommage les convaincre du caractère irremplaçable de leur rôle, et les inciter à persévérer.

B. La résistance à l'oppression

Érigée en droit naturel par l'article 2 de la Déclaration de 1789, la « résistance à l'oppression » correspond à la possibilité que se réserve la conscience collective, en marge du droit positif, de se révolter contre l'arbitraire.

Cette révolte peut être non violente, comme le prouvent les figures emblématiques de Socrate, des martyrs chrétiens de l'Antiquité, de Gandhi et de Martin Luther King. Elle correspond alors à ce que Henry Thoreau et la doctrine américaine appellent la « désobéissance civile ». Mais dans notre tradition nationale elle est violente, ainsi qu'en témoignent la radicalisation de la Révolution contre l'Ancien Régime en 1793, ou l'action de la Résistance pendant la Seconde Guerre mondiale. La pensée française la considère en effet, dans une perspective démocratique, comme l'ultime moyen qui s'offre au peuple de briser la tentative de certaines « autorités » de lui arracher le pouvoir politique. La résistance à l'oppression apparaît alors, selon la belle expression de Robespierre, comme un « acte foudroyant de souveraineté »...

Le terrorisme contemporain est-il une forme de résistance à l'oppression ? Non selon l'opinion publique occidentale, imprégnée de christianisme, qui le considère plutôt lui-même comme une manifestation d'arbitraire, du fait de sa caractéristique qui est de s'attaquer à des innocents (passagers d'avions, clients de grands magasins...). Oui — au moins dans le cas du terrorisme palestinien — selon l'opinion publique arabe, qui y voit une façon légitime de rappeler à la communauté internationale ses devoirs envers un peuple oublié.

Cette controverse illustre les dangers de la résistance à l'oppression. D'un point de vue humaniste, il paraît souhaitable de n'y recourir qu'en toute dernière extrémité, lorsque plus aucun autre moyen ne s'offre pour combattre l'arbitraire, et à condition de réserver l'usage de la violence à la neutralisation des individus les plus dangereux. Mais ce sont là des vœux pieux. Le droit positif est impuissant à canaliser la résistance à l'oppression, dont la raison d'être est précisément de s'en affranchir, voire de se retourner contre lui. Force est d'en prendre acte.

---

1. Cité par L. Richer, *Les droits de l'Homme et du citoyen*, Economica, 1982, p. 105 à 107.
2. Décret du 30 janvier 1984, plusieurs fois modifié, aujourd'hui remplacé par la loi du 5 mars 2007 et par le décret du 26 juillet 2007.

C. Le droit de pétition

Le droit de pétition est le droit des gouvernés d'adresser un message aux gouvernants afin d'attirer leur attention sur une demande ou sur une opinion. Proclamé par la Constitution de 1791, réputé inaliénable par la Déclaration de 1793, le droit de pétition a, sous la Convention, été utilisé par les clubs pour exiger des mesures de terreur. En la circonstance, il ne se présentait pas comme une procédure écrite, mais consistait à investir la Chambre. Les « pétitionnaires », souvent armés, défilaient en effet devant les députés, en exprimant de vive voix leurs exigences. Hantées par ce triste souvenir, les Constitutions de l'an III et de l'an VIII n'autorisent plus que les pétitions individuelles. Moins restrictive, et néanmoins prudente, la Charte de 1814 marque le point de départ du « droit de pétition » moderne, en autorisant les pétitions collectives à condition qu'elles soient écrites.

À nouveau consacré par la Charte de 1830, par les Constitutions de 1848 et de 1852 et par la loi constitutionnelle du 13 mars 1873, le droit de pétition disparaît curieusement ensuite des textes constitutionnels. Ni les lois constitutionnelles de 1875, ni les Constitutions de 1946 et de 1958 n'en soufflent mot[1].

La raison profonde n'est pas qu'on s'en méfie. Simplement, le perfectionnement du régime parlementaire tend à le faire tomber en désuétude, au profit de nouveaux modes d'expression de l'opinion publique : questions parlementaires aux ministres, interpellations, débats télévisés...

Sous la Cinquième République, toutefois, la montée en puissance de certains groupes de pression, jouissant d'un large soutien populaire, paraît de nature à revigorer le droit de pétition. Parmi les pétitions qui ont recueilli le plus de signatures, on doit notamment mentionner celle du Comité national d'action laïque, dirigée en 1960 contre la loi Debré d'aide à l'enseignement privé, et celle de l'équipe Cousteau, demandant au président de la République, en 1992, « d'exercer toute son influence pour que la Déclaration des droits des générations futures soit prise en compte par les Nations unies ».

Cette dernière pétition a le mérite de souligner l'inadaptation de la législation actuelle relative au droit de pétition. L'ordonnance du 17 novembre 1958 se borne en effet, dans la droite ligne de la Charte de 1814, à autoriser l'envoi de « pétitions écrites » à l'Assemblée nationale et au Sénat. Pour le reste, elle manifeste une surprenante terreur à l'égard de ce mode d'expression de la volonté populaire. C'est ainsi qu'elle interdit « d'apporter des pétitions à la barre des deux assemblées parlementaires », et qu'elle punit « toute provocation... à un rassemblement sur la voie publique ayant pour objet... l'apport à l'une des assemblées parlementaires de pétitions ». Si ce genre de frayeur était parfaitement compréhensible en 1814, il ne l'est plus du tout aujourd'hui. Les lois du 24 décembre 1976 et du 5 mars 2007, qui permettent respectivement aux assemblées de transmettre au médiateur de la République et au Défenseur des enfants les pétitions qu'elles reçoivent, traduisent

1. Par comparaison, la Charte des droits fondamentaux de l'Union européenne, signée le 7 décembre 2000, reconnaît « le droit de pétition devant le Parlement européen » à « tout citoyen de l'Union » (art. 44). Le traité de Lisbonne, signé le 13 décembre 2007, dispose pour sa part que « des citoyens de l'Union, au nombre d'un million au moins, ressortissants d'un nombre significatif d'États membres, peuvent prendre l'initiative d'inviter la Commission... à soumettre une proposition appropriée » au Conseil et au Parlement européen (art. 11 TUE).

heureusement l'émergence d'un état d'esprit plus favorable au droit de pétition. Dans le même esprit d'ouverture, la révision constitutionnelle du 28 mars 2003 introduit dans la Constitution un article 72-1 qui permet aux « électeurs de chaque collectivité territoriale » de demander par pétition l'inscription à l'ordre du jour de l'assemblée délibérante de cette collectivité d'une question relevant de sa compétence. Et la révision constitutionnelle du 23 juillet 2008 insère un alinéa dans l'article 33 qui dispose que « le Conseil économique, social et environnemental peut être saisi par voie de pétition ». Il n'empêche qu'à l'heure actuelle une grave lacune subsiste dans notre droit, puisqu'aucun texte ne prévoit la possibilité d'adresser des pétitions au président de la République. La démarche de l'équipe Cousteau montre pourtant qu'il est devenu le destinataire privilégié des pétitions, ce qui est normal dans un régime présidentialiste comme le nôtre. Le droit s'est ainsi laissé déborder par le fait. Une législation qui ne correspond pas aux aspirations de la conscience collective est une barrière fragile...

§ 2. Les autorités administratives indépendantes

Traditionnellement, l'administration française est organisée selon le principe hiérarchique, qui permet à l'autorité supérieure de donner des instructions aux autorités subordonnées, de réformer ou d'annuler les décisions prises par les échelons inférieurs, et de sanctionner les agents violant les règles de l'obéissance aux ordres reçus. Or on a pris conscience, à la fin des années soixante, que ce mode d'organisation faisait la part trop belle aux ministres, et risquait de menacer gravement les libertés publiques. Certes, les juges administratif et judiciaire exerçaient leur contrôle avec la vigilance qu'on leur connaît, mais leur intervention présentait le grave inconvénient de s'opérer toujours trop tard, après que le mal ait été fait.

C'est pourquoi on a créé les « autorités administratives indépendantes » (AAI), puis, à partir des années soixante-dix, multiplié leur nombre. Les AAI sont des institutions administratives qui, sauf rare exception, n'ont pas de personnalité morale, mais qui sont placées hors hiérarchie, échappant à tout pouvoir d'instruction et de réformation, et disposant d'une liberté d'action juridiquement garantie. En d'autres termes, ce sont des arbitres impartiaux de l'exercice des libertés, dont les décisions éventuelles s'imposent, sous le contrôle du juge, tant à la hiérarchie administrative qu'aux administrés.

Leur point commun est évidemment de répondre aux aspirations de la conscience collective, soucieuse de réduire le poids du pouvoir ministériel. À cet égard, il est significatif de noter que les AAI ne s'imposent en tant que catégorie autonome qu'après mai 1968 [1].

Cela étant, il existe à l'heure actuelle deux types bien distincts d'AAI : celles qui n'ont qu'un « pouvoir d'influence » (A), et celles qui jouissent d'un véritable pouvoir de décision (B).

---

1. La première identification en est faite par J. Rigaud, concl. sur CE 6 déc. 1968, Ministre des Armées c/Ruffin, *RDP* 1969.703.

A. Les AAI n'ayant qu'un pouvoir d'influence

Il s'agit pour l'essentiel du médiateur de la République (1), du Défenseur des enfants (2), de la haute autorité de lutte contre les discriminations et pour l'égalité (3), du Contrôleur général des lieux de privation de liberté (4), et de la Commission d'accès aux documents administratifs (5)[1]. Ces cinq AAI n'ont qu'un pouvoir d'influence parce que leur action porte sur la substance même de l'action quotidienne de l'administration. On a craint que l'attribution d'un véritable pouvoir décisionnel ne les amène à se transformer en supérieurs hiérarchiques concurrents des ministres.

1) Du médiateur de la République au Défenseur des droits

Créé en 1973[2], le médiateur de la République est qualifié par la loi du 13 janvier 1989 d'« autorité indépendante ». Il est néanmoins permis de douter de son indépendance, ainsi que de son caractère d'« autorité ».

Son indépendance pose problème dans la mesure où il est choisi par le seul président de la République, sans que le choix de celui-ci soit restreint par des conditions d'expérience ou de capacité professionnelles. Le chef de l'État a ainsi toute latitude pour nommer, par décret en conseil des ministres, un de ses fidèles. C'est évidemment un inconvénient auquel il serait urgent de remédier. Deux garanties confèrent toutefois une véritable indépendance au médiateur, à condition qu'il soit capable d'oublier qu'il doit son poste au président. Tout d'abord, son mandat de six ans n'est pas renouvelable ; il est donc impossible d'acheter sa complaisance avec une promesse de renouvellement. Sans vouloir faire de mauvais esprit, force est toutefois de constater que rien n'empêche de l'acheter avec une promesse de nomination dans un emploi « à la discrétion du gouvernement », ou pourvoyable au « tour extérieur »... D'autre part et surtout, il ne peut être démis de ses fonctions avant le terme de son mandat qu'en cas d'empêchement constaté par un collège composé du vice-président du Conseil d'État, du premier président de la Cour de cassation et du premier président de la Cour des comptes.

Mais le médiateur est-il vraiment une « autorité administrative » ? En droit français, la qualité d'autorité administrative est normalement réservée aux acteurs juridiques qui ont le pouvoir de prendre des actes administratifs unilatéraux. Or le médiateur ne dispose pas d'un tel pouvoir[3]. Il n'exerce qu'un « pouvoir d'influence », autrement dit qu'une sorte de magistrature morale. On ne peut donc le considérer comme une autorité administrative qu'à condition de donner à ce terme un sens très large.

La raison d'être du médiateur est de tenter de résoudre à l'amiable les différends qui opposent l'administration aux administrés. Son champ d'intervention est particulièrement large, puisque selon les termes de la loi du 3 janvier 1973, il reçoit « les

---

1. Le médiateur du Cinéma (créé en 1982), et la Commission nationale de contrôle des interceptions de sécurité (créée en 1991) appartiennent aussi à ce premier type d'AAI. Ils sont étudiés dans la deuxième partie de ce manuel. En fait également partie la Commission nationale de déontologie de la sécurité, créée par la loi du 6 juin 2000, qui peut enquêter, sur réclamation individuelle d'une victime ou d'un témoin transmise par un député ou un sénateur, sur tout manquement aux règles de la déontologie commis par un policier, un gendarme, un surveillant de prison ou un vigile privé.
2. Loi du 3 janvier 1973, plusieurs fois modifiée.
3. Sauf dans ses rapports avec son personnel : CE, Ass., 10 juill. 1981, Retail, *AJDA* 1981.467.

réclamations concernant, dans leurs relations avec les administrés, le fonctionnement des administrations de l'État, des collectivités publiques territoriales, des établissements publics et de tout autre organisme investi d'une mission de service public ». En revanche, les conditions de sa saisine sont rigoureuses, puisque les réclamations ne peuvent lui être transmises que par l'intermédiaire d'un député ou d'un sénateur. De toute évidence, on a craint que l'esprit frondeur des Français ne provoque l'engorgement de l'institution. L'inconvénient de ce mode de saisine a toutefois été atténué par la création, officialisée en 1986 [1], de « délégués départementaux » du médiateur. En outre, depuis la loi du 12 avril 2000, le médiateur peut également être saisi directement par le « médiateur européen » ou par un de ses homologues étrangers.

Doté de larges pouvoirs d'investigation, le médiateur a les moyens de vérifier la réalité des griefs formulés contre l'administration. Lorsqu'il repère un cas de « maladministration » ou d'atteinte à une liberté, il peut adresser au service concerné les « recommandations » qui lui semblent susceptibles de le résoudre. La loi du 24 décembre 1976 lui permet même de suggérer à l'administration de ne pas respecter les textes lorsque leur application aboutirait « à une iniquité » [2]. Cette dernière possibilité, incompréhensible du point de vue du positivisme juridique, entre parfaitement dans la logique du positivisme sociologique. Elle correspond à l'idée qu'il faut faire prévaloir la représentation que la conscience collective se fait de l'équité, sur le strict respect des normes juridiques. En pratique, les recommandations du médiateur sont fréquemment suivies par l'administration, et permettent ainsi de résoudre à l'amiable de nombreux conflits. Sur ce plan, le succès de l'institution est incontestable.

Le médiateur est également chargé d'adresser un rapport annuel d'activité au président de la République et au Parlement. Il a le droit d'y proposer les réformes législatives ou réglementaires qu'il juge souhaitables. Plusieurs réformes de première importance ont ainsi trouvé leur source dans des propositions du médiateur. C'est le cas de la loi du 17 juillet 1978, instituant le droit d'accès aux documents administratifs et créant la CADA, et de la loi du 11 juillet 1979, imposant la motivation de certains actes administratifs individuels. Sur ce plan également, le succès de l'institution est donc incontestable.

Son pouvoir d'influence ne débouche cependant jamais sur un pouvoir décisionnel. Ses recommandations étant dépourvues de tout effet exécutoire, le médiateur ne dispose d'aucun moyen juridique pour forcer les administrations récalcitrantes à lui obéir. Il peut simplement tenter de susciter contre elles la pression de l'opinion publique, en donnant une large publicité à ses recommandations restées sans effet.

Toutefois, lorsqu'il se trouve confronté à un cas d'inexécution d'une décision de justice, il a le droit d'enjoindre à l'administration fautive de se conformer à celle-ci. Mais la seule sanction prévue en cas de désobéissance consiste à publier au *Journal officiel* un rapport spécial pour alerter l'opinion publique.

---

1. Décret du 18 février 1986, et loi du 12 avril 2000. En principe, saisis directement d'une réclamation, ils ne peuvent que conseiller à l'administré de s'adresser à un parlementaire. Mais en pratique, ils interviennent souvent directement auprès des administrations concernées.

2. La loi du 12 avril 2000 a réécrit ce passage : désormais, le Médiateur peut recommander « toute solution permettant de régler en équité » le problème soulevé. Ce qui est moins clair mais revient au même.

Cette impuissance peut choquer. Du point de vue du positivisme sociologique, pourtant, il est bon qu'existe une autorité comme le médiateur, dont la seule force réside en sa puissance de persuasion et en l'appui de l'opinion publique.

Son succès a finalement convaincu le constituant de lui donner un statut amélioré. La révision constitutionnelle du 23 juillet 2008 consacre en effet son existence en substituant à son appellation de « médiateur de la République » la dénomination plus prestigieuse de « Défenseur des droits » (Constitution, art. 71-1). Il est toujours nommé par le président de la République pour un mandat de six ans non renouvelable, mais après audition par deux commissions parlementaires, l'une composée de députés et l'autre de sénateurs, et absence de veto formulé par chacune d'elles à la majorité des trois cinquièmes des suffrages exprimés. Sa saisine est désormais possible d'office, ou « par toute personne s'estimant lésée par le fonctionnement d'un service public », ce qui constitue un grand progrès. En revanche, on ne sait rien encore de ses futurs pouvoirs, qui seront fixés par une loi organique, mais il semble que ses attributions actuelles seront complétées par la faculté de proposer des transactions. Au total, cette évolution paraît incontestablement positive.

2) Le Défenseur des enfants

La Convention de New York relative aux droits de l'enfant, du 20 novembre 1989, traduisait la volonté de l'ONU d'apporter une « protection spéciale » aux enfants. Dix ans plus tard, la loi du 6 mars 2000 en tire enfin les conséquences en créant une autorité administrative indépendante spécialement chargée de protéger les enfants : le « Défenseur des enfants ».

Calqué sur le modèle du médiateur de la République, le Défenseur des enfants est nommé pour six ans, non renouvelables, par décret en conseil des ministres. Comme lui, il n'a pas de pouvoir de décision mais dispose de larges pouvoirs d'investigation et de recommandations, ainsi que d'un pouvoir d'injonction en cas d'inexécution d'une décision de justice. Il publie chaque année un rapport d'activité, dans lequel il peut proposer des réformes juridiques.

Il a également des missions plus originales, que le médiateur de la République n'a pas : outre une mission mal définie de promotion des droits de l'enfant, il est chargé d'informer le président du conseil général des cas pouvant justifier une intervention de l'aide sociale à l'enfance, et a l'obligation de saisir l'autorité judiciaire quand un enfant est en danger.

La loi marque en outre sa volonté de lui donner un maximum d'efficacité en lui accordant un champ de compétence plus large que celui du médiateur de la République : le Défenseur des enfants peut en effet intervenir aussi bien près des personnes privées, même non chargées d'un service public, que des personnes publiques. Enfin et surtout, sa saisine est beaucoup plus souple que celle du médiateur, car les enfants, leurs représentants légaux ou les associations reconnues d'utilité publique spécialisées dans la défense des enfants peuvent le saisir directement, sans l'intermédiaire d'un parlementaire. La loi du 5 mars 2007 élargit même ce pouvoir de saisine aux membres de la famille du mineur concerné ainsi qu'aux services médicaux et sociaux, et reconnaît en outre un pouvoir d'autosaisine au Défenseur des enfants.

La seule chose que l'on peut finalement reprocher à la loi est d'avoir oublié d'instituer, pour l'aider dans son immense tâche, des délégués départementaux. Mais pour le reste elle est parvenue à prendre en compte la particulière vulnérabilité des enfants, en leur apportant la protection spéciale qu'on attendait depuis dix ans.

3) La haute autorité de lutte contre les discriminations et pour l'égalité (HALDE)

Dans son discours de Troyes du 14 octobre 2002, relatif à l'intégration, le président de la République a estimé que « le refus des communautarismes ne se conçoit pas sans une lutte contre les discriminations »[1]. Se faisant le porte-parole des inquiétudes de l'opinion publique, il signifiait ainsi la nécessité de réhabiliter l'égalité devant la loi, en vue de contribuer au « renforcement du pacte républicain » initié par la réaffirmation du principe de laïcité[2].

C'est pour réaliser cet objectif que la loi du 30 décembre 2004 a créé la haute autorité de lutte contre les discriminations et pour l'égalité (HALDE), à laquelle elle confie la mission ambitieuse de lutter contre « toutes les discriminations, directes ou indirectes, prohibées par la loi ou par un engagement international auquel la France est partie ».

La HALDE est composée de onze membres nommés pour cinq ans non renouvelables par décret du président de la République. Huit sont désignés par les quatre plus hautes autorités de l'État : président de la République, président du Sénat, président de l'Assemblée nationale, premier ministre (deux chacun, dont le président pour le premier cité). Les trois autres sont respectivement désignés par le vice-président du Conseil d'État, le premier président de la Cour de cassation, et le président du Conseil économique et social. Cette composition est décevante car elle fait la part trop belle à la majorité politique en lui accordant le choix d'au moins six des onze membres (ceux désignés par le président de la République, le président de l'Assemblée nationale et le premier ministre). Or l'indépendance d'une autorité administrative se mesure notamment à la protection dont bénéficient ses membres par rapport aux éventuelles pressions du pouvoir en place. Force est donc de constater qu'elle n'est pas ici suffisamment garantie[3].

Son mode de saisine est heureusement mieux conçu que sa composition. Toute personne qui s'estime victime de discrimination peut en effet saisir directement la HALDE, seule ou conjointement avec une association de lutte contre les discriminations déclarée depuis au moins cinq ans, sans être obligée de passer par l'intermédiaire d'un parlementaire. La HALDE peut aussi se saisir d'office des cas de discrimination dont elle a connaissance, sous réserve que la victime, lorsqu'elle est identifiée, ait été avertie et qu'elle ne s'y soit pas opposée. Cette possibilité de saisine d'office est un gage d'efficacité, car trop souvent les victimes de discriminations n'osent pas se plaindre.

Les pouvoirs de la HALDE ne sont pas moins remarquables. Elle dispose en effet d'un large pouvoir d'enquête, qui lui permet notamment d'interroger toute personne « mise en cause devant elle », d'entendre « toute personne dont le concours lui paraît

---

1. Cité dans le rapport Stasi relatif à la lutte contre les discriminations, La Documentation française, 2004, p. 89.

2. B. Stasi, *op. cit.*, p. 85, qui fait allusion à la loi du 15 mars 2004 interdisant le port de signes religieux ostensibles par les élèves dans les écoles, collèges et lycées publics.

3. Lors de notre audition du 27 octobre 2004 par la commission des lois du Sénat, nous avions proposé de supprimer la désignation par le Premier ministre, et d'instaurer à la place l'élection de deux membres par les neuf autres.

utile », et d'exiger la collaboration des autorités publiques et des organismes chargés d'une mission de service public. Elle peut également, avec l'accord des personnes concernées, charger ses agents de procéder à des vérifications sur place, dans les locaux administratifs ou professionnels « ainsi que dans les lieux, locaux, moyens de transport accessibles au public ». En cas de résistance à l'une de ces mesures d'enquête, elle peut enfin, après mise en demeure restée sans effet, saisir le juge des référés afin que celui-ci puisse ordonner les mesures d'instruction nécessaires.

À l'issue de ses enquêtes, la HALDE peut formuler des « recommandations » pour remédier aux discriminations qu'elle a constatées, ou pour en empêcher le renouvellement. Leurs destinataires doivent alors, dans un délai qu'elle fixe, lui « rendre compte » de la suite qu'ils leur ont donnée. Si ce compte rendu n'est pas fait, ou s'il est jugé insuffisant, la HALDE peut dénoncer l'affaire dans un rapport spécial publié au *Journal officiel.*

Elle peut aussi « procéder à la résolution amiable des différends portés à sa connaissance par voie de médiation ». Toutefois, lorsqu'une discrimination semble constitutive d'un crime ou d'un délit, la HALDE doit en informer le procureur de la République. Celui-ci peut alors s'opposer (conformément à notre suggestion lors de notre audition par la commission des lois du Sénat) à la mise en œuvre de cette médiation pénale. La porte est ainsi fermée à la tentation d'une « américanisation » à outrance du droit pénal français, qui aurait substitué, dans un domaine aussi fondamental que les discriminations constitutives de crimes ou de délits, la négociation à la condamnation si on n'y avait pris garde.

Depuis la loi du 31 mars 2006 relative à l'égalité des chances, la HALDE peut aussi « proposer » à l'auteur d'une discrimination une « transaction » qui consiste en principe dans « le versement d'une amende transactionnelle » (dont le montant ne peut excéder 3 000 euros s'il s'agit d'une personne physique et 15 000 euros s'il s'agit d'une personne morale) et, « s'il y a lieu, dans l'indemnisation de la victime » ; mais elle peut aussi consister simplement dans la diffusion d'un communiqué au *JO* ou dans la presse, ou encore dans l'entreprise où la discrimination a éventuellement eu lieu. Pour s'appliquer, cette transaction doit toutefois être acceptée par l'auteur et par la victime de la discrimination, et être homologué par le procureur de la République, qui reste libre de préférer déclencher l'action publique.

La HALDE est enfin susceptible d'intervenir au stade ultime d'un éventuel jugement. Les juridictions civiles, pénales ou administratives ont en effet la possibilité, lorsqu'elles sont saisies de faits relatifs à des discriminations, de l'inviter même d'office à « présenter des observations ». La loi de 2006 lui donne même le droit d'exiger son audition. Tout est ainsi fait pour favoriser, dans l'intérêt des victimes de discriminations, sa collaboration avec la justice.

Si on ajoute à cet ensemble impressionnant de moyens d'action la mission très générale que reçoit la HALDE d'« assurer la promotion de l'égalité », et son obligation de publier chaque année un rapport d'activité, on ne peut qu'être optimiste en ce qui concerne l'avenir de cette nouvelle autorité, dont les premières années d'activité ont confirmé l'efficacité.

4) Le Contrôleur général des lieux de privation de liberté

En France, les conditions de détention sont souvent déplorables. Elles sont régulièrement dénoncées par des ONG, et condamnées par la Cour européenne des droits de l'homme [1]. C'est pour tenter de les améliorer que la loi du 30 octobre 2007 a créé une nouvelle AAI, le « Contrôleur général des lieux de privation de liberté ». Le protocole facultatif du 18 décembre 2002, complétant la Convention des Nations unies du 10 décembre 1984 contre la torture, ratifiée par la France, imposait aussi cette création.

Comme le médiateur, le Contrôleur général est choisi par le président de la République, pour un mandat de six ans non renouvelable. Il a pour mission de s'assurer du respect des « droits fondamentaux » des personnes privées de liberté dans tous les lieux de détention : établissements pénitentiaires, centres de rétention de sûreté, dépôts des palais de justice, locaux de garde à vue, centres éducatifs fermés, centres de rétention administrative, zones d'attente, centres hospitaliers publics ou privés habilités à recevoir des patients hospitalisés sans leur consentement, etc. Sont toutefois exclus de son contrôle, de façon regrettable, les lieux de privation de liberté placés sous autorité française à l'étranger, ce qui risque de faciliter la création de petits « Guantanamo » français [2].

La saisine du Contrôleur général est très large et évoque celle du Défenseur des enfants. Peuvent en effet le saisir directement toute personne physique, ainsi que toute personne morale spécialisée dans le respect des droits de l'homme, ou encore des autorités publiques comme le Premier ministre, les membres du gouvernement ou du parlement, ou certaines AAI (médiateur de la République, Défenseur des enfants, HALDE, Commission nationale de déontologie de la sécurité). Il peut aussi s'autosaisir.

Ses pouvoirs ressemblent à ceux de ses homologues précités. Le Contrôleur général dispose en effet de larges pouvoirs d'investigation qui lui permettent de visiter à tout moment, de façon programmée ou inopinée, les lieux de privation de liberté, et de s'entretenir librement et confidentiellement avec toute personne de son choix. Les responsables de ces lieux peuvent toutefois « s'opposer » à sa visite « pour des motifs graves et impérieux liés à la défense nationale, à la sécurité publique, à des catastrophes naturelles ou à des troubles sérieux dans le lieu visité », ce qu'on peut juger décevant. La même déception accompagne son pouvoir d'accéder aux dossiers et informations, auquel ils peuvent aussi s'opposer pour protéger des secrets légaux (de la défense nationale, de l'enquête judiciaire, médical...), la loi oubliant un peu vite que le Contrôleur général est astreint au secret professionnel.

Le Contrôleur général ne dispose ni d'un pouvoir de sanction ni d'un pouvoir d'injonction, le législateur ayant souhaité instaurer un climat de coopération. Il rend toutefois compte de ses observations aux ministres concernés, et remet chaque année un rapport public d'activité dans lequel il peut formuler des recommandations et des propositions de réforme, ce qui est de nature à lui permettre d'exercer efficacement son pouvoir d'influence. Il peut aussi signaler les faits passibles de poursuites disciplinaires, et doit signaler ceux passibles de poursuites pénales. Enfin, en cas de violation grave des droits fondamentaux d'une personne privée de liberté, il

---

1. CEDH 11 juill. 2006, Rivière, *RTDH* 2007.541, CEDH 12 juin 2007, Frérot, *AJ pénal* 2007.336. Cf. aussi l'effrayant rapport du 10 déc. 2007 du Comité européen de prévention de la torture, *AJDA* 2008-84.

2. Guantanamo est une base militaire américaine située à Cuba, dans laquelle de nombreux prisonniers, accusés pour la plupart d'appartenir à l'organisation terroriste Al Qayda, ont été torturés à partir de 2002.

communique immédiatement ses constatations aux autorités compétentes et s'assure qu'elles y mettent fin, sous peine de prendre l'opinion publique à témoin.

Même si la loi est perfectible, le Contrôleur général dispose ainsi d'ores et déjà de pouvoirs suffisants pour dresser plus précisément qu'on ne l'a jamais fait le bilan d'ensemble des conditions de détention en France, et pour contribuer à en favoriser l'amélioration.

5) La Commission d'accès aux documents administratifs (CADA)

Créée par la loi du 17 juillet 1978, la CADA comprend onze membres depuis la réforme opérée par l'ordonnance du 6 juin 2005 : trois magistrats (un conseiller d'État, un membre de la Cour de cassation, un membre de la Cour des comptes), deux parlementaires (un député et un sénateur), un élu d'une collectivité territoriale, désigné par le président du Sénat, un professeur de l'enseignement supérieur, et quatre personnalités qualifiées. Cette composition est de nature à assurer l'indépendance de l'institution.

La CADA a pour mission de garantir le respect du droit, accordé aux administrés par la loi de 1978, d'obtenir communication des documents et dossiers sur lesquels l'administration fonde ses décisions. L'ambition de la loi était en effet de briser la tradition du secret administratif, potentiellement dangereuse pour les libertés publiques, et de développer une forme de démocratie mieux informée et plus participative. Même si l'administration n'a pas encore totalement renoncé à ses mauvaises habitudes, la CADA a, par sa vigilance, puissamment contribué à faire évoluer les mentalités.

La CADA exerce tout d'abord un rôle classique d'organisme consultatif auprès des administrations. Elle doit notamment donner son avis sur les projets d'arrêtés qui fixent de manière détaillée, ministère par ministère, la liste des documents qui ne sont pas communicables en vertu de la loi.

Depuis 2005, elle dispose d'autre part d'un pouvoir marginal de décision : elle peut en effet infliger une amende aux personnes qui « réutilisent » illégalement des informations publiques.

Enfin et surtout, elle est chargée d'émettre un avis sur les demandes des administrés qui éprouvent des difficultés à obtenir communication d'un document. C'est dans ce second rôle que réside son « pouvoir d'influence ». Les victimes d'un refus de communication n'ont pas le droit, en effet, d'attaquer directement celui-ci devant le juge administratif. Elles doivent préalablement saisir la CADA, qui dispose alors d'un délai d'un mois pour enquêter et donner son avis. Ce n'est que si l'administration réédite ensuite son refus qu'elles peuvent porter l'affaire devant la juridiction administrative. En pratique, la CADA a su acquérir, comme la loi l'espérait, une si grande autorité morale, que l'administration se conforme à ses avis dans plus de 90 % des cas. Face aux résistances éventuelles de celle-ci, la CADA n'a pourtant d'autre ressource que de les mentionner dans son rapport annuel. Il faut en tirer la conclusion que la sauvegarde des libertés ne dépend pas seulement des juges et des légistes, mais qu'elle est l'affaire de tous. Le dialogue et l'appel à l'opinion publique sont souvent aussi efficaces qu'une requête.

B. Les AAI ayant un pouvoir de décision

Cette seconde catégorie d'AAI dispose pratiquement toujours des pouvoirs d'investigation et de recommandation qui caractérisent la première, et qui constituent en quelque sorte le minimum vital de toute AAI. Mais elle détient en outre un véritable pouvoir de décision qui lui confère sa spécificité.

Ce pouvoir de décision s'exprime de trois façons principales. On illustrera celles-ci à l'aide de cinq exemples, correspondant aux AAI les plus importantes pour la défense des libertés. Il s'agit de l'AMF (Autorité des marchés financiers, créée en 2003), de la Commission des infractions fiscales (créée en 1977), de la CNIL (Commission nationale de l'informatique et des libertés, créée en 1978), du Conseil de la concurrence (créé en 1986), et du CSA (Conseil supérieur de l'audiovisuel, créé en 1989)[1].

Le pouvoir de décision des AAI s'exprime en premier lieu par la faculté d'autoriser, ou de refuser d'autoriser, des actes ou des activités. L'administration ne peut par exemple déposer plainte pour fraude fiscale qu'avec l'avis conforme de la Commission des infractions fiscales. Dans le même ordre d'idées, la création de fichiers informatiques comportant indication d'informations dangereuses, relatives par exemple à l'origine raciale des individus, n'est possible que sur l'autorisation de la CNIL. Pour sa part, le CSA délivre des autorisations d'émettre aux opérateurs privés de radio et télévision. Quant à l'AMF, elle est compétente pour accorder des « agréments » ou des « habilitations » à certains organismes, par exemple aux sociétés de gestion de portefeuille. Le Conseil constitutionnel admet la constitutionnalité de ce pouvoir d'autorisation, sous réserve qu'il ne porte pas atteinte à des « libertés fondamentales »[2].

En second lieu, le pouvoir de décision des AAI consiste parfois en la possibilité d'édicter des règlements. La CNIL est ainsi compétente pour établir des « normes simplifiées » concernant les fichiers les plus inoffensifs, et pour édicter des règlements types destinés à assurer la sécurité des systèmes. L'AMF réglemente pour sa part, conjointement avec le ministre de l'Économie et des Finances, le fonctionnement des marchés placés sous son contrôle, ainsi que les pratiques professionnelles s'imposant à certaines personnes, notamment à celles qui assurent la gestion de portefeuilles de titres. Enfin le CSA fixe (entre autres) les modalités du droit de réplique aux déclarations du gouvernement, et édicte, pour le secteur public, les règles relatives aux modalités d'expression politique et aux émissions électorales. Le Conseil constitutionnel n'admet la constitutionnalité du pouvoir réglementaire des AAI qu'à deux conditions[3] : d'une part les règlements du Premier ministre ne doivent pas être subordonnés aux règlements des AAI ; d'autre part le pouvoir réglementaire des AAI ne doit concerner « que des mesures de portée limitée tant par leur champ d'application que par leur contenu ». Cette seconde condition, sévère mais logique, a conduit le Conseil constitutionnel à retirer au CSA le pouvoir réglementaire que la loi lui avait attribué en matière de publicité et de parrainage.

---

1. Ces AAI font l'objet d'un examen détaillé dans la deuxième partie, dans le cadre de l'étude des libertés respectives qu'elles garantissent.
2. CC 10-11 oct. 1984, Entreprises de presse ; cf. *supra*, chapitre 2, section 1.
3. CC 18 sept. 1986, CNCL, et CC 17 janv. 1989, CSA ; cf. *supra*, chapitre 2, section 1.

En troisième lieu, enfin, le pouvoir de décision des AAI s'analyse parfois en un pouvoir de sanction. Le plus souvent, celui-ci se limite à la possibilité d'infliger des sanctions pécuniaires. Le Conseil de la concurrence, par exemple, ne dispose pas d'autre pouvoir répressif que de celui d'infliger des amendes. En revanche, le CSA présente la particularité de disposer de toute une palette de sanctions, allant de la sanction pécuniaire au retrait d'autorisation d'émettre, en passant par la suspension ou par la réduction de la durée de l'autorisation. Calquée sur son modèle, l'AMF jouit de moyens de répression comparables. En règle générale, toutefois, le pouvoir de sanction n'est accordé par le législateur qu'avec parcimonie, en raison du danger qu'il fait courir aux libertés. En dehors des trois exemples précités, peu d'AAI en disposent. La CNIL elle-même, malgré l'importance de ses attributions, en est dépourvue. Le Conseil constitutionnel admet la constitutionnalité du pouvoir répressif des AAI, mais prend soin de le soumettre à un ensemble de conditions qui atténue sa dangerosité[1] : interdiction des peines privatives de liberté, respect du principe de légalité des délits et des peines, respect des droits de la défense, proportionnalité des sanctions par rapport aux faits, et soumission des sanctions au contrôle d'une juridiction administrative ou judiciaire.

L'étude des trois principales manifestations de leur pouvoir décisionnel prouve en définitive l'hétérogénéité des AAI. Parmi les cinq exemples retenus, seuls l'AMF et le CSA disposent des trois prérogatives, la CNIL n'en possédant que deux (autorisation et réglementation), le Conseil de la concurrence et la Commission des infractions fiscales n'en ayant qu'une (sanction pour le Conseil, autorisation pour la Commission). Cette diversité ne doit pas être déplorée[2]. Elle est au contraire un signe de pragmatisme. Les AAI, en effet, n'ont pas été conçues d'après un moule théorique préconstitué, mais en fonction des particularités de chacune des libertés qu'elles doivent protéger. C'est, avec la sagesse de leurs membres, l'une des raisons de leur réussite.

Section 2
Les garanties juridictionnelles

Même si les garanties non juridictionnelles tendent à prendre de plus en plus d'importance, les garanties juridictionnelles demeurent le rempart des libertés le plus efficace. Elles les préservent en effet tant de l'arbitraire de la loi (§ 1) que de celui de l'administration (§ 2). Toute médaille a cependant son revers : le souci de protéger la « sûreté de l'État » a débouché sur la création de juridictions d'exception, qui constituent en règle générale davantage une menace pour les libertés, qu'une garantie (§ 3).

§ 1. Les garanties juridictionnelles contre la loi

Depuis 1958, il existe en France une juridiction chargée de contrôler la constitutionnalité des lois : le Conseil constitutionnel. On a déjà vu comment il a donné une

---

1. CC 17 janv. 1989, CSA, *GDCC*, et CC 28 juill. 1989, COB, *RFDA* 1989.671.
2. En ce sens, cf. CE, « Rapport public 2001 », *EDCE* n° 52, qui récuse l'idée qu'il faudrait un modèle juridique uniforme d'AAI.

valeur constitutionnelle à la quasi-totalité des libertés publiques [1], et comment il a délimité les compétences de la loi et du règlement en ce qui concerne leur réglementation [2]. Reste à voir dans quelle mesure sa composition (A), sa saisine (B), et sa compétence d'attribution (C) lui permettent d'assumer son rôle de gardien des libertés.

A. La composition du Conseil constitutionnel

D'après l'article 56 de la Constitution de 1958, le Conseil constitutionnel (CC) comprend deux catégories de membres : les anciens présidents de la République, et neuf membres nommés.

Il est regrettable que les anciens présidents de la République soient ainsi membres de droit du CC. Le fait d'avoir dirigé l'État est sûrement un gage d'expérience, voire (c'est moins sûr) de sagesse, mais en aucun cas une garantie d'impartialité. Sous la Cinquième République, le président est en effet davantage un chef d'équipe qu'un arbitre. Dès lors, comment croire qu'il pourrait, devenu juge, censurer des lois confectionnées par son ancienne équipe, et correspondant à un dessein politique qu'il a incarné pendant plusieurs années ? Heureusement, jusqu'en 2004 aucun des trois anciens présidents de la Cinquième République qui auraient pu entrer au CC n'a accepté d'y siéger. De Gaulle a refusé tout net. François Mitterrand était trop malade pour l'envisager. Quant à Valéry Giscard d'Estaing, il a finalement renoncé à son projet — qui aurait été catastrophique pour l'image de marque du CC — d'y siéger de temps à autre tout en continuant de jouer un rôle politique. Depuis 2004, toutefois, ayant perdu son dernier mandat électif il a décidé d'y entrer. Et Jacques Chirac a fait de même depuis 2007. Cette situation prouve l'urgence de réviser l'article 56 de la Constitution, afin de préserver le CC de l'encombrante présence des actuels et futurs anciens présidents de la République [3].

Les neuf membres nommés sont pour leur part désignés par des autorités politiques. Le président de la République, le président de l'Assemblée nationale, et le président du Sénat en choisissent en effet chacun trois [4]. On a beaucoup critiqué ce mode de sélection, qu'on accuse d'être politisé. Mais force est de constater qu'à l'étranger la politisation n'est pas moindre. Ainsi, aux États-Unis, le président, seul compétent pour choisir, avec l'accord du Sénat, les neuf juges de la Cour suprême, prend-il toujours soin de nommer des personnes proches de sa tendance politique. Et en Allemagne, l'élection des seize juges du Tribunal constitutionnel par le Parlement (huit par le Bundestag et huit par le Bundesrat) donne régulièrement lieu à de délicats marchandages politiques.

À tout prendre, puisque la politisation semble inévitable, ne serait-il pas préférable de transposer en France le modèle allemand, apte à garantir la représentation des

---

1. Cf. *supra*, titre II, chapitre 1, et titre III, chapitre 1.
2. Cf. *supra*, titre III, chapitre 2.
3. Point de vue défendu par D. Rosenberg, « Les anciens présidents de la République, membres de droit du Conseil constitutionnel : l'impossible retraite », *RDP* 1985.1263 ; par le sénateur P. Gélard, qui a proposé le 15 février 2005 une révision en ce sens. ; et par le comité Balladur, rapport du 29 octobre 2007, p. 90.
4. La règle du renouvellement du CC par tiers oblige chacune des trois autorités à nommer un membre tous les trois ans.

principaux courants d'opinion politique, alors que le système actuel soumet celle-ci au hasard des alternances politiques [1] ? Nous ne le pensons pas. En provoquant l'intervention des partis politiques, cette solution accentuerait la politisation du CC, et jetterait le discrédit sur notre justice constitutionnelle. Mieux vaut conserver le mode de désignation actuel, dont la simplicité permet mieux que de longs débats parlementaires d'entourer le CC de la sérénité dont il a besoin [2].

C'est ce qu'a fait la révision constitutionnelle du 23 juillet 2008, qui maintient tout en l'améliorant ce mode de désignation. Désormais, les membres désignés par les présidents de l'Assemblée nationale et du Sénat ne peuvent être nommés qu'après audition par une commission composée respectivement de députés ou de sénateurs, et en l'absence de veto formulé par elle à la majorité des trois cinquièmes des suffrages exprimés. Ceux désignés par le président de la République ne peuvent quant à eux être nommés qu'après audition par les deux commissions, et en l'absence de veto formulé par chacune d'elle à la majorité sus-indiquée. On espère que cette nouvelle procédure permettra d'écarter, mieux que par le passé, les candidats dont les compétences juridiques sont incertaines. Mais il serait plus prudent de réserver expressément les fonctions de juge constitutionnel aux personnes justifiant d'une expérience professionnelle ou d'un titre équivalant à la licence en droit, comme le font l'Allemagne et les États-Unis.

Ceci mis à part, le système actuel est néanmoins satisfaisant dans la mesure où, passé le stade de la nomination, il assure une réelle indépendance des juges. Leur mandat présente en effet trois caractères qui sont de nature à les persuader de résister aux pressions : il est long (9 ans, contre 12 ans en Allemagne, et la nomination à vie aux États-Unis), incompressible et non renouvelable. En outre, leurs fonctions sont incompatibles avec celles de membre du gouvernement ou du Parlement, et leur interdisent de prendre aucune position publique sur les questions soumises, ou susceptibles d'être soumises, au contrôle du CC [3]. Autant de garanties qui ont permis au CC de s'acquitter de sa tâche avec impartialité, et d'acquérir auprès de l'opinion publique une réelle légitimité.

Un dernier problème doit cependant être mentionné : celui du choix du président du CC. À l'heure actuelle, c'est le président de la République qui le désigne librement, parmi les membres nommés ou de droit. Or le président du CC est devenu l'un des personnages les plus importants de la République. Jouissant d'une grande autorité morale, il incarne aux yeux de l'opinion publique la protection des libertés. Depuis la présidence de Robert Badinter, nommé en 1986, il a même acquis une stature internationale, en devenant le conseiller officiel des nouvelles démocraties d'Europe de l'Est, à l'occasion de la mise en place dans ces pays de juridictions constitutionnelles. Dans ces conditions, il semble désormais nécessaire de renforcer son indépendance par rapport au président de la République. La meilleure solution, qui est d'ailleurs celle préconisée par Robert Badinter lui-même, consisterait à transférer sa désignation au CC, qui serait ainsi chargé de l'élire parmi ses propres membres.

---

1. Point de vue défendu par D. Rousseau, *Droit du contentieux constitutionnel*, Montchrestien, 1990, p. 37-38.
2. Point de vue défendu par L. Favoreu et L. Philip, *GDCC*, 5e éd., 1989, p. 377.
3. Deux membres du CC, V. Giscard d'Estaing et S. Veil, ont toutefois manqué à cette obligation de neutralité en participant, en faveur du « oui », à la campagne du référendum du 29 mai 2005 sur la Constitution européenne.

B. La saisine du Conseil constitutionnel

La Constitution de 1958 différencie les modes de saisine du CC selon la nature du texte attaqué. S'il s'agit d'une loi organique ou (depuis 2008) d'une proposition de loi référendaire, ou bien d'un règlement d'Assemblée, la saisine du CC est obligatoire. L'obligation pèse sur le Premier ministre dans le premier cas, sur le président de l'Assemblée nationale ou du Sénat dans le second. Cette saisine obligatoire constitue une garantie précieuse pour la sauvegarde des libertés, car elle donne l'assurance qu'aucun de ces textes n'entrera en vigueur sans avoir été contrôlé par le CC.

Si le texte attaqué est un engagement international ou une loi ordinaire, la saisine du CC est au contraire facultative. Dans sa version initiale, l'article 61 de la Constitution réservait au président de la République, au Premier ministre, au président de l'Assemblée nationale et au président du Sénat le pouvoir de déférer les lois ordinaires au CC. Cette sévérité était d'autant plus menaçante pour les libertés que les trois premières de ces quatre autorités, appartenant en principe à la même tendance politique que la majorité de l'Assemblée nationale, n'avaient aucun intérêt à attaquer ses lois. Il fallait donc compter sur la vigilance du seul président du Sénat pour déférer au CC les lois liberticides [1].

La révision du 29 octobre 1974 a heureusement amélioré les choses. Désormais, les lois ordinaires peuvent être déférées au CC non seulement par les quatre autorités susmentionnées, mais aussi par soixante députés ou soixante sénateurs. Cette révision a l'immense mérite d'ouvrir le droit de saisine à l'opposition parlementaire. Du point de vue des libertés, elle a produit l'effet qu'on en attendait : toute loi un tant soit peu menaçante est désormais systématiquement déférée au CC [2].

La même réforme a été réalisée à l'égard des engagements internationaux par la révision constitutionnelle du 25 juin 1992. Auparavant, en vertu de l'article 54 de la Constitution, qui n'avait pas été affecté par la révision de 1974, seuls pouvaient les déférer au CC le président de la République, le Premier ministre, le président de l'Assemblée nationale ou le président du Sénat. Mais cela n'était pas très grave, car un engagement international devant normalement faire l'objet d'une loi de ratification, rien n'empêchait l'opposition parlementaire de déférer celle-ci au CC sur le fondement de l'article 61 de la Constitution [3].

Malgré l'amélioration de 1974, le mode de saisine français continuait toutefois à encourir le grave reproche de s'inscrire exclusivement dans le cadre d'un contrôle *a priori*, où la loi ne peut être déférée au CC qu'avant sa promulgation. Or ce type de contrôle, inconnu aux États-Unis, offre certes l'avantage d'empêcher les lois inconstitutionnelles d'entrer en vigueur. Mais il présente aussi le grave inconvénient de laisser le CC totalement désarmé face aux lois inconstitutionnelles déjà promulguées, lesquelles peuvent être des lois qui n'ont pas été attaquées (c'est le cas de la

---

1. La fameuse décision du 16 juillet 1971, sur la liberté d'association, a par exemple été rendue grâce à la saisine d'Alain Poher, président du Sénat.
2. À quelques exceptions près. Exemples de la loi sur les étrangers du 30 décembre 1993 et de la loi sur la laïcité du 15 mars 2004, respectivement analysées *infra*, deuxième partie, titre I, chapitre 3, et titre II, chapitre 3.
3. Subterfuge accepté par CC 17 juill. 1980, Convention franco-allemande d'entraide judiciaire, *R* 36.

quasi-totalité des lois avant 1974), ou des lois que le CC a estimé à tort conformes à la Constitution parce qu'il n'est pas parvenu à déceler leurs applications potentielles. En outre, le contrôle *a priori* est critiquable en ce que sa mise en œuvre appartient exclusivement à la classe politique.

C'est parce que l'opinion publique a pris conscience de ces imperfections que la France s'est acheminée vers une réforme de la saisine du CC. Deux modèles très différents s'offraient à notre pays : le modèle américain et le modèle allemand.

Le modèle américain paraît intransposable en France pour deux raisons. D'abord parce qu'il implique la suppression du contrôle *a priori*, solution qui présente l'inconvénient de laisser les lois inconstitutionnelles entrer en vigueur. Ensuite parce qu'il permet à n'importe quel tribunal d'exercer lui-même, à l'occasion de l'examen d'un litige et sur la demande d'un simple particulier, le contrôle de constitutionnalité des lois *a posteriori*. Or cette solution irait à l'encontre de la tradition française, hantée par le souvenir des Parlements de l'Ancien Régime, qui refuse aux tribunaux ordinaires le pouvoir de contrôler la constitutionnalité des lois.

C'est donc vers le modèle allemand, plus facilement transposable, que la France s'est tournée de 1989 à 2008. Trois types de contrôle de constitutionnalité des lois existent en Allemagne. Le « contrôle abstrait » (art. 93, al. 1.2° de la Constitution allemande) ne peut être mis en œuvre, comme le contrôle français, que par la classe politique. Il réserve en effet au gouvernement, au tiers des membres du Bundestag, et aux gouvernements des länder le pouvoir de déférer les lois au Tribunal constitutionnel. Mais cette saisine, contrairement à ce qui est de règle en France, peut être effectuée à tout moment, donc après la promulgation. C'est pourquoi le contrôle abstrait doit être considéré comme un contrôle *a posteriori*, même s'il se rapproche beaucoup d'un contrôle *a priori* lorsque la saisine suit de peu la promulgation de la loi. Le « contrôle concret » (art. 100) est un type de contrôle *a posteriori* beaucoup plus classique, dont la mise en œuvre est réservée aux tribunaux. Il permet en effet à n'importe quel tribunal, qui éprouve des doutes sur la constitutionnalité d'une loi à l'occasion d'un procès, de surseoir à statuer et de saisir le Tribunal constitutionnel de ce problème de constitutionnalité. Comme aux États-Unis, l'inconstitutionnalité reconnue aboutit ici à l'inapplication de la loi, et non à son annulation. Mais contrairement à ce qui se passe aux États-Unis, seul le Tribunal constitutionnel est compétent pour la prononcer. Le « recours constitutionnel » (art. 93, al. 1.4°), enfin, est lui aussi un contrôle *a posteriori*. Sa grande particularité est de pouvoir être exercé par n'importe quel particulier qui allègue la violation d'un de ses droits fondamentaux. Le requérant n'est toutefois recevable à l'exercer que s'il a épuisé les recours qui lui étaient ouverts devant les tribunaux ordinaires. Le recours constitutionnel, lorsqu'il est fondé, aboutit, tout comme le recours du contrôle abstrait, à l'annulation de la loi par le Tribunal constitutionnel[1].

La France n'a évidemment pas entendu remettre en cause son système actuel de contrôle *a priori*, qui est de grande valeur, mais a simplement cherché à le compléter par un système de contrôle *a posteriori*. Le président Mitterrand a tout d'abord envisagé, le 14 juillet 1989, de s'inspirer du « recours constitutionnel » allemand. Il s'est en effet déclaré « partisan d'une révision constitutionnelle qui permettrait à tout

1. Sur ces trois contrôles allemands, cf. J-C. Béguin, *Le contrôle de la constitutionnalité des lois en RFA*, Economica, 1982.

Français de saisir le CC s'il estime ses droits fondamentaux méconnus ». Puis, soucieux d'éviter l'encombrement de la juridiction constitutionnelle, il s'est finalement prononcé, en 1990, en faveur d'un projet de révision moins ambitieux, nettement inspiré du « contrôle concret » allemand. C'est ce projet, abandonné à l'époque, qui a été repris par la révision constitutionnelle du 23 juillet 2008 (art. 61-1 de la Constitution). Désormais, toute juridiction devant laquelle est soulevée une exception d'inconstitutionnalité qui n'apparaît pas manifestement infondée, et qui se rapporte à la violation d'un droit fondamental, est tenue de surseoir à statuer et de transmettre l'exception au Conseil d'État ou à la Cour de cassation. Celle des deux hautes cours qui est saisie vérifie le caractère sérieux de l'exception puis, dans l'affirmative, saisit le CC. Si ce dernier déclare la disposition législative conforme à la Constitution, le procès, suspendu par l'exception, reprend son cours ; s'il la déclare non conforme, la disposition législative est abrogée à compter de la publication de la décision du CC ou d'une date ultérieure fixée par cette décision, et le procès en tire les conséquences.

Cette révision est sagement conçue, car elle reconnaît aux simples particuliers le droit de contester la constitutionnalité des lois, tout en évitant l'encombrement du CC grâce au double filtrage effectué par les juges du fond puis par les deux hautes cours, Conseil d'État et Cour de cassation, seules compétentes pour le saisir. Son adoption constitue sans aucun doute un troisième pas décisif, après ceux du 16 juillet 1971 et du 29 octobre 1974, dans la voie de la protection constitutionnelle des libertés publiques [1].

C. La compétence d'attribution du Conseil constitutionnel

Depuis 1961, le CC considère qu'il tient de la Constitution une compétence d'attribution, et non une compétence générale. Cela signifie qu'il « ne saurait être appelé à statuer... que dans les cas et suivant les modalités qu'elle a fixés [2] ». En ce qui concerne le contrôle de constitutionnalité, cette règle limite son domaine d'intervention aux cinq types d'actes mentionnés par les articles 54 et 61 de la Constitution : lois ordinaires, lois organiques, propositions de loi référendaire, règlements des Assemblées parlementaires, engagements internationaux.

À l'intérieur du domaine qui lui est ainsi fixé, le CC n'hésite pas à faire preuve d'audace, afin d'assurer à son contrôle le maximum d'efficacité. C'est ainsi, par exemple, qu'il n'hésite pas à annuler, pour « erreur manifeste d'appréciation » du Parlement, les lois qui portent aux libertés ou au principe d'égalité des atteintes qui excèdent manifestement les exigences de l'intérêt général invoqué [3]. Cette attitude doit être approuvée, car elle permet de tenir en échec l'arbitraire éventuel de la loi, en

---

1. Le comité Balladur proposait, de façon déraisonnable, une exception d'inconstitutionnalité plus large, permettant la saisine du CC par n'importe quelle juridiction : cf. son rapport du 29 octobre 2007, p. 90. Nous avions quant à nous proposé la solution finalement retenue : cf. la 7e éd. 2005 du présent manuel, p. 216.

2. CC 14 sept. 1961, Demande d'avis, *GDCC*.

3. Le contrôle de l'erreur manifeste d'appréciation apparaît en 1981 : CC 19-20 janv. 1981, Sécurité et liberté, *GDCC*. Pour un exemple d'annulation, cf. CC 30 déc. 1987, Loi de finances pour 1988, *RFDA* 1988.350 : en prescrivant que l'amende fiscale encourue en cas de divulgation du montant du revenu d'une personne sera égale au montant des revenus divulgués, la loi édicte « une sanction qui pourrait, dans nombre de cas, revêtir un caractère manifestement disproportionné ».

faisant peser « un contrôle du raisonnable... sur l'opportunité des choix opérés par le législateur »[1]. Et dans le domaine de la technique d'interprétation, le CC s'efforce de compenser l'inconvénient que représente le caractère *a priori* de son contrôle, en subordonnant la constitutionnalité de certaines lois à la stricte observance par l'administration de l'interprétation qu'il en donne[2]. Les juridictions administratives et judiciaires sont alors clairement invitées à sanctionner les agissements qui reposeraient sur une interprétation différente de la loi.

En revanche, le CC manifeste une grande prudence lorsqu'on l'invite à exercer son contrôle de constitutionnalité en dehors du domaine d'intervention fixé par la Constitution. Il n'exerce en effet qu'un « semi-contrôle »[3] sur les lois promulguées, et n'en exerce aucun sur les lois référendaires.

Bien que l'article 61 interdise de contester les lois promulguées, le CC accepte depuis 1985 de les soumettre à un contrôle de constitutionnalité par voie d'exception[4]. Un requérant peut donc désormais soulever, à l'appui d'un recours contre une loi non promulguée, l'inconstitutionnalité de la loi promulguée qui la fonde. Cette audacieuse jurisprudence offre d'intéressantes perspectives pour la sauvegarde des libertés publiques, dans la mesure où elle permet théoriquement au CC de déclarer inconstitutionnelles les lois promulguées qui les violent, et d'inviter par là même les juridictions ordinaires à refuser de continuer à les appliquer. Sans doute effrayé par sa propre audace, le CC subordonne toutefois la mise en œuvre de ce nouveau contrôle à une condition qui le ruine en partie. La juridiction constitutionnelle exige en effet que la constitutionnalité de la loi promulguée soit contestée « à l'occasion de l'examen de dispositions législatives qui la modifient, la complètent ou affectent son domaine ». Le contrôle de constitutionnalité par voie d'exception demeure par conséquent exclu lorsque la loi examinée se borne à appliquer la loi promulguée, sans la modifier, compléter, ni affecter. Il ne s'agit donc bien que d'un « semi-contrôle », dont l'insuffisance permet de laisser vivre des lois gravement liberticides[5]. C'est pourquoi il faut espérer qu'à l'avenir le CC généralise son contrôle de constitutionnalité par voie d'exception. D'un point de vue juridique, cette généralisation est parfaitement possible si on accepte d'interpréter l'article 61 comme interdisant simplement le contrôle de constitutionnalité par voie d'action des lois promulguées.

Le CC est encore plus prudent à l'égard des lois référendaires de l'article 11 puisqu'il refuse purement et simplement de les contrôler. Saisi en 1962 d'un recours

---

1. L. Habib, « La notion d'erreur manifeste d'appréciation dans la jurisprudence du CC », *RDP* 1986.710.

2. Technique dite de la conformité sous réserve d'interprétation. Cf. O. Beaud et O. Cayla, « Les nouvelles méthodes du CC », *RDP* 1987.677 ; et A. Viala, *Les réserves d'interprétation dans la jurisprudence constitutionnelle*, LGDJ, 1999. Pour des exemples, cf. CC 10-11 oct. 1984, Entreprises de presse, *GDCC*, CC 13 août 1993, Maîtrise de l'immigration, *GDCC*, et CC 2 mars 2004, Loi Perben 2 *GDCC*.

3. D. Rousseau, *op. cit.*, p. 176.

4. CC 25 janv. 1985, État d'urgence en Nouvelle-Calédonie, *GDCC*. Confirmée par CC 25 juill. 1989, TGV Nord (*JO* 28 juill.), et par CC 16 juill. 1996, Répression du terrorisme, *RDP* 1996.1245. Première application par CC 15 mars 1999, Statut de la Nouvelle-Calédonie, *AJDA* 1999.379, qui déclare inconstitutionnelles les dispositions d'une loi du 25 janvier 1985 qui instauraient une peine automatique d'inéligibilité en cas de liquidation judiciaire.

5. Dans l'affaire de 1985, par exemple, la loi attaquée ne fait qu'appliquer en Nouvelle-Calédonie la loi de 1955 sur l'état d'urgence. Cette dernière échappe donc au contrôle par voie d'exception...

du président du Sénat contre la loi relative à l'élection du président de la République au suffrage universel direct, adoptée par le peuple par voie de référendum, la juridiction constitutionnelle a expliqué son incompétence par le fait que « les lois que la Constitution a entendu viser dans son article 61 sont uniquement les lois votées par le Parlement[1] ». Force est de reconnaître que les travaux préparatoires de la Constitution confirment cette interprétation de l'article 61. Le CC a donc raisonnablement agi en s'abritant derrière sa compétence d'attribution pour refuser de contrôler les lois référendaires.

Cet aveu d'impuissance n'en demeure pas moins extrêmement préoccupant pour l'avenir des libertés publiques, puisqu'en l'état actuel des choses les lois référendaires échappent à tout contrôle de constitutionnalité. Une révision de l'article 61 de la Constitution est donc souhaitable, afin de permettre au CC de les contrôler. Toutefois, comme il est normal que dans une démocratie le vote du peuple s'impose, il faudrait que le CC exerce son contrôle en amont de celui-ci. En d'autres termes, le contrôle de constitutionnalité devrait porter sur le projet de loi référendaire, et non sur la loi référendaire adoptée. Afin d'éviter au président de la République toute tentation de dialoguer avec le peuple sans intermédiaire, il conviendrait alors que le CC puisse se saisir lui-même de ses projets de loi référendaire. Quant à l'étendue du contrôle exercé, celui-ci ne devrait pas simplement vérifier que la question posée ressortit bien au domaine du référendum, tel qu'il est délimité par la Constitution[2], mais il devrait également s'assurer de la clarté de sa formulation[3].

Ces mesures, si elles étaient prises, permettraient de réconcilier les exigences respectives de la démocratie de masse et de l'État de droit. Certes, le peuple continuerait à jouir du pouvoir d'adopter des lois liberticides, ce qui est normal dans l'optique du positivisme sociologique. Mais ce serait alors en toute connaissance de cause, et dans le respect de l'article 11 de la Constitution.

La révision constitutionnelle du 23 juillet 2008 a malheureusement manqué l'occasion d'appliquer cette réforme. Elle soumet certes au contrôle obligatoire du CC les « propositions » de loi référendaire, émanant de parlementaires[4], « avant qu'elles ne soient soumises au référendum » (art. 61 de la Constitution). Mais elle oublie d'en faire autant à égard des « projets » de loi référendaire, émanant du président de la République...

---

1. CC 6 nov. 1962, Loi référendaire, *GDCC*, confirmée par CC 23 sept. 1992, Maastricht 3, *GDCC*. Solution rendue à propos des lois référendaires de l'article 11, mais transposable aux « lois présidentielles » de l'article 16, qui ne sont pas non plus votées par le Parlement. (Sur la contestable consécration des lois présidentielles par le Conseil d'État, cf. *supra*, chapitre 2, section 4). En revanche, les lois de révision constitutionnelle régies par l'article 89 sont toujours votées par le Parlement. Une interprétation audacieuse de l'article 61 pourrait donc permettre au CC d'exercer sur elles son contrôle de constitutionnalité, ce qu'il se refuse à faire pour l'instant : CC 26 mars 2003, Organisation décentralisée de la République, *JCP* 2003, n° 10066.

2. À l'heure actuelle, les libertés publiques ne sont pas incluses dans le domaine de l'article 11. Seule une révision constitutionnelle peut donc les y faire entrer. En juillet 1984, une première tentative en ce sens a échoué, par suite de l'opposition du Sénat.

3. Le CC contrôle déjà la clarté des questions posées dans le cadre des référendums d'autodétermination de l'article 53 : cf. CC 2 juin 1987, *D* 1988.259.

4. La révision de 2008 modifie en effet l'article 11 pour permettre à un cinquième des membres du Parlement, soutenu par un dixième des électeurs inscrits sur les listes électorales, de présenter une proposition de loi référendaire.

§ 2. Les garanties juridictionnelles contre l'administration

Au Royaume-Uni, toute atteinte à une liberté publique, qu'elle soit commise par un agent public ou par un particulier, relève du même tribunal. C'est une conséquence du principe d'unité de juridictions, qui caractérise le modèle juridique anglo-saxon. Grâce à la procédure d'*habeas corpus*, par exemple, le juge ordinaire est compétent pour enjoindre au responsable d'une détention, quel qu'il soit, de lui présenter le prisonnier et d'expliquer les raisons de la détention. Si celle-ci s'avère abusive, il ordonne la mise en liberté immédiate. Bien entendu, toute désobéissance du responsable de la détention expose celui-ci à de graves sanctions, qui peuvent aller jusqu'à l'incarcération [1].

La France a au contraire opté pour la dualité de juridictions, administratives et judiciaires. Dans la conception française, l'administration et ses agents possèdent en effet, comme représentants de la nation, un ensemble de privilèges et de prérogatives. Il paraît dès lors assez normal de confier le contentieux de leurs actes à des juges spécialisés, plutôt qu'aux juges des particuliers. Apparu en l'an VIII, sous un régime autoritaire, ce privilège de juridiction aurait pu s'avérer dangereux pour les libertés. Mais en pratique, le juge administratif a su conquérir l'indépendance qui lui manquait au départ. Dès lors, c'est avec le souci de concilier les prérogatives de l'administration avec le respect des libertés qu'il a patiemment construit le droit administratif. Parce qu'il est un juge spécialisé, il a d'ailleurs mené à bien cette entreprise mieux que ne l'aurait fait, selon toute vraisemblance, un juge judiciaire livré à lui-même.

De son côté, le juge judiciaire a su faire oublier les Parlements de l'Ancien Régime, dont le souvenir avait amené la loi des 16-24 août 1790 à lui interdire « de troubler en quelque manière que ce soit les opérations des corps administratifs ». L'efficacité dont il a fait preuve comme gardien des libertés lui a ainsi permis, dans plusieurs hypothèses, d'étendre son contrôle à l'action de l'administration et de ses agents.

Grâce à cette double évolution, le système français de protection juridictionnelle des libertés est aujourd'hui considéré comme un modèle, dont plusieurs États étrangers se sont inspirés [2]. Le Conseil constitutionnel lui a d'ailleurs rendu un hommage inattendu en constitutionnalisant la dualité de juridictions qui le caractérise [3]. La solution actuelle, qui consiste à partager la protection des libertés contre l'administration entre le juge judiciaire (A) et le juge administratif (B), est ainsi appelée à durer.

---

1. Cf. J. Dutheil de la Rochère, « Le pouvoir judiciaire et les libertés au Royaume-Uni », *Pouvoirs* n° 37, 1986.101 ; et B. Stirn (et autres), *Droits et libertés en France et au Royaume-Uni*, O. Jacob, 2006.

2. L'exemple le plus net est celui de la Belgique, qui adopte en 1946 le modèle français de dualité de juridictions, alors que depuis 1831 elle appliquait le système anglais de l'unité de juridictions.

3. CC 23 janv. 1987, Conseil de la concurrence, *GDCC*. Cette décision réserve au juge administratif le contentieux de l'annulation des actes des personnes publiques mettant en œuvre des prérogatives de puissance publique, mais admet par exception à cette règle que le législateur en confie certains secteurs au juge judiciaire dans deux hypothèses : soit dans les domaines où sa compétence est traditionnelle, soit dans l'intérêt d'une bonne administration de la justice (lorsqu'il s'agit de regrouper un contentieux coupé en deux).

A. La protection des libertés publiques par le juge judiciaire

Soucieux des réalités concrètes, le juge judiciaire assure la protection effective des libertés publiques en poursuivant quatre objectifs : punir le coupable (1), réparer le préjudice (2), délivrer la victime (3) et empêcher le dommage (4).

1) Punir le coupable

Tout agent public coupable d'avoir porté atteinte à une liberté publique doit être condamné par les juridictions pénales. À cet effet, le nouveau Code pénal distingue, à côté des incriminations générales qui sont susceptibles de concerner tout agent de l'administration au même titre que n'importe quel citoyen, des incriminations spécialement réservées aux « personnes exerçant une fonction publique » : attentat à la liberté individuelle (art. 432-4 à 6), concussion (art. 432-10), corruption (art. 432-11), prise illégale d'intérêts (art. 432-12 et 13), atteinte à l'égalité des candidats dans les marchés publics (art. 432-14), détournement de fonds publics ou privés (art. 432-15), ou encore abus d'autorité commis pour violer le domicile (art. 432-8) ou le secret de la correspondance (art. 432-9) ou pour pratiquer des discriminations (art. 432-7).

Malgré cet imposant arsenal, les juridictions pénales ne traitent pas toujours les « fonctionnaires » coupables d'actes liberticides avec la sévérité qu'on est en droit d'attendre d'elles, surtout lorsque les coupables sont des policiers [1].

Elles sont en revanche plus vigilantes vis-à-vis des actes administratifs qui servent de fondement aux poursuites pénales, car elles se reconnaissent compétentes pour apprécier leur légalité [2]. Cela leur permet de relaxer les administrés dont le seul tort est d'avoir refusé de respecter des actes administratifs illégaux.

2) Réparer le préjudice

Lorsque l'administration a porté atteinte à une liberté publique, la société ne doit pas seulement se défendre elle-même en punissant l'agent coupable, mais elle doit aussi songer à la victime, et réparer son préjudice.

Les juridictions civiles sont compétentes pour condamner l'agent public au titre de sa responsabilité civile, lorsque celui-ci a commis une faute personnelle.

Conformément à l'article 136 du Code de procédure pénale, « les tribunaux de l'ordre judiciaire » sont en outre « toujours exclusivement compétents » pour connaître de « tous les cas d'atteinte à la liberté individuelle », notamment des arrestations ou détentions arbitraires, des assignations à résidence, et des violations de domicile. Cette disposition leur permet de condamner civilement l'administration ou

---

1. Pour des exemples de cette étrange mansuétude, cf. TC 9 juill. 1953, Nardon, *JCP* 1953, n° 7797, note Rivero (interrogatoire mortel) ; CA Versailles, 1er juill. 1999, Hervé, *Le Monde* 3 juill. (trois mois de prison ferme pour des violences commises lors d'une garde à vue, qualifiées de « torture » par la CEDH) ; rapport 2005 d'Amnesty International, dénonçant l'« impunité de fait » dont jouissent les policiers, *Le Monde* 7 avr. 2005.

2. Crim. 21 déc. 1961, Dame Le Roux, *JCP* 1962, n° 12680 ; Crim. 21 oct. 1987, Montorio, *AJDA* 1988.405. Comparer avec TC 5 juill. 1951, Avranches et Desmarets, *R* 638. Cette divergence entre Crim. et TC est aujourd'hui résolue par l'article 111-5 du NCP, qui donne expressément compétence aux juridictions pénales pour apprécier la légalité des actes administratifs « lorsque, de cet examen, dépend la solution du procès pénal ».

l'agent coupable d'avoir attenté à la liberté individuelle. Toutefois, lorsque l'atteinte à la liberté individuelle ne s'analyse pas comme une voie de fait, le Tribunal des conflits estime que l'appréciation de la légalité de l'acte administratif à l'origine de l'atteinte constitue une question préjudicielle, relevant de la compétence du juge administratif ; malgré les termes de l'article 136, qui interdisent clairement d'élever le conflit, il permet par conséquent aux préfets d'élever le conflit lorsque les tribunaux judiciaires entreprennent d'apprécier eux-mêmes la légalité de cet acte administratif[1]. Ce faisant, le Tribunal des conflits ôte à l'article 136 une grande partie de sa signification, en faisant dépendre du juge administratif le sort de l'action en indemnité : s'il juge l'acte administratif illégal, le juge judiciaire n'a plus qu'à évaluer l'indemnité, et s'il le juge légal, le juge judiciaire est en principe privé de la possibilité d'en accorder une. D'une certaine manière, le Tribunal des conflits fait donc ici du juge administratif le véritable gardien de la liberté individuelle. Séduisante au premier abord, cette solution présente le grave inconvénient d'inciter l'administration à élever systématiquement le conflit pour gagner du temps, et en faire perdre à la victime. Mieux vaudrait adopter une interprétation littérale de l'article 136, laquelle serait d'ailleurs conforme à l'article 66 de la Constitution qui fait de l'autorité judiciaire la « gardienne de la liberté individuelle », afin d'exclure en la matière les questions préjudicielles et d'instituer ainsi un bloc de compétence au profit du juge judiciaire.

Le dernier moyen qui permet au juge judiciaire de réparer les préjudices causés par l'administration est fourni par la théorie jurisprudentielle de la voie de fait. Il y a voie de fait lorsque l'administration porte atteinte au droit de propriété ou à une liberté fondamentale, en commettant une irrégularité si grave qu'il est impossible de la rattacher à l'activité normale de l'administration. La voie de fait a donc un champ d'application plus vaste que l'article 136, puisqu'elle peut résulter d'atteintes portées à la liberté individuelle[2], mais aussi au droit de propriété[3], ou à une autre liberté fondamentale[4]. En revanche, sa mise en œuvre est plus difficile, car alors que l'article 136 permet de réparer n'importe quelle atteinte, même celles résultant d'illégalités bénignes, la voie de fait ne sanctionne que les illégalités très graves.

Cela étant, trois variétés de voie de fait doivent être distinguées. Les deux premières sont traditionnelles et présentent une incontestable utilité. Il s'agit d'une part de la voie de fait résultant d'une exécution forcée irrégulière, d'autre part de la voie de fait commise par l'édiction d'un acte « manifestement insusceptible de se rattacher à l'exercice d'un pouvoir appartenant à l'administration ». Apparue en 1984, la troisième était plus critiquable et a été supprimée en 2001 : elle assimilait à une voie de fait l'acte reposant sur un motif radicalement différent de celui prévu par le texte invoqué par l'administration.

---

1. TC 16 nov. 1964, Clément, *AJDA* 1965.221. Rappelons que les tribunaux judiciaires non répressifs ne peuvent pas apprécier la légalité des actes administratifs depuis TC 16 juin 1923, Septfonds, *GAJA*.
2. Par exemple CE 18 oct. 1989, Dame Brousse, *AJDA* 1990.54, concl. Stirn : internement arbitraire dans un service psychiatrique.
3. Par exemple CE, Ass., 18 nov. 1949, Carlier, *RDP* 1950.172 : confiscation de plaques photographiques ; TC 12 janv. 1987, Veuve Caille, *AJDA* 1987.424 : démolition d'un immeuble.
4. Par exemple TC 8 avr. 1935, Action française, *GAJA* : saisie portant atteinte à la liberté de la presse. Ou encore TC 19 nov. 2001, Mlle Mohamed, *AJDA* 2002.234 : confiscation de passeport portant atteinte à la liberté d'aller et venir.

La première variété de voie de fait (dite « par manque de procédure ») est la plus facile des trois à repérer. On sait que l'administration ne peut procéder d'office à l'exécution forcée de ses actes, pour briser la résistance d'un administré, que dans trois cas : lorsqu'une loi l'autorise, lorsque aucune autre voie de droit n'est possible, ou lorsqu'il y a urgence [1]. Cette limitation des possibilités d'exécution d'office a pour but d'obliger l'administration à recourir au juge plutôt qu'à la force pour obtenir l'application de ses actes. Dans un État de droit, il est en effet normal que les solutions juridictionnelles prévalent. Les exécutions d'office irrégulières, qu'elles se situent en dehors des trois cas prédéterminés ou qu'elles excèdent simplement le strict nécessaire pour assurer l'application de l'acte, sont donc toujours considérées comme des irrégularités très graves. Dès lors qu'elles portent atteinte au droit de propriété ou à une liberté fondamentale, ce sont par conséquent des voies de fait [2]. Cette solution traditionnelle, qui avait le mérite de la simplicité, semblait toutefois avoir été remise en cause par un arrêt controversé du Tribunal des conflits de 1997 [3]. Cet arrêt introduisait en effet l'idée nouvelle selon laquelle une exécution forcée irrégulière n'est une voie de fait que si elle est manifestement insusceptible de se rattacher à un pouvoir appartenant à l'administration. Cette conception restrictive de la voie de fait par manque de procédure a toutefois été immédiatement abandonnée, même si elle présentait l'avantage de rapprocher la voie de fait par manque de procédure du deuxième type de voie de fait.

Plus subtile, la deuxième variété de voie de fait (dite « par manque de droit ») n'en possède pas moins elle aussi une signification facile à comprendre. L'idée qui la sous-tend est que l'administration ne bénéficie de son privilège de juridiction que pour ses actes qui, même irréguliers, peuvent être analysés comme la mise en œuvre de ses pouvoirs légaux. Dès lors, doivent relever du juge judiciaire les actes de l'administration qui, tout en portant atteinte au droit de propriété ou à une liberté fondamentale, sont tellement étrangers à ses pouvoirs légaux qu'il faut les considérer comme dénaturés, déchus de leur qualité d'actes administratifs [4]. Ici, la voie de fait ne découle donc pas d'une mauvaise utilisation de la procédure d'exécution forcée, mais de l'édiction d'un acte juridique dont l'absence de base légale est manifeste.

Avec ces deux premières variétés de voie de fait, on le voit, la compétence du juge judiciaire n'est pas simplement recherchée pour des raisons pratiques (jusqu'à la création du référé-liberté par la loi du 30 juin 2000, il avait plus de pouvoirs que le juge administratif), mais aussi pour des raisons théoriques, liées à la condamnation de principe du recours à la force dans le premier cas, à l'analyse de la portée du privilège de juridiction de l'administration dans le second cas.

---

1. TC 2 déc. 1902, Soc. immobilière de Saint-Just, *GAJA*.

2. Exemples des arrêts Action française et Veuve Caille, préc. Cf. aussi TC 25 nov. 1963, Époux Pelé et Commune de Saint-Just (deux arrêts), *R* 793 : expulsion d'office de l'occupant d'un immeuble administratif, et exhumation d'office de corps dans un cimetière.

3. TC 12 mai 1997, Préfet de police c/TGI de Paris, *AJDA* 1997.575.

4. Exemple de l'arrêt Carlier, préc., car la décision de l'administration de confisquer des plaques photographiques n'est rattachable à aucun fondement légal. Cf. aussi TC 10 déc. 1956, Randon, *AJDA* 1957.94 : décision préfectorale d'intercepter des objets de correspondance ; et Civ. 1re, 24 oct. 1977, Commune de Bourguenais, *JCP* 1979, n° 19157 : décision des autorités municipales de déposséder une association de la gestion d'une maison de retraite.

Apparue en 1984 [1], la troisième variété de voie de fait (dite « par manque de motif adéquat ») n'avait pas de fondement théorique aussi clair. Du coup, ses contours étaient singulièrement flous. Inaugurée à propos de la liberté d'aller et venir, la nouvelle jurisprudence analysait comme une voie de fait le refus de délivrer ou de renouveler un passeport, lorsqu'il était motivé par le souci d'empêcher l'expatriation d'un contribuable qui n'avait pas payé ses impôts. Ce faisant, elle élargissait de façon dangereuse la notion de voie de fait. Jusqu'en 1984, en effet, ce type de refus n'était pas considéré comme une voie de fait, mais comme un simple acte administratif illégal. Car il ne s'analysait ni comme une exécution d'office, puisqu'il était un acte juridique et non une activité matérielle, ni comme un acte « manifestement insusceptible de se rattacher à l'exercice d'un pouvoir appartenant à l'administration », puisqu'il se rattachait au pouvoir de l'administration, reconnu par le décret du 7 décembre 1792 (alors en vigueur), de refuser les passeports. Aussi, c'est en se plaçant sur un troisième terrain — celui des motifs de l'acte — que la nouvelle jurisprudence le considérait comme une voie de fait. Désormais, le refus de délivrer ou de renouveler un passeport était une voie de fait « eu égard à ses motifs », lorsque l'administration le fondait sur un motif qui n'avait rien à voir avec le motif de « sûreté publique » qui était seul prévu par le décret de 1792.

On voit à quel point la notion de voie de fait était dangereusement élargie. Jusqu'alors cantonnée aux hypothèses facilement identifiables du recours abusif à la force et de l'édiction d'actes manifestement sans rapport avec les missions de l'administration, la voie de fait s'étendait désormais, sans qu'aucune raison théorique ne le justifie, aux actes dont les motifs étaient radicalement différents de ceux prévus par les textes. Autant dire qu'elle franchissait les frontières de l'arbitraire pour pénétrer dans le domaine de l'illégalité simple. Si ce mouvement s'était amplifié, c'est la légitimité même de la justice administrative qui aurait fini par être mise en cause. Plusieurs décisions judiciaires avaient d'ailleurs déjà déclenché cette « guerre des juges », en assimilant les illégalités les plus banales à des voies de fait [2]...

En réalité, l'apparition de la troisième variété de voie de fait s'expliquait par des considérations purement pratiques. Les tribunaux judiciaires n'avaient voulu élargir leur champ de compétence que parce qu'ils se savaient mieux armés que le juge administratif pour réparer les atteintes aux libertés perpétrées par l'administration, ainsi que pour y mettre fin. Jusqu'en 2000, en l'absence de référé administratif efficace, leurs jugements intervenaient en effet plus rapidement que les siens [3].

Il a suffi que le référé-liberté soit créé par la loi du 30 juin 2000, pour que la troisième variété de voie de fait s'évanouisse d'elle-même [4].

---

1. Arrêts fondateurs : Civ. 1re, 28 nov. 1984 (deux arrêts) *RFDA* 1985.760. Confirmés notamment par TC 9 juin 1986, Eucat, *AJDA* 1986.428, et par CE 4 mai 1988, Plante, *RFDA* 1989.194.

2. CA Aix, 1er déc. 1987, Piselli, *AJDA* 1988.550 : révocation illégale d'un fonctionnaire ; TC 4 juill. 1991, Gaudino, *AJDA* 1991.697 : censure le jugement judiciaire qui assimilait à une voie de fait la mutation d'un fonctionnaire dans l'intérêt du service. On remarquera que révocations et mutations de fonctionnaires ne concernent même pas le droit de propriété ou une liberté fondamentale.

3. Et ce d'autant plus qu'ils peuvent apprécier eux-mêmes la légalité des actes administratifs à l'origine de la voie de fait ; il n'y a jamais question préjudicielle en la matière : TC 30 oct. 1947, Barinstein, *RDP* 1948.86.

4. Elle a été abandonnée par TC 19 nov. 2001, Mlle Mohamed, préc. Abandon confirmé par TC 19 nov. 2007, Préfet du Val-de-Marne, *AJDA* 2008-885.

3) Délivrer la victime

Fondamentalement, le fait de mettre fin à un préjudice est plus important que de le réparer. L'allocation de dommages-intérêts n'a en effet aucun sens si elle ne s'accompagne pas de la cessation de l'atteinte à la liberté. C'est d'ailleurs ce qui explique que, dans le cadre de la théorie de la voie de fait, le juge judiciaire ait à la fois les pouvoirs de réparer le préjudice et d'y mettre fin.

Mais l'observation est encore plus vraie lorsque le préjudice s'analyse en une arrestation ou détention illégale. Dans cette hypothèse, en effet, délivrer la victime doit être pour le juge la priorité absolue.

C'est précisément pour transposer cette priorité absolue dans le droit positif que l'article 66 a été inscrit dans la Constitution. D'après cet article : « Nul ne peut être arbitrairement détenu. L'autorité judiciaire, gardienne de la liberté individuelle, assure le respect de ce principe dans les conditions prévues par la loi. »

Aucune loi n'est hélas intervenue pour instituer en France la procédure d'*habeas corpus* que cet article annonçait. C'est ce qui explique qu'il soit longtemps resté en sommeil[1].

Il a fallu l'intervention, à partir de 1980, du Conseil constitutionnel, pour que la prohibition des détentions arbitraires devienne une réalité. La décision essentielle en la matière est celle du 9 janvier 1980[2]. Interprétant l'article 66, le Conseil y affirme que « la liberté individuelle ne peut être tenue pour sauvegardée que si le juge intervient dans le plus court délai possible ». En conséquence, il annule la disposition de la loi attaquée qui organisait la détention des étrangers en instance d'expulsion, dans la mesure où elle ne prévoyait l'intervention du juge qu'au bout de sept jours de détention.

À la suite de cette importante décision, plusieurs lois sont intervenues pour limiter la durée des détentions qui peuvent être décidées par l'administration. Les limites maxima sont de quatre heures pour les rétentions au poste de police pour vérification d'identité, de vingt-quatre heures pour les gardes à vue, de quarante-huit heures pour les rétentions des étrangers en instance d'éloignement du territoire français, et de quatre jours pour le maintien en « zone d'attente » des étrangers en instance de refoulement. Dans ces trois dernières hypothèses, les détentions ne peuvent être prolongées, conformément à la jurisprudence de 1980, que sur décision d'un juge judiciaire. La rétention pour vérification d'identité n'est quant à elle pas prolongeable, mais peut être relayée par une garde à vue, étant entendu que la durée totale des deux détentions réunies ne peut en aucun cas dépasser vingt-quatre heures sans autorisation d'un juge judiciaire.

Dans le cas très particulier de l'hospitalisation d'office des malades mentaux, la loi ne prévoit pas de durée maximale. Mais elle exige que le juge judiciaire soit informé

---

1. Cf. par exemple CE, Ass., 7 juill. 1978, Synd. des avocats de France, *RDP* 1979.263, concl. Théry, annulant une circulaire organisant la rétention des étrangers en instance d'éloignement du territoire français, mais uniquement pour incompétence. Au fond, l'arrêt admet que le Code pénal permet au gouvernement d'organiser cette rétention par décret. Du coup, un décret du 9 décembre 1978 succède à la circulaire...

2. CC 9 janv. 1980, Immigration clandestine, *D* 1980.249. Cf. aussi CC 25 févr. 1992, Zones de transit, *RFDA* 1992.198 : annulation de la disposition législative permettant à l'administration de retenir pendant vingt jours, dans des zones de transit, les étrangers en instance de refoulement, sans que le juge judiciaire soit saisi.

de l'hospitalisation d'office dans un délai de trois jours. Celui-ci peut alors ordonner la sortie immédiate du prétendu malade.

Grâce à la décision de 1980, l'article 66 est donc appliqué aujourd'hui d'une façon acceptable. Il n'en reste pas moins que le Conseil constitutionnel aurait pu lui donner une tout autre ampleur en l'interprétant comme imposant l'intervention du juge judiciaire préalablement à toute détention...

4) Empêcher le dommage

Punir le coupable, réparer le préjudice, délivrer la victime sont d'importantes missions. Mais leur point commun est toujours d'être vouées à s'exercer après que le mal ait été fait. Dans une optique pragmatique, il est préférable, lorsque c'est possible, de protéger la victime à titre préventif, en empêchant le dommage de se réaliser.

La loi du 17 juillet 1970, relative au droit à la vie privée, l'a compris. Elle insère en effet dans l'article 9 du Code civil une disposition permettant au juge judiciaire de prescrire, au besoin en référé, « toutes mesures... propres à empêcher... une atteinte à l'intimité de la vie privée ». En pratique, les juges l'utilisent notamment pour ordonner la saisie des publications cherchant à divulguer les secrets de la vie privée. La mesure permet en effet de faire obstacle à leur diffusion, donc d'empêcher la réalisation du dommage. Elle est par conséquent d'une remarquable efficacité.

De son côté, le Conseil constitutionnel est parvenu, grâce à une audacieuse jurisprudence, à donner au juge judiciaire les moyens d'empêcher les atteintes au principe d'inviolabilité du domicile. Dans sa décision du 29 décembre 1983, il annule en effet des dispositions législatives qui autorisaient les perquisitions fiscales, au motif qu'elles « passent sous silence les possibilités d'intervention et de contrôle de l'autorité judiciaire dans le déroulement des opérations autorisées »[1]. Ainsi, grâce à cette décision, l'intervention du juge judiciaire, requise par l'article 66 de la Constitution pour garantir l'inviolabilité du domicile (conçue comme une composante de la « liberté individuelle »), n'est pas symbolique mais doit au contraire lui permettre de s'interposer entre les individus et l'administration au cours des perquisitions, afin d'empêcher l'irréparable.

Respectueux de cette nouvelle jurisprudence, le Parlement a par la suite veillé à instituer des perquisitions conformes à ces exigences[2].

Désormais solidement armé pour empêcher le dommage, le juge judiciaire complète ainsi la panoplie de ses pouvoirs, et gagne par là même le droit d'être considéré comme le garant de la protection effective des libertés publiques.

B. La protection des libertés publiques par le juge administratif

Comme le juge judiciaire, le juge administratif se reconnaît compétent pour réparer les dommages résultant des atteintes aux libertés publiques (1) ; mais dans l'ensemble, contrairement à lui il situe l'essentiel de son action au niveau des normes, plutôt

---

1. CC 29 déc. 1983, Perquisitions fiscales, *GDCC*.

2. CC 29 déc. 1984, Loi de finances pour 1985, *RDP* 1985.684 : perquisitions fiscales. Cf. aussi CC 10-11 oct. 1984, Entreprises de presse, *GDCC* : perquisitions de la commission pour la transparence et le pluralisme de la presse. Et CC 2 mars 2004, Loi Perben 2 *GDCC* : perquisitions anti « bande organisée ».

qu'à celui des réalités concrètes : c'est ce qui explique qu'il ait rapidement conquis les pouvoirs d'annuler (2) et de suspendre (3) les actes administratifs liberticides, mais qu'il ait longtemps refusé de se reconnaître le pouvoir d'adresser des injonctions à l'administration (4).

1) Réparer le dommage

Le juge administratif se reconnaît compétent pour réparer les dommages causés au droit de propriété par certaines « emprises ». L'emprise est la dépossession, temporaire ou définitive, d'une propriété immobilière privée, bâtie ou non, imputable à une personne publique ou à un entrepreneur de travaux publics. Elle peut être régulière ou irrégulière. Il semble que d'après la jurisprudence du Conseil constitutionnel, le juge judiciaire, érigé en gardien du droit de propriété immobilière, devrait toujours être compétent pour réparer les dommages causés par les emprises, qu'elles soient régulières ou irrégulières [1]. Mais le Tribunal des conflits préfère rester fidèle à une solution plus complexe, consacrée en 1961 [2]. Selon celle-ci, le juge administratif est compétent pour réparer les dommages causés par les emprises régulières, la réparation des emprises irrégulières relevant pour sa part du juge judiciaire. Cette solution, qui ne repose sur aucun fondement théorique solide, est d'autant plus complexe que le juge administratif est seul compétent pour apprécier le caractère régulier ou irrégulier de l'emprise ; saisi par la victime, le juge judiciaire doit donc en principe surseoir à statuer et saisir le juge administratif de cette question préjudicielle. Il serait beaucoup plus simple, et avantageux pour la victime, d'ériger l'ensemble des emprises (voire des atteintes à la propriété immobilière à l'exception de celles résultant de dommages de travaux publics) en bloc de compétence au profit du juge judiciaire.

En dehors de cette hypothèse de l'emprise, le juge administratif est également compétent pour réparer les dommages causés à la propriété immobilière ou mobilière par des ouvrages publics ou des travaux publics. Mais cette compétence traditionnelle, qui remonte à l'an VIII, est contrairement à la précédente parfaitement justifiée.

Enfin, dans les domaines autres que le droit de propriété, le juge administratif est évidemment compétent pour réparer les dommages causés par l'administration à n'importe quelle liberté publique, à la double condition qu'il ne s'agisse pas de la « liberté individuelle », et que l'atteinte ne s'analyse pas en une voie de fait [3].

2) Annuler l'acte liberticide

Dès lors que l'atteinte aux libertés publiques résulte d'un acte administratif unilatéral, les victimes ont la possibilité d'attaquer celui-ci par la voie du recours pour

---

1. CC 13 déc. 1985, Amendement tour Eiffel, *AJDA* 1986.171, et CC 25 juill. 1989, Expropriation d'extrême-urgence, *RFDA* 1989.1023.
2. TC 29 oct. 1990, Préfet de Saône-et-Loire, *RDP* 1991.1459, reprenant CE, Sect., 15 févr. 1961, Werquin, *AJDA* 1961.197.
3. Par exemple CE, Sect., 4 nov. 1966, Ministre de l'Intérieur c/Société Le Témoignage chrétien, *R* 584 : réparation du préjudice né de la saisie administrative irrégulière (ne constituant pas une voie de fait) d'un journal. Ou CE, Sect., 3 avr. 1936, Synd. d'initiative de Nevers et Benjamin, *R* 453 : réparation du préjudice né de l'interdiction illégale (ne constituant pas une voie de fait) d'une réunion.

excès de pouvoir, afin d'en obtenir l'annulation. Création majeure du Conseil d'État, le recours pour excès de pouvoir est un « recours qui est ouvert même sans texte contre tout acte administratif, et qui a pour effet d'assurer, conformément aux principes généraux du droit, le respect de la légalité[1] ». C'est dire à quel point il constitue une pièce fondamentale du dispositif français de protection des libertés.

Le recours pour excès de pouvoir a un champ d'application si vaste qu'on peut même l'intenter à l'encontre des actes administratifs qui violent la liberté individuelle, à condition évidemment qu'ils ne soient pas constitutifs de voies de fait. C'est ainsi qu'en matière d'hospitalisation d'office, par exemple, la victime peut non seulement contester le bien-fondé de l'internement devant le juge judiciaire, mais aussi, même si elle est privée de la capacité d'agir en justice, attaquer par la voie du recours pour excès de pouvoir l'arrêté préfectoral décidant l'internement[2] ; en somme, elle peut à sa guise contester devant le juge judiciaire la privation concrète de liberté, et/ou critiquer devant le juge administratif la régularité formelle de la norme abstraite à l'origine de l'internement. L'avantage de cette solution, c'est que deux voies au lieu d'une lui sont offertes pour obtenir sa libération. Mais le système présente en contrepartie l'inconvénient majeur d'obscurcir la répartition des compétences, et d'aboutir à des difficultés contentieuses. C'est pourquoi il serait préférable de considérer l'ensemble des atteintes à la liberté individuelle comme un bloc de compétence au profit du juge judiciaire, et de refuser d'accueillir les recours pour excès de pouvoir en la matière.

En revanche, le recours pour excès de pouvoir joue un rôle irremplaçable dans la défense des autres libertés publiques, notamment grâce à la jurisprudence Benjamin et à la « découverte » des principes généraux du droit.

La jurisprudence Benjamin a spécialement été créée pour défendre les libertés publiques. Le juge administratif a en effet pris conscience que c'est essentiellement dans l'exercice de leurs pouvoirs de police administrative, et en invoquant les nécessités de l'ordre public, que les autorités administratives portent atteinte aux libertés publiques. C'est pourquoi il a décidé, à partir de 1933, d'opérer un contrôle particulièrement étendu sur les actes de police administrative qui restreignent l'exercice des libertés, lorsque ceux-ci lui sont déférés par la voie du recours pour excès de pouvoir. Ce « contrôle maximum » consiste à vérifier si l'atteinte aux libertés est proportionnée aux risques de troubles de l'ordre public. Toute disproportion, même légère, entraîne l'annulation de l'acte. Dans l'affaire Benjamin, par exemple, un maire interdit une réunion publique par crainte de la contre-manifestation qu'elle ne manquera pas de susciter, et des troubles qui pourront en découler. Or le Conseil d'État constate que le maire aurait pu, en faisant appel à la gendarmerie, éviter tout désordre, tout en laissant se dérouler la réunion publique. En conséquence, il annule les arrêtés d'interdiction, l'atteinte qu'ils portent à la liberté de réunion étant excessive par rapport aux risques de troubles, en l'espèce facilement maîtrisables[3].

---

1. CE, Ass., 17 févr. 1950, Ministre de l'Agriculture c/Dame Lamotte, *GAJA*.
2. CE, Sect., 1er avr. 2005, Mme L., *AJDA* 2005.1231. Par opposition, cf. CE 18 oct. 1989, Dame Brousse, *AJDA* 1990.54 : pas de REP possible car voie de fait (hospitalisation d'office décidée par des médecins hospitaliers, alors qu'aucun texte ne leur donne un tel pouvoir).
3. CE 19 mai 1933, Benjamin, *GAJA*. Cf. aussi CE 14 mai 1982, Ass. internat. pour la conscience de Krisna, *D* 1982.516 : atteinte excessive à la liberté religieuse ; et CE 22 juin 1984, Préfet de police c/Le Monde du tennis, *R* 245 : atteinte excessive à la « liberté du colportage ».

Dépassant largement le domaine des libertés, ainsi que le contentieux de l'excès de pouvoir, les « principes généraux du droit applicables même en l'absence de textes » ont néanmoins contribué eux aussi à protéger les libertés publiques. En incluant parmi ceux-ci les principales libertés affirmées dans la Déclaration de 1789, le Conseil d'État leur a en effet restitué dans le droit positif la place qu'elles avaient perdue avant que le Conseil constitutionnel leur reconnaisse valeur constitutionnelle[1]. La valeur supra-décrétale qu'il leur a ainsi attribuée a permis d'annuler les actes administratifs qui leur portaient atteinte. Grâce à son audacieuse « découverte » des principes généraux du droit, le Conseil d'État a en quelque sorte assuré la survie des libertés héritées de la Révolution de 1789, en attendant que la révolution du 16 juillet 1971 prenne le relais.

3) Suspendre l'acte liberticide

En France, la durée moyenne de l'attente imposée au justiciable, avant que le juge administratif rende son jugement, est de plusieurs années. L'administration a donc le temps de violer les libertés de façon irréversible avant d'être sanctionnée. Heureusement, plusieurs procédures d'urgence ont été mises en place pour permettre au juge de parer au plus pressé.

Parfois, pouvoir lui a été donné de protéger d'urgence des libertés menacées, au moyen de mesures définitives. Saisi par le président du CSA, le président de la section du contentieux du Conseil d'État peut par exemple ordonner aux sociétés de télévision, éventuellement sous astreinte, de se conformer à leurs obligations. Et dans le même ordre d'idées, l'étranger victime d'un arrêté de reconduite à la frontière peut, dans un délai de quarante-huit heures à compter de sa notification, le déférer devant le président du tribunal administratif ; ce magistrat dispose alors d'un délai de soixante-douze heures pour rejeter le recours, ou annuler l'arrêté.

Mais le plus souvent, les procédures d'urgence ne permettent au juge administratif de protéger les libertés qu'au moyen de mesures provisoires, valables uniquement dans l'attente du jugement au fond. On fait allusion au constat d'urgence (appelé « constat » depuis 2000), au référé, et à la suspension.

Lorsqu'il est saisi d'une demande de constat, le juge ne peut rien effectuer d'autre que des constatations matérielles (CJA, art. R. 531-1). Cela s'explique par le fait que le but de cette procédure est d'apporter la preuve de faits litigieux. Le plus souvent, le constat est demandé et ordonné en vue de l'établissement d'un état des lieux. Mais il arrive aussi qu'il soit utilisé pour constater les conditions dans lesquelles une personne est hospitalisée, ou détenue dans un établissement pénitentiaire[2]. Dans ce genre de cas, la procédure du constat se met indiscutablement au service des libertés.

Le référé offre plus de possibilités. Le référé-provision, créé en 1988, permet d'obtenir du juge l'allocation d'une somme d'argent lorsque l'issue du futur jugement

---

1. Ont par exemple été assimilés à des PGD : le principe d'égalité (CE, Ass., 28 mai 1954, Barel, *GAJA*), la liberté d'aller et venir (CE, Sect., 14 févr. 1958, Abisset, *AJDA* 1958.220), et — liberté de 1791 — la liberté du commerce et de l'industrie (CE 17 févr. 1967, Cie maritime auxiliaire d'outre-mer, *R* 79).

2. Cf. respectivement CE, Sect., 7 févr. 1969, M'Barek, *AJDA* 1969.163, et TA Versailles, 20 avr. 1984, Dame Munoz, *R* 458.

au fond ne fait aucun doute (CJA, art. R. 541-1). Plus intéressant pour la sauvegarde des libertés, le référé-instruction permet au juge de procéder à toutes les investigations qui lui apparaissent utiles pour le règlement de l'affaire (CJA, art. R. 532-1) [1]. Encore plus intéressant pour la sauvegarde des libertés, le référé conservatoire a pour but d'empêcher la prolongation des situations illicites ; à ce titre, il permet au juge d'adresser des injonctions à l'administration [2]. Ces deux derniers référés, dont l'origine remonte à 1955, souffrent toutefois d'un certain manque d'efficacité, lié à l'interdiction faite au juge de « faire obstacle à l'exécution d'aucune décision administrative » (CJA, art. L. 521-3). C'est pourquoi la loi du 30 juin 2000 a créé un nouveau référé, le référé-liberté, qui est beaucoup mieux adapté à la sauvegarde des libertés : il permet en effet au juge d'« ordonner toutes mesures nécessaires à la sauvegarde d'une liberté fondamentale » victime d'une « atteinte grave et manifestement illégale » commise, « dans l'exercice d'un de ses pouvoirs », par une personne publique ou par une personne privée chargée d'un service public (CJA, art. L521-2). En pratique, ce nouveau référé s'est avéré d'autant plus efficace que la jurisprudence a retenu une conception large de la notion de « liberté fondamentale » [3].

De toutes les mesures provisoires que peut prendre le juge administratif, c'est toutefois la suspension qui est, sinon la plus intéressante, du moins la plus originale. En suspendant l'application des actes administratifs, elle permet en effet de faire échec à leur caractère exécutoire, et de remédier aux inconvénients qui découlent du caractère non suspensif du recours pour excès de pouvoir. Grâce à elle, l'application des actes les plus dangereux est « gelée » jusqu'à l'intervention du jugement au fond. Le Conseil constitutionnel lui a d'ailleurs rendu un hommage remarqué en qualifiant de « garantie essentielle des droits de la défense » la possibilité pour les justiciables de l'obtenir [4].

Curieusement, pourtant, il a fallu attendre la loi du 30 juin 2000 pour que cette « garantie essentielle » devienne réellement efficace. Avant son intervention, en effet, la suspension n'existait pas ; le juge ne disposait que de la procédure plus lourde,

---

1. Cf. par exemple CE, Ass., 17 déc. 1976, Férignac, *R* 553, concl. M.-A. Latournerie (*a contrario*) : inutilité des investigations demandées sur le fonctionnement du service des écoutes téléphoniques, mais uniquement parce qu'elles n'auraient pour résultat que de « confirmer des faits déjà connus ».
2. CE 26 mai 1982, Aboudou Mzé, *AJDA* 1982.375 : injonction à l'administration de communiquer son dossier à la victime d'un refus de carte de séjour, afin qu'elle puisse exercer son recours en annulation avant l'expiration du délai de quinze jours qui lui est imparti pour quitter la France. TA Rouen, 6 avr. 2006, Lebreton, *D* 2006.2224 : ordre à un président d'université « de prendre les mesures nécessaires pour faire libérer les bâtiments universitaires et, si besoin est, pour organiser, des cours en dehors de ceux-ci ».
3. Sont des libertés fondamentales : l'ensemble des libertés publiques, y compris la liberté du culte (CE 25 août 2005, Commune de Massat, *AJDA* 2006.91), le droit de propriété (CE 29 mars 2002, SCI Stephaur, *AJDA* 2003.345), le droit d'asile (CE 12 janv. 2001, Hyacinthe, *D* 2001.IR.526), le droit de mener une vie familiale normale (CE, Sect., 30 oct. 2001, Min. Intérieur c/Mme Tliba, *AJDA* 2001.1054), et les « libertés reconnues aux étrangers en situation régulière » (CE 11 juin 2002, Aït Oubba, *AJDA* 2002.764) ; les libertés politiques (CE 7 févr. 2001, Commune de Pointe-à-Pitre) ; le principe du pluralisme de l'expression des courants de pensée (CE 24 févr. 2001, Tibéri, *RFDA* 2001.629), que le Conseil constitutionnel considère pour sa part comme un simple « objectif » de valeur constitutionnelle ; et même le principe de libre administration des collectivités territoriales, garanti par l'article 72 de la Constitution (CE, Sect., 18 janv. 2001, Commune de Venelles, *GAJA*).
4. CC 23 janv. 1987, Conseil de la concurrence, *GDCC*. À la suite de cette décision, une loi du 6 juillet 1987 a institué devant la cour d'appel de Paris une procédure de sursis à exécution des décisions du Conseil de la concurrence.

aujourd'hui disparue, du « sursis à exécution ». Rendu en formation collégiale, le jugement des demandes de sursis à exécution était très lent, car il intervenait généralement au bout de plusieurs semaines d'attente. Face à cette situation, la loi du 8 février 1995 avait tenté de remédier à ce défaut en créant la « suspension provisoire d'exécution », que l'administré pouvait demander au président du TA, statuant seul, à l'appui de sa demande de sursis à exécution. D'une durée maximale de trois mois, la suspension provisoire d'exécution permettait ainsi de bloquer rapidement l'exécution de l'acte attaqué, en attendant que le Tribunal se réunisse pour statuer sur la demande de sursis à exécution. Mais tout cela était bien compliqué. En outre, le sursis à exécution était rarement accordé, car il ne pouvait être prononcé que si deux conditions de fond étaient remplies[1]. Il fallait d'une part que la requête soulève des moyens sérieux, d'autre part que l'exécution de l'acte attaqué soit de nature à provoquer un préjudice difficilement réparable. La première condition était parfaitement justifiée, dans la mesure où le sursis ne devait bénéficier qu'aux requérants qui avaient des chances raisonnables de gagner l'affaire au fond. La seconde paraissait au contraire trop sévère, au moins en matière de libertés, car elle aboutissait à tolérer des « préjudices réparables » ; or un préjudice causé à une liberté n'est jamais réparable d'une façon pleinement satisfaisante[2]. Le sursis à exécution présentait enfin l'inconvénient de ne pouvoir être ordonné à l'encontre des décisions de rejet, sauf si elles modifiaient la situation de droit ou de fait de l'intéressé[3].

Face à tant de problèmes, la loi du 30 juin 2000 a remplacé le sursis à exécution et la suspension provisoire d'exécution par la procédure nouvelle de la « suspension », qui remédie aux trois inconvénients sus-relevés. Tout d'abord la suspension est une mesure rapide, car elle est prononcée par un juge unique, statuant en référé, et non par une formation collégiale. Elle est ensuite plus facile à accorder que ne l'était le sursis à exécution, car les deux conditions qu'elle doit remplir sont plus souples que celles auxquelles il était subordonné : elle doit être justifiée par l'« urgence »[4] et non plus par le souci d'éviter un préjudice difficilement réparable ; et elle doit répondre, non plus à un moyen sérieux, mais à un moyen créant un « doute sérieux » quant à la légalité de la décision attaquée (CJA, art. L. 521-1). Enfin elle peut être ordonnée même à l'encontre des décisions de rejet, la loi ayant clairement mis fin à la jurisprudence Amoros[5].

Malgré toutes ces améliorations, un problème subsiste pourtant. La loi du 30 juin 2000 laisse en effet subsister une jurisprudence, instaurée en 1976, qui permet au juge

---

1. CE, Ass., 12 nov. 1938, Chambre syndicale des constructeurs de moteurs d'avions, *D* 1939.12.
2. L'existence d'un préjudice difficilement réparable était facilement reconnue lorsque la liberté d'aller et venir était en jeu : CE, Ass., 18 juin 1976, Moussa Konaté, *AJDA* 1976.582, concl. Genevois, et CE 25 mai 1988, Kalheroudi (et 4 autres arrêts), *RFDA* 1989.26, concl. Vigouroux (expulsion) ; CE 31 oct. 1990, Nkodia, *RDP* 1991.864 (reconduite à la frontière). Pour les autres libertés, en revanche, il n'était pas rare que faute de préjudice difficilement réparable le sursis soit refusé : CE 21 oct. 1970, Dame de Beauvoir et Leiris, *AJDA* 1970.617 (liberté d'association) ; CE, Sect., 28 oct. 1977, Jungblut, *AJDA* 1979.166, (liberté d'entreprendre) ; CE, Ass., 28 avr. 1978, Alata, *AJDA* 1978.398 (liberté de la presse) ; CE, Sect., 15 déc. 1989, Société M6, *JCP* 1990, n° 21455, (liberté de communication audiovisuelle).
3. Autolimitation instituée par CE, Ass., 23 janv. 1970, Amoros, *AJDA* 1970.174.
4. Sur cette condition, cf. CE, Sect., 19 janv. 2001, Conf. nat. des radios libres, *AJDA* 2001.150.
5. CE, Sect., 20 déc. 2000, Ouatah, *AJDA* 2001.146 : abandonne la jurisprudence Amoros avant même l'entrée en vigueur, fixée au 1er janvier 2001, de la loi. Pour un exemple, cf. CE 28 nov. 2007 Towo Menjadeu, *AJDA* 2007.2290 (suspension d'un refus de titre de séjour).

de refuser discrétionnairement le sursis à exécution, aujourd'hui la suspension, même lorsque les deux conditions en sont réunies [1]. Or, ce pouvoir discrétionnaire aurait été acceptable s'il n'avait pu être mis en œuvre, comme le proposait le commissaire du gouvernement Morisot dans l'affaire de 1976, qu'en fonction de considérations juridiques, par exemple de la considération qu'il est inutile de surseoir à l'exécution d'un acte illégal sur le point d'être régularisé. Hélas, le Conseil d'État a préféré reconnaître aux juridictions administratives la possibilité de l'utiliser pour de simples raisons d'opportunité, « compte tenu des intérêts en présence ». Du coup, la raison d'État peut désormais justifier à elle seule l'application d'actes nettement illégaux et de nature à causer des préjudices difficilement réparables, voire irréparables. Une telle possibilité est indigne d'un État de droit. Mieux valant tard que jamais, le Conseil d'État serait bien inspiré de réviser sa jurisprudence, afin de la mettre en conformité avec les propositions de M. Morisot.

Par comparaison, le sursis à exécution spécial mis en place par la loi de décentralisation du 2 mars 1982, et que la loi du 30 juin 2000 a maintenu en en changeant le nom (« suspension » spéciale), a le mérite d'échapper à cette critique. Cette loi permet en effet au préfet de saisir le tribunal administratif d'un recours en annulation contre l'acte d'une collectivité locale, et de joindre à ce recours une demande de suspension. Et elle fait obligation au tribunal d'accorder la suspension si l'un des moyens invoqués crée un doute sérieux. À ce stade, deux originalités sont déjà perceptibles : l'exigence d'un préjudice difficilement réparable est déjà abandonnée, et le pouvoir discrétionnaire du juge, imaginé par la jurisprudence de 1976, est écarté. Mais il y a mieux : la troisième originalité de la loi est d'instituer une suspension d'extrême urgence lorsque l'acte attaqué par le préfet est « de nature à compromettre l'exercice d'une liberté publique ou individuelle ». Dans cette hypothèse, il appartient au président du tribunal administratif de se prononcer dans les quarante-huit heures. Statuant en référé, il est obligé d'accorder la suspension si la condition du doute sérieux est satisfaite. En cas d'appel, qui peut être formé dans le délai de quinze jours, le président de la section du contentieux du Conseil d'État doit également, et dans les mêmes conditions, statuer dans les quarante-huit heures. En pratique, cette suspension d'extrême urgence a apporté la preuve de son efficacité [2].

Au total, la loi du 30 juin 2000 améliore considérablement l'efficacité des procédures d'urgence. Grâce à la création des procédures « coup de poing » que sont la suspension et le référé-liberté, elle a l'immense mérite de réconcilier le droit administratif français avec la vertu majeure de l'*habeas corpus* britannique, qui est d'assurer rapidement une protection effective des libertés publiques.

---

1. CE, Ass., 13 févr. 1976, Assoc. de sauvegarde du quartier Notre-Dame, *RA* 1976.380, concl. Morisot (permis de construire un palais de justice) ; cf. aussi, illustrant parfaitement le danger de la jurisprudence : TA Strasbourg, 8 sept. 1986, Assoc. de sauvegarde de la vallée de la Moselle, *AJDA* 1987.122 (autorisation de rejet d'effluents radioactifs). Jurisprudence confirmée par CE, Sect., 28 févr. 2001, Préfet des Alpes-maritimes, *AJDA* 2001.461, et par CE 15 juin 2001, Soc. Robert Nioche, *R.* 1120.

2. Cf. par exemple ordonnance TA Montpellier, 31 mai 1983, Préfet des Pyrénées-orientales, *R* 557 (liberté d'aller et venir), et ordonnance TA Orléans, 3 oct. 1985, Préfet d'Eure-et-Loire, *RFDA* 1987.201 (liberté d'expression).

4) Adresser des injonctions à l'administration ?

Dans la tradition héritée du droit romain, le juge n'a pas seulement le pouvoir de « dire le droit » (*jurisdictio*), mais aussi celui d'ordonner toutes les mesures indispensables à la bonne administration de la justice (*imperium*). Le nouveau Code de procédure civile reste fidèle à cette tradition en conférant l'un (art. 12) et l'autre (notamment art. 1405 et s. : injonction de payer ; art. 1425-1 et s. : injonction de faire) au juge judiciaire. Jusqu'à l'entrée en vigueur de la loi du 8 février 1995, le juge administratif se refusait au contraire, en l'absence de texte l'y habilitant expressément, à se reconnaître le pouvoir général d'adresser des injonctions à l'administration [1]. Il apparaissait ainsi, dans une large mesure, comme un juge qui se bornait à « dire le droit », infirmité particulièrement fâcheuse pour l'exercice des libertés publiques, dont le respect exige souvent que l'*imperium* vole au secours de la *jurisdictio* [2].

Certes, le juge administratif accepte, on l'a vu, d'adresser des injonctions à l'administration dans le cadre du référé conservatoire. Il accepte également, depuis 1936, de lui adresser des injonctions d'instruction, c'est-à-dire de lui ordonner de fournir les documents ou les explications nécessaires pour juger [3]. Enfin, on ne saurait méconnaître le fait qu'un prononcé de sursis à exécution s'analyse toujours comme une injonction provisoire de ne pas faire. Mais en dehors de ces hypothèses précises, le juge administratif estimait avec obstination qu'il « n'a pas qualité pour adresser des injonctions à l'administration, ou à un organisme privé associé par le législateur à l'exécution d'un service public administratif à l'occasion d'un litige relatif à une décision prise par cet organisme dans l'exercice d'une prérogative de puissance publique [4] ».

Cette autolimitation concernait aussi bien les injonctions demandées à titre principal, c'est-à-dire indépendamment de toute préoccupation d'obtenir l'exécution de la chose jugée, que les injonctions destinées à assurer l'exécution de celle-ci. Or, la loi du 8 février 1995 la respecte vis-à-vis des premières, mais y met fin à l'égard des secondes.

L'autolimitation du juge peut en effet se comprendre vis-à-vis des injonctions demandées à titre principal, car il est possible de la fonder sur le principe de séparation des autorités administratives et juridictionnelles, qui interdit traditionnellement au juge administratif de s'immiscer dans l'administration active. Force est toutefois d'avouer qu'il s'agit là d'un fondement bien désuet, et bien fragile. On constate tout d'abord que de plus en plus d'autorités administratives indépendantes sont dotées du pouvoir d'adresser des injonctions à l'administration ; dès lors, on ne

---

1. Parmi de nombreux arrêts, cf. par exemple CE, Sect., 25 nov. 1953, Collado, *R* 515, et CE 4 févr. 1976, Elissonde, *R* 1069, et (pour un refus d'ordonner à l'administration de délivrer une carte de séjour) CE 20 janv. 1989, Douabou Bi Tibiana, *RDP* 1990.888. L'irrecevabilité des conclusions à fin d'injonction était même considérée comme un principe d'ordre public, que le juge devait soulever d'office : CE 17 avr. 1963, Faderne, *D* 1963.688.

2. Voir l'embarras manifesté par TA Grenoble, 25 oct. 1978, D^lle^ Da Cunha, *AJDA* 1979, n° 6, p. 46, énonçant que si le juge ne peut ordonner à l'administration de restituer les cartes de séjour et de travail retirées à un étranger à la suite d'une décision de refus de séjour, l'annulation de cette décision « impose à l'administration la restitution desdites pièces ».

3. CE, Sect., 1er mai 1936, Couespel du Mesnil, *R* 485 ; CE, Ass., 28 mai 1954, Barel, *GAJA* ; CE, Sect., 26 janv. 1968, Société Maison Genestal, *AJDA* 1968.102.

4. CE 11 mai 1984, Pebeyre, *AJDA* 1984.559.

voit pas très bien pourquoi le juge administratif, qui est comme elles chargé d'imposer à l'administration le respect du droit, n'en bénéficierait pas lui aussi. Ensuite, la jurisprudence de la CJCE semble inviter le juge administratif à adresser des injonctions à l'administration, lorsque cela est nécessaire pour la contraindre à appliquer le droit communautaire [1]. Enfin, du point de vue du positivisme sociologique, l'opinion publique manifeste aujourd'hui un tel attachement à la défense des libertés que l'autolimitation du juge n'est plus acceptable lorsque l'exercice d'une liberté publique est en cause. La loi du 30 juin 2000 a d'ailleurs tiré les conséquences de ce constat en permettant au juge d'adresser des injonctions à l'administration dans le cadre du référé-liberté (cf. *supra*, 3).

L'autolimitation du juge était en revanche inacceptable vis-à-vis des injonctions destinées à assurer l'exécution de la chose jugée. Car ici, le fondement de la séparation des autorités administratives et juridictionnelles ne pouvait plus être invoqué : ordonner à l'administration d'exécuter un jugement, ce n'est pas administrer, c'est encore juger. Plusieurs démocraties, notamment l'Allemagne, l'Italie et l'Espagne, l'ont d'ailleurs compris [2]. En outre, en pratique cette timidité du juge encourageait l'administration à refuser de plus en plus souvent d'exécuter les décisions juridictionnelles qui lui étaient défavorables [3].

C'est pourquoi plusieurs textes sont intervenus pour garantir l'exécution par l'administration des décisions des juridictions administratives. Le décret du 30 juillet 1963 permet au justiciable de saisir la section du rapport et des études du Conseil d'État, lorsque la décision juridictionnelle qui lui est favorable n'est toujours pas exécutée au bout de trois mois ; la section du rapport et des études entre alors en contact avec l'administration récalcitrante, et tente de la persuader d'exécuter la décision. Très utile, cette procédure est toutefois impuissante à vaincre les résistances les plus farouches. C'est pourquoi la loi du 16 juillet 1980 met en place un ensemble de procédures qui jouent sur le registre de la contrainte, et non plus de la persuasion. Sa disposition essentielle consiste à permettre au justiciable de saisir d'une demande d'astreinte la section du contentieux du Conseil d'État ou, depuis la loi du 8 février 1995, n'importe quel tribunal administratif ou cour administrative d'appel, lorsque la décision juridictionnelle qui lui est favorable n'est toujours pas exécutée au bout de six mois (CJA, art. L. 911-4 et 5). La solution est audacieuse, car elle permet au juge administratif de prononcer des astreintes — donc des injonctions — contre les administrations récalcitrantes. Et si le Conseil d'État a longtemps répugné à exercer ce nouveau pouvoir [4], il est aujourd'hui moins timoré, du fait de sa volonté de ne pas paraître plus timide que les TA et les CAA. Mais c'est à la loi du 8 février 1995 qu'est revenu l'honneur de franchir le pas décisif, en reconnaissant enfin sans restriction, à tout juge administratif, la possibilité d'adresser des injonctions à l'administration pour la contraindre à exécuter ses jugements.

---

1. CJCE 19 juin 1990, Factortame, *RFDA* 1990.912.

2. Cf. Travaux de l'Assoc. H. Capitant, *L'effectivité des décisions de justice*, Economica, 1987.

3. Cf. Rapport du CE sur l'exécution des décisions des juridictions administratives *RFDA* 1990.481.

4. La preuve : il a fallu attendre cinq ans pour la voir infliger la première astreinte. Cf. CE, Sect., 17 mai 1985, Dame Menneret, *GAJA*. Et, de 1985 à 1994, le CE a prononcé en moyenne moins d'une astreinte par an.

La loi du 8 février 1995 permet en effet aux TA, aux CAA et au Conseil d'État d'adresser des injonctions aux personnes publiques ou aux organismes privés chargés de la gestion d'un service public, lorsque les justiciables le demandent et que ces injonctions sont nécessaires pour assurer l'exécution de la chose jugée (art. L. 911-1 à 3 CJA). Ces injonctions sont d'autant plus remarquables qu'elles peuvent être insérées dans le dispositif même du jugement dont elles visent à assurer l'exécution : elles ont donc un caractère préventif. En outre, le juge peut les assortir d'astreintes préventives, qui n'ont pas à respecter le délai d'attente de six mois qui s'impose aux astreintes répressives de la loi de 1980. Pour le reste, la loi de 1995 distingue deux hypothèses : l'injonction peut en effet consister à prescrire l'accomplissement, dans le délai fixé par le juge, soit d'« une mesure d'exécution dans un sens déterminé », lorsque le jugement place l'administration dans une situation de compétence liée, soit d'une mesure quelconque après une nouvelle instruction, lorsqu'il lui laisse un pouvoir discrétionnaire. Ces injonctions se sont immédiatement avérées d'une grande efficacité [1].

Il est vrai que l'attribution au juge administratif d'un tel pouvoir présente un risque : celui de se heurter à la résistance persistante de l'administration. Car il n'est pas certain qu'une administration qui refuse d'exécuter un jugement accepte de se plier à une injonction. C'est pourquoi l'idéal serait qu'une loi intervienne pour donner au juge, en cas de désobéissance à son injonction, le pouvoir de se substituer à l'administration récalcitrante pour exécuter son jugement (par exemple en délivrant une carte de séjour à un étranger). La solution bouleverserait certes nos traditions, mais elle aurait un fondement très solide en reposant sur cette idée, inhérente à la conception de l'État de droit, que le respect de la chose jugée est nécessaire à la sauvegarde des libertés publiques.

§ 3. La sûreté de l'État et les juridictions d'exception

Dans un État de droit, les juridictions ont en principe pour fonction essentielle de sauvegarder les droits et libertés des individus. Il arrive pourtant que dans des périodes de troubles, des juridictions spéciales, dites « juridictions d'exception », soient instituées pour préserver la sûreté de l'État. Jusqu'en 1981, l'existence de ces juridictions d'exception était toujours préjudiciable aux libertés (A). Depuis 1981, au contraire, on semble être parvenu à adopter une nouvelle conception des juridictions d'exception, qui s'efforce de réconcilier la sûreté de l'État avec le respect des libertés (B).

A. Jusqu'en 1981 : les juridictions d'exception contre les libertés

Par réaction contre les abus de l'Ancien Régime, la Révolution de 1789 rêvait d'instituer des juridictions indépendantes, composées de juges élus, et à la compétence desquelles il ne serait pas possible de soustraire les citoyens. Hélas, dès 1793, une loi institue un tribunal révolutionnaire, chargé de condamner les suspects à la

1. Pour des applications, cf. CE 4 juill. 1997, Bouzerak, *RDP* 1998.271 (injonction de délivrer un visa d'entrée) et TA Montpellier, 19 oct. 2007, Sissoko, *AJDA* 2007.2388 concl. cont. Baux (injonction de délivrer un titre de séjour). .

guillotine après les avoir jugés sommairement. La tradition républicaine des juridictions d'exception est née.

D'emblée, il convient de noter que l'institution de juridictions d'exception, même si elle est évidemment critiquable, est préférable au système de condamnation sans jugement, qui sera pratiqué par le Directoire (pour déporter les indésirables) et par Napoléon Ier (pour emprisonner les opposants). Au moins laisse-t-elle en effet aux accusés une chance, faible mais réelle, d'obtenir leur acquittement.

Les juridictions d'exception réapparaissent avec la Restauration, une loi de 1815 instituant des Cours prévôtales, qui appliqueront la politique de la Terreur blanche en rendant une parodie de justice. Après avoir été interdites par la Constitution de 1848, et effectivement prohibées par la Seconde République, elles reviennent à nouveau sous le Second Empire. Une simple circulaire de 1852 crée en effet des Commissions mixtes, composées de fidèles de l'empereur et chargées de condamner à la déportation ou à l'emprisonnement les milliers d'opposants au coup d'État.

Davantage respectueuse des libertés, la Troisième République a dans l'ensemble évité de recourir aux juridictions d'exception. Elle a toutefois institué en 1871, au lendemain de la répression de la Commune, et pendant la Première Guerre mondiale, des conseils de guerre et des cours martiales qui feront preuve d'une grande sévérité. Après l'intervalle du régime de Vichy et de la Libération, qui voit apparaître une floraison de juridictions d'exception, la Quatrième République marque le retour en force des juridictions ordinaires. La guerre d'Algérie (1954-1962) provoque hélas la réapparition des juridictions d'exception à la fin de la Quatrième République, et surtout au début de la Cinquième.

En avril 1961, le général de Gaulle décide, à la suite de la tentative de putsch survenue à Alger, de recourir à l'article 16. Dans le cadre de ses pouvoirs de crise, il crée le 27 avril et le 3 mai 1961 un « Haut Tribunal militaire » et un « Tribunal militaire spécial », chargés de juger les « auteurs et complices de crimes et délits contre la sûreté de l'État », expression suffisamment vague pour englober les putschistes. Dans un premier temps, ces tribunaux s'acquittent parfaitement de leur tâche, au mépris des principes généraux de notre droit pénal. Puis, en mai 1962, le Haut Tribunal militaire condamne l'un des responsables du putsch, le général Salan, à la réclusion criminelle à perpétuité, alors que le pouvoir attendait une peine de mort. Du coup, une ordonnance présidentielle du 1er juin 1962 remplace le Haut Tribunal, qui était composé de magistrats et de généraux, par une « Cour militaire de justice », exclusivement composée de militaires et dotée d'une procédure particulièrement expéditive. Après le suicide de son président, et quelques autres incidents révélateurs de son degré d'indépendance, la Cour condamne à mort une fournée d'accusés. Courageusement, le Conseil d'État fait alors obstacle à l'exécution de la peine, en annulant pour excès de pouvoir, dans le célèbre arrêt Canal, l'ordonnance du 1er juin. Après avoir envisagé de punir le Conseil d'État de son audace, le général de Gaulle choisit finalement de riposter en faisant voter deux lois. L'une, du 20 février 1963, prolonge provisoirement l'existence de la Cour militaire, afin de faire condamner à mort les auteurs de l'attentat du Petit-Clamart, puis exécuter l'un d'entre eux. L'autre, en date du 15 janvier 1963, crée en remplacement de la Cour militaire, une « Cour de sûreté de l'État » chargée de juger les « crimes et délits commis en vue de substituer une autorité illégale à l'autorité de l'État ».

Dernier avatar de la guerre d'Algérie, la Cour de sûreté de l'État a survécu jusqu'en 1981. Héritière d'une conception archaïque des juridictions d'exception, elle en présentait les quatre caractéristiques :

– une composition laissant place à des non-magistrats (en l'occurrence, trois magistrats et deux militaires) ;

– une compétence conçue pour réprimer les atteintes à la sûreté de l'État ;

– une procédure pénale « musclée » (garde à vue de six jours, action publique déclenchée par le ministre de la Justice, perquisitions de nuit...) ;

– et la possibilité de prononcer la peine de mort.

B. Depuis 1981 : la tentative de concilier la sûreté de l'État avec le respect des libertés

Les « juges » de la Cour de sûreté de l'État étaient nommés par décret pour deux ans seulement. Ils n'étaient donc pas inamovibles. Circonstance aggravante, le pouvoir exécutif pouvait discrétionnairement décider le renouvellement de leurs fonctions (particulièrement rémunératrices). Autant dire que celui-ci dépendait purement et simplement de leur complaisance. La Cour de sûreté de l'État ne constituait donc pas un « tribunal indépendant et impartial » au sens de l'article 6.1 de la Convention européenne de sauvegarde des droits de l'Homme.

Il convenait par conséquent de mettre fin à son existence. C'est ce qu'a fait la loi du 4 août 1981, en abrogeant la loi du 15 janvier 1963. Désormais, en vertu d'une ordonnance du 1er juin 2006, les crimes et délits commis en temps de paix contre la sûreté de l'État sont instruits et jugés par les juridictions de droit commun. Ceux commis en temps de guerre (ou par des militaires hors du territoire de la République) continuent pour leur part, conformément à la tradition, à relever des tribunaux militaires (cf. Code de justice militaire).

En 1981 et 1982, on semblait donc être parvenu à la conclusion que l'existence de juridictions d'exception était radicalement incompatible avec le respect des libertés. La seule façon de concilier la sûreté de l'État avec ce dernier paraissait de la mettre sous la protection des juridictions pénales ordinaires.

La recrudescence du terrorisme en France, qui a marqué les années suivantes, a contraint le législateur à réviser cette analyse. La loi du 9 septembre 1986, sur le terrorisme, traduit en effet la revanche des juridictions d'exception. Sa disposition essentielle consiste à confier à une cour d'assises spéciale, composée exclusivement de sept magistrats (CCP, art. 706-25), le soin de juger les crimes « en relation avec une entreprise individuelle ou collective ayant pour but de troubler gravement l'ordre public par l'intimidation ou la terreur ». D'autres dispositions complètent cette innovation en assouplissant certaines règles de procédure pénale, afin de faciliter la répression du terrorisme, notamment en permettant de prolonger la durée maximale normale de la garde à vue, qui est de quarante-huit heures, d'une durée supplémentaire de quarante-huit heures. Dans sa décision du 3 septembre 1986, le Conseil constitutionnel n'a pas considéré que ces dispositions méconnaissaient le principe de l'égalité devant la justice[1]. La loi du 30 décembre 1996, qui n'a pas été déférée au

---

1. CC 3 sept. 1986, Lutte contre le terrorisme, *R* 122.

Conseil constitutionnel, a toutefois introduit une nouvelle dérogation dont la constitutionnalité est douteuse : elle autorise en effet de façon assez large les perquisitions de nuit (art. 706-89 CPP), alors que la jurisprudence ne les admet que dans « les seuls cas de l'enquête en flagrance » [1]. De façon tout aussi critiquable, la loi du 29 décembre 1997 a permis au premier président de la Cour d'appel de Paris de décider d'organiser l'audience de la Cour d'assises spéciale « dans tout autre lieu » que celui habituellement utilisé ; en clair : dans un stade plutôt que dans un palais de justice (!). Et la loi du 23 janvier 2006 a permis de prolonger la garde à vue de quarante-huit heures supplémentaires.

Certains auteurs ont critiqué la loi de 1986, en lui reprochant son ralliement à une « idéologie sécuritaire », négatrice des libertés [2]. En réalité, indépendamment de toute considération idéologique, force est de constater que l'institution d'une cour d'assises spéciale était devenue indispensable. Peu de temps auparavant, en effet, dans le cadre de l'affaire Schleicher on avait tenté de faire juger un terroriste par une cour d'assises normale ; or, cédant à ses menaces, le jury populaire s'était récusé. Sauf à accepter de mettre en péril la vie de citoyens plus courageux, il fallait donc se résoudre à créer une juridiction d'exception.

Mais il ne pouvait être question de créer une juridiction d'exception présentant les quatre caractéristiques classiques sus-indiquées. La peine de mort est en effet abolie en France depuis 1981. Quant à la présence, au sein de la juridiction, de militaires ou de fonctionnaires d'autorité siégeant ès qualités, le Conseil constitutionnel ne l'aurait pas tolérée. C'est pourquoi la Cour d'assises spéciale, instituée en 1986, représente un nouveau type de juridictions d'exception, moins dangereux pour les libertés. Le point commun avec ses devancières est son rôle, qui est de réprimer certaines atteintes (en l'occurrence, celles commises par voie d'actions terroristes) à la sûreté de l'État. En revanche, tout le reste la singularise : l'absence de peine de mort, le respect global de la procédure pénale habituelle [3], la présence exclusive de magistrats professionnels désignés par leurs pairs.

En définitive, le véritable danger présenté par cette nouvelle juridiction d'exception n'était pas qu'elle fasse preuve d'arbitraire à l'égard des accusés, mais au contraire qu'elle leur manifeste trop de mansuétude, au nom d'une raison d'État au chant de laquelle les magistrats professionnels avaient la réputation de prêter une oreille complaisante. Contrairement à ces craintes, ceux-ci ont heureusement apporté la preuve de leur indépendance dès 1987, en condamnant lourdement le terroriste Abdallah, malgré l'étonnant réquisitoire du ministère public qui les incitait à l'indulgence.

L'exemple de cette Cour d'assises spéciale prouve ainsi que la conciliation entre la sûreté de l'État et le respect des libertés peut parfois s'opérer par la création d'une juridiction d'exception.

---

1. CC 16 juill. 1996, Répression du terrorisme, *RDP* 1996.1245.

2. Cf. notamment J. Robert, « Terrorisme, idéologie sécuritaire et libertés publiques », *RDP* 1986.1651.

3. À la suite des attentats du 11 septembre 2001 à New York, la loi du 15 novembre 2001 relative à la sécurité quotidienne institue toutefois à titre provisoire, jusqu'au 31 décembre 2003, des règles dérogatoires visant à renforcer la lutte contre le terrorisme, et facilitant notamment la « visite » des véhicules sur les voies publiques ainsi que des bagages des passagers d'avion. Dispositions maintenues en vigueur par la loi du 18 mars 2003 sur la sécurité intérieure, puis par la loi du 23 janvier 2006 relative à la lutte contre le terrorisme.

Section 3
Les garanties internationales

La sauvegarde des libertés publiques n'exige pas seulement des garanties nationales. L'expérience du nazisme montre en effet que la remise en cause des libertés peut venir de l'étranger. C'est la raison pour laquelle on a jugé nécessaire, depuis la fin de la Seconde Guerre mondiale, de compléter leur protection par des garanties internationales.

Cette protection internationale des libertés est exercée par des organismes internationaux (§ 1), mais aussi par les juges nationaux lorsqu'ils statuent sur la base d'engagements internationaux (§ 2).

§ 1. La protection des libertés publiques par des organismes internationaux

Outre certaines organisations non gouvernementales (A), les principaux organismes internationaux de protection des libertés publiques sont, au plan mondial, l'Organisation des Nations unies (B), et, au plan européen, le Conseil de l'Europe (C).

A. Les organisations non gouvernementales

Les organisations non gouvernementales (ONG) sont des associations internationales créées par une initiative privée, regroupant des personnes privées ou publiques, physiques ou morales, de nationalités diverses, et poursuivant un but non lucratif. La Convention du Conseil de l'Europe du 24 avril 1986 s'efforce de favoriser la reconnaissance de leur personnalité morale.

Certaines n'ont évidemment aucun rapport avec la défense des libertés. C'est par exemple le cas du Comité olympique international, dont le but est purement sportif. D'autres ont un rapport indirect avec elle, comme par exemple les Fédérations socialistes ou libérales, dont le but politique implique nécessairement une certaine prise de position en faveur des libertés. D'autres encore ont directement pour objet la défense ou, ce qui n'est pas du tout la même chose, l'exercice d'une liberté. Ainsi, les Fédérations syndicales défendent la liberté syndicale, cependant que l'association internationale pour la conscience de Krishna exerce la liberté religieuse.

D'autres ONG ont un but d'assistance humanitaire dont la complémentarité avec la défense des libertés doit être soulignée. Médecins sans frontières (prix Nobel de la paix en 1999) et le Comité international de la Croix-Rouge, par exemple, se donnent pour mission de secourir les blessés, les malades, et les démunis, quel que soit le régime politique de leur pays. Ainsi conçue, l'action humanitaire vise donc surtout à assurer le respect des deux droits-créances que sont le droit à la santé et le droit à la subsistance, et non la défense des libertés. Il n'empêche que, même du point de vue de la défense des libertés, son rôle est irremplaçable, car sans l'accompagnement de l'assistance humanitaire les actions en faveur des libertés n'auraient souvent qu'un intérêt bien théorique : les libertés sont faites pour les vivants, non pour les morts.

Depuis quelques années, les liens entre l'action humanitaire et la défense des libertés se sont d'ailleurs resserrés. Soucieux d'infléchir la règle de la non-ingérence dans les affaires intérieures d'un État (consacrée par l'article 2-7 de la Charte des

Nations unies), trop souvent invoquée par les dictatures pour faire obstacle à l'action humanitaire, M. Bernard Kouchner, fondateur de Médecins sans frontières, a en effet obtenu de l'ONU la reconnaissance d'un devoir d'ingérence humanitaire. Le 8 décembre 1988, l'Assemblée générale des Nations unies a ainsi voté une résolution affirmant que la non-ingérence ne pouvait s'opposer au secours des victimes des « catastrophes naturelles » ainsi que d'« autres situations d'urgence du même ordre ». Le 14 décembre 1990, elle a franchi un pas supplémentaire en votant une autre résolution approuvant l'ouverture, à titre expérimental, de « couloirs d'urgence humanitaire ». Enfin, le 5 avril 1991, le Conseil de sécurité a consacré l'avènement d'une étape décisive en contraignant Saddam Hussein à permettre « un accès immédiat des organisations humanitaires internationales à tous ceux qui ont besoin d'assistance dans toutes les parties de l'Irak ». Or on peut se demander si cette reconnaissance d'un devoir d'ingérence humanitaire n'est pas le préalable à la reconnaissance d'un autre devoir d'ingérence, complémentaire du premier, qui aurait pour but de rétablir les libertés bafouées...

En attendant ce revirement hypothétique de l'ONU, certaines ONG ont été créées pour informer l'opinion publique internationale du sort réservé aux libertés dans les différents pays du monde. C'est notamment le cas d'Amnesty International, dont le rapport annuel permet de mesurer les progrès qui restent à accomplir. En recensant méthodiquement les violations des libertés, cette ONG a puissamment contribué à discréditer et à déstabiliser bon nombre de dictatures et de régimes totalitaires à prétention humaniste. Les États d'Europe de l'Ouest eux-mêmes ont parfois encouru ses critiques, comme le Royaume-Uni, accusé de maltraiter les détenus membres de l'IRA, ou la France, coupable de s'être acharnée à étouffer les aspirations légitimes de certains objecteurs de conscience. En dénonçant ainsi l'arbitraire, d'où qu'il vienne, Amnesty International n'informe pas seulement l'opinion publique internationale ; elle la révèle à elle-même et lui fait découvrir sa force, la transformant en cette « conscience commune » dans laquelle Georges Scelle plaçait la source de l'internationalisation des libertés [1].

B. L'organisation des Nations unies

L'un des buts assignés à l'ONU par son document fondateur — la Charte du 26 juin 1945 — est de « réaliser la coopération internationale... en développant et en encourageant le respect des droits de l'Homme et des libertés fondamentales ». Fidèle à cette mission, l'ONU a été à l'origine de plusieurs conventions destinées à combattre les atteintes aux libertés les plus choquantes. Les plus importantes concernent la prévention et la répression du crime de génocide (1948), l'abolition de la traite des êtres humains et de la prostitution (1950), l'abolition de l'esclavage (1953 et 1956), l'élimination de toutes les formes de discrimination raciale (1966) ou fondées sur le sexe (1979), la lutte contre la torture et autres peines ou traitements inhumains ou dégradants (1984), et la protection des droits de l'enfant (1989).

Outre ces conventions à objet limité, l'ONU a aussi adopté, le 16 décembre 1966, deux pactes plus ambitieux, destinés à garantir l'ensemble des droits proclamés par la Déclaration universelle des droits de l'Homme du 10 décembre 1948.

---

1. G. Scelle, *Précis du droit des Gens*, Sirey, 1932, rééd. CNRS, 1984, deuxième partie, p. 17.

Le premier, relatif aux droits économiques, sociaux et culturels, est entré en vigueur, à l'égard des États qui l'ont ratifié, le 3 janvier 1976. Destiné à protéger essentiellement des droits-créances, il prend en compte la difficulté des pays sous-développés à les mettre en œuvre. C'est pourquoi il ne cherche pas réellement à sanctionner leurs violations éventuelles. Pragmatique et constructif, il organise simplement une assistance technique internationale, afin d'aider les États à assurer progressivement leur réalisation. Concrètement, les États parties au pacte s'engagent à présenter périodiquement, au « Conseil économique et social » de l'ONU, des rapports sur les progrès qu'ils ont accomplis dans la mise en œuvre des droits-créances. En retour, le Conseil économique et social peut formuler des « recommandations », et attirer l'attention des autres organes de l'ONU, ainsi que des institutions spécialisées dans l'assistance technique, sur « l'opportunité de mesures internationales propres à contribuer à la mise en œuvre effective et progressive » des droits-créances. Ce choix de l'aide plutôt que de la répression apparaît judicieux, car il incite les pays sous-développés à ratifier le pacte. On formulera simplement le regret que l'ONU ait rangé le droit syndical et le droit de grève parmi les droits-créances alors que, s'agissant de libertés-résistance, ils auraient davantage eu leur place dans l'autre pacte.

Cet autre pacte, entré en vigueur le 23 mars 1976, est relatif « aux droits civils et politiques ». Il a pour objet de protéger les libertés publiques (libertés-résistance) et politiques (libertés-participation) proclamées par la Déclaration universelle de 1948. Les violations des libertés étant toujours injustifiables, quel que soit le niveau de développement économique des États, il présente un caractère répressif plus accentué, même si le souci d'aider les États demeure primordial.

L'innovation majeure du pacte est de créer un « Comité des droits de l'Homme », dont le siège est à Genève et qui est entré en fonctions le 1er janvier 1977. Organe non juridictionnel chargé de veiller au respect des libertés publiques et politiques, il est composé de dix-huit membres indépendants, élus au scrutin secret par les États parties selon des critères de « haute moralité » et de « compétence ». Sa fonction de contrôle s'exerce essentiellement sur la base de rapports ou à la suite de plaintes.

Chaque État partie doit en effet lui présenter, normalement tous les cinq ans, un rapport sur les mesures prises pour développer le respect des libertés protégées par le pacte. Le Comité, après examen du rapport, peut éventuellement lui adresser des « observations » (art. 40 du pacte). Un dialogue s'instaure alors entre lui et l'État. En pratique, on constate [1] que les États envoient souvent leurs rapports avec retard. En outre, il n'est pas rare qu'ils cherchent à dissimuler leurs violations des libertés par un laconisme suspect. Alors qu'un rapport sérieux nécessite au moins une centaine de pages, il arrive en effet qu'on rencontre des rapports qui n'excèdent pas trois pages, le record étant détenu par Chypre, dont le rapport de 1978 fait une demi-page. De son côté, le Comité fait preuve de réalisme en bannissant toute agressivité de ses « observations », et en s'attachant plutôt à nourrir le dialogue. Il a par exemple posé à la France, à la suite de son rapport de 1988, plusieurs questions sur la situation des libertés dans les départements et territoires d'outre-mer, et l'a priée à l'avenir d'accorder dans ses rapports une place spéciale à ce problème. Grâce à cette attitude

1. Cf. J. Dhommeaux, « Les méthodes du Comité des droits de l'Homme dans l'examen des rapports soumis par les États parties au pacte sur les droits civils et politiques », *AFDI* 1988.331.

constructive, le Comité est parvenu à démontrer l'utilité de son intervention, rendue publique grâce au rapport annuel qu'il adresse à l'Assemblée générale des Nations unies.

Dans une perspective plus répressive, le Comité peut aussi exercer son contrôle à la suite de plaintes, appelées « communications ». La plainte peut émaner d'un État partie, lorsque celui-ci accuse un autre État partie de ne pas respecter le pacte ; le Comité met alors ses « bons offices » à la disposition des deux États, afin de parvenir à une solution amiable ; en cas d'échec, le Comité peut ensuite, avec l'accord des deux États, désigner une commission de conciliation chargée à son tour de parvenir à une solution amiable ; à défaut de solution amiable, la commission adresse aux deux États ses « conclusions », qui constituent son avis sur le bien-fondé de la plainte (art. 41 et 42 du pacte). Comme on pouvait s'y attendre, cette procédure byzantine et timorée n'a jamais été utilisée.

La plainte peut heureusement émaner aussi, en vertu d'un « protocole facultatif » que certains États parties au pacte ont hélas refusé de ratifier, d'un simple particulier. Selon ce texte additionnel, tout ressortissant d'un État partie au protocole peut, lorsqu'il s'estime victime d'une violation d'un des droits civils et politiques protégés par le pacte, et lorsqu'il a épuisé tous les recours internes disponibles, présenter une « communication » écrite au Comité. Lorsqu'il reçoit une communication, le Comité en informe aussitôt l'État mis en cause, et lui demande des explications écrites. Après avoir examiné celles-ci, il rend sa sentence, qualifiée de « constatations », qu'il adresse au plaignant et à l'État mis en cause. On peut juger décevant qu'une plainte individuelle ne puisse ainsi aboutir, dans le meilleur des cas, qu'à un simple procès-verbal de manquement au pacte. La possibilité donnée au Comité de publier ses constatations dans son rapport annuel permet toutefois de transformer cette réprobation en une véritable mise au pilori, qui est de nature à dissuader le coupable de persévérer dans ses errements. Aucun État ne supporte avec indifférence la réprobation de l'opinion publique internationale.

En pratique, le Comité des droits de l'Homme a reçu, dans ses 25 premières années d'activité (1977-2003), 941 communications de particuliers concernant 74 États. Ces communications ont donné lieu à 317 constatations de violation, mettant en cause un grand nombre d'États, au premier rang desquels on trouve la Jamaïque (avec 93 constatations à elle seule !), l'Uruguay (avec 45 constatations) et Trinité-et-Tobago (avec 22 constatations). Il faut noter qu'au nombre de ces États fautifs figurent aussi plusieurs États occidentaux : notamment le Canada (9 constatations de violation), les Pays-Bas et la France (6 constatations chacun). Les articles du pacte le plus souvent violés sont ceux qui protègent le droit à l'intégrité physique et le droit à la sûreté. Il s'agit des articles 6 (droit à la vie), 7 (interdiction de la torture), 9 (interdiction des détentions arbitraires), 10 (droit des détenus au respect de leur dignité) et 14 (droit à un procès équitable)[1].

La procédure de garantie des libertés mise en place par le protocole facultatif connaît donc un réel succès. Pour la rendre pleinement satisfaisante, quelques progrès

---

1. Cf. J. Dhommeaux, « Le Comité des droits de l'Homme : 25 ans d'expérience », *Mélanges Cohen-Jonathan*, 2004, p. 653. La France a pour sa part surtout violé l'article 26 sur l'égalité devant la loi (dans 5 des 6 condamnations, dont 4 pour longueur excessive du service civil par rapport au service militaire).

restent toutefois à réaliser. Il faudrait notamment donner au Comité les pouvoirs d'investigation dont il est à l'heure actuelle dépourvu, ainsi qu'un véritable pouvoir de sanction.

Enfin, indépendamment des pactes de 1966, existe au sein de l'ONU, depuis 2006, un « Conseil des droits de l'Homme », chargé de centraliser et d'examiner l'ensemble des renseignements relatifs à la situation des droits de l'Homme dans le monde, et pouvant éventuellement prononcer, à l'encontre des États qu'il juge fautifs, des condamnations verbales, dont la portée est purement politique. On espère que ce nouveau Conseil, qui est composé de quarante-sept membres agissant sur instructions de leurs gouvernements respectifs, saura mieux s'acquitter de sa tâche que son prédécesseur la « Commission des droits de l'homme », qui a existé de 1946 à 2006. En pratique la Commission a en effet déçu par ses compromissions (elle n'a pas condamné le Cambodge des Khmers rouges) et par ses outrances (elle dénonce par exemple en 1988 les « crimes de génocide d'Israël contre le peuple palestinien »). Elle avait de ce fait perdu toute crédibilité. L'élection au sein du Conseil en 2006, par l'Assemblée générale des Nations unies, de représentants d'États aussi peu respectueux des droits de l'homme que la Chine ou Cuba, n'incite cependant guère à l'optimisme.

C. Le Conseil de l'Europe

Selon son statut fondateur, adopté le 5 mai 1949, le Conseil de l'Europe a pour but « de réaliser une union plus étroite entre ses membres afin de sauvegarder et de promouvoir les idéaux et les principes qui sont leur patrimoine commun » (art. 1). Concrètement, ces idéaux et ces principes font obligation à tout État membre du Conseil de l'Europe de reconnaître « le principe de la prééminence du droit et le principe en vertu duquel toute personne placée sous sa juridiction doit jouir des droits de l'Homme et des libertés fondamentales » (art. 3).

Cette communauté d'idéal a séduit un grand nombre d'États européens. Tous les pays dits d'Europe de l'Ouest en font aujourd'hui partie. Et parmi les États de l'ancien bloc de l'Est, beaucoup, dont la Hongrie, la Pologne et la Russie, y ont adhéré à leur tour.

Comme l'ONU, le Conseil de l'Europe a élaboré plusieurs traités, dont les trois plus importants garantissent, l'un les droits civils et politiques, l'autre les droits économiques et sociaux, le dernier les droits « biologiques » de l'être humain. Les premiers font en effet l'objet de la « Convention européenne de sauvegarde des droits de l'Homme et des libertés fondamentales » du 4 novembre 1950, les seconds de la « Charte sociale européenne » du 18 octobre 1961, les troisièmes de la « Convention pour la protection des droits de l'Homme et de la dignité de l'être humain à l'égard des applications de la biologie et de la médecine » du 4 avril 1997.

1) La Charte sociale européenne

Entrée en vigueur en 1965, et révisée le 3 mai 1996, la Charte sociale européenne énumère trente et un droits économiques et sociaux, qui s'analysent tous comme des droits-créances, à l'exception du droit syndical et du droit de grève, qui sont des libertés-résistance. Chacun de ces trente et un droits fait l'objet d'un article subdivisé en plusieurs paragraphes numérotés. La Charte révisée accorde une place prééminente à neuf d'entre eux : il s'agit du droit au travail, du droit syndical, du droit de négociation collective (incluant le droit de grève), du droit des enfants et des adolescents à une protection spéciale (excluant notamment, sauf exception, le travail de nuit), du droit à la sécurité sociale, du droit à l'assistance sociale et médicale, du droit de la famille (même monoparentale) à une protection sociale et économique (réalisée notamment par des prestations familiales), du droit des travailleurs migrants et de leurs familles à la protection et à l'assistance, du « droit à l'égalité de chances et de traitement en matière d'emploi et de profession, sans discrimination fondée sur le sexe ». Les États parties peuvent n'accepter de garantir qu'une partie des droits énumérés, mais leur choix doit obligatoirement inclure au moins six des neuf droits fondamentaux, ainsi que d'autres droits de telle sorte que le nombre total de dispositions qui les lient ne soit pas inférieur à seize articles ou à soixante-trois paragraphes numérotés (art. A de la Charte révisée). Ce système d'engagement à contenu variable peut paraître curieux, mais il a le mérite de tenir compte du niveau inégal de développement des États membres du Conseil de l'Europe.

Comme le pacte de l'ONU relatif aux droits économiques et sociaux, la Charte sociale européenne met en place un système de contrôle qui repose exclusivement sur l'examen, effectué en l'occurrence par un comité d'experts indépendants, dénommé « comité européen des droits sociaux », de rapports fournis périodiquement par les États parties. À l'issue de cet examen, le Comité des ministres, qui réunit les ministres des Affaires étrangères des États membres du Conseil de l'Europe, a le droit d'adresser des « recommandations » aux États parties. En pratique, ce système de contrôle a fait preuve d'une certaine efficacité. Un protocole additionnel adopté le 9 novembre 1995 l'a notablement amélioré en reconnaissant à certaines organisations non gouvernementales le droit de saisir le comité européen des droits sociaux de « réclamations collectives » contre les États qu'elles accusent de violer la Charte[1].

2) La Convention européenne de sauvegarde des droits de l'Homme

Entrée en vigueur en 1953, la Convention européenne de sauvegarde des droits de l'Homme protège pour sa part, à l'instar du pacte de l'ONU sur les droits civils et politiques, les libertés publiques (libertés-résistance) et politiques (libertés-participation) qu'elle énumère. Quatorze protocoles additionnels sont venus la compléter par la suite.

a) Liste des droits protégés

La liste des droits protégés par la Convention n'est pas très originale, mais elle a le mérite d'être beaucoup plus détaillée que celle de la Déclaration universelle de 1948.

On y trouve des libertés physiques : droit à la vie (art. 2), interdiction de la torture (art. 3), interdiction de l'esclavage (art. 4), droit à la sûreté (art. 5), droit à un jugement public et équitable dans un délai raisonnable (art. 6), interdiction des lois

---

1. À la suite de réclamations collectives déposées par ATD Quart Monde et une autre ONG, le comité a estimé, dans deux « rapports » rendus publics le 5 juin 2008, que la France avait violé l'article 31 de la Charte sur le droit au logement, en raison de « l'insuffisance manifeste de l'offre de logements sociaux aux personnes les plus pauvres » (*La Croix* 5 juin 2008).

pénales rétroactives (art. 7), droit au respect de la vie privée et familiale, du domicile et de la correspondance (art. 8), droit au mariage (art. 12), droit à un recours effectif devant une instance nationale en cas de violation des droits reconnus par la Convention (art. 13), interdiction des peines de prison pour inexécution d'obligations contractuelles (protocole n° 4), liberté d'aller et venir (protocole n° 4), interdiction des expulsions de nationaux et des expulsions collectives d'étrangers (protocole n° 4), abolition de la peine de mort en temps de paix (protocole n° 6) et en temps de guerre (protocole n° 13), droit des expulsés de se défendre (protocole n° 7), droit de toute personne à appel en cas de condamnation et à indemnisation en cas d'erreur judiciaire (protocole n° 7), droit au respect du principe *non bis in idem* (protocole n° 7).

On y trouve en outre des libertés intellectuelles : libertés de pensée, de conscience et de religion (art. 9) — desquelles est rapproché un droit-créance, le droit à l'instruction (protocole n° 1) —, liberté d'expression (art. 10) ; et des libertés relationnelles : libertés de réunion et d'association (art. 11), liberté syndicale [1] (art. 11), droit de propriété (protocole n° 1) [2].

On y trouve enfin la liberté politique essentielle qu'est le droit de participer, « à des intervalles raisonnables », à « des élections libres au scrutin secret » (protocole n° 1), et l'affirmation du principe d'égalité : égalité des époux (protocole n° 7), et plus généralement égalité des personnes, emportant condamnation de toute « discrimination » fondée sur le sexe, la race, la religion, les opinions, etc. (art. 14 et protocole n° 12) [3].

D'une façon très intéressante, la Convention répartit l'ensemble de ces droits en deux catégories d'inégale importance (art. 15). Les droits de second rang — qui regroupent le principe d'égalité, certaines libertés physiques, les libertés politiques et la totalité des libertés intellectuelles et relationnelles — peuvent en effet supporter des atteintes « en cas de guerre ou en cas d'autre danger public menaçant la vie de la nation,... dans la stricte mesure où la situation l'exige ». Ces atteintes sont au contraire interdites à l'égard des libertés de premier rang, qui regroupent les quatre libertés physiques dont l'absolu respect est jugé nécessaire à la préservation de la dignité de la personne humaine : il s'agit du droit à la vie, du droit de ne pas être torturé, du droit à ne pas être placé en esclavage, et du droit à la non-rétroactivité des lois pénales.

De la même façon, aucune restriction ne peut être apportée en temps de paix à ces quatre libertés de premier rang, alors que les libertés de second rang peuvent être restreintes par les « mesures nécessaires, dans une société démocratique, à la sécurité nationale, à la protection de l'ordre, de la santé ou de la morale publics, ou à la protection des droits et libertés d'autrui » [4].

---

1. La liberté syndicale est donc, assez curieusement, protégée à la fois par la Convention européenne et par la Charte sociale européenne.

2. On notera au passage l'absence de certaines libertés qui existent en droit français : liberté d'enseignement, liberté d'entreprendre, droit de grève.

3. Le protocole n° 12 interdit les discriminations à l'égard « de tout droit prévu par la loi », alors que l'article 14 se borne à les interdire vis-à-vis « des droits et libertés reconnus dans la présente Convention », ce qui exclut en principe les droits sociaux. Son audace dissuade beaucoup d'États (dont la France) de le ratifier.

4. Article 9, à propos de la « liberté de manifester sa religion ou ses convictions ». Ces cinq motifs de restriction figurent aussi dans les articles 8 (droit au respect de la vie privée et familiale, du domicile et de la correspondance), 10 (liberté d'expression), 11 (libertés de réunion et d'association, liberté syndicale), et dans le protocole n° 4 (liberté d'aller et venir).

b) Protection des droits énumérés

Au-delà de l'énumération et de la classification des droits auxquelles elle procède, la Convention a pour mérite essentiel d'avoir institué des organismes capables de les protéger efficacement (et siégeant à Strasbourg) : il s'agissait de la Commission européenne des droits de l'Homme, et de la Cour européenne des droits de l'Homme jusqu'en 1998 ; il s'agit de la nouvelle Cour européenne des droits de l'Homme depuis le 1er novembre 1998.

— Système en vigueur jusqu'en 1998

La Commission européenne des droits de l'Homme se composait de membres indépendants, élus pour six ans, selon des critères de moralité et de compétence, par le Comité des ministres. Elle était compétente pour recevoir et examiner les plaintes de tout État partie dirigées contre les violations de la Convention par toute autre partie (art. 24). Elle pouvait également être saisie par de simples particuliers, en vertu d'une clause facultative que les États parties étaient libres d'accepter (art. 25). En pratique, le recours individuel, largement accepté par les États parties, a connu un succès considérable, puisque dès 1983 on a dépassé le cap des trois mille requêtes par an. Plus rare, le recours interétatique a pour sa part été utilisé notamment contre la Grèce des colonels, contre la Turquie, et contre le Royaume-Uni, accusés d'avoir pratiqué la torture.

Organe hybride, la Commission avait trois attributions principales qui lui donnaient un caractère parajuridictionnel : elle statuait sur la recevabilité des requêtes, elle recherchait le règlement amiable des affaires, et, en cas d'échec, elle saisissait à sa convenance la Cour européenne des droits de l'Homme ou le Comité des ministres. En pratique, c'est la Cour qu'elle choisissait le plus souvent de saisir.

Composée de juges élus pour neuf ans, selon des critères de moralité et de compétence, par l'Assemblée parlementaire du Conseil de l'Europe, la Cour européenne des droits de l'homme était une véritable juridiction internationale. En quarante ans d'activité, de 1959 (date de son entrée en fonctions) à 1998, elle a rendu huit cent onze arrêts, dont deux cent onze les deux dernières années. Son bilan est d'autant plus satisfaisant qu'elle n'a pas hésité, dans la majorité de ces arrêts, à condamner l'État poursuivi. Pour arriver à ce résultat, elle s'est livrée à une interprétation audacieuse et dynamique de la Convention. De son propre aveu, elle considérait en effet celle-ci comme un instrument vivant, qu'il convenait d'interpréter « à la lumière des conceptions prévalant de nos jours dans les États démocratiques [1] ». Plutôt que de s'attacher à rechercher l'intention initiale des gouvernements signataires, elle préférait en somme se rallier à une conception du droit inspirée du positivisme sociologique, et adapter la Convention à l'évolution de la conscience collective. Elle a ainsi censuré des traitements qu'en 1950 la majorité des États membres du Conseil de l'Europe croyaient probablement admissibles : la peine du fouet prononcée par jugement dans l'île de Man, la discrimination frappant en Belgique les enfants nés hors mariage et les mères célibataires, et la répression pénale de l'homosexualité masculine en Irlande du Nord.

---

1. Cf. notamment CEDH 25 avr. 1978, Tyrer, § 31, CEDH 13 juin 1979, Marckx, § 41, et CEDH 22 oct. 1981, Dudgeon, § 60 (respectivement à propos de la peine du fouet, de la discrimination à l'égard des enfants naturels, et de la répression de l'homosexualité).

La Cour exerçait ce rôle d'adaptation avec d'autant plus d'efficacité qu'elle ne se bornait pas à réparer les préjudices subis par les requérants ; au-delà des solutions d'espèce, sa jurisprudence invitait en effet les États parties à mettre leurs législations en conformité avec son interprétation de la Convention, texte qu'elle qualifiait audacieusement d'« instrument de l'ordre public européen » [1]. Ainsi elle est apparue comme un organe d'unification et de modernisation des régimes juridiques des droits de l'Homme dans les États contractants.

Par comparaison, le bilan de l'activité du Comité des ministres, qui pouvait comme on l'a vu régler une affaire à la place de la Cour, sur saisine de la Commission (ou de l'État requérant ou défendeur devant celle-ci), était loin d'être aussi satisfaisant. Composé des ministres des Affaires étrangères des États membres du Conseil de l'Europe, il n'offrait aucune garantie d'indépendance. Circonstance aggravante, le ministre de l'État défendeur avait le droit d'y siéger, ce qui plaçait l'État en question dans la position de juge et de partie, alors que le requérant individuel n'avait pour sa part aucun droit à être entendu par le Comité. Enfin, le Comité ne pouvait prendre une décision qu'à la majorité des deux tiers (la majorité simple suffisait toutefois en vertu du protocole n° 10). Dans ces conditions, il ne faut pas s'étonner que dans la plupart des cas il ait été incapable d'oser condamner l'État poursuivi. En pratique, force est de constater que le meilleur moyen d'« enterrer » une affaire était de la lui confier. Inapte à remplir la fonction quasi juridictionnelle qui lui appartenait, le Comité des ministres fabriquait les dénis de justice à la chaîne, et jetait le discrédit sur l'ensemble du système européen de protection des libertés.

Pour remédier à cette situation, un protocole n° 9, ouvert à la ratification des États parties en 1990, est entré en vigueur en 1994. Il permettait aux particuliers dont les requêtes avaient été jugées recevables par la Commission, et qui n'avaient pas obtenu le règlement amiable de leur affaire, de saisir eux-mêmes la Cour, et d'éviter ainsi la saisine du Comité des ministres.

Pour judicieuse qu'elle fût, cette réforme ne résolvait cependant en rien les deux grands problèmes de fond posés par le système de protection imaginé en 1950 : l'archaïsme et la lourdeur de l'hydre juridictionnel à deux têtes (Cour/Commission) d'une part, l'engorgement et la lenteur de la Cour d'autre part. Une réforme de plus grande ampleur s'imposait donc. Le protocole n° 11, ouvert à la ratification des États parties en 1994 et entré en vigueur le 1er novembre 1998, l'a réalisée.

— Système en vigueur depuis le 1er novembre 1998

Le protocole n° 11 a bouleversé le système européen de protection des droits de l'Homme en mettant en œuvre deux mesures énergiques. Tout d'abord il retire au Comité des ministres sa fonction para juridictionnelle en le cantonnant désormais à la surveillance de l'exécution des arrêts. D'autre part et surtout, il remplace le couple Commission/Cour par une nouvelle Cour européenne des droits de l'Homme, devant laquelle les requêtes individuelles et étatiques doivent être portées directement.

Conformément à l'objectif de la réforme, le système gagne donc en simplicité et en rapidité. Mais il demeure néanmoins relativement complexe, car la nouvelle Cour comprend plusieurs formations : des « comités de trois juges », chargés d'examiner la recevabilité des requêtes individuelles ; des « chambres de sept juges », chargées de

---

1. CEDH 23 mars 1995, Loizidou c/Turquie, *RUDH* 1996.6.

se prononcer sur la recevabilité des requêtes individuelles qui n'ont pas déjà été jugées irrecevables par un des comités susmentionnés, sur la recevabilité des requêtes étatiques, et sur le fond des requêtes individuelles ou étatiques jugées recevables ; et une « grande chambre de dix-sept juges », compétente pour rendre les arrêts les plus importants en premier ressort, ainsi que pour jouer le rôle, « dans des cas exceptionnels », de juge d'appel des arrêts rendus par les chambres.

Les juges qui composent la Cour sont en nombre égal à celui des États contractants. Chacun d'eux est élu, selon des critères de moralité et de compétence, pour une durée de six ans renouvelables (neuf ans non renouvelables selon le protocole n° 14) par l'Assemblée parlementaire du Conseil de l'Europe, sur une liste de trois candidats présentés par l'État qu'il représente. Une certaine ambiguïté caractérise donc la situation du juge par rapport à « son » État (dont il ne possède d'ailleurs pas nécessairement la nationalité). D'une part, en effet, il jouit d'une réelle indépendance vis-à-vis de celui-ci, notamment grâce à la garantie selon laquelle il ne peut être révoqué que par un vote des autres juges à la majorité des deux tiers. Mais il apparaît d'autre part moralement tenu de défendre l'État qui l'a inscrit sur sa liste de trois noms : cette obligation morale est nettement suggérée par la Convention, qui exige qu'il siège dans les chambres de sept juges et dans la grande chambre à chaque fois que l'État qui l'a présenté est partie au litige.

Sur le plan procédural, la Cour statue tout d'abord sur la recevabilité des requêtes. Les recours étatiques et individuels ne sont en effet recevables que si les « voies de recours internes » ont été préalablement épuisées, et qu'à condition d'être présentés dans un délai de six mois à compter de la date de la « décision interne définitive ». Une condition supplémentaire s'impose en outre aux recours individuels, qui ne sont recevables que s'ils sont formés par les victimes directes ou indirectes de la violation invoquée. Il s'agit là de l'exigence d'une sorte d'intérêt à agir, qui est destinée à empêcher l'action populaire. Enfin, la Cour a le pouvoir de déclarer irrecevable le recours individuel qui lui paraît « manifestement mal fondé », appréciation qui subordonne curieusement la recevabilité de la requête à l'examen du fond de l'affaire. Au bout du compte, plus de 90 % des recours sont déclarés irrecevables.

Lorsqu'un recours est jugé recevable, la Cour recherche ensuite un règlement amiable de l'affaire. Se transformant en juge collégial d'instruction, elle établit les faits en procédant à un examen contradictoire de la requête, avec les représentants des parties. Elle peut procéder à une enquête, et n'hésite pas à auditionner des témoins, voire même à visiter des prisons. Au terme de ces investigations, elle tente de persuader les parties de conclure un accord amiable, susceptible de donner satisfaction au requérant par des moyens divers : versement d'une indemnité en fonction du préjudice subi, réduction d'une peine de prison, dépôt d'un projet de loi, etc. Lorsque les parties parviennent à se mettre d'accord, la Cour entérine le règlement amiable par un rapport public, qui met fin à la procédure.

Le plus souvent, un règlement amiable s'avère toutefois impossible. Dans cette hypothèse, au terme d'une procédure publique et contradictoire, permettant au requérant de comparaître personnellement, la Cour rend un arrêt motivé, adopté à la majorité des juges présents. Tout juge peut y joindre son opinion individuelle, qu'elle soit concordante ou dissidente. L'arrêt se prononce sur la violation de la Convention, texte que la nouvelle Cour considère, comme sa devancière, comme un instrument vivant qu'il convient d'interpréter compte tenu de « l'évolution de la société »[1]. S'il y a lieu, il accorde aux victimes une « satisfaction équitable », qui consiste en principe en une réparation pécuniaire. Il a une force obligatoire, mais ne vaut pas titre exécutoire sur le territoire de l'État défaillant : son exécution dépend donc de l'État lui-même ; elle est toutefois placée sous la surveillance du Comité des ministres. À de très rares exceptions près, les arrêts de la Cour sont exécutés loyalement par les États concernés.

Au total, ce système de protection est devenu, grâce au protocole n° 11, globalement satisfaisant. Il l'est d'autant plus que la Cour s'est reconnue le pouvoir, depuis 2003, d'ordonner à l'État défendeur de prendre des mesures provisoires, notamment de suspendre l'exécution de sa décision litigieuse jusqu'au jugement de l'affaire[2] ; et depuis 2004, de lui enjoindre de prendre toute mesure nécessaire à l'exécution de ses arrêts, comme par exemple la libération immédiate d'un détenu[3].

Plusieurs problèmes subsistent toutefois. Tout d'abord il peut paraître étrange que la Cour soit désormais compétente pour proposer le règlement amiable d'une affaire, car cette mission risque de l'amener à opérer un pré-jugement, peu conforme à l'exigence d'impartialité qui doit caractériser toute procédure juridictionnelle. En deuxième lieu, l'instauration d'une procédure d'appel (dans des cas et selon des conditions d'ailleurs flous) à l'intérieur même de la Cour ayant rendu l'arrêt frappé d'appel, relève de la monstruosité juridique. En troisième lieu, aucun « recours en manquement » n'existe pour faire face aux rares cas dans lesquels un État refuse d'exécuter un arrêt. Enfin la Cour, victime de son succès, s'est engorgée sous le flot des dizaines de milliers de requêtes individuelles qui déferlent dorénavant chaque année.

C'est précisément pour faire face à ces deux derniers problèmes qu'un protocole n° 14 a été ouvert à la signature des États en 2004. Pour améliorer l'exécution des arrêts, il prévoit d'ouvrir au Comité des ministres la possibilité de saisir la Cour d'un recours en manquement, dont les effets seraient toutefois assez platoniques puisque, contrairement à la CJCE, la Cour ne se verrait pas pour autant reconnaître le pouvoir d'infliger une astreinte à l'État récalcitrant. D'autre part et surtout, il tente de remédier à l'engorgement de la Cour en chargeant des juges uniques de filtrer les requêtes individuelles dont l'irrecevabilité est manifeste, et en permettant aux comités de trois juges de statuer au fond sur les nombreuses affaires qui, soulevant des problèmes déjà réglés par des jurisprudences bien établies, ne posent pas de difficulté juridique particulière. Plutôt que de jeter les fondements de la grande réforme qu'on attendait, le protocole n° 14 cède ainsi à la tentation d'une dangereuse fuite en avant, qui ouvre la porte à une justice à l'abattage sans rien régler durablement.

c) La situation de la France au regard de la Convention

Bien que la France aime à se présenter, non sans raisons, comme la patrie des droits de l'Homme, elle n'a ratifié la Convention que le 3 mai 1974, pendant

---

1. CEDH 11 juill. 2002, Goodwin c/Royaume-Uni, § 92 et 100, *RTDH* 2003.1157 : invoque celle-ci pour justifier le droit au mariage des transsexuels.
2. CEDH 6 févr. 2003, Mamatkulov c/Turquie, *RGDIP* 2003.601, confirmé en grande chambre le 4 févr. 2005 *RDP* 2006.789, renversant CEDH 20 mars 1991, Cruz-Varas c/Suède, *RUDH* 1991.205. Cela permet à la Cour d'empêcher le préjudice de la victime de devenir irréparable à la date du jugement.
3. CEDH 8 avr. 2004, Assanidzé c/Géorgie, *AJDA* 2004.1812.

l'intérim de M. Poher. Plusieurs raisons ont été avancées pour expliquer ce long retard. La première est la guerre d' Algérie (1954-1962), qui a amené notre pays à violer les droits de l'Homme les plus élémentaires. En ratifiant la Convention à cette époque, la France serait allée au devant d'une probable condamnation. Passé la guerre d'Algérie, l'autre raison essentielle de l'abstention française a été le souci de préserver nos régimes d'exception. On craignait en effet que l'article 16 de la Constitution, ainsi que notre législation sur l'état de siège et l'état d'urgence, ne fussent incompatibles avec la Convention. Finalement, une solution de compromis a été trouvée. La France a assorti sa ratification d'une réserve selon laquelle les circonstances prévues par nos trois régimes d'exception « doivent être comprises comme correspondant à l'objet de l'article 15 de la Convention ». On peut douter de la validité d'une réserve aussi importante, qui porte atteinte à la substance même de l'article 15, dans la mesure où l'article 64 de la Convention interdit les « réserves de caractère général ».

En outre, et ce n'est pas la moindre des déceptions, il a fallu attendre sept années supplémentaires pour que la France se décide enfin, le 2 octobre 1981 sous la présidence de François Mitterrand, à ratifier la clause facultative autorisant les particuliers à saisir la Commission.

Confirmant les craintes de certains de nos gouvernants, il n'a pas fallu patienter longtemps pour que la Cour européenne condamne la France à la suite de recours individuels. La première condamnation est en effet intervenue en 1986, dans l'affaire Bozano. La France y est reconnue coupable d'avoir violé le droit à la sûreté, garanti par l'article 5 de la Convention, pour avoir pratiqué une extradition déguisée en « expulsion dirigée » [1]. Par la suite, la Cour l'a notamment condamnée pour la durée excessive de sa procédure devant les juridictions administratives [2] et pénales [3], pour son système d'écoutes téléphoniques accusé de ne pas reposer sur une « loi » suffisamment précise [4], pour violation des droits de la défense à l'occasion d'un procès civil [5], pénal [6] ou administratif [7], pour la durée excessive d'une détention

---

1. CEDH 18 déc. 1986, Bozano, *RFDA* 1989.16.
2. CEDH 24 oct. 1989, H., *RFDA* 1990.203 : viol de l'article 6 (le tribunal administratif avait mis quatre ans à juger une banale affaire de responsabilité hospitalière). Cf. aussi CEDH 26 mars 1992, Éditions Périscope ; CEDH 26 avr. 1994, Vallée, et 26 août 1994, Karakaya, *D* 1995.SC.103 ; CEDH 15 oct. 2002, Vieziez (plus de dix ans !).
3. CEDH 27 nov. 1991, Kemmache, *GP* 1992.102 : viol de l'article 6 (la procédure pénale avait duré plus de huit ans, alors que l'affaire n'était pas complexe). Cf. aussi CEDH 25 févr. 1993, Dobbertin (plus de douze ans !).
4. CEDH 22 avr. 1990, Kruslin et Huvig, *RFDA* 1991.89 : viol de l'article 8. Cf. aussi CEDH 23 nov. 1993, A.
5. CEDH 24 avr. 2003, Yvon, *RDP* 2004.817 (rupture de « l'égalité des armes » entre l'exproprié et l'expropriant devant le juge de l'indemnité d'expropriation).
6. CEDH 19 déc. 1990, Delta : viol de l'article 6 (témoin de l'accusation, ayant joué un rôle déterminant dans la condamnation pénale, entendu par la police mais non par le juge). Cf. aussi CEDH 20 sept. 1993, Saidi, *RSC* 1994.142 (absence de confrontation du futur condamné avec des témoins à charge), CEDH 18 mars 1997, Foucher (défaut d'accès du futur condamné à son dossier), CEDH 19 mars 1997, Hakkar (condamnation sans avocat), CEDH 31 mars 1998, Reinhardt et Slimane-Kaïd, *RDP* 1999.877 (absence de communication à l'accusé des conclusions de l'avocat général et du rapport du conseiller rapporteur près la Cour de cassation), CEDH 23 mai 2000, X (avocat réduit au silence lors du jugement de son client), CEDH 30 janv. 2001, Vaudelle (condamnation d'un incapable majeur sans avocat), CEDH 13 févr. 2001, Krombach (refus d'entendre l'avocat de l'accusé jugé selon les règles de la contumace), et CEDH 19 oct. 2004,

provisoire [1], pour un refus de reconnaître la nouvelle identité d'un transsexuel opéré [2], pour le refus d'ouvrir l'adoption aux homosexuels [3], pour la décision d'expulser un immigré de deuxième génération [4], et pour violation du droit de propriété par une procédure de préemption fiscale [5] ou d'expropriation abusive [6], ou résultant d'un refus prolongé d'exécuter un jugement d'expulsion [7], ou d'un refus d'indemniser une privation de créance [8], ou encore d'un refus discriminatoire de prestation sociale [9]. Elle l'a aussi sanctionnée pour avoir pratiqué des traitements inhumains ou dégradants pendant une garde à vue [10] ou lors d'une détention pénitentiaire [11], et pour avoir violé la présomption d'innocence [12], le principe de non-rétroactivité de la loi pénale [13], la liberté d'expression [14], la liberté d'association [15], la liberté d'aller et venir [16], le droit

---

Makhfi (épuisement des jurés d'assises et de l'avocat de l'accusé, dû à l'insuffisance des temps de repos).

7. CEDH 7 juin 2001, Kress, *AJDA* 2001.675, et CEDH 12 avr. 2006, Martinie, *AJDA* 2006.986 : viol de l'article 6 (présence du commissaire du gouvernement au délibéré). Cf. aussi CEDH 26 févr. 2002, Fretté, *JCP* 2002, n° 10074 (absence de convocation du requérant à l'audience du CE), et CEDH 18 oct. 2007, Asnar, *RDP* 2008.952 (non communication d'un mémoire).

1. CEDH 27 nov. 1991, Kemmache, préc. : viol de l'article 5 (détention de deux ans et dix mois en l'absence de motif valable). Cf. aussi CEDH 17 mars 1997, Muller (détention de près de quatre ans).

2. CEDH 25 mars 1992, B., *D* 1993.101.

3. CEDH 22 janv. 2008, E.B.

4. CEDH 26 mars 1992, Beldjoudi, *RFDA* 1993.987, CEDH 13 févr. 2001, Ezzoudhi, *RFDA* 2002.1107.

5. CEDH 22 sept. 1994, Hentrich, *D* 1995.465.

6. CEDH 21 févr. 1997, Guillemain, *AJDA* 1997. 399, CEDH 2 juill. 2002, Motais de Narbonne, *AJDA* 2002.1226.

7. CEDH 31 mars 2005, Mattheus, *RDP* 2006.801 (inexécution de plus de seize ans).

8. CEDH 6 oct. 2005, Maurice et Draon, *RDP* 2006.814, à propos de la loi « anti-Perruche » refusant l'indemnisation du handicap non décelé pendant la grossesse.

9. CEDH 30 sept. 2003, Koua Poirrez, *RDP* 2004.845 : viol de l'article 14 combiné avec le protocole n° 1. Cet arrêt assimile, de façon audacieuse, le droit à une prestation sociale à un « bien » au sens de ce protocole.

10. CEDH 27 août 1992, Tomasi, *RSC* 1993.33 ; CEDH 1er avr. 2004, Rivas.

11. CEDH 14 nov. 2002, Mouisel (port des menottes imposé à un détenu atteint de leucémie pendant des séances de chimiothérapie, et retard excessif à décider de le libérer pour raisons de santé) ; CEDH 12 juin 2007 Frérot *RDP* 2008.950 (« inspections anales » trop fréquentes à Fresnes).

12. CEDH 10 févr. 1995, Allenet de Ribemont, à propos d'un prévenu présenté comme coupable par un ministre.

13. CEDH 10 nov. 2004, Achour, à propos d'un allongement rétroactif d'une période de récidive ; CEDH 10 oct. 2006, Pessino, *RDP* 2007.882, à propos d'un changement de jurisprudence rétroactif.

14. CEDH 26 avr. 1995, Piermont, à propos de l'éloignement d'un étranger dont le seul tort était d'avoir exprimé son hostilité aux essais nucléaires français ; CEDH 23 sept. 1998, Isorni et Lehideux, à propos d'un arrêt de la cour d'appel de Paris ayant jugé à tort qu'un encart publicitaire défendant la mémoire du maréchal Pétain était une « apologie des crimes ou délits de collaboration » ; CEDH 21 janv. 1999, Fressoz, et CEDH 3 oct. 2000, du Roy et Malaurie, à propos de journalistes condamnés pour avoir divulgué un avis d'imposition (1re affaire) et l'existence d'une plainte avec constitution de partie civile (2e affaire) ; CEDH 17 juill. 2001, Association Ekin, *AJDA* 2002.52, condamnant le pouvoir du ministre de l'Intérieur d'interdire la distribution de publications étrangères ; CEDH 18 mai 2004, Soc. Plon, *D* 2004.1838, jugeant abusive l'interdiction prolongée de la diffusion du livre *Le Grand Secret* ; CEDH 31 janv. 2006, Giniewski, désavouant la condamnation pour diffamation d'un auteur qui avait accusé l'Église d'avoir favorisé l'Holocauste.

15. CEDH 29 avr. 1999, Chassagnou, *AJDA* 1999.922, à propos de la loi Verdeille obligeant certains propriétaires à adhérer aux associations communales de chasse agréées.

16. CEDH 22 mai 2001, Baumann, à propos du refus de restituer un passeport.

d'accéder à un tribunal [1], et le droit à un recours effectif [2]. La France a également été condamnée en raison de l'absence d'impartialité d'une cour d'assises [3], de l'hostilité d'une cour d'appel à l'égard d'une secte [4], et en raison du maintien prolongé de demandeurs d'asile en zones de transit [5]. Elle a subi le même sort pour n'avoir pas su protéger le droit à la vie [6] et l'interdiction de l'esclavage [7], et pour ne s'être pas conformée à une mesure provisoire ordonnée par la CEDH [8]. Elle a aussi été condamnée pour violation du droit à un procès équitable par une loi de validation pourtant jugée conforme à la Constitution par le Conseil constitutionnel [9]. Elle a même touché le fond en se faisant condamner pour torture policière pendant une garde à vue [10].

Ces condamnations répétées prouvent qu'en matière de respect des libertés, la France n'est pas aussi exemplaire qu'elle prétend l'être. Mais elles prouvent aussi que la Cour ne se laisse pas impressionner par la réputation des États qui comparaissent devant elle. Là est finalement l'essentiel : en se comportant en gardien impartial de la Convention, la Cour oblige la France, comme tout autre État partie, à faire évoluer son Droit dans le sens d'un meilleur respect des libertés [11].

d) L'attitude ambiguë de l'Union européenne face à la Convention

– Problématique jusqu'à l'entrée en vigueur du « traité de Lisbonne »

Au premier abord, l'UE respecte la Convention. Ainsi, la Cour de justice des Communautés européennes (CJCE) complète l'œuvre de la Cour européenne des droits de l'Homme en exigeant de chacun des vingt-sept États membres de l'UE qu'il respecte la Convention de 1950 dans ses rapports avec les ressortissants des vingt-six autres États. Les vingt-sept États membres de l'UE font en effet tous partie du Conseil

---

1. CEDH 4 déc. 1995, Bellet, à propos d'une victime du SIDA à laquelle la Cour de cassation refusait l'accès aux tribunaux, au motif qu'elle avait déjà été indemnisée par le fonds de garantie institué par la loi du 31 décembre 1991 ; CEDH 13 févr. 2003, Chevrol, condamnant la jurisprudence par laquelle le CE s'oblige à suivre l'avis du ministre des Affaires étrangères en ce qui concerne la réalisation de la condition de réciprocité à laquelle est subordonnée l'applicabilité d'un traité ; CEDH 18 janv. 2005, Carabasse, à propos d'une radiation prononcée par la Cour de cassation en application de l'article 1009-1 du NCPC.

2. CEDH 26 avr. 2007, Gebremedhin, *RDP* 2008-955, à propos de l'absence de recours suspensif pour les demandeurs d'asile contre les refus de les laisser entrer en France.

3. CEDH 23 avr. 1996, Remli, à propos d'une cour dont un juré s'était déclaré raciste.

4. CEDH 16 déc. 2003, Palau-Martinez, *RDP* 2004.843, à propos de la CA de Nîmes qui avait fixé la résidence de deux enfants chez leur père plutôt que chez leur mère, simplement parce que celle-ci était témoin de Jéhovah.

5. CEDH 25 juin 1996, Amuur, *AJDA* 1996.1016.

6. CEDH 9 oct. 2007, Saoud, *RDP* 2008.947 (policiers ayant asphyxié un forcené en le plaquant au sol trop longtemps).

7. CEDH 26 juill. 2005, Siliadin, *D* 2006.346, à propos de l'impunité des auteurs d'un « esclavage domestique » pratiqué sur une togolaise de quinze ans.

8. CEDH 17 janv. 2006, Aouhmi, *RDP* 2007.867 (application de la jurisprudence Mamatkulov).

9. CEDH 28 oct. 1999, Zielinski, *RFDA* 2000.1254. Ce qui pose un problème de hiérarchie des normes car en droit français la Constitution est supérieure aux traités : CE, Ass., 30 oct. 1998, Sarran, *GAJA*.

10. CEDH 28 juill. 1999, Selmouni, *JCP* 1999, n° 10193.

11. À cet égard, la loi du 15 juin 2000 a institué une nouvelle procédure dite « du réexamen d'une décision pénale consécutif au prononcé d'un arrêt de la CEDH », utilisable par un condamné lorsqu'il résulte d'un arrêt de la CEDH que sa condamnation a été prononcée en violation de la Convention. Cf. CPP, art. 626-1 et s.

de l'Europe, et ont tous ratifié la Convention de 1950. C'est pourquoi la CJCE a estimé légitime d'intégrer celle-ci dans le droit communautaire. Dans l'arrêt Rutili de 1975, elle a ainsi jugé illégale la mesure d'interdiction de séjour prise par la France contre un travailleur italien, au motif que celle-ci était contraire à la Convention[1]. Consacrant cette orientation, l'article F § 2 du traité de Maastricht dispose que « l'Union respecte les droits fondamentaux, tels qu'ils sont garantis par la Convention... signée à Rome le 4 novembre 1950, et tels qu'ils résultent des traditions constitutionnelles communes aux États membres, en tant que principes généraux du droit communautaire » (devenu depuis 1999 l'article 6 § 2 de la « version consolidée » du Traité sur l'Union européenne). La France dispose ainsi, comme ses vingt-six partenaires, du redoutable privilège de pouvoir être condamnée, en cas d'infidélité à la Convention, tant par la CJCE que par la Cour européenne des droits de l'Homme.

Pourtant, à y regarder de plus près, on peut se demander si l'UE n'est pas en train de s'affranchir du respect de la Convention. Plusieurs éléments permettent en effet de se poser la question. Tout d'abord la CJCE se reconnaît une autonomie d'interprétation de la Convention qui aboutit souvent à en limiter la portée protectrice, en contradiction avec l'interprétation de la CEDH[2]. Ensuite, l'UE s'obstine à refuser d'adhérer à la Convention[3]. Enfin, le Traité d'Amsterdam du 2 octobre 1997 éloigne encore davantage l'UE de la Convention en instituant (à l'article 7 TUE) un mécanisme autonome de sanction en cas de « violation grave et persistante » des « droits de l'Homme » dont le respect est garanti par l'article F § 1 modifié du Traité de Maastricht (devenu l'article 6 § 1 TUE) ; ce mécanisme, qui consiste à suspendre, par une décision du Conseil européen statuant à la majorité qualifiée, le droit de vote du représentant de l'État fautif au sein dudit Conseil, est en effet déclenché par la violation de l'article F § 1, qui ne fait pas référence à la Convention, et non par celle de l'article F § 2, qui s'y réfère. À terme, il se pourrait ainsi que l'UE rejette la Convention au profit d'un système autonome de protection des libertés. Les ressortissants de ses États membres auraient sans doute beaucoup à y perdre.

La proclamation, lors du sommet de Nice le 7 décembre 2000, d'une « Charte des droits fondamentaux de l'Union européenne », semble confirmer cette évolution vers un système autonome de protection des libertés. Toutes les libertés publiques et politiques garanties par la Convention de 1950, ainsi que les droits-créances protégés par la Charte sociale de 1961, y sont en effet réaffirmés en cinquante articles, regroupés en six chapitres : dignité, libertés, égalité, solidarité, citoyenneté, justice. Or ces articles sont rédigés de telle sorte qu'ils font souvent double emploi avec ceux de ces deux traités. Le droit à un recours effectif devant un tribunal impartial, proclamé par l'article 47, évoque par exemple irrésistiblement le droit à un procès équitable garanti par l'article 6 de la Convention. D'autre part, la nouvelle Charte complète les dispositions de ses deux devancières par la reconnaissance de nouveaux droits : le droit à l'« intégrité physique et mentale », notamment dans « le cadre de la

---

1. CJCE 28 oct. 1975, Rutili, *R* 1219.
2. Cf. par exemple CJCE 4 oct. 1991, Society for the protection of the unborn children, et CEDH 29 oct. 1992, Open Door : violation de l'article 10 de la Convention, sur la liberté d'expression, selon la CEDH mais pas selon la CJCE, à propos de l'interdiction irlandaise de diffuser des informations sur l'avortement.
3. Avis CJCE 28 mars 1996, *RUDH* 1996.167.

médecine et de la biologie » (art. 3), la « liberté des arts et des sciences » (art. 13), la « liberté d'entreprise » (art. 16), le droit à la « diversité culturelle, religieuse et linguistique » (art. 22), le droit des personnes âgées à la dignité (art. 25), le droit des personnes handicapées à l'intégration (art. 26), le droit d'« accès aux services d'intérêt économique général » (art. 36), le « droit à une bonne administration » (art. 41), le droit d'accès aux documents des institutions européennes (art. 42), le droit de saisir le médiateur de l'Union en cas de « mauvaise administration » (art. 43), et le droit de pétition devant le Parlement européen (art. 44). Bien que cette nouvelle Charte n'ait pour l'instant aucune valeur juridique[1], et malgré un article 52 qui recommande de reconnaître aux droits qu'elle proclame un niveau de protection au moins égal à celui déjà assuré par la Convention de 1950, la volonté de l'Union européenne de s'orienter vers la substitution aux traités du Conseil de l'Europe d'un texte plus complet et mieux adapté à ses besoins, d'ores et déjà présenté comme susceptible d'apporter « une protection plus étendue » (art. 52), ne fait donc guère de doute.

La création, par un règlement du Conseil du 15 février 2007, d'une « Agence des droits fondamentaux de l'Union européenne », renforce cette orientation dans la mesure où cette Agence, installée à Vienne en Autriche, a pour mission de sensibiliser le public aux droits fondamentaux... de l'Union européenne.

– Problématique après l'entrée en vigueur du « traité de Lisbonne »

Signé le 13 décembre 2007, ce nouveau traité, s'il entre en vigueur, ne dissipera pas l'ambiguïté de l'attitude de l'Union européenne face à la Convention.

En apparence, pourtant, il y met fin en stipulant que « l'Union adhère à la Convention européenne de sauvegarde des droits de l'homme et des libertés fondamentales » (art. I-6). Cela semble en effet signifier que l'Union reconnaît la supériorité de la Convention sur le dispositif communautaire de protection des droits de l'homme, et qu'en cas de divergence sur l'interprétation d'un droit protégé par la Convention, la CJCE devra dorénavant s'incliner devant la CEDH.

La réalité est cependant beaucoup plus complexe. Le nouveau traité donne en effet une valeur conventionnelle à la Charte de 2000 en stipulant qu'elle « a la même valeur juridique que les traités » (art. I-6). Il confirme ainsi la volonté de l'Union de continuer à construire, face à la Convention, son propre système de protection des droits de l'homme. De façon très subtile, il précise d'ailleurs que le « sens » et la « portée » des droits inclus dans la Charte ne sont « les mêmes que ceux que prévoit la Convention » que dans la mesure où ils « correspondent » à des droits garantis par celle-ci (« explication » de l'art. 52 de la Charte, à laquelle renvoie l'art. I-6). Deux catégories de droits sont donc officiellement présents dans la Charte : ceux qui correspondent à des droits garantis par la Convention et ceux qui n'y correspondent

---

1. Même si les juridictions nationales et européennes s'en inspirent ouvertement. Cf. par exemple CEDH 11 juill. 2002, Goodwin c/Royaume-Uni, § 100 : invoque « l'article 9 de la Charte », dont « le libellé... exclut la référence à l'homme et à la femme », pour justifier le droit au mariage des transsexuels. La CEDH cherche probablement ainsi (avec l'énergie du désespoir ?) à asseoir son autorité sur un droit communautaire qui tend à lui échapper. Stratégie inaugurée par CEDH 18 févr. 1999, Matthews c/Royaume-Uni, *RUDH* 1999.253 (violation par cet État de l'article 3 du protocole n° 1 de la Convention pour avoir omis d'étendre aux citoyens de Gibraltar le droit de suffrage aux élections européennes), et explicitée par CEDH 30 juin 2005, Bosphorus c/ Irlande, *RTDE* 2005.749 (affirme sa compétence pour contrôler, même après que la CJCE se soit déjà prononcée, les actes communautaires et les actes nationaux d'application du droit communautaire).

pas. Seuls les premiers relèveront de la double compétence de la CJCE et de la CEDH, les seconds relevant de la seule compétence de la CJCE. Comme c'est la CJCE elle-même qui décidera de la « correspondance », elle aura sans doute à cœur de réduire au maximum la première catégorie.

L'adhésion de l'Union à la Convention de 1950 ne suffit donc pas à clarifier ses intentions. Force est au contraire de constater que le nouveau traité pose plus de questions qu'il n'en résout. Comme le remarque un éminent spécialiste du droit européen des droits de l'homme, il est à craindre que son entrée en vigueur ne provoque « un enchevêtrement normatif en matière de droits fondamentaux assez inextricable »[1].

3) La Convention pour la protection de la dignité humaine à l'égard de la biomédecine

Signée à Oviedo le 4 avril 1997, cette convention a pour but de protéger la personne humaine contre les dangers engendrés par les progrès de la médecine et de la biologie, que la Convention de 1950 est impuissante à endiguer. Dans cette optique, elle proclame dès son préambule « la nécessité de respecter l'être humain à la fois comme individu et dans son appartenance à l'espèce humaine ».

Le respect de l'individu se traduit par l'édiction de trois principes : exigence du consentement, droit à l'information, non instrumentalisation du corps humain.

Le premier principe signifie qu'aucune intervention médicale ni aucune recherche ne peut être effectuée sur une personne, sans que celle-ci ait donné son consentement. Dans tous les cas, la personne concernée peut à tout moment retirer librement son consentement. L'exigence du consentement disparaît toutefois en cas d'urgence, lorsque la sauvegarde de la santé d'une personne nécessite une intervention rapide. En ce qui concerne les mineurs et les incapables majeurs, leur avis est pris en compte ; en outre, aucune intervention médicale ni aucune recherche ne peut être effectuée sur eux sans le consentement de leur représentant légal.

Cette exigence d'un consentement n'a évidemment de sens que si celui-ci est libre et éclairé. C'est pourquoi la Convention prend soin de poser le deuxième principe — le droit à l'information — en vertu duquel toute personne a le droit d'être informée du but, de la nature, et des risques d'une intervention médicale ou d'une recherche qu'on envisage d'effectuer sur elle, avant de décider d'y consentir ou non. Les personnes qui se prêtent à une recherche doivent en outre être informées des droits et garanties prévus par la loi pour leur protection. D'autre part, le droit à l'information implique que toute personne a le droit de connaître, sauf exception prévue par la loi dans l'intérêt du patient, les informations relatives à son état de santé.

Le troisième principe — la non instrumentalisation du corps humain — complète ce dispositif de protection en limitant strictement, voire en interdisant, le recours à certaines techniques. Sont ainsi limités : le recours à des tests prédictifs de maladies génétiques, qui n'est admis qu'à des fins médicales ou de recherche médicale ; et le prélèvement d'organes ou de tissus, qui n'est possible que dans deux hypothèses sur des donneurs vivants : dans l'intérêt thérapeutique du receveur, lorsqu'on ne dispose

---

1. F. Sudre, *RFDA* 2005.39, à propos du « traité établissant une Constitution pour l'Europe » (signé le 29 octobre 2004 et rejeté par les Français à l'issue du référendum du 29 mai 2005) qui recourait exactement au même procédé que le traité de Lisbonne.

pas d'organe ou de tissus appropriés d'une personne décédée ni de méthode thérapeutique alternative d'efficacité comparable ; ou lorsque le donneur est un incapable, quand le don a pour objet de préserver la vie du frère ou de la sœur du donneur, et qu'on ne dispose d'aucun autre donneur compatible. Sont pour leur part interdits : le profit sur le corps humain ; la constitution d'embryons humains aux fins de recherche ; depuis le protocole additionnel n° 1 du 12 janvier 1998, le clonage d'êtres humains, défini comme l'« intervention ayant pour but de créer un être humain génétiquement identique à un autre être humain vivant ou mort » ; et, en vertu du protocole additionnel n° 2 du 24 janvier 2002, le trafic d'organes et de tissus d'origine humaine.

Grâce à ces trois principes, on le voit, la Convention d'Oviedo réussit à protéger la dignité de l'être humain « comme individu ». Sa philosophie générale est d'ailleurs parfaitement résumée par son article 2, selon lequel « l'intérêt et le bien de l'être humain doivent prévaloir sur le seul intérêt de la société ou de la science ». On peut toutefois déplorer la très grande timidité de la Convention à propos de la recherche sur les embryons in vitro, qu'elle autorise à la seule condition — totalement floue — que la loi « assure une protection adéquate de l'embryon » (art. 18). Le protocole additionnel n° 3 du 25 janvier 2005, précisant les garanties qui s'imposent à la recherche biomédicale, ne change rien à cette situation, puisqu'il prévient lui-même qu'il « ne s'applique pas la recherche sur les embryons in vitro ».

Outre le respect de l'être humain « comme individu », la Convention assure aussi son respect « dans son appartenance à l'espèce humaine ». En réalité, sans qu'on le dise clairement, tant est fort l'attachement à la philosophie individualiste des droits de l'Homme, l'objectif est cette fois davantage de protéger l'espèce humaine que l'individu lui-même. Pour assurer le renouvellement des générations, la Convention interdit ainsi d'utiliser des techniques médicales pour choisir le sexe de l'enfant à naître, sauf en vue d'éviter une maladie héréditaire grave liée au sexe. Et pour empêcher les apprentis-sorciers de fabriquer une race de mutants, elle n'autorise une intervention ayant pour objet de modifier le génome humain « que pour des raisons préventives, diagnostiques ou thérapeutiques et seulement si elle n'a pas pour but d'introduire une modification dans le génome de la descendance » (art. 13).

Si complète qu'elle soit, la Convention d'Oviedo ne peut évidemment prévoir les développements futurs de la biologie et de la médecine, auxquels elle devra s'adapter ou réagir. C'est pourquoi elle institue un « Comité directeur pour la Bioéthique » (CDBI), qui comprend un représentant de chaque État adhérant à la Convention. Son rôle majeur consiste à examiner les propositions de protocole additionnel ou d'amendement à la Convention, et, s'il les adopte à la majorité des deux tiers des voix exprimées, de les soumettre ensuite au Comité des ministres, dont l'approbation finale conditionne leur communication aux États en vue de leur ratification. Le CDBI peut aussi, en dehors de tout litige, demander à la Cour européenne des droits de l'Homme d'interpréter la Convention par des avis consultatifs.

Mais dans des États démocratiques, l'évolution du droit ne doit pas dépendre simplement de la volonté de juges, d'experts, et de représentants. Avec réalisme, la Convention d'Oviedo le rappelle clairement. Elle exige en effet des États européens qu'ils « veillent à ce que les questions fondamentales posées par les développements de la biologie et de la médecine fassent l'objet d'un débat public », afin que leurs réponses juridiques correspondent aux attentes des populations (art. 28). Ce ralliement à la philosophie du positivisme sociologique n'est pas le moindre de ses mérites.

§ 2. La protection des libertés publiques par les juges nationaux sur la base d'engagements internationaux

Contrairement à ce que l'on croit trop souvent, la protection internationale des libertés n'est pas exercée seulement par des organismes internationaux. Elle l'est aussi par les juges nationaux, lorsque ceux-ci statuent sur la base d'engagements internationaux.

En France, les juges affirment la primauté de la Constitution (A) mais acceptent depuis longtemps de tirer les conséquences de la supériorité des traités ratifiés sur les actes administratifs (B). Ils ont en revanche été plus hésitants à reconnaître leur supériorité par rapport aux lois (C).

A. La supériorité de la Constitution sur les traités

En France, la supériorité de la Constitution sur les traités (et sur les autres dispositions à valeur conventionnelle, comme les directives communautaires) a longtemps été considérée comme une évidence, dictée par le respect du principe démocratique de souveraineté du peuple. L'insistance du droit communautaire à se prétendre investi d'une « primauté » a toutefois amené le Conseil d'État, la Cour de cassation et le Conseil constitutionnel à la réaffirmer clairement [1]. Du point de vue des libertés publiques il faut s'en réjouir, car la Constitution est beaucoup plus apte à les protéger que ne l'est le droit communautaire, trop empressé à sacrifier tout ce qui peut entraver le libre jeu du marché.

Certes, depuis 2004, un sort particulier est réservé aux lois qui se bornent à transposer des directives communautaires, dont le Conseil constitutionnel refuse en principe désormais de contrôler la constitutionnalité [2]. Mais par exception à ce principe d'immunité, son contrôle réapparaît lorsque lesdites lois portent atteinte à « l'identité constitutionnelle de la France » [3]. Ce garde-fou signifie que, même en ce domaine, rien n'a fondamentalement changé : dans la mesure où les libertés publiques appartiennent à « l'identité constitutionnelle de la France », chaque loi de transposition qui chercherait à les violer aurait en effet vocation à être annulée par le Conseil constitutionnel. Contrairement aux apparences, les directives communautaires restent donc subordonnées à la Constitution.

B. La supériorité des traités ratifiés sur les actes administratifs

Traditionnellement, les administrés n'étaient pas admis à demander au juge l'annulation d'un acte administratif contraire à un engagement international. Cet état

---

1. CE, Ass., 30 oct. 1998, Sarran, *GAJA*, à propos de la Convention européenne de 1950 et du pacte onusien de 1966 ; Plén. 2 juin 2000, Mlle Fraisse, *RDP* 2000.1037, à propos des mêmes textes ; et CC 19 nov. 2004, Traité établissant une Constitution pour l'Europe, *GDCC*, à propos dudit projet de traité.

2. CC 10 juin 2004, Confiance dans l'économie numérique, *D* 2004.1739. Solution étendue aux règlements de transposition des directives par CE, Ass., 8 févr. 2007, Soc. Arcelor Atlantique et Lorraine, *GAJA*.

3. Concept forgé par CC 27 juill. 2006, Droit d'auteur, *RFDC* 2007.100. Cf. notre article « L'identité constitutionnelle de la France », *Mélanges Rigaudière*, 2009.

du droit a changé à la suite de l'entrée en vigueur de la Constitution de 1946, dont l'article 26 donnait « force de loi » aux traités ratifiés. Dès 1952, le Conseil d'État a en effet entériné cette évolution en acceptant de vérifier la conformité d'un décret d'extradition à un traité ratifié [1].

Aujourd'hui, il est devenu courant que des actes administratifs soient annulés en raison de leur non-conformité à un traité. Le tribunal administratif de Paris a par exemple annulé, en 1981, le refus d'autorisation de mariage opposé à un étranger, au motif qu'un tel acte était contraire à l'article 12 de la Convention européenne de sauvegarde des droits de l'Homme, qui reconnaît à toute personne le droit de se marier [2]. Depuis 1991, le Conseil d'État annule les arrêtés d'expulsion ou de reconduite à la frontière dès lors qu'ils portent au droit au respect de la vie familiale, garanti par l'article 8 de la même Convention, une atteinte excessive par rapport aux exigences de l'ordre public [3]. Et depuis 1997, il annule les décisions par lesquelles l'administration enjoint aux étrangers résidant en France de faire quitter le territoire français à leurs enfants mineurs, en se fondant sur l'article 3 de la Convention internationale relative aux droits de l'enfant, qui prescrit de privilégier « l'intérêt supérieur de l'enfant » [4].

De son côté, le juge judiciaire accepte d'écarter l'application des actes administratifs contraires à des engagements internationaux [5].

Grâce à cette intervention des juridictions administratives et judiciaires, l'administration ne peut pas violer impunément les libertés publiques dont l'exercice est garanti par des traités.

C. La supériorité des traités ratifiés sur les lois

Il arrive que des dispositions législatives soient incompatibles avec les règles posées par un traité ratifié. Dans cette hypothèse, le traité doit prévaloir sur la loi. Reprenant une expression utilisée par l'article 28 de la Constitution de 1946, l'article 55 de la Constitution de 1958 affirme en effet que les traités ratifiés ont « une autorité supérieure à celle des lois ».

Dans la pratique juridictionnelle, une distinction a toutefois été longtemps opérée selon que la loi contraire au traité était antérieure ou postérieure à celui-ci.

Lorsque la loi contraire au traité lui est antérieure, les tribunaux administratifs et judiciaires acceptent depuis longtemps de refuser son application [6]. Le traité correspond en effet alors à la volonté la plus récente du législateur, dont il est légitime de penser qu'il a entendu implicitement écarter sa volonté plus ancienne, telle qu'il

---

1. CE, Ass., 30 mai 1952, Dame Kirkwood, *RDP* 1952.781, concl. Letourneur.

2. TA Paris, 2 févr. 1981, Majka. Il s'agissait de la première annulation fondée sur une violation de la Convention de 1950. À la suite de ce jugement, une loi du 29 octobre 1981 a abrogé le système qui soumettait à autorisation administrative le mariage de certains étrangers.

3. CE, Ass., 19 avr. 1991, Belgacem et Babas, *RFDA* 1991.497, concl. Abraham.

4. CE 22 sept. 1997, Dlle Cinar, *JCP* 1998, n° 10051. Comme lui, la Cour de cassation estime depuis 2005 que certains articles de cette Convention sont d'application directe : Civ. 1re, 18 mai 2005, *JCP* 2005, n° 10081 (renversant Civ. 1re, 10 mars 1993, Lejeune, *D* 1993.361, qui considérait qu'aucun de ses articles n'avait d'effet direct).

5. Civ. 20 déc. 1960, Flor, *RDP* 1961.908.

6. Cf. par exemple CE, Sect., 23 déc. 1949, Soc. Cominfi, *R* 570 ; CE, Sect., 11 déc. 1970, Delle Benz, *R* 763 ; Cass. crim. 12 nov. 1990, *Bull.* n° 377.

l'avait exprimée par la loi. Grâce à ce raisonnement, le juge parvient à se convaincre que, contrairement aux apparences, il ne va pas à l'encontre de la souveraineté du législateur en écartant la loi.

Jusqu'en 1975 au contraire, les juridictions administratives et judiciaires refusaient avec obstination, malgré l'article 55 de la Constitution, d'écarter l'application de la loi contraire au traité, lorsque celle-ci était postérieure à celui-là[1]. Dans cette hypothèse, en effet, elles ne pouvaient pas s'abriter derrière le raisonnement sécurisant précédemment exposé : en écartant la loi postérieure au traité, elles auraient anéanti la volonté la plus récente du législateur, et seraient donc allées directement à l'encontre de sa souveraineté.

Pour les libertés publiques, la conséquence de cette prudence jurisprudentielle était grave. Il était impossible de les protéger contre les actes administratifs violant un traité les garantissant, dès lors qu'ils étaient conformes à une loi contraire et postérieure à celui-ci, la loi faisant en quelque sorte écran entre le traité et les actes administratifs.

C'est grâce à la décision du Conseil constitutionnel du 15 janvier 1975 que cette situation déplorable a pris fin[2]. Dans cette affaire, le Conseil a en effet estimé que le contrôle de compatibilité des lois aux traités, induit par l'article 55 de la Constitution, « ne saurait s'exercer dans le cadre de l'examen prévu à l'article 61, en raison de la différence de nature de ces deux contrôles ». Par cette déclaration d'incompétence, il invitait ainsi les juridictions administratives et judiciaires à prendre leurs responsabilités, en exerçant elles-mêmes le « contrôle » de l'article 55. Il leur signifiait en quelque sorte leur habilitation constitutionnelle à écarter l'application des lois contraires à un traité, même postérieures à celui-ci.

Cette invitation a été suivie par la Cour de Cassation dès le 24 mai 1975, dans l'arrêt Cafés Jacques Vabre[3]. Depuis cet arrêt, les juridictions judiciaires acceptent en effet d'écarter l'application des lois contraires à un traité, même lorsqu'elles lui sont postérieures[4]. L'analyse de la jurisprudence suscite toutefois une certaine déception, car la Cour de cassation — notamment sa chambre criminelle — a tendance à décerner systématiquement aux lois françaises des brevets de conformité à la Convention européenne de sauvegarde des droits de l'Homme. La haute juridiction a par exemple estimé que la législation française sur les écoutes téléphoniques[5] et sur la durée de la détention provisoire[6] était conforme à la Convention, peu avant que la Cour européenne des droits de l'Homme ne juge le contraire.

De leur côté, les juridictions administratives ont été encore plus décevantes, puisqu'il leur a fallu quatorze ans pour suivre à leur tour l'invitation du Conseil constitutionnel. Ce n'est en effet que depuis l'arrêt Nicolo de 1989 — qui ne concerne pas les libertés publiques — que le Conseil d'État accepte d'écarter l'application des

---

1. Cf. par exemple le célèbre arrêt CE, Sect., 1er mars 1968, Synd. gén. des fabricants de semoules de France, *AJDA* 1968.235, concl. Questiaux.
2. CC 15 janv. 1975, Interruption volontaire de grossesse, *GDCC*.
3. Ch. mixte 24 mai 1975, Cafés J. Vabre, *D* 1975.497, concl. Touffait.
4. Cf. par exemple Crim. 4 sept. 2001, Amaury, *JCP* 2001, n° 10623 : écarte l'application de la loi du 19 juillet 1977 qui interdisait la publication des sondages d'opinion pendant la semaine précédant un scrutin, au motif de son incompatibilité avec l'article 10 de la Convention de 1950 garantissant la liberté d'expression.
5. Crim. 23 juill. 1985, *D* 1986.61.
6. Crim. 6 mars 1986, *D* 1986.315.

lois postérieures à un traité lorsqu'elles lui sont contraires [1]. Une première application aux libertés publiques en a été faite dès l'année suivante, à propos de la législation sur l'interruption volontaire de grossesse, que le Conseil d'État n'a pas jugée contraire à l'article 2 de la Convention européenne, relatif au « droit de toute personne à la vie [2] ». Il reste à espérer que dans l'avenir le juge administratif saura faire preuve, à l'égard de la compatibilité de nos lois avec les traités protecteurs des libertés, de plus de discernement que le juge judiciaire [3].

Mais il faut être réaliste, et ne pas s'attendre à ce qu'il brûle les étapes. La jurisprudence, comme la législation, ne progresse en effet qu'au rythme de l'évolution des aspirations de la conscience collective.

La conquête des libertés est une aventure collective de longue haleine...

BIBLIOGRAPHIE SÉLECTIVE

• Sur la réglementation des libertés publiques

Vingt ans d'application de la Constitution de 1958 : le domaine de la loi et du règlement, Presses universitaires d'Aix-Marseille, 1978 (ouvrage collectif fondamental).

J.-P. Camby, « 34/37 : Des frontières perméables », *RDP* 2002.280.

Dossier « Le désordre normatif », *RDP* 2006.43.

P. Ligneau, « Le procédé de la déclaration préalable », *RDP* 1976.679.

P. Livet, *L'Autorisation administrative préalable et les libertés publiques*, LGDJ, 1974.

• Sur le principe d'égalité

Y. Attal-Galy, *Droits de l'homme et catégories d'individus*, LGDJ, 2003.

F. Bottini, *La protection des décideurs publics face au droit pénal*, LGDJ, 2008 (réflexion fondamentale sur l'égalité en matière pénale).

Conseil constitutionnel, Rapport 1997 sur le principe d'égalité dans la jurisprudence constitutionnelle, *RFDA* 1997.227 (brèves réponses à un intéressant questionnaire).

Conseil d'État, « Rapport public 1996 sur le principe d'égalité », *EDCE* n° 48, 1997 (ouvrage fondamental).

G. Gonzalez, « Le protocole additionnel n° 12 à la Convention européenne des droits de l'Homme portant interdiction générale de discriminer », *RFDA* 2002.113.

G. Lebreton, « Une déroute de l'égalité devant la loi : l'irresponsabilité pénale du président de la République, des ministres et des autres décideurs publics en droit

---

1. CE, Ass., 20 oct. 1989, Nicolo, *GAJA* ; cf. aussi notre commentaire, « La supériorité des traités sur les lois postérieures », *LPA* n° 148, 11 déc. 1989, p. 11.

2. CE, Ass., 21 déc. 1990, Conf. nat. des ass. familiales catholiques et Ass. pour l'objection de conscience à toute participation à l'avortement (2 arrêts), *RFDA* 1990.1065, concl. Stirn.

3. Ce n'est pas toujours le cas : l'arrêt CE, Sect., 9 juill. 1997, Association Ekin, *RDP* 1998.539, considéré pourtant en son temps comme un « grand arrêt », juge que le pouvoir du ministre de l'Intérieur d'interdire la distribution des publications étrangères, prévu par le décret-loi du 6 mai 1939, est compatible avec l'article 10 de la Convention de 1950 ; alors que l'arrêt CEDH 17 juill. 2001, Association Ekin, *AJDA* 2002.52, estime le contraire.

français », dans *Regards critiques sur l'évolution des droits fondamentaux de la personne humaine en 1999 et 2000* (dir. G. Lebreton), L'Harmattan, 2002, p. 263.

G. LEBRETON, « Une résurrection de l'égalité ? La création de la HALDE », dans *Valeurs républicaines et droits fondamentaux de la personne humaine en 2003 et 2004* (dir. G. Lebreton), L'Harmattan, 2006, p. 185.

A.-M. LE POURHIET, « Discriminations positives ou injustice ? », *RFDA* 1998.519 (critique très convaincante de la notion de discrimination positive) ; et « Pour une analyse critique de la discrimination positive », *Le débat* 2001, n° 114, p. 166.

F. LUCHAIRE, « Un Janus constitutionnel : l'égalité », *RDP* 1986.1229.

H. MOUTOUH, « La différence dans l'égalité. Chronique nécrologique de l'universalisme juridique français », dans *L'évolution des droits fondamentaux de la personne humaine en 1997 et 1998* (dir. G. Lebreton), L'Harmattan, 2000, p. 109.

G. PELLISSIER, *Le Principe d'égalité en droit public*, LGDJ, 1996.

« L'égalité », *APD* 2008, tome 51.

- **Sur les discriminations en raison du sexe ou de la race**

J. BOUGRAB, « L'égalité entre les femmes et les hommes dans les jurisprudences des cours suprêmes européennes et nationales », *AJDA* 2003.1640.

Commission nationale consultative des droits de l'Homme, *La lutte contre le racisme et la xénophobie*, rapport annuel.

F. DE FONTETTE, *Le Racisme*, PUF, « Que sais-je ? », n° 1603.

G. LEBRETON, « La lutte contre les discriminations raciales en France », Actes du colloque de Fortaleza sur *La justice sociale à l'aube du XXIe siècle*, à paraître au Brésil.

M. MAISONNEUVE, « Les discriminations positives ethniques ou raciales en droit public interne », *RFDA* 2002.561 (intéressant).

J.-M. POISSON, « La fin des avantages exclusifs accordés aux femmes dans la fonction publique », *RDP* 2003.239 (stimulante réflexion critique).

G. TUSSEAU, « Problèmes et contradictions du droit anti-discriminatoire appliqué au domaine de la représentation politique des femmes », *RDP* 2008.539 (brillant).

- **Sur l'influence des circonstances sur la réglementation des libertés**

M. BRUNO, « Les conséquences des attentats du 11 septembre 2001 en droit français et en droit communautaire », dans *Interrogations sur l'évolution des droits fondamentaux de la personne humaine en 2001 et 2002* (dir. G. Lebreton), L'Harmattan, 2004, p. 175.

P. CAILLE, « L'état d'urgence. La loi du 3 avril 1955 entre maturation et dénaturation », *RDP* 2007.323.

G. CAMUS, *L'État de nécessité en démocratie*, LGDJ, 1965.

CRDF, n° spécial, 2008 (incluant notre étude sur « Les atteintes aux droits fondamentaux par l'état de siège et l'état d'urgence »).

R. DRAGO, « L'état d'urgence et les libertés publiques », *RDP* 1955.670.

F. EPINETTE, « Vigipirate », dans *L'ordre public* (dir. M.-J. Redor), Bruylant, 2001, p. 337.

L. HAMON, « À propos de l'article 16 », *AJDA* 1961.558.

J. LAMARQUE, « La théorie de la nécessité et l'article 16 », *RDP* 1961.558.

M. MAHMOUD MOHAMED SALAH, « les conséquences des attentats du 11 septembre 2001 sur le droit international », dans *Interrogations*..., préc., L'Harmattan, 2004, p. 161.

L. NIZARD, *Les Circonstances exceptionnelles dans la jurisprudence administrative*, LGDJ, 1962.

Pouvoirs n° 58, « La guerre du Golfe », 1991.

A. de RAULIN (dir.), *Situations d'urgence et droits fondamentaux*, L'Harmattan, 2006.

F. ROLIN et S. SLAMA, « Les libertés dans l'entonnoir de la législation anti-terroriste », *AJDA* 2006.975.

F. SAINT-BONNET, « Réflexions sur l'article 16 et l'état d'exception », *RDP* 1998.1699.

Ph. TERNEYRE, « Les adaptations aux circonstances du principe de constitutionnalité. Contribution du Conseil constitutionnel à un droit constitutionnel de la nécessité », *RDP* 1987.1489.

A. VANDERVORST, « Les droits fondamentaux à l'épreuve du terrorisme en 1995 et 1996 », dans *Les droits fondamentaux de la personne humaine en 1995 et 1996* (dir. G. Lebreton), L'Harmattan 1998, p. 197.

M. VOISSET, *L'article 16 de la Constitution de 1958*, LGDJ, 1969.

- **Sur les garanties non juridictionnelles des libertés**

J. CHEVALLIER, « Réflexions sur l'institution des autorités administratives indépendantes », *JCP* 1986, n° 3254.

Conseil d'État, « Rapport public 2001 : les AAI », *EDCE* n° 52 (ouvrage fondamental).

E. DECAUX, « Utile Cassandre. Du rôle de la Commission nationale consultative des droits de l'Homme », *Mélanges Mourgeon*, Bruylant, 1998, p. 589.

F. DREYFUS, « Les AAI : de l'intérêt général à celui des grands corps », *Mélanges Hélin*, 2004, p. 219 (sur la « colonisation » des AAI par les grands corps de l'État).

S. DUBOURG-LAVROFF, « Le droit de pétition en France », *RDP* 1992.1733.

E. FOREY, « Le droit de pétition aux assemblées délibérantes des collectivités territoriales », *RDP* 2005.151 (souligne que la révision de 2003 « aboutit à restreindre l'exercice » de ce droit).

M. GENTOT, *Les AAI*, Montchrestien, 1991.

S. GOUHIER, « La déontologie de la sécurité sous surveillance d'une AAI : une loi pour rassurer les citoyens ? », *RFDA* 2002.384.

R. GRAEFFLY, « Vers une unification des politiques publiques de lutte contre les discriminations », *AJDA* 2005.934 (sur la HALDE).

D. GROS et O. CAMY (dir.), *Le droit de résistance à l'oppression*, Le Seuil, 2005.

M.-J. GUÉDON, *Les AAI*, LGDJ, 1991.

M.-J. GUÉDON, « Le Défenseur des enfants : une nouvelle autorité indépendante », *AJDA* 2000.424.

A. HAQUET, « Le pouvoir réglementaire des AAI », *RDP* 2008.393 (sur sa légitimité).

G. LEBRETON, « La résistance à l'autorité », dans *L'autorité* (dir. J. FOYER, G. LEBRETON et C. PUIGELIER), PUF, 2008, p. 257.

M. MOLINER-DUBOST, « Le Contrôleur général des lieux de privation de liberté », *AJDA* 2008.84.

P. ROLLAND, *La protection des libertés en France*, Dalloz 1995.

P. SABOURIN, « Les AAI. Une catégorie nouvelle », *AJDA* 1983.275.

- **Sur les garanties juridictionnelles des libertés**

M.-A. COHENDET, « La collégialité des juridictions : un principe en voie de disparition ? », *RFDC* 2006.713.

CRDF n° 1, « La garantie juridictionnelle des droits fondamentaux », Université de Caen, 2002.

J. DONNEDIEU DE VABRES, « La protection des droits de l'Homme par les juridictions administratives en France », *EDCE* 1949.30.

Dossiers « La réforme » et « Actualité des procédures d'urgence », *RFDA* 2000.941 et 2002.245.

Dossier « Référé administratif, appréciation de l'urgence et protection des libertés fondamentales », *AJDA* 2003.642.

M. DRAN, *Le Contrôle juridictionnel et la garantie des libertés publiques*, LGDJ, 1968.

L. FAVOREU et L. PHILIP, *Les Grandes Décisions du Conseil constitutionnel*, Sirey, 14e éd., 2007 (ouvrage fondamental).

L. FAVOREU et T. RENOUX, *Le Contentieux constitutionnel des actes administratifs*, Sirey, 1992.

M. LONG, P. WEIL, G. BRAIBANT, P. DELVOLVÉ, B. GENEVOIS, *Les Grands Arrêts de la jurisprudence administrative*, Sirey, 16e éd., 2007 (ouvrage fondamental).

B. MATHIEU et M. VERPEAUX, *Contentieux constitutionnel des droits fondamentaux*, LGDJ, 2002.

J. RIVERO, « Le système français de protection des citoyens contre l'arbitraire administratif à l'épreuve des faits », *Mélanges Dabin*, 1963, et dans *Pages de doctrine*, LGDJ, 1980.563.

J. RIVERO, *Le Conseil constitutionnel et les libertés*, Economica, 2e éd., 1987.

P. ROLLAND, *La protection des libertés en France*, Dalloz, 1995.

D. ROUSSEAU (dir.), *Le Conseil constitutionnel en questions*, L'Harmattan, 2004.

D. ROUSSEAU, *Droit du contentieux constitutionnel*, Montchrestien, 7e éd., 2006.

E. SAILLANT, « CC, CEDH et protection des droits et libertés : sur la prétendue rivalité de systèmes complémentaires », *RDP* 2004.1497 (analyse intéressante mais contestable, représentative d'un certain optimisme ambiant).

S. TSIKLITIRAS, *La Protection effective des libertés publiques par le juge judiciaire en droit français*, LGDJ, 1991.

R. VANDERMEEREN, « La réforme des procédures d'urgence devant le juge administratif », *AJDA* 2000-706, et « La réforme du référé administratif », dans *Regards critiques sur l'évolution des droits fondamentaux de la personne humaine en 1999 et 2000* (dir. G. Lebreton), L'Harmattan, 2002, p. 141.

G. VEDEL et P. DELVOLVÉ, *Le Système français de protection des administrés contre l'administration*, Sirey, 1991.

- **Sur les garanties internationales des libertés**

V. BERGER, *Jurisprudence de la Cour européenne des droits de l'Homme*, Sirey, 10e éd., 2007 (ouvrage utile mais purement descriptif).

G. Braibant, *La Charte des droits fondamentaux de l'Union européenne, témoignage et commentaires*, Le Seuil, 2001 (par l'un des principaux rédacteurs de la Charte).

O. Cayla, « La négation de toute possible identité européenne par la Charte européenne des droits fondamentaux », dans *Regards critiques...* (préc.), L'Harmattan, 2002, p. 102 (réflexion originale et stimulante).

G. Cohen-Jonathan, *La Convention européenne des droits de l'Homme*, Economica, 1989.

G. Cohen-Jonathan, *Aspects européens des droits fondamentaux*, Montchrestien, 3e éd., 2002.

Dossier « Constitution pour l'Europe », *RFDA* 2005.1 (notamment articles de H. Labayle-J.L. Sauron et de F. Sudre).

B. Edelman, « La CEDH : une juridiction tyrannique ? », *D* 2008.1946 (polémique mais représentatif d'un certain courant anti-CEDH).

P. Fraisseix, « La protection de la dignité de la personne et de l'espèce humaines dans le domaine de la biomédecine : l'exemple de la Convention d'Oviedo », dans *L'évolution des droits fondamentaux de la personne humaine en 1997 et 1998* (dir. G. Lebreton), L'Harmattan, 2000, p. 119.

P. Fraisseix, « La France, les langues régionales et la Charte européenne des langues régionales et minoritaires », *RFDA* 2001.59.

G. Lebreton, « Critique de la Charte des droits fondamentaux de l'Union européenne », *D* 2003.2319.

G. Lebreton, « Critique de la Déclaration universelle des droits de l'homme », Actes du colloque de Caen sur *le 60e anniversaire de la DUDH*, à paraître.

S. Leclerc (et autres), *L'Union européenne et les droits fondamentaux*, Bruylant, 1999.

J.-P. Marguénaud, *La Cour européenne des droits de l'Homme*, Dalloz, 1997.

J.-B. Marie, « Les pactes internationaux relatifs aux droits de l'Homme confirment-ils l'inspiration de la Déclaration universelle ? », *RDH* 1970 vol. III, p. 397.

P. Martin, « La Cour pénale internationale : quel avenir pour une illusion ? », *D* 1998.C.337.

J.-L. Matthieu, *La Défense internationale des droits de l'Homme*, PUF, « Que sais-je ? », no 2733.

Mélanges Cohen-Jonathan, Bruylant, 2004 (essentiellement consacrés à la CEDH).

J. Mourgeon, « Les pactes internationaux relatifs aux droits de l'Homme », *AFDI* 1967.326 ; et « L'entrée en vigueur des pactes », *AFDI* 1976.290.

J.-D. Mouton, « L'évolution de l'Union européenne : quelles perspectives pour ses relations avec l'autre Europe ? », *RDP* 2008.754 (sur le traité de Lisbonne).

A. Pécheul, « La Charte des droits fondamentaux de l'Union européenne », *RFDA* 2001.688.

L.-E. Pettiti, E. Decaux et P.-H. Imbert (dir.), *La CEDH, commentaire article par article*, Economica, 1995.

S. Rabiller, « Droit administratif et Conv. EDH », *JCA* no 26.

A. de Raulin, « La Cour pénale internationale et l'affaire Pinochet : un nouvel ordre public international », dans *L'évolution des droits fondamentaux de la personne humaine en 1997 et 1998* (dir. G. Lebreton), L'Harmattan, 2000, p. 131.

A. RENAUT-COUTEAU, « La protection des droits fondamentaux dans l'ordre juridique communautaire après le traité d'Amsterdam », dans *L'évolution...* (préc.), L'Harmattan, 2000, p. 25.

A. RENAUT-COUTEAU, « La Charte des droits fondamentaux de l'Union européenne, une nouvelle étape dans le processus de constitutionnalisation du droit communautaire », dans *Regards critiques...* (préc.), L'Harmattan, 2002, p. 75.

J.-F. RENUCCI, *Droit européen des droits de l'Homme*, LGDJ, 3e éd., 2002 (manuel très complet).

F. SUDRE (dir.), *Le Droit français et la Convention européenne des droits de l'Homme : 1974-1992*, Engel, 1994.

F. SUDRE, *Droit international et européen des droits de l'Homme*, PUF, 9e éd., 2008 (ouvrage fondamental, à consulter absolument).

F. SUDRE, *La Convention européenne des droits de l'Homme*, PUF, « Que sais-je ? », no 2513.

F. SUDRE (et autres), *Les grands arrêts de la Cour européenne des droits de l'Homme*, PUF, 4e éd., 2007 (ouvrage fondamental).

P. TAVERNIER, « Destin du pacte international relatif aux droits civils et politiques vingt ans après son entrée en vigueur », *Mélanges Mourgeon*, Bruylant, 1998, p. 479 (bilan utile).

- **Sur les sanctions administratives**

H.-M. CRUCIS, « Sanctions administratives », *JCA* no 108-40.

M. DELMAS-MARTY et C. TEITGEN-COLLY, *Punir sans juger*, Economica, 1992.

F. MODERNE, « Répression administrative et protection des libertés devant le juge constitutionnel », *Mélanges Chapus*, 1992, 411 ; *Sanctions administratives et justice constitutionnelle*, Economica, 1993 ; et « La sanction administrative », *RFDA* 2002.483.

P. QUILICHINI, « Réguler n'est pas juger », *AJDA* 2004.1060.

- **Sur la police**

A. DECOCQ, J. MONTREUIL, J. BUISSON, *Le Droit de la police*, Litec, 1991.

J.-J. GLEIZAL, J. GATTI-DOMENACH et C. JOURNÈS, *La Police, le cas des démocraties occidentales*, PUF, 1993.

C. GREWE, « Europol », dans *L'ordre public* (dir. M.-J. Redor), Bruylant, 2001, p. 317.

C.-É. MINET, *Droit de la police administrative*, Vuibert, 2007.

B. THOMAS-TUAL, « Le Code de déontologie de la police nationale : un texte passé inaperçu », *RDP* 1991.1385.

- **Sur l'amélioration des relations entre administration et administrés**

B. DELAUNAY, *L'Amélioration des rapports entre l'administration et les administrés*, LGDJ, 1993.

D. MAILLARD DESGRÉES DU LOÛ, *Droit des relations de l'administration avec ses usagers*, PUF, 2000 (ouvrage fondamental).

- **Sur l'avenir des libertés publiques**

G. ALBERTON, « De l'indispensable intégration du bloc de conventionnalité au bloc de constitutionnalité », *RFDA* 2005.249 (contestable).

J.-F. FLAUSS, « Les droits de l'Homme comme élément d'une constitution et de l'ordre européen », *LPA* 1993, n° 52.

A. TROIANIELLO, « Les droits fondamentaux, fossoyeurs du constitutionnalisme ? », dans *Regards critiques...* (préc.), L'Harmattan, 2002, p. 25 (vigoureuse mise en garde contre « la dérive individualiste du constitutionnalisme » et « la fonction idéologique des droits fondamentaux », à lire absolument. Version courte publiée à la revue *Le débat* n° 124, 2003.58).

A. TROIANIELLO, « Les droits fondamentaux éclipsés par la question sociale », dans *Valeurs républicaines...* (précité), L'Harmattan, 2006, p. 5 (sur le danger de réduire le projet politique à la seule défense des droits fondamentaux, en période de « fragilisation du corps social »).

Deuxième partie

Le régime juridique des principales libertés publiques

L'homme est, indissolublement, une créature charnelle, un être spirituel et le membre d'une communauté. La classification des libertés la moins artificielle est donc celle qui prend en compte cette tridimensionnalité de la personne humaine. C'est pourquoi on étudiera successivement les libertés physiques (titre I), les libertés intellectuelles (titre II) et les libertés relationnelles (titre III).

Titre I

Les libertés physiques

Les libertés physiques regroupent le droit de disposer de son corps et le droit à l'intégrité physique, qui sont des libertés confrontées aux sciences de la vie (chapitre 1), ainsi que le droit à la vie privée (chapitre 2), la liberté d'aller et venir (chapitre 3) et le droit à la sûreté (chapitre 4).

Chapitre 1

Les libertés confrontées aux sciences de la vie

Le droit de disposer de son corps et le droit à l'intégrité physique sont les plus fondamentales des libertés physiques. Elles ont pour point commun de reconnaître à la personne humaine la maîtrise exclusive de son corps, la première — positivement — en lui en garantissant la libre disposition, la seconde — négativement — en interdisant à autrui d'y porter atteinte. Libertés siamoises, elles ne constituent rien d'autre, à y mieux regarder, que les deux faces d'une seule et même « liberté charnelle », dont le respect conditionne l'existence de toutes les autres libertés.

Leur importance est si intensément perçue par la conscience collective qu'on n'a guère éprouvé le besoin, pendant longtemps, de formaliser leur existence. La torture ayant été abolie dès 1788, leur respect s'imposait avec la force de l'évidence, et ne soulevait guère de problèmes. La Déclaration de 1789 ne les mentionnait d'ailleurs même pas.

Tout a changé lorsque les progrès fulgurants de la biologie et des autres « sciences de la vie » ont ouvert à ces deux libertés des horizons jusque-là insoupçonnés. Le droit à l'intégrité physique a dû être repensé à la suite de la légitimation sociale de l'expérimentation scientifique effectuée sur l'homme. Quant au droit de disposer de son corps, il s'est soudain trouvé confronté aux possibilités nouvelles, naguère encore inimaginables, de procréation artificielle, de transsexualisme, et de greffe d'organes.

Pris au dépourvu, le législateur et le Conseil de l'Europe ont tardé à réagir [1]. Il en est résulté un vide juridique auquel la jurisprudence s'est efforcée, non sans hésitation, de faire face. Devant cette hésitation bien compréhensible du Droit, les ressources de la morale, de la déontologie, et surtout de la « bioéthique », ont été sollicitées.

Selon la définition classique de Kant, la morale est l'ensemble des règles de conduite intérieure, dictées par Dieu, dont le respect relève de la seule conscience individuelle. Par comparaison, le droit est l'ensemble des règles de conduite extérieure, définies par les hommes pour régir les rapports sociaux, dont le respect est assuré, au besoin, par la contrainte publique. Liée à la religion, la morale ne peut jouer officiellement, dans un État laïque, qu'un rôle très secondaire. En pratique, les positions morales défendues par les grandes religions, hostiles à l'instrumentalisation

1. Cf. respectivement lois du 29 juillet 1994 et du 6 août 2004, analysées ci-après, et Convention d'Oviedo du 4 avril 1997, analysée *supra*. Le 8 janvier 2008, le président de la République a confié à Simone Veil le soin de présider une Commission chargée de réfléchir à l'inscription dans la Constitution de « nouveaux droits » destinés à « répondre au défi de la bioéthique ».

des corps jugée contraire à la dignité de la personne humaine, exercent cependant sur la société une influence profonde.

Plus modeste, mais d'une utilité plus immédiate, la déontologie s'analyse comme l'ensemble des règles de conduite qui s'imposent aux membres d'une profession dans l'exercice de cette profession. Dans le cas de nos deux libertés, c'est la déontologie médicale qui est principalement concernée. La déontologie médicale est aujourd'hui en grande partie juridicisée, dans la mesure où la plupart de ses règles ont été transformées par la société en règles juridiques, soumises à la contrainte publique qui s'exprime par le pouvoir disciplinaire exercé par les conseils de l'Ordre des médecins. Succédant au décret du 28 juin 1979, le décret du 6 septembre 1995, portant Code de déontologie médicale, a ainsi érigé en règles juridiques le respect du secret professionnel (CSP, art. R. 4127-4), l'obligation d'adopter une « attitude correcte et attentive » envers le malade (art. R. 4127-7), l'obligation de ne révéler à celui-ci un pronostic fatal « qu'avec circonspection » (art. R. 4127-35), le respect de la volonté du malade « dans tous les cas » (art. R. 4127-36), l'interdiction de « provoquer délibérément la mort » (art. R. 4127-38), ou encore l'interdiction de faire courir au malade « un risque injustifié » (art. R. 4127-40). Mais une partie de la déontologie médicale demeure non juridicisée, dans la mesure où certaines de ses règles, faute d'avoir été transformées par la société en règles juridiques, s'analysent comme de simples recommandations, dont l'éventuel irrespect n'entraîne aucune sanction. C'est cette déontologie non juridicisée, dégagée spontanément par les médecins, qui s'est efforcée de faire face aux problèmes nouveaux engendrés par les progrès des sciences de la vie. Dans les CECOS (Centres d'Étude et de la Conservation du Sperme), des règles précises ont par exemple été posées pour encadrer l'activité d'insémination avec sperme de donneur. De telles initiatives présentent un grand intérêt pour l'avenir de nos deux libertés, car outre qu'elles permettent de minimiser les inconvénients résultant du vide juridique existant, elles ont vocation à inspirer le droit de demain.

Mais l'éthique joue à cet égard un rôle encore plus important. Contrairement à la déontologie, l'« éthique » ne s'adresse pas seulement aux membres d'une profession, mais à l'ensemble des hommes. Proche en cela de la morale, elle cherche moins à proposer des « recettes » pratiques qu'à préconiser le respect de « valeurs », qu'elle tire d'une certaine conception de l'homme et du monde, du bien et du mal. Mais contrairement à la morale, elle ne présuppose aucun lien avec une quelconque transcendance, car son ambition est de régir les relations de l'homme avec autrui et non avec Dieu[1]. Elle s'analyse donc comme l'ensemble des règles de conduite intérieure, définies par les hommes pour régir les rapports sociaux, dont le respect relève de la seule conscience individuelle. Elle est en quelque sorte une « morale laïque », qu'on appelle « bioéthique » lorsqu'elle concentre son attention sur la conduite à tenir à l'égard des progrès enregistrés par les sciences de la vie.

En France, un décret du 23 février 1983, remplacé ensuite par un décret du 29 mai 1997 puis par la loi du 6 août 2004, a créé le « Comité consultatif national d'éthique

1. Significative est à cet égard la définition donnée par le professeur Jean Bernard, qui fut le premier président du CCNE. Après avoir défini l'*ithos* comme la tenue de l'âme, et l'*ethos* comme l'ensemble des habitudes communes nées du respect de la mesure, cet auteur affirme que « l'éthique est la science qui prend en considération l'*ithos* et l'*ethos* » (cité par le rapport Braibant de 1988, p. 10).

pour les sciences de la vie et de la santé » (CCNE), dont le rôle est précisément de dégager les règles de la bioéthique. Composé d'une quarantaine de membres — dont une moitié appartient au secteur de la recherche ou aux professions de santé, alors que l'autre moitié comprend des parlementaires, des magistrats, des représentants des principales familles philosophiques et religieuses, et des personnalités désignées par les ministres [1] —, le CCNE n'a qu'un rôle purement consultatif. Mais la hauteur de vue dont il a su faire preuve lui a permis d'acquérir une incontestable légitimité [2]. Grâce à lui, la bioéthique est venue au secours du droit pour cerner les nouveaux contours du droit de disposer de son corps (section 1) et du droit à l'intégrité physique (section 2).

Section 1
Le droit de disposer de son corps

Le droit de disposer de son corps recouvre essentiellement le droit d'entretenir des relations sexuelles (§ 1), le droit de procréer (§ 2), le droit de changer de sexe (§ 3), le droit de donner ses organes ou les produits de son corps (§ 4), et le droit de décider sa propre mort (§ 5).

§ 1. Le droit d'entretenir des relations sexuelles

Le droit d'entretenir des relations sexuelles n'est clairement garanti par aucun texte. Mais son existence est incontestable dans la mesure où la jurisprudence n'hésite pas à l'affirmer, en l'analysant d'ailleurs comme une manifestation du droit au respect de la vie privée [3], plutôt que du droit de disposer de son corps.

Il s'agit d'un droit conçu très largement, qui s'applique tant aux relations homosexuelles [4] qu'aux relations hétérosexuelles. D'une façon implicite, il implique même le droit de se prostituer. La prostitution n'est en effet nullement interdite par le nouveau Code pénal, qui se borne simplement à réprimer le racolage, c'est-à-dire

---

1. Pour une critique de cette composition, cf. L. Ferry, « Tradition ou argumentation ? », *Pouvoirs* n° 56, 199.15 à 21, qui dénonce notamment — fort justement — la surreprésentation des « techniciens », que l'illusion scientiste assimile un peu vite à des « sages ». Leur proportion tend heureusement à décroître : 15 sur 40 depuis 1997, contre 15 sur 36 auparavant.

2. Depuis le milieu des années 1990, toutefois, le CCNE semble céder aux tentations du scientisme et de l'eugénisme. Cf. par exemple son avis n° 49 du 3 avril 1996, dans lequel il propose de légaliser la stérilisation forcée des handicapés mentaux. Cf. aussi ses avis n° 53 du 11 mars 1997 et n° 67 du 27 janvier 2000, dans lesquels il préconise respectivement l'expérimentation sur l'embryon et le clonage thérapeutique.

3. CEDH 22 oct. 1981, Dudgeon (Convention, art. 8) ; TA Paris, 20 déc. 1990, M. et Mme B., *RFDA* 1992.545, concl. Monchambert (PGD du droit à une vie familiale normale).

4. CEDH 22 oct. 1981, Dudgeon, préc. ; et loi du 15 novembre 1999 définissant le concubinage comme « une union de fait, caractérisée par une vie commune présentant un caractère de stabilité et de continuité, entre deux personnes, de sexe différent ou de même sexe, qui vivent en couple » (C. civ., art. 515-8). En revanche, le mariage homosexuel n'est pas admis en France : CA Bordeaux, 19 avr. 2005, *D.* 2005.1687 (affaire du mariage de Bègles). Solution compatible avec la Conv. de 1950 : CEDH 28 nov. 2006, Parry, et Civ. 1re, 13 mars 2007, *D.* 2007.1389. Quant aux pratiques sadomasochistes, elles ne sont admises qu'à condition qu'elles n'entraînent pas des « blessures d'une gravité certaine » : CEDH 19 févr. 1997, Laskey, *D* 1998.97. Cf. aussi CEDH 17 févr. 2005, K.A. et A.D., *D* 2005.2973.

l'attitude affichée sur la voie publique en vue de provoquer la débauche [1], et le proxénétisme, qui s'analyse comme l'exploitation de la prostitution par un tiers [2]. Le droit de se prostituer, dont l'existence est reconnue par la jurisprudence [3] et exploitée par le fisc [4], apparaît ainsi comme une exception au principe de l'indisponibilité du corps humain, qui interdit de faire commerce du corps humain.

Le droit d'entretenir des relations sexuelles connaît toutefois trois limites notables. La première est posée par le nouveau Code pénal, qui interdit aux majeurs d'entretenir des relations sexuelles avec des mineurs de quinze ans, même consentants [5]. La deuxième résulte de la conception française de l'emprisonnement, qui dénie aux prisonniers le droit d'entretenir des relations sexuelles, même avec leurs conjoints ou concubins ; cette suppression de l'une des composantes essentielles du droit de disposer de son corps paraît difficilement justifiable sur le plan des principes ; en pratique, elle offre en outre l'inconvénient d'engendrer une « misère sexuelle » qui pousse beaucoup de détenus à pratiquer l'homosexualité ; il serait certainement plus conforme à la dignité de la personne humaine de créer dans les prisons des « chambres d'amour », à l'image de ce qui existe déjà dans plusieurs pays, afin de permettre aux individus qui ont perdu leur liberté de ne pas perdre aussi leur sexualité [6]. La troisième et dernière limite est quant à elle la conséquence directe de l'apparition de cette maladie mortelle sexuellement transmissible qu'est le SIDA ; le juge pénal condamne en effet les personnes qui, se sachant porteuses du virus, ont contaminé leurs partenaires [7] ; cette jurisprudence révèle ainsi l'existence, à la charge des personnes séropositives ou atteintes du SIDA, d'une obligation de n'entretenir des relations sexuelles qu'avec un préservatif ; solution qui a le mérite de protéger la santé publique tout en respectant la liberté et le sens des responsabilités de chacun, et qui

---

1. Décret du 25 novembre 1960. Sur le fondement de ce texte, plusieurs dizaines de milliers de procès-verbaux de racolage sont dressés chaque année. Actuellement, NCP, art. R 625-8. Sur le « racolage passif », cf. NCP, art. 225-10-1.

2. NCP, art. 225-5 à 225-12. Cf. aussi CEDH 11 sept. 2007, Tremblay, *RTD civ.* 2007.730, qui n'interdit la prostitution que « dès lors qu'elle est contrainte ».

3. Cf. CE 28 févr. 1919, Dames Dol et Laurent, *GAJA*, qui reconnaît « la liberté individuelle » des « filles galantes ». La loi du 13 avril 1946 a encore accru cette liberté en fermant les « maisons de tolérance » (les célèbres maisons closes), qui étaient jusque-là les seuls lieux dans lesquels la prostitution pouvait légalement s'exercer.

4. Le fisc considère en effet la prostitution comme une profession, dont les revenus doivent être déclarés dans la rubrique « bénéfices non commerciaux ». Ce qui fait dire à certains humoristes que l'État est le plus grand proxénète de France...

5. NCP, art. 227-25. Les adultes ont par contre le droit d'entretenir des relations sexuelles avec les mineurs de plus de quinze ans, sauf s'ils sont leurs ascendants ou exercent une autorité sur eux : NCP, art. 227-27. Le Sénat ayant échoué dans sa tentative de rétablir le délit d'atteinte homosexuelle sur un mineur (*Le Monde* 5 oct. 1991), qui existait jusqu'en 1982, les relations homosexuelles sont ici permises dans les mêmes conditions que les relations hétérosexuelles.

6. Un rapport du ministère de la Justice, de juin 1995, préconise la mise en place d'« unités de visite familiale », qui permettraient aux détenus — suivant le modèle canadien — de recevoir dans l'intimité, 48 heures par trimestre, leur famille proche (conjoint, enfants, parents, collatéraux). Quelques UVF existent depuis 2001, notamment dans les maisons centrales de Poissy et de Saint-Martin-en-Ré. À noter : selon CEDH 4 déc. 2007, Dickson, *RDP* 2008.958, il n'existe pas de droit des détenus à des visites conjugales sexuelles car le consensus européen sur la question n'est pas « encore » suffisant.

7. Cf. H. Margeat, « Séropositivité, SIDA et jurisprudence », *GP* 1991, doct. 579 (cite un arrêt américain qui ouvre la voie à la jurisprudence française) ; et Crim. 2 juill. 1998, *D* 1998.457 (arrêt hélas ambigu).

est nettement préférable à celle, proposée par le Front national, qui aurait consisté à enfermer les « sidaïques » dans des « sidatoriums »...

De ces trois limites on peut enfin rapprocher le mariage qui, impliquant le devoir de fidélité, peut s'analyser comme une autolimitation légale du droit d'entretenir des relations sexuelles.

§ 2. Le droit de procréer

En France, toute personne humaine a le droit de procréer ou de refuser de procréer. Le droit de concevoir un enfant par relations sexuelles ne pose aucun problème : nul ne peut en effet en être privé. Le droit de refuser la procréation naturelle (A) et le droit de recourir à la procréation médicalement assistée (B) suscitent en revanche davantage de questions.

A. Le droit de refuser la procréation naturelle

Le droit de refuser la procréation naturelle peut s'exercer par la contraception (1°), la stérilisation (2°), et l'avortement (3°).

1° Le droit à la contraception a été reconnu et organisé pour la première fois par la loi du 28 décembre 1967. Cette loi a en effet autorisé la vente libre des produits contraceptifs dans les pharmacies, ceux qui sont dangereux pour la santé ne pouvant toutefois être délivrés que sur présentation d'une ordonnance médicale. Une loi du 4 décembre 1974 a ensuite étendu aux mineurs le bénéfice du droit à la contraception, en leur permettant d'obtenir gratuitement des produits contraceptifs sans présenter l'autorisation écrite de l'un des parents jusque-là exigée. Parallèlement, elle a développé l'information sur les moyens de contraception (notamment sur la « pilule », apparue en 1967) en mettant en place des « services de protection maternelle et infantile », chargés de donner des consultations médicales sur ce sujet (cf. CSP, art. L. 2112-2).

Le droit à la contraception est critiqué par l'Église catholique, qui le considère comme une façon de faire triompher la sexualité sur l'amour, l'égoïsme du désir sur la dignité de la personne humaine, en usurpant « un pouvoir qui n'appartient qu'à Dieu : le pouvoir de décider en dernier ressort au sujet de la venue à l'existence d'un être humain » (Jean-Paul II, discours de Rome du 17 septembre 1983). En pratique, il répond pourtant à une aspiration profonde de la société, qui y voit au contraire un moyen de libérer l'individu des contraintes de la nature. Le débat sur la contraception renvoie ainsi à une douloureuse confrontation entre deux conceptions de la liberté humaine, l'une la considérant comme la possibilité de s'autodéterminer, l'autre comme l'aptitude à choisir le bien voulu par Dieu.

2° Contrairement au droit à la contraception, le droit à la stérilisation a longtemps été refusé en France. En l'absence de loi le reconnaissant clairement, la jurisprudence condamnait en effet les médecins qui stérilisaient leurs patients, même avec le consentement de ceux-ci[1]. Ce rejet de la stérilisation était dicté par des raisons

---

1. Crim. 1er juill. 1937, Bartoseck, reproduit en annexe du rapport Braibant, p. 192. Cf. aussi avis Cass. 6 juill. 1998, *RTD civ.* 1998.881.

éthiques : il s'agissait de protéger l'individu contre d'éventuelles pressions de l'environnement social ou du corps médical, qui auraient pu arracher son consentement à un acte d'autant plus grave qu'il est en principe irréversible.

Jusqu'en 2001, la stérilisation n'était en conséquence possible que dans une seule hypothèse, prévue par l'article 41 du Code de déontologie médicale : lorsqu'elle était justifiée par un « motif médical très sérieux », à condition, sauf en cas d'urgence, qu'elle soit consentie par l'intéressé. Rompant avec cette frilosité, ou avec cette prudence, la loi du 4 juillet 2001 reconnaît dorénavant aux personnes majeures qui le demandent le droit d'obtenir leur stérilisation, par ligature des trompes (pour les femmes) ou des canaux déférents (pour les hommes). Pour s'assurer autant que possible que le futur stérilisé ne regrettera pas sa décision, la loi lui impose un délai de réflexion de quatre mois entre sa demande initiale et la confirmation écrite de celle-ci.

Un dernier problème concerne les déficients mentaux, sur lesquels certains pays démocratiques, comme les États-Unis, pratiquent la stérilisation forcée. En France, ce procédé n'est pas admis [1]. La stérilisation forcée — qui fut expérimentée par les nazis — est en effet considérée à juste titre, par notre société, comme une atteinte intolérable à la dignité de la personne humaine. La route est ainsi barrée à ce qui n'est rien d'autre que la manifestation la plus brutale et la plus barbare de l'eugénisme.

À défaut de stérilisation forcée, la loi du 4 juillet 2001 admet toutefois une sorte de stérilisation volontaire des majeurs handicapés mentaux. Leur stérilisation est désormais possible s'il existe « une contre-indication médicale absolue aux méthodes de contraception ou une impossibilité avérée de les mettre en œuvre efficacement ». Mais pour empêcher d'éventuels abus, elle ne peut intervenir qu'après avis d'un comité d'experts comprenant des médecins et des représentants d'associations de handicapés mentaux, et sur décision du juge des tutelles qui doit préalablement auditionner le handicapé mental concerné. Malgré ces précautions, il faut bien avouer que la loi cède dans une certaine mesure à la tentation de l'eugénisme, car dans bien des cas l'individu concerné sera incapable de comprendre ce à quoi on envisage de le soumettre. Mais elle a le mérite de sauver l'essentiel en précisant clairement qu'« il ne peut être passé outre à son refus » [2]. Par comparaison, l'avis du CCNE du 3 avril 1996, à l'origine de cette loi, encourait le reproche de se contenter d'un simple « avis » du handicapé, dont il abandonnait finalement le sort à la « décision collective » d'une commission composée principalement de médecins, cédant ainsi à la tentation abjecte de la stérilisation forcée.

3° Bien qu'il pose des problèmes éthiques au moins aussi délicats, le droit à l'avortement est reconnu depuis 1975. Antérieurement, l'avortement était considéré comme un crime jusqu'en 1923, puis comme un délit. Mais par suite de l'évolution des mœurs, cette prohibition de l'avortement était devenue anachronique. Elle était du reste mal respectée, puisqu'il y avait au début des années 1970 environ 300 000 avortements clandestins par an. C'est pourquoi la loi Veil du 17 janvier 1975, relative à l'interruption volontaire de grossesse (IVG), a finalement reconnu le droit à

---

1. Mais il a été pratiqué illégalement jusqu'à une époque récente (cf. les 15 000 cas révélés par *Charlie-Hebdo 10* sept. 1997).
2. En ce sens, cf. CE 26 sept. 2005, Assoc. contre l'handiphobie, *JCP* 2005, n° 197, qui juge cette loi compatible avec la Convention européenne du 4 novembre 1950.

l'avortement pendant une période expérimentale de cinq ans, reconnaissance qui a ensuite été confirmée sans limitation de durée par une loi du 31 décembre 1979.

La loi Veil a été reconnue conforme à la Constitution par le Conseil constitutionnel[1] ; le Conseil d'État l'a pour sa part reconnue conforme à l'article 2 de la Convention européenne de sauvegarde des droits de l'Homme et à l'article 6 du pacte onusien relatif aux droits civils et politiques, qui garantissent le droit de toute personne à la vie[2].

Malgré ces décisions, la loi Veil continue à susciter interrogations et passions. La question de l'avortement met en effet en conflit deux principes auxquels notre civilisation est profondément attachée : le droit à la vie et le droit de disposer de son corps. Certains États, comme l'Irlande, ont clairement opté pour le droit de l'embryon à la vie, en interdisant l'avortement ; d'autres, comme le Royaume-Uni, ont au contraire fait triompher le droit de la femme de disposer de son corps, en autorisant l'IVG dans les six premiers mois de la grossesse. La communauté internationale est tout aussi partagée puisque le Parlement européen s'est exprimé, dans une résolution du 12 mars 1990[3], en faveur de la libéralisation de l'avortement, alors que la Convention américaine des droits de l'Homme de 1969 protège le droit de toute personne au respect de sa vie « à partir de la conception ».

En France, l'opinion publique souhaite éviter les solutions extrêmes. C'est pourquoi la loi Veil a tenté de réaliser un difficile compromis entre le droit de l'embryon à la vie et le droit de la femme de disposer de son corps. Son article premier garantit « le respect de tout être humain dès le commencement de la vie ». Le droit à la vie occupe ainsi, sur le plan des principes, une place prééminente par rapport au droit de disposer de son corps. Mais la loi prévoit ensuite deux cas — l'avortement thérapeutique et l'IVG — dans lesquels le droit de disposer de son corps reprend le dessus. Or ces deux exceptions sont conçues si largement qu'elles vident pratiquement le principe de toute substance. Théoriquement prééminent, le droit à la vie est ainsi en réalité le grand perdant de la loi Veil. Il serait toutefois injuste d'en faire le reproche au législateur, qui s'est contenté dans cette affaire, comme c'est normal dans une démocratie, de se conformer aux aspirations de la conscience collective des Français, plus favorables à la liberté des femmes qu'à la protection des embryons lorsqu'il faut choisir entre elles. L'Église catholique estime quant à elle que « l'avortement et l'infanticide sont des crimes abominables » (Concile Vatican II, *Gaudium et spes*).

L'avortement thérapeutique (que la loi du 4 juillet 2001 requalifie d'« interruption médicale de grossesse ») existait déjà avant 1975, mais la loi Veil l'a libéralisé. Il peut désormais intervenir dans deux cas : lorsque la poursuite de la grossesse « met en

---

1. CC 15 janv. 1975, IVG, *GDCC* : précise notamment que la loi ne méconnaît pas le principe énoncé dans le préambule de 1946, selon lequel la nation garantit à l'enfant la protection de la santé.
2. CE, Ass., 21 déc. 1990, Confédération nationale des associations familiales catholiques et Association pour l'objection de conscience à toute participation à l'avortement (2 arrêts), *AJDA* 1991.158. L'article 6 de la Convention onusienne de 1989 sur les droits de l'enfant reconnaît que « tout enfant a un droit inhérent à la vie » ; mais cet article a fait l'objet d'une réserve de la part de la France, selon laquelle il « ne saurait être interprété comme faisant obstacle à l'application... de la législation française relative à l'IVG ». Signalons enfin que la CEDH n'a pas encore pris position à propos de l'IVG, malgré l'occasion fournie par l'affaire CEDH 20 mars 2007, Tysiac c/ Pologne, *RTDH* 2007.855.
3. Publiée à la *RFDA* 1991.320.

péril grave la santé de la femme » (et non plus nécessairement sa vie, comme avant 1975) ; ou lorsqu'il existe « une forte probabilité que l'enfant à naître soit atteint d'une affection... incurable » (hypothèse nouvelle). À chaque fois, le péril grave ou l'affection incurable doit être attesté par deux médecins qualifiés. Mais c'est la femme, et non les médecins, qui décide l'avortement. Sa liberté est d'autant plus grande que l'avortement thérapeutique peut être pratiqué à n'importe quel stade de la grossesse. Sur le plan moral, on se bornera à souligner que la légalisation de l'avortement pour affection incurable de l'enfant pose un grave problème de conscience, dans la mesure où elle s'analyse comme l'acceptation d'une forme d'eugénisme [1]. Notre société préfère se débarrasser des mongoliens ou des myopathes plutôt que d'en assumer la charge, et n'a pas le courage d'afficher au grand jour ce choix inquiétant, qu'elle justifie par un « motif thérapeutique » dont on se demande bien en quoi il consiste, à moins de considérer que tuer est une façon de soigner...

Contrairement à l'avortement thérapeutique, l'IVG ne peut intervenir qu'en début de grossesse : dans les dix premières semaines de celle-ci de 1975 à 2001 ; dans ses douze premières semaines depuis la loi du 4 juillet 2001. Elle peut être demandée par toute femme enceinte qui s'estime en « situation de détresse » (CSP, art. L. 2212-1, issu de la loi Veil). Lorsque la femme enceinte est majeure, c'est elle, et non son mari, qui est seule juge de sa détresse ; lorsqu'elle est mineure, elle devait, de 1975 à 2001, recueillir le consentement « de l'une des personnes qui exerce l'autorité parentale » (art. L. 2212-7) [2], mais la loi de 2001 a supprimé cette autorisation. Désormais, si la mineure « désire garder le secret, le médecin doit s'efforcer d'obtenir son consentement » pour que les parents soient consultés. Si elle refuse, ou si les parents refusent l'IVG, « le médecin peut (?) la pratiquer » à sa demande. Elle doit alors se faire accompagner sur le lieu de l'intervention (laquelle, dès lors, est gratuite) par un adulte de son choix. Comme la femme majeure, la femme mineure se voit ainsi reconnaître un véritable droit à l'IVG, que la loi prend soin d'entourer d'un accompagnement prenant en compte sa particulière vulnérabilité.

La femme qui demande l'IVG doit accomplir plusieurs démarches que le législateur a prévues afin de s'assurer de sa réelle volonté d'avorter. Elle doit d'abord adresser sa demande à un médecin, qui l'informe obligatoirement des risques médicaux qu'elle encourt et des aides dont elle bénéficiera si elle renonce à l'IVG. Puis elle peut (doit, si elle est mineure) consulter un établissement de conseil familial, qui lui délivre une attestation de consultation. Elle doit enfin adresser au médecin une confirmation écrite de sa demande, qui ne doit intervenir qu'une semaine au moins — délai de réflexion — après sa première demande. Ce n'est qu'à l'issue de cette dernière formalité que l'IVG pourra être pratiquée dans un établissement d'hospitalisation public ou privé. Il convient de noter au passage que les médecins bénéficient

---

1. Soulignant l'écart qui existe entre les méthodes de diagnostic prénatal — très performantes — et les moyens thérapeutiques — nuls face à la plupart des anomalies de l'embryon — le CCNE avoue sa crainte, dans son avis n° 5 du 13 mai 1985, « que le recours fréquent au diagnostic prénatal ne renforce le phénomène social de rejet des sujets considérés comme anormaux et ne rende encore plus intolérable la moindre anomalie du fœtus ou de l'enfant ». Dans un document publié le 14 janvier 1998, la Conférence des évêques de France constate pour sa part qu'« une pratique collective de sélection des enfants... s'est déjà instaurée ». Sur le diagnostic prénatal, cf. art. L. 2131-1 et s. (issus des lois du 29 juillet 1994 et du 6 août 2004) du Code de la santé publique.

2. CE 31 oct. 1980, Lebas, *JCP* 1982, n° 19732 (majeure) ; CA Bordeaux, 4 déc. 1991, *D* 1993.129 (mineure).

d'une clause de conscience, qui leur permet de refuser de pratiquer les IVG. Enfin, pour des raisons éthiques l'échec d'une intervention pratiquée en vue d'une IVG n'ouvre droit à aucune indemnisation ; la naissance d'un enfant ne saurait en effet être considérée comme un préjudice[1]. Il n'en va autrement que si l'enfant présente une malformation imputable à l'intervention, auquel cas c'est la malformation et non la naissance elle-même qui engage la responsabilité de l'établissement[2].

Cette libéralisation de l'avortement a dans l'ensemble été bien accueillie. Environ 150 000 femmes recourent d'ailleurs chaque année à l'IVG. Certains milieux catholiques intégristes protestent toutefois contre ce qu'ils considèrent comme un « génocide », et organisent de véritables opérations de commandos dans les établissements autorisés à pratiquer l'IVG, lors desquelles ils saccagent les locaux et tentent d'intimider les femmes et le personnel médical. De tels comportements ne sauraient être tolérés. Ils outrepassent les limites de la liberté, dont l'article 4 de la Déclaration de 1789 rappelle fort à propos qu'elle « consiste à pouvoir faire tout ce qui ne nuit pas à autrui ». C'est par conséquent à juste titre que le législateur a réagi avec force en créant, par la loi du 27 janvier 1993 (CSP, art. L. 2223-2), un délit d'obstacle à l'avortement.

Postérieurement à la loi Veil, une nouvelle technique d'IVG est apparue. Un arrêté du ministre de la Santé en date du 28 décembre 1988 a en effet autorisé la mise sur le marché de la pilule abortive RU 486 (comprimé de mifégyne). Cette pilule abortive offre l'avantage de provoquer un « avortement médicamenteux » moins traumatisant pour la femme que l'avortement instrumental. Mais elle risque par là même d'entraîner une banalisation de l'avortement qui serait inquiétante, par l'état d'esprit qu'elle révélerait, pour l'avenir de l'ensemble de nos libertés. Pour ne pas l'encourager, et aussi par souci de protéger la santé des femmes, l'arrêté dispose que la pilule abortive ne peut être administrée, sous contrôle médical, que dans l'un des établissements autorisés à pratiquer l'IVG. En outre, contrairement à l'avortement instrumental, qui peut être pratiqué dans les douze premières semaines de la grossesse, le recours à la pilule abortive ne peut intervenir que dans les cinq premières semaines de celle-ci.

En 1999 une autre pilule abortive, le Norlevo, a été mise sur le marché. Moins dangereuse que la mifégyne, elle doit être absorbée dans les trois jours qui suivent le rapport sexuel, car elle agit au tout début de la fécondation, en empêchant la nidation de l'œuf. C'est pourquoi le droit français la considère officiellement comme un produit contraceptif, relevant de la loi de 1967, et non comme un véritable produit abortif. Cette analyse contestable, qui contribue à banaliser l'avortement en le faisant passer pour un simple geste contraceptif, explique le régime juridique très libéral dont

---

1. CE, Ass., 2 juill. 1982, Dlle R., *AJDA* 1983.206. *Contra :* Cass. Ass. plén. 17 nov. 2000, Perruche, *JCP* 2000, n° 10438 rapport conforme Sargos, concl. contraires Sainte-Rose : admet, à propos d'un enfant né handicapé à la suite d'une erreur de diagnostic qui a incité sa mère à accoucher plutôt qu'à avorter, que sa naissance constitue pour lui-même un préjudice ! Cet arrêt est contestable : philosophiquement, puisqu'il juge que la vie peut constituer un préjudice ; juridiquement, car le lien de causalité entre l'erreur de diagnostic et la naissance paraît très ténu ; moralement, car la Cour semble estimer implicitement que la vie des handicapés ne vaut pas la peine d'être vécue. Voilà où mène une politique jurisprudentielle d'indemnisation à tout prix, d'inspiration matérialiste. La loi du 4 mars 2002 a heureusement mis fin à cette jurisprudence.
2. CE 27 sept. 1989, Dame K., *RFDA* 1991.325 : responsabilité pour faute.

bénéficie le Norlevo. Une loi du 13 décembre 2000 autorise en effet les infirmières à le délivrer aux élèves des collèges et des lycées[1].

Reste un dernier problème, et non des moindres, qui consiste à savoir à quelles conditions on peut accepter l'utilisation des embryons rendus disponibles par l'avortement. Aucune des deux lois du 29 juillet 1994[2] ne règle clairement la question. Face à ce vide juridique, le CCNE a posé quelques directives dans son avis du 22 mai 1984. Il recommande d'abord de ne jamais maintenir en vie ces embryons, même en vue de la recherche ou de prélèvements à fins thérapeutiques. Il recommande ensuite de ne pas utiliser les foetus qui avaient atteint, avant leur mort, le seuil de la viabilité, c'est-à-dire la vingt-deuxième semaine gestationnelle. Il accepte par contre l'utilisation des embryons morts avant la vingt-deuxième semaine gestationnelle, à condition qu'elle ne soit pas commerciale mais qu'elle poursuive un but thérapeutique ou qu'elle serve un projet de recherche scientifique utile au progrès des thérapeutiques. Il ajoute enfin que la mère peut interdire l'utilisation de « son » embryon. Cette ultime précision paraît d'un intérêt très limité, dans la mesure où en pratique les parents ne sont quasiment jamais mis au courant du sort réservé à leur embryon mort. Pour améliorer les choses, la loi du 6 août 2004 subordonne désormais l'expérimentation sur l'embryon à une information préalable de la femme ayant subi l'avortement et à son consentement écrit (CSP, art. L. 1241-5). Cette garantie a, comme les directives du CCNE, le mérite de reposer sur l'idée qu'il faut respecter l'embryon, qui n'est pas une chose ou un simple amas biologique de cellules, mais une personne humaine potentielle.

B. Le droit de recourir à la procréation médicalement assistée

Le droit de recourir à la procréation médicalement assistée (PMA) soulève de multiples problèmes éthiques et juridiques. Les uns concernent la détermination des établissements compétents pour procéder à la PMA (1°), les autres se rapportent au contenu des règles qu'ils doivent appliquer (2°), les derniers sont soulevés par les pratiques qui ont profité du vide juridique pour se développer (3°), ce qui est notamment le cas du clonage (4°).

1° Jusqu'en 1988, aucun texte ne déterminait les établissements compétents pour pratiquer la PMA. Dans le silence de la loi, des Centres d'Étude et de Conservation du Sperme (CECOS) se sont donc spontanément constitués dès 1973. Juridiquement, les CECOS sont des associations de la loi de 1901 installées dans les locaux des centres hospitaliers universitaires, et dont les conseils d'administration comprennent des représentants des universités, des hôpitaux, de la sécurité sociale et de l'Ordre des médecins. Ces centres, qui se sont définis comme des sortes de « banques du sperme », ont joué un rôle de pionniers dans la conservation du sperme et dans l'insémination artificielle des femmes.

---

1. Après qu'une simple circulaire, qui prétendait donner elle-même cette autorisation, ait été annulée par CE, Ass., 30 juin 2000, Assoc. Choisir la vie, *AJDA* 2000.729, concl. Boissard.
2. Lois n° 94-653 et 94-654 du 29 juillet 1994 (*JO* 30 juill.), relatives au corps humain. La première modifie le Code civil et le Code pénal, la seconde le Code de la santé publique. Déclarées conformes à la Constitution par CC 27 juill. 1994, Bioéthique, *D* 1995.237.

Sans remettre en cause leur existence, deux décrets du 8 avril 1988 sont intervenus pour conjurer le risque d'une multiplication anarchique des centres. L'un crée la Commission nationale de médecine et de biologie de la reproduction (CNMBR), organisme consultatif remplacé par un établissement public administratif, l'Agence de la biomédecine, en vertu de la loi du 6 août 2004. L'autre, plus important, soumet à un régime d'autorisation préalable l'exercice d'activités de PMA [1]. Concrètement, c'est le ministre de la Santé qui reçoit compétence pour délivrer les autorisations, après avis de l'Agence ; mais son choix ne peut porter que sur les établissements qui possèdent des locaux adéquats et comprennent au moins un spécialiste de la biologie de la reproduction.

Suite à ces décrets, soixante-quatorze établissements publics ou privés, dont une vingtaine de CECOS, ont été autorisés à pratiquer la PMA. Certains établissements non autorisés, notamment des laboratoires privés à but lucratif, ont toutefois continué — ou ont commencé — à pratiquer illégalement la PMA [2]. Face à cette situation anarchique, le CCNE a recommandé, dans son avis du 18 juillet 1990, de ne confier ce type d'activité qu'à des établissements publics ou privés à but non lucratif, afin d'éviter toute commercialisation du sperme et des ovules. Et le législateur s'est finalement décidé à parer au plus pressé en votant la loi du 31 décembre 1991 portant diverses dispositions d'ordre social, dont l'article 13 érige en délit le fait de pratiquer la PMA sans autorisation, réaffirme solennellement que « le don de sperme est gratuit », et interdit l'« insémination par sperme frais » afin de limiter les risques de propagation du SIDA, la congélation permettant seule le contrôle virologique du sperme avant son utilisation. Mais les hésitations gouvernementales sur la conduite à tenir à l'égard des laboratoires privés à but lucratif [3] prouvaient à l'évidence qu'il fallait une loi d'une tout autre ampleur pour rétablir l'ordre dans un domaine qui en avait bien besoin. Tel a été l'objet de la seconde des deux lois du 29 juillet 1994, qui semble avoir définitivement réglé le problème en confirmant solennellement le régime d'autorisation des centres (CSP, art. L. 2142-1), et en précisant que « les activités de recueil, traitement, conservation et cession de gamètes (c'est-à-dire de spermatozoïdes ou d'ovules) ne peuvent être pratiquées que dans les organismes et établissements de santé publics et privés à but non lucratif ».

2° Dans l'exercice de leur activité de PMA, les établissements autorisés doivent en principe respecter des règles de déontologie. Jusqu'en 1994, aucun texte n'était malheureusement intervenu pour les juridiciser. Spontanément dégagées par les établissements eux-mêmes, elles constituaient donc un code de conduite librement accepté, qui n'avait aucune valeur d'obligation.

Là encore, les CECOS ont joué un rôle de pionniers [4]. Ces centres ont en effet pratiqué dès 1973 deux types d'insémination artificielle : l'insémination avec sperme

1. Décret jugé légal par CE 21 juill. 1989, Ass. des médecins pour le respect de la vie, *RDP* 1990.279, concl. Stirn. Il semblait pourtant violer l'article 34 de la Constitution ; mais le CE a estimé pouvoir le considérer comme un texte d'application de la loi hospitalière du 31 décembre 1970, bien que cette loi n'ait pas entendu régir la PMA.
2. Cf. J. Lansac (président de la fédération des CECOS), « Une procréation médicalement mal assistée », *Le Monde* 13 juin 1990.
3. Cf. *Le Monde* 9-10 août 1992.
4. Cf. G. David (fondateur des CECOS), « La construction pratique d'une déontologie », *Pouvoirs* n° 56, « Bioéthique », 1991.77.

du conjoint (IAC), réalisée lorsque la fécondation naturelle est empêchée par un obstacle mécanique ; et l'insémination avec sperme de donneur (IAD), pratiquée en cas de stérilité du conjoint. C'est évidemment cette dernière qui pose les problèmes éthiques les plus graves, dans la mesure où elle dissocie le père biologique du père juridique. C'est donc sur elle que les CECOS ont porté leur effort de réflexion déontologique.

Les règles de déontologie dégagées par les CECOS à propos de l'IAD portent sur la receveuse, sur le don et sur le donneur. Elles ont été reprises (et transposées au don d'ovule) par la seconde loi du 29 juillet 1994 (CSP, art. L. 2141-2 et 2141-10). La receveuse doit être mariée (ou en concubinage stable depuis au moins deux ans), victime de la stérilité de son mari, et en âge de procréer ; elle doit en outre avoir l'accord de son mari et se soumettre à un entretien avec un psychologue. Le don doit être gratuit et anonyme. Le donneur, enfin, doit être marié et père de famille ; il doit avoir l'accord de son épouse ; il doit être classé (bien que la loi soit silencieuse sur ce point) « donneur retenu », ou à défaut « donneur accepté sous condition d'emploi » (c'est-à-dire donneur dont les imperfections génétiques ne sont pas partagées par la receveuse), et non « donneur exclus », à l'issue d'une enquête génétique ; son sperme ne peut être retenu que pour dix conceptions maximum, afin de limiter les risques de consanguinité.

Ces règles paraissent dans l'ensemble excellentes. La gratuité du don permet en effet d'éviter la commercialisation du sperme, qui serait contraire au principe d'indisponibilité du corps humain. Son anonymat est le gage de l'épanouissement de la famille qui se fonde. Enfin, le caractère doublement « parental » du don — on entend par là le fait qu'il soit consenti par un couple fécond en faveur d'un couple stérile — permet d'éviter les IAD de convenance, qui méconnaîtraient l'intérêt de l'enfant[1], et rend le principe même de l'IAD socialement acceptable en l'adossant au « modèle de la famille plénière » (rapport Braibant, p. 57), constituée d'un couple de parents hétérosexuels et d'un ou de plusieurs enfants. Grâce à ce luxe de précautions, on est très loin de l'individualisme et du mercantilisme qui permettent aux femmes américaines d'acheter « leur » sperme auprès d'une « banque de prix Nobel ». Les CECOS sont même parvenus à résister à la tentation de l'eugénisme en acceptant les donneurs dont l'enquête génétique a révélé les imperfections.

Si on accepte le principe de l'IAD, il semble donc heureux que la loi de 1994 ait juridicisé les règles déontologiques ainsi dégagées, afin de les rendre obligatoires. Reste évidemment à savoir — et c'est la question essentielle — s'il faut accepter l'IAD. On est en droit d'hésiter, car un autre remède existe à la stérilité du couple : l'adoption. En outre, et sur un plan plus philosophique, on peut se demander avec l'Église catholique (qui condamne toute forme de PMA, sauf l'IAC lorsqu'elle « ne se substitue pas à l'acte conjugal ») si l'IAD ne ravale pas l'homme au rang de l'animal, en ôtant à la transmission de la vie humaine son caractère d'« acte personnel et conscient ». Enfin, si l'on veut bien réfléchir sans *a priori* à l'intérêt de l'enfant, on ne peut qu'être troublé par l'affirmation que « l'enfant a le droit... d'être le fruit de l'acte spécifique de l'amour conjugal de ses parents » (Jean-Paul II, *Donum vitae*, 1987)...

---

1. C'est notamment le cas des IAD demandées par des femmes célibataires, car « il paraît excessif de donner à une personne la puissance extrême d'imposer à une autre l'amputation de la moitié de son ascendance » (rapport Braibant, p. 58).

3° Malgré la bonne volonté des CECOS, la déontologie ne peut pas suppléer indéfiniment le droit. Certaines pratiques, qui ont profité de l'absence de textes pour se développer, suscitent en effet des problèmes éthiques d'une telle importance qu'il appartient à la société de les résoudre elle-même.

a) Un premier problème concerne l'IAC. Il n'est pas rare qu'un conjoint dépose son sperme auprès d'un CECOS avant de subir un traitement médical qui va le rendre stérile. Le couple décide alors généralement d'attendre la guérison du mari pour utiliser le sperme ainsi conservé. Mais si le mari décède, sa veuve a-t-elle le droit d'obtenir une insémination *post mortem* ? La jurisprudence a répondu par l'affirmative [1]. Aujourd'hui cependant, la réponse inverse est retenue par la seconde loi du 29 juillet 1994 (CSP, art. L. 2141-2). Car comme l'explique, de façon assez convaincante, le rapport Braibant, « on peut se demander s'il est de l'intérêt de l'enfant d'être par avance voué à être élevé sans père. Refermé sur lui-même, le désir de postérité n'est pas un projet parental, mais un fantasme patriarcal » (p. 59).

b) Un deuxième problème concerne l'IAD : un mari, qui a consenti à l'insémination de sa femme par le sperme d'un donneur, conserve-t-il le droit, prévu par l'article 311-9 du Code civil, d'exercer une action en désaveu de paternité ? Les tribunaux ont hésité. Ils ont d'abord répondu par l'affirmative [2], puis se sont ravisés et ont opté pour la négative [3]. Le rapport Braibant et la première loi du 29 juillet 1994 (C. civ., art. 311-20) se sont eux aussi prononcés en faveur de cette dernière solution, afin de placer l'époux en face de ses responsabilités.

c) Un troisième problème surgit lorsque, contrairement à ce qu'on observe dans le cas de figure de l'IAD, c'est la femme et non le mari qui est stérile. Quatre types de PMA sont alors possibles. Sont-ils juridiquement acceptables ?

Le premier type de PMA correspond à une fécondation *in vitro* (FIV), sans « donneuse d'ovule » ni « mère porteuse » extérieure au couple. L'ovule de l'épouse est en effet prélevé pour être fécondé *in vitro* par le sperme du mari. L'embryon ainsi produit est ensuite implanté dans l'utérus de l'épouse, qui va dès lors poursuivre une grossesse normale. Bien que plus techniquement élaborée que l'IAC, cette FIV peut lui être comparée, dans la mesure où elle n'utilise que les gamètes (cellules reproductrices) du couple. Comme elle, elle est donc acceptée par le CCNE. Elle est d'ailleurs couramment pratiquée en France depuis 1982, date de la naissance du premier « bébé-éprouvette » français [4].

Le deuxième type de PMA correspond à une FIV avec « donneuse d'ovule » extérieure au couple mais sans « mère porteuse » extérieure à celui-ci. Cette fois, l'ovule est donné anonymement par une femme qui n'est pas l'épouse. Il est ensuite fécondé *in vitro* par le sperme du mari, puis l'embryon ainsi formé est implanté dans l'utérus de l'épouse, qui poursuit dès lors une grossesse normale. Comme l'IAD, cette FIV fait donc intervenir un donneur extérieur au couple. Dans la mesure où on accepte l'IAD, il est par conséquent difficile de lui réserver un sort différent. Avec l'accord du

1. TGI Créteil, 1er août 1984, *JCP* 1984, n° 20321 : ordonne la remise du sperme à la veuve.
2. TGI Nice, 30 juin 1976 *JCP* 1977, n° 18597 ; TGI Paris, 19 févr. 1985, *D* 1986.223 ; cf. aussi (pour un concubin) CA Toulouse, 27 sept. 1987.
3. TGI Bobigny, 18 janv. 1990, *D* 1990.332.
4. La CEDH reconnaît aux États une « ample marge d'appréciation » en ce qui concerne la réglementation des FIV : cf. CEDH 10 avr. 2007, Evans, *JCP* 2007, n° 10097, à propos d'une loi anglaise interdisant l'implantation d'un embryon lorsque le père a retiré son consentement.

CCNE et des lois de 1994, cette FIV est d'ailleurs pratiquée par les « établissements autorisés » sus-mentionnés.

Le troisième type de PMA correspond à une FIV sans « donneuse d'ovule » extérieure au couple mais avec « mère porteuse » extérieure à celui-ci. L'ovule de l'épouse est en effet prélevé pour être fécondé *in vitro* par le sperme du mari. L'embryon ainsi produit est ensuite implanté dans l'utérus d'une autre femme, qui va dès lors porter l'enfant, puis accoucher, à la place de l'épouse. Génétiquement, l'épouse est donc bien la mère ; l'autre femme n'a fait que consentir un « prêt d'utérus » (ou une « location d'utérus » si une rétribution est prévue). Mais juridiquement, c'est pourtant cette dernière qui sera considérée comme la mère légale de l'enfant, car le droit français définit la maternité par l'accouchement et non par le critère génétique. Il y a donc là un sérieux problème éthique. Pour le prévenir — car cette FIV ne semble pas avoir été pratiquée en France — le plus simple est de décourager le « prêt d'utérus » en affirmant, comme le font le rapport Braibant et la première loi du 29 juillet 1994 (C. civ., art. 16-7), la nullité des conventions de gestation, qui sont contraires au principe d'indisponibilité du corps humain posé par les articles 16-1,16-5 000 et 1 128 du Code civil.

Le quatrième type de PMA correspond enfin à une fécondation avec « donneuse d'ovule » et « mère porteuse » extérieure au couple. Contrairement à ce qui se passe dans les trois premiers cas, la fécondation ne s'opère pas ici *in vitro*. Le sperme du mari est en effet directement inséminé dans l'ovule de la « mère porteuse ». On n'a donc pas affaire ici à un « bébé-éprouvette ». Une autre particularité de ce type de PMA vient de ce que l'épouse ne joue plus aucun rôle, puisqu'elle n'intervient ni pour donner son ovule, ni pour porter l'enfant. Enfin sa dernière particularité tient à sa célébrité, les médias ayant pris conscience, au cours des années 80, qu'un véritable marché des « mères de substitution » était en train de naître, des associations n'hésitant pas à exploiter (à raison de 50 000 francs par enfant !) la détresse matérielle et morale de certaines femmes. Concrètement, une convention de procréation et de gestation était signée, grâce à l'entremise de l'une de ces associations, entre le couple « acheteur » et la candidate à la maternité, celle-ci s'engageant à abandonner son enfant dès sa naissance en accouchant sous X, afin d'en permettre l'adoption par le couple. Face à ces pratiques effrayantes, la société française a su réagir avec vigueur. Le CCNE a dénoncé le premier, dans son avis du 23 octobre 1984, la nullité de ce type de conventions, qui « réalise la cession d'un enfant ». Le Conseil d'État a ensuite approuvé le refus d'un préfet d'inscrire sur le registre des associations, prévu par le droit alsacien-mosellan, une association favorisant la maternité de substitution, cette activité étant contraire à l'article 353-1 du Code pénal (réprimant le fait d'encourager un parent à abandonner son enfant)[1]. Enfin, renversant l'étonnante solution adoptée par la cour d'appel de Paris[2], la Cour de cassation a solennellement affirmé que « le contrat par lequel une femme s'engage, fût-ce à titre gratuit, à concevoir et à porter

1. CE, Ass., 21 janv. 1988, Ass. Les Cigognes, *RFDA* 1988.95. Cf. aussi TGI Marseille, 16 déc. 1987 (reproduit en annexe du rapport Braibant, p. 196) : dissout une association de mères de substitution (jugement fortement motivé). Cf. enfin Commission européenne des droits de l'Homme, 5 juin 1991 (juge irrecevable la requête déposée par l'Association Les Cigognes contre la France).
2. CA Paris, 15 juin 1990, *JCP* 1991, n° 21653 : « La maternité de substitution, en tant que libre expression de la volonté et de la responsabilité individuelle de ceux qui y souscrivent hors de toute préoccupation lucrative, doit être considérée comme licite. »

un enfant pour l'abandonner à sa naissance contrevient tant au principe d'ordre public de l'indisponibilité du corps humain qu'à celui de l'indisponibilité de l'état des personnes », et constitue « un détournement de l'institution de l'adoption [1] ». La pratique des mères de substitution est donc aujourd'hui clairement illicite. La première loi du 29 juillet 1994 a d'ailleurs consacré la solution de la Cour de cassation (C. civ., art. 16-7) [2].

d) Un dernier problème consiste à savoir ce qu'il faut faire des « embryons surnuméraires » produits par la fécondation *in vitro*. Pour le résoudre, encore faut-il distinguer selon que les embryons surnuméraires se trouvent *in utero* ou *in vitro*.

Certains médecins ont en effet pris la fâcheuse habitude d'implanter dans l'utérus de chacune de leurs patientes entre trois et six embryons, afin d'augmenter les chances de grossesse ainsi que leurs résultats statistiques. Résultat : lorsque tous les embryons restent en vie, la mère subit une grossesse multiple qui met sa santé en danger. Force est alors de considérer que certains embryons sont de trop, qu'ils sont « surnuméraires ». La seule solution consiste alors à pratiquer des « réductions embryonnaires » (le terme est affreux d'inhumanité), c'est-à-dire à détruire *in utero* une partie des embryons. Sauf à forcer les médecins à n'implanter qu'un seul embryon à la fois (ce qui après tout est envisageable), on voit mal, hélas, ce que pourrait faire le droit pour mettre fin à cette triste situation.

Les mêmes médecins ont aussi constitué des « stocks » d'embryons congelés, dont ils ne savent plus que faire. Pour des raisons diverses, leurs parents ne souhaitent pas, en effet, les « utiliser ». On se retrouve donc en présence d'embryons « surnuméraires » *in vitro*. Dès lors, faut-il les détruire ou les proposer à l'adoption ? Le CCNE et le rapport Braibant ont opté pour leur destruction après écoulement d'un délai de garde, fixé à deux ans par le premier, à cinq ans par le second. Si l'on admet que l'embryon est une « personne humaine potentielle », ne vaut-il pas mieux choisir la solution — en l'occurrence certes un peu étrange — de l'adoption ? [3]. En posant cette question, la science a, on le voit, placé le droit devant un cruel dilemme. La seconde loi du 29 juillet 1994 a su y faire face avec courage en tentant de concilier les deux solutions. Elle dispose en effet qu'un embryon congelé est en principe détruit au bout de cinq ans (CSP, art. L. 2141-4). Mais dans le louable souci de lui sauver la vie, elle autorise ses parents à consentir par écrit à ce qu'il soit « accueilli » par un autre couple (art. L. 2141-4). Afin de garantir l'anonymat du don d'embryon ainsi consenti, c'est le juge judiciaire qui choisit alors le couple d'accueil (art. L. 2141-5). Enfin, au nom du principe selon lequel mieux vaut prévenir que guérir, la loi ajoute sagement qu'à l'avenir aucun embryon ne sera conçu *in vitro* en vue d'être congelé sans autorisation écrite de ses parents (art. L. 2141-3).

Reste une ultime question : faut-il accepter l'implantation d'un embryon congelé dans l'utérus de sa mère lorsque le conjoint de celle-ci est décédé ? Conformément à l'avis du CCNE du 17 décembre 1993, un projet de loi de 2003 envisageait d'y répondre par l'affirmative. L'implantation aurait alors dû intervenir dans un délai

---

1. Ass. plén. 31 mai 1991, *JCP* 1991, n° 21752.

2. Des débats parlementaires ont toutefois évoqué en 2008 la possibilité de légaliser la pratique des mères porteuses, suite à la transcription sur les registres de l'état civil, confirmée par CA Paris 25 oct. 2007 *JCP* 2007 n° 547, d'un jugement californien reconnaissant la filiation d'un enfant né d'« une mère porteuse à l'égard des parents commanditaires ». Cf. rapport sénatorial n° 421 du 25 juin 2008.

3. Solution préconisée par le biologiste Jacques Testart, *Le Monde* 3 mai 1989.

compris entre six et dix-huit mois à compter du décès. L'action en contestation de paternité aurait été interdite, et l'enfant aurait eu le droit d'hériter du défunt. Pour permettre la mise en œuvre de ce droit, le président du TGI aurait nommé un administrateur qui aurait « gelé » la succession pendant dix-huit mois, le temps nécessaire à l'implantation de l'embryon. L'ensemble du dispositif était ingénieux ; il avait l'immense mérite de protéger l'embryon en tirant toutes les conséquences de son statut de personne humaine potentielle[1]. Mais la loi du 6 août 2004 a finalement préféré refuser la possibilité d'implantation dans ce genre de cas.

4° Le problème du clonage s'est révélé au grand jour en février 1997, lorsque des scientifiques britanniques ont annoncé qu'ils avaient réussi à créer un mouton à partir de cette technique. Du coup, le clonage humain devenait possible[2].

Cette découverte pose évidemment des problèmes éthiques, car le clonage est une duplication réalisée à l'aide des cellules d'un seul individu, et non une véritable « procréation », qui suppose la participation de deux êtres. Elle remet donc en cause la dignité de la personne humaine, en fabriquant des copies plutôt que des originaux. D'autre part, elle ouvre, de façon plus pragmatique, de redoutables perspectives, en rendant possible la fabrication de doubles voués à n'être que des réserves d'organes congelés.

Face à ces dangers, le Parlement européen a immédiatement riposté en demandant aux États de l'Union européenne, le 12 mars 1997, d'interdire les recherches sur le clonage humain. En réservant la PMA « à des couples », la loi française du 29 juillet 1994 condamnait déjà implicitement cette technique. Mais compte tenu des enjeux philosophiques que soulève le clonage, il fallait aller plus loin en l'interdisant clairement. C'est ce qu'a fait le Conseil de l'Europe en adoptant, le 12 janvier 1998, un protocole additionnel à la Convention d'Oviedo, « portant interdiction du clonage d'êtres humains ». De son côté, l'UNESCO a adopté, le 11 novembre 1997, une Déclaration universelle sur le génome humain contenant la même interdiction ; mais il est à craindre qu'en dehors du continent européen ce texte ait peu d'écho.

Au sein même du continent européen, une hésitation sur la conduite à tenir a finalement surgi. Deux types de clonage sont en effet distingués : à côté du clonage classique, dit « reproductif », unanimement condamné en Europe, est apparu le clonage « thérapeutique », qui consiste à créer des embryons non pour les faire naître mais pour les utiliser comme objets de recherche, dans l'intérêt de malades en attente d'une thérapie. Face à cette situation, le Parlement européen a voté, le 7 septembre

---

1. Cf. aussi Civ. 1re, 6 févr. 2008 (trois arrêts), *JCP* 2008, n° 10045, libéralisant la prise en compte des enfants mort-nés par l'état civil. Par comparaison, le droit pénal est plus décevant. Cf. Ass. plén. 29 juin 2001, Grosmangin, *RRJ* 2002.1137 comm. J. Sainte-Rose : juge qu'un fœtus de six mois n'étant pas une « personne », il est impossible de condamner pour homicide involontaire l'automobiliste qui a provoqué sa mort lors d'un accident de voiture. Cf. aussi Crim. 4 mai 2004, *D* 2004.3097 : *idem* pour l'erreur de diagnostic entraînant la mort d'un « enfant » juste avant sa naissance. Le droit administratif n'est pas plus protecteur. Cf. TA Amiens, 9 mars 2004, Épouse T, *D* 2004.1051 : les embryons congelés n'étant pas des « personnes » mais de simples « produits » du corps humain, leur destruction accidentelle n'engendre pas de préjudice moral. Confirmé par CAA Douai, 6 déc. 2005, T., *AJDA* 2006.442. Quant à la CEDH, elle se réfugie prudemment, à propos d'une erreur médicale ayant entraîné l'avortement d'un fœtus de six mois, derrière « la marge d'appréciation des États » : CEDH 8 juill. 2004, Vo c/France, *D* 2004.2801.

2. La secte des raéliens a annoncé la naissance, le 26 décembre 2002, du premier clone humain : cf. *Le Monde* 28 déc. Mais cette information s'est avérée fausse.

2000, une résolution condamnant les deux types de clonage. Le Royaume-Uni, au contraire, a voté une loi, le 19 décembre 2000, autorisant le clonage thérapeutique. Pour ne mécontenter personne, la Charte des droits fondamentaux de l'Union européenne, du 7 décembre 2000, se borne à interdire, dans son article 3, le clonage reproductif, sans dire un mot du clonage thérapeutique. La France a pour sa part hésité sur la position à adopter : à la demande du président de la République Jacques Chirac et de la Commission nationale consultative des droits de l'Homme, la loi du 6 août 2004 a finalement interdit les deux types de clonage (C. civ., art. 16-4, et CSP, art. L. 2151-4), malgré l'avis émis le 27 janvier 2000 par le CCNE qui s'était prononcé pour la légalisation du clonage thérapeutique. Il est toutefois troublant de noter qu'elle n'érige en « crime contre l'espèce humaine » que le clonage reproductif (NCP, art. 214-2), preuve que la condamnation du clonage thérapeutique reste hésitante.

§ 3. Le droit de changer de sexe

Le droit de changer de sexe — ou droit au transsexualisme — n'est expressément prévu par aucun texte. Cela s'explique par le fait qu'il s'agit d'un sujet particulièrement sensible, qui divise les esprits. Le transsexualisme soulève en effet les questions essentielles de l'intégrité physique, des bonnes mœurs, de l'indisponibilité de l'état des personnes, du respect de la vie privée, et des limites du droit de disposer de son corps. Soucieux de ne pas brusquer l'opinion publique, le rapport que le Conseil d'État a consacré au problème, en 1988[1], préconise ainsi de ne pas légiférer en la matière.

Moins chanceuse que le législateur, la jurisprudence a dû se prononcer sur les deux questions posées par les transsexuels.

La première question consiste à demander si les interventions chirurgicales de conversion sexuelle sont licites. En l'état actuel des choses, ces opérations sont décidées par les médecins. Bien que les tribunaux soient rarement interrogés sur leur licéité, ils ont eu l'occasion d'affirmer qu'elles constituent des « mutilations » pénalement répréhensibles lorsqu'elles ne sont pas justifiées par des motifs thérapeutiques[2]. Concrètement, cela signifie qu'elles ne doivent être pratiquées que sur les personnes qui éprouvent le sentiment irrésistible d'appartenir au sexe opposé à celui qui est génétiquement le leur, et qui manifestent le besoin obsédant de changer d'anatomie.

Plus fréquemment posée, la seconde question porte sur la conduite à tenir vis-à-vis de l'action en « réclamation de sexe », faite par un individu ayant subi une intervention chirurgicale de conversion sexuelle, en vue d'obtenir la modification de son état civil. D'abord inflexible, la jurisprudence civile s'est progressivement assouplie.

Jusqu'en 1975, elle avait recours à l'analyse des chromosomes. Ce critère conduisait inévitablement à rejeter toutes les demandes des transsexuels, dans la

---

1. Cf. *Le Monde* 8 mars 1989.

2. CA Paris, 14 janv. 1974, *D* 1974.196 (motifs). Cf. CP, art. 310, et NCP, art. 223-1. Inversement, constitue une voie de fait le refus d'un hôpital de « fabriquer » un sexe féminin à un patient qu'il a castré légalement, refus qui transforme celui-ci en un être asexué : TGI Lille, 16 janv. 2001, S., *D* 2001.1913.

mesure où leur patrimoine héréditaire était nécessairement celui du sexe auquel ils souhaitaient cesser d'appartenir.

De 1975 à 1992, la Cour de cassation a substitué au critère de l'analyse chromosomique deux conditions cumulatives. Pour que l'état civil puisse prendre en compte le changement de sexe, il fallait désormais, d'une part que psychiquement l'intéressé ait la conviction d'appartenir au sexe opposé, d'autre part qu'il ait physiquement connu une modification naturelle de sa morphologie et de ses attributs sexuels avant de subir l'intervention chirurgicale de conversion sexuelle[1]. Grâce à cette évolution jurisprudentielle, les transsexuels se voyaient ainsi reconnaître la possibilité d'obtenir la modification de leur état civil. Mais la sévérité de la deuxième condition — l'exigence d'une transformation naturelle avant l'opération chirurgicale — invitait les juges du fond à débouter la plupart des demandeurs.

Ce n'est finalement qu'en 1992, à la suite de l'intervention pressante de la Cour européenne des droits de l'Homme, que la Cour de cassation s'est résolue à reconnaître le droit au transsexualisme. Dans des arrêts de 1986 et de 1990, la Cour européenne avait déjà estimé que le droit au respect de la vie privée, garanti par l'article 8 de la Convention, obligeait les États à reconnaître la nouvelle identité civile d'un transsexuel ; mais elle leur avait aussitôt reconnu une « grande marge d'appréciation » (?) en la matière, mansuétude qui avait permis au Royaume-Uni, impliqué dans les deux affaires, d'échapper à toute condamnation[2]. Dans son arrêt de 1992, la Cour européenne affiche la même position embarrassée, mais pour conclure cette fois, au prix d'un raisonnement d'une excessive subtilité, à la condamnation de l'État poursuivi, la France[3]. Soucieuse d'éviter l'humiliation d'une nouvelle condamnation, la Cour de cassation s'est donc aussitôt employée à abandonner sa jurisprudence de 1975. Elle exige désormais que l'état civil prenne en compte le changement de sexe dès lors qu'« à la suite d'un traitement médico-chirurgical, subi dans un but thérapeutique, une personne... ne possède plus tous les caractères de son sexe d'origine et a pris une apparence physique la rapprochant de l'autre sexe, auquel correspond son comportement social[4] ». L'exigence d'une transformation naturelle avant l'opération chirurgicale est ainsi abandonnée. Les nouvelles conditions posées (conviction psychique, traitement chirurgical thérapeutique, apparence physique, comportement social), moins difficiles à remplir, consacrent bel et bien l'existence du droit au transsexualisme.

Il n'est pas sûr qu'il faille se réjouir de cette dérogation au principe d'indisponibilité de l'état des personnes. Malgré les dénégations de la Cour européenne, qui affirmait dans ses arrêts de 1986 et de 1990 que le droit de se marier garanti par l'article 12 de la Convention ne vise que « le mariage traditionnel entre deux personnes de sexe biologique différent », cette juridiction ne pouvait en effet ignorer, comme nous l'annoncions dès la première édition de ce manuel, que la reconnais-

---

1. Civ. 1re, 16 déc. 1975, *D* 1976.397 ; 31 mars 1987, *D* 1987.445 ; et 21 mai 1990, *JCP* 1990, n° 21588.
2. CEDH 17 oct. 1986, Rees c/Royaume-Uni, CEDH 27 sept. 1990, Cossey c/Royaume-Uni. *Idem :* CEDH 22 avr. 1997, X c/Royaume-Uni, *JCP* 1997, n° 4071.
3. CEDH 25 mars 1992, B. c/France, *D* 1993.101 note (éclairante) Marguénaud.
4. Ass. plén. 11 déc. 1992, René X, *JCP* 1993, n° 21991 : en l'espèce, le prénom « René » est transformé en « Renée », et la mention « sexe féminin » est substituée à celle de « sexe masculin » sur l'acte de naissance.

sance d'un droit au transsexualisme déboucherait tôt au tard sur le droit au mariage des transsexuels, ce qu'elle a fini par admettre en 2002[1]. Sa nouvelle jurisprudence rend donc désormais possible le mariage d'un transsexuel avec une personne de même sexe chromosomique. Il faut par conséquent s'attendre à voir intenter des actions en nullité de mariage pour erreur sur les qualités essentielles (le sexe chromosomique !) du conjoint, erreur qui n'aura pu être commise que grâce à la complicité de l'état civil. La reconnaissance du droit au transsexualisme d'une minorité d'individus qu'on peut qualifier d'anormaux force ainsi chaque personne qui souhaite se marier pour fonder une famille à assumer le risque d'une erreur cruelle...

§ 4. Le droit de donner ses organes ou les produits de son corps

Le principe d'ordre public de l'indisponibilité du corps humain, « principe dérivé de l'article 1128 du Code civil[2] », interdit de faire commerce du corps humain. Le droit français considère en effet le corps humain comme le substrat de la personne, et non comme une « chose » qu'on pourrait louer ou vendre. Cette conception personnaliste, anti-matérialiste du corps humain, est héritée de l'Église catholique, qui enseigne que « le corps est une partie constitutive de l'homme ; (...) il appartient à l'être de la personne et non pas à son avoir » (Jean-Paul II, discours de Rome du 17 septembre 1983).

Ce principe n'interdit toutefois pas le don d'organes (A) ou de produits du corps humain (B).

A. Le don d'organes

Si le don d'organes est admis, c'est parce qu'il est nécessaire pour sauver des vies humaines. Le droit français tente toutefois d'en conjurer les risques en exigeant sa gratuité, afin d'empêcher que se développe en France l'odieux trafic d'organes dont on a constaté l'existence dans certains États européens[3]. Cela étant, le régime juridique du don d'organes varie selon que le prélèvement d'organes est effectué pendant la vie (1) ou après la mort du donneur (2).

1) Le prélèvement d'organes pendant la vie

Il est régi par la loi du 6 août 2004 (CSP, art. L. 1231-1 à 5), qui reprend en les améliorant les dispositions de la seconde loi du 29 juillet 1994, qui remplaçait elle-même la loi Caillavet du 22 décembre 1976. Deux hypothèses sont envisagées par ces textes.

La première hypothèse est celle du donneur majeur. Celui-ci n'a le droit de donner ses organes qu'à ses père et mère, fils et filles, frères et sœurs, petits-fils et

---

1. CEDH 11 juill. 2002, Goodwin c/Royaume-Uni, *D* 2003.2032. Cf. aussi CJCE 7 janv. 2004, K.B. c/Royaume-Uni, *D* 2004.979.
2. Selon l'expression employée par TGI Créteil, 23 mars 1988, cité par M.A. Hermitte, *APD* 1988, t. 33, p. 328.
3. Pour un trafic de reins humains entre la Turquie et la Grande-Bretagne, cf. *Le Monde* 15 févr. 1989. Le protocole additionnel n° 2, en date du 24 janvier 2002, à la Convention d'Oviedo de 1997, interdit expressément le trafic d'organes humains.

petites-filles, neveux et nièces, cousins germains, gendre et bru, ainsi qu'à son conjoint ou à toute personne partageant avec lui « une vie commune d'au moins deux ans ». Sous l'empire de la loi Caillavet, au contraire, aucun lien de parenté entre donneur et receveur n'était requis. Une exception est toutefois maintenue en ce qui concerne le don de moelle osseuse, qui échappe à la condition de parenté. Dans tous les cas, le donneur doit être informé des conséquences du prélèvement sur sa santé, exprimer son consentement devant le président du TGI ou, en cas d'« urgence vitale », par tout moyen sous le contrôle du procureur de la République, et recevoir d'un comité de cinq experts (dont trois médecins) l'autorisation d'effectuer le don (sauf don à fils ou fille, pour lequel l'autorisation n'est pas nécessaire).

La seconde hypothèse est celle du donneur mineur. Les lois de 1994 et 2004 sont, à juste titre, beaucoup plus circonspectes à son égard. Un mineur ne peut en effet donner que sa moelle osseuse, et à condition que le receveur soit son frère ou sa sœur ou, « à titre exceptionnel », son cousin germain, son oncle, sa tante, son neveu ou sa nièce. En outre, son consentement ne suffit pas. Son représentant légal doit être informé des conséquences du prélèvement sur sa santé, et donner son consentement au président du TGI. Le prélèvement ne peut enfin intervenir qu'après que le comité de cinq experts l'a autorisé. Aucun autre don d'organe n'est possible, alors que sous la loi de 1976, un mineur pouvait donner d'autres organes (notamment un rein) à ses frères ou sœurs.

Tout est donc mis en œuvre pour que le consentement au prélèvement soit libre et éclairé. Le donneur peut d'ailleurs revenir sur sa décision à tout moment. Ainsi conçue, la législation en vigueur ne paraît guère critiquable.

2) Le prélèvement d'organes après la mort

Son régime juridique est davantage sujet à caution. Par son attitude face à la mort, notre société prouve qu'elle n'est pas aussi matérialiste qu'on l'affirme d'ordinaire. Dans une sorte d'« animisme post-moderne », elle considère en effet le cadavre humain non comme une pure matière, mais comme « un corps auréolé d'une charge affective, support ultime des rites, des regrets et de l'oubli[1] ». C'est pourquoi elle n'admet le prélèvement d'organes après la mort qu'à condition qu'il ait été accepté par la personne de son vivant, ou à défaut par sa famille.

Or le droit français ne respecte pas toujours cette exigence d'un consentement libre et éclairé.

Reprenant une disposition critiquée de la loi Caillavet puis de la seconde loi du 29 juillet 1994, la loi du 6 août 2004 (CSP, art. L. 1232-1 à 6) autorise en effet le prélèvement d'organes sur le cadavre de toute personne majeure dès lors que celle-ci n'a « pas fait connaître de son vivant son refus d'un tel prélèvement »[2]. S'inspirant de l'adage « qui ne dit mot consent », elle établit ainsi une présomption de consentement qui permet aux médecins de prélever les organes de tous ceux qui, par négligence ou ignorance, n'ont pas pensé à exprimer leur volonté en la matière. Ce faisant, elle fait

---

1. M.-A. Hermitte, « Le corps hors du commerce, hors du marché », *APD* 1988, t. 33, p. 336.

2. Pour se donner bonne conscience, la loi de 1994 a prévu la création d'un registre national informatisé des personnes refusant les prélèvements. Création réalisée par le décret du 30 mai 1997. Ce système de présomption de consentement est implicitement admis par l'article 17 du protocole additionnel n° 2 à la Convention d'Oviedo, « relatif à la transplantation d'organes ».

prévaloir les impératifs de la santé publique et de la recherche scientifique sur le droit de l'individu de disposer de son corps, réalisant ce que Jean Rivero appelle une « socialisation des cadavres ».

Du point de vue du positivisme sociologique, ce choix d'aller à l'encontre des souhaits de l'opinion publique est condamnable. Certes, les « fins thérapeutiques ou scientifiques » visées par la loi sont dignes de respect. Mais pour les atteindre, elle aurait dû préférer la persuasion à la contrainte, en reconnaissant aux familles, dûment informées des conséquences de leur choix, le droit de consentir ou de s'opposer aux prélèvements d'organes sur « leurs » morts. En pratique, le système autoritaire de la loi Caillavet a d'ailleurs explosé sous la pression sociale, et les médecins ont d'ores et déjà pris l'habitude d'attendre l'autorisation des familles pour effectuer les prélèvements d'organes [1]. C'est pourquoi la loi de 2004 (comme avant elle celle de 1994) s'incline devant le fait accompli en disposant, en contradiction avec le système de présomption de consentement qu'elle maintient officiellement, que « si le médecin n'a pas directement connaissance de la volonté du défunt, il doit s'efforcer de recueillir auprès des proches l'opposition au don d'organes éventuellement exprimée de son vivant par le défunt » (art. L. 1232-1).

Assez curieusement, la présomption de consentement a pris sa revanche dans un domaine où on ne l'attendait pas. Trahissant une certaine mauvaise conscience, la loi Caillavet y soustrayait en effet les mineurs et les incapables, en disposant que tout « prélèvement en vue d'une greffe » ne pouvait être effectué sur leurs cadavres « qu'après autorisation » de leur représentant légal. Pourtant, le Conseil d'État avait adopté une interprétation restrictive et particulièrement fâcheuse de cette disposition, en estimant qu'elle permettait d'effectuer « sans consentement exprès, à condition qu'aucune opposition n'ait été... portée à la connaissance du service hospitalier », les prélèvements qui avaient d'autres buts que la greffe d'organes [2]. Écartée par la loi, la socialisation des cadavres des mineurs et des incapables était ainsi partiellement rétablie par la jurisprudence. Les lois de 1994 et 2004 ont heureusement renversé cette solution en exigeant dorénavant l'autorisation du représentant légal avant tout prélèvement, quel que soit son but (art. L. 1232-2).

B. Le don de produits du corps humain

Il existe trois sortes de produits du corps humain : le « matériel génétique », les déchets naturels ou hospitaliers, et le sang.

Le matériel génétique (sperme et ovules) ne peut faire l'objet de dons que dans les conditions très strictes examinées au paragraphe 2. Cette sévérité est parfaitement justifiée dans la mesure où on a affaire à des « produits » susceptibles de transmettre la vie.

Les déchets naturels (cheveux, lait maternel...) ou hospitaliers (placenta) ne posent au contraire pratiquement pas de problèmes éthiques. C'est pourquoi ils peuvent sans difficulté être donnés. En ce qui les concerne, le « don » est d'ailleurs plutôt vécu

---

1. Cf. M.-A. Hermitte, *op. cit.*, p. 335. *Contra :* TA Amiens, 4 déc. 2000, Tesnière, *AJDA* 2001.790.
2. CE 17 févr. 1988, Époux Camara, *AJDA* 1988.366 et 329 critique (convaincante) Azibert et de Boisdeffre. En l'espèce, la solution est d'autant plus grave que la victime est musulmane ; or, selon l'islam, l'intégrité du corps est une condition de l'accès du défunt à la vie éternelle.

comme l'abandon d'objets sans intérêt. Par dérogation au principe d'indisponibilité du corps humain, certains d'entre eux (cheveux et lait maternel) font même traditionnellement l'objet d'opérations commerciales (cf. CSP, art. L. 1211-8).

Le sang, symbole de la vie, pose des problèmes autrement plus délicats. Il constitue en effet une fraction du corps humain dont le prélèvement nécessite une atteinte à l'intégrité physique de la personne, et qui reste un certain temps vivante après celui-ci. C'est pourquoi le droit français le considère comme une « substance d'origine humaine », qu'on ne saurait assimiler à une vulgaire marchandise. Les articles L. 1221-1 et suivants[1] du Code de la santé publique font reposer le don du sang sur quatre principes : volontariat, gratuité, finalité thérapeutique, anonymat. Ce système altruiste n'est pas adopté par tous les pays ; l'Allemagne, le Japon ou les États-Unis rémunèrent en effet les « donneurs ». Mais il est considéré comme un modèle à généraliser par des organismes spécialisés tels que la Croix-Rouge ou l'Organisation mondiale de la santé.

§ 5. Le droit de décider sa propre mort

Ultime manifestation de la liberté humaine, la décision de mourir contraint la société à réagir face au suicide (A) et à l'euthanasie (B).

A. Le suicide

En France, le suicide ne fait l'objet d'aucune incrimination légale. Ni le suicide ni la tentative de suicide ne sont en effet des infractions. Le droit de se suicider est donc implicitement reconnu.

Il paraît difficile d'adopter une solution contraire. Le suicide de démission ou de dépression est en effet la traduction d'une grande souffrance psychologique, et relève davantage de la médecine que de la répression pénale. Quant au suicide conscient et serein, qui possède ses titres de noblesse depuis Socrate et Sénèque, il « dessine toute une tradition aristocratique de la vie morale », en permettant au sage d'atteindre « dans la belle mort comme la consécration de ses vertus[2] » ; la perspective d'une condamnation ne saurait par conséquent l'empêcher en aucune façon.

Le droit de se suicider connaît toutefois des limites. L'article D. 390 du Code de procédure pénale autorise ainsi, sous surveillance médicale, l'alimentation forcée des détenus faisant la grève de la faim, afin de permettre à la société de se défendre contre

---

1. Profondément remaniés à la suite du scandale de la distribution par le Centre national de transfusion sanguine (remplacé aujourd'hui par l'« Établissement français du sang », qui gère le service de la transfusion sanguine, et par l'« Agence française de sécurité sanitaire des produits de santé », qui réglemente et, le cas échéant, interdit la distribution de produits sanguins) de sang qu'il savait contaminé par le virus du SIDA. Ce scandale a mis en jeu les responsabilités : pénale des médecins ayant décidé la distribution (T. corr. Paris, 23 oct. 1992, Garretta, *D* 1993.222, confirmé par CA Paris, 13 juill. 1993 *D* 1994.118) ; civile ou administrative, selon qu'ils sont privés ou publics, des centres de transfusion ayant distribué le sang (Civ. 1re, 12 avr. 1995, Martial : obligation contractuelle de sécurité-résultat ; CE, Ass., 26 mai 1995, Jouan et consorts N'Guyen, *AJDA* 1995.508 : responsabilité sans faute) ; et administrative de l'État pour « carence fautive » dans ses activités de réglementation et de contrôle (CE, Ass., 9 avr. 1993, G., *AJDA* 1993.381).

2. D. Janicaud, « Du droit de mourir », *Droits* n° 13, 1991.72.

le « chantage au suicide » dont elle fait l'objet. De façon plus générale, le droit au suicide n'exclut pas l'existence d'une obligation de porter secours à la personne qui tente ou envisage de se suicider ; un manquement à cette obligation s'analyse en effet comme un délit de non-assistance à personne en danger[1]. Enfin, la loi du 31 décembre 1987 (NCP, art. 223-13 à 15) punit fort sagement la provocation au suicide, qu'il est réaliste de considérer comme une exploitation inadmissible de la détresse d'autrui, plutôt que comme une aide apportée à l'exercice d'une liberté.

B. L'euthanasie

Le droit à l'euthanasie est le droit de l'individu d'exiger que sa mort soit provoquée par autrui afin d'abréger ses souffrances. Il s'analyse donc comme le pouvoir d'obtenir une aide au suicide. Certains États, comme les Pays-Bas, l'ont légalisé sans état d'âme.

En l'état actuel des choses, ce droit n'existe pas en France. Ceux qui pratiquent l'euthanasie commettent donc un crime. Le Code de déontologie médicale interdit d'ailleurs aux médecins de la pratiquer.

Dans les faits, toutefois, la situation est quelque peu différente. Les médecins ne respectent pas toujours les prescriptions du Code en la matière. En 1988, le professeur Schwartzenberg — cancérologue et éphémère ministre de la Santé sous le gouvernement Rocard — a par exemple avoué avoir pratiqué l'euthanasie à plusieurs reprises. Or, ce type d'agissement n'est presque jamais poursuivi pénalement. Le serait-il qu'il déboucherait d'ailleurs le plus souvent sur un acquittement, les cours d'assises étant particulièrement compatissantes à l'égard des « meurtriers par pitié ».

On observe donc un décalage entre le droit et la pratique. Ce décalage reflète les hésitations de l'opinion publique, qui ne sait trop ce qu'il faut penser de l'euthanasie. D'un côté l'Église catholique affirme que « tout ce qui s'oppose à la vie elle-même, comme... l'euthanasie et même le suicide délibéré... sont en vérité infâmes » (Concile Vatican II, *Gaudium et spes*). De l'autre l'Association pour le droit de mourir dans la dignité, fondée en 1980 à l'initiative du sénateur Caillavet, considère le droit à l'euthanasie comme une composante essentielle de la dignité humaine.

Il est probable qu'à l'avenir le droit français devra trouver un point d'équilibre entre ces deux conceptions opposées. Il lui faudra se résoudre à reconnaître le droit à l'euthanasie, tout en en soumettant l'exercice à des conditions rigoureuses. Il serait en effet dangereux de légaliser l'« interruption volontaire de vieillesse », préconisée par certains[2]. La solution la plus sage, et la plus conforme aux aspirations de la conscience collective, consisterait sans doute à réserver l'euthanasie aux personnes qui, étant sur le point de mourir, en font la demande libre et réitérée, et dont les souffrances physiques sont jugées insupportables, durables et irrémédiables par au moins deux médecins[3].

---

1. Crim. 26 avr. 1988 *Bull.* n° 178 (renverse Crim. 23 avr. 1971, *Bull.* n° 116), à propos de l'article 63 du CP ; transposable à l'article 223-6 du NCP.

2. Cf. *Le Monde* 13 mars 1990.

3. Dans son avis n° 63 rendu le 27 janvier 2000, le CCNE préconise ainsi une « exception d'euthanasie » dans certains cas. L'assemblée du Conseil de l'Europe a au contraire, le 26 juin 1999, condamné l'euthanasie, et prôné à la place le développement de « soins palliatifs » rendant la souffrance plus supportable. De même, les lois du 9 juin 1999 et du 22 avril 2005 préfèrent

Cette évolution, répétons-le, paraît inévitable. Elle n'en est pas moins effrayante. Il n'est pas sûr que donner la mort soit le meilleur moyen de secourir, même dans des cas extrêmes. La souffrance et le désespoir n'ôtent pas toute force au réconfort que peuvent apporter l'amour et la compassion. En outre, sur le plan des principes, la reconnaissance de l'euthanasie constitue un pas dangereux vers la désacralisation de la vie humaine, et pourrait mener la société plus loin qu'elle ne pense. Tout repose au fond sur la conception que l'on se fait de la dignité humaine. Peut-être la véritable dignité consiste-t-elle à porter sa croix jusqu'au bout...

Section 2
Le droit à l'intégrité physique

Le droit à l'intégrité physique s'exprime par une série d'interdictions, dont beaucoup ne posent guère de problèmes. Ce sont notamment celles qui portent sur les « violences » (NCP, art. 222-7 à 222-15), le viol (NCP, art. 222-23 à 222-26), et les « autres agressions sexuelles » (NCP, art. 222-27 à 222-31). D'autres interdictions présentent la particularité de chercher à protéger le droit à la vie au-delà du droit à l'intégrité physique. Il s'agit de celles qui portent sur le meurtre (NCP, art. 222-1 à 221-5) et sur l'interruption de grossesse pratiquée sans le consentement de l'intéressée (NCP, art. 223-10). D'autres enfin suscitent un intérêt particulièrement marqué, notamment de la part du droit européen, dans la mesure où elles portent sur des agissements qui sont rarement possibles sans la complicité d'autorités détentrices d'un pouvoir politique ou médical. Ce sont celles-là qui sont les plus intéressantes à étudier du point de vue des libertés publiques. Il s'agit des interdictions portant sur la torture (§ 1), les traitements inhumains ou dégradants (§ 2), l'esclavage et le travail forcé (§ 3), et les expérimentations médicales (§ 4). Mais cette impressionnante série d'interdictions ne doit pas faire oublier, tout droit ayant des limites, qu'il existe des atteintes légales à l'intégrité physique (§ 5).

§ 1. L'INTERDICTION DE LA TORTURE

La torture est interdite par l'article 7 du pacte onusien relatif aux droits civils et politiques, de 1966, et par l'article 3 de la Convention européenne de sauvegarde des droits de l'Homme. Pour lutter contre elle, deux conventions internationales ont en outre été spécialement élaborées : la Convention contre la torture, adoptée par l'assemblée générale de l'ONU le 3 décembre 1984, et la Convention européenne pour la prévention de la torture, adoptée le 26 novembre 1987 par le Comité des ministres du Conseil de l'Europe. La France a ratifié ces deux traités, et s'est dotée de dispositions pénales réprimant sévèrement la torture (NCP, art. 222-1 à 222-6 ; comparer avec CP, art. 303). Cela ne l'a malheureusement pas empêchée d'être

---

respectivement se borner à consacrer un « droit d'accéder à des soins palliatifs » et un droit de s'opposer à l'acharnement thérapeutique. Enfin, l'arrêt CEDH du 29 avril 2002, Pretty c/Royaume-Uni, refuse lui aussi de reconnaître le droit à l'euthanasie.

condamnée en 1999 par la Cour européenne des droits de l'Homme pour torture policière pendant une garde à vue[1].

La Convention de 1984 définit la torture comme l'acte qui inflige volontairement des souffrances aiguës, physiques ou mentales, à une personne humaine, et qui est exécuté à l'instigation ou avec le consentement d'une personne agissant à titre officiel. Par comparaison, le droit français retient une conception plus extensive, car il estime qu'un acte de torture peut être indifféremment commis avec ou sans implication d'une personne agissant à titre officiel (cf. NCP, art. 222-3). Il existe donc deux définitions différentes de la torture, dont le point commun est d'exiger des souffrances aiguës volontairement provoquées.

Les Conventions de 1984 et de 1987 s'efforcent toutes les deux d'assurer le respect de l'interdiction de la torture en créant chacune un « comité » de contrôle. Mais alors que le comité européen intervient « en amont » de la torture grâce à son rôle de prévention, le « comité contre la torture » onusien a vocation à intervenir « en aval », après qu'elle ait été commise.

Le comité européen a le pouvoir de visiter, après notification à l'État intéressé et indépendamment de toute plainte, n'importe quel lieu de détention des États parties à la Convention de 1987. Il peut entendre les détenus sans témoins, et adresser des recommandations aux États parties en vue d'améliorer leur protection centre la torture. Ce mécanisme de prévention est d'autant plus efficace que la Convention de 1987 ne peut ni faire l'objet de réserves, ni être écartée en temps de guerre. Les visites du comité peuvent donc s'effectuer en toutes circonstances : l'effet dissuasif est indéniable.

Le comité contre la torture onusien est quant à lui compétent pour examiner les rapports des États parties à la Convention de 1984, et pour procéder à des enquêtes sur plaintes étatiques, pétitions individuelles, ou de sa propre initiative. Mais ces enquêtes ne peuvent avoir lieu que si le comité dispose d'« indications bien fondées que la torture est pratiquée systématiquement sur le territoire d'un État partie ». De simples soupçons ne suffisent donc pas pour enquêter ; en outre, la torture occasionnelle est curieusement placée à l'abri de tout contrôle. De toute façon, les États sont libres, au moment de leur adhésion à la Convention, de rejeter la compétence d'enquête du comité. L'ensemble du contrôle dépend donc de leur bon vouloir. Force est ainsi de conclure que la torture a encore de beaux jours devant elle...

§ 2. L'interdiction des traitements inhumains ou dégradants

Comme la torture, les « traitements inhumains ou dégradants » sont prohibés par l'article 7 du pacte de 1966 relatif aux droits civils et politiques, et par l'article 3 de la Convention européenne de sauvegarde des droits de l'Homme. Comme elle, ils sont également combattus par les Conventions de 1984 et 1987, analysées au § 1, qui s'appliquent expressément à eux. Le droit pénal français préfère pour sa part les qualifier d'« actes de barbarie » (NCP, art. 222-1).

Contrairement à la torture, les traitements inhumains ou dégradants ne sont pas définis par un texte, mais par la Cour européenne des droits de l'Homme. Le

---

1. CEDH 28 juill. 1999, Selmouni, *JCP* 1999, n° 10193.

« traitement inhumain » est l'agissement qui provoque volontairement des souffrances physiques ou mentales particulièrement graves, sans qu'elles atteignent toutefois le degré d'intensité qui caractérise la torture (qui seule mérite la qualification de souffrances « aiguës »). Sont par exemple constitutifs de traitements inhumains : les cinq techniques d'interrogatoire utilisées par l'armée britannique en Irlande du Nord (station debout prolongée, encapuchonnement, sifflement continu dans la cellule, privation de sommeil, privation ou forte réduction de nourriture et de boisson pendant plusieurs jours) [1] ; l'isolement cellulaire total, à la fois sensoriel et social [2] ; ou encore les mauvais traitements infligés aux détenus [3]. Moins grave, le « traitement dégradant » est l'agissement qui « humilie l'individu grossièrement devant autrui ou le pousse à agir contre sa volonté ou sa conscience [4] ». Sont ainsi constitutifs de traitements dégradants : le châtiment judiciaire qui consiste à flageller les fesses dénudées du condamné [5] ; de mauvaises conditions matérielles de détention [6] ; ou encore des brimades infligées aux détenus par leurs gardiens ou par des policiers [7].

Alors que la torture est devenue rare dans les États parties à la Convention européenne de sauvegarde des droits de l'Homme, les traitements inhumains ou dégradants y demeurent assez fréquents. L'action que mène la Cour européenne pour les combattre doit par conséquent être encouragée, de même que doit être encouragée l'action de dissuasion menée contre eux par le comité institué par la Convention de 1987 (cf. § 1). De tels agissements sont en effet inadmissibles. Il n'est pas inutile de rappeler à cet égard que le droit de ne pas subir de traitements inhumains ou dégradants est rangé par la Convention européenne de 1950 — avec le droit à la vie, le droit de ne pas être torturé, le droit de ne pas être tenu en esclavage, et le droit à la non-rétroactivité de la loi pénale — parmi les droits intangibles dont aucun motif ne saurait justifier la violation.

§ 3. L'interdiction de l'esclavage et du travail forcé

L'esclavage et le travail forcé sont interdits par l'article 4 de la Convention européenne de sauvegarde des droits de l'Homme, et par l'article 8 du pacte onusien relatif aux droits civils et politiques. Leur caractère particulièrement choquant a en outre incité la communauté internationale à leur consacrer plusieurs conventions spécifiques, dont notamment : la Convention de Genève du 25 septembre 1926 (amendée par le protocole du 7 décembre 1953) et la Convention du 21 mars 1950 en ce qui concerne l'esclavage ; et les Conventions de l'Organisation internationale du travail (OIT) du 28 juin 1930 et du 25 juin 1957 en ce qui concerne le travail forcé.

---

1. CEDH 18 janv. 1978, Irlande c/Royaume-Uni.
2. Commission 8 juill. 1976, Baader c/RFA ; CEDH 8 juin 1999, Messina c/Italie.
3. Commission 12 déc. 1981, Reed c/Royaume-Uni ; CEDH 27 nov. 2003 Henaf c/ France, *D* 2004.1196.
4. CEDH 25 avr. 1978,Tyrer c/Royaume-Uni (île de Man).
5. CEDH 25 avr. 1978, Tyrer, préc. Par contre, les châtiments corporels pratiqués dans certaines écoles ne constituent pas des traitements dégradants, et sont donc licites, lorsqu'ils n'ont pas d'effets psychologiques durables : CEDH 25 févr. 1982, Campbell et Cosans ; CEDH 25 mars 1993, Costello-Roberts.
6. Commission 15 mai 1980, Mac Feeley c/Royaume-Uni ; CEDH 19 avr. 2001, Peers c/Grèce.
7. Commission 14 juill. 1974, Jacob Kamma c/Pays-Bas ; CEDH 14 nov. 2002, Mouisel c/France ; CEDH 12 juin 2007, Frérot c/ France, *RDP* 2008.950.

L'esclavage est défini par la Convention de 1926 comme la condition de l'individu sur lequel s'exercent les attributs du droit de propriété. La France de l'Ancien Régime l'a couramment pratiqué dans ses colonies, et la Révolution de 1789 a préféré brandir l'étendard de la prospérité économique, et violer sa philosophie humaniste, plutôt que de l'abolir. Il a fallu attendre un décret de la Convention du 4 février 1794 pour le voir officiellement interdire, et un décret du 27 avril 1848 pour que cette abolition devienne enfin une réalité. Aujourd'hui, l'article 1780 du Code civil rappelle discrètement l'interdiction de l'esclavage (et aussi celle du travail forcé), en précisant que « le louage de service, fait sans détermination de durée peut toujours cesser par la volonté d'une des parties contractantes ». Le Conseil constitutionnel estime pour sa part, depuis une décision du 27 juillet 1994 (préc., section 1), que « la sauvegarde de la dignité de la personne humaine contre toute forme d'asservissement et de dégradation est un principe à valeur constitutionnelle ».

Si l'esclavage a fort heureusement disparu en France[1], il n'en va malheureusement pas de même ailleurs. De nombreux pays le laissent en effet prospérer, notamment en Afrique, en Asie, et en Amérique du Sud. Bien qu'il soit classé parmi les droits intangibles tant par le pacte onusien de 1966 que par la Convention européenne de sauvegarde des droits de l'Homme, le droit de ne pas être tenu en esclavage relève ainsi souvent davantage du rêve que de la réalité.

Moins grave que l'esclavage, mais néanmoins inadmissible, le travail forcé est quant à lui défini par l'OIT comme le travail exigé d'un individu sous la menace d'une peine quelconque. En posant le principe de la liberté du travail, la célèbre loi Le Chapelier du 14 juin 1791 a clairement exclu le travail forcé de la sphère des relations entre particuliers. Par contre, il a fallu attendre une ordonnance du 4 juin 1960 pour que soit supprimée la sanction pénale de condamnation aux travaux forcés, dont l'excessive rigueur avait fait la célébrité du bagne de Cayenne. La loi du 10 juin 1983 a suscité quelques craintes en rendant aux tribunaux la possibilité de prononcer, comme alternative à de courtes peines d'emprisonnement, des condamnations à des « travaux d'intérêt général » ; mais en reconnaissant aux prévenus le droit d'en « refuser l'accomplissement » (CP, art. 43-3-1, et NCP, 131-8), elle empêche les TIG d'être analysés comme des travaux forcés.

Contrairement à l'esclavage, qui n'est jamais licite, le travail forcé est toléré dans quatre cas limitativement énumérés par l'article 4 de la Convention européenne de sauvegarde des droits de l'Homme, et par l'article 8 du pacte onusien relatif aux droits civils et politiques : lorsqu'il s'agit d'un travail requis d'un détenu ou d'une personne en liberté conditionnelle ; en cas de service militaire, ou de service civil de substitution ; dans l'hypothèse d'une réquisition consécutive à une crise ou à une calamité menaçant le bien-être de la population ; ou plus généralement lorsque le travail fait partie des « obligations civiques normales ». Si les deuxième et troisième exceptions paraissent raisonnables, la première et la quatrième, étant insuffisamment précises, semblent dangereuses. Même si la Cour européenne des droits de l'Homme

1. En revanche, la « traite des êtres humains » s'y est développée. La loi du 18 mars 2003 la définit comme « le fait, en échange... d'une promesse de rémunération ou d'avantage » de mettre une personne « à la disposition d'un tiers » afin de la contraindre « à commettre tout crime ou délit » ou à subir une exploitation sexuelle, une « exploitation de la mendicité », ou des « conditions de travail ou d'hébergement contraires à sa dignité » (NCP, art. 325-4-1).

fait ce qu'elle peut[1] pour contenir les abus au niveau européen, il y a là une maladresse de rédaction qu'on peut regretter. Il est vrai que dans de nombreux pays du tiers-monde, le travail forcé est monnaie courante. Dès lors, l'application effective de ces dispositions, même critiquables, constituerait déjà un progrès certain...

§ 4. L'INTERDICTION DES EXPÉRIMENTATIONS MÉDICALES

Le droit à l'intégrité physique n'est pas seulement menacé par le pouvoir politique. Il l'est aussi, et de plus en plus, par les médecins. La jurisprudence s'efforce traditionnellement de contenir leurs initiatives en matière d'interventions chirurgicales en exigeant le consentement du patient, sauf en cas d'urgence lorsque l'opération est absolument nécessaire[2]. Mais avec le développement des sciences de la vie, la menace s'est déplacée sur le terrain de l'expérimentation médicale, dont l'immense champ d'investigation consacre l'émergence de ce qu'il n'est pas trop fort de considérer comme un « pouvoir médical ». Ce nouveau pouvoir médical s'exerce tant sur l'embryon (A) et sur la personne humaine (B) que sur la dépouille mortelle (C), et suscite de la part du droit des réactions diverses.

A. L'expérimentation sur l'embryon

Simple personne humaine potentielle, l'embryon est beaucoup moins bien protégé contre l'expérimentation que la personne humaine. Recueilli à la suite d'un avortement, il peut être librement utilisé à des fins d'expérimentation[3]. Fabriqué *in vitro* et congelé, il constitue un stock d'organes et un sujet d'expérimentation que certains chercheurs sont tentés d'assimiler à du « matériel de laboratoire »[4]. Le Comité consultatif national d'éthique s'est du moins efforcé de parer au plus monstrueux en interdisant, dans son avis du 15 décembre 1986, les expérimentations

---

1. Dans l'arrêt CEDH 24 juin 1982, Van Droogenbroeck, la Cour affirme que le travail exigé d'un détenu ne doit pas excéder des limites « normales » (en l'espèce, pas d'excès s'agissant d'un travail qui a pour but d'aider l'intéressé à se reclasser dans la société). Mais dans l'arrêt CEDH 18 juin 1971, De Wilde, elle reconnaît aussi — ce qui est plus inquiétant — qu'on peut soumettre un détenu à un travail forcé avant qu'il ait été condamné par une juridiction. Enfin, dans l'arrêt CEDH 23 nov. 1983, Van Der Mussele, la Cour précise qu'un travail forcé suppose une contrainte physique ou morale ; en conséquence, l'obligation faite à un avocat stagiaire d'assister gratuitement un prévenu n'est pas un travail forcé (peut-être aurait-il mieux valu la considérer comme un travail forcé licite assimilable à une « obligation civique normale »).

2. Civ. 1re, 11 oct. 1988, *Bull.* n° 280 : « Le médecin ne peut, sans le consentement libre et éclairé de son malade, procéder à une intervention chirurgicale qui n'est pas imposée par une nécessité évidente ou un danger immédiat pour le patient ». Cf. aussi Crim. 3 juill. 1969, *JCP* 1970, n° 16447. Cf. enfin C. civ., art. 16-3, issu de la première loi du 29 juillet 1994, et CSP, art. L. 1111-4 à 6, issus de la loi du 4 mars 2002 relative aux droits des malades. *Contra :* CE 16 août 2002, Mme F, *AJDA* 2002.723 : autorise les médecins à pratiquer des soins contre la volonté du patient, lorsqu'ils paraissent nécessaires pour sauver la vie de celui-ci (jurisprudence contestable sur le plan philosophique, mais aussi sur le plan juridique car elle est *contra legem*).

3. En vertu de l'avis n° 1 du CCNE du 22 mai 1984, qui exige simplement que l'embryon soit mort et âgé de moins de vingt-deux semaines, et qu'il soit utilisé pour soigner quelqu'un ou pour faire progresser les thérapeutiques. Pour une application, cf. avis n° 23 du CCNE du 13 décembre 1990 qui autorise les greffes intracérébrales de cellules fœtales pour soigner la maladie de Parkinson.

4. C. Labrusse-Riou, « L'enjeu des qualifications : la survie juridique de la personne », *Droits* n° 13, 1991.26.

relatives à la gestation masculine et les transplantations d'embryon entre l'homme et l'animal. Mais il est difficile de percer les secrets des laboratoires. Aussi n'est-il pas impossible d'être un jour confronté à la fabrication de clones, doubles parfaits de personnes vivantes, qu'on maintiendrait à l'état d'embryons congelés afin de tenir à la disposition de celles-ci un réservoir d'organes.

Pour lutter contre une telle perspective, le législateur se devait d'intervenir en réglementant l'expérimentation sur l'embryon. C'est ce qu'il a fait par les deux lois du 29 juillet 1994 puis par la loi du 6 août 2004. Désormais, notre droit proscrit clairement « toute pratique eugénique tendant à l'organisation de la sélection des personnes » (C. civ., art. 16-4), ainsi que toute utilisation « à des fins commerciales ou industrielles » de l'embryon humain (CSP, art. L. 2151-3 et NCP, art. 511-17). Il pose d'autre part le principe selon lequel « la recherche sur l'embryon humain est interdite » (art. L. 2151-5). Trois exceptions sont toutefois admises, nécessitant à chaque fois l'autorisation préalable de l'Agence de la biomédecine. La première, prévue depuis 1994, porte sur les expérimentations à finalité médicale, qui peuvent être pratiquées à condition de ne pas « porter atteinte à l'embryon », et d'avoir été acceptées par écrit par ses parents. La deuxième, introduite en 2004, porte au contraire « sur les embryons conçus *in vitro*... qui ne font plus l'objet d'un projet parental » ; de façon inquiétante, la loi admet qu'on pratique sur eux des expérimentations mortelles, sous réserve du « consentement écrit préalable du couple dont ils sont issus »[1]. La troisième, également introduite en 2004, est encore plus inquiétante : répondant à un souhait du puissant *lobby* des chercheurs, elle autorise, pendant ne durée expérimentale de cinq ans, toutes les recherches sur l'embryon « lorqu'elles sont susceptibles de permettre des progrès thérapeutiques majeurs et à la condition de ne pouvoir être poursuivies par une méthode alternative d'efficacité comparable » (art. L. 2151-5). En dehors de ces trois exceptions, la loi de 2004 admet d'autre part l'importation de cellules embryonnaires aux fins de recherche[2]. Faute d'avoir eu le courage de reconnaître à tout embryon humain la qualité de « personne humaine potentielle », ainsi que le CCNE l'y invitait en 1984, le législateur s'est donc résolument engagé dans la voie dangereuse d'un assouplissement de sa protection contre l'expérimentation.

B. L'expérimentation sur la personne humaine

Pratiquée de force par les nazis pendant la Seconde Guerre mondiale[3], l'expérimentation sur la personne humaine fait peur. C'est la raison pour laquelle le pacte onusien de 1966, relatif aux droits civils et politiques, dispose dans son article 7 qu'« il est interdit de soumettre une personne sans son libre consentement à une

---

1. Dans son avis n° 53 du 11 mars 1997, le CCNE proposait déjà d'assouplir les conditions de l'expérimentation sur l'embryon. Et dans son étude intitulée *Les lois de bioéthique : cinq ans après*, publiée en 1999, le Conseil d'État proposait d'autoriser la recherche sur les embryons congelés qui ne font plus l'objet d'un projet parental, au nom du « droit de ceux qui souffrent à voir la collectivité entreprendre les recherches les plus efficaces possibles pour lutter contre leurs maux ».
2. Cf. déjà TA Paris, 21 janv. 2003, Assoc. Alliance pour les droits de la vie, *AJDA* 2003.264. *Contra :* CE 13 nov. 2002, même requérant *AJDA* 2002.1506.
3. Crim. 18 juill. 1952, *D* 1952.665 : est un crime d'empoisonnement l'inoculation, pratiquée par des médecins allemands à titre expérimental, de virus à des personnes mises à leur disposition par les responsables de divers camps de concentration.

expérience médicale ou scientifique ». Assez curieusement, la Convention européenne de sauvegarde des droits de l'Homme reste pour sa part silencieuse sur ce point. Mais ce regrettable oubli a été réparé par l'article 16 de la Convention d'Oviedo.

En France, l'expérimentation sur la personne humaine n'est réglementée que depuis 1988. Antérieurement, le Conseil d'État avait paré au plus pressé en n'autorisant les expérimentations qu'à condition qu'elles soient effectuées sur des sujets malades, dans un but thérapeutique, et avec leur consentement[1].

La loi du 20 décembre 1988, « relative à la protection des personnes qui se prêtent à des recherches biomédicales »[2], a finalement apporté aux expérimentations sur la personne humaine le cadre législatif qui leur faisait cruellement défaut. Cette loi autorise en effet selon des modalités différentes deux types d'expérimentations : celles qui sont « à finalité thérapeutique directe » et celles qui sont « sans finalité thérapeutique directe ».

Les expérimentations à finalité thérapeutique directe sont celles qui portent sur des sujets malades et qui ont pour objet immédiat de les soigner[3]. Elles ne peuvent en principe être effectuées qu'après que leur consentement libre et éclairé ait été recueilli par écrit. Trois exceptions sont toutefois prévues. La première, qui paraît acceptable, vise les « situations d'urgence » dans lesquelles le consentement du patient, étant impossible à recueillir, est remplacé par celui de ses proches. La deuxième, plus contestable car dégagée de toute condition d'urgence, concerne les majeurs sous tutelle et les mineurs dont le consentement, lorsqu'ils sont inaptes à exprimer une volonté, est remplacé par celui de leur tuteur ou du titulaire de l'autorité parentale. La troisième, encore plus inquiétante, permet de se contenter d'un consentement non éclairé « à titre exceptionnel, lorsque dans l'intérêt d'une personne malade le diagnostic n'a pu lui être révélé » ; concrètement, le médecin peut alors, « dans le respect de sa confiance, réserver certaines informations liées à ce diagnostic ». Cette solution, qui consiste à autoriser l'expérimentateur à sous-informer le patient, nous semble inadmissible. Le fait d'arracher à un malade en état de détresse, sur la foi de renseignements tronqués ou inexacts, son consentement à une expérimentation, est un procédé contraire au respect de la dignité de la personne humaine ; c'est une sorte d'escroquerie, à cette nuance (de taille !) près qu'il ne s'agit pas ici de se faire remettre la fortune d'autrui, mais son corps. Bien loin de brider le pouvoir médical, la loi s'est donc finalement résignée à entériner ses prétentions.

Les expérimentations sans finalité thérapeutique directe sont encore plus dangereuses, car elles sont effectuées sur des sujets sains, qui n'ont rien à en attendre de positif pour leur santé. Aussi la loi de 1988 ne les autorise-t-elle qu'à certaines conditions très précises. D'abord, elles ne peuvent en principe être effectuées qu'après

---

1. Avis CE 10 avr. 1962, et CE 4 févr. 1976, Gautard, *R* 1094, reproduits en annexe du rapport Braibant.

2. Codifiée aux articles L. 1121-1 et suivants du CSP, et complétée par le décret n° 90-872 du 27 septembre 1990 (*JO* 29 sept.). Première application par TGI Paris, 4 oct. 1995, Leibowitch, *D* 1996.28. La loi du 9 août 2004 gomme la distinction entre les deux types d'expérimentation.

3. C'est le cas par exemple des « thérapies géniques », qui consistent à agir sur le génome de la cellule humaine en vue de corriger certaines anomalies génétiques. Elles sont autorisées par l'avis n° 22 du CCNE du 13 décembre 1990 (*Le Monde* 15 déc.), à condition qu'elles ne modifient pas le patrimoine héréditaire des cellules germinales (ovules et spermatozoïdes).

obtention écrite du consentement libre et éclairé du patient (ou de ses proches en cas de « situation d'urgence »). Ensuite, il est strictement interdit de les pratiquer, même avec leur consentement, sur les « personnes privées de liberté par une décision judiciaire ou administrative », et sur les personnes non affiliées à un régime de Sécurité sociale. Dans le même souci d'assurer la protection des faibles contre eux-mêmes, la loi interdit également de les pratiquer sur les femmes enceintes ou allaitantes, sur les mineurs, sur les majeurs sous tutelle, sur les personnes hospitalisées (au sens large) et sur les « malades en situation d'urgence » ; mais cette interdiction n'est pas aussi absolue que la précédente, car elle s'efface lorsque l'expérimentation ne présente aucun « risque sérieux prévisible » pour leur santé. Enfin, en vue d'éviter toute atteinte au principe d'indisponibilité du corps humain, la loi dispose que ces expérimentations ne donnent lieu « à aucune contrepartie financière ».

Aucune de ces trois séries de conditions n'est malheureusement pleinement satisfaisante. « Le consentement, pierre angulaire de la licéité de l'expérimentation, est néanmoins écarté lorsqu'il gêne ou ne peut être donné »[1] : en témoigne le sort réservé au mineur, au majeur sous tutelle et au malade en situation d'urgence, qu'une tierce personne a le pouvoir exorbitant, et contraire au pacte de 1966, de livrer à l'expérimentateur. Les interdictions sont pour leur part tantôt violées[2], tantôt vidées de leur substance[3]. Quant à l'exclusion de toute contrepartie financière, elle apparaît largement illusoire dans la mesure où la loi de 1988 reconnaît aux personnes qui se prêtent à l'expérimentation le droit d'obtenir « une indemnité en compensation des contraintes subies » ; sans doute une « indemnité » ne peut-elle être assimilée juridiquement à une « rémunération », mais le sens commun ignore ces subtils distinguos ; en pratique, par conséquent, il est clair pour tout le monde, et notamment pour les personnes qui s'y prêtent (s'y louent ?), que les expérimentations sans finalité thérapeutique sont rémunérées[4].

Comme pris de remords devant la litanie de ses compromissions, le législateur a su pourtant trouver la force d'ériger un ultime barrage contre l'arbitraire du pouvoir médical. La loi de 1988 crée en effet dans chaque région un « comité consultatif de protection des personnes dans la recherche biomédicale », composé de personnes compétentes dans les domaines biomédical, éthique, social, psychologique et juridique. Et elle oblige tout médecin qui souhaite effectuer une expérimentation sur l'homme, qu'elle ait ou non une finalité thérapeutique, à l'informer sous peine de sanction pénale de son projet. Le comité rend alors un avis sur la pertinence du projet. Tout avis défavorable est immédiatement transmis au ministre de la Santé, et suspend pendant deux mois à compter de sa réception par celui-ci la réalisation du projet. Le ministre peut alors interdire l'expérimentation concernée ; son pouvoir n'est

---

1. C. Labrusse-Riou, *op. cit.*, p. 23.

2. Dans son avis n° 39 du 7 décembre 1993, le CCNE autorise ainsi l'administration de produits hormonaux aux « délinquants sexuels » qui sont en prison (*Le Monde* 8 déc.). Pour camoufler la violation, le CCNE présente ce qui semble être une « camisole de force chimique » comme un « essai thérapeutique ».

3. La 2e série d'interdictions (cf. *supra*) s'efface en effet lorsque l'expérimentation ne présente aucun « risque sérieux prévisible » pour la santé du sujet. Or les expérimentations à haut risque sont rares. L'exception fait donc figure de principe.

4. La loi de 1988 l'avoue d'ailleurs elle-même en interdisant les expérimentations sans finalité thérapeutique sur les personnes non affiliées à un régime de sécurité sociale. Il s'agit d'éviter qu'elles ne soient tentées, du fait de leur situation de grande pauvreté, par l'« indemnité »...

d'ailleurs nullement limité à ce cas de figure, car la loi prend soin de préciser qu'il « peut à tout moment, en cas de risque pour la santé publique ou de non-respect des dispositions (CSP, art. L. 1121-1 et s.), suspendre ou interdire une recherche biomédicale ».

Aussi estimable qu'il soit, ce dispositif de protection ne doit pas masquer l'essentiel. L'expérimentation sur la personne humaine présente toujours un certain risque pour la santé de celle-ci. La loi de 1988 le reconnaît d'ailleurs en faisant peser sur le « promoteur » de la recherche une responsabilité pour faute présumée à l'égard des victimes d'expérimentations à finalité thérapeutique, et une responsabilité sans faute à l'égard des victimes d'expérimentations sans finalité thérapeutique. Dès lors, elle n'aurait pas dû admettre aussi facilement qu'on sous-informe les sujets d'expérimentation, qu'on se passe de leur consentement, ou qu'on abuse de leur état de dépendance ou de faiblesse pour l'obtenir. En faisant passer les exigences de la recherche scientifique avant le respect de l'individu, la loi de 1988 s'est engagée dans la voie d'un scientisme médical contraire aux valeurs prônées par l'humanisme et acceptées par la société française [1].

C. L'expérimentation sur la dépouille mortelle

Ni la loi du 20 décembre 1988 ni le Code de déontologie médicale ne règlent le problème de l'expérimentation sur la dépouille mortelle. Ce vide juridique a fort heureusement été comblé en 1993 par un arrêt d'assemblée du Conseil d'État [2].

La haute juridiction confirme implicitement qu'il existe deux définitions juridiques de la mort. Tantôt la mort est l'état de la personne dont l'activité cardiaque et respiratoire est définitivement arrêtée ; elle est alors classiquement assimilée à l'état de « cadavre froid ». Tantôt la mort est l'état de la personne dont le système cérébral peut être considéré, par des artériographies et des électroencéphalogrammes convergents, comme irrémédiablement détruit ; cette seconde conception permet d'assimiler à un cadavre le corps encore chaud, dont les fonctions cardiaque et respiratoire sont maintenues artificiellement en activité, des sujets en état de « coma dépassé [3] » ; c'est évidemment elle qui offre les possibilités d'expérimentation les plus intéressantes.

Dans l'affaire de 1993, un professeur de médecine avait effectué une expérience sur un sujet en état de coma dépassé sans solliciter l'autorisation de quiconque. Cette attitude avait incité le conseil national de l'Ordre des médecins à lui infliger un blâme, pour violation de trois articles du Code de déontologie. Saisi d'un pourvoi en cassation, le Conseil d'État a confirmé la sanction, mais sur un fondement légal différent. Le Code de déontologie ne protège en effet que les personnes vivantes, or le patient était mort. Si le professeur est fautif, ce n'est donc pas parce qu'il a violé

---

1. Cette situation cause un tel malaise que le CCNE a rendu, le 12 juin 1998, un avis n° 58 de trente pages sur l'information et le consentement des « malades » aux soins ou à la recherche (*Le Monde* 16 juin).

2. CE, Ass., 2 juill. 1993, Milhaud, *RFDA* 1993.1002, concl. Kessler. Voir également notre chronique « Le droit, la médecine et la mort », *D* 1994.352. Les solutions de cet arrêt ont par la suite été consacrées par une loi du 25 juillet 1994.

3. À ne pas confondre avec les sujets en état de « coma profond » (état végétatif chronique), qui sont considérés comme des personnes vivantes auxquelles la loi de 1988 est applicable. Cf. CE 4 oct. 1991, Milhaud (encore !), *AJDA* 1992.233.

le Code, mais parce qu'il a violé les « principes déontologiques fondamentaux relatifs au respect de la personne humaine, qui s'imposent au médecin dans ses rapports avec son patient », et qui « ne cessent pas de s'appliquer avec la mort » de celui-ci.

L'un de ces principes, explique-t-il en effet, interdit les expérimentations sur les morts, sauf dans deux cas : lorsque l'expérimentation consiste à opérer des prélèvements d'organes régis par la loi du 22 décembre 1976 (aujourd'hui par la loi du 6 août 2004) ; ou lorsqu'elle répond à une « nécessité scientifique reconnue », à condition toutefois que l'intéressé ait donné son consentement de son vivant ou que l'accord de ses proches ait été obtenu.

En consacrant ainsi l'existence de « principes déontologiques fondamentaux », le Conseil d'État dégage donc une nouvelle catégorie de principes généraux du droit, spécialement conçus pour lutter contre l'arbitraire médical. Il manifeste ainsi une révolte de l'humanisme juridique contre le scientisme médical dont on ne peut que se féliciter.

Par comparaison, le juge judiciaire résiste moins bien aux sirènes du scientisme. Dans un arrêt très controversé[1], la Cour d'appel de Paris a en effet ordonné l'exhumation d'un mort à seule fin d'y prélever des « fragments » en vue d'établir la preuve biologique d'une paternité. Elle viole ainsi la loi du 29 juillet 1994, qui subordonne en matière civile le relevé d'empreintes génétiques au consentement de l'intéressé, lequel, en l'espèce, s'y était opposé de son vivant. Ce constat est d'autant plus inquiétant que la paternité du défunt pouvait être beaucoup plus simplement déduite, en vertu d'une jurisprudence classique, de son refus passé de se soumettre à une analyse de sang. Aveuglée par la mystique de la vérité scientifique, la Cour d'appel de Paris a ainsi sacrifié à une inutile recherche de preuve le respect de la dignité de la personne humaine. Suite à cette affaire, la loi du 6 août 2004 a clairement interdit de procéder à de telles identifications génétiques sur un mort, « sauf accord exprès de la personne manifesté de son vivant »[2].

§ 5. Les atteintes légales à l'intégrité physique

Le droit à l'intégrité physique est un droit particulièrement bien protégé. Les pratiques coutumières qui y portent atteinte, telles que l'excision, sont donc fermement condamnées[3]. Cette protection ne saurait toutefois être sans limites. On admet la légalité des atteintes à l'intégrité physique qui sont justifiées par les nécessités de la santé publique ou de l'ordre public.

Les nécessités de la santé publique sont invoquées pour effectuer, de façon critiquable comme on l'a vu, certaines expérimentations médicales sans le consentement des personnes auxquelles on les fait subir. Sur un terrain beaucoup plus ferme, car correspondant à des hypothèses mieux acceptées par l'opinion publique, elles sont

1. CA Paris, 6 nov. 1997, Yves Montand, *D* 1998.122, note (éclairante) Ph. Malaurie.
2. Article 16-11 du Code civil. Disposition toutefois fragilisée par CEDH 13 juill. 2006, Jäggi c/ Suisse, qui valide des identifications génétiques *post mortem* au nom du droit des requérants de connaître leurs origines.
3. Crim. 20 août 1983, *Bull.* n° 229 : l'ablation du clitoris est une mutilation. Cf. aussi CA Paris, 10 juill. 1987, *RSC* 1989.108.

également invoquées pour justifier l'existence de vaccinations obligatoires[1], de dépistages obligatoires par prise de sang[2], et de certaines obligations de se soigner[3].

L'ordre public justifie quant à lui « toute rigueur... nécessaire pour s'assurer de (la) personne » d'un individu dangereux ou recherché par la justice[4]. Il justifie aussi les dépistages par prise de sang de l'alcoolémie des conducteurs[5]. D'autre part et surtout, il est fréquemment invoqué pour légitimer la peine de mort.

La peine de mort est-elle acceptable dans un État de droit ? Le législateur français ne le pense pas. C'est pourquoi il l'a abolie par la loi du 9 octobre 1981. Antérieurement, la grâce présidentielle était presque toujours accordée aux condamnés à mort : sept personnes seulement avaient été exécutées entre 1968 et 1981. Pour éviter tout retour en arrière, la France a d'autre part ratifié, respectivement en 1986 et en 2004, les protocoles n° 6 et 13 de la Convention européenne de sauvegarde des droits de l'Homme, qui abolissent eux aussi la peine de mort, le premier en temps de paix, le second « en toutes circonstances ». Et la révision constitutionnelle du 23 février 2007 a inséré dans la Constitution un article 66-1 proclamant que « nul ne peut être condamné à la peine de mort ».

Au-delà du droit à l'intégrité physique, c'est évidemment une conception particulièrement stricte du droit à la vie qui motive une telle position. Derrière cette hostilité radicale à la peine de mort se manifeste une pensée profondément humaniste, qui attache un caractère sacré à la vie humaine en se référant généralement, consciemment ou non, au jusnaturalisme.

D'autres États de droit adoptent une position différente, et acceptent la peine de mort. C'est notamment le cas des États-Unis. Pour ce second groupe de pays, la peine de mort n'est pas barbare en soi. C'est seulement l'usage immodéré qu'on pourrait en faire qui serait barbare. La peine de mort est par conséquent acceptable à condition d'être réservée, conformément à l'article 6 du pacte onusien de 1966 relatif aux droits civils et politiques, aux « crimes les plus graves ». L'Église partage d'ailleurs cette position. Tout en prônant la clémence, qui est davantage dans l'esprit de l'Évangile, elle reconnaît en effet le droit « de l'autorité publique de sévir par des peines proportionnées à la gravité du délit, sans exclure, dans des cas d'extrême gravité, la peine de mort[6] ». Cette seconde conception se réclame en réalité comme la première d'une philosophie humaniste. Si elle accepte la peine de mort, c'est en effet au nom d'une idée très haute de la liberté et de la responsabilité humaines[7]. Selon elle, la

---

1. CSP, art. L. 3111-1 et s. (vaccinations contre la polio, la diphtérie, le tétanos, la typhoïde). Arrêt de principe : CE 26 nov. 2001, Assoc. liberté information santé, *RFDA* 2002.164.
2. CSP, art. L. 2121-1 (futurs mariés), et L. 2122-1 (femmes enceintes). Cf. aussi CPP, art. 706-47-1 (personnes soupçonnées d'avoir commis un viol ou une agression sexuelle, afin de savoir, dans l'intérêt des victimes, si elles sont atteintes d'une maladie sexuellement transmissible).
3. CSP, art. L. 3412-1 et s. : porteurs de maladies vénériennes ; toxicomanes et alcooliques dangereux. Cf. aussi Crim. 30 oct. 1974, *JCP* 1975, n° 28038 : est fautif le refus, opposé pour raison religieuse par un témoin de Jéhovah, de soumettre un enfant à une transfusion sanguine.
4. Article 9 de la Déclaration de 1789.
5. Après dépistage préalable par air expiré : C. route, art. L. 1.
6. *Catéchisme de l'Église catholique*, § 2266, Plon, 1992. Cette formulation, qui avait le mérite d'être claire, a été remaniée dans l'édition « définitive » du Catéchisme, publiée en 1998.
7. La Cour suprême des États-Unis a hélas perdu de vue cette philosophie humaniste en acceptant, par deux décisions du 26 juin 1989, que la peine de mort soit infligée aux mineurs et aux handicapés mentaux. Ce faisant, elle tendait à justifier la peine de mort par la dangerosité de l'individu, au lieu de la fonder sur sa responsabilité. Mais cédant à la réprobation de l'opinion internationale, elle a

dignité de la personne humaine se manifeste par son absolue liberté de choisir entre le bien et le mal, entre le juste et l'injuste ; quiconque choisit la voie du mal doit donc assumer les conséquences de son choix, proportionnellement à la gravité de sa faute.

Les deux conceptions sont en définitive parfaitement respectables, et il ne saurait être question de trancher péremptoirement entre elles. Il appartient à chaque société de choisir celle qui lui convient, et à chaque centre de décision politique de respecter son choix.

Confrontés au progrès fulgurant des sciences de la vie, le droit à l'intégrité physique et le droit de disposer de son corps ont du mal à frayer leur chemin. Malmenée par certains choix politiques malheureux, voire criminels [1], la « liberté charnelle » est en outre écartelée entre les revendications de l'humanisme juridique — ou doctrine des droits de l'Homme — et les exigences du scientisme médical.

De l'issue de leur combat dépendra le statut définitif du corps humain, être ou avoir de la personne, support d'une aventure spirituelle ou simple machine biologique.

BIBLIOGRAPHIE SÉLECTIVE

• Ouvrages généraux sur la bioéthique

I. ARNOUX, *Les droits de l'être humain sur son corps*, PU Bordeaux, 1994.

J.-L. BAUDOUIN et C. LABRUSSE-RIOU, *Produire l'homme, de quel droit ?*, PUF, 1987.

J. BERNARD, *De la biologie à l'éthique*, Buchet-Chastel, 1990 (par l'ancien président du CCNE).

X. BIOY, *Le concept de personne humaine en droit public*, Dalloz, 2003.

P. BLOCH et V. DEPADT-SEBAG (dir.), *L'identité génétique de la personne : entre transparence et opacité*, Dalloz, 2007.

D. BORRILLO et D. LOCHAK (dir.), *La liberté sexuelle*, PUF, 2005 (lire notamment la synthèse de D. Lochak et le commentaire d'O. Cayla sur l'arrêt *Laskey*).

Conseil d'État, rapport Braibant, « Sciences de la vie : de l'éthique au droit », La Documentation française, *NED* n° 4855, 1988 (ouvrage fondamental).

Conseil d'État, *Les lois de bioéthique : cinq ans après*, La Documentation française, 1999 (étude proposant des modifications des lois de 1994).

O. DUBOS et J.-P. MARGUÉNAUD (dir.), *Sexe, sexualité et droits européens*, Pédone, 2007.

S. GANDREAU, *Les droits de l'être humain face aux enjeux de la biomédecine*, thèse Grenoble, 2002.

X. LABBÉE, *Condition juridique du corps humain avant la naissance et après la mort*, PUF, 1991.

C. LABRUSSE-RIOU, *Écrits de bioéthique*, PUF, 2007.

---

finalement aboli la peine de mort en 2002 pour les handicapés mentaux et en 2005 pour les mineurs : cf. *Le Monde* 3 mars 2005.

1. En 1985, certains membres du gouvernement Fabius auraient laissé, en toute connaissance de cause, les centres de transfusion distribuer du sang contaminé par le virus du SIDA. Sur cette affaire, cf. notamment Cour de justice de la République 9 mars 1999, Dufoix, Fabius et Hervé, *RDP* 1999.329.

N. LE DOUARIN et C. PUIGELIER (dir.), *Science, éthique et droit*, O. Jacob, 2007.

N. LENOIR et B. STURLESE, « Aux frontières de la vie : pour une démarche française en matière d'éthique biomédicale », rapport 1991.

R.-M. LOZANO, *La protection européenne des droits de l'homme dans le domaine de la bioéthique*, La Documentation française, 2001.

B. MATHIEU, *Génome humain et droits fondamentaux*, Economica – PUAM, 2000.

F. TERRÉ, *L'Enfant de l'esclave, génétique et droit*, Flammarion, 1987.

Bioéthique et droit, CURAPP de Picardie, PUF, 1988 (colloque, dir. R. Drai).

« Bioéthique », *Pouvoirs* n° 56, 1991.

« Biologie, personne et droit », *Droits* n° 13, 1991 (notamment l'article fondamental de C. Labrusse-Riou, « L'enjeu des qualifications : la survie juridique de la personne », réflexion stimulante, au service d'une pensée humaniste, sur les risques engendrés par les progrès des sciences de la vie).

« *Donum vitae :* instruction (de l'Église catholique) sur le respect de la vie humaine naissante et la dignité de la procréation », 1987 ; et *Evangelicum vitae*, 1995 (encyclique de Jean-Paul II reproduite dans *La Croix* du 31 mars 1995).

« Premières rencontres internationales André Demichel », n° spécial de la *Rev. gén. de droit médical*, 2002.

« Recherche sur l'embryon : qualifications et enjeux », n° spécial de la *Rev. gén. de droit médical*, 2000 (passionnant).

Lettre d'information du CCNE (périodique), La Documentation française.

- **Articles sur la bioéthique**

C. BYK, « Chronique annuelle de bioéthique », *JCP* 2008, n° 129.

J. CLERCKX, « Une liberté en péril ? Le droit au refus de soins », *RDP* 2004.139.

J. CLERCKX, « L'embryon humain », *RDP* 2006.737.

Commentaires de la loi de 2004 par J.-P. DUPRAT, *AJDA* 2004.2328 ; par D. THOUVENIN, *D* 2005.116. ; et par J. CLERCKX dans *Valeurs républicaines et droits fondamentaux de la personne humaine en 2003 et 2004* (dir. G. Lebreton), L'Harmattan, 2006, p. 115.

Commentaires des lois de 1994 par J.-C. GALLOUX (et autres), *LPA* n° spécial, 14 déc. 1994 ; et par C. BYK, G. RAYMOND, J. FRAYSSINET et P. PEDROT, *JCP* 1994, n° 3788, 3796 et 3810.

C. LABRUSSE-RIOU, « Biologie, éthique et droit », *RRJ* 1985.425.

G. LEBRETON, « Le droit, la médecine et la mort », *D* 1994.352.

G. LEBRETON, « Dignité humaine et xénogreffe », dans « Premières rencontres... », *op. cit.*, 2002.155 (sur trois conceptions possibles de la dignité humaine en matière de bioéthique, à travers l'exemple de la « xénogreffe », c'est-à-dire de la greffe d'organes d'animaux sur l'homme).

A.-M. LE BOS-LE-POURHIET, « À propos de la bioéthique : la démocratie selon Ponce-Pilate », *Pouvoirs* n° 59, 1991.

N. LENOIR, « Éléments de réflexion sur le droit comparé : les juges constitutionnels et la bioéthique, entre audace et prudence », *Mélanges Robert*, Montchrestien 1998, p. 365.

B. MATHIEU, « Force et faiblesse des droits fondamentaux comme instruments du droit de la bioéthique », *RDP* 1999.93 (pessimiste) ; et « Des droits de l'homme aux droits sur l'homme », *Mélanges Pactet*, Dalloz, 2003, p. 309 (réflexion stimulante, dénonçant la tendance croissante du droit de la bioéthique « à nier l'humanité des plus faibles »).

G. MÉMETEAU, « L'embryon législatif », *D* 1994.355.

J. MORANGE, « Génétique et droits de l'Homme », *Mélanges Auby*, Dalloz, 1992.

H. OBERDORFF, « L'administration publique face au progrès médical », *AJDA* 1991.411 (sur les comités consultatifs de protection des personnes dans la recherche biomédicale) ; et « La dignité de la personne humaine face aux progrès médicaux », *Mélanges Peiser* 1995, p. 379.

J.-B. D'ONORIO, « Biologie, morale et droit », *JCP* 1986, n° 3261.

A. PROTHAIS, « Un droit pénal pour les besoins de la bioéthique », *RSC* 2000.39.

P. PY, « Vers un statut de l'homme biologique », *RDP* 1996. 1319.

S. REGOURD, « Les droits de l'Homme devant les manipulations de la vie et de la mort », *RDP* 1981.456 (article fondamental).

J. ROBERT, « Le juge administratif et la bioéthique », *Mélanges Chapus*, Montchrestien, 1992.

J. ROBERT, « La révolution biologique et génétique face aux exigences du droit », *RDP* 1984.1255.

J. TESTART, « La génétique, les marchands et l'utopie », *Le Monde* 12 janv. 1994 (sur le risque d'eugénisme résultant du « tri génétique » des embryons. Mise en garde approuvée par les juristes B. Edelman et C. Labrusse-Riou et par les philosophes A. Etchegoyen et M. Serres).

D. THOUVENIN, « Éthique et droit en matière biomédicale », *D* 1985.21.

D. TRUCHET, « La décision médicale et le droit », *AJDA* 1995.611.

- **Sur l'avortement et la stérilisation**

J.-M. AUBY, « Un droit à la stérilisation ? », *Mélanges Robert*, Montchrestien, 1998, p. 19.

Dossier RFDA 1991.316, « L'IVG : nouvelles dispositions, nouvelle jurisprudence ».

M. DRAPIER, « La loi relative à l'IVG, dix ans après », *RDP* 1985.443.

G. MÉMETEAU, « Remarques sur la stérilisation non thérapeutique après les lois bioéthiques », *JCP* 1995, n° 3838.

- **Sur l'indisponibilité du corps humain**

B. EDELMAN, « L'homme aux cellules d'or », *D* 1989.225 (sur l'exploitation commerciale par des médecins des cellules d'un malade).

M.-A. HERMITTE, « Le corps hors du commerce, hors du marché », *Archives de philosophie du Droit*, Sirey, 1988, t. 33, p. 323 (article intéressant, mais qui finit par sombrer dans une sorte de métaphysique de l'inconscient).

A. MIRKOVIC, « La maternité pour autrui », *D* 2008.1944 (résumé critique du rapport sénatorial qui la recommande).

- **Sur le transsexualisme**

M. GOBERT, « Le transsexualisme ou de la difficulté d'exister », *JCP* 1990, n° 3475.

C. LOMBOIS, « La position française sur le transsexualisme devant la Cour européenne des droits de l'Homme », *D* 1992.323.

J. MASSIP, « Le transsexualisme : état de la question », *Defrénois* 1992.1009.

L. MAUGER-VIELPEAU, « Le transsexualisme et le Code civil », *Droit de la famille*, sept. 2005, p. 7 (très complet).

P. WACHSMANN, « La folie dans la loi », *RTDH* 2003.1157 (sur Goodwin).

- **Sur l'euthanasie**

D. BAILLEUL, « Le droit de mourir au nom de la dignité humaine », *JCP* 2005 n° 142.

C. GIRAULT, *Le droit à l'épreuve des pratiques euthanasiques*, PUAM, 2002.

Chapitre 2

Le droit à la vie privée

Protégé par l'article 8 de la Convention européenne de sauvegarde des droits de l'Homme de 1950, et par l'article 17 du pacte onusien de 1966 relatif aux droits civils et politiques, le « droit au respect de la vie privée » n'est clairement reconnu en droit français que depuis la loi du 17 juillet 1970, devenue article 9 du Code civil. Le Conseil constitutionnel, après quelques hésitations, a reconnu sa valeur constitutionnelle[1].

Au vu des textes et de la jurisprudence, il est possible d'affirmer que le droit à la vie privée comprend essentiellement six composantes : la liberté du domicile (section 1), le droit au secret (section 2), le droit à l'inviolabilité des correspondances (section 3), le droit à la protection des informations nominatives (section 4), le droit à une vie familiale normale (section 5), et le droit à la vie sexuelle[2].

La Cour européenne des droits de l'homme se singularise toutefois en y ajoutant de nouvelles composantes, comme par exemple le droit à un environnement sain[3] et le droit à l'autonomie personnelle[4]. Mais on peut penser qu'il s'agit là d'une extension exagérée du droit à la vie privée.

Section 1
La liberté du domicile

L'étendue de la liberté du domicile dépend avant tout de la conception que l'on retient de la notion de « domicile ». L'ayant compris, la jurisprudence a judicieusement opté pour une définition large, assimilant au domicile « non seulement le lieu où une personne a son principal établissement, mais encore le lieu où elle a le droit de

---

1. D'abord implicitement : CC 12 janv. 1977, Fouille des véhicules, *GDCC*, CC 18 janv. 1995, Vidéosurveillance et fouille des véhicules *JCP* 1995, n° 22525 ; puis explicitement : CC 21 déc. 1999 Sécurité sociale (*JO* 30 déc.) ; CC 13 mars 2003, Sécurité intérieure (*JO* 19 mars).

2. Déjà étudié au chapitre 1, en tant que partie intégrante du droit de disposer de son corps. Mais la Cour européenne estime à juste titre qu'il fait aussi partie du droit à la vie privée : CEDH 22 oct. 1981, Dudgeon.

3. CEDH 9 déc. 1994, Lopez Ostra c/ Espagne, *RUDH* 1995.112.

4. CEDH 25 avr. 2002, Pretty c/ Royaume-Uni, *RTDH* 2003.71 : définit ce droit comme « la faculté pour chacun de mener sa vie comme il l'entend » (§ 61). Inspiré de la *privacy* américaine, ce droit est également mentionné, sous le nom de « liberté personnelle », dans quelques rares décisions du CC et du CE. Cf. par exemple CE 8 sept. 2005, Min. de la Justice, *D* 2006.124.

se dire chez elle »[1]. Grâce à cela, la liberté du domicile ne s'applique pas seulement aux résidences principales des personnes, mais aussi à leurs résidences secondaires, à leurs bateaux de plaisance, ou encore à leurs véhicules terrestres habitables[2].

Concrètement, la liberté du domicile recouvre trois droits distincts mais complémentaires : le droit de choisir son domicile[3], qui inclut le droit de n'en choisir aucun [hypothèse du vagabondage volontaire[4]] et le droit d'en changer ; le droit d'utiliser son domicile à sa convenance, sous réserve de respecter les lois et règlements en vigueur ; et le droit d'être protégé contre les violations éventuelles du domicile, habituellement désigné sous le terme d'« inviolabilité du domicile ». Si les deux premiers droits posent peu de problèmes, dans la mesure où ils s'exercent spontanément, ce n'est pas le cas du troisième, dont l'effectivité suppose nécessairement l'intervention de l'État. L'un des signes les plus révélateurs de l'attitude d'un État à l'égard des libertés publiques réside d'ailleurs dans l'attention qu'il porte à son rôle de garant de l'inviolabilité des domiciles. C'est ce qui explique que le législateur et le constituant soient fréquemment intervenus dans ce domaine.

D'abord affirmée par le décret du 19-22 juillet 1791, l'inviolabilité du domicile a ensuite été consacrée par les Constitutions de 1791 (titre I), de l'an III (art. 359) et de l'an VIII (art. 76), par l'Acte additionnel de 1815 (art. 63), par les Chartes de 1814 (art. 9) et de 1830 (art. 8), et par la Constitution de 1848 (art. 3). Oubliée par les Constitutions postérieures, elle s'est néanmoins vu reconnaître expressément une valeur constitutionnelle par le Conseil constitutionnel[5]. De son côté, le législateur est intervenu à plusieurs reprises pour en assurer la protection pénale, d'abord dans le Code pénal (art. 184) puis dans le nouveau Code pénal (art. 226-4 sur les violations commises par des particuliers, et 432-8 sur celles commises par des dépositaires de l'autorité publique). Mais il en a également fixé les limites en déterminant dans le Code d'instruction criminelle, puis dans le Code de procédure pénale, les cas dans lesquels l'autorité publique peut pénétrer dans les domiciles.

Deux sortes de perquisitions sont prévues par le Code de procédure pénale. La première est décidée par le juge d'instruction dans le cadre d'une enquête judiciaire (art. 92 et s.). Elle peut avoir lieu dans le domicile de la personne mise en examen, ou dans le domicile d'une autre personne. Moins fréquente, la seconde est décidée par un officier de police judiciaire en cas de crime flagrant (art. 56), ou de délit flagrant passible d'emprisonnement (art. 67). Elle peut avoir lieu dans le domicile de la personne soupçonnée du crime ou du délit, ou dans le domicile de toute autre personne qui paraît y avoir participé ou détenir des pièces le concernant.

Dans les deux cas, la perquisition s'analyse comme une fouille inopinée du domicile dont le but est de trouver, et de saisir, des objets dont la découverte serait utile à la manifestation de la vérité. Elle doit s'effectuer en présence de la personne

---

1. Crim. 26 févr. 1963, cité par P. Kayser, *Mélanges Raynaud*, 1985, p. 330 ; dans le même sens, cf. CC 29 déc. 1983, Perquisitions fiscales, *GDCC*.

2. Cf. par exemple CE 2 déc. 1983, Ville de Lille c/Ackermann, *D* 1985.388 : les voitures des nomades constituent leur domicile. Confirmé par CEDH 18 janv. 2001, Chapman c/Royaume-Uni.

3. Cf. Cass. soc. 28 mars 2006 : rappelle « la liberté fondamentale du salarié quant au libre choix de son domicile ».

4. Le vagabondage, qui était considéré comme un délit par l'article 269 du Code pénal, n'est plus sanctionnable depuis l'entrée en vigueur du nouveau Code pénal. Il est donc devenu un droit.

5. Dans la décision CC 29 déc. 1983, Perquisitions fiscales, *GDCC*.

au domicile de laquelle elle a lieu ou, en cas d'impossibilité, en présence du représentant de son choix (CPP, art. 57) ; à défaut, l'officier de police judiciaire chargé de l'opération doit choisir deux témoins requis à cet effet par lui, en dehors des personnes relevant de son autorité administrative. Le domicilié ou son représentant, ou les deux témoins, doivent en principe signer le procès-verbal de perquisition auquel l'opération donne lieu ; un éventuel refus de signer est mentionné au procès-verbal. Ces dispositions constituent une garantie précieuse pour l'inviolabilité du domicile, car elles interdisent à la police de procéder à des perquisitions secrètes. Une autre garantie consiste à interdire les perquisitions de nuit, définie pour la circonstance comme la période s'étendant de vingt et une heures à six heures (CPP, art. 59) ; des exceptions sont toutefois prévues, sur décision du juge d'instruction ou du juge des libertés et de la détention, en faveur des perquisitions dont le but est de constater des actes de terrorisme ou commis en bande organisée, le proxénétisme ou la fabrication, la détention ou l'usage de stupéfiants (CPP, art. 706-89 à 706-91).

Les membres de certaines professions bénéficient de garanties supplémentaires, dans le louable souci de protéger leurs secrets professionnels. Ainsi, les perquisitions chez les avocats, les médecins, les notaires et les huissiers, ne peuvent être effectuées que par un magistrat (et non par un simple officier de police judiciaire désigné sur commission rogatoire), et qu'en présence d'un représentant de l'ordre (ou de l'organisme) professionnel concerné (CPP, art. 56-1 et 56-3).

En dehors de ces perquisitions judiciaires, dont le régime juridique est finalement satisfaisant, existent aussi des perquisitions fiscales et douanières (LPF, art. L. 38 à L. 43, et C. douanes, art. 64). Elles ont longtemps posé problème, dans la mesure où elles étaient entourées de garanties insuffisantes. Mais leurs caractéristiques les plus choquantes ont aujourd'hui disparu, grâce à l'intervention conjuguée du Conseil constitutionnel[1], du législateur (par la loi du 30 décembre 1986), de la Cour de cassation[2] et de la Cour européenne des droits de l'homme[3].

Grâce à ces améliorations, il est possible d'affirmer que l'inviolabilité du domicile est aujourd'hui convenablement garantie en France. Il faut s'en réjouir, car le domicile n'est pas seulement la forteresse de l'individu, mais il constitue plus profondément le prolongement de la personne elle-même, sans lequel aucune vie privée n'est réellement possible. Condition indispensable de l'épanouissement de l'existence humaine, il n'est comparable à aucun autre lieu. Le domicile est un facteur d'humanité, dont la violation ou la privation constitue une négation de la personne elle-même. Tout n'est donc pas résolu lorsque l'inviolabilité du domicile est assurée. Encore faut-il que le domicile existe. Le développement des « sans domicile fixe » et des mal logés a d'ailleurs incité la loi du 5 mars 2007 à créer un droit au logement « opposable », pouvant être revendiqué devant une commission départementale de médiation puis, en cas d'échec, devant le tribunal administratif.

---

1. CC 29 déc. 1983, préc. : annule les dispositions législatives qui permettaient aux agents du fisc d'opérer des perquisitions sans intervention suffisante de l'autorité judiciaire.
2. Ch. mixte 15 déc. 1988, *JCP* 1989, n° 21263 : rappelle aux présidents des TGI qu'ils doivent examiner avec rigueur les demandes de perquisition présentées par l'administration fiscale.
3. CEDH 25 févr. 1993, Funke c/France, et CEDH 16 avr. 2002, Soc. Colas Est c/France, *RDP* 2003.707 (condamnant la France pour des perquisitions antérieures à 1986). CEDH 21 févr. 2008, Ravon (condamnant la France pour ses perquisitions fiscales).

Section 2
Le droit au secret

Au sens large, le droit au secret inclut notamment le droit à l'inviolabilité des correspondances et le droit à la protection des informations nominatives. Mais dans la mesure où ces deux droits font l'objet de législations spécifiques, rendues nécessaires par l'extrême particularité des problèmes qu'ils posent, on les étudiera à part, dans les sections suivantes. C'est donc le « droit au secret » au sens restreint qui sera examiné ici, sous ses deux aspects judicieusement qualifiés par le professeur Jacques Robert de « droit au secret de l'être » et de « droit au secret de l'avoir ».

Le droit au secret de l'être est le droit qui appartient à chaque individu de s'opposer à la captation et à la divulgation de son image ou de sa voix, ou de renseignements relatifs à sa vie privée. Le nouveau Code pénal punit sévèrement les captations (art. 226-1) et divulgations (art. 226-2 et 226-13) de ce genre. Sur le plan civil, la victime d'une violation du droit au secret de l'être peut bien entendu obtenir des dommages-intérêts en réparation de son préjudice [1]. Mais grâce à l'article 9 du Code civil, elle peut aussi obtenir du juge qu'il prescrive « toutes mesures, telles que séquestre, saisie et autres, propres à empêcher ou faire cesser (l') atteinte à l'intimité de la vie privée », ces mesures pouvant, « s'il y a urgence », être ordonnées en référé. La jurisprudence [2] lui donne également la possibilité de se fonder sur l'article 809 du nouveau Code de procédure civile, bien que cet article ne soit pas expressément conçu pour protéger la vie privée, pour demander au président du TGI de « prescrire en référé les mesures conservatoires ou de remise en état qui s'imposent, soit pour prévenir un dommage imminent, soit pour faire cesser un trouble manifestement illicite ». En pratique, ces deux articles, dont les dispositions sont presque identiques, sont utilisés l'un comme l'autre pour obtenir la suppression des passages attentatoires au secret de l'être [3], la publication d'un rectificatif [4] ou d'un communiqué faisant état de la condamnation [5], voire la saisie d'un imprimé [6] ou l'interdiction d'une émission

---

1. Par exemple Civ. 1re, 13 avr. 1988, *JCP* 1989, n° 21320 : 150 000 francs pour deux photos de l'impératrice Farah Dibah en costume de bain. TGI Paris, 10 mars 2003, Romero, *Le Monde* 12 mars : 3 000 euros pour divulgation (dite « *outing* ») de l'homosexualité d'un élu.
2. CA Paris, 11 juin 1986, *D* 1987.107.
3. TGI Paris, 11 juill. 1977, *D* 1977.700 : ordonne la suppression, sur une cassette, des passages qui reproduisaient à des fins publicitaires la voix de Léon Zitrone, enregistrée à son insu. TGI Paris, 14 mai 1985, *D* 1986.IR.52 : ordonne la suppression des passages du livre de l'ex-empereur Bokassa, qui attaquaient la vie privée de Valéry Giscard d'Estaing.
4. Civ. 1re, 17 nov. 1987, *Bull.* n° 301, et (sur renvoi) CA Nancy, 28 juin 1989 : la CA ordonne la publication d'un rectificatif dans *Ici Paris*, qui avait publié des renseignements inexacts sur la vie privée d'Alain Delon.
5. Civ. 1re, 12 déc. 2000, *D* 2001.2434 : à l'encontre d'un journal qui avait dévoilé la vie privée de Johnny Halliday. Civ. 1re, 20 déc. 2000, confirmé par CEDH 14 juin 2007, Hachette Filipacchi Associés, *JCP* 2007 n° 10164 : contre *Paris-Match* qui avait publié une photo du corps du préfet Érignac juste après son assassinat.
6. TGI Paris, 28 juin 1974, *D* 1974.751 : saisie pour préserver l'enfant d'Alain Delon des troubles qui pourraient l'affecter à la lecture des pseudo-révélations faites sur son père. Cf. aussi Civ. 1re, 14 déc. 1999, *D* 2000.372 : interdiction de diffuser le livre *Le Grand Secret*, en raison des révélations qu'il contient sur l'état de santé de l'ex-président Mitterrand ; interdiction jugée excessive, compte tenu des circonstances de l'espèce, par CEDH 18 mai 2004, Soc. Plon c/France, *D* 2004.1838.

de télévision[1]. Les saisies et les interdictions soulèvent toutefois des problèmes délicats, car elles vont presque toujours à l'encontre de la liberté de la presse ou de la liberté de communication audiovisuelle ; c'est pourquoi le juge n'y recourt qu'en cas d'extrême nécessité, lorsque l'atteinte au secret de l'être est d'une « gravité intolérable[2] », c'est-à-dire lorsque ses conséquences, si on les laissait se développer, seraient « au moins en partie irrémédiables[3] ».

Une loi du 21 janvier 1995 complète ce dispositif en protégeant le droit au secret de l'être contre la vidéosurveillance. Elle subordonne en effet la mise en place d'un système de vidéosurveillance à une autorisation préfectorale expresse, délivrée après avis d'une commission départementale présidée par un magistrat. En outre, elle s'efforce de délimiter strictement les lieux qui peuvent seuls faire l'objet d'une vidéosurveillance : il s'agit des voies publiques, des « abords » des bâtiments et installations publics, et des lieux « particulièrement exposés à des risques d'agression ou de vol » ou (ajout de la loi du 23 janvier 2006) « susceptibles d'être exposés à des actes de terrorisme » ; ces deux dernières expressions paraissent suffisamment vagues pour pouvoir s'appliquer à n'importe quelle zone urbaine, et s'avèrent donc assez inquiétantes. Dans le souci de rassurer, la loi de 1995 précise toutefois que les opérations de vidéosurveillance ne doivent pas visualiser « les images de l'intérieur des immeubles d'habitation ni, de façon spécifique, celles de leur entrée ». Enfin, elle interdit de conserver les images enregistrées plus d'un mois, sauf en cas d'enquête judiciaire, et institue un droit d'accès au profit de toute personne, lui permettant de prendre connaissance des enregistrements la concernant ou d'en vérifier éventuellement la destruction ; mais l'exercice de ce droit d'accès peut se heurter à un refus opposé pour protéger les droits des tiers ou la sécurité publique (!) ; la victime peut alors saisir de ce refus la commission départementale et/ou le juge compétent. Malgré ses indéniables qualités, on le voit, la loi de 1995 n'a pas su calmer toutes les inquiétudes. Elle est néanmoins incontestablement positive.

Grâce à ces divers mécanismes, le droit au secret de l'être est en définitive remarquablement protégé, puisque le juge peut non seulement en réparer les atteintes, mais aussi les empêcher ou les faire cesser. Cette protection se heurte toutefois à une limite importante, qui résulte de l'existence d'une sorte de droit reconnu à la personne humaine de renoncer au secret de son être. Chaque individu peut en effet renoncer à garder secrets certains éléments de sa vie privée, à condition que la révélation qu'il autorise ne soit pas contraire à l'ordre public[4] ; dès lors, il n'est plus fondé à se plaindre de la révélation qu'il a lui-même autorisée. La jurisprudence désamorce heureusement le danger potentiel de cette redoutable liberté en n'admettant que les autorisations spéciales, visant des divulgations précises et temporaires[5]. Grâce à elle, le droit au secret de l'être peut ainsi être exercé par chacun avec plus ou moins de

1. CA Paris, 24 oct. 1991, *D* 1992.244.

2. Expression utilisée par TGI Paris, 25 févr. 1989, *GP* 17 mars 1989, à propos d'une saisie.

3. Expression utilisée par CA Paris, 24 oct. 1991, préc.

4. TGI Paris, 8 nov. 1973, *D* 1975.401 : nullité de la convention par laquelle une femme s'oblige à se déshabiller en public.

5. CA Paris, 26 mars 1987, *JCP* 1987, n° 20904. On notera toutefois qu'aucune autorisation n'est nécessaire pour divulguer une image prise dans un lieu public, lorsque le véritable sujet de la photographie est le lieu public lui-même, et non l'individu qui y figure par hasard : TGI Paris, 22 et 26 déc. 1975, *JCP* 1976, n° 18410.

souplesse, sans jamais pouvoir faire l'objet d'une aliénation. On notera toutefois que depuis 2001 la Cour de cassation a tendance à ébranler ce bel édifice jurisprudentiel en admettant, au nom du droit à l'information du public, que la presse puisse porter atteinte au secret de la vie privée ou au droit à l'image d'une personne sans l'autorisation de celle-ci [1].

Moins fondamental, le droit au secret de l'avoir est par comparaison beaucoup moins bien protégé. Traditionnellement, les ressources financières et le patrimoine d'un individu ou de sa famille étaient considérés par la jurisprudence comme faisant partie du domaine réservé de la vie privée. Leur divulgation, notamment par voie de presse, était donc sanctionnée [2]. Mais depuis la fin des années quatre-vingt, la jurisprudence a fortement relativisé la portée du droit au secret de l'avoir. La cour d'appel de Paris admet en effet désormais que la presse dévoile les ressources et le patrimoine d'un individu, à condition 1) que l'article soit écrit par un journaliste professionnel, 2) dans un but d'information exclusivement économique, 3) à partir de renseignements recueillis de façon licite, 4) et qu'il soit publié « sans tapage » [3]. De son côté, la Cour de cassation n'hésite plus à affirmer, à l'encontre de la tradition, que « le respect dû à la vie privée de chacun n'est pas atteint par la publication de renseignements d'ordre purement patrimonial, ne comportant aucune allusion à la vie et à la personnalité de l'intéressé » [4]. Enfin, le Conseil constitutionnel refuse clairement de reconnaître une valeur constitutionnelle au droit au secret de l'avoir [5], et admet par conséquent la validité des lois [6] qui l'écartent. Au vu de cette évolution, il est permis de douter que le droit au secret de l'avoir fasse encore partie du droit au respect de la vie privée. Sans doute faut-il voir dans sa déchéance une manifestation de l'« américanisation » de la société française, qui pousse notre droit à favoriser l'étalage des richesses sans se soucier de ses conséquences sur l'affectivité de leurs propriétaires. Il n'est pas sûr que ce rabougrissement du droit au respect de la vie privée constitue un progrès pour les libertés publiques...

Section 3
Le droit à l'inviolabilité des correspondances

Le droit à l'inviolabilité des correspondances est le droit d'échanger confidentiellement avec autrui des pensées ou des sentiments par un moyen de communication. Concrètement, il s'applique essentiellement aux échanges de lettres (§ 1) et aux

---

1. Civ. 1re, 23 avr. 2003, *D* 2003.1854 : un journal peut rendre compte de l'adultère commis par le membre d'une famille princière.
2. TGI Marseille, 29 sept. 1982, *D* 1984.64 ; Civ. 1re, 29 mai 1984 *Bull.* n° 176 ; CA Paris, 27 oct. 1986, *GP* 1987.1.95 ; TGI Paris, 12 janv. 1987, *D* 1987.231.
3. CA Paris, 15 janv. 1987, *D* 1987.233.
4. Civ. 1re, 28 mai 1991, *D* 1992.213 (à propos d'un article de presse intitulé « le plus riche des Caldoches ne paye pas d'impôts », et divulguant le montant des déclarations fiscales de l'intéressé).
5. CC 29 déc. 1983, Perquisitions fiscales, *GDCC*.
6. Notamment de l'article L. 111 du Livre des procédures fiscales, qui permet aux contribuables de consulter (mais non de divulguer) le revenu imposable des autres contribuables de leur commune. Et aussi de la loi du 11 mars 1988, qui prescrit la publication au *JO* de la situation patrimoniale du président de la République.

conversations téléphoniques (§ 2), ainsi qu'au courrier électronique[1], dont la protection juridique est alignée par la loi du 9 juillet 2004, « relative aux communications électroniques », sur celle des conversations téléphoniques.

§ 1. Les lettres

En ce qui concerne les lettres, la tradition de l'inviolabilité remonte à l'arrêté du 5 décembre 1789. Pris à l'initiative de Mirabeau, en réaction contre les pratiques indiscrètes de l'Ancien Régime, ce texte proclame en effet pour la première fois que « le secret des lettres doit être constamment respecté ». Après une éclipse due aux périodes troublées de la Convention et du Directoire, le principe d'inviolabilité du courrier est définitivement consacré par l'article 187 du Code pénal de 1810. Remanié à plusieurs reprises, cet article n'est réellement respecté qu'à partir de la Troisième République. Il est aujourd'hui remplacé par les articles 226-15 et 432-9 du nouveau Code pénal, qui reprennent fidèlement ses dispositions. L'article 226-15 punit d'un an d'emprisonnement et de quarante-cinq mille euros d'amende « le fait, commis de mauvaise foi (par un particulier), d'ouvrir, de supprimer, de retarder ou de détourner des correspondances arrivées ou non à destination et adressées à des tiers, ou d'en prendre frauduleusement connaissance ». L'article 432-9 punit ce même fait de trois ans d'emprisonnement et de la même amende lorsqu'il est commis par une personne dépositaire de l'autorité publique ou chargée d'une mission de service public, agissant dans l'exercice de ses fonctions. Ces dispositions ne posent guère de problèmes aux tribunaux, qui les appliquent avec rigueur[2]. Bien entendu, elles ne font pas obstacle au pouvoir du juge d'instruction, ou d'un officier de police judiciaire en cas de crime ou de délit flagrants, de saisir des lettres afin de provoquer la manifestation de la vérité (CPP, art. 56 et 81)[3]. Divers textes permettent en outre à certaines personnes d'ouvrir les lettres adressées aux commerçants en redressement judiciaire, aux détenus et aux aliénés[4]. L'état du droit paraît donc satisfaisant. Il faut toutefois se garder de verser dans un optimisme exagéré, car avec le progrès technique il est devenu possible de lire des lettres sans les ouvrir, grâce à des procédés radiographiques. Dans ces conditions, il peut s'avérer parfois difficile de prouver la violation du secret des correspondances...

Néanmoins, l'inviolabilité des conversations téléphoniques ou électroniques a suscité beaucoup plus de problèmes.

---

1. Soc. 2 oct. 2001, *D* 2001.3148 : « même au temps et au lieu de travail ». Confirmé par CEDH 3 avr. 2007, Copland c/ Royaume-Uni.

2. Crim. 17 févr. 1988, *RSC* 1988.787. Pour un cas de mansuétude, cf. T. corr. Draguignan, 23 avr. 1990 : trois mois de prison avec sursis et cinq mille francs d'amende à un facteur ayant entassé dans sa cave trois cents kilos de lettres (fort jaloux, le malheureux passait ses journées à surveiller sa femme au lieu de distribuer le courrier).

3. CA Paris, 27 juin 1984, *D* 1985.93.

4. CPP, art. D. 416 (détenus), L. 25 janv. 1985 (redressement judiciaire), art. 29. Sur les aliénés, cf. *infra*, chapitre 4. Pour une application abusive à l'encontre des détenus, cf. CEDH 12 juin 2007, Frérot, *RDP* 2008.959 (condamnation de la France).

§ 2. LES CONVERSATIONS TÉLÉPHONIQUES OU ÉLECTRONIQUES

Les écoutes téléphoniques ou électroniques connaissent des sorts très différents selon qu'elles sont pratiquées par des particuliers (1°), par l'administration (2°), ou sur décision d'un juge (3°).

1° Les écoutes pratiquées par des particuliers sont illégales. Succédant à l'article 368 du Code pénal, l'article 226-15 du nouveau Code pénal les punit d'un an d'emprisonnement et de quarante-cinq mille euros d'amende.

2° Plus complexe est la situation juridique des écoutes administratives. Jusqu'en 1991, les écoutes décidées par l'administration ne reposaient en effet sur aucun fondement légal. Bien qu'elles fussent officiellement justifiées par la nécessité de prévenir les atteintes à la sûreté de l'État, elles allaient donc à l'encontre des textes protégeant le droit à la vie privée, tels que l'article 9 du Code civil, et étaient par conséquent juridiquement condamnables. En pratique, pourtant, elles n'étaient jamais sanctionnées, car leur preuve s'avérait difficile à apporter [1]. Plusieurs scandales [2], et un arrêt retentissant de l'assemblée plénière de la Cour de cassation décidant la nullité d'écoutes téléphoniques pratiquées par la police sans intervention d'un juge d'instruction [3], ont finalement incité le législateur à intervenir. L'article 432-9 du nouveau Code pénal punit en effet désormais de trois ans d'emprisonnement et de quarante-cinq mille euros d'amende le fait, pour une personne dépositaire de l'autorité publique ou chargée d'une mission de service public, agissant dans l'exercice de ses fonctions, « d'ordonner, de commettre ou de faciliter, hors les cas prévus par la loi, l'interception ou le détournement des correspondances émises, transmises ou reçues par la voie des télécommunications, l'utilisation ou la divulgation de leur contenu ». D'autre part et surtout, la loi du 10 juillet 1991 fixe enfin les conditions auxquelles les écoutes administratives sont licites.

Cette loi subordonne leur validité à quatre séries de conditions cumulatives : 1) Elle exige tout d'abord que l'autorisation de pratiquer des « interceptions de sécurité » (nom officiel des écoutes administratives) soit accordée uniquement par décision écrite et motivée du Premier ministre, « ou de l'une des deux personnes spécialement déléguées par lui », sur proposition écrite et motivée du ministre de la Défense, du ministre de l'Intérieur, ou du ministre chargé des douanes ; dans le même ordre d'idées, elle exige aussi que les opérations matérielles de branchements sur écoutes soient effectuées exclusivement sur ordre du ministre chargé des télécommunications, ou « de la personne spécialement déléguée par lui ». Par cette sévère délimitation des compétences, la loi entend mettre fin aux « écoutes sauvages », décidées sans concertation par tel ou tel ministre, voire par un simple fonctionnaire [4]. 2) La loi interdit ensuite au Premier ministre d'abuser du recours

---

1. CE, Ass., 17 déc. 1976, Férignac, *R.* 553, concl. Mme Latournerie ; Civ. 1re, 13 juin 1978, *Bull.* n° 228.

2. Notamment le scandale, révélé en 1993, de la centaine d'écoutes administratives pratiquées entre 1983 et 1986 à l'initiative de la cellule antiterroriste de l'Élysée ; le plus troublant est que des journalistes et un homme politique, manifestement sans liens avec le terrorisme, figuraient parmi les « écoutés » : *Le Monde* 13 mars 1993.

3. Ass. plén. 24 nov. 1989, *D* 1990.C.15 (affaire Baribeau).

4. Cf. toutefois Crim. 4 sept. 1991, *JCP* 1992, n° 21802 : jugé que le fait pour un agent des douanes d'utiliser l'écouteur d'un téléphone pour entendre une conversation n'est pas une écoute téléphoaux écoutes, en exigeant que celles-ci aient exclusivement pour objet « de rechercher des renseignements intéressant la sécurité nationale, la sauvegarde des éléments essentiels du potentiel scientifique et économique de la France, ou la prévention du terrorisme, de la criminalité et de la délinquance organisées et de la reconstitution ou du maintien de groupements dissous en application de la loi du 10 janvier 1936 sur les groupes de combat » ; aux mêmes fins, elle lui ordonne de fixer à l'avance le nombre maximal d'écoutes administratives susceptibles d'être pratiquées simultanément, et limite la durée maximale de ses autorisations à quatre mois. 3) La loi s'efforce de protéger autant que possible la vie privée des personnes placées sur écoutes, en exigeant que tout enregistrement soit mentionné sur un relevé établi sous l'autorité du Premier ministre, puis détruit dans un délai de dix jours au plus tard à compter de la date à laquelle il a été effectué ; seuls peuvent être transcrits et conservés les renseignements qui sont en relation avec l'un des objets sus-énumérés, ces transcriptions devant toutefois être détruites à leur tour dès que leur conservation cesse d'être indispensable. 4) La loi place enfin l'ensemble des interceptions de sécurité sous la surveillance d'une autorité administrative indépendante qu'elle crée : la « Commission nationale de contrôle des interceptions de sécurité » (CNCIS). Cet organisme comprend trois membres : un président désigné pour six ans par le président de la République sur une liste de quatre noms établie conjointement par le vice-président du Conseil d'État et par le président de la Cour de cassation ; un député désigné pour la durée de la législature par le président de l'Assemblée nationale ; et un sénateur désigné après chaque renouvellement partiel par le président du Sénat. Le mandat de ces trois membres n'est pas renouvelable. La CNCIS reçoit communication des autorisations motivées d'interception dans les quarante-huit heures de leur délivrance, et peut procéder de sa propre initiative, ou sur réclamation de toute personne y ayant un intérêt direct et personnel, au contrôle de toute interception. Elle peut aussi adresser au Premier ministre une « recommandation » tendant à ce qu'une interception soit interrompue ; le Premier ministre est libre de ne pas suivre sa recommandation, mais doit l'informer sans délai de sa décision finale. Enfin la CNCIS remet chaque année au Premier ministre un rapport public sur son activité, et informe le procureur de la République des infractions dont elle prend connaissance.

Grâce à l'ensemble de ces garanties, la loi du 10 juillet 1991 réalise un compromis acceptable entre les exigences opposées de la sécurité publique, qui justifie le recours aux écoutes administratives, et du droit au respect de la vie privée, qui implique l'inviolabilité des correspondances. On peut toutefois peut-être regretter que la CNCIS n'ait pas de pouvoir de décision ; mais il est vrai qu'il y aurait quelque paradoxe, et un risque indéniable d'inconstitutionnalité, à lui attribuer le pouvoir d'ordonner au Premier ministre l'interruption d'une interception de sécurité.

3° Contrairement à ce qu'on pourrait penser, les écoutes judiciaires, décidées par un juge d'instruction dans le cadre d'une instruction, ont posé presque autant de problèmes que les écoutes administratives. Jusqu'en 1990 la Cour de cassation les validait sans hésitation dès lors qu'elles étaient pratiquées sans fraude et sans atteinte

---

nique (!), dans la mesure où « il n'y a pas eu mise en œuvre d'un procédé technique quelconque de captation de ligne ou d'enregistrement ».

aux droits de la défense[1]. Bien qu'aucune loi ne les autorisât expressément, elle déduisait en effet leur légalité de l'article 81 du Code de procédure pénale, qui permet au juge d'instruction de procéder « à tous les actes d'information qu'il juge utiles à la manifestation de la vérité ». Tout a changé lorsque la Cour européenne des droits de l'Homme a décidé que notre droit méconnaissait l'article 8 de la Convention de 1950.

Dans ses arrêts Kruslin et Huvig du 24 avril 1990[2], la Cour estime en effet qu'en matière d'écoutes judiciaires, « le droit français, écrit et non écrit, n'indique pas avec assez de clarté l'étendue et les modalités d'exercice du pouvoir d'appréciation des autorités ». Elle souligne notamment que « rien ne définit... la nature des infractions pouvant y donner lieu », et que « rien n'astreint le juge à fixer une limite à la durée de l'exécution de la mesure ». Les deux arrêts jugent par conséquent que la France a violé l'article 8 de la Convention, aux termes duquel « toute personne a droit au respect de sa vie privée... et de sa correspondance », toute « ingérence d'une autorité publique dans l'exercice de ce droit » n'étant admissible que pour autant qu'elle est « prévue » de façon suffisamment claire par le droit national.

Il en résultait donc la nécessité d'une réforme du droit français. Cette réforme aurait pu s'opérer par voie jurisprudentielle. Moins d'un mois après les arrêts de la Cour européenne, la Cour de cassation s'est d'ailleurs engagée dans cette voie en s'efforçant de préciser la nature des infractions pouvant justifier les écoutes judiciaires[3]. Mais c'est finalement par la voie législative que la France a mis son droit en conformité avec la Convention.

La loi du 10 juillet 1991, en effet, ne se contente pas de réglementer les « interceptions de sécurité ». Elle fixe aussi le régime juridique des « interceptions ordonnées par l'autorité judiciaire », en insérant dans le Code de procédure pénale huit nouveaux articles, numérotés 100 à 100-7. Désormais, le juge d'instruction ne peut prescrire l'interception, l'enregistrement et la transcription de correspondances émises par la voie des télécommunications qu'« en matière criminelle et en matière correctionnelle, si la peine encourue est égale ou supérieure à deux ans d'emprisonnement ». Sa décision, écrite et motivée, doit en outre fixer la durée de l'interception, laquelle ne peut excéder quatre mois ; elle peut toutefois être renouvelée dans les mêmes conditions de forme et de durée. Chaque opération d'interception, d'enregistrement, et de transcription doit ensuite faire l'objet d'un procès-verbal, dressé par le juge d'instruction ou par l'officier de police judiciaire commis par lui. Enfin, les enregistrements doivent être placés sous scellés, puis détruits à l'expiration du délai de prescription de l'action publique. Depuis la loi Perben 2 du 9 mars 2004, le juge des libertés et de la détention peut également prescrire des écoutes, dans des

1. Crim. 9 oct. 1980, *D* 1981.332 ; Crim. 24 avr. 1984, *D* 1986.125 ; Crim. 23 juill. 1985 (affaire Kruslin), *Bull.* n° 275.

2. CEDH 24 avr. 1990, Kruslin et Huvig, *D* 1990.353. Cf. aussi CEDH 31 mai 2005, Vetter, *D* 2005.2575, condamnant la France en raison d'une mauvaise application de la loi du 10 juill. 1991.

3. Crim. 15 mai 1990 (affaire Bacha Baroudé), *JCP* 1990, n° 21541 : elles ne peuvent être effectuées qu'« en vue d'établir la preuve d'un crime, ou de toute autre infraction portant gravement atteinte à l'ordre public ». (Cet arrêt a aussi le mérite d'interdire les « stratagèmes », par lesquels un officier de police judiciaire se fait par exemple passer pour un complice en vue de susciter des révélations ; les écoutes, dont l'arrêt rappelle qu'elles peuvent évidemment être pratiquées « à l'insu des personnes intéressées », doivent donc demeurer passives.) Cf. aussi CA Paris, 18 oct. 1990, *D* 1990.537.

conditions analogues, au stade de l'enquête policière « préliminaire » ou « de flagrance », pour une durée maxima de quinze jours, renouvelable une fois (CPP, art. 706-95). Grâce à ces dispositions, les écoutes judiciaires se déroulent désormais dans des conditions clairement définies, et émergent du flou artistique qui les entachait jusque-là de suspicion. Le droit à l'inviolabilité des correspondances, et plus généralement le droit au respect de la vie privée, en sortent indiscutablement grandis.

Section 4
Le droit à la protection contre les fichiers nominatifs informatisés

En se développant à partir des années soixante-dix, l'informatique a fait surgir de nouveaux dangers pour le droit au respect de la vie privée. Il est en effet devenu possible, beaucoup plus facilement que par le passé[1], de ficher les individus en utilisant les multiples ressources de cette nouvelle technique.

En l'absence de texte précis sur la question, la jurisprudence a réagi en s'efforçant d'affirmer l'existence d'un droit à la protection contre les fichiers nominatifs informatisés[2]. Mais le danger est rapidement apparu si pressant que le législateur et la communauté internationale ont décidé d'intervenir.

Œuvre du Conseil de l'Europe, la « Convention européenne pour la protection des personnes à l'égard du traitement automatisé des données à caractère personnel », en date du 28 janvier 1981, organise ce nouveau droit. Elle affirme en effet le droit de toute personne d'accéder aux informations nominatives qui la concernent, et d'en obtenir la rectification en cas d'erreur ou l'effacement lorsqu'elles ont été traitées en violation du droit applicable. Un « comité consultatif » est en outre spécialement institué pour exprimer des avis et formuler des propositions en vue de favoriser l'application de la Convention. Œuvre de l'Union européenne, une directive communautaire du 24 octobre 1995 a formulé des exigences plus précises.

Sur le plan du droit interne, c'est la loi du 6 janvier 1978, « relative à l'informatique, aux fichiers et aux libertés », qui est devenue le texte de référence. Bien qu'elle soit antérieure à la Convention de 1981, elle est en effet parfaitement conforme à ses exigences. Une loi du 6 août 2004 l'a toutefois modifiée pour tenir compte des exigences de la directive de 1995. La loi de 1978 affirme d'emblée que « l'informatique doit être au service de chaque citoyen », et qu'elle « ne doit porter atteinte ni à l'identité humaine, ni aux droits de l'Homme, ni à la vie privée, ni aux libertés individuelles ou publiques ». Comme la Convention, elle reconnaît à chaque personne trois droits fondamentaux : le droit d'accéder aux informations nominatives la concernant, le droit d'en obtenir la rectification en cas d'erreur, et le droit d'en obtenir l'effacement en cas d'atteinte illégale au respect de la vie privée. Conformément aux recommandations — à dire vrai assez vagues — de la Convention, elle

1. On se souvient du fameux « scandale des fiches » de 1905. Convaincu d'avoir fait ficher des fonctionnaires pour s'informer de leurs opinions religieuses, le président du Conseil Émile Combes, anticlérical notoire, fut acculé à la démission.
2. CE, Ass., 18 févr. 1976, Deberon, *JCP* 1976, n° 18383, concl. Guillaume. Cf. aussi CC 13 août 1993, Maîtrise de l'immigration, *RFDA* 1993.887, qui donne valeur constitutionnelle à ce droit.

soumet en outre la constitution de fichiers nominatifs informatisés à des conditions précises (§ 2). Mais sa grande originalité est de confier le contrôle du système à un organisme indépendant : la CNIL (§ 1).

§ 1. La CNIL

Créée par la loi du 6 janvier 1978, la CNIL (Commission nationale de l'informatique et des libertés) est une autorité administrative indépendante dont les membres « ne reçoivent d'instruction d'aucune autorité » (art. 21 de la loi). Elle est composée de dix-sept membres nommés pour cinq ans (ou pour la durée de leur mandat). Il s'agit de deux députés et de deux sénateurs, désignés respectivement par l'Assemblée nationale et par le Sénat ; de deux membres du Conseil économique et social, élus par ledit conseil ; de deux membres du Conseil d'État, élus par l'assemblée générale du Conseil d'État ; de deux membres de la Cour de cassation, élus par l'assemblée générale de la Cour de cassation ; de deux membres de la Cour des comptes, élus par l'assemblée générale de la Cour des comptes ; de trois « personnalités qualifiées », nommées par décret ; et de deux « personnalités qualifiées » désignées respectivement par le président de l'Assemblée nationale et par le président du Sénat. Ces dix-sept membres élisent en leur sein celui qui sera, pour cinq ans, président de la CNIL. Afin d'assurer leur indépendance, la loi précise qu'il ne peut être mis fin prématurément à leurs fonctions qu'en cas d'empêchement constaté par la CNIL elle-même. Dans la même optique, le « commissaire du gouvernement » qui assiste à leurs réunions en vue d'en tenir informé le Premier ministre n'a pour seul pouvoir que de provoquer éventuellement, dans les dix jours d'une délibération, une seconde délibération. En revanche, le fait que leurs mandats soient renouvelables est indiscutablement de nature à menacer leur indépendance. On peut également regretter que neuf des dix-sept membres soient choisis par le pouvoir politique. Malgré ces handicaps, la CNIL a heureusement su, dès les premières années de son fonctionnement, administrer la preuve de sa réelle indépendance.

La CNIL a six missions principales. Elle assume tout d'abord un important rôle d'information, grâce au rapport public qu'elle remet chaque année au président de la République, au Premier ministre et au Parlement, dans lequel elle rend compte de son activité, et grâce aussi à la liste des fichiers nominatifs informatisés qu'elle établit et met à la disposition du public. Elle joue également le rôle d'un organisme consultatif, en adressant des conseils ou des avis aux personnes qui créent ou gèrent des fichiers nominatifs informatisés, et en proposant des réformes législatives ou réglementaires [1]. Elle exerce en troisième lieu un pouvoir réglementaire limité, en établissant les « normes » que les fichiers doivent respecter, et les « règlements types » assurant la sécurité des systèmes. Elle détient aussi le pouvoir d'autoriser — ou de refuser d'autoriser — la création des fichiers les plus dangereux (cf. § 2). Elle assume en cinquième lieu une mission générale de contrôle, grâce à laquelle elle veille au respect du « droit d'accès » dont chacun dispose à l'égard des informations qui le concernent

1. C'est par exemple sur sa proposition que le décret du 23 décembre 1981 a érigé en contravention le refus de respecter les droits d'accès et de rectification garantis par la loi. Avant ce décret, ce genre de refus n'était — curieusement — pas sanctionné pénalement.

(sauf si elles se rapportent à la sûreté de l'État [1]), et qui lui permet aussi de traquer les fichiers clandestins [2] ; elle dispose, pour exercer cette mission, de moyens particulièrement efficaces, puisqu'elle peut notamment demander aux présidents de tribunaux de grande instance de déléguer un magistrat de leur ressort, éventuellement assisté d'experts, pour des missions d'investigation effectuées sous sa direction. Enfin, elle dispose d'un pouvoir de sanction qui lui permet d'infliger des « avertissements » (ou même des amendes, depuis la loi de 2004) aux fauteurs d'illégalité [3], voire, en cas d'urgence, d'ordonner la suspension des fichiers illégaux ; elle peut également dénoncer au parquet les infractions — minutieusement répertoriées par le nouveau Code pénal [4] — dont elle a connaissance ; depuis 2004, elle peut aussi, « en cas d'atteinte grave et immédiate aux... libertés », demander par la voie du référé à la juridiction compétente d'ordonner, éventuellement sous astreinte, « toute mesure de sécurité nécessaire à la sauvegarde de ces... libertés » (art. 45).

En pratique, la CNIL a su exercer ces diverses missions avec efficacité. En remportant d'incontestables succès [5], elle a puissamment contribué à assurer l'effectivité du droit à la protection contre les fichiers nominatifs informatisés, et s'est acquis une autorité morale qui garantit sa survie pour longtemps.

§ 2. La constitution des fichiers nominatifs informatisés

Le cœur du dispositif de protection imaginé par la loi de 1978 consiste à soumettre la constitution des fichiers nominatifs informatisés à des conditions précises. Ces conditions varient fort judicieusement selon la nature des informations nominatives auxquelles on a affaire. La loi distingue en effet trois catégories d'informations

---

1. L. 1978, art 41. CE, Ass., 6 nov. 2002, Moon, *AJDA* 2002.1337 : estime que le droit d'accès persiste quand même à l'égard des informations détachables de la sûreté de l'État. Un tri doit ainsi être opéré dans chaque dossier nominatif sensible, par le responsable du fichier sous le contrôle de la CNIL, entre les informations réellement couvertes par la sûreté de l'État et celles qui en sont détachables.

2. Parfois avec succès : ainsi la CNIL découvre-t-elle en 1990 l'existence d'un fichier sur le FLNC, constitué clandestinement par la gendarmerie de Corse (*Le Monde* 29 mars). Parfois sans succès : ainsi le « fichier des Juifs » constitué en 1940, et secrètement conservé par le secrétariat d'État aux Anciens combattants, n'est-il découvert qu'en 1991 par un particulier, après qu'une enquête de la CNIL, diligentée en 1980, se soit révélée infructueuse (*Le Monde* 13 nov. 1991).

3. Elle inflige par exemple en 1990 un avertissement au ministre de la Défense, dans l'affaire du fichier clandestin constitué par la gendarmerie de Corse (préc.). En 1992, elle en inflige un autre au ministre de la Justice, coupable d'avoir oublié de lui déclarer l'existence des fichiers informatisés constitués par trois cents tribunaux de police (*Le Monde* 9-10 août 1992).

4. NCP, art. 226-16 à 226-24. Sont notamment sanctionnées : l'élaboration de fichiers nominatifs informatisés sans respect des « formalités préalables... prévues par la loi » ; la collection déloyale d'informations nominatives, ainsi que leur divulgation ; et la collection sans accord exprès de l'intéressé d'informations nominatives qui font apparaître ses origines raciales, ou ses opinions politiques, philosophiques ou religieuses, ou ses appartenances syndicales, ou ses mœurs. Les peines vont jusqu'à cinq ans d'emprisonnement et trois cent mille euros d'amende.

5. La CNIL a notamment empêché que les personnes soient fichées sous un numéro national d'identité unique (le numéro INSEE), afin d'éviter la constitution d'une « clef d'accès » à tous les fichiers. Cf. 2e rapport, p. 210. Elle a aussi assuré la transparence des fichiers par lesquels les banques regroupent leurs clients en catégories en fonction de leur comportement : cf. CE 7 juin 1995, Caisse rég. de Crédit agricole de la Dordogne, *AJDA* 1996.162.

nominatives : les informations dangereuses, les informations indiscrètes, et les informations inoffensives.

1° Les informations dangereuses sont celles qui « font apparaître, directement ou indirectement, les origines raciales ou ethniques, les opinions politiques, philosophiques ou religieuses ou l'appartenance syndicale des personnes, ou qui sont relatives à la santé ou à la vie sexuelle de celles-ci » (art. 8 de la loi). Étant susceptibles d'être utilisées pour opérer des discriminations, voire des persécutions, leur mise en mémoire informatisée est en principe interdite. Plusieurs exceptions sont toutefois admises, dont deux paraissent particulièrement importantes. La première bénéficie aux associations et aux groupements religieux, philosophiques, politiques ou syndicaux, qui peuvent librement tenir le registre de leurs membres ou de leurs correspondants sous forme automatisée. Plus générale, la seconde permet la mise en mémoire informatisée de ces informations pour tout motif d'intérêt public, sur autorisation de la CNIL ou, dans les cas mentionnés par la loi du 6 août 2004 (« sûreté de l'État », « défense », « sécurité publique »...) sur simple décret en Conseil d'État après avis motivé et publié de la CNIL. Alors que la première exception ne pose guère de problèmes, la seconde a soulevé une vive polémique en 1990 [1], et suscite une certaine inquiétude depuis que la loi de 2004 a abaissé le niveau de protection des personnes en se contentant d'un simple avis de la CNIL là où la loi de 1978 exigeait son autorisation. Sur la base de cette nouvelle disposition, un décret du 27 juin 2008 a créé l'inquiétant fichier « Edvige », qui permet à la police de collecter les informations relatives aux « opinions politiques, philosophiques ou religieuses » ainsi qu'à la vie privée, y compris sexuelle, et au « comportement » des personnes « susceptibles de porter atteinte à l'ordre public », et de celles « ayant sollicité, exercé ou exerçant un mandat politique, syndical ou économique, ou qui jouent un rôle institutionnel, économique, social ou religieux significatif ». Le monde hypersurveillé imaginé par George Orwell dans son roman *1984* n'est donc plus tout à fait une fiction : *Big Brother* nous regarde...

Complétant la loi de 1978, une loi du 1er juillet 1994 a également rangé parmi les informations dangereuses celles « ayant pour fin la recherche dans le domaine de la santé ». Leur mise en mémoire informatisée n'est possible que sur autorisation de la CNIL, après avis d'un « comité consultatif sur le traitement de l'information en matière de recherche dans le domaine de la santé ». La loi de 2004 soumet également à l'autorisation de la CNIL la mise en mémoire informatisée, par le ministère de la Santé, de données médicales individuelles relatives à certaines maladies (dont le SIDA) [2].

2° Moins inquiétantes, les informations indiscrètes sont celles qui ne font pas apparaître les origines, les opinions, les problèmes de santé ou la vie sexuelle des personnes, mais qui concernent d'autres aspects de leur vie privée. La loi fait dépendre leur sort de la qualité de la personne pour laquelle leur collecte est effectuée.

---

1. Date à laquelle on l'a utilisée pour autoriser le service des Renseignements Généraux du ministère de l'Intérieur à ficher « l'origine ethnique » et les opinions des personnes « exerçant une influence sur les situations politique, économique ou sociale ». Cf. 6e éd. du présent manuel, p. 310.
2. Sur le régime antérieur à 2004, cf. CE, Ass., 30 juin 2000, Ligue française pour la défense des droits de l'Homme, *AJDA* 2000.831 : annule le décret attaqué pour manque de précision suffisante en ce qui concerne la protection de l'anonymat des malades concernés.

S'il s'agit d'une personne publique, ou d'une personne privée gérant un service public, la constitution d'un fichier destiné à les enregistrer doit être autorisée par une loi, par la CNIL (art. 25) ou par un simple règlement pris après avis motivé de la CNIL (art. 26 et 27). S'il s'agit d'une personne privée qui ne gère pas de service public, la constitution du fichier est libre, et doit seulement faire l'objet d'une déclaration préalable à la CNIL (art. 22) ; cette déclaration doit notamment mentionner la nature des informations traitées, la finalité du fichier, les interconnexions envisagées, ainsi que les dispositions prises pour assurer la sécurité des traitements ; depuis la loi de 2004, toute personne privée qui désigne un « correspondant à la protection des données à caractère personnel » et qui signale son existence à la CNIL est toutefois dispensée, au nom d'un nouveau principe d'autorégulation, de cette obligation de déclaration préalable (art. 22). Dans les deux hypothèses, toute modification ultérieure du fichier doit être signalée à la CNIL. En application de ces dispositions, la loi du 18 mars 2003, relative à la sécurité intérieure, a autorisé la police et la gendarmerie nationales à constituer, sous le contrôle de l'autorité judiciaire et de la CNIL, des fichiers d'informations sur les personnes à l'encontre desquelles des « indices graves ou concordants » rendent « vraisemblable » leur participation à des crimes ou à des délits, ainsi qu'un fichier national d'empreintes génétiques des personnes condamnées ou suspectées. Et dans le souci de lutter contre le terrorisme, la loi du 23 janvier 2006 a obligé les transporteurs aériens à informatiser les données relatives à leurs passagers (dites « PNR »), et à transmettre certaines d'entre elles à diverses autorités françaises ou étrangères.

3° Bénéficiant d'un régime encore plus libéral, les informations inoffensives sont celles « dont la mise en œuvre n'est pas susceptible de porter atteinte à la vie privée ou aux libertés » (art. 24). Leur mise en mémoire informatisée doit seulement faire l'objet d'une « déclaration simplifiée », préalablement déposée auprès de la CNIL. Cette déclaration simplifiée, qui doit attester la conformité du fichier aux « normes simplifiées » édictées par la CNIL, a pour but de permettre à l'autorité administrative indépendante de vérifier l'innocuité des informations traitées.

Quel que soit le degré de dangerosité des informations qu'ils recèlent, les fichiers nominatifs informatisés doivent donc toujours se constituer sous le contrôle de la CNIL. C'est là une garantie essentielle, car dans le domaine de l'informatique plus qu'en toute autre matière, le secret est l'ennemi de la liberté.

Section 5
Le droit à une vie familiale normale

Le droit à une vie familiale normale est une dimension essentielle du droit à la vie privée. La possibilité de fonder une famille, et de vivre avec elle en toute quiétude, est en effet considérée par la civilisation occidentale, ainsi d'ailleurs que par d'autres civilisations, comme une condition indispensable de l'épanouissement de la personne humaine. C'est pourquoi ce droit est expressément protégé par l'article 8 de la Convention européenne de sauvegarde des droits de l'Homme (« Toute personne a droit au respect de sa vie privée et familiale »). Mentionné, de façon allusive, par le préambule de 1946 (« La nation assure à l'individu et à la famille les conditions nécessaires à leur développement »), il est considéré par le Conseil d'État comme un principe général du droit[1], et par le Conseil constitutionnel comme un droit à valeur constitutionnelle[2].

Plus complexe qu'il n'en a l'air, le droit à une vie familiale normale comprend en réalité trois composantes : le droit de fonder une famille, le droit de vivre avec elle, et le droit au respect de l'intimité de la vie familiale.

1° Le droit de fonder une famille implique le « droit de se marier », lequel est expressément garanti par l'article 12 de la Convention précitée. En France, le droit de se marier est reconnu aux majeurs par les articles 144 et suivants du Code civil[3]. Les hommes mineurs, par contre, se le voient refuser. Les femmes mineures sont quant à elles dans une situation intermédiaire, dans la mesure où elles peuvent contracter mariage à la double condition d'avoir quinze ans révolus et d'obtenir le consentement de leur père ou de leur mère. Le procureur de la République peut toutefois, pour des « motifs graves », accorder des dispenses d'âge aux hommes de moins de dix-huit ans et aux femmes de moins de quinze ans.

L'article 147 du Code civil prend soin de préciser qu'« on ne peut contracter un second mariage avant la dissolution du premier ». Il exclut par là même — pour les Français[4] — la polygamie, contrairement à la Convention qui ne l'interdit pas expressément.

D'autre part, l'article 175-2 du même Code (loi du 30 décembre 1993) permet au procureur de la République de faire opposition aux mariages fictifs (« mariages blancs »). Les futurs époux peuvent toutefois riposter en saisissant le TGI d'une « demande en mainlevée » de l'opposition. Le procureur peut aussi s'accorder un délai de réflexion en décidant de surseoir, pour une durée maximale d'un mois, à la célébration du mariage. Mais là encore, les futurs époux disposent d'une voie de recours, grâce à la décision du Conseil constitutionnel du 13 août 1993, qui a annulé la première mouture de la loi au motif qu'elle n'en prévoyait pas : ils peuvent en effet contester la décision de sursis devant le président du TGI.

S'agissant du cas particulier des transsexuels, la Cour européenne des droits de l'Homme condamne les États dont le droit ne permet pas de modifier leur état civil et de leur reconnaître le droit au mariage[5]. Elle estime en effet qu'ils violent l'article 8, dans la mesure où de tels refus de modification empêchent les transsexuels de mener une vie familiale normale. Cette position a incité la Cour de cassation à abandonner sa jurisprudence hostile au transsexualisme[6].

Enfin, le droit de fonder une famille peut bien entendu emprunter d'autres voies que le mariage. Ces autres voies sont le PACS (pacte civil de solidarité), le concubinage

---

1. CE, Ass., 8 déc. 1978, GISTI, *GAJA*. Cf. aussi, dégageant le PGD dit de « l'unité de la famille », au profit des réfugiés politiques : CE, Ass., 2 déc. 1994, Mme Agyepong, *AJDA* 1994.878.
2. CC 3 sept. 1986, Entrée et séjour des étrangers, *R* 135 : cette décision utilise l'expression de « droits de la famille ».
3. Le législateur est seul compétent pour déroger au principe du libre choix de leur conjoint par les fonctionnaires : CE, Ass., 18 janv. 1980, Bargain, *AJDA* 1980.101. Solution compatible avec CC 13 août 1993, Maîtrise de l'immigration, *RFDA* 1993.887, qui donne valeur constitutionnelle à la liberté du mariage.
4. Civ. 1re, 6 juill. 1988, *RCDIP* 1989.71 : le mariage polygamique contracté à l'étranger par l'époux d'une Française ne produit aucun effet en France à l'encontre de celle-ci (la rente due au conjoint survivant en cas de décès de l'époux bigame ne sera donc pas partagée entre les deux épouses).
5. CEDH 25 mars 1992, X c/France, *D* 1993.101 (état civil), et CEDH 11 juill. 2002, Goodwin c/Royaume-Uni (mariage) (cf. *supra*, chapitre 1).
6. Ass. plén. 11 déc. 1992, *Bull. civ.* n° 13.

(ou « union libre »)[1], et la situation de mère (ou père) célibataire. Dans son célèbre arrêt Marckx de 1979, la Cour européenne des droits de l'Homme affirme en effet que l'article 8 de la Convention oblige les États à agir de manière à permettre à chacun, qu'il soit marié ou non, de mener une vie familiale normale[2].

2° Le droit de vivre avec sa famille pose des problèmes autrement plus épineux. On songe tout d'abord à la situation des immigrés qui, étant entrés seuls en France, souhaitent se faire rejoindre par leur famille restée à l'étranger, ou qui, s'étant fait rejoindre par elle, risquent d'en être séparés à cause d'une mesure d'éloignement. Le droit français fait courageusement prévaloir leur droit à une vie familiale normale sur les tentations xénophobes de certains nationaux. Les étrangers séjournant régulièrement en France depuis dix-huit mois ont en effet le droit, au titre du principe du « regroupement familial », d'accueillir leur conjoint et leurs enfants mineurs dès lors qu'ils disposent d'un logement adapté et de ressources suffisantes pour subvenir à leurs besoins[3] ; depuis 1993, toutefois, les étrangers polygames ne peuvent plus faire séjourner en France qu'une seule de leurs épouses, alors qu'ils pouvaient les accueillir toutes auparavant[4]. Quant aux mesures d'éloignement, le juge administratif entreprend depuis 1991 d'appliquer avec fermeté l'article 8 de la Convention européenne, afin de n'admettre que celles qui ne portent pas une atteinte excessive à la vie familiale des intéressés compte tenu des exigences de l'ordre public[5].

Le droit de vivre avec sa famille pose également le problème de savoir dans quelle mesure l'État peut retirer des enfants à leurs parents pour les placer à l'Assistance publique ou dans une famille d'adoption. Avec sagesse, la Cour européenne des droits de l'Homme n'admet ces retraits que s'ils sont justifiés par la protection de l'enfant, et à condition que les parents soient suffisamment associés au processus décisionnel[6]. Le droit français respecte fort heureusement ces deux conditions[7].

---

1. Cf. C. civ., art. 515-1 : le PACS est « un contrat conclu par deux personnes physiques majeures, de sexe différent ou de même sexe, pour organiser leur vie commune ». Et art. 515-8 : le concubinage est « une union de fait, caractérisée par une vie commune présentant un caractère de stabilité et de continuité, entre deux personnes, de sexe différent ou de même sexe, qui vivent en couple ». Ces deux articles sont issus de la loi du 15 novembre 1999.

2. CEDH 13 juin 1979, Marckx (à propos d'une mère célibataire). Toutefois, dans son arrêt CEDH 18 déc. 1986, Johnston, la Cour estime que la Convention ne force pas pour autant les États (en l'occurrence l'Irlande) à autoriser le divorce. Cf. aussi CE 5 juin 2002, Mlle B, *AJDA* 2002.614 justifiant, conformément à la « large marge d'appréciation » laissée par CEDH 26 févr. 2002, Fretté c/France, le rejet d'une demande d'adoption par l'homosexualité de la demanderesse, dans l'intérêt de l'enfant ; jurisprudence finalement renversée par CEDH 22 janv. 2008, E.B. c/ France, *JCP* 2008 n° 10071, qui prohibe désormais toute discrimination tenant à l'« orientation sexuelle » du demandeur.

3. CE, Ass., 8 déc. 1978, GISTI, *GAJA* (annulant un décret de 1977 qui remettait en cause le droit au regroupement familial), et loi Sarkozy du 24 juill. 2006 (qui exige un séjour de dix-huit mois au lieu d'un an précédemment). Cf. aussi CC 13 août 1993, préc. (annulant le passage de la loi Pasqua qui retirait aux étrangers séjournant en France en qualité d'étudiants le droit au regroupement familial).

4. Loi Pasqua du 24 août 1993 renversant la jurisprudence : CE, Ass., 11 juill. 1980, Ministre de l'Intérieur c/Dame Montcho, *AJDA* 1980.523.

5. CE, Ass., 19 avr. 1991, Belgacem (expulsion) et Babas (reconduite à la frontière), *AJDA* 1991.551. Sur cette jurisprudence, cf. *infra*, chapitre 3.

6. CEDH 8 juill. 1987, W., B. et R. c/Royaume-Uni.

7. Cf. articles 375 et suivants (sur l'assistance éducative) et 378 et suivants (sur la déchéance de l'autorité parentale) du Code civil.

Le droit de vivre avec sa famille subit enfin des aménagements en cas de divorce ou de séparation de corps des parents d'un ou de plusieurs enfants. L'article 373-2 du Code civil permet en effet au juge judiciaire de confier les enfants alternativement à chacun des deux parents, l'un (généralement le père) ayant leur garde pendant les vacances et certains week-ends, l'autre l'exerçant le reste du temps. Dans ce genre d'hypothèses, le droit de vivre avec ses enfants est donc en quelque sorte coupé en deux, à la suite d'une version moderne du jugement de Salomon...

3° Par comparaison, le droit au respect de l'intimité de la vie familiale pose beaucoup moins de problèmes, car il n'est rien d'autre qu'un simple aspect du « droit au secret », examiné dans la section 2. Il se définit en effet comme le droit de la personne humaine de s'opposer à la captation et à la divulgation d'images [1] ou de renseignements [2] relatifs à sa vie familiale. Les articles 9 du Code civil et 809 du nouveau Code de procédure civile peuvent donc être utilisés pour réparer, empêcher ou faire cesser les atteintes qui lui sont portées.

Au total, le droit à la vie privée fait l'objet d'une protection assez efficace. Il faut s'en réjouir, car il permet d'ériger autour de chaque individu un rempart qui le préserve de toute immixtion arbitraire. Grâce à lui, une frontière solidement gardée est tracée entre la vie publique et la vie privée, sphères dont la confusion ouvrirait la voie au totalitarisme.

Droit balkanisé, le droit à la vie privée éprouve toutefois de grandes difficultés à se faire reconnaître dans sa globalité. Alors que certaines de ses composantes remontent à la Révolution, il a en effet fallu attendre 1970 pour qu'une loi le consacre enfin en tant que tel. Quant à sa valeur constitutionnelle, elle n'a été clairement reconnue qu'en 1999. Ces hésitations ont eu pour effet de le rendre beaucoup plus fragile que la plupart des autres libertés publiques. D'autre part et surtout, de nouveaux dangers sont venus le menacer de manière inattendue. On a ainsi découvert, au cours de la dernière décennie du XXe siècle, l'existence d'un système planétaire d'interception des communications par satellites, téléphones, fax et courriers électroniques, orchestré par les États-Unis et baptisé « réseau Échelon ». Quant au formidable développement de l'internet, il permet certes d'avoir de nouveaux espaces de liberté, mais en se jouant des frontières et des souverainetés étatiques il distille aussi la tentation de profiter de l'incertitude du droit applicable pour violer la vie privée d'autrui. Ces nouveaux défis ne pourront être relevés qu'au prix d'une coopération internationale renforcée. Paradoxalement, le souci de protéger la liberté publique la plus intime qui soit — le droit à la vie privée — contribuera ainsi à accélérer la mondialisation du droit.

---

1. Civ. 2e, 12 juill. 1966, *D* 1966.181 : saisie d'un journal qui avait publié des photos du fils de Gérard Philipe sur son lit d'hôpital.

2. CA Paris, 17 déc. 1973, *D* 1976.120 : condamnation du magazine *Lui* à verser 45 000 F à Charlie Chaplin à la suite d'un article révélant les secrets de sa vie familiale. L'arrêt a le mérite d'affirmer clairement que « quelle que soit la personne, des renseignements relatifs à ses ascendants, conjoints et descendants relèvent en tout état de cause de sa vie privée ».

BIBLIOGRAPHIE SÉLECTIVE

- **Sur le droit à la vie privée dans son ensemble**

J. GEORGEL, *Les libertés de communication*, Dalloz, 1996 (vidéosurveillance et écoutes téléphoniques).

P. KAYSER, *La Protection de la vie privée*, Economica, 3e éd., 1995 (ouvrage fondamental).

H. OBERDORFF, « La liberté individuelle face aux risques des technologies de sécurité », *Mélanges Robert*, Montchrestien, 1998, p. 177.

J. PRADEL, « Les dispositions de la loi du 17 juillet 1970 sur la protection de la vie privée », *D* 1971.111.

F. RIGAUX, *La Protection de la vie privée et des autres droits de la personnalité*, LGDJ, 1990.

A. ROUX, *La Protection de la vie privée dans les rapports entre l'État et les particuliers*, Economica, 1983.

F. SUDRE (dir.), *Le droit au respect de la vie privée au sens de la Conv. EDH*, Bruylant, 2005.

- **Sur la liberté personnelle**

X. BIOY (dir.), *La liberté personnelle. Une autre conception de la liberté ?*, Presses universitaires de Toulouse, 2006.

C. GOURVIL, *La liberté personnelle : le droit français à l'épreuve d'une conception exogène de la liberté*, mémoire de master recherche, Université du Havre, 2007 (réflexion théorique par une philosophe de formation).

- **Sur la liberté du domicile**

N. BERNARD, « Le droit au logement opposable vu de l'étranger : poudre aux yeux ou avancée décisive ? », *RDP* 2008.833 (éclairant).

- **Sur le droit au secret**

L. DUBOUIS, « Feu le secret médical ? », *Mélanges Peiser,* 1995, p. 201.

T. HASSLER, « La liberté de l'image et la jurisprudence récente de la Cour de cassation », *D* 2004.1611 (sur l'offensive du droit à l'information contre le droit à l'image et à la vie privée).

« Liberté de la presse et respect de la vie privée et de l'image en droit comparé », colloque de l'I.F.C. des 22 et 23 mars 1991, n° spécial de la *Gazette du Palais*.

A. DE RAULIN, « Le Grand Secret », dans *Les droits fondamentaux de la personne humaine en 1995 et 1996* (dir. G. Lebreton), L'Harmattan, 1998, p. 113.

J. RAVANAS, *La Protection des personnes contre la réalisation et la publication de leur image*, LGDJ, 1978.

- **Sur le droit à l'inviolabilité des correspondances**

M. BRUNO, « L'affaire du réseau Échelon », dans *Regards critiques sur l'évolution des droits fondamentaux de la personne humaine en 1999 et 2000* (dir. G. Lebreton), L'Harmattan, 2002, p. 207 (article de référence sur un système d'espionnage planétaire).

P. KAYSER, « La loi du 10 juillet 1991 et les écoutes téléphoniques », *JCP* 1992, n° 3559 (bon article de réflexion).

L.-E. PETTITI, « Les écoutes téléphoniques et le droit français », *AJDA* 1992.35 (plus un recueil de citations sur la genèse de la loi de 1991 qu'un article de réflexion).

J. PRADEL et J.-F. FLAUSS, « Les écoutes téléphoniques : un régime sous surveillance », *RFDA* 1991.83 (études très complètes sur le droit français antérieur à la loi de 1991 et sur le droit européen).

- **Sur le droit à la protection contre les fichiers nominatifs informatisés**

J. BEER-GABEL, « Le contrôle de l'Administration par la CNIL », *RDP* 1980.1043.

CNIL, *Dix ans d'informatique et libertés*, Economica, 1988.

Collectif, *Informatique et transparence administrative*, CURAPP-PUF, 1988.

J. FAUVET, « La CNIL, vingt ans après », *Mélanges Robert*, Montchrestien, 1998, p. 111.

J. FRAYSSINET, *Informatique, fichiers et libertés*, Litec, 1992 ; et « La loi du 1er juillet 1994 relative au traitement des données nominatives ayant pour fin la recherche dans le domaine de la santé », *JCP* 1994, n° 3810.

J. FRAYSSINET et P. KAYSER, « La loi du 6 janvier 1978... », *RDP* 1979.629.

F. GRANET, « Les fichiers sanitaires automatisés », *D* 1995.10.

J. P. JACQUE, « La convention pour la protection des personnes à l'égard du traitement informatisé des données à caractère personnel », *AFDI* 1980.773.

N. LENOIR et H. MAISL, « La CNIL et le contrôle de l'Administration. Premières orientations (1978-1983) », *AJDA* 1983.645.

A. MAITROT DE LA MOTTE, « La réforme de la loi informatique et libertés et le droit au respect de la vie privée », *AJDA* 2004.2269 (sur la loi du 6 août 2004).

R. PELLET, « Les conditions constitutionnelles d'une réforme de la loi informatique et libertés », *RDP* 1995.361.

- **Sur les problèmes posés par l'internet**

J.-M. LARRALDE, « L'internet et la liberté d'expression », dans *Regards critiques...* (préc.), L'Harmattan, 2002, p. 187.

A. LUCAS, J. DEVÈZE et J. FRAYSSINET, *Droit de l'informatique et de l'internet*, PUF, 2001.

- **Sur le droit à une vie familiale normale**

F. JULIEN-LAFERRIÈRE, « Les étrangers ont-ils droit au respect de leur vie familiale ? », *D* 1992.291 (étude bien documentée sur l'incidence du droit européen sur le droit français).

H. LABAYLE, « Le droit de l'étranger à mener une vie familiale normale, lecture nationale et exigences européennes », *RFDA* 1993.511 (article fondamental, faisant le tour de la question).

F. SUDRE (dir.), *Le droit au respect de la vie familiale au sens de la Conv. EDH*, Bruylant, 2002.

Chapitre 3

La liberté d'aller et venir

Composante de la liberté individuelle, la liberté d'aller et venir figure parmi les libertés publiques les plus anciennes de notre droit. Implicitement consacrée par l'article 4 de la Déclaration de 1789, elle a en effet été solennellement proclamée par la Constitution de 1791, dont le titre premier reconnaît « la liberté à tout homme d'aller, de rester, de partir ». Aujourd'hui considérée par le Conseil constitutionnel comme un principe à valeur constitutionnelle [1], elle est l'une de nos libertés les mieux protégées. Son régime général (section 1) coexiste toutefois avec un régime spécial plus restrictif, propre à la liberté d'aller et venir des étrangers (section 2).

Section 1
Le régime général de la liberté d'aller et venir

Liberté fondamentale (§ 1), la liberté d'aller et venir bénéficie d'un régime juridique protecteur. Son exercice est toutefois étroitement réglementé dans certains cas, notamment pour tenir compte des dangers inhérents à la circulation automobile (§ 2), ou des risques prêtés par notre société de sédentaires à la circulation des « gens du voyage » (§ 3).

§ 1. Une liberté fondamentale

La liberté d'aller et venir est traditionnellement considérée en France comme une liberté fondamentale. Depuis la Révolution, elle est en effet analysée comme l'une des deux composantes essentielles — avec le droit à la sûreté — de la sacro-sainte « liberté individuelle ». C'est ce qui explique qu'elle puisse s'exercer en toute liberté, sans autorisation ni déclaration préalable. La jurisprudence sanctionne d'ailleurs avec constance les actes par lesquels l'administration tente de l'entraver [2].

---

1. CC 12 janv. 1977, Fouille des véhicules, *GDCC (PFR)* ; CC 13 mars 2003, Sécurité intérieure (*JO* 19 mars) (principe découlant des articles 2 et 4 du décret de 1789).

2. CE 13 mai 1927, Carrier, *R* 538 : annulation de l'arrêté municipal obligeant les touristes à déposer une déclaration en mairie avant de faire une promenade en montagne ; Civ. 1re, 23 mars 1971, *Bull.* no 100 : illégalité de l'arrêté préfectoral interdisant l'accès au département à un Français ; Crim. 1er févr. 1956, *D* 1956.365 : rappelle qu'un maire ne peut interdire totalement la circulation des prostituées sur la voie publique ; CE 9 nov. 1992, Président du gouvernement du TOM de Polynésie, *RFDA* 1993.570, concl. Lasvignes : illégalité des « taxes de sortie » qui subordonnent au paiement

Sur le plan international, l'article 2 du protocole n° 4 à la Convention européenne de sauvegarde des droits de l'Homme, de 1950, et l'article 12 du pacte international relatif aux droits civils et politiques, de 1966, affirment dans des termes identiques que « quiconque se trouve régulièrement sur le territoire d'un État a le droit d'y circuler librement ». Droit international et droit français coïncident donc pour garantir l'exercice de la liberté de circulation à l'intérieur d'un État, tant au profit des ressortissants de cet État que des étrangers qui s'y trouvent en situation régulière. À ceci s'ajoutent les dispositions de l'article 48 du traité de Rome du 25 mars 1957 (TCE, art. 39) instituant, en faveur des ressortissants de l'UE, « la libre circulation des travailleurs... à l'intérieur de la Communauté[1] ».

Outre le droit de circuler à l'intérieur d'un État, la liberté d'aller et venir comporte également le droit de le quitter. Les articles précités de la Convention de 1950 et du pacte de 1966 proclament en effet que « toute personne est libre de quitter n'importe quel pays, y compris le sien ». La Cour de cassation en a fort justement tiré la conclusion que « la liberté fondamentale d'aller et venir n'est pas limitée au territoire national, mais comporte également le droit de le quitter »[2]. Cette formulation a par la suite été reprise par le Tribunal des conflits, par le Conseil d'État, et par le Conseil constitutionnel[3]. Concrètement, cette solution permet d'assimiler à des voies de fait les refus de délivrance ou les retraits de passeports, lorsqu'ils ne reposent pas sur des motifs de sûreté publique[4].

En troisième lieu, la liberté d'aller et venir comporte enfin, outre le droit de circuler à l'intérieur d'un État et le droit de le quitter, le droit d'entrer dans son pays. L'article 3 du protocole n° 4 à la Convention de 1950, imité par l'article 12 du pacte de 1966, affirme en effet que « nul ne peut être privé du droit d'entrer sur le territoire de l'État dont il est le ressortissant ». Contrairement aux deux autres, il s'agit d'un droit absolu, dans la mesure où les deux traités interdisent d'y déroger. Par comparaison, ces deux textes permettent d'assortir l'exercice du droit de circuler à l'intérieur d'un État et du droit de le quitter, de « restrictions » destinées à assurer la protection de la sécurité nationale, de la sûreté publique, de l'ordre public, de la santé, de la morale, des droits et libertés d'autrui, ou la « prévention des infractions pénales » (cette dernière hypothèse, dont le danger a été désamorcé par la jurisprudence française[5], étant prévue par la Convention de 1950 mais non par le pacte de 1966).

---

d'une somme d'argent le droit de quitter un TOM ; CE, Ass., 20 déc. 1995, Dame Vedel, *AJDA* 1996.124 : illégalité des « garanties de rapatriement » qui subordonnent au paiement d'une somme d'argent le droit d'accéder à un TOM. Par contre, CE 18 mai 1983, Rodes, *AJDA* 1984.44 : admet la légalité d'un arrêté préfectoral interdisant l'accès à certaines zones, compte tenu des circonstances exceptionnelles (éruption d'un volcan).

1. Article appliqué par CJCE 28 oct. 1975, Rutili, *GACJCE*, t. 2 : condamnation de la discrimination faite par la France, et ayant consisté à interdire à un Italien l'accès à certains départements.

2. Civ. 1re, 28 nov. 1984 (3 arrêts), *RFDA* 1985.760, concl. Sadon.

3. TC 9 juin 1986, Eucat, *AJDA* 1986.428, CE, Ass., 8 avr. 1987, Peltier, *RFDA* 1987.608, et CC 13 août 1993, Maîtrise de l'immigration, *RFDA* 1993.887.

4. Seuls motifs prévus par le décret de la Convention du 7 décembre 1792. Sont ainsi des voies de fait les refus et retraits motivés par de simples dettes fiscales (Cass. 1984 et TC 1986, Eucat, préc.). Par contre, n'en sont pas ceux motivés par le souci d'exécuter une décision de justice (TC 12 janv. 1987, Grisivatz, *AJDA* 1987.425) ou par le fait que l'intéressé a perdu à plusieurs reprises ses papiers dans des conditions suspectes (CE 15 avr. 1988, Michelix, *RDP* 1989.922).

5. Cf. CE 1987, Peltier, préc. : annule le refus de passeport motivé par le souci d'empêcher l'intéressé d'aller à l'étranger pour s'y « adonner aux stupéfiants ». Cet arrêt dissuade donc

La liberté d'aller et venir s'arrête là. Elle ne comporte pas une quatrième composante, qui serait le droit d'entrer et de rester dans un État étranger. Les deux traités sont en effet muets sur un tel droit d'entrer, qu'ils ne reconnaissent même pas aux demandeurs d'asile. Et ils écartent clairement le droit de rester dans un État étranger en admettant expressément la possibilité de l'expulsion. Seuls les ressortissants de l'UE bénéficient dans une certaine mesure d'un régime de faveur, grâce à l'article 48 précité du traité de Rome. Mais on verra dans la section 2 que des considérations d'ordre public peuvent néanmoins permettre à tout État de la Communauté autre que le leur de s'opposer à leur entrée ou à leur séjour.

§ 2. La circulation automobile

La liberté d'aller et venir peut indifféremment s'exercer sans véhicule, avec un véhicule non motorisé, ou avec un véhicule à moteur. Mais l'utilisation de véhicules à moteur pose des problèmes spécifiques, dans la mesure où, permettant d'atteindre des vitesses importantes, ils présentent pour la sécurité d'autrui un danger particulier. C'est pourquoi elle fait l'objet d'une réglementation draconienne. Celle applicable aux véhicules terrestres à moteur — qui est la plus intéressante à étudier car elle concerne chacun de nous — pose des questions relatives aux véhicules eux-mêmes (A), à leur utilisation des voies publiques (B), et surtout à leurs conducteurs (C).

A. Les véhicules

À partir d'une certaine cylindrée, les véhicules terrestres à moteur (motocyclettes, automobiles, camions...) sont jugés trop dangereux pour être utilisés sans formalités. Le Code de la route exige ainsi que tout véhicule dont le poids total autorisé en charge est supérieur à cinq cents kilos fasse l'objet, avant sa mise en circulation, d'une « réception » par le service des mines, afin de vérifier sa conformité aux normes techniques en vigueur (art. R. 321-15 et s.). Il impose en outre à son propriétaire d'être en possession d'un certificat d'immatriculation, dit « carte grise », délivré par la préfecture de son domicile, et de faire apposer sur le véhicule des plaques d'immatriculation dont le numéro, composé de chiffres et de lettres, doit reproduire celui inscrit sur le certificat (art. R. 322-1 et s.) ; cette formalité a pour but de permettre aux services de police d'identifier facilement les auteurs d'infractions à la police de la circulation routière. Il soumet enfin certains véhicules — jugés particulièrement dangereux — à des « contrôles techniques » réguliers ; c'est notamment le cas pour les véhicules destinés au transport en commun de personnes, et pour les véhicules ayant plus de quatre ans d'âge (art. R. 323-1 et s.). Pour sa part, le Code des assurances rend obligatoire l'assurance des véhicules terrestres à moteur, afin de faciliter l'indemnisation des victimes d'accidents de la circulation (art. L. 211-1 et s.). Bien qu'il soit rigoureux, cet ensemble de dispositions paraît difficilement critiquable, car il parvient assez bien à concilier la liberté d'aller et venir avec le respect de l'ordre public.

---

l'administration d'invoquer la notion de « prévention des infractions pénales » à tout propos, tentation qui était d'autant plus grande que chaque individu peut facilement faire figure de délinquant potentiel.

Plus délicat est le problème de savoir dans quelle mesure la fouille des véhicules par la police est acceptable, ce type de fouille portant atteinte tant à la liberté d'aller et venir qu'au droit au respect de la vie privée. Selon le Conseil constitutionnel, une loi ne peut valablement l'autoriser que dans des cas déterminés (par exemple lorsqu'une infraction a été commise), et à condition de la soumettre de façon suffisamment précise au contrôle du juge judiciaire [1]. Cette subtile solution permet d'éviter l'arbitraire policier tout en laissant aux officiers de police judiciaire la possibilité, prévue par le Code de procédure pénale, de procéder à une fouille de véhicule soit en cas de flagrant délit, soit sur commission rogatoire d'un juge. En pratique, hélas la Cour de cassation s'appuie sur l'imprécision de l'article L. 233-2 (anciennement L. 4) du Code de la route, qui punit les refus de se soumettre « à toutes vérifications prescrites concernant le véhicule », pour admettre largement les fouilles de véhicule [2]. Importante sur le plan des principes, la position du Conseil constitutionnel n'a donc guère eu d'incidences sur la réalité vécue par les automobilistes.

La loi Debré du 24 avril 1997 a encore aggravé les choses en permettant à la police et à la gendarmerie d'effectuer, dans une zone de vingt kilomètres de largeur à partir des frontières terrestres de la France avec les États signataires de l'accord de Schengen, la « visite sommaire » des véhicules circulant sur la voie publique, à l'exclusion des voitures particulières. Certes, quelques garanties sont consenties : la visite ne peut être faite qu'avec l'accord du conducteur ou, à défaut, que sur instructions du procureur de la République ; elle doit avoir pour but de rechercher et de constater des infractions relatives à l'entrée et au séjour des étrangers en France ; enfin, l'immobilisation du véhicule ne peut excéder quatre heures. Par ailleurs le Conseil constitutionnel a pris soin de préciser que la visite sommaire « n'est destinée qu'à s'assurer de l'absence de personnes dissimulées » [3]. Malgré tout, la loi Debré semble ouvrir la voie aux fouilles systématiques des bus et des camions.

De façon encore plus inquiétante, la loi du 18 mars 2003, relative à la sécurité intérieure, facilite les fouilles de tous les véhicules — même des voitures particulières — sur l'ensemble du territoire national — et non plus seulement dans la zone des vingt kilomètres. Elle permet en effet à la police et à la gendarmerie d'effectuer, soit spontanément en cas de « raisons plausibles de soupçonner » que le conducteur ou un passager a commis un crime ou un délit flagrant, soit sur réquisitions écrites du procureur de la République, la « visite des véhicules circulant, arrêtés ou stationnant

---

1. CC 12 janv. 1977, Fouille des véhicules, *GDCC*. Est par conséquent jugée inconstitutionnelle la loi qui permettait à tout agent de police de fouiller à tout moment n'importe quel véhicule, sans qu'il soit nécessaire qu'une infraction ait été commise ni même qu'existe une menace d'atteinte à l'ordre public. Dans le même sens, cf. CC 18 janv. 1995, Vidéosurveillance et fouille des véhicules, *JCP* 1995, n° 22525 : inconstitutionnalité de la disposition qui permettait à la police, aux abords d'une manifestation, de fouiller les véhicules sans autorisation de l'autorité judiciaire.
2. Crim. 8 nov. 1979, *JCP* 1980, n° 19337 : retient une conception dangereusement extensive du « crime flagrant » (en l'occurrence, enlèvement du baron Empain), permettant à la police de fouiller pendant ou juste après sa commission (or l'enlèvement a duré deux mois !) n'importe quel véhicule (tout conducteur est donc assimilé à un suspect !). Conséquence : est condamné pour infraction à l'article L. 4 le conducteur qui a refusé de laisser fouiller son véhicule. Par comparaison, les autres textes qui permettent de fouiller les véhicules sont moins dangereux, car ils ne reconnaissent ce droit qu'à des catégories limitées d'agents agissant dans des buts précis : notamment douaniers (C. douanes, art. 60) et agents des contributions directes (LPF, art. L. 38).
3. CC 22 avr. 1997, Immigration (*JO* 25 avr.).

sur la voie publique ou dans des lieux accessibles au public » ; cette visite ne requiert pas l'accord du conducteur mais doit se dérouler en sa présence ou, à défaut, en présence d'une « personne requise à cet effet » (sauf si la visite comporte des « risques graves ») ; le véhicule concerné ne doit être immobilisé que le « temps strictement nécessaire » au déroulement de la visite (CPP, art. 78-2-2 et 3). À côté de cette fouille de police judiciaire, la loi permet aussi aux mêmes forces de police et de gendarmerie de procéder presque librement à une fouille de police administrative. Elles reçoivent en effet le pouvoir d'effectuer à leur convenance, « avec l'accord du conducteur ou, à défaut, sur instructions du procureur de la République communiquées (sur leur demande) par tous moyens », la « visite » des véhicules ci-dessus définis (CPP, art. 78-2-4). Malgré la gravité des atteintes ainsi portées à la liberté de circulation, le Conseil constitutionnel a jugé que la « conciliation » assurée par la loi entre le respect de cette liberté et les exigences de la sécurité publique « n'est entachée d'aucune erreur manifeste » d'appréciation [1].

B. L'utilisation des voies publiques

Les voies publiques sont normalement ouvertes à la circulation des véhicules terrestres à moteur. Cette affectation constitue d'ailleurs leur principale raison d'être. C'est ce qui explique que la gratuité, l'égalité, et la liberté soient les trois principes qui régissent leur utilisation par ces véhicules. Encore faut-il bien comprendre la signification et les limites de ces trois principes.

– La gratuité des voies publiques est un principe dont l'existence est reconnue par le juge administratif [2] et par le Conseil constitutionnel [3]. Ce dernier ne l'a toutefois pas rangée parmi les principes qui ont valeur constitutionnelle. Plusieurs lois lui apportent d'ailleurs d'importantes dérogations. La loi du 18 avril 1955, reprise par l'article L. 122-4 du Code de la voirie routière, et la loi du 12 juillet 1979, que le Conseil constitutionnel a jugée conforme à la Constitution [4], admettent ainsi respectivement que l'usage des autoroutes et de certains ponts routiers puisse être subordonné à l'acquittement de « péages », dont la perception permet de financer leur exploitation. La jurisprudence reconnaît d'autre part depuis longtemps la légalité des stationnements payants institués par les communes, dès lors qu'ils ont pour objet de résoudre les « difficultés de la circulation » grâce à leur effet dissuasif [5]. Malgré tout, ces dérogations au principe de gratuité ne remettent pas sérieusement en cause la liberté de circulation automobile. La seconde — l'institution des stationnements payants — a même pour principale justification d'en faciliter l'exercice. Quant à la première, elle demeure strictement limitée aux autoroutes et aux ponts routiers ; le juge administratif annule en effet les arrêtés municipaux qui instituent un droit de péage sur la circulation des véhicules sur de simples routes [6].

---

1. CC 13 mars 2003, Sécurité intérieure, § 12.
2. CE 22 janv. 1991, Commune de Bagnères-de-Luchon, *R* 63.
3. CC 12 juill. 1979, Ponts à péage, *AJDA* 1979.46.
4. CC 12 juill. 1979, préc.
5. CE 26 févr. 1969, Chabrot et Féd. nat. des clubs automobiles de France (2 arrêts), *AJDA* 1969.318 et 706 ; arrêt précurseur : CE 16 mai 1928, Laurens, *D* 1928.65, concl. Rivet.
6. CE 22 janv. 1991, préc.

– L'égalité des usagers des voies publiques est un principe général du droit [1] dont la valeur constitutionnelle ne fait aucun doute [2]. Elle implique l'illégalité des discriminations opérées entre usagers placés dans des situations identiques [3], conséquence qui permet d'éviter de réserver la liberté de circulation automobile à quelques privilégiés. En revanche, elle n'interdit pas d'imposer des sujétions ou d'accorder des avantages à certaines catégories d'usagers dont la situation présente d'incontestables particularités [4].

– La liberté d'utilisation des voies publiques paraît considérée par le Conseil constitutionnel comme un corollaire de la liberté d'aller et venir [5]. Elle signifie que chaque personne a le droit d'utiliser les voies publiques sans avoir besoin d'obtenir une autorisation ou d'effectuer une déclaration préalable. Cela étant, il s'agit quant même — et de façon inévitable compte tenu des problèmes engendrés par la circulation automobile — d'une liberté réglementée. Elle ne peut en effet s'exercer que dans le cadre de la réglementation relative à la police de la circulation (qui interdit par exemple de franchir les lignes continues, de « brûler » les feux rouges ou d'excéder certaines vitesses maximales), dont les principales dispositions sont regroupées dans la partie réglementaire du Code de la route. La jurisprudence admet même que la circulation des véhicules sur la voie publique soit interdite par l'autorité de police (maire, par exemple), à condition que ces interdictions ne soient pas « générales et absolues » [6]. Quant au stationnement, il est encore plus sévèrement réglementé par le Code de la route que la circulation [7], ce qui est logique, car les voies publiques sont affectées à la circulation ainsi qu'à la desserte de leurs riverains [8], mais pas au stationnement. On notera à ce propos que tout stationnement irrégulier est susceptible de provoquer la « mise en fourrière » du véhicule stationné (C. route, art. L. 325-1 et s. et R. 325-1 et s.). La mise en fourrière est une opération de police qui consiste à transférer un véhicule en un lieu désigné par l'autorité administrative en vue d'y être retenu. Selon les cas, elle est décidée par l'officier de police judiciaire

---

1. CE, Sect., 2 nov. 1956, Biberon, *R* 403, concl. Mosset.

2. On peut en effet considérer ce PGD comme un corollaire du principe d'égalité devant la loi, reconnu par CC 27 déc. 1973, Taxation d'office, *GDCC*.

3. CE 16 févr. 1972, Bernard, *R* 140 : est illégal l'arrêté municipal qui réserve des places de stationnement aux fonctionnaires municipaux dès lors qu'il vise à satisfaire leurs convenances personnelles, et non les besoins du service.

4. CE 22 févr. 1961, Lagoutte et Robin, *AJDA* 1961.266 : légalité de l'interdiction de la circulation et du stationnement des véhicules de transport de marchandises dans certaines zones urbaines, ceux-ci risquant de provoquer des embouteillages lors de leurs opérations de déchargement ; CE 15 mars 1968, Synd. des automobilistes, *R* 188 : légalité des « couloirs de circulation » réservés aux véhicules de transports en commun et aux taxis.

5. Cf. décisions précitées.

6. CE 16 juin 1976, Ville de Menton, *RDP* 1977.243 : légalité de l'interdiction de circuler sur certaines voies la nuit pendant l'été ; CE 14 déc. 1988, Société des ciments français, *DA* 1989, n° 47 : illégalité de l'interdiction faite aux poids lourds de circuler dans l'ensemble du territoire d'une commune, cette mesure étant trop générale et absolue par rapport aux impératifs de tranquillité et de sécurité invoqués. Cf. toutefois CE 24 oct. 1986, Féd. française des soc. de protection de la nature, *DA* 1986, n° 637 : une interdiction générale et absolue de toute circulation sur une voie publique est quand même légale si elle est justifiée par « des motifs de sécurité d'une exceptionnelle gravité ».

7. Le Code de la route interdit notamment le stationnement « abusif » (ininterrompu pendant plus de 7 jours, art. R. 417-12), « gênant » (sur les trottoirs, ou en double file, etc., art. R. 417-10 et 11), ou « dangereux » (à proximité des intersections, des virages ou des sommets de côte, art. R. 417-9).

8. CE 26 févr. 1969, Féd. nat. des clubs automobiles de France, *AJDA* 1969.706.

territorialement compétent (art. R. 325-14) ou par le maire (art. R. 325-15). Le procureur de la République en est immédiatement avisé, et peut, s'il la juge injustifiée, en ordonner la mainlevée. Le propriétaire du véhicule reçoit pour sa part notification de la mesure prise. Si son véhicule est en bon état, mise en demeure lui est faite de le retirer dans un délai de quarante-cinq jours, faute de quoi il sera détruit ou vendu. Dans le cas contraire, la restitution ne pourra intervenir qu'après vérification de l'exécution des travaux de remise en état, effectués à ses frais. La mise en fourrière constitue ainsi, on le voit, une opération particulièrement dangereuse, tant pour le droit de propriété que pour la liberté d'aller et venir, puisqu'elle peut aboutir à la destruction du véhicule. L'intervention du procureur de la République et la mise en demeure adressée au propriétaire suffisent heureusement à éloigner le spectre de l'arbitraire. Des recours juridictionnels sont d'autre part évidemment possibles, selon un schéma de répartition des compétences assez complexe : sont considérés comme des opérations de police judiciaire, relevant du juge judiciaire, la décision de mettre le véhicule en fourrière et le transport de celui-ci jusqu'à la fourrière ; la garde du véhicule en fourrière, et l'éventuelle destruction de celui-ci, sont au contraire assimilées à des opérations de police administrative, dont le contentieux relève du juge administratif[1]. Malgré cette complexité, les droits du propriétaire semblent suffisamment garantis. La mise en fourrière est donc une procédure acceptable.

C. Les conducteurs

Si les véhicules terrestres à moteur sont dangereux, c'est avant tout par l'usage que sont susceptibles d'en faire des conducteurs maladroits ou inconscients. C'est pourquoi la réglementation soumet les conducteurs à quatre obligations spécifiques :

– Les conducteurs doivent tout d'abord souscrire un contrat d'assurance en vue de couvrir leur responsabilité civile en raison des dommages qu'ils pourraient causer à des tiers (C. assur., art. L. 211-1).

– Ils doivent, ainsi que leurs passagers, porter une ceinture de sécurité si leur véhicule est une voiture automobile, ou un casque s'il s'agit d'un véhicule à deux roues (décret du 28 juin 1973). Cette obligation de se protéger contre les risques inhérents à la circulation routière a été très controversée, certains allant jusqu'à la considérer comme une atteinte injustifiée à la liberté individuelle. Mais le Conseil d'État, imité par la Cour de cassation, l'a néanmoins jugée légalement instituée, du fait qu'elle a pour objet de « réduire les conséquences des accidents de la route[2] ».

– Les conducteurs doivent, en troisième lieu, s'abstenir de conduire sous l'empire d'un état alcoolique (ou de stupéfiants). Plusieurs lois sont en effet intervenues pour combattre l'alcool au volant. Elles ont été codifiées dans les articles L. 234-1 à L. 234-14 du Code de la route. Ces dispositions autorisent tout agent de police, en cas d'accident ou d'infraction ou bien dans le cadre de contrôles ordonnés par le procureur de la République, ou même à l'initiative d'un simple officier de police judiciaire, à soumettre les conducteurs à des épreuves de dépistage de l'imprégnation

---

1. Cf. J.-M. Auby, « Le contentieux de la mise en fourrière des véhicules automobiles », *RDP* 1992.1470.
2. CE 4 juin 1975, Bouvet de la Maisonneuve, *R* 330 ; Crim. 20 mars 1980, *D* 1980.IR.521. Comparer avec l'article 4 de la Déclaration de 1789, qui définit la liberté comme le pouvoir de « faire tout ce qui ne nuit pas à autrui »...

alcoolique par l'air expiré (alcootest). En cas de résultat positif, il doit être procédé à la vérification du taux d'alcoolémie par des moyens plus sophistiqués, qui consistent le plus souvent en une prise de sang effectuée par un médecin. Tout conducteur qui refuse de se soumettre au dépistage, ou dont le sang contient un taux d'alcool pur égal ou supérieur à 0,50 gramme par litre (ou 0,20 pour un conducteur de véhicule de transport en commun), est passible d'une amende et (ou) d'un emprisonnement de deux mois à deux ans. En vertu de l'article L. 224-1, l'officier ou l'agent de police peut en outre « retenir » son permis de conduire pendant soixante-douze heures (délai dans lequel le préfet pourra éventuellement prononcer sa suspension pour un an maximum), et immobiliser son véhicule jusqu'à ce qu'un conducteur sobre, proposé par le conducteur lui-même, se présente pour en assurer la conduite.

– En quatrième lieu, les conducteurs doivent enfin et surtout posséder un « permis de conduire » la catégorie de véhicules qu'ils ont choisie. Ce permis de conduire, dont la création remonte à 1899, est une illustration du système de l'autorisation préalable ; il est délivré par le préfet, qui intervient dans le cadre d'une compétence liée, sur avis favorable d'un inspecteur du permis de conduire et de la sécurité routière. La loi du 10 juillet 1989, codifiée dans les articles L. 223-1 à L. 223-8 du Code de la route et complétée par les décrets du 25 juin 1992 [1] et du 23 novembre 1992, l'a profondément transformé en instituant le « permis à points ». Désormais, tout permis de conduire se voit normalement crédité de six points pendant un « délai probatoire » (institué par la loi contre la violence routière du 12 juin 2003) de trois ans à compter de sa date d'obtention, puis de douze points ensuite, de façon que chaque infraction commise puisse entraîner la perte, selon un barème préétabli, d'un certain nombre de points. À titre d'exemple, une infraction bénigne, comme le dépassement de moins de 20 km/h de la vitesse maximale autorisée, entraîne la perte d'un point ; les infractions les plus graves, comme la conduite en état d'alcoolémie ou le délit de fuite, entraînent pour leur part la perte de six points. Lorsque la totalité du crédit de six ou de douze points a été épuisée à la suite de la commission de plusieurs infractions, le permis de conduire perd sa validité et doit être remis au préfet. Le conducteur ainsi sanctionné ne peut obtenir un nouveau permis qu'après l'expiration d'un délai de six mois à compter de la date de remise de son permis au préfet, et à condition de passer avec succès des épreuves d'aptitude.

Ce dispositif peut sembler dangereux pour la liberté d'aller et venir. Plusieurs garde-fous sont heureusement institués pour éviter au système de sombrer dans une sévérité excessive, voire dans l'arbitraire policier. Un savant mécanisme de reconstitution partielle ou totale du nombre de points initial est ainsi mis en place. Sa pièce maîtresse consiste à rendre ses douze points à tout conducteur qui en possède encore au moins un et qui n'a commis aucune infraction nouvelle dans le délai de trois ans à compter de la date de la dernière perte de points. D'autre part et surtout, la perte de points n'est en aucun cas laissée à la discrétion des officiers ou agents de police. Elle n'intervient en effet que dans deux circonstances précises : soit à la suite d'une condamnation judiciaire devenue définitive (solution de principe) ; soit en conséquence du paiement d'une amende forfaitaire par le conducteur, dûment informé que

1. Bien que pris tardivement, après la date butoir du 1er janvier 1992 fixée par la loi du 10 juillet 1989, le décret du 25 juin 1992 a été validé par le CE : CE, Ass., 23 oct. 1992, Diemert, *AJDA* 1992.833.

ce paiement entraîne réduction de son nombre de points (solution d'exception, soumise à l'acceptation du conducteur, et réservée aux dépassements de vitesse de moins de 30 km/h). Malgré tout, il peut sembler regrettable que l'article L. 223-4 fasse de la perte de points une conséquence automatique de la condamnation pénale. Mieux vaudrait sans doute donner au juge la possibilité d'en dispenser les conducteurs fautifs, afin de tenir compte d'éventuelles circonstances atténuantes. D'une façon générale, le principe de l'automaticité d'une sanction apparaît d'ailleurs contraire à notre tradition juridique, et difficilement compatible avec le respect de la liberté individuelle.

Indépendamment de ce système de points, le préfet et le juge pénal restent compétents pour prendre des mesures affectant le permis de conduire.

L'article L. 224-7 du Code de la route permet au préfet, saisi d'un procès-verbal constatant une infraction commise dans son département, de prononcer à titre provisoire soit un avertissement, soit la suspension du permis de conduire (ou l'interdiction de sa délivrance lorsque le conducteur n'en est pas titulaire). La durée de la suspension (ou de l'interdiction) ne peut toutefois excéder six mois, ou un an en cas d'infractions graves (homicide ou blessures involontaires graves, conduite sous l'empire d'un état alcoolique, ou délit de fuite). En outre, la suspension (ou l'interdiction) ne peut intervenir qu'après consultation d'une « commission de suspension du permis de conduire », dont l'avis ne lie pas le préfet. Instituée dans chaque département, cette commission est présidée par le préfet ou par son représentant, et se compose de représentants de la gendarmerie et de la police nationale, de représentants des services techniques de l'État (Mines, DDE...), et, pour moitié, de représentants d'associations d'usagers de la route (art. R. 224-6 et s.). Le conducteur concerné a le droit de présenter sa défense devant elle, droit qui est évidemment précieux pour conjurer un éventuel arbitraire préfectoral, même si en pratique les commissions font preuve d'une assez grande sévérité.

Que faut-il penser de ce système de suspension administrative ? Sur le plan des principes on ne peut l'accueillir qu'avec réticence, car théoriquement conçue comme une mesure de police administrative, destinée à prévenir de nouvelles atteintes à l'ordre public, la suspension administrative est perçue en pratique, tant par les conducteurs que par les services préfectoraux, comme une sanction privative de liberté d'aller et venir. Or une telle dérive est dangereuse, car elle révèle une confusion intellectuelle entre le rôle (préventif) de l'administration et celui (répressif) du juge pénal, confusion qui pousse les préfets à recourir de façon systématique à la suspension administrative. Il est vrai qu'on peut se rassurer en partie en constatant que l'intervention de la commission de suspension permet au moins d'assurer le respect des droits de la défense.

Cette intervention et ce respect cessent toutefois d'exister lorsque la procédure d'urgence est utilisée. Le préfet peut en effet, « en cas d'urgence », prononcer une suspension (ou une interdiction) d'une durée maximale de deux mois sans consulter la commission ; la seule formalité qui s'impose alors à lui est de recueillir préalablement l'avis du « délégué permanent de la commission » (art. R. 224-13). Une procédure d'urgence est certes probablement nécessaire pour protéger au plus vite la société des conducteurs les plus dangereux ; mais ainsi conçue, elle fait vraiment trop peu de cas des droits de la défense, et risque de verser dans l'arbitraire policier (car le préfet prend sa décision au vu d'un simple rapport de police). L'article R. 224-13 al. 2 donne certes au conducteur suspendu d'urgence le droit de comparaître devant la commission, à condition de déposer sa demande dans les quinze jours de la notification de la suspension ; cette comparution débouche alors sur un avis de la commission, au vu duquel le préfet prend une décision confirmant, modifiant ou rapportant la suspension initiale. Mais cette garantie tardive est largement insuffisante.

On ajoutera enfin qu'un avertissement, une suspension ou une interdiction prononcé(e) par le préfet peut bien entendu faire l'objet d'un recours pour excès de pouvoir[1]. Mais en la matière, le jugement administratif interviendra toujours trop tard, après que la suspension (ou l'interdiction) ait été purgée.

Pour sa part, le juge pénal est compétent, en vertu des articles L. 224-5 et suivants du Code de la route, pour infliger des amendes et des peines d'emprisonnement aux conducteurs qui ont commis des infractions à la police de la circulation. Les mêmes articles lui donnent également le pouvoir de prononcer la suspension (ou l'interdiction de délivrance), ou même l'annulation pure et simple, du permis de conduire[2]. L'annulation a des conséquences encore plus sévères que la perte des douze points : comme elle, elle oblige le conducteur qui souhaite recommencer à conduire à repasser des examens de capacité, à l'expiration d'un délai d'attente ; mais ce délai, fixé par le juge, peut aller jusqu'à trois ans, voire dix ans dans certains cas, alors que dans l'hypothèse de la perte des douze points il n'est que de six mois. Moins grave, la suspension n'en est pas moins assez contraignante, puisqu'elle peut durer trois ans, voire six ans dans certaines hypothèses (récidive, délit de fuite, ou conduite sous l'empire d'un état alcoolique). On notera toutefois que la durée de cette suspension judiciaire ne se cumule pas avec celle de la suspension préfectorale mais l'absorbe. Enfin, la reconnaissance par le juge pénal de l'innocence du conducteur suspendu par le préfet entraîne bien entendu l'illégalité et la levée immédiate de la suspension administrative ; mais comme l'intéressé a généralement déjà purgé une bonne partie de celle-ci, il ne lui reste plus alors, pour obtenir réparation, qu'à intenter devant le juge administratif une action en indemnité contre l'État.

Au total, la réglementation française du permis de conduire ne paraît donc pas avoir tout à fait trouvé un équilibre satisfaisant entre le respect de la liberté d'aller et venir et les exigences de la sécurité routière.

§ 3. La circulation des « gens du voyage »

Une tradition de méfiance existe en France à l'égard des « gens du voyage ». Notre société de bourgeois sédentaires, hantée par la peur ancestrale des vagabonds et des « routiers » du Moyen Âge, tend en effet à les considérer comme des voleurs et des fainéants. La tentation de la xénophobie, voire du racisme, trouve aussi en eux un exutoire commode, en les qualifiant indistinctement de « romanichels ».

---

1. Le juge exerce sur ces mesures un contrôle normal : CE, Ass., 5 mai 1976, Lerquemain, *R* 229, concl. Guillaume ; CE 9 nov. 1992, Couetoux, *RFDA* 1993.142, concl. Legal.

2. D'autres articles lui permettent de décider l'annulation ou la suspension du permis de conduire pour sanctionner des infractions non routières : NCP, art. 222-44 (atteintes à l'intégrité de la personne et trafic de stupéfiants), NCP, art. 227-29 (atteintes aux mineurs ou à la famille), ou encore CGI, art. 1750 (infractions en matière d'impôts).

Notre droit aurait dû combattre avec fermeté ces peurs irrationnelles et ces haines détestables, au nom des principes de 1789 auxquels la conscience collective est si attachée. Au lieu de cela, le législateur les a attisées par la loi du 16 juillet 1912, et n'a commencé à changer d'attitude qu'avec la loi du 3 janvier 1969.

En vigueur jusqu'en 1969, la loi du 16 juillet 1912 soumettait les « gens du voyage », qu'elle répartissait en trois catégories, à un contrôle policier particulièrement astreignant. Les marchands ambulants ayant un domicile fixe devaient simplement souscrire une déclaration à la préfecture ; moins chanceux, les marchands ambulants français sans domicile fixe devaient porter un carnet spécial d'identité, avec photographie et signalement ; mais les plus maltraités étaient les étrangers sans domicile fixe, exerçant ou non une profession, qui devaient détenir un « carnet anthropométrique ». Délivré par le préfet, ce carnet anthropométrique permettait de suivre les déplacements de son possesseur, car il devait être visé dans chacune des communes de séjour. Aux termes d'un décret du 7 juillet 1926, il devait en outre permettre d'identifier son titulaire de façon indiscutable, en mentionnant obligatoirement « l'indication du pays d'origine..., la hauteur de la taille, celle du buste, l'envergure, la longueur et la largeur de la tête, le diamètre bizygomatique, la longueur de l'oreille droite, la longueur des doigts médius et auriculaire gauches, celle de la coudée gauche, celle du pied gauche, la couleur des yeux ». Enfin, pour faire bonne mesure, chaque chef de famille devait également posséder un carnet collectif contenant des renseignements précis sur chaque membre de sa famille. À force de céder aussi déraisonnablement à la suspicion, la loi de 1912 avait donc fini par instituer, selon l'expression de Marcel Waline, « un régime d'exception contre toute une race ».

La loi du 3 janvier 1969, en vigueur aujourd'hui encore, a heureusement abrogé la loi de 1912. Mais elle n'a pas été aussi loin qu'elle aurait pu dans la voie du libéralisme. Les quatre catégories de « gens du voyage » qu'elle distingue demeurent en effet soumises à un contrôle policier spécifique, dont l'intensité apparaît parfois excessive par rapport aux exigences de sécurité invoquées.

– Comme par le passé, les marchands ambulants ayant un domicile fixe, que leur sédentarisation partielle rend peu inquiétants, connaissent une situation relativement privilégiée. Ils doivent simplement déclarer tous les deux ans leur activité ambulante à la préfecture. Contrairement aux Français et aux ressortissants de l'UE, qui peuvent relever de cette catégorie dès lors qu'ils ont en France un domicile fixe depuis plus de six mois, les étrangers ne peuvent toutefois y appartenir qu'à condition de résider régulièrement en France depuis au moins cinq ans.

– Non sédentarisés, donc suscitant davantage de méfiance, les marchands ambulants sans domicile fixe ne peuvent pour leur part exercer leur activité qu'après avoir obtenu un « livret spécial de circulation », délivré pour cinq ans — puis éventuellement prorogé — par le préfet. Ce livret spécial offre l'avantage de n'être soumis à aucun visa périodique. Le préfet est tenu de le délivrer à tout demandeur qui remplit les conditions exigées par les textes ; ceux-ci posent notamment une condition de nationalité qui réserve l'obtention du livret spécial aux Français et aux ressortissants de l'UE.

– Encore plus suspectes, les personnes ambulantes sans domicile fixe qui ne sont pas des marchands, mais qui « justifient de ressources régulières leur assurant des conditions normales d'existence notamment par l'exercice d'une activité salariée », doivent quant à elles posséder un « livret de circulation ». Comme le livret spécial, ce livret est délivré pour cinq ans — puis éventuellement prorogé — par le préfet, qui ne peut le refuser dès lors que le demandeur remplit les conditions posées par les textes. Mais aucune condition de nationalité n'est ici exigée ; les étrangers peuvent donc l'obtenir s'ils possèdent un titre de séjour et, le cas échéant, une carte de travailleur étranger. D'autre part et surtout, contrairement au livret spécial le livret doit être visé une fois par an par un commissaire de police ou un commandant de gendarmerie.

– La dernière catégorie de « gens du voyage » est celle qui est considérée comme la plus menaçante pour l'ordre public. Elle regroupe en effet les personnes ambulantes sans domicile fixe qui n'ont pas de ressources régulières. Ces personnes doivent posséder un « carnet de circulation »[1], délivré pour cinq ans — et éventuellement prorogé — par le préfet, qui ne peut le refuser dès lors que le demandeur remplit les conditions posées par les textes (notamment possession d'un titre de séjour s'il est étranger). À la différence du livret de circulation, qui n'est visé qu'une fois par an, ce carnet doit être visé une fois par mois par un commissaire de police ou un commandant de gendarmerie. On peut regretter une telle omniprésence du contrôle policier, qui manifeste d'une façon presque vexatoire la méfiance avec laquelle on considère les « romanichels » (qui forment l'essentiel de la catégorie), méfiance dont le caractère ostensible paraît d'ailleurs contradictoire avec l'objectif d'intégration sociale affiché par la loi. Une solution plus raisonnable consisterait à espacer la périodicité des visas, qu'on pourrait par exemple faire passer de un à six mois. Malgré cette critique, la loi de 1969 a néanmoins réalisé un progrès important en substituant le carnet de circulation à l'ancien « carnet anthropométrique », dont la connotation raciste était évidente. On peut toutefois se demander, en guise de conclusion, si le progrès décisif en matière de liberté d'aller et venir des sans domicile fixe ne consisterait pas à supprimer purement et simplement les titres de circulation, qu'il s'agisse du « livret spécial », du « livret », ou du « carnet »...

La loi de 1969 ne se contente cependant pas de répartir les « gens du voyage » en quatre catégories. En vue de favoriser sa sédentarisation et son intégration sociale, elle impose aussi le choix d'une « commune de rattachement » à chaque personne appartenant à l'une des trois dernières catégories — c'est-à-dire aux « sans domicile fixe » qui « logent de façon permanente dans un véhicule, une remorque ou tout autre abri mobile » (art. 3), critère qui permet d'exclure de son champ d'application les vagabonds (« clochards ») qui voyagent à pied. Toute personne concernée doit indiquer au préfet la commune qu'il choisit ; le préfet prend alors l'avis motivé du maire de cette commune, puis accepte ou — en cas de « motifs tirés notamment de l'ordre public » (article 23 du décret du 31 juillet 1970) — refuse de prononcer le rattachement ; en cas de refus, le demandeur est invité à choisir une autre commune. L'institution des « communes de rattachement » constitue la principale innovation de la loi de 1969. Elle traduit, pour les « gens du voyage », un progrès considérable. Leur rattachement à une commune leur permet en effet d'y fixer le lieu de leurs prestations de Sécurité sociale, et d'obtenir, s'ils sont Français, leur inscription sur la liste électorale[2].

---

1. Leur circulation sans ce carnet constitue un délit et les expose à une peine — excessivement sévère — d'un an d'emprisonnement (L. 1969, art. 5).

2. En subordonnant l'inscription sur la liste électorale à un rattachement ininterrompu de trois ans dans la même commune, la loi de 1969 méconnaît toutefois la pratique du changement de commune

Au-delà de cet apport, la loi de 1969 recèle une importante lacune. Elle omet en effet de régler le délicat problème du stationnement des « gens du voyage ». Or les maires ont souvent profité de cette lacune pour entraver leur stationnement, en utilisant leur pouvoir de police administrative générale. Cette pratique a heureusement suscité la réaction du Conseil d'État qui a, par un arrêt de 1983, imposé aux communes d'aménager des terrains de passage, et interdit aux maires de limiter la durée du stationnement à moins de quarante-huit heures [1]. Mais c'est la loi Besson du 31 mai 1990, relative à la mise en œuvre du droit au logement, qui a marqué l'étape décisive en obligeant, dans son article 28, toute commune de plus de cinq milles habitants à aménager des terrains destinés à accueillir les « gens du voyage ». Cette disposition vise en effet à provoquer la constitution d'un réseau national d'aires aménagées, et à permettre ainsi une meilleure insertion des nomades dans la collectivité nationale. En pratique, elle a toutefois suscité la résistance des trois quarts des communes concernées. C'est pourquoi la loi du 5 juillet 2000, relative à l'habitat des gens du voyage, a prescrit l'élaboration de schémas départementaux d'aires d'accueil, auxquels les communes devront se conformer dans un délai de deux ans à compter de leur publication, sous peine de se voir finalement imposer les travaux nécessaires par le préfet [2]. Non sans mal, la France s'efforce ainsi de s'acquitter de l'« obligation positive » qui pèse sur elle de « faciliter le mode de vie tsigane » [3].

Section 2
Le régime spécial de la liberté d'aller et venir des étrangers

La faculté de l'État de soumettre la liberté des étrangers d'aller et venir sur son territoire à des conditions restrictives est l'un des attributs classiques de la souveraineté. Ni la Constitution ni les traités internationaux ne la remettent en cause. C'est donc de façon tout à fait légitime que la France a soumis à des règles spéciales l'entrée (§ 1), le séjour (§ 2), et l'éloignement (§ 3) des étrangers.

---

de rattachement, et a pour résultat concret de priver environ 75 % des nomades du droit de vote. Cf. rapport 1990 du préfet Delamon au Premier ministre sur la situation des « gens du voyage ».

1. CE 2 déc. 1983, Ville de Lille, *D* 1985.388.

2. En contrepartie, cette loi renforce les pouvoirs de police du maire contre les stationnements « sauvages » sur des terrains privés, en lui permettant de saisir le président du TGI, lequel peut ordonner en référé l'évacuation et l'assortir de l'ordre de rejoindre l'aire d'accueil ou de quitter la commune. La loi du 5 mars 2007 permet aussi au préfet, à la demande du maire ou du propriétaire concerné, de décider lui-même l'évacuation forcée après une mise en demeure restée sans effet ; les personnes visées peuvent toutefois déposer dans le délai de mise en demeure un recours suspensif devant le TA, qui statue dans les 72 heures. La loi du 18 mars 2003 punit en outre ces stationnements sauvages de six mois d'emprisonnement et d'une amende, ainsi, à titre complémentaire, que de la suspension des permis de conduire pour trois ans et de la confiscation des véhicules concernés (à l'exception de ceux « destinés à l'habitation ») ! Une telle sévérité ne constitue cependant pas, selon le Conseil constitutionnel, une « disproportion manifeste entre les infractions et les sanctions concernées » : CC 13 mars 2003, Sécurité intérieure, § 72.

3. Selon les termes utilisés par CEDH 27 mai 2004, Connors c/ Royaume-Uni, *RDP* 2005.784.

§ 1. L'ENTRÉE EN FRANCE DES ÉTRANGERS

L'entrée en France des étrangers est soumise à des conditions (A), dont l'irrespect les expose aux foudres de la procédure de refoulement (B).

A. Les conditions de l'entrée en France

Sous l'influence du droit communautaire, le droit français accorde aux ressortissants de l'Union européenne (UE) des conditions d'entrée privilégiées. Un décret du 21 mars 2007 dispose en effet qu'ils entrent en France sur simple présentation « d'une carte d'identité ou d'un passeport en cours de validité ». L'objectif d'espace sans frontières intérieures, affiché par l'Acte unique européen de 1986 et par la convention d'application de l'accord de Schengen du 19 juin 1990, leur donne même la possibilité de pouvoir entrer en France sans aucun contrôle douanier, donc sans avoir à fournir aucune pièce d'identité. On notera toutefois que l'accord de Schengen permet aux États membres de rétablir, pour des périodes limitées, le contrôle douanier lorsque l'ordre public l'exige, et que la jurisprudence de la CJCE admet qu'ils refusent l'entrée sur leur territoire à un ressortissant de l'UE pour des motifs d'ordre public[1].

Par comparaison, les autres étrangers ne peuvent pas entrer en France aussi facilement. Entré en vigueur en 2005, le « Code de l'entrée et du séjour des étrangers et du droit d'asile » (CESEDA), qui se substitue à l'ordonnance du 2 novembre 1945 (tant de fois modifiée[2] que sa refonte était devenue nécessaire), exige en effet qu'ils remplissent quatre conditions cumulatives (art. L. 211-1).

1° Ils doivent tout d'abord posséder les « documents et visas » exigés par les traités et les règlements en vigueur. La nature de ces documents varie selon la nationalité de l'étranger. Pour les citoyens suisses, une simple carte d'identité suffit pour pénétrer en France. Les autres étrangers doivent en principe être munis d'un passeport en cours de validité et revêtu d'un visa français. Cette exigence est d'autant plus sévère que les autorités diplomatiques ou consulaires françaises ont le pouvoir discrétionnaire de refuser le visa. Le juge administratif n'opère en conséquence sur le refus de visa qu'un contrôle minimum, limité à l'erreur manifeste d'appréciation[3] ; dans le prolongement de la jurisprudence Belgacem-Babas (cf. § 3), il accepte toutefois d'exercer un contrôle de proportionnalité plus poussé sur le point précis de savoir si le refus de visa ne porte pas une atteinte excessive au droit de l'intéressé à une vie familiale normale[4]. D'autre part, un décret du 10 novembre 2000 a institué une commission de recours contre les décisions de refus de visa, composée de cinq membres, dont la saisine est un préalable obligatoire à l'exercice d'un recours

---

1. CJCE 4 déc. 1974, Van Duyn c/Royaume-Uni : validité du refus d'entrer opposé à une Néerlandaise appartenant à une secte dangereuse pour l'ordre public. À noter : un décret du 27 avril 1995 étend le bénéfice du décret du 12 mars 2007 aux ressortissants des États parties à l'accord sur l'Espace économique européen.
2. Notamment par les lois Pasqua du 24 août 1993 et du 30 décembre 1993, par la loi Debré du 24 avril 1997, par la loi Chevènement du 11 mai 1998 et par la loi Sarkozy du 26 novembre 2003. Le CESEDA a déjà été profondément modifié par les lois Sarkozy du 24 juillet 2006 et Hortefeux du 20 novembre 2007.
3. CE 28 févr. 1986, Ngako, *R* 49.
4. CE, Sect., 10 avr. 1992, Aykan, *AJDA* 1992.372.

contentieux ; dépourvue de pouvoir décisionnel, cette commission peut soit rejeter le recours, soit « recommander » au ministre des Affaires étrangères d'accorder le visa demandé [1]. Malgré ces garanties, le refus de visa reste considéré comme une prérogative régalienne de l'État français. C'est si vrai que par dérogation à la loi du 11 juillet 1979, la loi du 9 septembre 1986 l'a dispensé de motivation. Quelques exceptions sont toutefois prévues par la loi du 11 mai 1998 ; désormais, doivent être motivés les refus de visa opposés aux étrangers appartenant à une des sept catégories qu'elle énumère, parmi lesquelles figurent notamment : les conjoints, enfants de moins de 21 ans ou à charge, et ascendants de ressortissants français ; les bénéficiaires d'une autorisation de regroupement familial ; et les travailleurs autorisés à exercer une activité professionnelle salariée en France ; en revanche, n'y figurent plus depuis la loi Sarkozy de 2003 les étudiants venant en France pour y suivre des études supérieures (CESEDA, art. L. 211-2). Malgré tout, l'exemple du refus de visa montre qu'en matière de droit des étrangers, la théorie de la souveraineté de l'État, forgée au XVIe siècle par Jean Bodin, l'emporte de beaucoup sur l'universalisme prôné par le christianisme et par la philosophie des Lumières. La présence au sein du gouvernement Fillon, depuis 2007, d'un ministre chargé spécifiquement de l'immigration (qui se voit confier des pouvoirs qui appartenaient jusque-là aux ministres des Affaires étrangères et de l'Intérieur) le confirme avec éclat [2].

Fatalement, les étrangers qui ne sont pas parvenus à obtenir un visa tentent souvent d'entrer en France clandestinement. Ils encourent alors une amende et une peine d'un an d'emprisonnement, ainsi qu'une interdiction de territoire (art. L. 621-1). Ceux qui organisent ou « facilitent » l'immigration clandestine encourent des peines encore plus fortes, allant jusqu'à cinq ans d'emprisonnement (art. L. 622-1). Plus récemment, une loi du 26 février 1992 a complété cette panoplie répressive en autorisant le ministre de l'Intérieur à infliger une amende à toute entreprise de transport aérien, maritime, ou terrestre qui débarque en France un étranger démuni de visa. Cette amende, qui s'analyse comme une sanction administrative, doit être motivée et précédée des observations écrites de l'entreprise concernée ; elle peut en outre faire l'objet d'un recours de pleine juridiction devant le juge administratif. Malgré ces garanties, la compétence ministérielle paraît critiquable ; mieux aurait valu confier le pouvoir d'infliger l'amende au juge pénal, déjà compétent pour juger les immigrés clandestins et les organisateurs de l'immigration clandestine, et dont l'impartialité est moins sujette à caution que celle du ministre. La loi de 1992 précise par ailleurs que l'amende ne doit pas être infligée à l'entreprise lorsque la personne débarquée sans visa ou sans passeport est munie de documents de voyage dont l'irrégularité n'est pas manifeste (hypothèse du faux passeport, par exemple), ou lorsqu'elle présente une demande d'asile qui n'est pas « manifestement infondée » (art. L. 625-5) ; cette dernière disposition est encore plus contestable que la compétence ministérielle, car elle charge de simples entreprises de transport d'apprécier, à leurs risques et périls, le caractère manifestement infondé d'une demande d'asile ; il y a dès lors fort à parier que pour éviter toute erreur d'appréciation, susceptible de leur faire encourir l'amende ministérielle, elles choisiront de n'embarquer aucun demandeur d'asile ; au

---

1. Le REP est toutefois recevable contre ces rejets : CE 11 janv. 2007, Mme T.N., *AJDA* 2007.701, concl. Aguila.

2. C'est donc le ministre de l'Immigration qui exerce depuis 2007 les pouvoirs attribués à ces deux ministres dans la présente section.

nom de la lutte contre l'immigration clandestine, la loi de 1992 aboutit ainsi à priver le droit d'asile [1] d'une grande partie de son effectivité.

L'ensemble de ces dispositions doit enfin se concilier avec l'accord de Schengen du 14 juin 1985 et sa convention d'application du 19 juin 1990 (que le traité d'Amsterdam du 2 octobre 1997 a intégrés dans le cadre de l'Union européenne). Cet accord supprime en effet les contrôles douaniers exercés sur les frontières intérieures des vingt-quatre États signataires (France, Belgique, Pays-Bas, Luxembourg, Allemagne, Italie, Espagne, Portugal, Grèce, Autriche, Danemark, Finlande, Suède, Estonie, Lettonie, Lituanie, Hongrie, Malte, Pologne, République tchèque, Slovaquie, Slovénie, + deux états non membres de l'UE : Norvège et Islande). Il permet donc aux étrangers qui sont régulièrement entrés dans l'un de ces vingt-quatre États, d'entrer ensuite librement dans les vingt-trois autres. Cela signifie que tout étranger régulièrement entré dans l'un de nos vingt-trois États partenaires, peut ensuite entrer librement en France, sans avoir à présenter aucun document au moment du franchissement de la frontière. L'accord exige simplement que l'étranger non ressortissant de l'UE qui franchit ainsi une frontière intérieure informe l'État concerné de sa présence dans les trois jours de son arrivée. Le risque existe dès lors de voir entrer en France les étrangers qui sont parvenus à entrer clandestinement dans le territoire de l'un de ses douze partenaires. Pour atténuer ce risque, qui est réel, la loi du 10 août 1993 facilite les contrôles d'identité opérés dans la zone de vingt kilomètres de largeur longeant les frontières « intérieures » de la France [2].

2° L'étranger doit en outre posséder des documents relatifs « à l'objet et aux conditions de son séjour ». Le CESEDA distingue à cet égard trois hypothèses.

Première hypothèse, l'étranger souhaite effectuer un « séjour touristique ». Il doit alors prouver par tous moyens (inscription à un circuit touristique, réservations d'hôtel, etc.) qu'il est effectivement un touriste.

Deuxième hypothèse, il vient dans le cadre d'une « activité professionnelle ». Il lui faut dès lors prouver qu'il est réellement attendu pour des raisons professionnelles par des établissements situés en France.

Troisième hypothèse, il entend effectuer une « visite privée », c'est-à-dire rendre visite à une personne séjournant en France. Ce motif est particulièrement facile à invoquer pour le candidat à une immigration irrégulière, qui peut souvent se « débrouiller » pour trouver un correspondant complaisant (ou intéressé), qui acceptera de feindre de l'inviter. Pour minimiser ce risque, la loi Sarkozy du 26 novembre 2003 exige de l'étranger qu'il présente une « attestation d'accueil » (CESEDA, art. L. 211-3) signée par la personne qui le reçoit, sauf lorsqu'il vient en France « pour une cause médicale urgente ou en raison des obsèques ou de la maladie grave d'un proche » (art. L. 211-10). Cette attestation doit notamment préciser les possibilités d'hébergement, comporter des indications sur l'identité et la situation du signataire, et être accompagnée de l'engagement de celui-ci à prendre en charge les

---

1. Qualifié par le Conseil constitutionnel de « droit fondamental », le droit d'asile (analysé *infra*, § 2, D) implique en principe « que l'étranger qui se réclame de ce droit soit autorisé à demeurer provisoirement sur le territoire jusqu'à ce qu'il ait été statué sur sa demande » : CC 13 août 1993, Maîtrise de l'immigration, § 81 et 84, *RFDA* 1993.887. Cf. aussi ord. CE 24 oct. 2005, Min. de l'Intérieur, *AJDA* 2006.496 (référé-liberté).
2. Sur les contrôles d'identité, cf. *infra*, chapitre 4.

frais de séjour de l'étranger. En outre, elle doit être revêtue du visa du maire de la commune de résidence du signataire. Le maire n'est nullement obligé d'apposer son visa. Il doit auparavant vérifier l'exactitude des renseignements portés sur l'attestation, notamment en ce qui concerne les possibilités d'hébergement. S'il éprouve un doute sérieux sur la réalité de ces dernières, il peut demander aux agents de l'ANAEM (Agence nationale de l'accueil des étrangers et des migrations) ou à certains agents municipaux « spécialement habilités » de visiter le logement, étant entendu qu'ils ne pourront y pénétrer qu'avec l'accord écrit de l'hébergeant. Au terme de ces vérifications, le maire appose — ou refuse d'apposer — son visa. Le mécanisme de contrôle ainsi mis en place fait preuve d'une relative efficacité, en permettant d'empêcher les « visites privées » de constituer une source d'immigration irrégulière. Mais il est dangereux pour les étrangers, car les maires sont des autorités politiques particulièrement exposées aux pressions xénophobes. C'est pourquoi la loi Sarkozy a pris soin de prévoir que tout refus de visa explicite ou implicite (résultant du silence gardé pendant plus d'un mois par le maire) doit faire l'objet d'un recours hiérarchique auprès du préfet avant d'être déféré au juge administratif[1].

3° L'étranger doit également posséder des documents relatifs « à ses moyens d'existence » et « aux garanties de son rapatriement ». L'article R. 211-28 du CESEDA précise qu'il peut prouver ses moyens d'existence « notamment par la présentation d'espèces, de chèques de voyage, de chèques certifiés, de cartes de paiement à usage international, de lettres de crédit » ; quant à ses garanties de rapatriement, elles peuvent être prouvées par la production d'un titre de transport incessible, ou par l'attestation d'une banque garantissant le rapatriement de l'intéressé. La loi Sarkozy exige en outre de l'étranger qu'il apporte la preuve de sa « prise en charge par un opérateur d'assurances agréé des dépenses médicales et hospitalières, y compris d'aide sociale, résultant de soins qu'il pourrait engager en France » (CESEDA, art. L. 211-1). Ces exigences peuvent paraître très rigoureuses, mais elles répondent à l'objectif clairement affiché de ne pas faire de la France le réceptacle de toute la misère du monde.

Certains étrangers sont toutefois dispensés de posséder les documents mentionnés aux 2° et 3°. Il s'agit notamment des Suisses, des personnes pouvant rendre des « services importants » à la France, des membres des ambassades, et des membres des équipages des navires et des avions.

Il s'agit aussi des conjoints et des enfants mineurs venant rejoindre dans le cadre du regroupement familial une personne régulièrement autorisée à résider en France ; mais en ce qui les concerne, le CESEDA exige à la place, pour les laisser entrer, que cinq conditions soient réunies : 1) ils doivent se soumettre dans leur pays à un contrôle médical, afin de prouver qu'ils ne sont pas atteints de maladies dangereuses pour la santé publique ; 2) l'étranger qui les accueille doit résider en France en situation régulière depuis au moins dix-huit mois (au lieu d'un an avant la loi Sarkozy du 24 juillet 2006) ; 3) il doit disposer de « ressources stables et suffisantes » pour subvenir aux besoins de sa famille (au moins le SMIC, que la loi Hortefeux du

---

1. La loi Debré du 24 avril 1997 était à notre avis plus réaliste : elle prévoyait de transférer aux préfets le pouvoir de viser les « certificats d'hébergement » (ancienne dénomination des attestations d'accueil). Mais la loi Chevènement du 11 mai 1998 ne lui a pas laissé le temps d'entrer en vigueur sur ce point.

20 novembre 2007 majore éventuellement de 20 % selon la taille de la famille) ; 4) posséder un logement adapté au regroupement familial envisagé ; 5) et respecter les « principes essentiels qui... régissent la vie familiale en France » (art. L. 411-1 et s.). En cas de « doute sérieux » sur un document d'état civil justifiant d'une filiation, les agents diplomatiques ou consulaires français doivent saisir le TGI de Nantes qui statue alors sur la nécessité de recourir à des empreintes génétiques (CESEDA, art. L. 111-6) ; cette procédure n'est toutefois possible que pour établir une filiation entre l'enfant et sa mère, et non entre l'enfant et son père afin d'éviter de dévoiler d'encombrants secrets de famille ; bien entendu, les étrangers concernés peuvent refuser de s'y soumettre, mais le regroupement familial risque alors de ne pouvoir se réaliser. Ce dispositif très controversé a été créé par la loi Hortefeux, à titre expérimental jusqu'au 31 décembre 2009. Le CCNE l'a dénoncé dans son avis n° 100 du 4 octobre 2007, en lui reprochant de provoquer la « banalisation de l'identification génétique avec ses risques afférents de discrimination ». La loi Hortefeux subordonne également le regroupement familial à de nouvelles contraintes : tout étranger âgé de 16 à 65 ans doit en effet subir, avant de rejoindre sa famille en France, une « évaluation de son degré de connaissance de la langue et des valeurs de la République » puis, si besoin, suivre dans son pays de résidence une formation de deux mois maximum (art. L. 411-8) ; et tout couple d'étrangers, une fois réuni en France, doit conclure avec l'État français un « contrat d'accueil et d'intégration pour la famille », par lequel il s'engage à suivre (sous peine de suspension du versement des prestations familiales) une formation sur les droits et devoirs des parents en France et sur « l'obligation scolaire » (art. L 211-2-1).

Il s'agit enfin des demandeurs d'asile, auxquels le droit français donne le droit d'entrer en France sans formalités, et donc sans passeport ni aucun autre document.

4° L'étranger ne peut enfin entrer en France qu'à condition de ne pas y être indésirable au sens du CESEDA. Ce texte refuse en effet l'accès au territoire français à tout étranger dont la présence constituerait une menace pour l'ordre public [1], ou qui est sous le coup soit d'une interdiction du territoire [2], soit d'un arrêté d'expulsion non abrogé [3]. Grâce à cette quatrième condition, les étrangers les plus dangereux peuvent ainsi être refoulés même s'ils possèdent les documents requis pour entrer en France.

B. La procédure de refoulement

Tout étranger qui ne remplit pas les conditions sus-énumérées, et qui se présente néanmoins à la frontière en vue d'entrer en France, doit en principe être refoulé. Car ainsi que le rappelle le Conseil d'État, « aucun principe ni aucune règle n'accorde aux étrangers des droits de caractère général et absolu d'accès et de séjour sur le territoire

1. Le refus d'accès motivé par une menace pour l'ordre public fait l'objet d'un contrôle normal : CE 3 mars 2003, Rakhimov, *AJDA* 2003.1343 (à propos d'un membre de la mafia ouzbek).

2. L'interdiction du territoire est prononcée par le juge pénal (cf. toutefois *infra*, § 3, A). Sa durée maximale varie selon les textes : trois ans pour une entrée ou un séjour illégal en France (CESEDA, art. L. 621-1) ; dix ans pour les étrangers ayant organisé l'immigration clandestine (art. L. 622-3), ou ayant refusé d'obéir à un arrêté d'expulsion ou de reconduite à la frontière (art. L. 624-2) ; perpétuité en cas d'infraction en matière de stupéfiants (NCP, art. 222-48).

3. Prononcé contre tout étranger qui menace l'ordre public, l'arrêté d'expulsion produit deux effets : 1) il expulse l'étranger concerné hors de France ; 2) il lui interdit de revenir.

national[1]. La procédure de refoulement est minutieusement organisée par les articles L. 213-1 et suivants du CESEDA. Selon ces textes, le refus d'entrée doit toujours être écrit et motivé. Il doit émaner d'un fonctionnaire au moins titulaire du grade de brigadier de police ou d'agent de constatation principal des douanes ; toutefois, lorsque l'étranger qui se présente à la frontière demande à bénéficier du droit d'asile, la décision de refus d'entrée ne peut être prise que par le ministre de l'Intérieur, après consultation de l'OFPRA (cf. § 2, D). En outre, l'étranger auquel est opposé ce refus a le droit d'avertir la personne de son choix. En aucun cas, le refus d'entrée ne peut donner lieu à une mesure de rapatriement contre le gré de l'intéressé avant l'expiration du délai d'un jour franc. Sous la pression de la CEDH[2], la loi Hortefeux a porté ce délai à quarante-huit heures en ce qui concerne les demandeurs d'asile, auxquels elle a en outre ouvert le droit de déposer dans ce délai un recours suspensif contre le refus d'entrée devant le président du TA, qui statue dans les soixante-douze heures. Enfin et surtout, la possibilité de priver de liberté l'étranger concerné pendant le temps nécessaire à son départ est strictement réglementée.

Jusqu'en 1992, la rétention administrative de l'étranger en instance de refoulement, décidée par le préfet, ne pouvait excéder vingt-quatre heures. Passé ce délai, le président du TGI était saisi afin qu'il décide, après audition de l'intéressé, la mesure de surveillance la plus appropriée : remise des documents d'identité à la police en échange d'un récépissé, assignation à résidence, ou prolongation de la rétention pour six jours maximum.

Ce dispositif, qui était relativement raisonnable, a néanmoins été jugé insuffisant par le pouvoir politique. Une loi de janvier 1992 a par conséquent tenté de faire passer la durée maximale de la rétention administrative de vingt-quatre heures à vingt jours (!), et celle de la prolongation pouvant être décidée par le président du TA (et non plus du TGI) de six à dix jours. Elle a également entrepris de légaliser, sous le nom de « zones de transit », les zones dites internationales des ports et des aéroports, dans lesquelles cette rétention a lieu ; ces zones n'étaient en effet jusque-là que des fictions policières invoquées par l'administration pour effectuer des rétentions arbitraires, et éviter, sous prétexte d'inapplication de la loi française, de saisir le juge judiciaire au bout de vingt-quatre heures[3]. Ces dispositions, si elles étaient entrées en vigueur, auraient gravement diminué les garanties dont dispose l'étranger en instance de refoulement contre les rétentions abusives. Mais le Conseil constitutionnel les a fort heureusement déclarées contraires à l'article 66 de la Constitution, aux termes duquel l'autorité judiciaire est gardienne de la liberté individuelle[4].

À la suite de cette invalidation, c'est donc finalement une loi du 6 juillet 1992 qui a fixé le nouveau régime de la rétention administrative de l'étranger en instance de refoulement (CESEDA, art. L. 221-1 et s.). Désormais, cette rétention est décidée par un fonctionnaire au moins titulaire du grade de brigadier de police ou d'agent de constatation principal des douanes, et non plus par le préfet. En outre, sa durée maximale est de quatre jours (quarante-huit heures renouvelables une fois), et non plus de vingt-quatre heures comme précédemment. L'étranger qui fait l'objet de la

---

1. Ord. CE 21 sept. 2007, Min. Int c/ Mlles Mayela et Iloki, *AJDA* 2008.763.
2. CEDH 26 avr. 2007, Gebremedhin c/ France, *D* 2007.2780.
3. Ces rétentions arbitraires étaient constitutives de voies de fait : TGI Paris, 25 mars 1992, *D* 1993.47.
4. CC 25 févr. 1992, Zones de transit, *RFDA* 1992.198.

rétention dispose toutefois de garanties nouvelles très précieuses : il est maintenu dans des « lieux d'hébergement », situés dans la « zone d'attente » (nouvelle appellation de la « zone de transit ») du port, de la gare ferroviaire ou de l'aéroport, qui doivent assurer « des prestations de type hôtelier » ; il peut demander l'assistance d'un interprète et d'un médecin et communiquer avec toute personne de son choix ; il peut s'entretenir avec le délégué du haut commissariat des Nations unies pour les réfugiés (HCR), et avec les représentants des associations humanitaires, lesquels ont le droit de pénétrer dans les zones d'attente ; enfin, au-delà de quatre jours, son maintien en zone d'attente ne peut être autorisé, après qu'il ait été entendu, que par ordonnance du juge (judiciaire) des libertés et de la détention ou du magistrat délégué par lui. La loi Sarkozy de 2003 a complété ces dispositions en obligeant le procureur de la République à visiter les zones d'attente « au moins une fois par an », et en créant une « Commission nationale de contrôle des centres et locaux de rétention et des zones d'attente ». Une loi du 30 octobre 2007 crée en plus un « Contrôleur général des lieux de privation de liberté » Malgré ces garanties, on peut quand même déplorer que la loi de 1992 fixe à vingt-quatre jours la durée maximale de la rétention (quatre jours de rétention administrative plus deux prolongations de huit jours chacune décidées par le juge judiciaire, auxquelles la loi Sarkozy ajoute une « prorogation d'office » de six jours quand l'étranger dépose une demande d'asile entre le quinzième et le vingtième jour). Par comparaison, cette durée maximale n'était en effet que de sept jours dans le système antérieur...

§ 2. Le séjour en France des étrangers

Les étrangers qui, étant entrés en France, veulent y séjourner moins de trois mois, n'ont pas besoin de posséder un titre de séjour. Ils peuvent librement rester en France dès lors qu'ils remplissent deux conditions cumulatives : être entré régulièrement (cf. § 1, A), et ne pas excéder la durée du séjour fixée par le visa [1].

Au contraire, les étrangers qui veulent séjourner en France plus de trois mois doivent toujours posséder un titre de séjour spécifique, distinct des documents qu'ils ont présentés pour entrer. La nature de ce titre de séjour varie selon la situation du demandeur : les ressortissants de l'UE ont le droit d'obtenir une « carte de séjour » (A) ; les étrangers non protégés doivent solliciter une « carte de séjour temporaire » (B) ; quant aux étrangers protégés, ils ont, selon les hypothèses, tantôt le droit, tantôt la simple possibilité, d'obtenir une « carte de résident » (C). Enfin, indépendamment de ces diverses cartes, le séjour prolongé des étrangers soulève deux problèmes particulièrement épineux, qui ont trait aux possibilités d'obtenir le statut de réfugié (D) ou l'autorisation de travailler en France (E).

A. La « carte de séjour »

Conformément au règlement CEE du 15 octobre 1968, et à la directive européenne du 29 avril 2004, la loi du 24 juillet 2006 et le décret du 21 mars 2007 reconnaissent

---

1. Il existe trois grandes catégories de visas : le visa de transit, valable cinq jours ; le visa de court séjour, valable selon les cas trois mois ou moins de trois mois ; et le visa de long séjour, valable un an.

aux ressortissants de l'UE le droit de séjourner indéfiniment en France dès lors qu'ils y occupent un emploi. Ces textes distinguent deux hypothèses selon la durée du travail envisagée. Si cette durée est inférieure à trois mois, le ressortissant de l'UE n'a pas besoin de titre de séjour. Si elle est supérieure à trois mois, il a le droit d'obtenir la « carte de séjour de ressortissant d'un État membre de la Communauté européenne », valable cinq ans.

Pour obtenir une carte, l'intéressé doit prouver qu'il va effectivement travailler en fournissant une attestation de son employeur (dite « déclaration d'engagement ») s'il est salarié, ou tout autre document s'il ne l'est pas. Lorsque ces conditions sont remplies, le préfet doit normalement délivrer le titre de séjour demandé. Le CESEDA lui permet toutefois de le refuser lorsque la présence en France de l'étranger constituerait « une menace pour l'ordre public » (art. L. 121-1). Pour éviter tout abus, le juge administratif exerce sur ces refus un contrôle normal [1], qui achève de consacrer au profit des travailleurs de l'UE l'existence d'un droit au titre de séjour. On notera au passage que ce droit au titre de séjour n'existe pas seulement pour le travailleur, mais aussi pour sa « famille », c'est-à-dire pour son conjoint et ses enfants de moins de vingt et un ans [2]. Au total, la compétence liée du préfet laisse si peu de place à sa liberté d'appréciation qu'on paraît ici plus proche du système de la déclaration préalable que du régime de l'autorisation préalable.

Valable, on l'a vu, cinq ans, la carte de séjour de ressortissant offre en outre cette particularité remarquable d'être renouvelable de plein droit. Le renouvellement est en principe accordé pour une durée qualifiée de « permanente », c'est-à-dire illimitée. Seul un motif d'ordre public permet de tenir en échec ce droit à renouvellement [3].

La loi de 2006 accorde également le droit à la « carte de séjour » aux ressortissants de l'UE qui ne sont pas des travailleurs, à condition qu'ils aient une assurance couvrant l'ensemble des risques maladie et maternité, et qu'ils disposent de ressources minimales. Mais la carte n'est valable qu'un an lorsque l'intéressé est un étudiant alors qu'elle est valable cinq ans lorsqu'il n'est ni travailleur ni étudiant. En outre, son renouvellement n'intervient pas de plein droit à l'égard des étudiants.

Malgré tout, la loi de 2006 applique loyalement la directive européenne du 29 avril 2004 en consacrant un « droit de séjour permanent » au profit du ressortissant de l'UE « qui a résidé de manière légale et ininterrompue en France pendant les cinq années précédentes » (CESEDA, art. L. 122-1).

Grâce à ces diverses dispositions, les ressortissants de l'UE disposent donc d'un véritable droit au séjour que leur envient les autres étrangers, sauf ceux qui sont ressortissants des États parties à l'accord sur l'Espace économique européen, auxquels un décret du 27 avril 1995 en a étendu l'application.

---

1. CE 24 oct. 1990, Ragusi, *AJDA* 1991.322 : légalité du refus opposé à un Italien qui avait appartenu aux « Brigades rouges ».

2. Mais pas pour ses frères ou sœurs à charge : CE 10 janv. 1992, Esteves-Temporao, *RFDA* 1992.357.

3. Le CE annule les refus de renouvellement qui, même reposant sur un motif d'ordre public, n'ont pas été précédés de la comparution de l'intéressé devant la commission du titre de séjour : CE 8 juill. 1991, Palazzi, *AJDA* 1991.827.

B. La « carte de séjour temporaire »

L'étranger qui n'est pas ressortissant de l'UE, et qui ne remplit pas les conditions d'obtention de la « carte de résident » (cf. C), doit, s'il veut rester en France plus de trois mois, solliciter l'octroi d'une « carte de séjour temporaire ». Le régime juridique de cette carte est régi par le CESEDA (art. L 313-1 et s.).

L'étranger qui souhaite l'obtenir doit la demander, dans les deux mois de son entrée en France, au préfet ou au sous-préfet. À l'appui de sa demande, il doit notamment présenter : un document prouvant qu'il est entré régulièrement en France (en principe, passeport + visa de long séjour) ; un certificat médical ; et surtout des documents prouvant qu'il ne sera pas à la charge de la société française (autorisation de travailler s'il vient pour travailler ; conditions de logement adaptées et « ressources stables et suffisantes » pour subvenir aux besoins de la famille, s'il vient au titre du regroupement familial ; inscription dans un établissement d'enseignement et « moyens d'existence suffisants », s'il vient en tant qu'étudiant ; engagement de n'exercer en France aucune activité professionnelle et « preuve qu'il peut vivre de ses seules ressources », s'il vient pour convenances personnelles). L'étranger qui a déposé sa demande reçoit un récépissé qui vaut autorisation provisoire de séjour, en attendant qu'il soit statué sur son cas.

La carte de séjour temporaire est délivrée pour un an maximum. Elle porte une mention qui indique dans laquelle des sept situations prévues par les textes se trouve l'étranger : « vie privée et familiale » (hypothèse du regroupement familial), « étudiant », « stagiaire », « visiteur » (hypothèse du séjour pour convenances personnelles) « scientifique » (hypothèse du séjour pour effectuer des recherches ou dispenser un enseignement universitaire), « profession artistique et culturelle » (hypothèse du séjour pour travailler en qualité d'artiste-interprète ou d'auteur littéraire ou artistique), ou mention d'une autre profession.

Dans le souci de promouvoir une politique d'« immigration choisie », la loi Sarkozy du 24 juillet 2006 a créé une carte de séjour « compétences et talents » dont le régime juridique est plus favorable que celui de la carte de séjour temporaire. Cette nouvelle carte, réservée aux étrangers susceptibles de contribuer « de façon significative (...) au développement économique ou au rayonnement, notamment intellectuel (...) ou sportif de la France » (CESEDA, art. L. 315-1), est en effet discrétionnairement accordée pour une durée de trois ans par le préfet ou par le ministre de l'Immigration. Elle permet en outre à son titulaire « d'exercer toute activité professionnelle de son choix » (art. L. 315-5). Pour éviter de piller durablement les pays pauvres, la loi limite toutefois son renouvellement à une fois lorsque l'étranger a la nationalité d'un État appartenant à une zone dite « de solidarité prioritaire », afin de l'inciter à retourner chez lui au bout de six ans.

Le préfet a le pouvoir discrétionnaire de refuser de délivrer la carte de séjour temporaire, même lorsque le demandeur a fourni tous les documents exigés par les textes[1]. Deux exceptions sont toutefois à noter. En vertu de l'article L. 313-11 du CESEDA, le préfet est obligé de la délivrer aux personnes qui veulent séjourner en

---

1. CE 31 juill. 1992, Gombe, *RFDA* 1992.927 : étudiant inscrit en 1re année de DEUG et ayant des moyens suffisants d'existence. Mais légalité du refus qui lui est opposé, car « depuis trois ans il n'avait été reçu à aucun des examens auquel il s'était présenté » (absence d'erreur manifeste d'appréciation).

France au titre du regroupement familial, dès lors que les conditions exigées par les textes (notamment conditions de logement et de ressources, et absence de menace pour l'ordre public) sont remplies [1]. D'autre part, et de façon plus générale, il est obligé de la délivrer lorsque son refus porterait, au sens de l'article 8 de la Convention européenne de sauvegarde des droits de l'Homme, une atteinte à la vie familiale disproportionnée par rapport aux nécessités de l'objectif d'ordre public poursuivi [2].

D'autres exceptions ont été dégagées par la loi Debré du 24 avril 1997, afin de régulariser la situation de certaines catégories d'étrangers qui ne sont ni expulsables ni reconductibles à la frontière. Ont désormais droit à la carte de séjour, sauf menace pour l'ordre public : l'étranger de moins de dix-neuf ans qui a sa résidence habituelle en France depuis qu'il a atteint au plus l'âge de treize ans ; l'étranger apatride ou titulaire d'une rente française d'accident du travail ou de maladie professionnelle ; et l'étranger non polygame qui est père ou mère d'un enfant français mineur résidant en France, ou qui est marié, à condition que la communauté de vie n'ait pas cessé (sauf si elle est rompue en raison de violences conjugales), à un conjoint de nationalité française (art. L. 313-11). Depuis la loi Chevènement du 11 mai 1998, ont également droit à la carte de séjour, sauf menace pour l'ordre public : l'étranger né en France, qui y a résidé au moins huit ans de façon continue et qui y a suivi une scolarité d'au moins cinq ans ; l'étranger résidant en France dont l'état de santé nécessite un traitement que son pays ne peut lui fournir ; et l'étranger qui a obtenu la « protection subsidiaire » (cf. D). Lorsque le préfet envisage de refuser de délivrer la carte de séjour à un étranger appartenant à une de ces catégories dégagées en 1997 et 1998 (sauf à la dernière), il doit préalablement saisir la « commission du titre de séjour » instituée dans son département. Composée de deux personnalités qualifiées désignées par le préfet, et d'un maire désigné par le président de l'association des maires du département, cette commission entend alors l'étranger, qui peut être assisté d'un interprète et de la personne de son choix, puis rend un avis qui ne lie pas le préfet (art. L. 312-1 et 2) [3].

En dehors de ces exceptions, les étrangers n'ont en principe aucun droit à l'obtention de la carte de séjour. Contrairement aux ressortissants de l'UE, leur séjour est donc placé sous un régime d'autorisation préalable particulièrement rigoureux.

Après avoir été obtenue, une carte de séjour peut être indéfiniment renouvelée, par périodes d'un an (ou pour une période comprise entre un et quatre ans lorsque l'activité « scientifique » de l'étranger ou ses études de master ou de doctorat le justifient). Mais son renouvellement n'est pas un droit. Le préfet est libre de le refuser. Lorsque l'étranger auquel il envisage de le refuser appartient à l'une des catégories dégagées en 1997 et 1998, et sus-énumérées, il doit toutefois préalablement saisir la commission du titre de séjour, qui entend alors l'intéressé avant de rendre son avis.

---

1. CE, Sect., 17 juill. 2003, Bouhsane, *AJDA* 2003.2025 : contrôle normal du refus de délivrance motivé par l'ordre public dans un tel cas.

2. TA Versailles, 2 juill. 1991, Hanilce, *AJDA* 1991.741 (annulation du refus opposé à un étranger vivant maritalement avec une réfugiée, et père de deux enfants nés en France) ; CE, Sect., 10 avr. 1992, Marzini, *AJDA* 1992.374.

3. Elle comprenait aussi un magistrat du TA et un magistrat du TGI, dont la présence a été supprimée par la loi Hortefeux du 20 novembre 2007.

Malgré cet ultime garde-fou, les garanties offertes aux étrangers en matière de renouvellement de leur carte de séjour sont loin de valoir celles qui existaient entre 1989 et 1993 [1].

La meilleure garantie résulte finalement de l'existence de la suspension (créée par la loi du 30 juin 2000 en remplacement du sursis à exécution). Contrairement au sursis à exécution, dont l'efficacité était limitée par la célèbre et déplorable jurisprudence Amoros [2], la suspension peut en effet frapper aussi bien le refus d'accorder la carte de séjour que le refus de la renouveler. Que vienne à s'effondrer ce dernier et fragile rempart, et tout un pan du droit français des étrangers basculera dans l'arbitraire.

C. La « carte de résident »

L'étranger qui n'est pas ressortissant de l'UE, et qui veut s'établir en France, n'est nullement condamné à se contenter de la carte de séjour temporaire. Une autre solution s'offre à lui, qui est d'obtenir la « carte de résident », beaucoup plus avantageuse que la carte de séjour.

Comme pour la carte de séjour, le régime juridique de la carte de résident est fixé par le CESEDA (art. L. 314-1 et s.). La carte de résident est valable dix ans, et renouvelable de plein droit [3] (sauf polygamie, ou perte de la qualité de réfugié dans les trois premières années de l'obtention de celle-ci). Elle apporte à son bénéficiaire le droit d'exercer une profession. Elle ne devient périmée que lorsque son possesseur est hors de France plus de trois ans consécutifs [4].

Ce régime de faveur fait de la carte de résident un titre de séjour très recherché. Conciliant prudence et générosité, le CESEDA classe les étrangers susceptibles de la posséder en deux catégories, les uns ayant le droit de l'obtenir (1°), les autres n'ayant que la possibilité de solliciter son octroi discrétionnaire par le préfet (2°).

1° Huit catégories d'étrangers (au lieu de treize avant la loi Sarkozy du 26 novembre 2003) ont le droit d'obtenir la carte de résident (art. L. 314-11). Il s'agit notamment des enfants âgés de moins de vingt et un ans d'un parent français ; des personnes ayant combattu pour la France ; et des personnes ayant obtenu le statut de

---

1. La loi Joxe du 2 août 1989 obligeait le préfet à consulter une « commission de séjour des étrangers » avant tout refus de renouvellement, et à se conformer à son avis si celui-ci était favorable au renouvellement. Ce système très protecteur des étrangers a été abandonné par la loi Pasqua du 24 août 1993, qui a rendu facultative la saisine de cette commission. Par la suite, la loi Debré du 24 avril 1997 a purement et simplement supprimé la commission de séjour des étrangers, que la loi Chevènement du 11 mai 1998 a ressuscitée sous son nom actuel.

2. CE, Ass., 23 janv. 1970, Amoros, *AJDA* 1970.174 : interdisait de prononcer le sursis à exécution contre les décisions de refus qui ne modifiaient pas la situation de droit ou de fait des intéressés. C'était par exemple le cas des refus de délivrer (et non de renouveler) une carte de séjour : CE, Sect., 13 nov. 1987, Tang Kam Keung, *AJDA* 1987.767. Jurisprudence abandonnée par CE, Sect., 20 déc. 2000, Ouatah, *AJDA* 2001.146, avant même l'entrée en vigueur de la loi du 30 juin 2000, qui la condamnait.

3. Cf. CC 22 avr. 1997, Immigration (*JO* 25 avr.) : censure la disposition de la loi Debré qui permettait de refuser le renouvellement de la carte de résident en cas de menace pour l'ordre public. La loi Hortefeux du 20 nov. 2007 prévoit le renouvellement par une « carte de résident permanent » lorsque l'intégration républicaine de l'étranger est avérée : art. L. 314-2.

4. Autre avantage : elle est remplacée par une carte de séjour spéciale, portant la mention « retraité », valable dix ans et renouvelable de plein droit, lorsque l'étranger qui en bénéficiait décide de prendre sa retraite hors de France : art. L. 317-1.

réfugié. Avant la loi Sarkozy du 24 juillet 2006, il s'agissait aussi des personnes résidant en France en situation régulière depuis plus de dix ans, sauf si elles avaient possédé pendant cette période une carte de séjour temporaire portant la mention « étudiant »[1] ; et des conjoints des Français mariés depuis au moins deux ans (cf. 2). Cette dernière catégorie est celle qui pose le plus de problèmes, car elle engendre inévitablement des mariages de complaisance, contractés dans le but exclusif d'obtenir la carte de résident. Face à ce type de manœuvres, le Conseil d'État a heureusement trouvé une parade relativement efficace. Au nom de l'adage *fraus omnia corrumpit* (« la fraude corrompt tout »), il a en effet permis au préfet, « s'il est établi de façon certaine lors de l'examen d'une demande..., que le mariage a été contracté dans le but exclusif d'obtenir un titre de séjour, de faire échec à cette fraude et de refuser à l'intéressé, sous le contrôle du juge de l'excès de pouvoir, la carte de résident[2] ». Le Code civil permet aussi désormais au procureur de la République de s'opposer à la célébration, même à l'étranger, d'un mariage de complaisance[3].

Lorsque l'étranger qui demande la carte de résident prouve qu'il appartient à l'une des catégories susmentionnées, le préfet est en principe obligé de la lui délivrer. S'il envisage de refuser de le faire, il doit préalablement saisir la commission du titre de séjour, qui entend alors l'étranger avant de rendre son avis[4].

2° Les étrangers qui n'appartiennent pas à l'une de ces huit catégories sont dans une situation beaucoup plus précaire. Le droit français leur refuse en effet toute possibilité d'obtenir la carte de résident lorsqu'ils ne remplissent pas la condition d'une « résidence ininterrompue... d'au moins cinq années en France » (art. L. 314-8), durée qui n'était que de trois ans avant la loi Sarkozy de 2003, mais que cette même loi réduit à deux ans en ce qui concerne les père et mère d'un enfant français résidant en France. La loi Sarkozy de 2006 dispense toutefois de cette condition de résidence en France l'étranger « marié depuis au moins trois ans » avec un Français ; elle durcit néanmoins sa situation, car auparavant l'étranger marié depuis deux ans seulement avec un français avait le droit (cf. 1°) et non la simple possibilité d'obtenir la carte de résident.

Même lorsque les étrangers concernés remplissent ces conditions, le préfet a le pouvoir discrétionnaire de leur refuser la carte de résident.

Une telle différence de traitement peut surprendre, mais elle est en réalité assez logique. Les étrangers qui appartiennent à l'une des huit catégories sont en effet ceux qui sont bien intégrés dans la société française ; il paraît donc normal de leur reconnaître un droit à la carte de résident. Ceux qui n'y appartiennent pas mais qui résident en France depuis cinq ans sont dans une situation qui laisse penser qu'ils sont en voie d'« intégration républicaine », laquelle s'apprécie, selon les lois Sarkozy, au

---

1. Loi Pasqua du 24 août 1993. Plus généreuse, la législation antérieure accordait le droit à la carte de résident aux étrangers résidant en France depuis l'âge de dix ans, ou depuis plus de dix ans en situation régulière (même en qualité d'étudiant), ou depuis plus de quinze ans en situation irrégulière.

2. Avis CE, Sect., 9 oct. 1992, Abihilali, concl. (éclairantes) Abraham, *RFDA* 1993.175.

3. Cf. C. civ., art. 171-1 et s., issus de la loi du 14 novembre 2006, sur la prévention des mariages de complaisance.

4. Mais le préfet reste libre de ne pas suivre cet avis. Par comparaison, entre 1989 et 1993 l'avis de la commission le liait lorsqu'il était favorable à la délivrance de la carte de résident. Nous pensons qu'il faudrait restaurer ce système de « l'avis favorable conforme ».

regard de leur « connaissance suffisante de la langue française » et de leur « engagement personnel à respecter les principes qui régissent la République française » (art. L. 314-2), qu'ils peuvent notamment prouver par leur conclusion volontaire d'un « contrat d'accueil et d'intégration » à leur arrivée en France (art. L. 311-9) ; il est donc raisonnable de permettre à l'administration de leur accorder la carte de résident après examen de leur situation individuelle. Enfin ceux qui n'y appartiennent pas et qui résident en France depuis moins de cinq ans n'offrent aucune garantie sérieuse d'intégration ; il n'est par conséquent pas scandaleux de leur refuser toute possibilité d'obtenir la carte de résident.

L'étranger qui sollicite la carte de résident doit notamment présenter, à l'appui de sa demande, des « éléments attestant du caractère suffisant et de la stabilité de ses moyens d'existence » (preuve d'une profession, par exemple), ainsi que des « raisons pour lesquelles il entend s'établir durablement en France » (raisons professionnelles, culturelles, affectives...) (art. R. 314-1). Au vu de ces éléments, le préfet a le pouvoir discrétionnaire d'accorder ou (ce qu'il fait le plus souvent) de refuser la carte sollicitée.

L'existence du pouvoir discrétionnaire, répétons-le, paraît ici justifiée. Mais les garanties dont il faut l'entourer pour l'empêcher de dégénérer en arbitraire semblent, en l'état actuel des choses, insuffisantes. Nous pensons qu'il serait souhaitable d'obliger le préfet, lorsqu'il envisage de refuser la carte de résident, à consulter la commission du titre de séjour, étant entendu qu'afin de préserver son pouvoir discrétionnaire l'avis de celle-ci ne le lierait jamais.

D. Le statut de réfugié et le droit d'asile

Le « droit d'asile » est le droit de tout étranger d'entrer et de séjourner en France pour se mettre à l'abri d'un danger qui le menace. Selon la nature de ce danger, l'étranger peut demander à bénéficier de l'asile conventionnel (1), de l'asile constitutionnel (2), ou de la « protection subsidiaire » (3). Seuls les deux premiers donnent droit à l'octroi du statut privilégié qu'est le « statut de réfugié » (CESEDA, art. L. 711-1 et s.).

1) L'asile conventionnel

L'« asile conventionnel » est ainsi dénommé parce que c'est l'asile qui est défini et garanti par la Convention de Genève du 28 juillet 1951. Une loi du 25 juillet 1952 fait bénéficier les étrangers qui peuvent s'en prévaloir du statut de réfugié.

L'asile conventionnel peut être revendiqué par toute personne qui « craignant avec raison d'être persécutée du fait de sa race, de sa religion, de sa nationalité, de son appartenance à un certain groupe social ou de ses opinions politiques, se trouve hors de (son) pays,... et ne peut... y retourner » (Convention de Genève)[1]. Contrairement à la plupart des autres États européens, la France estimait jusqu'en 2003 que cette disposition réservait l'asile conventionnel aux personnes persécutées par des autorités

---

1. Ainsi que par son conjoint et ses enfants mineurs, en vertu du PGD d'unité de la famille, applicable aux réfugiés politiques, dégagé par CE, Ass., 2 déc. 1994, Mme Agyepong, *AJDA* 1994.878.

publiques ; mais cette interprétation restrictive a été abandonnée par la loi Villepin du 10 décembre 2003, modifiant la loi de 1952.

Pour un étranger, il est extrêmement avantageux de se voir reconnaître le statut de réfugié qui y est attaché. Le CESEDA fait en effet des réfugiés l'une des huit catégories d'étrangers qui ont droit à l'obtention de la « carte de résident », dont on a vu (cf. C) tout l'intérêt. Il est dès lors compréhensible de constater que, parmi ceux qui demandent à bénéficier de ce statut, beaucoup sont davantage de simples migrants économiques que de véritables réfugiés politiques. C'est pour endiguer ce flot de demandes abusives, et filtrer le bon grain de l'ivraie, que la loi du 25 juillet 1952 a institué l'OFPRA (Office français de protection des réfugiés et apatrides).

Établissement public administratif, l'OFPRA est compétent pour examiner les demandes des étrangers qui souhaitent se voir reconnaître la qualité de « réfugié » au sens de la Convention de Genève, et pour attribuer, ou refuser d'attribuer, cette qualité. Pour faciliter sa tâche, il est habilité depuis 2003 à fixer la liste des « pays sûrs », c'est-à-dire des pays qui respectent les droits de l'homme [1], et à examiner selon une procédure accélérée les demandes d'asile des personnes provenant de ceux-ci. À la suite de la révision constitutionnelle du 25 novembre 1993, insérant dans la Constitution un article 53-1, la loi Pasqua du 30 décembre 1993 retire toutefois aux candidats au refuge non admis au séjour en vertu de l'accord de Schengen la possibilité d'accéder à l'OFPRA (art. L. 531-2 et L. 741-4).

En cas de rejet de sa demande par l'OFPRA, l'étranger dispose d'un délai d'un mois pour former un recours de plein contentieux devant une juridiction administrative spéciale, la « Commission des recours des réfugiés » (CRR), que la loi Hortefeux du 20 novembre 2007 a judicieusement rebaptisée « Cour nationale de l'asile ». Afin d'accélérer le traitement des recours, la Cour est subdivisée en plusieurs sections, qui sont chacune habilitées à rendre des jugements. Chaque section comprend trois membres : un magistrat, qui préside, un représentant du haut commissariat des Nations unies pour les réfugiés, et une personnalité qualifiée nommée par le vice-président du Conseil d'État (en remplacement, depuis la loi Villepin de 2003, du représentant de l'OFPRA qui y siégeait jusque-là au mépris de la règle selon laquelle nul ne peut être à la fois juge et partie). Jusqu'en 1990, le magistrat était nécessairement un membre du Conseil d'État. Mais l'engorgement de la Cour était devenu tel qu'il n'était pas rare que ses jugements fussent rendus au bout de plusieurs années. Pour faire face à cette situation, il a donc été nécessaire de multiplier le nombre des sections. Or le nombre des membres du Conseil d'État n'est pas extensible. C'est pourquoi la loi du 2 juillet 1990 a modifié la composition des sections en permettant à tout magistrat en activité ou retraité de la Cour des comptes, des chambres régionales des comptes, des cours administratives d'appel, ou des tribunaux administratifs ou judiciaires, de les présider. Ainsi rendue possible, la multiplication des sections a permis comme on l'espérait de désengorger la Cour, et de faire passer la durée moyenne de traitement d'un dossier à moins de quatre mois.

En pratique, l'OFPRA rejette environ 90 % des demandes, et la Cour confirme ses décisions dans la même proportion. Ce phénomène s'explique par le fait que la plupart des demandeurs sont des migrants économiques, et non de véritables réfugiés

---

1. Sous le contrôle normal du juge : CE 13 févr. 2008, Assoc. Forum des réfugiés, *RFDA* 2008.535 : annulation de la décision de l'OFPRA fixant cette liste en tant qu'elle y a inscrit l'Albanie et le Niger.

politiques. Si ces faux réfugiés déposent ainsi une demande puis un recours, ce n'est généralement pas parce qu'ils se bercent d'illusions sur leurs chances de succès, mais tout simplement parce qu'ils veulent gagner quelques mois supplémentaires de séjour en France. Dans l'attente de la décision de l'OFPRA, ils ont en effet le droit d'obtenir une autorisation provisoire de séjour[1]. Et depuis les arrêts Dakoury et Nkodia[2], ce droit est même prolongé jusqu'à ce que la Cour ait définitivement statué sur leur demande.

Le manque de soin apporté à l'examen des dossiers explique hélas aussi, dans une certaine mesure, le pourcentage élevé des rejets. En l'état actuel des choses, en effet, un demandeur peut « voir sa requête définitivement rejetée sans avoir été entendu ni par l'office, qui n'auditionne pas automatiquement les intéressés, ni par la commission [la Cour], qui ne convoque que les requérants qui en font la demande expresse[3] ». On peut légitimement s'étonner d'une telle légèreté, qui est certainement la source de nombreuses erreurs.

L'étranger dont le recours est rejeté par la Cour dispose heureusement d'une ultime voie de recours : il peut en effet former, contre le jugement de rejet, un pourvoi en cassation devant le Conseil d'État. En pratique, de nombreux jugements ont ainsi été cassés pour dénaturation des faits[4], insuffisance de motivation[5], ou erreur de droit[6].

On ajoutera enfin que l'étranger qui a obtenu le statut de réfugié peut ensuite se le voir retirer. La Convention de Genève prévoit en effet trois cas de retrait : lorsque l'étranger acquiert une nouvelle nationalité ; lorsqu'il commet un « crime grave » ; ou tout simplement lorsqu'il peut retourner dans son pays parce que les risques de persécution ont disparu[7]. La jurisprudence administrative a ajouté à cette liste un quatrième cas, en admettant le retrait lorsque l'étranger a obtenu son statut par fraude

---

1. Cf. art. L. 742-1. Depuis la circulaire du 26 septembre 1991, l'autorisation provisoire de séjour ne vaut plus autorisation de travail : cf. art. R. 742-2.

2. CE, Ass., 13 déc. 1991, Dakoury et Nkodia, *AJDA* 1992.114. Ces arrêts prévoient toutefois trois cas dans lesquels ce droit au séjour provisoire peut être écarté : lorsque les nécessités de l'ordre public justifient l'expulsion de l'intéressé ; lorsque la demande n'est manifestement destinée qu'à faire échec à une reconduite à la frontière (hypothèse de l'abus de droit) ; ou lorsqu'un traité (cas de l'accord de Schengen) autorise le renvoi du demandeur dans un autre pays. Jurisprudence codifiée par la loi Pasqua du 24 août 1993 (art. L. 742-1).

3. F. Julien-Laferrière, « Commentaire de la loi du 2 juillet 1990 », *AJDA* 1990.606. Cf. art. L. 723-3.

4. CE 4 déc. 1987, Zaldua et Liquiniano, *AJDA* 1988.165 : Basques victimes d'attentats à la bombe ; la dénaturation consiste ici à estimer que ces attentats n'étaient pas dirigés contre les victimes.

5. CE 21 avr. 1982, Farook : rejet « faute de preuve », sans motivation plus précise, alors que le requérant avait pourtant établi qu'un mandat d'arrêt avait été délivré contre lui en raison de son appartenance à un parti d'opposition. Cassation.

6. CE, Sect., 27 mai 1983, Dankha, *AJDA* 1983.481, concl. Genevois : cassation, car peu importe que les persécutions ne proviennent pas des autorités publiques, mais de simples particuliers, lorsqu'elles sont tolérées par lesdites autorités (Irak). Cf. aussi CE, Ass., 16 janv. 1981, Conté, *AJDA* 1981.367 (cassation du rejet fondé sur le constat que le requérant a eu la possibilité de demander protection à un autre pays avant d'entrer en France), et CE 13 janv. 1989, Thevarayan, *RFDA* 1989.50 (cassation du rejet fondé sur le simple constat que l'étranger a obtenu le renouvellement de son passeport postérieurement au départ de son pays). Cf. enfin CE, Sect., 27 janv. 1995, Mlle Gal, *AJDA* 1995.399 (cassation du rejet résultant du refus d'examiner un fait nouveau connu postérieurement à un premier rejet).

7. Cas des Basques après la démocratisation de l'Espagne : CE, Sect., 27 mai 1988, Mujica Garmendia, *RFDA* 1989.46, concl. Van Ruymbecke.

(hypothèse de la fausse identité)[1]. Sans renier le devoir d'hospitalité envers les persécutés, tout est ainsi mis en œuvre pour empêcher le statut de réfugié de devenir une voie d'immigration trop massive.

2) L'asile constitutionnel

Réaffirmant un principe jadis énoncé par l'article 120 de la Constitution du 24 juin 1793, le préambule de la Constitution de 1946 proclame que « Tout homme persécuté en raison de son action en faveur de la liberté a le droit d'asile sur les territoires de la République ». Plus restrictif que la Convention de Genève, il n'assure donc le droit d'asile qu'à une catégorie précise de persécutés : celle des combattants pour la liberté. Mais plus réaliste qu'elle (ou plus exactement de l'interprétation qu'on en faisait en France jusqu'en 2003), il n'exige pas que la persécution soit commise ou acceptée par des autorités publiques, mais autorise les personnes persécutées par des groupements privés, comme les démocrates algériens en butte aux exactions des islamistes, à revendiquer l'asile.

Malgré la clarté du préambule, le juge administratif a cependant toujours refusé d'imposer à l'administration le respect de cet asile constitutionnel, préférant s'en tenir au seul asile conventionnel[2]. La disposition du préambule était donc restée lettre morte.

La loi du 11 mai 1998 a heureusement mis-fin à cette situation choquante, en prescrivant à l'OFPRA et à la Cour nationale de l'asile de reconnaître désormais la qualité de réfugié, non plus seulement aux personnes expressément visées par la Convention de Genève, mais aussi à toute personne persécutée en raison de son action en faveur de la liberté (cf. CESEDA, art. L. 711-1)[3].

3) La protection subsidiaire

Créée par la loi Villepin du 10 décembre 2003, la « protection subsidiaire » est accordée par l'OFPRA ou par la Cour nationale de l'asile à tout étranger qui établit qu'il est exposé dans son pays à la peine de mort, ou à la torture ou à des traitements inhumains et dégradants, ou encore, s'agissant d'un civil, à « une menace grave, directe et individuelle contre sa vie ou sa personne en raison d'une violence généralisée résultant d'une situation de conflit armé interne ou international » (CESEDA, art. L. 712-1). Elle s'analyse ainsi comme une nouvelle forme d'asile, qui a le mérite de permettre d'accueillir en France les étrangers qui sont menacés individuellement, et qui ne peuvent pas se prévaloir de la qualité de combattant pour la liberté. Elle a notamment été conçue pour secourir les Algériens qui fuyaient en masses leur pays afin d'échapper aux massacres perpétrés par les islamistes.

---

1. CE, Sect., 12 déc. 1986, Tschibangu *R* 279.

2. CE 27 sept. 1985, Assoc. France Terre d'Asile, *R* 263 ; CE 3 avr. 1996, Traoré, *RFDA* 1997.278.

3. Sont des personnes persécutées en raison de leur action en faveur de la liberté : un Algérien menacé pour avoir participé à un groupe d'autodéfense contre des islamistes armés (CRR 25 juin 1999, Zitouni) ; et une journaliste arménienne battue pour avoir osé critiquer l'armée (CRR 28 févr. 2005, Mme S.). L'asile constitutionnel est en revanche refusé à un terroriste kurde, « eu égard aux méthodes utilisées par le PKK » dont il était un dirigeant : CE 9 nov. 2005, A., *AJDA* 2006.269 concl. Donnat.

Mais malgré son grand intérêt, elle est beaucoup moins protectrice que les deux autres types d'asile, car contrairement à eux elle ne débouche pas sur l'obtention du statut de réfugié, mais sur la simple délivrance d'une carte de séjour temporaire valable un an, dont le renouvellement n'est même pas garanti. C'est pourquoi la loi la qualifie de « subsidiaire » : simple protection minima, elle n'est accordée par l'OFPRA, érigé en guichet unique du droit d'asile, qu'aux étrangers qui ne remplissent pas les conditions nécessaires pour obtenir l'asile conventionnel ou constitutionnel[1].

Du point de vue du respect des droits de l'homme, la protection subsidiaire constitue néanmoins un progrès par rapport à l'« asile territorial », auquel elle se substitue. Créé par la loi du 11 mai 1998, l'asile territorial était en effet accordé discrétionnairement par le ministre de l'Intérieur, après avis du ministre des affaires étrangères. Pure prérogative régalienne, il constituait moins un droit de l'étranger qu'un instrument du bon plaisir de l'État.

E. L'autorisation de travailler en France

Contrairement aux ressortissants de l'UE et aux titulaires de la carte de résident, les étrangers titulaires d'une simple carte de séjour n'ont pas de plein droit la possibilité de travailler en France[2]. Leur carte de séjour ne leur donne en effet que le droit de séjourner en France. Pour travailler, ils doivent donc obtenir de l'administration, en sus de la carte de séjour, une autorisation de travailler. Le régime de cette autorisation diffère selon la nature de la profession postulée. On étudiera à titre d'exemples les cas des salariés et des commerçants.

Les salariés étrangers sont régis par les articles L. 5221-1 et R. 5221-1 et suivants du Code du travail. Selon ces dispositions, l'étranger qui souhaite exercer en France une profession salariée doit solliciter une « autorisation de travail », que le préfet a le pouvoir discrétionnaire d'accorder ou de refuser. Pour justifier ses refus, le préfet peut notamment se fonder sur la « situation de l'emploi dans la profession et dans la zone géographique » concernées (art. R. 5221-20). Le juge administratif n'exerce sur ses appréciations qu'un contrôle minimum[3].

Lorsque l'étranger qui souhaite travailler n'est pas déjà en France, la préfecture examine sa demande d'autorisation de travail avant sa demande de carte de séjour. Le rejet de la première entraîne en effet nécessairement le rejet de la seconde[4]. Dans cette hypothèse, un lien étroit unit donc l'exercice de la profession à la « liberté » d'aller

1. Elle est par exemple accordée à l'Irakienne menacée en raison de son mode de vie (CRR 17 févr. 2006, Mlle K : femme seule jouissant d'une aisance financière), et à l'Iranienne condamnée à mort par lapidation pour adultère (CRR 5 janv. 2007, Mlle Eshraghi).

2. Sauf s'ils appartiennent à l'une des catégories d'étrangers énumérées aux articles L. 313-12, L. 315-5 et L. 313-13 du CESEDA. Il s'agit principalement des étrangers qui bénéficient du regroupement familial ou de la protection subsidiaire, et des titulaires de la carte « compétences et talents. »

3. CE 12 juill. 1993, Aggad, *RFDA* 1993.1029 : le refus n'est pas entaché d'erreur manifeste d'appréciation, car selon les statistiques de l'ANPE il y avait dans le département, pour la profession considérée, 449 demandes contre 19 offres d'emploi. CE 8 juill. 1988, Sow, *AJDA* 1988.694 : solution contraire car 75 demandes contre 51 offres d'emploi.

4. CE 24 févr. 1989, Dame Fortas, *AJDA* 1989.404 : légalité du refus de carte de séjour motivé par le refus d'autorisation de travail.

et venir. Lorsque au contraire l'étranger qui souhaite travailler est déjà en France, le processus d'examen est en revanche inversé, l'intéressé étant normalement déjà en possession de la carte de séjour lorsqu'il sollicite l'autorisation de travail. Au-delà de cette différence, l'autorisation de travail, lorsqu'elle est accordée, est en principe toujours matérialisée par la mention « salarié » apposée sur la carte de séjour.

Les commerçants étrangers sont pour leur part régis par la loi du 24 juillet 2006 (CESEDA, art. L. 313-10-2°, et C. com., art. L. 122-1 à 4) et par le décret du 15 mai 2007 (CESEDA, art. R. 313-16-1 et s.). Selon ces textes, l'étranger qui souhaite exercer la profession de commerçant doit solliciter une « autorisation ». Là encore, c'est le préfet qui a le pouvoir discrétionnaire de l'accorder ou de la refuser. Il peut fonder ses refus — ou retraits — sur les motifs énumérés par le décret de 2007 (incompatibilité de l'activité avec la sécurité, la salubrité ou la tranquillité publiques, condamnation entraînant l'interdiction d'exercer le commerce, défaut de « viabilité économique » du projet d'entreprise), ou sur tout autre motif d'intérêt général : manque de moralité professionnelle [1], insuffisance d'expérience professionnelle [2], ou même inopportunité économique et sociale de l'installation [3]. D'après un décret du 28 janvier 1998, le refus devait intervenir dans les trois mois de la réception de la demande ; passé ce délai, le silence du préfet valait en effet acceptation de la demande. Mais cette garantie a aujourd'hui disparu, ce décret ayant été abrogé en 2007.

§ 3. L'ÉLOIGNEMENT DES ÉTRANGERS

Le séjour des étrangers en France a normalement un terme. Ce terme résulte en principe de l'expiration de la durée de validité du visa ou du titre de séjour, de l'écoulement des trois mois de présence possibles sans titre de séjour, ou du refus de renouvellement du titre de séjour. Lorsqu'il survient, l'étranger concerné a l'obligation de quitter la France. La plupart du temps, cette obligation est spontanément respectée. Il n'y a alors pas lieu de procéder à l'« éloignement » forcé de l'étranger. On notera d'ailleurs au passage que l'étranger a toujours le droit de quitter la France avant le terme normal de son séjour [4].

---

1. CE, Sect., 10 juill. 1987, Lachger, *RFDA* 1987.192 : est légal le refus motivé par la vente de produits périmés.

2. CE, Sect., 10 juill. 1987, Abarchih, *RFDA* 1987.193 : refus motivé par le fait que le candidat-épicier est un ex-étudiant sans expérience ; illégalité, car la profession d'épicier ne requiert pas « une qualification particulière » (mais l'arrêt laisse clairement entendre que des refus ainsi motivés seraient valables à propos de métiers du commerce plus techniques).

3. Cf. circulaire du 24 octobre 1985 et décret du 28 janvier 1998 prônant la consultation de la chambre de commerce. CE 21 oct. 1987, Malli, *RFDA* 1987.1005 : est légal le refus motivé par la saturation du marché départemental de commerce ambulant de vêtements.

4. La loi du 24 août 1993 disposait toutefois que le ministre de l'Intérieur pouvait décider, lorsque c'était « nécessaire à la sécurité nationale », de subordonner le droit de l'étranger de quitter la France à l'obtention d'un « visa de sortie ». Mais dans une réserve d'interprétation, le Conseil constitutionnel avait précisé que ce visa de sortie n'équivalait pas à un régime d'autorisation préalable, et qu'il devait donc être obligatoirement délivré à l'étranger qui déclarait son intention de quitter la France (CC 13 août 1993, § 104). Avant 1993, faute de loi les prévoyant, les visas de sortie instaurés par circulaire étaient illégaux : CE 22 mai 1992, GISTI, *RFDA* 1993.567, concl. Abraham. La loi du 11 mai 1998 a finalement supprimé toute possibilité de rétablir le visa de sortie.

Mais il arrive que l'étranger choisisse de se maintenir irrégulièrement en France, soit parce qu'il refuse de tirer les conséquences de la survenance du terme de son séjour, soit parce qu'étant entré irrégulièrement en France il a opté d'emblée pour l'illégalité. Il peut également se voir refuser la délivrance ou le renouvellement d'un titre de séjour qu'il a demandé. Il peut aussi arriver qu'en dépit de sa situation régulière il devienne indésirable en France en raison de la menace qu'il fait peser sur l'ordre public. Parfois, enfin, l'étranger est recherché par la justice de son pays et doit lui être livré. Dans ces quatre hypothèses, l'intéressé refuse de quitter la France de son plein gré. Il est dès lors nécessaire, afin que force reste à la loi, de recourir à l'un des quatre types d'« éloignement » prévus par le droit français : la reconduite à la frontière (A), l'obligation de quitter le territoire français (B), l'expulsion (C) ou l'extradition (D).

A. La reconduite à la frontière

Il existe deux types de reconduite à la frontière (RALF) : la pénale et l'administrative.

La RALF pénale est prévue par l'article L. 621-1 du CESEDA. Selon cet article, l'étranger qui a pénétré ou séjourné irrégulièrement en France peut être déféré au parquet. Si celui-ci décide de le poursuivre, le tribunal correctionnel peut lui infliger une peine de prison ou d'amende, qu'il peut éventuellement assortir d'une interdiction du territoire. Cette dernière emporte alors de plein droit reconduite du condamné à la frontière (le cas échéant, après qu'il a purgé sa peine d'emprisonnement).

La RALF administrative est régie quant à elle par les articles L. 511-1 et suivants du CESEDA. Elle est qualifiée d'« administrative » parce que c'est le préfet qui est compétent pour la décider. La RALF administrative n'existe que depuis la loi Pasqua du 9 septembre 1986. Avant 1986, sous l'empire de la loi Questiaux du 29 octobre 1981, la RALF était en effet toujours prononcée par le tribunal correctionnel. Seule la RALF pénale existait donc. Le pouvoir discrétionnaire du préfet (1°) peut paraître inquiétant dans un domaine où la xénophobie est à craindre ; son danger est toutefois atténué par l'existence d'une catégorie d'étrangers protégés (2°), par la mise en place de garanties procédurales (3°), et par l'efficacité du contrôle juridictionnel (4°).

1° Le préfet peut décider la reconduite à la frontière dans plusieurs cas : lorsque l'étranger est entré irrégulièrement en France ; lorsqu'il a séjourné en France au-delà de la durée de validité de son visa ou plus de trois mois sans titre de séjour ; lorsqu'il est resté en France plus d'un mois à compter de l'expiration de son titre de séjour ; lorsqu'il a fait l'objet d'une condamnation définitive pour défaut, falsification, ou établissement sous un faux nom de son titre de séjour ; depuis la loi Pasqua du 24 août 1993, lorsqu'il a fait l'objet d'un retrait ou d'un refus de délivrance ou de renouvellement d'un titre de séjour, motivé par une menace à l'ordre public ; depuis la loi sur la sécurité intérieure du 18 mars 2003, lorsque pendant la durée de validité de son visa ou dans les trois premiers mois de son entrée en France, son comportement a constitué une menace pour l'ordre public ; ou enfin, depuis la loi Sarkozy du 26 novembre 2003, lorsque pendant cette même durée il a travaillé sans autorisation.

Une controverse a éclaté pour déterminer si le procédé qui consiste à convoquer à la préfecture un étranger dans une de ces situations en vue de l'appréhender et de le reconduire à la frontière est acceptable. Si le Conseil d'État l'admet en estimant qu'il ne s'agit pas d'un « procédé déloyal », la Cour de cassation juge en effet le contraire [1].

Tout étranger qui tente de se soustraire à l'exécution d'une RALF ou d'une interdiction du territoire (ou d'une expulsion) peut être condamné par le tribunal correctionnel à une peine d'emprisonnement. En vertu de la loi Pasqua du 30 décembre 1993, le tribunal disposait en outre d'un pouvoir supplémentaire à l'égard de l'étranger qui dissimulait son identité ou sa nationalité. Après l'avoir déclaré coupable, il pouvait en effet ajourner le prononcé de sa peine et lui enjoindre de présenter à l'administration ses documents de voyage, ou des renseignements permettant l'exécution de la mesure d'éloignement. Cette injonction ouvrait alors une « rétention judiciaire » (art. 469-5 CPP et 132-70-1 NCP) de trois mois maximum, dans des locaux non pénitentiaires. L'étranger avait le droit de demander au tribunal la levée de cette rétention et, en cas de refus, de faire appel. À l'issue de la rétention judiciaire, ou lorsque l'étranger avait fourni les documents ou renseignements exigés, le tribunal procédait à une « audience de renvoi », lors de laquelle il pouvait décider de prononcer la peine d'emprisonnement ou d'en dispenser l'étranger. Tout était ainsi mis en œuvre pour convaincre l'étranger récalcitrant de se soumettre à la mesure d'éloignement dont il faisait l'objet. La loi Chevènement du 11 mai 1998 a malheureusement supprimé cette possibilité d'ajournement-rétention.

Le préfet a enfin le pouvoir discrétionnaire de choisir le pays vers lequel l'étranger reconduit à la frontière sera renvoyé, à condition qu'il ne s'agisse pas d'un pays dans lequel sa vie ou sa liberté seraient menacées. La loi Pasqua du 24 août 1993 précise que cette décision fixant le pays de renvoi constitue un acte distinct de la mesure d'éloignement, contre lequel l'étranger peut former un recours. S'il est présenté au président du tribunal administratif en même temps que le recours contre l'arrêté de RALF, ce recours contre la décision fixant le pays de renvoi est « suspensif d'exécution » (art. L. 513-3), ce qui constitue pour l'étranger une garantie précieuse. S'il est formé après que le recours contre l'arrêté de RALF ait été jugé, ou bien après l'expiration du délai de recours contre cet arrêté, il perd au contraire ce caractère suspensif ; mais en contrepartie la jurisprudence autorise alors l'étranger à l'assortir d'une demande de suspension [2].

2° Le pouvoir discrétionnaire du préfet s'efface toutefois lorsque l'étranger concerné appartient à l'une des catégories protégées énumérées par l'article L. 511-4. Cette liste comprend principalement : les mineurs de dix-huit ans ; les étrangers résidant en France depuis dix ans en situation régulière (à condition que ce ne soit pas en qualité d'étudiants, auquel cas le délai est porté à vingt ans), ou depuis l'âge de treize ans ; les étrangers mariés depuis au moins trois ans à des Français à condition que la communauté de vie n'ait pas cessé ; et les pères ou mères d'enfant français mineur résidant en France, à condition qu'ils exercent sur lui l'autorité parentale et qu'ils subviennent à ses besoins. On estime en effet que ces personnes ont démontré leur aptitude à s'intégrer dans la société française. C'est pourquoi l'ordonnance prohibe toute RALF administrative à leur égard, ainsi d'ailleurs que toute RALF pénale.

---

1. CE 7 févr. 2007, Ligue des droits de l'homme, et Cass. civ. 1re, 6 févr. 2007, *AJDA* 2007.814 et 815. La CEDH proscrit pour sa part les pratiques déloyales à l'égard des étrangers : CEDH 5 févr. 2002, Conka c/ Belgique.
2. CE 14 oct. 2002, Yediayli, *AJDA* 2003.301.

3° Des garanties procédurales ont en outre été posées pour encadrer le pouvoir discrétionnaire du préfet. L'arrêté de RALF doit en effet être motivé et notifié à l'intéressé. Dès cette notification, l'étranger a en outre le droit d'avertir son consulat ou la personne de son choix. En aucun cas, l'arrêté ne peut être exécuté avant l'expiration d'un délai de quarante-huit heures suivant sa notification. Enfin et surtout, la loi du 10 janvier 1990, devenue article L. 512-2 du CESEDA, permet à l'intéressé de former contre l'arrêté, dans le délai de quarante-huit heures à compter de sa notification[1], un recours en annulation suspensif devant le président du tribunal administratif[2]. Ce dernier doit statuer dans les soixante-douze heures, après que l'étranger ait été entendu en audience publique. En cas de rejet, l'étranger peut faire appel, dans le délai d'un mois, devant le président de la cour administrative d'appel. Mais contrairement au recours initial, cet appel n'est pas suspensif : l'étranger peut donc être reconduit à la frontière par la force publique dès après le rejet de son recours initial.

Selon l'interprétation donnée par le Conseil d'État de l'article L. 531-3, certains étrangers sont toutefois privés de ce recours suspensif : il s'agit des étrangers qui ont fait l'objet d'un « signalement aux fins de non-admission » par un État partie à l'accord de Schengen. Les préfets peuvent décider à leur encontre une RALF spéciale, dite « d'office », contre laquelle la seule voie de recours possible est le recours pour excès de pouvoir[3].

Parfois, l'exécution immédiate de l'arrêté de RALF est matériellement impossible, par exemple parce qu'il n'y a pas de place dans les premiers avions en partance pour la destination de l'étranger. Dans ce genre de cas, l'article L. 551-1 permet au préfet d'ordonner la rétention de l'étranger dans des « locaux ne relevant pas de l'administration pénitentiaire », dont l'organisation est régie par un décret du 19 mars 2001. Cette rétention administrative ne peut toutefois durer que quarante-huit heures maximum. Sa prolongation au-delà de ce délai n'est en effet possible, pour une durée supplémentaire de quinze jours maximum, renouvelable une fois, que sur ordonnance du juge (judiciaire) des libertés et de la détention, rendue après audition de l'intéressé. Au total, la rétention de l'étranger en attente d'être reconduit à la frontière ne peut donc en principe jamais dépasser trente-deux jours (deux jours de rétention administrative plus trente jours de rétention judiciaire). Fixée par la loi Sarkozy du 26 novembre 2003 dans un contexte sécuritaire peu favorable aux étrangers, cette durée maxima de rétention paraît excessive, surtout si l'on se rappelle qu'elle n'était auparavant que de douze jours[4]. Certes, le Conseil constitutionnel l'a acceptée, dans sa décision du 20 novembre 2003, en faisant valoir que le juge des libertés et de la détention conserve la possibilité de l'interrompre à tout moment. Mais cette garantie paraît assez théorique, car certains ethnologues ont observé qu'en pratique le « juge du 551-1 » exerce une justice « à l'abattage ». La loi Sarkozy est heureusement moins

---

1. Ce délai est substitué par la loi du 11 mai 1998 au délai de 24 heures, beaucoup trop bref, qu'avait posé la loi du 10 janvier 1990.

2. La loi Joxe du 2 août 1989 voulait que le recours suspensif soit formé devant le président du TGI (avec appel non suspensif devant le premier président de la cour d'appel). Mais sa disposition a été annulée par CC 28 juill. 1989, *AJDA* 1989.619, au motif qu'elle méconnaissait la zone de compétence réservée aux juridictions administratives par la décision CC 23 janv. 1987, *GDCC*.

3. Avis CE 22 mai 1996, Lautaru, *AJDA* 1996.703, concl. Denis-Linton.

4. La France fait malgré tout figure de bon élève de l'UE, car la directive « retour » votée le 18 juin 2008 par le Parlement européen fixe une durée maximale de rétention de dix-huit mois...

critiquable sur un autre point : pour éviter aux étrangers d'être victimes de mauvais traitements pendant leur rétention, elle crée en effet une « Commission nationale de contrôle des centres et locaux de rétention et des zones d'attente » et oblige le procureur de la République à visiter ces locaux au moins une fois par an. Une loi du 30 octobre 2007 crée en plus un « Contrôleur général des lieux de privation de liberté ». Certains centres de rétention connaissent toutefois des problèmes d'insalubrité ou de conception que ces organes de contrôle ne suffiront pas à résoudre [1].

Parfois, cependant, cette rétention administrativo-judiciaire est inadaptée à la situation de l'étranger. C'est le cas lorsque celui-ci est dans l'impossibilité de quitter le territoire français, par exemple parce qu'aucun pays n'accepte de l'accueillir. L'article L. 513-4 permet alors de remplacer la rétention par une assignation à résidence. Cette mesure, qui est prise par le préfet, consiste à astreindre l'étranger à résider dans des lieux qui lui sont fixés, et à se présenter périodiquement aux services de police et de gendarmerie. Confrontée à des décisions d'enfermement arbitraires, la jurisprudence a dû rappeler que l'assignation à résidence ainsi instituée doit s'exercer « dans un lieu ouvert », et non dans « un espace clos » comme l'est par exemple la caserne désaffectée (et entourée de grillages !) de Folembray [2].

4° Malgré ces garanties procédurales, on aurait pu craindre que le pouvoir discrétionnaire du préfet soit exercé avec une sévérité excessive. Ce risque a heureusement été conjuré en grande partie, grâce à l'efficacité du contrôle juridictionnel.

Depuis 1991 [3], le juge administratif accepte en effet d'annuler, en se fondant sur l'article 8 de la Convention européenne de sauvegarde des droits de l'Homme, les arrêtés de RALF qui portent une atteinte excessive à la vie familiale des intéressés, au regard des exigences réelles de l'ordre public. Ce faisant, il exerce un contrôle de proportionnalité qui n'est pas sans rappeler celui qu'il opère dans la jurisprudence Benjamin [4], et qui est d'autant plus étonnant qu'il intervient à propos de la mise en œuvre d'un pouvoir discrétionnaire de l'administration. Grâce à cette transposition audacieuse de la jurisprudence Benjamin en matière de RALF, il contrôle la proportionnalité de l'atteinte portée au droit de l'étranger à une vie familiale normale, par rapport aux exigences de l'ordre public [5].

Par comparaison, sur les points autres que le respect de la vie familiale de l'étranger, le juge n'exerce en revanche qu'un contrôle minimum, simplement étendu

---

1. Cf. CAA Marseille 10 déc. 2007, Mme Slimani *AJDA* 2008.39 : décès au centre de rétention de Marseille, « favorisé » par son « état d'insalubrité générale » et l'absence de toute infrastructure médicale. Cf. aussi *Le Monde* du 23 juin 2008 : incendie volontaire du centre de rétention de Vincennes pour protester contre le décès d'un « retenu » et contre les conditions d'incarcération de ce centre jugé trop grand (le plus grand de France : 280 places).

2. TA Versailles, 6 déc. 1994, Sofiane Naami, *RFDA* 1995.378.

3. CE, Ass., 19 avr. 1991, Babas, *AJDA* 1991.551.

4. CE 19 mai 1933, Benjamin, *GAJA*.

5. Pour se prononcer, le juge recherche notamment si l'intéressé a encore des attaches familiales dans son pays d'origine : si oui, la RALF est en principe validée (cas dans l'affaire Babas, préc.) ; si non, elle est annulée (cf. Ord. prés. section contentieux CE 26 juill. 1991, Hadad, *AJDA* 1991.747 : toute la famille de cet Algérien — parents, frères et sœurs — résidait en France, et non en Algérie). Il tient également compte de l'intensité des liens familiaux que l'étranger a tissés en France (cf. CE 28 sept. 2001, Chelli, *AJDA* 2002.522 : annulation de la RALF d'un Algérien marié depuis moins d'un an à une Française mais dont il attend un enfant).

à l'erreur manifeste d'appréciation, sur l'arrêté de RALF [1]. Éclipsé lors du contrôle du respect de la vie familiale, au nom de l'article 8 de la Convention, le pouvoir discrétionnaire du préfet réapparaît donc ici dans toute sa force.

Un autre apport de la jurisprudence consiste à reconnaître au président de la cour administrative d'appel la possibilité de prononcer la suspension de l'arrêté de RALF [2]. Cette solution offre en effet l'avantage de lui permettre de pallier l'absence de caractère suspensif de l'appel. Grâce à elle, il peut garantir à l'étranger son maintien en France jusqu'à ce qu'il ait statué sur sa requête au fond.

De façon encore plus audacieuse, le Conseil d'État juge également que l'exécution tardive d'un arrêté de RALF devenu définitif constitue un deuxième arrêté de RALF faisant courir à nouveau le délai du recours contentieux lorsque trois conditions sont réunies : I) un retard anormalement long, II) exclusivement imputable à l'administration, III) et pendant lequel un changement de circonstances de fait ou de droit a affecté la situation de l'étranger (par exemple la naissance d'un enfant français) [3]. Il donne ainsi une deuxième chance de rester en France à l'étranger dont la RALF, du fait de la négligence de l'administration, n'a pas été exécutée dans un délai raisonnable.

Avec subtilité, le Conseil d'État précise aussi que l'annulation d'un arrêté de RALF n'implique pas forcément la délivrance d'un titre de séjour, mais qu'elle oblige le préfet à examiner s'il faut en attribuer un à l'étranger concerné, sans attendre que celui-ci en fasse la demande [4].

La jurisprudence a par contre fait preuve de timidité en une autre occasion. Le Conseil d'État refuse en effet d'appliquer à la RALF le droit, pourtant prévu par l'article 24 de la loi du 12 avril 2000 (se substituant à l'article 8 du décret du 28 novembre 1983), de présenter ses observations écrites avant de faire l'objet d'un acte administratif individuel défavorable [5]. Selon la haute juridiction, le législateur aurait entendu déroger à ce droit en instaurant, en faveur des victimes de RALF, d'autres garanties procédurales équivalentes. En réalité, cet argument n'est pas pertinent. Les garanties procédurales existantes (cf. 3°) se situent en effet toujours après la signature de l'arrêté de RALF, alors que le droit de présenter ses observations écrites serait exercé, si on l'admettait, avant cette signature. Le Conseil d'État aurait donc dû considérer que, loin de l'écarter, elles ne faisaient que le compléter.

B. L'obligation de quitter le territoire français

Créée par la loi Sarkozy du 24 juillet 2006, l'obligation de quitter le territoire français (OQTF) est une procédure « trois en un » (art. L. 512-1 et suiv. CESEDA). Elle permet en effet au préfet, lorsqu'il reçoit une demande de délivrance ou de

---

1. CE, Ass., 29 juin 1990, Imambaccus, *AJDA* 1990.746. Cf. aussi CE 1991, Babas, préc. : en l'absence de certificat médical prouvant un danger particulier, pas d'erreur manifeste d'appréciation à décider la RALF d'une femme enceinte.
2. CE, Ass., 29 juin 1990, Engin et Hablani, *AJDA* 1990.744 (deux espèces).
3. CE 1er avr. 1998, Préfet des Yvelines c/Mme Nsonde, *AJDA* 1998.737, à propos d'un retard de trois ans : annulation du 2e arrêté (fictif) de RALF.
4. CE, Sect., 22 févr. 2002, Dieng, *AJDA* 2002.415.
5. CE, Sect., 19 avr. 1991, Préfet de police de Paris c/Demir, *AJDA* 1991.641, concl. contr. Mme Leroy.

renouvellement d'un titre de séjour (ou qu'il envisage spontanément de retirer celui-ci), de décider par un seul et même arrêté de la rejeter (ou de le retirer), d'ordonner l'éloignement de l'étranger concerné, et de choisir le pays de destination. Elle est ainsi beaucoup plus rapide que la RALF, qui ne pouvait être décidée, dans l'hypothèse d'un refus de titre de séjour, qu'un mois après la notification à l'étranger d'une invitation de partir restée sans résultat.

En contrepartie, l'étranger dispose d'un délai d'un mois, à compter de la notification de l'arrêté d'OQTF, pour former un recours suspensif devant le tribunal administratif, alors que ce délai n'est que de quarante-huit heures pour une RALF. Le tribunal doit alors statuer dans un délai de trois mois à compter de sa saisine, ou dans les soixante-douze heures si l'étranger est placé en rétention.

Pour le reste, les catégories d'étrangers protégés et les procédures de rétention et d'assignation à résidence sont les mêmes que pour la RALF.

Malgré tout, l'arrêté d'OQTF est un procédé d'éloignement particulièrement expéditif, d'autant plus que la loi Hortefeux de 2007 dispense sa deuxième composante (l'éloignement) de toute motivation. Dans un avis très important, le Conseil d'État s'est néanmoins efforcé d'en atténuer la brutalité en permettant au juge administratif de diviser les trois composantes de l'OQTF, et de leur réserver éventuellement un sort différencié [1]. L'OQTF a en tout cas immédiatement généré un abondant contentieux [2].

C. L'expulsion

Contrairement à la RALF, qui relève de la compétence des préfets, l'expulsion a longtemps constitué le domaine réservé du ministre de l'Intérieur. Le décret du 13 janvier 1997 a toutefois fait évoluer les choses en confiant l'expulsion ordinaire aux préfets, le ministre de l'Intérieur ne restant compétent qu'en matière d'expulsion en urgence absolue. Cette réticence à accepter la déconcentration s'explique par le fait que l'expulsion a des conséquences beaucoup plus graves que la RALF. L'étranger reconduit à la frontière peut en effet revenir en France assez facilement. Il lui suffit pour cela de réunir les conditions d'entrée définies au § 1, notamment d'obtenir un visa. Au contraire, l'étranger expulsé ne peut pas revenir en France tant que l'arrêté d'expulsion n'est pas abrogé par l'administration, ou annulé par le juge administratif [3], ou frappé de suspension [4]. Cette différence de traitement ne doit pas surprendre. Elle est pleinement justifiée par la nature des motifs de chacun des deux types

1. Avis CE 19 oct. 2007, Hammou et Benebdelhak *AJDA* 2007. 2009.
2. En 2007, 19 000 requêtes ont été déposées devant les TA contre des OQTF, alors que 14 000 l'ont été contre des RALF : *AJDA* 2008.344. Pour un exemple, cf. TA Montpellier, 19 oct. 2007, Sissoko *AJDA* 2007.2388 concl. Baux.
3. CE, Sect., 4 nov. 1994, Al Joujo, *AJDA* 1995.231, concl. Abraham : précise que l'annulation pour excès de pouvoir de l'arrêté d'expulsion a des effets limités dans le temps ; elle ne permet le retour de plein droit de l'étranger en France que pendant la durée de validité du titre de séjour qu'elle a remis en vigueur.
4. Cf. toutefois art. L. 524-1 : si une demande d'abrogation est présentée à l'expiration d'un délai de cinq ans à compter de l'exécution de l'expulsion, elle ne peut être rejetée qu'après avis (non conforme depuis la loi du 24 août 1993) de la commission des expulsions. CE, Sect., 10 avr. 1992, Minin, *AJDA* 1992.373 : ce rejet ne doit pas porter une atteinte excessive au droit à une vie familiale normale. L'article L. 524-2 prévoit (depuis la loi du 26 novembre 2003) un réexamen automatique

d'éloignement. Contrairement à la RALF, qui s'abat sur des individus *a priori* inoffensifs, dont la seule faute est d'être en situation irrégulière, l'expulsion frappe en effet toujours des étrangers dangereux pour l'ordre public [1]. Il est par conséquent logique d'admettre plus facilement le retour en France des premiers que des seconds.

Les régimes juridiques de l'expulsion et de la RALF sont eux-mêmes profondément différents. Ils se rejoignent toutefois à leur stade ultime, lorsqu'il s'agit d'assigner l'étranger à résidence ou de le « retenir » dans un local en attendant qu'on puisse exécuter sa RALF ou son expulsion. Cette rétention obéit en effet exactement aux mêmes règles dans les deux cas : elle ne peut notamment jamais dépasser trente-deux jours (cf. *supra*, A, 3°).

Pour le reste, il n'est pas possible d'étudier plus avant l'expulsion sans faire la distinction entre ses deux catégories : l'expulsion ordinaire (1°) et l'expulsion en urgence absolue (2°).

1° L'expulsion ordinaire est régie par les articles L. 521-1 et suivants du CESEDA. Le préfet a le pouvoir discrétionnaire de la décider lorsque l'étranger concerné constitue une « menace grave pour l'ordre public ». Depuis la loi Sarkozy du 26 novembre 2003, cette condition suffit : il n'est plus nécessaire que l'étranger réside irrégulièrement en France, ou bien qu'il ait été condamné définitivement à une peine au moins égale à un an d'emprisonnement ferme.

Son pouvoir discrétionnaire s'efface toutefois lorsque l'étranger appartient à l'une des catégories protégées, déjà étudiées à propos de la RALF (cf. *supra*, A, 2°). Tous les étrangers protégés contre la RALF le sont en effet également contre l'expulsion ordinaire. Depuis la loi Pasqua du 24 août 1993, cependant, seuls les mineurs sont totalement protégés. À l'encontre des autres étrangers protégés, l'expulsion ordinaire redevient en effet possible soit lorsqu'ils ont été condamnés définitivement à une peine au moins égale à cinq ans d'emprisonnement ou qu'elle constitue une « nécessité impérieuse pour la sûreté de l'État ou la sécurité publique » (art. L. 521-2), soit (s'agissant des étrangers les mieux intégrés, comme par exemple ceux qui résident régulièrement en France depuis plus de vingt ans) lorsque leur comportement est « de nature à porter atteinte aux intérêts fondamentaux de l'État ou lié à des activités à caractère terroriste » ou d'appel à la violence « contre une personne déterminée ou un groupe de personnes » (art. L. 521-3).

Le préfet doit bien entendu respecter certaines garanties procédurales. L'étranger doit tout d'abord être avisé, par un « bulletin » motivé, que la procédure d'expulsion est engagée contre lui. Ce bulletin le convoque devant la commission des expulsions, qui est composée, contrairement à la commission du titre de séjour (cf. *supra*, § 2, B), de deux magistrats judiciaires et d'un magistrat administratif. Cette commission entend alors l'étranger, puis transmet son avis motivé au préfet, qui est libre de ne pas

---

par l'administration, tous les cinq ans, de chaque arrêté d'expulsion non abrogé, mais cette fois sans avis préalable de la commission.

1. Lorsqu'elle frappe un étranger déjà condamné à une peine de prison, l'expulsion est considérée par les associations humanitaires comme une deuxième peine, alors qu'elle s'analyse comme une mesure de police administrative. Sous la pression médiatique, la loi Sarkozy de 2003 a exempté certains étrangers de cette « double peine », sauf dans des cas très graves comme des « activités à caractère terroriste » (art. L. 521-3).

le suivre[1]. Lorsque au terme de cette procédure l'arrêté d'expulsion est pris, il peut être procédé à son exécution immédiate. Deux catégories d'étrangers disposent toutefois du privilège de pouvoir faire retarder l'exécution de leurs arrêtés d'expulsion. Il s'agit des ressortissants de l'UE, auxquels le décret du 21 mars 2007 donne le droit de bénéficier d'un délai d'un mois à compter de l'arrêté d'expulsion, avant qu'il puisse être exécuté ; et des réfugiés politiques, qui peuvent former un recours suspensif contre leurs arrêtés d'expulsion devant la Cour nationale de l'asile[2].

L'expulsion offre cette singularité de permettre au juge administratif de mettre simultanément en application les trois degrés de son contrôle juridictionnel. Il exerce en effet un contrôle minimum sur l'appréciation de la « menace grave à l'ordre public » justifiant l'expulsion[3], sauf si l'expulsé est un ressortissant de l'UE, auquel cas il effectue un contrôle normal[4]. Il opère en revanche un contrôle qu'on peut qualifier de maximum, sur le point de savoir si l'arrêté d'expulsion porte au droit de l'étranger à une vie familiale normale, au sens de l'article 8 de la Convention européenne de sauvegarde des droits de l'Homme, une atteinte excédant ce qui était nécessaire à la défense de l'ordre public[5]. Il exerce enfin un contrôle normal sur le choix fait par l'administration du pays de destination de l'expulsé, choix qu'il considère d'ailleurs comme constituant un acte administratif distinct de l'arrêté d'expulsion, solution qui lui permet d'annuler éventuellement le premier tout en reconnaissant la légalité du second[6].

Le juge administratif accepte également de frapper l'arrêté d'expulsion de suspension. La suspension présente ici cette originalité de pouvoir être prononcée même après que l'expulsion ait été exécutée[7]. Cela s'explique par le fait que l'arrêté

---

1. Loi Pasqua du 24 août 1993, qui reprend sur ce point la loi Pasqua du 9 septembre 1986. Sous l'empire de la loi Joxe du 2 août 1989, l'avis défavorable de la commission liait le ministre, en l'obligeant à renoncer à l'expulsion ; ce système était évidemment beaucoup plus protecteur pour les étrangers.

2. Les réfugiés cumulent donc deux garanties : la comparution devant la commission des expulsions, et le recours suspensif devant la Cour nationale de l'asile : CE, Sect., 27 mai 1977, Pagoaga, *AJDA* 1977.515.

3. CE 3 févr. 1975, Pardov, *AJDA* 1975.143 : le fait d'être sans ressources ne constitue pas une menace grave à l'ordre public. Annulation de l'arrêté pour erreur manifeste d'appréciation.

4. CE 19 nov. 1990, Raso, *AJDA* 1991.325 ; et CAA Douai 18 oct. 2007 W. *AJDA* 2008.308 concl. Lepers. Car les ressortissants de l'UE présentent la particularité de posséder un véritable droit de séjourner en France.

5. CE, Ass., 19 avr. 1991, Belgacem, *AJDA* 1991.551 (à rapprocher de l'arrêt Babas, préc.) : l'expulsé est un Algérien coupable de vols ; mais, né en France, il n'a plus d'attaches en Algérie ; en outre, toute sa famille (12 frères et sœurs) est en France et il en assume la charge ; annulation pour atteinte excessive à la vie familiale. Ord. CE 19 juin 1991, Mekchiche, *AJDA* 1991.746 : pas d'atteinte excessive à la vie familiale, bien que toute sa famille soit en France, vu la gravité des condamnations pénales (vols et attentat à la pudeur, à chaque fois avec violences). Cette jurisprudence Belgacem est la transposition en droit français de la jurisprudence de la CEDH. Cf. J.-F. Flauss *AJDA* 1992.32 et 494. La CEDH a toutefois longtemps été plus généreuse à l'égard des étrangers que le CE : cf. CEDH 26 mars 1992, Beldjoudi, *RFDA* 1993.981 (prenant le contre-pied de CE 19 janv. 1991, Beldjoudi). C'est moins vrai aujourd'hui : CEDH 17 janv. 2006, Mendizabal *RDP* 2007.885.

6. CE, Ass., 6 nov. 1987, Buayi, *AJDA* 1987.765 (décision tirant les conséquences de l'arrêt CEDH 18 déc. 1986, Bozano, *RFDA* 1989.3, qui condamnait les « expulsions dirigées », c'est-à-dire les extraditions déguisées en expulsions, pratiquées par la France). Dédoublement consacré par la loi du 24 août 1993 (art. L. 513-3).

7. CE, Ass., 18 juin 1976, Moussa Konaté, *AJDA* 1976.582.

d'expulsion empêche le retour en France de l'étranger expulsé. À défaut d'être intervenue à temps pour empêcher l'éloignement de l'étranger, la suspension tardive présente donc l'intérêt de permettre son retour en France.

On notera enfin que la Convention européenne de sauvegarde des droits de l'Homme entoure l'expulsion de garanties spécifiques. Son protocole n° 4 interdit en effet à tout État signataire d'expulser ses propres ressortissants, et interdit d'autre part les « expulsions collectives d'étrangers ». Quant à son protocole n° 7, il donne aux étrangers le droit, qui ne peut être écarté qu'en cas de strictes nécessités de l'ordre public, de présenter leur défense avant d'être expulsés. La Cour européenne des droits de l'Homme facilite enfin sa saisine par l'étranger menacé d'expulsion, en estimant que sa requête est recevable même s'il n'a pas épuisé les voies de recours internes [1] ; grâce à cela, elle peut intervenir suffisamment tôt pour demander à l'État expulseur de suspendre l'exécution de l'arrêté d'expulsion [2], en attendant qu'elle se prononce sur le fond de l'affaire.

2° Régie par l'article L. 522-1 du CESEDA, l'expulsion en urgence absolue est beaucoup plus expéditive que l'expulsion ordinaire. Elle permet en effet d'expulser les étrangers sans les faire préalablement comparaître devant la « commission des expulsions », laquelle n'a même pas à être consultée. La principale garantie des étrangers en matière d'expulsion est ainsi écartée. Cette particularité est d'autant plus grande que l'expulsion en urgence absolue peut être prononcée même contre les personnes protégées vis-à-vis de l'expulsion ordinaire et de la RALF (cf. *supra,* A, 2°), sauf s'il s'agit de mineurs. Dès lors, la tentation est grande d'y recourir arbitrairement afin de se débarrasser des gêneurs dont on ne peut obtenir l'éloignement par d'autres voies.

L'ordonnance, qui n'ignore pas ces dangers, a heureusement prévu des garde-fous. Elle ne permet en effet au ministre de l'Intérieur de recourir à ce type d'expulsion qu'en cas d'« urgence absolue », et (uniquement, depuis la loi du 24 août 1993, lorsque la personne visée est un « étranger protégé ») lorsqu'elle constitue une « nécessité impérieuse pour la sûreté de l'État ou pour la sécurité publique » ou (s'agissant d'un étranger « super-protégé » visé par l'article L. 521-3) qu'elle est justifiée par un comportement « de nature à porter atteinte aux intérêts fondamentaux de l'État ». Or le juge administratif exerce un contrôle normal sur l'existence de chacune de ces deux conditions [3]. Il exige en outre que les arrêtés d'expulsion en

---

1. Seules les voies de recours interne « efficaces », c'est-à-dire les recours suspensifs, doivent être épuisées. Mais aucune des voies de recours françaises en matière d'expulsion n'est suspensive, pas même la demande de suspension. Donc aucune n'est jugée « efficace ».

2. Elle le fait essentiellement lorsque l'étranger est susceptible d'être victime, dans l'État de destination, de « traitements inhumains ou dégradants » au sens de l'article 3 de la Convention. C'est d'autant plus efficace que depuis 2003 elle exige des États qu'ils exécutent ses mesures provisoires : CEDH 6 févr. 2003, Mamatkulov c/Turquie, *RGDIP* 2003.601, renversant CEDH 20 mars 1991, Cruz Varas c/ Suède.

3. CE 13 nov. 1985, Zabarte, *R* 321 : terroriste dont la libération est imminente ; conditions remplies (avant la loi du 24 août 1993, les deux conditions étaient cumulatives même à l'égard des étrangers non protégés). CE, Ass., 11 oct. 1991, Ministre de l'Intérieur c/Diouri, *AJDA* 1991.890 : étranger protégé ayant eu des liens avec le terrorisme palestinien en 1975, avec les services secrets libyens en 1985, puis avec l'Irak en 1990 juste avant la guerre du Golfe ; les conditions auraient été réunies si l'expulsion était intervenue pendant la guerre du Golfe ; mais elles ne le sont plus dans la mesure où elle est prononcée plusieurs mois après la fin de la guerre (sursis à exécution).

urgence absolue soient motivés, malgré les termes de la loi du 11 juillet 1979, d'après lesquels les actes individuels défavorables n'ont pas à être motivés en cas d'« urgence absolue »[1]. Ainsi des garanties minimales sont-elles mises en œuvre pour empêcher, autant que faire se peut, le pouvoir du ministre de sombrer dans l'arbitraire.

D. L'extradition

Conçue en tant que mesure d'éloignement, l'extradition est une procédure par laquelle la France remet à un autre État, sur sa demande, un étranger qui y fait l'objet d'une poursuite ou d'une condamnation pénale, pour des faits punissables par la loi française. Elle est essentiellement régie par la loi du 10 mars 1927 (codifiée aux articles 696 et suivants du Code de procédure pénale), mais il faut également tenir compte de la Convention européenne d'extradition du 13 décembre 1957, et de la Convention européenne pour la répression du terrorisme, du 27 janvier 1977[2], respectivement ratifiées par la France en 1985 et 1987. Mesure particulièrement grave, l'extradition ne peut être prononcée que dans le respect d'une procédure draconienne (1°), et fait l'objet d'un contrôle juridictionnel particulièrement approfondi (2°). Mais elle est concurrencée depuis 2004 par le « mandat d'arrêt européen », qui facilite le transfert, entre États membres de l'Union européenne, de personnes poursuivies ou condamnées pénalement (3°).

1° La procédure d'extradition comporte quatre phases, qui font successivement intervenir le ministre des Affaires étrangères, le procureur de la République et le procureur général, la chambre de l'instruction, et enfin le ministre de la Justice.

Le ministre des Affaires étrangères est compétent pour recevoir et examiner la demande d'extradition. Il doit notamment vérifier si elle est accompagnée par deux pièces exigées par la loi de 1927 et par la Convention de 1957 : d'une part l'original ou l'expédition authentique d'un jugement de condamnation ou d'un mandat d'arrêt, d'autre part la copie des dispositions légales applicables au fait incriminé. Lorsque le dossier est complet, il doit ensuite le transmettre au ministre de la Justice, qui le transmet à son tour au procureur de la République territorialement compétent.

Le procureur de la République procède alors à l'arrestation de l'étranger concerné, puis l'interroge dans les vingt-quatre heures de son arrestation. Il transmet ensuite le dossier au procureur général, qui doit à son tour, dans les vingt-quatre heures de sa réception, soumettre l'étranger à un nouvel interrogatoire. Le dossier, accompagné des procès-verbaux des deux interrogatoires, est alors transmis « sur-le-champ » à la chambre de l'instruction (appelée « chambre d'accusation » jusqu'en 2000).

L'étranger comparaît devant elle dans un délai de huit jours maximum à compter de la notification des pièces. L'audience est publique ; le ministère public et l'intéressé, assisté sur sa demande d'un avocat et d'un interprète, sont entendus. Si

1. CE 13 janv. 1988, Abina, *AJDA* 1988.225, concl. Vigouroux : projet d'attentat contre Rika Zaraï = urgence absolue au sens du CESEDA (organiser la comparution devant la commission des expulsions prendrait plusieurs jours), mais non au sens de la loi de 1979 (motiver l'arrêté ne prend que quelques minutes).

2. Publiées à la *RFDA* 1987.593, ainsi que l'accord de Dublin du 4 décembre 1979 par lequel les États de l'UE s'engageaient à appliquer dans leurs relations réciproques les dispositions de la Convention de 1977.

l'étranger consent à être livré, la chambre de l'instruction est obligée d'en « donner acte »[1]. S'il n'y consent pas, elle donne son avis motivé — favorable ou défavorable — sur la demande d'extradition. Le dossier est ensuite envoyé dans les huit jours au ministre de la Justice. Mais sans attendre son intervention, la chambre de l'instruction a pu décider la mise en liberté provisoire de l'étranger.

Acteur final de la procédure d'extradition, le ministre de la Justice ne dispose que d'une marge de manœuvre très réduite. Si l'avis de la chambre de l'instruction est défavorable, il lui est en effet interdit d'accorder l'extradition. Et s'il est favorable, il n'a que le pouvoir de « proposer » au président de la République, qui peut refuser, la signature d'un décret autorisant l'extradition.

Tout est ainsi mis en œuvre pour permettre à l'étranger de se défendre, et pour faire de son décret d'extradition un acte mûrement réfléchi.

2° Mais ces garanties procédurales ne suffisent pas toujours à assurer une protection satisfaisante des personnes menacées d'extradition. C'est pourquoi le contrôle juridictionnel s'est employé à la parachever.

Jusqu'en 1984, la Cour de cassation refusait de contrôler l'avis de la chambre de l'instruction. Constatant que la loi de 1927 disposait que cet avis était « sans recours », elle en déduisait en effet l'impossibilité d'exercer le pourvoi en cassation. Déplorable pour les extradés, cette solution d'incompétence avait poussé le Conseil d'État, au prix d'une louable audace, à exercer ce contrôle à sa place. Tout est heureusement rentré dans l'ordre grâce à un arrêt de 1984[2], par lequel la Cour de cassation a opéré un revirement de jurisprudence. Désormais, elle se reconnaît compétente pour contrôler la légalité externe de l'avis de la chambre de l'instruction.

En dehors de ce domaine précis, tout le champ du contrôle de l'extradition continue néanmoins à relever du Conseil d'État. C'est en 1937 que celui-ci cesse de considérer le décret d'extradition comme un acte de gouvernement, et qu'il accepte de contrôler sa légalité externe dans le cadre du recours pour excès de pouvoir[3]. Puis, à partir de 1977, il accepte également de contrôler sa légalité interne[4]. Depuis 1984, il a toutefois légèrement restreint le champ de son contrôle afin de tenir compte de la nouvelle jurisprudence de la Cour de cassation[5] : en effet, s'il conserve intégralement le contrôle de la légalité interne du décret d'extradition, il abandonne une partie du contrôle de sa légalité externe, celle qui correspond à l'examen de la légalité externe de l'avis de la chambre de l'instruction. Cela signifie que l'illégalité externe de cet avis ne peut plus être invoquée à l'appui du recours pour excès de pouvoir dirigé contre le décret d'extradition. Par cette solution, le Conseil d'État évite d'empiéter sur le domaine de compétence de la Cour de cassation, et contribue ainsi à mettre en place une harmonieuse répartition des rôles[6].

---

1. Mais il ne peut quand même être remis à l'État demandeur qu'après avoir fait l'objet d'un décret d'extradition : CE, Sect., 27 janv. 1995, Mme Voss, *RFDA* 1995.1009.

2. Crim. 17 mai 1984, Doré, *D* 1984.536.

3. CE, Ass., 28 mai 1937, Decerf, *R* 534. Le rejet d'une demande d'extradition n'est pas non plus un acte de gouvernement : CE, Ass., 15 oct. 1993, Royaume-Uni, *AJDA* 1993.886. Le retrait d'un décret d'extradition ne l'est pas non plus : CE 14 déc. 1994, Gouvernement suisse, *AJDA* 1995-56.

4. CE, Ass., 24 juin 1977, Astudillo Calleja, *AJDA* 1977.516 : il s'agit d'un contrôle normal.

5. CE, Ass., 25 sept. 1984, Lujambio Galdeano, *AJDA* 1984.702.

6. La Cour de cassation tend hélas à brouiller les cartes en contrôlant parfois la légalité interne de l'avis. Cf. H. Labayle, *RFDA* 1987.590.

En pratique, le Conseil d'État a su exercer sur les décrets d'extradition un contrôle particulièrement efficace. En matière de légalité externe, il veille notamment à ce qu'ils soient convenablement motivés, par l'application de la loi du 11 juillet 1979[1]. Et sur le plan de la légalité interne, il fait porter son examen sur plusieurs points dont quatre méritent d'être signalés.

Conformément à l'article 4 de la loi de 1927, il vérifie d'abord que l'extradition est bien accordée pour un fait qui serait puni par la loi française d'une peine criminelle ou correctionnelle[2].

Puis il veille au respect du principe d'interdiction des extraditions politiques, posé par l'article 5 de la loi de 1927 (et par la Convention de 1957). Pour être légal, en effet, le décret d'extradition ne doit pas répondre à une demande qui aurait été faite « dans un but politique »[3], ni concerner une infraction à « caractère politique ». Le premier point fait l'objet d'un contrôle très efficace, depuis que le Conseil d'État a dégagé en 1996 le principe fondamental reconnu par les lois de la République « selon lequel l'État doit refuser l'extradition d'un étranger lorsqu'elle est demandée dans un but politique » ; tout traité violant ce principe est en effet écarté[4]. Le deuxième point donne lieu, au contraire, à un contrôle un peu décevant, car sous l'influence de la Convention de 1977 sur la répression du terrorisme, le Conseil d'État estime que les « actes d'une particulière gravité » ne sont jamais des infractions politiques[5]. On peut penser[6] qu'il serait préférable d'adopter une position plus nuancée, prenant en compte la nature du régime politique combattu par l'extradable ; car dans les régimes qui ne sont pas des démocraties libérales, la violence est souvent le seul moyen de défendre ses opinions politiques ; l'acte violent, malgré sa particulière gravité, devrait par conséquent être analysé dans cette hypothèse comme une infraction à caractère politique, insusceptible de justifier l'extradition.

En troisième lieu, le Conseil d'État vérifie que le droit pénal de l'État qui demande l'extradition est conforme à l'« ordre public français », c'est-à-dire aux valeurs fondamentales du droit français. Il s'agit en d'autres termes de veiller à ne pas livrer l'étranger à une justice inhumaine, susceptible par exemple de le soumettre à la torture, de le condamner sans lui permettre de se défendre, ou de lui infliger la peine de mort[7].

---

1. CE, Sect., 17 juin 1983, Affatigato, *AJDA* 1983.486 : annulation du décret qui se bornait à viser, en guise de motivation, l'avis favorable de la chambre d'accusation.
2. CE 21 déc. 1988, Van Hout, *RFDA* 1989.57, concl. Vigouroux : constate que le fait invoqué — le vol en bande organisée — est bien un crime puni par l'article 384 du Code pénal français.
3. CE 1977, Astudillo Calleja, préc. : les vols invoqués par l'Espagne franquiste sont réels ; mais ils ont été commis par un militant républicain condamné pour propagande anti-franquiste et évadé ; l'extradition est donc demandée dans un but politique, même si les vols en eux-mêmes n'ont pas de caractère politique ; annulation du décret d'extradition.
4. CE, Ass., 3 juill. 1996, Koné, *AJDA* 1996. 722.
5. CE, Ass., 7 juill. 1978, Klaus Croissant, *AJDA* 1978.559 : la complicité dans l'exécution d'actes terroristes (bande à Baader) n'est pas une infraction politique. CE 1984, Lujambio Galdeano, préc. : même solution à propos d'assassinats commis pour l'indépendance du pays Basque (ETA). CE, Sect., 27 févr. 1987, Trincanato, *RFDA* 1987.607 : même solution pour un vol à main armée et une séquestration.
6. Comme le font J. E. Schoettl et S. Hubac, *AJDA* 1984.674.
7. CE, Sect., 27 févr. 1987, Fidan, *D* 1987.307, concl. Bonichot : annulation du décret d'extradition, car l'État demandeur (Turquie) n'exclut pas l'application de la peine de mort. Solution contraire lorsque l'État s'engage, de façon crédible, à ne pas appliquer la peine de mort à l'extradé : CE, Ass.,

Enfin, le Conseil d'État dégage des « principes généraux du droit de l'extradition » dont il impose le respect aux décrets d'extradition. Ce sont essentiellement le principe selon lequel le système judiciaire de l'État demandeur doit respecter les « droits et libertés fondamentaux de la personne humaine »[1], et le principe interdisant de remettre un réfugié aux autorités de son pays d'origine[2].

Le système de protection ainsi édifié par le juge est, on le voit, impressionnant. Quelques brèches subsistent pourtant, dans lesquelles l'arbitraire gouvernemental trouve parfois à s'exercer. C'est ainsi que rien n'interdit de prendre un décret d'extradition dans les heures qui suivent l'avis favorable de la chambre de l'instruction, puis de l'exécuter dans la nuit même[3], afin de rendre inefficace le recours au Conseil d'État. Dans d'autres hypothèses, la supériorité des traités d'extradition sur la loi de 1927, découlant de l'article 55 de la Constitution, aboutit parfois à substituer aux garanties légales des dispositions internationales beaucoup moins protectrices, et à priver l'extradé de certains des éléments habituels du contrôle juridictionnel[4]. Cette dernière remarque, surtout, doit inciter à la réflexion. Car elle montre que, contrairement à une idée reçue, la pénétration du droit international ne marque pas nécessairement un progrès pour le droit des libertés publiques.

3° L'intégration communautaire n'est pas, elle non plus, toujours un gage de progrès pour le droit des libertés publiques, comme en témoigne la création du « mandat d'arrêt européen ». Mis en place par une loi du 9 mars 2004 (CPP, art. 695-11 et s.), le mandat d'arrêt européen est défini par la décision-cadre européenne du 13 juin 2002, qu'elle transpose, comme « une décision judiciaire émise par un État membre (de l'Union européenne) en vue de l'arrestation et de la remise par un (autre) État membre d'une personne » poursuivie ou condamnée pénalement. Ayant, comme on le voit, un objet quasiment identique à celui de l'extradition, il se distingue toutefois de celle-ci par sa procédure, beaucoup plus rapide. Contrairement à la demande d'extradition, la demande de « remise » ne transite pas, en effet, par le gouvernement, mais s'opère directement de juge à juge. Côté français, c'est le procureur général territorialement compétent qui la reçoit. Il la transmet alors à la chambre de l'instruction, qui décide (sous réserve d'un éventuel pourvoi en cassation) de la « remise » après avoir entendu la personne concernée. À

---

15 oct. 1993, Dame Joy Davis-Aylor, *AJDA* 1993.887 (Texas), et CE 6 nov. 2000, Nivette, *RFDA* 2001.1037 (Californie). Par comparaison, sont conformes à l'O.P. français : la collecte de preuves par écoutes téléphoniques (CE, Ass., 8 mars 1985, Garcia Henriquez, *RDP* 1985.1130, concl. Genevois), et la procédure italienne de jugement par contumace (CE, Sect., 27 févr. 1987, Trincanato, *RFDA* 1987.601, concl. cont. Bonichot, et CE Ass. 18 mars. 2005, Battisti, *AJDA* 2005.630 : arrêts controversés, car la procédure italienne est expéditive).

1. CE, Ass., 1984, Lujambio Galdeano, préc. Cf. aussi CE 14 déc. 1987, Murgoitio, *RFDA* 1989.56, avouant que ce PGD est inspiré de la Convention EDH de 1950. Et CE 13 oct. 2000, Kozirev, *RFDA* 2001.1042, annulant au nom de ce PGD le décret extradant un malade vers la Russie, compte tenu des mauvaises « conditions de détention » dans ce pays.

2. CE, Ass., 1er avr. 1988, Bereciartua-Echarri, *GAJA* : PGD inspiré de la Convention de Genève sur les réfugiés.

3. Comme cela a été fait dans la célèbre affaire Klaus Croissant, préc.

4. Cf. par exemple CE 23 oct. 1991, Cirizar et Watts (2 arrêts), *AJDA* 1992.82, note (éclairante) Julien-Laferrière : jugent notamment que la Convention européenne d'extradition de 1957 rend inapplicable, vis-à-vis des États signataires, l'article 5-2° de la loi de 1927, relatif aux demandes présentées « dans un but politique » ; le contrôle inauguré par l'arrêt Astudillo Calleja (préc.) n'a donc pas lieu d'être effectué vis-à-vis d'eux. Solution heureusement renversée par l'arrêt Koné (préc.).

ce stade, la procédure du mandat d'arrêt européen ressemble donc beaucoup à celle de l'extradition. Mais elle s'en éloigne à nouveau dans sa partie finale, dans la mesure où le procureur général exécute directement la remise décidée par la chambre de l'instruction, sans qu'il soit besoin de solliciter un décret d'extradition, ce qui est d'autant plus inquiétant que dans un très grand nombre de cas énumérés par la décision-cadre (qui recoupent la plupart des infractions punissables d'au moins trois ans de prison) la chambre de l'instruction perd tout pouvoir d'appréciation et se voit contrainte de prononcer la remise (cf. CPP, art. 695-23). L'Union européenne semble ainsi avoir délibérément sacrifié l'intérêt des justiciables sur l'autel de la coopération judiciaire européenne.

Parvenu au terme de cette étude du régime juridique de la liberté d'aller et venir, l'observateur ne peut qu'être frappé par l'étrange contraste qui oppose à son régime général, stable et consensuel, le régime spécial propre aux étrangers, sans cesse remanié au gré de l'alternance politique.

Ce phénomène d'instabilité est relativement nouveau, puisque les grandes secousses qui ont affecté le droit des étrangers se sont produites en 1981, 1986, 1989, 1993, 1997, 1998, 2003, 2006 et 2007 [1]. Il est la conséquence directe de la crise économique et du chômage, qui ont invité l'opinion publique française à repenser la question de l'immigration.

Sa signification est extrêmement importante du point de vue des libertés publiques. L'hésitation sur la conduite à tenir à l'égard des immigrés traduit en effet une hésitation beaucoup plus profonde, de nature proprement philosophique. On peut la formuler par cette question : faut-il renoncer à l'idéologie universaliste de 1789, héritée du christianisme et des Lumières, pour se replier vers les valeurs — moins généreuses mais pas forcément méprisables pour autant — du nationalisme ?

Chacun, certes, usera de sa liberté d'opinion pour formuler sa réponse personnelle. Les jusnaturalistes asséneront comme d'habitude leur vérité révélée, dont le contenu variera d'ailleurs du tout au tout selon l'école dont ils se réclameront, cependant que les adeptes du positivisme juridique jureront de tirer leur solution de la Constitution, et rien que de la Constitution. Mais la seule réponse qui comptera sera celle que choisira la société française elle-même, réponse qu'aucun obstacle, pas plus aujourd'hui qu'en 1789, ne pourra empêcher de devenir le droit de demain...

---

1. Les lois Debré de 1997 et Chevènement de 1998 semblaient toutefois traduire l'émergence d'un consensus entre les principaux partis politiques français, sur la nécessité de trouver un équilibre raisonnable entre les droits des étrangers et les exigences de l'ordre public. Mais ce consensus s'est progressivement effrité depuis 2003.

BIBLIOGRAPHIE SÉLECTIVE

- **Sur la liberté d'aller et venir dans son ensemble**

H. LABAYLE, « La libre circulation des personnes dans l'Union européenne, de Schengen à Amsterdam », *AJDA* 1997.923.

- **Sur la liberté de circulation automobile**

P. BON, *La Police du stationnement et de la circulation*, Sirey, 1981 (ouvrage fondamental).

J. BUISSON, *JCA* n°s 205 et 207.

R. CHAPUS, *Droit administratif général*, Montchrestien, t. 2, 15e éd., 2001, n°s 580 et suivants (bonne synthèse sur les principes de liberté, d'égalité et de gratuité d'utilisation des voies publiques).

P. CHAMBON, « L'ouverture forcée du coffre des automobiles », *JCP* 1980, n° 2983.

M. GUILLAUME, « Le permis de conduire à points », *RFDA* 1993.124 (étude très complète, reproduisant en annexe l'éclairante circulaire du 23 novembre 1992).

N. POULET-GIBOT LECLERC, « La suspension administrative du permis de conduire », *RFDA* 1992.112 (plaidoyer solidement argumenté contre la suspension administrative).

J. PRADEL, « Un pari sur la dissuasion avec la loi du 10 juillet 1987 renforçant la lutte contre l'alcool au volant », *D* 1987.251.

L. SEBAG, « L'évolution d'une sanction hybride : le retrait du permis de conduire », *D* 1975.229.

C. TEITGEN-COLLY, « Le principe de gratuité de la circulation », *RDP* 1982.1081.

- **Sur la liberté de circulation des « gens du voyage »**

E. AUBIN, « L'accueil des gens du voyage par les communes de plus de 5 000 habitants », *AJDA* 1996.965.

E. AUBIN, « L'accueil des gens du voyage », *AJDA* 2000. 822 (commentaire de la loi du 5 juillet 2000).

E. AUBIN, *La commune et les gens du voyage*, Berger-Levrault 2e éd. 2005.

M. BOUTET, « Les hésitations du droit français relatif aux nomades », *RDP* 1986.169 (intéressante réflexion sur l'ambiguïté de ce droit).

C. LAVIALLE, « La circulation et le stationnement des gens du voyage », *JCP* 1992, n° 3566 (brève et utile description du droit applicable).

C. LE BERRE, « Les gens du voyage : une catégorie ambiguë, source de discrimination indirecte », *RDP* 2008.891 (critique et bien documenté).

H. MOUTOUH, *Les Tsiganes*, Flammarion, 2000 (passionnant).

- **Sur la liberté d'aller et venir des étrangers dans son ensemble**

V. FABRE-ALIBERT, « Réflexions sur le nouveau régime juridique des étrangers en France », *RDP* 1994.1165 (bilan des récessions et des progrès récents).

L. FALACHO, *La protection des étrangers par le juge administratif français*, thèse Le Havre, 1999.

B. GENEVOIS, « Un statut constitutionnel pour les étrangers », *RFDA* 1993.871 (commentaire de CC 13 août 1993) ; et « Le Conseil constitutionnel et les étrangers », *Mélanges Robert*, Montchrestien, 1998, p. 253.

GISTI, revue *Plein droit.*

N. GUILLET, « Le(s) droit(s) des étrangers », dans *Crises sociales et droits fondamentaux de la personne humaine en 2005 et 2006* (dir. G. Lebreton), L'Harmattan 2008 (très complet sur la période 2005-2006).

N. GUIMEZANES, « L'arrêt de l'immigration en France ? », *JCP* 1994, n° 3728 (commentaire de la loi du 24 août 1993).

N. GUIMEZANES, « Commentaire d'une loi dont la mort est annoncée », *JCP* 1997, n° 4040 (sur la loi du 24 avril 1997).

N. GUIMEZANES, « La loi du 11 mai 1998 », *JCP* 1998, n° 180.

N. GUIMEZANES, « La loi du 24 juillet 2006 », *JCP* 2006, n° 167.

F. JULIEN-LAFERRIÈRE, *Droit des étrangers*, PUF, 2000 (manuel de référence).

F. JULIEN-LAFERRIÈRE, « Le mythe de l'immigration zéro », *AJDA* 1994.83 (commentaire des lois du 24 août 1993 et du 30 décembre 1993).

F. JULIEN-LAFERRIÈRE, « Le droit des étrangers » (sur les lois de 1997 et 1998), dans *L'évolution des droits fondamentaux de la personne humaine en 1997 et 1998* (dir. G. Lebreton), L'Harmattan, 2000, p. 79.

F. JULIEN-LAFERRIÈRE, « Ordre public et droit des étrangers », dans *L'ordre public* (dir. M.-J. Redor), Bruylant, 2001, p. 285 ; et « La garantie juridictionnelle des droits des étrangers », *CRDF* 2002.65 (intéressantes réflexions de synthèse).

F. JULIEN-LAFERRIÈRE, « Une modification d'ampleur de l'ordonnance du 2 novembre 1945 », *AJDA* 2004.260 (commentaire de la loi du 26 novembre 2003).

O. LECUCQ, « La loi du 20 novembre 2007 », *AJDA* 2008.141.

D. LOSCHAK, *Étrangers, de quel droit ?*, PUF, 1985.

D. LOSCHAK, « Condition des étrangers en France », *JC DIP* n° 525 A.

L. RICHER, *Le Droit de l'immigration*, PUF, « Que sais-je ? », n° 2303.

M.-C. ROUAULT, « Commentaire des lois du 24 août 1993 et du 30 décembre 1993 », *ALD* 1994.101.

V. TCHEN, *Le Droit des étrangers*, Flammarion, 1998 (succinct mais intéressant).

C. TEITGEN-COLLY et F. JULIEN-LAFERRIÈRE, « La loi du 11 mai 1998 », *AJDA* 1998.922 et 1001.

X. VANDENDRIESSCHE, *JCA* n° 234 à 237 et 1156-1157.

• **Sur l'entrée et le séjour des étrangers**

C. BONNOTTE, « La contestation des décisions de maintien en rétention administrative et en zone d'attente devant le juge judiciaire et le juge administratif », *AJDA* 2004.694.

D. CATTEAU, « Le contrôle des régularisations exceptionnelles, entre fait majoritaire et fait du prince », *AJDA* 2007.403 (intéressant).

Dossiers « Problèmes actuels du droit des étrangers », *RFDA* 1995.85 et 1997.241.

B. GENEVOIS, « L'entrée des étrangers en France : le rappel des exigences constitutionnelles », *RFDA* 1992.185 (analyse fouillée de CC 25 février 1992).

F. JULIEN-LAFERRIÈRE, « De l'application des accords de Schengen au statut des zones d'attente », *AJDA* 1992.656 (commentaire très critique des lois du 26 février 1992 et du 6 juillet 1992).

F. JULIEN-LAFERRIÈRE, « Les étrangers ont-ils droit au respect de leur vie familiale ? », *D* 1992.291.

H. LABAYLE, « Le droit de l'étranger à mener une vie familiale normale, lecture nationale et exigences européennes », *RFDA* 1993.511.

D. LOSCHAK, « L'entrée et le séjour des étrangers en France : une législation sous influence », *AJDA* 1989.586 (article fondamental sur la loi du 2 août 1989).

B. NÉEL, « L'accord de Schengen », *AJDA* 1991.659.

J.-C. PEAUCELLE, « L'immigration et la libre circulation des personnes en Europe : enjeux et perspectives », *RFDA* 1990.516 (sur Schengen).

X. PRÉTOT, « La régularisation de la situation des étrangers dépourvus de titre de séjour », *RDP* 1997.1217.

J. RUBELLIN-DEVICHI, « La justice et les mariages blancs », *RFDA* 1993.166 (très complet).

- **Sur le droit d'asile et le statut de réfugié**

D. ALLAND et C. TEITGEN-COLLY, *Traité du droit d'asile*, PUF, 2002.

F. BONNOT, « Les PGD applicables aux réfugiés et le principe de l'unité de famille », *RDP* 1996. 1379.

C.-A. CHASSIN « Le droit d'asile », dans *L'évolution des droits fondamentaux de la personne humaine en 1997 et 1998* (dir. G. Lebreton), L'Harmattan, 2000, p. 95 (sur la loi du 11 mai 1998).

Dossier sur « La situation juridique du demandeur d'asile à l'Étranger », *RFDA* 1993.272, 557 et 767 (études de droit comparé).

J. FOUGEROUSE et R. RICCI, « Le contentieux de la reconnaissance du statut de réfugié devant la Commission des Recours des Réfugiés », *RDP* 1998.179.

B. GENEVOIS, « La liberté individuelle, le droit d'asile et les conventions internationales », *RFDA* 1987.120.

F. JULIEN-LAFERRIÈRE, « Commentaire de la loi du 2 juillet 1990 relative à l'OFPRA et à la Commission des recours », *AJDA* 1990.601 (intéressant en ce qu'il montre l'insuffisance de la réforme).

H. LABAYLE, « Le droit d'asile en France : normalisation ou neutralisation », *RFDA* 1997.242.

F. LUCHAIRE, « Le droit d'asile et la révision de la Constitution », *RDP* 1994.5.

C. NOREK et F. DOUMIC-DOUBLET, *Le Droit d'asile en France*, PUF, « Que sais-je ? », 1989.

C. NOREK, « Le droit d'asile en France dans la perspective communautaire », *RFDA* 1989.200.

P. SEGUR, *La crise du droit d'asile*, PUF, 1998 (réflexion historique et théorique). Soc. française pour le droit international, *Droit d'asile et des réfugiés*, Pedone, 1997.

C. TEITGEN-COLLY, « Le droit d'asile : la fin des illusions », *AJDA* 1994.97 (le point sur la dégradation du droit d'asile) ; et « L'asile ou le dévoiement d'un droit », *Mélanges Lochak*, LGDJ 2007.145.

F. TIBERGHIEN, *La Protection des réfugiés en France*, Economica, 2e éd., 1988 (ouvrage particulièrement critique sur l'inefficacité du droit d'asile).

D. TURPIN, « La loi du 10 décembre 2003 relative au droit d'asile », *D* 2004.1034 (dénonce la « dégradation » du droit d'asile provoquée par l'« alignement européen »).

- **Sur l'éloignement des étrangers**

R. Baclet-Hainque, « Le Conseil d'État et l'extradition en matière politique », *RDP* 1991.197.

F. Benoît Rohmer, « Reconduite à la frontière : développements récents », *RDP* 1994.429 (souligne l'affaiblissement des garanties offertes aux étrangers).

J. Boucher et B. Bourgeois-Machureau, « Le contentieux des OQTF : bilan d'étape », *AJDA* 2008.344.

Dossier « Nouvelles données du droit de l'extradition », *RFDA* 1985.143.

Dossier « La liberté de quitter le territoire », *RFDA* 1993.567 (intéressant sur le « visa de sortie »).

B. Genevois, « Le Conseil d'État et le droit de l'extradition », *EDCE* 1982-1983.31.

F. Julien-Laferrière, « Extradition et dualité de juridiction », *D* 1985.137.

H. Labayle, « Progrès et difficultés du droit administratif français de l'extradition », *RFDA* 1987.578 (article éclairant sur les évolutions survenues au cours des années 80).

H. Labayle, « Le juge et le droit administratif de l'extradition face aux logiques de l'entraide répressive internationale », *RFDA* 1994.21 (sur la jurisprudence des années 90).

H. Labayle, « Le contrôle contentieux des expulsions dirigées », *RFDA* 1989.3 (sur les suites de l'affaire Bozano).

H. Manciaux, « La réforme de la reconduite à la frontière par la loi du 26 novembre 2003 : l'imbroglio juridique demeure », *AJDA* 2004.1904.

J. Pradel, « Le mandat d'arrêt européen. Un premier pas vers une révolution copernicienne dans le droit français de l'extradition », *D* 2004.1392 (très complet mais trop pro-européen).

I. de Silva, « La protection des droits fondamentaux par le juge administratif de l'extradition : progrès et rupture », *Mélanges Labetoulle*, Dalloz 2007.763 (article fondamental sur l'extradition et le mandat d'arrêt européen).

Chapitre 4

Le droit à la sûreté

Le droit à la sûreté est le droit de ne pas être détenu arbitrairement. L'Ancien Régime, malgré les quelques garanties octroyées par des ordonnances royales de 1570, 1667 et 1670, ne parvint jamais à en assurer le respect. Source de toute justice, le roi de France avait en effet le pouvoir, dont Louis XIV usa contre Fouquet, de confier le jugement de ceux dont il voulait la perte à des juridictions spéciales, composées de commissaires entièrement à ses ordres. Il pouvait aussi ordonner l'incarcération sans jugement de qui bon lui semblait, grâce aux « lettres de cachet » dont l'une des plus célèbres victimes fut Mirabeau. Ces manifestations de l'arbitraire royal, bien qu'elles fussent plus spectaculaires que fréquentes, furent dénoncées avec véhémence par les maîtres à penser du siècle des Lumières, notamment par Voltaire et Montesquieu. Retenant la leçon, les hommes de la Révolution firent du droit à la sûreté l'un des quatre « droits naturels » proclamés par la Déclaration de 1789.

De 1791 à 1870, toutes les constitutions françaises reprirent le flambeau, en garantissant l'existence du droit à la sûreté. Mais dans la réalité, aucune ne fut respectée. Tous les régimes politiques de l'époque rivalisèrent en effet d'imagination pour violer le principe qu'ils avaient posé. Jugements expéditifs [1] et incarcérations sans jugement [2] se succédèrent ainsi au gré des caprices des puissants.

Ce n'est qu'avec les Troisième et Quatrième Républiques que le droit à la sûreté devint enfin une réalité. Paradoxalement, les lois constitutionnelles de 1875 le passaient pourtant sous silence, cependant que la Constitution de 1946 se bornait, sans plus de précision, à renvoyer aux droits proclamés par la Déclaration de 1789. Cette consécration imprévue, qui fut essentiellement l'œuvre du législateur [3], connut cependant quelques éclipses lors des périodes troublées de notre histoire [4].

Plus encore que ses devancières, la Cinquième République a clairement affiché sa volonté de respecter le droit à la sûreté. La Constitution de 1958 affirme en effet, dans

---

1. Cf. notamment Tribunal révolutionnaire de la Convention, « cours prévôtales » de la Restauration, et « commissions mixtes » du Second Empire. Cf. première partie, titre II.

2. Notamment des familles des « émigrés » par le Directoire, des opposants à l'Empire par Napoléon Ier, des socialistes de 1848 par Cavaignac, et des républicains par Napoléon III. La monarchie de Juillet elle-même, pourtant réputée plus respectueuse du droit à la sûreté, a organisé l'internement préfectoral des « aliénés » (L. 30 juin 1838).

3. Notamment loi du 5 juin 1895 sur la réparation des erreurs judiciaires, loi du 8 décembre 1897 consacrant le droit de l'inculpé d'être assisté d'un conseil dès sa première comparution devant le juge d'instruction, et loi du 31 décembre 1957 adoptant le Code de procédure pénale.

4. Les Communards de 1871 et les soldats pacifistes de 1917 furent ainsi victimes de conseils de guerre particulièrement expéditifs. Le capitaine Dreyfus ne fut pas mieux traité en 1894. Quant à l'internement administratif, il fut pratiqué — parfois dans des camps — par la IIIe République agonisante (Décr.-L. 18 nov. 1939), par le régime de Vichy (notamment L. 3 sept. 1940, 4 oct. 1940 son article 66, que « nul ne peut être arbitrairement détenu » ; et son préambule, en maintenant en vigueur la Déclaration de 1789, confère valeur constitutionnelle aux deux articles par lesquels celle-ci consacre le droit à la sûreté : l'article 2, qui le mentionne expressément, et l'article 7, aux termes duquel « Nul homme ne peut être accusé, arrêté ni détenu que dans les cas déterminés par la loi et selon les formes qu'elle a prescrites ». C'est par conséquent sans susciter aucune surprise que le Conseil constitutionnel a reconnu la valeur constitutionnelle du droit à la sûreté [1]. Ce droit est également consacré, en des termes proches de ceux utilisés par la Déclaration de 1789, par l'article 9 du pacte onusien de 1966 relatif aux droits civils et politiques, et surtout par l'article 5 de la Convention européenne de sauvegarde des droits de l'Homme. Enfin, plusieurs dispositions législatives ont spécialement été votées pour garantir la protection effective du droit à la sûreté [2], ainsi que pour réparer ses violations éventuelles [3]. Grâce à cet arsenal juridique, le droit à la sûreté est protégé de façon relativement efficace sous la Cinquième République, même s'il a parfois été violé de façon particulièrement grave [4].

Cette attention portée au droit à la sûreté se justifie pleinement. Ce droit revêt en effet une importance particulière dans une société démocratique [5]. Car en proscrivant toute détention arbitraire, il permet aux individus de vivre libres, et d'exercer l'ensemble des autres libertés, tant publiques que politiques. En ce sens, le droit à la sûreté mérite ainsi d'être considéré comme le bouclier des autres libertés. On comprend dès lors pourquoi on l'appelle traditionnellement, dans un raccourci saisissant, « la liberté individuelle [6] ».

Tel qu'il est éclairé par l'article 5 de la Convention européenne, le droit à la sûreté se subdivise en deux droits distincts et complémentaires.

Le premier est le droit de toute personne arrêtée de se défendre afin de recouvrer la liberté. Il implique notamment le droit d'être informé de la cause de l'arrestation, le droit d'être traduit « aussitôt » devant un juge, le droit d'être jugé « dans un délai

---

et 2 juin 1941), par la Libération (Ord. 4 oct. 1944), et par la IVe République (L. 3 avr 1955 et Décr. 17 mars 1956).

1. La décision la plus claire est CC 13 août 1993, Maîtrise de l'immigration (§ 3, 100 et 114), *RFDA* 1993.887.

2. Notamment loi du 17 juillet 1970 « tendant à renforcer la garantie des droits individuels des citoyens », et lois du 4 janvier et du 24 août 1993 portant réforme de la procédure pénale.

3. CPP, art. 136 (possibilité d'action en responsabilité civile contre l'agent responsable d'une détention irrégulière) ; NCP, art. 224-1 et s. (répression pénale de la séquestration) ; NCP, art. 432-4 et s. (répression pénale des privations illégales de liberté commises par des personnes dépositaires de l'autorité publique) ; loi du 17 juillet 1970 (réparant les détentions provisoires injustifiées) ; loi du 5 juillet 1972 (réparant les fautes lourdes commises dans le fonctionnement du service public de la justice) ; loi du 23 juin 1989 (réparant l'erreur judiciaire).

4. Tantôt en application de l'état d'urgence (Ord. 15 avr. 1960, mod. L. 3 avr. 1955), tantôt en application de l'article 16 de la Constitution (cf. CE 2 mars 1962, Rubin de Servens, *GAJA*), nombreux ont été les internements administratifs et les jugements expéditifs pendant la guerre d'Algérie. Par la suite, la Cour de sûreté de l'État, créée par la loi du 15 janvier 1963, a sévi jusqu'en 1981.

5. Comme le souligne l'arrêt CEDH 18 juin 1971, De Wilde.

6. Cf. par exemple article 60 de la Constitution de l'an XII, et article 4 de la Charte de 1814. Cette expression a le mérite de rappeler que le droit à la sûreté est une authentique liberté-résistance, et non un droit-créance. Jusqu'en 1999, le CC l'utilisait toutefois en lui assignant un sens plus large, qui englobait non seulement le droit à la sûreté mais aussi plusieurs autres libertés : CC 12 janv. 1977, Fouille des véhicules, *GDCC*, CC 13 août 1993, préc.

raisonnable », et le droit d'introduire un recours devant un tribunal indépendant. Il implique également le droit à l'assistance d'un avocat[1]. Sous ce premier aspect, le droit à la sûreté débouche donc nécessairement, sous peine d'être vidé de son sens, sur le « droit à un procès équitable[2] » protégé par l'article 6 de la Convention. Bien que distinct du droit à la sûreté, puisqu'il s'applique à tous les justiciables accusés pénalement ou dont les « droits et obligations de caractère civil » sont contestés, et non aux seules personnes arrêtées, ce droit-créance le complète en effet admirablement en impliquant le droit d'être jugé par un tribunal indépendant et impartial, la publicité des débats, la durée raisonnable de la procédure, le droit à la présomption d'innocence, le principe de « l'égalité des armes » entre les parties, et le principe du contradictoire.

Le second est le droit de toute personne de n'être arrêtée ou placée en détention que « selon les voies légales », et seulement dans l'un des six cas limitativement énumérés par l'article 5 :

– détention résultant d'une condamnation par un tribunal compétent ;

– détention pour insoumission à une ordonnance rendue par un tribunal, ou pour « garantir l'exécution d'une obligation prescrite par la loi » (hypothèse imprécise et donc dangereuse, que la Cour européenne dissuade heureusement d'utiliser) ;

– détention de l'individu soupçonné, pour des raisons plausibles, d'avoir commis ou de vouloir commettre une infraction, en vue de le conduire devant l'autorité judiciaire compétente (hypothèse de la rétention pour contrôle d'identité, de la garde à vue et de la détention provisoire) ;

– détention d'un mineur décidée pour son placement en éducation surveillée ;

– détention d'une personne susceptible de propager une maladie contagieuse, d'un aliéné, d'un alcoolique, d'un toxicomane ou d'un vagabond ;

– détention d'un étranger en vue de son refoulement ou de son éloignement du territoire national.

C'est évidemment ce droit de n'être arrêté ou placé en détention que dans des hypothèses déterminées qui forme le cœur du droit à la sûreté. En France, le juge judiciaire, considéré par l'article 66 de la Constitution comme le « gardien de la liberté individuelle », joue un rôle essentiel dans les divers cas légaux de placement en détention. Il est en effet chargé tantôt de contrôler les placements en détention (section 1), tantôt de les prononcer lui-même (section 2).

Section 1
Les détentions légales contrôlées par le juge judiciaire

Malgré l'article 66 de la Constitution, le juge administratif concurrence parfois le juge judiciaire en se reconnaissant compétent pour contrôler la légalité de certaines détentions. C'est notamment le cas pour la rétention en « chambre de sûreté » de toute

1. Droit à valeur constitutionnelle dégagé par Ass. plén. 30 juin 1995, *D* 1995.513. Découle également de l'article 6 de la Convention selon CEDH 25 sept. 1992, Pham Hoang, *RUDH* 1993.277.

2. Selon la terminologie consacrée par l'arrêt CEDH 21 févr. 1975, Golder.

personne trouvée en état d'ivresse dans un lieu public, autorisée par l'article L. 3341-1 du Code de la santé publique, qu'il analyse à juste titre comme une mesure de police administrative [1] ; son caractère préventif est en effet prouvé par le fait que la personne ne peut être retenue que « jusqu'à ce qu'elle ait recouvré la raison ».

Dans l'ensemble, toutefois, et conformément à l'interprétation de l'article 66 donnée par le Conseil constitutionnel [2], c'est le juge judiciaire qui est chargé de contrôler la légalité des détentions. Cela se vérifie, comme on l'a vu (cf. chapitre 3), en ce qui concerne la rétention administrative des étrangers qui sont dans l'attente de leur refoulement ou de leur éloignement ; car cette rétention est placée sous le contrôle du procureur de la République, et ne peut être prolongée que par ordonnance du juge des libertés et de la détention. Mais cela se vérifie également en ce qui concerne les contrôles d'identité (§ 1), la garde à vue (§ 2) et l'hospitalisation des personnes atteintes de troubles mentaux (§ 3). On notera toutefois que ce contrôle du juge judiciaire est désormais complété, depuis la loi du 30 octobre 2007, par le rôle de surveillance de l'ensemble des lieux d'enfermement dévolu à une nouvelle autorité administrative indépendante : le « Contrôleur général des lieux de privation de liberté » [3].

§ 1. Les contrôles d'identité

Deux types de contrôles d'identité sont prévus par le Code de procédure pénale : le contrôle de police judiciaire et le contrôle de police administrative (A). Tous deux concernent le droit à la sûreté dans la mesure où ils peuvent déboucher sur la rétention de la personne contrôlée (B).

A. Les deux types de contrôles d'identité

1° Le contrôle de police judiciaire (CPP, art. 78-2, al. 1) existe depuis longtemps. Il permet aux officiers ou aux agents de police judiciaire de contrôler l'identité de toute personne « à l'égard de laquelle existent une ou plusieurs raisons plausibles de soupçonner : qu'elle a commis ou tenté de commettre une infraction ; ou qu'elle se prépare à commettre un crime ou un délit (...) ». Son caractère répressif est donc nettement accusé.

Ce type de contrôle, on l'aura noté, ne peut être pratiqué que s'il existe une « raison plausible » (un « indice », jusqu'à la loi du 18 mars 2003) laissant deviner ou présager une infraction. Afin d'éviter l'arbitraire policier, la Cour de cassation a indiqué que l'indice ne peut justifier le contrôle que s'il est suffisamment sérieux [4]. Ainsi, un simple soupçon fondé subjectivement sur le seul aspect d'une personne, ou sur un

---

1. CE 25 oct. 2002, Conseil nat. de l'ordre des médecins, *AJDA* 2002.1153. C'est aussi le juge administratif qui est compétent pour sanctionner l'illégalité des « consignations » des passagers clandestins à bord des navires dont ils veulent débarquer : TC 12 mai 1997, Préfet de police de Paris c/TGI de Paris, *AJDA* 1997.575 (arrêt très controversé).

2. CC 12 janv. 1977, Fouille des véhicules, *GDCC*.

3. Cf. *supra*, première partie, titre 3, chapitre 3, section 1, § 2.

4. Crim. 13 janv. 1986, *RSC* 1987.193 : constitue un indice suffisamment sérieux l'attitude de trois individus rôdant pendant une demi-heure dans un parking, et s'approchant à certains moments des véhicules stationnés.

sentiment de gêne manifesté à la vue de la police[1], n'est pas considéré comme suffisant. Dans ce genre de cas, le juge est donc amené à prononcer la nullité du procès-verbal d'interpellation et de la procédure subséquente, et à ordonner la mise en liberté de l'intéressé.

Grâce à cette vigilance du juge, le contrôle de police judiciaire ne peut pas, en droit, s'opérer « au faciès ». Sans renier ce grand principe, la loi du 10 août 1993 a ajouté à l'article 78-2 un nouveau cas dans lequel le contrôle de police judiciaire est possible. Désormais, « l'identité de toute personne peut être... contrôlée... dans les lieux et pour une période de temps » déterminés par le procureur de la République. Concrètement, il s'agit de permettre à la police d'effectuer des contrôles systématiques dans les « quartiers chauds », c'est-à-dire dans les lieux où des infractions sont commises régulièrement. Contrairement au contrôle classique, qui vise à rechercher l'auteur d'une infraction déterminée, ce nouveau contrôle a donc pour objectif essentiel de découvrir des infractions inconnues. Dès lors, on peut craindre qu'il n'encourage la police à adopter comme critère du risque infractionnel l'apparence physique de la personne, bref à pratiquer le contrôle « au faciès »[2]...

Dans le même ordre d'idées, la loi Debré du 24 avril 1997 habilite les officiers et agents de police judiciaire, sur réquisitions du procureur de la République, à entrer dans les lieux à usage professionnel afin de contrôler l'identité des « personnes occupées », dans le seul but de vérifier qu'elles figurent sur le registre du personnel et qu'elles ont été déclarées (art. 78-2-1)[3].

2° Le contrôle de police administrative n'est prévu par le Code de procédure pénale (art. 78-2 al. 3) que depuis 1981. Certes, il était déjà pratiqué auparavant, mais la Cour de cassation, tout en admettant son existence, lui refusait la possibilité de déboucher sur la rétention de la personne contrôlée, en l'absence d'éléments plausibles permettant de soupçonner celle-ci d'avoir commis une infraction[4]. C'est afin de vaincre cette interdiction que la loi « Sécurité et liberté » du 2 février 1981 a introduit le contrôle de police administrative dans le Code. Par la suite, cette loi a été remplacée par la loi du 10 juin 1983, modifiée à son tour par les lois du 3 septembre 1986 et du 10 août 1993. Le système ainsi mis en place a été avalisé par plusieurs décisions du Conseil constitutionnel[5].

Ce second type de contrôle est *a priori* plus facile à effectuer que le premier. Le Code n'exige en effet aucun « indice » d'infraction pour qu'il puisse s'exercer. Il se borne à indiquer qu'il doit avoir pour but de « prévenir une atteinte à l'ordre public, notamment une atteinte à la sécurité des personnes et des biens » (art. 78-2, al. 3)[6]. Le caractère préventif de ce contrôle est donc clairement affiché.

---

1. CA Paris, 12 déc. 1991, *D* 1992.155 : n'est pas un indice suffisamment sérieux le fait d'accélérer le pas à la vue de la police.

2. Cf. en ce sens CA Lyon, 19 avr. 1994, M., *JCP* 1995, n° 22414, qui admet la légalité du contrôle simplement motivé par le fait que l'individu (de nationalité marocaine) regardait « avec insistance » des sacs à main dans une gare.

3. Crim. 6 déc. 2005 *Bull.* n° 315 : légalité du contrôle d'identité des membres d'un orchestre pratiqué dans les couloirs séparant la salle de spectacle de la loge des artistes.

4. Crim. 5 janv. 1973, Friedel, *D* 1973.541.

5. CC 19-20 janv. 1981, *R* 15, CC 26 août 1986, *R* 120, CC 5 août 1993, *AJDA* 1993.815.

6. Rédaction de 1986 reprenant celle de 1981. La rédaction adoptée en 1983 était plus exigeante, puisqu'elle n'autorisait les contrôles que « dans des lieux déterminés, là où la sûreté des personnes

On pouvait craindre que cette relative imprécision n'ouvrît la voie au contrôle « au faciès ». Cette menace existait d'autant plus qu'un rapport de la Fédération internationale des droits de l'Homme avait mis en relief la « culture raciste » de la police française [1]. Mais la Cour de cassation [2] a su déjouer ce risque en n'admettant la légalité du contrôle qu'à la condition que l'« atteinte à l'ordre public » invoquée par la police « soit directement rattachable au comportement de la personne dont l'identité est contrôlée [3] ».

Pour faire échec à cette jurisprudence, la loi du 10 août 1993 a précisé que toute personne, « quel que soit son comportement », peut désormais faire l'objet du contrôle d'identité préventif. Mais cette riposte semble avoir été partiellement neutralisée par la réserve d'interprétation dont l'a assortie le Conseil constitutionnel, selon laquelle « s'il est loisible au législateur de prévoir que le contrôle d'identité d'une personne peut ne pas être lié à son comportement, il demeure que l'autorité concernée doit justifier, dans tous les cas, des circonstances particulières établissant le risque d'atteinte à l'ordre public qui a motivé le contrôle [4] ». La notion de « circonstances particulières » paraît toutefois plus floue que l'exigence d'un « rattachement au comportement » de la personne contrôlée. Le contrôle « au faciès » pourrait donc y puiser une nouvelle jeunesse.

Pour tenir compte de l'ouverture des frontières prévue par la convention d'application de l'accord de Schengen du 19 juin 1990, la loi du 10 août 1993 a d'autre part facilité les contrôles d'identité, tant répressifs que préventifs, dans la « zone comprise entre la frontière terrestre de la France... et une ligne tracée à vingt kilomètres en deçà, ainsi que dans les zones accessibles au public des ports, aéroports et gares ferroviaires ou routières ouverts au trafic international ». Des lois du 26 novembre 2003 et du 23 janvier 2006 les ont également permis jusqu'au premier péage autoroutier et jusqu'au premier arrêt ferroviaire au-delà de cette bande de vingt kilomètres. Paradoxalement, la construction de l'Europe a ainsi amené la France à faire payer au droit à la sûreté le prix de l'élargissement de la liberté d'aller et venir...

B. La rétention de la personne contrôlée

Lorsque la personne contrôlée refuse ou se trouve dans l'impossibilité de justifier par tout moyen de son identité, elle peut être « retenue » sur place ou dans un local de police (CPP, art. 78-3). Peu importe à cet égard que le contrôle soit préventif ou répressif.

---

et des biens se trouve immédiatement menacée » (pour une application, cf. Crim. 4 oct. 1984, Kandé, *RFDA* 1986.444).

1. Rapport de 1992, *Le Monde* 3 juin 1992.

2. Qui a reconnu la compétence du juge judiciaire, sur le fondement de l'article 66 de la Constitution et de l'article 136 du CPP, pour connaître de la régularité des opérations de police administrative (notamment des contrôles d'identité de l'article 78-2, alinéa 3 CPP, et des contrôles, prévus par le CESEDA, des documents sous le couvert desquels les étrangers sont autorisés à résider en France), dès lors qu'elles supposent une « restriction temporaire » de la liberté individuelle : Crim. 25 avr. 1985, Bogdan et Vuckovic (deux arrêts), *RFDA* 1986.445.

3. Crim. 10 nov. 1992, Bassilika, *D* 1993.36 : le simple fait de parler dans une langue étrangère n'est pas un élément de « comportement » suffisant pour suggérer un risque d'atteinte à l'ordre public.

4. CC 5 août 1993, préc. Neutralisation confirmée par Civ. 2e, 28 juin 1995, Bechta, *AJDA* 1996.72 : le fait que neuf infractions aient été commises dans les lieux et dans le mois précédant le contrôle ne suffit pas à constituer des circonstances particulières de nature à justifier ce dernier.

La rétention ne peut durer que le temps strictement nécessaire à la « vérification » d'identité. En aucun cas elle ne peut excéder quatre heures (au lieu de six heures en 1981). Si la personne interpellée est ensuite placée en garde à vue, la durée de la rétention s'impute sur celle de la garde à vue.

Cette durée maximale de quatre heures constitue une garantie essentielle contre l'arbitraire policier. Tout aussi important est le droit, dont l'intéressé doit être informé par un officier de police judiciaire, de faire aviser le procureur de la République de la vérification dont il fait l'objet. Le procureur de la République a en effet le pouvoir de mettre fin à tout moment à la rétention. Lorsque la personne interpellée est mineure, il est d'ailleurs immédiatement informé de la vérification, sans que l'intéressé ait besoin de faire une demande en ce sens.

À ces garanties essentielles s'ajoutent d'autres garanties qui, bien que moins fondamentales, n'en sont pas moins importantes. Ainsi, l'intéressé a le droit de prévenir à tout moment sa famille, ou toute personne de son choix. La prise d'empreintes digitales ou de photographies doit être autorisée par le procureur de la République ou par un juge d'instruction, et ne peut intervenir que si la personne interpellée a fourni des « éléments d'identité manifestement inexacts », ou persiste à refuser de décliner son identité. Enfin, l'officier de police judiciaire doit mentionner dans un procès-verbal, présenté à la signature de l'intéressé, les motifs et les conditions du contrôle et de la vérification ; ce procès-verbal, dont copie est remise à l'intéressé, est ensuite transmis au procureur de la République, qui devra le détruire dans un délai de six mois si aucune charge n'est finalement retenue. Toutes ces prescriptions, énumérées par l'article 78-3, sont imposées à peine de nullité.

On le voit, ces garanties sont de nature à préserver la personne « retenue » de l'arbitraire policier. Si arbitraire il y a, c'est en définitive plutôt en amont qu'on risque de le trouver, dans le choix des personnes contrôlées...

§ 2. La garde à vue

La garde à vue consiste à contraindre une personne à rester dans les locaux de la police, en vue de l'interroger dans le cadre d'une enquête. Pendant longtemps elle n'a quasiment pas été réglementée, étant née de la pratique policière dans le silence du Code d'instruction criminelle. Aucune disposition législative n'en limitait notamment la durée, ce qui était extrêmement menaçant pour la liberté individuelle. Conscient du danger, le législateur de 1957 a donc réagi en réglementant strictement la garde à vue par les articles 63 à 65 et 77 du Code de procédure pénale. Plusieurs fois remaniés, en particulier par les lois du 4 janvier et du 24 août 1993 et par les lois du 15 juin 2000, du 4 mars 2002, du 9 mars 2004, du 23 janvier 2006 et du 5 mars 2007, ces articles s'efforcent de concilier les nécessités de l'enquête avec les droits des particuliers, en décomposant la garde à vue en deux étapes : la première intervient à l'initiative d'un simple officier de police judiciaire, mais ne peut en contrepartie durer que vingt-quatre heures maximum (A) ; alors que la seconde, qui s'analyse en une prolongation facultative de la première, peut durer plusieurs jours, mais n'intervient que sur autorisation d'un magistrat (B).

A. La garde à vue de vingt-quatre heures

Seul un officier de police judiciaire (OPJ), et non un simple agent, peut décider de procéder au placement d'une personne en garde à vue, pour une durée qui ne peut excéder vingt-quatre heures. Mais il ne peut le faire que s'il existe à l'encontre de cette personne « une ou plusieurs raisons plausibles de soupçonner qu'elle a commis ou tenté de commettre une infraction » (CPP, art. 63). Cette rédaction, issue des lois précitées de 2000 et de 2002, met fin à la possibilité, qui existait antérieurement, de placer de simples témoins en garde à vue.

Malgré son pouvoir décisionnel, l'OPJ n'est en aucun cas le seul « maître à bord ». La garde à vue est en effet placée sous le contrôle du procureur de la République, qui doit en être informé « dès le début ». Concrètement, ce magistrat a le pouvoir d'adresser des instructions à l'OPJ.

La personne placée en garde à vue dispose de plusieurs droits, dont elle doit être immédiatement informée. Elle a ainsi le droit « de répondre aux questions qui lui seront posées ou de se taire » (formulation supprimée en 2003, mais ce droit n'en subsiste pas moins de façon implicite). Elle a aussi le droit de faire prévenir, par téléphone, « une personne avec laquelle elle vit habituellement ou l'un de ses parents en ligne directe, l'un de ses frères et sœurs ou son employeur » ; l'OPJ peut toutefois s'opposer à l'exercice de ce droit s'il estime que les « nécessités de l'enquête » le justifient ; il en réfère alors « sans délai » au procureur de la République, qui peut décider de rétablir la personne dans son droit. Elle a également le droit d'être examinée par un médecin désigné par l'OPJ ou par le procureur de la République, à sa demande ou à la demande d'un « membre de sa famille ». Elle a enfin le droit, si elle le demande, de s'entretenir avec un avocat « dès le début » de la garde à vue ; à l'issue de cet entretien, qui doit se dérouler confidentiellement, donc hors de la présence des policiers, et dont la durée ne peut excéder trente minutes, l'avocat peut présenter des « observations écrites qui sont jointes à la procédure ». Ces droits sont essentiels ; ils sont la juste et nécessaire contrepartie du sacrifice imposé à l'individu par les besoins de l'enquête. Dès lors, on ne peut qu'être étonné qu'il ait fallu attendre l'an 2000[1] pour les instaurer...

Des formalités s'imposent à l'OPJ pour attester la régularité de la garde à vue. Il doit en effet tenir un « procès-verbal d'audition » de la personne gardée à vue, sur lequel il mentionne le jour et l'heure du début de la garde à vue, les motifs de celle-ci, la durée des interrogatoires, la durée des repos qui doivent séparer ces interrogatoires, le jour et l'heure de la fin de la garde à vue, ainsi que les demandes éventuellement faites de prévenir une personne par téléphone, d'être examiné par un médecin et de s'entretenir avec un avocat ; ce procès-verbal doit être présenté à la signature de la personne gardée à vue. Toutes ces mentions, sauf celles relatives aux demandes, doivent également figurer sur un « registre spécial » tenu dans le local de police. Les

---

1. Loi du 15 juin 2000. L'avocat peut revenir dès le début de la prolongation éventuelle de la garde à vue. Avant cette loi, le droit de s'entretenir avec un avocat n'était reconnu, en vertu d'une loi de 1993, qu'au bout de vingt heures de garde à vue ; et avant 1993, il n'existait pas du tout ! À noter : d'après la loi du 9 mars 2004, le droit de s'entretenir avec un avocat n'existe qu'au bout de 48 heures lorsque l'enquête a l'un des objets suivants : participation à une association de malfaiteurs, proxénétisme aggravé ou extorsion de fonds, infraction commise en bande organisée ; et qu'au bout de 72 heures lorsqu'elle porte sur le terrorisme ou le trafic de stupéfiants (CPP, art. 706-88).

interrogatoires des personnes placées en garde à vue pour crime doivent enfin, en vertu de la loi du 5 mars 2007, faire l'objet (sauf exception prévue par l'article 64-1 du CPP) d'un enregistrement audiovisuel.

Jusqu'en 1993, le Code n'attachait pas la sanction de la nullité à l'inobservation de ces formalités. Devant son silence, la Cour de cassation faisait preuve de timidité en énonçant que les règles régissant la garde à vue « ne sont pas prescrites à peine de nullité et que leur méconnaissance ne saurait vicier les actes de procédure lorsqu'il n'est pas démontré que la recherche et l'établissement de la vérité s'en sont trouvés fondamentalement altérés [1] ». Cette formule était en effet exagérément restrictive, et ne paraissait pas de nature à inciter les OPJ à respecter le Code. La loi du 4 janvier 1993 était ensuite tombée dans l'excès inverse en imposant aux juges de sanctionner par la nullité l'irrespect de n'importe quelle formalité, même s'il n'en était résulté aucune atteinte aux droits de la défense [2]. La loi du 24 août 1993 semble heureusement avoir trouvé un équilibre satisfaisant entre ces deux extrêmes, en affirmant sobrement qu'« il y a nullité lorsque la méconnaissance d'une formalité substantielle prévue par une disposition du présent code... a porté atteinte aux intérêts de la partie qu'elle concerne » (CPP, art. 171).

On notera enfin que les mineurs jouissent, à l'égard de la garde à vue, d'un traitement de faveur. Sauf cas exceptionnel, les mineurs de treize ans ne peuvent pas, en effet, être placés en garde à vue [3]. Quant aux mineurs de dix-huit ans, leur placement en garde à vue doit être signalé à leurs parents, la prolongation de celle-ci étant par ailleurs subordonnée à leur présentation devant un magistrat. Les mineurs de seize ans disposent en outre de plusieurs garanties supplémentaires : examen obligatoire par un médecin dès le début de la garde à vue, et interdiction de prolonger la garde à vue lorsque les faits sur lesquels porte l'enquête ne sont ni criminels ni punissables d'au moins cinq ans d'emprisonnement. La loi du 15 juin 2000 prescrit enfin l'enregistrement vidéo des interrogatoires de garde à vue des mineurs.

B. La prolongation de la garde à vue

La garde à vue peut être prolongée d'un nouveau délai de vingt-quatre heures lorsque existent à l'encontre de la personne concernée « une ou plusieurs raisons plausibles de soupçonner qu'elle a commis ou tenté de commettre une infraction ». Cette prolongation ne peut toutefois intervenir que sur autorisation écrite du procureur de la République. Celui-ci peut, s'il le souhaite, subordonner cette autorisation à la présentation préalable de la personne gardée à vue, mais en pratique cette possibilité n'est — hélas — guère utilisée. Le contrôle qu'il est censé exercer sur la garde à vue apparaît ainsi largement factice.

La personne dont la garde à vue fait l'objet d'une prolongation a le droit de se faire à nouveau examiner par un médecin. À l'issue de la prolongation, elle est soit remise

---

1. Crim. 21 oct. 1980, *D* 1981.104, note crit. Mayer ; Crim. 11 juin 1985, *Bull.* n° 226.
2. Pour une application, cf. T. corr. Paris, 12 mars 1993, *GP* 11 et 12 juin 1993, p. 26, note crit. Doucet.
3. Leur garde à vue n'est possible qu'avec l'accord préalable d'un magistrat, et uniquement en cas de crime ou de délit punissable d'au moins cinq ans d'emprisonnement : loi du 1er février 1994, tirant les enseignements de CC 11 août 1993 (*JO* 15 août), modifiée par la loi du 9 septembre 2002 (Ord. 2 févr. 1945, art. 4).

en liberté, soit déférée devant le procureur de la République, qui décide des poursuites pénales éventuelles. Le juge d'instruction éventuellement saisi par lui pourra alors, s'il souhaite prolonger la privation de liberté, demander au « juge des libertés et de la détention », créé par la loi du 15 juin 2000, de prendre une ordonnance de mise en détention provisoire et décerner un mandat de dépôt contre la personne jusque-là gardée à vue.

En principe, on le voit, la garde à vue ne peut donc pas durer plus de quarante-huit heures. Il existe toutefois une exception à cette règle, en matière de « criminalité organisée » (concernant notamment le terrorisme et le trafic de stupéfiants), pour laquelle la garde à vue peut durer jusqu'à quatre jours. Les personnes soupçonnées de terrorisme ou de trafic de stupéfiants peuvent en effet faire l'objet d'une prolongation supplémentaire de quarante-huit heures, sur autorisation du juge des libertés et de la détention après lui avoir été présentées ; un nouvel examen médical est alors de droit (CPP, art. 706-88). S'il apparaît qu'existe « un risque sérieux de l'imminence d'une action terroriste », une nouvelle prolongation supplémentaire de quarante-huit heures est possible en vertu de la loi du 23 janvier 2006, portant dans ce cas la durée maxima de la garde à vue à six jours. En matière de criminalité organisée, les exigences sécuritaires l'ont donc emporté de beaucoup sur le respect du droit à la sûreté.

§ 3. L'hospitalisation des personnes atteintes de troubles mentaux

Les personnes atteintes de troubles mentaux n'en demeurent pas moins des personnes humaines. De cette évidence résulte cette conséquence qu'elles doivent dans la mesure du possible jouir des mêmes droits et libertés que les autres personnes.

Parfois, leurs troubles mentaux prennent des proportions telles qu'il devient nécessaire de les hospitaliser dans un service spécialisé. C'est notamment le cas lorsqu'elles présentent un danger vis-à-vis d'elles-mêmes ou pour la société. Dans ce genre d'hypothèses, il faut se résoudre en d'autres termes à les priver, momentanément ou durablement, de leur liberté.

Bien entendu, une atteinte aussi grave au droit à la sûreté ne saurait être admise qu'en vertu d'une loi. En France, la loi en vigueur est une vieille loi du 30 juin 1838, intégrée dans le Code de la santé publique (art. L. 3211-1 et s.) et modifiée à plusieurs reprises, notamment par la loi « Sécurité et liberté » du 2 février 1981, qui a renforcé le contrôle judiciaire jusque-là insuffisant, et par la loi du 27 juin 1990, qui a traduit un changement profond de philosophie en élevant à la dignité de « personne hospitalisée en raison de troubles mentaux » l'individu que la loi de 1838 qualifiait d'« aliéné ». Grâce à ces améliorations successives, le législateur est parvenu à garantir aux personnes atteintes de troubles mentaux des conditions satisfaisantes d'entrée (A), de séjour (B) et de sortie (C) de l'hôpital.

A. L'entrée à l'hôpital

La loi de 1838 prévoyait deux types de « placement » : le « placement volontaire », sur demande de la famille, et le « placement d'office », décidé par le préfet. La loi de 1990 les a conservés, en les requalifiant respectivement d'« hospitalisation sur demande d'un tiers » (1), et d'« hospitalisation d'office » (2). Elle a également consacré l'existence d'un troisième type d'hospitalisation, l'« hospitalisation libre », qui était devenu en pratique le type d'hospitalisation le plus courant ; mais étant fondée sur le consentement de la personne atteinte de troubles mentaux, l'hospitalisation libre ne met pas réellement en cause le droit à la sûreté, et n'a donc pas à être traitée ici.

1) L'hospitalisation sur demande d'un tiers

La loi de 1990 définit le « tiers » pouvant demander l'hospitalisation comme un « membre de la famille du malade », ou la « personne susceptible d'agir dans l'intérêt de celui-ci ». Elle exclut donc qu'il puisse s'agir d'un membre du personnel soignant, dans le louable souci d'éviter un éventuel arbitraire médical.

La demande d'hospitalisation doit être écrite et signée par le « tiers ». Doivent y figurer les noms, professions, âges et domiciles du demandeur et du malade, ainsi que l'indication de leur degré de parenté. La loi n'exige en revanche aucune motivation obligatoire, afin d'épargner à la famille la douleur supplémentaire de décrire les troubles nécessitant l'hospitalisation.

À ces conditions de forme, très classiques, s'ajoutent des conditions de procédure. La demande doit en effet être accompagnée de deux certificats médicaux « circonstanciés » et datant de moins de quinze jours. Ces certificats peuvent émaner de médecins généralistes. Les deux médecins ne doivent pas être parents ni alliés entre eux, ni avec le demandeur ou le malade. Enfin, au moins l'un d'eux doit exercer sa profession ailleurs que dans le futur établissement d'accueil. Toutes les précautions sont ainsi prises pour éviter une éventuelle collusion entre le demandeur et les médecins. Cette prudence est relativement nouvelle, puisqu'elle est l'œuvre de la loi de 1990. Auparavant, un seul certificat médical était exigé. Le monde médical a beaucoup critiqué le passage aux deux certificats, jugeant la nouvelle procédure trop lourde. Il est pourtant indéniable que le droit à la sûreté en est sorti considérablement renforcé. Afin d'apaiser l'inquiétude des professionnels de la santé, la loi de 1990 précise d'ailleurs qu'un seul certificat médical suffit « en cas de péril imminent pour la santé du malade dûment constaté par le médecin ».

À ces conditions de forme et de procédure s'ajoutent enfin des conditions de fond, relatives à l'état de santé mentale du malade. Pour que l'hospitalisation sur demande d'un tiers soit justifiée, il faut en effet que son état de santé rende impossible son consentement, et impose d'autre part des soins immédiats assortis d'une surveillance constante en milieu hospitalier. En posant ces exigences nouvelles, la loi de 1990 entend ainsi tracer une ligne de démarcation par rapport à l'« hospitalisation libre », qui doit être le seul type d'hospitalisation possible pour les personnes dont les troubles mentaux sont légers.

Le directeur de l'établissement psychiatrique a compétence liée pour refuser le malade lorsque toutes ces conditions ne sont pas remplies, et pour l'accepter si elles le sont. Dans cette dernière hypothèse, l'admission doit être inscrite sur le registre de l'établissement, et donner lieu à un bulletin d'entrée.

Toutes les garanties sont ainsi prises pour éviter, sous le contrôle du juge judiciaire [1], les internements arbitraires.

---

1. Cf. par exemple CA Lyon, 1er déc. 1988, *D* 1990.268 : extorsion de signature par des médecins à la mère d'un malade, laquelle ne savait même pas qu'elle signait une demande d'hospitalisation.

2) *L'hospitalisation d'office*

Contrairement à l'hospitalisation sur demande d'un tiers, qui ne requiert pas l'intervention de l'autorité publique, l'hospitalisation d'office est décidée par le préfet, ou à Paris par le préfet de police.

L'arrêté préfectoral d'hospitalisation doit être motivé, et doit en outre faire l'objet d'une inscription sur un registre spécial tenu par l'établissement psychiatrique. Sa notification n'a par contre pas été prévue par la loi ; il en résulte que le recours pour excès de pouvoir est ouvert contre lui sans limitation de temps.

Ces conditions de forme, on le voit, sont légères. Les conditions de procédure le sont encore plus. Aucune audition préalable de l'intéressé n'est en effet obligatoire, ce qu'on peut regretter même s'il faut avouer qu'en pratique ce genre d'audition ne permettrait généralement d'entendre que des propos incohérents. La jurisprudence exige toutefois, sur le fondement de l'article 5 de la Convention européenne de 1950, que le malade soit immédiatement informé des motifs de la mesure préfectorale [1]. Jusqu'en 1990, le préfet n'était pas non plus obligé de consulter préalablement un médecin (!). La loi de 1990 a heureusement mis fin à cette anomalie en le contraignant à obtenir, préalablement à l'hospitalisation d'office, un certificat médical circonstancié.

Enfin, une condition de fond tout à fait essentielle s'impose à lui. L'hospitalisation d'office n'est en effet possible que si les troubles mentaux « compromettent la sûreté des personnes ou portent atteinte, de façon grave, à l'ordre public ». C'est le juge judiciaire, en tant que gardien de la liberté individuelle, qui est compétent pour contrôler la réalité du danger pour l'ordre public invoqué par le préfet [2]. Le juge administratif, saisi par la voie du recours pour excès de pouvoir, n'est pour sa part compétent que pour contrôler la régularité formelle et procédurale de l'arrêté préfectoral.

Malgré ce subtil partage de compétences, qui garantit l'efficacité du contrôle juridictionnel, certains auteurs [3] se sont inquiétés du rôle essentiel reconnu aux préfets, trop enclins selon eux à pratiquer l'internement arbitraire [4]. C'est pourquoi ils ont proposé de remplacer le placement préfectoral par un « placement judiciaire », directement décidé par le juge judiciaire. Mais cette solution a finalement été repoussée, car elle aurait risqué de perturber le malade, en faisant ressembler à une peine d'emprisonnement l'hospitalisation d'office décidée à l'issue d'un procès.

En l'état actuel des choses, la compétence du préfet est donc bien assurée. Le maire (ou, à Paris, n'importe quel commissaire de police) est toutefois habilité à ordonner l'hospitalisation d'office à titre provisoire lorsque des « troubles mentaux manifestes » causent un « danger imminent pour la sûreté des personnes ». Il doit alors prendre un « avis médical » attestant le danger, puis avertir le préfet dans les vingt-quatre heures de l'hospitalisation d'office ; si celui-ci ne prend pas un arrêté

---

1. CAA Paris (form. plén.), 7 juill. 1998, B., *AJDA* 1998.947.
2. Cf. par exemple TGI Paris, 5 déc. 1988, *D* 1990.268 : le placement d'office (d'un an !), motivé par une simple menace de suicide consécutive à une expulsion, n'est pas justifié par un réel danger pour l'ordre public.
3. Cf. l'ouvrage collectif sous la direction de R. Badinter, *Liberté, libertés*, Gallimard, 1976, p. 196.
4. Ainsi Sandon, avocat républicain, a-t-il été interné d'office en 1860 pour « manie raisonnante. » Pour un exemple plus récent d'internement arbitraire, cf. TGI Paris, 5 déc. 1988, préc.

d'hospitalisation d'office dans les quarante-huit heures, la décision provisoire du maire devient caduque.

Un dernier problème est posé par l'article 122-1 du nouveau Code pénal. Selon cet article, est en effet pénalement irresponsable la personne qui était atteinte, au moment des faits, d'un trouble psychique ayant aboli son discernement. Cette solution implique donc la relaxe ou l'acquittement de l'intéressé. Se pose alors la question de savoir ce qu'il faut faire de la personne, qui, bien que déclarée pénalement irresponsable, n'en a pas moins administré la preuve qu'elle est dangereuse pour l'ordre public. Jusqu'en 1990, rien n'était prévu ; il arrivait donc que le juge judiciaire la remette en liberté au lieu de la confier au préfet. Cette situation périlleuse a heureusement pris fin. La loi de 1990 a en effet placé le juge judiciaire dans l'obligation de saisir le préfet, l'hospitalisation d'office pouvant ainsi relayer la relaxe ou l'acquittement sans que l'intéressé ait été remis en liberté dans l'intervalle. La loi du 25 février 2008 a encore amélioré les choses en permettant à la chambre de l'instruction, au tribunal correctionnel ou à la cour d'assises qui procède à une déclaration d'irresponsabilité pénale pour cause de trouble mental, de décider directement l'hospitalisation d'office de la personne concernée (CPP, art. 706-135).

L'hospitalisation sur demande d'un tiers et l'hospitalisation d'office constituent les deux seuls modes d'hospitalisation forcée prévus par la loi. Toute hospitalisation forcée décidée en dehors de ces deux procédures s'analyse par conséquent en une voie de fait [1].

B. Le séjour à l'hôpital

Pendant son séjour à l'hôpital, la personne atteinte de troubles mentaux jouit de plusieurs droits (1), et fait l'objet de divers contrôles (2).

1) Les droits des hospitalisés

Lorsque la personne souffrant de troubles mentaux est un « hospitalisé libre », elle a, pendant son séjour à l'hôpital, les mêmes droits que n'importe quel hospitalisé réputé sain d'esprit (cf. CSP, art. L. 1111-1 et s., refondus par la loi du 4 mars 2002 relative aux droits des malades).

Lorsqu'elle est un « hospitalisé d'office » ou un « hospitalisé sur demande d'un tiers », elle ne dispose au contraire que de certains de ces droits. La loi de 1990 admet en effet les restrictions qui sont nécessitées par son état de santé mentale. Les droits du malade sont pour la circonstance classés en deux catégories. Les uns appartiennent à la catégorie des droits inaliénables ; ils ne peuvent être ôtés parce qu'ils constituent la substance même du droit à la sûreté (il s'agit du droit de communiquer avec les personnes susceptibles de décider ou de faciliter la remise en liberté du malade, c'est-à-dire le préfet, le juge d'instance, le président du TGI, le maire, le procureur de

---

1. CE 18 oct. 1989, Dame B., *AJDA* 1990.54, concl. Stirn : est une voie de fait la décision prise par des médecins de placer dans un service psychiatrique une personne qui était arrivée au service des urgences, puis de l'y retenir pendant deux semaines sans avertir le préfet. Selon l'arrêt, « une personne majeure présentant des signes de maladie mentale ne peut être retenue contre son gré dans un établissement d'hospitalisation que pendant le temps strictement nécessaire à la mise en œuvre des mesures d'internement d'office ou de placement volontaire. »

la République, ou encore le médecin et l'avocat de son choix ; il s'agit également du droit de consulter le règlement intérieur de l'établissement), ou parce qu'ils apparaissent nécessaires pour préserver la dignité du malade (il s'agit du droit d'émettre et de recevoir du courrier, de la liberté religieuse, et du droit de voter par procuration). Les autres sont au contraire rangés dans la catégorie des droits friables ; ce sont ceux auxquels on peut porter atteinte pour des raisons médicales ; il s'agit notamment du droit de recevoir des visites, et du droit d'aller et venir à l'extérieur ou même à l'intérieur de l'établissement.

En répertoriant ainsi leurs droits, la loi de 1990 manifeste le louable souci de ne pas abandonner les malades mentaux au pouvoir médical. On peut toutefois redouter qu'en pratique les psychiatres s'estiment fondés, au nom d'un intérêt du malade dont ils seraient les seuls juges, à ne pas la respecter. C'est pour parer, dans la mesure du possible, à cette éventualité, que la loi dispose que les malades doivent être informés de leurs droits dès qu'ils sont en état de les comprendre. Les divers contrôles institués jouent également un rôle non négligeable dans la protection des droits du malade.

2) Les contrôles exercés sur les hospitalisés

Les personnes qui font l'objet d'une hospitalisation forcée doivent subir, durant leur séjour à l'hôpital, deux types de contrôles réguliers.

Le premier est un contrôle médical. Le patient doit en effet être examiné dans les vingt-quatre heures de son admission par un psychiatre de l'établissement, qui ne doit pas être l'auteur d'un des certificats qui ont justifié l'hospitalisation forcée. Un nouvel examen doit intervenir, dans les mêmes conditions, entre le treizième et le quinzième jour de l'hospitalisation, afin de constater l'évolution des troubles. Dans le même but, cet examen est ensuite renouvelé chaque mois. Chacune de ces visites donne lieu à l'établissement d'un certificat, qui doit être aussitôt transmis au préfet et à la commission départementale des hospitalisations psychiatriques (CODHOPSY). Les deux premiers certificats, appelés « certificat des vingt-quatre heures » et « certificat de quinzaine », sont particulièrement importants, car ils constatent, dès le début de la privation de liberté, l'état mental de la personne internée, et empêchent ainsi les méprises éventuelles de se prolonger indûment.

Parallèlement à ces contrôles médicaux existent des contrôles administratifs et judiciaires. Le préfet, le maire, le juge d'instance, le président du TGI, le procureur de la République, et la CODHOPSY doivent en effet être informés des hospitalisations forcées, et ont l'obligation de visiter à l'improviste, personnellement ou par l'intermédiaire d'un représentant, les établissements psychiatriques tous les semestres. Pour le procureur de la République, cette obligation est même portée à une visite par trimestre. Lors de leurs visites, ces diverses autorités peuvent être saisies de réclamations par les malades. Elles doivent en outre signer à chaque fois le « registre de la loi », qui retrace les différentes étapes de chaque hospitalisation (entrée, maintien, sortie d'essai, levée...). Le préfet a une obligation supplémentaire, qui consiste à réexaminer la situation des hospitalisés d'office à la fin de leur premier mois d'hospitalisation, puis trois mois plus tard, puis tous les six mois ; à chaque reprise, il doit prendre une décision de maintien s'il ne souhaite pas libérer l'intéressé.

L'existence de ces contrôles administratifs et judiciaires constitue une garantie précieuse pour le droit à la sûreté. Leur diversité a parfois été critiquée, au nom d'un rationalisme abstrait et simplificateur ; elle constitue pourtant une protection irremplaçable contre les internements injustifiés, qui peuvent échapper à la vigilance d'un organe de contrôle, mais non de six.

Jusqu'en 1990, la seule critique pertinente qu'on pouvait adresser au système tenait plutôt à l'absence, parmi ces garants de la liberté individuelle, d'un organe de contrôle spécialisé dans les hospitalisations psychiatriques. Mais cette critique a cessé d'être d'actualité depuis que la loi de 1990 a créé les CODHOPSY. Chaque CODHOPSY est en effet composée, depuis la loi du 4 mars 2002, de six spécialistes de l'hospitalisation psychiatrique : deux psychiatres (l'un désigné par le procureur général de la cour d'appel, l'autre par le préfet), un magistrat choisi par le premier président de la cour d'appel, deux représentants d'associations spécialisées, désignés par le préfet, et un médecin généraliste, lui aussi désigné par le préfet. Contrairement aux autres organes de contrôle, la CODHOPSY n'intervient qu'en matière d'hospitalisations forcées. Avertie de toutes celles qui sont décidées dans son ressort, elle les contrôle et visite les établissements psychiatriques, adresse sur la question un rapport annuel au préfet et au procureur de la République, et peut, en cas d'abus constaté, saisir l'un ou l'autre, voire même le président du TGI pour qu'il ordonne la sortie immédiate de la victime de l'internement abusif. Grâce à ces multiples prérogatives, la CODHOPSY mérite d'être considérée, plus que tout autre organe, comme le principal défenseur des « aliénés ».

C. La sortie de l'hôpital

Contrairement aux « hospitalisés libres », qui sont théoriquement libres de sortir quand ils le veulent, les « hospitalisés sur demande d'un tiers » (1) et les « hospitalisés d'office » (2) ne peuvent normalement quitter l'hôpital que sur décision préfectorale ou médicale [1]. Ils peuvent toutefois obtenir leur sortie par une autre voie, en utilisant le recours judiciaire ouvert à toute personne, souffrant ou non de troubles mentaux, maintenue dans un hôpital sans son consentement (3).

1) La sortie des « hospitalisés sur demande d'un tiers »

Les hospitalisés sur demande d'un tiers peuvent sortir de l'hôpital dans quatre hypothèses :

– Par décision du psychiatre de l'établissement, en cas de bonne « évolution des troubles » (ce qui n'est pas synonyme de « guérison ») ; mention doit alors en être faite sur le registre de l'établissement.

– Du fait de la négligence du psychiatre de l'établissement, en cas d'oubli d'établir l'un des certificats médicaux exigés par la loi ; si cette libération automatique profite à un individu dangereux, on peut toutefois l'éviter en recourant à l'hospitalisation d'office.

– Par décision du préfet, à la demande du tiers qui est à l'origine de l'hospitalisation. Il faut toutefois que le tiers en question soit le curateur, le conjoint, le concubin, l'ascendant ou le descendant majeur de l'hospitalisé. Si un membre de la

---

1. Il ne sera question ici que de leur sortie définitive. Mais des « sorties d'essai », provisoires et renouvelables, sont également possibles sur décision du psychiatre de l'établissement (hypothèse de l'hospitalisation sur demande d'un tiers), ou du préfet sur proposition de ce psychiatre (hypothèse de l'hospitalisation d'office).

famille (jusqu'au sixième degré) s'oppose à la demande de sortie, le « conseil de famille » tranche dans le délai d'un mois. La CODHOPSY peut elle aussi demander la sortie de l'hospitalisé. Face à la demande du tiers, du conseil de famille, ou de la CODHOPSY, le préfet a le pouvoir discrétionnaire d'ordonner la sortie immédiate de l'intéressé, ou de décider son hospitalisation d'office s'il le juge dangereux.

– Par décision du préfet, de sa propre initiative, lorsqu'il juge que les conditions de fond de l'hospitalisation forcée ne sont plus réunies.

Dans chacune de ces quatre hypothèses, la sortie doit toujours être signalée dans les vingt-quatre heures au demandeur, au préfet, au procureur de la République, et à la CODHOPSY.

2) La sortie des « hospitalisés d'office »

Les hospitalisés d'office peuvent également sortir de l'hôpital dans quatre hypothèses :

– Par décision du préfet, de sa propre initiative, après avis médical qu'il n'est pas obligé de suivre.

– Par décision du préfet, sur proposition du psychiatre de l'établissement ou de la CODHOPSY ; cette proposition ne lie pas le préfet, qui conserve en la matière son pouvoir discrétionnaire, en tant que responsable de l'ordre public [1].

– Du fait de la négligence du préfet, en cas d'oubli de procéder à l'un des réexamens périodiques de la situation de l'hospitalisé, imposés par la loi ; si cette libération automatique profite à un individu dangereux, on peut toutefois l'éviter en reprenant depuis le début la procédure de l'hospitalisation d'office.

– Par décision concordante de deux psychiatres n'appartenant pas à l'établissement, choisis par le procureur de la République ; cette procédure ne joue toutefois qu'à l'égard des hospitalisés qui ont été déclaré pénalement irresponsables par le juge judiciaire.

Dans chacune de ces quatre hypothèses, la sortie doit toujours être signalée dans les vingt-quatre heures à la famille, au maire du domicile de l'intéressé (concerné dans la mesure où l'ordre public était en cause), au procureur de la République et à la CODHOPSY.

3) Le recours judiciaire ouvert à toutes les personnes maintenues à l'hôpital sans leur consentement

En vertu de la loi « Sécurité et liberté » de 1981, dont c'est l'apport essentiel, toute personne retenue sans son consentement dans un établissement d'hospitalisation public ou privé a le droit de saisir le juge de la liberté et de la détention (CSP, art. L. 3211-12). Les hospitalisés « d'office » ou « sur demande d'un tiers » bénéficient donc de ce droit, au même titre que les « hospitalisés libres » ou que n'importe quel patient sain d'esprit.

Comme il peut arriver que l'intéressé soit empêché par le corps médical d'exercer ce droit, la loi a également ouvert le recours judiciaire au procureur de la République,

---

1. CE, Sect., 31 déc. 1976, Hôpital psychiatrique de Saint-Égrève, *AJDA* 1977.162.

ainsi qu'à « toute personne susceptible d'agir dans l'intérêt du malade ». Le juge de la liberté et de la détention peut aussi se saisir d'office.

Ces dispositions sont remarquables, car elles sont de nature à permettre à tout hospitalisé qui le souhaite d'entrer rapidement en contact avec le juge judiciaire. Le juge de la liberté et de la détention statue alors « en la forme des référés après débat contradictoire et après les vérifications nécessaires », et peut ordonner la sortie immédiate de l'intéressé. L'efficacité de cette procédure de recours est donc incontestable, et permet de la considérer comme une sorte d'*habeas corpus* des hospitalisés.

Section 2
Les détentions légales décidées par le juge judiciaire

Le juge judiciaire n'est pas seulement compétent pour contrôler les détentions décidées par d'autres autorités. En tant que gardien de la liberté individuelle, il possède en effet également une compétence de principe pour décider lui-même les privations de liberté. Nul n'ignore à cet égard que les tribunaux correctionnels et les cours d'assises ont le redoutable privilège de pouvoir condamner à des peines d'emprisonnement les délinquants et les criminels. On ne reviendra pas sur ces condamnations juridictionnelles, dont l'étude approfondie nécessiterait de reprendre l'ensemble des cours de droit pénal et de procédure pénale, et qui de surcroît constituent le mode de privation de liberté le moins dangereux [1]. Plus intéressante, du point de vue des libertés publiques, apparaît l'étude des détentions légales décidées par le juge judiciaire avant jugement. Il s'agit notamment des placements forcés en cure de désintoxication dans des établissements spécialisés, que le juge d'instruction ou le juge des enfants peut décider, en vertu de l'article L. 3424-1 du Code de la santé publique, à l'encontre des drogués. Il s'agit aussi et surtout de la « détention provisoire ».

La détention provisoire est l'incarcération, décidée par un juge, d'une personne « mise en examen [2] ». Elle apparaît particulièrement dangereuse pour la liberté individuelle, dans la mesure où, privant l'intéressé de sa liberté alors qu'il n'a pas encore été jugé, elle limite singulièrement la portée du principe de présomption d'innocence. Aussi l'article 137 du Code de procédure pénale prend-il soin de préciser que les personnes placées en examen doivent en principe demeurer libres, leur placement en détention provisoire ne devant intervenir qu'« à titre exception-

---

1. Le « plaider coupable », instauré par la loi « Perben 2 » du 9 mars 2004, est néanmoins dangereux, car il cantonne le magistrat du siège compétent (en l'occurrence, le président du TGI) à un simple rôle d'« homologation » d'une peine préalablement négociée entre le procureur de la République et le délinquant. Les innocents psychologiquement fragiles seront tentés d'avouer leur culpabilité en échange d'une peine allégée (qui ne peut excéder un an de prison ferme) plutôt que de risquer une peine normale pouvant aller jusqu'à cinq ans d'emprisonnement (cf. CPP, art. 495-7 et s.).

2. La notion de « mise en examen », dégagée en 1993, remplace celle d'« inculpation ». Cf. CPP, art. 80-1 : la mise en examen, décidée par le juge d'instruction, consiste à informer les personnes « à l'encontre desquelles il existe des indices graves ou concordants rendant vraisemblable qu'elles aient pu participer, comme auteur ou comme complice, à la commission des infractions dont il est saisi », qu'une procédure d'instruction est ouverte contre elles.

nel » ; dans cette optique, la loi du 30 décembre 1996 tente d'ailleurs de promouvoir un système plus libéral de surveillance à distance par bracelet électronique. Hélas, malgré cette invitation à la prudence, quinze mille personnes sont placées chaque année en détention provisoire. Du coup, les réformes législatives se succèdent à un rythme effréné (il y en a eu seize entre 1970 et 2008 !), en vue de tenter de diminuer ce chiffre. À défaut d'y être parvenues jusqu'à présent, elles ont contribué à préciser utilement les motifs (§ 1), la procédure de placement (§ 2), la durée (§ 3) et les moyens d'obtenir la fin anticipée (§ 4) de la détention provisoire.

Depuis 2008, le juge judiciaire peut aussi prolonger une peine de prison par une « rétention de sûreté » qui pose des problèmes inédits (§ 5).

§ 1. Les motifs de la détention provisoire

La détention provisoire est toujours possible en matière criminelle. Elle ne l'est jamais en matière contraventionnelle. Elle n'est possible en matière correctionnelle que si la peine encourue est égale ou supérieure à trois ans d'emprisonnement (CPP, art. 143-1).

Cela étant précisé, la détention provisoire n'est légale que si elle repose sur l'un des motifs énumérés par l'article 144. Il faut : soit qu'elle constitue l'unique moyen de conserver des preuves ou des indices, ou d'empêcher une pression sur les témoins ou les victimes, ou d'empêcher une concertation avec des complices ; soit qu'elle constitue l'unique moyen de protéger l'intéressé, de garantir son maintien à la disposition de la justice, de mettre fin à l'infraction ou de prévenir son renouvellement, ou de mettre fin à « un trouble exceptionnel et persistant à l'ordre public » causé par l'infraction. La première série de motifs vise donc à permettre la manifestation de la vérité, alors que la seconde vise plutôt à assurer la sécurité des personnes et de la société. Le caractère limitatif de cette liste signifie qu'on ne peut pas recourir à la détention provisoire pour obtenir des aveux : tout accusé a en effet « droit au silence », c'est-à-dire droit de se taire afin de ne pas contribuer à sa propre incrimination[1].

Le plus gros problème qui se pose ici est de savoir si l'article 144 du Code de procédure pénale est conforme à l'article 5, § 1, de la Convention européenne de sauvegarde des droits de l'Homme. La Cour de cassation a affirmé cette conformité, et a même ajouté qu'en ce qui concerne les motifs de la détention provisoire, le Code était moins flou[2], et donc plus protecteur de la liberté individuelle, que la Convention[3]. Mais en réalité, il n'est pas sûr que le dernier motif énuméré par l'article 144 (mettre fin à « un trouble exceptionnel et persistant à l'ordre public ») s'insère réellement dans la liste limitative de motifs donnée par l'article 5, § 1, de la Convention.

---

1. Cf. en ce sens CEDH 25 févr. 1993, Funke, *D* 1993.457. Et la loi du 15 juin 2000 qui précise que ce droit au silence existe dès la garde à vue.
2. Cf. notamment le passage de l'article 5 de la Convention, autorisant la détention d'un individu lorsqu'il y a des « motifs raisonnables de croire à la nécessité de l'empêcher de commettre une infraction. » Le Code n'admet pas de tels motifs.
3. Crim. 6 mars 1986, Lamarque, *D* 1986.315.

§ 2. La procédure de placement en détention provisoire

Jusqu'à la loi du 15 juin 2000, c'était le juge d'instruction qui était compétent pour décider le placement en détention provisoire d'une personne mise en examen. Cette solution traditionnelle était fortement critiquée. Beaucoup de juristes estimaient en effet qu'une décision aussi dangereuse pour la liberté individuelle aurait dû être prise par un collège de magistrats, plutôt que par un homme seul. C'est ce qui explique que dans un proche passé, deux lois aient tenté de transférer ce pouvoir de décision à une « chambre d'examen des mises en détention provisoire », composée — dans chaque ressort de TGI — de trois magistrats et statuant sur saisine du juge d'instruction. Mais à chaque fois, la lourdeur du mécanisme ainsi institué, la peur d'une dilution des responsabilités, et le poids du corporatisme, ont fait avorter la réforme. La première loi, du 30 décembre 1987, a ainsi été abrogée par une loi du 6 juillet 1989, avant même d'être entrée en vigueur ; quant à la seconde, du 4 janvier 1993, l'expérience qu'elle a mise en place n'a duré que quelques mois, jusqu'à ce que la loi du 24 août 1993 y mette un point final. La loi du 15 juin 2000 a en définitive opté pour une demi-mesure en créant auprès de chaque TGI un « juge des libertés et de la détention » distinct du juge d'instruction, mais aussi seul que lui (CPP, art. 137-1). Elle marque ainsi un progrès important, certes, mais insuffisant.

Du point de vue des libertés publiques, ces reculades sont regrettables. La détention provisoire se traduit en effet par un emprisonnement cellulaire qui peut durer plusieurs mois, voire plusieurs années ; il est dès lors effrayant de penser qu'une mesure aussi grave puisse être prise par un homme seul (ou une femme seule), nécessairement exposé à l'erreur.

Dans l'état actuel des choses, des garanties sont heureusement instituées afin de minimiser autant que possible ce risque d'erreur. L'ordonnance qui prescrit le placement en détention provisoire doit ainsi être motivée [1], et notifiée verbalement à l'intéressé, qui en reçoit copie. D'autre part et surtout, cette ordonnance ne peut être prise qu'après débat contradictoire ; avant de statuer, le juge des libertés, saisi par le juge d'instruction, doit donc entendre les réquisitions du ministère public, puis les observations de la personne concernée ou de son avocat ; cette dernière a en outre le droit, sur simple demande, d'obtenir un délai pour préparer sa défense, délai qui en principe n'excède pas quatre jours ouvrables, pendant lesquels le juge des libertés peut la placer en « incarcération provisoire » (CPP, art. 145). Depuis 2007, ce débat est en principe public. L'ordonnance de mise en détention provisoire est enfin susceptible d'appel devant la chambre de l'instruction, qui peut l'annuler (ce qu'elle évite de faire dans la mesure du possible, afin de ne pas jeter le discrédit sur le juge des libertés), son arrêt pouvant à son tour faire l'objet d'un pourvoi en cassation. Mais malgré ces garanties, le système actuel n'offre pas le degré de protection de la liberté individuelle qu'aurait permis d'atteindre l'institution de « chambres d'examen des mises en détention provisoire ».

---

1. Les ordonnances adoptant des motivations vagues ou stéréotypées sont impitoyablement annulées : Crim. 24 juin 1971, *D* 1971.546 ; Crim. 19 févr. 1980, *D* 1980.356 ; Crim. 13 févr. 1989, *Bull.* n° 66.

§ 3. La durée de la détention provisoire

Dans le louable souci d'inciter les juges d'instruction à la célérité, le Code de procédure pénale fixe des durées maximales à la détention provisoire. Quatre situations doivent être distinguées à cet égard [1].

La première est celle des petits délinquants. Leur détention provisoire ne dure normalement que quatre mois maximum, et ne peut être prolongée (CPP, art. 145-1). Il s'agit d'une solution acceptable.

La deuxième situation est celle des délinquants moyens, c'est-à-dire des personnes qui ont déjà été condamnées soit à une peine criminelle, soit à une peine correctionnelle d'emprisonnement ferme d'une durée supérieure à un an, ou qui sont poursuivies pour un délit pour lequel elles encourent une peine d'emprisonnement supérieure à cinq ans. Leur détention provisoire peut être renouvelée tous les quatre mois, jusqu'à ce qu'elle atteigne sa durée maximale, qui est d'un an (CPP, art. 145-1), et non plus de deux ans comme c'était le cas avant la loi du 30 décembre 1996. Il s'agit d'une solution acceptable.

La troisième situation est celle des grands délinquants, c'est-à-dire des personnes poursuivies pour trafic de stupéfiants, terrorisme, association de malfaiteurs, proxénétisme, extorsion de fonds ou pour une infraction commise en bande organisée, et qui encourent une peine égale à dix ans d'emprisonnement. Depuis la loi du 15 juin 2000, leur détention provisoire ne peut plus être renouvelée, par périodes de quatre mois, que jusqu'à ce qu'elle atteigne la durée maximale de deux ans (CPP, art. 145-1). Il s'agit d'une solution acceptable, qui met fin à la situation choquante qui prévalait jusque-là. Avant 2000, en effet, la détention provisoire des grands délinquants pouvait être renouvelée indéfiniment, sans qu'aucune durée maximale soit clairement fixée par le Code.

La quatrième et dernière situation est celle des criminels (CPP, art. 145-2). Leur détention provisoire ne dure normalement qu'un an au maximum, mais elle peut être renouvelée par périodes de six mois. Jusqu'à la loi du 15 juin 2000, le nombre des renouvellements n'était pas fixé par le Code : la détention provisoire des criminels n'était donc soumise à aucune durée maximale, ce qui autorisait bien des abus. Depuis cette loi, au contraire, elle ne peut plus excéder deux ans lorsque la peine encourue est inférieure à vingt ans d'emprisonnement, trois ans si elle est égale ou supérieure à vingt ans, ou — ultime limite — quatre ans lorsque la personne est poursuivie pour des crimes graves tels que trafic de stupéfiants, terrorisme, proxénétisme, extorsion de fonds ou crime commis en bande organisée. Grâce à cette évolution législative, que nous appelions de nos vœux [2], la solution est donc, là aussi, devenue acceptable.

La loi Perben du 9 septembre 2002 tend toutefois à remettre en cause cet équilibre en permettant « à titre exceptionnel » à la chambre de l'instruction, lorsque la mise en liberté de la personne concernée « causerait pour la sécurité des personnes et des biens

---

1. L'article 11 de l'ordonnance du 2 février 1945 prévoit des durées maximales spéciales pour les mineurs : un an pour les mineurs entre 13 et 16 ans en matière criminelle (pas de détention provisoire possible en matière correctionnelle, sauf si elle intervient à la suite de la révocation d'un contrôle judiciaire, auquel cas elle peut durer deux mois) ; un an pour les mineurs entre 16 et 18 ans en matière correctionnelle si la peine encourue est supérieure à sept ans d'emprisonnement, deux mois dans le cas contraire ; deux ans pour les mineurs entre 16 et 18 ans en matière criminelle.

2. Nous proposions précisément une durée maximale de quatre ans : cf. 4e éd., 1999, p. 366.

un risque d'une particulière gravité », de prolonger pour une durée de quatre mois supplémentaires les durées maxima de détention prévues pour les criminels et les grands délinquants.

Par comparaison, la Convention européenne de sauvegarde des droits de l'Homme est loin d'être aussi exigeante. Son article 5, § 3, se borne en effet à donner à toute personne arrêtée ou détenue le « droit d'être jugée dans un délai raisonnable, ou libérée pendant la procédure ». Or la Cour européenne apprécie *in concreto* le « délai raisonnable » d'une détention provisoire, en recherchant dans chaque cas si la difficulté et les circonstances de l'affaire justifiaient la durée de la détention. L'existence de telles circonstances l'a donc parfois amenée à valider des détentions provisoires pourtant très longues[1]. Mais inversement, leur absence l'a également conduite à condamner des détentions provisoires pourtant relativement brèves[2]. On doit en conclure que la jurisprudence européenne suit une logique propre, dont le caractère pragmatique complète idéalement — en rappelant régulièrement la France à l'ordre[3] — le rationalisme affiché par notre Code de procédure pénale. La loi du 30 décembre 1996 a d'ailleurs rendu hommage à ce pragmatisme en insérant dans le Code un article 144-1, aux termes duquel « la détention provisoire ne peut excéder une durée raisonnable, au regard de la gravité des faits reprochés à la personne mise en examen et de la complexité des investigations nécessaires à la manifestation de la vérité ».

§ 4. Les moyens d'obtenir la fin anticipée de la détention provisoire

La détention provisoire prend normalement fin à la clôture de l'information (CPP, art. 179), mais peut être prolongée jusqu'au jugement (CPP, art. 179, 181 et 464-1). Sa cessation anticipée peut toutefois intervenir dans trois séries d'hypothèses.

Elle peut tout d'abord intervenir à tout moment sur décision d'une autorité judiciaire, en dehors de toute demande de l'intéressé. Le juge d'instruction a en effet le pouvoir de décider la mise en liberté, éventuellement sous contrôle judiciaire, de tout « détenu provisoire », soit d'office après avis du procureur de la République, soit à la demande de ce dernier (CPP, art. 147). S'il refuse d'accorder la mise en liberté lorsque le procureur de la République la requiert, il doit transmettre le dossier au juge des libertés et de la détention, qui statue (CPP, art. 147). À la demande du procureur général, ou d'office, la chambre de l'instruction est également compétente pour décider la mise en liberté (CPP, art. 201).

La cessation de la détention provisoire peut aussi intervenir de façon automatique, dans divers cas précis prévus par le Code de procédure pénale. Ainsi, la détention

1. CEDH 27 juin 1968, Wemhoff c/RFA : trois ans et cinq mois (escroquerie internationale) ; CEDH 26 janv. 1993, W. c/Suisse : quatre ans et trois jours (escroquerie internationale).
2. CEDH 27 juin 1968, Neumeister c/Autriche : deux ans et quatre mois (pour une simple fraude fiscale, l'intéressé n'ayant en outre fait l'objet d'aucun interrogatoire pendant quinze mois, et le danger de fuite apparaissant enfin très faible). Cf. aussi CEDH 10 nov. 1969, Stögmüller c/Autriche : deux ans (pour de simples prêts avec usure, en l'absence de tout danger de récidive ou de fuite).
3. La France a été plusieurs fois condamnée pour durée excessive de certaines détentions provisoires. Cf. notamment CEDH 26 juin 1991, Letellier (2 ans et 7 mois), CEDH 27 nov. 1991, Kemmache (2 ans et 10 mois), et CEDH 27 août 1992, Tomasi (5 ans et 7 mois suivis d'un acquittement !).

prend fin de plein droit : à l'expiration de sa durée maximale lorsqu'il en a prévu une ; lorsqu'aucune ordonnance de prolongation n'a été prise en temps voulu (il en faut une tous les quatre mois en matière correctionnelle, une tous les six mois en matière criminelle) ; ou en cas d'irrespect par une juridiction du délai qui lui est imposé pour se prononcer sur la demande de mise en liberté émise par l'intéressé (CPP, art. 148 et 194 : en ce qui concerne la chambre de l'instruction, délai de dix jours pour se prononcer sur l'appel interjeté contre une ordonnance refusant la libération, délai de quinze jours si elle est saisie après un silence gardé par le juge des libertés sur la demande ; CPP, art. 148-2 : en ce qui concerne les juridictions de jugement de premier et de second degrés, délai de dix jours pour les premières, de vingt jours pour les secondes)[1].

La cessation de la détention provisoire peut enfin intervenir à la demande de l'intéressé. Celui-ci peut en effet, à tout moment, demander sa libération au juge d'instruction. Ce dernier doit alors communiquer immédiatement le dossier au procureur de la République, puis statuer. S'il refuse de donner une suite favorable à la demande, il doit, dans les cinq jours de cette communication, saisir le juge des libertés et de la détention, qui statue dans les trois jours par une ordonnance motivée. En cas de refus, ou d'absence de réponse dans ce délai, l'intéressé peut saisir la chambre de l'instruction, par la voie de l'appel dans le premier cas, par une saisine « directe » dans le second (CPP, art. 148). Dans le même ordre d'idées, il peut aussi demander sa libération directement à la chambre de l'instruction, sans s'adresser d'abord au juge d'instruction, lorsqu'un délai de quatre mois s'est écoulé depuis sa dernière comparution devant ledit juge (CPP, art. 148-4), faculté qui permet d'empêcher la détention provisoire de se muer en une « détention-oubliette ». Enfin, après la clôture de l'instruction, l'intéressé peut demander sa mise en liberté à la juridiction saisie (CPP, art. 148-1). Ces multiples possibilités sont évidemment d'un grand intérêt pour la sauvegarde de la liberté individuelle. Elles encourent toutefois le reproche de n'aboutir, dans le meilleur des cas, qu'à mettre fin à la détention, alors que l'idéal serait d'empêcher celle-ci de commencer. La loi du 24 août 1993 est heureusement parvenue à les compléter en créant un « référé-liberté » susceptible de réaliser cet idéal (CPP, art. 187-1). Désormais l'intéressé peut en effet, s'il interjette appel de l'ordonnance de placement en détention provisoire le jour même où celle-ci est rendue ou le jour suivant, demander en même temps au président de la chambre de l'instruction (ou à son délégué) « d'examiner immédiatement son appel sans attendre l'audience de la chambre de l'instruction ». Ce dernier doit alors statuer, après audition de l'avocat de la personne concernée, « au plus tard le troisième jour ouvrable suivant la demande », par une ordonnance non motivée et insusceptible de recours. S'il fait droit à la demande, l'intéressé recouvre donc sa liberté au bout de quelques jours, voire de quelques heures[2], de détention. Grâce à cette remarquable

---

1. Pour d'autres cas de cessation automatique, cf. CPP, art. 145, 179, 215-2, et 574-1.

2. La circulaire du 24 août 1993 précise que l'appel et la demande d'examen peuvent être « constatés » par le juge des libertés « à l'issue du débat contradictoire » qui précède le placement en détention provisoire, et que le dossier peut être immédiatement transmis « par télécopie » au président de la chambre de l'instruction. De la sorte, la décision de celui-ci pourra « intervenir dans les heures qui suivent le référé-liberté, ce qui permettra, s'il est donné une suite favorable à la demande, d'éviter de mettre à exécution le mandat de dépôt ».

efficacité, le référé-liberté complète ainsi admirablement la protection du droit à la sûreté contre les détentions provisoires injustifiées[1].

§ 5. La rétention de sûreté

La création, par la loi du 25 février 2008, de la rétention de sûreté, a fait l'objet d'une vive controverse. Pour la première fois en droit français, elle introduit en effet un type d'enfermement judiciaire qui ne vise pas à réprimer une infraction, mais à protéger la société contre les criminels en fin de peine qui présentent « une particulière dangerosité caractérisée par une probabilité très élevée de récidive parce qu'(ils) souffrent d'un trouble grave de la personnalité » (CPP, art. L. 706-53-13). En ce sens, la rétention de sûreté n'est pas une peine mais une mesure de sûreté. Malgré cette qualification juridique faussement rassurante, elle n'en est pas moins effrayante, tant dans son principe que dans ses modalités.

Dans son principe, elle est un enfermement qui frappe un criminel non pas pour ce qu'il a fait, mais pour ce qu'on le pense capable de refaire à sa sortie de prison. Une sorte de présomption de culpabilité future chasse ici, de façon brutale, la traditionnelle présomption d'innocence.

Et dans ses modalités, la rétention de sûreté est potentiellement un enfermement à vie. Car si elle ne peut être décidée que pour une durée d'un an, elle est indéfiniment renouvelable. Une vraie perpétuité réapparaît ainsi au moment même où le droit pénal français s'enorgueillissait de l'avoir fait quasiment disparaître par le jeu des réductions de peine.

Des garanties sont toutefois prévues pour éviter l'arbitraire le plus choquant. D'abord, la rétention de sûreté ne peut frapper que des personnes qui ont été condamnées à une peine de réclusion d'au moins quinze ans pour certains crimes particulièrement graves, commis sur un mineur ou sur un majeur (à condition, dans cette deuxième hypothèse, qu'ils aient été « aggravés ») : assassinat ou meurtre, torture ou actes de barbarie, viol, enlèvement ou séquestration. Ensuite, elle n'est possible que si la cour d'assises en a expressément prévu l'éventualité dans son arrêt de condamnation. En troisième lieu, elle est prononcée après débat contradictoire par une « juridiction régionale » spéciale composée de trois magistrats de la cour d'appel, sur proposition d'une « commission pluridisciplinaire » rendue au vu d'une expertise psychiatrique. Sa décision peut être attaquée devant une « juridiction nationale » spéciale composée de trois conseillers à la Cour de cassation, dont la décision peut à son tour faire l'objet d'un pourvoi en cassation. Chaque renouvellement d'un an est soumis aux mêmes procédures, et exposé aux mêmes recours. En outre, la juridiction régionale peut décider à tout moment, soit d'office soit à la demande de la personne concernée, de mettre fin à la rétention de sûreté. Enfin, ultime garantie, cette rétention n'a pas lieu dans un établissement pénitentiaire classique mais dans un « centre

---

1. Sur l'indemnisation des détentions provisoires injustifiées, cf. CPP, art. 149 à 150 (L. 17 juill. 1970) : octroi par le premier président de la cour d'appel puis, sur appel, par une commission composée de trois magistrats du siège à la Cour de cassation, à condition que la procédure se soit terminée par un non-lieu, une relaxe ou un acquittement, et que la détention ait causé un préjudice (qui n'a plus à être « manifestement anormal et d'une particulière gravité », exigence qui était sévère, depuis la loi du 30 décembre 1996).

socio-médico-judiciaire de sûreté », théoriquement adapté à la prise en charge médicale, sociale et psychologique de l'intéressé.

Compte tenu de ces garanties, le Conseil constitutionnel a validé ce nouveau dispositif par sa décision du 21 février 2008, se bornant à censurer l'application rétroactive que la loi voulait en faire [1].

Malgré les quelques réserves émises ici et là, le droit à la sûreté est en définitive un droit bien protégé. Dans l'ensemble, en effet, le juge judiciaire a parfaitement su s'acquitter du rôle de « gardien de la liberté individuelle », que la Constitution lui assigne. Et le législateur lui en a rendu hommage en augmentant de façon significative ses moyens d'intervention, notamment en instituant un *habeas corpus* des hospitalisés en 1981, et en mettant en place un « référé-liberté », propre à empêcher les détentions provisoires mal inspirées, en 1993. Même la loi de 2008, qui cède en partie à la psychose de la récidive, s'en est en définitive remise à lui.

Grâce à cette victoire remportée sur l'idéologie sécuritaire, le juge a repoussé pour longtemps la tentation de l'arbitraire. Et la frêle « autorité judiciaire » de 1958 est devenue un pouvoir à part entière, légitimée par la société qui l'a élevée sur le pavois de la liberté individuelle.

BIBLIOGRAPHIE SÉLECTIVE

- **Sur l'ensemble du droit à la sûreté (outre les manuels de procédure pénale)**

G. ARMAND, *L'autorité judiciaire, gardienne de la liberté individuelle dans la jurisprudence du Conseil constitutionnel*, thèse Caen, 2000.

M. DELMAS-MARTY, *Le Flou du droit : du Code pénal aux droits de l'Homme*, PUF, 1986 (ouvrage de réflexion).

L. FAVOREU, « La Cour de cassation, le Conseil constitutionnel et l'article 66 de la Constitution », *D* 1986.173.

P. HUET, « La juridiction administrative gardienne de la liberté individuelle », *AJDA* 1973.516.

B. DE LAMY, « La loi du 9 mars 2004 portant adaptation de la justice aux évolutions de la criminalité », *D* 2004.1910 (critique, notamment sur le « plaider coupable »).

F. LUCHAIRE, « La sûreté : droit de l'homme ou sabre de M. Prudhomme ? », *RDP* 1989.609 (étude de la jurisprudence du CC).

M. MOLINER-DUBOST, « Le contrôleur général des lieux de privation de liberté », *AJDA* 2008.84.

J. PRADEL (dir.), *Les atteintes à la liberté avant jugement en droit pénal comparé*, Cujas, 1992.

D. TURPIN, « L'autorité judiciaire gardienne de la liberté individuelle », *AJDA* 1983.654.

---

1. Comme nous l'avions annoncé lors de notre audition du 16 janv. 2008 par la commission des lois du Sénat, compte tenu de sa jurisprudence antérieure (d'ailleurs en harmonie avec celle de la CEDH, qui admet l'équivalent de la rétention de sûreté dans d'autres États européens : cf. par exemple CEDH 26 sept. 2002, Benjamin et Wilson c/ Royaume-Uni).

• **Sur les contrôles d'identité**

B. DIET, *Les Contrôles d'identité et l'ordre public*, thèse Montpellier, 1988.

J. GEORGEL, *Les libertés de communication*, Dalloz, 1996.

M.-C. LEBRETON, « Pour une réforme des contrôles d'identité », *RRJ* 1998.213 (description claire et critique percutante de l'état du droit).

D. MAYER, « Prévention et répression en matière de contrôles d'identité : une distinction trompeuse », *D* 1993.272 (original et convaincant).

J. MORANGE, « Les vérifications d'identité », *AJDA* 1981.285 ; « Les contrôles d'identité », *AJDA* 1983.640 ; et « Le nouveau régime des contrôles d'identité », *RFDA* 1987.85.

B. PACTEAU, « La loi du 3 septembre 1986 relative aux contrôles et vérifications d'identité », *LPA* 1er oct. 1988.

E. PICARD, « Les contrôles d'identité au regard des droits fondamentaux : des régimes inutilement hétéroclites », *RFDA* 1994.959 (article fondamental).

D. THOMAS, « Les contrôles d'identité préventifs depuis les arrêts des 4 octobre 1984 et 25 avril 1985 », *D* 1985.181.

• **Sur l'hospitalisation des personnes atteintes de troubles mentaux**

J.-M. AUBY, « La loi du 27 juin 1990 (...) », *JCP* 1990, n° 3463.

M. DEBÈNE, « La modernisation de la loi de 1838 sur les aliénés », *AJDA* 1990.871 (article fondamental).

L. DUBOUIS, « La loi du 27 juin 1990 assure-t-elle une protection des personnes hospitalisées en raison de troubles mentaux conforme au droit européen ? » *Mélanges Auby*, Dalloz, 1992, p. 727 (réponse positive).

A. GRABOY-GROBESCO, « Les séjours psychiatriques sous contrainte et l'évolution des droits des malades », *AJDA* 2004.65 (utile mise au point après la loi du 4 mars 2002).

J.-P. MACHELON, « La loi de 1838 sur les aliénés : la résistance au changement », *RDP* 1984.1005 (intéressant sur l'état du droit avant la loi de 1990).

A. PROTHAIS, « La loi de 1838 à l'aune du droit pénal », *D* 1990.51.

• **Sur la garde à vue et la détention provisoire**

F. ALT, « La loi du 15 juin 2000 renforçant la protection de la présomption d'innocence et les droits des victimes », dans *Regards critiques sur l'évolution des droits fondamentaux de la personne humaine en 1999 et 2000* (dir. G. Lebreton), L'Harmattan, 2002, p. 243.

B. BOULOC, « Les délais de la garde à vue et de la détention provisoire en France, au regard des dispositions de la Convention EDH », *RSC* 1989.69 (sur le même thème, cf. aussi Ph. Pouget, *RSC* 1989.787) ; et « Le silence de la personne mise en examen peut-il justifier sa mise en détention ? », *D* 1995.315 (réponse négative de l'auteur).

N. EL HAGE, « La garde à vue et la détention provisoire », dans *Les droits fondamentaux de la personne humaine en 1995 et 1996* (dir. G. Lebreton), L'Harmattan, 1998, p. 129.

A. GIUDICELLI,, « La garde à vue après la loi du 9 mars 2004 », *AJ pénal* 2004.261.

W. JEANDIDIER, « Détention provisoire, convention européenne et Code de procédure pénale, ou valse-hésitation de la chambre criminelle », *RSC* 1986.711.

R. MERLE, « La garde à vue », *GP* 1969.2.18, et « Le problème du contrôle juridictionnel de la garde à vue », *Mélanges Couzinet*, 1974, 551 (très critique).

J. PRADEL, « Les droits de la personne suspecte ou poursuivie depuis la loi du 24 août 1993 (...) », *D* 1993.299 (éclairant commentaire de la loi).

Ph. POUGET, *L'inculpé détenu en droit pénal et la CEDH*, thèse, Bordeaux, 1987.

M. SCHWENDENER, « La nouvelle garde à vue "terrorisme" issue de la loi du 23 janvier 2006 », *AJ pénal* 2006.164.

- **Sur la rétention de sûreté**

J. PRADEL, « Une double révolution en droit pénal français avec la loi du 25 février 2008 sur les criminels dangereux », *D* 2008.1000 (éclairant).

D. ROETS, « La rétention de sûreté à l'aune du droit européen des droits de l'homme », *D* 2008.1840 (sur son inconventionnalité partielle).

Titre II

Les libertés intellectuelles

Les libertés intellectuelles comprennent les libertés d'opinion et d'expression (chapitre 1), la liberté religieuse (chapitre 2), la liberté de l'enseignement (chapitre 3), la liberté de la presse (chapitre 4) et la liberté de communication audiovisuelle (chapitre 5).

Chapitre 1

Les libertés d'opinion et d'expression

Les libertés d'opinion et d'expression sont indissociables. La première est en effet la liberté de choisir sa vérité dans le secret de la pensée, alors que la seconde est la liberté de révéler sa pensée à autrui. Libertés siamoises, elles ont besoin l'une de l'autre pour s'épanouir.

Les rédacteurs de la Déclaration de 1789 l'ont d'ailleurs bien compris, puisqu'ils les ont consacrées toutes les deux dans le même article, en affirmant que « nul ne doit être inquiété pour ses opinions, même religieuses, pourvu que leur manifestation ne trouble pas l'ordre public établi par la loi » (art. 10).

Considérées aujourd'hui comme les plus fondamentales des libertés intellectuelles, les libertés d'opinion et d'expression sont en outre respectivement garanties par l'article 1er de la Constitution de 1958 (« la France... respecte toutes les croyances »), et par l'article 11 de la Déclaration de 1789 (« la libre communication des pensées et des opinions est un des droits les plus précieux de l'homme »). Il n'est dès lors pas surprenant que le Conseil constitutionnel leur ait reconnu une valeur constitutionnelle[1].

Ces deux libertés sont également protégées par la Convention européenne de sauvegarde des droits de l'Homme, dans ses articles 9 et 10. La Cour européenne a peu eu l'occasion de se prononcer à titre principal sur la liberté d'opinion[2]. Par contre, elle a affirmé à plusieurs reprises que la liberté d'expression constitue l'un des fondements essentiels d'une société démocratique et vaut même pour les idées qui choquent ou inquiètent ; en conséquence, elle a estimé que toute restriction en la matière n'est admissible que si elle est proportionnée au but recherché[3].

---

1. Cf. CC 23 nov. 1977, Liberté d'enseignement, *GDCC* (pour la liberté d'opinion), et CC 20 janv. 1984, Libertés universitaires, *GDCC*, ainsi que CC 29 juill. 1994, Emploi de la langue française (*JO* 2 août) (pour la liberté d'expression). Cf. aussi CC 18 janv. 1995, Vidéosurveillance et fouille des véhicules, *JCP* 1995, n° 22525 : dégage un « droit d'expression collective des idées et des opinions », à valeur constitutionnelle.

2. Cf. CEDH 25 mai 1993, Kokkinakis, *RFDA* 1995.573, qui se polarise hélas exclusivement sur la « dimension religieuse » de la liberté d'opinion. Et CEDH 22 nov. 2001, Volkmer, affirmant l'obligation des enseignants « de tolérance envers les opinions d'autrui ».

3. CEDH 7 déc. 1976, Handyside (rejet) ; CEDH 8 juill. 1986, Lingens (condamnation de l'Autriche, coupable d'avoir sanctionné un journaliste pour diffamation du chancelier fédéral). Toutefois, les arrêts CEDH 28 août 1986, Glasenapp, et CEDH 22 nov. 2001, Petersen, estiment, de façon contestable, que l'Allemagne peut valablement exclure de la fonction publique les personnes dont les convictions communistes sont avérées. Tout aussi contestables, d'autres arrêts admettent trop facilement la censure de tableaux obscènes (CEDH 24 mai 1988, Müller) ou d'un film antireligieux (CEDH 20 sept. 1994, Otto Preminger Institut, et CEDH 25 nov. 1996, Wingrove), ou

En droit français comme en droit européen, les libertés d'opinion et d'expression impliquent négativement l'interdiction de sanctionner une opinion (section 1), et positivement le droit de choisir ses opinions et de les exprimer (section 2).

Section 1
L'interdiction de sanctionner une opinion ou l'expression d'une opinion

Cette interdiction s'exprime en droit pénal par l'absence de délit d'opinion (§ 1) ; en droit administratif par la neutralité des services publics (§ 2) ; en droit civil et en droit du travail par ce qu'on propose d'appeler une « obligation de tolérance » (§ 3).

§ 1. L'ABSENCE DE DÉLIT D'OPINION

Le délit d'opinion consiste à ériger en infraction l'expression d'une opinion indésirable, voire même la simple adoption d'une opinion indépendamment de toute expression de celle-ci. La France s'est parfois ralliée à cette notion dangereuse. La « loi des Suspects » du 17 septembre 1793 en offre le meilleur exemple, en ordonnant l'incarcération de tous ceux « qui, soit par leur conduite, soit par leurs relations, soit par leurs propos, soit par leurs écrits, se sont montrés des partisans de la tyrannie ou du fédéralisme, et ennemis de la Liberté ». La référence à la « tyrannie » tendait à réprimer les idées royalistes, celle au « fédéralisme » les idées girondines. Pour se rendre coupable du délit d'opinion, on voit qu'il n'était pas nécessaire de les exprimer dans ses « propos » ou ses « écrits » : le simple fait de laisser penser, par sa « conduite » ou ses « relations », qu'on s'y était secrètement rallié était suffisant.

Aujourd'hui, la France a renoncé au délit d'opinion, puisqu'elle « respecte toutes les croyances ». En principe, nul ne peut donc être poursuivi pénalement pour ses opinions ou pour l'expression de ses opinions. Plusieurs textes dérogent toutefois à ce principe, en établissant des infractions qui ressemblent beaucoup à des délits d'opinion.

Deux vieilles lois, votées pour protéger la jeune Troisième République contre ses opposants, punissent par exemple l'expression de certaines opinions politiques. La loi du 29 juillet 1881 sanctionne, dans son article 24, les « cris et chants séditieux proférés dans les lieux ou réunions publics ». La « sédition » étant définie par le dictionnaire comme une révolte contre l'autorité établie, cette disposition est susceptible de frapper bon nombre d'humoristes et de chansonniers, ainsi que tout manifestant irrévérencieux. Encore plus dangereuse, la loi du 28 juillet 1894, votée à la suite de l'assassinat du président de la République Sadi Carnot, punit la provocation à la révolte ou à la désobéissance effectuée « dans un but de propagande anarchiste ».

---

la comdamnation d'un roman présentant un homme politique (Le Pen) comme un « vampire » (CEDH 22 oct. 2007 Lindon). À l'inverse, un arrêt refuse la censure d'une émission diffusant des opinions racistes (CEDH 23 sept. 1994, Jersild) ! En résumé, la Cour semble plus soucieuse de protéger la liberté d'expression des journalistes (qui implique « le recours possible à une certaine dose d'exagération, voire de provocation » selon CEDH 26 avr. 1995, Prager et Oberschlick), que les libertés d'expression artistique et politique.

Fort heureusement, ces deux dispositions législatives, qui conviennent d'ailleurs fort mal au tempérament contestataire des Français, sont tombées en désuétude. Il serait néanmoins plus sûr de les abroger.

Beaucoup plus justifiés, des textes récents punissent l'expression de certaines opinions non pas dans le but de protéger le pouvoir en place, mais dans celui de soumettre la liberté d'expression au nécessaire respect de la dignité de la personne humaine[1]. La loi du 1er juillet 1972 érige ainsi en délit la provocation à la haine raciale. Fréquemment appliquée par les tribunaux, elle permet de combattre le racisme, qui est moins l'expression d'une opinion qu'un comportement barbare négateur de l'ensemble des libertés publiques. Dans la même optique, un décret du 18 mars 1988, inséré dans l'article R. 645-1 du nouveau Code pénal, punit le port d'un uniforme, d'un insigne ou d'un emblème rappelant le nazisme, tandis que la loi Gayssot du 13 juillet 1990 sanctionne les personnes qui contestent l'existence d'un crime contre l'humanité avéré. Enfin, plus classiquement, divers textes sanctionnent l'injure, la diffamation, l'atteinte aux bonnes mœurs et à la vie privée d'autrui.

Depuis 2001, plusieurs lois, dites « mémorielles », tendent toutefois à menacer les libertés d'opinion et d'expression en tentant d'imposer une Histoire officielle. Inspirées de la loi Gayssot, qui punit la contestation de l'existence du génocide juif, elles proclament en effet la réalité du génocide arménien (loi du 29 janvier 2001), de la traite des Noirs (loi Taubira du 21 mai 2001), et même du « rôle positif de la présence française outre-mer, notamment en Afrique du Nord » (article 4, finalement abrogé en 2006, de la loi du 23 février 2005). Ces lois posent incontestablement problème parce qu'en les votant, le parlement, ainsi que le dénonce « l'appel » lancé par 56 juristes le 21 novembre 2006, « se substitue à l'historien pour dire ce qu'est la réalité historique et assortir cette affirmation de sanctions pénales ». Illustrant ce danger, une plainte a d'ailleurs été déposée en 2005 sur le fondement de la loi Taubira — puis retirée en 2006 devant l'ampleur des protestations — contre l'historien Olivier Pétré-Grenouilleau, auquel on reprochait d'avoir contesté, dans un ouvrage couronné par l'Académie française, que la traite négrière puisse être qualifiée de génocide. Plus récemment, la tentation d'imposer une Histoire officielle a gagné le président de la République Nicolas Sarkozy, qui a rendu obligatoire, par l'entremise d'une circulaire du ministre de l'Éducation nationale du 30 août 2007, la lecture dans tous les lycées, le 22 octobre 2007, de la lettre d'adieu du jeune résistant communiste Guy Môquet. Mieux vaudrait en définitive renoncer à ces lois et à ces circulaires mémorielles, et laisser aux citoyens la liberté de se forger, avec l'aide des historiens, leurs propres opinions.

On notera pour terminer que la loi Toubon du 4 août 1994, relative à l'emploi de la langue française, a tenté de créer des sortes de « délits d'expression ». Elle entendait en effet obliger les particuliers, sous peine de sanctions pénales, à utiliser dans certaines circonstances des mots ou expressions définis par voie réglementaire sous forme d'une terminologie officielle. Dans sa décision précitée, le Conseil constitutionnel a heureusement brisé cette tentative d'embrigadement du langage en affirmant que la liberté d'expression implique pour chacun, sauf dans l'exercice d'une

---

1. La jurisprudence aussi : cf. CA Paris, 28 mai 1996, Soc. Benetton, *D* 1996.617, condamnant une publicité offensante pour les personnes atteintes du SIDA.

mission de service public, « le droit... de choisir les termes jugés par lui les mieux appropriés à l'expression de sa pensée ».

§ 2. La neutralité des services publics

Qualifié par le Conseil constitutionnel de « corollaire » du principe d'égalité [1], le principe de neutralité des services publics interdit que ceux-ci soient assurés de façon différenciée, en fonction des opinions de leur personnel ou de leurs usagers.

Il interdit tout d'abord à l'administration de recruter ou de traiter ses agents en fonction de leurs opinions. Le Conseil d'État annule avec constance les refus d'admettre à concourir [2], les refus de titularisation [3], les refus d'avancement [4], et les sanctions disciplinaires [5] qui sont motivés par le souci de sanctionner les opinions des intéressés. De son côté, l'article 6 de la loi du 13 juillet 1983, portant titre 1 du statut général des fonctionnaires, dispose « qu'aucune distinction, directe ou indirecte, ne peut être faite entre les fonctionnaires en raison de leurs opinions politiques, syndicales, philosophiques ou religieuses ».

Ensuite et surtout, le principe de neutralité oblige les services publics à traiter leurs usagers de façon égalitaire, indépendamment de leurs opinions réelles ou supposées. Dans le pays de tradition catholique qu'est la France, cela interdit notamment de défavoriser les non-catholiques. Ainsi, le mariage civil a été créé par la Révolution pour être accessible à tous, indépendamment des croyances religieuses de chacun. Et dès les années 1880, diverses lois ont ordonné la suppression des crucifix dans les palais de justice et les bâtiments publics, et interdit, pour les inhumations dans les cimetières, d'établir des discriminations entre les défunts en fonction des croyances qu'ils avaient manifestées de leur vivant. Plus généralement, le Conseil d'État garantit la neutralité des services publics à l'égard des usagers en affirmant l'existence d'un « devoir de stricte neutralité qui s'impose à tout agent collaborant à un service public [6] ». Ce devoir de stricte neutralité, particulièrement exigeant pour les agents de l'enseignement public primaire et secondaire, a notamment conduit la haute assemblée à admettre la légalité du refus d'autoriser un prêtre à prendre part au concours d'agrégation de philosophie [7]. En matière religieuse, il se confond avec le principe de laïcité qui interdit à l'ensemble des agents des services publics de manifester leurs croyances pendant leur travail. Le Conseil d'État a ainsi solennellement rappelé en 2000 que « le principe de laïcité fait obstacle à ce qu'ils disposent, dans le cadre du service public, du droit de manifester leurs croyances religieuses » [8].

---

1. CC 18 sept. 1986, Communication audiovisuelle, *AJDA* 1987.102 : il a donc valeur constitutionnelle.
2. CE, Ass., 28 mai 1954, Barel, *GAJA* : opinions communistes.
3. CE 8 déc. 1948, Dlle Pasteau, *RDP* 1949.73 : opinions catholiques.
4. CE 24 avr. 1963, Durrieu, *AJDA* 1963.638 : opinions communistes.
5. CE 1er oct. 1954, Guille, *D* 1955.431 : opinions communistes.
6. CE 3 mai 1950, Dlle Jamet, *R.* 247.
7. CE 10 mai 1912, Abbé Bouteyre, *GAJA* : solution considérée comme toujours valable. À tort ou à raison, on suppose qu'un prêtre ne peut enseigner la philosophie avec objectivité.
8. Avis CE 3 mai 2000, Mlle Marteaux, *AJDA* 2000.602. Cf. aussi TA Paris, 17 oct. 2002, Mme Ebrahimian, *AJDA* 2003.99 : légalité du refus de renouveler le contrat d'une assistante sociale qui portait le voile islamique pendant son service. CAA Lyon, 27 nov. 2003, Mlle Ben Abdallah, *AJDA* 2004.154 : légalité de l'exclusion de la fonction publique d'une contrôleuse du travail refusant

Pour mieux garantir la neutralité des services publics, le droit français estime enfin que l'administration n'a pas à connaître les opinions de ses agents et de ses administrés. En réaction contre les pratiques révélées par le « scandale des fiches » de 1905 [1], l'article 18 de la loi précitée du 13 juillet 1983 dispose en effet qu'il « ne peut être fait état dans le dossier d'un fonctionnaire... des opinions ou des activités politiques, syndicales, religieuses ou philosophiques de l'intéressé » [2]. Et en ce qui concerne les administrés, le Conseil d'État a courageusement ouvert la voie en annulant, pendant la Seconde Guerre mondiale, un arrêté préfectoral qui prévoyait une rubrique « religion » pour les fiches d'hôtel [3]. Dans le droit fil de cette jurisprudence, la loi « Informatique et libertés » du 6 janvier 1978 pose le principe, assorti d'exceptions rigoureusement réglementées, qu'« il est interdit de collecter ou de traiter des données à caractère personnel qui font apparaître, directement ou indirectement... les opinions politiques philosophiques ou religieuses... des personnes ». Le meilleur moyen de garantir la neutralité des services publics est en effet d'empêcher la divulgation des opinions des personnes qui sont susceptibles d'avoir affaire à eux.

§ 3. L'OBLIGATION DE TOLÉRANCE

Le droit civil et le droit du travail imposent aux particuliers, dans leurs relations mutuelles, le respect d'une sorte d'obligation de tolérer les opinions d'autrui.

C'est en matière de responsabilité délictuelle que la jurisprudence civile a dégagé le plus nettement cette obligation. Estimant que la liberté d'expression implique le droit de critiquer autrui, et même de se moquer d'autrui, elle refuse en effet d'engager la responsabilité civile du moqueur lorsque le seul préjudice de sa « victime » consiste à avoir été ridiculisée. C'est ainsi que l'assemblée plénière de la Cour de cassation a jugé que la société de télévision Canal Plus n'avait commis aucune faute en tournant en dérision les véhicules Citroën lors de l'émission satirique « Les Guignols de l'Info » ; niant la réalité du préjudice commercial allégué, l'arrêt estime en effet que « les propos mettant en cause les véhicules de la marque s'inscrivaient dans le cadre d'une émission satirique,... de sorte qu'ils relevaient de la liberté d'expression sans créer aucun risque de confusion entre la réalité et l'œuvre satirique » [4].

La jurisprudence civile fait également respecter l'obligation de tolérance en matière de libéralités. Interprétant l'article 900 du Code civil, elle a par exemple déclaré non écrite la clause par laquelle une personne subordonne son legs à sa petite-fille, à la condition que celle-ci n'épouse pas « un juif ». Fort justement, le tribunal estime en

---

d'ôter son voile islamique. Ces solutions s'accordent mal avec la jurisprudence de la CEDH, qui privilégie la liberté religieuse des agents plutôt que la laïcité : CEDH 15 févr. 2001, Mme Dahlab c/Suisse, *RFDA* 2003.536.

1. À l'initiative du radical Émile Combes, président du Conseil de 1902 à 1905 et ancien séminariste, certains fonctionnaires catholiques avaient été fichés dans le but de ralentir leur avancement.

2. À l'exception de certains hauts fonctionnaires, qui ont une obligation de loyalisme à l'égard du gouvernement. Pour les préfets par exemple, cf. Décr. 29 juill. 1964, art. 15.

3. CE 9 juill. 1943, Ferrand, *D* 1944.160.

4. Ass. plén. 12 juill. 2000, Soc. automobiles Citroën, *JCP* 2000, n° 10439 : confirme la position des CA de Paris et de Reims, mais infirme l'arrêt de la 2e chambre civile qui n'avait pas fait preuve du même sens de l'humour ; cf. Civ. 2e, 2 avr. 1997, *JCP* 1998, n° 10010.

effet à l'occasion de cette affaire que le passage de l'article 900, prohibant les « dispositions contraires aux lois », doit être compris comme se rapportant au préambule de la Constitution de 1946, selon lequel « tout être humain, sans distinction de race, de religion ou de croyance, possède des droits inaliénables et sacrés [1] ».

En droit du travail, c'est un autre passage du préambule de 1946 qui fonde l'obligation de tolérance, celui qui dispose que « Nul ne peut être lésé, dans son travail ou son emploi, en raison... de ses opinions ou de ses croyances ». L'article L. 1132-1 du Code du travail le complète en précisant qu'« aucun salarié ne peut être sanctionné ou licencié en raison... de ses opinions politiques, de ses activités syndicales ou mutualistes, ou de ses convictions religieuses », et en ajoutant, de façon extrêmement audacieuse, que tout acte contraire est « nul » de plein droit. Cette dernière disposition, qui date de 1985, est particulièrement remarquable dans la mesure où elle prescrit la réintégration dans leur entreprise des salariés — même non protégés — dont le licenciement a été décidé en considération de leurs opinions, alors qu'habituellement seuls les salariés dits protégés (notamment les représentants syndicaux) jouissent d'un droit à réintégration en cas de licenciement illégal. Dans un arrêt de 1988, la Cour de cassation a poussé l'audace encore plus loin en transformant la solution de l'article L. 1132-1 en principe général du droit. Elle estime en effet désormais que, même en l'absence de texte consacrant la nullité, un licenciement peut être annulé dès lors qu'il a été prononcé en violation du droit constitutionnel d'expression des opinions [2]. Au terme de cette évolution, c'est donc une obligation de tolérance particulièrement rigoureuse qui s'impose aujourd'hui aux employeurs.

Depuis 1978, la jurisprudence admet toutefois une exception à l'obligation de tolérance des employeurs. Elle admet en effet que les établissements à caractère idéologique ou religieux puissent considérer les convictions de leurs salariés comme une « partie essentielle et déterminante » du contrat de travail. Concrètement, cette conception les autorise en conséquence à licencier les salariés dont les convictions ne correspondent plus aux leurs [3]. Dans l'affaire de 1978, par exemple, l'assemblée plénière de la Cour de cassation juge légal le licenciement, par un établissement catholique d'enseignement, d'une enseignante divorcée qui venait de se remarier, au mépris du principe de l'indissolubilité du mariage.

Que faut-il penser de cette exception à l'obligation de tolérance des employeurs ? Elle est évidemment dangereuse pour les libertés d'opinion et d'expression. On peut toutefois en reconnaître le bien-fondé lorsqu'elle a pour objet de permettre la réalisation d'un « objectif de valeur constitutionnelle » au sens de la jurisprudence du Conseil constitutionnel [4], ou lorsqu'elle vise à assurer, comme dans l'affaire de 1978, le « respect du caractère propre » des établissements d'enseignement privé, dont le Conseil constitutionnel a reconnu qu'il s'imposait à leurs enseignants [5]. Malgré leur caractère fondamental, les libertés d'opinion et d'expression doivent en effet se concilier avec le respect des autres exigences constitutionnelles.

---

1. T. civ. Seine, 22 janv. 1947, *D* 1947.126.
2. Soc. 28 avr. 1988, *D* 1988.437.
3. Ass. plén. 19 mai 1978, *D* 1978.546 ; Soc. 20 nov. 1986, *D* 1986.IR.475.
4. Par exemple, objectif de « la préservation du caractère pluraliste des courants d'expression socio-culturels » : CC 27 juill. 1982, Communication audiovisuelle, *R* 45.
5. CC 23 nov. 1977, préc.

Section 2

Le droit de choisir ses opinions et de les exprimer

Le droit de choisir ses opinions et de les exprimer est une caractéristique des démocraties libérales (§ 1). Il soulève toutefois le problème, propre aux jeunes gens susceptibles d'être incorporés sous les drapeaux, de l'objection de conscience (§ 2), et se heurte à l'existence, imposée aux agents de l'administration, d'une obligation de réserve (§ 3).

§ 1. Une caractéristique des démocraties libérales

Le droit de choisir ses opinions et de les exprimer est vécu de façon si naturelle qu'on oublie souvent qu'il n'existe véritablement que dans les démocraties libérales, c'est-à-dire dans une toute petite minorité des États du monde. Les autres États sont sous la coupe de régimes — totalitaires ou autoritaires — qui le nient à un degré plus ou moins accentué.

Les régimes totalitaires sont des systèmes politiques qui s'assignent la mission de créer une société unanimitaire, conforme au modèle établi par une idéologie ou par une religion, dans laquelle l'individu est censé réaliser la plénitude de son accomplissement en se sacrifiant au groupe [1]. L'URSS, l'Allemagne nazie, l'Iran de Khomeiny en forment d'excellents exemples. Très logiquement, leur volonté de créer une société unanimitaire les conduit à supprimer la liberté d'expression, qu'ils considèrent comme un facteur de désagrégation sociale. Mais plus profondément, c'est la liberté d'opinion elle-même qu'ils redoutent par-dessus tout, et qu'ils tentent, dans une entreprise un peu folle, d'éradiquer par l'endoctrinement et par la terreur.

Moins prétentieux et beaucoup plus répandus, les régimes autoritaires ne cherchent pas à créer une société unanimitaire. Leurs dirigeants, généralement soutenus par l'armée, veulent simplement se maintenir au pouvoir, contre le vœu de la population. La peur du jeu démocratique les mène en conséquence à supprimer la liberté d'expression, au moins en matière politique. En revanche, la liberté d'opinion ne les gêne pas, car contrairement aux régimes totalitaires ils ne prétendent pas marquer les consciences au fer rouge d'une quelconque vision du monde. C'est pourquoi ils la tolèrent. Napoléon Ier au XIXe siècle, Saddam Hussein au XXe, ont instauré en France et en Irak ce genre de régime.

Par comparaison, les démocraties libérales font du droit de choisir ses opinions et de les exprimer un droit fondamental, qui ne constitue pas seulement l'essence des libertés d'opinion et d'expression, mais dont le respect conditionne en outre l'effectivité de la plupart des autres libertés. Sans lui, les libertés religieuse, syndicale, d'association et de réunion ne sont plus que des coquilles vides. Quant au droit de

---

1. Définition que nous avons proposée dans notre article « Un legs de l'URSS à la CEI : la Déclaration soviétique des droits de l'Homme du 5 septembre 1991 », *RDP* 1992.281. Nous sommes donc en désaccord avec les auteurs qui, comme Raymond Aron (*Démocratie et totalitarisme*, Gallimard, 1965) ou Hannah Arendt (*Le Système totalitaire*, Le Seuil, 1972), excluent qu'il puisse exister un totalitarisme religieux, et soumettent la réalisation du totalitarisme idéologique à des conditions qui nous paraissent contingentes, par exemple à l'existence d'un parti unique.

mener une vie privée, il n'est souvent rien d'autre, concrètement, que la possibilité reconnue à chacun de mettre en pratique, dans la sphère de son intimité, ses opinions personnelles : une vie sexuelle débridée peut ainsi s'analyser comme la traduction d'une morale hédoniste. Sans lui, enfin, les libertés d'enseignement, de la presse, et de la communication audiovisuelle ne peuvent pas survivre.

Au fond, les démocraties libérales ont compris qu'au-delà de ses multiples aspects, qu'on ne distingue qu'afin de mieux les protéger, la liberté humaine est indivisible, et qu'en son cœur gît le droit de choisir ses opinions et de les exprimer. Ce droit essentiel traduit le mystère de l'irréductibilité de l'âme humaine, qu'on ne peut nier sans tuer la liberté elle-même.

C'est ce qui explique qu'en France le droit de choisir ses opinions et de les exprimer soit particulièrement protégé. L'administration ne peut le limiter que dans la stricte mesure nécessitée par la sauvegarde de l'ordre public [1]. Bien mieux, elle se voit imposer l'obligation d'adapter certains services publics pour tenir compte des croyances d'une partie de leurs usagers. C'est ainsi qu'elle est obligée de tenir compte de certains rites religieux dans l'abattage du bétail [2], et de créer des services d'aumônerie dans tout établissement scolaire [3], hospitalier ou pénitentiaire. Enfin, l'État assure la protection, au besoin en les cachant durablement, des personnes persécutées en raison de leurs opinions : ainsi protège-t-il depuis septembre 2006 le professeur de philosophie Robert Redeker, menacé de mort par des fondamentalistes musulmans pour avoir publié dans *Le Figaro* une tribune critiquant violemment l'islam.

§ 2. Le problème de l'objection de conscience

Le problème de l'objection de conscience est intimement lié à la conscription obligatoire. Dès lors qu'un État impose à ses citoyens un service militaire armé, il s'expose à susciter la résistance de ceux dont les convictions s'opposent à l'usage de la violence. Les impératifs de la Défense nationale entrent alors en conflit avec la liberté d'opinion.

Moins brutales que les régimes totalitaires ou autoritaires, les démocraties libérales hésitent généralement à utiliser la force contre les objecteurs de conscience. C'est pourtant ce qu'a fait la France jusqu'en 1963. Pressé par le besoin d'hommes engendré par la guerre d'Algérie, notre pays a laissé la justice militaire condamner sévèrement les objecteurs de conscience, amenant certains d'entre eux à réagir par des grèves de la faim.

Depuis 1963, la France a heureusement adopté une attitude moins intransigeante. Grâce à la loi du 21 décembre 1963, puis à la loi du 8 juillet 1983, elle a en effet admis

---

1. CE 19 mai 1933, Benjamin, *GAJA*. On rappellera qu'il s'agissait dans cette célèbre affaire de l'interdiction d'une conférence. Au-delà de la liberté de réunion, la liberté d'expression était donc en cause.

2. CE 27 mars 1936, Assoc. israélite de Valenciennes, *R* 383 ; CEDH 27 juin 2000, Cha'are Shalom Ve Tsedek c/France, *RTDH* 2001.195.

3. Uniquement s'il comporte des élèves placés sous un régime d'internat, auxquels il faut permettre de pratiquer leur culte dans l'établissement, puisqu'ils ne peuvent pas le pratiquer à l'extérieur : CE, Ass., 1er avr. 1949, Chaveneau, *D* 1949.531, concl. Gazier.

la possibilité, pour les jeunes gens qui le demandent, d'accéder à un statut d'objecteur de conscience, et d'accomplir ainsi un service civil à la place du service militaire.

La loi du 21 décembre 1963 a eu le mérite d'inaugurer ce statut. Elle présentait toutefois le grave défaut de chercher par tous les moyens à entraver l'accès au bénéfice de celui-ci. Les candidats à l'objection de conscience étaient placés dans l'obligation d'invoquer des « convictions religieuses ou philosophiques », ce qui vouait à l'échec ceux dont les motivations étaient purement politiques. Chaque demande était soumise à l'appréciation discrétionnaire d'une Commission juridictionnelle, dont la composition (un magistrat de l'ordre judiciaire, trois officiers, trois personnalités choisies par le Premier ministre) garantissait la sévérité. Sans doute un pourvoi en cassation était-il possible devant le Conseil d'État, mais la haute juridiction n'acceptait alors d'exercer qu'un contrôle bien timide [1]. Enfin, en cas de succès, l'objecteur de conscience se voyait contraint d'effectuer un service civil deux fois plus long que le service militaire. Et pour faire bonne mesure, la loi interdisait toute propagande tendant à inciter autrui à bénéficier de ses dispositions dans le but exclusif de se soustraire à ses obligations militaires !

Beaucoup plus libérale que sa devancière, la loi du 8 juillet 1983 est restée en vigueur jusqu'à la disparition du service militaire obligatoire en 2002, décidée par la loi du 28 octobre 1997. Cette loi facilitait l'accès au statut d'objecteur de conscience, sans aller toutefois jusqu'à l'ériger en un véritable droit [2]. Désormais, le candidat à l'objection de conscience pouvait invoquer tous « motifs de conscience », expression qui n'excluait plus les motifs politiques. Sa demande n'était plus adressée à la Commission, qui était supprimée, mais au ministre de la Défense nationale. Le refus éventuel de celui-ci pouvait faire l'objet d'un recours suspensif, devant le tribunal administratif qui statuait en urgence [3]. La victime du refus disposait donc d'une garantie remarquable — le droit à l'intervention d'un véritable tribunal avant son incorporation — qu'il ne possédait pas dans le système antérieur. Enfin, l'objecteur de conscience était soumis à une discipline plus souple qu'auparavant, dans la mesure où la référence à la discipline générale des armées était abandonnée [4]. Par contre, il devait toujours accomplir un service civil deux fois plus long que le service militaire. En maintenant cette exigence, la loi de 1983 visait à contenir dans des limites raisonnables l'augmentation progressive du nombre des demandes d'accession au statut d'objecteur. La différence de durée des deux services était légitime, car elle permettait d'éviter les abus, en dissuadant les « tire-au-flanc » de choisir le service civil uniquement pour échapper aux rigueurs du service militaire. Mais elle était si considérable qu'elle portait gravement préjudice aux véritables objecteurs, ce qui a d'ailleurs valu à la France d'être condamnée par le comité des droits de l'Homme de

---

1. CE, Sect., 25 juill. 1980, Dollet, *AJDA* 1981.154, concl. contraires Théry : est légal le refus opposé au demandeur après une procédure purement écrite, sans que l'intéressé ait comparu personnellement devant la Commission.

2. De même, la Commission européenne des droits de l'Homme déclare qu'« aucun droit à l'objection de conscience ne figure au nombre des droits et libertés garantis par la Convention » : 23 avr. 1965, Grandrath c/RFA.

3. Une particularité est à noter : le TA statuait en premier et dernier ressort. Aucun appel n'était donc possible. La seule voie de recours était le pourvoi en cassation, devant le CE.

4. Il demeurait toutefois soumis à une discipline inspirée de celle des militaires, puisqu'il ne pouvait exercer d'activité politique ou syndicale qu'en dehors des heures et des lieux de son service, et que le droit de grève lui était refusé.

l'ONU. Un écart moins marqué, de l'ordre de trois ou quatre mois, aurait été plus respectueux de la liberté d'opinion.

L'avenir de la conscription obligatoire était cependant posé. Grâce au progrès technique, en effet, les armées modernes n'ont plus besoin de recourir aux hordes des citoyens-soldats pour être redoutables. La France l'a d'ailleurs bien compris, puisque dès les années 80 plus d'un Français sur quatre était exempté de tout service national. Comme les exemptions étaient accordées en fonction des relations et des situations sociales des intéressés [1], le problème fondamental posé par la conscription obligatoire n'était plus celui de la liberté d'opinion des objecteurs, mais celui de l'égalité des Français devant les charges publiques. Pour le résoudre, la seule solution semblait consister à s'acheminer vers une armée de métier : c'est la voie qu'a finalement empruntée la loi du 28 octobre 1997, qui « suspend » l'appel sous les drapeaux pour tous les Français nés après le 31 décembre 1978, et le remplace par un « appel de préparation à la défense » d'une journée.

§ 3. L'OBLIGATION DE RÉSERVE

En France, on considère traditionnellement que l'agent public, qu'il soit nommé ou recruté par contrat, occupe une situation sociale radicalement différente de celle des salariés de droit privé. Membre de l'administration, et participant à ce titre à l'exécution d'un service public, il est en effet regardé comme le dépositaire de l'intérêt du service. C'est pourquoi on exige de lui qu'en toutes circonstances, pendant son service mais aussi en dehors de celui-ci, il respecte dans l'expression de ses opinions « l'obligation de réserve ».

Création purement jurisprudentielle [2], l'obligation de réserve ne porte nullement atteinte à la liberté d'opinion des agents publics. L'article 6 de la loi du 13 juillet 1983, portant titre 1 du statut général des fonctionnaires, prend d'ailleurs soin de rappeler que « la liberté d'opinion est garantie aux fonctionnaires ». Il ne faut donc pas confondre l'obligation de réserve, qui s'impose à (presque) tous les agents publics, avec l'obligation de loyalisme envers le gouvernement, limitative de la liberté d'opinion, qui ne s'impose qu'aux agents occupant certains emplois de haute responsabilité, situés à la frontière de l'administratif et du politique, et dits « à la discrétion du gouvernement [3] ».

Beaucoup plus modeste, l'obligation de réserve limite simplement la liberté d'expression des agents publics. Encore ne s'agit-il que d'une limitation portant sur la forme, et non sur le fond de l'opinion exprimée. L'agent peut en effet exprimer

---

1. Qu'il soit permis à l'auteur de ces lignes, qui a tenu à accomplir son service militaire en qualité de soldat de deuxième classe, de signaler par exemple qu'une recherche sur le pourcentage d'exemptés parmi les universitaires serait édifiante.

2. Arrêt fondateur : CE, Sect., 11 janv. 1935, Bouzanquet, *R* 44. Arrêt précurseur : CE 13 juin 1928, Charlon, *R* 735. L'obligation de réserve n'est pas mentionnée par le statut général des fonctionnaires civils. Par contre, elle l'est par le statut général des militaires (L. 24 mars 2005), par le statut autonome de la magistrature (Ord. 22 déc. 1958), et par certains statuts particuliers (notamment police nationale et membres du Conseil d'État). Son existence est admise par le Conseil constitutionnel et par la Cour européenne des droits de l'Homme : CC 23 nov. 1977, Liberté d'enseignement, *GDCC*, et CEDH 26 sept. 1995, Vogt c/ Allemagne, *RTDH* 1996.405.

3. Une énumération (non limitative) de ces emplois est donnée par un décret du 24 juillet 1985. Il s'agit par exemple des emplois d'ambassadeurs, de préfets et de recteurs.

n'importe quelle opinion, quelle qu'elle soit ; l'obligation n'est en aucun cas une censure. Mais il doit veiller à l'exprimer avec mesure, en évitant d'utiliser des termes ou d'adopter un comportement qui pourraient choquer, et rejaillir ainsi sur l'image de marque du service. Le but de l'obligation de réserve est en effet d'éviter de provoquer dans l'opinion publique une perte de confiance à l'égard des services publics. Elle n'est en somme rien d'autre qu'une obligation, imposée à l'agent public dans l'intérêt de son service, d'observer une certaine retenue dans l'expression de ses opinions.

Ainsi définie, l'obligation de réserve est une limite acceptable de la liberté d'expression. Elle l'est d'ailleurs d'autant plus que le juge administratif désamorce son danger potentiel, en exerçant un contrôle normal sur l'appréciation des manques de retenue qualifiés par l'administration de fautes disciplinaires [1].

Concrètement, la jurisprudence administrative fait varier l'intensité de l'obligation de réserve en fonction de trois facteurs : la place de l'agent dans la hiérarchie, la nature de ses fonctions et l'éventuelle prise en charge de responsabilités syndicales. Grâce au premier facteur, elle fait peser l'obligation beaucoup moins lourdement sur les agents d'exécution que sur les fonctionnaires de catégorie A [2]. Un cantonnier peut ainsi se permettre des écarts de langage qui seraient sanctionnés s'ils émanaient d'un secrétaire de mairie. La solution est parfaitement logique, car plus un agent occupe une place élevée dans la hiérarchie, plus l'opinion publique a tendance à l'identifier à son service. Dans le même ordre d'idées, le deuxième facteur permet d'assouplir l'obligation à l'égard des agents qui ne mettent pas en œuvre les fonctions régaliennes de l'État. À l'un des extrêmes du spectre, les professeurs de l'enseignement supérieur jouissent d'une indépendance d'esprit constitutionnellement garantie [3], qui les fait échapper totalement à l'obligation de réserve. À l'autre, le « noyau dur de l'appareil d'État » — armée, police, magistrature — est placé sous les fourches caudines d'une obligation de réserve sévèrement entendue, proche d'un devoir de conformisme. Là encore, la solution paraît logique, car les fonctionnaires qui incarnent la puissance publique doivent plus que les autres éviter d'inquiéter les administrés. Enfin, le troisième facteur marque la prise en compte de la liberté syndicale, et permet d'alléger, sans la supprimer, l'obligation de réserve des responsables syndicaux [4].

Grâce à ces subtilités jurisprudentielles, l'obligation de réserve ne s'impose aux agents publics qu'avec discernement, dans la stricte mesure exigée par l'intérêt de leur service. Elle n'est donc pas la dangereuse remise en cause de la liberté

---

1. CE 13 juill. 1966, Leblanc, *AJDA* 1967.106.

2. Ainsi, le fait pour le directeur du CNRS d'avoir signé une lettre publique qualifiant certaines expulsions de « scandaleuses » et « odieuses », suffit à constituer un manquement à l'obligation de réserve, et justifie par conséquent le relèvement de fonctions de l'intéressé : CE, Ass., 13 mars 1953, Teissier, *GAJA*.

3. Cf. CC 20 janv. 1984, Libertés universitaires, *GDCC* : l'indépendance des professeurs d'université est un « principe fondamental reconnu par les lois de la République ». Cf. toutefois CE 28 sept. 1998, Notin, *R* 938 : dans l'expression de leurs opinions, les universitaires doivent respecter « les principes de tolérance et d'objectivité », ce qui leur interdit de céder au négationnisme. Confirmé par CE 19 mars 2008, Gollnisch, *AJDA* 2008.1055 concl. Keller.

4. Arrêt de principe : CE 18 mai 1956, Boddaert, *RPDA* 1956.105, concl. Heumann. Cf. aussi CE 25 mai 1966, Rouve, *D* 1967.6, concl. Rigaud, et CE 25 nov. 1987, District du Comtat venaissin, *R* 798.

d'expression que certains auteurs se plaisent à dénoncer[1]. Trois critiques peuvent néanmoins lui être adressées[2].

Il est tout d'abord anormal que l'obligation de réserve subsiste, même sous une forme allégée, à l'égard des responsables syndicaux. Car elle est alors de nature à entraver dangereusement l'exercice de la liberté syndicale. Dans la célèbre affaire demoiselle Obrégo, par exemple, le Conseil d'État a ainsi estimé que commettait un manquement à l'obligation de réserve, passible d'une sanction disciplinaire, le magistrat critiquant publiquement, en tant que responsable syndical, la décision d'un tribunal relative à la nomination d'un juge taxateur[3]. Or on peut objecter à cette solution que l'engagement syndical implique nécessairement la liberté de critiquer le service, faute de quoi il est condamné à ne plus être qu'un aimable divertissement. En outre, on est en droit d'espérer que l'opinion publique soit capable de discerner la part d'exagération que comporte souvent l'expression syndicale. Il ne paraît donc pas déraisonnable d'estimer qu'il faudrait dispenser les responsables syndicaux de toute obligation de réserve.

En deuxième lieu, il n'est pas admissible que le Conseil d'État impose l'obligation de réserve aux simples candidats aux concours d'entrée dans la fonction publique. En l'état actuel de sa jurisprudence, l'administration peut en effet refuser d'admettre à concourir les candidats dont le comportement lui paraît établir leur inaptitude à exercer les fonctions postulées. Sans doute le Conseil d'État accepte-t-il, depuis l'arrêt Mulsant de 1983[4], d'exercer un contrôle normal sur ce genre de refus. Mais il s'agit d'une garantie illusoire, dans la mesure où il ne l'exerce en pratique qu'avec une grande prudence. Dans l'affaire Raoult, par exemple, il juge que le fait pour un candidat au concours d'entrée à l'ENM d'avoir, pendant son service militaire, diffusé un journal critiquant l'indépendance de la justice militaire, est incompatible « avec la réserve et la pondération qui s'imposent à un candidat à l'exercice des fonctions de magistrat[5] » ; en conséquence, il rejette le recours dirigé contre le refus d'admettre à concourir. On aurait pu estimer au contraire que le fait de critiquer l'indépendance de la justice militaire, outre qu'il traduit un certain courage dans les circonstances où il s'est produit, révèle une haute conception de ce que doit être la justice, qu'on est en droit d'attendre de tout candidat à la magistrature... De toute façon, même si le contrôle normal était exercé convenablement, il ne légitimerait pas pour autant l'application de l'obligation de réserve aux candidats aux concours. Car la réputation

---

1. Notamment D. Loschak, « La liberté syndicale des fonctionnaires », *DO* 1978.93, qui souhaite la suppression totale de l'obligation de réserve.

2. Exposées dans notre thèse, *Le Pouvoir discrétionnaire exercé par l'administration française sur ses agents (évolution depuis le* XVIII*e siècle)*, thèse, Paris 2, 1988, p. 297 à 302. Une quatrième critique pouvait être faite jusqu'en 1983 : l'obligation de réserve s'imposait même aux agents publics participant à une campagne électorale ou s'exprimant en qualité d'élus politiques (CE 10 mars 1971, Jannès, *AJDA* 1971.622). Cette anomalie a pris fin grâce à l'article 7 de la loi du 13 juillet 1983, portant titre 1 du statut général des fonctionnaires civils. Elle subsiste hélas à l'égard des fonctionnaires qui ne sont pas soumis à ce statut général, par exemple à l'égard des militaires.

3. CE, Sect., 1er déc. 1972, Dlle Obrégo, *AJDA* 1973.37, concl. Grévisse. Cf. aussi CE, Sect., 3 juill. 1981, Dame Jacquens, *AJDA* 1981.609.

4. CE 18 mars 1983, Mulsant, *RDP* 1983.1412.

5. CE, Sect., 10 juin 1983, Raoult, *AJDA* 1983.552, concl. contraires Laroque. Mme Laroque qualifiait l'acte reproché à M. Raoult d'acte « bénin », et rappelait que l'autorité militaire avait délivré à l'intéressé un certificat de bonne conduite à l'issue de son service militaire... Cf. aussi CE 25 nov. 1987, Bertin, *DA* 1988, n° 67 (lettres traduisant un « manque d'objectivité incompatible avec l'exercice des fonctions judiciaires »).

d'un service ne peut guère être affectée par le comportement de quelqu'un qui n'en fait pas encore partie. Et si l'intéressé récidive après être devenu agent public — simple hypothèse qui dans un État de droit ne devrait pas suffire à briser une carrière —, il sera toujours temps de le sanctionner. Il faudrait donc renoncer à imposer l'obligation de réserve aux candidats aux concours.

En troisième lieu, enfin, il faut dénoncer l'émergence, depuis la fin des années soixante, d'une nouvelle forme d'obligation de réserve, qui porte à la liberté d'expression des agents publics une atteinte beaucoup plus grave, et beaucoup moins justifiée, que l'obligation de réserve classique. Cette nouvelle forme d'obligation de réserve s'analyse en effet en une obligation de « mesure dans la publicité donnée à la manifestation d'opinion[1] ». Son manquement résulte donc de la trop grande publicité apportée à l'expression de l'opinion, même si cette dernière a été exposée en termes mesurés. Constituent par exemple des manquements à ce second type d'obligation de réserve l'aveu public d'un inspecteur du travail qu'il est hostile à un licenciement[2], la diffusion par un magistrat d'une lettre critiquant la décision d'un président de tribunal[3], ou la publication dans la presse d'une lettre de protestation, rédigée en termes corrects, adressée à un maire par le secrétaire général de la mairie[4]. Dans ces affaires, c'est la publicité qui est jugée fautive, non la forme de l'expression. L'obligation de réserve consiste alors à ne pas ébruiter les dissensions hors du sérail, et tend à se rapprocher de l'obligation de discrétion, prévue par le statut général des fonctionnaires. Mais alors que l'obligation de discrétion ne s'applique qu'aux secrets de l'administration, c'est-à-dire aux « informations ou documents dont (les fonctionnaires) ont connaissance dans l'exercice... de leurs fonctions[5] », la nouvelle forme d'obligation de réserve s'étend à toutes les manifestations publiques de dissension, qu'elles comportent ou non révélation d'un secret. Si bien qu'elle finit par ressembler dangereusement à une obligation de se taire, castratrice de la liberté d'expression. C'est pourquoi nous pensons qu'il faut se résoudre à séparer le bon grain de l'ivraie, autrement dit à supprimer l'obligation de réserve sous sa forme nouvelle tout en la conservant sous sa forme classique.

De tout ce qu'on vient de voir on peut légitimement conclure que les libertés d'opinion et d'expression sont dans l'ensemble efficacement protégées en France. On ne saurait pour autant oublier que l'étude du droit positif ne donne qu'une vision imparfaite de la réalité sociale, même lorsqu'il répond loyalement aux aspirations de la conscience collective. Le recours à la sociologie permet en effet de prendre conscience qu'il y a souvent loin du droit positif à la réalité sociale. En France, si la liberté d'opinion a une existence incontestable, il en va autrement de la liberté d'expression, qui est limitée par le conformisme social, par la mainmise d'une ploutocratie sur les moyens de communication de masse, ou tout simplement, lorsqu'on est salarié, par le souci de ne pas perdre son emploi. En étant pessimiste, on peut à la limite se demander si la liberté d'expression, telle que notre droit voudrait l'universaliser, n'est pas l'apanage de quelques journalistes, d'une poignée de marginaux, et du corps constitutionnellement protégé des professeurs d'université. À cette ultime interrogation, il appartient à chacun de répondre.

---

1. J.-Y. Vincent, « L'obligation de réserve des agents publics », *RA* 1973.145.
2. CE 14 déc. 1968, Lamare, *R* 629.
3. CE, Sect., 1er déc. 1972, Dlle Obrégo, préc.
4. TA Montpellier, 25 oct. 1984, Chaminas, *T* 656.
5. L. 13 juill. 1983, art. 26.

BIBLIOGRAPHIE SÉLECTIVE

• Sur les libertés d'opinion et d'expression en général

B. BEIGNIER, « De la langue perfide, délivre-moi... Réflexions sur la loi du 13 juillet 1990 dite loi Gayssot », *Mélanges Mourgeon*, Bruylant, 1998, p. 497 (vive critique de cette loi).

D. DE BELLESCIZE, « L'autorité du droit sur l'histoire », dans *L'autorité* (dir. J. Foyer, G. Lebreton et C. Puigelier), PUF, 2008 p. 51 (article fondamental).

D. BREILLAT, *Les libertés de l'esprit*, Montchrestien, 1996.

Dossier « Le juge administratif et la liberté d'expression », *RFDA* 2003.1074.

B. DE LAMY, *La liberté d'opinion et le droit pénal*, LGDJ 2000.

B. MATHIEU, « La liberté d'expression en France : de la protection constitutionnelle aux menaces législatives », *RDP* 2007.231 (sur les lois mémorielles).

J. MORANGE, *La Liberté d'expression*, PUF, « Que sais-je ? », 1993.

S. PEYROU-PISTOULEY, « La liberté d'expression vue de Strasbourg : censure ou laxisme ? », *RFDA* 1995.1189 (à propos de la jurisprudence de la CEDH).

C. POLIN, *Le Totalitarisme*, PUF, « Que sais-je ? », 1982 (intéressant mais contestable).

P. ROLLAND, « Du délit d'opinion dans la démocratie française », *Mélanges Mourgeon*, Bruylant, 1998, p. 645 (passionnant).

P. SOLER-COUTEAUX, *La Liberté de conscience*, thèse Strasbourg, 1980.

• Sur la neutralité des services publics

J. BOUVERESSE, « Les deux impasses de la laïcité », dans *Valeurs républicaines et droits fondamentaux de la personne humaine en 2003 et 2004* (dir. G. Lebreton), L'Harmattan 2006 p. 47 (original et passionnant).

Conseil d'État, « Un siècle de laïcité », rapport public 2004, *EDCE* n° 55, La documentation française, 2004 (très complet mais décevant sur le plan de la réflexion théorique).

G. KOUBI, « Le principe de neutralité des services publics, un principe corollaire à la modernisation de l'État ? », *RA* 1992.490 et 1993.9.

Laïcité et République, rapport 2003 de la Commission présidée par B. Stasi, La documentation française, 2004 (très intéressant, notamment sur le plan théorique ; intégralement reproduit dans *Le Monde* 12 déc. 2003).

J. RIVERO, « La notion juridique de laïcité », *D* 1949.137.

J.-B. TROTABAS, *La Notion de laïcité dans le droit de l'Église catholique et de l'État républicain*, LGDJ, 1961.

• Sur l'objection de conscience

P. COUZINET, « Le nouveau statut des objecteurs de conscience », *RFDA* 1985.425 (synthétique).

J. DUFFAR, « L'objection de conscience en droit français », *RDP* 1991.657.

C. LANGLADE-DEMOYEN, *L'Objection de conscience dans les idées et les institutions*, LGDJ, 1958 (demeure intéressant en ce qui concerne la problématique générale).

J.-P. PANCRACIO, « Le nouveau statut des objecteurs de conscience », *RDP* 1985.103 (article fondamental).

F. THÉRY, « Le statut des objecteurs de conscience en France et la jurisprudence du Conseil d'État », *EDCE* 1980-81-115 (sur la situation antérieure à la réforme de 1983).

- **Sur l'obligation de réserve**

M. REYDELLET, *L'Obligation de réserve des agents publics*, thèse Aix-Marseille, 1977.

J. RIVERO, « Sur l'obligation de réserve », *AJDA* 1977.580.

J.-Y. VINCENT, « L'obligation de réserve des agents publics », *RA* 1973.142 et 272 (article fondamental).

Chapitre 2

La liberté religieuse

La liberté religieuse revêt deux aspects distincts mais complémentaires. Elle signifie tout d'abord le droit de choisir et d'exprimer sa foi, droit qu'on dénomme habituellement la « liberté de conscience ». Sous ce premier angle, son régime juridique n'offre guère de particularités par rapport à celui des libertés d'opinion et d'expression, dont la liberté de conscience n'est en réalité qu'une variante. On se bornera donc à renvoyer le lecteur au chapitre précédent. Mais la liberté religieuse recouvre aussi la liberté de se livrer aux rites et pratiques liés à la foi, droit qu'on appelle couramment la « liberté du culte ». Sous ce second angle, elle exige un régime juridique spécifique et implique, de la part de l'État, un choix politique fondamental.

Historiquement, la France n'a jamais pratiqué la fusion de l'État avec une religion, solution théoriquement négatrice de la liberté du culte, voire de la liberté de conscience. Cela s'explique par le fait que la religion qui y est la plus répandue est le christianisme, dont un des principes de base repose sur la distinction du spirituel et du temporel. Par comparaison, les États peuplés de musulmans pratiquent souvent la fusion avec l'islam, dans la mesure où cette religion semble rejeter la distinction du spirituel et du temporel. Ainsi l'Iran s'est-il doté, en 1979, d'une Constitution dont l'article premier affirme qu'elle institue le « gouvernement du droit et de la justice du Coran ». D'une façon encore plus radicale, l'Arabie Saoudite refuse toute Constitution, et applique directement la Shari'a. Il est évident que dans ce genre d'États aucune facilité n'est accordée aux non-musulmans pour qu'ils pratiquent leur culte.

À défaut d'avoir pratiqué la fusion, la France a longtemps connu l'union de l'Église et de l'État. Avec cette solution, l'Église et l'État demeurent distincts, mais l'État reconnaît la religion catholique comme « religion d'État », en contrepartie de quoi il a le droit d'intervenir dans l'organisation et le fonctionnement de l'Église. On voit sans peine que ce genre de compromis n'est guère favorable à la liberté du culte. La religion d'État est placée sous l'encombrante tutelle de l'État. Quant aux autres religions, plus ou moins soumises au bon plaisir de l'État, lui-même éventuellement guidé par l'intérêt de la religion d'État, elles sont tantôt tolérées et tantôt persécutées.

L'Histoire de France illustre hélas ce sombre diagnostic. En reconnaissant la religion catholique comme religion d'État, le Concordat de Bologne, signé en 1516 par François Ier, ouvre la voie à la persécution des protestants, qui prend des proportions considérables sous la « régence » de Catherine de Médicis (1560-1574) et le règne d'Henri III (1574-1589). Grâce à Henri IV, l'édit de Nantes, promulgué en 1598, assure près d'un siècle de coexistence religieuse pacifique, en accordant la liberté du culte aux protestants, tout en maintenant le catholicisme dans son statut de religion d'État. Mais la révocation de l'édit de Nantes, décidée en 1685 par Louis XIV, met en exergue les risques inhérents au système de la religion d'État, en rouvrant l'ère des persécutions. Les protestants devront attendre 1787 pour qu'un édit « de tolérance » leur restitue la liberté du culte.

En réaction contre ces tergiversations, la Révolution entend fonder la liberté religieuse sur des textes clairs. C'est ainsi que l'article 10 de la Déclaration de 1789 proclame la liberté de conscience, et que le titre 1 de la Constitution de 1791 garantit la liberté du culte. En pratique, ces beaux principes ne seront guère respectés. La « Constitution civile du clergé » de 1790 maintient le catholicisme comme religion d'État, et ouvre une grave crise religieuse en voulant forcer les prêtres à prêter serment de fidélité à l'État. Encore plus méfiante à l'égard du catholicisme, la Convention tente le pari fou de lui substituer une nouvelle religion d'État, créée de toutes pièces. Sont ainsi successivement créés, sous l'impulsion d'Hébert le culte athée de la Raison, puis, à l'initiative de Robespierre, le culte déiste de l'Être suprême. Rompant avec ces excès, le Directoire tente d'instaurer une première forme de séparation de l'Église et de l'État. La liberté des cultes connaît alors une certaine effectivité.

Soucieux de soustraire le catholicisme à l'influence du royalisme émigré, Napoléon Bonaparte met fin à cette expérience. En négociant avec le pape le Concordat de 1801, il rétablit l'union de l'Église et de l'État. La religion catholique ne redevient pas religion d'État, mais se voit conférer le statut, qui en est très proche, de « religion de la plus grande majorité des Français ». Concrètement, le Concordat de 1801 reprend purement et simplement la disposition du Concordat de 1516, en donnant au Premier consul le pouvoir qu'avait le roi de choisir les évêques, le pape se bornant à leur conférer l'investiture spirituelle. En outre, comme en 1790, prêtres et évêques deviennent des fonctionnaires payés par l'État. Enfin, à côté de la religion catholique, trois autres religions (deux protestantes et la religion juive) sont officiellement reconnues par l'État. Dans l'ensemble, malgré l'ingérence de l'État, la liberté des cultes est finalement mieux respectée que sous l'Ancien Régime et la Révolution. C'est ce qui explique la longévité du système de 1801, qui existe toujours en Alsace-Moselle, et qui n'a disparu pour le reste de la France qu'en 1905.

Le régime juridique de la liberté des cultes est aujourd'hui régi par la loi du 9 décembre 1905. Cette loi a le mérite de réintroduire en France le système de la séparation de l'Église et de l'État, imaginé par le Directoire, qui est intrinsèquement le système le plus respectueux de la liberté des cultes [1] (section 1). Elle laisse toutefois entier le problème des sectes, qui n'a réellement commencé à se poser qu'après la Seconde Guerre mondiale (section 2).

---

1. À condition évidemment d'être appliqué sans arrière-pensées. On sait que l'URSS n'a institué la séparation de l'Église et de l'État que pour mieux abattre la religion, conçue par Marx, dans une perspective étroitement matérialiste, comme « l'opium du peuple ». À l'inverse, le système de l'union de l'Église et de l'État, théoriquement menaçant, s'avère paradoxalement, dans certains pays comme la Grande-Bretagne (où la religion anglicane est religion d'État), protecteur de la liberté des cultes.

Section 1
La loi de 1905 et le respect de la liberté des cultes

La loi du 9 décembre 1905 est parvenue à réaliser une séparation de l'Église et de l'État respectueuse de la liberté religieuse, en donnant à chaque communauté de croyants la liberté de célébrer son culte (§ 1), en imposant à l'État une neutralité bienveillante à l'égard des cultes (§ 2), et en confiant à des associations le soin de gérer les biens du culte (§ 3).

§ 1. La liberté de célébration du culte

Aux termes de l'article 1er de la loi du 9 décembre 1905, « la République assure la liberté de conscience. Elle garantit le libre exercice des cultes sous les seules restrictions édictées ci-après dans l'intérêt de l'ordre public ». Cette disposition garantit la liberté de se livrer à des rites et pratiques tant à l'intérieur des bâtiments du culte (A) qu'à l'extérieur de ceux-ci (B).

A. La liberté de célébration intérieure du culte

La loi de 1905 soumet les cérémonies intérieures du culte au régime des réunions publiques de la loi du 30 juin 1881. Elle les dispense toutefois de l'obligation, prévue par la loi de 1881, de constituer un bureau chargé de maintenir l'ordre. En outre, dans un alinéa abrogé en 1907, elle remplaçait l'obligation, instituée par la loi de 1881, de déclarer préalablement chaque réunion, par l'obligation de déposer une seule déclaration par an, valable « pour l'ensemble des réunions... qui auront lieu dans l'année ». Cette dernière disposition, qui instituait pourtant un régime de faveur au profit des cérémonies religieuses, n'eut pas l'heur de plaire à l'Église catholique qui, la jugeant encore trop sévère, refusa de la respecter. Pendant plus d'un an, les cérémonies catholiques se déroulèrent ainsi dans l'illégalité, sans déclaration préalable d'aucune sorte, plongeant les pouvoirs publics dans l'embarras. Finalement, la loi du 28 mars 1907 dénoua la crise en cédant à l'épreuve de force imposée par l'Église : désormais, les cérémonies intérieures du culte catholique — ou de tout autre culte — se déroulent librement, sans qu'il soit nécessaire d'en faire la déclaration préalable.

Afin que cette liberté soit effective, le Conseil d'État a limité l'immixtion des autorités de police dans les édifices cultuels en attribuant aux ministres du culte « la garde et la police de l'église en vue d'assurer aux fidèles l'exercice de leur religion[1] ». Grâce à ce pouvoir d'ordre intérieur, prêtres, pasteurs, rabbins et mollahs peuvent détenir les clefs de leur édifice cultuel, fixer les heures des offices religieux, procéder à l'aménagement des sièges et à la décoration intérieure, réserver des places à une catégorie de fidèles, ou encore assurer le respect de la discipline du culte. Malgré son

1. CE 24 mai 1938, Abbé Touron, *R* 462. Confirmé, le mot « police » en moins, par CE, Sect., 4 nov. 1994, Abbé Chalumey, *JCP* 1995, n° 22415 ; et, avec ce mot, par ord. CE 25 août 2005, Commune de Massat, *AJDA* 2006.91 : suspend, dans le cadre d'un référé-liberté, l'autorisation d'un maire d'organiser des représentations théâtrales dans une chapelle sans l'accord du prêtre chargé de sa garde.

importance, ce pouvoir d'ordre intérieur n'est cependant pas un véritable pouvoir de police, car les prêtres — et c'est heureux — ne disposent pas de la force publique. En cas de trouble persistant, ils ne peuvent donc que demander aux autorités de police de bien vouloir intervenir. Bien entendu, les autorités de police peuvent aussi pénétrer dans l'édifice cultuel sans demande du ministre du culte, et même éventuellement contre son gré, lorsque leur intrusion a pour but de rétablir l'ordre public [1] ou — le droit d'asile du Moyen Age n'existant plus — d'appréhender une personne recherchée dans le cadre d'une procédure judiciaire. Il n'en reste pas moins qu'en dehors de ces hypothèses précises, les cérémonies intérieures du culte sont préservées des immixtions du pouvoir temporel. Le système actuel réalise donc un équilibre satisfaisant entre la liberté de célébration intérieure du culte et les exigences de la sécurité publique.

B. La liberté de célébration extérieure du culte

La liberté de célébration extérieure du culte est régie par l'article 27 de la loi de 1905. Cet article distingue deux types de manifestations extérieures du culte : les sonneries de cloches d'une part, les « cérémonies, processions et autres manifestations » d'autre part.

Il reconnaît aux maires le pouvoir de réglementer les sonneries de cloches. Cette prérogative, nécessaire pour assurer la tranquillité publique, risquait toutefois, en l'absence de toute précision apportée par la loi, d'engendrer un certain arbitraire municipal. Conscient de ce risque, le Conseil d'État a désamorcé le danger en annulant les arrêtés municipaux qui interdisent ou limitent les sonneries dans des conditions telles que la pratique de la religion s'en trouve entravée. Grâce à sa vigilance, les sonneries traditionnelles, par exemple celles qui annoncent ou accompagnent la messe, ne peuvent donc en principe être interdites.

À partir de 1906, divers textes ont institué des limites plus contestables à la liberté de faire sonner les cloches. Ils permettent en effet aux autorités civiles d'ordonner des sonneries de cloches non seulement en cas de péril commun, ce qui est normal, mais aussi lors des fêtes nationales ou à l'occasion du passage du président de la République [2]. On peut estimer regrettable qu'un régime de séparation de l'Église et de l'État s'accommode d'une telle immixtion du pouvoir temporel dans l'utilisation d'objets du culte.

Le régime des « cérémonies, processions et autres manifestations extérieures d'un culte » échappe heureusement à ce genre de critiques. Là encore, l'article 27 de la loi de 1905 risquait d'engendrer l'arbitraire municipal en soumettant les cérémonies et processions religieuses au pouvoir de police des maires, sans plus de précisions. Mais le décret-loi du 23 octobre 1935 a conjuré ce danger en établissant une distinction, créée dès 1909 par le Conseil d'État [3], entre deux types de manifestations extérieures du culte. Grâce à cette action conjuguée du législateur et de la haute juridiction administrative, les manifestations traditionnelles (convois funèbres, processions de

---

1. CEDH 9 avr. 2002, Cissé c/France : admet l'évacuation forcée des étrangers « sans papiers » qui occupaient l'église Saint-Bernard à Paris.
2. Ou encore chaque heure de la journée, à condition qu'un « usage local » l'autorise : TA Lille, 15 janv. 2004, Duavrant, *AJDA* 2004.778.
3. CE 19 févr. 1909, Abbé Olivier, *GAJA* (pour les convois funèbres), et CE 1er mai 1914, Abbé Didier, *R* 515 (généralisation de la distinction à l'ensemble des manifestations extérieures du culte).

première communion, défilés des Rameaux, « grands pardons »...) se déroulent librement, sans déclaration préalable, et ne peuvent être interdites que lorsqu'elles menacent gravement l'ordre public. Au contraire, les manifestations non traditionnelles, auxquelles les fidèles ne sont pas attachés aussi profondément, sont soumises à un régime qui fait la part plus belle aux exigences de l'ordre public. Le décret-loi leur impose en effet de faire l'objet d'une déclaration préalable, tandis que la jurisprudence administrative admet plus facilement qu'un motif d'ordre public justifie leur interdiction [1].

Ainsi fixé, le régime de la liberté de célébration extérieure du culte s'avère finalement très satisfaisant. Ce constat mérite d'être souligné, car il est particulièrement révélateur du degré de respect de la liberté religieuse atteint par la société française. L'histoire enseigne en effet que c'est souvent sur la célébration extérieure des cultes qu'achoppent les régimes les mieux disposés vis-à-vis de la liberté religieuse. À cet égard, il ne faut jamais oublier que le Directoire, pourtant initiateur de la séparation de l'Église et de l'État, prohiba toute manifestation extérieure du culte, y compris les sonneries de cloches appelant les fidèles à la messe...

§ 2. La neutralité bienveillante de l'État à l'égard des cultes

La loi du 9 décembre 1905 affirme la neutralité religieuse de l'État en proclamant, dans son article 2, que « la République ne reconnaît... aucun culte ». Elle exprime essentiellement cette neutralité par l'obligation, qu'elle impose à l'État, de s'abstenir de financer les cultes (A). Mais la neutralité qu'elle veut instaurer n'est pas teintée d'hostilité envers les cultes, contrairement à celle du Directoire. Respectueuse de la liberté religieuse, c'est une neutralité bienveillante qu'elle cherche. C'est ce qui explique qu'elle impose à l'État une seconde obligation, beaucoup plus positive que la première : l'obligation de lever les obstacles au libre exercice des cultes (B).

A. L'obligation de s'abstenir de financer les cultes

Aux termes de l'article 2 de la loi de 1905, « la République... ne salarie ni ne subventionne aucun culte ». Cette courte phrase tarit la manne des fonds publics dont bénéficiaient jusque-là les quatre religions officielles. Ces quatre religions cessent d'être considérées comme des services publics, subventionnées à ce titre par le budget de l'État ; quant à leurs prêtres, ils cessent d'être assimilés à des fonctionnaires, et ne sont donc plus payés par l'État. Enfin, de façon plus générale, l'article 2 prescrit que « seront supprimées des budgets de l'État, des départements et des communes, toutes dépenses relatives à l'exercice des cultes ».

Cette obligation de s'abstenir de financer les cultes peut paraître sévère [2]. Mais elle est logique, dans un système de séparation de l'Église et de l'État. En outre, certaines

---

1. CE 21 janv. 1966, Legastelois, *JCP* 1966, n° 14568, concl. Galmot : légalité de l'interdiction, motivée par la gêne qu'il occasionnerait pour la circulation, d'un défilé projeté dans le cadre d'une kermesse paroissiale. Par contre, CE 5 mars 1948, Jeunesse indépendante chrétienne féminine, *R* 121 : illégalité de l'interdiction d'une messe en plein air sur l'esplanade du palais de Chaillot.
2. Pour des applications, cf. CAA Nantes, 24 avr. 2007, Commune de Trélazé, *AJDA* 2007.2086 : illégalité de l'achat d'un orgue par une commune pour une église. Et TA Nantes, 31 mars 2006, Mismetti, *AJDA* 2006.1386 : illégalité de l'aménagement par une communauté urbaine d'un abattoir

atténuations lui sont apportées, afin de ne pas compromettre l'exercice de la liberté du culte, dont le législateur sait évidemment qu'il exige un minimum de moyens financiers. Ces atténuations sont déjà une manifestation du caractère bienveillant de la neutralité religieuse de l'État.

La loi de 1905 permet ainsi à l'État et aux collectivités locales, toujours dans son article 2, d'inscrire à leurs budgets les « dépenses relatives à des services d'aumônerie et destinées à assurer le libre exercice des cultes dans les établissements publics, tels que lycées, collèges, écoles, hospices, asiles et prisons ». Dans le même esprit, les lois du 2 janvier 1907 et du 19 juillet 1909 autorisent des subventions publiques déguisées, la première en accordant aux fidèles et aux ministres du culte, dans son article 5, la « jouissance gratuite » des édifices cultuels incorporés au domaine public, la seconde en exonérant les édifices cultuels de l'impôt foncier. Plus récemment, la loi Debré du 31 décembre 1959 permet à l'État de financer les établissements d'enseignement privé, dont beaucoup ont un caractère religieux, tandis que la loi de finances du 29 juillet 1961 autorise les collectivités locales à garantir « les emprunts contractés pour financer la construction... d'édifices répondant à des besoins collectifs de caractère religieux ». Enfin, une loi du 23 juillet 1987 crée une forme de subvention publique à peine déguisée, en accordant aux contribuables des déductions fiscales pour les dons versés à des associations religieuses [1].

B. L'obligation de lever les obstacles au libre exercice des cultes

Plus encore que les atténuations apportées à l'obligation de s'abstenir de financer les cultes, l'existence d'une obligation, à la charge de l'État, de lever les obstacles au libre exercice des cultes, prouve le caractère bienveillant de la neutralité fondée en 1905.

L'État veille ainsi à ce que « l'abattage rituel » prescrit par certaines religions puisse être pratiqué dans de bonnes conditions sanitaires [2]. On sait également que la jurisprudence s'est inspirée de l'article 2 de la loi de 1905 pour rendre obligatoire la création d'aumôneries dans les établissements publics d'où il est impossible de sortir pour pratiquer son culte [3]. D'une façon plus générale, le droit français, conforme en cela à l'article 9 de la Convention européenne de sauvegarde des droits de l'Homme, oblige les services publics à adopter une organisation compatible avec le libre exercice des cultes [4]. Le service public funéraire doit ainsi respecter la liberté des funérailles, qui reconnaît à chaque personne la faculté de donner un caractère civil ou

---

spécialement destiné à l'abattage des moutons lors de la fête de l'Aïd-el-Kébir. En revanche, cf. CAA Lyon, 26 juin 2007, Féd. de la libre pensée du Rhône, *AJDA* 2007.1652, concl. cont. Besle : légalité du financement par une commune d'un ascenseur dans une basilique, compte tenu de sa finalité touristique.

1. Un jugement va encore plus loin en estimant, de façon très contestable au regard de la législation, qu'une association cultuelle peut recevoir une subvention publique dès lors qu'elle a été reconnue d'utilité publique : TA Lyon, 5 nov. 2002, Féd. de la libre pensée et d'action sociale du Rhône, *AJDA* 2002.1453.

2. Conditions sanitaires dont le respect implique un système d'autorisation d'abattage admis par CEDH 27 juin 2000, Cha'are Shalom Ve Tsedek c/France.

3. CE, Ass., 1er avr. 1949, Chaveneau, préc., *supra*, chapitre précédent.

4. Ce qui ne donne pas le droit à ses agents de s'absenter chaque vendredi après-midi pour aller prier : CE 16 févr. 2004, B., *AJDA* 2004.822.

religieux à ses obsèques, et de choisir son mode de sépulture [1]. Dans le domaine particulièrement sensible de l'enseignement, la loi Debré du 31 décembre 1959 impose par exemple à l'État de prendre « toutes dispositions utiles pour assurer aux élèves de l'enseignement public la liberté des cultes et de l'instruction religieuse ». Consulté à propos du problème de jeunes filles souhaitant porter le voile islamique à l'école, le Conseil d'État a éclairé cette disposition dans un avis de 1989. Il a estimé que « la liberté ainsi reconnue aux élèves comporte pour eux le droit d'exprimer et de manifester leurs croyances religieuses à l'intérieur des établissements scolaires », mais à condition que cela se passe « dans le respect du pluralisme et de la liberté d'autrui, et sans qu'il soit porté atteinte aux activités d'enseignement, au contenu des programmes et à l'obligation d'assiduité [2] ». C'est donc une laïcité scolaire respectueuse des religions qu'il a ainsi consacrée. Une loi du 15 mars 2004 a toutefois durci cette position en interdisant « le port de signes ou de tenues par lesquels les élèves manifestent ostensiblement une appartenance religieuse ». Seul le port de signes religieux discrets est donc désormais admis à l'école. On peut douter de la compatibilité de cette exclusion du voile islamique avec l'article 9 de la Convention européenne, qui garantit « la liberté de manifester sa religion » même « en public » [3].

Dans une optique plus conciliante, le gouvernement a procédé en 2003 à la mise en place d'un organisme consultatif, le « conseil français du culte musulman », destiné à devenir son interlocuteur privilégié sur la question délicate du respect réciproque de l'islam et de la laïcité républicaine. Afin de le rendre authentiquement représentatif, il a voulu que les membres du CFCM soient élus par les musulmans de France. Le fait que les premières élections aient été remportées, contre toute attente, par un courant réputé proche du fondamentalisme (l'UOIF, Union des organisations islamiques de France) plutôt que par le courant modéré de la Mosquée de Paris, montre bien l'ampleur des problèmes qu'il faudra résoudre.

Sur le plan pénal, l'article 31 de la loi de 1905 punit « ceux qui,... par voies de fait, violences ou menaces contre un individu,... l'auront déterminé à exercer ou à s'abstenir d'exercer un culte ». Pour sa part, l'article 32 de la même loi punit « ceux qui auront empêché, retardé ou interrompu les exercices d'un culte par des troubles ou désordres causés dans le local. servant à ces exercices ». On voit que ces deux articles se complètent admirablement : le premier sanctionne l'atteinte à la liberté cultuelle de l'individu considéré isolément, le second celle à la liberté cultuelle d'une communauté religieuse prise dans son ensemble [4].

En pratique, l'État est fréquemment invité à faire cesser un type d'agissements qui relève de l'article 32 : les occupations d'Église par des prêtres rebelles à l'autorité de la hiérarchie ecclésiastique catholique. Dans ce genre d'hypothèses, les tribunaux n'hésitent pas à ordonner l'expulsion des occupants sans titre [5], et à annuler les refus

---

1. Des circulaires recommandent par exemple l'aménagement de « carrés » confessionnels dans les cimetières. Toutefois, seuls deux modes de sépulture sont admis : l'inhumation et la crémation. Cf. CE 6 janv. 2006, Martin, *AJDA* 2006.757, qui proscrit la « congélation ».

2. Avis CE, Ass., 27 nov. 1989, *RFDA* 1990.6.

3. Des développements plus importants seront consacrés aux rapports de l'enseignement et de la religion dans le chapitre sur la liberté d'enseignement.

4. Pour une application de l'article 32, cf. T. corr. Bar-le-Duc, 2 juin 1982, *GP* 1982.2.556 : ivrognes ayant perturbé une messe de minuit.

5. Compétence des tribunaux judiciaires. Ils ont par exemple prononcé l'expulsion des catholiques intégristes de l'église Saint-Nicolas du Chardonnet, qui en avaient pris possession par la force au de l'autorité de police d'exécuter leurs jugements par la force [1]. L'État apporte ainsi à l'Église le concours de la force publique pour assurer le respect du droit d'occupation dont elle est titulaire.

Pour terminer, on doit noter que l'obligation de l'État de lever les obstacles au libre exercice des cultes a longtemps reçu une exception en ce qui concerne les congrégations. La loi du 1er juillet 1901, relative à la liberté d'association, soumettait en effet la création des congrégations religieuses à autorisation législative préalable. Il fallut attendre une loi du 8 avril 1942 pour qu'elles puissent enfin se constituer librement. Il n'en reste pas moins qu'une certaine méfiance, perceptible dans leur régime juridique [2], subsiste à leur égard, même s'il n'est plus possible de considérer aujourd'hui, l'anticléricalisme du début du XXe siècle étant passé de mode, que l'État cherche à dresser des obstacles à leur liberté religieuse.

§ 3. La gestion des biens du culte

L'exercice du culte nécessite l'utilisation de biens matériels, meubles et immeubles. Se pose donc inévitablement le problème de leur gestion. Jusqu'en 1905, les biens des quatre religions officielles étaient gérés par des établissements publics (« fabriques »), qui percevaient les revenus du culte, jouissaient de la propriété des biens cultuels n'appartenant pas au domaine public, et étaient affectataires des biens cultuels appartenant au domaine public. En cessant de considérer les religions comme des services publics, le législateur de 1905 ne pouvait maintenir cette solution de l'établissement public. C'est pourquoi la loi du 9 décembre 1905 a confié la gestion des biens du culte à de simples associations, dites « associations cultuelles » (A). Cette solution nouvelle a toutefois suscité la résistance de l'Église catholique, qui n'a fini par l'accepter que lorsque l'État lui a reconnu la possibilité de créer des associations cultuelles originales, appelées « associations diocésaines » (B).

A. Le principe : les associations cultuelles

Les associations cultuelles créées par la loi de 1905 sont des associations à but non lucratif relevant de la loi du 1er juillet 1901. Elles deviennent affectataires des biens cultuels appartenant au domaine public, et propriétaires des biens des anciens établissements publics, ainsi que des biens qu'elles sont amenées à acquérir par la suite. Elles peuvent également percevoir, outre les cotisations versées par les sociétaires au titre de la loi de 1901, le produit des quêtes et collectes destinées à

---

mépris du droit d'occupation appartenant aux catholiques papistes : TGI Paris, réf., 1er avr. 1977, *JCP* 1977, n° 18665 ; CA Paris, 13 juill. 1977, *D* 1977.458 ; Civ. 17 oct. 1978, *D* 1979.120.

1. Compétence des tribunaux administratifs. Par exemple : CE 8 févr. 1908, Abbé Déliard, *R* 128. Dans la même optique, est légal le refus d'un maire de mettre une église à la disposition des catholiques intégristes, lorsqu'elle est déjà affectée à la pratique du catholicisme papiste : TA Nantes, 2 juin 1977, *AJDA* 1977.632. Dans l'affaire Saint-Nicolas du Chardonnet, on doit toutefois noter que les jugements d'expulsion des intégristes n'ont jamais été exécutés, dans le louable souci de ne pas allumer une guerre de religions. Les victimes de cette inexécution ont été indemnisées en application de la célèbre jurisprudence Couitéas.

2. Qu'on étudiera en détail dans le chapitre consacré à la liberté d'association.

couvrir les frais du culte. Enfin, elles peuvent recevoir les dons et legs, sous réserve d'avoir obtenu dans chaque cas l'autorisation préalable de l'État.

Au regard de ces avantages, les contraintes pesant sur les associations cultuelles paraissent bien légères : aux termes de l'article 19 de la loi de 1905, elles doivent simplement « avoir exclusivement pour objet l'exercice d'un culte », et être composées d'un nombre minimum de personnes, par exemple égal à sept pour celles qui sont constituées dans des communes de moins de mille habitants.

C'est pourquoi juifs et protestants ont accepté sans hésitation d'adhérer au système de l'association cultuelle. Les religions qui se sont développées en France plus tardivement, notamment l'islam, ont adopté une attitude similaire[1].

B. L'exception catholique : les associations diocésaines

Les associations cultuelles imaginées par la loi de 1905 étaient respectueuses de la liberté du culte. Aucune raison vraiment convaincante n'interdisait donc à l'Église catholique de les accepter. Dès 1906, l'épiscopat français se montra d'ailleurs favorable à la création d'associations cultuelles catholiques. La même année, une encyclique pontificale les condamna pourtant, le pape voyant dans ces associations non pas « le corps hiérarchiquement institué divinement par le Sauveur, mais une association de personnes laïques ».

Au-delà de cet argument théologique, la fin de non-recevoir opposée par le pape aux associations cultuelles s'expliquait par la dégradation des rapports entre l'Église et la République française, survenue depuis l'affaire Dreyfus, et notamment marquée par l'hostilité de la loi de 1901 envers les congrégations, et par la rupture en 1904 des relations diplomatiques entre la France et le Vatican.

Le résultat de cette intransigeance pontificale fut désastreux pour le culte catholique. Une loi du 2 janvier 1907 en tira en effet les conséquences logiques : faute d'avoir constitué des associations cultuelles, l'Église perdait tous ses biens. La loi transférait notamment à l'État et aux collectivités locales la propriété des évêchés et des presbytères, et leur en accordait « la libre disposition ». C'est à cette époque que beaucoup d'évêchés furent transformés en préfectures. Quant aux cathédrales et aux églises, la loi les incorporait dans le domaine public de l'État et des collectivités locales, tout en exigeant qu'elles continuent « à être laissées à la disposition des fidèles et des ministres du culte pour la pratique de leur religion ». Avec ingéniosité, elle réintégrait malgré lui le culte catholique dans la légalité républicaine, en précisant qu'il s'exercerait désormais dans le cadre du droit commun des réunions publiques. Malgré sa sévérité, le législateur républicain s'entêtait ainsi, avec une obstination qui suscite l'admiration, à garantir le libre exercice du culte catholique.

Le rétablissement des relations diplomatiques entre la France et le Vatican, en 1921, permit de sortir de cette situation tendue. À la suite de négociations, il fut convenu que l'Église catholique pourrait créer des « associations diocésaines », légèrement différentes des associations cultuelles de la loi de 1905. Les associations

---

1. En pratique, l'islam pose toutefois un problème, car les associations islamiques n'ont généralement pas un objet exclusivement cultuel. Les préfets leur refusent donc fréquemment l'accession au statut d'associations cultuelles, les contraignant à se contenter du statut moins avantageux d'« associations déclarées » de la loi du 1er juillet 1901.

diocésaines, créées à partir de 1924, sont comme elles des associations de la loi de 1901. Mais contrairement aux associations cultuelles, qui se constituent normalement dans le cadre de la commune, elles sont constituées dans le cadre du diocèse, ce qui permet à l'évêque — et non à un laïc, comme le permettait la loi de 1905 — d'en être le président de droit. Cette ingénieuse formule concilie ainsi la loi de 1901 avec la structure hiérarchique de l'Église catholique.

Au terme de cette évolution, les édifices du culte catholique se trouvent aujourd'hui dans une situation juridique paradoxale. Ceux qui ont été construits avant 1907 restent incorporés dans le domaine public de l'État (cathédrales) ou des communes (églises), qui en assurent l'entretien, prêtres et fidèles continuant à en avoir la jouissance gratuite[1]. Au contraire, ceux qui ont été construits après 1907 sont des immeubles privés, dont la propriété appartient aux associations diocésaines, lesquelles doivent par conséquent en assurer les frais de construction et d'entretien. Le droit est fils de l'Histoire plus que de la Raison...

Section 2
Le problème des sectes

Apparues en France depuis la Seconde Guerre mondiale, les « sectes » ne font l'objet d'aucune réglementation juridique spécifique. En principe, elles bénéficient donc de la liberté cultuelle au même titre que les grandes « religions » (§ 1). Mais l'expérience a prouvé qu'elles mettaient souvent en péril l'ordre public et la dignité de la personne humaine. C'est pourquoi la jurisprudence les traite avec une grande sévérité (§ 2).

§ 1. Le principe : la liberté cultuelle des sectes

Le droit français considère les sectes comme de véritables religions. La solution paraît raisonnable, car on trouve généralement en elles la réunion des deux critères que requiert la notion de religion[2] : le critère subjectif, la foi en un être ou une force supérieurs ; et le critère objectif, l'insertion de l'individu dans une communauté de croyants.

Le particularisme des sectes par rapport aux trois grandes religions du Livre que sont le judaïsme, le christianisme et l'islam, est donc beaucoup moins fort qu'on le croit généralement. « Ce qui subsiste des sectes n'est pas d'une autre substance que ce qu'on appelle religion : il s'agit toujours de relier collectivement les hommes aux dieux par des croyances et par des cultes[3] ». L'originalité des sectes réside seulement dans le nombre relativement limité de leurs fidèles. Au fond, les « religions » ne sont rien d'autre que des sectes qui ont réussi.

---

1. TA Bordeaux, 20 déc. 2002, Savary, *AJDA* 2003.390 : leur désaffectation n'est possible qu'avec l'accord écrit de l'évêque.
2. Critères proposés par le doyen J. Carbonnier dans sa note au *D* 1969.366 et expressément consacrés par CA Lyon, 28 juill. 1997, Veau, *JCP* 1998, n° 10025.
3. J. Carbonnier, *op. cit.*, p. 369.

Ainsi, puisque les sectes sont des religions, il n'y a aucune raison de leur appliquer *a priori* un régime juridique discriminatoire. Les Témoins de Jéhovah, la secte Moon, l'Église de scientologie, l'Association internationale pour la conscience de Krishna, ou encore l'Ordre séculaire des Druides, bénéficient donc de la liberté cultuelle dans les mêmes conditions que les autres religions. Ceci emporte trois conséquences qui méritent d'être soulignées.

Tout d'abord, rien ne s'oppose théoriquement à ce que les sectes constituent des associations cultuelles, régies par la loi du 9 décembre 1905, pour subvenir à l'entretien de leur culte. En pratique cependant, elles préfèrent généralement créer de simples « associations déclarées » relevant de la loi du 1er juillet 1901. Cette solution, qui est expressément permise par la loi du 2 janvier 1907, leur permet non seulement d'acquérir des biens et de les administrer, mais aussi, depuis une loi du 23 juillet 1987, de recevoir des « dons manuels » sans aucune autorisation préalable de l'État. Certes, contrairement aux associations cultuelles, les associations déclarées n'ont pas le droit de recevoir de dons non manuels ni de legs, mais le rapport Vivien de 1985 a montré qu'en pratique les sectes ne respectent guère cette interdiction légale. En définitive, c'est l'absence de contrôle étatique sur les associations déclarées qui incite les sectes à choisir ce type d'associations[1].

En second lieu, les sectes ont, comme les autres religions, le droit d'organiser des cérémonies et offices religieux. Ce droit est garanti tant par l'article 1er de la loi de 1905 que par l'article 9 de la Convention européenne de sauvegarde des droits de l'Homme. Aussi le Conseil d'État a-t-il annulé l'arrêté par lequel le préfet de police interdisait aux membres d'une secte de pratiquer leur culte dans leur domicile, après avoir rappelé qu'il ne pouvait, « sans porter une atteinte illégale à la liberté des cultes, interdire toute cérémonie et tout office religieux organisés dans l'ancien hôtel d'Argenson à l'intention, notamment, des personnes ayant leur résidence dans ce bâtiment[2] ».

Enfin, nul ne doit forcer un adepte d'une secte à cesser d'exercer son culte, sous peine d'encourir les foudres de l'article 31 de la loi de 1905. Plusieurs affaires[3] ont en effet montré que peuvent être condamnés pénalement, sur le fondement de cet article, les parents qui tentent de soustraire par la force leurs enfants majeurs à l'emprise d'une secte.

§ 2. La pratique : les restrictions à la liberté cultuelle des sectes

Le principe d'égalité de traitement des sectes par rapport aux autres religions n'est pas parfaitement respecté en pratique. La jurisprudence assigne en effet à leur liberté cultuelle des limites particulièrement sévères. La raison de cette attitude est à

---

1. En Alsace et en Moselle, où les associations sont régies par le droit local, les sectes constituent des « associations inscrites », qui peuvent recevoir dons et legs moyennant un contrôle préfectoral peu contraignant. La solution est si avantageuse que Strasbourg est en passe de devenir la « capitale des sectes » (*Le Monde* 15-16 mai 1988). Sur ce droit local, cf. chapitre sur la liberté d'association.
2. CE 14 mai 1982, Assoc. internationale pour la conscience de Krishna, *D* 1982.516 ; liberté de culte confirmée par CEDH 25 mai 1993, Kokkinakis, *RFDA* 1995.573 et par CEDH 26 sept. 1996, Manoussakis, *AJDA* 1997.390, à propos des Témoins de Jéhovah, ainsi que par CA Lyon, 28 juill. 1997 (préc.) à propos de l'Église de scientologie.
3. Affaires Amadéo en 1976 et Chateau en 1982.

rechercher dans la conscience collective des Français, dont les juges ne sont qu'une émanation.

La laïcité de la République, proclamée par l'article 1er de la Constitution de 1958, revêt en France traditionnellement deux sens. Non sans paradoxe, elle est conçue concurremment comme une laïcité-neutralité et comme une laïcité-défense des valeurs nationales. Héritière de l'esprit de tolérance des Lumières et mise en avant dans la Constitution, la laïcité-neutralité respecte toutes les religions. C'est grâce à elle que les sectes bénéficient comme on l'a vu d'une certaine liberté cultuelle. Marquée par le radicalisme, la laïcité-défense des valeurs nationales ne respecte au contraire les religions que dans la mesure où elles se rallient à l'individualisme humaniste qui imprègne la société française. C'est à elle que se réfère par exemple le Conseil d'État lorsqu'il estime, dans son avis du 27 novembre 1989, que la liberté de l'enfant de manifester ses croyances religieuses à l'intérieur des établissements scolaires peut être limitée, dans la mesure où elle « ferait obstacle à l'accomplissement des missions dévolues par le législateur au service public de l'éducation, lequel doit notamment... lui inculquer le respect de l'individu [1] ». Or il est bien évident que cette seconde conception de la laïcité crée une inégalité de traitement entre les religions. Celles qui acceptent l'individualisme humaniste — à l'instar du judaïsme, ou surtout du christianisme — sont considérées par la République avec bienveillance. Alors que celles qui sont accusées de s'en écarter, comme l'islam [2], ou de le refuser, comme l'immense majorité des sectes, assistent à la limitation de leur liberté cultuelle. À la suite du rapport Guyard de 1995, un décret du 28 novembre 2002 a d'ailleurs créé, de façon très révélatrice, une « Mission interministérielle de vigilance et de lutte contre les dérives sectaires ».

C'est en 1967 que la méfiance des tribunaux à l'égard des sectes s'est révélée au grand jour. Cette année-là, la cour d'appel de Nîmes considère en effet, assez étrangement, que le fait pour une épouse d'adhérer à une secte (les Témoins de Jéhovah) constitue une violation grave des devoirs du mariage, qui justifie le divorce pour faute [3]. Dans le même esprit, la Cour de cassation a par la suite entériné des décisions retirant la garde d'un enfant à sa mère en raison de l'adhésion de celle-ci à une secte, sans qu'il y ait eu d'enquête médico-sociale faite sur l'enfant [4].

Depuis lors, deux procédés sont utilisés par la jurisprudence pour limiter la liberté cultuelle des sectes.

Le premier, qui est aussi le plus contestable des deux, consiste à refuser aux associations créées par les sectes la qualification d'« associations cultuelles » au sens de la loi de 1905, afin de leur interdire de recevoir des dons ou legs. Les arguments avancés pour parvenir à ce résultat ne sont pas toujours très convaincants. Tantôt le Conseil d'État invoque le fait que ces associations ne remplissent pas la condition

---

1. Avis CE 27 nov. 1989, *RFDA* 1990.8.
2. On a vu, *supra* § 3, A, que les associations musulmanes se voient souvent refuser la qualification d'associations cultuelles. On ajoute qu'elles ont souvent du mal à obtenir des maires les permis de construire des mosquées : cf. CE, rapport public, 2004, p. 321.
3. CA Nîmes, 18 juin 1967, *D* 1969.366.
4. Civ. 1re, 25 juin 1998 (secte IVI), et Civ. 2e, 13 juill. 2000 *RTD civ.* 2000.822 (Témoins de Jéhovah). Cette dernière solution a été condamnée par CEDH 16 déc. 2003, Palau-Martinez c/France, *D* 2004.1261.

exigée par la loi de 1905, qui est d'avoir pour unique objet l'exercice d'un culte [1]. Tantôt il prétexte leurs pratiques contraires à l'ordre public [2]. Cette dernière argumentation, bien qu'elle ait été consacrée par un arrêt d'assemblée, apparaît juridiquement fragile, car si de telles pratiques sont punissables pénalement [3], on ne voit pas en vertu de quoi elles justifient des refus de dons ou de legs. D'autre part et surtout, elle est dangereuse pour la liberté de religion, car pour déterminer si une association est cultuelle, le juge administratif ne se contente plus — comme le voulait la loi de 1905 — de vérifier le caractère exclusivement religieux de son activité, mais prétend apprécier, en vertu de critères subjectifs et éminemment contestables, la nocivité ou l'innocuité de ses rites et pratiques. Dans un avis d'assemblée de 1997, le Conseil d'État a néanmoins refusé de modifier sa position [4].

Le second procédé utilisé par la jurisprudence pour limiter la liberté cultuelle des sectes passe plus inaperçu. Il est vrai qu'il est difficile à repérer. Il consiste à admettre plus facilement qu'à l'égard des autres religions la légalité des décisions interdisant aux sectes, au nom de l'ordre public ou d'une police spéciale, d'utiliser comme elles l'entendent leurs édifices cultuels. Dans l'arrêt même qui reconnaît le droit des sectes d'organiser des cérémonies et offices religieux, le Conseil d'État affirme ainsi qu'il appartient néanmoins aux autorités de police « d'interdire les manifestations et réunions publiques dans des locaux impropres à cet usage, et (...) de veiller, par des mesures appropriées, au respect de la tranquillité publique par les adeptes du culte krisnaïte [5] ». Appliquant avec sévérité ces principes, il admet en l'espèce la légalité de l'arrêté interdisant au public l'accès à l'édifice cultuel krisnaïte, au motif que celui-ci est « au fond d'un passage en partie voûté, dont la largeur ne permet pas la mise en service des moyens de secours et de lutte contre l'incendie ». En réalité, derrière ce louable souci de sécurité se cachait la volonté d'assurer la tranquillité du voisinage, effrayé par l'« aspect extérieur » des dévots de Krishna et par leurs « rites étrangers à la culture occidentale [6] », contre les « bruits gênants » de leur culte [7]... Cette sévérité n'est d'ailleurs pas l'apanage des autorités de police et des juges français. Par une

---

1. CE 21 janv. 1983, Assoc. Fraternité des serviteurs du monde nouveau, *R* 18 : en l'occurrence, activités d'édition. CE 29 oct. 1990, Assoc. de l'Église apostolique arménienne de Paris, *RFDA* 1990.1099 : activités culturelles. TA Marseille, 6 juill. 1998, Mandarom : activités commerciales et culturelles.

2. CE, Ass., 1er févr. 1985, Assoc. chrétienne Les Témoins de Jéhovah, *RDP* 1985.483, concl. Delon et note crit. J. Robert. Cf. aussi CE 28 avr. 2004, Assoc. cultuelle du Vajra Triomphant, *AJDA* 2004.1367.

3. En l'espèce, était visé le refus des Témoins de Jéhovah de laisser pratiquer des transfusions sanguines sur leurs enfants, pratique punissable selon les articles 63 et 312 du Code pénal. D'autres sectes pratiquent l'escroquerie, l'abus de confiance, la violence, l'incitation à la prostitution, voire la séquestration. Tout acte de contrainte exercé sur un individu pour le forcer à pratiquer un culte tombe sous le coup de l'article 31 (préc.) de la loi de 1905.

4. Avis CE, Ass., 24 oct. 1997, Assoc. locale pour le culte des Témoins de Jéhovah de Riom, *RFDA* 1998.69. Cet avis annonce en revanche un léger assouplissement de la condition relative au caractère exclusivement cultuel de l'activité, en tolérant que les associations cultuelles puissent avoir d'autres activités qui « se rattachent directement à l'exercice du culte et présentent un caractère strictement accessoire ».

5. CE 14 mai 1982, préc.

6. Termes utilisés par le commissaire du gouvernement Bacquet dans ses conclusions sur cette affaire.

7. Onze procès-verbaux avaient été dressés en quelques mois pour « bruits gênants » et « tapage nocturne ».

décision de 1987, la Cour européenne des droits de l'Homme a en effet admis la validité de la décision des autorités anglaises de fermer le site de Stonehenge, vieux de 4 500 ans, et d'interdire ainsi à l'Ordre séculaire des druides d'y pratiquer la cérémonie multimillénaire du solstice d'été[1]. Il s'agissait de protéger le site contre d'éventuelles dégradations. Au nom de cet objectif, on a sacrifié la liberté religieuse de l'Ordre séculaire des druides, qui n'est évidemment pas parvenu à trouver un lieu cultuel équivalent au site de Stonehenge. En vertu des mêmes principes, serait-on prêt un jour à interdire l'accès des chrétiens à la cathédrale de Paris ?

L'interrogation sur les limites de la liberté cultuelle des sectes se pose avec d'autant plus d'acuité qu'en marge de ces deux procédés, la législation et la jurisprudence semblent tentées de nier la nature religieuse des sectes. La loi du 12 juin 2001, relative à la « prévention et la répression des mouvements sectaires portant atteinte aux droits de l'homme », crée ainsi le nouveau délit d'« abus frauduleux de l'état d'ignorance ou de faiblesse », que son caractère imprécis risque de transformer en instrument de persécution des sectes. Ce danger est d'autant plus grand que la même loi permet au TGI, « à la requête de tout intéressé », de prononcer la dissolution de la secte lorsque « ses dirigeants de droit ou de fait » ont été condamnés pénalement pour avoir commis ce délit. De son côté, le Conseil d'État a, dans un arrêt de 1992, adopté une motivation très inquiétante pour rejeter un recours dirigé contre la décision de l'État de subventionner une association luttant contre les sectes. Il a en effet estimé « qu'eu égard aux risques que peuvent présenter, notamment pour les jeunes, les pratiques de certains organismes communément appelés "sectes", et alors même que certains de ces mouvements prétendent poursuivre également un but religieux, le ministre des Affaires sociales a pu légalement, sans porter atteinte à la neutralité de l'État ni à la liberté des cultes, participer financièrement à l'information du public concerné sur les pratiques dont il s'agit[2] ». Or, le souci d'information du public suffisait en l'espèce à justifier la décision attaquée. Dès lors, pourquoi avoir ajouté que les sectes « prétendent » poursuivre un but religieux, si ce n'est pour poser la première pierre d'une jurisprudence qui pourrait bien refuser de voir en elles de véritables religions ? Contre cette dangereuse perspective, négatrice de leur liberté cultuelle, on ne peut que réaffirmer avec force la nature religieuse des sectes. La liberté est un édifice fragile, que le moindre coup d'épingle met en péril.

Le bilan de la liberté cultuelle en France apparaît finalement assez mitigé. S'il est satisfaisant à l'égard des religions traditionnelles, il est un peu décevant en ce qui concerne les sectes et, à un niveau moindre, l'islam. Au fond, tout se passe comme si la conscience collective des Français était restée marquée, en dépit de la laïcité de l'État, par le régime concordataire de 1801.

Cela étant, il ne faut pas oublier que si les religions peuvent être placées dans la situation de victimes lorsqu'on examine leur liberté cultuelle, elles sont également parfois en position d'agresseurs vis-à-vis des autres libertés publiques. Beaucoup de sectes se livrent à des agissements pénalement répréhensibles. Quant aux grandes

---

1. CEDH 14 juill. 1987, Chappell c/Royaume-Uni.
2. CE 17 févr. 1992, Église de scientologie de Paris, *RFDA* 1992.359. Cf. aussi TA Grenoble, 22 juin 2006 Communauté de la Thébaïde, *AJDA* 2006.2296, concl. Garde, admettant avec beaucoup de légèreté la surveillance policière d'une secte en raison du « mode de vie autarcique de ses membres ».

religions, elles n'hésitent pas à faire pression sur les maires pour qu'ils interdisent la projection de films qui les choquent, ou sur le gouvernement pour qu'il retire l'autorisation de commercialiser la pilule abortive.

La vie religieuse est une dimension irréductible de l'existence humaine. C'est pourquoi il faut s'efforcer d'améliorer le régime de la liberté cultuelle. Mais on ne saurait tolérer que des autorités religieuses tirent parti de leur rôle irremplaçable, pour imposer ici-bas un ordre moral incompatible avec l'exercice des libertés publiques.

« La conscience est le témoin de la transcendance de la personne », affirme Jean-Paul II. Conforme à la pensée occidentale, cette opinion implique le respect conjoint de la liberté cultuelle et de la liberté d'autodétermination de l'individu.

BIBLIOGRAPHIE SÉLECTIVE

- **Sur la laïcité :** cf. bibliographie du chapitre précédent

- **Sur la liberté cultuelle en droit français**

D. AMSON, « Ordre public et liberté de conscience », *Mélanges Pactet*, Dalloz, 2003, p. 33 (fait le point sur l'application de la loi de 1905).

A. BOYER, *Le droit des religions en France, PUF*, 1993.

Dossier « Le juge administratif et la liberté de religion », *RFDA* 2003.1053.

G. KOUBI, « Droit et religions », *RDP* 1992.725 (réflexion pessimiste).

J.-P. MACHELON, *Les relations des cultes avec les pouvoirs publics*, La Documentation française, 2006.

F. MESSNER, P.-H. PRÉLOT et J.-M. WOEHRLING, *Traité de droit français des religions*, Litec, 2003 (ouvrage fondamental).

J. MORANGE, « Peut-on réviser la loi de 1905 ? », *RFDA* 2005.153 (réponse négative).

M. PERCHEY, « La liberté des funérailles, une liberté limitée », *AJDA* 2008.1310.

J. ROBERT, *La Liberté religieuse et le Régime des cultes*, PUF, 1977.

I. ROUVIÈRE-PERRIER, « Le régime des cultes », *JCA* n° 215.

O. SCHRAMECK et X. DELCROS, « La fin de la laïcité fiscale », *AJDA* 1988.267 (sur la loi du 23 juillet 1987).

R. VANDERMEEREN, « Les occupations d'églises : petite histoire et problématique juridique », *AJDA* 2003.427.

J.-M. WOEHRLING, « L'interdiction par l'État de reconnaître et de financer un culte. Quelle valeur juridique aujourd'hui ? », *RDP* 2006.1633 (très complet).

- **Sur la liberté cultuelle en droit européen**

J. DUFFAR, « Religion et travail dans la jurisprudence de la CJCE et des organes de la Convention européenne des droits de l'Homme », *RDP* 1993.695.

G. GONZALEZ, *La Convention européenne des droits de l'homme et la liberté de religion*, Economica, 1997.

R. GOY, « La garantie européenne de la liberté de religion. L'article 9 de la Convention de Rome », *RDP* 1991.5 (analyse méticuleuse de la jurisprudence de la CEDH).

J.-B. D'ONORIO, « Religions et Constitutions en Europe », *RDP* 2006.715.

- **Sur la liberté religieuse dans le monde**

J.-B. D'ONORIO (dir.), *La Liberté religieuse dans le monde*, Éd. universitaires, 1991.

Mélanges Goy, Du droit interne au droit international, le facteur religieux et l'exigence des droits de l'homme, PUR, 1998.

- **Sur le problème de l'islam**

B. BASDEVANT-GAUDEMET, « Le statut juridique de l'Islam en France », *RDP* 1996. 355.

G. LEBRETON, « La perception de l'islam par la Cour européenne des droits de l'homme », dans *Les relations islamo-chrétiennes* (dir. P. Luthe et M.-T. Urvoy), Université d'Eichstätt, éd. de Paris, 2006 (étude de jurisprudence de 1993 à 2004).

S. PAPI, « Droit funéraire et islam en France : l'acceptation de compromis réciproques », *AJDA* 2007.1968.

- **Sur le problème des sectes**

M. AZIBERT et M. DE BOISDEFFRE, « Chronique de jurisprudence », *AJDA* 1988.582 (analyse claire et brève de quatre arrêts sur les sectes).

P. BOINOT, « Sectes religieuses et droit pénal », *RSC* 1983.413.

A. DORSNER-DOLIVET, « La loi sur les sectes », *D.* 2002.1086 (souligne la dangerosité de la loi du 12 juin 2001).

J. DUFFAR, « La liberté religieuse dans les textes internationaux », *RDP* 1994.939 ; « La protection internationale des droits des minorités religieuses », *RDP* 1995.1495 ; « Les nouveaux mouvements religieux et le droit international », *RDP* 1998.1037 ; et « La secte religieuse », *Mélanges Mourgeon*, Bruylant, 1998, p. 409.

P. GAST, « Liberté de religion et sectes », dans *Les droits fondamentaux de la personne humaine en 1995 et 1996* (dir. G. Lebreton), L'Harmattan, 1998, p. 167 (vive critique du rapport Guyard) ; « Sectes et liberté religieuse », dans *L'évolution des droits fondamentaux de la personne humaine en 1997 et 1998* (dir. G. Lebreton), L'Harmattan, 2000, p. 213 ; « Les sectes et la démocratie », dans *Interrogations sur l'évolution des droits fondamentaux de la personne humaine en 2001 et 2002* (dir. G. Lebreton), L'Harmattan, 2004, p. 199 ; et « La laïcité en question à travers les rapports Machelon et Fenech-Vuilque », dans *Crises sociales et droits fondamentaux de la personne humaine en 2005 et 2006* (dir. G. Lebreton), L'Harmattan 2008.

N. GUILLET, *Liberté de religion et mouvements à caractère sectaire*, LGDJ, 2003 (très complet).

J. GUYARD, *Rapport sur les sectes*, La Documentation française, 1996 (rapport déconseillant l'adoption d'une législation spécifique antisectes, mais recommandant une application plus rigoureuse du droit existant).

J.-B. D'ONORIO, « Les sectes en droit public français », *JCP* 1988, n° 3336 (article bien documenté, faisant le point sur la question).

S. PIERRÉ-CAPS, « Les nouveaux cultes et le droit public », *RDP* 1990.1073 (intéressante comparaison entre islam et sectes en droit public français).

P. SOLER-COUTEAUX, « Quelle liberté pour les sectes ? », *RFDA* 1985.566 (critique vigoureuse de l'état du droit).

A. VIVIEN, « Les sectes en France, expressions de la liberté morale ou facteurs de manipulation ? », *Rapport au Premier ministre*, La Documentation française, 1985 (mine d'informations et de réflexions sur les sectes).

Chapitre 3

La liberté de l'enseignement

Mise en place au milieu du XIXe siècle, la liberté de l'enseignement n'a véritablement été acceptée par l'ensemble des composantes de la société française qu'à la fin du siècle suivant. À cela existe une raison bien simple : l'enseignement s'adresse essentiellement aux enfants et aux adolescents ; il contribue par conséquent à façonner leurs esprits, donc à modeler l'opinion publique de demain ; c'est pourquoi son organisation est perçue comme un enjeu important.

Pour certains, l'enseignement doit être le monopole de l'État, seul apte à diffuser les valeurs de la République (ou, hier, de l'Empire). D'autres, de sensibilité résolument libérale, estiment au contraire que l'État doit en laisser le monopole au secteur privé, afin de se préserver de la tentation de propager une idéologie officielle. D'autres, enfin, préfèrent la liberté au monopole, et plaident pour la coexistence d'un secteur public et d'un secteur privé, situation qui offre l'avantage de permettre à chaque parent de choisir le type d'enseignement qu'il préfère pour ses enfants. En France, c'est cette dernière solution qui a prévalu. Mais elle ne s'est pas imposée sans mal.

Sous l'Ancien Régime, l'Église catholique et l'État se partagent le monopole de l'enseignement. Globalement, l'Église a la responsabilité de l'enseignement primaire, dispensé dans les « écoles », alors que l'État contrôle étroitement l'enseignement secondaire et supérieur, donné dans les universités. En pratique, cet étrange système débouche sur des résultats inégaux. L'absence de liberté de l'enseignement secondaire et supérieur génère la sclérose des méthodes et des programmes, et produit des diplômés d'une grande médiocrité. Au contraire, l'enseignement primaire est d'assez bonne qualité, grâce à la sagesse de l'Église qui a su s'adjoindre le concours de toutes les bonnes volontés : admettant que de simples particuliers puissent fonder des écoles, elle se réserve simplement le droit d'en approuver les maîtres.

La Révolution, qui en ce domaine comme en beaucoup d'autres fait table rase du passé, ouvre la voie à une série d'expériences plus malheureuses les unes que les autres. La Constituante et la Législative veulent instaurer, selon les termes de la Constitution de 1791, « une Instruction publique commune à tous les citoyens », autrement dit un monopole d'État. Mais faute de temps, elles ne parviennent qu'à détruire ce qui existait, privant les écoles de leurs ressources et de leurs maîtres, et les universités de leurs privilèges. Tirant les leçons de cet échec, la Convention affirme en 1793 la liberté de l'enseignement primaire. Même s'il ne s'agit que d'une liberté relative — un citoyen ne peut ouvrir une école qu'à condition de produire un « certificat de civisme » — l'innovation mérite d'être soulignée. S'inspirant de ce précédent, le Directoire étend la liberté à l'enseignement secondaire. Puis, voulant inaugurer le système du double secteur d'enseignement, il crée en l'an IV des écoles publiques, destinées à concurrencer les écoles privées. L'expérience s'avère malheureusement un échec : les écoles publiques suscitent la méfiance, et sont désertées au profit des écoles privées. Du coup, l'État riposte en prenant contre ces dernières des mesures vexatoires. La « guerre scolaire » qui embrasera les Troisième, Quatrième, et Cinquième Républiques trouve là son origine lointaine.

Fidèle à ses convictions autoritaires, Napoléon Ier résout le problème en détruisant la liberté de l'enseignement. La loi du 10 mai 1806 instaure en effet un monopole d'État d'une dureté que la France n'avait pas connue, et ne connaîtra plus jamais. Créée sur le modèle militaire, « l'Université impériale » regroupe les établissements d'enseignement public primaire, secondaire et supérieur, placés sous l'autorité d'un chef commun, dévoué à l'empereur : le « Grand Maître de l'Université ». Face à ces casernes scolaires, conçues pour fournir à Napoléon les élites dociles dont il a besoin, l'enseignement privé est laminé. Seuls peuvent fonctionner les rares établissements qui ont obtenu l'autorisation d'ouverture délivrée par le Grand Maître.

Séduite par l'efficacité du système, la Restauration maintient l'Université impériale. Le Grand Maître est toutefois remplacé par un Conseil collégial, et l'Université démilitarisée. Par fidélité envers le souvenir de l'Ancien Régime, l'État partage désormais son monopole avec l'Église, les évêques se voyant reconnaître le droit de surveiller les établissements d'enseignement public situés dans leurs diocèses.

Rigide et pétrie d'archaïsme, cette organisation de l'enseignement ne correspondait manifestement pas à l'évolution des mentalités. C'est ce qui explique qu'une des priorités de la monarchie de Juillet ait été de la bouleverser. Rompant avec le système du monopole d'État, la Charte de 1830 proclame la liberté de l'enseignement. Elle marque ainsi la naissance du système actuel, dans la mesure où aucun régime, pas même le second Empire, n'osera remettre en cause cette nouvelle liberté.

Sur le plan des réalisations, c'est la monarchie de Juillet elle-même qui applique la liberté à l'enseignement primaire, grâce à la loi Guizot du 28 juin 1833. Les Seconde et Troisième Républiques en feront respectivement autant pour l'enseignement secondaire, grâce à la célèbre loi Falloux du 15 mars 1850, et pour l'enseignement supérieur, par une loi du 12 juillet 1875.

Peu de lois méritent d'être mentionnées après ces trois grandes lois fondatrices. Parmi les plus importantes, une loi du 30 octobre 1886 réorganise l'enseignement primaire, la loi Debré du 31 décembre 1959 fixe les rapports entre l'État et les établissements d'enseignement privé, et la loi de décentralisation du 22 juillet 1983, profondément modifiée par une loi du 25 janvier 1985, transfère charges et compétences aux collectivités locales en matière d'enseignement public et privé. Enfin une ordonnance du 15 juin 2000 regroupe « à droit constant » l'ensemble des dispositions relatives à l'enseignement, jusque-là éparses, en un « Code de l'éducation ».

Au sens strict, la liberté de l'enseignement consacrée par cette évolution historique est le droit, reconnu à chacun, de créer un établissement d'enseignement ; elle est donc la liberté de l'enseignement privé (section 3). Mais au sens large, elle implique également l'obligation de l'État de respecter, au sein des établissements d'enseignement public, certains principes destinés à sauvegarder les droits des usagers ; elle est alors la liberté dans l'enseignement public (section 2). Enfin, au-delà de ce double visage, elle a pour raison d'être fondamentale de répondre au mieux à l'impératif démocratique qu'est le droit de chacun à l'instruction, sans lequel elle ne serait rien d'autre qu'un privilège à l'usage des puissants (section 1).

Section 1
Le droit à l'instruction

Évoqué pour la première fois par l'article 22 de la Déclaration montagnarde de 1793, le droit à l'instruction est conçu comme une créance de l'individu pesant sur la société, et non comme une liberté-résistance. Ce n'est donc pas une liberté publique. Le préambule de la Constitution de 1946 ne s'y est d'ailleurs pas trompé, puisqu'il dispose que « la Nation garantit l'égal accès de l'enfant et de l'adulte à l'instruction ».

Cela étant, le droit à l'instruction n'en est pas moins important puisque son insertion dans le préambule de 1946 lui donne une valeur constitutionnelle. En outre, le protocole additionnel n° 1 de la Convention européenne de sauvegarde des droits de l'Homme lui apporte une protection supranationale particulièrement claire, en affirmant que « nul ne peut se voir refuser le droit à l'instruction ». Comme on pouvait l'espérer, la Cour européenne a estimé que cette disposition confère aux personnes placées sous la juridiction des États contractants un authentique droit d'accès aux établissements scolaires existants [1].

Cette jurisprudence a le mérite de mettre en lumière les liens qui unissent le droit à l'instruction et la liberté de l'enseignement. Elle fait en effet déboucher le droit à l'instruction sur la liberté dans l'enseignement public. Par contre, elle montre qu'il n'implique pas nécessairement la liberté de l'enseignement privé. Même si la tradition française lie étroitement droit à l'instruction et liberté de l'enseignement privé, le premier peut en effet parfaitement exister sans la seconde, et apparaît parfaitement compatible avec un système de monopole d'État.

En France, comme dans les autres démocraties libérales, le droit à l'instruction appartient aux adultes comme aux enfants [2]. Mais l'État manifeste un tel souci d'éduquer les enfants qu'à leur égard le droit à l'instruction se mue en une véritable obligation de recevoir une instruction. En France, l'origine de cette obligation remonte à la naissance de la République. C'est en effet sous la Convention qu'elle est posée pour la première fois, grâce à un décret du 29 frimaire an II (19 nov. 1793) qui rend l'enseignement primaire obligatoire pendant trois ans. Abandonnée par le Directoire, elle ne réapparaît qu'avec la loi du 28 mars 1882, dont l'objet est de rendre l'instruction obligatoire pour les enfants de six à onze ans. Inspirée par Jules Ferry, cette loi conçoit l'enseignement obligatoire comme le rempart du suffrage universel contre le césarisme, édifié pour empêcher que des masses incultes ne suivent aveuglément un homme providentiel. Par la suite, plusieurs dispositions législatives ont progressivement allongé la durée de l'instruction obligatoire. Dernière en date, l'ordonnance du 6 janvier 1959 étend l'obligation aux enfants de six à seize ans.

Il faut se garder ici d'une grave confusion. On dit en effet souvent que ce dernier texte a rendu l'école obligatoire jusqu'à seize ans. En réalité, c'est l'instruction qu'il rend obligatoire jusqu'à cet âge, et non la fréquentation d'un établissement

---

1. CEDH 23 juill. 1968, Affaire linguistique belge (condamnation de la Belgique). Cf. aussi CEDH 25 févr. 1982, Campbell et Cosans (condamnation du Royaume-Uni).

2. Cf. loi d'orientation sur l'éducation du 10 juillet 1989, dite « loi Jospin », article 1er : « Le droit à l'éducation est garanti à chacun » (C. éd., art. L. 111-1). À noter : la loi sur l'avenir de l'école du 23 avr. 2005, dite « loi Fillon », garantit le droit de tout mineur de poursuivre sa scolarité au-delà de l'âge de seize ans s'il le souhaite, en consacrant la possibilité pour le juge des enfants d'ordonner une mesure d'assistance éducative en cas d'opposition de ses parents (art. L. 122-2 Code de l'éd.).

scolaire. L'ordonnance est particulièrement claire à cet égard, puisqu'elle précise que l'instruction obligatoire peut être dispensée « soit dans les établissements ou écoles publics ou privés, soit dans les familles par les parents, ou l'un d'entre eux, ou toute personne de leur choix » (C. éduc., art. L 131-2). Concrètement, les personnes responsables d'un enfant de six à seize ans peuvent ainsi, à leur convenance, soit le faire inscrire dans une école publique ou privée, soit déclarer au maire et à l'inspecteur d'académie qu'elles lui feront donner l'instruction dans la famille[1].

Cette dernière possibilité a le mérite d'être respectueuse de la liberté des familles. Elle correspond à l'idée, opposée à la tentation totalitaire, que l'enfant appartient à sa famille avant d'appartenir à sa patrie[2]. C'est pourquoi il faut la préserver. Il faut toutefois reconnaître qu'elle n'est pas sans danger pour l'enfant, qui risque fort de ne pas accéder au niveau d'instruction qu'il aurait acquis s'il était allé à l'école. Certes, les familles, si elles n'ont pas les moyens ou le désir de payer des précepteurs, peuvent inscrire leurs enfants au centre public d'enseignement par correspondance, régi par un décret du 18 décembre 1985. Mais force est de reconnaître qu'en pratique, le choix de l'enseignement à domicile, auquel se rallient fréquemment les familles nomades, mène souvent à l'inculture et à l'échec.

Sans doute est-ce la raison pour laquelle la Convention internationale des droits de l'enfant, adoptée par l'Assemblée générale de l'ONU le 20 novembre 1989 (et ratifiée par la France), manifeste une certaine méfiance envers l'instruction à domicile. En reliant étroitement le « droit de l'enfant à l'éducation » à l'exigence d'un « enseignement primaire obligatoire... pour tous », son article 28 semble en effet inviter les États parties à imposer aux enfants la fréquentation d'un établissement scolaire pendant cinq ans.

Cette impression est confirmée par son article 29, qui assigne à l'éducation de l'enfant des buts très ambitieux, lesquels ne peuvent manifestement être atteints que si elle est assurée par un établissement d'enseignement. L'éducation ne doit pas seulement, en effet, « favoriser l'épanouissement de la personnalité de l'enfant », comme on pourrait le penser. Elle doit aussi « inculquer à l'enfant le respect des droits de l'Homme et des libertés fondamentales,... ainsi que le respect des valeurs nationales du pays dans lequel il vit,... et des civilisations différentes de la sienne ». Elle doit enfin « préparer l'enfant à assumer les responsabilités de la vie dans une société libre, dans un esprit... de tolérance, d'égalité entre les sexes et d'amitié entre tous les peuples », et lui inculquer « le respect du milieu naturel ».

En définitive, l'ambition ainsi affichée d'obliger l'éducation à servir la liberté semble déboucher paradoxalement sur la condamnation d'une liberté : celle des parents de décider que leurs enfants recevront une instruction sans pour autant aller

---

1. Ces personnes sont passibles de sanctions en cas d'irrespect de l'obligation d'instruction : six mois d'emprisonnement, 7 500 euros d'amende (C. éd., art. L. 131-11). La loi du 31 mars 2006, relative à l'égalité des chances, permet aussi de leur imposer le respect d'un « contrat de responsabilité parentale », sous peine de perdre tout ou partie des prestations familiales afférentes à l'enfant concerné.

2. Au contraire, Danton lance, le 22 frimaire an II, ces formules lapidaires qui ont longtemps inspiré la philosophie de la gauche en matière d'éducation : « Il est temps de rétablir ce grand principe... que les enfants appartiennent à la république avant d'appartenir aux parents (...). Il est nécessaire de soustraire l'enfant à l'influence dangereuse de la maison paternelle (...). Il faut contraindre le père de famille à mener son enfant à l'école publique. »

à l'école. Plus profondément, il est à craindre qu'elle ne pousse les établissements d'enseignement, sous la pression des États parties, à fabriquer des citoyens stéréotypés, imbus d'une philosophie officielle aussi vague qu'anesthésiante. C'est oublier que la liberté n'est pas seulement une conquête collective. Elle est aussi le fruit d'une aventure personnelle. Une bonne éducation ne doit donc pas chercher à l'« inculquer », mais doit se borner à donner aux enfants les moyens intellectuels de la découvrir par eux-mêmes.

Faut-il rappeler aux auteurs de la Convention que l'enfer est pavé de bonnes intentions ?

Section 2
La liberté dans l'enseignement public

L'instruction, obligatoire pour les enfants de six à seize ans, peut être dispensée, on l'a vu, par des établissements d'enseignement privé, ou même dans les familles. Mais en pratique, elle est essentiellement prise en charge par les établissements d'enseignement public, dont le nombre, sans cesse croissant, est spécialement conçu pour satisfaire la totalité des besoins. C'est précisément parce que l'enseignement public a pour raison d'être de permettre à chacun d'accéder à l'instruction qu'il doit être un lieu de liberté. Neutre (§ 1) et gratuit (§ 2), il est ouvert à tous, indépendamment des idées et de la fortune de chacun.

§ 1. La neutralité de l'enseignement public

Selon un ancien ministre de l'Éducation nationale, « la neutralité c'est le refus des propagandes politiques, idéologiques et religieuses [1] ». Conformément à cette analyse, mais d'une façon plus positive, un rapport au Premier ministre de février 1991 estime que la neutralité de l'enseignement public signifie que « l'école publique ne privilégie aucune doctrine (...). Guidée par l'esprit de libre examen, elle a pour devoir de transmettre à l'élève les connaissances et les méthodes lui permettant d'exercer librement ses choix [2] ».

Juridiquement, la neutralité de l'enseignement public est garantie par la loi Debré du 31 décembre 1959, qui affirme que « l'État assure aux enfants et adolescents, dans les établissements publics d'enseignement, la possibilité de recevoir un enseignement conforme à leurs aptitudes dans un égal respect de toutes les croyances » (art. L 141-2 Code de l'éd.). Mais par-delà l'intervention du législateur, elle semble de toute façon découler nécessairement de l'article 1er de la Constitution de 1958, selon lequel « la France... respecte toutes les croyances ». Enfin, l'un des aspects de la neutralité de

---

1. L. Jospin, *Le Monde* 29 mars 1990.
2. Rapport au Premier ministre du décret du 18 février 1991, *AJDA* 1991.372. Philosophie que nous approuvons mais qui ne correspond pas à celle de la Convention des droits de l'enfant et de la loi Jospin du 10 juillet 1989, qui veulent « inculquer » aux élèves divers principes à caractère idéologique. La loi Fillon du 23 avr. 2005 est mieux inspirée en fixant l'objectif de donner à chaque élève un « socle commun » de connaissances comportant notamment « une culture humaniste et scientifique permettant le libre exercice de la citoyenneté ».

l'enseignement public — la laïcité, qu'on peut définir comme la neutralité à l'égard des religions — est expressément consacré par le préambule de 1946, lequel impose à l'État d'organiser un « enseignement public... laïque ».

En pratique, la neutralité de l'enseignement public entraîne un certain nombre de conséquences tant pour les enseignants (A) que pour les élèves (B). Mais elle pose aussi un problème épineux : celui de sa conciliation avec l'exercice de la liberté religieuse (C).

A. Conséquences de la neutralité de l'enseignement public pour les enseignants

La première conséquence de la neutralité de l'enseignement public est d'empêcher les ecclésiastiques d'accéder à certains emplois d'enseignants. En ce qui concerne l'enseignement public primaire, la loi du 30 octobre 1886 dispose en effet qu'il est « exclusivement confié à un personnel laïque » (art. L 141-5 Code de l'éd.), ce qui exclut les prêtres. Pour l'enseignement public secondaire, la situation est beaucoup plus confuse, car aucun texte ne prend clairement parti sur la question. Le célèbre arrêt Abbé Bouteyre, de 1912, reconnaît certes au ministre le pouvoir de refuser aux prêtres la possibilité de passer le concours d'agrégation de philosophie [1]. Mais la solution ne semble pas avoir été transposée aux autres disciplines [2]. En outre, on peut se demander si le Conseil d'État n'a pas entendu renoncer à la jurisprudence Bouteyre lorsqu'il a affirmé, dans un avis du 21 septembre 1972, que « la neutralité de l'ensemble des services publics et en particulier la neutralité du service de l'enseignement à l'égard de toutes les religions,... ne mettent pas obstacle par elles-mêmes à ce que des fonctions de ces services soient confiées à des membres du clergé ». Aucun problème n'existe en revanche dans l'enseignement supérieur, dont le personnel peut être indifféremment laïque ou ecclésiastique, les étudiants étant en âge de discerner l'éventuelle connotation religieuse de l'enseignement dispensé.

La seconde conséquence de la neutralité de l'enseignement public est de soumettre les enseignants à une obligation de neutralité. Cette obligation, dont l'existence a été rappelée par la circulaire Jospin du 12 décembre 1989 [3], interdit aux enseignants d'influencer les enfants par des prises de position idéologiques ou religieuses. Tout enseignant qui la viole commet donc une faute personnelle susceptible d'engager sa responsabilité devant les tribunaux civils [4]. La rareté du contentieux en la matière prouve heureusement qu'en pratique l'obligation de neutralité est relativement bien respectée.

Cela étant, il ne faut pas se faire d'illusions : la neutralité absolue n'existe pas. Tout enseignant laisse transparaître dans son enseignement, même à son corps défendant, les valeurs et les principes auxquels il croit. Ainsi, sous la Troisième République, les instituteurs ont puissamment contribué à diffuser l'idéologie nationaliste et républi-

---

1. CE 10 mai 1912, Abbé Bouteyre, *GAJA*.
2. TA Paris, 7 juill. 1970, Spagnol, *R* 851 : illégalité du refus d'admettre un ecclésiastique à participer au concours d'agrégation d'anglais.
3. *RFDA* 1990.20.
4. TC 2 juin 1908, Morizot, *S* 1908.81 : à propos d'un instituteur qui avait déclaré à ses élèves que « ceux qui croient en Dieu sont des imbéciles ».

caine héritée de la Révolution, au détriment des idéologies concurrentes (régionalismes, légitimisme, orléanisme, bonapartisme). Parfois, c'est l'État lui-même qui prend quelque liberté avec la neutralité de l'enseignement public. Ainsi l'« instruction civique » a-t-elle pour objet d'inculquer aux enfants le minimum de valeurs éthiques et politiques qu'il juge indispensables à la vie sociale dans une démocratie : ce que la loi Fillon du 23 avril 2005 appelle « les valeurs de la République ». De même, c'est par décision de l'État que SOS-Racisme organise chaque année dans les écoles, depuis 1988, une « semaine d'éducation contre le racisme ». Interrogé à ce sujet, le ministre de l'Éducation nationale s'est justifié en affirmant que si la neutralité est « le refus des propagandes politiques, idéologiques et religieuses », elle n'est pas pour autant « l'absence de valeurs [1] »...

Enfin, et la précision est d'importance, l'obligation de neutralité ne s'impose qu'aux enseignants du primaire et du secondaire : elle ne s'impose pas à ceux du supérieur. Les étudiants sont en effet en âge de porter un jugement critique sur les opinions émises par leurs professeurs ; il n'y a donc aucune raison d'interdire à ces derniers de s'exprimer librement. En outre, en vertu de « franchises et libertés » qui remontent à l'Ancien Régime, les universitaires jouissent traditionnellement d'une grande liberté d'expression. C'est ce qui explique que la loi du 26 janvier 1984, relative à l'enseignement supérieur, ait disposé que « les enseignants-chercheurs, les enseignants et les chercheurs jouissent d'une pleine indépendance [2] et d'une entière liberté d'expression dans l'exercice de leurs fonctions d'enseignement et de leurs activités de recherche, sous les réserves que leur imposent, conformément aux traditions universitaires..., les principes de tolérance et d'objectivité » (C. éduc., art. L. 952-2).

B. Conséquences de la neutralité de l'enseignement public pour les élèves

La neutralité de l'enseignement public emporte pour les élèves des droits et des interdictions. Ils ont d'abord le droit d'accéder à l'enseignement public indépendamment de leurs idées, de leurs croyances, ou de leur origine ethnique [3]. Ils ont également le droit d'exiger la sélection de manuels respectueux de la neutralité de l'enseignement public [4]. De façon plus générale, on doit enfin estimer qu'ils ont droit

---

1. L. Jospin, préc. Opinion partagée par le CE : cf. (légalisant les interventions dans les écoles de SOS-Racisme) CE 1er mars 1993, Min. Éd. c/Ass. des parents d'élèves de l'enseignement public de Montpellier, *AJDA* 1993.881.

2. S'agissant des « professeurs » et des « maîtres de conférences » des universités, leur indépendance est même considérée par le CC comme un « principe fondamental reconnu par les lois de la République », à valeur constitutionnelle : CC 20 janv. 1984, Libertés universitaires, *GDCC*, et CC 10 janv. 1995, Statut de la magistrature (*JO* 14 janv.).

3. TA Bordeaux, 14 juin 1988, El Aouani, *LPA* 28 nov. 1988 : annulation du refus d'un maire d'accueillir à l'école les jeunes maghrébins. Cf. aussi avis CE, Ass., 27 nov. 1989, *RFDA* 1990.8 : la neutralité « interdit... toute discrimination dans l'accès à l'enseignement qui serait fondée sur les convictions ou croyances religieuses des élèves ».

4. Illustrant ce droit, une loi du 27 février 1880 permet aux pères de famille d'attaquer par la voie du REP le refus du ministre de l'Éducation nationale d'interdire l'utilisation d'un manuel qu'ils estiment contraire à la neutralité. Pour une application, cf. CE 14 janv. 1916, Ass. des familles de Gamarde-les-Bains, *RDP* 1916.52, concl. Corneille.

au respect de leurs convictions personnelles, tant par le personnel enseignant et non-enseignant que par les autres élèves [1].

En contrepartie, les élèves ne peuvent exercer les libertés publiques qui leur sont reconnues au sein des établissements qu'à condition de ne pas porter atteinte à la neutralité de l'enseignement public. Le décret du 18 février 1991 [2], qui reconnaît aux lycéens la liberté de la presse et la liberté d'association, aux lycéens et aux collégiens les libertés d'expression [3] et de réunion, subordonne en effet l'exercice de ces libertés à l'intérieur des établissements au respect de cette neutralité. Il précise en particulier que les associations lycéennes « ne peuvent avoir un objet ou une activité de caractère politique ou religieux ». Moins clair à l'égard des réunions, il semble se borner à renvoyer à la jurisprudence du Conseil d'État, qui interdit l'organisation de réunions politiques au sein des lycées et des collèges [4].

Par comparaison, dans l'enseignement supérieur l'exercice des libertés publiques n'est pas soumis à ces limitations. Contrairement aux lycéens et aux collégiens, les étudiants ont en effet une maturité suffisante pour résister à l'endoctrinement. En outre, étant majeurs, ou sur le point de l'être, il paraît normal de leur laisser la possibilité de s'intéresser à la politique. C'est ce qui explique que la loi du 26 janvier 1984 reconnaisse qu'« ils disposent de la liberté d'information et d'expression à l'égard des problèmes politiques » (C. éduc., art. L. 811-1). Concrètement, associations, publications, et réunions d'étudiants peuvent donc avoir un caractère politique.

C. Le problème de la conciliation de la neutralité de l'enseignement public avec l'exercice de la liberté religieuse

La neutralité de l'enseignement public ne signifie pas qu'il ne doive tenir aucun compte des religions. Laïque, l'enseignement public doit s'abstenir de prendre parti à leur égard, mais il n'en doit pas moins respecter les convictions religieuses des élèves. En pratique, cette conciliation de la neutralité de l'enseignement public avec l'exercice de la liberté religieuse s'avère délicate à réaliser. Si on peut considérer comme résolu le problème du respect de la liberté cultuelle des élèves (1), en revanche le problème du port de signes d'appartenance religieuse dans les établissements d'enseignement public demeure largement en suspens (2).

1) Un problème résolu : le respect de la liberté cultuelle des élèves

Traditionnellement, l'enseignement public est organisé de façon à permettre aux élèves d'exercer leur liberté cultuelle. La loi Debré du 31 décembre 1959 confirme cette tradition en posant que l'État « prend toutes dispositions utiles pour assurer aux élèves de l'enseignement public la liberté des cultes et de l'instruction religieuse » (C. éduc., art. L. 141-2).

---

1. Cf. circulaire Jospin du 12 décembre 1989, *RFDA* 1990.20 : « À l'école... l'exercice de la liberté de conscience, dans le respect du pluralisme et de la neutralité du service public, impose que l'ensemble de la communauté éducative vive à l'abri de toute pression idéologique ou religieuse. »
2. *AJDA* 1991.372. Cf. aussi C. éd., art. L. 511-2, sur la liberté d'expression.
3. L'exercice de leur liberté d'expression est particulièrement bien respecté. Cf. CAA Paris, 7 oct. 2004, Desoindre, *AJDA* 2004.2397 : annule la décision d'un proviseur d'interdire la diffusion d'une revue lycéenne consacrée à la sexualité, « en dépit de son caractère parfois provocateur ».
4. CE 8 nov. 1985, Ministre Éd. nat. c/Rudent, *RFDA* 1986.630, concl. Laroque.

En ce qui concerne l'enseignement primaire, la loi du 28 mars 1882 contraint les écoles publiques à vaquer un jour par semaine, outre le dimanche, afin de permettre aux enfants dont les parents le souhaitent de recevoir une éducation religieuse en dehors des locaux scolaires. Mais elle laisse à l'autorité administrative le soin de choisir ce jour de la semaine. C'est ce qui explique qu'un simple arrêté ministériel ait pu procéder, en 1972, à la substitution du mercredi au jeudi comme jour sans classe. Depuis 1976, c'est l'inspecteur d'académie qui est compétent pour fixer ce jour dans chaque école[1]. On constate à l'heure actuelle une tendance à remplacer le mercredi par le samedi, en réponse à la pression sociale qui veut obtenir un week-end de deux jours. Cette tendance est combattue par l'Église catholique, qui estime non sans réalisme que la substitution du samedi au mercredi, si elle devait se généraliser, entraînerait une forte baisse de fréquentation du catéchisme.

Conforme à l'esprit de la loi de 1882, un règlement du 18 janvier 1887 permet en outre aux enfants catholiques de s'absenter de l'école dans la semaine précédant leur première communion, afin qu'ils puissent s'y préparer. Dans le même ordre d'idées, des notes de service, émanant du ministre de l'Éducation nationale, rappellent périodiquement que des autorisations d'absence peuvent (doivent ?) être accordées, à l'occasion des fêtes religieuses juives et musulmanes, aux élèves appartenant à ces religions. Dans deux arrêts de 1995, le Conseil d'État précise que ces autorisations d'absence constituent un droit pour les élèves, mais qu'elles peuvent être refusées, tant dans le secondaire que dans le primaire, lorsqu'elles sont incompatibles avec une « scolarité normale », ce qui est par exemple le cas lorsqu'elles s'analysent comme une « dérogation systématique à l'obligation de présence le samedi, dès lors que l'emploi du temps comporte un nombre important de cours et de contrôles de connaissances » ce jour-là[2].

En ce qui concerne l'enseignement secondaire, la jurisprudence s'est inspirée de l'article 2 de la loi du 9 décembre 1905 pour rendre obligatoire la création d'aumôneries dans les établissements qui accueillent des internes[3].

Dans l'enseignement supérieur, aucune mesure spécifique n'est prévue pour faciliter la liberté cultuelle des étudiants, les horaires étant suffisamment souples pour permettre l'exercice d'un culte.

Au total, on est en droit d'estimer que la liberté cultuelle des usagers de l'enseignement public est convenablement garantie.

2) Un problème en suspens : le port de signes d'appartenance religieuse dans les établissements d'enseignement public

S'il est acquis que l'enseignement public doit s'adapter pour permettre à chaque élève d'exercer son culte, le droit et la conscience collective des Français sont en

---

1. Décr. 28 déc. 1976, art. 15 : mais sa décision est subordonnée à la demande de la majorité des membres du conseil d'école, et à l'accord de la collectivité intéressée. Pour un exemple d'annulation motivée par la violation de la première condition, cf. TA Poitiers, 25 mai 1988, Évêque d'Angoulême, *RFDA* 1988.676.

2. CE, Ass., 14 avr. 1995, Koen et Consistoire central des Israélites de France, *AJDA* 1995.501.

3. CE, Ass., 1er avr. 1949, Chaveneau, *D* 1949.531, concl. Gazier (annulant une circulaire de 1946 qui cherchait à supprimer les aumôneries) ; CE, Sect., 28 janv. 1955, Ass. professionnelle des aumôneries de l'enseignement public, *R* 50.

revanche plus hésitants à déterminer dans quelle mesure il faut admettre le port de signes d'appartenance religieuse dans ses établissements.

La réponse n'est claire qu'à l'égard des établissements d'enseignement supérieur, dans lesquels le port de signes d'appartenance religieuse est traditionnellement admis.

En ce qui concerne les écoles, les collèges et les lycées, la solution suggérée par l'avis du Conseil d'État du 27 novembre 1989, et interprétée par la circulaire Jospin du 12 décembre 1989 [1], puis la solution retenue par la loi du 15 mars 2004, sont au contraire beaucoup plus incertaines.

À l'origine de l'avis du Conseil d'État, l'« affaire du foulard islamique » a mis en évidence l'incertitude de notre droit. Trois jeunes Maghrébines, scolarisées au collège de Creil, avaient manifesté en octobre 1989 la volonté de porter le voile islamique dans l'établissement, même pendant les cours. Jugeant cette attitude contraire au principe de laïcité, le principal du collège avait alors refusé de les laisser accéder aux salles de classe. Confronté à ce problème, qu'aucun texte n'avait réellement prévu, le ministre de l'Éducation nationale s'était finalement décidé à consulter le Conseil d'État.

Dans son avis, le Conseil d'État propose une solution qui tente de concilier la liberté de manifester sa religion, garantie par l'article 9 de la Convention européenne de sauvegarde des droits de l'Homme, avec la laïcité de l'enseignement public. Il affirme tout d'abord le droit des élèves de manifester leurs croyances religieuses à l'intérieur des établissements scolaires, donc leur droit de porter des signes d'appartenance religieuse, tels que croix, étoiles de David, ou voiles islamiques. Mais il apporte ensuite trois limites à ce droit. Première limite, parfaitement normale : le droit de manifester sa religion ne doit pas être utilisé contre l'obligation d'assiduité ; en d'autres termes, l'élève ne peut pas se dispenser de suivre certains enseignements sous prétexte qu'ils seraient contraires à sa religion [2]. Deuxième limite, dont l'application s'est avérée très délicate : le port de signes d'appartenance religieuse ne doit pas constituer un acte de provocation ou de prosélytisme, ni troubler le fonctionnement normal du service public ; en pratique, beaucoup d'établissements ont en effet tendance à considérer que le port du voile islamique constitue en soi un trouble pour le fonctionnement normal du service de l'enseignement. Troisième limite, contestable en ce qu'elle traduit la mission d'imprégnation idéologique qu'on assigne à l'enseignement public : le droit de manifester sa religion ne doit pas faire « obstacle à l'accomplissement des missions dévolues par le législateur au service public de l'éducation, lequel doit notamment... favoriser l'égalité entre les hommes et les femmes » ; cette dernière limite rend problématique le port du voile islamique, dont il est facile de deviner que la plupart des enseignants le jugent contraire à l'égalité entre les hommes et les femmes.

Après avoir posé ces différents principes, le Conseil d'État renvoie aux autorités scolaires — inspecteurs d'académie, conseils d'écoles, conseils d'administration des lycées et collèges — le soin d'en fixer les modalités d'application, en tenant compte de la situation particulière de chaque établissement. Il précise enfin que la méconnais-

1. *RFDA* 1990.6 (avis) et 20 (circulaire). Cf. aussi circulaire Bayrou du 20 septembre 1994, *Le Monde* 21 sept.
2. Cela signifie par exemple que les jeunes musulmanes ne peuvent pas se soustraire à la pratique du sport en prétextant que leur religion leur interdit de se dévêtir.

sance par un élève de la réglementation intérieure d'un établissement — laquelle peut interdire le port d'un signe s'il perturbe le fonctionnement du service public — constitue une faute disciplinaire de nature à justifier l'exclusion de l'établissement.

L'avis du Conseil d'État manifeste ainsi le louable souci de proposer une solution respectueuse tant de la liberté religieuse, grâce à la reconnaissance du droit de porter des signes religieux, que du principe de laïcité, grâce à la triple limitation apportée à ce droit. Mais l'imprécision des limites esquissées a incité les autorités scolaires, souvent hostiles aux religions, à faire preuve de sévérité à l'égard des musulmanes désireuses de porter le voile.

La circulaire Jospin a accentué cette dérive en adoptant une interprétation de l'avis qui limite considérablement le droit de porter des signes d'appartenance religieuse. Elle indique en effet que « lorsqu'un conflit surgit à propos du port de signes religieux... le dialogue doit être immédiatement engagé avec le jeune et ses parents afin que, dans l'intérêt de l'élève et le souci de bon fonctionnement de l'école, il soit renoncé au port de ces signes ». Par là même, elle suggère que tout « conflit » en la matière doit nécessairement déboucher sur la renonciation volontaire au port du signe, ou sur son interdiction, et sur l'exclusion de l'élève en cas de résistance de sa part.

En pratique, cette conception rigide a ouvert la voie au bannissement du voile islamique, dont le caractère exotique et voyant suffit dans l'esprit de la plupart des responsables scolaires à faire naître un « conflit ». C'est ainsi que plusieurs jeunes musulmanes ont été exclues de leurs établissements, simplement parce qu'elles refusaient d'abandonner leur voile. Luttant contre cette intransigeance, le Conseil d'État n'a pas hésité à annuler les exclusions injustifiées et les règlements scolaires intolérants qui leur servaient de fondement [1].

Ce bras de fer entre le Conseil d'État et les responsables scolaires a finalement tourné à l'avantage de ces derniers. Il ne pouvait en être autrement dans la mesure où la société française, inquiète de la montée en puissance du fondamentalisme musulman, dont les attentats du 11 septembre 2001 sont une manifestation, a pris fait et cause pour un durcissement de la laïcité. Conformément aux propositions formulées en 2003 par la « Commission de réflexion sur l'application du principe de laïcité dans la République » [2], une loi du 15 mars 2004 a donc mis fin au subtil équilibre, favorable à la liberté de religion, qu'avait imaginé l'avis de 1989. Elle y substitue une interdiction plus facile à comprendre, et mieux adaptée aux attentes de la société, en prohibant dans les écoles, collèges et lycées publics, « le port de signes ou tenues par lesquels les élèves manifestent ostensiblement une appartenance religieuse » (C. éduc., art. L. 141-5-1). Désormais, seul le port de signes religieux discrets est donc admis à l'école [3], ce qui condamne le port du voile islamique et du

1. CE 2 nov. 1992, Kherouaa, *RFDA* 1993.112, concl. Kessler, et *LPA* 24 mai 1993, avec notre note. L'arrêt reste fidèle à la « laïcité intégratrice » prônée par l'avis, contre la « laïcité de combat » défendue par la circulaire Jospin. Notamment confirmé par CE 14 mars 1994 Yilmaz, *RDP* 1995.221. En revanche, est légale l'exclusion de l'élève qui s'obstinait à refuser d'ôter son voile pendant le cours de sport, le port du voile étant « incompatible avec le bon déroulement » de ce cours : CE 10 mars 1995, Aoukili, *AJDA* 1995.332, concl. Aguila.

2. Rapport Stasi du 11 décembre 2003 (*Le Monde* 12 déc.).

3. Cf. circulaire du 18 mai 2004 (*JO* 22 mai).

turban sikh[1]. Tout problème n'est pas résolu pour autant, car on peut douter de la compatibilité de ces exclusions avec l'article 9 de la Convention européenne de 1950, qui garantit « la liberté de manifester sa religion » même « en public »[2].

Par comparaison, un durcissement de la laïcité s'est également produit, dès 2000, à l'égard des enseignants. Dans un avis rendu cette année-là, le Conseil d'État a en effet renoncé à sa jurisprudence antérieure, qui leur permettait le port de signes religieux discrets[3]. Désormais, il leur interdit de porter dans l'exercice de leurs fonctions quelque signe religieux que ce soit, même discret, solution qui pose elle aussi le problème de sa compatibilité avec l'article 9 de la Convention européenne[4].

§ 2. La gratuité de l'enseignement public

Dès lors que l'instruction est obligatoire, il est nécessaire que l'enseignement public soit gratuit, afin de permettre aux familles les plus pauvres de se conformer à l'obligation légale.

En France, la gratuité de l'enseignement primaire public existe depuis 1881. À partir de 1927, plusieurs lois de finances ont progressivement étendu la gratuité à l'ensemble de l'enseignement secondaire public. Mais c'est le préambule de la Constitution de 1946 qui a franchi l'étape décisive en disposant que « l'organisation de l'enseignement public gratuit et laïque à tous les degrés est un devoir de l'État ».

Cette disposition, dont la valeur constitutionnelle ne fait aucun doute[5], consacre la gratuité de l'enseignement public primaire, secondaire, et supérieur[6].

En pratique, pourtant, le devoir de gratuité n'est pleinement respecté qu'à l'égard de l'enseignement primaire. Dans le secondaire, en effet, les lycéens doivent parfois acheter leurs livres. Et dans le supérieur, la loi du 26 janvier 1984 permet aux universités de percevoir des droits d'inscription, dont le montant — plafonné — demeure heureusement modique.

À première vue, il semble donc que cette situation soit contraire au préambule de 1946. La gratuité de l'enseignement public « à tous les degrés » paraît en effet condamner l'achat des livres et le paiement de droits d'inscription.

---

1. CE, Sect., 5 déc. 2007, Mme Ghazal (voile et bandana musulmans) et Singh (turban et sous-turban sikhs), *RFDA* 2008.529, concl. Keller.

2. L'arrêt CEDH 29 juin 2004, Leyla Sahin c/Turquie (confirmé par la grande chambre le 10 nov. 2005), cité par CC 19 nov. 2004 en faveur de cette compatibilité, n'est pas probant, car il n'admet l'interdiction du voile islamique dans les établissements d'enseignement publics turcs, qu'en raison de la situation particulière de la Turquie, où « la grande majorité de la population » adhère à l'islam, ce qui accentue selon la Cour le danger du fondamentalisme.

3. CE 28 avr. 1938, Dlle Weiss, *D* 1939.41 : à propos du port d'une croix.

4. Avis CE 3 mai 2000, Mlle Marteaux, *AJDA* 2000.602. La CEDH pourrait condamner cette position intransigeante, car si elle admet l'interdiction faite à une enseignante de porter le voile islamique à l'école, ce n'est pas au nom de la laïcité, mais uniquement en raison du « bas âge des enfants dont la requérante avait la charge » et du caractère « difficilement conciliable » de ce signe religieux avec le principe d'égalité des sexes : CEDH 15 févr. 2001, Mme Dahlab c/Suisse, *AJDA* 2001.480.

5. Elle est implicitement reconnue par CC 23 nov. 1977, Liberté d'enseignement, *GDCC*.

6. CE 9 nov. 1990, Commune de Compiègne (non publié) : annulation de la délibération d'un conseil municipal qui soumettait les usagers de l'école publique à une « participation aux dépenses », exigée au titre des prestations obligatoires.

Mais le problème n'est pas aussi simple. En prétendant généraliser la gratuité, le préambule de 1946 fait preuve d'une générosité qui confine à l'irréalisme. Un enseignement public totalement gratuit du primaire au supérieur représente en effet une charge financière considérable, qu'on peut légitimement hésiter à faire supporter à l'État et aux collectivités locales. À cet égard, il n'est pas inutile de rappeler que la gratuité de l'enseignement grève lourdement les budgets publics. Depuis la loi de décentralisation du 22 juillet 1983, modifiée par la loi du 25 janvier 1985, la charge des écoles, des collèges et des lycées incombe respectivement aux communes, aux départements et aux régions, l'État assumant pour sa part la charge des universités et des traitements de tous les enseignants, ainsi que l'obligation d'aider les collectivités au moyen de dotations spécifiques.

Dans ces conditions, la solution la plus réaliste semble consister à se contenter d'assurer la gratuité totale de l'enseignement public jusqu'à la classe de première incluse, afin de permettre à chacun de recevoir, de six à seize ans, l'instruction obligatoire. Au-delà de ce niveau d'études, il paraît au contraire légitime de pérenniser l'actuel système de gratuité relative, qu'on peut rendre conforme à notre Constitution grâce à une interprétation compréhensive du mot « gratuit », imprudemment utilisé par le préambule de 1946[1].

Section 3
La liberté de l'enseignement privé

Dans la tradition juridique française, à laquelle s'est rallié le Conseil constitutionnel[2], la « liberté de l'enseignement » désigne un aspect de la liberté d'entreprendre : le droit de créer et de faire fonctionner un établissement d'enseignement privé (§ 1). Bien que cette liberté ait été passée sous silence par la Déclaration de 1789, par le préambule de 1946, et par la Constitution de 1958, son caractère traditionnel lui vaut aujourd'hui d'avoir une valeur constitutionnelle[3]. Cette promotion s'explique par le fait que la liberté de l'enseignement ne met pas seulement en jeu la liberté d'entreprendre : elle permet aussi aux familles de disposer du droit, utile pour sauvegarder le pluralisme des courants de pensée nécessaire à la démocratie, de choisir pour l'instruction de leurs enfants entre l'enseignement public et l'enseignement privé. Mais pour que cette liberté de choix ne soit pas réservée aux familles les plus riches, encore faut-il que l'enseignement privé bénéficie d'une aide financière publique (§ 2).

---

1. Les inconvénients pratiques de cette solution peuvent être atténués grâce à l'attribution de bourses aux étudiants les plus démunis, lesquelles entraînent l'exonération du paiement des droits universitaires : Décr. 5 janv. 1984 (*JO* 9 janv.).

2. Dans sa décision « Libertés universitaires » du 20 janvier 1984, *GDCC*, le CC refuse en effet expressément d'adopter une conception plus large de la « liberté de l'enseignement », qui s'appliquerait tant à l'enseignement public qu'à l'enseignement privé (cf. 8e considérant).

3. Depuis CC 23 nov. 1977, Liberté d'enseignement, *GDCC*, qui voit dans la liberté de l'enseignement un « principe fondamental reconnu par les lois de la République ». Par comparaison, la Convention européenne de 1950 omet-elle aussi de protéger expressément la liberté de l'enseignement.

§ 1. Le droit de créer et de faire fonctionner un établissement d'enseignement privé

Ainsi conçue, la liberté de l'enseignement comporte le droit de créer un établissement (A) et le droit de choisir les méthodes et les programmes de l'enseignement qui y sera dispensé (B), mais non la liberté de collation des grades (C).

A. Le droit de créer un établissement d'enseignement privé

Selon les textes en vigueur, qui remontent pour la plupart au début de la Troisième République et qui ont été codifiés aux articles L 441-1 et suivants du Code de l'éducation, toute personne peut créer un établissement d'enseignement privé à condition de remplir des conditions de moralité (ne pas avoir été condamné pour des faits déshonorants), d'âge (21 ans pour un établissement primaire, 25 ans pour un établissement secondaire) et d'aptitude professionnelle (avoir le baccalauréat pour un établissement primaire, une licence pour un établissement secondaire) [1].

En outre, l'ouverture de l'établissement d'enseignement est subordonnée à une déclaration préalable auprès du maire et de l'inspecteur d'académie (pour le primaire), ou du recteur (pour le secondaire et le supérieur) [2]. À chaque fois, la déclaration ouvre un délai de durée variable, pendant lequel les autorités compétentes (inspecteur d'académie pour le primaire, recteur pour le secondaire et procureur de la République pour le supérieur) peuvent faire opposition. L'opposition éventuelle est alors jugée contradictoirement par des juridictions spéciales (les « conseils académiques » pour le primaire et le secondaire) ou par les tribunaux civils (supérieur).

Ce système est très libéral, dans la mesure où l'opposition ne peut être motivée que par la protection des bonnes mœurs ou de l'ordre public, et non par une quelconque conception de l'enseignement. C'est pourquoi il est jugé satisfaisant.

B. Le droit de choisir les méthodes et les programmes

La loi du 30 octobre 1886 affirme que les directeurs d'écoles primaires privées sont « entièrement libres dans le choix des méthodes (et) des programmes » (C. éduc., art. L. 442-3). Cette liberté de choix existe bien entendu également pour le secondaire et le supérieur.

Malgré les termes qui la consacrent, elle n'est cependant pas sans limites. À cet égard, il faut distinguer selon que les établissements privés sont ou non sous contrat avec l'État.

---

1. Les textes mériteraient d'être dépoussiérés, car ils exigent en réalité le brevet « ou » le baccalauréat pour ouvrir un établissement primaire, et le baccalauréat « ou » une licence pour ouvrir un établissement secondaire. Ils retiennent ainsi une curieuse conception de l'équivalence des diplômes. Cf. C. éduc., art. L. 441-5.

2. Ou de l'inspecteur d'académie si l'établissement supérieur n'est pas situé dans le département du chef-lieu de l'Académie. Deux points à noter : 1) la déclaration d'ouverture d'un établissement d'enseignement supérieur doit être faite par trois administrateurs du futur établissement : 2) si l'établissement veut prendre le nom de « faculté », la déclaration doit indiquer qu'il comprend un nombre d'enseignants ayant le grade de « docteur » au moins égal à celui de l'établissement de l'État qui en compte le moins (C. éduc., art. L. 731-4 et L. 731-5).

Ceux qui ne sont pas sous contrat avec l'État jouissent réellement d'une grande liberté dans le choix des méthodes et des programmes. Ils sont simplement tenus de ne pas dispenser un enseignement contraire à la morale, à la Constitution et aux lois, et de s'abstenir d'utiliser les manuels interdits par l'État. En pratique, toutefois, ils sont amenés à s'inspirer des programmes officiels, afin de donner à leurs élèves les meilleures chances de réussir les examens — organisés par l'État — qui déterminent la collation des diplômes nationaux. Le monopole étatique de collation des diplômes les conduit ainsi à soumettre leur liberté de programmes à une sorte d'autolimitation, à laquelle échappe leur liberté de méthodes.

Les établissements privés sous contrat jouissent d'une marge de manœuvre beaucoup plus étroite. Ayant accepté l'aide financière de l'État, ils doivent en effet, en contrepartie, s'aligner sur les programmes et les horaires de l'enseignement public, sous le contrôle de ses inspecteurs. Chose encore plus significative, ils perdent même en partie la maîtrise de leur personnel enseignant. Dans les établissements sous contrat simple, le directeur, certes, reste juridiquement l'employeur, et continue par conséquent à recruter et à licencier les enseignants ; mais sa liberté de recrutement subit d'importantes limitations dans la mesure où les enseignants doivent posséder des diplômes équivalant à ceux exigés pour les emplois correspondants de l'enseignement public. Et dans les établissements sous contrat d'association, c'est l'État qui juridiquement devient l'employeur des enseignants, lesquels sont en principe considérés comme des agents publics contractuels ; deux garde-fous préservent toutefois ce que la loi Debré nomme le « caractère propre » de ces établissements : d'une part le recrutement des enseignants doit être effectué par l'État en accord avec le chef d'établissement ; d'autre part une obligation de réserve impose aux enseignants de ne pas adopter des comportements ou des propos incompatibles avec les valeurs philosophiques ou religieuses défendues par leur établissement [1].

Cette immixtion de l'État dans le fonctionnement des établissements privés sous contrat a été longtemps perçue comme une menace, et a attisé la « guerre scolaire ». Depuis l'échec du projet Savary de 1984, qui tendait à la renforcer au point de remettre en cause la liberté de l'enseignement, il semble heureusement qu'elle soit mieux acceptée. Il faut s'en féliciter car, dans son état actuel, cette nécessaire contrepartie de l'aide financière publique s'avère respectueuse du caractère propre des établissements privés, qui est au cœur de la liberté de l'enseignement.

C. L'absence de liberté de collation de grades

La loi du 12 juillet 1875 donnait aux facultés privées le pouvoir de conférer des « grades », c'est-à-dire des diplômes nationaux. Mais la loi du 18 mars 1880 a supprimé cette possibilité. Depuis 1880, l'État détient donc le monopole de la collation des grades. En conséquence, les établissements d'enseignement privé ne peuvent délivrer que des « diplômes maison », dépourvus de tout caractère officiel. Appliquant ce principe dans toute sa rigueur, le Conseil d'État a annulé des arrêtés

---

1. Obligation de réserve admise par CC 23 nov. 1977, Liberté d'enseignement, *GDCC*, et par CC 18 janv. 1985, Loi Chevènement, *RFDA* 1985.632. Comparer avec Ass. plén. 19 mai 1978, préc., chapitre 1. Sur la possibilité, pour un établissement d'enseignement privé, d'imposer le respect de son caractère propre dans son règlement intérieur, cf. CE 20 juill. 1990, Ass. Saint-Joseph, *RFDA* 1990.943.

ministériels qui permettaient à certaines « facultés libres » de délivrer des diplômes équivalant au DEUG [1].

Ainsi, les établissements d'enseignement privé se trouvent placés, à l'égard de leurs élèves, dans une situation inconfortable, puisqu'ils ont souvent pour but de les préparer à l'obtention des diplômes nationaux, mais qu'ils ne maîtrisent jamais les examens qui la conditionnent. Pour atténuer ce paradoxe, la loi du 12 juillet 1971 a prévu la possibilité de conventions entre universités et établissements supérieurs privés, permettant de faire passer aux étudiants de ces derniers leurs examens devant des jurys mixtes, composés d'enseignants des deux parties (C. éduc., art. L. 613-7). Cette solution paraît satisfaisante, car elle respecte le monopole étatique de collation des grades, seul à même de garantir l'impartialité des épreuves conditionnant leur obtention, tout en permettant aux établissements privés de participer à l'organisation de celles-ci.

§ 2. L'AIDE FINANCIÈRE PUBLIQUE AUX ÉTABLISSEMENTS D'ENSEIGNEMENT PRIVÉ

Si les établissements d'enseignement privé ne bénéficiaient d'aucune aide financière publique, la plupart disparaîtraient, et ceux qui parviendraient à survivre se verraient obligés de pratiquer des tarifs prohibitifs. Cela signifierait que l'immense majorité des familles perdrait la possibilité de choisir, pour l'éducation de leurs enfants, entre l'enseignement public et l'enseignement privé.

Il en résulterait un triple danger pour les libertés, pour l'égalité et pour la démocratie. La liberté de l'enseignement serait touchée dans ses deux aspects : en tant que liberté d'entreprendre, puisque le « marché » serait réduit aux seules familles riches ; et en tant que pourvoyeuse d'alternative aux familles, puisqu'en majorité elles perdraient le droit de préférer l'enseignement privé à l'enseignement public [2]. L'égalité serait tout aussi gravement atteinte, dans la mesure où la perte ou la conservation de ce pouvoir de choisir dépendrait exclusivement du niveau de fortune des familles. Enfin, à plus long terme la démocratie serait elle-même menacée, car la marginalisation de l'enseignement privé tarirait l'une des sources du pluralisme des courants de pensée, qui est l'un de ses ingrédients nécessaires.

Bien loin d'être choquant, le financement public des établissements d'enseignement privé paraît donc une nécessité.

Le droit positif français l'a d'ailleurs bien compris, puisqu'il admet traditionnellement que l'État (A) et les collectivités locales (B) apportent une aide financière aux établissements d'enseignement privé.

---

1. CE, Ass., 25 juin 1969, Synd. aut. du personnel enseignant des facultés de droit, *RDP* 1969.965, concl. Braibant. On peut toutefois se demander si ce monopole n'est pas menacé par CJCE 13 nov. 2003, Valentina Neri, *AJDA* 2004.722 : cet arrêt impose à l'Italie de reconnaître les diplômes délivrés par les succursales privées d'une université anglaise « délocalisées » sur son territoire.

2. Notons au passage que cette préférence n'est pas toujours due à des raisons philosophiques ou religieuses ; elle résulte souvent de la volonté des familles d'échapper à la rigidité de la carte scolaire (théoriquement supprimée depuis la rentrée 2008), qui ne leur permet pas de choisir librement, sans autorisation de l'inspecteur d'académie, au sein de l'enseignement public un autre établissement que celui qui couvre la zone géographique de leur lieu d'habitation.

A. L'aide financière de l'État

Contrairement à ce que l'on pense parfois, il n'existait, avant 1959, aucun principe général interdisant à l'État — ou aux collectivités locales — d'aider financièrement les établissements d'enseignement privé. C'est seulement dans l'enseignement primaire que les subventions publiques aux écoles privées étaient interdites, en vertu de la loi du 30 octobre 1886[1]. Dans l'enseignement secondaire, elles étaient au contraire expressément permises par la loi Falloux du 15 mars 1850, et la jurisprudence en admettait également la légalité dans l'enseignement technique[2] et dans l'enseignement supérieur[3]. L'enseignement primaire lui-même commence à s'ouvrir aux subventions de l'État sous la Quatrième République, grâce à la loi Barangé du 21 septembre 1951, qui accorde une allocation à toutes les écoles primaires, tant publiques que privées, en fonction du nombre de leurs élèves.

En réalité, c'est la gauche française, plus que le droit positif, qui était hostile au financement public de l'enseignement privé, qu'elle jugeait contraire au principe de laïcité. Il est significatif de rappeler à cet égard que la loi Barangé a brisé la coalition de la « Troisième force », en provoquant la révolte des socialistes de la SFIO.

Ce qui est vrai, en revanche, c'est que jusqu'en 1959 l'aide publique à l'enseignement privé, sans être absolument proscrite, demeurait parcimonieuse, faute d'avoir été suffisamment organisée par le législateur. À la loi Debré, du 31 décembre 1959, revient le mérite d'avoir comblé cette lacune.

Cette loi fondamentale, modifiée à plusieurs reprises et toujours en vigueur, régit les rapports de l'enseignement privé avec l'État, mais non avec les collectivités locales. Elle propose aux établissements d'enseignement privé[4] de choisir entre quatre solutions.

– Première solution : la liberté totale, sans aucun lien avec l'État et sans aide financière. Subsiste simplement le contrôle pédagogique minimum présenté au § 1. En pratique, 2 000 seulement des 14 000 établissements d'enseignement privé qui existaient en 1959, soit 15 % du total, ont choisi cette première solution.

– Deuxième solution : l'intégration dans l'enseignement public, impliquant la disparition de l'établissement privé en tant que tel et la titularisation des maîtres. La demande d'intégration doit toutefois être « agréée » par l'État. En pratique, il y a eu très peu de demandes d'intégration.

– Troisième solution : le « contrat d'association à l'enseignement public ». Seuls les établissements privés du primaire ou du secondaire peuvent demander à passer ce contrat avec l'État. Mais pour que leur demande puisse être accueillie favorablement, la loi exige qu'ils « répondent à un besoin scolaire reconnu » (C. éduc., art. L. 442-5). Les juridictions administratives exercent en conséquence un contrôle normal sur la réalité du besoin scolaire, lorsque est attaquée devant elles la décision de l'État d'accepter de passer le contrat[5]. En revanche, elles n'exercent qu'un contrôle

1. Plus exactement en vertu d'une interprétation de la loi du 30 octobre 1886 par la jurisprudence CE 20 févr. 1891, Ville de Vitré, *S* 1893.26, concl. Valabrègue.

2. CE, Ass., 7 juill. 1950, Œuvres de Saint-Nicolas, *R* 422.

3. CE, Ass., 10 juin 1956, Canivez, *RA* 1956.265, concl. Long.

4. À l'exception des établissements d'enseignement supérieur, auxquels la loi Debré refuse la possibilité d'opter pour le contrat simple ou pour le contrat d'association.

5. CE 19 juin 1985, Commune de Bouguenais, *RFDA* 1985.653, concl. Roux.

minimum sur le refus de l'État de passer le contrat, car l'État a le pouvoir discrétionnaire d'opposer un tel refus même si l'établissement demandeur répond à un besoin scolaire reconnu[1].

Conclus pour une durée indéterminée, les contrats d'association peuvent être résiliés unilatéralement par l'État, mais uniquement lorsque les conditions auxquelles est subordonnée leur validité — notamment le respect des programmes, des méthodes et des horaires de l'enseignement public — cessent d'être remplies.

En contrepartie des obligations pédagogiques rigoureuses définies par l'État, qu'ils s'engagent à respecter[2], les établissements sous contrat d'association reçoivent une aide financière importante. L'État leur verse en effet une contribution forfaitaire, calculée par élève et par an, pour leur permettre de faire face à leurs dépenses de fonctionnement[3]. En outre, il assume le paiement des rémunérations et des charges sociales des enseignants qui y travaillent. On doit toutefois noter que le contrat d'association peut porter sur une partie seulement des classes de l'établissement ; dans une telle hypothèse, l'aide de l'État ne porte évidemment que sur les classes sous contrat.

En pratique, la solution du contrat d'association, dont les pouvoirs publics souhaitaient la généralisation, a eu beaucoup de mal à s'imposer. Sur les 14 000 établissements d'enseignement privé qui existaient en 1959, moins de 1 000 ont opté pour elle. Et si aujourd'hui la quasi-totalité des établissements privés du secondaire s'est ralliée au contrat d'association, c'est parce qu'il leur est interdit depuis 1980 de choisir la solution du « contrat simple ». Les établissements primaires, qui conservent au contraire cette alternative, continuent quant à eux à opter en majorité pour le contrat simple. Il semble toutefois qu'avec le temps, la méfiance de l'enseignement privé à l'égard du contrat d'association tende à s'atténuer. La signature, le 13 juin 1992, par le ministre de l'Éducation nationale et le secrétaire général de l'enseignement catholique, d'un accord entérinant le remboursement par l'État de près de deux milliards de francs d'arriérés, dus au titre de l'aide au fonctionnement des établissements sous contrat d'association, est de nature à accélérer cette évolution.

– La quatrième solution, à laquelle on vient de faire allusion, est celle du « contrat simple ». Depuis 1980, seuls les établissements d'enseignement primaire peuvent demander à passer ce contrat avec l'État. Mais pour que leur demande puisse être accueillie favorablement, le décret d'application du 22 avril 1960 exige non qu'ils répondent — comme pour les contrats d'association — à un besoin scolaire reconnu, mais simplement que les effectifs d'élèves des classes faisant l'objet de la demande soient équivalents à ceux des classes correspondantes de l'enseignement public[4].

Initialement, les contrats simples étaient conçus comme provisoires, et devaient être remplacés au bout de douze ans par des contrats d'association. Mais ils ont finalement été pérennisés par la loi du 1er juin 1971 (C. éduc., art. L. 442-12).

---

1. CE, Sect., 25 avr. 1980, Min. Éd. c/Institut technique de Dunkerque, *AJDA* 1980.491, concl. Théry ; CE, Sect., 12 févr. 1988, Min. Éd. c/Association des amis de l'école Saint-Sulpice, *RFDA* 1988.668, concl. Daël.

2. Et qui sont compatibles avec la Convention européenne de 1950 selon CE 28 avr. 2006, École active bilingue Jeannine-Manuel, *AJDA* 2006.902.

3. Cette contribution n'est versée qu'aux établissements secondaires. Pour le primaire, les dépenses de fonctionnement sont essentiellement prises en charge par les communes, comme on le verra en B.

4. Cf. CE, Sect., 13 janv. 1965, Ass. écoles libres de Réalmont, *AJDA* 1965.237, concl. Bernard.

Désormais conclus pour une durée indéterminée, ils peuvent, comme les contrats d'association, être résiliés unilatéralement par l'État, lorsque les conditions auxquelles est subordonnée leur validité — notamment le respect des programmes et des horaires de l'enseignement public — cessent d'être remplies.

En contrepartie des obligations pédagogiques définies par l'État, qu'ils s'engagent à respecter, les établissements sous contrat simple reçoivent une aide financière de l'État. Mais leurs obligations étant moins rigoureuses que celles des établissements sous contrat d'association, cette aide est moins importante que celle consentie à ces derniers. L'État se borne en effet à payer les rémunérations de leurs enseignants, et leur laisse le poids des charges sociales ainsi que des dépenses de fonctionnement. Bien entendu, si le contrat simple ne porte que sur une partie seulement des classes de l'établissement, l'aide est réduite d'autant.

En pratique, la solution du contrat simple a connu un grand succès, les établissements la jugeant moins dangereuse pour la sauvegarde de leur « caractère propre » que la solution du contrat d'association. C'est ainsi que sur les 14 000 établissements d'enseignement privé qui existaient en 1959, plus de 11 000 ont opté pour elle. Cantonnés dans le primaire depuis 1980, les contrats simples demeurent prisés. Ce succès n'est pas sans irriter les partisans d'un laïcisme militant. Le projet Savary de 1984, qui rêvait d'intégrer les établissements d'enseignement privé dans un « grand service public unifié et laïc de l'Éducation nationale », prévoyait ainsi leur disparition. Ayant survécu, grâce à la grande manifestation populaire du 24 juin 1984, à cette attaque, les contrats simples semblent appelés à durer.

La loi Debré demeure ainsi plus que jamais la pierre angulaire des rapports de l'État avec l'enseignement privé. Et cela d'autant plus que les quelques modifications qui lui avaient été apportées par la loi Guermeur du 25 novembre 1977 ont, pour la plupart, été abrogées par la loi Chevènement du 25 janvier 1985. Cette dernière apporte en outre à la loi Debré une amélioration de nature à pérenniser le système des contrats, en créant dans chaque académie une « commission de concertation » comprenant des représentants des établissements d'enseignement privé, des représentants des collectivités territoriales et des personnes désignées par l'État, chargée de donner son avis, obligatoire avant tout recours contentieux, sur tout litige relatif à la passation ou à l'exécution d'un contrat (C. éduc., art. L. 442-11).

Mais quel que soit l'avenir de la loi Debré, il semble que désormais la liberté de l'enseignement implique nécessairement l'aide financière de l'État à l'enseignement privé. Le Conseil constitutionnel paraît en effet considérer que le financement par l'État de l'enseignement privé constitue un corollaire nécessaire de la liberté de l'enseignement[1]. Le législateur est donc libre d'abroger la loi Debré, mais non de supprimer l'aide publique à l'enseignement privé.

B. L'aide financière des collectivités locales

L'aide financière des collectivités locales à l'enseignement privé n'est que partiellement régie par la loi Debré. De ce fait, elle est soumise à un régime complexe,

---

1. Selon l'interprétation par L. Favoreu, *RFDA* 1986.597 et *GDCC*, 6e éd., 1991, p. 373, de CC 29 déc. 1984 et de CC 18 janv. 1985. *Contra :* B. Genevois, « La jurisprudence du CC », *STH* 1988.224.

issu de la sédimentation de textes intervenus à des décennies, voire à un siècle, d'intervalle. Pour en saisir les grands traits, le plus simple est de distinguer entre subventions d'investissement et subventions de fonctionnement.

Les subventions d'investissement obéissent à des règles qui diffèrent pour chaque niveau d'enseignement, selon qu'existent ou non des dispositions législatives prohibant ou limitant ce type de subventions. Pour les écoles primaires, toute aide publique à l'investissement est interdite par la loi du 30 octobre 1886[1]. Pour les établissements secondaires privés d'enseignement général, un arrêt du Conseil d'État a inféré de la loi Falloux du 15 mars 1850 (C. éduc., art. L. 151-4) la possibilité, pour les collectivités locales, de leur accorder des subventions d'investissement dans la limite du dixième de leurs dépenses — tant de fonctionnement que d'investissement — non déjà couvertes par des fonds publics[2]. Une loi de décembre 1993, qui tendait à supprimer, au profit des établissements sous contrat (simple ou d'association), cette limite du dixième, a été annulée par le Conseil constitutionnel pour violation du principe d'égalité entre établissements d'enseignement privés (car à situations comparables, ils auraient connu des sorts profondément différents, selon qu'ils relèvent de collectivités locales bienveillantes ou hostiles à l'égard de l'enseignement privé), et pour violation du principe d'égalité entre établissements d'enseignement privés et publics (les seconds risquant de se trouver placés dans une situation moins favorable que les premiers)[3] ; même si cette loi n'avait pas été annulée, elle n'aurait de toute façon pas pu survivre à la gigantesque manifestation rassemblant contre elle, le 16 janvier 1994 à Paris, plus d'un million de défenseurs de l'école publique. Pour les établissements d'enseignement secondaire technique, aucune disposition législative ne fait obstacle au subventionnement : le principe est donc la liberté totale de leur accorder des subventions d'investissement[4]. Le même principe de liberté prévaut pour l'enseignement supérieur, en l'absence de toute disposition législative contraire[5]. Aucune logique d'ensemble n'existe donc en la matière. Une refonte de la législation applicable serait la bienvenue.

Les subventions de fonctionnement sont soumises à un régime un peu plus clair. Il semble qu'on puisse inférer de la loi Debré que les collectivités locales n'ont pas à en attribuer aux établissements privés qui sont sous contrat simple, ni *a fortiori* à ceux qui sont hors contrat[6]. Par exception à ce principe, l'article 5 de la loi Debré permet aux communes — et à elles seules — de contribuer si elles le veulent aux dépenses de fonctionnement des classes sous contrat simple (C. éduc., art. L. 442-12). Cette contribution éventuelle ne doit pas être proportionnellement supérieure aux avantages consentis par la commune à l'école publique de même niveau.

---

1. CE 4 févr. 1991, Commune de Marignane, *DA* 1991, n° 172 ; CAA Bordeaux 3 mai 2007, C[ne] de Saint-Pierre-d'Irube, *AJDA* 2007.1551.
2. CE, Ass., 6 avr. 1990, Département d'Ille-et-Vilaine, *AJDA* 1990.519.
3. CC 13 janv. 1994, Modification de la loi Falloux, *AJDA* 1994.132.
4. CE 19 mars 1986, Département de Loire-Atlantique, *AJDA* 1986.457. Ce qui encourage les établissements secondaires privés d'enseignement général à ouvrir des classes techniques, afin de bénéficier de subventions déplafonnées et de contourner ainsi la loi Falloux : cf. CE 18 nov. 1998, Région Ile-de-France, *AJDA* 1999.371, admettant la légalité du procédé.
5. CE 1956, Canivez, préc ; CAA Lyon 2 févr. 2006, Mlle Bougaud, *AJDA* 2006.821 concl. Besle.
6. En revanche, en vertu de l'article 7 de la loi Debré, elles peuvent attribuer des aides financières aux élèves des établissements privés, que ceux-ci soient sous contrat ou hors contrat : CE, Ass., 5 juill. 1985, Ville d'Albi, *RFDA* 1985.661, concl. Roux.

Pour les établissements d'enseignement privé sous contrat d'association, le texte de base est la disposition de l'article 4 de la loi Debré, selon laquelle « les dépenses de fonctionnement des classes sous contrat sont prises en charge dans les mêmes conditions que celles des classes correspondantes de l'enseignement public » (C. éduc., art. L. 442-5). L'intervention, en 1982 et 1983, des lois de décentralisation a transformé la signification de cette disposition, que la loi Chevènement du 25 janvier 1985 a entrepris d'expliciter. Désormais, la prise en charge des dépenses de fonctionnement des établissements sous contrat d'association varie selon le degré de l'enseignement. Dans le primaire, les dépenses de fonctionnement des écoles privées incombent en totalité aux communes, qui sont obligées de les prendre en charge[1]. Dans le secondaire, la contribution forfaitaire de fonctionnement (dite « forfait d'externat »), qui est versée chaque année aux établissements sous contrat d'association, doit être divisée en deux parts. La première part incombe à l'État (cf. A) : elle est destinée à financer les dépenses relatives à leur personnel non enseignant[2]. La deuxième part incombe aux départements (pour les collèges) et aux régions (pour les lycées) : elle est destinée à financer les dépenses correspondant à l'entretien matériel des locaux[3].

Les collectivités locales sont ainsi placées dans l'obligation de financer des établissements d'enseignement privé en vertu de contrats d'association qui ont été conclus, sans qu'elles aient pu s'y opposer, par l'État. Dans le but de leur donner un certain pouvoir de décision en la matière, la loi Chevènement avait reconnu aux communes — et curieusement à elles seules — le droit d'opposer leur veto à la conclusion des contrats d'association portant sur des classes primaires. Mais ce droit de veto a été jugé contraire à la Constitution par le Conseil constitutionnel, au motif que le principe de libre administration des collectivités locales « ne saurait conduire à ce que les conditions essentielles d'application d'une loi organisant l'exercice d'une liberté publique dépendent de décisions des collectivités territoriales et, ainsi, puissent ne pas être les mêmes sur l'ensemble du territoire[4] ». Faute de mieux, les collectivités locales doivent donc se contenter des deux modes de participation à la gestion des contrats d'association qui leur sont offerts par la loi Chevènement en contrepartie de leur obligation financière : d'une part elles détiennent le tiers des sièges des « commissions de concertation » sus-mentionnées ; d'autre part elles ont un représentant aux réunions de l'organe de l'établissement scolaire compétent pour délibérer sur le budget des classes sous contrat.

Il ne paraît pas souhaitable d'étendre davantage les prérogatives des collectivités locales en matière de contrats d'association. L'Histoire nous enseigne en effet qu'en France c'est l'État qui, répondant aux aspirations de la conscience collective, a construit et protégé les libertés publiques contre toutes les féodalités et tous les

1. CE, Ass., 31 mai 1985 Min. Éd. c/Ass. d'éducation populaire de l'École Notre-Dame *RFDA* 1985.637, concl. Roux. Règle identique avant la décentralisation : CE, Sect., 12 févr. 1982, Commune d'Aurillac, *AJDA* 1982.469. À noter : la loi de décentralisation du 13 août 2004 oblige les communes à financer les dépenses de fonctionnement pour les enfants qui y résident, même s'ils sont scolarisés dans des écoles privées situées dans d'autres communes.

2. Rappelons qu'en ce qui concerne les enseignants des établissements sous contrat (simple ou d'association), leurs rémunérations sont directement prises en charge par l'État. Cf. A.

3. Pour une explicitation de ces dépenses, cf. CE, Ass., 25 oct. 1991, Synd. nat. de l'enseignement chrétien CFTC, *AJDA* 1991.918.

4. CC 18 janv. 1985, Loi Chevènement, *RFDA* 1985.632. Cf. aussi CC 13 janv. 1994, préc.

corporatismes que notre pays a connus. Comme le Conseil constitutionnel l'a fort bien compris, il faut donc résister aux exigences des collectivités locales, dont la satisfaction transformerait la décentralisation en « féodalisation[1] », fossoyeuse des libertés.

Au-delà des critiques ponctuelles qu'on a adressées à son régime juridique, force est d'admettre que la liberté de l'enseignement existe en France, et que c'est là finalement l'essentiel. Grâce à la jurisprudence du Conseil constitutionnel, il est même devenu impossible, à moins de réviser préalablement la Constitution, de la remettre en cause.

Cette consécration est d'autant plus méritoire qu'elle n'a pas été acquise sans mal. Traditionnellement, une forte partie de l'opinion publique française combat en effet la liberté d'enseignement — ou au moins une de ses implications, le financement public de l'enseignement privé — au nom d'une conception rigoriste de la laïcité de l'État. Mais de ce point de vue aussi, une évolution s'est dessinée, à la suite de la grande manifestation populaire du 24 juin 1984. Il semble en effet que l'ampleur de cette manifestation ait fait prendre conscience à la nation de son attachement à la liberté de l'enseignement. De cette découverte date l'apaisement de la « guerre scolaire ». L'abandon du projet Savary dès juillet 1984, l'audace de deux décisions du Conseil constitutionnel en décembre 1984 et janvier 1985, l'adoption de la loi Chevènement en janvier 1985, et enfin la conclusion de l'accord de 1992 entre le gouvernement socialiste et l'enseignement catholique, ne sont rien d'autre que la traduction juridique de cette évolution des esprits. Une fois de plus, le droit n'a fait que refléter l'évolution des aspirations de la conscience collective.

D'importantes menaces sont pourtant apparues, prenant le relais des anciennes. Elles émanent des collectivités locales et du pouvoir central.

Les collectivités locales, dont la puissance financière est accrue par la décentralisation, cherchent à développer leurs prérogatives en matière d'enseignement. On a vu comment les communes ont failli réussir à se faire reconnaître un pouvoir de codécision en ce qui concerne la conclusion des contrats d'association. Demain, ce seront les départements et les régions qui tenteront de faire renoncer les universités à leurs franchises et libertés en échange de leur aide financière. La vigilance s'impose plus que jamais pour empêcher la démocratie de se pervertir et de se transformer en féodalité.

Plus insidieusement, le pouvoir central tend, au-delà des étiquettes politiques de ses détenteurs, à se servir de l'enseignement pour insuffler aux enfants une pensée officielle anesthésiant leur sens critique. Ratifiée par la France, la Convention internationale des droits de l'enfant, du 20 novembre 1989, marque à cet égard un progrès inquiétant en assignant à l'enseignement la mission d'« inculquer » aux enfants le respect de notions — comme les « droits de l'Homme » ou les « valeurs nationales » — qui ne sont pas définies et peuvent faire l'objet de n'importe quelle interprétation. Bien loin d'obéir à la conscience collective, le droit prétend ici la

---

1. Sur ce risque de féodalisation, cf. notre chronique « Le droit de la fonction publique territoriale en 1991 », *Annuaire des Collectivités locales*, 1992, p. 399. La révision constitutionnelle du 17 mars 2003 semble y résister en précisant que l'expérimentation législative, à laquelle elle permet aux collectivités territoriales de procéder, ne peut en aucun cas déroger aux « conditions essentielles d'exercice d'une liberté publique » (Const., art. 72).

remodeler, en la coulant dans le moule façonné par des idéologues autoritaires et vaniteux.

Malgré ces menaces, il faut pourtant garder confiance en l'avenir, car il y a fort à parier que, pas plus qu'ils ne veulent d'une mainmise de néo-féodaux sur l'enseignement, les Français n'entendent abandonner leurs enfants à l'influence d'une idéologie officielle. Le droit qui va à l'encontre des aspirations de la conscience collective n'est qu'un château de sable.

BIBLIOGRAPHIE SÉLECTIVE

- **Sur l'histoire de l'enseignement**

P. CHEVALLIER, B. GROSPERRIN, J. MAILLET, *L'Enseignement français de la Révolution à nos jours*, Mouton, 1968.

C. FOURRIER, *L'Enseignement français de l'Antiquité à la Révolution*, Paris, 1964.

L. GRIMAUD, *Histoire de la liberté d'enseignement en France*, Arthaud, 1944.

P.-H. PRÉLOT, « La liberté de l'enseignement dans la séparation des Églises et de l'État (1879-1905) », *RDP* 2006.617.

- **Sur la liberté dans l'enseignement public**

M. BOUISSOU, « Les usagers de l'enseignement supérieur », *RDP* 1988.687.

N. CHAUVIN, « Le port du foulard islamique par une enseignante », *RFDA* 2003.536 (bonne analyse du conflit entre droit français et droit européen).

M. DEBÈNE, « Du droit à l'éducation, à l'éducation au droit : les droits des élèves », *Mélanges Goy*, PUR, 1998, p. 63 ; et « Liberté et efficacité de l'enseignement », dans *Crises sociales et droits fondamentaux de la personne humaine en 2005 et 2006* (dir. G. Lebreton), L'Harmattan 2008 (sur la crise scolaire et la loi Fillon).

N. DEFFAINS, « Le principe de laïcité de l'enseignement public à l'épreuve du foulard islamique », *RTDH* 1998.203.

O. DORD, « Laïcité à l'école : l'obscure clarté de la circulaire Fillon du 18 mai 2004 », *AJDA* 2004.1523.

Dossier « L'enseignement et le droit », *RFDA* 1988.580.

Dossier « Laïcité scolaire et signes d'appartenance religieuse », *RFDA* 1990.1 (intelligente analyse de l'avis du CE et de la circulaire Jospin, reproduits en annexe).

C. DURAND-PRINBORGNE, « Les droits et obligations des élèves du second degré », *AJDA* 1991.366, « Le port des signes extérieurs de convictions religieuses à l'école », *RFDA* 1997.151 ; et « La loi sur la laïcité, une volonté politique au centre de débats de société », *AJDA* 2004.704 (sur la loi du 15 mars 2004).

C. DURAND-PRINBORGNE, *Le Droit de l'éducation*, Hachette, 1992.

C. DURAND-PRINBORGNE, *La laïcité*, Dalloz, 1996.

P.-L. FRIER, « Les transferts de compétences dans les secteurs de la formation professionnelle, de l'éducation et de la culture », *AJDA* 2004.1984 (montre que la loi de décentralisation du 13 août 2004 n'est pas la « révolution » que certains attendaient).

Y. Gaudemet, « Les bases constitutionnelles du droit universitaire », *RDP* 2008.680 (sur l'indépendance des professeurs d'université face à la loi du 10 août 2007).

J. Georgel, « Enseignement : régime général et enseignement public », *JCA* n° 230.

G. Haarscher, *La laïcité*, PUF, 1996.

G. Lebreton, « Port de signes religieux et laïcité de l'enseignement public », *LPA* 24 mai 1993.

C. Moniolle, « Indépendance et liberté d'expression des enseignants-chercheurs », *AJDA* 2001-226.

P. Raimbault, « L'avenir de l'école à la lumière de la loi Fillon », *AJDA* 2006.1421.

A. Texier, « Les aumôneries de l'enseignement secondaire, incertitudes d'une institution », *RDP* 1984.105.

J.-P. Tomasi, « Le principe de gratuité de l'enseignement public : droits d'inscription et redevances universitaires », *AJDA* 1988.499.

• **Sur la liberté de l'enseignement privé**

M. Deby, « La participation des communes au fonctionnement des écoles privées », *AJDA* 1984.586.

Dossier « Les collectivités publiques et l'école », *RFDA* 1985.597 (dossier très intéressant, notamment par ses réflexions sur la loi Chevènement et par ses documents annexes : loi Chevènement, loi Debré modifiée, arrêté et circulaire de 1985, réponses ministérielles).

N. Fontaine-Garnier, *L'Application de la loi du 31 décembre 1959 sur les rapports entre l'État et les établissements d'enseignement privé*, thèse, Paris, 1969.

J. Georgel, « Enseignement privé », *JCA* n° 232.

E. Honorat et E. Baptiste, « Chronique de jurisprudence », *AJDA* 1990.519 (intéressantes interrogations sur l'état actuel du droit en ce qui concerne le financement de l'enseignement privé par les collectivités locales).

J.-M. Lavieille, « Les principes fondamentaux de l'enseignement dans le droit positif français », *AJDA* 1978.188.

G. Marcou, « La liberté de l'enseignement et la liberté des enseignants », *RDP* 1980.35.

C. Maugüé et R. Schwartz, « Chronique de jurisprudence », *AJDA* 1991.885 (excellent résumé des obligations et possibilités actuelles des collectivités locales de subventionner l'enseignement privé).

J.-Y. Plouvin, « La notion de principes fondamentaux de l'enseignement au sens de l'article 34 de la Constitution », *RDP* 1979.53.

P.-H. Prélot, *Les Établissements privés d'enseignement supérieur*, LGDJ, 1990.

J. Rivero, « La liberté d'enseignement, principe fondamental de la République », *AJDA* 1978.565.

J. Robert, « La loi Debré », *RDP* 1962.213.

Chapitre 4

La liberté de la presse

Comme la liberté de l'enseignement, la liberté de la presse est une liberté à double visage. Elle n'est pas seulement, en effet, un aspect de la liberté d'entreprendre. Elle a aussi et surtout pour signification de permettre à chacun d'utiliser librement la presse pour communiquer — en tant qu'auteur — sa pensée à autrui, ou pour accéder — en tant que lecteur — à l'expression de la pensée d'autrui.

Sous ce second angle, la liberté de la presse constitue une forme particulièrement importante de la liberté d'expression, car en établissant une libre communication entre des milliers — voire des millions — de personnes, elle concourt directement à la formation de l'opinion publique.

C'est d'ailleurs ce second aspect qui lui vaut d'être combattue par les dictatures du monde entier. En favorisant les échanges d'idées et en développant l'esprit critique, la liberté de la presse conduit en effet nécessairement tôt ou tard à remettre en cause le pouvoir politique en place. Or cet effet déstabilisant est inacceptable pour un dictateur, dont l'objectif essentiel, sinon exclusif, est de se maintenir au pouvoir le plus longtemps possible. Significatif est à cet égard l'aveu par lequel Napoléon reconnaissait qu'il ne se maintiendrait pas trois mois au pouvoir s'il libérait la presse.

Par comparaison, les démocraties n'ont rien à craindre de la liberté de la presse, dont l'existence est au contraire nécessaire à leur épanouissement. Elles ont en effet besoin d'elle pour entretenir le pluralisme des courants de pensée, sur lequel elles reposent. Son effet déstabilisateur lui-même contribue à la réalisation de cette mission, en favorisant l'alternance. La presse ne doit pas être considérée pour autant comme un « quatrième pouvoir », car son rôle se borne, dans un régime de liberté, à éclairer l'opinion publique, laquelle détient seule le pouvoir de décision lorsqu'elle se transmue, à l'occasion des consultations électorales et référendaires, en peuple souverain.

C'est donc logiquement qu'en France l'histoire de la liberté de la presse se confond avec l'histoire de la démocratie. L'Ancien Régime soumettait la presse au régime de l'autorisation préalable, autrement dit de la censure. Il sut, à l'occasion, faire montre d'une certaine tolérance, notamment à l'égard de *L'Esprit des lois* (de Montesquieu), et de l'*Encyclopédie*, qui furent autorisés malgré leur contenu explosif. Il n'en demeure pas moins qu'au XVIIIe siècle les livres jugés les plus subversifs, comme les *Lettres philosophiques* de Voltaire ou l'*Émile* de Rousseau, continuaient à être brûlés publiquement.

C'est grâce à la Révolution que la liberté de la presse est reconnue pour la première fois. L'article 11 de la Déclaration de 1789 déduit en effet de la « libre communication des pensées et des opinions », qu'il proclame, cette conséquence que « tout citoyen peut donc parler, écrire, imprimer librement, sauf à répondre de l'abus de cette liberté dans les cas déterminés par la loi ». Dans les faits, « l'abus » ainsi prohibé devient malheureusement monnaie courante. Dès 1789, les journaux prolifèrent et rivalisent de violence, à l'instar de *l'Ami du peuple*, de Marat, qui porte en exergue « les Aristos à la lanterne ». Et bientôt, la presse devient victime de la Terreur qu'elle a contribué à mettre en place. De 1792 à 1794, sont progressivement interdits les journaux royalistes, modérés, girondins, hébertistes, et dantonistes, jusqu'à ce que ne subsiste plus qu'une presse à la dévotion du Comité de salut public. Le Directoire rétablit la liberté de la presse pendant quelques mois, puis la supprime à nouveau afin de mener la répression antibabouviste. La première expérience de liberté de la presse se solde ainsi par un échec cuisant.

Parvenu au pouvoir, Napoléon Bonaparte décide de supprimer la plupart des journaux. Ceux qui restent sont soumis à la censure préalable, puis, en 1811, purement et simplement nationalisés. La négation de la liberté de la presse atteint alors une perfection qu'aucun régime ne parviendra à égaler. Curieusement, la presse connaît en revanche pendant les Cent Jours, en 1815, une période de réelle liberté.

Fidèle à la tradition de l'Ancien Régime, la Restauration rétablit le système de la censure préalable, à l'exception de deux courtes périodes, en 1819 et de 1828 à 1830, pendant lesquelles la liberté de la presse est respectée grâce à l'expérimentation du système de la déclaration préalable. Entre 1822 et 1824, la censure est toutefois remplacée par un système répressif fondé sur l'institution de délits d'opinion, qui muselle presque aussi efficacement la presse.

En réaction contre la censure, dont le rétablissement en 1830 a été une des causes de la chute de Charles X, la monarchie de Juillet restaure le système de la déclaration préalable. La liberté de la presse est alors respectée pendant cinq ans. À partir de 1835, après l'attentat de Fieschi, elle subit ensuite de graves restrictions, notamment à cause du rétablissement partiel de la censure, décidé en violation de la Charte de 1830 qui disposait que « la censure ne pourra jamais être rétablie ».

Contrairement à l'attente des révolutionnaires de 1848, la Seconde République n'améliore pas sensiblement les choses. Rétablie en mars 1848, la liberté de la presse est victime de restrictions comparables à celles de 1835 dès août 1848. Le procédé de la censure préalable, trop impopulaire, n'est pas rétabli. Mais le système des délits d'opinion, déjà pratiqué de 1822 à 1824, puis de 1835 à 1848, est porté à un degré de perfection jamais atteint. Sont en effet punissables le manque de respect envers les lois ou envers le président de la République, les attaques contre l'idée républicaine, ainsi que la critique des droits de l'Assemblée, du suffrage universel, de la propriété ou de la liberté des cultes.

Le Second Empire fait preuve d'imagination en choisissant d'anéantir la liberté de la presse par un procédé nouveau : le système de l'avertissement. La censure n'étant pas rétablie, chaque journal demeure libre, en apparence, de publier ce qu'il veut. Mais chacun de ses articles qui déplaît au gouvernement lui vaut de recevoir un avertissement. Et au troisième avertissement, le journal est supprimé. Ainsi conçu, cet ingénieux système place donc la presse devant cette triste alternative : l'autocensure ou la disparition. Mis en place dès 1852, il n'est abandonné qu'en 1868, au profit du système de la déclaration préalable qui, malgré la sévérité du régime répressif dont il est assorti, marque la renaissance d'une certaine liberté de la presse.

Mais c'est à la Troisième République que va revenir l'honneur d'enraciner durablement la liberté de la presse dans le droit positif français, grâce à la loi du 29 juillet 1881. Cette loi célèbre, modifiée à plusieurs reprises, constitue encore aujourd'hui le texte fondamental en la matière. Supprimant toutes les entraves anciennes (notamment le cautionnement), elle permet à n'importe qui de fonder librement un journal, à condition d'en faire la déclaration préalable au procureur de la République. En outre, elle ne maintient les délits de presse que dans des cas limités (provocation au crime, aux chants séditieux, à la désobéissance des militaires, offenses au chef de l'État).

Avant la Troisième République, la presse n'avait connu, on l'a vu, que de brèves périodes de liberté, correspondant aux balbutiements de la démocratie : 1789-1792, 1795, 1815, 1819, 1828-1830, 1830-1835, 1848, et (avec des limites) 1868-1870. À partir de la loi de 1881, la victoire de la démocratie lui permet au contraire de connaître un sort exactement inverse. Désormais, la liberté de la presse ne sera plus remise en cause que pendant les rares moments où la démocratie est vaincue [comme sous l'Occupation[1]], ou en danger [censure de 1914 à 1918 et en 1939 ; loi du 12 décembre 1893 créant un délit de provocation à des attentats anarchistes par voie de presse ; décret-loi du 30 octobre 1935 créant le délit de publication de fausses nouvelles de nature à ébranler la discipline ou le moral des armées ; décret-loi du 6 mai 1939 sur les publications étrangères ; loi du 3 avril 1955 sur l'état d'urgence, permettant de rétablir la censure en Algérie[2]].

Postérieurement à la loi de 1881, plusieurs textes sont venus renforcer la protection de la liberté de la presse : loi du 29 mars 1935 sur la profession de journaliste, loi du 16 juillet 1949 sur les publications destinées à la jeunesse, lois du 1er août et du 27 novembre 1986 portant réforme du régime juridique de la presse (et abrogeant l'ordonnance du 26 août 1944 et la loi du 23 octobre 1984, qui fixaient antérieurement ce régime).

Mais la protection décisive a été l'œuvre du Conseil constitutionnel. Adoptant une interprétation audacieuse de l'article 11 de la Déclaration de 1789, la haute juridiction considère en effet, depuis une importante décision de 1984, que « le pluralisme des quotidiens d'information politique et générale... est en lui même un objectif de valeur constitutionnelle », dans la mesure où « la libre communication des pensées et des opinions... ne serait pas effective si le public auquel s'adressent ces quotidiens n'était pas à même de disposer d'un nombre suffisant de publications de tendances et de caractères différents[3] ». La liberté de la presse se trouve ainsi constitutionnalisée sous ses deux aspects — liberté de ceux qui font la presse (c'est-à-dire des auteurs, des éditeurs et des imprimeurs), mais aussi liberté des lecteurs — alors qu'en 1789 (ainsi d'ailleurs qu'en 1881) seul le premier était protégé. De cette prise en compte de la liberté des lecteurs découle désormais, pour le législateur, une nouvelle obligation constitutionnelle : celle d'empêcher la concentration des entreprises de presse

1. À la Libération, les journaux qui avaient continué à paraître sous l'Occupation ont été définitivement interdits de parution. Les biens de ceux qui ont fait l'objet d'une condamnation pénale pour faits de collaboration ont été confisqués, ce qui paraît normal. Mais il est plus difficile de comprendre pourquoi les biens de ceux qui ont bénéficié d'un acquittement ou d'un non-lieu ont été expropriés. Il semble que cette dernière mesure ait constitué en réalité une grave violation de la liberté de la presse.
2. Ces textes, qui ont tous été élaborés pour faire face à des circonstances historiques précises, n'ont jamais été abrogés.
3. CC 10-11 oct. 1984, Entreprises de presse, *GDCC*. Confirmé par CC 29 juill. 1986, Entreprises de presse, *AJDA* 1986.538.

d'atteindre un niveau tel qu'elle ne permettrait plus d'assurer le pluralisme de l'information[1].

Ainsi, si la liberté de la presse a été longue à s'imposer, elle fait aujourd'hui l'objet d'une protection satisfaisante. Tout n'est cependant pas parfait dans son régime juridique. La réglementation régissant la fabrication (section 1) et la diffusion (section 2) de l'imprimé laisse en effet subsister quelques problèmes. D'autre part, la liberté de la presse peut causer aux personnes ou à l'ordre public de graves préjudices. Il ne faut donc jamais oublier qu'elle n'est acceptable qu'à condition d'être accompagnée de mécanismes de protection contre ses abus (section 3).

Section 1
La fabrication de l'imprimé

La fabrication de l'imprimé suppose l'intervention d'entreprises de presse (§ 1), de journalistes (§ 2), d'agences de presse (§ 3), et d'imprimeurs (§ 4). Les premières apportent en effet leurs capitaux, les seconds leur réflexion, les troisièmes leurs informations, et les quatrièmes leurs machines.

§ 1. Les entreprises de presse

Les entreprises de presse sont soumises à un statut spécifique (A), et bénéficient de l'aide financière de l'État (B).

A. Statut

L'entreprise de presse, ou entreprise éditrice, est définie par la loi du 1er août 1986 comme « toute personne physique ou morale ou groupement de droit éditant, en tant que propriétaire ou locataire-gérant, une publication de presse (...) paraissant à intervalles réguliers[2] ».

Toute personne est libre de créer une entreprise de presse. De même, toute entreprise de presse est libre de créer un journal ou une publication périodique à condition d'en faire la déclaration préalable au procureur de la République, qui en donne récépissé. Cette déclaration doit mentionner le titre de la publication, le nom et la demeure du directeur de la publication, ainsi que l'imprimerie où elle doit être imprimée. D'autres formalités, analysées dans la section II, doivent être accomplies au moment de la publication de chaque numéro du périodique. Ces exigences sont

1. Sans aller aussi loin, la CEDH veille à ce que les entreprises de presse et les lecteurs jouissent de la « liberté de recevoir ou de communiquer des informations ou des idées », garantie par l'article 10 de la Convention européenne de sauvegarde des droits de l'Homme : CEDH 26 avr. 1979, *Sunday Times* (condamnation du Royaume-Uni) ; CEDH 8 juill. 1986, Lingens (condamnation de l'Autriche).

2. En définissant la publication de presse comme « tout service utilisant un mode écrit de diffusion de la pensée mis à la disposition du public », la loi de 1986 emploie une terminologie qui permet d'englober tant le support électronique que le support papier : la « presse électronique » est donc régie par la loi de 1986.

simplement destinées à permettre à la justice d'identifier les personnes responsables en cas de délit de presse. Ce système très libéral remonte à la loi du 29 juillet 1881.

Postérieurement à cette loi de 1881, plusieurs textes sont intervenus pour préserver la transparence (1°), le pluralisme (2°), et l'indépendance des entreprises de presse (3°).

1° Le souci de transparence est apparu avec l'ordonnance du 26 août 1944, qui entendait mettre fin aux abus d'avant-guerre, consistant à choisir un parlementaire comme gérant, afin de bénéficier de son immunité. Abrogée par la loi du 1er août 1986, cette ordonnance lui a inspiré la plupart de ses solutions en matière de transparence.

La disposition essentielle consiste à obliger toute publication de presse à avoir un « directeur de publication », qui en assume les responsabilités civile et pénale. Le nom de ce directeur doit être, on l'a vu, communiqué au procureur de la République, mais il doit également être imprimé sur chaque exemplaire de la publication, afin que les lecteurs puissent en prendre connaissance. En outre, l'entreprise n'est pas libre de choisir son directeur de publication, précaution visant à l'empêcher de recourir à un « homme de paille ». La loi de 1986 dispose en effet que lorsqu'une personne physique est propriétaire, locataire-gérant, ou actionnaire majoritaire de l'entreprise de presse, cette personne est directeur de la publication ; dans les autres cas, c'est le représentant légal de l'entreprise (président du conseil d'administration ou du directoire pour une société anonyme, gérant pour une société à responsabilité limitée...) qui doit être considéré comme le directeur de la publication ; enfin, lorsque le directeur de la publication jouit de l'immunité parlementaire (on songe au député RPR Robert Hersant), l'entreprise de presse doit nommer un codirecteur de la publication qui ne jouit pas lui-même de l'immunité parlementaire, et sur lequel pèseront les responsabilités civile et pénale.

D'autres dispositions visent à améliorer l'information des lecteurs. La loi de 1986 exige en effet que soient communiqués dans chaque numéro de la publication, outre le nom du directeur de la publication : le nom du responsable de la rédaction et, si l'entreprise n'a pas la personnalité morale, les nom et prénom du propriétaire, ou si elle l'a, sa dénomination ou sa raison sociale, son siège social, sa forme et le nom de son représentant légal et de ses trois principaux associés.

Enfin, une dernière série de dispositions cherche à assurer la transparence financière des entreprises de presse. La loi de 1986 dispose ainsi que lorsque l'entreprise de presse est une société par actions, les actions doivent être nominatives, toute cession d'actions étant soumise en outre à l'agrément du conseil d'administration ou de surveillance. D'autre part, tout transfert ou promesse de transfert de la propriété ou de l'exploitation d'un titre de publication de presse, ou toute cession ou promesse de cession de droits sociaux ayant pour effet de donner à un cessionnaire au moins un tiers du capital social ou des droits de vote, doit être portée à la connaissance des lecteurs. En revanche, la loi du 1er août 1986 ne reprend pas les dispositions par lesquelles la loi du 23 octobre 1984 (loi qu'elle a abrogée) obligeait les entreprises de presse à publier chaque année leur bilan, ainsi que le compte de résultat des publications qu'elles éditent. En outre, elle supprime la « Commission pour la transparence et le pluralisme » que cette loi de 1984 avait créée ; or cette autorité administrative indépendante disposait de pouvoirs d'investigation lui permettant de contrôler efficacement la transparence financière des entreprises de presse. Au vu de ces reculs, on peut donc regretter que le législateur de 1986 ait opté pour une conception minimale de la transparence.

2° Le souci de pluralisme n'était pas la préoccupation majeure des auteurs de l'ordonnance du 26 août 1944. Il ne s'est véritablement imposé qu'à partir de la loi du 23 octobre 1984, c'est-à-dire à une époque où il n'était plus possible d'ignorer l'inquiétant phénomène de concentration des entreprises de presse. À la vérité, c'est surtout la croissance du groupe Hersant, particulièrement impressionnante à la fin des années 70 et au début des années 80, qui a poussé le législateur à intervenir. Déjà propriétaire de plusieurs journaux, dont l'*Auto-Journal* qu'il a fondé en 1950, Robert Hersant rachète en effet *Le Figaro* en 1975, *France-Soir* en 1976, *L'Aurore* en 1978, *Le Dauphiné libéré* en 1983, et *Le Progrès de Lyon* en 1985. À l'issue de cette formidable expansion, le groupe Hersant contrôle à l'époque 22 % du tirage des quotidiens régionaux et près du tiers de celui des quotidiens nationaux [1].

Même si cette concentration est le résultat des lois du marché, elle n'en est pas moins dangereuse pour le pluralisme de la presse, dans la mesure où « elle réduit le nombre des organes d'expression des idées et des opinions et restreint donc la diversité du débat démocratique en matière tant politique que culturelle » [2]. C'est donc à bon droit que le législateur est intervenu pour tenter de la limiter.

La loi du 23 octobre 1984 posait le principe qu'aucun groupe de presse ne pouvait contrôler des « quotidiens d'information politique et générale » assurant plus de 15 % des tirages des quotidiens nationaux de cette nature, ou 15 % du tirage des quotidiens régionaux de cette nature, ou 10 % du tirage global de l'ensemble. Le Conseil constitutionnel a admis la constitutionnalité de ces plafonds, moyennant une interprétation neutralisante de la loi : il a en effet estimé que celle-ci avait entendu respecter « la liberté de création et de développement naturel des quotidiens » (ce qui n'était pas sûr), et qu'en conséquence les plafonds ne pouvaient s'appliquer qu'en vue de limiter le « développement de la diffusion dû à... des opérations d'acquisition ou de prise de contrôle [3] ». En revanche, la disposition de la loi qui prétendait appliquer les plafonds aux situations déjà existantes — donc au groupe Hersant, qui les dépassait largement — a été invalidée, le Conseil estimant que des « situations existantes intéressant une liberté publique » ne peuvent être remises en cause que si elles ont été « illégalement acquises » (ce qui n'est pas le cas pour le groupe Hersant), ou si leur remise en cause est « nécessaire pour assurer la réalisation de l'objectif constitutionnel poursuivi » (ce qui n'était pas non plus le cas dans cette affaire) [4]. La tentative de contraindre le groupe Hersant à se dessaisir de certains de ses quotidiens était ainsi déjouée. Grâce à ses plafonds très sévères, la loi n'en parvenait pas moins à contrarier ses projets d'expansion.

À la suite de l'élection d'une nouvelle majorité parlementaire, mieux disposée à l'égard du groupe Hersant, la loi du 1er août 1986 allait entreprendre de relever ces plafonds. Écartant au passage l'ancienne distinction entre quotidiens nationaux et

---

1. À sa mort, en 1996, Robert Hersant possédait vingt-cinq quotidiens. Ses héritiers ont divisé son empire en deux sociétés : France Antilles et la Socpresse. Cf. P. Albert, *La presse française*, La Documentation française, éd. 1990, p. 91, et éd. 2004, p. 131.

2. P. Albert, *op. cit.*, éd. 1990 p. 87.

3. CC 10-11 oct. 1984, Entreprises de presse, *GDCC*.

4. CC 10-11 oct. 1984, préc. Ici, l'objectif constitutionnel poursuivi était le pluralisme des quotidiens d'information.

régionaux, son article 11 interdisait en effet toute acquisition d'un quotidien d'information politique et générale, « lorsque cette acquisition aurait pour effet de permettre à l'acquéreur de détenir plus de 30 % de la diffusion totale » des quotidiens de cette nature. Saisi de la constitutionnalité de la loi, le Conseil constitutionnel a accepté ce relèvement du seuil de concentration autorisé à 30 %. Il a néanmoins invalidé l'article 11 dans la mesure où, ne visant que « l'acquéreur » de quotidiens, et refusant d'envisager l'hypothèse d'une « personne morale ou physique juridiquement distincte de l'acquéreur » mais tenant « ce dernier... sous son autorité ou sa dépendance », cet article n'empêchait nullement un groupe de presse de dépasser en toute légalité la barre des 30 %, et s'avérait ainsi irrespectueux de l'objectif constitutionnel de pluralisme des quotidiens d'information [1].

Pour tenir compte de cette décision, une nouvelle loi, en date du 27 novembre 1986, est venue réécrire l'article 11. Désormais, est interdite toute acquisition ou toute prise de contrôle qui aurait pour effet « de permettre à une personne physique ou morale ou à un groupement de personnes physiques ou morales... de contrôler, directement ou indirectement, des publications quotidiennes imprimées d'information politique et générale dont le total de la diffusion excède 30 % de la diffusion sur le territoire national de toutes les publications quotidiennes imprimées de même nature » [2]. Si le groupe Hersant a pu ainsi poursuivre son expansion, la tentative de permettre à celui-ci de franchir un jour le seuil des 30 % a donc avorté. On laisse au lecteur le soin d'apprécier si les tentatives successives du Parlement de nuire au groupe Hersant, puis de le favoriser, font honneur à notre démocratie.

Malgré cette amélioration suscitée par le Conseil constitutionnel, on peut douter de l'efficacité du dispositif anti-concentration mis en place par les lois de 1986 [3]. Ces textes confient en effet au juge pénal et au Conseil de la concurrence le soin de veiller à son respect. On peut se demander si une autorité administrative indépendante spécialisée dans le domaine de la presse, et dotée de puissants moyens de contrôle et d'investigation, n'aurait pas été plus à même que le Conseil de la concurrence d'accomplir cette mission. Force est de constater qu'en supprimant la « Commission pour la transparence et le pluralisme », qui répondait à cette définition [4], la loi du 1er août 1986 s'est volontairement détournée de cette voie.

3° Le souci d'indépendance de la presse française à l'égard de l'étranger était déjà présent, pour des raisons historiques évidentes, dans l'ordonnance du 26 août 1944.

---

1. CC 29 juill. 1986, Entreprises de presse, *AJDA* 1986.538.

2. Il est à noter que d'autres textes instituent des dispositifs anti-concentrations multimédias (presse + audiovisuel). Cf. chapitre 5.

3. Comme en témoigne l'expansion impressionnante, depuis 1981, du groupe Lagardère, qui a notamment profité en 2002 de la déconfiture du groupe Vivendi Universal pour accroître son empire de presse dans des proportions considérables. Ce n'est pas le système de 1986, mais la Commission européenne qui l'a contraint à renoncer à une partie de ses acquisitions au nom de la réglementation anticoncentration. Cf. P. Albert, *op. cit.*, éd. 2004, p. 128 et 129. Cf. aussi rapport Lancelot de 2005 « sur les problèmes de concentration dans le domaine des médias ».

4. Toutefois, la décision CC 10-11 oct. 1984 (préc.) avait déclaré non conformes à la Constitution les dispositions donnant à cette Commission certains pouvoirs qui produisaient « des effets équivalant à ceux d'un régime d'autorisation préalable ». Étant une « liberté fondamentale », la liberté de la presse ne peut en effet être soumise à un régime d'autorisation préalable. Or, cette annulation partielle avait affecté les pouvoirs d'investigation qui restaient à la Commission d'une certaine imprécision, qu'aucune loi nouvelle n'était venue dissiper.

Bien que la situation internationale ait profondément changé, il a continué à inspirer la loi du 23 octobre 1984 puis celle du 1er août 1986.

À l'heure actuelle, deux dispositions protègent l'indépendance de la presse française. La première interdit aux entreprises de presse de « recevoir directement ou indirectement des fonds ou avantages d'un gouvernement étranger » ; existant depuis 1944, elle n'a pas empêché *L'Humanité* d'être pendant longtemps secrètement subventionnée par l'URSS. Plus facilement applicable, la seconde interdit aux « étrangers » qui ne peuvent se prévaloir d'un traité souscrit par la France, d'acquérir plus de 20 % du capital social ou des droits de vote d'une entreprise éditant une publication de langue française. Cette sévérité peut surprendre. En l'absence d'autorité administrative indépendante spécialisée en matière de presse, elle risque de toute façon de rester bien théorique.

B. L'aide financière de l'État

Les entreprises de presse doivent faire face à des dépenses si considérables qu'elles ne peuvent faire supporter aux seuls lecteurs le coût de leurs publications. C'est pourquoi elles se tournent vers la publicité pour diversifier leurs ressources, et maintenir leurs périodiques à un prix abordable. À l'heure actuelle, on estime qu'en général 40 % des recettes d'un titre proviennent de la publicité. Ce pourcentage est même nettement supérieur pour la presse gratuite, qui s'est formidablement développée depuis le début du XXIe siècle, à l'instar du quotidien *20 minutes* par exemple. C'est dire à quel point la presse a besoin de la publicité.

Cette situation n'est pas sans danger pour l'indépendance des journalistes et pour l'objectivité des informations, même si peu d'abus ont été recensés jusqu'ici. En outre, le recours à la publicité a pour inconvénient de favoriser le mouvement de concentration de la presse, en aggravant les tendances naturelles du marché des lecteurs. Les annonceurs sélectionnent en effet les périodiques en fonction de leur tirage, vouant les plus faibles à la disparition.

Face à ces problèmes, l'État n'est pas resté inactif. Depuis la Libération, il apporte son aide financière aux entreprises de presse, afin d'atténuer les effets de la concurrence et de sauvegarder le pluralisme de la presse. Cette aide est très importante, puisqu'elle se situe à l'heure actuelle entre 12 et 15 % du chiffre d'affaires global de la presse française. Elle profite aux 16 000 publications qui ont obtenu l'avis favorable de la « Commission paritaire des publications et agences de presse », composée pour moitié de représentants de l'administration et pour moitié de représentants de la presse.

Elle se traduit tout d'abord par des subventions et des remboursements divers, qu'on qualifie d'aide « directe » : remboursement à la SNCF d'une partie des dépenses de transport des journaux, remboursement à France Télécom des dépenses de télécommunication des correspondants à l'étranger, fonds d'aide à l'expansion de la presse française à l'étranger.

Mais elle se traduit aussi et surtout par de multiples exonérations, qui constituent ce qu'on appelle l'aide « indirecte » : tarifs postaux préférentiels, allégement de la TVA à un taux de 2,1 %, exonération de la taxe professionnelle, dégrèvements fiscaux sur les bénéfices réinvestis. Dans la même optique, les industries papetières bénéficient de subventions de l'État, afin d'offrir aux entreprises de presse une matière première moins chère.

Malgré ces aides, la presse française connaît une situation économique contrastée. Les périodiques spécialisés (presse féminine, magazines économiques et financiers, hebdomadaires de télévision...) se portent bien, et sont même en expansion. Au contraire, les périodiques d'information politique et générale, et, en leur sein, particulièrement les quotidiens nationaux, ne cessent, depuis les années 1950, de reculer, victimes de la désaffection croissante des lecteurs. Certains ont même disparu, comme *L'Aurore* en 1985 et *Le Matin de Paris* en 1988.

En réalité, il semble que cette situation soit partiellement imputable au souci d'égalitarisme qui marque depuis la Libération l'aide de l'État à la presse. Exonérations et remboursements bénéficient en effet à tous les périodiques, quels que soient l'état de leurs finances et leur souci plus ou moins grand d'informer le public. En distribuant égalitairement son aide financière, l'État s'interdit ainsi de favoriser les périodiques d'information par rapport aux périodiques spécialisés, sans considération pour le rôle particulier qu'ils jouent dans la formation de l'opinion publique et le fonctionnement de la démocratie.

Cet égalitarisme est critiquable. Dans son rapport présenté en 1979 au Conseil économique et social, le doyen Vedel faisait du maintien du pluralisme l'objectif prioritaire d'un système moderne d'aide économique à la presse. Cet objectif doit inciter l'État à redéfinir les modalités de son aide, et à abandonner l'égalitarisme actuel. Au nom du maintien du pluralisme, l'aide accordée aux périodiques d'information devrait être supérieure à celle consentie aux périodiques spécialisés ; en outre, elle devrait être différenciée en fonction du poids respectif du contenu rédactionnel et de la publicité, afin de soutenir les publications qui, par choix ou par nécessité, ont peu de ressources publicitaires. Depuis 1973, la France s'est engagée timidement dans cette voie en instituant, en faveur de certains quotidiens d'information politique et générale (notamment *L'Humanité* et *La Croix*), une aide exceptionnelle calculée en proportion inverse de leurs recettes publicitaires. Pour louable qu'il soit, ce premier pas demeure toutefois très insuffisant. Si l'on veut sauvegarder le pluralisme de la presse, il faut généraliser le système de l'aide différenciée. C'est ce à quoi se sont employées de récentes lois de finances [1]. Le risque de l'arbitraire de l'État ne doit pas entraver la mise en œuvre de cette réforme, car on peut le conjurer en confiant à l'autorité administrative indépendante spécialisée en matière de presse, que nous appelons de nos vœux, le pouvoir de contrôler la répartition de l'aide. Comme le souligne Francis Balle, il faut prendre conscience que « de l'acceptation d'une différenciation de l'aide de l'État à la presse dépend pour partie la survie de la presse d'opinion [2] ».

---

1. Par exemple la loi de finances pour 2002, qui accorde aux quotidiens d'information politique, mais non aux autres publications, une aide financière spéciale. Disposition jugée conforme à la Constitution par CC 27 déc. 2001, Loi de finances pour 2002, § 36 et 37 (*JO* 29 déc.).

2. F. Balle, *Médias et sociétés*, Montchrestien, 5e éd., 1990, p. 287-288. Va dans le bon sens la mise en place, en 1999, d'un « fonds de modernisation de la presse quotidienne », notamment chargé d'attribuer des subventions sélectives pour aider les « entreprises qui bougent » à augmenter leur productivité et à améliorer le contenu rédactionnel de leurs quotidiens (cf. Déclaration du ministre de la Communication, *Le Monde* 24 sept. 1998) : Décr. 5 févr. 1999.

§ 2. Les journalistes

Aux yeux du public, le journaliste incarne la liberté de la presse. C'est en effet à lui qu'incombe la tâche, essentielle dans une démocratie, d'informer l'opinion publique.

Cette responsabilité devrait impliquer sa soumission à un véritable code de déontologie, dont la violation serait juridiquement sanctionnée. Malheureusement, un tel code n'existe pas. Seule existe une « Charte des devoirs professionnels des journalistes français [1] », rédigée en 1918 et remaniée en 1938. Longue d'une vingtaine de lignes seulement, cette charte n'a aucune valeur juridique. Elle se borne à condamner moralement certains agissements, parmi lesquels « l'altération des documents », « la déformation des faits » et « le mensonge », qu'elle considère comme « les plus graves fautes professionnelles ». À l'heure actuelle, le public n'est donc pas efficacement protégé contre d'éventuelles opérations de désinformation ou de manipulation [2]. Une autre lacune concerne le devoir des journalistes de garder le secret sur leurs sources d'information, auquel la charte fait allusion, dans la mesure où il paraît difficilement compatible avec certains articles du nouveau Code pénal [3].

Mais la responsabilité des journalistes n'implique pas seulement leur soumission à des règles de déontologie. Elle exige aussi qu'un statut juridique garantisse leur indépendance à l'égard de l'entreprise (de communication audiovisuelle ou de presse) qui les emploie. En France, ce statut a été défini par la loi du 29 mars 1935, et modifié par les lois du 15 novembre 1953 et du 4 juillet 1974. Ces textes figurent aujourd'hui aux articles L. 7111-1 et suivants du Code du travail.

Ce statut s'applique à tout « journaliste professionnel », c'est-à-dire à « celui qui a pour occupation principale, régulière et rétribuée, l'exercice de sa profession dans une ou plusieurs publications quotidiennes ou périodiques, ou dans une ou plusieurs agences de presse, et qui en tire le principal de ses ressources » (art. L. 7111-3). La jurisprudence complète cette définition en précisant que ne sont journalistes que « ceux qui apportent une collaboration intellectuelle et permanente à une publication périodique en vue de l'information des lecteurs [4] ». Les conditions posées par la loi sont suffisamment souples pour que les pigistes, c'est-à-dire les journalistes rémunérés « à la ligne », soient admis au bénéfice du statut lorsque leur collaboration est soumise aux directives du directeur de la publication [5].

Toute personne dont la situation correspond à cette définition du journaliste professionnel a droit à la délivrance d'une « carte d'identité professionnelle ». Aucun

---

1. Reproduite dans P. Albert, *op. cit.*, p. 76.
2. On l'a bien vu lorsque, en 1992, le journal de TF1 de Patrick Poivre d'Arvor a diffusé une interview truquée de Fidel Castro.
3. Notamment l'article 321-1 (antérieurement CP, art. 460) sur le recel : en 1984, le rédacteur en chef de *Paris-Match* a été inculpé de recel et placé en détention provisoire pour s'être trouvé en possession de photos d'un cadavre, qui émanaient des services de l'identité judiciaire. Cf. aussi Crim. 19 juin 2001, Dupuis, *D* 2001.2538 (condamnation de deux journalistes pour recel). Cf. enfin les articles 434-1 à 434-4 du nouveau Code pénal (antérieurement CP, art. 62 et 63) sur la non-dénonciation de malfaiteurs. L'article 226-13 (antérieurement CP, art. 378), sur le secret professionnel, ne s'applique malheureusement pas aux journalistes. Un projet de loi de 2008 entend confirmer ce non-respect du secret des sources journalistiques. Pourtant, d'après CEDH 27 mars 1996, Goodwin c/Royaume-Uni, « la protection (du secret) des sources journalistiques est l'une des pierres angulaires de la liberté de la presse ».
4. Soc. 28 mai 1986, *Bull. civ.* V, p. 194.
5. N'y est pas admis le pigiste qui travaille sans directives : Soc. 9 févr. 1989, *D* 1989.IR.77.

diplôme n'est exigé. L'accès à la profession dépend ainsi au moins autant du jeu des relations que des qualités supposées du candidat. Pour devenir journaliste, mieux vaut connaître le responsable d'une entreprise de presse (ou de communication audiovisuelle) que de posséder le certificat d'aptitude à la profession délivré par une école spécialisée ou par une université...

La carte est délivrée par une commission paritaire composée de huit représentants des journalistes professionnels et de huit représentants de leurs employeurs (directeurs de journaux, d'agences de presse et d'entreprises de communication audiovisuelle). En cas de refus, l'intéressé peut formuler une réclamation devant une « commission supérieure », composée de trois magistrats judiciaires, d'un représentant des journalistes professionnels et d'un représentant des employeurs. Cette commission supérieure est une autorité administrative dont les décisions sont soumises au contrôle du juge de l'excès de pouvoir[1]. La carte est valable un an ; elle est renouvelée chaque année sur décision de la commission paritaire. Sa détention permet de faciliter l'exercice de la profession, en conférant à son titulaire le droit de bénéficier des « dispositions prises en faveur des représentants de la presse par les autorités administratives » (selon l'expression révélatrice, aujourd'hui disparue, de l'ancien art. L. 761-15). Elle lui permet également de bénéficier d'allégements fiscaux très (trop ?) avantageux (abattement forfaitaire supplémentaire de 10 % pour frais professionnels, s'ajoutant à l'abattement forfaitaire de base de 20 %).

D'une façon générale, le statut s'efforce de protéger la situation matérielle des journalistes, conscient que leur indépendance d'esprit suppose une certaine sécurité financière. Ainsi, il dispose qu'une commission paritaire (distincte de celle mentionnée ci-dessus), composée de représentants du personnel et des employeurs, fixe chaque année les salaires minimaux de chaque catégorie de journalistes ; les employeurs ne sont pas obligés de les respecter, mais sont très vivement incités à le faire. En cas de congédiement, il prévoit d'autre part le versement d'une indemnité substantielle, dont le montant doit en principe représenter au moins un mois de salaire par année de collaboration ; lorsque le journaliste congédié a plus de quinze ans d'ancienneté, son indemnité est fixée par une commission arbitrale.

Mais la disposition la plus originale du statut concerne la clause de conscience (art. L. 7112-5). Cette clause consacre la faculté pour le journaliste, tout à fait exorbitante du droit commun, de prendre l'initiative de résilier sans préavis son contrat de travail, sans pour autant perdre les droits à indemnité de licenciement exposés ci-dessus, lorsqu'un « changement notable dans... l'orientation du journal » crée pour lui « une situation de nature à porter atteinte à son honneur, à sa réputation, ou... à ses intérêts moraux ». Les tribunaux admettent par exemple son utilisation lorsqu'un journal sérieux se transforme en journal à scandales[2], ou plus simplement lorsque l'orientation politique d'un journal est affectée par le remplacement des personnalités qui l'animaient[3]. Ainsi conçue, la clause de conscience apparaît essentielle dans la protection de la liberté d'expression du journaliste. Car comme le soulignent MM. Cousin et Delcros, « l'équilibre général des rapports qu'entretiennent les journalistes et leurs employeurs ne serait pas possible si le journaliste, tenu de

1. CE 20 déc. 1957, Baray, *R* 701 ; CE 30 juin 1997, Thory, *JCP* 1998 n° 10002.
2. Soc. 9 nov. 1961, *JCP* 1962, n° 12433 ; Soc. 17 avr. 1996, *D* 1997.126.
3. CA Paris, 19 janv. 1981, *GP* n° 92, 2 avr. 1981.

respecter l'entreprise qui l'emploie, ne pouvait se démettre de son engagement vis-à-vis d'elle, afin de ne pas sacrifier l'authenticité de son opinion [1] ».

§ 3. Les agences de presse

Les journalistes ne peuvent exercer leur métier que s'ils disposent d'informations. C'est dire le rôle essentiel des agences de presse, dont la mission consiste précisément à collecter l'information, et à la redistribuer principalement à l'intention de la presse écrite, de la radio et de la télévision.

À l'heure actuelle, quatre agences ont le quasi-monopole de la circulation des informations dans le monde. Il s'agit de l'agence France-Presse (France), de Reuter (Royaume-Uni), d'Associated Press (États-Unis), et de Bloomberg (États-Unis). Derrière ces quatre géants existent d'autres agences de presse, dont une centaine en France. La dimension internationale de l'AFP (agence France-Presse) lui vaut d'être dotée d'un statut différent de celui des autres agences de presse françaises.

Héritière de l'agence Havas, fondée en 1832, l'AFP a été créée à la Libération. Jusqu'en 1957, elle était un établissement public industriel et commercial, dont le directeur était librement nommé et évincé par le gouvernement [2]. Depuis la loi du 10 janvier 1957, sa nature juridique a changé : elle est désormais un « organisme autonome doté de la personnalité civile, et dont le fonctionnement est assuré suivant les règles commerciales ». Le mérite essentiel de cette réforme est d'avoir renforcé l'indépendance de l'AFP à l'égard du pouvoir politique. L'AFP est en effet désormais dirigée par un président-directeur général, dont la désignation et l'éviction ne peuvent être décidées que par un conseil d'administration composé majoritairement de « représentants des directeurs d'entreprises françaises de publication de journaux quotidiens [3] ». En outre, la tutelle de l'AFP ne relève pas du gouvernement, mais d'un « conseil supérieur » dont la composition garantit l'indépendance (huit membres dont deux magistrats, deux directeurs d'entreprises de presse, un représentant de la radio-télévision, un journaliste, et deux personnalités choisies par les six premiers membres). Ce conseil supérieur contrôle étroitement l'activité du PDG et du conseil d'administration, et veille au respect de l'obligation, imposée à l'AFP par la loi de 1957, de fournir aux usagers « une information exacte, impartiale et digne de confiance ». En cas de faute grave du PDG, il peut décider son éviction.

Grâce à ces garanties, l'indépendance de l'AFP est devenue une réalité. Toutefois, une menace pèse sur elle, en raison de sa situation financière très particulière. Près de la moitié de ses ressources proviennent en effet des abonnements des services publics de l'État, dont une partie ne constitue rien d'autre qu'une subvention camouflée. Tant que l'AFP ne parviendra pas à ramener cet apport de l'État à de plus justes proportions, il est évident qu'une certaine suspicion continuera à planer sur son indépendance.

---

1. B. Cousin et B. Delcros, *Le Droit de la communication*, Éd. du Moniteur, 1990, t. 1 p. 217.

2. La célèbre affaire Nègre a illustré cette liberté d'éviction : CE, Sect., 24 juin 1949, Nègre, *D* 1949.570 ; CE, Sect., 20 janv. 1956, Nègre, *D* 1957.319.

3. Ils sont huit sur quinze. Parmi les sept autres membres figurent trois représentants de l'État, deux représentants de la radio-télévision et deux représentants du personnel de l'AFP.

Les autres agences de presse françaises sont soumises à un statut fixé par l'ordonnance du 2 novembre 1945. Librement créées par l'initiative privée, elles n'ont droit à l'appellation « agences de presse », et donc au bénéfice du statut, que si elles sont inscrites sur une liste établie par l'administration sur proposition de la « Commission paritaire des publications et agences de presse », composée pour moitié de représentants de l'administration et pour moitié de représentants de la presse. L'inscription ne peut pas être refusée aux organismes privés « qui fournissent aux journaux et périodiques des articles, informations, reportages, photographies et tous autres éléments de rédaction, et qui tirent leurs principales ressources de ces fournitures » (Ord. 1945, art. 1er).

Dans le but d'assurer l'indépendance des agences de presse, l'ordonnance de 1945 leur interdit de recevoir des fonds ou avantages d'un gouvernement étranger. Elle leur interdit également de faire de la publicité « en faveur des tiers », et de livrer gratuitement des éléments d'information. En contrepartie de ces interdictions, l'ordonnance les fait bénéficier de l'aide financière de l'État, qui s'exprime notamment par l'exonération de la taxe professionnelle, par l'attribution d'un taux réduit de TVA, et par le bénéfice de tarifs spéciaux de télécommunications.

Faute de dispositions suffisamment draconiennes, le statut de 1945 semble hélas impuissant à garantir efficacement l'indépendance des agences de presse à l'égard des intérêts financiers. Les informations qu'elles colportent doivent donc être accueillies par les journalistes et par leurs lecteurs avec une grande circonspection.

§ 4. Les imprimeurs

En droit français, le terme « imprimeurs » désigne les chefs d'entreprises spécialisées dans l'impression du papier. Techniquement, l'impression comporte trois étapes : la composition, c'est-à-dire la fabrication des formes imprimantes, le clichage, qui consiste à établir des duplicatas des formes imprimantes afin de les adapter sur les presses, et le tirage, c'est-à-dire le dépôt de l'encre sur le papier. Alors que la collecte de l'information et la rédaction constituent la phase intellectuelle de la fabrication de l'imprimé, l'impression en constitue ainsi la phase matérielle.

Aujourd'hui, ainsi que l'affirme non sans un légitime orgueil l'article 1er de la loi du 29 juillet 1881, l'imprimerie est libre. Cela signifie que n'importe qui peut devenir imprimeur. Il n'en a pas toujours été ainsi. Jusqu'en 1870, l'ouverture d'une imprimerie était subordonnée à l'obtention d'une autorisation administrative préalable. Depuis 1881, la liberté de fonder une imprimerie est si absolue qu'elle n'est même plus soumise à la formalité de la déclaration préalable, solution qui avait été retenue de 1870 à 1881. La seule exigence légale qui s'impose à l'imprimeur est d'indiquer son nom et son domicile sur chacun des exemplaires de l'imprimé, afin qu'on puisse le retrouver en cas de délit de presse.

En pratique, les imprimeries françaises connaissent des problèmes de compétitivité liés à la forte syndicalisation de leur personnel. La puissante fédération du Livre CGT est en effet parvenue à leur imposer des avantages considérables pour ses syndiqués — notamment des normes de production très faibles, génératrices d'heures supplémentaires payées aux ouvriers — qui rendent coûteuse la fabrication des imprimés. Cette situation conduit hélas beaucoup d'entreprises de presse à se tourner vers des imprimeries étrangères.

Section 2
La diffusion de l'imprimé

L'imprimé n'est fabriqué qu'afin d'être diffusé, c'est-à-dire transmis au public. Préalablement à sa diffusion, certaines formalités légales doivent cependant être accomplies. La loi du 21 juin 1943 soumet en effet « à la formalité du dépôt légal » les « imprimés de toute nature » (périodiques, livres, affiches...), ainsi d'ailleurs que les œuvres musicales ou cinématographiques, destinés à être diffusés. Doivent en être déposés par l'éditeur un exemplaire au ministère de l'Intérieur et quatre exemplaires à la Bibliothèque nationale. Pour sa part, la loi du 29 juillet 1881 exige que chaque numéro d'une « publication périodique » (ce qui, à la différence de la loi de 1943, exclut livres et affiches) soit déposé en deux exemplaires au parquet du procureur de la République et en dix exemplaires à la préfecture. Ces formalités accomplies, l'imprimé peut être diffusé selon trois modalités : l'abonnement (§ 1), la vente au numéro (§ 2) ou, s'agissant du cas particulier de l'affiche, l'affichage (§ 3).

§ 1. L'ABONNEMENT

L'abonnement est un contrat par lequel le lecteur verse une somme d'argent à l'éditeur, lequel s'engage en contrepartie à lui fournir régulièrement, pendant une durée déterminée, une publication périodique. C'est un procédé de vente particulièrement intéressant pour les éditeurs, car il leur permet de faire l'économie de la rémunération des intermédiaires que sont les messageries et les dépositaires. En outre, étant payés d'avance, les abonnements leur permettent de constituer une trésorerie et de limiter le nombre d'invendus. Enfin, la diffusion par abonnement est traditionnellement effectuée par la poste à des tarifs réduits.

Malheureusement pour les entreprises de presse, les lecteurs français ne prisent guère l'abonnement, auquel ils préfèrent le procédé de la vente au numéro. S'il arrive que le taux de diffusion par abonnement soit supérieur à 80 % pour certains journaux (c'est le cas pour *La Croix*), il est en effet inférieur à 20 % dans la plupart des cas (14 % pour *Le Figaro*, 7 % pour *Libération*, 4 % pour *Le Parisien* ; seul *Le Monde* progresse en passant de 19 % en 1990 à 33 % en 2003) [1].

Face à cette situation, les éditeurs tentent de réagir en développant un mode de diffusion jusque-là délaissé : le « portage ». Ce procédé consiste à confier à des « porteurs » le soin d'acheminer régulièrement la publication périodique au domicile des lecteurs. On peut l'analyser comme une forme personnalisée d'abonnement non postal, qui offre le double avantage de la rapidité — un quotidien est livré le matin même de sa parution — et de la fiabilité — puisque les grèves de la poste n'ont aucune incidence sur la livraison. Rouages essentiels du procédé, les porteurs sont dans une situation juridique très variable. Ils sont tantôt les salariés de l'entreprise éditrice (cas des *Dernières Nouvelles d'Alsace*) ou d'un sous-traitant (cas de Promoporte, filiale du groupe Hersant), tantôt des travailleurs indépendants percevant une commission d'environ 18 % sur le prix de vente du journal (cas du *Républicain*

---

1. Chiffres cités par P. Albert, *op. cit.*, p. 85.

Lorrain)[1]. Surtout répandu dans l'Est et le Nord de la France, le portage se développe lentement et ne semble pas prêt de remettre en cause la prééminence de la vente au numéro.

§ 2. La vente au numéro

Comme son nom l'indique, la « vente au numéro » est un procédé de vente impersonnel, qui s'adresse aux acheteurs anonymes et occasionnels que sont les clients des « vendeurs à la criée » et des 50 000 détaillants (maisons de la presse, librairies, kiosques, bureaux de tabac...) qui quadrillent la France. Contrairement à l'abonnement, qui concerne une clientèle fidèle et clairement identifiée, elle présente donc l'inconvénient d'être productrice d'invendus. Toutes catégories de périodiques confondues, on estime en effet à environ 20 % le taux d'invendus. Malgré cet inconvénient, la vente au numéro est largement prépondérante en France, car le public apprécie la liberté totale d'achat qu'elle lui laisse.

D'une utilisation traditionnelle en matière de presse, le colportage et la vente à la criée peuvent être exercés librement. La loi du 29 juillet 1881 exige simplement du colporteur professionnel qu'il se déclare auprès de la préfecture de son domicile ou (elle lui laisse le choix) de la mairie de la commune dans laquelle il exerce sa profession. En revanche, le colporteur occasionnel est dispensé d'effectuer cette déclaration. Dans le souci d'éviter une concurrence déloyale entre les publications, la loi du 19 mars 1889 interdit quant à elle au colporteur de crier autre chose que le titre des journaux, leur prix, l'indication de leur opinion et les noms de leurs auteurs ou rédacteurs. En pratique, la vente à la criée tend cependant de plus en plus à s'effacer au profit de la vente en magasin.

La vente en magasin est pratiquée par les 50 000 détaillants qui ont pignon sur rue. Là aussi la liberté est la règle, car n'importe qui peut ouvrir une librairie. Mais en réalité, le véritable problème est ici un problème de « distribution », autrement dit de transport des publications jusqu'aux lieux de vente. En effet, comme le souligne M. Georgel, « la liberté de la presse ne serait pas garantie si ceux qui assurent la distribution des publications en étaient empêchés, ou s'ils pouvaient eux-mêmes sélectionner, et donc favoriser ou, au contraire, refuser et éliminer les périodiques à diffuser, en raison de leur contenu ou de leur orientation politique ou idéologique[2] ». Consciente de ce danger, la loi du 2 avril 1947 est parvenue à le conjurer en proclamant la liberté de distribution de la presse. Grâce à cette loi, chaque entreprise de presse peut distribuer elle-même ses publications, ou en confier la distribution à des entreprises spécialisées (messageries) qui sont tenues de prendre la forme coopérative dès lors qu'elles distribuent plusieurs publications. La loi garantit l'impartialité de ces « sociétés coopératives de messageries de presse » en les obligeant à accepter de distribuer les périodiques des entreprises de presse qui veulent conclure un contrat de transport avec elles, et en donnant une seule voix à chacun de leurs sociétaires (lesquels sont les propriétaires des périodiques qu'elles distribuent) quel que soit le nombre de parts sociales dont il dispose. Un « Conseil supérieur des

---

1. Sur les porteurs et le problème général du portage, cf. B. Cousin et B. Delcros, *op. cit.*, t. 2, p. 281 à 284.
2. J. Georgel, *JCA* fasc. n° 271, 1989, p. 17.

messageries de presse », composé notamment de représentants de l'État, de représentants de la presse, et de représentants des sociétés coopératives de messageries, veille au respect de ces principes.

En pratique, la distribution est assurée pour l'essentiel par les Nouvelles Messageries de la presse parisienne (NMPP). Créées en 1947, les NMPP sont une SARL dont le capital est détenu à 51 % par cinq coopératives de messageries, et à 49 % par le groupe Hachette. Conformément à la loi du 2 avril 1947, toutes les décisions importantes sont prises, sur proposition des NMPP, par l'assemblée générale des coopératives dans laquelle chaque éditeur a le même droit de vote. Grâce aux NMPP, la France dispose ainsi d'un système de distribution de la presse qui parvient à concilier efficacité et égalité coopérative, et que lui envient bien des États étrangers.

§ 3. L'AFFICHAGE

La liberté de la presse ne garantit pas seulement le droit de diffuser les livres et les périodiques, mais aussi le droit d'apposer des affiches. Même si le message qu'elles délivrent est souvent plus sommaire que celui des livres et des périodiques, les affiches n'en constituent en effet pas moins un mode original d'expression écrite qui mérite d'être protégé.

La loi du 29 juillet 1881 « sur la liberté de la presse » l'a bien compris, puisqu'elle consacre la liberté d'affichage. Elle interdit simplement de placarder des « affiches particulières » sur les emplacements réservés aux affiches publiques, et défend d'autre part d'utiliser des affiches blanches, sauf lorsque leur texte ou leur présentation rend toute confusion impossible avec les affiches administratives.

Le danger pour l'environnement que représente le développement de la « publicité [1] », a cependant conduit le législateur du XXe siècle à entourer la liberté d'affichage de nouvelles limites. Après avoir affirmé, dans le droit fil de la loi de 1881, que « chacun a le droit d'exprimer et de diffuser informations et idées, quelle qu'en soit la nature, par le moyen de la publicité (ou) d'enseignes », la loi du 29 décembre 1979 assortit en effet ce droit d'un grand nombre d'interdictions (C. env., art. L. 581-1 et s.). Elle interdit notamment l'affichage : sur les monuments historiques et dans leur champ de visibilité ; sur les monuments naturels et dans les sites classés ; dans les parcs nationaux et les réserves naturelles ; ainsi qu'en dehors des agglomérations, sauf dans les « zones de publicité autorisée » instituées par les maires avec l'accord de leur conseil municipal et sur avis favorable de la commission départementale compétente en matière de sites.

Outre ces interdictions, qui constituent le cœur du dispositif de protection de l'environnement contre les affiches, la loi de 1979 exige que chaque publicité mentionne « le nom et l'adresse ou... la raison sociale de la personne physique ou morale qui l'a apposée ou fait apposer », afin de permettre d'identifier les responsables d'éventuelles infractions. L'affichage est « admis » à l'intérieur des agglomé-

---

1. Le mot « publicité » doit être entendu au sens large, et non comme un synonyme de « réclame ». La loi du 29 décembre 1979 définit en effet la publicité comme « toute inscription, forme ou image destinée à informer le public ou à attirer son attention ».

rations, à condition de respecter les prescriptions fixées par décret en Conseil d'État [1], auxquelles peuvent s'ajouter des prescriptions spéciales dans les « zones de publicité restreinte » instituées par les maires selon la même procédure que celle précédemment décrite.

Le mot « admis », utilisé à la place du mot « libre », est significatif de la sévérité de la loi à l'égard de la liberté d'affichage, qui paraît singulièrement amoindrie par rapport à 1881. Il est indéniable que le souci de protéger l'environnement et le cadre de vie l'ont fait reculer. Mais pouvait-il en être autrement ? L'essentiel est que, malgré les contraintes qui pèsent sur elle, la liberté d'affichage continue à exister réellement. L'article 12 de la loi de 1979 le prouve, en obligeant les maires à aménager sur le domaine communal des emplacements destinés à l'affichage d'opinion.

Section 3
La protection des personnes et de l'ordre public contre la presse

Plus que toute autre liberté, la liberté de la presse est susceptible de donner naissance à des agissements contraires à la dignité des personnes ou à l'ordre public. Le risque est en effet permanent que les journalistes glissent de l'information à la diffamation ou à l'atteinte à la vie privée, ou confondent l'expression d'une opinion avec la provocation aux troubles. Or, lorsqu'ils se produisent, de tels errements sont d'autant plus dangereux qu'ils captent immédiatement l'attention de dizaines, voire de centaines de milliers de lecteurs, plus ou moins disposés à croire, en vertu d'un phénomène bien connu de sacralisation de l'écrit, que ce qui est écrit est vrai.

Ce danger inhérent à la liberté de la presse ne saurait évidemment justifier la suppression pure et simple de celle-ci. Dans un État de droit, il doit simplement conduire à assortir la liberté de la presse de garanties capables d'assurer la protection de l'ordre public (§ 1) et des personnes (§ 2) contre ses abus.

§ 1. La protection de l'ordre public contre la presse

Dans les régimes de crise que sont l'état de siège, l'état d'urgence, et la dictature présidentielle de l'article 16, les nécessités de l'ordre public permettent, comme on l'a vu, de restreindre considérablement la liberté de la presse. Moins exigeant en temps normal, l'ordre public n'en continue pas moins à pouvoir justifier des interdictions et des saisies, tant à l'égard de la presse française (A) que de la presse étrangère (B).

A. La protection de l'ordre public contre la presse française

Toute autorité de police administrative générale peut, en vue de maintenir l'ordre public, décider d'interdire la diffusion d'une publication et d'en saisir les exemplaires. Mais le juge administratif n'admet la légalité de ces mesures que si elles sont

---

1. Prescriptions notamment relatives aux emplacements, à la surface, à la hauteur, et à l'entretien des affiches.

proportionnées aux troubles invoqués. Une interdiction ou une saisie trop générale, décidée par exemple « sur tout le territoire d'une commune et sans limitation de durée », est en principe illégale [1]. Elle peut même être constitutive d'une voie de fait [2]. Elle n'est jugée légale que lorsque les risques de troubles sont particulièrement graves et qu'il y a urgence [3]. Les interdictions ou saisies limitées dans le temps et dans l'espace ne sont pour leur part que rarement considérées comme des voies de fait. Mais elles sont elles aussi impitoyablement jugées illégales dès lors qu'elles excèdent les besoins réels de l'ordre public. Une simple interdiction de distribuer des journaux « à proximité et sous le porche » d'une église est ainsi annulée lorsque aucune menace de désordre suffisamment sérieuse ne la justifie [4] ; quant aux risques de bousculade liés au déroulement du tournoi de tennis de Roland-Garros, ils justifient l'interdiction de vendre des journaux « aux portes » du stade, mais pas à « ses abords » [5]. Le juge administratif veille en somme à ce que la mesure de police soit rigoureusement proportionnée au désordre ou à la menace de désordre susceptible d'être créé par la mise en vente ou par la distribution d'une publication de presse.

Cette sévérité du juge administratif explique que certains préfets aient tenté d'échapper à son contrôle en travestissant leurs saisies de police administrative en saisies de police judiciaire, afin de bénéficier du contrôle moins sourcilleux du juge judiciaire. Le stratagème consistait à les fonder sur l'article 30 du Code de procédure pénale, relatif à la poursuite des auteurs de crimes et délits contre la sûreté de l'État, alors qu'elles avaient en réalité pour objet de préserver l'ordre public. Mais cette astucieuse manœuvre a fort heureusement été déjouée par le Conseil d'État, grâce à une jurisprudence invitant les tribunaux administratifs à se reconnaître compétents pour annuler pour détournement de procédure ces pseudo-saisies de police judiciaires [6].

B. La protection de l'ordre public contre la presse étrangère

Suspectées de diffuser en France une propagande antinationale, les publications étrangères sont traditionnellement soumises à un régime de contrôle administratif préalable. Jusqu'en 2004, ce régime était fixé par l'article 14 de la loi du 29 juillet 1881, complété et modifié par un important décret du 6 mai 1939, pris sur le fondement de la loi du 19 mars 1939 autorisant le gouvernement à prendre les mesures nécessaires à la défense du pays. Faute d'avoir été ratifié par le Parlement, ce décret n'avait qu'une valeur réglementaire [7]. Paradoxalement, c'était donc un simple règlement qui organisait la mise sous tutelle administrative de la presse étrangère.

Plus soucieux du salut de la patrie que de la liberté de la presse, ce texte de circonstance donnait au ministre de l'Intérieur le pouvoir discrétionnaire d'interdire la

---

1. CE 28 janv. 1938, Dauvergne, *D* 1938.246.
2. TC 8 avr. 1935, Action française, *GAJA* (saisie d'un journal chez tous les dépositaires de Paris et du département de la Seine).
3. CE 10 févr. 1958, Mezerna, *R* 628 (événements d'Algérie justifiant la saisie d'un journal sur toute l'étendue du département).
4. CE 25 juill. 1930, Abbé de Kervenoael, *D* 1930.497.
5. CE 22 juin 1984, Préfet de police c/Le Monde du Tennis, *R* 245.
6. CE, Ass., 24 juin 1960, Société Frampar, *GAJA*.
7. CE, Ass., 2 nov. 1973, Société anonyme Librairie François Maspero, *JCP* 1974 n° 17642.

distribution ou la mise en vente en France des écrits étrangers, qu'ils soient périodiques ou non. Il lui permettait en outre de procéder à la saisie administrative des exemplaires des publications ainsi interdites. Il prenait enfin la précaution de préciser que devaient être considérés comme des écrits étrangers non seulement les écrits « rédigés en langue étrangère », mais aussi les écrits « de provenance étrangère rédigés en langue française ».

Un texte aussi attentatoire à la liberté de la presse aurait dû faire l'objet d'une interprétation restrictive. Curieusement, le Conseil d'État en a fait au contraire une interprétation extensive. La haute juridiction considérait en effet comme « de provenance étrangère » non pas seulement les écrits édités ou imprimés à l'étranger, ou rédigés par un étranger, mais aussi ceux dont la réalisation avait été simplement « facilitée par des concours étrangers »[1]. Étaient ainsi considérés comme des écrits étrangers l'ouvrage imprimé en France et publié par un éditeur français, qui reproduisait en français la majeure partie des articles publiés dans une revue étrangère[2], ou encore l'œuvre de langue française, imprimée et publiée en France, qui analysait « l'ascension de Mobutu » à l'aide d'une documentation étrangère et qui révélait une inspiration étrangère[3].

Cette déplorable extension de la notion d'écrits « de provenance étrangère » était d'autant plus dangereuse que le Conseil d'État admettait assez facilement qu'une interdiction puisse être fondée sur des motifs autres que la protection de l'ordre public, comme par exemple la défense nationale[4], la moralité[5], la lutte contre la renaissance de l'idéologie nationale socialiste[6], ou même le souci de ne pas « nuire à la conduite des relations entre la France et le Zaïre[7] ». De reculade en démission, la juridiction administrative acceptait ainsi de collaborer à l'entreprise liberticide du décret de 1939, et plaçait les publications étrangères hors du champ de la liberté de la presse.

Pour faire bonne mesure, le Conseil d'État s'obstinait même jusqu'en 1997 à n'opérer qu'un contrôle minimum sur les interdictions d'écrits étrangers[8]. Du coup, le ministre de l'Intérieur disposait d'un pouvoir discrétionnaire d'interdiction particulièrement étendu, car il était rare que le contrôle de la simple erreur manifeste d'appréciation permette de le contrarier[9]. Depuis 1997, heureusement, la haute juridiction acceptait d'exercer un contrôle normal[10], conformément à ce qu'avait proposé le commissaire du gouvernement Genevois dès 1980[11].

---

1. CE, Sect., 4 juin 1954, Barbier, *AJDA* 1954.360.
2. CE, Ass., 2 nov. 1973, préc.
3. CE, Ass., 30 janv. 1980, Ministre de l'Intérieur c/SA Librairie François Maspero, *AJDA* 1980.242, concl. Genevois. Certes, l'auteur était belge. Mais la solution aurait vraisemblablement été identique s'il avait été français.
4. CE, Sect., 4 juin 1954, Joudoux et Rioux, *AJDA* 1954.360 (publications antipatriotiques).
5. CE 17 déc. 1958, Société Olympia Press, *D* 1959.175, concl. Braibant (publications licencieuses).
6. CE 17 avr. 1985, analysé *infra*.
7. CE, Ass., 30 janv. 1980, préc.
8. Englobant le contrôle de l'erreur manifeste d'appréciation depuis CE, Ass., 2 nov. 1973, préc.
9. Pour un exemple d'erreur manifeste, d'ailleurs contestable, cf. CE 17 avr. 1985, Ministre de l'Intérieur c/Société Les Éditions des Archers, *RDP* 1985.1362, concl. contraires Stirn (contrairement au commissaire du gouvernement, l'arrêt minimise imprudemment les risques découlant de la mise en vente d'une revue nazie).
10. CE, Sect., 9 juill. 1997, Assoc. Ekin, *AJDA* 1998.374.
11. Concl. sur CE, Ass., 30 janv. 1980, préc.

Malgré cette évolution, le décret du 6 mai 1939 n'en restait pas moins critiquable pour autant. Il semblait en effet contraire à plusieurs principes à valeur constitutionnelle dégagés par le Conseil constitutionnel, notamment à la « liberté des lecteurs »[1] et au principe d'égalité entre Français et étrangers, selon lequel l'adoption de dispositions spécifiques à l'égard des étrangers n'est possible qu'« à la condition de respecter... les libertés et droits fondamentaux de valeur constitutionnelle reconnus à tous ceux qui résident sur le territoire de la République »[2]. La théorie de la loi-écran interdisait toutefois au juge administratif de sanctionner cette inconstitutionnalité, la loi du 19 mars 1939 faisant écran entre le décret et ces principes constitutionnels. Mais comme la doctrine le soulignait depuis longtemps[3], le décret de 1939 semblait en outre contraire à l'article 10 de la Convention européenne de sauvegarde des droits de l'Homme, qui garantit à toute personne « la liberté de recevoir ou de communiquer des informations ou des idées sans qu'il puisse y avoir ingérence d'autorités publiques et sans considération de frontière ». Or cette analyse a finalement été confirmée par un arrêt de 2001 de la Cour européenne des droits de l'homme[4]. Si bien qu'à la suite de cet arrêt, le Conseil d'État a dû reconnaître en 2003 l'inconventionnalité du décret de 1939, et enjoindre en conséquence au Premier ministre de l'abroger[5], ce qu'il a finalement fait par un décret du 4 octobre 2004. Cette invalidation met ainsi un point final à une situation qui était indigne d'un État de droit. Elle a également le mérite de placer le législateur en face de ses responsabilités : car s'il veut soumettre la presse étrangère à un régime juridique spécifique, il doit l'affirmer clairement (ce qu'il n'a pas fait dans sa loi de 1939), et assortir celui-ci de garanties propres à sauvegarder la liberté de la presse étrangère.

§ 2. La protection des personnes contre la presse

Plus encore que l'ordre public, la dignité des personnes est menacée par la presse. Contrairement à l'État, qui est de taille à protéger les intérêts généraux dont il a la charge, les simples particuliers paraissent en effet vulnérables et démunis face à la puissance financière et médiatique des entreprises de presse. Ils sont, pour ces dernières, des proies tentantes. C'est pourquoi le législateur a apporté un soin particulier à assurer leur protection. Conscient de la vulnérabilité particulière des enfants et des adolescents, il a institué à leur profit une protection renforcée (A), qui s'ajoute aux garanties qu'il a données à tout un chacun, quel que soit son âge (B).

A. La protection renforcée des enfants et des adolescents

À tort ou à raison, la conscience collective estime que les enfants, ainsi que les adolescents de moins de dix-huit ans, sont plus susceptibles que les adultes de subir les influences néfastes de certaines publications. C'est ce qui explique que la loi du 16 juillet 1949 soit intervenue pour placer sous surveillance les « publications...

1. CC 10-11 oct. 1984, Entreprises de presse, *GDCC*.
2. CC 22 janv. 1990, Droits des étrangers, *RFDA* 1990.406.
3. Cf. en ce sens J. Duffar, « La censure administrative des écrits étrangers », *RDP* 1986.561, particulièrement p. 584 à 592.
4. CEDH 17 juill. 2001, Assoc. Ekin, *AJDA* 2002.52.
5. CE 7 févr. 2003, GISTI, *AJDA* 2003.996.

principalement destinées aux enfants et adolescents » (1) et les « publications de toute nature présentant un danger pour la jeunesse » (2).

1) Les publications principalement destinées aux enfants et adolescents

La loi de 1949 soumet les publications destinées à la jeunesse à un régime de déclaration préalable particulièrement strict. Avant toute création d'un périodique appartenant à cette catégorie, le directeur ou l'éditeur doit en effet, outre la déclaration préalable au procureur de la République prévue par la loi du 29 juillet 1881, adresser au ministre de la Justice une déclaration indiquant notamment le titre du périodique et les noms et adresses de ses responsables. D'autre part, chaque numéro du périodique doit, comme toute publication non périodique destinée à la jeunesse, faire l'objet d'un dépôt en cinq exemplaires auprès du ministère de la Justice. Cette formalité a pour but de permettre à la « Commission chargée de la surveillance et du contrôle des publications destinées à l'enfance et à l'adolescence » d'exercer son contrôle.

Instituée auprès du ministère de la Justice par la loi de 1949, et régie par un décret du 1er février 1950, cette Commission est composée de représentants de l'administration, de parlementaires, d'enseignants, de membres d'organisations de jeunesse, d'éditeurs, d'auteurs, de représentants d'associations familiales et d'anciens magistrats pour enfants. Elle est chargée de vérifier que les publications destinées à la jeunesse ne comportent « aucune insertion présentant sous un jour favorable le banditisme, le mensonge, le vol, la paresse, la lâcheté, la haine, la débauche ou tous actes qualifiés crimes ou délits ou de nature à démoraliser l'enfance ou la jeunesse ou à inspirer ou entretenir des préjugés ethniques » (art. 2 de la loi de 1949). Toute infraction est signalée par ses soins aux autorités compétentes, afin d'être sanctionnée par le juge pénal. Cette collaboration est d'autant plus efficace que ce dernier n'hésite pas à faire preuve de sévérité. La jurisprudence estime par exemple que le dénouement moral d'une histoire ne saurait justifier la présentation sous un jour favorable de scènes de violence[1]. Mais bien entendu, la Commission ne dispose d'aucun monopole dans l'initiative des poursuites : le ministère public peut aussi les engager de sa propre initiative, ou sur plainte d'un particulier ou d'une association agréée. En pratique, la Commission préfère d'ailleurs convoquer le responsable de l'infraction, et lui demander de rectifier à l'avenir sa publication, plutôt que d'engager immédiatement les poursuites. Lorsque le juge pénal est saisi, l'intéressé encourt une gamme impressionnante de sanctions : amende, emprisonnement, saisie et destruction des publications incriminées, et, s'il s'agit de publications périodiques, suspension de celles-ci pour une durée de deux mois à deux ans, voire interdiction définitive en cas de récidive.

Un régime particulier régit enfin les publications étrangères destinées à la jeunesse. Leur importation en France est en effet soumise à l'autorisation préalable du ministre chargé de l'information, prise sur avis favorable de la Commission. Même entouré de la garantie que constitue l'intervention de la Commission, il s'agit bel et bien d'un régime de censure. Contrairement aux publications françaises destinées à la jeunesse,

---

1. Crim. 16 mars 1959, *D* 1959.346.

qui jouissent d'une liberté satisfaisante, quoique surveillée, leurs homologues étrangères sont donc privées, de façon tout à fait injustifiable, de toute liberté.

2) Les publications de toute nature présentant un danger pour la jeunesse

La loi de 1949 n'a pas entendu protéger les enfants et les adolescents seulement contre les publications qui leur sont destinées. Elle veut aussi les protéger contre les publications destinées aux adultes qui, s'ils en prennent connaissance, sont susceptibles d'exercer sur eux une mauvaise influence. Tel est l'objet de son article 14, modifié à plusieurs reprises dans un sens de plus en plus restrictif pour la liberté de la presse.

Ces publications placées sous surveillance sont celles qui présentent « un danger pour la jeunesse en raison de leur caractère licencieux ou pornographique, ou de la place faite au crime, à la violence, à la discrimination ou à la haine raciale, à l'incitation à l'usage, à la détention ou au trafic de stupéfiants ». Le ministre de l'Intérieur est habilité à interdire à toute personne de les vendre ou de les donner aux mineurs[1]. Il peut éventuellement assortir cette décision d'une interdiction de les exposer « à la vue du public en quelque lieu que ce soit, et notamment à l'extérieur ou à l'intérieur des magasins ou des kiosques », voire même d'une interdiction de faire de la publicité pour elles. La Commission susmentionnée est chargée de lui signaler les publications qui lui paraissent devoir encourir ces interdictions.

Les manœuvres tendant à éluder l'application de ces interdictions sont lourdement sanctionnées. Le juge pénal peut en effet condamner le contrevenant à une amende, à un emprisonnement, à l'interdiction temporaire ou définitive de la publication (s'il s'agit d'un périodique), et même à la fermeture temporaire ou définitive de l'entreprise d'édition ! On peut se demander si cette dernière sanction ne porte pas, par rapport à l'intérêt général qu'elle est censée protéger, une atteinte disproportionnée à la liberté de la presse. Attenter à la liberté d'entreprendre et à la liberté des lecteurs adultes semble en effet un prix à payer bien coûteux pour préserver l'innocence de nos chères têtes blondes...

Enfin, tout éditeur dont trois publications ont été frappées, au cours de douze mois consécutifs, de deux interdictions de vente ou d'exposition — hypothèse dont on admirera la complexité — est automatiquement placé sous un régime de dépôt préalable pendant cinq ans. Il doit alors déposer chacune de ses publications au ministère de la Justice, et attendre ensuite trois mois avant de la diffuser. Pour les publications périodiques dont l'objet est de commenter l'actualité, autant dire qu'il s'agit d'un arrêt de mort. Le moindre des égards pour la liberté de la presse aurait été de subordonner l'application de ce régime de dépôt préalable à l'intervention d'une juridiction.

---

1. Pour des exemples, cf. CE 5 déc. 1956, Thibault, *D* 1957.20, concl. Mosset, CE 9 mai 1980, Veyrier, *D* 1980.416, concl. Genevois, et CE 27 juin 2005, Genka, *AJDA* 2005.1429. Toute interdiction fondée sur des motifs autres que ceux énumérés par la loi est annulée : CE 3 janv. 1958, Société les Éditions du Fleuve Noir, *D* 1958.570 (motif invoqué : « vulgarité du style »). À noter : le juge n'exerce qu'un contrôle minimum sur les refus d'interdiction, alors qu'il exerce un contrôle maximum sur les interdictions : CE 10 mars 2004, Assoc. Promouvoir, *AJDA* 2004.983 concl. Boissard. Ce pouvoir d'interdiction a été étendu aux documents électroniques comme les DVD par la loi du 5 mars 2007.

D'une façon plus générale, on peut d'ailleurs finalement se demander si les pouvoirs d'interdiction conférés au ministre de l'Intérieur sont réellement respectueux de la liberté de la presse. Il n'est pas interdit de penser qu'un autre système, reposant sur l'intervention rapide et exclusive du juge judiciaire, aurait été tout aussi protecteur de la jeunesse, tout en étant plus conforme aux exigences de la liberté de la presse.

B. La protection minimale consentie à toute personne

Indépendamment de la protection renforcée accordée aux enfants et aux adolescents, toute personne à laquelle une publication de presse cause un préjudice a le droit d'engager les responsabilités civile (1) et pénale (2) de ses agresseurs, et dispose en outre d'un « droit de réponse » garanti par la loi (3).

1) La protection civile

Lorsqu'une publication de presse cause un préjudice quelconque à une personne, la victime peut demander au juge civil — ou au juge pénal en joignant une action civile à l'action publique — de lui allouer des dommages et intérêts. L'assemblée plénière de la Cour de cassation a toutefois fortement limité cette possibilité en affirmant en 2000 que « les abus de la liberté d'expression prévus et réprimés par la loi du 29 juillet 1881 ne peuvent être réparés sur le fondement de l'article 1382 du Code civil » [1].

Sur le fondement de l'article 809 du nouveau Code de procédure civile, elle peut également demander au président du TGI de « prescrire en référé les mesures conservatoires... qui s'imposent », afin de prévenir le dommage si la diffusion de l'imprimé est imminente, ou de le faire cesser si elle a commencé. Le plus souvent, notamment en cas d'atteinte au droit à l'image ou au droit au respect de la vie privée [2], la mesure adéquate consistera alors à ordonner la saisie de la totalité des exemplaires de la publication fautive [3]. Cette possibilité d'obtenir en référé une mesure conservatoire est une arme défensive d'une redoutable efficacité. Elle a l'immense mérite de permettre au simple particulier de faire obstacle aux débordements de la presse.

2) La protection pénale

La loi du 29 juillet 1881 assure la protection pénale des personnes contre la presse en instituant ce qu'il est convenu d'appeler des « délits de presse ». Depuis l'ordonnance du 6 mai 1944, le jugement de ceux-ci est confié aux tribunaux correctionnels, et non plus à des jurys populaires comme cela fut le cas de 1819 à 1822, de 1830 à 1852, et de 1870 à 1940. Cette solution offre l'avantage de la

---

1. Ass. plén. 12 juill. 2000, Époux Collard c/Jamet, *Légipresse*, 2000, n° 175, p. 153.

2. Dans ce dernier cas, la mesure conservatoire peut se fonder sur l'article 9 du Code civil, qui est exclusivement consacré au droit au respect de la vie privée, plutôt que sur l'article 809 du NCPC, dont le champ d'application est plus vaste. Cf. aussi article 9-1 du Code civil, en cas d'atteinte au respect de la présomption d'innocence.

3. Cf. par exemple Civ. 1re, 3 avr. 1984, *D* 1985.IR.15 (saisie totale d'un livre dont le sujet se ramenait au récit du divorce de personnes existantes).

simplicité, et permet d'éviter les menaces auxquelles des jurés sont plus exposés que des magistrats professionnels.

Selon la loi de 1881, sont des délits de presse : la publication de fausses nouvelles, l'injure, la diffamation, l'atteinte au secret de l'instruction, le fait de rendre compte de certains procès (par exemple de divorce), la révélation de l'identité d'une personne victime d'un viol ou d'un attentat à la pudeur, ou encore la provocation aux délits. La provocation aux crimes constitue pour sa part une sorte de « crime de presse », dont le jugement relève de la cour d'assises.

Parmi tous ces délits, le plus intéressant à étudier est la diffamation. La loi de 1881 la définit comme « toute allégation ou imputation d'un fait qui porte atteinte à l'honneur ou à la considération de la personne ou du corps auquel le fait est imputé ». L'originalité de son régime tient à ce que la vérité des faits diffamatoires ne peut pas être prouvée lorsque l'imputation concerne la vie privée de la personne, ou se réfère à des faits qui remontent à plus de dix ans ou ont été amnistiés. Dans ces hypothèses précises, peu importe donc que le fait allégué soit vrai ou non ; il suffit qu'il porte atteinte à l'honneur ou à la considération de la personne pour qu'il soit diffamatoire. Dans les autres hypothèses, le fait allégué n'est au contraire considéré comme diffamatoire que si le prévenu ne parvient pas à prouver sa véracité, ou s'abstient, dans le délai de dix jours à compter de la signification de la citation, d'annoncer son intention de prouver cette véracité.

La loi de 1881 institue aussi des délits de presse qui sont particulièrement destinés à protéger certaines personnalités françaises ou étrangères. C'est par exemple le cas de « l'offense » au président de la République ou aux chefs d'État ou de gouvernement étrangers, que la pratique actuelle, depuis la fin de la présidence du général de Gaulle [1], tend heureusement à faire tomber en désuétude, avec l'aide de la Cour européenne des droits de l'Homme [2].

Des textes plus récents ont ajouté de nouveaux délits de presse à cette liste : provocation à la discrimination raciale, même si elle ne s'accompagne pas d'injure ou de diffamation (loi du 1er juillet 1972) ; négation de crimes contre l'humanité (loi du 13 juillet 1990) ; sexisme ou homophobie (loi du 30 décembre 2004) ; publication d'un montage réalisé avec l'image d'une personne sans son consentement (NCP, art. 226-8) ; ou, d'une façon plus générale, « atteinte à l'intimité de la vie privée d'autrui » (NCP, art. 226-1 et 2).

Les délits de presse se distinguent des infractions de droit commun par deux grandes particularités, voulues par la loi de 1881. La première est la plus spectaculaire : contrairement au principe de la présomption d'innocence, établi en matière pénale, le droit de la presse fait en effet peser la charge de la preuve sur le prévenu. Présumé coupable, ce dernier doit donc prouver son innocence. Cette présomption de culpabilité, qui serait odieuse dans tout autre domaine, paraît judicieuse en matière de

1. Lorsqu'il était chef de l'État, le général de Gaulle s'estimait fréquemment offensé. Les tribunaux ne pouvaient alors que s'incliner... Cf. Crim. 5 avr. 1965, *Bull* n° 115 (dessin), Crim. 31 mai 1965, *D* 1965.645 (expression méprisante), Crim. 21 déc. 1966, *D* 1967 somm. 15 (montage photographique), Crim. 12 avr. 1967, *D* 1967.372 (diffamation).

2. CEDH 25 juin 2002, Colombani c/France, *RTDH* 2003.982 : juge contraire à l'article 10 de la Convention EDH le délit d'offense envers un chef d'État étranger. À la suite de cette décision, la loi du 9 mars 2004 a supprimé ce délit. Par contre, le délit d'offense au président de la République subsiste encore.

délits de presse, car elle permet de rétablir un certain équilibre entre l'entreprise de presse poursuivie et la personne qui se prétend victime de ses agissements. L'autre particularité, non moins originale, consiste à établir une responsabilité en cascade. Sont en effet tenus pour responsables principaux des délits de presse : le directeur de la publication, ou à défaut l'auteur de l'écrit, ou à défaut l'imprimeur, ou à défaut les vendeurs, distributeurs et afficheurs concernés. À la différence de l'imprimeur, l'auteur de l'écrit peut également être poursuivi comme complice du directeur de la publication. Ce système original a donc le mérite d'être équitable, puisqu'il aboutit dans la quasi-totalité des cas à ne tenir pour responsables du délit de presse que ceux qui le sont vraiment, à savoir le directeur de la publication et l'auteur de l'écrit.

3) Le droit de réponse

Institué par l'article 13 de la loi du 29 juillet 1881, le droit de réponse est ouvert pendant trois mois à toute personne physique ou morale dès lors qu'elle a été nommée, ou désignée de façon suffisamment précise, dans une publication périodique. Peu importe que l'article soit favorable ou défavorable à la personne nommée [1]. Le droit de réponse trouve en effet son fondement non pas dans la nécessité de riposter à une attaque, mais dans la possibilité pour la personne nommée de faire connaître ses explications sur les circonstances qui ont provoqué sa désignation.

La réponse est gratuite. Elle ne doit pas dépasser la longueur de l'article qui l'a provoquée ; toutefois, elle peut toujours atteindre le minimum de cinquante lignes, même si l'article était plus court ; inversement, elle ne peut pas dépasser deux cents lignes, même si l'article était plus long. En outre, elle doit être publiée à la même place et dans les mêmes caractères que l'article. Enfin, elle doit être insérée dans la publication dans les trois jours de sa réception s'il s'agit d'un quotidien, dans le numéro qui suit le surlendemain de sa réception s'il s'agit d'un périodique non quotidien.

Le directeur de la publication ne peut refuser de publier la réponse que si celle-ci est insultante, diffamatoire, ou contient des propos contraires à la loi. Tout refus qui ne repose sur aucun motif légitime constitue une contravention de cinquième classe. Il ouvre droit au profit du demandeur à une action en insertion forcée devant le tribunal correctionnel, lequel doit statuer dans les dix jours de la citation sur la plainte. Le jugement ordonnant l'insertion est immédiatement exécutoire.

Afin de mieux combattre la provocation à la discrimination raciale, la loi du 13 juillet 1990 a inséré un article 13-1 dans la loi de 1881. Cette nouvelle disposition ouvre en effet le droit de réponse aux associations de lutte contre le racisme lorsqu'un groupe de personnes est attaqué par un périodique à raison de son origine ethnique.

Ainsi conçu, et affiné par une jurisprudence plus que centenaire, le droit de réponse assume en définitive parfaitement son rôle, qui est de permettre à chacun de défendre son honneur et sa réputation.

Bien que certains soient tentés de penser le contraire, la liberté de la presse existe en France. La jurisprudence du Conseil constitutionnel depuis 1984 et, malgré ses imperfections, la législation depuis 1881, en attestent.

---

1. Crim. 3 mai 1923, *Bull.* n° 187 ; Crim. 15 déc. 1934, *D* 1935.27.

Il n'en demeure pas moins qu'il s'agit d'une liberté fragile. Sans verser dans un pessimisme excessif, il n'est en effet pas difficile de comprendre que les puissances d'argent qui contrôlent les groupes de presse ont intérêt à transformer les lecteurs en électeurs-consommateurs conformistes et dociles[1]. Face à ce risque de dépersonnalisation, il appartient à chacun, qu'il soit lecteur ou journaliste, de faire preuve de vigilance, et d'attiser la flamme fragile de la conscience individuelle. Au-delà du droit positif, c'est en effet de la capacité de la société à résister aux endoctrinements et aux conditionnements de toutes sortes que dépend la sauvegarde de la liberté de la presse.

BIBLIOGRAPHIE SÉLECTIVE

- **Sur l'histoire de la presse française**

Histoire générale de la presse française, sous la direction de C. BELLANGER et J. GODECHOT, PUF, 5 volumes 1969-1976.

- **Pour une présentation générale de la presse française**

P. ALBERT, *La presse française*, La Documentation française, 2004 (précieux par ses informations chiffrées).

- **Pour une approche sociologique de la presse**

F. BALLE, *Médias et sociétés*, Montchrestien, 11e éd., 2003 (intéressante réflexion sur le rôle des médias).

- **Pour une présentation générale du droit de la presse**

D. DE BELLESCIZE et L. FRANCESCHINI, *Droit de la communication*, PUF, 2005 (ouvrage de référence sur le droit de la presse).

P. BILGER et B. PRÉVOST, *Le Droit de la presse*, PUF, « Que sais-je ? », n° 2469.

H. BLIN, A. CHAVANNE et R. DRAGO, *Droit de la presse*, Librairies techniques (feuillets mobiles).

B. COUSIN et B. DELCROS, *Le Droit de la communication, presse écrite et audiovisuel*, éd. du Moniteur, 2 tomes, 1990 (ouvrage très complet).

E. DERIEUX, *Droit des médias*, LGDJ, 5e éd., 2008.

- **Sur la loi du 23 octobre 1984**

J.-C. MASCLET, « La loi sur les entreprises de presse », *AJDA* 1984.644 (article fondamental sur le régime d'avant 1986).

- **Sur la réforme de 1986**

G. PÉPY, « La réforme du régime juridique de la presse », *AJDA* 1986.527 (article particulièrement éclairant).

---

1. L'attitude de la presse vis-à-vis du référendum de 1992 sur la ratification du traité de Maastricht est, à cet égard, éloquente : durant les mois qui le précèdent, elle appelle, dans son énorme majorité, à voter « oui », servant par là même les intérêts de ses puissants tuteurs, avides d'accroître leur prospérité dans le cadre d'une Europe libérale et antidémocratique taillée pour eux.

- **Sur l'évolution et sur l'avenir du droit de la presse**

P. AUVRET, « L'évolution du droit matériel de la presse », *Mélanges Robert*, Montchrestien, 1998, p. 25.

D. DE BELLESCIZE, « L'application de la loi de 1881 sur la liberté de la presse : extension ou régression ? », dans *Interrogations sur l'évolution des droits fondamentaux de la personne humaine en 2001 et 2002* (dir. G. Lebreton), L'Harmattan, 2004, p. 93 ; et « La France et l'art. 10 Conv. EDH », *RTDH* 2005.225.

A. GUEDJ, *Liberté et responsabilité du journaliste dans l'ordre juridique européen et international*, Bruylant, 2003.

Legicom, n° 28, 2002, « La loi de 1881 à l'aube du IIIe millénaire ».

E. PÉCHILLON, « Les interdictions de publications sous le contrôle du juge », *AJDA* 2006.298 (description de l'application de la loi du 16 juill. 1949).

S. RABILLER, *Les restrictions administratives à la liberté de la presse face aux exigences constitutionnelles et européennes*, Economica, 2002.

Chapitre 5

La liberté de communication audiovis

L'apparition de la communication audiovisuelle est un fait de société majeur, qu'il n'est pas illégitime de considérer comme une révolution dans l'Histoire humaine. Certes, la communication audiovisuelle a ceci de commun avec la presse écrite, qu'elle est comme elle un moyen de communication de masse. Mais contrairement à elle, elle établit entre les hommes, grâce à la diffusion du son et de l'image animée, un contact direct, presque physique, qui abolit les distances. Pour reprendre la célèbre formule du sociologue canadien Marshall Mac Luhan, elle est un média « chaud », alors que la presse écrite est un média « froid ».

Le développement de la communication audiovisuelle est un phénomène relativement récent, puisque c'est en 1895 que les frères Lumière donnent leur première séance de cinéma, en 1896 que Marconi transmet le premier message radiophonique, et en 1928 qu'un laboratoire américain fait fonctionner la première télévision. Si elle a connu un succès populaire immédiat, l'accueil que lui ont réservé les intellectuels a été plus mitigé. Face à l'optimisme de Mac Luhan, qui voit en elle l'avènement d'un monde convivial, beaucoup d'auteurs dénoncent en effet les dangers de la communication audiovisuelle, accusée tantôt de répandre une culture standardisée et médiocre, tantôt de servir de relais à la propagande du pouvoir économique ou politique.

Si le juriste est mal placé pour apprécier l'exactitude du premier grief, il peut par contre confirmer la réalité du second. En France, la « liberté de communication audiovisuelle » n'a en effet été reconnue, bien tardivement, qu'en 1982. Avant cette date, la télévision et, à un moindre degré, la radio étaient sous l'emprise de l'État, le cinéma étant pour sa part placé sous un régime de liberté surveillée. Depuis la loi du 29 juillet 1982, qui réunit pour la première fois les trois médias sous le label « communication audiovisuelle » [1], la liberté est devenue la règle ; mais contrairement à la liberté de la presse, la liberté de communication audiovisuelle n'est, du propre aveu du Conseil constitutionnel, qu'une « liberté sous autorisation [2] », c'est-à-dire une liberté que le législateur doit « concilier... avec... les contraintes techniques inhérentes aux moyens de la communication audiovisuelle [3] ». La

1. La « communication audiovisuelle » désigne « toute communication au public de services de radio ou de télévision (...) » (L. 30 sept. 1986, art. 2, mod. par L. 21 juin 2004). Elle s'oppose aux autres « communications électroniques » qui transportent de la « correspondance privée » (exemple du téléphone) ou qui proposent au public d'autres types de services « en ligne » (même texte).

2. Selon l'expression de L. Favoreu et L. Philip, *GDCC*, 6e éd., 1991, p. 732.

3. CC 27 juill. 1982, Liberté de communication audiovisuelle, *R* 45 ; CC 17 janv. 1989, CSA, *GDCC*.

limitation des fréquences disponibles, et la nécessité d'instaurer une certaine discipline dans l'attribution de ces fréquences, vouent donc cette jeune liberté à la rigueur du régime de l'autorisation préalable. L'argument des contraintes techniques, invoqué par le Conseil constitutionnel, est toutefois plus convaincant pour la radio et la télévision que pour le cinéma, à l'égard duquel on ne voit pas très bien en quoi consistent ces contraintes. Comme la liberté de la radio et de la télévision (section I), la liberté cinématographique est pourtant soumise à des restrictions difficilement justifiables (section II).

Section 1
La liberté de la radio et de la télévision

La liberté de la radio et de la télévision recouvre la liberté d'émettre et la liberté de recevoir les émissions.

De ces deux libertés, c'est la liberté de recevoir les émissions qui pose le moins de problèmes. Définie par le Conseil constitutionnel comme la possibilité pour « les auditeurs et les téléspectateurs, qui sont au nombre des destinataires essentiels de la liberté proclamée par l'article 11 de la Déclaration de 1789,... d'exercer leur libre choix [1] », elle est reconnue depuis longtemps [2]. Toute personne a en effet le droit de se procurer un poste récepteur et de sélectionner les programmes de son choix. La seule contrainte qui s'impose à l'utilisateur d'un poste de télévision est d'en faire la déclaration à l'administration fiscale, afin que celle-ci puisse percevoir la redevance. Ce système libéral n'a cependant pas toujours été respecté. Sous le régime de Vichy, une loi du 28 octobre 1941 a en effet interdit d'écouter certaines émissions radiophoniques, notamment celles de la France libre...

La liberté d'émettre a été beaucoup plus lente à se faire admettre, puisqu'elle n'existe que depuis 1982 [3]. Se définissant comme un aspect de la liberté d'entreprendre — la liberté de faire fonctionner une station émettrice —, elle a en effet été victime, jusqu'à cette date, du système du monopole d'État. Institué en 1923, le monopole de l'État en matière de radio et de télévision a duré soixante ans parce qu'on ne l'a pas considéré comme un carcan négateur de l'initiative individuelle — ce qu'il était pourtant — mais comme un rempart contre la volonté de puissance des grands intérêts financiers, plus ou moins suspectés de servir la cause de certains États étrangers. Au fil du temps, la conscience collective des Français a cependant eu de plus en plus de mal à supporter cette situation. C'est ce qui explique que le monopole étatique ne soit jamais parvenu à trouver le repos, et qu'il ait erré de statut en statut, incessamment ballotté jusqu'à son naufrage final. Pas moins de cinq grandes étapes ont successivement marqué son errance.

La première est constituée par les lois de finances du 30 juin 1923 et du 19 mars 1928, après que les premières émissions radiodiffusées aient eu lieu en France en

1. CC 18 sept. 1986, Liberté de communication, *AJDA* 1987.102.
2. Depuis un arrêté du 30 décembre 1922.
3. Depuis la loi précitée du 29 juillet 1982. Cf. aussi CEDH 24 nov. 1993, Informationsverein Lentia, *D* 1995.161, qui juge contraire à la Convention le monopole de l'Office autrichien de radiodiffusion.

novembre 1921. Ces textes instituent le monopole de l'État, mais il s'agit d'un monopole tolérant. Les particuliers peuvent en effet obtenir du ministre des P. et T. — puis du Parlement à partir de 1936 — l'autorisation d'exploiter des émetteurs privés. Grâce à ce système débonnaire, treize stations de radiodiffusion privées existent à la veille de la Seconde Guerre mondiale.

Beaucoup plus sévère, l'ordonnance du 23 mars 1945 révoque toutes les autorisations, et instaure un monopole strict des émissions sur le sol français. En réaction contre cette intransigeance, plusieurs stations privées, dites « périphériques », décident d'émettre à partir d'installations implantées en bordure du territoire national. C'est notamment le cas d'« Europe n° 1 », qui s'implante dans la Sarre en 1955, et de « RTL », qui fait figure de précurseur en étant implantée au Luxembourg depuis 1930. Face à cette subtile riposte, l'État, faute de pouvoir s'opposer à l'activité de ces stations privées, décide d'en prendre le contrôle financier. Il réalise son dessein par l'intermédiaire de la SOFIRAD, société d'économie mixte dont il possède plus de 99 % du capital social. Moderne cheval de Troie, cette étrange société parvient à prendre d'importantes participations financières dans certaines stations privées, comme par exemple Europe n° 1. Un certain *modus vivendi* s'instaure alors entre l'État monopoleur et les stations périphériques.

La baisse d'audience de la radio d'État ne tarde pas, cependant, à remettre en cause le statut de la RTF (Radiodiffusion-Télévision-Française). Une ordonnance du 4 février 1959 fait alors accéder le monopole à sa troisième étape. Afin d'insuffler plus de dynamisme à la RTF, qui n'était jusque-là qu'un service sans personnalité morale rattaché à la présidence du Conseil, elle le transforme en établissement public industriel et commercial. Mais le pouvoir politique ne s'est pas résolu à lui accorder une réelle autonomie. La RTF est en effet un EPIC dénué de conseil d'administration, et son directeur est une créature du gouvernement. Faute d'avoir été jusqu'au bout de sa logique, la réforme échoue donc. La baisse d'audience s'accentue et s'accompagne d'un grave déficit financier.

La loi du 27 juin 1964 s'efforce de tirer les leçons de cet échec en remplaçant la RTF par l'ORTF (Office de radiodiffusion-télévision française). Contrairement à sa devancière, l'ORTF est un EPIC pourvu d'un conseil d'administration, au sein duquel l'État ne dispose que de la moitié des sièges. Mais la réalité du pouvoir appartient au directeur général, qui décide des programmes et dirige le personnel. Or il dépend entièrement du gouvernement, qui le nomme et le révoque discrétionnairement, tandis que le conseil d'administration ne dispose d'aucune sanction efficace contre lui. Plusieurs scandales ne tardent pas à révéler à quel point l'ORTF est phagocyté par le pouvoir politique. Des journalistes sont par exemple licenciés pour avoir protesté contre la censure de certains reportages sur les événements de mai 1968. Face à la contestation qui gronde, une loi du 3 juillet 1972 tente de redonner un semblant de crédibilité à l'ORTF. Sa disposition essentielle consiste à remplacer le directeur général et le président du conseil d'administration par un président-directeur-général unique. Celui-ci est nommé par le gouvernement mais, gage de son indépendance, il ne peut pas être démis de ses fonctions avant l'expiration de son mandat de trois ans. L'illusion d'indépendance se dissipe rapidement à l'épreuve des faits. Dès 1973, le premier PDG de l'ORTF, Arthur Conte, dénonce les « interventions politiques » qui entravent son action. En violation flagrante de son statut, le gouvernement le destitue immédiatement [1]. Totalement déconsidéré aux yeux de l'opinion publique, l'ORTF est dès lors voué à la disparition. En réalité, c'est plus profondément le système du monopole d'État qui agonise.

Cinquième et dernière étape de son calvaire, la loi du 7 août 1974 tente de le sauver en sacrifiant l'ORTF. Elle démembre en effet l'ORTF en sept nouveaux organismes. Deux sont des EPIC : l'Institut national de l'audiovisuel (INA), chargé de la conservation des archives audiovisuelles, et Télédiffusion de France (TDF), dont le rôle est de diffuser l'ensemble des programmes. Les cinq autres sont des sociétés anonymes. Il s'agit de Radio-France, chargée de la conception et de la programmation des émissions de radio ; de la Société française de production (SFP), dont le rôle est de produire des films ; et de trois sociétés de télévision, Télévision française 1 (TF1), Antenne 2 (A2), et France-Régions 3 (FR3). Mais ce sont des sociétés anonymes très spéciales puisque, sauf en ce qui concerne la SFP, l'État est leur unique actionnaire. En outre, conformément à la (mauvaise) tradition, leurs dirigeants sont nommés par décret en conseil des ministres. Enfin, malgré la suggestion émise par le rapport Paye de 1970, aucune autorité administrative indépendante n'est créée pour garantir l'objectivité de l'information. Dans ces conditions, il ne faut pas s'étonner que les nouvelles sociétés reçoivent en legs le discrédit de l'ex-ORTF.

Usé par ses compromissions, et devenu insupportable à une opinion publique en quête de nouvelles libertés, le système du monopole d'État s'effondre de lui-même. Dès 1977 des radios privées apparaissent et les tribunaux répressifs refusent de les condamner [2]. Dans un ultime combat d'arrière-garde, la loi du 28 juillet 1978 organise alors la répression pénale des atteintes au monopole. Mais la lutte entre la société et le droit positif ne peut se terminer que par la victoire de la première. Au lendemain des élections de 1981, qui consacrent un changement de majorité au pouvoir, les radios privées se multiplient. En six mois, on en dénombre plus d'une centaine rien qu'à Paris. Une loi du 9 novembre 1981 pare alors au plus pressé en apportant des « dérogations » au monopole de l'État en leur faveur, solution d'attente qui n'est pas sans rappeler le monopole tolérant d'avant-guerre.

Le système du monopole d'État est finalement abandonné par la loi du 29 juillet 1982, qui proclame la liberté de la communication audiovisuelle. Cette grande loi fondatrice a été abrogée (à l'exception de quelques articles) et remplacée par la loi du 30 septembre 1986, qui a elle-même été modifiée par d'importantes lois du 27 novembre 1986, du 17 janvier 1989, du 1er février 1994, du 1er août 2000, du 9 juillet 2004, et du 5 mars 2007. Mais les deux grandes innovations de la loi de 1982 continuent à caractériser le paysage audiovisuel français (le fameux « PAF »), qu'elle a construit sur la coexistence d'un secteur public et d'un secteur privé (§ 1) contrôlés par une autorité administrative indépendante (§ 2).

---

1. Cette destitution arbitraire demeurera hélas impunie à cause de la timidité du Conseil d'État, qui déclare irrecevable, pour absence d'intérêt à agir, le REP formé contre elle par le syndicat des journalistes de l'ORTF (Arthur Conte ayant curieusement renoncé à l'attaquer lui-même) : CE, Ass., 4 nov. 1977, Synd. nat. des journalistes section ORTF, *AJDA* 1978.111, concl. contraires Massot. Pour un exemple des aberrations auxquelles mène la notion d'intérêt à agir, cf. notre article « L'intérêt à agir partiel », *RFDA* 1988.923 ; et pour un plaidoyer en faveur de la suppression quasi totale de cette notion, cf. notre thèse *Le Pouvoir discrétionnaire exercé par l'administration française sur ses agents. Évolution depuis le XVIIIe siècle*, Paris II, 1988, p. 158 à 179.

2. CA Montpellier, 5 mai 1978, *D* 1979.283.

§ 1. La coexistence d'un secteur public et d'un secteur privé

Le secteur public (A) et le secteur privé (B) se disputent l'audience des auditeurs et des téléspectateurs, audience dont la mesure (l'« audimat ») détermine la répartition des ressources publicitaires. Pour combattre les effets pervers de cette rivalité, qui risque de donner naissance à des programmes médiocres, stéréotypés, et attentatoires à la dignité de la personne humaine, les deux secteurs sont soumis à des obligations communes (C).

A. Le secteur public

Le secteur public se compose à l'heure actuelle d'un établissement public industriel et commercial (l'INA) et de sept sociétés anonymes : une de diffusion (TDF, société depuis 1986), et six de programmation des émissions (Radio-France ; Réseau-France Outre-Mer ; Radio-France Internationale ; France 2 et France 3, appellations nouvelles, depuis 1992, d'Antenne 2 et de France-Régions 3 ; et, depuis 1994, une société chargée « de la programmation d'émissions de télévision... favorisant l'accès au savoir, à la formation et à l'emploi », finalement baptisée la Cinquième puis France 5). À cet ensemble s'ajoutent ARTE (Association relative à la télévision européenne, groupement européen d'intérêt économique créé par un traité franco-allemand du 2 octobre 1990), qui occupe depuis septembre 1992 le canal hertzien de la défunte Cinq, et la Chaîne parlementaire (créée par la loi du 30 décembre 1999 et placée sous le contrôle des bureaux de l'Assemblée nationale et du Sénat). Grâce à la nouvelle technologie « numérique », une autre chaîne publique, baptisée France 4, est apparue en 2005. La loi du 1er août 2000 a regroupé France 2, France 3 et France 5 (ainsi que France 4 depuis sa création) au sein d'une société holding, France Télévisions, dont l'État détient la totalité du capital.

ARTE est financée exclusivement par des subventions de la France et de l'Allemagne ; elle n'a aucune ressource publicitaire. À l'inverse, la SFP (société de production privatisée en 2001) doit vivre uniquement du jeu du marché, au même titre que les sociétés privées de production avec lesquelles elle est en concurrence ; depuis 1986, aucune part des recettes de la redevance ne lui est en effet reversée. Entre ces deux extrêmes, les autres organismes sont dans une situation de liberté assistée : ils sont libres de commercialiser leurs produits ou services ; mais l'article 53 de la loi du 30 septembre 1986 leur donne en outre vocation à recevoir le produit de la « redevance » payée par les utilisateurs de postes de télévision. Les chaînes publiques ont également le droit de se procurer, dans les limites fixées par leurs cahiers des charges, des ressources tirées de la publicité de marques (admise depuis 1968) et du « parrainage ». Conformément aux recommandations émises en juin 2008 par la Commission Copé, le président de la République Nicolas Sarkozy envisage toutefois la disparition progressive et totale, de 2009 à 2011, de la publicité sur les chaînes publiques. Ce projet suscite un certain malaise dans la mesure où beaucoup de ses opposants y voient une façon détournée de favoriser le secteur privé, notamment TF1 dont les dirigeants sont soupçonnés d'être proches de M. Sarkozy.

Le secteur public de l'audiovisuel a acquis aujourd'hui une certaine autonomie à l'égard du pouvoir politique. C'est surtout vrai pour TDF, qui est une société d'économie mixte qui a vocation à être régie par le droit commun des sociétés. Les sociétés de programmation des émissions conservent au contraire un particularisme marqué, puisque leur capital appartient en totalité à l'État, qui est donc leur unique actionnaire ; leur autonomie est toutefois assurée par le mode de désignation de leurs présidents, dont le choix appartient, depuis 1982, à l'autorité administrative indépendante chargée de l'audiovisuel. En revanche, l'INA reste en marge de ce mouvement d'émancipation, dans la mesure où le choix de son président et de son directeur général appartient au gouvernement. Le président Sarkozy pourrait fragiliser encore davantage l'autonomie de l'audiovisuel public s'il fait voter son projet, dévoilé en juin 2008 et contraire à l'avis de la Commission Copé, de nommer lui-même le président de France Télévisions après avis conforme du CSA, alors qu'à l'heure actuelle celui-ci est nommé par le CSA.

B. Le secteur privé

Nées pour la plupart à partir de 1981, les radios privées sont aujourd'hui très nombreuses, puisqu'on évalue leur nombre à 1 800. Dans un document de 1990[1], le CSA les classe en cinq catégories : radios non commerciales, dont les ressources publicitaires sont inférieures à 20 % de leur chiffre d'affaires (radios associatives, culturelles, scolaires...) ; radios commerciales locales ou régionales indépendantes ; radios commerciales locales ou régionales affiliées à un réseau national ; radios commerciales nationales thématiques (par exemple musicales) ; radios commerciales nationales généralistes (incluant notamment les radios périphériques que sont RTL, Europe 1, ou RMC).

Sur le plan juridique, ces radios privées sont contrôlées par des personnes morales dont le statut est très varié : associations, sociétés, voire sociétés étrangères (cas de RTL, société de droit luxembourgeois, ainsi que d'Europe 1 et de RMC, sociétés de droit monégasque). Leur financement ne pose plus de problème depuis que l'interdiction de se financer par la publicité, qui avait été posée, de façon assez irréaliste, par la loi du 9 novembre 1981, a été levée par une loi du 1er août 1984. En outre, les radios dont les ressources publicitaires sont inférieures à 20 % de leur chiffre d'affaires bénéficient, en vertu de l'article 80 de la loi du 30 septembre 1986, d'une aide dont le financement est assuré par un prélèvement sur les ressources publicitaires des radios commerciales et des télévisions.

Inexistantes avant 1982, les télévisions privées sont beaucoup moins nombreuses que les radios privées, du fait de leur coût de fonctionnement particulièrement élevé. Très rares sont les télévisions locales qui, à l'instar de « Télé-Toulouse » (fondée en 1987), disposent pour plusieurs années d'une fréquence propre vingt-quatre heures sur vingt-quatre. Conscientes de leur fragilité financière, la plupart des télévisions locales se veulent temporaires, et se bornent à fonctionner quelques semaines seulement, généralement au printemps, en été, ou à l'occasion des vacances de Noël. Sur le plan national, quatre chaînes de télévision privées ont existé jusqu'en 1992 ; il n'en reste plus que trois aujourd'hui. Il s'agit de TF1, privatisée par la loi du 30 septembre 1986, dont 40 % du capital appartient au groupe Bouygues, 50 % à des actionnaires privés, et 10 % aux salariés de la chaîne ; de Canal Plus, chaîne à péage fondée en 1983, dont une concession de service public a confié l'exploitation d'abord

---

1. Cf. son appel de candidatures pour la région Provence-Alpes-Côte d'Azur (*JO* 24 févr. 1990), p. 2409.

au couple agenge Havas/Société générale puis au groupe Vivendi ; et de M6, fondée en 1986, qui a connu un début d'existence agité : l'exploitation de cette chaîne, conçue comme une chaîne musicale, est en effet d'abord confiée, par le gouvernement Fabius, à une société dont les principaux actionnaires sont l'agence Publicis, la société Gaumont et la radio privée NRJ ; mais cette concession de service public est résiliée dès 1987 par le gouvernement Chirac, après qu'une première résiliation a été annulée par le Conseil d'État [1] ; la CNCL délivre alors l'autorisation d'exploiter M6, reconvertie en chaîne généraliste, à une société dont le principal actionnaire est aujourd'hui RTL group (50 % du capital), lui-même étroitement contrôlé par le groupe Bertelsmann. Disparue en 1992, à la suite de graves difficultés financières, la Cinq avait connu auparavant un parcours comparable à celui de M6 : fondation et attribution en 1986 au groupe Berlusconi ; résiliation de la concession de service public en 1987 ; réattribution par la CNCL à une société dominée par le groupe Berlusconi et par le groupe Hersant.

À ces trois chaînes pionnières que sont TF1, Canal Plus et M6 s'ajoutent depuis 2005 beaucoup d'autres chaînes privées : Direct 8, W9, TMC, NT1, NRJ12... Leur émergence a été rendue possible par l'apparition d'une nouvelle technique, dite « numérique », qui, contrairement au mode classique, dit « analogique », permet la diffusion de plusieurs émissions différentes sur la même fréquence hertzienne. La loi du 5 mars 2007 prévoit d'ailleurs que la diffusion des services de télévision par voie hertzienne en mode analogique prendra fin « au plus tard le 30 novembre 2011 ». Les fréquences ainsi libérées seront réaffectées par le Premier ministre, après consultation d'une commission parlementaire dite « du dividende numérique », « aux administrations » ou au CSA en vue de leur (ré)attribution.

Sur le plan juridique, les télévisions privées, contrairement aux radios privées, ne pouvaient à l'origine être contrôlées que par des personnes morales ayant le statut de sociétés. Cette règle, posée par la loi du 30 septembre 1986, traduisait le souci du législateur de contraindre leurs exploitants à se couler dans un moule juridique qui offrait de réelles garanties de transparence financière. Mais la loi du 1er août 2000 a mis fin à cette restriction en ouvrant aux associations le contrôle des télévisions privées « hertziennes ». Mis à part Canal Plus, dont la principale source de financement provient de l'abonnement de ses usagers, les télévisions privées se financent essentiellement par la publicité et par le parrainage. Cette situation crée une concurrence d'autant plus sévère que les chaînes publiques recourent elles aussi, on l'a vu, à la publicité. La disparition de la Cinq est dans une large mesure le fruit de cette concurrence acharnée.

On voit, à travers cette présentation, à quel point l'organisation du secteur audiovisuel privé est complexe et hétérogène. Encore nous sommes-nous bornés à parler des radios et des télévisions qui diffusent leurs émissions par la voie hertzienne ! À côté d'elles existent en effet les radios et les télévisions, au nombre sans cesse croissant, qui exploitent des réseaux câblés. L'article 34 de la loi du 30 septembre 1986 réserve leur contrôle aux personnes morales qui ont le statut de sociétés. Enfin, depuis 1989, un troisième type de radios et de télévisions est apparu en France : il s'agit de celles qui diffusent leurs émissions par satellite. Méfiant et

---

1. CE, Ass., 2 févr. 1987, Société TV6, *RFDA* 1987.41, concl. Fornacciari.

prévoyant, l'article 34 de la loi du 30 septembre 1986 a également réservé leur exploitation aux personnes morales qui ont le statut de sociétés.

C. Les obligations communes au secteur public et au secteur privé

Les entreprises de communication audiovisuelle du secteur privé sont soumises à plusieurs obligations fondamentales. Parmi celles-ci, certaines leur sont propres. Elles sont en général inspirées des obligations qui s'imposent aux entreprises de presse. C'est notamment le cas de l'obligation de transparence et de l'obligation d'indépendance à l'égard de l'étranger, qui sont presque identiques à celles qui pèsent sur les entreprises de presse [1]. D'autres, qui s'inspirent souvent aussi d'obligations s'imposant aux entreprises de presse, pèsent par contre également sur les entreprises de communication audiovisuelle du secteur public. Il s'agit essentiellement des obligations de respecter le pluralisme (1), le droit de réponse (2), et la qualité des programmes (3).

1) Le respect du pluralisme

Dès son article 1er, la loi du 30 septembre 1986 affirme que la liberté de la communication audiovisuelle peut être limitée « dans la mesure requise... par le respect... du caractère pluraliste de l'expression des courants de pensée et d'opinion ». Cette affirmation n'est que la transcription législative de l'objectif de valeur constitutionnelle qui consiste à préserver le pluralisme des courants d'expression socioculturels. Le Conseil constitutionnel estime en effet que « la libre communication des pensées et des opinions, garantie par l'article 11 de la Déclaration... de 1789, ne serait pas effective si le public auquel s'adressent les moyens de communication audiovisuelle n'était pas à même de disposer, aussi bien dans le cadre du secteur public que dans celui du secteur privé, de programmes qui garantissent l'expression de tendances de caractères différents dans le respect de l'impératif d'honnêteté de l'information [2] ».

Concrètement, cette obligation de respecter le pluralisme s'exprime de façon différente pour le secteur public et pour le secteur privé. En ce qui concerne les sociétés du secteur public, les articles 54 et 55 de la loi du 30 septembre 1986 les obligent : à programmer et diffuser les déclarations du gouvernement, moyennant un « droit de réplique » dont les modalités sont fixées par le CSA ; à retransmettre les débats parlementaires ; et à accorder « un temps d'émission » aux partis politiques représentés par un groupe parlementaire et aux syndicats représentatifs, selon des modalités définies par le CSA. L'article 56 oblige pour sa part France 2 à programmer le dimanche matin des émissions religieuses consacrées aux principaux cultes pratiqués en France. Enfin, diverses lois électorales imposent aux sociétés du secteur

---

1. Cf. articles 35, 36, 38 et 40 de la loi du 30 septembre 1986 : interdiction de prête-nom ; caractère nominatif des actions ; identification des personnes détenant au moins 10 % du capital social ou des droits de vote ; interdiction faite aux étrangers (sauf traité contraire) d'acquérir plus de 20 % du capital social ou des droits de vote.

2. CC 18 sept. 1986, préc. Cf. aussi art. 4 de la Constitution, issu de la révision du 23 juill. 2008 : « La loi garantit les expressions pluralistes des opinions ».

public de programmer et diffuser les émissions relatives aux campagnes électorales, en donnant à chaque parti en lice un temps d'antenne calculé d'après sa représentativité [1].

De leur côté, les entreprises du secteur privé sont obligées par l'article 16 de la loi du 30 septembre 1986 de ne pas rompre l'égalité des partis politiques pendant les campagnes électorales. D'autre part et surtout, elles sont tenues de respecter les dispositions anti-concentrations édictées par la loi du 27 novembre 1986, « afin de prévenir les atteintes au pluralisme ». Initialement, des dispositions voisines avaient été prises par la loi du 30 septembre 1986 ; mais constatant leur « insuffisance » et leurs « lacunes » (destinées à favoriser les ambitions du groupe Hersant ?), le Conseil constitutionnel les avait annulées, les jugeant inaptes à assurer le respect de l'objectif constitutionnel de pluralisme [2]. Tenant compte de ce rappel à l'ordre, la loi du 27 novembre 1986 (complétée par les lois du 1er février 1994 et du 1er août 2000) met en place un dispositif anti-concentrations plus efficace (mais cependant allégé par la loi du 9 juillet 2004). Pour l'essentiel, celui-ci consiste aujourd'hui à poser trois interdictions. Aucune personne physique ou morale ne peut en effet : 1) détenir directement ou indirectement plus de 49 % du capital ou des droits de vote d'une société audiovisuelle ; 2) contrôler à la fois plusieurs télévisions hertziennes nationales ; 3) contrôler à la fois les trois médias énumérés par la loi (télévision hertzienne, radio hertzienne, publication de presse quotidienne d'information politique et générale), sauf si ce cumul ne dépasse pas certains seuils (calculés pour permettre au défunt groupe de presse Hersant de s'implanter dans le secteur audiovisuel).

Ainsi conçu, ce dispositif anti-concentrations paraît d'autant plus estimable — notamment dans son troisième principe, qui vise à limiter les concentrations multimédias — qu'il est, contrairement au dispositif analogue qui régit la presse, mis en application par une autorité administrative indépendante spécialisée : le CSA. On peut toutefois regretter son extrême complexité, dont notre résumé ne donne qu'un faible aperçu [3]. Une législation incompréhensible pour un profane, et que les juristes de profession eux-mêmes ne peuvent comprendre à la première lecture, n'est pas une bonne législation. Dans le domaine des libertés publiques plus qu'en toute autre matière, le droit se doit d'être accessible aux personnes qu'il est censé protéger. Malgré ses qualités, le dispositif anti-concentrations de la loi du 27 novembre 1986 n'est donc pas satisfaisant. Il est souhaitable de le remplacer par un dispositif plus clair.

2) Le respect du droit de réponse

En ce qui concerne la presse, le droit de réponse est ancien, puisqu'il est organisé par la loi du 29 juillet 1881. Concernant les « écrits », il ne pouvait cependant s'appliquer à la communication audiovisuelle. C'est pourquoi de nouveaux textes ont dû intervenir pour transposer le droit de réponse dans le secteur audiovisuel.

---

1. Cf. article 167-1 du Code électoral (pour les législatives), et article 19 de la loi du 7 juillet 1977 (pour les européennes).
2. CC 18 sept. 1986, préc.
3. Pour une présentation détaillée de ce dispositif, cf. articles 39 à 41-4 de la loi du 30 septembre 1986.

D'une façon assez tardive, c'est la loi du 3 juillet 1972, précisée par le décret du 13 mai 1975, qui consacre pour la première fois le principe du droit de réponse sur les ondes. Trop restrictive, elle réservait toutefois le droit de réponse aux personnes physiques, à l'exclusion des personnes morales. En outre, celui-ci n'était ouvert que pour les émissions du secteur public, alors qu'il était tout aussi nécessaire pour celles du secteur privé (à l'époque : les radios périphériques).

La multiplication des radios privées à partir de 1981 obligeait donc le législateur à améliorer son dispositif, dont l'insuffisance devenait criante. Tel a été l'objet de l'article 6 de la loi du 29 juillet 1982, maintenu en vigueur par la loi du 30 septembre 1986. Désormais, grâce à l'intervention du Conseil constitutionnel[1], le droit de réponse appartient à toute personne physique ou morale dont l'honneur ou la réputation est mis en cause par une émission du secteur public ou du secteur privé. Il est donc plus difficilement utilisable qu'en matière de presse, où il suffit d'être nommé pour pouvoir l'exercer. Cette relative sévérité s'explique par le souci de ne pas encombrer les ondes de messages qui n'intéressent pas le grand public.

Concrètement, la demande d'exercice du droit de réponse doit être présentée dans les trois mois suivant la diffusion de l'émission portant atteinte à l'honneur ou à la réputation. En cas de refus du destinataire, ou de silence gardé pendant huit jours, le demandeur peut saisir le président du TGI, qui statuera en référé. Si la demande lui apparaît fondée, celui-ci peut ordonner sous astreinte la diffusion de la réponse.

La réponse doit toujours être diffusée à un horaire et dans des conditions qui lui permettent d'avoir une « audience équivalente » à celle du message ayant porté atteinte à l'honneur ou à la réputation. Le décret du 6 avril 1987 précise que la durée totale de sa lecture ne doit pas dépasser deux minutes.

Comme en matière de presse, la loi du 13 juillet 1990 a modifié l'article 6 de la loi du 29 juillet 1982 afin d'ouvrir le droit de réponse aux associations de lutte contre le racisme, lorsqu'un groupe de personnes est attaqué dans une émission à raison de son origine ethnique.

Mais il faut prendre conscience qu'au-delà de ses ressemblances avec son homologue de 1881, le droit de réponse sur les ondes repose sur un fondement radicalement différent du sien. Sa philosophie est en effet de permettre à chacun de riposter à une attaque, alors que celle de son illustre aïeul est de donner à toute personne nommée la possibilité de faire connaître ses explications sur les circonstances de sa désignation. Entre elles existe en quelque sorte le fossé qui sépare le dialogue du réflexe de défense. Non sans paradoxe, le progrès technique s'accompagne ainsi d'un appauvrissement de la signification du droit de réponse.

3) Le respect de la qualité des programmes

Alors que le respect du pluralisme et du droit de réponse vise respectivement à sauvegarder la démocratie et l'honneur des personnes, le respect de la qualité des programmes se justifie par le souci d'empêcher l'audiovisuel de renoncer à son rôle éducatif au profit de considérations purement mercantiles. Pour y veiller, la loi du 1er août 2000 a créé un « Conseil consultatif des programmes », qu'elle charge

1. CC 27 juill. 1982, préc. : annule la disposition de la loi de 1982 qui refusait tout droit de réponse aux personnes morales ayant un but lucratif, pour violation du principe d'égalité.

d'émettre des avis sur les programmes télévisés. Curieusement composé de vingt téléspectateurs tirés au sort, il ne paraît guère armé pour réussir sa mission. La loi du 9 juillet 2004, qui en pris conscience, renvoie à un décret en Conseil d'État le soin de revoir sa composition. Au-delà de ce gadget à prétention démocratique, le respect de la qualité des programmes se manifeste principalement par une rigoureuse réglementation de la publicité, et par l'obligation de diffuser un certain quota d'émissions françaises et européennes.

En ce qui concerne le secteur public, l'article 48 de la loi du 30 septembre 1986 pose le principe, au nom de la « mission éducative, culturelle et sociale » des sociétés nationales de programme, d'une nécessaire limitation du recours à la publicité de marque et au parrainage. Il renvoie à leurs cahiers des charges le soin d'en fixer les modalités d'application. À titre d'exemple, les cahiers des charges de France 2 et de France 3 interdisent ainsi d'interrompre les films par une coupure publicitaire. L'article 53 de la loi oblige d'autre part les sociétés nationales de programme et l'INA à signer avec l'État des « contrats d'objectifs et de moyens », qui prévoient le montant des recettes qu'ils attendent, notamment par le recours à la publicité et au parrainage, sur une période comprise entre trois et cinq ans. Enfin son article 53-1 confie au Parlement le soin d'approuver chaque année le montant du produit attendu des recettes provenant de la publicité de marques. Tout est donc mis en œuvre pour plafonner ce type de recettes.

Le secteur privé dispose évidemment d'une marge de liberté plus importante. Contrairement à la législation antérieure, qui interdisait aux radios et aux télévisions privées de se financer à plus de 80 % par la publicité commerciale, la loi du 30 septembre 1986 ne fixe plus de limite à ce type de financement. La loi du 17 janvier 1989 permet toutefois au CSA de fixer, dans les conventions qu'il passe avec elles, et dans le respect des règles générales édictées par décrets en Conseil d'État, « le temps maximum consacré à la publicité, aux émissions parrainées, ainsi que les modalités de leur insertion dans les programmes ». TF1 et Canal Plus échappent cependant à ce régime de droit commun. En vertu de l'article 62 de la loi du 30 septembre 1986, c'est un décret en Conseil d'État, et non une convention, qui fixe les règles applicables à TF1 en matière de publicité. Quant à Canal Plus, la possibilité de recourir à la publicité ne lui est ouverte que d'une façon limitée, et uniquement dans le cadre de ses émissions non cryptées.

Tant dans le secteur public que dans le secteur privé, c'est le CSA qui est compétent pour contrôler le respect des dispositions réglementant l'usage de la publicité. Il est aidé dans cette tâche par le Comité de la communication publicitaire (CCP). Créé en 1987, ce CCP est dénué de personnalité morale et de pouvoir décisionnel. Son rôle essentiel est d'examiner les messages publicitaires avant leur diffusion, et de donner sur eux son avis au CSA. Ainsi éclairé, le CSA délivre, ou refuse de délivrer, son visa aux annonceurs. Ce contrôle préventif, qui porte principalement sur le contenu des messages publicitaires destinés à être diffusés à la télévision, est d'une grande efficacité. Potentiellement moins dangereux, les messages diffusés à la radio font en principe simplement l'objet d'un contrôle *a posteriori*. De même, c'est un contrôle *a posteriori* qu'exerce le CSA sur le volume horaire de la publicité, et sur l'emplacement des spots dans les programmes.

La réglementation des quotas d'émissions françaises et européennes obéit quant à elle à des principes moins complexes. Conformément à la directive européenne du 3 octobre 1989, qui autorise — sans les rendre obligatoires — les « quotas linguistiques », la loi du 18 janvier 1992 impose au secteur public et au secteur privé de diffuser à la télévision, « en particulier aux heures de grande écoute, des proportions au moins égales à 60 % d'œuvres cinématographiques et audiovisuelles européennes, et des proportions au moins égales à 40 % d'œuvres cinématographiques et audiovisuelles d'expression originale française ». Elle adoucit ainsi la réglementation antérieure, qui fixait à 50 % le quota d'émissions d'expression originale française. En outre, un adoucissement supplémentaire résulte de la possibilité qu'elle ouvre au CSA de substituer aux heures de grande écoute de simples « heures d'écoute significative », afin de faciliter l'application des quotas. En ce qui concerne les radios privées, la loi charge enfin le CSA de fixer, dans les conventions qu'il passe avec elles, « la proportion d'œuvres musicales créées ou interprétées par des auteurs et artistes français ou francophones, en particulier contemporains », qu'elles devront diffuser. Cette proportion doit être au moins égale à 40 % en vertu de la loi du 1er février 1994.

Le protectionnisme culturel que réalise la loi du 18 janvier 1992 est parfois critiqué[1]. Il a pourtant le mérite de préserver la société française d'une « américanisation » à outrance qui serait dangereuse pour les libertés. Car un peuple qui perd son identité culturelle est un peuple dont la conscience collective se dilue, et dont la capacité à réagir contre l'arbitraire s'évanouit faute de repères.

§ 2. Le contrôle des deux secteurs par une autorité administrative indépendante

L'idée de confier le contrôle de l'audiovisuel à une autorité administrative indépendante trouve son origine dans le rapport Paye de 1970. Elle est née du constat de l'inaptitude du pouvoir politique à opérer lui-même ce contrôle sans verser dans l'arbitraire. L'indépendance de cette autorité administrative à l'égard du pouvoir politique est donc la clef de sa réussite, en même temps que la garantie de la sauvegarde de la liberté de communication audiovisuelle. Or, en pratique, force est de constater au fil des alternances que la conquête de cette indépendance a posé, et continue à poser, de graves problèmes. Deux autorités administratives ont déjà payé de leur existence leur manque d'indépendance à l'égard des gouvernements qui les avaient façonnées ; il s'agit de la Haute Autorité de l'audiovisuel (A) et de la Commission nationale de la communication et des libertés (CNCL) (B). Mieux assuré qu'elles de sa survie, leur successeur, le Conseil supérieur de l'audiovisuel (CSA), s'attire néanmoins lui aussi de graves critiques (C).

A. La Haute Autorité

Première autorité administrative indépendante chargée de contrôler l'audiovisuel, la Haute Autorité a été instituée par la loi du 29 juillet 1982. Sa composition était entièrement calquée sur celle du Conseil constitutionnel, puisqu'elle comprenait neuf membres nommés pour neuf ans non renouvelables, trois (dont le président) par le président de la République, trois par le président de l'Assemblée nationale, et trois par

---

1. Cf. par exemple D. Truchet, « Droit de l'audiovisuel : confrontation avec le droit communautaire et hésitations nationales », *RFDA* 1992.251.

le président du Sénat. Comme lui, elle était en outre renouvelable par tiers tous les trois ans. Par bonheur, les anciens présidents de la République n'étaient toutefois pas admis à y siéger. Malgré tout, son mode de désignation, qui permit à la majorité politique du moment de choisir six de ses neuf membres, fut critiqué.

Le véritable handicap de la Haute Autorité était pourtant ailleurs : il résidait dans la faiblesse de ses pouvoirs. En effet, c'est elle qui délivrait les autorisations d'émettre aux radios (et télévisions) locales, mais c'est le gouvernement qui était compétent pour accorder des concessions de service public aux télévisions nationales privées, et des autorisations d'émettre aux radios nationales privées. En outre, elle n'avait aucun pouvoir de sanction efficace contre les titulaires d'autorisation[1] et les concessionnaires de service public ; du coup, ceux-ci n'étaient guère enclins à obéir à ses règlements et à ses recommandations. Elle était tout aussi impuissante à l'égard des sociétés nationales de programme, dont elle nommait toutefois les présidents.

Réticent à abandonner sa mainmise sur la communication audiovisuelle, le pouvoir politique avait donc conçu la Haute Autorité moins comme une véritable autorité que comme un « bureau des pleurs » destiné à « détourner... du gouvernement la vindicte de l'opposition et l'humeur des téléspectateurs[2] ». Plusieurs affaires confirmèrent d'ailleurs que le gouvernement entendait lui dicter sa conduite[3]. Dans ces conditions, malgré ses mérites — qui furent réels —, la Haute Autorité était condamnée à disparaître rapidement.

B. La Commission nationale de la communication et des libertés

C'est à la suite du changement de majorité politique de 1986 que la loi du 30 septembre 1986 remplaça la Haute Autorité par la CNCL. La composition de la nouvelle instance s'inspirait de celle de la CNIL, et rompait avec le modèle du Conseil constitutionnel. La CNCL comprenait en effet treize membres, nommés ou élus pour une durée de neuf ans non renouvelable. Six de ces treize membres étaient nommés : deux par le président de la République, deux par le président de l'Assemblée nationale, deux par le président du Sénat. Quatre autres étaient élus : un par le Conseil d'État, un par la Cour de cassation, un par la Cour des comptes, un par l'Académie française (ce fut Michel Droit). Les trois derniers étaient cooptés par les dix premiers membres, et obligatoirement choisis parmi les personnalités qualifiées en matière de création audiovisuelle, de télécommunications, et de presse écrite. Le président de la CNCL était élu par ces treize membres en leur sein.

En dépit de sa complexité, cette composition avait le mérite de retirer au pouvoir politique le choix de la majorité des membres de la nouvelle instance. Elle semblait donc de nature à garantir l'indépendance de la CNCL. Hélas les quatre élections

---

1. La loi du 29 juillet 1982 n'avait en effet prévu qu'une seule sanction contre eux : le retrait d'autorisation. Disproportionnée par rapport aux fautes commises, cette sanction ne fut pratiquement pas utilisée. La loi du 1er août 1984 tenta bien d'introduire une seconde sanction : la suspension d'autorisation. Mais les suspensions qu'infligea la Haute Autorité sur le fondement de ce nouveau texte restèrent lettre morte...

2. Selon l'analyse de J. Morange, « Les pouvoirs de la Haute Autorité », *RDP* 1982.1513.

3. Il fit par exemple pression sur elle en 1984, pour qu'elle nomme M. Héberlé à la présidence d'Antenne 2.

prévues par la loi furent précédées de campagnes électorales trop politisées, qui ternirent d'emblée son image de marque.

La CNCL fut dotée de pouvoirs sensiblement plus importants que ceux de la Haute Autorité. Ce renforcement semblait constituer une autre garantie de son indépendance. Mais, là encore la CNCL déçut les espérances qu'on avait placées en elle.

La loi du 30 septembre 1986 lui donnait le pouvoir de délivrer toutes les autorisations d'émettre. C'était donc d'elle seule, et non plus du gouvernement, que dépendait le sort des radios et des télévisions privées, tant nationales que locales. Les télévisions nationales privées elles-mêmes, qui relevaient antérieurement du régime de la concession de service public [1], étaient désormais soumises à ce régime de droit commun de l'autorisation d'émettre, à l'exception de Canal Plus. Dans le même ordre d'idées, la loi confiait à la CNCL le pouvoir de choisir le groupe qui serait autorisé à acquérir 50 % du capital de la chaîne privatisée TF1.

Son pouvoir répressif connaissait lui aussi des avancées significatives par rapport à celui de la Haute Autorité, tout au moins à l'égard du secteur privé. En cas de manquement des titulaires d'autorisation à leurs obligations, elle pouvait en effet leur adresser des mises en demeure, leur infliger des suspensions ou des retraits d'autorisation, ou encore porter plainte auprès du procureur de la République. Mais l'innovation essentielle consistait à permettre au président de la CNCL de saisir le président de la section du contentieux du Conseil d'État, statuant en référé, afin que celui-ci puisse éventuellement prononcer une astreinte. Cette possibilité de passer le relais à la haute juridiction administrative s'avéra d'une grande efficacité. Elle fut utilisée huit fois par la CNCL [2].

En dehors de ces deux pouvoirs fondamentaux d'autoriser et de sanctionner, la CNCL disposait également d'un pouvoir réglementaire légèrement élargi par rapport à celui de la Haute Autorité. Enfin, elle conservait l'important pouvoir, qui appartenait déjà à son prédécesseur, de nommer les présidents des sociétés nationales de programme.

Une telle panoplie de prérogatives semblait permettre à la CNCL de conquérir son indépendance. Malheureusement, la nouvelle instance ne sut pas saisir sa chance. Elle accumula tant de maladresses qu'elle finit par perdre toute crédibilité. Dès les premières semaines de son existence, elle remplaça tous les présidents du secteur public par des hommes de droite, suscitant les protestations de certains de ses membres et d'une partie de la presse écrite. Puis elle attribua la Cinq au groupe du député RPR Robert Hersant. L'un de ses membres, Michel Droit, fut ensuite inculpé ; soupçonné d'avoir usé de son influence pour permettre à une radio privée (« Radio-Courtoisie ») d'obtenir une autorisation d'émettre, il dut se mettre en congé de la CNCL. Le Conseil d'État fut enfin amené à sanctionner certaines illégalités commises

---

1. Il s'agissait d'ailleurs de bien étranges concessions de service public, car ni la 5 ni la 6 ne se rémunéraient sur leurs usagers. Or le financement du service par les usagers est l'une des caractéristiques essentielles de la concession de service public (cf. concessionnaires d'autoroutes, ou Canal Plus).

2. Cf. par exemple Ord. prés. section contentieux, 16 mars 1988 (*RDP* 1988.1379), et 21 juin 1988 (*RFDA* 1989.259) : injonction sous peine d'astreinte à TF1 de ne pas dépasser la durée de publicité autorisée (1re Ord.) et à la 5 et à la 6 de respecter les quotas d'œuvres audiovisuelles d'expression originale française (2e Ord.).

par la CNCL[1]. Tant et si bien que le président Mitterrand ne choqua pas grand monde lorsqu'il déclara, en septembre 1987, que la CNCL « n'a rien fait jusqu'ici qui puisse mériter ce sentiment qu'on appelle le respect ». Ses jours étaient désormais comptés.

C. Le Conseil supérieur de l'audiovisuel

C'est à la suite d'une nouvelle alternance politique, survenue en 1988, que la CNCL a disparu. Modifiant la loi du 30 septembre 1986, la loi du 17 janvier 1989 la remplace en effet par le CSA, qui est aujourd'hui encore en activité.

La composition du CSA marque le retour à un certain classicisme. Tirant les leçons de l'expérience, la loi de 1989 renonce à instituer des membres élus, et revient au modèle simple et éprouvé du Conseil constitutionnel. Le CSA comprend en effet neuf membres nommés pour une durée de six ans (et non plus neuf) non renouvelable. Le président de la République, le président de l'Assemblée nationale, et le président du Sénat en désignent chacun trois. Le CSA se renouvelle par tiers tous les deux ans. Son président est choisi par le président de la République parmi les trois membres qu'il désigne. Une dernière particularité rapproche le CSA de la défunte Haute Autorité : les anciens présidents de la République ne sont pas admis à y siéger de plein droit.

L'indépendance des membres du CSA est garantie grâce au système d'incompatibilités très rigoureux, qui s'inspire des interdictions qui pesaient déjà sur les membres de la Haute Autorité et de la CNCL. Leurs fonctions sont en effet incompatibles avec tout mandat électif, tout emploi public et toute autre activité professionnelle. En outre, ils n'ont pas le droit de détenir des intérêts dans une entreprise de l'audiovisuel, du cinéma, de l'édition, de la presse, de la publicité ou des communications électroniques. Tout membre contrevenant à l'une de ces dispositions est déclaré démissionnaire d'office par le CSA statuant à la majorité des deux tiers de ses membres. À ce système d'incompatibilités s'ajoute enfin un devoir de réserve qui leur interdit, pendant la durée de leurs fonctions et durant un an à compter de la cessation de celles-ci, toute prise de position publique sur les questions dont le CSA a ou a eu à connaître, ou qui sont susceptibles de lui être soumises.

Mais c'est surtout grâce à l'importance des pouvoirs qui lui sont reconnus que le CSA paraît en mesure d'acquérir une réelle indépendance. « Texte de maturité, tirant les leçons de l'expérience acquise et jetant les bases d'un compromis durable[2] », la loi de 1989 en fait en effet une autorité sensiblement plus puissante que ne l'était la CNCL. Sur les six pouvoirs que le CSA reçoit en héritage, deux (le pouvoir consultatif et le pouvoir de nomination) sont équivalents à ceux dont disposaient la CNCL, et trois (pouvoirs d'autorisation, de contrôle et de sanction) sont augmentés, un seul (le pouvoir de réglementation) subissant un léger recul.

– Le CSA est tout d'abord investi d'un important rôle consultatif, qui lui confère la dimension d'un « sage de l'audiovisuel ». Il est en effet compétent pour formuler des propositions sur l'amélioration de la qualité des programmes, pour donner son avis sur la définition de la position de la France dans les négociations internationales sur la radiodiffusion sonore et la télévision, pour adresser des recommandations au

---

1. CE 21 oct. 1988, TF1 (3 arrêts), *RDP* 1988.1758 : annulation de trois décisions de la CNCL pour défaut d'appel de candidatures préalable à l'autorisation d'émettre.
2. J. Chevallier, « De la CNCL au CSA », *AJDA* 1989.76.

gouvernement en vue de développer la concurrence dans les activités de communication audiovisuelle, et pour lui donner son avis sur le contenu des cahiers des charges des sociétés nationales de programme. Il peut également être saisi par le gouvernement ou par le Parlement de demandes d'avis ou d'études portant sur l'audiovisuel. Enfin, il adresse chaque année au président de la République, au gouvernement et au Parlement, un rapport public dans lequel il rend compte de son activité et suggère des modifications législatives et réglementaires.

– Le CSA hérite en second lieu du pouvoir de nomination de la CNCL. Il nomme donc pour cinq ans les présidents des sociétés nationales de programme, ainsi qu'un tiers des membres de leurs conseils d'administration. La loi du 1er août 2000 le charge également de nommer pour cinq ans le président de France Télévisions, qui préside cinq conseils d'administration : ceux de France Télévisions, de France 2, de France 3, de France 4 et de France 5.

– Il dispose en troisième lieu d'un pouvoir d'autorisation considérablement amélioré. Comme la CNCL, il délivre les autorisations d'émettre aux radios et aux télévisions privées, tant nationales que locales, diffusant tant par la voie hertzienne que par satellite. La seule exception reste Canal Plus, qui demeure investie par le gouvernement d'une concession de service public. Comme par le passé, ces autorisations d'émettre doivent être précédées d'appels de candidatures[1], afin de respecter le libre jeu de la concurrence. Deux innovations permettent toutefois d'assurer à ce travail de répartition des ondes une meilleure qualité qu'auparavant. Tout d'abord, la délivrance de chaque autorisation d'émettre est désormais subordonnée à la conclusion d'une convention passée entre le CSA et le bénéficiaire de l'autorisation ; cet étrange procédé, qui consiste à coupler l'autorisation avec un contrat administratif, a pour but de contractualiser les obligations dudit bénéficiaire, afin de le placer plus nettement que par le passé devant ses responsabilités[2]. D'autre part, la loi de 1989 crée des « comités techniques » régionaux, qu'elle charge d'assurer l'instruction des demandes d'autorisations émanant des radios ; leur intervention permet d'éviter au CSA d'être submergé sous le flot des demandes à instruire, comme le fut l'infortunée CNCL, tout en lui laissant le pouvoir de décision final.

En ce qui concerne les réseaux câblés, la marge de manœuvre du CSA est plus restreinte. Ceux qui sont internes à une propriété, à une entreprise ou à un service public peuvent fonctionner librement, sans autorisation, après simple déclaration préalable au CSA. Les autres, depuis la loi du 9 juillet 2004, bénéficient du même

---

1. La loi du 1er février 1994 prévoit toutefois une exception en faveur des autorisations d'émettre par voie hertzienne : ces autorisations, qui sont délivrées pour une durée maximale de dix ans (radios numériques et télévisions) ou de cinq ans (radios analogiques), peuvent en effet être reconduites par le CSA, sans appel de candidatures, pour cinq ans. La loi du 1er août 2000 précise que cette période supplémentaire de cinq ans n'est pas elle-même renouvelable pour les télévisions, alors qu'elle l'est une fois pour les radios. Cette loi institue par ailleurs une deuxième exception au profit des autorisations d'émettre par voie hertzienne « pour une durée n'excédant pas neuf mois » : elles peuvent en effet être délivrées par le CSA sans appel à candidatures. Une autre exception est prévue par la loi du 5 mars 2007 en cas de « reprise intégrale » en mode numérique d'une télévision déjà autorisée en mode analogique. Cette loi charge par ailleurs le CSA de veiller au développement de la « télévision mobile personnelle », qu'elle assimile à la « télévision du futur ».

2. Ce jumelage d'un acte administratif unilatéral et d'un contrat administratif est une expérience intéressante. J. Chevallier, *op. cit.*, p. 74, estime toutefois que « le choix d'un cadre purement contractuel... aurait sans doute été plus cohérent ».

régime de déclaration préalable, alors qu'ils étaient auparavant soumis à un régime de double autorisation : l'autorisation d'établir le réseau, qui était délivrée par la commune ou par le groupement de communes ; et l'autorisation de l'exploiter, qui était délivrée par le CSA à un candidat proposé par la commune ou par le groupement de communes [1].

– La loi de 1989 confie au CSA, en quatrième lieu, un pouvoir de contrôle plus étendu que celui, pourtant déjà considérable, dont disposait la CNCL. Elle le charge en effet de veiller à ce que le secteur public et le secteur privé respectent leurs obligations, notamment en matière de publicité et de protection de l'enfance et de l'adolescence. La loi du 1er août 2000 le charge en outre de veiller au respect, par les services de télévision, du principe selon lequel les « événements d'importance majeure » ne peuvent être retransmis en exclusivité d'une manière qui aboutit à priver une « partie importante du public », en France ou dans « un autre État membre de la Communauté européenne », de la possibilité de les suivre. La loi du 31 mars 2006 sur l'égalité des chances le charge enfin de veiller à ce que la programmation des services de radio et de télévision « reflète la diversité de la société française » ; en clair : sa diversité ethnique. Le CSA est aidé dans cette mission de contrôle par les comités techniques régionaux, qui jouent le rôle d'observateurs permanents des radios privées situées dans leur zone géographique. Il conserve en outre intégralement les moyens d'investigation dont disposait déjà la CNCL, moyens qui lui permettent de « faire procéder... à des enquêtes », et d'effectuer des interrogatoires et des vérifications, mais non de recourir à des visites d'entreprises.

– Mais si le pouvoir de contrôle dévolu au CSA paraît amélioré par rapport à celui de la CNCL, c'est surtout parce qu'il s'accompagne d'un impressionnant renforcement de son arsenal répressif. La loi de 1989 donne en effet au CSA une gamme de sanctions beaucoup plus étendue que celle dont disposait la CNCL.

Il peut adresser des « observations publiques » au conseil d'administration de toute société nationale de programme ou de l'INA, en cas de « manquement grave » à ses obligations. Il peut également désigner l'un de ses membres pour exposer au conseil d'administration le contenu de ces observations. Il peut enfin enjoindre au président de la société ou de l'institut concerné de prendre, dans un délai qu'il fixe, les mesures nécessaires pour faire cesser le manquement. Par comparaison, la CNCL ne disposait, à l'égard des sociétés du secteur public, que du premier de ces trois pouvoirs. Malgré cette amélioration, les pouvoirs de sanction dont disposait le CSA à l'égard du secteur public demeuraient nettement insuffisants. C'est pourquoi la loi du 1er février 1994 les a accrus. Désormais, le CSA peut adresser des mises en demeure aux sociétés nationales de programme. Et si elles ne s'y conforment pas, il peut suspendre une partie de leur programme pour une durée maximale d'un mois, ou leur infliger une sanction pécuniaire. Il peut également insérer un communiqué dans leur programme, et saisir le procureur de la République de toute infraction à la loi du 30 septembre 1986.

---

1. La loi du 1er août 2000 (confirmée par la loi du 9 juillet 2004) a transposé ce système au réseau hertzien numérique et au satellite : elle distingue l'« éditeur » de service, qui doit obtenir l'autorisation du CSA de gérer une « ressource radioélectrique » (une fréquence), et le « distributeur » de service qui l'utilise pour y diffuser des programmes, sur autorisation du CSA après proposition de l'éditeur (réseau hertzien numérique), ou sur choix de l'éditeur après déclaration préalable au CSA, qui peut s'y opposer (satellite). Cf. articles 30-1, 30-2, 30-6 et 34 de la loi modifiée du 30 septembre 1986.

Mais depuis 1989, le CSA dispose de pouvoirs encore plus étonnants à l'égard du secteur privé. Par ordre de gravité croissant, il peut infliger au titulaire d'une autorisation d'émettre [1] : une mise en demeure publique de respecter ses obligations ; une suspension de l'autorisation ou d'une partie du programme pour un mois au plus ; la réduction de la durée de l'autorisation dans la limite d'une année ; une sanction pécuniaire dont le montant peut atteindre 3 % du chiffre d'affaires hors taxes réalisé au cours des douze derniers mois, voire 5 % en cas de récidive ; ou le retrait de l'autorisation. Il peut également ordonner l'insertion dans les programmes d'un communiqué dont il fixe les termes et les conditions de diffusion, ou porter plainte auprès du procureur de la République. Enfin, son président peut, comme naguère celui de la CNCL, saisir le président de la section du contentieux du Conseil d'État, statuant en référé, afin qu'il prononce éventuellement une astreinte [2]. Par rapport aux pouvoirs dont disposait la CNCL, quatre de ces neuf moyens d'action sont nouveaux. Il s'agit de la suspension d'une partie du programme, de la réduction de la durée de l'autorisation, de la sanction pécuniaire et de l'ordre d'insertion dans les programmes...

Cette puissance peut effrayer. Elle est pourtant moins dangereuse qu'elle ne le paraît. Les lois de 1989 et de 1994 prennent en effet la précaution de l'assortir de six garanties, dont cinq subsistent aujourd'hui : les sanctions les plus graves ne peuvent pas être prononcées sans avoir été précédées d'une instruction confiée à un juge administratif (garantie supprimée par la loi de 2000) ; la personne mise en cause a le droit de consulter le dossier et de présenter ses observations écrites et orales ; toutes les sanctions infligées par le CSA peuvent être attaquées par un recours de pleine juridiction formé devant le Conseil d'État [3] ; elles doivent être motivées ; elles doivent être proportionnées à la gravité du manquement ; enfin le recours formé contre une décision de retrait prononcée sans mise en demeure préalable est suspensif, sauf lorsque le retrait est motivé par une atteinte à l'ordre public, à la sécurité ou à la santé publiques. On comprend dès lors que, compte tenu de ces garanties, le Conseil constitutionnel ait avalisé les pouvoirs de sanction du CSA [4].

– Seule fausse note dans cette montée en puissance de l'autorité administrative indépendante chargée de l'audiovisuel, le CSA perd une partie du pouvoir réglementaire de la CNCL. La loi de 1989 lui ôte en effet le pouvoir de fixer « les règles générales de programmation » dont disposait son prédécesseur. En outre, le Conseil constitutionnel a refusé que lui soit confié le pouvoir de fixer « les règles déontologiques concernant la publicité et les règles applicables à la communication institu-

---

1. Concessionnaire de service public, Canal Plus échappe à son pouvoir de sanction. Le CSA peut simplement suggérer au gouvernement une sanction.

2. Cf. par exemple CE, Ord. réf., 13 déc. 2004, Al Manar, *JCP* 2005, n° 10021 : enjoint à la société Eutelstat, sous astreinte de 5 000 euros par jour de retard, de cesser la diffusion, sur ses satellites, des émissions de la télévision libanaise (et antisémite) Al Manar.

3. Pour un exemple, cf. CE 26 juill. 1991, SA La Cinq, *AJDA* 1991.911 : la sanction pécuniaire de quatre millions de francs, infligée à la Cinq, est proportionnée à la gravité de la faute commise (quatre interruptions publicitaires d'un film au lieu d'une seule) ; la requête est donc rejetée. Si le CE avait estimé la sanction disproportionnée, il aurait pu — en tant que juge du plein contentieux et non de l'excès de pouvoir — en diminuer le montant. Ce qu'il fait dans CE, Sect., 11 mars 1994, La Cinq, *RDP* 1995.517, en ramenant une sanction de 5 millions à 3 millions de francs.

4. CC 17 janv. 1989, CSA, *GDCC*.

tionnelle (et) au parrainage », pouvoir dont il a jugé la portée trop étendue [1]. Dans ces conditions, le CSA ne dispose plus que d'un pouvoir réglementaire résiduel, portant sur quelques domaines précis : les émissions électorales, le droit de réplique, les modalités d'expression politique, et les spécifications techniques des réseaux câblés. Plus que jamais, le pouvoir général de réglementation de l'audiovisuel appartient au gouvernement.

Le CSA dispose malgré tout de suffisamment de pouvoirs pour conquérir une indépendance réelle, et devenir le garant de la liberté de communication audiovisuelle dont les auditeurs, les téléspectateurs et les exploitants ont besoin. Même s'il a commis quelques maladresses [2], il faut souhaiter qu'on ne le condamne pas trop vite, et qu'on lui laisse le temps de parvenir à maturité. À terme, il paraît même souhaitable de lui transférer le pouvoir, qui appartient à l'heure actuelle au gouvernement, d'établir les cahiers des charges de Canal Plus et des sociétés de programme du secteur public. Il n'est enfin pas interdit de penser, au vu de l'histoire malheureuse de la liberté de communication audiovisuelle, que l'avenir de celle-ci ne sera pleinement garanti que lorsque l'existence et l'indépendance du CSA seront inscrites dans la Constitution.

Section 2
La liberté cinématographique

Comme la liberté de la radio et de la télévision, la liberté cinématographique est une « liberté sous autorisation ». Cela se vérifie tant au stade de la fabrication des films (§ 1) qu'à celui de la diffusion des films (§ 2).

§ 1. La fabrication des films

La réalisation d'un film destiné à la commercialisation coûte très cher. C'est la raison pour laquelle l'État apporte une aide financière aux entreprises de production, par l'intermédiaire du « fonds de soutien de l'industrie cinématographique ». Ce fonds est un compte d'affectation cogéré par le ministre chargé du cinéma et le ministre de l'Économie et des Finances, dont les décisions conjointes sont exécutées par le directeur du Centre national de la cinématographie. Alimenté par la taxe additionnelle au prix des places de cinéma, il permet d'attribuer à tous les films — sauf aux films classés X — des subventions automatiques, et sert également à accorder des aides sélectives pour encourager la réalisation d'œuvres de qualité.

En contrepartie, le décret du 27 janvier 1956, portant Code de l'industrie cinématographique, soumet les entreprises de production à un régime de double autorisation. Elles doivent d'abord être autorisées à exercer l'activité de production de

---

1. CC 17 janv. 1989, préc.
2. En 1992, il a par exemple hâtivement remplacé Philippe Guilhaume, président démissionnaire d'Antenne 2 et de FR 3, par Hervé Bourges, qui était le candidat soutenu par le gouvernement. Toujours en 1992, il a réattribué avec beaucoup de légèreté la Cinq au groupe Hachette, alors que la situation financière de cette chaîne laissait clairement présager sa liquidation judiciaire, qui survint quelques mois plus tard.

films, leurs collaborateurs devant pour leur part être titulaires d'une carte d'identité professionnelle. Elles doivent ensuite obtenir, avant le début de chaque tournage, une autorisation de tournage. C'est le directeur du Centre national de la cinématographie, établissement public administratif créé en 1946, qui délivre ces autorisations, après avis de la commission de contrôle des films.

La constitutionnalité du décret de 1956 apparaît pour le moins douteuse. Le Conseil constitutionnel semble en effet n'accepter de soumettre la liberté de la communication audiovisuelle au régime de l'autorisation préalable, que lorsque celui-ci est rendu nécessaire par les « contraintes techniques inhérentes aux moyens de la communication audiovisuelle [1] ». Or le cinéma n'est pas lié, comme la radio ou la télévision, par la rareté des fréquences disponibles. Et on ne voit pas quelle autre « contrainte technique » on pourrait invoquer pour justifier la façon dont on le traite. Dans ces conditions, il semble que n'importe quelle personne puisse se prévaloir de la jurisprudence Alitalia [2] pour demander l'abrogation du « règlement illégal » qu'est devenu le décret de 1956.

§ 2. La diffusion des films

Le régime de la diffusion des films n'est pas moins critiquable que celui de leur fabrication. La liberté d'ouvrir des salles de cinéma et de les exploiter (A) ne doit en effet pas faire oublier l'existence de plusieurs censures cinématographiques (B). En revanche, le problème spécifique de la diffusion des films à la télévision a été résolu de façon satisfaisante (C).

A. La liberté d'ouvrir des salles de cinéma et de les exploiter

Depuis un décret du 18 février 1928, l'ouverture des salles de cinéma est soumise à un régime de simple déclaration préalable, destiné à vérifier si elles respectent bien les conditions de sécurité qui s'imposent à elles comme à tout établissement ouvert au public. Il est donc difficile d'imaginer un système plus libéral sans sacrifier cette exigence de sécurité.

Le problème des « ententes de programmation » a toutefois conduit le législateur à recourir à des dispositions plus draconiennes en ce qui concerne l'exploitation des salles, afin de sauvegarder le libre jeu de la concurrence. Cette protection est assurée par deux articles, toujours en vigueur, de la loi du 29 juillet 1982.

L'article 90 soumet en effet à l'« agrément préalable » du directeur du Centre national de la cinématographie, la constitution de tout groupement ou entente entre entreprises de spectacles cinématographiques destiné à assurer la programmation des films en salle. Il introduit donc en la matière un régime d'autorisation préalable. Contrairement à celui qui régit la fabrication des films, celui-ci trouve toutefois une justification solide dans la nécessité d'éviter la constitution d'un monopole de diffusion, qui serait néfaste tant pour les créateurs que pour les spectateurs. L'article 90 prend d'ailleurs soin de préciser que « l'agrément ne peut être accordé

---

1. CC 27 juill. 1982, Liberté de communication audiovisuelle, *R* 45 ; CC 17 janv. 1989, CSA, *GDCC*.
2. CE, Ass., 3 févr. 1989, Comp. Alitalia, *GAJA*.

qu'à des groupements ou ententes qui ne font pas obstacle au libre jeu de la concurrence », et qu'il ne peut en aucun cas être délivré « aux groupements ou ententes de programmation associant deux ou plusieurs entreprises d'exploitation d'importance nationale ». Cette dernière disposition a pour effet d'interdire aux trois groupes qui dominent le marché français — Pathé-Gaumont, Union Générale Cinématographique et Parafrance — de s'associer.

L'article 92 complète ce dispositif de protection du libre jeu de la concurrence en instituant un « médiateur du cinéma », qui est chargé de trouver des solutions de conciliation aux litiges relatifs à la diffusion des films en salle, lorsque ces litiges révèlent l'existence d'une situation de monopole de fait ou d'obstacles à la libre diffusion des films. Ce médiateur peut être saisi par toute personne physique ou morale concernée ; il peut également se saisir d'office de toute affaire entrant dans sa compétence. Si la conciliation réussit, le procès-verbal qui constate l'accord auquel le médiateur est parvenu est déposé au greffe du tribunal d'instance et acquiert force exécutoire du seul fait de ce dépôt. À défaut de conciliation, le médiateur peut émettre une injonction qu'il a le pouvoir de rendre publique. En cas d'échec, il peut saisir le Conseil de la concurrence.

Grâce à ces dispositions, la liberté d'ouvrir des salles de cinéma s'accompagne de la liberté de les exploiter, c'est-à-dire de la liberté de leurs exploitants d'y diffuser les films de leur choix, sans laquelle elle n'offrirait pas grand intérêt.

B. Les censures cinématographiques

En France, les films ne sont pas soumis à une censure idéologique. Cela signifie qu'on ne peut s'opposer à leur diffusion sous prétexte qu'ils défendraient des idées déplaisant au pouvoir politique ou à une partie influente de la population. Cette position de principe permet de protéger la liberté d'expression, à laquelle participe la liberté cinématographique.

En pratique, il peut hélas arriver qu'un film soit victime de ses idées. Le plus facile est de s'opposer à sa fabrication en refusant de le financer. Ce qu'on a l'habitude d'appeler la « censure économique » peut en effet facilement servir à écarter les projets de films dérangeants. Lorsqu'un film est fabriqué, on peut aussi faire obstacle à sa diffusion en recourant à l'une des trois censures cinématographiques qui existent en France : la censure administrative (1), la censure judiciaire (2) et la censure fiscale (3). Normalement, ces trois censures ont pour but de protéger les individus contre les débordements auxquels la liberté cinématographique peut, comme toute liberté, donner lieu ; mais le danger existe qu'on les utilise pour bafouer la liberté d'expression.

1) La censure administrative

À ses origines, le cinéma fut assimilé à un « spectacle de curiosité », au même titre qu'un spectacle forain ou de music-hall. Il était donc soumis à un régime d'autorisation préalable, délivrée — ou refusée — dans chaque commune par le maire.

Mais on prit rapidement conscience de l'influence extraordinaire exercée par le cinéma sur les foules. Cette particularité lui valut, dès 1916, de cesser d'être considéré comme un « spectacle de curiosité ». Il fut dès lors soumis à un régime spécifique, encore plus rigoureux que celui qu'il avait connu jusque-là. Désormais, chaque film ne pouvait être projeté en salle qu'après avoir obtenu une « carte » délivrée par une commission nationale de contrôle. La censure administrative était née.

Créée en pleine guerre mondiale, elle était surtout destinée à empêcher la projection des films susceptibles de saper le moral de la population. On pouvait donc légitimement s'attendre à ce qu'elle disparaisse après le retour de la paix. Il n'en fut rien : la censure administrative créée en 1916 existe toujours.

À l'heure actuelle, elle est organisée par l'ordonnance du 3 juillet 1945, complétée par le décret du 23 février 1990. Deux « visas » ont remplacé la « carte » d'antan : un visa d'exploitation, dont l'obtention est nécessaire pour exploiter le film en salle ; et un visa d'exportation, qui permet d'exporter le film à l'étranger. Tous deux sont délivrés par le ministre chargé du cinéma, qui est actuellement le ministre de la Culture, après avis de la commission de classification des films.

Il y a peu à dire du visa d'exportation, sinon qu'il peut être accordé ou refusé. Le ministre dispose en revanche d'une gamme de mesures plus étendue vis-à-vis du visa d'exploitation. Chaque film peut en effet faire l'objet de l'une des six mesures suivantes : autorisation tous publics ; interdiction aux mineurs de douze ans ; interdiction aux mineurs de seize ans ; interdiction aux mineurs de dix-huit ans ; classement X pour les films à caractère pornographique ou d'incitation à la violence ; interdiction totale [1].

Préalablement à sa décision, le ministre doit consulter la commission de classification des films, dont la composition est quadripartite. Outre son président et son vice-président, qui sont des hauts fonctionnaires, elle comprend des représentants de la profession, des représentants de l'État, des experts et, de façon assez démagogique, des « jeunes » de moins de vingt-cinq ans, tous désignés par le gouvernement. Le ministre n'est pas obligé de suivre l'avis donné par la commission. Mais s'il veut prendre une décision plus sévère que celle qu'elle lui conseille, il doit lui demander de procéder à une seconde vision du film.

Jusqu'en 1975, le juge administratif n'exerçait qu'un contrôle minimum sur les décisions du ministre. Cette timidité encourageait les manifestations d'arbitraire. C'est ainsi qu'en 1966 le film *Suzanne Simonin, la religieuse de Diderot* fut interdit par le ministre, malgré l'avis favorable de la commission. L'affaire fut évoquée par le Parlement, dont les débats permirent d'établir que le ministre avait cédé à des pressions. Le film se vit finalement accorder son visa d'exploitation, mais le scandale avait clairement indiqué que la censure administrative était parfois utilisée pour museler la liberté d'expression. L'extension du contrôle du juge s'imposait donc.

Cette extension fut réalisée par un arrêt d'assemblée de 1975 [2]. Depuis cet arrêt, le juge administratif accepte en effet d'opérer un contrôle normal sur les décisions du

---

1. Le ministre peut également retarder la délivrance du visa lorsque le film s'inspire d'une affaire criminelle non encore jugée : CE, Ass., 8 juin 1979, Chabrol et SA films La Boétie, *RDP* 1980.222, concl. Bacquet.

2. CE, Ass., 24 janv. 1975, Min. de l'Information c/Société Rome-Paris Films, *RDP* 1975.296, concl. Rougevin-Baville. Pour des applications récentes, cf. CE 9 mai 1990, de Bénouville, *D* 1990.374, concl. Stirn ; et CE 4 févr. 2004 Assoc. Promouvoir *JCP* 2004 n° 10045. Cf. aussi CE, Sect., 30 juin 2000, Assoc. Promouvoir, *RFDA* 2000.1311 : annule la décision d'interdire aux mineurs de seize ans un film à prétention intellectuelle qui se compose « pour l'essentiel d'une succession de scènes de grande violence et de scènes de sexe non simulées » ; car ce film est ministre. Un considérant de principe rappelle au ministre « la nécessité de concilier les intérêts généraux dont il a la charge avec le respect dû aux libertés publiques et, notamment, à la liberté d'expression », et impose « à la juridiction administrative, saisie d'un recours formé contre un refus de visa, de rechercher si le film qui a fait l'objet de la décision contestée devant elle est de nature à causer à ces intérêts un dommage justifiant l'atteinte portée aux libertés publiques ».

Malgré cette évolution qui limite les risques d'arbitraire, le principe même de la censure ministérielle demeure critiquable. Le système des visas aboutit en effet à placer la liberté cinématographique sous un régime d'autorisation préalable, qui n'est justifié ni par des contraintes techniques, ni par le souci d'éviter la constitution de monopoles, ni par un quelconque intérêt des spectateurs. Dans ces conditions, mieux vaudrait lui substituer un régime de déclaration préalable qui, s'il était convenablement aménagé, suffirait à assurer la protection de la jeunesse, en laissant au ministre un délai suffisant pour prononcer d'éventuelles interdictions aux mineurs de douze ou de seize ans.

Par comparaison, la censure locale des films, qui n'est expressément prévue par aucun texte mais dont la jurisprudence administrative a reconnu la légitimité, s'avère beaucoup moins critiquable. Depuis son célèbre arrêt « Société Les films Lutétia », rendu en 1959, le Conseil d'État admet en effet que les maires puissent utiliser leurs pouvoirs de police administrative générale pour interdire, dans leurs communes, la représentation d'un film auquel le visa ministériel d'exploitation a été accordé. Mais il ne reconnaît la validité d'une telle interdiction que si la projection du film « est susceptible d'entraîner des troubles sérieux ou d'être, à raison du caractère immoral dudit film et de circonstances locales, préjudiciable à l'ordre public [1] ». Or les conditions ainsi posées sont suffisamment précises pour empêcher tout arbitraire municipal.

Le premier des deux motifs possibles de l'interdiction est classique : c'est la menace de « troubles sérieux » que présenterait la projection du film, troubles qui pourraient se matérialiser par exemple par des manifestations d'hostilité sur la voie publique, par le saccage des salles de cinéma, ou par des violences perpétrées contre les spectateurs. Dans ce genre d'hypothèses, l'intervention du maire est logique : elle est nettement commandée par sa mission d'assurer la tranquillité et la sécurité publiques.

Le second motif est au premier abord plus surprenant. Il consiste à fonder l'interdiction sur le risque que fait peser sur l'ordre public la projection du film, « à raison du caractère immoral dudit film et de circonstances locales ». Cette expression signifie que les maires peuvent utiliser leurs pouvoirs de police administrative générale pour prévenir ou faire cesser les troubles de conscience susceptibles d'être provoqués par les films, indépendamment de tout risque de troubles matériels. On doit

---

dangereux pour les mineurs et aurait donc dû, dès lors que le décret de 1990 ne prévoit pas d'autre possibilité d'interdiction aux mineurs de dix-huit ans, être classé X. Suite à cet arrêt, un décret du 12 juillet 2001 a ouvert cette dernière possibilité, ce qui a permis au film en question d'échapper au classement X.

1. CE, Sect., 18 déc. 1959, Société Les films Lutétia, *GAJA*.

donc en déduire que la moralité publique constitue la quatrième composante de l'ordre public, après la tranquillité, la sécurité et la salubrité [1].

Cela n'est pas aussi inquiétant qu'on pourrait le penser. Il faut bien comprendre, en effet, que la prise en compte de la « moralité publique » n'équivaut pas à l'instauration d'un « ordre moral », dont la consécration provoquerait la mort de la liberté cinématographique et de la liberté d'expression. Contrairement à l'« ordre moral », qui désigne la situation dans laquelle des autorités publiques imposent à la société leurs propres conceptions morales, la « moralité publique » est classiquement définie comme le minimum d'« idées morales communément admises à un moment donné par la moyenne des citoyens » [2] : elle vient d'en bas, alors que l'ordre moral vient d'en haut. En la prenant en compte pour interdire des films, les maires se bornent donc à apaiser leurs administrés, à obéir aux exigences de la « conscience collective locale [3] » auxquelles renvoie l'allusion précitée aux « circonstances locales ».

La jurisprudence postérieure à l'arrêt Lutétia a confirmé cette analyse. Au début des années soixante, elle a certes un peu trop facilement admis la légalité des interdictions [4]. Mais depuis lors, elle n'hésite plus à repousser le spectre de l'ordre moral et à annuler les interdictions qui ne sont pas fondées sur des circonstances locales impérieuses [5]. Grâce à cette bonne jurisprudence, la liberté cinématographique et la liberté d'expression sont donc respectées, sans que les exigences de l'ordre public soient pour autant oubliées.

2) La censure judiciaire

Sur le fondement de l'article 809 du nouveau Code de procédure civile, le président du TGI a le droit de prescrire en référé l'interdiction de projeter un film, lorsque cette projection causerait un dommage illicite à une ou plusieurs personnes.

Certains groupes de pression, mécontents de n'avoir pu obtenir la censure administrative d'un film, ont donc saisi ce magistrat dans l'espoir qu'il utilise ses pouvoirs pour sanctionner l'immoralité de ce film. Cette tentative a notamment été faite par les milieux catholiques intégristes en 1985, contre *Je vous salue Marie*, et en 1988, contre *La dernière tentation du Christ*, films qu'ils jugeaient offensants pour la religion catholique.

À chaque fois la manœuvre a échoué [6]. Il ne pouvait en être autrement, car la censure judiciaire découlant de l'article 809 a pour but d'empêcher ou de faire cesser

---

1. En ce sens, cf. notre article « Le juge administratif face à l'ordre moral », *Mélanges Peiser*, 1995, p. 363. Comparer avec notre ancienne position, défendue dans la 1re édition du présent manuel, 1995, p. 414-415.

2. Selon la définition donnée par Guldner, concl. sur CE 20 déc. 1957, Soc. nat. d'éd. cinématographiques, *S* 1958.3.73.

3. Selon l'expression utilisée par TA Marseille, 18 mars 1982, Soc. Gaumont, *GP* 1982.2.468.

4. CE 4 mai 1962, Ville de Montpellier, *R* 299 ; CE, Ass., 19 avr. 1963 (13 arrêts dont 9 acceptent l'interdiction), *JCP* 1963.II, n° 13237, et la surprenante note de P. Mimin.

5. CE 23 févr. 1966, Société Franco-London films, *JCP* 1966.II, n° 14608, concl. Rigaud ; TA Amiens, 10 avr. 1973, Ch. synd. des producteurs de films français, *R* 780 ; CE 26 juill. 1985, Ville d'Aix-en-Provence, *RFDA* 1986.439, concl. Genevois.

6. Ord. prés. TGI Paris, 28 janv. 1985, *GP* 1985.122, CA Paris, 13 mai 1985, *GP* 1985.342, et (sur renvoi de la Cour de cassation), CA Dijon, 22 mars 1988 : refus d'interdire le premier film. Ord. prés. TGI Paris, 22 sept. 1988, et CA Paris, 27 sept. 1988 : refus d'interdire le second film.

les atteintes les plus graves aux personnes, et non de faire respecter un ordre moral incompatible avec la liberté d'expression et la liberté cinématographique.

3) La censure fiscale

Prenant acte de l'évolution des mœurs, la censure administrative s'est considérablement relâchée à partir du milieu des années soixante-dix. La conséquence immédiate de ce relâchement a été le déferlement, sur les écrans français, de ce qu'on a appelé la « vague pornographique » de 1975. Le pouvoir politique a alors jugé nécessaire de prendre des mesures fiscales afin d'empêcher le cinéma français de se spécialiser dans les films rentables mais de faible intérêt culturel que sont les films pornographiques et les films d'incitation à la violence. Tel a été l'objet des articles 11 et 12 de la loi de finances du 30 décembre 1975.

Cette loi crée une nouvelle catégorie de films, celle des « films X ». Doivent être classés dans cette catégorie les films pornographiques et les films d'incitation à la violence. C'est le ministre chargé du cinéma qui les classe X, après avis de la commission de classification des films. La solution était dangereuse, car elle pouvait conduire à classer abusivement dans la catégorie X les films anticonformistes. Mais le Conseil d'État a exclu tout arbitraire ministériel en la matière en exerçant un contrôle normal sur les décisions de classement[1].

Ce contrôle normal était d'autant plus nécessaire que les conséquences fiscales du classement X sont très sévères : la TVA est perçue au taux majoré sur les cessions de droits portant sur les films X, et sur les droits d'entrée pour les séances au cours desquelles ces films sont projetés, alors que les autres films sont dispensés de TVA ; un prélèvement spécial de 20 % est institué sur les bénéfices industriels et commerciaux réalisés grâce aux films X ; la taxe additionnelle au prix des places, instituée par l'article 1621 du Code général des impôts, est majorée de 50 % ; enfin le droit de timbre, dont sont exonérés les spectacles cinématographiques, est perçu pour les films X. Si on ajoute à cela que les films X n'ont pas droit à l'attribution des subventions du Fonds de soutien de l'industrie cinématographique, on comprend qu'un tel arsenal de mesures discriminatoires ait atteint son but : faire refluer durablement la « vague pornographique »...

C. Le problème de la diffusion des films à la télévision

En France comme dans les autres pays, le développement de la télévision a remis en question la place et le rôle du cinéma dans la société. Convaincu de l'utilité sociale des deux médias, le pouvoir politique a entrepris d'atténuer leurs rapports de concurrence en créant entre eux des liens de coopération.

Cette coopération est organisée par le titre 5 de la loi du 30 septembre 1986. Ses dispositions essentielles placent en effet les sociétés de télévision du secteur public et du secteur privé dans la double obligation de ne pas dépasser « un nombre maximal

---

1. CE 13 juill. 1979, Société Les productions du Chesne, *RDP* 1980.247 : annulation de la décision de classer X le film intitulé *Le Bordel ou la maison de confidences* car, « si peu délicate que soit l'inspiration de cet ouvrage », il ne présente pas un caractère pornographique. Ce contrôle normal peut à l'inverse déboucher sur l'annulation d'un refus de classer X : cf. CE, Sect., 30 juin 2000, Assoc. Promouvoir, préc.

annuel de diffusions et rediffusions d'œuvres cinématographiques », et de consacrer dans ces diffusions « des proportions au moins égales à 60 % à des œuvres européennes et des proportions au moins égales à 40 % à des œuvres d'expression originale française ». La première mesure permet de limiter la concurrence entre le cinéma et la télévision ; la seconde, de contraindre la télévision à participer au développement de la création cinématographique française et européenne.

Grâce à ces dispositions, la guerre qu'on pouvait craindre n'a pas eu lieu, et les deux médias vivent en paix. Cette coexistence pacifique est un gage d'avenir pour la liberté de communication audiovisuelle, dont l'effectivité se nourrit de diversité.

Malgré les insuffisances, parfois graves, de son régime juridique, la liberté de communication audiovisuelle existe en France. Il faut toutefois prendre conscience de son extrême fragilité. Par l'influence qu'elle exerce sur les masses, la communication audiovisuelle est en effet devenue un enjeu de pouvoir. Dès lors, la tentation est grande, pour les autorités politiques qui la contrôlent ou pour les puissances d'argent qui la financent, d'en faire l'instrument docile de leurs ambitions. La diffusion d'un conformisme de commande est un danger qui guette en permanence le spectateur, le téléspectateur et l'auditeur[1].

Des solutions juridiques existent pour l'atténuer. Elles passent notamment, pour la radio et la télévision, par le renforcement des pouvoirs et de l'indépendance du CSA, et, pour le cinéma, par la suppression du régime d'autorisation préalable.

Mais le véritable rempart de la liberté n'est pas d'ordre juridique. Il réside dans la capacité de l'opinion publique à prendre conscience des risques qu'elle encourt, et à exiger le respect du pluralisme sans lequel elle ne peut se forger en toute connaissance de cause.

BIBLIOGRAPHIE SÉLECTIVE

• Sur l'ensemble de la liberté de communication audiovisuelle

F. BALLE, *Médias et sociétés*, Montchrestien, 11e éd., 2003 (intéressante approche sociologique ; traite également de la liberté de la presse).

D. BELLESCIZE et L. FRANCESCHINI, *Droit de la communication*, PUF, 2005 (très complet, sauf sur le cinéma).

J. CHEVALLIER, « Constitution et communication », *D* 1991.C.247 (article fondamental).

B. COUSIN et B. DELCROS, *Le Droit de la communication, presse écrite et audiovisuel*, Éd. du Moniteur, deux tomes, 1990 (ouvrage très complet, sauf sur le cinéma).

C. DEBBASCH, *Droit de l'audiovisuel*, Dalloz, 1988.

E. DERIEUX, *Droit des médias*, LGDJ, 5e éd., 2008 ; et « Le Conseil constitutionnel et les principes du droit de la communication », *Mélanges Robert*, Montchrestien, 1998, p. 239.

G. DROUOT, *Le Nouveau Droit de l'audiovisuel*, Sirey, 1988.

---

1. Combien de stations de radio et de chaînes de télévision ont protesté contre la guerre du Golfe, contre l'Europe de Maastricht, ou contre le projet de Constitution européenne ?

- **Sur la réforme de 1982**

Cahiers de la communication, numéro spécial, Dunod, 1983.

J. CHEVALLIER, « Le statut de la communication audiovisuelle », *AJDA* 1982.555 (article fondamental) ; complété par J. CHEVALLIER, « L'aménagement de la liberté d'accès à l'audiovisuel », *AJDA* 1984.505.

J. MORANGE, « Les pouvoirs de la Haute Autorité », *RDP* 1983.1509.

D. TRUCHET, « Une loi de la dernière chance ? La loi du 29 juillet 1982 sur la communication audiovisuelle », *JCP* 1983, n° 3120.

- **Sur la réforme de 1986**

J. CHEVALLIER, « Le nouveau statut de la liberté de communication », *AJDA* 1987.59 (article fondamental).

Dossier *RFDA* 1987.343.

E. DERIEUX, « Un nouveau statut de la communication », *RDP* 1987.336.

G. DROUOT, « La loi relative à la liberté de communication », *ALD* 1987.551.

- **Sur la réforme de 1989**

Dossier *RFDA* 1989.207.

J. CHEVALLIER, « De la CNCL au CSA », *AJDA* 1989.59 (article fondamental).

E. DERIEUX, « La loi du 17 janvier 1989 relative au CSA », *RDP* 1990.133.

- **Sur l'évolution du régime de la radio et de la télévision depuis 1989**

B. COUSIN et B. DELCROS, « L'Europe de la communication audiovisuelle », *AJDA* 1990.217 (intéressante analyse de la directive communautaire du 3 octobre 1989, et de la convention européenne du 15 mars 1989 sur la télévision transfrontières).

B. DELCROS et J. ROGER, « Commentaire de la loi du 1er février 1994 », *AJDA* 1994.305.

E. DERIEUX, « Instabilité et incertitudes législatives dans le domaine des communications au public par voie électronique », *LPA* n° 2230, 17 nov. 2004 (sur la loi du 9 juillet 2004).

K. FAVRO, « Secteur public de la communication audiovisuelle et service public », *AJDA* 2001.241 (longue réflexion sur certains aspects de la loi du 1er août 2000).

J. MORANGE, « La réforme de la communication audiovisuelle », *RFDA* 1994.1170.

H. PAULIAT, « Le contrôle du juge administratif sur les décisions des autorités administratives indépendantes compétentes en matière audiovisuelle », *RFDA* 1992.256 (intéressante étude de jurisprudence, qui montre que ce contrôle tend à devenir un « contrôle maximum »).

S. REGOURD, « Décentralisation, culture et communication », *AJDA* n° spécial « Décentralisation », 1992, 95 (bilan des interventions des collectivités locales en matière de cinéma, de radio et de télévision).

S. REGOURD, *La Télé des Européens*, La Documentation française, 1992.

D. TRUCHET, « Droit de l'audiovisuel : confrontation avec le droit communautaire et hésitations nationales », *RFDA* 1992.251 (commentaire de la loi du 18 janvier 1992 et de la décision CC du 15 janvier 1992).

D. TRUCHET, « Audiovisuel : la liberté de communication », *AJDA* 2000.1024 (commentaire de la loi du 1er août 2000).

- **Sur le régime du cinéma**

G. BOSSIS et R. ROMI, *Droit du cinéma*, LGDJ, 2004.

H. DELPECH, « La lutte contre la pornographie à l'écran », *JCP* 1976, n° 2785.

C. GUETTIER, *JCA* n° 267.

R. HOSTIOU, « À propos de la liberté d'expression cinématographique », *Mélanges Charlier*, 1981, 793.

P. MAAREK, *La Censure cinématographique*, Litec, 1982 (ouvrage fondamental).

G. MARCOU, « La liberté du cinéma », *D* 1976.C.159.

J. MOURGEON, « Vers une liberté publique de l'expression cinématographique », *GP* 1975.I. 350.

O. PASSELECQ, *Les Libertés du cinéma*, thèse, Paris I, 1976.

J.-M. PONTIER, *Les Aides aux films en France, cinéma et télévision*, PUAM-Economica, 1992 ; *Le droit du cinéma*, PUF « Que sais-je ? », 1995 ; et « Centième première. Le cinéma a fait son droit », *D* 1995.83.

S. REGOURD, « Cinéma européen... », *Mélanges Mourgeon,* Bruylant, 1998, p. 457 (mise en garde contre la tentation de l'UE de traiter le cinéma comme une marchandise).

P. SOUDET, « Nécessités et limites du contrôle cinématographique », *EDCE* 1978-1979.57.

G. VALTER, *Le Régime de l'organisation professionnelle de la cinématographie*, LGDJ, 1969.

J. VIGUIER, « Que devient la liberté d'expression cinématographique ? », *Mélanges Mourgeon*, Bruylant, 1998, p. 687 ; et « L'expression cinématographique en France : liberté réelle ou liberté formelle ? », *Mélanges Marichy*, Presses de l'IEP de Toulouse, 2004, p. 151 (critique).

Titre III

Les libertés relationnelles

L'homme vit en société. Cette simple observation suffit à faire comprendre qu'aucune de ses libertés n'est exercée en vase clos, dans le splendide isolement d'une introuvable tour d'ivoire. La liberté d'opinion, qui est l'archétype de la liberté intellectuelle, ne consiste pas seulement à penser ce qu'on veut dans son for intérieur (activité qui, d'ailleurs, est déjà sociale puisqu'elle nécessite l'utilisation d'un langage, autrement dit d'un acquis culturel), mais implique aussi la possibilité d'extérioriser ses pensées. Quant au droit de disposer de son corps, qui est la première des libertés physiques, il n'a de sens que par rapport à autrui, ce dont on peut aisément se convaincre quand on songe qu'il recouvre notamment les droits de mener une vie sexuelle et de procréer. Face à ces évidences, force est donc de constater que les libertés physiques et intellectuelles ont une dimension relationnelle.

Si certaines libertés méritent d'être qualifiées de « relationnelles », ce n'est donc pas parce qu'elles sont les seules à impliquer des relations sociales mais, plus modestement, parce que contrairement aux autres libertés, qui laissent la dimension relationnelle au second plan, derrière les dimensions physique ou intellectuelle de l'existence humaine, elles placent celle-ci au centre de leurs préoccupations.

Ainsi entendues, les libertés relationnelles sont au nombre de cinq. Il s'agit du droit de propriété, de la liberté d'entreprendre, des libertés du travailleur (droit syndical et droit de grève), de la liberté de réunion et de la liberté d'association.

Bien qu'elles soient des libertés publiques à part entière, les trois premières ne seront pas étudiées dans cet ouvrage. À tort ou à raison, la tradition universitaire française réserve en effet leur présentation aux cours de droit civil, de droit commercial et de droit du travail. On se bornera donc à étudier la liberté de réunion (chapitre 1) et la liberté d'association (chapitre 2).

Chapitre 1

La liberté de réunion

La liberté de réunion est la plus simple des libertés relationnelles, puisqu'elle s'analyse comme le droit de s'assembler avec autrui. Elle est aussi une liberté fondamentale, dans la mesure où elle conditionne l'existence de la plupart des autres libertés. Sans elle, les libertés d'expression et de religion perdraient par exemple une grande partie de leur signification. Dès lors, il ne faut pas s'étonner que la Cour européenne des droits de l'Homme ait entrepris de la protéger avec une grande vigilance [1].

Malgré sa valeur, la liberté de réunion n'en est pas moins intrinsèquement dangereuse pour l'ordre public. C'est ce qui explique qu'elle ait connu une histoire agitée.

Sous l'Ancien Régime, la liberté de réunion n'existait pas. En principe, toute réunion était subordonnée à une autorisation préalable du roi. En pratique, toutefois, le contrôle royal fut exercé avec une certaine tolérance, dont les « sociétés de pensée » surent profiter pour se développer.

C'est en 1789 que la liberté de réunion apparut en France. Fille de la Révolution, elle apparut spontanément dans les « clubs » et dans la rue avant d'être consacrée par les textes. Négligée par la Déclaration des droits de l'Homme et du Citoyen, elle fut en effet tardivement confirmée par un décret du 14 décembre 1789, puis par la Constitution de 1791. Ces textes tentèrent par la même occasion de protéger l'ordre public en interdisant les réunions armées, et en soumettant les autres réunions au régime de la déclaration préalable. Mais la détermination des sans-culottes renversa ces fragiles barrières de papier.

Par réaction contre ces excès, le Directoire plaça la liberté de réunion sous surveillance. Les réunions politiques et les attroupements sur la voie publique, même non armés, furent en effet strictement interdits par la Constitution de l'an III. Le Premier Empire fit preuve d'encore plus de sévérité en édictant le Code pénal de 1810, dont l'article 291 soumit à l'autorisation préalable du gouvernement les

1. L'arrêt CEDH 21 juin 1988, Plattform Arzte für das Leben, estime que l'article 11 de la Convention impose, vis-à-vis de la liberté de réunion, deux obligations à l'État : celle, négative, de s'abstenir de l'entraver sans raison valable, et celle, positive, d'assurer sa protection contre les personnes qui tentent de la paralyser. Pour sa part, le Conseil constitutionnel n'a pas encore eu l'occasion de préciser la valeur juridique de la liberté de réunion ; mais sa valeur constitutionnelle ne fait aucun doute ; elle peut être déduite de la décision CC 18 janv. 1995, Vidéosurveillance et fouille des véhicules, *JCP* 1995, n° 22525, qui consacre la valeur constitutionnelle du « droit d'expression collective des idées et des opinions ». Le Conseil d'État juge quant à lui que « la liberté de réunion est une liberté fondamentale » au sens de l'article L. 521-2 du CJA relatif au référé-liberté : CE 19 août 2002, Front national, *AJDA* 2002.1017.

réunions de plus de vingt personnes. Hantée par le souvenir de la Révolution, la Restauration maintint ce système préventif, mais se montra capable de manifester en pratique une certaine tolérance. Malgré des débuts difficiles, marqués par plusieurs émeutes réprimées dans le sang, la monarchie de Juillet fit preuve de la même tolérance. Elle laissa ainsi se développer la pratique des « banquets » républicains, dont le dernier devait, en donnant naissance à la Révolution de 1848, provoquer sa chute.

Dans l'enthousiasme de ses débuts, la Seconde République restaura officiellement la liberté de réunion. Une proclamation d'avril 1848, bientôt relayée par la Constitution de novembre 1848, en garantit en effet l'exercice, en interdisant seulement les attroupements armés. Mais cet état d'esprit démocratique ne dura pas. Tirant prétexte des émeutes de juin 1849, le gouvernement fit voter la loi du 19 juin 1849, par laquelle il put désormais interdire discrétionnairement les réunions qui lui semblaient de nature à compromettre la sécurité publique. La liberté de réunion avait vécu.

D'abord fidèle à l'œuvre liberticide de Napoléon Ier, le Second Empire remit en vigueur l'article 291 du Code pénal, et décréta l'interdiction des réunions politiques. Ce n'est qu'à la fin de son règne que Napoléon III se résolut à libéraliser un peu ce système. La loi du 6 juin 1868 légalisa en effet les réunions politiques, qui furent toutefois soumises à un régime d'autorisation préalable. D'autre part et surtout, elle reconnut la liberté des autres réunions, qui furent simplement assujetties au système de la déclaration préalable. Mais comme toujours avec Napoléon III, la libéralisation était ambiguë, car la loi permettait aux préfets d'« ajourner » discrétionnairement les réunions qui leur paraissaient susceptibles de troubler l'ordre public. Aussi les républicains ne manquèrent-ils pas de remarquer qu'il n'y avait pas grande différence entre cette faculté d'ajourner et l'ancien système de l'autorisation préalable.

Échaudée par l'épisode de la Commune, la Troisième République ne manifesta guère d'empressement à faire bouger les choses. La liberté de réunion ne fut en effet rétablie que par la loi du 30 juin 1881. Dans l'intervalle, la loi du 6 juin 1868 fut purement et simplement maintenue en vigueur.

La loi de 1881 proclame la liberté des réunions publiques, qu'elle soumet toutefois au système, il est vrai libéral, de la déclaration préalable. L'entêtement de l'Église catholique, qui refuse d'assujettir les réunions du culte à cette formalité, qu'on prétend lui imposer à partir de 1905, provoque l'ultime amélioration du système. Modifiant la loi de 1881, une loi du 28 mars 1907 supprime l'exigence de la déclaration préalable.

Ce système issu des lois de 1881 et de 1907 régit aujourd'hui encore les réunions qui se tiennent hors des voies publiques (section 1). Il est complété par des textes de 1935 et de 1945, qui définissent respectivement le régime des réunions sur les voies publiques (section 2), et le régime des spectacles (section 3).

Section 1
Les réunions hors des voies publiques

Les réunions hors des voies publiques bénéficient du régime de liberté institué par les lois du 30 juin 1881 et du 28 mars 1907. Bien que ces lois ne mentionnent que les réunions « publiques » (§ 1), la jurisprudence applique également le principe de liberté aux réunions « privées » (§ 2).

§ 1. Les réunions publiques

Assez curieusement, le législateur de 1881 et de 1907 a omis de définir les « réunions publiques » qu'il prétend pourtant protéger. C'est donc à la jurisprudence qu'est revenue la tâche d'en donner la définition.

Selon le Conseil d'État et la Cour de cassation, la réunion est un groupement momentané de personnes qui est organisé en vue d'entendre l'exposé d'idées ou d'opinions, ou de se concerter pour la défense d'intérêts [1]. Elle se caractérise donc par trois éléments. Elle est tout d'abord un groupement momentané, ce qui la distingue de l'« association », laquelle suppose un lien durable entre ses membres. Elle est ensuite un groupement organisé, ce qui la différencie des rassemblements accidentels, des « attroupements » qui se forment spontanément. Elle est enfin un groupement qui a pour but d'entendre l'exposé d'idées ou d'opinions, ou de se concerter pour la défense d'intérêts, ce qui la démarque des « spectacles », dont l'objet essentiel est de distraire le public.

Ainsi définie, la réunion peut être publique ou privée. Pour opérer cette qualification, la jurisprudence retient le critère de la forme de l'invitation : si celle-ci est impersonnelle et anonyme, la réunion est réputée publique ; si elle est au contraire personnelle et nominative, la réunion est considérée comme privée [2]. On en déduit que le lieu de la réunion est sans incidences sur sa qualification, la jurisprudence admettant sans problème qu'une réunion publique puisse se tenir dans un domicile privé [3].

Le régime juridique des réunions publiques ainsi définies est extrêmement libéral. La loi du 30 juin 1881, après avoir proclamé qu'elles « sont libres », précise en effet qu'« elles peuvent avoir lieu sans autorisation préalable ». De son côté, la loi du 28 mars 1907 ajoute qu'elles peuvent également se tenir « sans déclaration préalable ». Du rapprochement de ces deux textes il résulte donc que la liberté des réunions publiques est absolue.

Trois obligations pèsent toutefois sur les réunions publiques en vertu de la loi de 1881. Tout d'abord, elles ne doivent pas se prolonger après vingt-trois heures, sauf dans les localités où la fermeture des établissements ouverts au public (cafés par exemple) a lieu plus tard. Cette interdiction traduit le souci, parfaitement légitime, d'assurer le respect de la tranquillité publique. Ensuite, chaque réunion publique doit avoir un bureau composé d'au moins trois personnes, que la loi charge de maintenir l'ordre et d'endosser la responsabilité pénale des infractions commises à l'occasion de la réunion, notamment dans l'hypothèse où l'un des participants tiendrait un discours « contenant provocation à un acte qualifié crime ou délit ». Cette disposition est astucieuse, car en plaçant une épée de Damoclès au-dessus des membres du bureau, elle incite puissamment les organisateurs à tout mettre en œuvre pour garantir la bonne tenue de leur réunion. En troisième lieu, un « fonctionnaire de l'ordre

---

1. Crim. 14 mars 1903, Du Halgouët, *S* 1906.103 ; CE 6 août 1915, Delmotte, *R* 275, concl. Corneille ; Crim. 13 déc. 1923, Castex, *D* 1924.121 ; concl. Michel sur CE 19 mai 1933, Benjamin, *D* 1933.354.

2. Crim. 9 janv. 1869, Larcy, *S* 1869.281 ; Crim. 6 déc. 1909, Gaschard, *D* 1910.496 ; concl. Michel, préc.

3. Cf. Crim. 9 janv. 1869, Larcy, préc. : « Est publique, bien que tenue dans le domicile privé d'un citoyen, la réunion pour laquelle des invitations ont été distribuées soit à domicile mais sans adresses, soit sur la voie publique, soit à la porte de l'habitation du prévenu, où chacun pouvait s'en procurer... ».

administratif ou judiciaire », par exemple un commissaire de police, peut être délégué par le préfet, par le sous-préfet, ou par le maire, pour assister à la réunion. Ce droit d'ingérence n'a en principe d'autre objet que de lui permettre de contrôler la bonne tenue de la réunion ; il peut toutefois l'amener à mettre fin à la réunion s'il en est requis par le bureau, ou s'il se produit des « collisions et voies de fait », autrement dit des actes de violence. On notera cependant qu'en l'absence d'obligation de déclaration préalable pesant sur les organisateurs, l'autorité publique ne pourra exercer ce droit d'ingérence qu'à l'égard des réunions dont elle sera parvenue à prendre connaissance.

Peu contraignante, mais néanmoins respectueuse des impératifs de l'ordre public, cette vieille législation est en définitive sagement conçue. Grâce à elle, la liberté des réunions publiques est aussi grande que possible.

Inaugurée à propos d'une conférence littéraire, la jurisprudence Benjamin confirme cet équilibre plus favorable à la liberté de réunion qu'au souci de l'ordre public [1]. Certes, elle permet aux autorités de police administrative d'interdire les réunions publiques au nom des nécessités de l'ordre public, ce que ne prévoyait nullement la législation. Mais elle soumet ce pouvoir d'interdiction à des conditions si draconiennes — risques de troubles graves, insuffisance des forces de police disponibles pour y faire face, proportionnalité de la mesure d'interdiction par rapport aux risques de troubles — qu'il ne trouve guère matière à s'exercer fréquemment [2]. Il est dès lors difficile de partager le pessimisme d'Achille Mestre, qui voyait dans l'arrêt Benjamin une décision attentatoire à la liberté de réunion [3].

On précisera pour terminer que, si grande qu'elle soit, la liberté de réunion n'a normalement vocation à s'exercer que dans des lieux privés. Sauf exception [4], les autorités chargées de la gestion du domaine public ou privé d'une personne publique ne sont en effet nullement obligées d'ouvrir celui-ci aux réunions. Bien au contraire, elles sont libres d'accepter ou non de les y autoriser [5], étant entendu qu'un refus ne

---

1. CE 19 mai 1933, Benjamin, *GAJA*.

2. Pour des exemples d'interdictions jugées légales, cf. la plupart des arrêts de la période 1936-1944, cités aux *GAJA* ; cf. aussi CE, Sect., 19 juin 1953, Houphouët-Boigny, *R* 298 (réunion d'un congrès en territoire africain), et CE 27 mai 2005 Section française de l'observatoire international des prisons *AJDA* 2005.1579 (réunions de prisonniers sur la Constitution européenne). Pour des exemples d'interdictions jugées illégales, cf. CE 1933, Benjamin, préc., CE 5 févr. 1937, Bujadoux, *D* 1938.19, concl. Lagrange (banquet présidé par Charles Maurras), CE, Sect., 23 janv. 1953, Naud, *R* 32 (conférence sur le procès de Pierre Laval), CE 29 juill. 1953, Damazière, *R* 407 (réunion communiste contre la guerre d'Indochine), CE, Sect., 29 avr. 1964, Ass. « La Mystique Pétain », *RDP* 1965.120 (réunion pour célébrer la mémoire du maréchal Pétain), CE 29 déc. 1997, Maugendre, *R* 826 (réunion organisée à l'occasion de la venue d'un dirigeant du Front national). À noter : une interdiction illégale peut engager la responsabilité pour faute lourde de la personne publique qui en est l'auteur : CE, Sect., 3 avr. 1936, Benjamin, *S* 1936.108, concl. Detton.

3. A. Mestre, note au *S* 1934.1. Partagent ce pessimisme : C.-A. Colliard, *Libertés publiques*, Dalloz, 7e éd., 1989, p. 737 ; et J. Morange, *Droits de l'Homme et libertés publiques*, PUF, 2e éd., 1989, p. 213.

4. Aux termes de la loi du 2 janvier 1907, les édifices du culte qui font partie du domaine public sont affectés de plein droit aux réunions des fidèles. Leur désaffectation n'est donc possible qu'avec l'accord du représentant du culte affectataire : TA Bordeaux, 20 déc. 2002, Savary, *AJDA* 2003.390.

5. TA Rennes, 10 janv. 1985, Préfet du Finistère, *AJDA* 1985.490 (légalité de l'arrêté municipal interdisant la tenue de réunions dans les locaux de la mairie) ; CE 6 nov. 1991, Ministre de l'Éducation nat., *DA* 1991, n° 521 (légalité de la décision d'un proviseur d'autoriser une réunion non politique dans un lycée) ; CE 19 août 2002, Front national, *AJDA* 2002.1017 : affirme « qu'il doit jamais être discriminatoire[1]. Cette situation est parfaitement normale, dans la mesure où tout bien appartenant à une personne publique reçoit en principe une affectation conforme à l'intérêt général, avec laquelle l'utilisation privative envisagée par les organisateurs des réunions publiques n'est pas nécessairement compatible.

Si l'on veut trouver matière à s'indigner, c'est finalement vers les législations sur l'état de siège et l'état d'urgence qu'il faut plutôt se tourner.

La loi du 3 avril 1955 donne en effet au ministre de l'Intérieur et aux préfets le pouvoir d'interdire, en cas d'état d'urgence, « à titre général ou particulier les réunions de nature à provoquer ou à entretenir le désordre ». Votée dans la précipitation pour faire face à la guerre d'Algérie, cette loi liberticide, dont les dispositions n'ont jamais correspondu aux aspirations de la conscience collective des Français, tue la liberté de réunion en rendant licites les interdictions prononcées « à titre général », c'est-à-dire sans examen au cas par cas.

La loi du 9 août 1849 donne pour sa part le droit à l'autorité militaire, en cas d'état de siège, « d'interdire... les réunions qu'elle juge de nature à exciter ou à entretenir le désordre ». Faite à Alger, l'ordonnance du 17 septembre 1943 ajoute que « durant l'état de siège, toute réunion publique sera précédée d'une déclaration indiquant le lieu, le jour, l'heure de la réunion » ; n'échappent aux rigueurs de ce régime préalable que quelques catégories de réunions limitativement énumérées, notamment les réunions cultuelles et les réunions électorales ; les autres réunions doivent faire l'objet d'une déclaration, déposée à la mairie ou à la préfecture cinq jours francs à l'avance ; le maire ou le préfet peuvent alors prononcer l'interdiction « si la réunion est de nature à troubler l'ordre public », expression qui semble inviter le juge administratif à n'exercer qu'un contrôle normal à la place du contrôle maximum prévu par la jurisprudence Benjamin. On peut certes comprendre la nécessité d'une législation spéciale dans les périodes de guerre. Mais il est tout à fait inadmissible de tirer celle-ci de deux textes dont l'un a été voté par une assemblée réactionnaire, et l'autre n'a pas été voté du tout. S'il faut se résigner dans certaines circonstances à sacrifier la liberté de réunion sur l'autel du salut public, que ce soit au moins en vertu d'un texte au caractère démocratique incontestable.

§ 2. Les réunions privées

Par opposition aux « réunions publiques », qui sont seules concernées par les lois de 1881 et de 1907, sont considérées comme « privées » les réunions qui se tiennent à la suite d'invitations personnelles et nominatives.

---

appartient... aux communes et à leurs groupements de déterminer dans quelles conditions des locaux dépendant d'eux sont susceptibles d'accueillir des réunions (...) ; lorsqu'une telle possibilité est ouverte, un refus ne peut légalement être opposé que pour des motifs tirés des exigences de l'ordre public ou des nécessités de l'administration des propriétés communales ». La CEDH semble admettre cette position. Cf. CEDH 9 avr. 2002, Cissé c/France, *RDP* 2003.712 : estime que l'évacuation forcée des « sans-papiers » qui occupaient l'église Saint-Bernard sans autorisation constitue une ingérence raisonnable dans leur liberté de réunion.

1. CE 15 oct. 1969, Ass. Caen-Demain, *RDP* 1970.1458 ; CE 19 août 2002, préc. Cf. aussi TA Paris, 13 mai 2004, Assoc. cultuelle des témoins de Jéhovah, *AJDA* 2004.1597 : annulation du refus du maire de Paris de louer un stade à l'association, ce refus n'étant motivé que par les prétendues « dérives sectaires » de celle-ci. Et CE 30 mars 2007 Ville de Lyon *AJDA* 2007.1242 : même solution à propos d'un refus identique du maire de Lyon opposé à la même association.

Théoriquement inoffensives pour l'ordre public, les réunions privées bénéficient du régime juridique le plus libéral qu'on puisse imaginer. Elles peuvent en effet, comme les réunions publiques, se dérouler librement, sans autorisation ni déclaration préalable d'aucune sorte. En outre, contrairement aux réunions publiques, elles ne sont pas soumises aux obligations posées par la loi de 1881. Ni la limite fatidique de vingt-trois heures, ni le devoir de constituer un bureau, ni l'obligation de supporter la présence éventuelle d'un fonctionnaire ne s'imposent à elles.

Comme toute liberté, la liberté de tenir des réunions privées connaît toutefois des limites. Les réunions syndicales dans les lieux de travail doivent par exemple respecter des règles destinées à préserver le bon fonctionnement de l'entreprise ou du service public [1]. La même contrainte s'impose aux réunions des travailleurs dans les entreprises [2]. D'autre part et surtout, la jurisprudence du Conseil d'État admet que des réunions privées puissent être interdites lorsqu'il y a lieu de craindre qu'elles « dégénèrent en réunions publiques » susceptibles de présenter un grave danger pour l'ordre public [3] ; le juge administratif exerce alors le contrôle maximum inauguré par l'arrêt Benjamin, transposant ainsi en faveur des réunions privées les garanties forgées pour les réunions publiques.

Simplement tempérée par un petit nombre de règles, justifiées et sagement conçues, la liberté des réunions privées est, on le voit, garantie de façon très satisfaisante par le droit français.

Section 2
Les réunions sur les voies publiques

Les réunions présentent deux inconvénients majeurs lorsqu'elles prétendent se dérouler sur la voie publique : elles entravent tout d'abord presque toujours la liberté d'aller et venir ; d'autre part et surtout, elles font peser sur l'ordre public un danger particulièrement sérieux. C'est ce qui explique que le droit français refuse de les faire bénéficier du régime libéral des lois de 1881 et de 1907.

Dans un passage qui n'est pas abrogé, la loi du 30 juin 1881 fait même preuve d'une grande sévérité à leur égard en disposant que « les réunions ne peuvent être tenues sur la voie publique ».

Cette disposition était lourde de menaces pour la liberté de manifestation. La jurisprudence du Conseil d'État et le décret-loi du 23 octobre 1935 ont heureusement su la désamorcer en l'interprétant de façon constructive. Grâce à eux, les « manifestations » jouissent d'un régime de liberté satisfaisant (§ 1), par opposition aux « attroupements » qui demeurent en principe prohibés (§ 2).

---

1. C. trav., art. L. 412-10 (permet une réunion par mois dans l'entreprise) ; et décret du 28 mai 1982 relatif à l'exercice du droit syndical dans la fonction publique (*JO* 30 mai) (permet une réunion par mois dans les bâtiments administratifs).
2. C. trav., art. L. 461-5 (renvoie à des accords entre entreprises et syndicats le soin de fixer « la fréquence et la durée des réunions permettant l'expression des salariés »).
3. CE 23 déc. 1936, Bucard, *R* 1151.

§ 1. Les « manifestations »

Officiellement consacré par le décret-loi du 23 octobre 1935, le terme « manifestations » désigne les rassemblements de personnes qui utilisent la voie publique pour exprimer une volonté collective. Ces rassemblements peuvent être mobiles, auquel cas on les qualifie de « cortèges », ou immobiles.

Ainsi définies, les manifestations ne doivent pas être analysées comme de simples « réunions publiques » dont la seule particularité serait de se dérouler sur la voie publique. D'après la jurisprudence, une « réunion » a en effet nécessairement pour objet d'entendre l'exposé d'idées ou d'opinions, ou de se concerter pour la défense d'intérêts ; elle suppose donc la présence de discours. La manifestation comporte au contraire des chants, des cris, des attitudes ou des emblèmes, mais n'implique pas obligatoirement l'exposé d'une pensée, la tenue d'un discours. Une manifestation ne s'analyse donc généralement pas comme une « réunion » au sens juridique du terme. Dans le titre de notre section II (« Les réunions sur les voies publiques »), le mot « réunions » est par conséquent utilisé au sens courant, non juridique, du terme.

Avant 1935, le régime juridique des manifestations était incertain. En l'absence de texte réglementant clairement la matière, les autorités administratives faisaient généralement preuve de tolérance. Certains maires s'appuyèrent cependant sur le passage précité de la loi du 30 juin 1881 pour interdire abusivement des manifestations — notamment religieuses — qui ne présentaient aucun danger pour l'ordre public. Face à ces excès, le Conseil d'État réagit dès 1909 en annulant systématiquement, sur le fondement de la loi du 9 décembre 1905 garantissant la liberté des cultes, les interdictions des manifestations religieuses ne reposant sur aucun motif d'ordre public [1].

À la suite des manifestations sanglantes du 6 février 1934, le décret-loi du 23 octobre 1935 a enfin apporté la réglementation claire qu'on attendait. Celle-ci faisait en effet cruellement défaut, notamment en ce qui concerne les manifestations de caractère politique ou social, auxquelles la jurisprudence de 1909 ne s'appliquait pas.

Avec beaucoup de pertinence, le décret-loi opère une division fondamentale entre les manifestations qui sont « conformes aux usages locaux » et celles qui ne le sont pas. Les premières sont entièrement libres ; elles peuvent donc se dérouler sans déclaration préalable. On estime en effet qu'en raison de leur caractère traditionnel, elles sont peu susceptibles d'engendrer des troubles. Il s'agit par exemple des défilés de carnaval, des manifestations d'anciens combattants à l'occasion du 11 novembre, ou des processions religieuses traditionnelles (convois funèbres, rameaux, communions...). Au contraire, les manifestations qui ne sont pas conformes à des usages locaux suscitent légitimement davantage d'inquiétude. C'est pourquoi elles sont placées sous un régime de liberté sous surveillance. Elles peuvent être librement organisées, sans qu'il soit nécessaire d'obtenir une autorisation préalable. Mais elles doivent faire l'objet d'une déclaration au préfet (dans les communes à police d'État) ou au maire (dans les autres communes) trois jours francs au moins avant leur date. Cette déclaration préalable doit faire connaître les noms et domiciles des organisateurs, être signée par trois d'entre eux, et indiquer le lieu, la date et l'heure du

---

1. CE 19 févr. 1909, Abbé Olivier, *GAJA*.

rassemblement des manifestants, ainsi que le but et l'itinéraire de la manifestation. L'autorité qui reçoit la déclaration doit en délivrer immédiatement un récépissé. Elle met ensuite à profit le délai minimum de trois jours francs pour évaluer la dangerosité de la manifestation projetée, et décider son éventuelle interdiction[1]. Sauf en cas d'urgence, cette interdiction ne peut toutefois intervenir qu'après que les organisateurs aient été invités à présenter leurs observations écrites[2]. Tirant les conséquences du distinguo posé par le décret-loi, le juge administratif n'a longtemps opéré sur cette dernière qu'un contrôle normal[3], alors qu'il exerce un contrôle maximum sur les interdictions des manifestations conformes à des usages locaux[4]. Cela signifiait que l'administration n'était pas obligée de tout mettre en œuvre pour qu'une manifestation puisse se dérouler, lorsque celle-ci n'était pas conforme à des usages locaux[5].

Cette situation était évidemment choquante. C'est pourquoi, conformément à nos vœux[6], le Conseil d'État y a mis fin en 1997, en étendant le contrôle maximum à l'ensemble des interdictions, quel que soit le caractère traditionnel ou non des manifestations concernées[7]. Cette ultime amélioration suffira très probablement à vaincre la fâcheuse tendance de l'administration, déjà combattue par le juge[8], à transformer en régime d'autorisation préalable le système de déclaration préalable assortie d'une possibilité d'interdiction établi par le décret-loi de 1935[9]. Grâce à elle, le régime juridique des manifestations peut être jugé satisfaisant. Il paraît en effet difficile de le libéraliser davantage, notamment en écartant totalement le système de la déclaration préalable, sans aller à l'encontre des impératifs de l'ordre public.

On notera enfin qu'une loi du 21 janvier 1995 permet au juge pénal d'infliger à certains délinquants, à titre de peine complémentaire, une interdiction de participer

---

1. Le 17 mars 1989, le préfet du Rhône a par exemple interdit le déroulement à Lyon d'une manifestation islamiste de protestation contre l'édition en France des *Versets sataniques* de Salman Rushdie.

2. CE 30 déc. 2003, L. et assoc. SOS tout-petits, *AJDA* 2004.888.

3. CE, Sect., 19 févr. 1954, Union des syndicats ouvriers de la région parisienne CGT, *R* 113 : décide que la manifestation projetée par la CGT « faisait courir à l'ordre public une menace de nature à justifier légalement l'interdiction ».

4. CE 10 juin 1931, Abbé Cretin, *R* 606 : affirme que l'autorité de police ne peut « porter atteinte aux traditions locales que dans la mesure strictement nécessaire au maintien de l'ordre ».

5. Elle pouvait ainsi, comme dans l'affaire de 1954 (préc.), interdire une manifestation alors même qu'elle disposait des forces de police nécessaires pour maintenir l'ordre. C'est d'ailleurs ce que conseillait de faire la circulaire Paganon du 27 octobre 1935, en vigueur jusqu'en 1979. De nos jours, les autorités de police adoptent heureusement une attitude plus conciliante ; il est fréquent qu'elles négocient avec les organisateurs des manifestations des changements d'horaire ou d'itinéraire, afin d'éviter l'interdiction.

6. Cf. 4e éd. de ce manuel, p. 483.

7. CE 12 nov. 1997, Min. de l'Intérieur c/Assoc. « Communauté tibétaine en France et ses amis », *R* 417 : juge que l'interdiction « excédait, dans les circonstances de l'espèce, les mesures qui auraient été justifiées par les nécessités du maintien de l'ordre public à l'occasion de cette visite » (du président de la République populaire de Chine).

8. Dès CE 4 févr. 1938, Abbé Nicolet, *R* 128, qui rappelle à un maire que le décret-loi de 1935 ne lui confère pas le pouvoir de soumettre à autorisation préalable les manifestations.

9. À cet égard, sont révélateurs les termes du communiqué du conseil des ministres du 29 mars 1979 : « Le président de la République a demandé au ministre de l'Intérieur de donner aux préfets les directives nécessaires pour refuser désormais les autorisations de manifestations dans le centre des villes, dès lors que celles-ci ne présentent pas de garanties absolues de sécurité » (cités par M.-R. Tercinet, « La liberté de manifestation en France », *RDP* 1979.1021).

aux manifestations sur la voie publique, dans des lieux qu'il précise, pour une durée maximale de trois ans. Dans le même esprit, la loi du 6 décembre 1993 lui permet de contraindre les personnes condamnées pour hooliganisme à répondre, au moment des manifestations sportives, à des convocations dans les commissariats de police, afin de les empêcher d'y participer. De façon beaucoup plus contestable, la loi du 23 janvier 2006 permet toutefois au préfet de prononcer lui-même cette interdiction de stade, à l'encontre de toute personne lui paraissant dangereuse en raison de « son comportement d'ensemble à l'occasion des manifestations sportives ». Or dans un régime libéral, la privation individuelle de liberté relève en principe du juge pénal et non d'une autorité administrative, si respectable soit-elle.

§ 2. Les « attroupements »

Le droit français distingue traditionnellement les « attroupements » des « manifestations ». Longtemps régis par la loi du 7 juin 1848, puis par l'ordonnance du 4 juin 1960 (codifiée aux articles 104 et suivants du Code pénal), ceux-ci sont aujourd'hui réglementés par les articles 431-3 et suivants du nouveau Code pénal.

Selon l'article 431-3, « constitue un attroupement tout rassemblement de personnes sur la voie publique ou dans un lieu public susceptible de troubler l'ordre public ». De cette définition un peu vague, on peut déduire que les manifestations traditionnelles et les manifestations déclarées ne constituent pas, en principe, des attroupements. Il en va toutefois autrement lorsqu'elles se déroulent alors qu'elles ont fait l'objet d'un arrêté d'interdiction, ou bien lorsqu'elles dégénèrent, car alors elles deviennent « susceptibles de troubler l'ordre public ». Pour les mêmes raisons, les manifestations qui, quoique non traditionnelles, sont organisées sans déclaration préalable peuvent légitimement être considérées comme des attroupements.

Mais un attroupement n'est pas forcément une manifestation illégale, ou une manifestation légale qui tourne mal. Il peut aussi consister en un rassemblement spontané qui, faute d'exprimer une volonté collective, ne s'analyse pas en une manifestation. Une file d'attente devant un cinéma, un regroupement de badauds autour d'un bateleur, constituent des exemples de rassemblements spontanés qui ne sauraient être considérés comme des manifestations ; tant qu'ils ne troublent pas la tranquillité ou la sécurité publiques, ils ne sont pas non plus des attroupements, mais ils le deviennent dans le cas contraire [1].

Quelle que soit la façon dont il est apparu, un attroupement est par définition menaçant. C'est pourquoi il est toujours loisible à l'autorité de police — en principe maire ou préfet — de le disperser par la force. Pour éviter toute violence inutile, la

---

1. Exemple du rassemblement spontané d'une centaine de jeunes devant une discothèque, qui se transforme en « attroupement » violent lorsqu'il se voit refuser l'accès à celle-ci pour des motifs racistes : CE 13 déc. 2002, Comp. d'assurances Les Lloyd's de Londres, *AJDA* 2003.398. Ou de la distribution de soupe aux sans domicile fixe, qui devient provocatrice dès lors qu'il s'agit de « soupe au cochon » volontairement choisie pour placer les juifs et les musulmans dans l'embarras : CE 5 janv. 2007, Min. Int. c/ assoc. Solidarité des Français, *AJDA* 2007.601. À l'inverse, les groupes organisés en vue de commettre des actions terroristes ou de commando ne sont pas des « attroupements » : TC 24 juin 1985, Préfet du Val-de-Marne, *R* 407 (attentat commis dans le hall d'un aéroport) ; CE 25 mars 1992, Comp. Mercator, *D* 1993, Somm. 145 (interception d'un camion et destruction de sa cargaison).

procédure de dispersion est soigneusement réglementée par le nouveau Code pénal. L'attroupement ne peut en effet être dissipé par la force publique qu'après deux sommations de se disperser faites par haut-parleur (ou par tout autre procédé sonore ou lumineux adéquat) et demeurées sans effet. De lourdes peines frappent ceux qui continuent à participer à un attroupement après les sommations. Les personnes qui provoquent à un attroupement armé, ou qui participent à un attroupement en portant une arme, encourent des peines encore plus sévères. On notera enfin qu'un attroupement qui mettrait en péril les institutions de la République en usant de violence, notamment en édifiant des barricades, deviendrait un « mouvement insurrectionnel », passible selon les articles 412-3 à 412-6 du nouveau Code pénal de peines allant jusqu'à la détention criminelle à perpétuité.

Contrairement à la liberté de manifestation, dont l'existence est expressément confirmée par l'article 431-1 du nouveau Code pénal, la liberté d'attroupement n'existe donc pas. Cela est normal, compte tenu de la définition de l'« attroupement » retenue par le droit français. Dans un État de droit, il est en effet impossible d'admettre une liberté de troubler l'ordre public. En revanche, la distinction qu'on a opérée entre attroupement et rassemblement spontané conduit à conclure à l'existence d'une liberté de s'assembler spontanément, qui subsiste tant que l'ordre public n'est pas menacé, et dont le respect s'impose aux autorités de police.

Au total, le régime juridique de l'attroupement est donc satisfaisant[1]. Il l'est d'autant plus qu'existe depuis 1914 une législation qui assure l'indemnisation quasi automatique des victimes d'attroupements. La loi du 16 avril 1914 a eu le mérite de créer cette responsabilité de plein droit, qu'elle justifiait par le « risque social » inhérent aux attroupements. Mais assez curieusement elle la faisait peser sur les communes, et en confiait le contentieux au juge judiciaire. Deux lois, du 7 janvier 1983 et du 9 janvier 1986, ont mis fin à ces anomalies. Désormais, c'est l'État qui indemnise les victimes d'attroupements, sous le contrôle du juge administratif. Pour le reste, les deux textes restent fidèles aux principes posés en 1914. La victime d'un attroupement est indemnisée de plein droit à la seule condition que son dommage procède d'un acte de violence constitutif de crime ou de délit, et non d'une simple bousculade. Peu importe que la victime ait participé ou non à l'attroupement, et que son dommage ait été causé par des manifestants ou par les forces de police engagées contre eux. Peu importe également la nature du dommage : les dommages corporels, matériels, et même commerciaux[2] sont indemnisables. On le voit, il est difficile d'imaginer un régime d'indemnisation plus favorable aux victimes. L'intérêt financier de l'État n'est pas méconnu pour autant, car après avoir indemnisé la victime la collectivité nationale peut exercer une action récursoire contre l'auteur du dommage, s'il est identifié, voire contre la commune dans laquelle le dommage a été causé, si celui-ci a été rendu possible par sa négligence.

---

1. Il n'en a pas toujours été ainsi. La loi « anti-casseurs » du 8 juin 1970 péchait par excès de sévérité, en instituant notamment, à la charge des organisateurs de l'attroupement, une inquiétante responsabilité civile du fait d'autrui. Elle a heureusement été abrogée en 1981. Sur cette loi, cf. M.-R. Tercinet, *op. cit.*, p. 1029 à 1034.

2. L'indemnisation du préjudice commercial n'est admise que depuis CE, Ass., avis 6 avr. 1990, Cofiroute, *GAJA*.

Section 3
Les spectacles

Contrairement aux « réunions » et aux « manifestations », qui supposent respectivement un échange d'idées et l'expression d'une volonté collective, les « spectacles » ont un objet plus modeste : ce sont de simples divertissements, dont l'ambition essentielle est de distraire un public assemblé pour la circonstance, dans un lieu public ou privé spécialement aménagé à cet effet. C'est pourquoi le droit français les traite avec un certain dédain. L'ordonnance du 13 octobre 1945, qui définit leur régime juridique, les répartit en six catégories ; mais cette apparente complexité cache en réalité une distinction très simple entre « spectacles de curiosité » d'une part (§ 1), spectacles réputés plus nobles — représentations théâtrales et concerts — d'autre part (§ 2). Les « rave-parties », apparues au cours des années 1990, ont toutefois nécessité une réglementation particulière, édictée par la loi du 15 novembre 2001 (§ 3). On a vu dans le titre II que les spectacles cinématographiques, partie intégrante de la liberté de communication audiovisuelle, relèvent d'une législation spéciale.

§ 1. Les « spectacles de curiosité »

Les spectacles que l'ordonnance de 1945 qualifie de « spectacles de curiosité » sont essentiellement les spectacles forains, les exhibitions de chant et de danse dans les lieux publics, et les spectacles de variétés. Y sont également assimilés les activités des théâtres de marionnettes, des cabarets, des cirques, ou encore certains spectacles sportifs comme les combats de boxe. Ces spectacles sont soumis à un contrôle administratif étroit.

L'accès à la profession d'entrepreneur de spectacles n'est pas libre. Il nécessite en effet la possession d'une licence, certifiant la moralité et la compétence technique de son titulaire, que le ministre de la Culture délivre après avis d'une commission.

Lorsque le spectacle se déroule dans une salle, celle-ci doit en outre respecter des règles de sécurité draconiennes, comme n'importe quel immeuble recevant du public. Cette exigence est complétée par une disposition originale, qui soumet à autorisation du ministre de l'Éducation nationale les baux d'immeubles à usage de spectacles, et les locations ou cessions de fonds de commerce d'entreprises de spectacle.

Enfin et surtout, jusqu'en 1999 le déroulement des spectacles de curiosité était soumis à autorisation préalable du maire. On pouvait être tenté d'en déduire que la liberté de présenter des spectacles de curiosité n'existait pas. En réalité, même soumise aux rigueurs du régime préventif, cette liberté existait malgré tout dans une certaine mesure. Le maire ne pouvait en effet refuser son autorisation que pour un motif de tranquillité, de sécurité, de moralité ou de salubrité publique. Les refus motivés par le souci de préserver des spectacles existants de toute concurrence était en conséquence annulés par le juge [1]. En outre, le juge acceptait depuis 1975 d'exercer

1. CE 2 nov. 1939, Bouglione, *R* 549, et CE 1er juill. 1955, Cirque Pinder, *R* 382 : illégalité des refus opposés à des cirques en vue d'assurer la fréquentation de spectacles forains.

un contrôle normal sur les refus d'autorisation[1]. Même expressément motivés par la tranquillité, la sécurité, la moralité ou la salubrité publique, ceux-ci faisaient donc l'objet d'un examen rigoureux. C'était bien le signe que le droit français tendait de plus en plus à considérer la présentation des spectacles de curiosité comme une authentique liberté publique, indissociable de la liberté reconnue aux individus[2] d'assister à ceux-ci. Cette tendance a logiquement trouvé son aboutissement dans la loi du 18 mars 1999, qui supprime le système d'autorisation préalable du maire.

Mais les maires conservent bien entendu le droit d'interdire les spectacles de curiosité sur le fondement de leurs pouvoirs de police administrative générale. C'est par exemple ce que certains ont fait à l'égard des spectacles de « lancer de nains ». Dans deux arrêts retentissants, le Conseil d'État a admis la légalité de leurs interdictions, « même en l'absence de circonstances locales », au motif que ces spectacles portaient atteinte à la « dignité de la personne humaine », dont le respect « est une des composantes de l'ordre public »[3].

§ 2. Les représentations théâtrales et les concerts

La réglementation relative à l'accès à la profession d'entrepreneur de spectacles, à la sécurité des salles de spectacles, et aux baux d'immeubles et locations ou cessions de fonds de commerce, est applicable aux représentations théâtrales et aux concerts comme aux spectacles de curiosité.

Pour le reste, représentations théâtrales et concerts bénéficient traditionnellement d'un régime juridique beaucoup plus libéral que les spectacles de curiosité. Cela s'explique essentiellement par des raisons historiques, la bourgeoisie française ayant toujours apprécié leur caractère intellectuel et artistique, par opposition aux spectacles de curiosité, qu'elle jugeait vulgaires. Aux XVIIIe et XIXe siècles, déjà, les pouvoirs successifs avaient renoncé à utiliser trop fréquemment la censure, à laquelle le théâtre était pourtant théoriquement soumis, afin de ne pas s'attirer les foudres de l'opinion publique. Cette tolérance n'a pas toujours été sans risque : ainsi les pièces de Beaumarchais ont-elles contribué à leur façon, par leur critique spirituelle de la société d'Ancien Régime, à annoncer la Révolution...

La disparition de la censure théâtrale, en 1906, ouvre la voie au régime libéral, souhaité par la conscience collective, de l'ordonnance du 13 octobre 1945. Dans le droit fil de la jurisprudence du début du siècle, qui annulait les arrêtés municipaux soumettant les représentations théâtrales à autorisation préalable[4] ou interdisant les

1. Depuis CE, Sect., 11 juill. 1975, Clément, *AJDA* 1975.564 : à propos d'un festival pop.
2. Sauf éventuellement aux mineurs, sur décision du préfet, lorsqu'un spectacle peut exercer une « influence nocive » sur eux : Ord. 5 janv. 1959.
3. CE, Ass., 27 oct. 1995, Commune de Morsang-sur-Orge et ville d'Aix-en-Provence, *RFDA* 1995.1204, concl. Frydman, et *D* 1996.177 avec notre commentaire critique. Ces arrêts sont critiquables parce qu'ils se fondent sur la notion de « dignité », dont le juge détermine seul le contenu, et non sur la moralité publique, qui reflète les aspirations de la majorité de la population. Ils succombent ainsi à la tentation de l'ordre moral en imposant la suppression d'une liberté aux populations concernées, sans se soucier de savoir si elles sont d'accord (cf. les mots révélateurs : « même en l'absence de circonstances locales »).
4. CE 2 mars 1923, Goguel, *R 204*.

concerts de façon générale et absolue [1], ce texte consacre la liberté de ces deux types de spectacles. Contrairement aux spectacles de curiosité, qui étaient soumis jusqu'en 1999 à autorisation préalable, les représentations théâtrales et les concerts peuvent en effet se dérouler librement. Leur liberté ne rencontre par conséquent sa seule limite que dans le pouvoir de police administrative générale, qui permet aux maires, sous le contrôle maximum du juge, de les interdire en cas de stricte nécessité imposée par le maintien de l'ordre public [2].

Au-delà de cette liberté qu'elle consacre, l'ordonnance de 1945 pousse même la sollicitude jusqu'à ajouter qu'aucune salle de théâtre ou de concert « ne peut recevoir une autre affectation ni être démolie sans que le propriétaire ou l'usager ait obtenu l'autorisation du ministre de la Culture ». Ainsi ces deux types de spectacles ont-ils l'assurance de n'être pas abandonnés au bon plaisir des promoteurs, et de continuer à disposer de locaux convenables, sans lesquels leur liberté ne serait qu'un vain mot.

§ 3. Les rave-parties

Nouveau divertissement apparu au cours des années 1990, les rave-parties sont définies par la loi du 15 novembre 2001, relative à la sécurité quotidienne, comme des « rassemblements exclusivement festifs à caractère musical, organisés par des personnes privées, dans des lieux qui ne sont pas au préalable aménagés à cette fin ». Compte tenu des risques particuliers qu'elles font encourir à la tranquillité, à la sécurité et à la santé publiques, cette loi les a soumises à un régime de liberté surveillée.

Contrairement aux spectacles de curiosité et aux concerts, les rave-parties doivent en effet faire l'objet, de la part de leurs organisateurs, d'une déclaration préalable auprès du préfet du département dans lequel le rassemblement doit se tenir. Cette déclaration doit mentionner les « mesures envisagées » pour garantir le bon déroulement du rassemblement, et être accompagnée d'un document par lequel le propriétaire du terrain concerné autorise l'occupation provisoire de celui-ci. Le préfet peut alors prendre plusieurs décisions si ces mesures lui semblent insuffisantes. Il peut « organiser une concertation » avec les responsables de la rave-partie pour les améliorer, ou pour rechercher un terrain plus approprié. De façon plus autoritaire, il peut aussi leur « imposer » toute mesure qui lui paraît nécessaire, notamment la mise en place d'un service d'ordre ou d'un dispositif sanitaire. Il peut enfin interdire la rave-partie si celle-ci est de nature à « troubler gravement l'ordre public ».

Si la rave-partie se tient sans déclaration préalable ou en dépit d'une interdiction préfectorale, les officiers de police judiciaire peuvent saisir le matériel utilisé pour une durée maximale de six mois, en vue de sa confiscation par le tribunal correctionnel, lequel peut condamner ses organisateurs à l'amende prévue pour les contraventions de cinquième classe.

---

1. CE 17 mai 1934, Somme, *R 567*.
2. CE 19 mai 1933, Benjamin, *GAJA*.

Lorsqu'elles ont été votées, ces dispositions législatives ont suscité une certaine inquiétude. Elles ont pourtant le mérite de reconnaître un nouvel aspect de la liberté de réunion : la liberté d'organiser une rave-partie ou d'y participer [1].

Au total, le régime juridique de la liberté de réunion ne mérite pas les critiques dont on l'a quelquefois accablé. Les quelques améliorations ponctuelles qu'on a suggérées ici et là, et la critique des textes sur l'état d'urgence et sur l'état de siège à laquelle on s'est livré, ne doivent pas faire oublier cette vérité fondamentale, que la liberté de réunion existe en France.

Il faut s'en réjouir, car dans une démocratie libérale la liberté de réunion revêt une importance particulière. Comme toute liberté publique, elle est en effet une liberté-résistance, au service de l'individu contre l'État. Mais elle a aussi une dimension politique qui lui est propre, lorsque le peuple l'exerce pour rappeler à l'ordre ses représentants, car elle sert alors d'exutoire au besoin ressenti par les citoyens de revenir périodiquement à la pratique de la démocratie directe. Janus au regard simultanément tourné vers l'autonomie des individus et vers leur participation en corps à l'exercice du pouvoir, la liberté de réunion réconcilie ainsi, au sein des démocraties libérales, les exigences respectives du libéralisme et de la démocratie.

BIBLIOGRAPHIE SÉLECTIVE

- **Pour une présentation générale de la liberté de réunion**

G. LIET-VEAUX, « Police des réunions et des manifestations », *JCA* n° 210.

M. LE CLÈRE, *Les Réunions, manifestations et attroupements en droit français*, thèse, Paris, 1945.

M. MENANTEAU, *Les Nouveaux Aspects de la liberté de réunion*, thèse, Paris, 1957.

- **Sur les réunions publiques**

P. COLLIÈRE, « La mise à disposition de locaux communaux au profit d'associations, de syndicats et de partis politiques », *AJDA* 2006.1817.

R. DAUTAN, « Le droit de réunion », *Revue des communes*, 1980, p. 252 (étude de jurisprudence).

M. WALINE, « Qu'est-ce qu'une réunion publique ? », *D* 1937.73.

- **Sur les manifestations et sur les attroupements**

N. ALBERT, « La responsabilité de l'État du fait des émeutes en question », *AJDA* 2006.739.

J. DUFFAR, « La loi anti-casseurs... », *RDP* 1972.49 (étude très complète sur une loi dangereuse abrogée en 1981).

L. FALACHO, « Les mesures prises pour lutter contre le hooliganisme à l'épreuve des libertés publiques », *RDP* 2001.419.

---

1. En pratique, le gouvernement est si soucieux de faciliter (et d'encadrer) le déroulement des rave-parties qu'il pousse les préfets à les laisser se dérouler, en violation du droit, dans des zones naturelles sensibles ou dans des aérodromes abusivement réquisitionnés pour la circonstance : cf. notre article cité dans la bibliographie.

M. Le Clère, « Le droit de manifester », *RA* 1979, p. 219.

R. Letteron, « Le juge administratif et la responsabilité du fait des attroupements », *RDP* 1990.489 (intéressante réflexion sur la réforme de 1983-1986).

J. Robert, « La manifestation de rue », *RDP* 2006.829 (propose une typologie).

M.-R. Tercinet, « La liberté de manifestation en France », *RDP* 1979.1009 (article fondamental).

- **Sur le théâtre et les spectacles de curiosité**

J. Lang, *L'État et le Théâtre*, LGDJ, 1968.

« Police des spectacles et des jeux », *JCA* n° 211.

J.-M. Pontier, « Un bicentenaire : la liberté du théâtre », *D* 1991.197.

- **Sur les rave-parties**

G. Lebreton, « Sécurité et liberté de réunion », dans *Qu'en est-il de la sécurité des personnes et des biens* ? (dir. M. Nicod), LGDJ-PU Toulouse 2008 p. 251 (sur les rave-parties ainsi que sur le hooliganisme).

J.-C. Videlin, « Le régime juridique des rave-parties », *AJDA* 2004.1070 (souligne l'ambiguïté du décret d'application du 3 mai 2002).

Chapitre 2

La liberté d'association

Comme la liberté de réunion, la liberté d'association s'analyse comme le droit de s'assembler avec autrui. Mais contrairement à elle, elle implique qu'une certaine permanence s'établisse dans les relations entre participants. Cette particularité est de nature à susciter l'inquiétude des gouvernants, prompts à prêter à tout groupement durable des intentions factieuses. C'est ce qui explique que la liberté d'association ait éprouvé quelque difficulté à s'imposer en France.

Sous l'Ancien Régime, la liberté d'association n'existe pas. Les textes subordonnent à l'obtention d'une autorisation royale la création de toute association, qu'elle soit de caractère laïque ou ecclésiastique. En outre, le roi se réserve la possibilité d'interdire à tout moment une association existante, ce qu'il fait par exemple en 1764 à l'égard de la Compagnie de Jésus.

Sous l'influence de Jean-Jacques Rousseau, qui perçoit les associations comme des « brigues » contre la volonté générale (*Du Contrat social*, II, 3), la Révolution refuse de consacrer expressément la liberté d'association, malgré le succès rencontré par les clubs. Une œuvre de destruction systématique des associations est même rapidement entreprise. Elle est jalonnée par la suppression des corporations de métiers (décrets d'Allarde des 2-17 mars 1791), par l'interdiction des associations d'ouvriers (loi Le Chapelier du 14 juin 1791), par la suppression des congrégations religieuses (décret du 18 août 1792), et par l'interdiction des clubs (art. 361 à 363 de la Constitution de l'an III).

Napoléon Ier reste fidèle à cette attitude révolutionnaire de méfiance envers les associations. Il les soumet en effet aux rigueurs de l'article 291 du Code pénal, au même titre que les réunions avec lesquelles on tend à les confondre. Aucune association de plus de vingt membres ne peut donc être créée sans l'autorisation préalable du gouvernement. La Restauration et la monarchie de Juillet conservent ce système préventif, tout en l'appliquant avec plus de tolérance que Napoléon Ier. Confronté aux émeutes sanglantes de son début de règne, Louis-Philippe fait cependant voter la loi du 10 avril 1834, qui aggrave l'article 291 en étendant l'exigence de l'autorisation préalable à la création des associations de plus de vingt membres, même lorsque celles-ci sont — astucieusement — subdivisées en « sections » de moins de vingt membres.

La Révolution de 1848 marque la revanche des clubs, qui réapparaissent sur la scène politique après plus d'un demi-siècle d'ostracisme. Sous leur pression, la loi du 22 juillet 1848 pose pour la première fois en France le principe de la liberté d'association. Elle est bientôt complétée par la Constitution du 4 novembre 1848, dont l'article 8 proclame que « les citoyens ont le droit de s'associer ». Mais à la suite des émeutes de juin 1849, la majorité parlementaire décide de réagir contre les clubs, accusés de les avoir fomentées. La loi du 19 juin 1849 permet au gouvernement d'interdire discrétionnairement les associations (et aussi les réunions, on l'a vu) qu'il estime dangereuses pour la sécurité publique. La liberté d'association disparaît ainsi moins d'un an après avoir été consacrée.

Avec son antilibéralisme habituel, le Second Empire lui interdit tout espoir de résurrection. Les associations politiques sont en effet strictement prohibées. Quant aux autres associations, elles subissent le joug du régime préventif de l'article 291 du Code pénal, rétabli pour la circonstance. Alors que les réunions, soumises au même traitement, bénéficient d'un régime plus clément à partir de 1868, la situation des associations ne connaîtra pas d'amélioration notable avant la chute de l'Empire.

Le désastre de Sedan permet aux clubs, interdits depuis 1849, de réapparaître une nouvelle fois. Mais leur caractère révolutionnaire ne tarde pas à inquiéter les nouveaux gouvernants, et leur vaut d'être une fois de plus interdits, par un décret du 22 janvier 1871 bientôt relayé par une loi du 30 juin 1881. Les autres associations continuent quant à elles à relever du régime de l'article 291 du Code pénal.

Progressivement, une certaine libéralisation va cependant se dessiner. Trois lois donnent en effet la liberté de se constituer aux associations formées en vue d'organiser l'enseignement supérieur (en 1875), aux syndicats professionnels (en 1884) et aux associations de secours mutuels (en 1898). Elles ouvrent la voie à la grande loi du 1er juillet 1901, qui abroge définitivement l'article 291 du Code pénal, et consacre la liberté d'association avec vingt ans de retard par rapport à la liberté de réunion.

Maintenue en vigueur par tous les régimes politiques successifs — y compris, au moins en apparence, par le régime de Vichy —, cette loi de 1901 constitue aujourd'hui encore la pierre angulaire de la liberté d'association. Elle est d'autant plus importante qu'aucun de nos textes constitutionnels — qu'il s'agisse de la Constitution de 1958, du préambule de 1946 ou de la Déclaration de 1789 — ne proclame expressément la liberté d'association. Dans sa célèbre décision du 16 juillet 1971, le Conseil constitutionnel a dû par conséquent s'appuyer sur elle pour conférer à la liberté d'association la valeur constitutionnelle d'un « principe fondamental reconnu par les lois de la République[1] ».

Mais si la loi du 1er juillet 1901 doit être placée au cœur de l'analyse du régime juridique des associations (section 1), elle n'en constitue cependant pas le seul texte de référence. Sans parler des textes internationaux, et notamment de la Convention européenne de sauvegarde des droits de l'Homme[2], d'autres textes de droit interne sont en effet venus la compléter, parfois pour y déroger (section 2).

1. CC 16 juill. 1971, Liberté d'association, *GDCC*. Arrêt précurseur : CE, Ass., 11 juill. 1956, Ass. amicale des Annamites de Paris, *RDP* 1956.1371. Solution réaffirmée par CE, Ass., 29 avr. 1994, Haut-commissaire de la République en Nouvelle-Calédonie, *RFDA* 1994.947, concl. Denis-Linton, pour briser la tentative d'un TOM de modifier « les conditions essentielles d'exercice de la liberté d'association ».

2. Art. 11. Pour une application, cf. CEDH 13 août 1981, Young, James et Webster : est contraire à l'article 11 le licenciement motivé par la violation, de la part d'un salarié, d'un accord imposant l'appartenance à un syndicat comme condition d'emploi. Cf. aussi CEDH 30 juin 1993, Sigurjonsson, *D* 1994.181 : est contraire à l'article 11 l'obligation faite aux chauffeurs de taxi, sous peine de perdre leur licence, d'adhérer à une association d'exploitants de taxi. Ces arrêts montrent que la liberté d'association ne recouvre pas seulement le droit « positif » de fonder une association ou de s'y affilier, mais aussi le droit « négatif » de ne pas s'y affilier ou de s'en retirer. Analyse confirmée par CEDH 29 avr. 1999, Chassagnou, *AJDA* 1999.922 : est contraire à l'art. 11 l'obligation faite à

Section 1
L'association de la loi de 1901

Après avoir fixé les grands traits du régime juridique des associations qu'elle prétend régir, et donné leur définition (§ 1), la loi du 1er juillet 1901 répartit celles-ci en trois catégories (§ 2). Cette simplicité est sans aucun doute une qualité ; elle explique d'ailleurs dans une large mesure la popularité de la loi de 1901. Mais à cause d'elle, certains problèmes, dont on a pris tardivement conscience, s'avèrent difficiles à résoudre (§ 3).

§ 1. Définition et régime juridique de l'association de la loi de 1901

A. Définition

La loi de 1901 définit l'association comme « la convention par laquelle deux ou plusieurs personnes mettent en commun, d'une façon permanente, leurs connaissances ou leur activité, dans un but autre que de partager des bénéfices ». Trois éléments caractérisent donc l'association : l'accord contractuel, par lequel deux personnes au moins mettent en commun leurs connaissances ou leur activité ; la permanence, qui la distingue de la simple réunion ; et la poursuite d'un but désintéressé, qui la différencie de la société, dont l'article 1832 du Code civil indique qu'elle est instituée « en vue de partager (un) bénéfice ou de profiter (d'une) économie ».

L'association doit enfin être distinguée de la fondation, que la loi du 23 juillet 1987 définit comme « l'acte par lequel une ou plusieurs personnes physiques ou morales décident l'affectation irrévocable de biens, droits ou ressources à la réalisation d'une œuvre d'intérêt général et à but non lucratif ». La fondation est en effet un groupement de biens, alors que l'association est un groupement de personnes.

B. Formation

Dans une optique très libérale, la loi de 1901 dispose que les associations « pourront se former librement sans autorisation ni déclaration préalable ». Concrètement, rien n'est donc plus facile que de fonder une association de la loi de 1901 : il suffit d'en rédiger les statuts, et de les faire adopter par une assemblée constitutive composée d'au moins deux personnes.

Toutefois, l'association, étant un contrat, est soumise aux quatre conditions de validité posées par l'article 1108 du Code civil : elle suppose donc le libre consentement des sociétaires qui, sauf exception législative[1], ne peuvent être

---

certains propriétaires, par la loi Verdeille du 10 juillet 1964, d'adhérer à des associations communales de chasse agréées. Suite à cette décision, la loi du 26 juillet 2000 leur ouvre le droit de s'opposer à cette adhésion « au nom de convictions personnelles opposées à la pratique de la chasse ».

1. Cf. par exemple la loi Verdeille du 10 juillet 1964, préc.

contraints d'y adhérer[1] ; elle postule aussi leur capacité de contracter ; elle doit également avoir un objet certain, qui forme la matière de l'engagement ; elle doit enfin être fondée, sous peine de nullité, sur une cause licite[2].

En contrepartie de cette très grande liberté de formation, l'association non déclarée se voit refuser la personnalité morale. On verra cependant que pour l'acquérir, il lui suffit de faire l'objet d'une déclaration à la préfecture.

C. Fonctionnement

Les statuts déterminent librement les engagements des sociétaires. Lorsqu'un sociétaire néglige ou refuse d'exécuter l'un de ses engagements, les autres membres de l'association peuvent saisir le juge judiciaire pour obtenir l'exécution de cet engagement, ou pour demander la résolution du contrat par application de l'article 1184 du Code civil ; si les statuts le prévoient, ils peuvent aussi prononcer son exclusion, à condition de respecter le principe des droits de la défense. Tout sociétaire sanctionné peut attaquer la mesure disciplinaire dont il fait l'objet devant un juge, qui vérifiera la réalité de la faute alléguée. Le juge compétent est le juge administratif si la mesure s'analyse comme un acte administratif pris par l'association dans le cadre d'une mission de service public administratif[3], le juge judiciaire dans les autres cas[4].

Bien entendu, tout sociétaire est libre de quitter son association. La loi de 1901 dispose en effet que « tout membre d'une association qui n'est pas formée pour un temps déterminé peut s'en retirer en tout temps, après paiement des cotisations échues et de l'année courante, nonobstant toute clause contraire ». Troisième composante de la liberté d'association, la liberté de l'individu à l'égard de l'association complète ainsi la liberté de formation et la liberté d'action des associations.

La liberté d'action des associations implique quant à elle qu'une association a le libre choix de ses adhérents[5]. Elle implique aussi la possibilité pour ceux-ci de se réunir périodiquement en assemblée générale, afin de prendre en commun les décisions les plus importantes, et d'élire le comité directeur ou conseil d'administration qui sera chargé de prendre les décisions concernant l'administration courante de l'association. Les fonctions des administrateurs, dont la durée est fixée par les statuts, sont en principe gratuites ; mais la jurisprudence admet en réalité assez facilement qu'elles soient rétribuées, notamment dans le cadre d'un contrat de travail[6], dès lors que la rétribution est la contrepartie d'une activité réelle. Le président de l'association, qui est tantôt désigné par le conseil d'administration, tantôt élu par l'assemblée générale, est le premier des administrateurs. Chargé d'exécuter les décisions prises par le conseil d'administration, il peut lui aussi être rétribué.

Les associations font enfin l'objet d'une protection particulière en ce qui concerne leurs rapports avec l'administration. Deux lois du 17 janvier 1986 et du 7 août 1991

1. Civ. 1re, 23 févr. 1960, Prétagut, *D* 1961.55, Ass. plén. 9 févr. 2001, Palazzo, *D* 2001.1493.
2. Civ 1re, 13 déc. 1989, *JCP* 1990, n° 63 : nullité de l'association dont l'objet est de favoriser la conclusion de conventions de « mères porteuses ».
3. CE, Sect., 21 nov. 1976, Féd. française de cyclisme, *AJDA* 1977.139, concl. Galabert, et TC 7 juill. 1980, Peschaud, *D* 1981.296 (à propos des fédérations sportives).
4. Civ. 1re, 16 mai 1972, *JCP* 1972, n° 17285 ; Civ. 1re 28 oct. 1981, *D* 1982.381.
5. Civ. 1re, 7 avr. 1987, *JCP* 1987, n° 209.
6. Cf. R. Brichet, « La rémunération des administrateurs d'une association », *JCP* 1988, n° 3322.

accordent en effet aux salariés, lorsqu'ils sont par ailleurs membres bénévoles d'une association, le droit d'obtenir un congé de leur employeur afin de représenter leur association dans toute instance étatique légalement instituée. Le dialogue entre l'État et les associations est ainsi fort opportunément favorisé. Par contre, les autorités administratives n'ont pas à s'immiscer dans le fonctionnement du conseil d'administration d'une association [1]. Toute immixtion de leur part constituerait en effet une atteinte à la liberté d'association, voire une voie de fait [2]. Le simple fait de prétendre exercer un contrôle administratif ou financier sur une association est impitoyablement censuré par le juge, dès lors que ce contrôle n'est pas institué par une loi [3].

Cette dernière particularité a permis à certaines associations de faire un usage contestable des fonds provenant de l'appel à la générosité publique. La loi du 7 août 1991 a heureusement mis en place une riposte efficace, en obligeant les associations qui souhaitent faire appel à la générosité publique, dans le cadre d'une campagne menée à l'échelon national, à en faire la déclaration préalable à la préfecture du département de leur siège social, et à établir un compte d'emploi annuel des ressources collectées, la Cour des comptes recevant compétence pour vérifier la conformité des dépenses engagées par ces associations aux objectifs poursuivis par l'appel. Ce mécanisme de contrôle paraît de nature à servir l'intérêt bien compris des associations en incitant les donateurs, rassurés, à répondre à leurs sollicitations. Il a en tout cas permis de révéler en 1996 que l'ARC (Association de recherche contre le cancer) ne consacrait que le quart de ses ressources à la lutte contre le cancer...

Constatant l'efficacité de ce système de contrôle, le Code des juridictions financières l'a transposé, sur proposition du Conseil d'État [4], à l'égard des associations subventionnées par des fonds publics, en exigeant d'elles, au-delà d'un seuil de 1 500 euros de subventions, la tenue et la production d'un compte justifiant l'emploi des sommes reçues (art. L. 211-4 et R. 133-4).

D. Dissolution

La loi de 1901 n'envisage que trois types de dissolution : la dissolution volontaire, librement décidée par l'assemblée générale ; la dissolution statutaire, qui intervient de plein droit dans les hypothèses (expiration du temps pour lequel l'association a été constituée, réalisation de son objet, etc.) prévues par les statuts ; et la dissolution judiciaire, prononcée par le TGI à l'encontre des associations dont l'objet est illicite ou contraire aux bonnes mœurs, ou dont le but est de porter atteinte à l'intégrité du territoire national ou à la forme républicaine du gouvernement.

Tout autre type de dissolution ne peut être institué que par une loi. L'article 131-39 du nouveau Code pénal, issu d'une loi du 22 juillet 1992, met par exemple en place une nouvelle sorte de dissolution judiciaire, applicable aux associations jouissant de

---

1. CE 10 févr. 1978, Secrétaire d'État aux P et T, *RDP* 1979.572.
2. Civ. 1re, 24 oct. 1977, Commune de Bourguenais, *JCP* 1979, n° 19157 : est une voie de fait la dépossession d'une association par une commune de la gestion d'une maison de retraite.
3. CE 19 déc. 1986, Darmon, *R* 284 ; CE 20 sept. 1991, Ministre des Affaires sociales c/ARC, *AJDA* 1992.170.
4. CE, « Rapport public 2000 : les associations et la loi de 1901, cent ans après », *EDCE* n° 51, p. 299.

la personnalité morale qui ont été créées ou détournées de leur objet pour commettre un crime ou un délit grave.

Sauf loi spéciale, comme la loi du 10 janvier 1936 sur les groupes de combat ou la loi du 5 juillet 2006 sur les groupements de hooligans, la dissolution administrative n'est donc pas admise[1]. Cette solution libérale a le mérite de soustraire les associations au bon plaisir de l'administration, et de compléter ainsi la panoplie des mesures garantissant le respect de la liberté d'association.

§ 2. Les trois types d'associations prévus par la loi de 1901

A. Les associations non déclarées

Les associations non déclarées sont les associations dont l'existence n'a pas fait l'objet, par choix délibéré ou par négligence, d'une déclaration à la préfecture. Mal connues de l'administration, elles payent leur goût du secret par le sacrifice de leur capacité juridique. Dépourvues de personnalité morale, elles ne peuvent en effet rien posséder, ni contracter en leur nom, ni intenter une action en justice.

Dans la réalité, toute association non déclarée a cependant besoin d'un minimum de biens pour vivre, sous forme notamment de cotisations, voire de locaux. Juridiquement, ces biens sont donc considérés non comme sa propriété — puisqu'elle n'a pas de capacité juridique —, mais comme la propriété indivise des sociétaires. De la même façon, si une association non déclarée ne peut pas contracter en son nom, rien ne l'empêche par contre de contracter par l'intermédiaire d'un représentant dûment mandaté par tous les sociétaires. Enfin, bien que dépourvue de personnalité morale, elle n'en a pas moins une existence légale, expressément garantie par la loi de 1901 ; c'est ce qui explique que le Conseil d'État lui ait reconnu qualité pour agir par la voie du recours pour excès de pouvoir[2].

En définitive, le plus gros problème posé par l'absence de personnalité morale de l'association non déclarée concerne l'action des tiers lésés par elle. Pour l'attaquer en justice, ceux-ci doivent en effet adresser leur assignation à chacun des sociétaires[3]. Logique en droit, cette exigence suscite fréquemment leur découragement, et tend par conséquent à assurer aux associations non déclarées une relative impunité.

B. Les associations déclarées

Les associations déclarées sont les associations qui ont prévenu l'administration de leur existence en déposant une déclaration écrite à la préfecture ou à la sous-préfecture. Cette déclaration peut intervenir dès leur création. Elle peut aussi être effectuée plus tard, au moment de leur choix ; elle émane alors d'associations qui ne veulent plus continuer à supporter les inconvénients du système de l'association non déclarée.

---

1. CE 22 janv. 1960, Fouéré, *R* 920. Sur la loi de 1936, cf. *infra*, section 2 § 3. La loi de 2006 permet quant à elle (de façon imprudente) la dissolution des groupements de hooligans par décret simple, après avis d'une commission spéciale.
2. CE, Ass., 31 oct. 1969, Syndicat de défense des canaux de la Durance, *AJDA* 1970.252.
3. Civ. 2e, 20 mars 1989, *Bull.* n° 76.

Le principal intérêt de la déclaration est en effet d'entraîner de plein droit leur capacité juridique. Cette déclaration doit mentionner le nom et l'objet de l'association, le siège de ses établissements, ainsi que les noms, professions, domiciles et nationalités de ses administrateurs ou de ses dirigeants ; elle doit être accompagnée d'un exemplaire des statuts, certifié conforme par deux fondateurs ou administrateurs. Lorsque toutes ces conditions sont remplies, le préfet ou le sous-préfet a une compétence liée : il est obligé de délivrer le récépissé attestant la déclaration dans un délai de cinq jours. Lorsqu'une condition manque, il doit au contraire refuser de le délivrer [1]. Toute association obtenant le récépissé doit être rendue publique, dans le délai d'un mois à compter de la déclaration, par insertion d'une annonce au *Journal officiel*.

Par la suite, tous les changements survenus dans l'administration ou la direction de l'association déclarée, ainsi que toutes les modifications aux statuts, doivent faire l'objet d'une déclaration dans les trois mois de leur survenance. Ici encore, le préfet ou le sous-préfet est obligé d'en délivrer récépissé dès lors qu'elle remplit les conditions posées par la loi de 1901 et par son décret d'application du 16 août 1901 [2]. Ces changements et modifications doivent en outre être consignés sur un registre spécial qui devra être présenté aux autorités administratives ou judiciaires chaque fois qu'elles en feront la demande.

L'aspect le plus fondamental de la liberté d'association réside sans aucun doute dans ce droit des associations d'accéder à la personnalité morale, droit auquel l'administration n'a pas le pouvoir discrétionnaire de s'opposer. Seule l'accession à la personnalité morale leur permet en effet de contracter en leur nom, d'agir en justice et de posséder un patrimoine. La loi de 1901 interdit toutefois aux associations déclarées de recevoir des dons ou legs (sauf dons manuels et subventions publiques) [3], et de posséder des immeubles autres que ceux qui sont « strictement nécessaires » à l'accomplissement de leur but. Mais sous cette réserve, l'obtention de la personnalité morale érige l'association qui décide d'en bénéficier en un authentique sujet de droit, capable de gérer un intérêt collectif distinct des intérêts individuels de ses membres et des intérêts généraux poursuivis par les personnes publiques et par leurs démembrements.

C'est pourtant ce droit fondamental d'accéder à la personnalité morale qu'une loi votée le 24 juin 1971 a tenté de remettre en cause. Cette loi permettait en effet au préfet (ou au sous-préfet) de différer la délivrance du récépissé en cas de déclaration faite par une association apparaissant fondée sur une cause illicite ; alerté, le procureur de la République pouvait alors assigner le déclarant devant le TGI, afin qu'il accorde en référé le sursis à la délivrance du récépissé, avant de prononcer éventuellement la nullité de l'association. La loi tendait donc à remplacer le système de la déclaration préalable par un régime préventif proche de l'autorisation préalable, et à relativiser ainsi le droit d'accéder à la personnalité morale. Saisi par le président du Sénat, le Conseil constitutionnel fut en conséquence amené, dans sa fameuse

1. CE 26 mars 1990, Association SOS Défense, *R* 76.
2. CE 25 janv. 1985, Association « Les Amis de Saint-Augustin », *AJDA* 1985.228.
3. Par exception à ce principe d'interdiction, la loi du 23 juillet 1987 reconnaît toutefois le droit de recevoir sans restrictions des dons et legs aux associations déclarées « qui ont pour but exclusif l'assistance, la bienfaisance, la recherche scientifique ou médicale ».

décision du 16 juillet 1971[1], à déclarer ses dispositions non conformes à la Constitution. La liberté d'association fut finalement sauvée grâce à cette intervention.

C. Les associations reconnues d'utilité publique

Les associations déclarées qui souhaitent obtenir une capacité juridique élargie, leur permettant de recevoir des dons et legs, doivent demander à être reconnues d'utilité publique.

Aux termes du décret du 16 août 1901, cette demande doit être signée de toutes les personnes déléguées à cet effet par l'assemblée générale, et doit être accompagnée d'un exemplaire du *Journal officiel* contenant l'extrait de la déclaration, d'un exposé indiquant l'origine, le développement et le but d'intérêt public de l'œuvre, des statuts de l'association en deux exemplaires, de la liste de ses membres (avec indication de leur âge, de leur nationalité, de leur profession et de leur domicile) et de ses établissements, du compte financier du dernier exercice, et d'un état de l'actif immobilier et mobilier et du passif. Les statuts qui accompagnent la demande doivent en outre être conformes au statut type établi par le Conseil d'État.

La demande et les documents l'accompagnant sont adressés au ministre de l'Intérieur, qui doit en délivrer récépissé. Le ministre procède ensuite à l'instruction du dossier, et peut notamment demander son avis au conseil municipal de la commune où l'association a son siège. Après clôture de l'instruction, le dossier est transmis au Conseil d'État. La haute instance consultative donne alors un avis favorable ou défavorable. Pour qu'elle rende un avis favorable, il faut que l'association ait un but d'intérêt général, qu'elle soit capable d'assurer son équilibre financier, et aussi, en règle générale, qu'elle ait déjà fonctionné depuis au moins trois ans.

Son avis ne lie pas le Premier ministre, qui statue discrétionnairement par décret en Conseil d'État[2]. Même s'il est vrai qu'en pratique l'avis du Conseil d'État est presque toujours suivi, on peut se demander si un tel pouvoir discrétionnaire de refuser la reconnaissance d'utilité publique est vraiment respectueux de la liberté d'association. Il serait préférable de cantonner le Premier ministre dans une compétence liée, en exigeant par exemple que ses décrets soient rendus sur l'avis conforme du Conseil d'État. On oublie en effet trop souvent que la liberté d'association est une authentique liberté-résistance, dont la vocation est de s'exercer sinon contre le pouvoir politique, du moins indépendamment de lui. En prendre conscience permettrait de comprendre que la faire dépendre tant soit peu de lui revient à la mutiler.

Lorsqu'elle est accordée, la reconnaissance d'utilité publique permet à l'association qui en bénéficie de jouir d'une capacité juridique élargie. En vertu de la loi de 1901, les associations reconnues d'utilité publique peuvent en effet accomplir tous les actes de la vie civile qui ne sont pas interdits par leurs statuts. Elles peuvent notamment recevoir des dons et legs, même portant sur des immeubles. La loi précise toutefois qu'elles ne peuvent conserver la propriété des immeubles qu'elles acquièrent que dans la mesure où ils sont « nécessaires » à leur fonctionnement ; cette disposition les oblige donc à vendre rapidement les immeubles qu'elles ont reçus par

---

1. CC 16 juill. 1971, Liberté d'association, *GDCC*.
2. CE 15 juill. 1959, Féd. française de tir, *RDP* 1960.317.

don ou legs lorsqu'ils ne répondent pas à cette condition [1]. Jusqu'en 2005, aucune acceptation d'un don ou legs ne pouvait valablement intervenir sans avoir fait l'objet d'une autorisation administrative préalable ; cette autorisation était donnée ou refusée discrétionnairement [2] par le préfet. Là encore, on pouvait s'interroger sur la compatibilité de ce pouvoir discrétionnaire avec le respect de la liberté d'association. Mais une ordonnance du 28 juillet 2005 a judicieusement remplacé ce régime d'autorisation par un régime déclaratif : désormais, les associations reconnues d'utilité publique peuvent donc accepter librement les dons et legs, le préfet n'ayant plus qu'une faculté d'opposition, « motivée par l'inaptitude de l'organisme légataire ou donataire à utiliser la libéralité conformément à son objet statutaire » (art. 910 du Code civil). Par ailleurs, les modifications apportées aux statuts de l'association ou sa dissolution volontaire ne peuvent prendre effet, selon un décret du 17 décembre 1980, qu'après « approbation » de l'administration, en principe donnée sous forme de décret en Conseil d'État. Enfin, une dernière contrainte concerne les valeurs mobilières des associations reconnues d'utilité publique, qui doivent obligatoirement être placées en titres nominatifs, ou en valeurs admises par la Banque de France en garantie d'avances.

Bien entendu, la reconnaissance d'utilité publique n'est jamais définitivement acquise. Elle peut être librement retirée par décret en Conseil d'État, après que l'association concernée ait été invitée à discuter les griefs retenus à son encontre [3]. Sans qu'il soit certain qu'il faille s'en réjouir, le droit français ne néglige ainsi aucun moyen de placer les associations reconnues d'utilité publique sous la dépendance de l'administration.

§ 3. Les problèmes posés par la loi de 1901

Brève et ancienne, la loi de 1901 n'a pas su prévoir l'émergence des groupements de type nouveau que sont les associations para-commerciales (A), et les associations para-administratives (B). C'est donc à la jurisprudence, et à des lois ponctuelles, qu'est revenue la tâche difficile, et encore inachevée, de déterminer la mesure dans laquelle il convient de leur appliquer un droit spécial.

A. Les associations para-commerciales

Les associations para-commerciales sont des associations de la loi de 1901 qui exercent une activité commerciale. Elles ont pu se développer grâce au laconisme de la loi, qui interdit aux associations de « partager » des bénéfices, mais non d'en réaliser.

Comme les commerçants, les associations para-commerciales cherchent donc à faire des bénéfices. Elles leur font même subir une concurrence d'autant plus rude

---

1. Une exception, apportée par une loi du 2 juillet 1913, concerne les bois et terrains à boiser, qu'elles peuvent acquérir et conserver sans restriction.
2. CE 6 déc. 1972, Billiet, *R* 786. À noter : le refus du préfet devait obligatoirement faire l'objet d'un recours hiérarchique avant d'être déféré au juge de l'excès de pouvoir : CE 25 nov. 1988, Dlle Boyer-Manet, *JCP* 1988, n° 411.
3. CE 31 oct. 1952, Ligue pour la protection des mères abandonnées, *S* 1952.115.

qu'elles jouissent d'un statut privilégié. Contrairement à eux, elles sont en effet exonérées de l'impôt sur les sociétés, et peuvent très facilement obtenir des subventions publiques. Certes, elles subissent en contrepartie quelques contraintes : ainsi, elles ne peuvent en principe [1] être immatriculées au registre du commerce, ce qui les empêche de passer des baux commerciaux, et de bénéficier de la propriété commerciale et des avantages fiscaux y afférents ; d'autre part et surtout, elles ne peuvent pas partager leurs bénéfices entre leurs membres, mais doivent les réinvestir, particularité qui les éloigne de l'entreprise commerciale de type capitalistique, fondée sur le profit, et qui justifie qu'on parle à leur propos de « para-commercialité ». Mais malgré ces contraintes, elles suscitent l'inquiétude des commerçants.

C'est ce qui explique que la tendance actuelle soit de leur appliquer de plus en plus les règles du droit commercial : compétence du tribunal de commerce [2], soumission aux procédures de redressement ou de liquidation judiciaire [3], possibilité de poursuivre leurs dirigeants sur le fondement de l'action en comblement de passif [4], obligation (uniquement pour les plus importantes), de nommer un commissaire aux comptes [5], soumission au droit de la concurrence [6], voire même soumission à l'impôt sur les sociétés lorsqu'une activité économique lucrative est exercée [7].

Peu à peu, le régime juridique des associations para-commerciales trouve ainsi son point d'équilibre, à mi-chemin de la loi de 1901 et du droit commercial.

B. Les associations para-administratives

Toutes les associations n'entretiennent pas les mêmes types de rapports avec l'administration. Quatre situations peuvent en effet être distinguées. Beaucoup d'associations, à l'instar des clubs de bridge ou de pétanque, sont amenées par leur objet même à manifester une relative indifférence à son égard. D'autres, comme les associations de défense des droits de l'Homme ou les associations de sauvegarde de l'environnement, font preuve de plus de méfiance, voire d'hostilité, et tentent d'infléchir son action en s'érigeant en groupes de pression ou en contre-pouvoirs. Une troisième catégorie d'associations, comprenant notamment les fédérations sportives, regroupe les alliées de l'administration ; généralement chargées de gérer un service

---

1. Com. 1er mars 1994, *RTD com.* 1994.474. Sauf exception prévue par la loi du 11 juillet 1985, article 3.

2. Com. 8 juill. 1969, *JCP* 1970, n° 16155 *bis* (association touristique) ; T. com. Marseille, 8 avr. et 28 août 1980, *RTD com.* 1981.103 (Olympique de Marseille).

3. L. 25 janv. 1985, art. 2.

4. L. 25 janv. 1985, art. 180. Cf. toutefois TC 15 nov. 1999, Comité d'expansion de la Dordogne, *AJDA* 1999.992 : l'action en comblement de passif est impossible lorsque le dirigeant de l'association est une personne publique et que cette association gère un SPA (hypothèse dans laquelle elle est davantage para-administrative que para-commerciale).

5. L. 1er mars 1984, art. 27.

6. Crim. 10 juin 1991, *Bull. crim.* n° 246 : admet une action civile en concurrence déloyale fondée sur l'article 37.2 de l'ordonnance du 1er décembre 1986, au motif que « le jeu de la concurrence se trouve faussé à son détriment (du commerçant) par l'activité para-commerciale illicite exercée dans le même secteur par l'association Randonnée pyrénéenne, laquelle est exemptée de ses charges fiscales et reçoit d'importantes subventions. »

7. CE 24 nov. 1980, *R* 678 (association poursuivant des expérimentations dans le domaine de la neuropsychiatrie, et se finançant par la mise au point de médicaments pour des laboratoires pharmaceutiques).

public administratif, elles sont souvent investies de prérogatives de puissance publique qui leur permettent de prendre des actes administratifs unilatéraux [1], et leur valent d'engager leur responsabilité devant le juge administratif [2]. Certaines associations apparaissent enfin comme de simples démembrements de l'administration, créés pour tourner les règles du droit administratif et de la comptabilité publique ; « faux nez de l'administration » (André de Laubadère), ce sont elles qu'on qualifie habituellement d'associations para-administratives.

Face à ces services de l'administration déguisés en associations de la loi de 1901, les juges adoptent une attitude nuancée. Répudiant toute audace excessive, ils s'inclinent en effet généralement devant le subterfuge, et acceptent de faire prévaloir la fiction juridique sur la réalité [3]. La solution de principe est donc de reconnaître la compétence du juge judiciaire pour connaître du contentieux, notamment contractuel [4], des associations para-administratives. Toutefois, cette règle supporte une exception importante. Lorsque les associations para-administratives n'ont pratiquement aucune autonomie, et qu'elles constituent en quelque sorte de purs paravents, un courant jurisprudentiel refuse en effet de reconnaître leur existence, et attribue leurs contrats [5], leurs actes unilatéraux [6], et leur responsabilité [7] aux personnes publiques qui se cachent derrière elles, entraînant par là même la compétence du juge administratif.

Tout l'échafaudage jurisprudentiel repose ainsi sur le degré d'émancipation de l'association para-administrative par rapport à son administration de rattachement. Les éléments qui conduisent le juge à estimer qu'une association est sans existence réelle ont trait essentiellement à son mode de financement (qui doit consister exclusivement en subventions versées par l'administration de rattachement), et (cumulativement) à la composition de son conseil d'administration (lequel doit comprendre une majorité de représentants de cette administration).

Grâce à cette jurisprudence subtile, le juge pose en somme des limites à la possibilité, reconnue aux personnes publiques, de s'habiller de la loi de 1901. Même si l'entreprise est méritoire, on peut toutefois se demander si elle suffit à conjurer tous les dangers inhérents à l'expansion de l'administration dans la sphère du droit privé.

---

1. CE, Sect., 22 nov. 1974, Féd. des industries françaises d'articles de sport, *AJDA* 1975.19, et CE, Ass., 23 juin 1989, Bunoz, *AJDA* 1989.631 : règlements pris par des fédérations sportives (pour des sanctions, cf. § 1, C).

2. CE, Sect., 13 oct. 1978, ADASEA du Rhône, *RDP* 1979.908 : soumet la compétence du juge administratif à la condition que l'activité dommageable ait comporté l'exercice par l'association de prérogatives de puissance publique.

3. Acceptation réaffirmée par CE Sect. 6 avr. 2007 Commune d'Aix-en-Provence *AJDA* 2007.1020, à propos de l'association pour le festival d'art lyrique d'Aix.

4. TC 4 mai 1987, du Puy, Egloff, et Merx (3 espèces) *AJDA* 1987.485 : à propos de contrats de travail passés par une association d'information touristique (1re espèce) et par un syndicat d'initiative (2e espèce), et d'un contrat d'organisation d'une manifestation culturelle passée par l'association « Festival international » créée par la ville de Nice.

5. TC 22 avr. 1985, Laurent, *R* 541 : le contrat passé par un comité des fêtes pour l'organisation d'un lâcher de taureaux est administratif, car considéré comme pris, par application de la théorie du mandat implicite, « au nom et pour le compte » de la commune.

6. CE 11 mai 1987, Divier, *AJDA* 1987.485 : décision du président d'une association d'information municipale (lequel est le maire de Paris) d'entreprendre une campagne d'information, requalifiée par le CE de décision du maire de Paris.

7. CE, Sect., 11 avr. 1975, Ministre de l'Éd. nat. c/Boitier, *AJDA* 1975.246 : responsabilité de l'État à propos d'un accident survenu à un professeur d'éducation physique alors qu'il participait aux activités d'une association sportive scolaire. CE 5 déc. 2005 Dép. de la Dordogne *AJDA* 2006.656.

Dans l'attente d'une loi improbable, qui préciserait les conditions auxquelles les associations para-administratives sont acceptables, force est finalement de s'en remettre à la vigilance de la Cour des comptes et des chambres régionales des comptes, compétentes pour vérifier l'origine et l'utilisation des fonds des « faux nez » de l'administration... [1]

Section 2
Les associations non régies par la loi de 1901

Certaines associations présentent une utilité sociale si particulière que le législateur a jugé nécessaire de les faire bénéficier de régimes juridiques spéciaux. Il s'agit notamment des associations cultuelles (loi du 9 décembre 1905, cf. *supra,* titre II, chapitre 2), des associations familiales (Code de la famille), des associations « agréées » par l'administration (qui bénéficient à ce titre d'une capacité étendue d'agir en justice : cf. loi du 10 juillet 1976 sur les associations de protection de la nature, et loi du 5 janvier 1988 sur les associations de consommateurs), des associations sportives (loi du 16 juillet 1984), des associations déclarées ayant pour but exclusif l'assistance, la bienfaisance ou la recherche scientifique ou médicale (qui peuvent être autorisées à recevoir des dons et legs bien qu'elles ne soient pas reconnues d'utilité publique : loi du 23 juillet 1987), et des partis politiques et associations de financement électorales (lois du 11 mars 1988 et du 15 janvier 1990). Leur spécificité apparaît toutefois relative, car le droit commun de la loi de 1901 leur demeure applicable dans toute la mesure où il n'est pas écarté par les textes spéciaux.

D'autres associations ont un particularisme plus accusé qui leur permet au contraire, pour des raisons qui sont toujours d'ordre historique, d'échapper totalement au droit commun de la loi de 1901. Cela a notamment été le cas des associations dites « étrangères » — c'est-à-dire dirigées par des étrangers, ou ayant leur siège à l'étranger, ou comptant au moins un quart (!) de membres étrangers — dont un régime d'exception, instauré en 1939 en prévision de la guerre mais étrangement resté en vigueur jusqu'en 1981, soumettait la création à l'autorisation discrétionnaire du ministre de l'Intérieur [2]. À l'heure actuelle, c'est le cas des congrégations religieuses, qu'une tradition de méfiance héritée du radicalisme soumet à un régime restrictif (loi du 1er juillet 1901, articles 13 et suivants adoucis par la loi du 8 avril 1942, cf. *infra,* § 1), et des syndicats, dont la liberté, conquise grâce à la loi du 21 mars 1884, est plus ancienne et plus étendue que celle des associations de la loi de 1901 (ils peuvent notamment recevoir sans autorisation dons et legs). C'est enfin le cas des associations d'Alsace et de Moselle (§ 2) et des associations présentant le caractère de « groupes de combat » (§ 3).

---

1. Dans son rapport public de 1996, la Cour des comptes a notamment mis en garde les ordonnateurs locaux, à propos du risque de « gestion de fait » découlant de l'utilisation, par les collectivités territoriales, d'associations para-administratives pour verser des compléments de rémunération aux fonctionnaires territoriaux.

2. Pour une critique de cette législation xénophobe, cf. J. Morange, « Les étrangers et la liberté d'association », *AJDA* 1980.141. Depuis 1981, les associations étrangères bénéficient du régime de droit commun de la loi de 1901.

§ 1. Les congrégations religieuses

Une congrégation est une association dont les membres sont liés par des vœux et vivent en communauté en obéissant à une règle approuvée par un ordre religieux. En général, cet ordre religieux est l'Église catholique ; mais il existe aussi des congrégations qui se rattachent expressément à d'autres religions, notamment au bouddhisme.

D'inspiration radicale, donc hostile aux religions, la loi sur les associations du 1er juillet 1901 a expressément soumis les congrégations à un régime spécifique très désavantageux. Dans sa rédaction initiale, elle exigeait en effet que toute constitution en France d'une congrégation soit préalablement autorisée par une loi. Ce régime s'avéra d'autant plus dur qu'au début du siècle le Parlement entreprit, sous l'impulsion du fameux président du Conseil Émile Combes, de rejeter systématiquement les demandes d'autorisation.

Paradoxalement, c'est du régime de Vichy, et non de la République, qu'est venu l'adoucissement de ce régime liberticide. Modifiant la loi de 1901, la loi du 8 avril 1942, encore en vigueur aujourd'hui, permet en effet aux congrégations de se constituer librement. Mais en contrepartie de cette solution libérale, la personnalité juridique ne leur est pas donnée de plein droit. Pour l'obtenir, elles doivent demander leur « reconnaissance légale », qui leur est accordée (ou refusée) par décret rendu sur avis conforme du Conseil d'État [1]. Ce système peut paraître sévère, dans la mesure où, par comparaison, une association de la loi de 1901 peut librement obtenir la personnalité juridique, à la seule condition d'effectuer une déclaration en préfecture. Même si l'exigence d'un avis conforme du Conseil d'État constitue une garantie sérieuse contre l'arbitraire de l'exécutif, on peut se demander si cette sévérité est encore de saison. La prise en compte de l'évolution des mentalités devrait plutôt inciter le législateur à faire bénéficier les congrégations du régime de droit commun de la loi de 1901, comme cela a été fait pour les associations « étrangères » en 1981.

La sévérité du système de 1901-1942 ne s'arrête d'ailleurs pas là. Car même lorsqu'elles ont obtenu leur reconnaissance légale, les congrégations ne peuvent acquérir ou aliéner des immeubles, qu'avec l'autorisation préalable du préfet. Elles peuvent toutefois recevoir librement des dons ou legs depuis une ordonnance du 28 juillet 2005, qui abandonne l'exigence de l'autorisation préalable en la matière. Le préfet est en outre habilité à exercer sur elles un contrôle renforcé, presque humiliant, inconnu des associations de la loi de 1901. Il peut en effet leur demander à tout moment de lui communiquer la liste de leurs membres, l'état de leurs recettes et de leurs dépenses, le compte financier de l'année écoulée, et l'inventaire de leurs biens meubles et immeubles. Enfin, contrairement aux associations de la loi de 1901, qui ne peuvent en principe faire l'objet d'une dissolution administrative, les congrégations

---

1. Cf. par exemple décret du 13 juillet 1990 (*JO* 19 juill.), « portant reconnaissance légale d'une congrégation » : la communauté des frères prêcheurs ou pères dominicains. En revanche, la reconnaissance légale est accordée à tout nouvel établissement d'une congrégation déjà reconnue, par simple décret en Conseil d'État (sans exigence d'avis conforme). Pour un refus jugé légal, cf. CAA Paris 9 juin 2006, Min. Int. c/ Assoc. Congrégation du Vajra triomphant, *AJDA* 2006.2067, concl. Folscheid.

peuvent être dissoutes par décret pris sur avis conforme du Conseil d'État. La liberté des congrégations ressemble ainsi à une peau de chagrin, sans qu'on sache ce qu'elles ont bien pu faire pour mériter pareille indignité.

§ 2. Les associations d'Alsace et de Moselle

Le département de la Moselle et les deux départements qui forment la région d'Alsace (Bas-Rhin et Haut-Rhin) ont fait partie de l'Allemagne entre 1870 et 1918. Lorsque la France les a récupérés, ils ont souhaité que leurs associations continuent à être régies par le droit local, d'inspiration allemande, plutôt que par la loi de 1901. Conformément à ce souhait, une loi du 1er juin 1924 a donc maintenu en vigueur ce droit local.

Le droit alsacien et mosellan a pour première particularité de distinguer deux catégories d'associations, et non trois comme la loi de 1901. Il s'agit des « associations de fait » et des « associations inscrites ». Les associations de fait se constituent librement mais ne possèdent pas la personnalité morale. Elles ressemblent donc beaucoup aux associations non déclarées de la loi de 1901. Les associations inscrites condensent pour leur part les avantages des associations déclarées et des associations reconnues d'utilité publique. Comme les associations déclarées, elles possèdent la personnalité morale grâce à l'accomplissement d'une formalité, en l'occurrence grâce à leur inscription sur un registre tenu par le tribunal d'instance. Mais comme les associations reconnues d'utilité publique, elles peuvent recevoir dons et legs. Contrairement à celles-ci, elles bénéficient même de la possibilité d'acquérir des immeubles sans aucune restriction. Dans ces conditions, on comprend que l'Alsace et la Moselle soient devenues le siège d'un grand nombre d'associations que tout prédestinait à naître ailleurs. Si on arrêtait là l'analyse, on pourrait même soutenir que le droit alsacien et mosellan des associations constitue un modèle dont le législateur ferait bien de s'inspirer.

Mais ce droit local présente une seconde particularité qui est beaucoup moins séduisante que la première, et qui tient aux pouvoirs considérables consentis aux préfets. Le préfet peut en effet dissoudre une association lorsque celle-ci poursuit un but contraire aux lois pénales, alors que par comparaison les associations de la loi de 1901 ne peuvent pas faire l'objet d'une dissolution administrative. Il peut aussi retirer sa personnalité morale à une association inscrite, lorsque celle-ci compromet l'intérêt public par des agissements illégaux. Enfin et surtout, il peut s'opposer à l'inscription d'une association sur le registre du tribunal d'instance, dès lors qu'elle poursuit un but « illicite » ou « politique, social-politique ou religieux ». Ce pouvoir d'opposition, d'une constitutionnalité douteuse[1], risquait de donner naissance à des pratiques arbitraires et d'aboutir à l'anéantissement de la liberté d'association. Heureusement, le Conseil d'État a su écarter ce risque en imposant une interprétation restrictive des motifs d'opposition. Il a en effet affirmé que le but d'une association ne peut être

1. Car difficilement compatible avec CC 16 juill. 1971, Liberté d'association, *GDCC*. Pour une analyse nuancée de la question, cf. J.-F. Flauss, « Droit local alsacien-mosellan et Constitution », *RDP* 1992.1625, particulièrement p. 1640 à 1646.

considéré comme « illicite » que s'il contrevient aux lois pénales[1], et comme « politique, social-politique ou religieux » que s'il est contraire « aux nécessités de l'ordre public[2] ». Grâce à ce remarquable travail d'interprétation (qui a finalement inspiré une loi du 21 juillet 2003 gommant les mots « politique, social-politique ou religieux »), le pouvoir d'opposition du préfet est ainsi devenu suffisamment inoffensif pour se concilier avec le respect de la liberté d'association.

§ 3. Les groupes de combat

C'est le développement des ligues d'extrême droite dans l'entre-deux-guerres qui a poussé le Front populaire à voter la loi du 10 janvier 1936 sur les groupes de combat. Encore en vigueur aujourd'hui, cette loi s'est complétée de nouveaux alinéas au fil du temps, au fur et à mesure qu'apparaissaient de nouvelles menaces à exorciser. Elle est également complétée par les articles 431-13 à 431-21 du nouveau Code pénal.

Puisant son inspiration dans la tradition révolutionnaire de sauvegarde du salut public, la loi de 1936 fait preuve d'une étonnante dureté. Elle permet en effet au président de la République de dissoudre, par décret en conseil des ministres, toute association présentant les caractères de groupe de combat[3]. La seule garantie qu'elle accorde aux victimes d'une dissolution consiste à inviter le Conseil d'État, lorsqu'il est saisi d'un recours en annulation contre le décret, à « statuer d'urgence ». Par la suite, le Conseil d'État a imposé le respect de garanties supplémentaires en exigeant que le décret de dissolution soit motivé, et qu'il ne soit pris qu'après que l'association concernée ait été mise en mesure de se défendre par écrit[4].

Les « groupes de combat » sont donc placés, malgré cette légère amélioration de leurs garanties, dans une situation peu enviable. C'est pourquoi il est de la plus haute importance que la loi définisse avec précision ce qu'il convient d'entendre par « groupes de combat ». Le législateur s'est heureusement acquitté de cette tâche d'une façon relativement satisfaisante.

Selon la loi de 1936, telle qu'elle a été complétée en 1944, 1951, 1972, et 1986, les groupes de combat sont les associations qui, par leurs moyens ou par leur but, mettent en péril l'ordre public. Sept hypothèses précises — qui sont en réalité huit — sont

---

1. CE, Ass., 22 janv. 1988, Association « Les Cigognes », *RFDA* 1988.95, concl. Stirn : le but de cette association (favoriser le prêt d'utérus) est illicite car il viole l'article 353-1 du Code pénal (sur l'abandon d'enfant à naître).

2. CE, Sect., 25 juill. 1980, Ministre de l'Intérieur c/Église évangélique baptiste de Colmar, *AJDA* 1981.207, concl. Galabert. Renverse CE 9 avr. 1941, Féd. du Parti social français, *R* 91, qui reconnaissait au préfet un pouvoir d'opposition discrétionnaire à l'égard des associations poursuivant un but politique, social-politique ou religieux.

3. Ont par exemple été dissous : les ligues d'extrême droite en 1936, les ligues d'extrême gauche en juin 1968, la Gauche prolétarienne en 1970, la Ligue communiste et Ordre nouveau en 1973, l'Association pour la rénovation de la Corse en 1975, le Service d'Action civique et le Front de libération de la Corse en 1982, la Fédération d'action nationale et européenne en 1980 puis en 1985, le Mouvement corse pour l'autodétermination en 1987, le groupe paramilitaire nazi H.V.E. en 1993, le groupement raciste Unité radicale en 2002, et le groupement antisémite Tribu Ka en 2006 (*JO* du 29 juill. 2006).

4. CE 26 juin 1987, FANE, *AJDA* 1987.679 : annulation du décret de dissolution de la FANE, cette association n'ayant pas été mise en mesure de se défendre par écrit (application du décret du 28 novembre 1983 renvoyant à la loi du 11 juillet 1979).

limitativement[1] énumérées à cet égard. Sur ces huit hypothèses, six assimilent à des groupes de combat des associations qui recourent à la force pour attenter à l'ordre public : il s'agit des associations qui provoquent à des manifestations armées dans la rue[2], ou qui par leur organisation militaire ont le caractère de milices privées[3], ou dont l'objet est d'attenter par la force à la forme républicaine du gouvernement[4], ou dont l'activité tend à faire échec au rétablissement de la légalité républicaine (ajout de 1944), ou qui provoquent à la discrimination, à la haine ou à la violence raciale (ajout de 1972), ou qui se livrent à des agissements en vue de provoquer des actes de terrorisme (ajout de 1986). Ces six premières hypothèses apparaissent peu critiquables, car elles visent des organisations violentes, qu'il est prudent de dissoudre rapidement afin d'assurer le salut public. Les deux dernières hypothèses posent au contraire davantage de problèmes, car elles assimilent à des groupes de combat des associations qui ne sont pas nécessairement violentes : il s'agit des associations qui ont « pour but de porter atteinte à l'intégrité du territoire national[5] », ou qui ont « pour but soit de rassembler des individus ayant fait l'objet de condamnation du chef de collaboration avec l'ennemi, soit d'exalter cette collaboration » (ajout de 1951). Dans ces deux hypothèses, on le voit, c'est uniquement le but de l'association qui la voue à la dissolution, nonobstant les moyens — violents ou pacifiques — qu'elle utilise pour parvenir à ses fins. Du coup, la dissolution ne répond plus réellement aux exigences du salut public, et perd tout fondement rationnel. C'est pourquoi on peut penser qu'il vaudrait mieux rayer de la liste ces deux hypothèses, ou au moins les préciser, afin de réserver les foudres de la dissolution administrative aux organisations violentes, et d'abandonner les associations pacifiques à la sagesse du juge judiciaire.

Marquées du sceau de la durée qui fait défaut aux réunions, les associations inquiètent l'État, qui les perçoit souvent comme des ennemies potentielles. C'est ce qui explique que la grande loi de 1901 ait tempéré son libéralisme de quelques restrictions difficilement justifiables, et que la loi de 1936 ait voué à une mort subite les associations les plus menaçantes.

Il n'est pas interdit d'interpréter cette inquiétude comme un hommage implicite rendu au rôle social des associations. Brisant le superbe isolement d'individus jaloux de leur indépendance, elles permettent en effet de rassembler des énergies dispersées pour structurer la « société civile », face aux prédateurs que sont parfois l'État et les autres puissances de ce monde. Exerçant une « fonction tribunicienne » qui leur est propre, elles offrent aussi l'avantage de revitaliser la démocratie représentative, en favorisant l'émergence de nouvelles élites plus proches des citoyens que ne le sont les élites traditionnelles, économiques, culturelles et politiques.

---

1. Le CE annule les dissolutions décidées en dehors de ces huit hypothèses. CE, Ass., 21 juill. 1970, Boussel, *AJDA* 1970.607 : annulation de la dissolution de trois mouvements qui s'étaient bornés à préconiser la grève générale.
2. CE, Ass., 21 juill. 1970, Krivine, *AJDA* 1970.607 ; CE 13 janv. 1971, Geismar *R* 31.
3. CE 13 févr. 1985, Debizet, *AJDA* 1985.278, concl. Genevois (sur le SAC).
4. CE 4 avr. 1936, De Lassus, *R* 455.
5. CE 8 oct. 1975, Association Enbata, *R* 495 ; CE 16 oct. 1992, Battesti, *AJDA* 1993.156 : est légale la dissolution du Mouvement corse pour l'autodétermination, au seul motif que ce groupement a pour but de porter atteinte à l'intégrité du territoire national ; le CE ne recherche même pas s'il comptait utiliser des moyens violents ou pacifiques.

Ces mérites indéniables ne doivent toutefois pas faire oublier que les associations sont, comme toute organisation humaine, foncièrement ambivalentes. Tout comme les corps intermédiaires de l'Ancien Régime, elles peuvent à l'occasion se retourner contre les individus qu'elles sont censées défendre, et de libératrices devenir oppressives. Ce risque peut notamment se réaliser lorsqu'elles abandonnent leur fonction tribunicienne pour une fonction participative, c'est-à-dire lorsqu'elles acceptent de servir de relais à l'État. Un tel retournement est d'autant plus facile à opérer que rares sont les hommes qui résistent aux sirènes des missions officielles, fussent-ils dirigeants d'associations...

La liberté d'association ne doit donc pas être idéalisée. Indispensable pour corriger les excès de l'individualisme, elle doit être défendue et même approfondie. Mais menaçante envers les individus, elle doit se voir assigner une frontière : celle de la liberté individuelle, qu'elle ne saurait violer sans perdre toute justification.

BIBLIOGRAPHIE SÉLECTIVE

• Pour une présentation générale de la liberté d'association

E. ALFANDARI (dir.), *Dalloz Action Associations*, Dalloz, 2000.

R. BRICHET, « Établissements d'intérêt public : associations », *JCA* n° 170.

R. BRICHET, *Associations et syndicats*, Litec, 6ᵉ éd., 1992.

J. CHEVALLIER, « L'association entre public et privé », *RDP* 1981.887 (intéressante réflexion théorique sur le rôle social des associations).

Conseil d'État, « Rapport public 2000 : les associations et la loi de 1901, cent ans après », *EDCE* n° 51 (ouvrage fondamental).

C. DEBBASCH et J. BOURDON, *Les Associations*, PUF, « Que sais-je ? », n° 2209.

P. MACQUERON (et autres), *Associations et fondations*, Mémento pratique Francis Lefebvre (nouvelle édition chaque année).

J.-F. MERLET, *Une grande loi de la IIIᵉ République : la loi du 1ᵉʳ juillet 1901*, LGDJ, 2001.

J. MORANGE, *La Liberté d'association en droit public français*, PUF, 1977.

• Sur des aspects particuliers de la loi de 1901

M. POMEY, « Le contrôle par le Conseil d'État des associations reconnues d'utilité publique », *EDCE* n° 32, 1980-1981.135.

J. ROBERT, « Propos sur le sauvetage d'une liberté », *RDP* 1971.1171 (sur la réforme avortée de 1971).

• Sur les associations para-commerciales

Y. CHARTIER, « L'association, contrat, dans la jurisprudence récente de la Cour de cassation », *Mélanges Guyon*, 2003, p. 195.

S. CASTRO et N. ALIX, *L'Entreprise associative*, Economica, 1990.

M. MALAURIE, « Plaidoyer en faveur des associations », *D* 1992.C.274 (éclairante synthèse, favorable aux A. P-C).

D. VIDAL, « Le droit des affaires des associations : un statut en voie de formation », *LPA* 10 février 1993.

- **Sur les associations para-administratives**

« Les associations et la vie administrative », n° spécial de l'*AJDA*, mars 1980 (particulièrement les études d'A. de Laubadère et de R. Brichet).

« Les relations contractuelles entre les associations et les collectivités territoriales », dossier de l'*AJDA* 2002.894.

M. AZIBERT et M. DE BOISDEFFRE, « Chronique générale de jurisprudence », *AJDA* 1987.446 (étude très éclairante).

J.-M. GARRIGOU-LAGRANGE, *Recherches sur les rapports des associations avec les pouvoirs publics*, LGDJ, 1970.

- **Sur les associations d'Alsace et de Moselle**

J. GROSCLAUDE, « Un vestige législatif : les limitations à la liberté d'association en Alsace et en Lorraine », *RDP* 1972.811.

- **Sur les groupes de combat**

P. CONTE, « La liberté politique au regard du Code pénal nouveau : l'exemple des groupes de combat et des mouvements dissous », *Mélanges Peiser*, 1995, p. 163.

G. PEISER, « La dissolution par décret des associations et groupements politiques français », *D* 1963.C.59.

Conclusion générale

Plus que toute autre branche du droit, le droit des libertés publiques permet de comprendre que les règles juridiques n'ont de sens que si elles reposent sur la volonté de respecter certaines valeurs.

Dans l'optique du positivisme sociologique, que nous avons adoptée, ces valeurs doivent émaner de la conscience collective, et non d'oracles ou d'on ne sait quelle aristocratie du savoir. En tant que science sociale, le droit apparaît en effet davantage comme un reflet normatif des aspirations de la société que comme un ordre de contrainte. Sa légitimité vient d'en bas et non d'en haut.

Cette conception n'est évidemment pas sans danger. En France, nous l'avons vu, l'étude du droit des libertés publiques révèle l'attachement de la société à la « philosophie des droits de l'Homme ». L'ensemble du droit français ne respecte donc la dignité de la personne humaine que parce qu'il rend fidèlement compte de cet attachement. Mais que la société vienne à renier ses convictions actuelles, et à fustiger la liberté humaine, il lui faudra alors se modifier en conséquence, et tirer un trait sur le droit des libertés publiques.

Faut-il le déplorer ? En confiant à la société le destin du droit, le positivisme sociologique ne fait que reconnaître aux hommes la responsabilité de décider leur propre avenir. Or il ne saurait exister de liberté réelle sans responsabilité.

C'est pour que chacun prenne conscience de cette responsabilité que ce livre a été écrit. Le droit des libertés publiques a pour objet de garantir à l'individu l'exercice de sa liberté, mais il ne doit son existence qu'au surgissement initial de celle-ci. Un tel droit ne serait d'aucune utilité à un peuple d'esclaves, qui ne posséderaient pas le sentiment de la liberté. L'affirmation existentielle de soi doit ici précéder le droit. C'est la liberté qui rend possibles les libertés, et non l'inverse. En France, la Déclaration de 1789 est fille de la Révolution...

L'avenir des libertés publiques dépend en définitive de chacun d'entre nous. L'individu n'est pas un pur produit social, mais une volonté agissante capable de s'arracher à tous les déterminismes, un être de liberté apte à féconder la conscience collective et, par-delà, le droit. Comme le suggère la statue de Bartholdi, il suffit en somme de brandir le flambeau de sa propre liberté pour éclairer l'horizon des libertés publiques...

Bibliographie générale

- **Manuels**

D. AMSON (et autres), *Protection des libertés et droits fondamentaux*, Montchrestien, 2006 (préparation aux CRFPA).

G. BURDEAU, *Les Libertés publiques*, LGDJ, 4e éd., 1972 (manuel aujourd'hui dépassé, mais qui a marqué son époque).

L. BURGORGUE-LARSEN, *Libertés fondamentales*, Montchrestien, 2003 (« leçons » illustrées de documents).

R. CABRILLAC (dir.), *Libertés et droits fondamentaux*, Dalloz, 14e éd., 2008 (préparation à l'examen d'accès aux CRFPA, par une quarantaine d'auteurs).

R. CHARVIN et J.-J. SUEUR, *Droits de l'homme et libertés de la personne*, Litec, 4e éd., 2002.

C.-A. COLLIARD et R. LETTERON, *Libertés publiques*, Dalloz, « Précis », 8e éd., 2005 (particulièrement utile pour approfondir la genèse de chacune des libertés).

L. FAVOREU (et autres), *Droit des libertés fondamentales*, Dalloz, « Précis », 4e éd., 2007 (ouvrage qui se présente comme un « manuel d'un type nouveau », abordant surtout les jurisprudences constitutionnelle et européenne).

A. HEYMANN-DOAT, *Libertés publiques et droits de l'homme*, LGDJ, 8e éd., 2005 (court manuel refondu en 2002, qui retrace « l'affirmation des libertés » avant d'étudier « la garantie des droits »).

J.-J. ISRAEL, *Droit des libertés fondamentales*, LGDJ, 1998 (ouvrage de conception originale, s'appuyant systématiquement sur de longues citations des textes de référence).

C. LECLERCQ, *Libertés publiques*, Litec, 6e éd., 2006 (parvient à brosser en un nombre de pages limité un panorama complet de la matière).

M. LEVINET, *Théorie générale des droits et libertés*, Bruylant, 2006 (très intéressant pour approfondir la réflexion sur les libertés).

Y. MADIOT, *Droits de l'homme*, Masson, 2e éd., 1991 (original et passionnant).

J. MORANGE, *Manuel des droits de l'homme et libertés publiques*, PUF 2007 (un classique).

H. OBERDORFF, *Droits de l'homme et libertés fondamentales*, LGDJ, 2008 (très complet).

P.-H. PRÉLOT, *Droit des libertés fondamentales*, Hachette, 2007 (synthétique).

L. RICHER, *Les Droits de l'Homme et du Citoyen*, Economica, 1982 (demeure intéressant par la richesse de ses analyses).

J. RIVERO (et H. MOUTOUH), *Les Libertés publiques*, PUF, t. 1, 9e éd., 2003 et t. 2, 7e éd., 2003 (le t. 1, sur la théorie générale des libertés publiques, dont la 1re édition remonte à 1974, a marqué toute une génération de juristes).

J. ROBERT et J. DUFFAR, *Libertés fondamentales et droits de l'homme*, Montchrestien, 7e éd., 1999 (un classique dont le point fort est de décrire méticuleusement le régime juridique de chacune des libertés).

D. TURPIN, *Libertés publiques et droits fondamentaux*, Seuil, 2004 (monumental).

P. WACHSMANN, *Libertés publiques*, Dalloz, « Cours », 5e éd., 2005 (ouvrage de grande culture, agrémenté de nombreuses citations).

- **Dictionnaires**

D. Chagnollaud et G. Drago (dir.), *Dictionnaire des droits fondamentaux*, Dalloz 2006.

S. Rials (dir.), *Dictionnaire des droits de l'homme*, PUF (à paraître).

- **Mémentos et ouvrages synthétiques**

G. Armand, *Régime juridique des droits et libertés fondamentaux en France*, Gualino, 2007.

D. Breillat, *Libertés publiques et droits de la personne humaine*, Gualino, 2003.

D. Lochak, *Les droits de l'homme*, La Découverte, 2e éd., 2005.

J. Morange, *Libertés publiques*, PUF, « Que sais-je ? », no 1804.

J. Mourgeon, *Les Droits de l'homme*, PUF, « Que sais-je ? », no 1728.

J.-M. Pontier, *Droits fondamentaux et libertés publiques*, Hachette, « Les fondamentaux », 2e éd., 2005.

A. Pouille, *Libertés publiques et droits de l'homme*, Dalloz, « Mémentos », 16e éd., 2008.

T. Renoux (dir.), *Protection des libertés et droits fondamentaux*, La Documentation française, 2007.

B. Stirn, *Les libertés en questions*, Montchrestien, « Clefs », 6e éd., 2006.

D. Turpin, *Les libertés publiques*, « mémento », Gualino, 5e éd., 2000.

P. Wachsmann, *Les Droits de l'homme*, Dalloz, « Connaissance du droit », 5e éd., 2008.

- **Recueils de textes**

Ph. Ardant, *Les Textes sur les droits de l'homme*, PUF, « Que sais-je ? », no 2538.

M. Delmas-Marty (dir.), *Libertés et droits fondamentaux*, Seuil, 2e éd., 2002.

J.-C. Masclet, *Textes sur les libertés publiques*, PUF, « Que sais-je ? », no 2407.

J. Robert et H. Oberdorff, *Libertés fondamentales et droits de l'homme*, Montchrestien, 7e éd. 2007 (recueil très utile).

- **Ouvrages sur l'évolution contemporaine des libertés**

G. Lebreton (dir.), *Les droits fondamentaux de la personne humaine en 1995 et 1996*, L'Harmattan, 1998.

G. Lebreton (dir.), *L'évolution des droits fondamentaux de la personne humaine en 1997 et 1998*, L'Harmattan, 2000.

G. Lebreton (dir.), *Regards critiques sur l'évolution des droits fondamentaux de la personne humaine en 1999 et 2000*, L'Harmattan, 2002.

G. Lebreton (dir.), Interrogations sur l'évolution des droits fondamentaux de la personne humaine en 2001 et 2002, L'Harmattan, 2004.

G. Lebreton (dir.), *Valeurs républicaines et droits fondamentaux de la personne humaine en 2003 et 2004*, L'Harmattan, 2006.

G. Lebreton (dir.), *Crises sociales et droits fondamentaux de la personne humaine en 2005 et 2006*, L'Harmattan, 2008.

Index thématique

A

Acte final de la conférence d'Helsinki, 130-132
AMF, 213-214
Article 16, 185-189
Assignation à résidence, 364
Associations para-administratives, 542, 543
Associations para-commerciales, 541, 542
Attroupements, 526, 527
Auto-protection, 202, 203
Autorisation préalable, 178, 179
Autorités administratives indépendantes, 205-214
Avortement, 277-281

B

Barbarie, 2, 111-117, 121, 158
Bioéthique, 257, 258, 272-274

C

CADA, 212
Carte de résident, 353-355
Carte de séjour, 349-353
CCNE, 273, 274
Charte de l'environnement, 140
Charte des droits fondamentaux de l'UE, 255, 256
Charte sociale européenne, 245
Christianisme, 29, 30, 47, 56-58, 117, 143, 144
Circonstances exceptionnelles, 198-200
Clonage, 287, 288
CNIL, 213, 214, 314-317
Comité des droits de l'Homme, 244, 245
Congrégations religieuses, 545, 546
Conscience collective, 26-28
Conseil constitutionnel, 47-49, 100, 101, 139, 140, 148-158, 215-221
Conseil de la concurrence, 213, 214
Conseil de l'Europe, 245
Conseil des droits de l'homme, 245
Constitution européenne, 257
Contrôles d'identité, 382-385
Contrôleur général, 210-212
Convention européenne de sauvegarde des droits de l'Homme, 246-256
Cour pénale internationale, 171
CSA, 213, 214, 488-492
CSM, 38-41

D

Déclaration
— de 1789, 70-79
— préalable, 182-184
— universelle, 125-130
Défenseur des droits, 206-208
Défenseur des enfants, 208
Détention provisoire, 395-401
Dignité, 27, 158, 529
Discriminations, 162-175
Don d'organes, 290-293
Droit
— à la sûreté, 74, 379-402
— à l'instruction, 440-442
— à l'intégrité physique, 295-306
— à une vie familiale normale, 324-327
— à un procès équitable, 381
— au secret, 312-315
— d'asile, 344, 356-359
— de disposer de son corps, 274-295
— de grève, 95
— de pétition, 204
— de propriété, 48, 74, 229
— naturel, 22-26, 28-32, 49-51
Droits-créances, 12, 15, 16, 94, 95
Droits fondamentaux, 14, 19
Droit syndical, 95, 417

E

Embryon, 281, 282, 286, 287, 295, 300
Emprise, 229
Esclavage, 297, 298
État
— de droit, 19, 102
— de siège, 189, 190
— d'urgence, 190-193
Euthanasie, 294, 295
Expérimentations médicales, 299-304

Expulsion, 366-370
Extradition, 370-373

F

Fascisme, 111, 112
Femme, 162-165

G

Garde à vue, 385-388
Génocide, 171
Gens du voyage, 339-342
Groupes de combat, 547-548
Guerre du Golfe, 194-197

H

Habeas corpus, 68, 222, 227, 395
HALDE, 209, 210
Hospitalisation, 388-395

I

Injonctions, 234-237
Inviolabilité
— des correspondances, 315-319
— du domicile, 310-312
Islam, 117-123, 427

J

Judaïsme, 117
Juges de proximité, 39
Juridictions d'exception, 237-240
Jusnaturalisme, 22-26, 28-32, 49-51, 136

L

Laïcité, 409, 427, 431, 442-449
Libéralisme, 12, 159
Liberté
— d'aller et venir, 330-376
— d'association, 533-549
— de communication audiovisuelle, 489-516
— de la presse, 462-488
— de l'enseignement, 438-461
— d'expression, 406-419
— d'opinion, 406-419
— de réunion, 518-531
— individuelle, 141, 142, 224-229, 380, 395
— personnelle, 310
— religieuse, 421-436
Libertés fondamentales, 47-49, 155, 156
Libertés-participation, 12
Libertés-résistances, 16
Loi mémorielle, 408

M

Mandat d'arrêt, 373
Manifestations, 523-525
Marxisme, 103-111
Médiateur de la République, 206-208
Minorités, 161

N

Nazisme, 112, 113

O

Objectifs de valeur constitutionnelle, 153, 411, 464
Objection de conscience, 413, 414
ONG, 242
ONU, 243-245
Opinion publique, 26, 462
OQTF, 365

P

Permis de conduire, 337-339
Police, 151, 152, 205, 230, 332-339, 382-387, 416, 479
Positivisme
— juridique, 21, 49, 50, 136
— sociologique, 26-28, 50, 51, 136, 551
Préambule de 1946, 94-96
Principe d'égalité, 74, 75, 158-175
Principes fondamentaux reconnus par les lois de la République, 95, 96, 100, 101, 141-143
Principes généraux du droit, 137-139, 230, 231
Prostitution, 274, 275

R

Racisme, 112, 113, 166-172, 409
Rave-partie, 530
Reconduite à la frontière, 361-365
Référé, 231, 400, 484
Réfugié, 348-352, 356-359
Régime
— préventif, 177-181
— répressif, 176, 177
Résistance à l'oppression, 74, 203
Rétention de sûreté, 401

S

Sanctions administratives, 177, 344, 345
Sectes, 430-435
SIDA, 276, 293, 306, 323
Socialisme, 159
Spectacles de curiosité, 528
Stérilisation, 276, 277
Suicide, 293, 294
Suspension, 232-234

T

Théâtre, 529
Torture, 295
Totalitarisme, 412
Traitements inhumains ou dégradants, 296
Transsexualisme, 288-289

V

Vidéosurveillance, 314
Vigipirate, 194-198
Visa, 344, 349
Voie de fait, 224-226

X

Xénophobie, 166-172

Z

Zones d'attentes, 348, 349

Index des noms propres

A

Afrique du Sud, 3, 125, 166
Algérie, 5, 35, 97, 99, 102, 118, 133, 161, 185, 190, 191, 199, 200, 238, 239, 252, 413, 464, 522
Andropov, 106
Arabie Saoudite, 125, 195, 421
Aristote, 22, 24, 36, 58, 114
Aron, 16, 20, 131, 412

B

Barnave, 65, 72, 79
Bartholdi, 551
Blanqui, 105
Bonaparte, 34, 66, 79, 82, 86, 87, 196, 412, 463
Boulanger, 196
Braibant, 23, 28, 138
Braud, 13, 14, 52
Brecht, 170
Brejnev, 106

C

Caillavet, 290, 291, 292, 294
Calvin, 11
Carré de Malberg, 19, 21, 34, 136, 137
Cassin, 3, 113, 127, 134
Chapus, 139, 152
Charles X, 83, 88, 463
Chirac, 3, 170, 215, 287
Christ, 30, 51, 57, 58, 117, 119, 144, 158, 162, 513
Colliard, 21, 45, 46, 137, 521
Comte, 11
Condorcet, 64, 162
Cousteau, 204, 205

D

Debré, 99, 204, 426, 439, 442, 445, 452, 454, 456, 457, 458
Descartes, 11, 22
Devaquet, 202
Dreyfus, 2, 202, 379, 429
Duguit, 26, 43, 136, 137
Durkheim, 26

E

Engels, 105, 107

F

Fustel, 57

G

Gandhi, 203
Gaulle (de), 5, 35, 93, 99, 100, 138, 140, 185, 186, 196, 215, 238, 485
Genevois, 47, 153, 157, 456, 481
Giraudoux, 2
Giscard d'Estaing, 215, 313
Gorbatchev, 107, 108, 109
Grotius, 58, 59, 60

H

Hauriou, 136, 137
Havel, 132
Hayek, 12, 16
Hegel, 11
Hersant, 154, 466, 467, 468, 476, 495, 497, 502
Hitler, 3, 21, 112, 113
Hobbes, 1, 24, 59, 60, 61, 63, 79, 114, 115

I

Irak, 118, 171, 197, 242, 358, 370, 412
Iran, 118, 120, 129, 412, 421

J

Jaspers, 6
Jean-Paul II, 3, 29, 30, 276, 283, 290, 434

K

Kant, 272
Kelsen, 21
Khrouchtchev, 106

L

La Fayette, 68, 71, 72, 79
Le Pen, 116, 167, 168
Lénine, 105, 106
Lévi-Strauss, 203
Locke, 1, 12, 22, 24, 59, 60, 61, 63, 69, 70, 74, 76, 79
Louis XVIII, 10, 83
Louis-Philippe, 84, 88, 533

M

Maastricht, 187, 220, 254, 487, 514
Mac-Mahon, 34, 89, 196
Mahomet, 117, 119, 121
Maritain, 29, 30, 31, 32, 47
Martin Luther King, 203
Marx, 1, 104, 105, 106, 107, 110, 422
Mirabeau, 65, 71, 72, 73, 79, 316, 379
Mitterrand, 218, 252, 503
Montesquieu, 1, 32, 36, 64, 65, 66, 67, 69, 70, 72, 76, 192, 379, 462
Morange, 44, 45, 50, 500, 521, 544
Mounier, 31, 65, 71, 72, 75, 79
Mussolini, 111, 112

O

Ockham, 22, 59
Olympe de Gouges, 162

P

Pétain, 91, 92, 195, 521
Poher, 139, 217, 252

R

Rivero, 23, 45, 46, 137, 141, 291
Robert, 23, 28, 42, 45, 46, 240, 313
Robespierre, 63, 80, 81, 203, 422
Rousseau, 1, 12, 17, 22, 24, 33, 34, 57, 59, 60, 61, 62, 63, 64, 69, 70, 72, 77, 79, 462, 533
Rwanda, 171

S

Saddam Hussein, 171, 242, 413
Saint Thomas, 22, 31, 53, 58
Sakharov, 3, 132
Sarkozy, 171, 175, 408, 493, 494
Sartre, 11, 167
Savary, 202, 452, 456, 459
Scelle, 243
Schengen, 177, 265, 343, 345, 356, 376, 384
Schmitt, 111, 113, 114, 115, 116, 117
Sieyès, 66, 67, 70, 71, 72, 76, 78, 79, 98
Soljenitsyne, 131
Staline, 105, 106

T

Tchernenko, 106
Thiers, 85, 86, 87, 88
Thoreau, 203
Tocqueville, 202

U

URSS, 90, 105, 106, 107, 108, 109, 110, 111, 125, 126, 130, 131, 134, 413, 422, 469

V

Vedel, 133, 134, 137, 470
Villey, 22, 53
Voltaire, 57, 64, 65, 69, 70, 379, 462

Y

Yougoslavie, 132, 171

Z

Zola, 202

Table des matières

Sommaire V
Principales abréviations VII
Introduction 1

PREMIÈRE PARTIE

THÉORIE GÉNÉRALE DES LIBERTÉS PUBLIQUES

TITRE I

LA NOTION DE LIBERTÉS PUBLIQUES

CHAPITRE 1. — Définition des libertés publiques 10

Section 1. *Définitions de la liberté* 11
§ 1. La définition ontologique 11
§ 2. La définition politique 12

Section 2. *Les définitions critiquables des libertés publiques* 13
§ 1. Les définitions trop restrictives 13
§ 2. Les définitions trop extensives 14

Section 3. *Définition proposée* 15
§ 1. « Les pouvoirs d'autodétermination... » 15
§ 2. « ... qui visent à assurer l'autonomie de la personne humaine... » ... 16
§ 3. « ... sont reconnus par des normes à valeur au moins législative... » 17
§ 4. « ... et bénéficient d'un régime juridique de protection renforcée... » 17
§ 5. « ... même à l'égard des pouvoirs publics » 19

CHAPITRE 2. — Les fondements idéologiques des libertés publiques 20

Section 1. *Une philosophie des droits de l'Homme* 20
§ 1. Le discrédit du positivisme juridique 21
§ 2. Le succès de la théorie moderne du droit naturel 21
§ 3. Le fondement le plus solide : le positivisme sociologique 23
A. Les insuffisances de la théorie moderne du droit naturel 23
B. La solution de rechange : le positivisme sociologique 26
§ 4. Un fondement tentant : la théorie classique du droit naturel 29
A. L'Église catholique 29
B. Jacques Maritain 30

Section 2. *L'attachement à la démocratie libérale* 32
§ 1. Les origines : les libertés publiques sans la démocratie libérale 32

§ 2. Aujourd'hui : les libertés publiques dans le cadre de la démocratie libérale 33

Section 3. *La confiance en la loi* 33

§ 1. Jusqu'en 1958 : une confiance absolue en la loi 33
§ 2. Depuis 1958 : une confiance relative en la loi 35

Section 4. *L'exaltation du rôle du juge* 36

§ 1. L'exigence de l'indépendance du juge 36
§ 2. L'insuffisance des garanties d'indépendance du juge 37
A. L'inamovibilité 37
B. La discipline 38
C. Le recrutement 38
D. L'avancement 40
E. Les pressions du pouvoir politique 41

CHAPITRE 3. — Les classifications des libertés publiques 43

Section 1. *La diversité des classifications, preuve de la richesse de la notion de « libertés publiques »* 43

§ 1. Les principales classifications doctrinales 44
A. La classification bipartite : libertés individuelles et libertés collectives 44
B. La classification tripartite : libertés physiques, libertés intellectuelles, autres libertés 45
§ 2. La classification du Conseil constitutionnel : libertés publiques « fondamentales » et libertés publiques ordinaires 47

Section 2. *La diversité des classifications et le problème des conflits de libertés* 49

§ 1. Les impasses du positivisme juridique et de la théorie moderne du droit naturel 49
§ 2. Les solutions du positivisme sociologique et de la théorie classique du droit naturel 50

TITRE II

L'HISTOIRE DES LIBERTÉS PUBLIQUES

CHAPITRE 1. — Depuis 1789 : des libertés publiques fondées sur « la » philosophie des droits de l'Homme 56

Section 1. *Les sources de la Déclaration de 1789* 56

§ 1. Les sources religieuses 56
§ 2. Les sources philosophiques 58
A. Les philosophes du contrat social 58
B. Les philosophes anglomanes 63
§ 3. Les sources juridiques 67
A. Les pactes anglais 67
B. Les déclarations américaines 68

Section 2. *La Déclaration des droits de l'Homme et du Citoyen du 26 août 1789* 70

§ 1. L'élaboration de la Déclaration 70
§ 2. Le contenu de la Déclaration 73
A. Des droits de l'Homme 73
B. Des droits du citoyen 75
C. Des principes d'organisation politique 76
§ 3. Les caractères de la Déclaration 77

A. L'universalisme 77
B. L'individualisme 77

Section 3. *L'épanouissement des libertés publiques après 1789* 79
§ 1. De 1792 à 1870 : les libertés publiques en sommeil 79
A. De 1792 à 1848 : le premier sommeil des libertés publiques 79
B. La Seconde République : le bref réveil des libertés publiques 84
C. Le Second Empire : le second sommeil des libertés publiques 86
§ 2. Depuis 1870 : la consécration des libertés publiques 87
A. La consécration législative des libertés publiques par la Troisième République 87
B. Le reniement des libertés publiques par le régime de Vichy 90
C. La consécration constitutionnelle des libertés publiques par la Quatrième République 92
D. La protection constitutionnelle des libertés publiques par la Cinquième République 97

CHAPITRE 2. — Depuis 1917 : la remise en cause des libertés publiques 103

Section 1. *La conception marxiste des libertés publiques* 103
§ 1. La critique des libertés formelles 103
§ 2. La mise en place des libertés réelles. L'exemple de l'URSS (1917-1991) 104
A. La construction de la société sans classes 105
B. L'accession aux libertés réelles 108

Section 2. *La négation fasciste et nazie des libertés publiques* 111
§ 1. Le fascisme 111
§ 2. Le nazisme 112
§ 3. La pensée de Carl Schmitt 113
A. Une philosophie de l'exclusion 113
B. L'exploitation de la pensée de Carl Schmitt par le Front national ... 115

Section 3. *L'islam et les libertés publiques* 117
§ 1. Le rejet des libertés publiques par l'intégrisme musulman 118
§ 2. L'acceptation des libertés publiques par l'islam évolutionniste 120

CHAPITRE 3. — Depuis 1948 : l'édification par la communauté internationale d'une conception universelle des libertés publiques 124

Section 1. *La Déclaration universelle des droits de l'Homme* 124
§ 1. Le vote de la Déclaration universelle 124
§ 2. Le contenu de la Déclaration universelle 126
A. Un compromis acceptable sur la forme 126
B. Un compromis décevant sur le fond 126
§ 3. Le destin de la Déclaration universelle 128
A. Sur le plan idéologique 128
B. Sur le plan juridique 129

Section 2. *L'acte final de la conférence d'Helsinki* 130

TITRE III

LES IMPLICATIONS JURIDIQUES DE LA NOTION DE LIBERTÉS PUBLIQUES

CHAPITRE 1. — La valeur juridique des libertés publiques 136

Section 1. *La valeur juridique des libertés publiques proclamées par la déclaration de 1789 ou par le préambule de 1946* 136
§ 1. Leur valeur législative jusqu'en 1971 136
§ 2. Leur valeur constitutionnelle depuis 1971 139

Section 2. *La valeur juridique des libertés publiques qui ne sont proclamées ni par la déclaration de 1789, ni par le préambule de 1946* 141
§ 1. Le principe : la valeur constitutionnelle 141
§ 2. L'exception : la valeur législative 143

CHAPITRE 2. — La réglementation des libertés publiques 146

Section 1. *Les autorités compétentes pour réglementer les libertés publiques* .. 146
§ 1. La répartition apparente des compétences : les articles 34 et 37 de la Constitution 146
§ 2. La répartition réelle des compétences : la jurisprudence du Conseil constitutionnel 148
A. L'élargissement de la compétence du législateur...................... 148
B. La soumission de la compétence élargie du législateur au respect de certaines dispositions à caractère constitutionnel.................. 152

Section 2. *Le respect du principe d'égalité* 158
§ 1. La réglementation des libertés doit respecter l'égalité des droits 159
A. La valeur constitutionnelle du principe d'égalité des droits.......... 159
B. L'interdiction des discriminations fondées sur le sexe................ 162
C. L'interdiction des discriminations fondées sur la race 166
§ 2. La réglementation des libertés peut rechercher l'égalité de fait 173
A. Des situations différentes peuvent faire l'objet de solutions différentes 173
B. Des situations différentes peuvent faire l'objet de solutions semblables 175

Section 3. *Les modalités de la réglementation des libertés publiques*............ 176
§ 1. Le régime répressif 176
§ 2. Le régime préventif 178
A. L'autorisation préalable.. 178
B. L'interdiction 180
§ 3. Le système de la déclaration préalable 182

Section 4. *L'influence des circonstances sur la réglementation des libertés publiques* 184
§ 1. Les états de crise constitutionnalisés 184
A. L'article 16 : le péril national 184
B. L'article 36 : l'état de siège 189
§ 2. Les états de crise prévus par la loi 190
A. L'état d'urgence 190
B. L'organisation de la nation en temps de guerre 193
§ 3. Les circonstances anormales distinguées par la jurisprudence du Conseil d'État 197
A. La théorie jurisprudentielle de l'urgence.............................. 198
B. La théorie jurisprudentielle des circonstances exceptionnelles........ 198

CHAPITRE 3. — Les garanties des libertés publiques 201

Section 1. *Les garanties non juridictionnelles*.. 201
§ 1. Le droit de la conscience collective d'exiger le respect de ses aspirations 201
A. L'auto-protection des libertés publiques 202

B. La résistance à l'oppression 203
C. Le droit de pétition 204
§ 2. Les autorités administratives indépendantes 205
A. Les AAI n'ayant qu'un pouvoir d'influence 206
B. Les AAI ayant un pouvoir de décision 213

Section 2. *Les garanties juridictionnelles* 214
§ 1. Les garanties juridictionnelles contre la loi 214
A. La composition du Conseil constitutionnel 215
B. La saisine du Conseil constitutionnel 217
C. La compétence d'attribution du Conseil constitutionnel 219
§ 2. Les garanties juridictionnelles contre l'administration 222
A. La protection des libertés publiques par le juge judiciaire 223
B. La protection des libertés publiques par le juge administratif 228
§ 3. La sûreté de l'État et les juridictions d'exception 237
A. Jusqu'en 1981 : les juridictions d'exception contre les libertés 237
B. Depuis 1981 : la tentative de concilier la sûreté de l'État avec le respect des libertés 239

Section 3. *Les garanties internationales* 241
§ 1. La protection des libertés publiques par des organismes internationaux 241
A. Les organisations non gouvernementales 241
B. L'organisation des Nations unies 242
C. Le Conseil de l'Europe 245
§ 2. La protection des libertés publiques par les juges nationaux sur la base d'engagements internationaux 259
A. La supériorité de la Constitution sur les traités 259
B. La supériorité des traités ratifiés sur les actes administratifs 259
C. La supériorité des traités ratifiés sur les lois 260

DEUXIÈME PARTIE

LE RÉGIME JURIDIQUE DES PRINCIPALES LIBERTÉS PUBLIQUES

TITRE I

LES LIBERTÉS PHYSIQUES

CHAPITRE 1. — Les libertés confrontées aux sciences de la vie 272

Section 1. *Le droit de disposer de son corps* 274
§ 1. Le droit d'entretenir des relations sexuelles 274
§ 2. Le droit de procréer 276
A. Le droit de refuser la procréation naturelle 276
B. Le droit de recourir à la procréation médicalement assistée 281
§ 3. Le droit de changer de sexe 288
§ 4. Le droit de donner ses organes ou les produits de son corps 290
A. Le don d'organes 290
B. Le don de produits du corps humain 292
§ 5. Le droit de décider sa propre mort 293
A. Le suicide 293
B. L'euthanasie 294

Section 2. *Le droit à l'intégrité physique* 295
§ 1. L'interdiction de la torture 295
§ 2. L'interdiction des traitements inhumains ou dégradants 296
§ 3. L'interdiction de l'esclavage et du travail forcé 297
§ 4. L'interdiction des expérimentations médicales 299
A. L'expérimentation sur l'embryon 299
B. L'expérimentation sur la personne humaine 300
C. L'expérimentation sur la dépouille mortelle 303
§ 5. Les atteintes légales à l'intégrité physique 304

CHAPITRE 2. — Le droit à la vie privée 310

Section 1. *La liberté du domicile* 310

Section 2. *Le droit au secret* 313

Section 3. *Le droit à l'inviolabilité des correspondances* 315
§ 1. Les lettres 316
§ 2. Les conversations téléphoniques ou électroniques 317

Section 4. *Le droit à la protection contre les fichiers nominatifs informatisés* ... 320
§ 1. La CNIL 321
§ 2. La constitution des fichiers nominatifs informatisés 322

Section 5. *Le droit à une vie familiale normale* 324

CHAPITRE 3. — La liberté d'aller et venir 330

Section 1. *Le régime général de la liberté d'aller et venir* 330
§ 1. Une liberté fondamentale 330
§ 2. La circulation automobile 332
A. Les véhicules 332
B. L'utilisation des voies publiques 334
C. Les conducteurs 336
§ 3. La circulation des « gens du voyage » 339

Section 2. *Le régime spécial de la liberté d'aller et venir des étrangers* 342
§ 1. L'entrée en France des étrangers 343
A. Les conditions de l'entrée en France 343
B. La procédure de refoulement 347
§ 2. Le séjour en France des étrangers 349
A. La « carte de séjour » 349
B. La « carte de séjour temporaire » 351
C. La « carte de résident » 353
D. Le statut de réfugié et le droit d'asile 355
E. L'autorisation de travailler en France 359
§ 3. L'éloignement des étrangers 360
A. La reconduite à la frontière 361
B. L'obligation de quitter le territoire français 365
C. L'expulsion 366
D. L'extradition 370

CHAPITRE 4. — Le droit à la sûreté 379

Section 1. *Les détentions légales contrôlées par le juge judiciaire* 381
§ 1. Les contrôles d'identité 382
A. Les deux types de contrôles d'identité 382
B. La rétention de la personne contrôlée 384

§ 2. La garde à vue 385
A. La garde à vue de vingt-quatre heures 386
B. La prolongation de la garde à vue 387
§ 3. L'hospitalisation des personnes atteintes de troubles mentaux 388
A. L'entrée à l'hôpital 388
B. Le séjour à l'hôpital 391
C. La sortie de l'hôpital 393

Section 2. *Les détentions légales décidées par le juge judiciaire* 395
§ 1. Les motifs de la détention provisoire 396
§ 2. La procédure de placement en détention provisoire 397
§ 3. La durée de la détention provisoire 398
§ 4. Les moyens d'obtenir la fin anticipée de la détention provisoire 399
§ 5. La rétention de sûreté 401

TITRE II

LES LIBERTÉS INTELLECTUELLES

Chapitre 1. — Les libertés d'opinion et d'expression 406

Section 1. *L'interdiction de sanctionner une opinion ou l'expression d'une opinion* 407
§ 1. L'absence de délit d'opinion 407
§ 2. La neutralité des services publics 409
§ 3. L'obligation de tolérance 410

Section 2. *Le droit de choisir ses opinions et de les exprimer* 412
§ 1. Une caractéristique des démocraties libérales 412
§ 2. Le problème de l'objection de conscience 413
§ 3. L'obligation de réserve 415

Chapitre 2. — La liberté religieuse 421

Section 1. *La loi de 1905 et le respect de la liberté des cultes* 423
§ 1. La liberté de célébration du culte 423
A. La liberté de célébration intérieure du culte 423
B. La liberté de célébration extérieure du culte 424
§ 2. La neutralité bienveillante de l'État à l'égard des cultes 425
A. L'obligation de s'abstenir de financer les cultes 425
B. L'obligation de lever les obstacles au libre exercice des cultes 426
§ 3. La gestion des biens du culte 428
A. Le principe : les associations cultuelles 428
B. L'exception catholique : les associations diocésaines 429

Section 2. *Le problème des sectes* 430
§ 1. Le principe : la liberté cultuelle des sectes 430
§ 2. La pratique : les restrictions à la liberté cultuelle des sectes 431

Chapitre 3. — La liberté de l'enseignement 438

Section 1. *Le droit à l'instruction* 440

Section 2. *La liberté dans l'enseignement public* 442
§ 1. La neutralité de l'enseignement public 442
A. Conséquences de la neutralité de l'enseignement public pour les enseignants 443

B. Conséquences de la neutralité de l'enseignement public pour les élèves 444
C. Le problème de la conciliation de la neutralité de l'enseignement public avec l'exercice de la liberté religieuse 445
§ 2. La gratuité de l'enseignement public 449

Section 3. *La liberté de l'enseignement privé* 450
§ 1. Le droit de créer et de faire fonctionner un établissement d'enseignement privé 451
A. Le droit de créer un établissement d'enseignement privé 451
B. Le droit de choisir les méthodes et les programmes 451
C. L'absence de liberté de collation de grades 452
§ 2. L'aide financière publique aux établissements d'enseignement privé 453
A. L'aide financière de l'État 454
B. L'aide financière des collectivités locales 456

CHAPITRE 4. — La liberté de la presse 462
Section 1. *La fabrication de l'imprimé* 465
§ 1. Les entreprises de presse 465
A. Statut 465
B. L'aide financière de l'État 469
§ 2. Les journalistes 471
§ 3. Les agences de presse 473
§ 4. Les imprimeurs 474

Section 2. *La diffusion de l'imprimé* 475
§ 1. L'abonnement 475
§ 2. La vente au numéro 476
§ 3. L'affichage 477

Section 3. *La protection des personnes et de l'ordre public contre la presse* ... 478
§ 1. La protection de l'ordre public contre la presse 478
A. La protection de l'ordre public contre la presse française 478
B. La protection de l'ordre public contre la presse étrangère 479
§ 2. La protection des personnes contre la presse 481
A. La protection renforcée des enfants et des adolescents 481
B. La protection minimale consentie à toute personne 484

CHAPITRE 5. — La liberté de communication audiovisuelle 489
Section 1. *La liberté de la radio et de la télévision* 490
§ 1. La coexistence d'un secteur public et d'un secteur privé 493
A. Le secteur public 493
B. Le secteur privé 494
C. Les obligations communes au secteur public et au secteur privé..... 496
§ 2. Le contrôle des deux secteurs par une autorité administrative indépendante 500
A. La Haute Autorité 500
B. La Commission nationale de la communication et des libertés....... 501
C. Le Conseil supérieur de l'audiovisuel 503

Section 2. *La liberté cinématographique* 507
§ 1. La fabrication des films 507
§ 2. La diffusion des films 508
A. La liberté d'ouvrir des salles de cinéma et de les exploiter 508
B. Les censures cinématographiques 509
C. Le problème de la diffusion des films à la télévision 513

TITRE III

LES LIBERTÉS RELATIONNELLES

CHAPITRE 1. — La liberté de réunion 518

Section 1. *Les réunions hors des voies publiques* 519
§ 1. Les réunions publiques 520
§ 2. Les réunions privées 522

Section 2. *Les réunions sur les voies publiques* 523
§ 1. Les « manifestations » 524
§ 2. Les « attroupements » 526

Section 3. *Les spectacles* 528
§ 1. Les « spectacles de curiosité » 528
§ 2. Les représentations théâtrales et les concerts 529
§ 3. Les rave-parties 530

CHAPITRE 2. — La liberté d'association 533

Section 1. *L'association de la loi de 1901* 535
§ 1. Définition et régime juridique de l'association de la loi de 1901 535
A. Définition 535
B. Formation 535
C. Fonctionnement 536
D. Dissolution 537
§ 2. Les trois types d'associations prévus par la loi de 1901 538
A. Les associations non déclarées 538
B. Les associations déclarées 538
C. Les associations reconnues d'utilité publique 540
§ 3. Les problèmes posés par la loi de 1901 541
A. Les associations para-commerciales 541
B. Les associations para-administratives 542

Section 2. *Les associations non régies par la loi de 1901* 544
§ 1. Les congrégations religieuses 545
§ 2. Les associations d'Alsace et de Moselle 546
§ 3. Les groupes de combat 547

Conclusion générale 551

Bibliographie générale 553

Index thématique 555

Index des noms propres 559

Composé par JOUVE
708120 – (I) – (4) – CSB-G - 80g – JOU – (EDO)
Dépôt légal : décembre 2008
Imprimé en Belgique par la SNEL